Collins

Pocket

German

Dictionary

German ▶ English English ▶ German

D0569891

HarperCollins*Publishers*

fifth edition/fünfte Auflage 2001

© HarperCollins Publishers 1996, 1998, 1999, 2001
© William Collins Sons & Co. Ltd. 1990

latest reprint 2002

HarperCollins Publishers
Westerhill Road, Bishopbriggs, Glasgow G64 2QT,
Great Britain

www.collins.co.uk

ISBN 0-00-472437-2 Vinyl
ISBN 0-00-713794-X Paperback

HarperCollins Publishers, Inc.
10 East 53rd Street, New York, NY 10022

ISBN 0-06-093752-1

Library of Congress Cataloging-in-Publication Data
has been applied for

www.harpercollins.com

Typeset by Morton Word Processing Ltd, Scarborough

Printed and bound in Italy by Amadeus S.p.A.

INTRODUCTION

We are delighted you have decided to buy the Collins Pocket German Dictionary and hope you will enjoy and benefit from using it at home, at school, on holiday or at work.

The innovative use of colour guides you quickly and efficiently to the word you want, and the comprehensive wordlist provides a wealth of modern and idiomatic phrases not normally found in a dictionary this size.

In addition, the supplement provides you with guidance on using the dictionary, along with entertaining ways of improving your dictionary skills.

We hope that you will enjoy using it and that it will significantly enhance your language studies.

ZUM GEBRAUCH IHRES COLLINS TASCHENWÖRTERBUCHS

Das Wörterbuch enthält eine Fülle von Informationen, die mithilfe von unterschiedlichen Schriften und Schriftgrößen, Symbolen, Abkürzungen und Klammern vermittelt werden. Die dabei verwendeten Regeln und Symbole werden in den folgenden Abschnitten erklärt.

Stichwörter
Die Wörter, die Sie im Wörterbuch nachschlagen — „Stichwörter" — sind alphabetisch geordnet. Sie sind rot gedruckt, damit man sie schnell erkennt. Die beiden Stichwörter oben links und rechts auf jeder Doppelseite geben das erste bzw. letzte Wort an, das auf den betreffenden Seiten behandelt wird.

Informationen zur Verwendung oder zur Form bestimmter Stichwörter stehen in Klammern hinter der Lautschrift. Sie erscheinen meist in abgekürzter Form und sind kursiv gedruckt (z. B. (*fam*), (*COMM*)).

Wo es angebracht ist, werden mit dem Stichwort verwandte Wörter im selben Artikel behandelt (z. B. **accept, acceptance**). Sie sind wie das Stichwort fett, aber etwas kleiner gedruckt.

Häufig verwendete Ausdrücke, in denen das Stichwort vorkommt (z. B. **to be cold**), sind in einer anderen Schrift halbfett gedruckt.

Lautschrift
Die Lautschrift für jedes Stichwort (zur Angabe seiner Aussprache) steht in eckigen Klammern direkt hinter dem Stichwort (z. B. **Quark** [kvark]; **knead** [niːd]). Die Symbole der Lautschrift sind auf Seite xii erklärt.

Übersetzungen
Die Übersetzungen des Stichworts sind normal gedruckt. Wenn es mehr als eine Bedeutung oder Verwendung des Stichworts gibt, sind diese durch ein Semikolon voneinander getrennt. Vor den Übersetzungen stehen oft andere, kursiv gedruckte Wörter in Klammern. Sie geben an, in welchem Zusammenhang das Stichwort erscheinen könnte (z. B. **rough** (*voice*) oder (*weather*)), oder sie sind Synonyme (z. B. **rough** (*violent*)).

Schlüsselwörter
Besonders behandelt werden bestimmte deutsche und englische Wörter, die man als „Schlüsselwörter" der jeweiligen Sprache betrachten kann. Diese Wörter kommen beispielsweise sehr häufig vor oder werden unterschiedlich verwendet (z. B. **sein, auch; get, that**). Mithilfe von Rauten und Ziffern können Sie die verschiedenen Wortarten und Verwendungen unterscheiden. Weitere nützliche Hinweise finden Sie kursiv und in Klammern in der jeweiligen Sprache des Benutzers.

Grammatische Informationen
Wortarten stehen in abgekürzter Form kursiv gedruckt hinter der Aussprache des

Stichworts (z. B. *vt, adv, conj*).

Die unregelmäßigen Formen englischer Substantive und Verben stehen in Klammern vor der Wortart (z. B. man (*pl* men) *n*, give (*pt* gave, *pp* given) *vt*).

Die deutsche Rechtschreibreform

Dieses Wörterbuch folgt durchweg der reformierten deutschen Rechtschreibung. Alle Stichwörter auf der deutsch-englischen Seite, die von der Rechtschreibrefrom betroffen sind, sind mit ▲ gekennzeichnet. Alte Schreibungen, die sich wesentlich von der neuen Schreibung unterscheiden und an einem anderen alphabetischen Ort erscheinen, sind jedoch weiterhin aufgeführt und werden zur neuen Schreibung verwiesen. Diese alten Schreibungen sind mit △ gekennzeichnet.

USING YOUR COLLINS POCKET DICTIONARY

A wealth of information is presented in the dictionary, using various typefaces, sizes of type, symbols, abbreviations and brackets. The conventions and symbols used are explained in the following sections.

Headwords

The words you look up in a dictionary — "headwords" — are listed alphabetically. They are printed in red type for rapid identification. The two headwords appearing at the top left and top right of each double page indicate the first and last word dealt with on the pages in question.

Information about the usage or form of certain headwords is given in brackets after the phonetic spelling. This usually appears in abbreviated form and in italics (e.g. (*umg*), (*COMM*)).

Where appropriate, words related to headwords are grouped in the same entry (Glück, glücken) in a slightly smaller bold type than the headword.

Common expressions in which the headword appears are shown in a different bold roman type (e.g. Glück haben).

Phonetic spellings

The phonetic spelling of each headword (indicating its pronunciation) is given in square brackets immediately after the headword (e.g. Quark [kvark]). A list of these symbols is given on page xii.

Meanings

Headword translations are given in ordinary type and, where more than one meaning or usage exists, these are separated by a semi-colon. You will often find other words in italics in brackets before the translations. These offer suggested contexts in which the headword might appear (e.g. eng (*Kleidung*) or (*Freundschaft*)) or provide synonyms (e.g. eng (*fig: Horizont*)).

"Key" words

Special status is given to certain German and English words which are considered as "key" words in each language. They may, for example, occur very frequently or have several types of usage (e.g. sein, auch; get, that). A combination of lozenges and numbers helps you to distinguish different parts of speech and different meanings. Further helpful information is provided in brackets and in italics in the relevant language for the user.

Grammatical information

Parts of speech are given in abbreviated form in italics after the phonetic spellings of headwords (e.g. *vt, adv, konj*).

Genders of German nouns are indicated as follows: *m* for a masculine and *f* for a feminine and *nt* for a neuter noun. The genitive and plural forms of regular nouns are shown on the table on page xi. Nouns which do not follow these rules have the genitive and plural in brackets immediately preceding the gender (e.g. **Spaß**, (-es, ⁻e), *m*).

Adjectives are normally shown in their basic form (e.g. **groß** *adj*), but where they are only used attributively (i.e. before a noun) feminine and neuter endings follow in brackets (**hohe (r, s)** *adj attrib*).

German spelling reform

The German spelling reform has been fully implemented in this dictionary. All headwords on the German-English side which are affected by the spelling changes are marked with ▲, but old spellings which are markedly different from the new ones and have a different alphabetical position are still listed and are cross-referenced to the new spellings. The old spellings are marked with △.

ABKÜRZUNGEN

ABBREVIATIONS

Abkürzung	abk, abbr	abbreviation
Akkusativ	acc	accusative
Adjektiv	adj	adjective
Adverb	adv	adverb
Landwirtschaft	AGR	agriculture
Akkusativ	akk	accusative
Anatomie	ANAT	anatomy
Architektur	ARCHIT	architecture
Astrologie	ASTROL	astrology
Astronomie	ASTRON	astronomy
attributiv	attrib	attributive
Kraftfahrzeuge	AUT	automobiles
Hilfsverb	aux	auxiliary
Luftfahrt	AVIAT	aviation
besonders	bes	especially
Biologie	BIOL	biology
Botanik	BOT	botany
britisch	BRIT	British
Chemie	CHEM	chemistry
Film	CINE	cinema
Handel	COMM	commerce
Komparativ	compar	comparative
Computer	COMPUT	computing
Konjunktion	conj	conjunction
Kochen und Backen	COOK	cooking
zusammengesetztes Wort	cpd	compound
Dativ	dat	dative
bestimmter Artikel	def art	definite article
Diminutiv	dimin	diminutive
kirchlich	ECCL	ecclesiastical
Eisenbahn	EISENB	railways
Elektrizität	ELEK, ELEC	electricity
besonders	esp	especially
und so weiter	etc	et cetera
etwas	etw	something
Euphemismus, Hüllwort	euph	euphemism
Interjektion, Ausruf	excl	exclamation
Femininum	f	feminine
übertragen	fig	figurative
Finanzwesen	FIN	finance
nicht getrennt gebraucht	fus	(phrasal verb) inseparable
Genitiv	gen	genitive
Geografie	GEOG	geography
Geologie	GEOL	geology
Grammatik	GRAM	grammar

Geschichte	HIST	history
unpersönlich	impers	impersonal
unbestimmter Artikel	indef art	indefinite article
umgangssprachlich (! vulgär)	inf(!)	informal (! particularly offensive)
Infinitiv, Grundform	infin	infinitive
nicht getrennt gebraucht	insep	inseparable
unveränderlich	inv	invariable
unregelmäßig	irreg	irregular
jemand	jd	somebody
jemandem	jdm	(to) somebody
jemanden	jdn	somebody
jemandes	jds	somebody's
Rechtswesen	JUR	law
Kochen und Backen	KOCH	cooking
Komparativ	kompar	comparative
Konjunktion	konj	conjunction
Sprachwissenschaft	LING	linguistics
Literatur	LITER	of literature
Maskulinum	m	masculine
Mathematik	MATH	mathematics
Medizin	MED	medicine
Meteorologie	MET	meteorology
Militär	MIL	military
Bergbau	MIN	mining
Musik	MUS	music
Substantiv, Hauptwort	n	noun
nautisch, Seefahrt	NAUT	nautical, naval
Nominativ	nom	nominative
Neutrum	nt	neuter
Zahlwort	num	numeral
Objekt	obj	object
oder	od	or
sich	o.s.	oneself
Parlament	PARL	parliament
abschätzig	pej	pejorative
Fotografie	PHOT	photography
Physik	PHYS	physics
Plural	pl	plural
Politik	POL	politics
Präfix, Vorsilbe	pp	prefix
Präposition	präp, prep	preposition
Typografie	PRINT	printing
Pronomen, Fürwort	pron	pronoun
Psychologie	PSYCH	psychology
1. Vergangenheit, Imperfekt	pt	past tense
Radio	RAD	radio
Eisenbahn	RAIL	railways
Religion	REL	religion

jemand(-en, -em)	sb	someone, somebody
Schulwesen	SCH	school
Naturwissenschaft	SCI	science
Singular, Einzahl	sg	singular
etwas	sth	something
Konjunktiv	sub	subjunctive
Subjekt	subj	(grammatical) subject
Superlativ	superl	superlative
Technik	TECH	technology
Nachrichtentechnik	TEL	telecommunications
Theater	THEAT	theatre
Fernsehen	TV	television
Typografie	TYP	printing
umgangssprachlich (! vulgär)	umg(!)	informal (! particularly offensive)
Hochschulwesen	UNIV	university
unpersönlich	unpers	impersonal
unregelmäßig	unreg	irregular
(nord)amerikanisch	US	(North) America
gewöhnlich	usu	usually
Verb	vb	verb
intransitives Verb	vi	intransitive verb
reflexives Verb	vr	reflexive verb
transitives Verb	vt	transitive verb
Zoologie	ZOOL	zoology
zusammengesetztes Wort	zW	compound
zwischen zwei Sprechern	—	change of speaker
ungefähre Entsprechung	≈	cultural equivalent
eingetragenes Warenzeichen	®	registered trademark

Warenzeichen

Note on trademarks

Wörter, die unseres Wissens eingetragene Warenzeichen darstellen, sind als solche gekennzeichnet. Es ist jedoch zu beachten, dass weder das Vorhandensein noch das Fehlen derartiger Kennzeichnungen die Rechtslage hinsichtlich eingetragener Warenzeichen berührt.

Words which we have reason to believe constitute trademarks have been designated as such. However, neither the presence nor the absence of such designation should be regarded as affecting the legal status of any trademark.

REGULAR GERMAN NOUN ENDINGS

nom		*gen*	*pl*
-ant	*m*	-anten	-anten
-anz	*f*	-anz	-anzen
-ar	*m*	-ar(e)s	-are
-chen	*nt*	-chens	-chen
-e	*f*	-	-n
-ei	*f*	-ei	-eien
-elle	*f*	-elle	-ellen
-ent	*m*	-enten	-enten
-enz	*f*	-enz	-enzen
-ette	*f*	-ette	-etten
-eur	*m*	-eurs	-eure
-euse	*f*	-euse	-eusen
-heit	*f*	-heit	-heiten
-ie	*f*	-ie	-ien
-ik	*f*	-ik	-iken
-in	*f*	-in	-innen
-inc	*f*	-ine	-inen
-ion	*f*	-ion	-ionen
-ist	*m*	-isten	-isten
-ium	*nt*	-iums	-ien
-ius	*m*	-ius	-iusse
-ive	*f*	-ive	-iven
-keit	*f*	-keit	-keiten
-lein	*nt*	-leins	-lein
-ling	*m*	-lings	-linge
-ment	*nt*	-ments	-mente
-mus	*m*	-mus	-men
-schaft	*f*	-schaft	-schaften
-tät	*f*	-tät	-täten
-tor	*m*	-tors	-toren
-ung	*f*	-ung	-ungen
-ur	*f*	-ur	-uren

PHONETIC SYMBOLS / LAUTSCHRIFT

[ː] *length mark/Längezeichen* ['] *stress mark/Betonung*
[|] *glottal stop/Knacklaut*

all vowel sounds are approximate only
alle Vokallaute sind nur ungefähre Entsprechungen

bet	[b]	**B**all			[e]	M**e**tall
dim	[d]	**d**ann			[eː]	g**e**ben
face	[f]	**F**ass	set		[ɛ]	h**ä**sslich
go	[g]	**G**ast			[ɛ̃ː]	Cousin
hit	[h]	**H**err	pity		[ɪ]	B**i**schof
you	[j]	**j**a			[i]	v**i**tal
cat	[k]	**k**alt	green		[iː]	v**ie**l
lick	[l]	**L**ast	rot		[ɔ]	P**o**st
must	[m]	**M**ast	board		[ɔː]	
nut	[n]	**N**uss			[o]	M**o**ral
bang	[ŋ]	la**ng**			[oː]	**o**ben
pepper	[p]	**P**akt			[õ]	Champign**on**
red	[r]	**R**egen			[ø]	**ö**konomisch
sit	[s]	**R**asse			[œ]	g**ö**nnen
shame	[ʃ]	**Sch**al	full		[u]	k**u**lant
tell	[t]	**T**al	root		[uː]	H**u**t
chat	[tʃ]	**tsch**üs	come		[ʌ]	
vine	[v]	**w**as			[ʊ]	P**u**lt
wine	[w]				[y]	ph**y**sisch
loch	[x]	Ba**ch**			[yː]	f**ü**r
	[ç]	i**ch**			[ʏ]	M**ü**ll
zero	[z]	Ha**s**e	above		[ə]	b**i**tt**e**
leisure	[ʒ]	**G**enie	girl		[əː]	
join	[dʒ]					
thin	[θ]		lie		[aɪ]	w**ei**t
this	[ð]		now		[au]	
	[a]	**H**ast			[aʊ]	H**au**t
hat	[æ]		day		[eɪ]	
	[ɑː]	**B**ahn	fair		[ɛə]	
farm	[ɑː]		beer		[ɪə]	
	[ã]	**En**semble	toy		[ɔɪ]	
fiancé	[ã̃ː]				[ɔʏ]	H**eu**
			pure		[uə]	

[ʳ] r can be pronounced before a vowel; Bindungs-R

ZAHLEN

NUMBERS

ein(s)	1	one
zwei	2	two
drei	3	three
vier	4	four
fünf	5	five
sechs	6	six
sieben	7	seven
acht	8	eight
neun	9	nine
zehn	10	ten
elf	11	eleven
zwölf	12	twelve
dreizehn	13	thirteen
vierzehn	14	fourteen
fünfzehn	15	fifteen
sechzehn	16	sixteen
siebzehn	17	seventeen
achtzehn	18	eighteen
neunzehn	19	nineteen
zwanzig	20	twenty
einundzwanzig	21	twenty-one
zweiundzwanzig	22	twenty-two
dreißig	30	thirty
vierzig	40	forty
fünfzig	50	fifty
sechzig	60	sixty
siebzig	70	seventy
achtzig	80	eighty
neunzig	90	ninety
hundert	100	a hundred
hunderteins	101	a hundred and one
zweihundert	200	two hundred
zweihunderteins	201	two hundred and one
dreihundert	300	three hundred
dreihunderteins	301	three hundred and one
tausend	1000	a thousand
tausend(und)eins	1001	a thousand and one
fünftausend	5000	five thousand
eine Million	1000000	a million

erste(r, s)	1.	first	1st
zweite(r, s)	2.	second	2nd
dritte(r, s)	3.	third	3rd
vierte(r, s)	4.	fourth	4th
fünfte(r, s)	5.	fifth	5th
sechste(r, s)	6.	sixth	6th

siebte(r, s)	7.	seventh	7th
achte(r, s)	8.	eighth	8th
neunte(r, s)	9.	ninth	9th
zehnte(r, s)	10.	tenth	10th
elfte(r, s)	11.	eleventh	11th
zwölfte(r, s)	12.	twelfth	12th
dreizehnte(r, s)	13.	thirteenth	13th
vierzehnte(r, s)	14.	fourteenth	14th
fünfzehnte(r, s)	15.	fifteenth	15th
sechzehnte(r, s)	16.	sixteenth	16th
siebzehnte(r, s)	17.	seventeenth	17th
achtzehnte(r, s)	18.	eighteenth	18th
neunzehnte(r, s)	19.	nineteenth	19th
zwanzigste(r, s)	20.	twentieth	20th
einundzwanzigste(r, s)	21.	twenty-first	21st
dreißigste(r, s)	30.	thirtieth	30th
hundertste(r, s)	100.	hundredth	100th
hunderterste(r, s)	101.	hundred-and-first	101st
tausendste(r, s)	1000.	thousandth	1000th

Brüche usw.

Fractions etc.

ein Halb	$\frac{1}{2}$	a half	
ein Drittel	$\frac{1}{3}$	a third	
ein Viertel	$\frac{1}{4}$	a quarter	
ein Fünftel	$\frac{1}{5}$	a fifth	
null Komma fünf	0,5	(nought) point five	0.5
drei Komma vier	3,4	three point four	3.4
sechs Komma acht neun	6,89	six point eight nine	6.89
zehn Prozent	10%	ten per cent	
hundert Prozent	100%	a hundred per cent	

Beispiele

Examples

er wohnt in Nummer 10	he lives at number 10
es steht in Kapitel 7	it's in chapter 7
auf Seite 7	on page 7
er wohnt im 7. Stock	he lives on the 7th floor
er wurde 7.	he came in 7th
Maßstab eins zu zwanzigtausend	scale one to twenty thousand

UHRZEIT

THE TIME

wie viel Uhr ist es?, wie spät ist es?

what time is it?

es ist ...

it's ...

Mitternacht, zwölf Uhr nachts	midnight, twelve p.m.
ein Uhr (morgens *or* früh)	one o'clock (in the morning), one (a.m.)
fünf nach eins, ein Uhr fünf	five past one
zehn nach eins, ein Uhr zehn	ten past one
Viertel nach eins, ein Uhr fünfzehn	a quarter past one, one fifteen
fünf vor halb zwei, ein Uhr fünfundzwanzig	twenty-five past one, one twenty-five
halb zwei, ein Uhr dreißig	half past one, one thirty
fünf nach halb zwei, ein Uhr fünfunddreißig	twenty-five to two, one thirty-five
zwanzig vor zwei, ein Uhr vierzig	twenty to two, one forty
Viertel vor zwei, ein Uhr fünfundvierzig	a quarter to two, one forty-five
zehn vor zwei, ein Uhr fünfzig	ten to two, one fifty
zwölf Uhr (mittags), Mittag	twelve o'clock, midday, noon
halb eins (mittags *or* nachmittags), zwölf Uhr dreißig	half past twelve, twelve thirty (p.m.)
zwei Uhr (nachmittags)	two o'clock (in the afternoon), two (p.m.)
halb acht (abends)	half past seven (in the evening), seven thirty (p.m.)

um wie viel Uhr?

at what time?

um Mitternacht	at midnight
um sieben Uhr	at seven o'clock
in zwanzig Minuten	in twenty minutes
vor fünfzehn Minuten	fifteen minutes ago

DEUTSCH – ENGLISCH
GERMAN – ENGLISH

A, a

Aal [aːl] (-(e)s, -e) *m* eel
Aas [aːs] (-es, -e *od* **Äser**) *nt* carrion

ab [ap] *präp +dat* from; **Kinder ab 12 Jahren** children from the age of 12; **ab morgen** from tomorrow; **ab sofort** as of now
♦ *adv* **1** off; **links ab** to the left; **der Knopf ist ab** the button has come off; **ab nach Hause!** off you go home
2 (*zeitlich*): **von da ab** from then on; **von heute ab** from today, as of today
3 (*auf Fahrplänen*): **München ab 12.20** leaving Munich 12.20
4: **ab und zu** *od* **an** now and then *od* again

Abänderung ['apˈɛndərʊŋ] *f* alteration
Abbau ['apbaʊ] (-(e)s) *m* (*+gen*) dismantling; (*Verminderung*) reduction (in); (*Verfall*) decline (in); (MIN) mining; quarrying; (CHEM) decomposition; **a~en** *vt* to dismantle; (MIN) to mine; to quarry; (*verringern*) to reduce; (CHEM) to break down
abbeißen ['apbaɪsən] (*unreg*) *vt* to bite off
abbekommen ['apbəkɔmən] (*unreg*) *vt* (*Deckel, Schraube, Band*) to loosen; **etwas ~** (*beschädigt werden*) to get damaged; (: *Person*) to get injured
abbestellen ['apbəʃtɛlən] *vt* to cancel
abbezahlen ['apbətsaːlən] *vt* to pay off
abbiegen ['apbiːgən] (*unreg*) *vi* to turn off; (*Straße*) to bend ♦ *vt* to bend; (*verhindern*) to ward off
abbilden ['apbɪldən] *vt* to portray; **Abbildung** *f* illustration
abblenden ['apblɛndən] *vt, vi* (AUT) to dip (BRIT), to dim (US)
Abblendlicht ['apblɛntlɪçt] *nt* dipped (BRIT) *od* dimmed (US) headlights *pl*

abbrechen ['apbrɛçən] (*unreg*) *vt, vi* to break off; (*Gebäude*) to pull down; (*Zelt*) to take down; (*aufhören*) to stop; (COMPUT) to abort
abbrennen ['apbrɛnən] (*unreg*) *vt* to burn off; (*Feuerwerk*) to let off ♦ *vi* (*aux sein*) to burn down
abbringen ['apbrɪŋən] (*unreg*) *vt*: **jdn von etw ~** to dissuade sb from sth; **jdn vom Weg ~** to divert sb
abbröckeln ['apbrœkəln] *vt, vi* to crumble off *od* away
Abbruch ['apbrʊx] *m* (*von Verhandlungen etc*) breaking off; (*von Haus*) demolition; **jdm/ etw ~ tun** to harm sb/sth; **a~reif** *adj* only fit for demolition
abbrühen ['apbryːən] *vt* to scald; **abgebrüht** (*umg*) hard-boiled
abbuchen ['apbuːxən] *vt* to debit
abdanken ['apdaŋkən] *vi* to resign; (*König*) to abdicate; **Abdankung** *f* resignation; abdication
abdecken ['apdɛkən] *vt* (*Loch*) to cover; (*Tisch*) to clear; (*Plane*) to uncover
abdichten ['apdɪçtən] *vt* to seal; (NAUT) to caulk
abdrehen ['apdreːən] *vt* (*Gas*) to turn off; (*Licht*) to switch off; (*Film*) to shoot ♦ *vi* (*Schiff*) to change course
Abdruck ['apdrʊk] *m* (*Nachdrucken*) reprinting; (*Gedrucktes*) reprint; (*Gipsabdruck, Wachsabdruck*) impression; (*Fingerabdruck*) print; **a~en** *vt* to print, to publish
abdrücken ['apdrʏkən] *vt* (*Waffe*) to fire; (*Person*) to hug, to squeeze
Abend ['aːbənt] (-s, -e) *m* evening; **guten ~** good evening; **zu ~ essen** to have dinner *od* supper; **heute ~** this evening; **~brot** *nt* supper; **~essen** *nt* supper; **~garderobe** *f*

evening dress; **~kasse** f box office; **~kleid**
nt evening dress; **~kurs** m evening classes
pl; **~land** nt (Europa) West; **a~lich** adj
evening; **~mahl** nt Holy Communion; **~rot**
nt sunset; **a~s** adv in the evening

Abenteuer ['a:bəntɔʏər] (**-s, -**) nt adventure;
a~lich adj adventurous; **~urlaub** m
adventure holiday

Abenteurer (**-s, -**) m adventurer; **~in** f
adventuress

aber ['a:bər] konj but; (jedoch) however
♦ adv: **das ist ~ schön** that's really nice;
nun ist ~ Schluss! now that's enough!;
vielen Dank – ~ bitte! thanks a lot – you're
welcome; **A~glaube** m superstition;
~gläubisch adj superstitious

aberkennen ['apɛrkɛnən] (unreg) vt (JUR):
jdm etw ~ to deprive sb of sth, to take sth
(away) from sb

abermals ['a:bəma:ls] adv once again

Abertausend, abertausend
['a:bətauzənt] indef pron **tausend** od
Tausend und ~ thousands upon thousands

Abf. abk (= Abfahrt) dep.

abfahren ['apfa:rən] (unreg) vi to leave, to
depart ♦ vt to take od cart away; (Strecke)
to drive; (Reifen) to wear; (Fahrkarte) to use

Abfahrt ['apfa:rt] f departure; (SKI) descent;
(Piste) run; **~szeit** f departure time

Abfall ['apfal] m waste; (von Speisen etc)
rubbish (BRIT), garbage (US); (Neigung)
slope; (Verschlechterung) decline; **~eimer** m
rubbish bin (BRIT), garbage can (US); **a~en**
(unreg) vi (auch fig) to fall od drop off; (sich
neigen) to fall od drop away

abfällig ['apfɛlɪç] adj disparaging,
deprecatory

abfangen ['apfaŋən] (unreg) vt to intercept;
(Person) to catch; (unter Kontrolle bringen) to
check

abfärben ['apfɛrbən] vi to lose its colour;
(Wäsche) to run; (fig) to rub off

abfassen ['apfasən] vt to write, to draft

abfertigen ['apfɛrtɪgən] vt to prepare for
dispatch, to process; (an der Grenze) to
clear; (Kundschaft) to attend to

Abfertigungsschalter m (Flughafen)

check-in desk

abfeuern ['apfɔʏərn] vt to fire

abfinden ['apfɪndən] (unreg) vt to pay off
♦ vr to come to terms; **sich mit jdm ~/
nicht ~** to put up with/not get on with sb

Abfindung f (von Gläubigern) payment;
(Geld) sum in settlement

abflauen ['apflauən] vi (Wind, Erregung) to
die away, to subside; (Nachfrage, Geschäft)
to fall od drop off

abfliegen ['apfli:gən] (unreg) vi (Flugzeug) to
take off; (Passagier auch) to fly ♦ vt (Gebiet)
to fly over

abfließen ['apfli:sən] (unreg) vi to drain
away

Abflug ['apflu:k] m departure; (Start) take-
off; **~halle** f departure lounge; **~zeit** f
departure time

Abfluss ▲ ['apflʊs] m draining away;
(Öffnung) outlet; **~rohr** nt drain pipe; (von
sanitären Anlagen auch) waste pipe

abfragen ['apfra:gən] vt (bes SCH) to test
orally (on)

Abfuhr ['apfu:r] (**-, -en**) f removal; (fig)
snub, rebuff

abführen ['apfy:rən] vt to lead away;
(Gelder, Steuern) to pay ♦ vi (MED) to have a
laxative effect

Abführmittel ['apfy:rmɪtəl] nt laxative,
purgative

abfüllen ['apfʏlən] vt to draw off; (in
Flaschen) to bottle

Abgabe ['apga:bə] f handing in; (von Ball)
pass; (Steuer) tax; (eines Amtes) giving up;
(einer Erklärung) giving

Abgang ['apgaŋ] m (von Schule) leaving;
(THEAT) exit; (Abfahrt) departure; (der Post,
von Waren) dispatch

Abgas ['apga:s] nt waste gas; (AUT) exhaust

abgeben ['apge:bən] (unreg) vt (Gegenstand)
to hand od give in; (Ball) to pass; (Wärme)
to give off; (Amt) to hand over; (Schuss) to
fire; (Erklärung, Urteil) to give; (darstellen,
sein) to make ♦ vr: **sich mit jdm/etw ~** to
associate with sb/bother with sth; **jdm etw
~** (überlassen) to let sb have sth

abgebrüht ['apgəbry:t] (umg) adj (skrupellos)

hard-boiled

abgehen ['apgeːən] (unreg) vi to go away, to leave; (THEAT) to exit; (Knopf etc) to come off; (Straße) to branch off ♦ vt (Strecke) to go od walk along; **etw geht jdm ab** (fehlt) sb lacks sth

abgelegen ['apgəleːgən] adj remote

abgemacht ['apgəmaxt] adj fixed; **~!** done!

abgeneigt ['apgənaikt] adj disinclined

abgenutzt ['apgənʊtst] adj worn

Abgeordnete(r) ['apgə|ɔrdnətə(r)] f(m) member of parliament; elected representative

abgeschlossen ['apgəʃlɔsən] adj attrib (Wohnung) self-contained

abgeschmackt ['apgəʃmakt] adj tasteless

abgesehen ['apgəzeːən] adj: **es auf jdn/ etw ~ haben** to be after sb/sth; **~ von ...** apart from ...

abgespannt ['apgəʃpant] adj tired out

abgestanden ['apgəʃtandən] adj stale; (Bier auch) flat

abgestorben ['apgəʃtɔrbən] adj numb; (BIOL, MED) dead

abgetragen ['apgətraːgən] adj shabby, worn out

abgewinnen ['apgəvɪnən] (unreg) vt: **einer Sache etw/Geschmack ~** to get sth/ pleasure from sth

abgewöhnen ['apgəvøːnən] vt: **jdm/sich etw ~** to cure sb of sth/give sth up

abgrenzen ['apgrɛntsən] vt (auch fig) to mark off; to fence off

Abgrund ['apgrʊnt] m (auch fig) abyss

abhacken ['aphakən] vt to chop off

abhaken ['aphaːkən] vt (auf Papier) to tick off

abhalten ['aphaltən] (unreg) vt (Versammlung) to hold; **jdn von etw ~** (fern halten) to keep sb away from sth; (hindern) to keep sb from sth

abhanden [ap'handən] adj: **~ kommen** to get lost

Abhandlung ['aphandlʊŋ] f treatise, discourse

Abhang ['aphaŋ] m slope

abhängen ['aphɛŋən] vt (Bild) to take down; (Anhänger) to uncouple; (Verfolger) to shake off ♦ vi (unreg: Fleisch) to hang; **von jdm/ etw ~** to depend on sb/sth

abhängig ['aphɛŋɪç] adj: **~ (von)** dependent (on); **A~keit** f: **A~keit (von)** dependence (on)

abhärten ['aphɛrtən] vt, vr to toughen (o.s.) up; **sich gegen etw ~** to inure o.s. to sth

abhauen ['aphauən] (unreg) vt to cut off; (Baum) to cut down ♦ vi (umg) to clear off od out

abheben ['apheːbən] (unreg) vt to lift (up); (Karten) to cut; (Geld) to withdraw, to take out ♦ vi (Flugzeug) to take off; (Rakete) to lift off ♦ vr to stand out

abheften ['aphɛftən] vt (Rechnungen etc) to file away

abhetzen ['aphɛtsən] vr to wear od tire o.s. out

Abhilfe ['aphɪlfə] f remedy; **~ schaffen** to put things right

abholen ['aphoːlən] vt (Gegenstand) to fetch, to collect; (Person) to call for; (am Bahnhof etc) to pick up, to meet

abholzen ['aphɔltsən] vt (Wald) to clear

abhorchen ['aphɔrçən] vt (MED) to listen to a patient's chest

abhören ['aphøːrən] vt (Vokabeln) to test; (Telefongespräch) to tap; (Tonband etc) to listen to

Abhörgerät nt bug

Abitur [abi'tuːr] (-s, -e) nt German school-leaving examination; **~i'ent(in)** m(f) candidate for school-leaving certificate

---
Abitur

i The **Abitur** is the German school-leaving examination taken in four subjects by pupils at a *Gymnasium* at the age of 18 or 19. It is necessary for entry to university.

Abk. abk (= Abkürzung) abbr.

abkapseln ['apkapsəln] vr to shut od cut o.s. off

abkaufen ['apkaufən] vt: **jdm etw ~** (auch fig) to buy sth from sb

Spelling Reform: ▲ *new spelling* △ *old spelling (to be phased out)*

abkehren ['apkeːrən] *vt* (*Blick*) to avert, to turn away ♦ *vr* to turn away

abklingen ['apklɪŋən] (*unreg*) *vi* to die away; (*Radio*) to fade out

abknöpfen ['apknœpfən] *vt* to unbutton; **jdm etw ~** (*umg*) to get sth off sb

abkochen ['apkɔxən] *vt* to boil

abkommen ['apkɔmən] (*unreg*) *vi* to get away; **von der Straße/von einem Plan ~** to leave the road/give up a plan; **A~ (-s, -)** *nt* agreement

abkömmlich ['apkœmlɪç] *adj* available, free

abkratzen ['apkratsən] *vt* to scrape off ♦ *vi* (*umg*) to kick the bucket

abkühlen ['apkyːlən] *vt* to cool down ♦ *vr* (*Mensch*) to cool down *od* off; (*Wetter*) to get cool; (*Zuneigung*) to cool

abkürzen ['apkʏrtsən] *vt* to shorten; (*Wort auch*) to abbreviate; **den Weg ~** to take a short cut

Abkürzung *f* (*Wort*) abbreviation; (*Weg*) short cut

abladen ['aplaːdən] (*unreg*) *vt* to unload

Ablage ['aplaːgə] *f* (*für Akten*) tray; (*für Kleider*) cloakroom

ablassen ['aplasən] (*unreg*) *vt* (*Wasser, Dampf*) to let off; (*vom Preis*) to knock off ♦ *vi*: **von etw ~** to give sth up, to abandon sth

Ablauf ['aplauf] *m* (*Abfluss*) drain; (*von Ereignissen*) course; (*einer Frist, Zeit*) expiry (*BRIT*), expiration (*US*); **a~en** (*unreg*) *vi* (*abfließen*) to drain away; (*Ereignisse*) to happen; (*Frist, Zeit, Pass*) to expire ♦ *vt* (*Sohlen*) to wear (down *od* out)

ablegen ['apleːgən] *vt* to put *od* lay down; (*Kleider*) to take off; (*Gewohnheit*) to get rid of; (*Prüfung*) to take, to sit; (*Zeugnis*) to give

Ableger (-s, -) *m* layer; (*fig*) branch, offshoot

ablehnen ['apleːnən] *vt* to reject; (*Einladung*) to decline, to refuse ♦ *vi* to decline, to refuse

ablehnend *adj* (*Haltung, Antwort*) negative; (*Geste*) disapproving; **ein ~er Bescheid** a rejection

Ablehnung *f* rejection; refusal

ableiten ['aplaɪtən] *vt* (*Wasser*) to divert; (*deduzieren*) to deduce; (*Wort*) to derive; **Ableitung** *f* diversion; deduction; derivation; (*Wort*) derivative

ablenken ['aplɛŋkən] *vt* to turn away, to deflect; (*zerstreuen*) to distract ♦ *vi* to change the subject; **Ablenkung** *f* distraction

ablesen ['apleːzən] (*unreg*) *vt* to read out; (*Messgeräte*) to read

ablichten ['aplɪçtən] *vt* to photocopy

abliefern ['apliːfərn] *vt* to deliver; **etw bei jdm ~** to hand sth over to sb

Ablieferung *f* delivery

ablösen ['apløːzən] *vt* (*abtrennen*) to take off, to remove; (*in Amt*) to take over from; (*Wache*) to relieve

Ablösung *f* removal; relieving

abmachen ['apmaxən] *vt* to take off; (*vereinbaren*) to agree; **Abmachung** *f* agreement

abmagern ['apmaːgərn] *vi* to get thinner

Abmagerungskur *f* diet; **eine ~ machen** to go on a diet

abmarschieren ['apmarʃiːrən] *vi* to march off

abmelden ['apmɛldən] *vt* (*Zeitungen*) to cancel; (*Auto*) to take off the road ♦ *vr* to give notice of one's departure; (*im Hotel*) to check out; **jdn bei der Polizei ~** to register sb's departure with the police

abmessen ['apmɛsən] (*unreg*) *vt* to measure; **Abmessung** *f* measurement

abmontieren ['apmɔntiːrən] *vt* to take off

abmühen ['apmyːən] *vr* to wear o.s. out

Abnahme ['apnaːmə] *f* (+*gen*) removal; (*COMM*) buying; (*Verringerung*) decrease (in)

abnehmen ['apneːmən] (*unreg*) *vt* to take off, to remove; (*Führerschein*) to take away; (*Prüfung*) to hold; (*Maschen*) to decrease ♦ *vi* to decrease; (*schlanker werden*) to lose weight; **(jdm) etw ~** (*Geld*) to get sth (out of sb); (*kaufen, umg: glauben*) to buy sth (from sb); **jdm Arbeit ~** to take work off sb's shoulders

Abnehmer (-s, -) *m* purchaser, customer

Abneigung ['apnaɪgʊŋ] *f* aversion, dislike

Rechtschreibreform: ▲ *neue Schreibung* △ *alte Schreibung (auslaufend)*

abnorm [ap'nɔrm] adj abnormal

abnutzen ['apnʊtsən] vt to wear out; **Abnutzung** f wear (and tear)

Abo ['abo] (umg) nt abk = **Abonnement**

Abonnement [abɔn(ə)'mãː] **(-s, -s)** nt subscription; **Abonnent(in)** [abɔ'nɛnt(ɪn)] m(f) subscriber; **abonnieren** vt to subscribe to

Abordnung ['ap|ɔrdnʊŋ] f delegation

abpacken ['appakən] vt to pack

abpassen ['appasən] vt (Person, Gelegenheit) to wait for

Abpfiff ['appfɪf] m final whistle

abplagen ['appla:gən] vr to wear o.s. out

abprallen ['appralən] vi to bounce off; to ricochet

abraten ['apra:tən] (unreg) vi: **jdm von etw ~** to advise or warn sb against sth

abräumen ['aprɔʏmən] vt to clear up od away

abreagieren ['apreagi:rən] vt: **seinen Zorn (an jdm/etw) ~** to work one's anger off (on sb/sth) ♦ vr to calm down

abrechnen ['apreçnən] vt to deduct, to take off ♦ vi to settle up; (fig) to get even

Abrechnung f settlement; (Rechnung) bill

Abrede ['apre:də] f: **etw in ~ stellen** to deny od dispute sth

Abreise ['apraɪzə] f departure; **a~n** vi to leave, to set off

abreißen ['apraɪsən] (unreg) vt (Haus) to tear down; (Blatt) to tear off

abrichten ['aprɪçtən] vt to train

abriegeln ['apri:gəln] vt (Straße, Gebiet) to seal off

Abruf ['apru:f] m: **auf ~** on call; **a~en** (unreg) vt (Mensch) to call away; (COMM: Ware) to request delivery of

abrunden ['aprʊndən] vt to round off

abrupt [a'brʊpt] adj abrupt

abrüsten ['aprʏstən] vi to disarm; **Abrüstung** f disarmament

abrutschen ['aprʊtʃən] vi to slip; (AVIAT) to sideslip

Abs. abk (= Absender) sender, from

Absage ['apza:gə] f refusal; **a~n** vt to cancel, to call off; (Einladung) to turn down

♦ vi to cry off; (ablehnen) to decline

absahnen ['apza:nən] vt to skim ♦ vi (fig) to rake in

Absatz ['apzats] m (COMM) sales pl; (Bodensatz) deposit; (neuer Abschnitt) paragraph; (Treppenabsatz) landing; (Schuhabsatz) heel; **~gebiet** nt (COMM) market

abschaffen ['apʃafən] vt to abolish, to do away with; **Abschaffung** f abolition

abschalten ['apʃaltən] vt, vi (auch umg) to switch off

abschätzen ['apʃɛtsən] vt to estimate; (Lage) to assess; (Person) to size up

abschätzig ['apʃɛtsɪç] adj disparaging, derogatory

Abschaum ['apʃaʊm] **(-(e)s)** m scum

Abscheu ['apʃɔʏ] **(-(e)s)** m loathing, repugnance; **~ erregend** repulsive, loathsome; **a~lich** [ap'ʃɔʏlɪç] adj abominable

abschicken ['apʃɪkən] vt to send off

abschieben ['apʃi:bən] (unreg) vt to push away; (Person) to pack off; (: POL) to deport

Abschied ['apʃi:t] **(-(e)s, -e)** m parting; (von Armee) discharge; **(von jdm) ~ nehmen** to say goodbye (to sb), to take one's leave (of sb); **seinen ~ nehmen** (MIL) to apply for discharge; **~sbrief** m farewell letter; **~sfeier** f farewell party

abschießen ['apʃi:sən] (unreg) vt (Flugzeug) to shoot down; (Geschoss) to fire

abschirmen ['apʃɪrmən] vt to screen

abschlagen ['apʃla:gən] (unreg) vt (abhacken, COMM) to knock off; (ablehnen) to refuse; (MIL) to repel

abschlägig ['apʃlɛ:gɪç] adj negative

Abschlagszahlung f interim payment

Abschlepp- ['apʃlɛp] zW: **~dienst** m (AUT) breakdown service (BRIT), towing company (US); **a~en** vt to (take in) tow; **~seil** nt towrope

abschließen ['apʃli:sən] (unreg) vt (Tür) to lock; (beenden) to conclude, to finish; (Vertrag, Handel) to conclude ♦ vr (sich isolieren) to cut o.s. off; **~d** adj concluding

Abschluss ▲ ['apʃlʊs] m (Beendigung) close,

conclusion; (*COMM: Bilanz*) balancing; (*von Vertrag, Handel*) conclusion; **zum ~** in conclusion; **~feier** *f* (*SCH*) end of term party; **~prüfung** *f* final exam

abschneiden ['apʃnaɪdən] (*unreg*) *vt* to cut off ♦ *vi* to do, to come off

Abschnitt ['apʃnɪt] *m* section; (*MIL*) sector; (*Kontrollabschnitt*) counterfoil; (*MATH*) segment; (*Zeitabschnitt*) period

abschrauben ['apʃraubən] *vt* to unscrew

abschrecken ['apʃrɛkən] *vt* to deter, to put off; (*mit kaltem Wasser*) to plunge in cold water; **~d** *adj* deterrent; **~des Beispiel** warning

abschreiben ['apʃraɪbən] (*unreg*) *vt* to copy; (*verloren geben*) to write off; (*COMM*) to deduct

Abschrift ['apʃrɪft] *f* copy

Abschuss ▲ ['apʃʊs] *m* (*eines Geschützes*) firing; (*Herunterschießen*) shooting down; (*Tötung*) shooting

abschüssig ['apʃʏsɪç] *adj* steep

abschwächen ['apʃvɛçən] *vt* to lessen; (*Behauptung, Kritik*) to tone down ♦ *vr* to lessen

abschweifen ['apʃvaɪfən] *vi* to digress

abschwellen ['apʃvɛlən] (*unreg*) *vi* (*Geschwulst*) to go down; (*Lärm*) to die down

abschwören ['apʃvø:rən] *vi* (+*dat*) to renounce

absehbar ['apze:ba:r] *adj* foreseeable; **in ~er Zeit** in the foreseeable future; **das Ende ist ~** the end is in sight

absehen ['apze:ən] (*unreg*) *vt* (*Ende, Folgen*) to foresee ♦ *vi*: **von etw ~** to refrain from sth; (*nicht berücksichtigen*) to leave sth out of consideration

abseilen ['apzaɪlən] *vr* (*Bergsteiger*) to abseil (down)

abseits ['apzaɪts] *adv* out of the way ♦ *präp* +*gen* away from; **A~nt** (*SPORT*) offside

absenden ['apzɛndən] (*unreg*) *vt* to send off, to dispatch

Absender(-s, -) *m* sender

absetzen ['apzɛtsən] *vt* (*niederstellen, aussteigen lassen*) to put down; (*abnehmen*)

to take off; (*COMM: verkaufen*) to sell; (*FIN: abziehen*) to deduct; (*entlassen*) to dismiss; (*König*) to depose; (*streichen*) to drop; (*hervorheben*) to pick out ♦ *vr* (*sich entfernen*) to clear off; (*sich ablagern*) to be deposited

Absetzung *f* (*FIN: Abzug*) deduction; (*Entlassung*) dismissal; (*von König*) deposing

absichern ['apzɪçərn] *vt* to make safe; (*schützen*) to safeguard ♦ *vr* to protect o.s.

Absicht ['apzɪçt] *f* intention; **mit ~** on purpose; **a~lich** *adj* intentional, deliberate

absinken ['apzɪŋkən] (*unreg*) *vi* to sink; (*Temperatur, Geschwindigkeit*) to decrease

absitzen ['apzɪtsən] (*unreg*) *vi* to dismount ♦ *vt* (*Strafe*) to serve

absolut [apzo'lu:t] *adj* absolute; **A~ismus** *m* absolutism

absolvieren [apzɔl'vi:rən] *vt* (*SCH*) to complete

absonder- ['apzɔndər] *zW:* **~lich** *adj* odd, strange; **~n** *vt* to separate; (*ausscheiden*) to give off, to secrete ♦ *vr* to cut o.s. off; **A~ung** *f* separation; (*MED*) secretion

abspalten ['apʃpaltən] *vt* to split off

abspannen ['apʃpanən] *vt* (*Pferde*) to unhitch; (*Wagen*) to uncouple

abspeisen ['apʃpaɪzən] *vt* (*fig*) to fob off

abspenstig ['apʃpɛnstɪç] *adj:* **(jdm) ~ machen** to lure away (from sb)

absperren ['apʃpɛrən] *vt* to block *od* close off; (*Tür*) to lock; **Absperrung** *f* (*Vorgang*) blocking *od* closing off; (*Sperre*) barricade

abspielen ['apʃpi:lən] *vt* (*Platte, Tonband*) to play; (*SPORT: Ball*) to pass ♦ *vr* to happen

Absprache ['apʃpra:xə] *f* arrangement

absprechen ['apʃprɛçən] (*unreg*) *vt* (*vereinbaren*) to arrange; **jdm etw ~** to deny sb sth

abspringen ['apʃprɪŋən] (*unreg*) *vi* to jump down/off; (*Farbe, Lack*) to flake off; (*AVIAT*) to bale out; (*sich distanzieren*) to back out

Absprung ['apʃprʊŋ] *m* jump

abspülen ['apʃpy:lən] *vt* to rinse; (*Geschirr*) to wash up

abstammen ['apʃtamən] *vi* to be descended; (*Wort*) to be derived; **Abstammung** *f* descent; derivation

---

Rechtschreibreform: ▲ *neue Schreibung* △ *alte Schreibung (auslaufend)*

Abstand ['apʃtant] *m* distance; (*zeitlich*) interval; **davon ~ nehmen, etw zu tun** to refrain from doing sth; **mit ~ der Beste** by far the best

abstatten ['apʃtatən] *vt* (*Dank*) to give; (*Besuch*) to pay

abstauben ['apʃtaubən] *vt, vi* to dust; (*umg: stehlen*) to pinch; (*: schnorren*) to scrounge

Abstecher ['apʃtɛçər] **(-s, -)** *m* detour

abstehen ['apʃte:ən] (*unreg*) *vi* (*Ohren, Haare*) to stick out; (*entfernt sein*) to stand away

absteigen ['apʃtaigən] (*unreg*) *vi* (*vom Rad etc*) to get off, to dismount; **(in die zweite Liga) ~** to be relegated (to the second division)

abstellen ['apʃtɛlən] *vt* (*niederstellen*) to put down; (*entfernt stellen*) to pull out; (*hinstellen: Auto*) to park; (*ausschalten*) to turn *od* switch off; (*Missstand, Unsitte*) to stop

Abstellraum *m* storage room

abstempeln ['apʃtɛmpəln] *vt* to stamp

absterben ['apʃtɛrbən] (*unreg*) *vi* to die; (*Körperteil*) to go numb

Abstieg ['apʃti:k] **(-(e)s, -e)** *m* descent; (*SPORT*) relegation; (*fig*) decline

abstimmen ['apʃtɪmən] *vi* to vote ♦ *vt*: **~ (auf** +*akk*) (*Instrument*) to tune (to); (*Interessen*) to match (with); (*Termine, Ziele*) to fit in (with) ♦ *vr* to agree

Abstimmung *f* vote

Abstinenz [apsti'nɛnts] *f* abstinence; teetotalism; **~ler(in) (-s, -)** *m(f)* teetotaller

abstoßen ['apʃto:sən] (*unreg*) *vt* to push off *od* away; (*verkaufen*) to unload; (*anekeln*) to repel, to repulse; **~d** *adj* repulsive

abstrakt [ap'strakt] *adj* abstract ♦ *adv* abstractly, in the abstract

abstreiten ['apʃtraitən] (*unreg*) *vt* to deny

Abstrich ['apʃtrɪç] *m* (*Abzug*) cut; (*MED*) smear; **~e machen** to lower one's sights

abstufen ['apʃtu:fən] *vt* (*Hang*) to terrace; (*Farben*) to shade; (*Gehälter*) to grade

Absturz ['apʃturts] *m* fall; (*AVIAT*) crash

abstürzen ['apʃtʏrtsən] *vi* to fall; (*AVIAT*) to crash

absuchen ['apzu:xən] *vt* to scour, to search

absurd [ap'zʊrt] *adj* absurd

Abszess ▲ [aps'tsɛs] **(-es, -e)** *m* abscess

Abt [apt] **(-(e)s, ⁐e)** *m* abbot

Abt. *abk* (= *Abteilung*) dept.

abtasten ['aptastən] *vt* to feel, to probe

abtauen ['aptauən] *vt, vi* to thaw

Abtei [ap'tai] **(-, -en)** *f* abbey

Abteil [ap'tail] **(-(e)s, -e)** *nt* compartment; **'a~en** *vt* to divide up; (*abtrennen*) to divide off; **~ung** *f* (*in Firma, Kaufhaus*) department; (*in Krankenhaus*) section; (*MIL*) unit

abtippen ['aptɪpən] *vt* (*Text*) to type up

abtransportieren ['aptranspɔrti:rən] *vt* to take away, to remove

abtreiben ['aptraibən] (*unreg*) *vt* (*Boot, Flugzeug*) to drive off course; (*Kind*) to abort ♦ *vi* to be driven off course; to abort

Abtreibung *f* abortion

abtrennen ['aptrɛnən] *vt* (*lostrennen*) to detach; (*entfernen*) to take off; (*abteilen*) to separate off

abtreten ['aptre:tən] (*unreg*) *vt* to wear out; (*überlassen*) to hand over, to cede ♦ *vi* to go off; (*zurücktreten*) to step down

Abtritt ['aptrɪt] *m* resignation

abtrocknen ['aptrɔknən] *vt, vi* to dry

abtun ['aptu:n] (*unreg*) *vt* (*fig*) to dismiss

abwägen ['apvɛ:gən] (*unreg*) *vt* to weigh up

abwälzen ['apvɛltsən] *vt* (*Schuld, Verantwortung*): **~ (auf** +*akk*) to shift (onto)

abwandeln ['apvandəln] *vt* to adapt

abwandern ['apvandərn] *vi* to move away; (*FIN*) to be transferred

abwarten ['apvartən] *vt* to wait for ♦ *vi* to wait

abwärts ['apvɛrts] *adv* down

Abwasch ['apvaʃ] **(-(e)s)** *m* washing-up; **a~en** (*unreg*) *vt* (*Schmutz*) to wash off; (*Geschirr*) to wash (up)

Abwasser ['apvasər] **(-s, -wässer)** *nt* sewage

abwechseln ['apvɛksəln] *vi, vr* to alternate; (*Personen*) to take turns; **~d** *adj* alternate; **Abwechslung** *f* change; **abwechslungsreich** *adj* varied

abwegig ['apve:gɪç] *adj* wrong

Abwehr ['apveːr] (-) *f* defence; (*Schutz*) protection; (*~dienst*) counterintelligence (service); **a~en** *vt* to ward off; (*Ball*) to stop

abweichen ['apvaɪçən] (*unreg*) *vi* to deviate; (*Meinung*) to differ

abweisen ['apvaɪzən] (*unreg*) *vt* to turn away; (*Antrag*) to turn down; **~d** *adj* (*Haltung*) cold

abwenden ['apvɛndən] (*unreg*) *vt* to avert ♦ *vr* to turn away

abwerfen ['apvɛrfən] (*unreg*) *vt* to throw off; (*Profit*) to yield; (*aus Flugzeug*) to drop; (*Spielkarte*) to discard

abwerten ['apvɛrtən] *vt* (*FIN*) to devalue

abwertend *adj* (*Worte, Sinn*) pejorative

Abwertung *f* (*von Währung*) devaluation

abwesend ['apveːzənt] *adj* absent

Abwesenheit ['apveːzənhaɪt] *f* absence

abwickeln ['apvɪkəln] *vt* to unwind; (*Geschäft*) to wind up

abwimmeln ['apvɪməln] (*umg*) *vt* (*Menschen*) to get shot of

abwischen ['apvɪʃən] *vt* to wipe off *od* away; (*putzen*) to wipe

Abwurf ['apvurf] *m* throwing off; (*von Bomben etc*) dropping; (*von Reiter, SPORT*) throw

abwürgen ['apvvrgən] (*umg*) *vt* to scotch; (*Motor*) to stall

abzahlen ['aptsaːlən] *vt* to pay off

abzählen ['aptsɛːlən] *vt, vi* to count (up)

Abzahlung *f* repayment; **auf ~ kaufen** to buy on hire purchase

abzapfen ['aptsapfən] *vt* to draw off; **jdm Blut ~** to take blood from sb

abzäunen ['aptsɔʏnən] *vt* to fence off

Abzeichen ['aptsaɪçən] *nt* badge; (*Orden*) decoration

abzeichnen ['aptsaɪçnən] *vt* to draw, to copy; (*Dokument*) to initial ♦ *vr* to stand out; (*fig: bevorstehen*) to loom

abziehen ['aptsiːən] (*unreg*) *vt* to take off; (*Tier*) to skin; (*Bett*) to strip; (*Truppen*) to withdraw; (*subtrahieren*) to take away, to subtract; (*kopieren*) to run off ♦ *vi* to go away; (*Truppen*) to withdraw

abzielen ['aptsiːlən] *vi:* **~ auf** +*akk* to be aimed at

Abzug ['aptsuːk] *m* departure; (*von Truppen*) withdrawal; (*Kopie*) copy; (*Subtraktion*) subtraction; (*Betrag*) deduction; (*Rauchabzug*) flue; (*von Waffen*) trigger

abzüglich ['aptsyːklɪç] *präp* +*gen* less

abzweigen ['aptsvaɪgən] *vi* to branch off ♦ *vt* to set aside

Abzweigung *f* junction

ach [ax] *excl* oh; **~ ja!** (oh) yes; **~ so!** I see; **mit A~ und Krach** by the skin of one's teeth

Achse ['aksə] *f* axis; (*AUT*) axle

Achsel ['aksəl] (-, -n) *f* shoulder; **~höhle** *f* armpit

acht [axt] *num* eight; **~ Tage** a week; **A~**[1] (-, -en) *f* eight; (*beim Eislaufen etc*) figure eight

Acht[2] (-, -en) *f*: **~ geben (auf** +*akk*) to pay attention (to); **sich in ~ nehmen (vor** +*dat*) to be careful (of), to watch out (for); **etw außer ~ lassen** to disregard sth; **a~bar** *adj* worthy

acht- *zW:* **~e(r, s)** *adj* eighth; **A~el** *num* eighth; **~en** *vt* to respect ♦ *vi:* **~en (auf** +*akk*) to pay attention (to); **~en, dass ...** to be careful that ...

ächten ['ɛçtən] *vt* to outlaw, to ban

Achterbahn ['axtər-] *f* roller coaster

acht- *zW:* **~fach** *adj* eightfold; **~geben** △ (*unreg*) *vi siehe* **Acht**[2]; **~hundert** *num* eight hundred; **~los** *adj* careless; **~mal** *adv* eight times; **~sam** *adj* attentive

Achtung ['axtʊŋ] *f* attention; (*Ehrfurcht*) respect ♦ *excl* look out!; (*MIL*) attention!; **alle ~!** good for you/him *etc*

achtzehn *num* eighteen

achtzig *num* eighty

ächzen ['ɛçtsən] *vi* to groan

Acker ['akər] (-s, ¨) *m* field; **a~n** *vt, vi* to plough; (*umg*) to slog away

ADAC [aːdeːʔaˈtseː] *abk* (= *Allgemeiner Deutscher Automobil-Club*) ≃ AA, RAC

Adapter [aˈdaptər] (-s, -) *m* adapter

addieren [aˈdiːrən] *vt* to add (up); **Addition** [aditsiˈoːn] *f* addition

Adel ['aːdəl] (-s) *m* nobility; **a~ig** *adj* noble

a~n *vt* to raise to the peerage

Ader ['a:dər] (-, -n) *f* vein

Adjektiv ['atjɛkti:f] (-s, -e) *nt* adjective

Adler ['a:dlər] (-s, -) *m* eagle

adlig *adj* noble

Adopt- *zW:* a~ieren [adɔp'ti:rən] *vt* to adopt; ~ion [adɔptsi'o:n] *f* adoption; ~iveltern *pl* adoptive parents; ~ivkind *nt* adopted child

Adressbuch ▲ *nt* directory; (*privat*) address book

Adress- *zW:* ~e [a'drɛsə] *f* address; a~ieren [adrɛ'si:rən] *vt:* **a~ieren (an** +*akk*) to address (to)

Adria ['a:dria] (-) *f* Adriatic

Advent [at'vɛnt] (-(e)s, -e) *m* Advent; ~skalender *m* Advent calendar; ~skranz *m* Advent wreath

Adverb [at'vɛrp] *nt* adverb

Aerobic [ae'ro:bik] *nt* aerobics *sg*

Affäre [a'fɛ:rə] *f* affair

Affe ['afə] (-n, -n) *m* monkey

Affekt [a'fɛkt] (-(e)s, -e) *m:* **im ~ handeln** to act in the heat of the moment; a~iert [afɛk'ti:rt] *adj* affected

Affen- *zW:* a~artig *adj* like a monkey; **mit a~artiger Geschwindigkeit** like a flash; ~hitze (*umg*) *f* incredible heat

affig ['afɪç] *adj* affected

Afrika ['a:frika] (-s) *nt* Africa; ~ner(in) [-'ka:nər(ɪn)] (-s, -) *m(f)* African; a~nisch *adj* African

AG [a:'ge:] *abk* (= *Aktiengesellschaft*) ≃ plc (*BRIT*), ≃ Inc. (*US*)

Agent [a'gɛnt] *m* agent; ~ur *f* agency

Aggregat [agre'ga:t] (-(e)s, -e) *nt* aggregate; (*TECH*) unit

Aggress- *zW:* ~ion [agrɛsi'o:n] *f* aggression; a~iv [agrɛ'si:f] *adj* aggressive; ~ivität [agrɛsivi'tɛ:t] *f* aggressiveness

Agrarpolitik [a'gra:r-] *f* agricultural policy

Ägypten [ɛ'gʏptən] (-s) *nt* Egypt; ägyptisch *adj* Egyptian

aha [a'ha:] *excl* aha

ähneln ['ɛ:nəln] *vi* +*dat* to be like, to resemble ♦ *vr* to be alike *od* similar

ahnen ['a:nən] *vt* to suspect; (*Tod, Gefahr*) to have a presentiment of

ähnlich ['ɛ:nlɪç] *adj* (+*dat*) similar (to); Ä~keit *f* similarity

Ahnung ['a:nʊŋ] *f* idea, suspicion; presentiment; a~slos *adj* unsuspecting

Ahorn ['a:hɔrn] (-s, -e) *m* maple

Ähre ['ɛ:rə] *f* ear

Aids [e:dz] *nt* AIDS *sg*

Airbag ['ɛ:əbɛk] (-s, -s) *m* airbag

Akademie [akade'mi:] *f* academy; Aka'demiker(in) (-s, -) *m(f)* university graduate; akademisch *adj* academic

akklimatisieren [aklimati'zi:rən] *vr* to become acclimatized

Akkord [a'kɔrt] (-(e)s, -e) *m* (*MUS*) chord; **im ~ arbeiten** to do piecework

Akkordeon [a'kɔrdeɔn] (-s, -s) *nt* accordion

Akku ['aku] (-s, -s) *m* rechargeable battery

Akkusativ ['akuzati:f] (-s, -e) *m* accusative

Akne ['aknə] *f* acne

Akrobat(in) [akro'ba:t(ɪn)] (-en, -en) *m(f)* acrobat

Akt [akt] (-(e)s, -e) *m* act; (*KUNST*) nude

Akte ['aktə] *f* file

Akten- *zW:* ~koffer *m* attaché case; a~kundig *adj* on the files; ~schrank *m* filing cabinet; ~tasche *f* briefcase

Aktie ['aktsiə] *f* share

Aktien- *zW:* ~gesellschaft *f* public limited company; ~index (-(es), -e *od* -indices) *m* share index; ~kurs *m* share price

Aktion [aktsi'o:n] *f* campaign; (*Polizeiaktion, Suchaktion*) action

Aktionär [aktsio'nɛ:r] (-s, -e) *m* shareholder

aktiv [ak'ti:f] *adj* active; (*MIL*) regular; ~ieren [-'vi:rən] *vt* to activate; A~ität *f* activity

Aktualität [aktuali'tɛ:t] *f* topicality; (*einer Mode*) up-to-dateness

aktuell [aktu'ɛl] *adj* topical; up-to-date

Akupunktur [akupʊŋk'tu:ər] *f* acupuncture

Akustik [a'kʊstik] *f* acoustics *pl*

akut [a'ku:t] *adj* acute

Akzent [ak'tsɛnt] *m* accent; (*Betonung*) stress

akzeptabel [aktsɛp'ta:bl] *adj* acceptable

akzeptieren [aktsɛp'ti:rən] *vt* to accept

Alarm [a'larm] (-(e)s, -e) *m* alarm; a~bereit *adj* standing by; ~bereitschaft *f* stand-by;

a~ieren [-'miːrən] *vt* to alarm
Albanien [al'baːniən] **(-s)** *nt* Albania
albanisch *adj* Albanian
albern ['albərn] *adj* silly
Albtraum ▲ ['alptraʊm] *m* nightmare
Album ['albʊm] **(-s, Alben)** *nt* album
Alge ['algə] *f* algae
Algebra ['algebra] **(-)** *f* algebra
Algerier(in) [al'geːriːr(ɪn)] **(-s, -)** *m(f)* Algerian
algerisch *adj* Algerian
alias ['aːlias] *adv* alias
Alibi ['aːlibi] **(-s, -s)** *nt* alibi
Alimente [ali'mɛntə] *pl* alimony *sg*
Alkohol ['alkohɔl] **(-s, -e)** *m* alcohol; **a~frei** *adj* non-alcoholic; **~iker(in)** [alko'hoːlikər(ɪn)] **(-s, -)** *m(f)* alcoholic; **a~isch** *adj* alcoholic; **~verbot** *nt* ban on alcohol
All [al] **(-s)** *nt* universe
all'abendlich *adj* every evening
'allbekannt *adj* universally known

alle(r, s) ['alə(r,s)] *adj* **1** (*sämtliche*) all; **wir alle** all of us; **alle Kinder waren da** all the children were there; **alle Kinder mögen ...** all children like ...; **alle beide** both of us/ them; **sie kamen alle** they all came; **alles Gute** all the best; **alles in allem** all in all **2** (*mit Zeit- oder Maßangaben*) every; **alle vier Jahre** every four years; **alle fünf Meter** every five metres

♦ *pron* everything; **alles was er sagt** everything he says, all that he says

♦ *adv* (*zu Ende, aufgebraucht*) finished; **die Milch ist alle** the milk's all gone, there's no milk left; **etw alle machen** to finish sth up

Allee [a'leː] *f* avenue
allein [a'laɪn] *adv* alone; (*ohne Hilfe*) on one's own, by oneself ♦ *konj* but, only; **nicht ~** (*nicht nur*) not only; **~ stehend** single; **A~erziehende(r)** *f(m)* single parent; **A~gang** *m*: **im A~gang** on one's own
allemal [alə'maːl] *adv* (*jedes Mal*) always; (*ohne weiteres*) with no bother; *siehe* **Mal**

allenfalls ['alən'fals] *adv* at all events; (*höchstens*) at most
aller- ['alər] *zW*: **~beste(r, s)** *adj* very best; **~dings** *adv* (*zwar*) admittedly; (*gewiss*) certainly
Allergie [alɛr'giː] *f* allergy; **al'lergisch** *adj* allergic
aller- *zW*: **~hand** (*umg*) *adj inv* all sorts of; **das ist doch ~hand!** that's a bit much; **~hand!** (*lobend*) good show!; **A~'heiligen** *nt* All Saints' Day; **~höchstens** *adv* at the very most; **~lei** *adj inv* all sorts of; **~letzte(r, s)** *adj* very last; **A~seelen** **(-s)** *nt* All Souls' Day; **~seits** *adv* on all sides; **prost ~seits!** cheers everyone!

ⓘ **Allerheiligen** (*All Saints' Day*) is celebrated on November 1st and is a public holiday in some parts of Germany and in Austria. **Allerseelen** (*All Souls' Day*) is celebrated on November 2nd in the Roman Catholic Church. It is customary to visit cemeteries and place lighted candles on the graves of relatives and friends.

Allerwelts- *in zW* (*Durchschnitts-*) common; (*nichts sagend*) commonplace
alles *pron* everything; **~ in allem** all in all; **~ Gute!** all the best!
Alleskleber **(-s, -)** *m* multi-purpose glue
allgemein ['algəmaɪn] *adj* general; **im A~en** in general; **~ gültig** generally accepted; **A~wissen** *nt* general knowledge
Alliierte(r) [ali'iːrtə(r)] *m* ally
all- *zW*: **~jährlich** *adj* annual; **~mächtig** *adj* almighty; **~mählich** *adj* gradual; **A~tag** *m* everyday life; **~täglich** *adj, adv* daily; (*gewöhnlich*) commonplace; **~tags** *adv* on weekdays; **~'wissend** *adj* omniscient; **~zu** *adv* all too; **~ oft** all too often; **~ viel** too much
Allzweck- ['altsvɛk-] *in zW* multi-purpose
Alm [alm] **(-, -en)** *f* alpine pasture
Almosen ['almoːzən] **(-s, -)** *nt* alms *pl*
Alpen ['alpən] *pl* Alps; **~vorland** *nt* foothills *pl* of the Alps

Alphabet [alfa'beːt] (-(e)s, -e) *nt* alphabet;
a~isch *adj* alphabetical

Alptraum ['alptraʊm] = **Albtraum**

SCHLÜSSELWORT
---

als [als] *konj* **1** (*zeitlich*) when; (*gleichzeitig*)
as; **damals, als …** (in the days) when …;
gerade, als … just as …
2 (*in der Eigenschaft*) than; **als Antwort** as
an answer; **als Kind** as a child
3 (*bei Vergleichen*) than; **als kam später als
er** I came later than he (did) *od* later than
him; **lieber … als …** rather … than …;
nichts als Ärger nothing but trouble
4 : als ob/wenn as if

---

also ['alzo] *konj* so; (*folglich*) therefore; **~ gut**
od **schön!** okay then; **~, so was!** well
really!; **na ~!** there you are then!

Alsterwasser ['alstər-] *nt* shandy (*BRIT*),
beer and lemonade

Alt [alt] (-, -e) *m* (*MUS*) alto

alt *adj* old; **alles beim A~en lassen** to leave
everything as it was

Altar [al'taːr] (-(e)s, -äre) *m* altar

Alt- *zW:*~**bau** *m* old building;**a~bekannt**
adj long-known;~**bier** *nt* top-fermented
German dark beer;~**eisen** *nt* scrap iron

Alten(wohn)heim *nt* old people's home

Alter ['altər] (-s, -) *nt* age; (*hohes*) old age;
im ~ von at the age of;**a~n** *vi* to grow
old, to age

Alternativ- [alterna'tiːf] *in zW* alternative;
~**e** *f* alternative

Alters- *zW:*~**grenze** *f* age limit;~**heim** *nt*
old people's home;~**rente** *f* old age
pension;a~**schwach** *adj* (*Mensch*) frail;
~**versorgung** *f* old age pension

Altertum ['altərtuːm] *nt* antiquity

alt- *zW:* **A~glas** *nt* glass for recycling;
A~glascontainer *m* bottle bank;~**klug**
adj precocious; ~**modisch** *adj* old-
fashioned; **A~papier** *nt* waste paper;
A~stadt *f* old town

Alufolie ['aːlufoːliə] *f* aluminium foil

Aluminium [alu'miːniʊm] (-s) *nt* aluminium,
aluminum (*US*)

Alzheimerkrankheit ['altshaɪmər'kraŋkhaɪt]
f Alzheimer's (disease)

am [am] = **an dem**; **~ Schlafen**; (*umg*)
sleeping; **~ 15. März** on March 15th; **~
besten/schönsten** best/most beautiful

Amateur [ama'tøːr] *m* amateur

Amboss ▲ ['ambɔs] (-es, -e) *m* anvil

ambulant [ambu'lant] *adj* outpatient;
Ambulanz *f* outpatients *sg*

Ameise ['aːmaɪzə] *f* ant

Ameisenhaufen *m* ant hill

Amerika [a'meːrika] (-s) *nt* America;
~**ner(in)** [-'kaːnər(ɪn)] (-s, -) *m(f)* American;
a~**nisch** [-'kaːnɪʃ] *adj* American

Amnestie [amnes'tiː] *f* amnesty

Ampel ['ampəl] (-, -n) *f* traffic lights *pl*

amputieren [ampu'tiːrən] *vt* to amputate

Amsel ['amzəl] (-, -n) *f* blackbird

Amt [amt] (-(e)s, -er) *nt* office; (*Pflicht*) duty;
(*TEL*) exchange;a~**ieren** [am'tiːrən] *vi* to
hold office;a~**lich** *adj* official

Amts- *zW:*~**richter** *m* district judge;
~**stunden** *pl* office hours;~**zeichen** *nt*
dialling tone;~**zeit** *f* period of office

amüsant [amy'zant] *adj* amusing

amüsieren [amy'ziːrən] *vt* to amuse ♦ *vr* to
enjoy o.s.

Amüsierviertel *nt* nightclub district

SCHLÜSSELWORT
---

an [an] *präp +dat* **1** (*räumlich: wo?*) at; (*auf,
bei*) on; (*nahe bei*) near; **an diesem Ort** at
this place; **an der Wand** on the wall; **zu
nahe an etw** too near to sth; **unten am
Fluss** down by the river; **Köln liegt am
Rhein** Cologne is on the Rhine
2 (*zeitlich: wann?*) on; **an diesem Tag** on
this day; **an Ostern** at Easter
3 : arm an Fett low in fat; **an etw sterben**
to die of sth; **an (und für) sich** actually
♦ *präp +akk* **1** (*räumlich: wohin?*) to; **er ging
ans Fenster** he went (over) to the
window; **etw an die Wand hängen/
schreiben** to hang/write sth on the wall
2 (*zeitlich: woran?*): **an etw denken** to think
of sth
3 (*gerichtet an*) to); **ein Gruß/eine Frage**

Spelling Reform: ▲ *new spelling* △ *old spelling (to be phased out)*

an dich greetings/a question to you
♦ *adv* **1** (*ungefähr*) about; **an die hundert** about a hundred
2 (*auf Fahrplänen*): **Frankfurt an 18.30** arriving Frankfurt 18.30
3 (*ab*): **von dort/heute an** from there/today onwards
4 (*angeschaltet, angezogen*) on; **das Licht ist an** the light is on; **ohne etwas an** with nothing on; *siehe auch* **am**

analog [ana'lo:k] *adj* analogous; **A~ie** [-'gi:] *f* analogy

Analphabet(in) [an|alfa'be:t(ɪn)] (**-en, -en**) *m(f)* illiterate (person)

Analyse [ana'ly:zə] *f* analysis

analysieren [analy'zi:rən] *vt* to analyse

Ananas ['ananas] (**-, - od -se**) *f* pineapple

Anarchie [anar'çi:] *f* anarchy

Anatomie [anato'mi:] *f* anatomy

anbahnen ['anba:nən] *vt, vr* to open up

Anbau ['anbaʊ] *m* (AGR) cultivation; (*Gebäude*) extension; **a~en** *vt* (AGR) to cultivate; (*Gebäudeteil*) to build on

anbehalten ['anbəhaltən] (*unreg*) *vt* to keep on

anbei [an'baɪ] *adv* enclosed

anbeißen ['anbaɪsən] (*unreg*) *vt* to bite into ♦ *vi* to bite; (*fig*) to swallow the bait; **zum A~** (*umg*) good enough to eat

anbelangen ['anbəlaŋən] *vt* to concern; **was mich anbelangt** as far as I am concerned

anbeten ['anbe:tən] *vt* to worship

Anbetracht ['anbətraxt] *m*: **in ~** +*gen* in view of

anbieten ['anbi:tən] (*unreg*) *vt* to offer ♦ *vr* to volunteer

anbinden ['anbɪndən] (*unreg*) *vt* to tie up; **kurz angebunden** (*fig*) curt

Anblick ['anblɪk] *m* sight; **a~en** *vt* to look at

anbraten ['anbra:tən] *vt* to brown

anbrechen ['anbrɛçən] (*unreg*) *vt* to start; (*Vorräte*) to break into ♦ *vi* to start; (*Tag*) to break; (*Nacht*) to fall

anbrennen ['anbrɛnən] (*unreg*) *vi* to catch fire; (KOCH) to burn

anbringen ['anbrɪŋən] (*unreg*) *vt* to bring; (*Ware*) to sell; (*festmachen*) to fasten

Anbruch ['anbrʊx] *m* beginning; **~ des Tages/der Nacht** dawn/nightfall

anbrüllen ['anbrʏlən] *vt* to roar at

Andacht ['andaxt] (**-, -en**) *f* devotion; (*Gottesdienst*) prayers *pl*; **andächtig** *adj* ['andɛçtɪç] devout

andauern ['andaʊərn] *vi* to last, to go on; **~d** *adj* continual

Anden ['andən] *pl* Andes

Andenken ['andɛŋkən] (**-s, -**) *nt* memory; souvenir

andere(r, s) ['andərə(r, z)] *adj* other; (*verschieden*) different; **ein ~s Mal** another time; **kein ~r** nobody else; **von etw ~m sprechen** to talk about something else; **~rseits** *adv* on the other hand

andermal *adv*: **ein ~** some other time

ändern ['ɛndərn] *vt* to alter, to change ♦ *vr* to change

andernfalls ['andərnfals] *adv* otherwise

anders ['andərs] *adv*: **~ (als)** differently (from); **wer ~?** who else?; **jd/irgendwo ~** sb/somewhere else; **~ aussehen/klingen** to look/sound different; **~artig** *adj* different; **~herum** *adv* the other way round; **~wo** *adv* somewhere else; **~woher** *adv* from somewhere else

anderthalb ['andərt'halp] *adj* one and a half

Änderung ['ɛndəruŋ] *f* alteration, change

Änderungsschneiderei *f* tailor (*who does alterations*)

anderweitig ['andər'vaɪtɪç] *adj* other ♦ *adv* otherwise; (*anderswo*) elsewhere

andeuten ['andɔytən] *vt* to indicate; (*Wink geben*) to hint at; **Andeutung** *f* indication; hint

Andrang ['andraŋ] *m* crush

andrehen ['andre:ən] *vt* to turn *od* switch on; **jdm etw ~** (*umg*) to unload sth onto sb

androhen ['andro:ən] *vt*: **jdm etw ~** to threaten sb with sth

aneignen ['an|aɪgnən] *vt*: **sich** *dat* **etw ~** to acquire sth; (*widerrechtlich*) to appropriate sth

aneinander [an|aɪˈnandər] *adv* at/on/to *etc* one another *od* each other; **~ geraten** to clash

Anekdote [anɛkˈdoːtə] *f* anecdote

anekeln [ˈan|eːkəln] *vt* to disgust

anerkannt [ˈan|ɛrkant] *adj* recognized, acknowledged

anerkennen [ˈan|ɛrkɛnən] *(unreg) vt* to recognize, to acknowledge; *(würdigen)* to appreciate; **~d** *adj* appreciative

Anerkennung *f* recognition, acknowledgement; appreciation

anfachen [ˈanfaxən] *vt* to fan into flame; *(fig)* to kindle

anfahren [ˈanfaːrən] *(unreg) vt* to deliver; *(fahren gegen)* to hit; *(Hafen)* to put into; *(fig)* to bawl out ♦ *vi* to drive up; *(losfahren)* to drive off

Anfahrt [ˈanfaːrt] *f* (*~sweg, ~szeit*) journey

Anfall [ˈanfal] *m (MED)* attack; **a~en** *(unreg) vt* to attack; *(fig)* to overcome ♦ *vi (Arbeit)* to come up; *(Produkt)* to be obtained

anfällig [ˈanfɛlɪç] *adj* delicate; **~ für etw** prone to sth

Anfang [ˈanfaŋ] *(-(e)s, -fänge) m* beginning, start; **von ~ an** right from the beginning; **zu ~** at the beginning; **~ Mai** at the beginning of May; **a~en** *(unreg) vt, vi* to begin, to start; *(machen)* to do

Anfänger(in) [ˈanfɛŋər(ɪn)] *(-s, -) m(f)* beginner

anfänglich [ˈanfɛŋlɪç] *adj* initial

anfangs *adv* at first; **A~buchstabe** *m* initial *od* first letter; **A~gehalt** *nt* starting salary

anfassen [ˈanfasən] *vt* to handle; *(berühren)* to touch ♦ *vi* to lend a hand ♦ *vr* to feel

anfechten [ˈanfɛçtən] *(unreg) vt* to dispute

anfertigen [ˈanfɛrtɪgən] *vt* to make

anfeuern [ˈanfɔʏərn] *vt (fig)* to spur on

anflehen [ˈanfleːən] *vt* to implore

anfliegen [ˈanfliːgən] *(unreg) vt* to fly to

Anflug [ˈanfluːk] *m (AVIAT)* approach; *(Spur)* trace

anfordern [ˈanfɔrdərn] *vt* to demand; *(COMM)* to requisition

Anforderung *f (+gen)* demand (for)

Anfrage [ˈanfraːgə] *f* inquiry; **a~n** *vi* to inquire

anfreunden [ˈanfrɔʏndən] *vr* to make friends

anfügen [ˈanfyːgən] *vt* to add; *(beifügen)* to enclose

anfühlen [ˈanfyːlən] *vt, vr* to feel

anführen [ˈanfyːrən] *vt* to lead; *(zitieren)* to quote; *(umg: betrügen)* to lead up the garden path

Anführer *m* leader

Anführungszeichen *pl* quotation marks, inverted commas

Angabe [ˈangaːbə] *f* statement; *(TECH)* specification; *(umg: Prahlerei)* boasting; *(SPORT)* service

angeben [ˈangeːbən] *(unreg) vt* to give; *(anzeigen)* to inform on; *(bestimmen)* to set ♦ *vi (umg)* to boast; *(SPORT)* to serve

Angeber **(-s, -)** *(umg) m* show-off; **Angeberei** *(umg) f* showing off

angeblich [ˈangeːplɪç] *adj* alleged

angeboren [ˈangəboːrən] *adj* inborn, innate

Angebot [ˈangəboːt] *nt* offer; **~ (an +dat)** *(COMM)* supply (of)

angebracht [ˈangəbraxt] *adj* appropriate, in order

angegriffen [ˈangəɡrɪfən] *adj* exhausted

angeheitert [ˈangəhaɪtərt] *adj* tipsy

angehen [ˈangeːən] *(unreg) vt* to concern; *(angreifen)* to attack; *(bitten)*: **jdn ~ (um)** to approach sb (for) ♦ *vi (Feuer)* to light; *(umg: beginnen)* to begin; **~d** *adj* prospective

angehören [ˈangəhøːrən] *vi (+ dat)* to belong to; *(Partei)* to be a member of

Angehörige(r) [ˈangəhøːrɪgə(r)] *f(m)* relative

Angeklagte(r) [ˈangəklaːktə(r)] *f(m)* accused

Angel [ˈaŋəl] **(-, -n)** *f* fishing rod; *(Türangel)* hinge

Angelegenheit [ˈangəleːgənhaɪt] *f* affair, matter

Angel- *zW*: **~haken** *m* fish hook; **a~n** *vt* to catch ♦ *vi* to fish; **~n (-s)** *nt* angling, fishing; **~rute** *f* fishing rod; **~schein** *m* fishing permit

angemessen [ˈangəmɛsən] *adj* appropriate, suitable

angenehm ['angəne:m] *adj* pleasant; **~!** (*bei Vorstellung*) pleased to meet you

angeregt [angəre:kt] *adj* animated, lively

angesehen ['angəze:ən] *adj* respected

angesichts ['angəzɪçts] *präp +gen* in view of, considering

angespannt ['angəʃpant] *adj* (*Aufmerksamkeit*) close; (*Arbeit*) hard

Angestellte(r) ['angəʃtɛltə(r)] *f(m)* employee

angestrengt ['angəʃtrɛŋt] *adv* as hard as one can

angetan ['angəta:n] *adj*: **von jdm/etw ~ sein** to be impressed by sb/sth; **es jdm ~ haben** to appeal to sb

angetrunken ['angətrʊŋkən] *adj* tipsy

angewiesen ['angəvi:zən] *adj*: **auf jdn/etw ~ sein** to be dependent on sb/sth

angewöhnen ['angəvø:nən] *vt*: **jdm/sich etw ~** to get sb/become accustomed to sth

Angewohnheit ['angəvo:nhaɪt] *f* habit

angleichen ['anglaɪçən] (*unreg*) *vt, vr* to adjust

Angler ['aŋlər] (**-s, -**) *m* angler

angreifen ['angraɪfən] (*unreg*) *vt* to attack; (*beschädigen*) to damage

Angreifer (**-s, -**) *m* attacker

Angriff ['angrɪf] *m* attack; **etw in ~ nehmen** to make a start on sth

Angst (**-, ⁓e**) *f* fear; **jdm ist a~** sb is afraid *od* scared; **~ haben (vor** +*dat*) to be afraid *od* scared (of); **~ haben um jdn/etw** to be worried about sb/sth; **jdm ~ machen** to scare sb; **~hase** (*umg*) *m* chicken, scaredy-cat

ängst- ['ɛŋst] *zW*: **~igen** *vt* to frighten ♦ *vr*: **sich ~igen (vor** +*dat od* **um)** to worry (o.s.) (about); **~lich** *adj* nervous; (*besorgt*) worried; **Ä~lichkeit** *f* nervousness

anhaben ['anha:bən] (*unreg*) *vt* to have on; **er kann mir nichts ~** he can't hurt me

anhalt- ['anhalt] *zW*: **~en** (*unreg*) *vt* to stop ♦ *vi* to stop; (*andauern*) to persist; **(jdm) etw ~en** to hold sth up (against sb); **jdn zur Arbeit/Höflichkeit ~en** to make sb work/be polite; **~end** *adj* persistent;

A~er(in) (**-s, -**) *m(f)* hitch-hiker; **per A~er fahren** to hitch-hike; **A~spunkt** *m* clue

anhand [an'hant] *präp +gen* with

Anhang ['anhaŋ] *m* appendix; (*Leute*) family; supporters *pl*

anhäng- ['anhɛŋ] *zW*: **~en** (*unreg*) *vt* to hang up; (*Wagen*) to couple up; (*Zusatz*) to add (on); **A~er** (**-s, -**) *m* supporter; (*AUT*) trailer; (*am Koffer*) tag; (*Schmuck*) pendant; **A~erschaft** *f* supporters *pl*; **~lich** *adj* devoted; **A~lichkeit** *f* devotion; **A~sel** (**-s, -**) *nt* appendage

Anhäufung ['anhɔyfʊŋ] *f* accumulation

anheben ['anhe:bən] (*unreg*) *vt* to lift up; (*Preise*) to raise

anheizen ['anhaɪtsən] *vt* (*Stimmung*) to lift; (*Moral*) to boost

Anhieb ['anhi:b] *m*: **auf ~** at the very first go; (*kurz entschlossen*) on the spur of the moment

Anhöhe ['anhø:ə] *f* hill

anhören ['anhø:rən] *vt* to listen to; (*anmerken*) to hear ♦ *vr* to sound

animieren [ani'mi:rən] *vt* to encourage, to urge on

Anis [a'ni:s] (**-es, -e**) *m* aniseed

Ank. *abk* (*= Ankunft*) arr.

Ankauf ['ankaʊf] *m* (*von Wertpapieren, Devisen, Waren*) purchase; **a~en** *vt* to purchase, to buy

Anker ['aŋkər] (**-s, -**) *m* anchor; **vor ~ gehen** to drop anchor

Anklage ['ankla:gə] *f* accusation; (*JUR*) charge; **~bank** *f* dock; **a~n** *vt* to accuse; **jdn (eines Verbrechens) a~n** (*JUR*) to charge sb (with a crime)

Ankläger ['anklɛ:gər] *m* accuser

Anklang ['anklaŋ] *m*: **bei jdm ~ finden** to meet with sb's approval

Ankleidekabine *f* changing cubicle

ankleiden ['anklaɪdən] *vt, vr* to dress

anklicken ['anklɪkən] *vt* (*COMPUT*) to click on

anklopfen ['anklɔpfən] *vi* to knock

anknüpfen ['anknʏpfən] *vt* to fasten *od* tie on; (*fig*) to start ♦ *vi* (*anschließen*): **~ an** +*akk* to refer to

ankommen ['ankɔmən] (*unreg*) *vi* to arrive;

(*näher kommen*) to approach; (*Anklang finden*): **bei jdm (gut) ~** to go down well with sb; **es kommt darauf an** it depends; (*wichtig sein*) that (is what) matters; **es darauf ~ lassen** to let things take their course; **gegen jdn/etw ~** to cope with sb/sth; **bei jdm schlecht ~** to go down badly with sb

ankreuzen ['ankrɔytsən] *vt* to mark with a cross; (*hervorheben*) to highlight

ankündigen ['ankʏndɪgən] *vt* to announce; **Ankündigung** *f* announcement

Ankunft ['ankʊnft] (**-, -künfte**) *f* arrival; **~szeit** *f* time of arrival

ankurbeln ['ankʊrbəln] *vt* (*fig*) to boost

Anlage ['anla:gə] *f* disposition; (*Begabung*) talent; (*Park*) gardens *pl*; (*Beilage*) enclosure; (*TECH*) plant; (*FIN*) investment; (*Entwurf*) layout

Anlass ▲ ['anlas] (**-es, -lässe**) *m*: **~ (zu)** cause (for); (*Ereignis*) occasion; **aus ~** +*gen* on the occasion of; **~ zu etw geben** to give rise to sth; **etw zum ~ nehmen** to take the opportunity of sth

anlassen (*unreg*) *vt* to leave on; (*Motor*) to start ♦ *vr* (*umg*) to start off

Anlasser (**-s, -**) *m* (*AUT*) starter

anlässlich ▲ ['anlesliç] *präp* +*gen* on the occasion of

Anlauf ['anlaʊf] *m* run-up; **a~en** (*unreg*) *vi* to begin; (*neuer Film*) to show; (*SPORT*) to run up; (*Fenster*) to mist up; (*Metall*) to tarnish ♦ *vt* to call at; **rot a~en** to blush; **angelaufen kommen** to come running up

anlegen ['anle:gən] *vt* to put; (*anziehen*) to put on; (*gestalten*) to lay out; (*Geld*) to invest ♦ *vi* to dock; **etw an etw** *akk* **~** to put sth against *od* on sth; **ein Gewehr ~ (auf** +*akk*) to aim a weapon (at); **es auf etw** *akk* **~** to be out for sth/to do sth; **sich mit jdm ~** (*umg*) to quarrel with sb

Anlegestelle *f* landing place

anlehnen ['anle:nən] *vt* to lean; (*Tür*) to leave ajar; **(sich) an etw** *akk* **~** to lean on/against sth

Anleihe ['anlaɪə] *f* (*FIN*) loan

anleiten ['anlaɪtən] *vt* to instruct;

Anleitung *f* instructions *pl*

anliegen ['anli:gən] (*unreg*) *vi* (*Kleidung*) to cling; **A~ (-s, -)** *nt* matter; (*Wunsch*) wish; **~d** *adj* adjacent; (*beigefügt*) enclosed

Anlieger (**-s, -**) *m* resident; **„~ frei"** "residents only"

anmachen ['anmaxən] *vt* to attach; (*ELEK*) to put on; (*Zigarette*) to light; (*Salat*) to dress

anmaßen ['anma:sən] *vt*: **sich** *dat* **etw ~** (*Recht*) to lay claim to sth; **~d** *adj* arrogant

Anmaßung *f* presumption

anmelden ['anmɛldən] *vt* to announce ♦ *vr* (*sich ankündigen*) to make an appointment; (*polizeilich, für Kurs etc*) to register

Anmeldung *f* announcement; appointment; registration

anmerken ['anmɛrkən] *vt* to observe; (*anstreichen*) to mark; **sich** *dat* **nichts ~ lassen** to not give anything away

Anmerkung *f* note

anmieten ['anmi:tən] *vt* to rent; (*auch Auto*) to hire

Anmut ['anmu:t] (**-**) *f* grace; **a~en** *vt* to give a feeling; **a~ig** *adj* charming

annähen ['annɛ:ən] *vt* to sew on

annähern ['annɛ:ərn] *vr* to get closer; **~d** *adj* approximate

Annäherung *f* approach

Annäherungsversuch *m* advances *pl*

Annahme ['anna:mə] *f* acceptance; (*Vermutung*) assumption

annehm- ['anne:m] *zW*: **~bar** *adj* acceptable; **~en** (*unreg*) *vt* to accept; (*Namen*) to take; (*Kind*) to adopt; (*vermuten*) to suppose, to assume ♦ *vr* (+*gen*) to take care (of); **A~lichkeit** *f* comfort

Annonce [a'nõ:sə] *f* advertisement

annoncieren [anõ'si:rən] *vt*, *vi* to advertise

annullieren [anʊ'li:rən] *vt* to annul

anonym [ano'ny:m] *adj* anonymous

Anorak ['anorak] (**-s, -s**) *m* anorak

anordnen ['anɔrdnən] *vt* to arrange; (*befehlen*) to order

Anordnung *f* arrangement; order

anorganisch ['anɔrganɪʃ] *adj* inorganic

anpacken ['anpakən] *vt* to grasp; (*fig*) to tackle; **mit ~** to lend a hand

Spelling Reform: ▲ *new spelling* △ *old spelling (to be phased out)*

anpassen ['anpasən] *vt:* **(jdm) ~** to fit (on sb); *(fig)* to adapt ♦ *vr* to adapt
anpassungsfähig *adj* adaptable
Anpfiff ['anpfɪf] *m (SPORT)* (starting) whistle; kick-off; *(umg)* rocket
anprallen ['anpralən] *vi:* **~ (gegen** *od* **an** +*akk*) to collide (with)
anprangern ['anpraŋərn] *vt* to denounce
anpreisen ['anpraɪzən] *(unreg) vt* to extol
Anprobe ['anpro:bə] *f* trying on
anprobieren ['anprobi:rən] *vt* to try on
anrechnen ['anrεçnən] *vt* to charge; *(fig)* to count; **jdm etw hoch ~** to think highly of sb for sth
Anrecht ['anrεçt] *nt:* **~ (auf** +*akk*) right (to)
Anrede ['anre:də] *f* form of address; **a~n** *vt* to address; *(belästigen)* to accost
anregen ['anre:gən] *vt* to stimulate; **angeregte Unterhaltung** lively discussion; **~d** *adj* stimulating
Anregung *f* stimulation; *(Vorschlag)* suggestion
anreichern ['anraɪçərn] *vt* to enrich
Anreise ['anraɪzə] *f* journey; **a~n** *vi* to arrive
Anreiz ['anraɪts] *m* incentive
Anrichte ['anrɪçtə] *f* sideboard; **a~n** *vt* to serve up; **Unheil a~n** to make mischief
anrüchig ['anrʏçɪç] *adj* dubious
anrücken ['anrʏkən] *vi* to approach; *(MIL)* to advance
Anruf ['anru:f] *m* call; **~beantworter** [-bə-'|antvɔrtər] **(-s, -)** *m* answering machine; **a~en** *(unreg)* to call out to; *(bitten)* to call on; *(TEL)* to ring up, to phone, to call
ans [ans] = **an das**
Ansage ['anza:gə] *f* announcement; **a~n** *vt* to announce ♦ *vr* to say one will come; **~r(in)** **(-s, -)** *m(f)* announcer
ansammeln ['anzaməln] *vt (Reichtümer)* to amass ♦ *vr (Menschen)* to gather, to assemble; *(Wasser)* to collect; **Ansammlung** *f* collection; *(Leute)* crowd
ansässig ['anzεsɪç] *adj* resident
Ansatz ['anzats] *m* start; *(Haaransatz)* hairline; *(Halsansatz)* base; *(Verlängerungsstück)* extension; *(Veranschlagung)* estimate; **~punkt** *m* starting point

anschaffen ['anʃafən] *vt* to buy, to purchase; **Anschaffung** *f* purchase
anschalten ['anʃaltən] *vt* to switch on
anschau- ['anʃau] *zW:* **~en** *vt* to look at; **~lich** *adj* illustrative; **A~ung** *f (Meinung)* view; **aus eigener A~ung** from one's own experience
Anschein ['anʃaɪn] *m* appearance; **allem ~ nach** to all appearances; **den ~ haben** to seem, to appear; **a~end** *adj* apparent
anschieben ['anʃi:bən] *vt* to push
Anschlag ['anʃla:k] *m* notice; *(Attentat)* attack; *(COMM)* estimate; *(auf Klavier)* touch; *(Schreibmaschine)* character; **a~en** ['anʃla:gən] *(unreg) vt* to put up; *(beschädigen)* to chip; *(Akkord)* to strike; *(Kosten)* to estimate ♦ *vi* to hit; *(wirken)* to have an effect; *(Glocke)* to ring; **an etw** *akk* **a~en** to hit against sth
anschließen ['anʃli:sən] *(unreg) vt* to connect up; *(Sender)* to link up ♦ *vi:* **an etw** *akk* **~** to adjoin sth; *(zeitlich)* to follow sth ♦ *vr:* **sich jdm/etw ~** to join sb/sth; *(beipflichten)* to agree with sb/sth; **sich an etw** *akk* **~** to adjoin sth; **~d** *adj* adjacent; *(zeitlich)* subsequent ♦ *adv* afterwards
Anschluss ▲ ['anʃlʊs] *m (ELEK, EISENB)* connection; *(von Wasser etc)* supply; **im ~ an** +*akk* following; **~ finden** to make friends; **~flug** *m* connecting flight
anschmiegsam ['anʃmi:kza:m] *adj* affectionate
anschnallen ['anʃnalən] *vt* to buckle on ♦ *vr* to fasten one's seat belt
anschneiden ['anʃnaɪdən] *(unreg) vt* to cut into; *(Thema)* to introduce
anschreiben ['anʃraɪbən] *(unreg) vt* to write (up); *(COMM)* to charge up; *(benachrichtigen)* to write to
anschreien ['anʃraɪən] *(unreg) vt* to shout at
Anschrift ['anʃrɪft] *f* address
Anschuldigung ['anʃʊldɪgʊŋ] *f* accusation
anschwellen ['anʃvεlən] *(unreg) vi* to swell (up)
anschwindeln ['anʃvɪndəln] *vt* to lie to
ansehen ['anze:ən] *(unreg) vt* to look at;

jdm etw ~ to see sth (from sb's face); **jdn/etw als etw ~** to look on sb/sth as sth; **~ für** to consider; **A~ (-s)** *nt* respect; (*Ruf*) reputation

ansehnlich ['anze:nlɪç] *adj* fine-looking; (*beträchtlich*) considerable

ansetzen ['anzetsən] *vt* (*festlegen*) to fix; (*entwickeln*) to develop; (*Fett*) to put on; (*Blätter*) to grow; (*zubereiten*) to prepare ♦ *vi* (*anfangen*) to start, to begin; (*Entwicklung*) to set in; (*dick werden*) to put on weight ♦ *vr* (*Rost etc*) to start to develop; **~ an** +*akk* (*anfügen*) to fix on to; (*anlegen, an Mund etc*) to put to

Ansicht ['anzɪçt] *f* (*Anblick*) sight; (*Meinung*) view, opinion; **zur ~** on approval; **meiner ~ nach** in my opinion; **~skarte** *f* picture postcard; **~ssache** *f* matter of opinion

ansonsten [an'zɔnstən] *adv* otherwise

anspannen ['anʃpanən] *vt* to harness; (*Muskel*) to strain; **Anspannung** *f* strain

anspielen ['anʃpiːlən] *vi* (*SPORT*) to start play; **auf etw** *akk* **~** to refer *od* allude to sth

Anspielung *f*: **~ (auf** +*akk*) reference (to), allusion (to)

Anspitzer ['anʃpɪtsər] **(-s, -)** *m* pencil sharpener

Ansporn ['anʃpɔrn] **(-(e)s)** *m* incentive

Ansprache ['anʃpraːxə] *f* address

ansprechen ['anʃprɛçən] (*unreg*) *vt* to speak to; (*bitten, gefallen*) to appeal to ♦ *vi*: **(auf etw** *akk*) **~** to react (to sth); **jdn auf etw** *akk* **(hin) ~** to ask sb about sth; **~d** *adj* attractive

anspringen ['anʃprɪŋən] (*unreg*) *vi* (*AUT*) to start ♦ *vt* to jump at

Anspruch ['anʃprʊx] *m* (*Recht*): **~ (auf** +*akk*) claim (to); **hohe Ansprüche stellen/ haben** to demand/expect a lot; **jdn/etw in ~ nehmen** to occupy sb/take up sth; **a~slos** *adj* undemanding; **a~svoll** *adj* demanding

anstacheln ['anʃtaxəln] *vt* to spur on

Anstalt ['anʃtalt] **(-, -en)** *f* institution; **~en machen, etw zu tun** to prepare to do sth

Anstand ['anʃtant] *m* decency

anständig ['anʃtɛndɪç] *adj* decent; (*umg*) proper; (*groß*) considerable

anstandslos *adv* without any ado

anstarren ['anʃtarən] *vt* to stare at

anstatt [an'ʃtat] *präp* +*gen* instead of ♦ *konj*: **~ etw zu tun** instead of doing sth

Ansteck- ['anʃtɛk] *zW*: **a~en** *vt* to pin on; (*MED*) to infect; (*Pfeife*) to light; (*Haus*) to set fire to ♦ *vr*: **ich habe mich bei ihm angesteckt** I caught it from him ♦ *vi* (*fig*) to be infectious; **a~end** *adj* infectious; **~ung** *f* infection

anstehen ['anʃteːən] (*unreg*) *vi* to queue (up) (*BRIT*), to line up (*US*)

ansteigen ['anʃtaɪgən] *vt* (*Straße*) to climb; (*Gelände, Temperatur, Preise*) to rise

anstelle, an Stelle [an'ʃtɛlə] *präp* +*gen* in place of; **~n** ['an-] *vt* (*einschalten*) to turn on; (*Arbeit geben*) to employ; (*machen*) to do ♦ *vr* to queue (up) (*BRIT*), to line up (*US*); (*umg*) to act

Anstellung *f* employment; (*Posten*) post, position

Anstieg ['anʃtiːk] **(-(e)s, -e)** *m* (+*gen*) climb; (*fig: von Preisen etc*) increase (in)

anstiften ['anʃtɪftən] *vt* (*Unglück*) to cause; **jdn zu etw ~** to put sb up to sth

anstimmen ['anʃtɪmən] *vt* (*Lied*) to strike up with; (*Geschrei*) to set up

Anstoß ['anʃtoːs] *m* impetus; (*Ärgernis*) offence; (*SPORT*) kick-off; **der erste ~** the initiative; **~ nehmen an** +*dat* to take offence at; **a~en** (*unreg*) *vt* to push; (*mit Fuß*) to kick ♦ *vi* to knock, to bump; (*mit der Zunge*) to lisp; (*mit Gläsern*): **a~en (auf** +*akk*) to drink (to), to drink a toast (to)

anstößig ['anʃtøːsɪç] *adj* offensive, indecent

anstreichen ['anʃtraɪçən] (*unreg*) *vt* to paint

anstrengen ['anʃtrɛŋən] *vt* to strain; (*JUR*) to bring ♦ *vr* to make an effort; **~d** *adj* tiring

Anstrengung *f* effort

Anstrich ['anʃtrɪç] *m* coat of paint

Ansturm ['anʃtʊrm] *m* rush; (*MIL*) attack

Antarktis [ant'|arktɪs] **(-)** *f* Antarctic

antasten ['antastən] *vt* to touch; (*Recht*) to infringe upon; (*Ehre*) to question

Anteil ['antaɪl] **(-s, -e)** *m* share; (*Mitgefühl*)

sympathy; ~ **nehmen (an** +*dat*) to share (in); (*sich interessieren*) to take an interest (in); ~**nahme (-)** *f* sympathy

Antenne [an'tɛnə] *f* aerial

Anti- ['anti] *in zW* anti; ~**alko'holiker** *m* teetotaller; a~**autori'tär** *adj* anti-authoritarian; ~**babypille** *f* contraceptive pill; ~**biotikum** [antibi'o:tikʊm] **(-s, -ka)** *nt* antibiotic

antik [an'ti:k] *adj* antique; **A~e** *f* (*Zeitalter*) ancient world

Antiquariat [antikvari'a:t] **(-(e)s, -e)** *nt* secondhand bookshop

Antiquitäten [antikvi'tɛ:tən] *pl* antiques; ~**händler** *m* antique dealer

Antrag ['antra:k] **(-(e)s, -träge)** *m* proposal; (*PARL*) motion; (*Gesuch*) application; ~**steller(in)** **(-s, -)** *m(f)* claimant; (*für Kredit*) applicant

antreffen ['antrɛfən] (*unreg*) *vt* to meet

antreiben ['antraɪbən] (*unreg*) *vt* to drive on; (*Motor*) to drive

antreten ['antre:tən] (*unreg*) *vt* (*Amt*) to take up; (*Erbschaft*) to come into; (*Beweis*) to offer; (*Reise*) to start, to begin ♦ *vi* (*MIL*) to fall in; (*SPORT*) to line up; **gegen jdn ~** to play/fight (against) sb

Antrieb ['antri:p] *m* (*auch fig*) drive; **aus eigenem ~** of one's own accord

antrinken ['antrɪŋkən] (*unreg*) *vt* (*Flasche, Glas*) to start to drink from; **sich** *dat* **Mut/ einen Rausch ~** to give o.s. Dutch courage/get drunk; **angetrunken sein** to be tipsy

Antritt ['antrɪt] *m* beginning, commencement; (*eines Amts*) taking up

antun ['antu:n] (*unreg*) *vt*: **jdm etw ~** to do sth to sb; **sich** *dat* **Zwang ~** to force o.s.; **sich** *dat* **etwas ~** to (try to) take one's own life

Antwort ['antvɔrt] **(-, -en)** *f* answer, reply; a~**en** *vi* to answer, to reply

anvertrauen ['anfɛrtrauən] *vt*: **jdm etw ~** to entrust sb with sth; **sich jdm ~** to confide in sb

anwachsen ['anvaksən] (*unreg*) *vi* to grow; (*Pflanze*) to take root

Anwalt ['anvalt] **(-(e)s, -wälte)** *m* solicitor; lawyer; (*fig*) champion

Anwältin ['anvɛltɪn] *f siehe* **Anwalt**

Anwärter ['anvɛrtər] *m* candidate

anweisen ['anvaɪzən] (*unreg*) *vt* to instruct; (*zuteilen*) to assign

Anweisung *f* instruction; (*COMM*) remittance; (*Postanweisung, Zahlungsanweisung*) money order

anwend- ['anvɛnd] *zW*: ~**bar** ['anvɛnt-] *adj* practicable, applicable; ~**en** (*unreg*) *vt* to use, to employ; (*Gesetz, Regel*) to apply; **A~ung** *f* use; application

anwesend ['anve:zənt] *adj* present; **die A~en** those present

Anwesenheit *f* presence

anwidern ['anvi:dərn] *vt* to disgust

Anwohner(in) ['anvo:nər(ɪn)] **(-s, -)** *m(f)* neighbour

Anzahl ['antsa:l] *f*: ~ **(an** +*dat*) number (of); a~**en** *vt* to pay on account; ~**ung** *f* deposit, payment on account

Anzeichen ['antsaɪçən] *nt* sign, indication

Anzeige ['antsaɪgə] *f* (*Zeitungsanzeige*) announcement; (*Werbung*) advertisement; (*bei Polizei*) report; ~ **erstatten gegen jdn** to report sb (to the police); a~**n** *vt* (*zu erkennen geben*) to show; (*bekannt geben*) to announce; (*bei Polizei*) to report

anziehen ['antsi:ən] (*unreg*) *vt* to attract; (*Kleidung*) to put on; (*Mensch*) to dress; (*Seil*) to pull tight; (*Schraube*) to tighten; (*Knie*) to draw up ♦ *vr* to get dressed; ~**d** *adj* attractive

Anziehung *f* (*Reiz*) attraction; ~**skraft** *f* power of attraction; (*PHYS*) force of gravitation

Anzug ['antsu:k] *m* suit; (*Herankommen*): **im ~ sein** to be approaching

anzüglich ['antsy:klɪç] *adj* personal; (*anstößig*) offensive; **A~keit** *f* offensiveness; (*Bemerkung*) personal remark

anzünden ['antsYndən] *vt* to light

anzweifeln ['antsvaɪfəln] *vt* to doubt

apathisch [a'pa:tɪʃ] *adj* apathetic

Apfel ['apfəl] **(-s, ̈)** *m* apple; ~**saft** *m* apple juice; ~**sine** [-'zi:nə] *f* orange; ~**wein** *m*

cider
Apostel [a'pɔstəl] **(-s, -)** m apostle
Apotheke [apo'teːkə] f chemist's (shop), drugstore (US); **a~npflichtig** [-pflɪçtɪç] adj available only at a chemist's shop (BRIT) or pharmacy; **~r(in)** **(-s, -)** m(f) chemist, druggist (US)

Apotheke

i The **Apotheke** is a pharmacy selling medicines available only on prescription and toiletries. The pharmacist is qualified to give advice on medicines and treatments.

Apparat [apa'raːt] **(-(e)s, -e)** m piece of apparatus; camera; telephone; (RADIO, TV) set; **am ~!** speaking!; **~ur** [-'tuːr] f apparatus
Appartement [apart(ə)'mãː] **(-s, -s)** nt flat
appellieren [apɛ'liːrən] vi: **~ (an +akk)** to appeal (to)
Appetit [apɛ'tiːt] **(-(e)s, -e)** m appetite; **guten ~!** enjoy your meal; **a~lich** adj appetizing; **~losigkeit** f lack of appetite
Applaus [ap'laʊs] **(-es, -e)** m applause
Aprikose [apri'koːzə] f apricot
April [a'prɪl] **(-(s), -e)** m April
Aquarell [akva'rɛl] **(-s, -e)** nt watercolour
Äquator [ɛ'kvaːtɔr] **(-s)** m equator
Arab- [ˈarab] zW: **~er(in) (-s, -)** m(f) Arab; **~ien** [a'raːbiən] **(-s)** nt Arabia; **a~isch** [a'raːbɪʃ] adj Arabian
Arbeit [ˈarbaɪt] **(-, -en)** f work no art; (Stelle) job; (Erzeugnis) piece of work; (wissenschaftliche) dissertation; (Klassenarbeit) test; **das war eine ~** that was a hard job; **a~en** vi to work ♦ vt to work, to make; **~er(in) (-s, -)** m(f) worker; (ungelernt) labourer; **~erschaft** f workers pl, labour force; **~geber (-s, -)** m employer; **~nehmer (-s, -)** m employee
Arbeits- in zW labour; **a~am** adj industrious; **~amt** nt employment exchange; **~erlaubnis** f work permit; **a~fähig** adj fit for work, able-bodied; **~gang** m operation; **~kräfte** pl (Mitarbeiter) workforce; **a~los** adj

unemployed, out-of-work; **~lose(r)** f(m) unemployed person; **~losigkeit** f unemployment; **~markt** m job market; **~platz** m job; place of work; **a~scheu** adj workshy; **~tag** m work(ing) day; **a~unfähig** adj unfit for work; **~zeit** f working hours pl; **~zimmer** nt study
Archäologe [arçɛo'loːgə] **(-n, -n)** m archaeologist
Architekt(in) [arçi'tɛkt(ɪn)] **(-en, -en)** m(f) architect; **~ur** [-'tuːr] f architecture
Archiv [ar'çiːf] **(-s, -e)** nt archive
arg [ark] adj bad, awful ♦ adv awfully, very
Argentinien [argɛn'tiːniən] **(-s)** nt Argentina, the Argentine
argentinisch adj Argentinian
Ärger [ˈɛrgər] **(-s)** m (Wut) anger; (Unannehmlichkeit) trouble; **ä~lich** adj (zornig) angry; (lästig) annoying, aggravating; **ä~n** vt to annoy ♦ vr to get annoyed
arg- zW: **~listig** adj cunning, insidious; **~los** adj guileless, innocent
Argument [argu'mɛnt] nt argument
argwöhnisch adj suspicious
Arie [ˈaːriə] f aria
Aristokrat [arɪsto'kraːt] **(-en, -en)** m aristocrat; **~ie** [-'tiː] f aristocracy
Arktis [ˈarktɪs] **(-)** f Arctic
Arm [arm] **(-(e)s, -e)** m arm; (Flussarm) branch
arm adj poor
Armatur [arma'tuːr] f (ELEK) armature; **~enbrett** nt instrument panel; (AUT) dashboard
Armband nt bracelet; **~uhr** f (wrist) watch
Arme(r) f(m) poor man (woman); **die ~n** the poor
Armee [ar'meː] f army
Ärmel [ˈɛrməl] **(-s, -)** m sleeve; **etw aus dem ~ schütteln** (fig) to produce sth just like that; **~kanal** m English Channel
ärmlich [ˈɛrmlɪç] adj poor
armselig adj wretched, miserable
Armut [ˈarmuːt] **(-)** f poverty
Aroma [a'roːma] **(-s, Aromen)** nt aroma; **~therapie** f aromatherapy; **a~tisch** adj

Spelling Reform: ▲ *new spelling* △ *old spelling (to be phased out)*

[aro'ma:tɪʃ] *adj* aromatic

arrangieren [arãː'ʒiːrən] *vt* to arrange ♦ *vr* to come to an arrangement

Arrest [a'rɛst] (**-(e)s, -e**) *m* detention

arrogant [aro'gant] *adj* arrogant

Arsch [arʃ] (**-es, ⁼e**) (*umg!*) *m* arse (*BRIT!*), ass (*US!*)

Art [aːrt] (**-, -en**) *f* (*Weise*) way; (*Sorte*) kind, sort; (*BIOL*) species; **eine ~ (von) Frucht** a kind of fruit; **Häuser aller ~** houses of all kinds; **es ist nicht seine ~, das zu tun** it's not like him to do that; **ich mache das auf meine ~** I do that my (my) own way

Arterie [ar'teːriə] *f* artery; **~nverkalkung** *f* arteriosclerosis

artig ['aːrtɪç] *adj* good, well-behaved

Artikel [ar'tiːkəl] (**-s, -**) *m* article

Artillerie [artɪlə'riː] *f* artillery

Artischocke [arti'ʃɔkə] *f* artichoke

Artist(in) [ar'tɪst(ɪn)] (**-en, -en**) *m(f)* (circus/ variety) artiste *od* performer

Arznei [aːrts'naɪ] *f* medicine; **~mittel** *nt* medicine, medicament

Arzt [aːrtst] (**-es, ⁼e**) *m* doctor; **~helferin** *f* (doctor's) receptionist

Ärztin ['ɛːrtstɪn] *f* doctor

ärztlich ['ɛːrtstlɪç] *adj* medical

As △ [as] (**-ses, -se**) *nt* = **Ass**

Asche ['aʃə] *f* (**-, -n**) ash, cinder

Aschen- *zW:* **~bahn** *f* cinder track; **~becher** *m* ashtray

Aschermittwoch *m* Ash Wednesday

Äser ['ɛːzər] *pl von* **Aas**

Asiat(in) [azi'aːt(ɪn)] (**-en, -en**) *m(f)* Asian; **asiatisch** [-'aːtɪʃ] *adj* Asian

Asien ['aːziən] (**-s**) *nt* Asia

asozial ['azotsiaːl] *adj* antisocial; (*Familien*) asocial

Aspekt [as'pɛkt] (**-(e)s, -e**) *m* aspect

Asphalt [as'falt] (**-(e)s, -e**) *m* asphalt

Ass ▲ [as] (**-es, -e**) *nt* ace

aß *etc* [aːs] *vb siehe* **essen**

Assistent(in) [asɪs'tɛnt(ɪn)] *m(f)* assistant

Assoziation [asotsiatsi'oːn] *f* association

Ast [ast] (**-(e)s, ⁼e**) *m* bough, branch

ästhetisch [ɛs'teːtɪʃ] *adj* aesthetic

Asthma ['astma] (**-s**) *nt* asthma; **~tiker(in)**

(**-s, -**) *m(f)* asthmatic

Astro- [astro] *zW:* **~'loge** (**-n, -n**) *m* astrologer; **~lo'gie** *f* astrology; **~'naut** (**-en, -en**) *m* astronaut; **~'nom** (**-en, -en**) *m* astronomer; **~no'mie** *f* astronomy

Asyl [a'zyːl] (**-s, -e**) *nt* asylum; (*Heim*) home; (*Obdachlosenasyl*) shelter; **~ant(in)** [azy'lant(ɪn)] (**-en, -en**) *m(f)* asylum-seeker; **~bewerber(in)** *m(f)* asylum-seeker

Atelier [atəli'eː] (**-s, -s**) *nt* studio

Atem ['aːtəm] (**-s**) *m* breath; **den ~ anhalten** to hold one's breath; **außer ~** out of breath; **a~beraubend** *adj* breathtaking; **a~los** *adj* breathless; **~not** *f* difficulty in breathing; **~pause** *f* breather; **~zug** *m* breath

Atheismus [ate'ɪsmʊs] *m* atheism

Atheist *m* atheist; **a~isch** *adj* atheistic

Athen [a'teːn] (**-s**) *nt* Athens

Äthiopien [etiˈoːpiən] (**-s**) *nt* Ethiopia

Athlet [at'leːt] (**-en, -en**) *m* athlete

Atlantik [at'lantɪk] (**-s**) *m* Atlantic (Ocean)

Atlas ['atlas] (**- od -ses, -se** *od* **Atlanten**) *m* atlas

atmen ['aːtmən] *vt, vi* to breathe

Atmosphäre [atmo'sfeːrə] *f* atmosphere; **atmosphärisch** *adj* atmospheric

Atmung ['aːtmʊŋ] *f* respiration

Atom [a'toːm] (**-s, -e**) *nt* atom; **a~ar** *adj* atomic; **~bombe** *f* atom bomb; **~energie** *f* atomic *od* nuclear energy; **~kern** *m* atomic nucleus; **~kraftwerk** *nt* nuclear power station; **~krieg** *m* nuclear *od* atomic war; **~müll** *m* atomic waste; **~strom** *m* (electricity generated by) nuclear power; **~versuch** *m*·atomic test; **~waffen** *pl* atomic weapons; **a~waffenfrei** *adj* nuclear-free; **~zeitalter** *nt* atomic age

Attentat [atɛn'taːt] (**-(e)s, -e**) *nt:* **~ (auf +akk)** (attempted) assassination (of)

Attentäter [atɛn'teːtər] *m* (would-be) assassin

Attest [a'tɛst] (**-(e)s, -e**) *nt* certificate

Attraktion [atraktsi'oːn] *f* (*Tourismus, Zirkus*) attraction

attraktiv [atrak'tiːf] *adj* attractive

Attrappe [a'trapə] *f* dummy

Rechtschreibreform: ▲ *neue Schreibung* △ *alte Schreibung (auslaufend)*

Attribut [atri'bu:t] **(-(e)s, -e)** *nt* (*GRAM*) attribute

ätzen ['etsən] *vi* to be caustic; **~d** *adj* (*Säure*) corrosive; (*fig: Spott*) cutting

au [au] *excl* ouch!; **~ ja!** oh yes!

Aubergine [obɛr'ʒiːnə] *f* aubergine, eggplant

SCHLÜSSELWORT
---

auch [aux] *adv* **1** (*ebenfalls*) also, too, as well; **das ist auch schön** that's nice too *od* as well; **er kommt - ich auch** he's coming - so am I, me too; **auch nicht** not ... either; **ich auch nicht** nor I, me neither; **oder auch** or; **auch das noch!** not that as well!
2 (*selbst, sogar*) even; **auch wenn das Wetter schlecht ist** even if the weather is bad; **ohne auch nur zu fragen** without even asking
3 (*wirklich*) really; **du siehst müde aus - bin ich auch** you look tired - (so) I am; **so sieht es auch aus** it looks like it too
4 (*auch immer*): **wer auch** whoever; **was auch** whatever; **wie dem auch sei** be that as it may; **wie sehr er sich auch bemühte** however much he tried

---
SCHLÜSSELWORT
---

auf [auf] *präp +dat* (*wo?*) on; **auf dem Tisch** on the table; **auf der Reise** on the way; **auf der Post/dem Fest** at the post office/party; **auf der Straße** on the road; **auf dem Land/der ganzen Welt** in the country/the whole world
♦ *präp +akk* **1** (*wohin?*) on(to); **auf den Tisch** on(to) the table; **auf die Post gehen** go to the post office; **auf das Land** into the country; **etw auf einen Zettel schreiben** to write sth on a piece of paper
2: **auf Deutsch** in German; **auf Lebenszeit** for my/his lifetime; **bis auf ihn** except for him; **auf einmal** at once; **auf seinen Vorschlag (hin)** at his suggestion
♦ *adv* **1** (*offen*) open; **auf sein** (*umg*) (*Tür, Geschäft*) to be open; **das Fenster ist auf** the window is open

2 (*hinauf*) up; **auf und ab** up and down; **auf und davon** up and away; **auf!** (*los!*) come on!
3 (*aufgestanden*) up; **auf sein** to be up; **ist er schon auf?** is he up yet?
♦ *konj*: **auf dass** (so) that

---

aufatmen ['aufʔa:tmən] *vi* to heave a sigh of relief

aufbahren ['aufba:rən] *vt* to lay out

Aufbau ['aufbau] *m* (*Bauen*) building, construction; (*Struktur*) structure; (*aufgebautes Teil*) superstructure; **a~en** *vt* to erect, to build (up); (*Existenz*) to make; (*gestalten*) to construct; **a~en (auf +*dat*)** (*gründen*) to found *od* base (on)

aufbauschen ['aufbauʃən] *vt* to puff out; (*fig*) to exaggerate

aufbekommen ['aufbəkɔmən] (*unreg*) *vt* (*öffnen*) to get open; (*Hausaufgaben*) to be given

aufbessern ['aufbɛsərn] *vt* (*Gehalt*) to increase

aufbewahren ['aufbəva:rən] *vt* to keep; (*Gepäck*) to put in the left-luggage office (*BRIT*) *od* baggage check (*US*)

Aufbewahrung *f* (safe)keeping; (*Gepäckaufbewahrung*) left-luggage office (*BRIT*), baggage check (*US*)

aufbieten ['aufbi:tən] (*unreg*) *vt* (*Kraft*) to summon (up); (*Armee, Polizei*) to mobilize

aufblasen ['aufbla:zən] (*unreg*) *vt* to blow up, to inflate ♦ *vr* (*umg*) to become bigheaded

aufbleiben ['aufblaibən] (*unreg*) *vi* (*Laden*) to remain open; (*Person*) to stay up

aufblenden ['aufblɛndən] *vt* (*Scheinwerfer*) to switch on full beam ♦ *vi* (*Fahrer*) to have the lights on full beam; (*AUT: Scheinwerfer*) to be on full beam

aufblicken ['aufblɪkən] *vi* to look up; **~ zu** to look up at; (*fig*) to look up to

aufblühen ['aufbly:ən] *vi* to blossom, to flourish

aufbrauchen ['aufbrauxən] *vt* to use up

aufbrausen ['aufbrauzən] *vi* (*fig*) to flare up; **~d** *adj* hot-tempered

---

aufbrechen ['aʊfbrɛçən] (*unreg*) *vt* to break *od* prise (*BRIT*) open ♦ *vi* to burst open; (*gehen*) to start, to set off

aufbringen ['aʊfbrɪŋən] (*unreg*) *vt* (*öffnen*) to open; (*in Mode*) to bring into fashion; (*beschaffen*) to procure; (*FIN*) to raise; (*ärgern*) to irritate; **Verständnis für etw ~** to be able to understand sth

Aufbruch ['aʊfbrʊx] *m* departure

aufbrühen ['aʊfbry:ən] *vt* (*Tee*) to make

aufbürden ['aʊfbʏrdən] *vt*: **jdm etw ~** to burden sb with sth

aufdecken ['aʊfdɛkən] *vt* to uncover

aufdrängen ['aʊfdrɛŋən] *vt*: **jdm etw ~** force sth on sb ♦ *vr* (*Mensch*): **sich jdm ~** to intrude on sb

aufdrehen ['aʊfdre:ən] *vt* (*Wasserhahn etc*) to turn on; (*Ventil*) to open up

aufdringlich ['aʊfdrɪŋlɪç] *adj* pushy

aufeinander [aʊfˌaɪˈnandər] *adv* on top of each other; (*schießen*) at each other; (*vertrauen*) each other; **~ folgen** to follow one another; **~ folgend** consecutive; **~ prallen** to hit one another

Aufenthalt ['aʊfɛnthalt] *m* stay; (*Verzögerung*) delay; (*EISENB*: *Halten*) stop; (*Ort*) haunt

Aufenthaltserlaubnis *f* residence permit

auferlegen ['aʊfˌɛrleˈgən] *vt*: **(jdm) ~** to impose (upon sb)

Auferstehung ['aʊfˌɛrʃteˈʊŋ] *f* resurrection

aufessen ['aʊfˌɛsən] (*unreg*) *vt* to eat up

auffahr- ['aʊffaːr] *zW*: **~en** (*unreg*) *vi* (*herankommen*) to draw up; (*hochfahren*) to jump up; (*wütend werden*) to flare up; (*in den Himmel*) to ascend ♦ *vt* (*Kanonen, Geschütz*) to bring up; **~en auf** +*akk* (*Auto*) to run *od* crash into; **~end** *adj* hot-tempered; **A~t** *f* (*Hausauffahrt*) drive; (*Autobahnauffahrt*) slip road (*BRIT*), (*freeway*) entrance (*US*); **A~unfall** *m* pile-up

auffallen ['aʊffalən] (*unreg*) *vi* to be noticeable; **jdm ~** to strike sb

auffällig ['aʊffɛlɪç] *adj* conspicuous, striking

auffangen ['aʊffaŋən] (*unreg*) *vt* to catch; (*Funkspruch*) to intercept; (*Preise*) to peg

auffassen ['aʊffasən] *vt* to understand, to comprehend; (*auslegen*) to see, to view

Auffassung *f* (*Meinung*) opinion; (*Auslegung*) view, concept; (*auch*: **~sgabe**) grasp

auffindbar ['aʊffɪntbaːr] *adj* to be found

auffordern ['aʊffɔrdərn] *vt* (*befehlen*) to call upon, to order; (*bitten*) to ask

Aufforderung *f* (*Befehl*) order; (*Einladung*) invitation

auffrischen ['aʊffrɪʃən] *vt* to freshen up; (*Kenntnisse*) to brush up; (*Erinnerungen*) to reawaken ♦ *vi* (*Wind*) to freshen

aufführen ['aʊffyːrən] *vt* (*THEAT*) to perform; (*in einem Verzeichnis*) to list, to specify ♦ *vr* (*sich benehmen*) to behave

Aufführung *f* (*THEAT*) performance; (*Liste*) specification

Aufgabe ['aʊfgaːbə] *f* task; (*SCH*) exercise; (*Hausaufgabe*) homework; (*Verzicht*) giving up; (*von Gepäck*) registration; (*von Post*) posting; (*von Inserat*) insertion

Aufgang ['aʊfgaŋ] *m* ascent; (*Sonnenaufgang*) rise; (*Treppe*) staircase

aufgeben ['aʊfgeːbən] (*unreg*) *vt* (*verzichten*) to give up; (*Paket*) to send, to post; (*Gepäck*) to register; (*Bestellung*) to give; (*Inserat*) to insert; (*Rätsel, Problem*) to set ♦ *vi* to give up

Aufgebot ['aʊfgəboːt] *nt* supply; (*Eheaufgebot*) banns *pl*

aufgedunsen ['aʊfgedʊnzən] *adj* swollen, puffed up

aufgehen ['aʊfgeːən] (*unreg*) *vi* (*Sonne, Teig*) to rise; (*sich öffnen*) to open; (*klar werden*) to become clear; (*MATH*) to come out exactly; **~ (in** +*dat*) (*sich widmen*) to be absorbed (in); **in Rauch/Flammen ~** to go up in smoke/flames

aufgelegt ['aʊfgəleːkt] *adj*: **gut/schlecht ~ sein** to be in a good/bad mood; **zu etw ~ sein** to be in the mood for sth

aufgeregt ['aʊfgəreːkt] *adj* excited

aufgeschlossen ['aʊfgəʃlɔsən] *adj* open, open-minded

aufgeweckt ['aʊfgəvɛkt] *adj* bright, intelligent

aufgießen ['aʊfgiːsən] (*unreg*) *vt* (*Wasser*) to

pour over; (*Tee*) to infuse

aufgreifen ['aʊfɡraɪfən] (*unreg*) *vt* (*Thema*) to take up; (*Verdächtige*) to pick up, to seize

aufgrund, auf Grund [aʊf'ɡrʊnt] *präp* +*gen* on the basis of; (*wegen*) because of

aufhaben ['aʊfhaːbən] (*unreg*) *vt* to have on; (*Arbeit*) to have to do

aufhalsen ['aʊfhalzən] (*umg*) *vt*: **jdm etw ~** to saddle *od* lumber sb with sth

aufhalten ['aʊfhaltən] (*unreg*) *vt* (*Person*) to detain; (*Entwicklung*) to check; (*Tür, Hand*) to hold open; (*Augen*) to keep open ♦ *vr* (*wohnen*) to live; (*bleiben*) to stay; **sich mit etw ~** to waste time over sth

aufhängen ['aʊfhɛŋən] (*unreg*) *vt* (*Wäsche*) to hang up; (*Menschen*) to hang ♦ *vr* to hang o.s.

Aufhänger (-s, -) *m* (*am Mantel*) loop; (*fig*) peg

aufheben ['aʊfheːbən] (*unreg*) *vt* (*hochheben*) to raise, to lift; (*Sitzung*) to wind up; (*Urteil*) to annul; (*Gesetz*) to repeal, to abolish; (*aufbewahren*) to keep ♦ *vr* to cancel itself out; **bei jdm gut aufgehoben sein** to be well looked after at sb's; **viel A~(s) machen (von)** to make a fuss (about)

aufheitern ['aʊfhaɪtərn] *vt, vr* (*Himmel, Miene*) to brighten; (*Mensch*) to cheer up

aufhellen ['aʊfhɛlən] *vt, vr* to clear up; (*Farbe, Haare*) to lighten

aufhetzen ['aʊfhɛtsən] *vt* to stir up

aufholen ['aʊfhoːlən] *vt* to make up ♦ *vi* to catch up

aufhorchen ['aʊfhɔrçən] *vi* to prick up one's ears

aufhören ['aʊfhøːrən] *vi* to stop; **~, etw zu tun** to stop doing sth

aufklappen ['aʊfklapən] *vt* to open

aufklären ['aʊfklɛːrən] *vt* (*Geheimnis etc*) to clear up; (*Person*) to enlighten; (*sexuell*) to tell the facts of life to; (*MIL*) to reconnoitre ♦ *vr* to clear up

Aufklärung *f* (*von Geheimnis*) clearing up; (*Unterrichtung, Zeitalter*) enlightenment; (*sexuell*) sex education; (*MIL, AVIAT*) reconnaissance

aufkleben ['aʊfkleːbən] *vt* to stick on;

Aufkleber (-s, -) *m* sticker

aufknöpfen ['aʊfknœpfən] *vt* to unbutton

aufkommen ['aʊfkɔmən] (*unreg*) *vi* (*Wind*) to come up; (*Zweifel, Gefühl*) to arise; (*Mode*) to start; **für jdn/etw ~** to be liable *od* responsible for sb/sth

aufladen ['aʊflaːdən] (*unreg*) *vt* to load

Auflage ['aʊflaːɡə] *f* edition; (*Zeitung*) circulation; (*Bedingung*) condition

auflassen ['aʊflasən] (*unreg*) *vt* (*offen*) to leave open; (*aufgesetzt*) to leave on

auflauern ['aʊflaʊərn] *vi*: **jdm ~** to lie in wait for sb

Auflauf ['aʊflaʊf] *m* (*KOCH*) pudding; (*Menschenauflauf*) crowd

aufleben ['aʊfleːbən] *vi* (*Mensch, Gespräch*) to liven up; (*Interesse*) to revive

auflegen ['aʊfleːɡən] *vt* to put on; (*Telefon*) to hang up; (*TYP*) to print

auflehnen ['aʊfleːnən] *vt* to lean on ♦ *vr* to rebel

Auflehnung *f* rebellion

auflesen ['aʊfleːzən] (*unreg*) *vt* to pick up

aufleuchten ['aʊflɔɪçtən] *vi* to light up

auflisten ['aʊflɪstən] *vt* to list

auflockern ['aʊflɔkərn] *vt* to loosen; (*fig: Eintönigkeit etc*) to liven up

auflösen ['aʊfløːzən] *vt* to dissolve; (*Haare etc*) to loosen; (*Missverständnis*) to sort out ♦ *vr* to dissolve; to come undone; to be resolved; **(in Tränen) aufgelöst sein** to be in tears

Auflösung *f* dissolving; (*fig*) solution

aufmachen ['aʊfmaxən] *vt* to open; (*Kleidung*) to undo; (*zurechtmachen*) to do up ♦ *vr* to set out

Aufmachung *f* (*Kleidung*) outfit, get-up; (*Gestaltung*) format

aufmerksam ['aʊfmɛrkzaːm] *adj* attentive; **jdn auf etw** *akk* **~ machen** to point sth out to sb; **A~keit** *f* attention, attentiveness

aufmuntern ['aʊfmʊntərn] *vt* (*ermutigen*) to encourage; (*erheitern*) to cheer up

Aufnahme ['aʊfnaːmə] *f* (*Beginn*) beginning; (*in Verein etc*) admission; (*in Liste etc*) inclusion; (*Notieren*) taking down; (*PHOT*) shot; (*auf Tonband etc*) recording;

a~fähig *adj* receptive; **~prüfung** *f* entrance test

aufnehmen ['aʊfneːmən] (*unreg*) *vt* to receive; (*hochheben*) to pick up; (*beginnen*) to take up; (*in Verein etc*) to admit; (*in Liste etc*) to include; (*fassen*) to hold; (*notieren*) to take down; (*fotografieren*) to photograph; (*auf Tonband, Platte*) to record; (*FIN: leihen*) to take out; **es mit jdm ~ können** to be able to compete with sb

aufopfern ['aʊf|ɔpfərn] *vt, vr* to sacrifice; **~d** *adj* selfless

aufpassen ['aʊfpasən] *vi* (*aufmerksam sein*) to pay attention; **auf jdn/etw ~** to look after *od* watch sb/sth; **aufgepasst!** look out!

Aufprall ['aʊfpral] (**-s, -e**) *m* impact; **a~en** *vi* to hit, to strike

Aufpreis ['aʊfprais] *m* extra charge

aufpumpen ['aʊfpʊmpən] *vt* to pump up

aufräumen ['aʊfrɔʏmən] *vt, vi* (*Dinge*) to clear away; (*Zimmer*) to tidy up

aufrecht ['aʊfreçt] *adj* (*auch fig*) upright; **~erhalten** (*unreg*) *vt* to maintain

aufreg- ['aʊfreːg] *zW:* **~en** *vt* to excite ♦ *vr* to get excited; **~end** *adj* exciting; **A~ung** *f* excitement

aufreibend ['aʊfraibənt] *adj* strenuous

aufreißen ['aʊfraisən] *vt* (*Umschlag*) to tear open; (*Augen*) to open wide; (*Tür*) to throw open; (*Straße*) to take up

aufreizen ['aʊfraitsən] *vt* to incite, to stir up; **~d** *adj* exciting, stimulating

aufrichten ['aʊfriçtən] *vt* to put up, to erect; (*moralisch*) to console ♦ *vr* to rise; (*moralisch*): **sich ~ (an** +*dat*) to take heart (from)

aufrichtig ['aʊfriçtiç] *adj* sincere, honest; **A~keit** *f* sincerity

aufrücken ['aʊfrʏkən] *vi* to move up; (*beruflich*) to be promoted

Aufruf ['aʊfruːf] *m* summons; (*zur Hilfe*) call; (*des Namens*) calling out; **a~en** (*unreg*) *vt* (*Namen*) to call out; (*auffordern*): **jdn a~en (zu)** to call upon sb (for)

Aufruhr ['aʊfruːr] (**-(e)s, -e**) *m* uprising, revolt

aufrührerisch ['aʊfryːrərɪʃ] *adj* rebellious

aufrunden ['aʊfrʊndən] *vt* (*Summe*) to round up

Aufrüstung ['aʊfrʏstʊŋ] *f* rearmament

aufrütteln ['aʊfrʏtəln] *vt* (*auch fig*) to shake up

aufs [aʊfs] = **auf das**

aufsagen ['aʊfzaːgən] *vt* (*Gedicht*) to recite

aufsässig ['aʊfzɛsiç] *adj* rebellious

Aufsatz ['aʊfzats] *m* (*Geschriebenes*) essay; (*auf Schrank etc*) top

aufsaugen ['aʊfzaʊgən] (*unreg*) *vt* to soak up

aufschauen ['aʊfʃaʊən] *vi* to look up

aufscheuchen ['aʊfʃɔʏçən] *vt* to scare *od* frighten away

aufschieben ['aʊfʃiːbən] (*unreg*) *vt* to push open; (*verzögern*) to put off, to postpone

Aufschlag ['aʊfʃlaːk] *m* (*Ärmelaufschlag*) cuff; (*Jackenaufschlag*) lapel; (*Hosenaufschlag*) turn-up; (*Aufprall*) impact; (*Preisaufschlag*) surcharge; (*Tennis*) service; **a~en** [-gən] (*unreg*) *vt* (*öffnen*) to open; (*verwunden*) to cut; (*hochschlagen*) to turn up; (*aufbauen: Zelt, Lager*) to pitch, to erect; (*Wohnsitz*) to take up ♦ *vi* (*aufprallen*) to hit; (*teurer werden*) to go up; (*Tennis*) to serve

aufschließen ['aʊfʃliːsən] (*unreg*) *vt* to open up, to unlock ♦ *vi* (*aufrücken*) to close up

aufschlussreich ▲ *adj* informative, illuminating

aufschnappen ['aʊfʃnapən] *vt* (*umg*) to pick up ♦ *vi* to fly open

aufschneiden ['aʊfʃnaidən] (*unreg*) *vt* (*Brot*) to cut up; (*MED*) to lance ♦ *vi* to brag

Aufschneider (**-s, -**) *m* boaster, braggart

Aufschnitt ['aʊfʃnɪt] *m* (slices of) cold meat

aufschrauben ['aʊfʃraubən] *vt* (*festschrauben*) to screw on; (*lösen*) to unscrew

aufschrecken ['aʊfʃrekən] *vt* to startle ♦ *vi* (*unreg*) to start up

aufschreiben ['aʊfʃraibən] (*unreg*) *vt* to write down

aufschreien ['aʊfʃraiən] (*unreg*) *vi* to cry out

Aufschrift ['aʊfʃrɪft] *f* (*Inschrift*) inscription; (*auf Etikett*) label

Rechtschreibreform: ▲ *neue Schreibung* △ *alte Schreibung (auslaufend)*

Aufschub [ˈaʊfʃuːp] (-(e)s, -schübe) *m*
delay, postponement

Aufschwung [ˈaʊfʃvʊŋ] *m* (*Elan*) boost;
(*wirtschaftlich*) upturn, boom; (*SPORT*) circle

aufsehen [ˈaʊfzeːən] (*unreg*) *vi* to look up; ~
zu to look up at; (*fig*) to look up to; **A~**
(-s) *nt* sensation, stir; ~ **erregend** sensational

Aufseher(in) (-s, -) *m(f)* guard; (*im Betrieb*)
supervisor; (*Museumsaufseher*) attendant;
(*Parkaufseher*) keeper

auf sein ▲ *siehe* **auf**

aufsetzen [ˈaʊfzɛtsən] *vt* to put on;
(*Dokument*) to draw up ♦ *vr* to sit up(right)
♦ *vi* (*Flugzeug*) to touch down

Aufsicht [ˈaʊfzɪçt] *f* supervision; **die ~
haben** to be in charge

Aufsichtsrat *m* (supervisory) board

aufsitzen [ˈaʊfzɪtsən] (*unreg*) *vi* (*aufrecht
hinsitzen*) to sit up; (*aufs Pferd, Motorrad*) to
mount, to get on; (*Schiff*) to run aground;
jdm ~ (*umg*) to be taken in by sb

aufsparen [ˈaʊfʃpaːrən] *vt* to save (up)

aufsperren [ˈaʊfʃpɛrən] *vt* to unlock; (*Mund*)
to open wide

aufspielen [ˈaʊfʃpiːlən] *vr* to show off

aufspießen [ˈaʊfʃpiːsən] *vt* to spear

aufspringen [ˈaʊfʃprɪŋən] (*unreg*) *vi*
(*hochspringen*) to jump up; (*sich öffnen*) to
spring open; (*Hände, Lippen*) to become
chapped; **auf etw** *akk* ~ to jump onto sth

aufspüren [ˈaʊfʃpyːrən] *vt* to track down, to
trace

aufstacheln [ˈaʊfʃtaxəln] *vt* to incite

Aufstand [ˈaʊfʃtant] *m* insurrection,
rebellion; **aufständisch** [ˈaʊfʃtɛndɪʃ] *adj*
rebellious, mutinous

aufstehen [ˈaʊfʃteːən] (*unreg*) *vi* to get up;
(*Tür*) to be open

aufsteigen [ˈaʊfʃtaɪgən] (*unreg*) *vi*
(*hochsteigen*) to climb; (*Rauch*) to rise; **auf
etw** *akk* ~ to get onto sth

aufstellen [ˈaʊfʃtɛlən] *vt* (*aufrecht stellen*) to
put up; (*aufreihen*) to line up; (*nominieren*)
to nominate; (*formulieren: Programm etc*) to
draw up; (*leisten: Rekord*) to set up

Aufstellung *f* (*SPORT*) line-up; (*Liste*) list

Aufstieg [ˈaʊfʃtiːk] (-(e)s, -e) *m* (*auf Berg*)
ascent; (*Fortschritt*) rise; (*beruflich, SPORT*)
promotion

aufstocken [ˈaʊfʃtɔkən] *vt* (*Kapital*) to
increase

aufstoßen [ˈaʊfʃtoːsən] (*unreg*) *vt* to push
open ♦ *vi* to belch

aufstützen [ˈaʊfʃtʏtsən] *vt* (*Körperteil*) to
prop, to lean; (*Person*) to prop up ♦ *vr*: **sich
auf etw** *akk* ~ to lean on sth

aufsuchen [ˈaʊfzuːxən] *vt* (*besuchen*) to visit;
(*konsultieren*) to consult

Auftakt [ˈaʊftakt] *m* (*MUS*) upbeat; (*fig*)
prelude

auftanken [ˈaʊftaŋkən] *vi* to get petrol (*BRIT*)
od gas (*US*) ♦ *vt* to refuel

auftauchen [ˈaʊftaʊxən] *vi* to appear; (*aus
Wasser etc*) to emerge; (*U-Boot*) to surface;
(*Zweifel*) to arise

auftauen [ˈaʊftaʊən] *vt* to thaw ♦ *vi* to
thaw; (*fig*) to relax

aufteilen [ˈaʊftaɪlən] *vt* to divide up; (*Raum*)
to partition; **Aufteilung** *f* division;
partition

Auftrag [ˈaʊftraːk] (-(e)s, -träge) *m* order;
(*Anweisung*) commission; (*Aufgabe*) mission;
im ~ von on behalf of; **a~en** [-gən] (*unreg*)
vt (*Essen*) to serve; (*Farbe*) to put on;
(*Kleidung*) to wear out; **jdm etw a~en** to
tell sb sth; **dick a~en** (*fig*) to exaggerate;
~geber (-s, -) *m* (*COMM*) purchaser,
customer

auftreiben [ˈaʊftraɪbən] (*unreg*) *vt* (*umg:
beschaffen*) to raise

auftreten [ˈaʊftreːtən] (*unreg*) *vt* to kick open
♦ *vi* to appear; (*mit Füßen*) to tread; (*sich
verhalten*) to behave; **A~** (-s) *nt* (*Vorkommen*) appearance; (*Benehmen*) behaviour

Auftrieb [ˈaʊftriːp] *m* (*PHYS*) buoyancy, lift;
(*fig*) impetus

Auftritt [ˈaʊftrɪt] *m* (*des Schauspielers*)
entrance; (*Szene: auch fig*) scene

aufwachen [ˈaʊfvaxən] *vi* to wake up

aufwachsen [ˈaʊfvaksən] (*unreg*) *vi* to grow
up

Aufwand [ˈaʊfvant] (-(e)s) *m* expenditure;
(*Kosten auch*) expense; (*Luxus*) show

Spelling Reform: ▲ *new spelling* △ *old spelling (to be phased out)*

aufwändig ▲ ['aufvɛndɪç] *adj* costly
aufwärmen ['aufvɛrmən] *vt* to warm up;
(alte Geschichten) to rake up
aufwärts ['aufvɛrts] *adv* upwards;
A~entwicklung *f* upward trend
Aufwasch ['aufvaʃ] *m* washing-up
aufwecken ['aufvɛkən] *vt* to wake up, to
waken up
aufweisen ['aufvaɪzən] *(unreg) vt* to show
aufwenden ['aufvɛndən] *(unreg) vt* to
expend; *(Geld)* to spend; *(Sorgfalt)* to
devote
aufwendig *adj siehe* **aufwändig**
aufwerfen ['aufvɛrfən] *(unreg) vt (Fenster etc)*
to throw open; *(Probleme)* to throw up, to
raise
aufwerten ['aufvɛrtən] *vt (FIN)* to revalue;
(fig) to raise in value
aufwickeln ['aufvɪkəln] *vt (aufrollen)* to roll
up; *(umg: Haar)* to put in curlers
aufwiegen ['aufvi:gən] *(unreg) vt* to make
up for
Aufwind ['aufvɪnt] *m* up-current
aufwirbeln ['aufvɪrbəln] *vt* to whirl up;
Staub ~ *(fig)* to create a stir
aufwischen ['aufvɪʃən] *vt* to wipe up
aufzählen ['auftsɛːlən] *vt* to list
aufzeichnen ['auftsaɪçnən] *vt* to sketch;
(schriftlich) to jot down; *(auf Band)* to record
Aufzeichnung *f (schriftlich)* note;
(Tonbandaufzeichnung) recording;
(Filmaufzeichnung) record
aufzeigen ['auftsaɪgən] *vt* to show, to
demonstrate
aufziehen ['auftsiːən] *(unreg) vt (hochziehen)*
to raise, to draw up; *(öffnen)* to pull open;
(Uhr) to wind; *(umg: necken)* to tease;
(großziehen: Kinder) to raise, to bring up;
(Tiere) to rear
Aufzug ['auftsuːk] *m (Fahrstuhl)* lift, elevator;
(Aufmarsch) procession, parade; *(Kleidung)*
get-up; *(THEAT)* act
aufzwingen ['auftsvɪŋən] *(unreg) vt:* **jdm**
etw ~ to force sth upon sb
Augapfel ['aukʔapfəl] *m* eyeball; *(fig)* apple
of one's eye
Auge ['augə] *(-s, -n) nt* eye; *(Fettauge)*

globule of fat; **unter vier ~n** in private
Augen- *zW:* **~blick** *m* moment; **im ~blick**
at the moment; **a~blicklich** *adj (sofort)*
instantaneous; *(gegenwärtig)* present;
~braue *f* eyebrow; **~optiker(in)** *m(f)*
optician; **~weide** *f* sight for sore eyes;
~zeuge *m* eye witness
August [au'gʊst] *(-(e)s od -, -e) m* August
Auktion [auktsi'oːn] *f* auction
Aula ['aula] *(-, Aulen od -s) f* assembly hall

SCHLÜSSELWORT
---

aus [aus] *präp +dat* **1** *(räumlich)* out of; *(von*
... her) from; **er ist aus Berlin** he's from
Berlin; **aus dem Fenster** out of the
window
2 *(gemacht/hergestellt aus)* made of; **ein**
Herz aus Stein a heart of stone
3 *(auf Ursache deutend)* out of; **aus Mitleid**
out of sympathy; **aus Erfahrung** from
experience; **aus Spaß** for fun
4: aus ihr wird nie etwas she'll never get
anywhere
♦ *adv* **1** *(zu Ende)* finished, over; **aus sein**
to be over; **aus und vorbei** over and done
with
2 *(ausgeschaltet, ausgezogen)* out; *(Aufschrift*
an Geräten) off; **aus sein** *(nicht brennen)* to
be out; *(abgeschaltet sein: Radio, Herd)* to be
off; **Licht aus!** lights out!
3 *(nicht zu Hause)*: **aus sein** to be out
4 *(in Verbindung mit von)*: **von Rom aus**
from Rome; **vom Fenster aus** from the
window; **von sich aus** *(selbstständig)* of
one's own accord; **von ihm aus** as far as
he's concerned

---

ausarbeiten ['ausʔarbaɪtən] *vt* to work out
ausarten ['ausʔartən] *vi* to degenerate
ausatmen ['ausʔaːtmən] *vi* to breathe out
ausbaden ['ausbaːdən] *(umg) vt:* **etw ~**
müssen to carry the can for sth
Ausbau ['ausbau] *m* extension, expansion,
removal; **a~en** *vt* to extend, to expand;
(herausnehmen) to take out, to remove;
a~fähig *adj (fig)* worth developing
ausbessern ['ausbɛsərn] *vt* to mend, to

repair

ausbeulen ['aʊsbɔylən] vt to beat out

Ausbeute ['aʊsbɔytə] f yield; (Fische) catch; **a~n** vt to exploit; (MIN) to work

ausbild- ['aʊsbɪld] zW: **~en** vt to educate; (Lehrling, Soldat) to instruct, to train; (Fähigkeiten) to develop; (Geschmack) to cultivate; **A~er** (-s, -) m instructor; **A~ung** f education; training, instruction; development; cultivation

ausbleiben ['aʊsblaɪbən] (unreg) vi (Personen) to stay away, not to come; (Ereignisse) to fail to happen, not to happen

Ausblick ['aʊsblɪk] m (auch fig) prospect, outlook, view

ausbrechen ['aʊsbrɛçən] (unreg) vi to break out ♦ vt to break off; **in Tränen/Gelächter ~** to burst into tears/out laughing

ausbreiten ['aʊsbraɪtən] vt to spread (out); (Arme) to stretch out ♦ vr to spread; **sich über ein Thema ~** to expand od enlarge on a topic

ausbrennen ['aʊsbrɛnən] (unreg) vt to scorch; (Wunde) to cauterize ♦ vi to burn out

Ausbruch ['aʊsbrʊx] m outbreak; (von Vulkan) eruption; (Gefühlsausbruch) outburst; (von Gefangenen) escape

ausbrüten ['aʊsbryːtən] vt (auch fig) to hatch

Ausdauer ['aʊsdaʊər] f perseverance, stamina; **a~nd** adj persevering

ausdehnen ['aʊsdeːnən] vt, vr (räumlich) to expand; (zeitlich, auch Gummi) to stretch; (Nebel, fig: Macht) to extend

ausdenken ['aʊsdɛŋkən] (unreg) vt: **sich** dat **etw ~** to think sth up

Ausdruck ['aʊsdrʊk] m expression, phrase; (Kundgabe, Gesichtsausdruck) expression; (COMPUT) print-out, hard copy; **a~en** vt (COMPUT) to print out

ausdrücken ['aʊsdrykən] vt (auch vr: formulieren, zeigen) to express; (Zigarette) to put out; (Zitrone) to squeeze

ausdrücklich adj express, explicit

ausdrucks- zW: **~los** adj expressionless, blank; **~voll** adj expressive; **A~weise** f

mode of expression

auseinander [aʊsʔaɪˈnandər] adv (getrennt) apart; **~ schreiben** to write as separate words; **~ bringen** to separate; **~ fallen** to fall apart; **~ gehen** (Menschen) to separate; (Meinungen) to differ; (Gegenstand) to fall apart; **~ halten** to tell apart; **~ nehmen** to take to pieces, to dismantle; **~ setzen** (erklären) to set forth, to explain; **sich ~ setzen** (sich verständigen) to come to terms, to settle; (sich befassen) to concern o.s.; **A~setzung** f argument

ausfahren ['aʊsfaːrən] (unreg) vt (spazieren fahren: im Auto) to take for a drive; (: im Kinderwagen) to take for a walk; (liefern) to deliver

Ausfahrt f (des Zuges etc) leaving, departure; (Autobahnausfahrt) exit; (Garagenausfahrt etc) exit, way out; (Spazierfahrt) drive, excursion

Ausfall ['aʊsfal] m loss; (Nichtstattfinden) cancellation; (MIL) sortie; (radioaktiv) fallout; **a~en** (unreg) vi (Zähne, Haare) to fall out; (nicht stattfinden) to be cancelled; (wegbleiben) to be omitted; (Person) to drop out; (Lohn) to be stopped; (nicht funktionieren) to break down; (Resultat haben) to turn out; **~straße** f arterial road

ausfertigen ['aʊsfɛrtɪgən] vt (förmlich: Urkunde, Pass) to draw up; (Rechnung) to make out

Ausfertigung ['aʊsfɛrtɪgʊŋ] f drawing up; making out; (Exemplar) copy

ausfindig ['aʊsfɪndɪç] adj: **~ machen** to discover

ausfließen ['aʊsfliːsən] (unreg) vt (her~): **~ (aus)** to flow out (of); (auslaufen: Öl etc): **~ (aus)** to leak out (of)

Ausflucht ['aʊsflʊxt] (-, -flüchte) f excuse

Ausflug ['aʊsfluːk] m excursion, outing;
Ausflügler ['aʊsflyːklər] (-s, -) m tripper

Ausflugslokal nt tourist café

Ausfluss ▲ ['aʊsflʊs] m outlet; (MED) discharge

ausfragen ['aʊsfraːgən] vt to interrogate, to question

ausfressen ['aʊsfrɛsən] (unreg) vt to eat up;

(*aushöhlen*) to corrode; (*umg: anstellen*) to be up to

Ausfuhr ['aʊsfuːr] (-, -en) *f* export, exportation ♦ *in zW* export

ausführ- ['aʊsfyːr] *zW:* **~en** *vt* (*verwirklichen*) to carry out; (*Person*) to take out; (*Hund*) to take for a walk; (*COMM*) to export; (*erklären*) to give details of; **~lich** *adj* detailed ♦ *adv* in detail; **A~lichkeit** *f* detail; **A~ung** *f* execution, performance; (*Durchführung*) completion; (*Herstellungsart*) version; (*Erklärung*) explanation

ausfüllen ['aʊsfʏlən] *vt* to fill up; (*Fragebogen etc*) to fill in; (*Beruf*) to be fulfilling for

Ausgabe ['aʊsgaːbə] *f* (*Geld*) expenditure, outlay; (*Aushändigung*) giving out; (*Gepäckausgabe*) left-luggage office; (*Buch*) edition; (*Nummer*) issue; (*COMPUT*) output

Ausgang ['aʊsgaŋ] *m* way out, exit; (*Ende*) end; (*~spunkt*) starting point; (*Ergebnis*) result; (*Ausgehtag*) free time, time off; **kein ~ no exit**

Ausgangs- *zW:* **~punkt** *m* starting point; **~sperre** *f* curfew

ausgeben ['aʊsgeːbən] (*unreg*) *vt* (*Geld*) to spend; (*austeilen*) to issue, to distribute ♦ *vr:* **sich für etw/jdn ~** to pass o.s. off as sth/ sb

ausgebucht ['aʊsgəbuːxt] *adj* (*Vorstellung, Flug, Maschine*) fully booked

ausgedient ['aʊsgədiːnt] *adj* (*Soldat*) discharged; (*verbraucht*) no longer in use; **~ haben** to have done good service

ausgefallen ['aʊsgəfalən] *adj* (*ungewöhnlich*) exceptional

ausgeglichen ['aʊsgəglɪçən] *adj* (well-) balanced; **A~heit** *f* balance; (*von Mensch*) even-temperedness

ausgehen ['aʊsgeːən] (*unreg*) *vi* to go out; (*zu Ende gehen*) to come to an end; (*Benzin*) to run out; (*Haare, Zähne*) to fall *od* come out; (*Feuer, Ofen, Licht*) to go out; (*Strom*) to go off; (*Resultat haben*) to turn out; **mir ging das Benzin aus** I ran out of petrol (*BRIT*) *od* gas (*US*); **von etw ~** (*wegführen*) to lead away from sth; (*herrühren*) to come

from sth; (*zugrunde legen*) to proceed from sth; **wir können davon ~, dass ...** we can take as our starting point that ...; **leer ~** to get nothing

ausgelassen ['aʊsgəlasən] *adj* boisterous, high-spirited

ausgelastet ['aʊsgəlastət] *adj* fully occupied

ausgelernt ['aʊsgəlɛrnt] *adj* trained, qualified

ausgemacht ['aʊsgəmaxt] *adj* settled; (*umg: Dummkopf etc*) out-and-out, downright; **es war eine ~e Sache, dass ...** it was a foregone conclusion that ...

ausgenommen ['aʊsgənɔmən] *präp +gen* except ♦ *konj* except; **Anwesende sind ~** present company excepted

ausgeprägt ['aʊsgəprɛːkt] *adj* distinct

ausgerechnet ['aʊsgərɛçnət] *adv* just, precisely; **~ du/heute** you of all people/ today of all days

ausgeschlossen ['aʊsgəʃlɔsən] *adj* (*unmöglich*) impossible, out of the question

ausgeschnitten ['aʊsgəʃnɪtən] *adj* (*Kleid*) low-necked

ausgesprochen ['aʊsgəʃprɔxən] *adj* (*Faulheit, Lüge etc*) out-and-out; (*unverkennbar*) marked ♦ *adv* decidedly

ausgezeichnet ['aʊsgətsaɪçnət] *adj* excellent

ausgiebig ['aʊsgiːbɪç] *adj* (*Gebrauch*) thorough, good; (*Essen*) generous, lavish; **~ schlafen** to have a good sleep

ausgießen ['aʊsgiːsən] *vt* to pour out; (*Behälter*) to empty

Ausgleich ['aʊsglaɪç] (-(e)s, -e) *m* balance; (*Vermittlung*) reconciliation; (*SPORT*) equalization; **zum ~ einer Sache** *gen* in order to offset sth; **a~en** (*unreg*) *vt* to balance (out); to reconcile; (*Höhe*) to even up ♦ *vi* (*SPORT*) to equalize

ausgraben ['aʊsgraːbən] (*unreg*) *vt* to dig up; (*Leichen*) to exhume; (*fig*) to unearth

Ausgrabung *f* excavation; (*Ausgraben auch*) digging up

Ausguss ▲ ['aʊsgʊs] *m* (*Spüle*) sink; (*Abfluss*) outlet; (*Tülle*) spout

aushalten ['aʊshaltən] (*unreg*) *vt* to bear, to

stand; (*Geliebte*) to keep ♦ *vi* to hold out;
das ist nicht zum A~ that is unbearable
aushandeln ['aʊshandəln] *vt* to negotiate
aushändigen ['aʊshɛndɪgən] *vt*: **jdm etw ~**
to hand sth over to sb
Aushang ['aʊshaŋ] *m* notice
aushängen ['aʊshɛŋən] (*unreg*) *vt* (*Meldung*)
to put up; (*Fenster*) to take off its hinges
♦ *vi* to be displayed
ausharren ['aʊsharən] *vi* to hold out
ausheben ['aʊshe:bən] (*unreg*) *vt* (*Erde*) to
lift out; (*Grube*) to hollow out; (*Tür*) to take
off its hinges; (*Diebesnest*) to clear out; (*MIL*)
to enlist
aushecken ['aʊshɛkən] (*umg*) *vt* to cook up
aushelfen ['aʊshɛlfən] (*unreg*) *vi*: **jdm ~** to
help sb out
Aushilfe ['aʊshɪlfə] *f* help, assistance;
(*Person*) (temporary) worker
Aushilfs- *zW*: **~kraft** *f* temporary worker;
a~weise *adv* temporarily, as a stopgap
ausholen ['aʊsho:lən] *vi* to swing one's arm
back; (*zur Ohrfeige*) to raise one's hand;
(*beim Gehen*) to take long strides
aushorchen ['aʊshɔrçən] *vt* to sound out,
to pump
auskennen ['aʊskɛnən] (*unreg*) *vr* to know a
lot; (*an einem Ort*) to know one's way
about; (*in Fragen etc*) to be knowledgeable
Ausklang ['aʊsklaŋ] *m* end
auskleiden ['aʊsklaɪdən] *vr* to undress ♦ *vt*
(*Wand*) to line
ausklingen ['aʊsklɪŋən] (*unreg*) *vi* (*Ton, Lied*)
to die away; (*Fest*) to peter out
ausklopfen ['aʊsklɔpfən] *vt* (*Teppich*) to
beat; (*Pfeife*) to knock out
auskochen ['aʊskɔxən] *vt* to boil; (*MED*) to
sterilize; **ausgekocht** (*fig*) out-and-out
Auskommen (**-s**) *nt*: **sein A~ haben** to
have a regular income; **a~** (*unreg*) *vi*: **mit
jdm a~** to get on with sb; **mit etw a~** to
get by with sth
auskosten ['aʊskɔstən] *vt* to enjoy to the
full
auskundschaften ['aʊskʊntʃaftən] *vt* to
spy out; (*Gebiet*) to reconnoitre
Auskunft ['aʊskʊnft] (**-, -künfte**) *f*

information; (*nähere*) details *pl*, particulars
pl; (*Stelle*) information office; (*TEL*) directory
inquiries *sg*
auslachen ['aʊslaxən] *vt* to laugh at, to
mock
ausladen ['aʊsla:dən] (*unreg*) *vt* to unload;
(*umg: Gäste*) to cancel an invitation to
Auslage ['aʊsla:gə] *f* shop window (display);
~n *pl* (*Ausgabe*) outlay *sg*
Ausland ['aʊslant] *nt* foreign countries *pl*;
im ~ abroad; **ins ~** abroad
Ausländer(in) ['aʊslɛndər(ɪn)] (**-s, -**) *m(f)*
foreigner
ausländisch *adj* foreign
Auslands- *zW*: **~gespräch** *nt*
international call; **~reise** *f* trip abroad;
~schutzbrief *m* international travel cover
auslassen ['aʊslasən] (*unreg*) *vt* to leave
out; (*Wort etc auch*) to omit; (*Fett*) to melt;
(*Kleidungsstück*) to let out ♦ *vr*: **sich über
etw** *akk* **~** to speak one's mind about sth;
seine Wut *etc* **an jdm ~** to vent one's rage
etc on sb
Auslassung *f* omission
Auslauf ['aʊslaʊf] *m* (*für Tiere*) run; (*Ausfluss*)
outflow, outlet; **a~en** (*unreg*) *vi* to run out;
(*Behälter*) to leak; (*NAUT*) to put out (to
sea); (*langsam aufhören*) to run down
Ausläufer ['aʊslɔyfər] *m* (*von Gebirge*) spur;
(*Pflanze*) runner; (*MET: von Hoch*) ridge;
(*: von Tief*) trough
ausleeren ['aʊsle:rən] *vt* to empty
auslegen ['aʊsle:gən] *vt* (*Waren*) to lay out;
(*Köder*) to put down; (*Geld*) to lend;
(*bedecken*) to cover; (*Text etc*) to interpret
Auslegung *f* interpretation
ausleiern ['aʊslaɪərn] *vi* (*Gummi*) to wear
out
Ausleihe ['aʊslaɪə] *f* issuing; (*Stelle*) issue
desk; **a~n** (*unreg*) *vt* (*verleihen*) to lend; **sich**
dat **etw a~n** to borrow sth
Auslese ['aʊsle:zə] *f* selection; (*Elite*) elite;
(*Wein*) choice wine; **a~n** (*unreg*) *vt* to
select; (*umg: zu Ende lesen*) to finish
ausliefern ['aʊsli:fərn] *vt* to deliver (up), to
hand over; (*COMM*) to deliver; **jdm / etw
ausgeliefert sein** to be at the mercy of

sb/sth

ausloggen ['ausloɡən] *vi* (COMPUT) to log off

auslöschen ['auslœʃən] *vt* to extinguish; (*fig*) to wipe out, to obliterate

auslosen ['auslo:zən] *vt* to draw lots for

auslösen ['auslø:zən] *vt* (*Explosion, Schuss*) to set off; (*hervorrufen*) to cause, to produce; (*Gefangene*) to ransom; (*Pfand*) to redeem

ausmachen ['ausmaxən] *vt* (*Licht, Radio*) to turn off; (*Feuer*) to put out; (*entdecken*) to make out; (*vereinbaren*) to agree; (*beilegen*) to settle; (*Anteil darstellen, betragen*) to represent; (*bedeuten*) to matter; **macht es Ihnen etwas aus, wenn ...?** would you mind if ...?

ausmalen ['ausma:lən] *vt* to paint; (*fig*) to describe; **sich** *dat* **etw ~** to imagine sth

Ausmaß ['ausma:s] *nt* dimension; (*fig auch*) scale

ausmessen ['ausmesən] (*unreg*) *vt* to measure

Ausnahme ['ausna:mə] *f* exception; **~fall** *m* exceptional case; **~zustand** *m* state of emergency

ausnahms- *zW*: **~los** *adv* without exception; **~weise** *adv* by way of exception, for once

ausnehmen ['ausne:mən] (*unreg*) *vt* to take out, to remove; (*Tier*) to gut; (*Nest*) to rob; (*umg: Geld abnehmen*) to clean out; (*ausschließen*) to make an exception of ♦ *vr* to look, to appear; **~d** *adj* exceptional

ausnützen ['ausnytsən] *vt* (*Zeit, Gelegenheit*) to use, to turn to good account; (*Einfluss*) to use; (*Mensch, Gutmütigkeit*) to exploit

auspacken ['auspakən] *vt* to unpack

auspfeifen ['auspfaɪfən] (*unreg*) *vt* to hiss/boo at

ausplaudern ['ausplaudərn] *vt* to blab

ausprobieren ['ausprobiːrən] *vt* to try (out)

Auspuff ['auspuf] (**-(e)s, -e**) *m* (TECH) exhaust; **~rohr** *nt* exhaust (pipe)

ausradieren ['ausradiːrən] *vt* to erase, to rub out; (*fig*) to annihilate

ausrangieren ['ausrãʒiːrən] (*umg*) *vt* to chuck out

ausrauben ['ausraubən] *vt* to rob

ausräumen ['ausrɔymən] *vt* (*Dinge*) to clear away; (*Schrank, Zimmer*) to empty; (*Bedenken*) to dispel

ausrechnen ['ausrɛçnən] *vt* to calculate, to reckon

Ausrede ['ausre:də] *f* excuse; **a~n** *vi* to have one's say ♦ *vt*: **jdm etw a~n** to talk sb out of sth

ausreichen ['ausraɪçən] *vi* to suffice, to be enough; **~d** *adj* sufficient, adequate; (SCH) adequate

Ausreise ['ausraɪzə] *f* departure; **bei der ~** when leaving the country; **~erlaubnis** *f* exit visa; **a~n** *vi* to leave the country

ausreißen ['ausraɪsən] (*unreg*) *vt* to tear *od* pull out ♦ *vi* (*Riss bekommen*) to tear; (*umg*) to make off, to scram

ausrenken ['ausrɛŋkən] *vt* to dislocate

ausrichten ['ausrɪçtən] *vt* (*Botschaft*) to deliver; (*Gruß*) to pass on; (*Hochzeit etc*) to arrange; (*in gerade Linie bringen*) to get in a straight line; (*angleichen*) to bring into line; (TYP) to justify; **ich werde es ihm ~** I'll tell him; **etwas/nichts bei jdm ~** to get somewhere/nowhere with sb

ausrotten ['ausrɔtən] *vt* to stamp out, to exterminate

Ausruf ['ausruːf] *m* (*Schrei*) cry, exclamation; (*Bekanntmachung*) proclamation; **a~en** (*unreg*) *vt* to cry out, to exclaim; to call out; **~ezeichen** *nt* exclamation mark

ausruhen ['ausruːən] *vt, vr* to rest

ausrüsten ['ausrʏstən] *vt* to equip, to fit out

Ausrüstung *f* equipment

ausrutschen ['ausrutʃən] *vi* to slip

Aussage ['ausza:ɡə] *f* (JUR) statement; **a~n** *vt* to say, to state ♦ *vi* (JUR) to give evidence

ausschalten ['ausʃaltən] *vt* to switch off; (*fig*) to eliminate

Ausschank ['ausʃaŋk] (**-(e)s, -schänke**) *m* dispensing, giving out; (COMM) selling; (*Theke*) bar

Ausschau ['ausʃau] *f*: **~ halten (nach)** to look out (for), to watch (for); **a~en** *vi*: **a~en (nach)** to look out (for), to be on the look-out (for)

ausscheiden ['ausʃaɪdən] (*unreg*) *vt* to take

out; (MED) to secrete ♦ vi: ~ (aus) to leave;
(SPORT) to be eliminated (from) od knocked
out (of)

Ausscheidung f separation; secretion;
elimination; (aus Amt) retirement

ausschenken ['aʊsʃɛŋkən] vt (Alkohol,
Kaffee) to pour out; (COMM) to sell

ausschildern ['aʊsʃɪldərn] vt to signpost

ausschimpfen ['aʊsʃɪmpfən] vt to scold, to
tell off

ausschlafen ['aʊsʃlaːfən] (unreg) vi, vr to
have a good sleep ♦ vt to sleep off; **ich bin
nicht ausgeschlafen** I didn't have od get
enough sleep

Ausschlag ['aʊsʃlaːk] m (MED) rash;
(Pendelausschlag) swing; (Nadelausschlag)
deflection; **den ~ geben** (fig) to tip the
balance; **a~en** [-gən] (unreg) vt to knock
out; (auskleiden) to deck out; (verweigern) to
decline ♦ vi (Pferd) to kick out; (BOT) to
sprout; **a~gebend** adj decisive

ausschließen ['aʊsʃliːsən] (unreg) vt to shut
od lock out; (fig) to exclude

ausschließlich adj exclusive ♦ adv
exclusively ♦ präp +gen exclusive of,
excluding

Ausschluss ▲ ['aʊsʃlʊs] m exclusion

ausschmücken ['aʊsʃmʏkən] vt to
decorate; (fig) to embellish

ausschneiden ['aʊsʃnaɪdən] (unreg) vt to
cut out; (Büsche) to trim

Ausschnitt ['aʊsʃnɪt] m (Teil) section; (von
Kleid) neckline; (Zeitungsausschnitt) cutting;
(aus Film etc) excerpt

ausschreiben ['aʊsʃraɪbən] (unreg) vt (ganz
schreiben) to write out (in full); (ausstellen)
to write (out); (Stelle, Wettbewerb etc) to
announce, to advertise

Ausschreitung ['aʊsʃraɪtʊŋ] f (usu pl) riot

Ausschuss ▲ ['aʊsʃʊs] m committee,
board; (Abfall) waste, scraps pl; (COMM:
auch: ~ware) reject

ausschütten ['aʊsʃʏtən] vt to pour out;
(Eimer) to empty; (Geld) to pay ♦ vr to
shake (with laughter)

ausschweifend ['aʊsʃvaɪfənt] adj (Leben)
dissipated, debauched; (Fantasie)
extravagant

aussehen ['aʊszeːən] (unreg) vi to look; **es
sieht nach Regen aus** it looks like rain; **es
sieht schlecht aus** things look bad; **A~** (-
s) nt appearance

aus sein ▲ siehe aus

außen ['aʊsən] adv outside; (nach ~)
outwards; **~ ist es rot** it's red (on the)
outside

Außen- zW:**~dienst** m: **im ~dienst sein**
to work outside the office; **~handel** m
foreign trade; **~minister** m foreign
minister; **~ministerium** nt foreign office;
~politik f foreign policy; **a~politisch** adj
(Entwicklung, Lage) foreign; **~seite** f
outside; **~seiter (-s, -)** m outsider;
~stände pl outstanding debts;
~stehende(r) f(m) outsider; **~welt** f
outside world

außer ['aʊsər] präp +dat (räumlich) out of;
(abgesehen von) except ♦ konj
(ausgenommen) except; **~ Gefahr** out of
danger; **~ Zweifel** beyond any doubt; **~
Betrieb** out of order; **~ Dienst** retired; **~
Landes** abroad; **~ sich** dat **sein** to be
beside o.s.; **~ sich** akk **geraten** to go wild;
~ wenn unless; **~ dass** except; **~dem** konj
besides, in addition

äußere(r, s) ['ɔʏsərə(r,s)] adj outer, external

außergewöhnlich adj unusual

außerhalb präp +gen outside ♦ adv outside

äußerlich adj external

äußern vt to utter, to express; (zeigen) to
show ♦ vr to give one's opinion; (Krankheit
etc) to show itself

außerordentlich adj extraordinary

außerplanmäßig adj unscheduled

äußerst ['ɔʏsərst] adv extremely, most; **~e(r,
s)** adj utmost; (räumlich) farthest; (Termin)
last possible; (Preis) highest

Äußerung f remark, comment

aussetzen ['aʊszɛtsən] vt (Kind, Tier) to
abandon; (Boote) to lower; (Belohnung) to
offer; (Urteil, Verfahren) to postpone ♦ vi
(aufhören) to stop; (Pause machen) to have a
break; **jdm/etw ausgesetzt sein** to be
exposed to sb/sth; **an jdm/etw etwas ~** to

find fault with sb/sth

Aussicht ['aʊszɪçt] *f* view; (*in Zukunft*) prospect; **etw in ~ haben** to have sth in view

Aussichts- *zW:* **a~los** *adj* hopeless; **~punkt** *m* viewpoint; **a~reich** *adj* promising; **~turm** *m* observation tower

aussöhnen ['aʊszøːnən] *vt* to reconcile ♦ *vr* to reconcile o.s., to become reconciled

aussondern ['aʊszɔndərn] *vt* to separate, to select

aussortieren ['aʊszɔrtiːrən] *vt* to sort out

ausspannen ['aʊsʃpanən] *vt* to spread *od* stretch out; (*Pferd*) to unharness; (*umg: Mädchen*): **(jdm) jdn ~** to steal sb (from sb) ♦ *vi* to relax

aussperren ['aʊsʃpɛrən] *vt* to lock out

ausspielen ['aʊsʃpiːlən] *vt* (*Karte*) to lead; (*Geldprämie*) to offer as a prize ♦ *vi* (*KARTEN*) to lead; **jdn gegen jdn ~** to play sb off against sb; **ausgespielt haben** to be finished

Aussprache ['aʊsʃpraːxə] *f* pronunciation; (*Unterredung*) (frank) discussion

aussprechen ['aʊsʃprɛçən] (*unreg*) *vt* to pronounce; (*äußern*) to say, to express ♦ *vr* (*sich äußern*): **sich ~ (über** +*akk*) to speak (about); (*sich anvertrauen*) to unburden o.s. (about *od* on); (*diskutieren*) to discuss ♦ *vi* (*zu Ende sprechen*) to finish speaking

Ausspruch ['aʊsʃprʊx] *m* saying, remark

ausspülen ['aʊsʃpyːlən] *vt* to wash out; (*Mund*) to rinse

Ausstand ['aʊsʃtant] *m* strike; **in den ~ treten** to go on strike

ausstatten ['aʊsʃtatən] *vt* (*Zimmer etc*) to furnish; (*Person*) to equip, to kit out

Ausstattung *f* (*Ausstatten*) provision; (*Kleidung*) outfit; (*Aufmachung*) make-up; (*Einrichtung*) furnishing

ausstechen ['aʊsʃtɛçən] (*unreg*) *vt* (*Augen, Rasen, Graben*) to dig out; (*Kekse*) to cut out; (*übertreffen*) to outshine

ausstehen ['aʊsʃteːən] (*unreg*) *vt* to stand, to endure ♦ *vi* (*noch nicht da sein*) to be outstanding

aussteigen ['aʊsʃtaɪgən] (*unreg*) *vi* to get

out, to alight

ausstellen ['aʊsʃtɛlən] *vt* to exhibit, to display; (*umg: ausschalten*) to switch off; (*Rechnung etc*) to make out; (*Pass, Zeugnis*) to issue

Ausstellung *f* exhibition; (*FIN*) drawing up; (*einer Rechnung*) making out; (*eines Passes etc*) issuing

aussterben ['aʊsʃtɛrbən] (*unreg*) *vi* to die out

Aussteuer ['aʊsʃtɔʏər] *f* dowry

Ausstieg ['aʊsʃtiːk] **(-(e)s, -e)** *m* exit

ausstopfen ['aʊsʃtɔpfən] *vt* to stuff

ausstoßen ['aʊsʃtoːsən] (*unreg*) *vt* (*Luft, Rauch*) to give off, to emit; (*aus Verein etc*) to expel, to exclude; (*Auge*) to poke out

ausstrahlen ['aʊsʃtraːlən] *vt*, *vi* to radiate; (*RADIO*) to broadcast

Ausstrahlung *f* radiation; (*fig*) charisma

ausstrecken ['aʊsʃtrɛkən] *vt*, *vr* to stretch out

ausstreichen ['aʊsʃtraɪçən] (*unreg*) *vt* to cross out; (*glätten*) to smooth (out)

ausströmen ['aʊsʃtrøːmən] *vi* (*Gas*) to pour out, to escape ♦ *vt* to give off; (*fig*) to radiate

aussuchen ['aʊszuːxən] *vt* to select, to pick out

Austausch ['aʊstaʊʃ] *m* exchange; **a~bar** *adj* exchangeable; **a~en** *vt* to exchange, to swap

austeilen ['aʊstaɪlən] *vt* to distribute, to give out

Auster ['aʊstər] **(-, -n)** *f* oyster

austoben ['aʊstoːbən] *vr* (*Kind*) to run wild; (*Erwachsene*) to sow one's wild oats

austragen ['aʊstraːgən] (*unreg*) *vt* (*Post*) to deliver; (*Streit etc*) to decide; (*Wettkämpfe*) to hold

Australien [aʊsˈtraːliən] **(-s)** *nt* Australia; **Australier(in)** **(-s, -)** *m(f)* Australian; **australisch** *adj* Australian

austreiben ['aʊstraɪbən] (*unreg*) *vt* to drive out, to expel; (*Geister*) to exorcize

austreten ['aʊstreːtən] (*unreg*) *vi* (*zur Toilette*) to be excused ♦ *vt* (*Feuer*) to tread out, to trample; (*Schuhe*) to wear out; (*Treppe*) to

wear down; **aus etw ~** to leave sth
austrinken ['aʊstrɪŋkən] (*unreg*) *vt* (*Glas*) to
drain; (*Getränk*) to drink up ♦ *vi* to finish
one's drink, to drink up
Austritt ['aʊstrɪt] *m* emission; (*aus Verein,
Partei etc*) retirement, withdrawal
austrocknen ['aʊstrɔknən] *vt, vi* to dry up
ausüben ['aʊsʔyːbən] *vt* (*Beruf*) to practise,
to carry out; (*Funktion*) to perform; (*Einfluss*)
to exert; **einen Reiz auf jdn ~** to hold an
attraction for sb; **eine Wirkung auf jdn ~**
to have an effect on sb
Ausverkauf ['aʊsfɛrkaʊf] *m* sale; **a~en** *vt* to
sell out; (*Geschäft*) to sell up; **a~t** *adj*
(*Karten, Artikel*) sold out; (*THEAT: Haus*) full
Auswahl ['aʊsvaːl] *f*: **eine ~ (an** +*dat*) **a**
selection (of), a choice (of)
auswählen ['aʊsvɛːlən] *vt* to select, to
choose
Auswander- ['aʊsvandər] *zW*: **~er** *m*
emigrant; **a~n** *vi* to emigrate; **~ung** *f*
emigration
auswärtig ['aʊsvɛrtɪç] *adj* (*nicht am/vom Ort*)
out-of-town; (*ausländisch*) foreign
auswärts ['aʊsvɛrts] *adv* outside; (*nach
außen*) outwards; **~ essen** to eat out;
A~spiel ['aʊsvɛrtsʃpiːl] *nt* away game
auswechseln ['aʊsvɛksəln] *vt* to change, to
substitute
Ausweg ['aʊsveːk] *m* way out; **a~los** *adj*
hopeless
ausweichen ['aʊsvaɪçən] (*unreg*) *vi*: **jdm/
etw ~** to move aside *od* make way for sb/
sth; (*fig*) to side-step sb/sth; **~d** *adj* evasive
ausweinen ['aʊsvaɪnən] *vr* to have a (good)
cry
Ausweis ['aʊsvaɪs] **(-es, -e)** *m* identity card;
passport; (*Mitgliedsausweis, Bibliotheksausweis
etc*) card; **a~en** [-zən] (*unreg*) *vt* to expel, to
banish ♦ *vr* to prove one's identity;
~kontrolle *f* identity check; **~papiere** *pl*
identity papers; **~ung** *f* expulsion
ausweiten ['aʊsvaɪtən] *vt* to stretch
auswendig ['aʊsvɛndɪç] *adv* by heart
auswerten ['aʊsvɛrtən] *vt* to evaluate;
Auswertung *f* evaluation, analysis;
(*Nutzung*) utilization

auswirken ['aʊsvɪrkən] *vr* to have an effect;
Auswirkung *f* effect
auswischen ['aʊsvɪʃən] *vt* to wipe out; **jdm
eins ~** (*umg*) to put one over on sb
Auswuchs ['aʊsvuːks] *m* (out)growth; (*fig*)
product
auszahlen ['aʊstsaːlən] *vt* (*Lohn, Summe*) to
pay out; (*Arbeiter*) to pay off; (*Miterbe*) to
buy out ♦ *vr* (*sich lohnen*) to pay
auszählen ['aʊstsɛːlən] *vt* (*Stimmen*) to
count
auszeichnen ['aʊstsaɪçnən] *vt* to honour;
(*MIL*) to decorate; (*COMM*) to price ♦ *vr* to
distinguish o.s.
Auszeichnung *f* distinction; (*COMM*)
pricing; (*Ehrung*) awarding of decoration;
(*Ehre*) honour; (*Orden*) decoration; **mit ~**
with distinction
ausziehen ['aʊstsiːən] (*unreg*) *vt* (*Kleidung*)
to take off; (*Haare, Zähne, Tisch etc*) to pull
out; (*nachmalen*) to trace ♦ *vr* to undress
♦ *vi* (*aufbrechen*) to leave; (*aus Wohnung*) to
move out
Auszubildende(r) ['aʊstsʊbɪldəndə(r)] *f(m)*
trainee
Auszug ['aʊstsuːk] *m* (*aus Wohnung*)
removal; (*aus Buch etc*) extract; (*Konto~*)
statement; (*Ausmarsch*) departure
Auto ['aʊto] **(-s, -s)** *nt* (motor)car; **~ fahren**
to drive; **~atlas** *m* road atlas; **~bahn** *f*
motorway; **~bahndreieck** *nt* motorway
junction; **~bahngebühr** *f* toll;
~bahnkreuz *nt* motorway intersection;
~bus *m* bus; **~fähre** *f* car ferry;
~fahrer(in) *m(f)* motorist, driver; **~fahrt** *f*
drive; **a~gen** [-ˈgeːn] *adj* autogenous;
~ˈgramm *nt* autograph

Autobahn

An **Autobahn** *is a motorway. In former
West Germany there is a widespread
motorway network but in the former* **DDR**
*the motorways are somewhat less extensive.
There is no overall speed limit but a limit of
130 km/hour is recommended and there are
lower mandatory limits on certain stretches
of road. As yet there are no tolls payable on*

German Autobahnen. However, a yearly toll is payable in Switzerland and tolls have been introduced in Austria.

Auto- *zW:* ~'**mat** **(-en, -en)** *m* machine; ~**matik** [auto'ma:tɪk] *f (AUT)* automatic; **a~'matisch** *adj* automatic; **a~nom** [-'no:m] *adj* autonomous

Autor(in) ['autɔr(ɪn)] **(-s, -en)** *m(f)* author

Auto- *zW:* ~**radio** *nt* car radio; ~**reifen** *m* car tyre; ~**reisezug** *m* motorail train; ~**rennen** *nt* motor racing

autoritär [autori'tɛːr] *adj* authoritarian

Autorität *f* authority

Auto- *zW:* ~**telefon** *nt* car phone; ~**unfall** *m* car *od* motor accident; ~**vermietung** *m* car hire *(BRIT) od* rental *(US)*; ~**waschanlage** *f* car wash

Axt [akst] **(-, ⁻e)** *f* axe

B, b

Baby ['be:bi] **(-s, -s)** *nt* baby; ~**nahrung** *f* baby food; ~**sitter (-s, -)** *m* baby-sitter

Bach [bax] **(-(e)s, ⁻e)** *m* stream, brook

Backbord (-(e)s, -e) *nt (NAUT)* port

Backe ['bakə] *f* cheek

backen ['bakən] *(unreg)* *vt, vi* to bake

Backenzahn *m* molar

Bäcker ['bɛkər(ɪn)] **(-s, -)** *m* baker; ~**ei** *f* bakery; *(~eiladen)* baker's (shop)

Back- *zW:* ~**form** *f* baking tin; ~**obst** *nt* dried fruit; ~**ofen** *m* oven; ~**pflaume** *f* prune; ~**pulver** *nt* baking powder; ~**stein** *m* brick

Bad [ba:t] **(-(e)s, ⁻er)** *nt* bath; *(Schwimmen)* bathe; *(Ort)* spa

Bade- ['ba:də] *zW:* ~**anstalt** *f* (swimming) baths *pl*; ~**anzug** *m* bathing suit; ~**hose** *f* bathing *od* swimming trunks *pl*; ~**kappe** *f* bathing cap; ~**mantel** *m* bath(ing) robe; ~**meister** *m* baths attendant; **b~n** *vi* to bathe, to have a bath ♦ *vt* to bath; ~**ort** *m* spa; ~**tuch** *nt* bath towel; ~**wanne** *f* bath (tub); ~**zimmer** *nt* bathroom

Bagatelle [baga'tɛlə] *f* trifle

Bagger ['bagər] **(-s, -)** *m* excavator; *(NAUT)* dredger; **b~n** *vt, vi* to excavate; to dredge

Bahn [ba:n] **(-, -en)** *f* railway, railroad *(US)*; *(Weg)* road, way; *(Spur)* lane; *(Rennbahn)* track; *(ASTRON)* orbit; *(Stoffbahn)* length; **b~brechend** *adj* pioneering; ~**Card** ['ba:nka:rd] **(-, -s)** ® *f* ≈ railcard; ~**damm** *m* railway embankment; **b~en** *vt:* **sich/ jdm einen Weg b~en** to clear a way/a way for sb; ~**fahrt** *f* railway journey; ~**fracht** *f* rail freight; ~**hof (-, -s)** *m* station; **auf dem ~hof** at the station; ~**hofshalle** *f* station concourse; ~**linie** *f* (railway) line; ~**steig** *m* platform; ~**übergang** *m* level crossing, grade crossing *(US)*

Bahre ['ba:rə] *f* stretcher

Bakterien [bak'te:rian] *pl* bacteria *pl*

Balance [ba'lã:sə] *f* balance, equilibrium

balan'cieren *vt, vi* to balance

bald [balt] *adv (zeitlich)* soon; *(beinahe)* almost; ~**ig** ['baldɪç] *adj* early, speedy

Baldrian ['baldria:n] **(-s, -e)** *m* valerian

Balkan ['balka:n] **(-s)** *m:* **der ~** the Balkans *pl*

Balken ['balkən] **(-s, -)** *m* beam; *(Tragbalken)* girder; *(Stützbalken)* prop

Balkon [bal'kõː] **(-s, -s od -e)** *m* balcony; *(THEAT)* (dress) circle

Ball [bal] **(-(e)s, ⁻e)** *m* ball; *(Tanz)* dance, ball

Ballast ['balast] **(-(e)s, -e)** *m* ballast; *(fig)* weight, burden

Ballen ['balən] **(-s, -)** *m* bale; *(ANAT)* ball; **b~** *vt (formen)* to make into a ball; *(Faust)* to clench ♦ *vr (Wolken etc)* to build up; *(Menschen)* to gather

Ballett [ba'lɛt] **(-(e)s, -e)** *nt* ballet

Ballkleid *nt* evening dress

Ballon [ba'lõː] **(-s, -s od -e)** *m* balloon

Ballspiel *nt* ball game

Ballungsgebiet ['baluŋsgebi:t] *nt* conurbation

Baltikum ['baltikʊm] **(-s)** *nt:* **das ~** the Baltic States

Banane [ba'na:nə] *f* banana

Band¹ [bant] **(-(e)s, ⁻e)** *m (Buchband)* volume

Band[2] (-(e)s, **¨er**) nt (*Stoffband*) ribbon, tape; (*Fließband*) production line; (*Tonband*) tape; (*ANAT*) ligament; **etw auf ~ aufnehmen** to tape sth; **am laufenden ~** (*umg*) non-stop

Band[3] (-(e)s, -e) nt (*Freundschaftsband etc*) bond

Band[4] [bent] (-, -s) f band, group

band *etc vb siehe* **binden**

Bandage [ban'da:ʒə] f bandage

banda|gieren vt to bandage

Bande ['bandə] f band; (*Straßenbande*) gang

bändigen ['bɛndɪgən] vt (*Tier*) to tame; (*Trieb, Leidenschaft*) to control, to restrain

Bandit [ban'di:t] (-en, -en) m bandit

Band- *zW:* **~nudel** f (*KOCH: gew pl*) ribbon noodles pl; **~scheibe** f (*ANAT*) disc; **~wurm** m tapeworm

bange ['baŋə] adj scared; (*besorgt*) anxious; **jdm wird es ~** sb is becoming scared; **jdm B~ machen** to scare sb; **~n** vi: **um jdn/ etw ~n** to be anxious od worried about sb/sth

Bank[1] [baŋk] (-, **¨e**) f (*Sitz~*) bench; (*Sand~ etc*) (sand)bank, (sand)bar

Bank[2] [baŋk] (-, -en) f (*Geldbank*) bank; **~anweisung** f banker's order; **~einzug** m direct debit

Bankett [baŋ'ket] (-(e)s, -e) nt (*Essen*) banquet; (*Straßenrand*) verge (*BRIT*), shoulder (*US*)

Bankier [baŋki'e:] (-s, -s) m banker

Bank- *zW:* **~konto** nt bank account; **~leitzahl** f bank sort code number; **~note** f banknote; **~raub** m bank robbery

Bankrott [baŋ'krɔt] (-(e)s, -e) m bankruptcy; **~ machen** to go bankrupt; **b~** adj bankrupt

Bankverbindung f banking arrangements pl; **geben Sie bitte Ihre ~ an** please give your account details

Bann [ban] (-(e)s, -e) m (*HIST*) ban; (*Kirchenbann*) excommunication; (*fig: Zauber*) spell; **b~en** vt (*Geister*) to exorcize; (*Gefahr*) to avert; (*bezaubern*) to enchant; (*HIST*) to banish

Banner (-s, -) nt banner, flag

Bar (-, -s) f bar

bar [ba:r] adj (+gen) (*unbedeckt*) bare; (*frei von*) lacking (in); (*offenkundig*) utter, sheer; **~e(s) Geld** cash; **etw (in) ~ bezahlen** to pay sth (in) cash; **etw für ~e Münze nehmen** (*fig*) to take sth at its face value

Bär [bɛ:r] (-en, -en) m bear

Baracke [ba'rakə] f hut

barbarisch [bar'ba:rɪʃ] adj barbaric, barbarous

Bar- *zW:* **b~fuß** adj barefoot; **~geld** nt cash, ready money; **b~geldlos** adj non-cash

Barkauf m cash purchase

Barkeeper ['ba:rki:pər] (-s, -) m barman, bartender

barmherzig [barm'hɛrtsɪç] adj merciful, compassionate

Baron [ba'ro:n] (-s, -e) m baron; **~in** f baroness

Barren ['barən] (-s, -) m parallel bars pl; (*Goldbarren*) ingot

Barriere [bari'ɛ:rə] f barrier

Barrikade [bari'ka:də] f barricade

Barsch [barʃ] (-(e)s, -e) m perch

barsch [barʃ] adj brusque, gruff

Bar- *zW:* **~schaft** f ready money; **~scheck** m open od uncrossed cheque (*BRIT*), open check (*US*)

Bart [ba:rt] (-(e)s, **¨e**) m beard; (*Schlüsselbart*) bit; **bärtig** ['bɛ:rtɪç] adj bearded

Barzahlung f cash payment

Base ['ba:zə] f (*CHEM*) base; (*Kusine*) cousin

Basel ['ba:zəl] nt Basle

Basen pl von **Base**; **Basis**

basieren [ba'zi:rən] vt to base ♦ vi to be based

Basis ['ba:zɪs] (-, **Basen**) f basis

Bass ▲ [bas] (-es, **¨e**) m bass

Bassin [ba'sɛ̃:] (-s, -s) nt pool

basteln ['bastəln] vt to make ♦ vi to do handicrafts

bat *etc* [ba:t] vb siehe **bitten**

Bataillon [batal'jo:n] (-s, -e) nt battalion

Batik ['ba:tɪk] f (*Verfahren*) batik

Batterie [batə'ri:] f battery

Bau [bau] (-(e)s) m (~en) building,

construction; (*Aufbau*) structure; (*Körperbau*) frame; (*~stelle*) building site; (*pl ~e: Tierbau*) hole, burrow; (*: MIN*) working(s); (*pl ~ten: Gebäude*) building; **sich im ~ befinden** to be under construction; **~arbeiten** *pl* building *od* construction work *sg*; **~arbeiter** *m* building worker

Bauch [baʊx] **(-(e)s, Bäuche)** *m* belly; (*ANAT auch*) stomach, abdomen; **~fell** *nt* peritoneum; **b~ig** *adj* bulbous; **~nabel** *m* navel; **~redner** *m* ventriloquist; **~schmerzen** *pl* stomachache; **~weh** *nt* stomachache

Baudenkmal *nt* historical monument

bauen ['baʊən] *vt, vi* to build; (*TECH*) to construct; **auf jdn/etw ~** to depend *od* count upon sb/sth

Bauer[1] ['baʊər] **(-n** *od* **-s, -n)** *m* farmer; (*Schach*) pawn

Bauer[2] ['baʊər] **(-s, -)** *nt od m* (bird)cage

Bäuerin ['bɔʏərɪn] *f* farmer; (*Frau des Bauers*) farmer's wife

bäuerlich *adj* rustic

Bauern- *zW:* **~haus** *nt* farmhouse; **~hof** *m* farm(yard)

Bau- *zW:* **b~fällig** *adj* dilapidated; **~gelände** *f* building site; **~genehmigung** *f* building permit; **~gerüst** *nt* scaffolding; **~herr** *m* purchaser; **~kasten** *m* box of bricks; **~land** *nt* building land; **b~lich** *adj* structural

Baum [baʊm] **(-(e)s, Bäume)** *m* tree

baumeln ['baʊməln] *vi* to dangle

bäumen ['bɔʏmən] *vr* to rear (up)

Baum- *zW:* **~schule** *f* nursery; **~stamm** *m* tree trunk; **~stumpf** *m* tree stump; **~wolle** *f* cotton

Bau- *zW:* **~plan** *m* architect's plan; **~platz** *m* building site

bauspar- *zW:* **~en** *vi* to save with a building society; **B~kasse** *f* building society; **B~vertrag** *m* building society savings agreement

Bau- *zW:* **~stein** *m* building stone, freestone; **~stelle** *f* building site; **~teil** *nt* prefabricated part (of building); **~ten** *pl* von **Bau**; **~unternehmer** *m* building

contractor; **~weise** *f* (method of) construction; **~werk** *nt* building; **~zaun** *m* hoarding

Bayern ['baɪərn] *nt* Bavaria

bayrisch ['baɪrɪʃ] *adj* Bavarian

Bazillus [ba'tsɪlʊs] **(-, Bazillen)** *m* bacillus

beabsichtigen [bə'apzɪçtɪgən] *vt* to intend

beacht- [bə'axt] *zW:* **~en** *vt* to take note of; (*Vorschrift*) to obey; (*Vorfahrt*) to observe; **~lich** *adj* considerable; **B~ung** *f* notice, attention, observation

Beamte(r) [bə'amtə(r)] **(-n, -n)** *m* official; (*Staatsbeamte*) civil servant; (*Bankbeamte etc*) employee

Beamtin *f siehe* **Beamte(r)**

beängstigend [bə'ɛŋstɪgənt] *adj* alarming

beanspruchen [bə'anʃpruxən] *vt* to claim; (*Zeit, Platz*) to take up, to occupy; **jdn ~** to take up sb's time

beanstanden [bə'anʃtandən] *vt* to complain about, to object to

beantragen [bə'antra:gən] *vt* to apply for, to ask for

beantworten [bə'antvɔrtən] *vt* to answer; **Beantwortung** *f* (*+gen*) reply (to)

bearbeiten [bə'arbaɪtən] *vt* to work; (*Material*) to process; (*Thema*) to deal with; (*Land*) to cultivate; (*CHEM*) to treat; (*Buch*) to revise; (*umg: beeinflussen wollen*) to work on

Bearbeitung *f* processing; cultivation; treatment; revision

Bearbeitungsgebühr *f* handling charge

Beatmung [bə'a:tmʊŋ] *f* respiration

beaufsichtigen [bə'aʊfzɪçtɪgən] *vt* to supervise; **Beaufsichtigung** *f* supervision

beauftragen [bə'aʊftra:gən] *vt* to instruct; **jdn mit etw ~** to entrust sb with sth

Beauftragte(r) *f(m)* representative

bebauen [bə'baʊən] *vt* to build on; (*AGR*) to cultivate

beben ['be:bən] *vi* to tremble, to shake; **B~ (-s, -)** *nt* earthquake

Becher ['beçər] **(-s, -)** *m* mug; (*ohne Henkel*) tumbler

Becken ['bɛkən] **(-s, -)** *nt* basin; (*MUS*) cymbal; (*ANAT*) pelvis

---

Rechtschreibreform: ▲ *neue Schreibung* △ *alte Schreibung (auslaufend)*

bedacht [bəˈdaxt] *adj* thoughtful, careful;
auf etw *akk* **~ sein** to be concerned about
sth

bedächtig [bəˈdɛçtɪç] *adj* (*umsichtig*)
thoughtful, reflective; (*langsam*) slow,
deliberate

bedanken [bəˈdaŋkən] *vr*: **sich (bei jdm) ~**
to say thank you (to sb)

Bedarf [bəˈdarf] (**-(e)s**) *m* need,
requirement; (*COMM*) demand; **je nach ~**
according to demand; **bei ~** if necessary; **~
an etw** *dat* **haben** to be in need of sth

Bedarfs- *zW*: **~fall** *m* case of need;
~haltestelle *f* request stop

bedauerlich [bəˈdaʊərlɪç] *adj* regrettable

bedauern [bəˈdaʊərn] *vt* to be sorry for;
(*bemitleiden*) to pity; **B~** (**-s**) *nt* regret;
~swert *adj* (*Zustände*) regrettable; (*Mensch*)
pitiable, unfortunate

bedecken [bəˈdɛkən] *vt* to cover

bedeckt *adj* covered; (*Himmel*) overcast

bedenken [bəˈdɛŋkən] (*unreg*) *vt* to think
over, to consider

Bedenken (**-s, -**) *nt* (*Überlegen*)
consideration; (*Zweifel*) doubt; (*Skrupel*)
scruple

bedenklich *adj* doubtful; (*bedrohlich*)
dangerous, risky

Bedenkzeit *f* time to think

bedeuten [bəˈdɔytən] *vt* to mean; to signify;
(*wichtig sein*) to be of importance; **~d** *adj*
important; (*beträchtlich*) considerable

bedeutsam *adj* (*wichtig*) significant

Bedeutung *f* meaning; significance;
(*Wichtigkeit*) importance; **b~slos** *adj*
insignificant, unimportant; **b~svoll** *adj*
momentous, significant

bedienen [bəˈdiːnən] *vt* to serve; (*Maschine*)
to work, to operate ♦ *vr* (*beim Essen*) to
help o.s.; **sich jds / einer Sache ~** to make
use of sb/sth

Bedienung *f* service; (*Kellnerin*) waitress;
(*Verkäuferin*) shop assistant; (*Zuschlag*)
service (charge)

Bedienungsanleitung *f* operating
instructions *pl*

bedingen [bəˈdɪŋən] *vt* (*verursachen*) to

cause

bedingt *adj* (*Richtigkeit, Tauglichkeit*) limited;
(*Zusage, Annahme*) conditional

Bedingung *f* condition; (*Voraussetzung*)
stipulation; **b~slos** *adj* unconditional

bedrängen [bəˈdrɛŋən] *vt* to pester, to
harass

bedrohen [bəˈdroːən] *vt* to threaten;
Bedrohung *f* threat, menace

bedrücken [bəˈdrʏkən] *vt* to oppress, to
trouble

bedürf- [bəˈdʏrf] *zW*: **~en** (*unreg*) *vi* +*gen* to
need, to require; **B~nis** (**-ses, -se**) *nt*
need; **~tig** *adj* in need, poor, needy

beeilen [bəˈaɪlən] *vr* to hurry

beeindrucken [bəˈaɪndrʊkən] *vt* to
impress, to make an impression on

beeinflussen [bəˈaɪnflʊsən] *vt* to influence

beeinträchtigen [bəˈaɪntrɛçtɪgən] *vt* to
affect adversely; (*Freiheit*) to infringe upon

beend(ig)en [bəˈɛnd(ɪg)ən] *vt* to end, to
finish, to terminate

beengen [bəˈɛŋən] *vt* to cramp; (*fig*) to
hamper, to oppress

beerben [bəˈɛrbən] *vt*: **jdn ~** to inherit from
sb

beerdigen [bəˈeːrdɪgən] *vt* to bury;
Beerdigung *f* funeral, burial

Beere [ˈbeːrə] *f* berry; (*Traubenbeere*) grape

Beet [beːt] (**-(e)s, -e**) *nt* bed

befähigen [bəˈfɛːɪgən] *vt* to enable

befähigt *adj* (*begabt*) talented; **~ (für)**
(*fähig*) capable (of)

Befähigung *f* capability; (*Begabung*) talent,
aptitude

befahrbar [bəˈfaːrbaːr] *adj* passable; (*NAUT*)
navigable

befahren [bəˈfaːrən] (*unreg*) *vt* to use, to
drive over; (*NAUT*) to navigate ♦ *adj* used

befallen [bəˈfalən] (*unreg*) *vt* to come over

befangen [bəˈfaŋən] *adj* (*schüchtern*) shy,
self-conscious; (*voreingenommen*) biased

befassen [bəˈfasən] *vr* to concern o.s.

Befehl [bəˈfeːl] (**-(e)s, -e**) *m* command,
order; **b~en** (*unreg*) *vt* to order ♦ *vi* to give
orders; **jdm etw b~en** to order sb to do
sth; **~sverweigerung** *f* insubordination

Spelling Reform: ▲ *new spelling* △ *old spelling (to be phased out)*

befestigen [bəˈfɛstɪgən] *vt* to fasten;
(*stärken*) to strengthen; (*MIL*) to fortify; **~ an**
+*dat* to fasten to

Befestigung *f* fastening; strengthening;
(*MIL*) fortification

befeuchten [bəˈfɔʏçtən] *vt* to damp(en), to
moisten

befinden [bəˈfɪndən] (*unreg*) *vr* to be; (*sich
fühlen*) to feel ♦ *vt*: **jdn/etw für** *od* **als etw
~** to deem sb/sth to be sth ♦ *vi*: **~ (über**
+*akk*) to decide (on), to adjudicate (on);
B~ (-s) *nt* health, condition; (*Meinung*)
view, opinion

befolgen [bəˈfɔlgən] *vt* to comply with, to
follow

befördern [bəˈfœrdərn] *vt* (*senden*) to
transport, to send; (*beruflich*) to promote;
Beförderung *f* transport; promotion

befragen [bəˈfraːgən] *vt* to question

befreien [bəˈfraɪən] *vt* to set free; (*erlassen*)
to exempt; **Befreiung** *f* liberation, release;
(*Erlassen*) exemption

befreunden [bəˈfrɔʏndən] *vr* to make
friends; (*mit Idee etc*) to acquaint o.s.

befreundet *adj* friendly

befriedigen [bəˈfriːdɪgən] *vt* to satisfy; **~d**
adj satisfactory

Befriedigung *f* satisfaction, gratification

befristet [bəˈfrɪstət] *adj* limited

befruchten [bəˈfrʊxtən] *vt* to fertilize; (*fig*)
to stimulate

Befruchtung *f*: **künstliche ~** artificial
insemination

Befugnis [bəˈfuːknɪs] **(-, -se)** *f* authorization,
powers *pl*

befugt *adj* authorized, entitled

Befund [bəˈfʊnt] **(-(e)s, -e)** *m* findings *pl*;
(*MED*) diagnosis

befürchten [bəˈfʏrçtən] *vt* to fear;
Befürchtung *f* fear, apprehension

befürworten [bəˈfyːrvɔrtən] *vt* to support,
to speak in favour of; **Befürworter (-s, -)**
m supporter, advocate

begabt [bəˈgaːpt] *adj* gifted

Begabung [bəˈgaːbʊŋ] *f* talent, gift

begann *etc* [bəˈgan] *vb siehe* **beginnen**

begeben [bəˈgeːbən] (*unreg*) *vr* (*gehen*) to
betake o.s.; (*geschehen*) to occur; **sich ~
nach** *od* **zu** to proceed to(wards); **B~heit** *f*
occurrence

begegnen [bəˈgeːgnən] *vi*: **jdm ~** to meet
sb; (*behandeln*) to treat sb; **einer Sache** *dat*
~ to meet with sth

Begegnung *f* meeting

begehen [bəˈgeːən] (*unreg*) *vt* (*Straftat*) to
commit; (*abschreiten*) to cover; (*Straße etc*)
to use, to negotiate; (*Feier*) to celebrate

begehren [bəˈgeːrən] *vt* to desire

begehrt *adj* in demand; (*Junggeselle*) eligible

begeistern [bəˈgaɪstərn] *vt* to fill with
enthusiasm, to inspire ♦ *vr*: **sich für etw ~**
to get enthusiastic about sth

begeistert *adj* enthusiastic

Begierde [bəˈgiːrdə] *f* desire, passion

begierig [bəˈgiːrɪç] *adj* eager, keen

begießen [bəˈgiːsən] (*unreg*) *vt* to water;
(*mit Alkohol*) to drink to

Beginn [bəˈgɪn] **(-(e)s)** *m* beginning; **zu ~** at
the beginning; **b~en** (*unreg*) *vt, vi* to start,
to begin

beglaubigen [bəˈglaʊbɪgən] *vt* to
countersign; **Beglaubigung** *f*
countersignature

begleichen [bəˈglaɪçən] (*unreg*) *vt* to settle,
to pay

Begleit- [bəˈglaɪt] *zW*: **b~en** *vt* to
accompany; (*MIL*) to escort; **~er (-s, -)** *m*
companion; (*Freund*) escort; (*MUS*)
accompanist; **~schreiben** *nt* covering
letter; **~umstände** *pl* concomitant
circumstances; **~ung** *f* company; (*MIL*)
escort; (*MUS*) accompaniment

beglücken [bəˈglʏkən] *vt* to make happy, to
delight

beglückwünschen [bəˈglʏkvʏnʃən] *vt*: **~
(zu)** to congratulate (on)

begnadigen [bəˈgnaːdɪgən] *vt* to pardon;
Begnadigung *f* pardon, amnesty

begnügen [bəˈgnyːgən] *vr* to be satisfied, to
content o.s.

begonnen *etc* [bəˈgɔnən] *vb siehe* **beginnen**

begraben [bəˈgraːbən] (*unreg*) *vt* to bury;
Begräbnis (-ses, -se) [bəˈgrɛːpnɪs] *nt*
burial, funeral

Rechtschreibreform: ▲ *neue Schreibung* △ *alte Schreibung (auslaufend)*

begreifen [bə'graɪfən] (*unreg*) *vt* to understand, to comprehend

begreiflich [bə'graɪflɪç] *adj* understandable

begrenzen [bə'grɛntsən] *vt* (*beschränken*) to limit

Begrenztheit [bə'grɛntsthaɪt] *f* limitation, restriction; (*fig*) narrowness

Begriff [bə'grɪf] (**-(e)s, -e**) *m* concept, idea; **im ~ sein, etw zu tun** to be about to do sth; **schwer von ~** (*umg*) slow, dense

begriffsstutzig *adj* slow, dense

begründ- [bə'grʏnd] *zW:* **~en** *vt* (*Gründe geben*) to justify; **~et** *adj* well-founded, justified; **B~ung** *f* justification, reason

begrüßen [bə'gryːsən] *vt* to greet, to welcome; **Begrüßung** *f* greeting, welcome

begünstigen [bə'gʏnstɪgən] *vt* (*Person*) to favour; (*Sache*) to further, to promote

begutachten [bə'guːtʔaxtən] *vt* to assess

begütert [bə'gyːtərt] *adj* wealthy, well-to-do

behaart [bə'haːrt] *adj* hairy

behagen [bə'haːgən] *vi*: **das behagt ihm nicht** he does not like it

behaglich [bə'haːklɪç] *adj* comfortable, cosy; **B~keit** *f* comfort, cosiness

behalten [bə'haltən] (*unreg*) *vt* to keep, to retain; (*im Gedächtnis*) to remember

Behälter [bə'hɛltər] (**-s, -**) *m* container, receptacle

behandeln [bə'handəln] *vt* to treat; (*Thema*) to deal with; (*Maschine*) to handle

Behandlung *f* treatment; (*von Maschine*) handling

beharren [bə'harən] *vi*: **auf etw** *dat* **~** to stick *od* keep to sth

beharrlich [bə'harlɪç] *adj* (*ausdauernd*) steadfast, unwavering; (*hartnäckig*) tenacious, dogged; **B~keit** *f* steadfastness; tenacity

behaupten [bə'haʊptən] *vt* to claim, to assert, to maintain; (*sein Recht*) to defend ♦ *vr* to assert o.s.

Behauptung *f* claim, assertion

beheben [bə'heːbən] (*unreg*) *vt* to remove

behelfen [bə'hɛlfən] (*unreg*) *vr*: **sich mit etw ~** to make do with sth

behelfsmäßig *adj* improvised, makeshift;

(*vorübergehend*) temporary

behelligen [bə'hɛlɪgən] *vt* to trouble, to bother

beherbergen [bə'hɛrbɛrgən] *vt* to put up, to house

beherrsch- [bə'hɛrʃ] *zW:* **~en** *vt* (*Volk*) to rule, to govern; (*Situation*) to control; (*Sprache, Gefühle*) to master ♦ *vr* to control o.s.; **~t** *adj* controlled; **B~ung** *f* rule; control; mastery

beherzigen [bə'hɛrtsɪgən] *vt* to take to heart

beherzt *adj* courageous, brave

behilflich [bə'hɪlflɪç] *adj* helpful; **jdm ~ sein (bei)** to help sb (with)

behindern [bə'hɪndərn] *vt* to hinder, to impede

Behinderte(r) *f(m)* disabled person

Behinderung *f* hindrance; (*Körperbehinderung*) handicap

Behörde [bə'høːrdə] *f* (*auch pl*) authorities *pl*

behördlich [bə'høːrtlɪç] *adj* official

behüten [bə'hyːtən] *vt* to guard; **jdn vor etw** *dat* **~** to preserve sb from sth

behutsam [bə'huːtzaːm] *adj* cautious, careful; **B~keit** *f* caution, carefulness

---

SCHLÜSSELWORT

bei [baɪ] *präp +dat* **1** (*nahe bei*) near; (*zum Aufenthalt*) at, with; (*unter, zwischen*) among; **bei München** near Munich; **bei uns** at our place; **beim Friseur** at the hairdresser's; **bei seinen Eltern wohnen** to live with one's parents; **bei einer Firma arbeiten** to work for a firm; **etw bei sich haben** to have sth on one; **jdn bei sich haben** to have sb with one; **bei Goethe** in Goethe; **beim Militär** in the army

2 (*zeitlich*) at, on; (*während*) during; (*Zustand, Umstand*) in; **bei Nacht** at night; **bei Nebel** in fog; **bei Regen** if it rains; **bei solcher Hitze** in such heat; **bei meiner Ankuft** on my arrival; **bei der Arbeit** when I'm *etc* working; **beim Fahren** while driving

---

beibehalten ['baɪbəhaltən] (*unreg*) *vt* to keep, to retain

beibringen ['baɪbrɪŋən] (*unreg*) *vt* (*Beweis, Zeugen*) to bring forward; (*Gründe*) to adduce; **jdm etw ~** (*lehren*) to teach sb sth; (*zu verstehen geben*) to make sb understand sth; (*zufügen*) to inflict sth on sb

Beichte ['baɪçtə] *f* confession; **b~n** *vt* to confess ♦ *vi* to go to confession

beide(s) ['baɪdə(s)] *pron, adj* both; **meine ~n Brüder** my two brothers, both my brothers; **die ersten ~n** the first two; **wir ~** we two; **einer von ~n** one of the two; **alles ~s** both (of them)

beider- ['baɪdər] *zW*: **~lei** *adj inv* of both; **~seitig** *adj* mutual, reciprocal; **~seits** *adv* mutually ♦ *präp +gen* on both sides of

beieinander [baɪaɪ'nandər] *adv* together

Beifahrer ['baɪfaːrər] *m* passenger

Beifall ['baɪfal] **(-(e)s)** *m* applause; (*Zustimmung*) approval

beifügen ['baɪfyːgən] *vt* to enclose

beige ['beːʒ] *adj* beige, fawn

beigeben ['baɪgeːbən] (*unreg*) *vt* (*zufügen*) to add; (*mitgeben*) to give ♦ *vi* (*nachgeben*) to give in

Beihilfe ['baɪhɪlfə] *f* aid, assistance; (*Studienbeihilfe*) grant; (*JUR*) aiding and abetting

beikommen ['baɪkɔmən] (*unreg*) *vi +dat* to get at; (*einem Problem*) to deal with

Beil [baɪl] **(-(e)s, -e)** *nt* axe, hatchet

Beilage ['baɪlaːgə] *f* (*Buchbeilage etc*) supplement; (*KOCH*) vegetables and potatoes *pl*

beiläufig ['baɪlɔʏfɪç] *adj* casual, incidental ♦ *adv* casually, by the way

beilegen ['baɪleːgən] *vt* (*hinzufügen*) to enclose, to add; (*beimessen*) to attribute, to ascribe; (*Streit*) to settle

Beileid ['baɪlaɪt] *nt* condolence, sympathy; **herzliches ~** deepest sympathy

beiliegend ['baɪliːgənt] *adj* (*COMM*) enclosed

beim [baɪm] = **bei dem**

beimessen ['baɪmɛsən] (*unreg*) *vt* (+*dat*) to attribute (to), to ascribe (to)

Bein [baɪn] **(-(e)s, -e)** *nt* leg

beinah(e) ['baɪnaː(ə)] *adv* almost, nearly

Beinbruch *m* fracture of the leg

beinhalten [bə'ɪnhaltən] *vt* to contain

Beipackzettel ['baɪpaktsetəl] *m* instruction leaflet

beipflichten ['baɪpflɪçtən] *vi*: **jdm/etw ~** to agree with sb/sth

beisammen [baɪ'zamən] *adv* together; **B~sein** **(-s)** *nt* get-together

Beischlaf ['baɪʃlaːf] *m* sexual intercourse

Beisein ['baɪzaɪn] **(-s)** *nt* presence

beiseite [baɪ'zaɪtə] *adv* to one side, aside; (*stehen*) on one side, aside; **etw ~ legen** (*sparen*) to put sth by

beisetzen ['baɪzɛtsən] *vt* to bury; **Beisetzung** *f* funeral

Beisitzer ['baɪzɪtsər] **(-s, -)** *m* (*bei Prüfung*) assessor

Beispiel ['baɪʃpiːl] **(-(e)s, -e)** *nt* example; **sich +dat an jdm ein ~ nehmen** to take sb as an example; **zum ~** for example; **b~haft** *adj* exemplary; **b~los** *adj* unprecedented; **b~sweise** *adv* for instance *od* example

beißen ['baɪsən] (*unreg*) *vt, vi* to bite; (*stechen: Rauch, Säure*) to burn ♦ *vr* (*Farben*) to clash; **~d** *adj* biting, caustic; (*fig auch*) sarcastic

Beistand ['baɪʃtant] **(-(e)s, ᵁe)** *m* support, help; (*JUR*) adviser

beistehen ['baɪʃteːən] (*unreg*) *vi*: **jdm ~** to stand by sb

beisteuern ['baɪʃtɔʏərn] *vt* to contribute

Beitrag ['baɪtraːk] **(-(e)s, ᵁe)** *m* contribution; (*Zahlung*) fee, subscription; (*Versicherungsbeitrag*) premium; **b~en** ['baɪtraːgən] (*unreg*) *vt, vi*: **b~en (zu)** to contribute (to); (*mithelfen*) to help (with)

beitreten ['baɪtreːtən] (*unreg*) *vi +dat* to join

Beitritt ['baɪtrɪt] *m* joining, membership

Beiwagen ['baɪvaːgən] *m* (*Motorradbeiwagen*) sidecar

beizeiten [baɪ'tsaɪtən] *adv* in time

bejahen [bə'jaːən] *vt* (*Frage*) to say yes to, to answer in the affirmative; (*gutheißen*) to agree with

bekämpfen [bə'kɛmpfən] *vt* (*Gegner*) to fight; (*Seuche*) to combat ♦ *vr* to fight;

Bekämpfung f fight, struggle

bekannt [bə'kant] adj (well-)known; (nicht fremd) familiar; ~ **geben** to announce publicly; **mit jdm ~ sein** to know sb; ~ **machen** to announce; **jdn mit jdm ~ machen** to introduce sb to sb; **das ist mir ~** I know that; **es/sie kommt mir ~ vor** it/she seems familiar; **B~e(r)** f(m) acquaintance; friend; **B~enkreis** m circle of friends; **~lich** adv as is well known, as you know; **B~machung** f publication; announcement; **B~schaft** f acquaintance

bekehren [bə'ke:rən] vt to convert ♦ vr to be od become converted

bekennen [bə'kɛnən] (unreg) vt to confess; (Glauben) to profess; **Farbe ~** (umg) to show where one stands

Bekenntnis [bə'kɛntnɪs] (-ses, -se) nt admission, confession; (Religion) confession, denomination

beklagen [bə'kla:gən] vt to deplore, to lament ♦ vr to complain

bekleiden [bə'klaɪdən] vt to clothe; (Amt) to occupy, to fill

Bekleidung f clothing

beklemmen [bə'klɛmən] vt to oppress

beklommen [bə'klɔmən] adj anxious, uneasy

bekommen [bə'kɔmən] (unreg) vt to get, to receive; (Kind) to have; (Zug) to catch, to get ♦ vi: **jdm ~** to agree with sb

bekömmlich [bə'kœmlɪç] adj easily digestible

bekräftigen [bə'krɛftɪgən] vt to confirm, to corroborate

bekreuzigen [bə'krɔytsɪgən] vr to cross o.s.

bekunden [bə'kundən] vt (sagen) to state; (zeigen) to show

belächeln [bə'lɛçəln] vt to laugh at

beladen [bə'la:dən] (unreg) vt to load

Belag [bə'la:k] (-(e)s, ⁻e) m covering, coating; (Brotbelag) spread; (Zahnbelag) tartar; (auf Zunge) fur; (Bremsbelag) lining

belagern [bə'la:gərn] vt to besiege; **Belagerung** f siege

Belang [bə'laŋ] (-(e)s) m importance; **~e** pl (Interessen) interests, concerns; **b~los** adj trivial, unimportant

belassen [bə'lasən] (unreg) vt (in Zustand, Glauben) to leave; (in Stellung) to retain

belasten [bə'lastən] vt to burden; (fig: bedrücken) to trouble, to worry; (COMM: Konto) to debit; (JUR) to incriminate ♦ vr to weigh o.s. down; (JUR) to incriminate o.s.; **~d** adj (JUR) incriminating

belästigen [bə'lɛstɪgən] vt to annoy, to pester; **Belästigung** f annoyance, pestering

Belastung [bə'lastuŋ] f load; (fig: Sorge etc) weight; (COMM) charge, debit(ing); (JUR) incriminatory evidence

belaufen [bə'laufən] (unreg) vr: **sich ~ auf** +akk to amount to

beleben [bə'le:bən] vt (anregen) to liven up; (Konjunktur, jds Hoffnungen) to stimulate ♦ vr (Augen) to light up; (Stadt) to come to life

belebt [bə'le:pt] adj (Straße) busy

Beleg [bə'le:k] (-(e)s, -e) m (COMM) receipt; (Beweis) documentary evidence, proof; (Beispiel) example; **b~en** vt to cover; (Kuchen, Brot) to spread; (Platz) to reserve, to book; (Kurs, Vorlesung) to register for; (beweisen) to verify, to prove; (MIL: mit Bomben) to bomb; **~schaft** f personnel, staff; **b~t** adj: **b~tes Brot** open sandwich

belehren [bə'le:rən] vt to instruct, to teach; **Belehrung** f instruction

beleibt [bə'laɪpt] adj stout, corpulent

beleidigen [bə'laɪdɪgən] vt to insult, to offend; **Beleidigung** f insult; (JUR) slander, libel

beleuchten [bə'lɔyçtən] vt to light, to illuminate; (fig) to throw light on

Beleuchtung f lighting, illumination

Belgien ['bɛlgiən] nt Belgium; **Belgier(in)** m(f) Belgian; **belgisch** adj Belgian

belichten [bə'lɪçtən] vt to expose

Belichtung f exposure; **~smesser** m exposure meter

Belieben [bə'li:bən] nt: **(ganz) nach ~** (just) as you wish

beliebig [bə'li:bɪç] adj any you like ♦ adv as you like; **ein ~es Thema** any subject you like od want; **~ viel/viele** as much/many as you like

beliebt [bə'li:pt] *adj* popular; **sich bei jdm ~ machen** to make o.s. popular with sb; **B~heit** *f* popularity

beliefern [bə'li:fərn] *vt* to supply

bellen ['bɛlən] *vi* to bark

belohnen [bə'lo:nən] *vt* to reward; **Belohnung** *f* reward

Belüftung [bə'lʏftʊŋ] *f* ventilation

belügen [bə'ly:gən] (*unreg*) *vt* to lie to, to deceive

belustigen [bə'lʊstɪgən] *vt* to amuse; **Belustigung** *f* amusement

bemalen [bə'ma:lən] *vt* to paint

bemängeln [bə'mɛŋəln] *vt* to criticize

bemerk- [bə'mɛrk] *zW*: **~bar** *adj* perceptible, noticeable; **sich ~bar machen** (*Person*) to make *od* get o.s. noticed; (*Unruhe*) to become noticeable; **~en** *vt* (*wahrnehmen*) to notice, to observe; (*sagen*) to say, to mention; **~enswert** *adj* remarkable, noteworthy; **B~ung** *f* remark; (*schriftlich auch*) note

bemitleiden [bə'mɪtlaɪdən] *vt* to pity

bemühen [bə'my:ən] *vr* to take trouble *od* pains; **Bemühung** *f* trouble, pains *pl*, effort

benachbart [bə'naxba:rt] *adj* neighbouring

benachrichtigen [bə'na:xrɪçtɪgən] *vt* to inform; **Benachrichtigung** *f* notification, information

benachteiligen [bə'na:xtaɪlɪgən] *vt* to put at a disadvantage; to victimize

benehmen [bə'ne:mən] (*unreg*) *vr* to behave; **B~** (**-s**) *nt* behaviour

beneiden [bə'naɪdən] *vt* to envy; **~swert** *adj* enviable

benennen [bə'nɛnən] (*unreg*) *vt* to name

Bengel ['bɛŋəl] (**-s, -**) *m* (little) rascal *od* rogue

benommen [bə'nɔmən] *adj* dazed

benoten [bə'no:tən] *vt* to mark

benötigen [bə'nø:tɪgən] *vt* to need

benutzen [bə'nʊtsən] *vt* to use

Benutzer (**-s, -**) *m* user

Benutzung *f* utilization, use

Benzin [bɛnt'si:n] (**-s, -e**) *nt* (*AUT*) petrol

(*BRIT*), gas(oline) (*US*); **~kanister** *m* petrol (*BRIT*) *od* gas (*US*) can; **~tank** *m* petrol tank (*BRIT*), gas tank (*US*); **~uhr** *f* petrol (*BRIT*) *od* gas (*US*) gauge

beobachten [bə'|o:baxtən] *vt* to observe; **Beobachter** (**-s, -**) *m* observer; (*eines Unfalls*) witness; (*PRESSE, TV*) correspondent; **Beobachtung** *f* observation

bepacken [bə'pakən] *vt* to load, to pack

bequem [bə'kve:m] *adj* comfortable; (*Ausrede*) convenient; (*Person*) lazy, indolent; **~en** *vr*: **sich ~en(, etw zu tun**) to condescend (to do sth); **B~lichkeit** [-'lɪçkaɪt] *f* convenience, comfort; (*Faulheit*) laziness, indolence

beraten [bə'ra:tən] (*unreg*) *vt* to advise; (*besprechen*) to discuss, to debate ♦ *vr* to consult; **gut/schlecht ~ sein** to be well/ill advised; **sich ~ lassen** to get advice

Berater (**-s, -**) *m* adviser

Beratung *f* advice; (*Besprechung*) consultation; **~sstelle** *f* advice centre

berauben [bə'raʊbən] *vt* to rob

berechenbar [bə'rɛçənba:r] *adj* calculable

berechnen [bə'rɛçnən] *vt* to calculate; (*COMM: anrechnen*) to charge; **~d** *adj* (*Mensch*) calculating, scheming

Berechnung *f* calculation; (*COMM*) charge

berechtigen [bə'rɛçtɪgən] *vt* to entitle; to authorize; (*fig*) to justify

berechtigt [bə'rɛçtɪçt] *adj* justifiable, justified

Berechtigung *f* authorization; (*fig*) justification

bereden [bə're:dən] *vt* (*besprechen*) to discuss; (*überreden*) to persuade ♦ *vr* to discuss

Bereich [bə'raɪç] (**-(e)s, -e**) *m* (*Bezirk*) area; (*PHYS*) range; (*Ressort, Gebiet*) sphere

bereichern [bə'raɪçərn] *vt* to enrich ♦ *vr* to get rich

bereinigen [bə'raɪnɪgən] *vt* to settle

bereisen [bə'raɪzən] *vt* (*Land*) to travel through

bereit [bə'raɪt] *adj* ready, prepared; **zu etw ~ sein** to be ready for sth; **sich ~ erklären** to declare o.s. willing; **~en** *vt* to prepare, to make ready; (*Kummer, Freude*) to cause;

~halten (*unreg*) *vt* to keep in readiness; **~legen** *vt* to lay out; **~machen** *vt, vr* to prepare, to get ready; **~s** *adv* already; **B~schaft** *f* readiness; (*Polizei*) alert; **B~schaftsdienst** *m* emergency service; **~stehen** (*unreg*) *vi* (*Person*) to be prepared; (*Ding*) to be ready; **~stellen** *vt* (*Kisten, Pakete etc*) to put ready; (*Geld etc*) to make available; (*Truppen, Maschinen*) to put at the ready; **~willig** *adj* willing, ready; **B~willigkeit** *f* willingness, readiness

bereuen [bə'rɔyən] *vt* to regret

Berg [bɛrk] **(-(e)s, -e)** *m* mountain; hill; **b~ab** *adv* downhill; **~arbeiter** *m* miner; **b~auf** *adv* uphill; **~bahn** *f* mountain railway; **~bau** *m* mining

bergen ['bɛrgən] (*unreg*) *vt* (*retten*) to rescue; (*Ladung*) to salvage; (*enthalten*) to contain

Berg- *zW:* **~führer** *m* mountain guide; **~gipfel** *m* peak, summit; **b~ig** ['bɛrgɪç] *adj* mountainous; hilly; **~kette** *f* mountain range; **~mann** (*pl* **~leute**) *m* miner; **~rettungsdienst** *m* mountain rescue team; **~rutsch** *m* landslide; **~steigen** *nt* mountaineering; **~steiger(in)** **(-s, -)** *m(f)* mountaineer, climber; **~tour** *f* mountain climb

Bergung ['bɛrgʊŋ] *f* (*von Menschen*) rescue; (*von Material*) recovery; (*NAUT*) salvage

Berg- *zW:* **~wacht** *f* mountain rescue service; **~wanderung** *f* hike in the mountains; **~werk** *nt* mine

Bericht [bə'rɪçt] **(-(e)s, -e)** *m* report, account; **b~en** *vt, vi* to report; **~erstatter** **(-s, -)** *m* reporter; (*newspaper*) correspondent

berichtigen [bə'rɪçtɪgən] *vt* to correct; **Berichtigung** *f* correction

Bernstein ['bɛrnʃtaɪn] *m* amber

bersten ['bɛrstən] (*unreg*) *vi* to burst, to split

berüchtigt [bə'rʏçtɪçt] *adj* notorious, infamous

berücksichtigen [bə'rʏkzɪçtɪgən] *vt* to consider, to bear in mind; **Berücksichtigung** *f* consideration

Beruf [bə'ruːf] **(-(e)s, -e)** *m* occupation, profession; (*Gewerbe*) trade; **b~en** (*unreg*)

vt: **b~en zu** to appoint to ♦ *vr*: **sich auf jdn/etw b~en** to refer *od* appeal to sb/sth ♦ *adj* competent, qualified; **b~lich** *adj* professional

Berufs- *zW:* **~ausbildung** *f* job training; **~berater** *m* careers adviser; **~beratung** *f* vocational guidance; **~geheimnis** *nt* professional secret; **~leben** *nt* professional life; **~schule** *f* vocational *od* trade school; **~sportler** [-ʃpɔrtlər] *m* professional (sportsman); **b~tätig** *adj* employed; **b~unfähig** *adj* unfit for work; **~verkehr** *m* rush-hour traffic

Berufung *f* vocation, calling; (*Ernennung*) appointment; (*JUR*) appeal; **~ einlegen** to appeal

beruhen [bə'ruːən] *vi*: **auf etw** *dat* **~** to be based on sth; **etw auf sich ~ lassen** to leave sth at that

beruhigen [bə'ruːɪgən] *vt* to calm, to pacify, to soothe ♦ *vr* (*Mensch*) to calm (o.s.) down; (*Situation*) to calm down

Beruhigung *f* soothing; (*der Nerven*) calming; **zu jds ~** (in order) to reassure sb; **~smittel** *nt* sedative

berühmt [bə'ryːmt] *adj* famous; **B~heit** *f* (*Ruf*) fame; (*Mensch*) celebrity

berühren [bə'ryːrən] *vt* to touch; (*gefühlsmäßig bewegen*) to affect; (*flüchtig erwähnen*) to mention, to touch on ♦ *vr* to meet, to touch

Berührung *f* contact

besagen [bə'zaːgən] *vt* to mean

besänftigen [bə'zɛnftɪgən] *vt* to soothe, to calm

Besatz [bə'zats] **(-es, ⁺e)** *m* trimming, edging

Besatzung *f* garrison; (*NAUT, AVIAT*) crew

Besatzungsmacht *f* occupying power

beschädigen [bə'ʃɛːdɪgən] *vt* to damage; **Beschädigung** *f* damage; (*Stelle*) damaged spot

beschaffen [bə'ʃafən] *vt* to get, to acquire ♦ *adj*: **das ist so ~, dass** that is such that; **B~heit** *f* (*von Mensch*) constitution, nature

Beschaffung *f* acquisition

beschäftigen [bə'ʃɛftɪgən] *vt* to occupy;

(*beruflich*) to employ ♦ *vr* to occupy *od* concern o.s.

beschäftigt *adj* busy, occupied

Beschäftigung *f* (*Beruf*) employment; (*Tätigkeit*) occupation; (*Befassen*) concern

beschämen [bəˈʃɛːmən] *vt* to put to shame; **~d** *adj* shameful; (*Hilfsbereitschaft*) shaming

beschämt *adj* ashamed

Bescheid [bəˈʃaɪt] **(-(e)s, -e)** *m* information; (*Weisung*) directions *pl*; **~ wissen** (**über** +*akk*) to be well-informed (about); **ich weiß ~** I know; **jdm ~ geben** *od* **sagen** to let sb know

bescheiden [bəˈʃaɪdən] (*unreg*) *vr* to content o.s. ♦ *adj* modest; **B~heit** *f* modesty

bescheinen [bəˈʃaɪnən] (*unreg*) *vt* to shine on

bescheinigen [bəˈʃaɪnɪɡən] *vt* to certify; (*bestätigen*) to acknowledge

Bescheinigung *f* certificate; (*Quittung*) receipt

beschenken [bəˈʃɛŋkən] *vt*: **jdn mit etw ~** to give sb sth as a present

bescheren [bəˈʃeːrən] *vt*: **jdm etw ~** to give sb sth as a Christmas present; **jdn ~** to give Christmas presents to sb

Bescherung *f* giving of Christmas presents; (*umg*) mess

beschildern [bəˈʃɪldərn] *vt* to put signs/a sign on

beschimpfen [bəˈʃɪmpfən] *vt* to abuse; **Beschimpfung** *f* abuse; insult

Beschlag [bəˈʃlaːk] **(-(e)s, ⁺e)** *m* (*Metallband*) fitting; (*auf Fenster*) condensation; (*auf Metall*) tarnish; finish; (*Hufeisen*) horseshoe; **jdn/etw in ~ nehmen** *od* **mit ~ belegen** to monopolize sb/sth; **b~en** [bəˈʃlaːɡən] (*unreg*) *vt* to cover; (*Pferd*) to shoe ♦ *vi*, *vr* (*Fenster etc*) to mist over; **b~en sein** (**in** *od* **auf** +*dat*) to be well versed (in); **b~nahmen** *vt* to seize, to confiscate; to requisition; **~nahmung** *f* confiscation, sequestration

beschleunigen [bəˈʃlɔʏnɪɡən] *vt* to accelerate, to speed up ♦ *vi* (*AUT*) to accelerate; **Beschleunigung** *f* acceleration

beschließen [bəˈʃliːsən] (*unreg*) *vt* to decide on; (*beenden*) to end, to close

Beschluss ▲ [bəˈʃlʊs] **(-es, ⁺e)** *m* decision, conclusion; (*Ende*) conclusion, end

beschmutzen [bəˈʃmʊtsən] *vt* to dirty, to soil

beschönigen [bəˈʃøːnɪɡən] *vt* to gloss over

beschränken [bəˈʃrɛŋkən] *vt*, *vr*: **(sich) ~ (auf** +*akk*) to limit *od* restrict (o.s.) (to)

beschränk- *zW*: **~t** *adj* confined, restricted; (*Mensch*) limited, narrow-minded; **B~ung** *f* limitation

beschreiben [bəˈʃraɪbən] (*unreg*) *vt* to describe; (*Papier*) to write on

Beschreibung *f* description

beschriften [bəˈʃrɪftən] *vt* to mark, to label; **Beschriftung** *f* lettering

beschuldigen [bəˈʃʊldɪɡən] *vt* to accuse; **Beschuldigung** *f* accusation

Beschuss ▲ [bəˈʃʊs] *m*: **jdn/etw unter ~ nehmen** (*MIL*) to open fire on sb/sth

beschützen [bəˈʃʏtsən] *vt*: **~ (vor** +*dat*) to protect (from); **Beschützer (-s, -)** *m* protector

Beschwerde [bəˈʃveːrdə] *f* complaint; (*Mühe*) hardship; **~n** *pl* (*Leiden*) trouble

beschweren [bəˈʃveːrən] *vt* to weight down; (*fig*) to burden ♦ *vr* to complain

beschwerlich *adj* tiring, exhausting

beschwichtigen [bəˈʃvɪçtɪɡən] *vt* to soothe, to pacify

beschwindeln [bəˈʃvɪndəln] *vt* (*betrügen*) to cheat; (*belügen*) to fib to

beschwingt [bəˈʃvɪŋt] *adj* in high spirits

beschwipst [bəˈʃvɪpst] (*umg*) *adj* tipsy

beschwören [bəˈʃvøːrən] (*unreg*) *vt* (*Aussage*) to swear to; (*anflehen*) to implore; (*Geister*) to conjure up

beseitigen [bəˈzaɪtɪɡən] *vt* to remove; **Beseitigung** *f* removal

Besen [ˈbeːzən] **(-s, -)** *m* broom; **~stiel** *m* broomstick

besessen [bəˈzɛsən] *adj* possessed

besetz- [bəˈzɛts] *zW*: **~en** *vt* (*Haus, Land*) to occupy; (*Platz*) to take, to fill; (*Posten*) to fill; (*Rolle*) to cast; (*mit Edelsteinen*) to set; **~t** *adj* full; (*TEL*) engaged, busy; (*Platz*) taken;

(WC) engaged; **B~tzeichen** nt engaged tone; **B~ung** f occupation; filling; (von Rolle) casting; (die Schauspieler) cast

besichtigen [bə'zɪçtɪgən] vt to visit, to have a look at; **Besichtigung** f visit

besiegen [bə'zi:gən] vt to defeat, to overcome

besinn- [bə'zɪn] zW: **~en** (unreg) vr (nachdenken) to think, to reflect; (erinnern) to remember; **sich anders ~en** to change one's mind; **B~ung** f consciousness; **zur B~ung kommen** to recover consciousness; (fig) to come to one's senses; **~ungslos** adj unconscious

Besitz [bə'zɪts] (-es) m possession; (Eigentum) property; **b~en** (unreg) vt to possess, to own; (Eigenschaft) to have; **~er(in)** (-s, -) m(f) owner, proprietor; **~ergreifung** f occupation, seizure

besoffen [bə'zɔfən] (umg) adj drunk, stoned

besohlen [bə'zo:lən] vt to sole

Besoldung [bə'zɔldʊŋ] f salary, pay

besondere(r, s) [bə'zɔndərə(r, s)] adj special; (eigen) particular; (gesondert) separate; (eigentümlich) peculiar

Besonderheit [bə'zɔndərhaɪt] f peculiarity

besonders [bə'zɔndərs] adv especially, particularly; (getrennt) separately

besonnen [bə'zɔnən] adj sensible, level-headed

besorg- [bə'zɔrg] zW: **~en** vt (beschaffen) to acquire; (kaufen auch) to purchase; (erledigen: Geschäfte) to deal with; (sich kümmern um) to take care of; **B~nis** (-, -se) f anxiety, concern; **~t** [bə'zɔrçt] adj anxious, worried; **B~ung** f acquisition; (Kauf) purchase

bespielen [bə'ʃpi:lən] vt to record

bespitzeln [bə'ʃpɪtsəln] vt to spy on

besprechen [bə'ʃprɛçən] (unreg) vt to discuss; (Tonband etc) to record, to speak onto; (Buch) to review ♦ vr to discuss, to consult; **Besprechung** f meeting, discussion; (von Buch) review

besser ['bɛsər] adj better; **es geht ihm ~** he is feeling better; **~n** vt to make better, to improve ♦ vr to improve; (Menschen) to

reform; **B~ung** f improvement; **gute B~ung!** get well soon!; **B~wisser** (-s, -) m know-all

Bestand [bə'ʃtant] (-(e)s, ⁻e) m (Fortbestehen) duration, stability; (Kassenbestand) amount, balance; (Vorrat) stock; **~ haben, von ~ sein** to last long, to endure

beständig [bə'ʃtɛndɪç] adj (ausdauernd: auch fig) constant; (Wetter) settled; (Stoffe) resistant; (Klagen etc) continual

Bestandsaufnahme [bə'ʃtantsaʊfna:mə] f stocktaking

Bestandteil m part, component; (Zutat) ingredient

bestärken [bə'ʃtɛrkən] vt: **jdn in etw** dat **~** to strengthen od confirm sb in sth

bestätigen [bə'ʃtɛ:tɪgən] vt to confirm; (anerkennen, COMM) to acknowledge; **Bestätigung** f confirmation; acknowledgement

bestatten [bə'ʃtatən] vt to bury

Bestattung f funeral

Bestattungsinstitut nt funeral director's

bestaunen [bə'ʃtaʊnən] vt to marvel at, gaze at in wonder

beste(r, s) ['bɛstə(r, s)] adj best; **so ist es am ~n** it's best that way; **am ~n gehst du gleich** you'd better go at once; **jdn zum B~n haben** to pull sb's leg; **einen Witz** etc **zum B~n geben** to tell a joke etc; **aufs B~ od ~** in the best possible way; **zu jds B~n** for the benefit of sb

bestechen [bə'ʃtɛçən] (unreg) vt to bribe; **bestechlich** adj corruptible; **Bestechung** f bribery, corruption

Besteck [bə'ʃtɛk] (-(e)s, -e) nt knife, fork and spoon, cutlery; (MED) set of instruments

bestehen [bə'ʃte:ən] (unreg) vi to be; to exist; (andauern) to last ♦ vt (Kampf, Probe, Prüfung) to pass; **~ auf** +dat to insist on; **~ aus** to consist of

bestehlen [bə'ʃte:lən] (unreg) vt: **jdn (um etw) ~** to rob sb (of sth)

besteigen [bə'ʃtaɪgən] (unreg) vt to climb, to ascend; (Pferd) to mount; (Thron) to ascend

Bestell- [bə'ʃtɛl] *zW:* **~buch** *nt* order book; **b~en** *vt* to order; (*kommen lassen*) to arrange to see; (*nominieren*) to name; (*Acker*) to cultivate; (*Grüße, Auftrag*) to pass on; **~formular** *nt* order form; **~nummer** *f* order code; **~ung** *f* (*COMM*) order; (*~en*) ordering

bestenfalls ['bɛstən'fals] *adv* at best

bestens ['bɛstəns] *adv* very well

besteuern [bə'ʃtɔɪərn] *vt* (*jdn, Waren*) to tax

Bestie ['bɛstiə] *f* (*auch fig*) beast

bestimm- [bə'ʃtɪm] *zW:* **~en** *vt* (*Regeln*) to lay down; (*Tag, Ort*) to fix; (*beherrschen*) to characterize; (*vorsehen*) to mean; (*ernennen*) to appoint; (*definieren*) to define; (*veranlassen*) to induce; **~t** *adj* (*entschlossen*) firm; (*gewiss*) certain, definite; (*Artikel*) definite ♦ *adv* (*gewiss*) definitely, for sure; **suchen Sie etwas B~tes?** are you looking for something in particular?; **B~theit** *f* firmness; certainty; **B~ung** *f* (*Verordnung*) regulation; (*Festsetzen*) determining; (*Verwendungszweck*) purpose; (*Schicksal*) fate; (*Definition*) definition; **B~ungsland** *nt* (country of) destination; **B~ungsort** *m* (place of) destination

Bestleistung *f* best performance

bestmöglich *adj* best possible

bestrafen [bə'ʃtra:fən] *vt* to punish; **Bestrafung** *f* punishment

bestrahlen [bə'ʃtra:lən] *vt* to shine on; (*MED*) to treat with X-rays

Bestrahlung *f* (*MED*) X-ray treatment, radiotherapy

Bestreben [bə'ʃtre:bən] (**-s**) *nt* endeavour, effort

bestreiten [bə'ʃtraɪtən] (*unreg*) *vt* (*abstreiten*) to dispute; (*finanzieren*) to pay for, to finance

bestreuen [bə'ʃtrɔɪən] *vt* to sprinkle, to dust; (*Straße*) to grit

bestürmen [bə'ʃtʏrmən] *vt* (*mit Fragen, Bitten etc*) to overwhelm, to swamp

bestürzend [bə'ʃtʏrtsənd] *adj* (*Nachrichten*) disturbing

bestürzt [bə'ʃtʏrtst] *adj* dismayed

Bestürzung *f* consternation

Besuch [bə'zu:x] (**-(e)s, -e**) *m* visit; (*Person*) visitor; **einen ~ machen bei jdm** to pay sb a visit *od* call; **~ haben** to have visitors; **bei jdm auf ~ sein** to be visiting sb; **b~en** *vt* to visit; (*SCH etc*) to attend; **gut b~t** well-attended; **~er(in)** (**-s, -**) *m(f)* visitor, guest; **~zeit** *f* visiting hours *pl*

betätigen [bə'tɛ:tɪgən] *vt* (*bedienen*) to work, to operate ♦ *vr* to involve o.s.; **sich als etw ~** to work as sth

Betätigung *f* activity; (*beruflich*) occupation; (*TECH*) operation

betäuben [bə'tɔɪbən] *vt* to stun; (*fig: Gewissen*) to still; (*MED*) to anaesthetize

Betäubung *f* (*Narkose*): **örtliche ~** local anaesthetic

Betäubungsmittel *nt* anaesthetic

Bete ['be:tə] *f*: **Rote ~** beetroot (*BRIT*), beet (*US*)

beteilig- [bə'taɪlɪg] *zW:* **~en** *vr*: **sich ~en (an** +*dat*) to take part (in), to participate (in), to share (in); (*an Geschäft: finanziell*) to have a share (in) ♦ *vt*: **jdn ~en (an** +*dat*) to give sb a share *od* interest (in); **B~te(r)** *f(m)* (*Mitwirkender*) partner; (*finanziell*) shareholder; **B~ung** *f* participation; (*Anteil*) share, interest; (*Besucherzahl*) attendance

beten ['be:tən] *vt, vi* to pray

beteuern [bə'tɔɪərn] *vt* to assert; (*Unschuld*) to protest

Beton [be'tõ:] (**-s, -s**) *m* concrete

betonen [bə'to:nən] *vt* to stress

betonieren [beto'ni:rən] *vt* to concrete

Betonung *f* stress, emphasis

betr. *abk* (= *betrifft*) re

Betracht [bə'traxt] *m*: **in ~ kommen** to be considered *od* relevant; **etw in ~ ziehen** to take sth into consideration; **außer ~ bleiben** not to be considered; **b~en** *vt* to look at; (*fig*) to look at, to consider; **~er(in)** (**-s, -**) *m(f)* observer

beträchtlich [bə'trɛçtlɪç] *adj* considerable

Betrachtung *f* (*Ansehen*) examination; (*Erwägung*) consideration

Betrag [bə'tra:k] (**-(e)s, ¨e**) *m* amount; **b~en** (*unreg*) *vt* to amount to ♦ *vr* to behave; **~en** (**-s**) *nt* behaviour

Betreff *m*: ~ **Ihr Schreiben vom ...** re your letter of ...

betreffen [bə'trɛfən] (*unreg*) *vt* to concern, to affect; **was mich betrifft** as for me; **~d** *adj* relevant, in question

betreffs [bə'trɛfs] *präp +gen* concerning, regarding; (*COMM*) re

betreiben [bə'traɪbən] (*unreg*) *vt* (*ausüben*) to practise; (*Politik*) to follow; (*Studien*) to pursue; (*vorantreiben*) to push ahead; (*TECH*: *antreiben*) to drive

betreten [bə'tre:tən] (*unreg*) *vt* to enter; (*Bühne etc*) to step onto ♦ *adj* embarrassed; **B~ verboten** keep off/out

Betreuer(in) [bə'trɔyər(ɪn)] (**-s, -**) *m(f)* (*einer Person*) minder; (*eines Gebäudes, Arbeitsgebiets*) caretaker; (*SPORT*) coach

Betreuung *f* care

Betrieb [bə'tri:p] (**-(e)s, -e**) *m* (*Firma*) firm, concern; (*Anlage*) plant; (*Tätigkeit*) operation; (*Treiben*) traffic; **außer ~ sein** to be out of order; **in ~ sein** to be in operation

Betriebs- *zW*: **~ausflug** *m* works outing; **b~bereit** *adj* operational; **b~fähig** *adj* in working order; **~ferien** *pl* company holidays (*BRIT*), company vacation *sg* (*US*); **~klima** *nt* (working) atmosphere; **~kosten** *pl* running costs; **~rat** *m* workers' council; **b~sicher** *adj* safe (to operate); **~störung** *f* breakdown; **~system** *nt* (*COMPUT*) operating system; **~unfall** *m* industrial accident; **~wirtschaft** *f* economics

betrinken [bə'trɪŋkən] (*unreg*) *vr* to get drunk

betroffen [bə'trɔfən] *adj* (*bestürzt*) full of consternation; **von etw ~ werden** *od* **sein** to be affected by sth

betrüben [bə'try:bən] *vt* to grieve

betrübt [bə'try:pt] *adj* sorrowful, grieved

Betrug [bə'tru:k] (**-(e)s**) *m* deception; (*JUR*) fraud

betrügen [bə'try:gən] (*unreg*) *vt* to cheat; (*JUR*) to defraud; (*Ehepartner*) to be unfaithful to ♦ *vr* to deceive o.s.

Betrüger (**-s, -**) *m* cheat, deceiver; **b~isch** *adj* deceitful; (*JUR*) fraudulent

betrunken [bə'trʊŋkən] *adj* drunk

Bett [bɛt] (**-(e)s, -en**) *nt* bed; **ins** *od* **zu ~ gehen** to go to bed; **~bezug** *m* duvet cover; **~decke** *f* blanket; (*Daunenbett*) quilt; (*Überwurf*) bedspread

Bettel- ['bɛtəl] *zW*: **b~arm** *adj* very poor, destitute; **~ei** [bɛtə'laɪ] *f* begging; **b~n** *vi* to beg

bettlägerig ['bɛtlɛ:gərɪç] *adj* bedridden

Bettlaken *nt* sheet

Bettler(in) ['bɛtlər(ɪn)] (**-s, -**) *m(f)* beggar

Bett- *zW*: **~tuch** ▲ *nt* sheet; **~vorleger** *m* bedside rug; **~wäsche** *f* bed linen; **~zeug** *nt* bed linen *pl*

beugen ['bɔygən] *vt* to bend; (*GRAM*) to inflect ♦ *vr* (*sich fügen*) to bow

Beule ['bɔylə] *f* bump, swelling

beunruhigen [bə'ʊnru:ɪgən] *vt* to disturb, to alarm ♦ *vr* to become worried

Beunruhigung *f* worry, alarm

beurlauben [bə'u:rlaʊbən] *vt* to give leave *od* a holiday to (*BRIT*), to grant vacation time to (*US*)

beurteilen [bə'ʊrtaɪlən] *vt* to judge; (*Buch etc*) to review

Beurteilung *f* judgement; review; (*Note*) mark

Beute ['bɔytə] (**-**) *f* booty, loot

Beutel (**-s, -**) *m* bag; (*Geldbeutel*) purse; (*Tabakbeutel*) pouch

Bevölkerung [bə'fœlkərʊŋ] *f* population

bevollmächtigen [bə'fɔlmɛçtɪgən] *vt* to authorize

Bevollmächtigte(r) *f(m)* authorized agent

bevor [bə'fo:r] *konj* before; **~munden** *vt* *insep* to treat like a child; **~stehen** (*unreg*) *vi*: (**jdm**) **~stehen** to be in store (for sb); **~stehend** *adj* imminent, approaching; **~zugen** *vt* *insep* to prefer

bewachen [bə'vaxən] *vt* to watch, to guard

Bewachung *f* (*Bewachen*) guarding; (*Leute*) guard, watch

bewaffnen [bə'vafnən] *vt* to arm

Bewaffnung *f* (*Vorgang*) arming; (*Ausrüstung*) armament, arms *pl*

bewahren [bə'va:rən] *vt* to keep; **jdn vor jdm/etw ~** to save sb from sth/sth

bewähren [bə'vɛːrən] *vr* to prove o.s.; (*Maschine*) to prove its worth

bewahrheiten [bə'vaːrhaɪtən] *vr* to come true

bewährt *adj* reliable

Bewährung *f* (*JUR*) probation

bewältigen [bə'vɛltɪgən] *vt* to overcome; (*Arbeit*) to finish; (*Portion*) to manage

bewandert [bə'vandərt] *adj* expert, knowledgeable

bewässern [bə'vɛsərn] *vt* to irrigate

Bewässerung *f* irrigation

bewegen [bə'veːgən] *vt, vr* to move; **jdn zu etw ~** to induce sb to do sth; **~d** *adj* touching, moving

Beweg- [bə'veːk] *zW*: **~grund** *m* motive; **b~lich** *adj* movable, mobile; (*flink*) quick; **b~t** *adj* (*Leben*) eventful; (*Meer*) rough; (*ergriffen*) touched

Bewegung *f* movement, motion; (*innere*) emotion; (*körperlich*) exercise; **~sfreiheit** *f* freedom of movement; (*fig*) freedom of action; **b~ungslos** *adj* motionless

Beweis [bə'vaɪs] (**-es, -e**) *m* proof; (*Zeichen*) sign; **b~en** [-zən] (*unreg*) *vt* to prove; (*zeigen*) to show; **~mittel** *nt* evidence

Bewerb- [bə'vɛrb] *zW*: **b~en** (*unreg*) *vr* to apply (for); **~er(in)** (**-s, -**) *m(f)* applicant; **~ung** *f* application

bewerkstelligen [bə'vɛrkʃtɛlɪgən] *vt* to manage, to accomplish

bewerten [bə'veːrtən] *vt* to assess

bewilligen [bə'vɪlɪgən] *vt* to grant, to allow

Bewilligung *f* granting

bewirken [bə'vɪrkən] *vt* to cause, to bring about

bewirten [bə'vɪrtən] *vt* to feed, to entertain (to a meal)

bewirtschaften [bə'vɪrtʃaftən] *vt* to manage

Bewirtung *f* hospitality

bewog *etc* [bə'voːk] *vb siehe* **bewegen**

bewohn- [bə'voːn] *zW*: **~bar** *adj* habitable; **~en** *vt* to inhabit, to live in; **B~er(in)** (**-s, -**) *m(f)* inhabitant; (*von Haus*) resident

bewölkt [bə'vœlkt] *adj* cloudy, overcast

Bewölkung *f* clouds *pl*

Bewunder- [bə'vʊndər] *zW*: **~er** (**-s, -**) *m* admirer; **b~n** *vt* to admire; **b~nswert** *adj* admirable, wonderful; **~ung** *f* admiration

bewusst ▲ [bə'vʊst] *adj* conscious; (*absichtlich*) deliberate; **sich** *dat* **einer Sache** *gen* **~ sein** to be aware of sth; **~los** *adj* unconscious; **B~losigkeit** *f* unconsciousness; **B~sein** *nt* consciousness; **bei B~sein** conscious

bezahlen [bə'tsaːlən] *vt* to pay for

Bezahlung *f* payment

bezaubern [bə'tsaubərn] *vt* to enchant, to charm

bezeichnen [bə'tsaɪçnən] *vt* (*kennzeichnen*) to mark; (*nennen*) to call; (*beschreiben*) to describe; (*zeigen*) to show, to indicate; **~d** *adj*: **~d (für)** characteristic (of), typical (of)

Bezeichnung *f* (*Zeichen*) mark, sign; (*Beschreibung*) description

bezeugen [bə'tsɔʏgən] *vt* to testify to

Bezichtigung [bə'tsɪçtɪgʊŋ] *f* accusation

beziehen [bə'tsiːən] (*unreg*) *vt* (*mit Überzug*) to cover; (*Bett*) to make; (*Haus, Position*) to move into; (*Standpunkt*) to take up; (*erhalten*) to receive; (*Zeitung*) to subscribe to, to take ♦ *vr* (*Himmel*) to cloud over; **etw auf jdn/etw ~** to relate sth to sb/sth; **sich ~ auf** +*akk* to refer to

Beziehung *f* (*Verbindung*) connection; (*Zusammenhang*) relation; (*Verhältnis*) relationship; (*Hinsicht*) respect; **~en haben** (*vorteilhaft*) to have connections *od* contacts; **b~sweise** *adv* or; (*genauer gesagt auch*) that is, or rather

Bezirk [bə'tsɪrk] (**-(e)s, -e**) *m* district

Bezug [bə'tsuːk] (**-(e)s, ˵e**) *m* (*Hülle*) covering; (*COMM*) ordering; (*Gehalt*) income, salary; (*Beziehung*): in ~ auf +*akk* with reference to; **~ nehmen auf** +*akk* to refer to

bezüglich [bə'tsyːklɪç] *präp* +*gen* concerning, referring to ♦ *adj* (*GRAM*) relative; **auf etw** *akk* **~** relating to sth

bezwecken [bə'tsvɛkən] *vt* to aim at

bezweifeln [bə'tsvaɪfəln] *vt* to doubt, to query

BH *m abk von* **Büstenhalter**

Bhf. *abk* (= *Bahnhof*) station

Bibel ['biːbəl] (**-, -n**) *f* Bible

Biber ['biːbər] (**-s, -**) *m* beaver

Biblio- [biːblio] *zW:* **~grafie** ▲ [-gra'fiː] *f* bibliography; **~thek** [-'teːk] (**-, -en**) *f* library; **~thekar(in)** [-te'kaːr(ɪn)] (**-s, -e**) *m(f)* librarian

biblisch ['biːblɪʃ] *adj* biblical

bieder ['biːdər] *adj* upright, worthy; (*Kleid etc*) plain

bieg- ['biːg] *zW:* **~en** (*unreg*) *vt, vr* to bend ♦ *vi* to turn; **~sam** ['biːk-] *adj* flexible; **B~ung** *f* bend, curve

Biene ['biːnə] *f* bee

Bienenhonig *m* honey

Bienenwachs *nt* beeswax

Bier [biːr] (**-(e)s, -e**) *nt* beer; **~deckel** *m* beer mat; **~garten** *m* beer garden; **~krug** *m* beer mug; **~zelt** *nt* beer tent

Biest [biːst] (**-s, -er**) (*umg: pej*) *nt* (*Tier*) beast, creature; (*Mensch*) beast

bieten ['biːtən] (*unreg*) *vt* to offer; (*bei Versteigerung*) to bid ♦ *vr* (*Gelegenheit*): **sich jdm ~** to present itself to sb; **sich** *dat* **etw ~ lassen** to put up with sth

Bikini [bi'kiːni] (**-s, -s**) *m* bikini

Bilanz [bi'lants] *f* balance; (*fig*) outcome; **~ ziehen (aus)** to take stock (of)

Bild [bɪlt] (**-(e)s, -er**) *nt* (*auch fig*) picture; photo; (*Spiegelbild*) reflection; **~bericht** *m* photographic report

bilden ['bɪldən] *vt* to form; (*erziehen*) to educate; (*ausmachen*) to constitute ♦ *vr* to arise; (*erziehen*) to educate o.s.

Bilderbuch *nt* picture book

Bilderrahmen *m* picture frame

Bild- *zW:* **~fläche** *f* screen; (*fig*) scene; **~hauer** (**-s, -**) *m* sculptor; **b~hübsch** *adj* lovely, pretty as a picture; **b~lich** *adj* figurative; pictorial; **~schirm** *m* television screen; (*COMPUT*) monitor; **~schirmschoner** *m* (*COMPUT*) screen saver; **b~schön** *adj* lovely

Bildung [bɪldʊŋ] *f* formation; (*Wissen, Benehmen*) education

Billard ['bɪljart] (**-s, -e**) *nt* billiards *sg*;

~kugel *f* billiard ball

billig ['bɪlɪç] *adj* cheap; (*gerecht*) fair, reasonable; **~en** ['bɪlɪgən] *vt* to approve of

Binde ['bɪndə] *f* bandage; (*Armbinde*) band; (*MED*) sanitary towel; **~gewebe** *nt* connective tissue; **~glied** *nt* connecting link; **~hautentzündung** *f* conjunctivitis; **b~n** (*unreg*) *vt* to bind, to tie; **~strich** *m* hyphen

Bindfaden ['bɪnt-] *m* string

Bindung *f* bond, tie; (*Skibindung*) binding

binnen ['bɪnən] *präp* (+*dat od gen*) within; **B~hafen** *m* river port; **B~handel** *m* internal trade

Bio- [bio-] *in zW* bio-; **~chemie** *f* biochemistry; **~grafie** ▲ [-gra'fiː] *f* biography; **~laden** *m* wholefood shop; **~loge** [-'loːgə] (**-n, -n**) *m* biologist; **~logie** [-lo'giː] *f* biology; **b~logisch** [-'loːgɪʃ] *adj* biological; **~top** *m od nt* biotope

---
Bioladen

(i) A **Bioladen** *is a shop specializing in environmentally-friendly products such as phosphate-free washing powders, recycled paper and organically-grown vegetables.*

Birke ['bɪrkə] *f* birch

Birne ['bɪrnə] *f* pear; (*ELEK*) (light) bulb

SCHLÜSSELWORT
---

bis [bɪs] *präp* +*akk, adv* **1** (*zeitlich*) till, until; (*bis spätestens*) by; **Sie haben bis Dienstag Zeit** you have until *od* till Tuesday; **bis Dienstag muss es fertig sein** it must be ready by Tuesday; **bis auf weiteres** until further notice; **bis in die Nacht** into the night; **bis bald/gleich** see you later/soon

2 (*räumlich*) (up) to; **ich fahre bis Köln** I'm going to *od* I'm going as far as Cologne; **bis an unser Grundstück** (right *od* up) to our plot; **bis hierher** this far

3 (*bei Zahlen*) up to; **bis zu** up to

4: bis auf etw *akk* (*außer*) except sth; (*einschließlich*) including sth

♦ *konj* **1** (*mit Zahlen*) to; **10 bis 20** 10 to 20

2 (*zeitlich*) till, until; **bis es dunkel wird** till

---

od until it gets dark; **von ... bis ...** from ... to ...

Bischof ['bɪʃɔf] **(-s, ⁻e)** *m* bishop;
bischöflich ['bɪʃøːflɪç] *adj* episcopal
bisher [bɪs'heːr] *adv* till now, hitherto; **~ig** *adj* till now
Biskuit [bɪs'kviːt] **(-(e)s, -s** *od* **-e)** *m od nt* (fatless) sponge
Biss ▲ [bɪs] **(-es, -e)** *m* bite
biss ▲ *etc vb siehe* **beißen**
bisschen ▲ ['bɪsçən] *adj, adv* bit
Bissen ['bɪsən] **(-s, -)** *m* bite, morsel
bissig ['bɪsɪç] *adj* (*Hund*) snappy; (*Bemerkung*) cutting, biting
bist [bɪst] *vb siehe* **sein**
bisweilen [bɪs'vaɪlən] *adv* at times, occasionally
Bitte ['bɪtə] *f* request; **b~** *excl* please; (*wie b~?*) (I beg your) pardon? ♦ *interj* (*als Antwort auf Dank*) you're welcome; **darf ich? – aber b~!** may I? – please do; **b~ schön!** it was a pleasure; **b~n** (*unreg*) *vt, vi*: **b~n (um)** to ask (for); **b~nd** *adj* pleading, imploring
bitter ['bɪtər] *adj* bitter; **~böse** *adj* very angry; **B~keit** *f* bitterness; **~lich** *adj* bitter
Blähungen ['blɛːʊŋən] *pl* (*MED*) wind *sg*
blamabel [bla'maːbəl] *adj* disgraceful
Blamage [bla'maːʒə] *f* disgrace
blamieren [bla'miːrən] *vr* to make a fool of o.s., to disgrace o.s. ♦ *vt* to let down, to disgrace
blank [blaŋk] *adj* bright; (*unbedeckt*) bare; (*sauber*) clean, polished; (*umg: ohne Geld*) broke; (*offensichtlich*) blatant
blanko ['blaŋko] *adv* blank; **B~scheck** *m* blank cheque
Blase ['blaːzə] *f* bubble; (*MED*) blister; (*ANAT*) bladder; **~balg(-(e)s, -bälge)** *m* bellows *pl*; **b~n** (*unreg*) *vt, vi* to blow; **~nentzündung** *f* cystitis
Blas- ['blaːs] *zW*: **~instrument** *nt* wind instrument; **~kapelle** *f* brass band
blass ▲ [blas] *adj* pale
Blässe ['blɛsə] **(-)** *f* paleness, pallor
Blatt [blat] **(-(e)s, ⁻er)** *nt* leaf; (*von Papier*)

sheet; (*Zeitung*) newspaper; (*KARTEN*) hand
blättern ['blɛtərn] *vi*: **in etw** *dat* **~** to leaf through sth
Blätterteig *m* flaky *od* puff pastry
blau [blaʊ] *adj* blue; (*umg*) drunk, stoned; (*KOCH*) boiled; (*Auge*) black; **~er Fleck** bruise; **Fahrt ins B~e** mystery tour; **~äugig** *adj* blue-eyed
Blech [blɛç] **(-(e)s, -e)** *nt* tin, sheet metal; (*Backblech*) baking tray; **~büchse** *f* tin, can; **~dose** *f* tin, can; **b~en** (*umg*) *vt, vi* to fork out; **~schaden** *m* (*AUT*) damage to bodywork
Blei [blaɪ] **(-(e)s, -e)** *nt* lead
Bleibe ['blaɪbə] *f* roof over one's head; **b~n** (*unreg*) *vi* to stay, to remain; **~ lassen** to leave alone; **b~nd** *adj* (*Erinnerung*) lasting; (*Schaden*) permanent
bleich [blaɪç] *adj* faded, pale; **~en** *vt* to bleach
Blei- *zW*: **b~ern** *adj* leaden; **b~frei** *adj* (*Benzin*) lead-free; **~stift** *m* pencil
Blende ['blɛndə] *f* (*PHOT*) aperture; **b~n** *vt* to blind, to dazzle; (*fig*) to hoodwink; **b~nd** (*umg*) *adj* grand; **b~nd aussehen** to look smashing
Blick [blɪk] **(-(e)s, -e)** *m* (*kurz*) glance, glimpse; (*Anschauen*) look; (*Aussicht*) view; **b~en** *vi* to look; **sich b~en lassen** to put in an appearance; **~fang** *m* eye-catcher
blieb *etc* [bliːp] *vb siehe* **bleiben**
blind [blɪnt] *adj* blind; (*Glas etc*) dull; **~er Passagier** stowaway; **B~darm** *m* appendix; **B~darmentzündung** *f* appendicitis; **B~enschrift** ['blɪndən-] *f* Braille; **B~heit** *f* blindness; **~lings** *adv* blindly
blink- ['blɪŋk] *zW*: **~en** *vi* to twinkle, to sparkle; (*Licht*) to flash, to signal; (*AUT*) to indicate ♦ *vt* to flash, to signal; **B~er(-s, -)** *m* (*AUT*) indicator; **B~licht** *nt* (*AUT*) indicator; (*an Bahnübergängen usw*) flashing light
blinzeln ['blɪntsəln] *vi* to blink, to wink
Blitz [blɪts] **(-es, -e)** *m* (flash of) lightning; **~ableiter** *m* lightning conductor; **b~en** *vi* (*aufleuchten*) to flash, to sparkle; **es b~t**

Rechtschreibreform: ▲ *neue Schreibung* △ *alte Schreibung (auslaufend)*

(MET) there's a flash of lightning; **~licht** nt flashlight; **b~schnell** adj lightning ♦ adv (as) quick as a flash

Block [blɔk] **(-(e)s, ⁻e)** m block; (von Papier) pad; **~ade** [blɔˈkaːdə] f blockade; **~flöte** f recorder; **b~frei** adj (POL) unaligned; **~haus** nt log cabin; **b~ieren** [blɔˈkiːrən] vt to block ♦ vi (Räder) to jam; **~schrift** f block letters pl

blöd [bløːt] adj silly, stupid; **~eln** [ˈbløːdəln] (umg) vi to act the goat (fam), to fool around; **B~sinn** m nonsense; **~sinnig** adj silly, idiotic

blond [blɔnt] adj blond, fair-haired

SCHLÜSSELWORT

bloß [bloːs] adj 1 (unbedeckt) bare; (nackt) naked; **mit der bloßen Hand** with one's bare hand; **mit bloßem Auge** with the naked eye

2 (alleinig, nur) mere; **der bloße Gedanke** the very thought; **bloßer Neid** sheer envy ♦ adv only, merely; **lass das bloß!** just don't do that!; **wie ist das bloß passiert?** how on earth did that happen?

Blöße [ˈbløːsə] f bareness; nakedness; (fig) weakness

bloßstellen vt to show up

blühen [ˈblyːən] vi to bloom (lit), to be in bloom; (fig) to flourish; **~d** adj (Pflanze) blooming; (Aussehen) blooming, radiant; (Handel) thriving, booming

Blume [ˈbluːmə] f flower; (von Wein) bouquet

Blumen- zW: **~kohl** m cauliflower; **~topf** m flowerpot; **~zwiebel** f bulb

Bluse [ˈbluːzə] f blouse

Blut [bluːt] **(-(e)s)** nt blood; **b~arm** adj anaemic; (fig) penniless; **b~befleckt** adj bloodstained; **~bild** nt blood count; **~druck** m blood pressure

Blüte [ˈblyːtə] f blossom; (fig) prime

Blut- zW: **b~en** vi to bleed; **~er** m (MED) haemophiliac; **~erguss** ▲ m haemorrhage; (auf Haut) bruise

Blütezeit f flowering period; (fig) prime

Blut- zW: **~gruppe** f blood group; **b~ig** adj bloody; **b~jung** adj very young; **~probe** f blood test; **~spender** m blood donor; **~transfusion** f (MED) blood transfusion; **~ung** f bleeding, haemorrhage; **~vergiftung** f blood poisoning; **~wurst** f black pudding

Bö [bøː] **(-, -en)** f squall

Bock [bɔk] **(-(e)s, ⁻e)** m buck, ram; (Gestell) trestle, support; (SPORT) buck; **~wurst** f type of pork sausage

Boden [ˈboːdən] **(-s, ⁻)** m ground; (Fußboden) floor; (Meeresboden, Fassboden) bottom; (Speicher) attic; **b~los** adj bottomless; (umg) incredible; **~nebel** m ground mist; **~personal** nt (AVIAT) ground staff; **~schätze** pl mineral resources; **~see** m: **der ~see** Lake Constance; **~turnen** nt floor exercises pl

Böe [ˈbøːə] f squall

Bogen [ˈboːgən] **(-s, -)** m (Biegung) curve; (ARCHIT) arch; (Waffe, MUS) bow; (Papier) sheet

Bohne [ˈboːnə] f bean

bohnern vt to wax, to polish

Bohnerwachs nt floor polish

Bohr- [ˈboːr] zW: **b~en** vt to bore; **~er** **(-s, -)** m drill; **~insel** f oil rig; **~maschine** f drill; **~turm** m derrick

Boiler [ˈbɔylər] **(-s, -)** m (hot-water) tank

Boje [ˈboːjə] f buoy

Bolzen [ˈbɔltsən] **(-s, -)** m bolt

bombardieren [bɔmbarˈdiːrən] vt to bombard; (aus der Luft) to bomb

Bombe [ˈbɔmbə] f bomb

Bombenangriff m bombing raid

Bombenerfolg (umg) m smash hit

Bon [bɔn] **(-s, -s)** m voucher, chit

Bonbon [bõˈbõː] **(-s, -s)** m od nt sweet

Boot [boːt] **(-(e)s, -e)** nt boat

Bord [bɔrt] **(-(e)s, -e)** m (AVIAT, NAUT) board ♦ nt (Brett) shelf; **an ~** on board

Bordell [bɔrˈdɛl] **(-s, -e)** nt brothel

Bordstein m kerb(stone)

borgen [ˈbɔrgən] vt to borrow; **jdm etw ~** to lend sb sth

borniert [bɔrˈniːrt] adj narrow-minded

Börse ['bœːrzə] f stock exchange; (*Geldbörse*) purse; **~nmakler** m stockbroker

Borte ['bɔrtə] f edging; (*Band*) trimming

bös [bøːs] adj = **böse**

bösartig ['bøːz-] adj malicious

Böschung ['bœʃʊŋ] f slope; (*Uferböschung etc*) embankment

böse ['bøːzə] adj bad, evil; (*zornig*) angry

boshaft ['boːshaft] adj malicious, spiteful

Bosheit f malice, spite

Bosnien ['bɔsniən] (**-s**) nt Bosnia; **~ und Herzegowina** [-hɛrtsə'goːvina] nt Bosnia (and) Herzegovina

böswillig ['bøːsvɪlɪç] adj malicious

bot etc [boːt] vb siehe **bieten**

Botanik [bo'taːnɪk] f botany; **botanisch** adj botanical

Bot- ['boːt] zW: **~e** (**-n, -n**) m messenger; **~schaft** f message, news; (*POL*) embassy; **~schafter** (**-s, -**) m ambassador

Bottich ['bɔtɪç] (**-(e)s, -e**) m vat, tub

Bouillon [bʊ'ljõː] (**-, -s**) f consommé

Bowle ['boːlə] f punch

Box- ['bɔks] zW: **~en** vi to box; **~er** (**-s, -**) m boxer; **~kampf** m boxing match

boykottieren [bɔykɔ'tiːrən] vt to boycott

brach etc [braːx] vb siehe **brechen**

brachte etc ['braxtə] vb siehe **bringen**

Branche ['brãːʃə] f line of business

Branchenverzeichnis nt Yellow Pages® pl

Brand [brant] (**-(e)s, ⁼e**) m fire; (*MED*) gangrene; **b~en** ['brandən] vi to surge; (*Meer*) to break; **b~marken** vt to brand; (*fig*) to stigmatize; **~salbe** f ointment for burns; **~stifter** [-ʃtɪftər] m arsonist, fire raiser; **~stiftung** f arson; **~ung** f surf

Branntwein ['brantvaɪn] m brandy

Brasilien [bra'ziːliən] nt Brazil

Brat- ['braːt] zW: **~apfel** m baked apple; **b~en** (*unreg*) vt to roast; to fry; **~en** (**-s, -**) m roast, joint; **~hähnchen** nt roast chicken; **~huhn** nt roast chicken; **~kartoffeln** pl fried od roast potatoes; **~pfanne** f frying pan

Bratsche ['braːtʃə] f viola

Bratspieß m spit

Bratwurst f grilled/fried sausage

Brauch [braʊx] (**-(e)s, Bräuche**) m custom; **b~bar** adj usable, serviceable; (*Person*) capable; **b~en** vt (*bedürfen*) to need; (*müssen*) to have to; (*umg: verwenden*) to use

Braue ['braʊə] f brow

brauen ['braʊən] vt to brew

Braue'rei f brewery

braun [braʊn] adj brown; (*von Sonne auch*) tanned; **~ gebrannt** tanned

Bräune ['brɔynə] (**-**) f brownness; (*Sonnenbräune*) tan; **b~n** vt to make brown; (*Sonne*) to tan

Brause ['braʊzə] f shower bath; (*von Gießkanne*) rose; (*Getränk*) lemonade; **b~n** vi to roar; (*auch vr: duschen*) to take a shower

Braut [braʊt] (**-, Bräute**) f bride; (*Verlobte*) fiancée

Bräutigam ['brɔytɪgam] (**-s, -e**) m bridegroom; fiancé

Brautpaar nt bride and (bride)groom, bridal pair

brav [braːf] adj (*artig*) good; (*ehrenhaft*) worthy, honest

bravo ['braːvo] excl well done

BRD ['beː'ɛr'deː] (**-**) f abk = **Bundesrepublik Deutschland**

BRD

i The **BRD** (*Bundesrepublik Deutschland*) is the official name for the Federal Republic of Germany. It comprises 16 **Länder** (*see* **Land**). It was formerly the name given to West Germany as opposed to East Germany (the **DDR**). The two Germanies were reunited on 3rd October 1990.

Brech- ['brɛç] zW: **~eisen** nt crowbar; **b~en** (*unreg*) vt, vi to break; (*Licht*) to refract; (*fig: Mensch*) to crush; (*speien*) to vomit; **~reiz** m nausea, retching

Brei [braɪ] (**-(e)s, -e**) m (*Masse*) pulp; (*KOCH*) gruel; (*Haferbrei*) porridge

breit [braɪt] adj wide, broad; **sich ~ machen** to spread o.s. out; **B~e** f width; (*bes bei*

Maßangaben) breadth; (*GEOG*) latitude; **~en**
vt: **etw über etw** *akk* **~en** to spread sth
over sth; **B~engrad** *m* degree of latitude;
~treten (*unreg*) (*umg*) *vt* to go on about
Brems- ['brɛms] *zW:* **~belag** *m* brake
lining; **~e** [-zə] *f* brake; (*ZOOL*) horsefly;
b~en [-zən] *vi* to brake ♦ *vt* (*Auto*) to brake;
(*fig*) to slow down; **~flüssigkeit** *f* brake
fluid; **~licht** *nt* brake light; **~pedal** *nt*
brake pedal; **~spur** *f* skid mark(s *pl*); **~weg**
m braking distance
Brenn- ['brɛn] *zW:* **b~bar** *adj* inflammable;
b~en (*unreg*) *vi* to burn, to be on fire;
(*Licht, Kerze etc*) to burn ♦ *vt* (*Holz etc*) to
burn; (*Ziegel, Ton*) to fire; (*Kaffee*) to roast;
darauf b~en, etw zu tun to be dying to
do sth; **~nessel** ▲ *f* stinging nettle;
~punkt *m* (*PHYS*) focal point; (*Mittelpunkt*)
focus; **~stoff** *m* fuel
brenzlig ['brɛntslɪç] *adj* (*fig*) precarious
Bretagne [bra'tanjə] *f:* **die ~** Brittany
Brett [brɛt] **(-(e)s, -er)** *nt* board, plank;
(*Bord*) shelf; (*Spielbrett*) board; **~er** *pl* (*SKI*)
skis; (*THEAT*) boards; **schwarzes ~** notice
board; **~erzaun** *m* wooden fence; **~spiel**
nt board game
Brezel ['bre:tsəl] **(-, -n)** *f* pretzel
brichst *etc* [brɪçst] *vb siehe* **brechen**
Brief [bri:f] **(-(e)s, -e)** *m* letter; **~freund** *m*
penfriend; **~kasten** *m* letterbox; **b~lich**
adj, adv by letter; **~marke** *f* (postage)
stamp; **~papier** *nt* notepaper; **~tasche** *f*
wallet; **~träger** *m* postman; **~umschlag**
m envelope; **~waage** *f* letter scales;
~wechsel *m* correspondence
briet *etc* [bri:t] *vb siehe* **braten**
Brikett [bri'kɛt] **(-s, -s)** *nt* briquette
brillant [brɪl'jant] *adj* (*fig*) brilliant; **B~ (-en,
-en)** *m* brilliant, diamond
Brille ['brɪlə] *f* spectacles *pl*; (*Schutzbrille*)
goggles *pl*; (*Toilettenbrille*) (toilet) seat;
~ngestell *nt* (spectacle) frames
bringen ['brɪŋən] (*unreg*) *vt* to bring;
(*mitnehmen, begleiten*) to take; (*einbringen:
Profit*) to bring in; (*veröffentlichen*) to
publish; (*THEAT, CINE*) to show; (*RADIO, TV*) to
broadcast; (*in einen Zustand versetzen*) to

get; (*umg: tun können*) to manage; **jdn
dazu ~, etw zu tun** to make sb do sth; **jdn
nach Hause ~** to take sb home; **jdn um
etw ~** to make sb lose sth; **jdn auf eine
Idee ~** to give sb an idea
Brise ['bri:zə] *f* breeze
Brit- ['bri:t] *zW:* **~e** *m* Briton; **~in** *f* Briton;
b~isch *adj* British
bröckelig ['brœkəlɪç] *adj* crumbly
Brocken ['brɔkən] **(-s, -)** *m* piece, bit;
(*Felsbrocken*) lump of rock
brodeln ['bro:dəln] *vi* to bubble
Brokkoli ['brɔkoli] *pl* (*BOT*) broccoli
Brombeere ['brɔmbe:rə] *f* blackberry,
bramble (*BRIT*)
Bronchien ['brɔnçiən] *pl* bronchia(l tubes)
pl
Bronchitis [brɔn'çi:tɪs] **(-)** *f* bronchitis
Bronze ['brõ:sə] *f* bronze
Brosche ['brɔʃə] *f* brooch
Broschüre [brɔ'ʃy:rə] *f* pamphlet
Brot [bro:t] **(-(e)s, -e)** *nt* bread; (*Laib*) loaf
Brötchen ['brø:tçən] *nt* roll
Bruch [brʊx] **(-(e)s, ⁺e)** *m* breakage;
(*zerbrochene Stelle*) break; (*fig*) split, breach;
(*MED: Eingeweidebruch*) rupture, hernia;
(*Beinbruch etc*) fracture; (*MATH*) fraction
brüchig ['brʏçɪç] *adj* brittle, fragile; (*Haus*)
dilapidated
Bruch- *zW:* **~landung** *f* crash landing;
~strich *m* (*MATH*) line; **~stück** *nt*
fragment; **~teil** *m* fraction; **~zahl** [brʊxtsa:l]
f (*MATH*) fraction
Brücke ['brʏkə] *f* bridge; (*Teppich*) rug
Bruder ['bru:dər] **(-s, ⁺)** *m* brother;
brüderlich *adj* brotherly
Brühe ['bry:ə] *f* broth, stock; (*pej*) muck
brüllen ['brʏlən] *vi* to bellow, to roar
brummen ['brʊmən] *vi* (*Bär, Mensch etc*) to
growl; (*Insekt*) to buzz; (*Motoren*) to roar;
(*murren*) to grumble
brünett [brʏ'nɛt] *adj* brunette, dark-haired
Brunnen ['brʊnən] **(-s, -)** *m* fountain; (*tief*)
well; (*natürlich*) spring
Brust [brʊst] **(-, ⁺e)** *f* breast; (*Männerbrust*)
chest
brüsten ['brʏstən] *vr* to boast

Spelling Reform: ▲ *new spelling* △ *old spelling (to be phased out)*

Brust- *zW:* **~kasten** *m* chest;
~schwimmen *nt* breast-stroke
Brüstung ['brʏstʊŋ] *f* parapet
Brut [bruːt] (-, -en) *f* brood; (*Brüten*)
hatching
brutal [bru'taːl] *adj* brutal
Brutali'tät *f* brutality
brüten ['bryːtən] *vi* (*auch fig*) to brood
Brutkasten *m* incubator
brutto ['brʊto] *adv* gross; **B~einkommen** *nt*
gross salary; **B~gehalt** *nt* gross salary;
B~gewicht *nt* gross weight; **B~lohn** *m*
gross wages *pl*; **B~sozialprodukt** *nt* gross
national product
BSE *f abk* (= *Bovine Spongiforme
Enzephalopathie*) BSE
Bube ['buːbə] (-n, -n) *m* (*Schurke*) rogue;
(*KARTEN*) jack
Buch [buːx] (-(e)s, *"er*) *nt* book; (*COMM*)
account book; ~binder *m* bookbinder;
~drucker *m* printer
Buche *f* beech tree
buchen *vt* to book; (*Betrag*) to enter
Bücher- ['byːçər] *zW:* ~brett *nt* book-
helf; ~ei [-'raɪ] *f* library; ~regal *nt* book-
shelves *pl*, bookcase; ~schrank *m* bookcase
Buch- *zW:* ~führung *f* book-keeping,
accounting; ~halter(in) (-s, -) *m(f)* book-
keeper; ~handel *m* book trade;
~händler(in) *m(f)* bookseller; ~handlung
f bookshop
Büchse ['bʏksə] *f* tin, can; (*Holzbüchse*) box;
(*Gewehr*) rifle; ~nfleisch *nt* tinned meat;
~nmilch *f* (*KOCH*) evaporated milk, tinned
milk; ~nöffner *m* tin *od* can opener
Buchstabe (-ns, -n) *m* letter (of the
alphabet)
buchstabieren [buːxʃta'biːrən] *vt* to spell
buchstäblich ['buːxʃtɛːplɪç] *adj* literal
Bucht ['bʊxt] (-, -en) *f* bay
Buchung ['buːxʊŋ] *f* booking; (*COMM*) entry
Buckel ['bʊkəl] (-s, -) *m* hump
bücken ['bʏkən] *vr* to bend
Bude ['buːdə] *f* booth, stall; (*umg*) digs *pl*
(*BRIT*)
Büfett [bʏ'fet] (-s, -s) *nt* (*Anrichte*) sideboard;

(*Geschirrschrank*) dresser; **kaltes ~** cold
buffet
Büffel ['bʏfəl] (-s, -) *m* buffalo
Bug [buːk] (-(e)s, -e) *m* (*NAUT*) bow; (*AVIAT*)
nose
Bügel ['byːgəl] (-s, -) *m* (*Kleider~*) hanger;
(*Steig~*) stirrup; (*Brillen~*) arm; ~brett *nt*
ironing board; ~eisen *nt* iron; ~falte *f*
crease; b~frei *adj* crease-resistant, noniron;
b~n *vt*, *vi* to iron
Bühne ['byːnə] *f* stage; ~nbild *nt* set,
scenery
Buhruf ['buːruːf] *m* boo
buk *etc* [buːk] *vb siehe* **backen**
Bulgarien [bʊl'gaːriən] *nt* Bulgaria
Bull- ['bʊl] *zW:* ~auge *nt* (*NAUT*) porthole;
~dogge *f* bulldog; ~dozer ['bʊldoːzər] (-s,
-) *m* bulldozer; ~e (-n, -n) *m* bull
Bumerang ['buːməraŋ] (-s, -e) *m*
boomerang
Bummel ['bʊməl] (-s, -) *m* stroll;
(*Schaufensterbummel*) window-shopping;
~ant [-'lant] *m* slowcoach; ~ei [-'laɪ] *f*
wandering; dawdling; skiving; b~n *vi* to
wander, to stroll; (*trödeln*) to dawdle;
(*faulenzen*) to skive, to loaf around; ~streik
['bʊməlʃtraɪk] *m* go-slow
Bund¹ [bʊnt] (-(e)s, *"e*) *m*
(*Freundschaftsbund etc*) bond; (*Organisation*)
union; (*POL*) confederacy; (*Hosenbund,
Rockbund*) waistband
Bund² (-(e)s, -e) *nt* bunch; (*Strohbund*)
bundle
Bündel ['bʏndəl] (-s, -) *nt* bundle, bale; b~n
vt to bundle
Bundes- ['bʊndəs] *in zW* Federal; ~bürger
m German citizen; ~hauptstadt *f* Federal
capital; ~kanzler *m* Federal Chancellor;
~land *nt* Land; ~liga *f* football league;
~präsident *m* Federal President; ~rat *m*
upper house of German Parliament;
~regierung *f* Federal government;
~republik *f* Federal Republic (of
Germany); ~staat *m* Federal state;
~straße *f* Federal road; ~tag *m* German
Parliament; ~wehr *f* German Armed Forces
pl; b~weit *adj* nationwide

Rechtschreibreform: ▲ *neue Schreibung* △ *alte Schreibung (auslaufend)*

Bundespräsident

i The **Bundespräsident** *is the head of state of the Federal Republic of Germany. He is elected every 5 years - no-one can be elected more than twice - by the members of the **Bundesversammlung**, a body formed especially for this purpose. His role is to represent Germany at home and abroad. In Switzerland the* **Bundespräsident** *is the head of the government, known as the* **Bundesrat***. The* **Bundesrat** *is the Upper House of the German Parliament whose 68 members are nominated by the parliaments of the* **Länder***. Its most important function is to approve federal laws concerned with the jurisdiction of the* **Länder***; it can raise objections to other laws, but can be outvoted by the* **Bundestag***. In Austria the* **Länder** *are also represented in the* **Bundesrat***.*

Bundestag

i The **Bundestag** *is the Lower House of the German Parliament and is elected by the people by proportional representation. There are 672 MPs, half of them elected directly from the first vote (***Erststimme***), and half from the regional list of parliamentary candidates resulting from the second vote (***Zweitstimme***). The* **Bundestag** *exercises parliamentary control over the government.*

Bündnis ['byntnɪs] (**-ses, -se**) *nt* alliance
bunt [bʊnt] *adj* coloured; (*gemischt*) mixed; **jdm wird es zu ~** it's getting too much for sb;**B~stift** *m* coloured pencil, crayon
Burg [bʊrk] (**-, -en**) *f* castle, fort
Bürge ['byrgə] (**-n, -n**) *m* guarantor;**b~n** *vi:* **b~n für** to vouch for
Bürger(in) ['byrgər(ɪn)] (**-s, -**) *m(f)* citizen; member of the middle class;**~krieg** *m* civil war;**b~lich** *adj* (*Rechte*) civil; (*Klasse*) middle-class; (*pej*) bourgeois;**~meister** *m*

mayor; **~recht** *nt* civil rights *pl*; **~schaft** *f* (*Vertretung*) City Parliament; **~steig** *m* pavement
Bürgschaft *f* surety; **~ leisten** to give security
Büro [by'ro:] (**-s, -s**) *nt* office; **~angestellte(r)** *f(m)* office worker; **~klammer** *f* paper clip; **~kra'tie** *f* bureaucracy; **b~'kratisch** *adj* bureaucratic; **~schluss** ▲ *m* office closing time
Bursche ['bʊrʃə] (**-n, -n**) *m* lad, fellow; (*Diener*) servant
Bürste ['byrstə] *f* brush;**b~n** *vt* to brush
Bus [bʊs] (**-ses, -se**) *m* bus; **~bahnhof** *m* bus/coach (*BRIT*) station
Busch [bʊʃ] (**-(e)s, ⁼e**) *m* bush, shrub
Büschel ['byʃəl] (**-s, -**) *nt* tuft
buschig *adj* bushy
Busen ['bu:zən] (**-s, -**) *m* bosom; (*Meerbusen*) inlet, bay
Bushaltestelle *f* bus stop
Buße ['bu:sə] *f* atonement, penance; (*Geld*) fine
büßen ['by:sən] *vi* to do penance, to atone ♦ *vt* to do penance for, to atone for
Bußgeld ['bu:sgɛlt] *nt* fine; **~bescheid** *m* notice of payment due (*for traffic offence etc*)
Büste ['bystə] *f* bust;**~nhalter** *m* bra
Butter ['bʊtər] (**-**) *f* butter;**~blume** *f* buttercup;**~brot** *nt* (piece of) bread and butter; (*umg*) sandwich;**~brotpapier** *nt* greaseproof paper;**~dose** *f* butter dish; **~milch** *f* buttermilk; **b~weich** ['bʊtərvaɪç] *adj* soft as butter; (*fig, umg*) soft

b. w. *abk* (= **bitte wenden**) p.t.o.
bzgl. *abk* (= **bezüglich**) re
bzw. *abk* = **beziehungsweise**

C, c

ca. [ka] *abk* (= **circa**) approx.
Café [ka'fe:] (**-s, -s**) *nt* café
Cafeteria [kafete'ri:a] (**-, -s**) *f* cafeteria
Camcorder (**-s, -**) *m* camcorder
Camp- ['kɛmp] *zW:***c~en** *vi* to camp;**~er**

(-s, -) *m* camper; **~ing (-s)** *nt* camping;
~ingführer *m* camping guide (book);
~ingkocher *m* camping stove; **~ingplatz**
m camp(ing) site
CD-Spieler *m* CD (player)
Cello ['tʃɛlo] **(-s, -s** *od* **Celli)** *nt* cello
Celsius ['tsɛlziʊs] **(-)** *nt* centigrade
Cent [sɛnt] **(-s, -s)** *m* cent
Champagner [ʃam'panjər] **(-s, -)** *m*
champagne
Champignon ['ʃampɪnjõ] **(-s, -s)** *m* button
mushroom
Chance ['ʃã:s(ə)] *f* chance, opportunity
Chaos ['ka:ɔs] **(-, -)** *nt* chaos; **chaotisch**
[ka'o:tiʃ] *adj* chaotic
Charakter [ka'raktər, *pl* karak'te:rə] **(-s, -e)** *m*
character; **c~fest** *adj* of firm character,
strong; **c~i'sieren** *vt* to characterize;
c~istisch [karakte'rɪstɪʃ] *adj:* **c~istisch (für)**
characteristic (of), typical (of); **c~los** *adj*
unprincipled; **~losigkeit** *f* lack of principle;
~schwäche *f* weakness of character;
~stärke *f* strength of character; **~zug** *m*
characteristic, trait
charmant [ʃar'mant] *adj* charming
Charme [ʃarm] **(-s)** *m* charm
Charterflug ['tʃartərflu:k] *m* charter flight
Chauffeur [ʃɔ'fø:r] *m* chauffeur
Chauvinist [ʃovi'nɪst] *m* chauvinist, jingoist
Chef [ʃɛf] **(-s, -s)** *m* head; *(umg)* boss; **~arzt**
m senior consultant; **~in** *(umg)* *f* boss
Chemie [çe'mi:] **(-)** *f* chemistry; **~faser** *f*
man-made fibre
Chemikalie [çemi'ka:liə] *f* chemical
Chemiker ['çe:mikər] **(-s, -)** *m* (industrial)
chemist
chemisch ['çe:mɪʃ] *adj* chemical; **~e**
Reinigung dry cleaning
Chicorée ['ʃikore:] **(-s)** *m od f* chicory
Chiffre ['ʃifrə] *f (Geheimzeichen)* cipher; *(in
Zeitung)* box number
Chile ['tʃi:le] *nt* Chile
Chin- ['çi:n] *zW:* **~a** *nt* China; **~akohl** *m*
Chinese leaves; **~ese** [-'ne:zə] *m* Chinese;
~esin *f* Chinese; **c~esisch** *adj* Chinese
Chip [tʃɪp] **(-s, -s)** *m (Kartoffelchips)* crisp
(BRIT), chip *(US)*; *(COMPUT)* chip; **~karte** *f*

smart card
Chirurg [çi'rʊrg] **(-en, -en)** *m* surgeon; **~ie**
[-'gi:] *f* surgery; **c~isch** *adj* surgical
Chlor [klo:r] **(-s)** *nt* chlorine; **~o'form (-s)**
nt chloroform
cholerisch [ko'le:rɪʃ] *adj* choleric
Chor [ko:r] **(-(e)s, ⁼e)** *m* choir; *(Musikstück,
THEAT)* chorus; **~al** [ko'ra:l] **(-s, -äle)** *m*
chorale
Choreograf ▲ [koreo'gra:f] **(-en, -en)** *m*
choreographer
Christ [krɪst] **(-en, -en)** *m* Christian; **~baum**
m Christmas tree; **~entum** *nt* Christianity;
~in *f* Christian; **~kind** *nt* ≃ Father
Christmas; *(Jesus)* baby Jesus; **c~lich** *adj*
Christian; **~us** **(-)** *m* Christ
Chrom [kro:m] **(-s)** *nt* chromium; chrome
Chron- ['kro:n] *zW:* **~ik** *f* chronicle; **c~isch**
adj chronic; **c~ologisch** [-o'lo:gɪʃ] *adj*
chronological
circa ['tsɪrka] *adv* about, approximately
Clown [klaʊn] **(-s, -s)** *m* clown
Cocktail ['kɔkte:l] **(-s, -s)** *nt* cocktail
Cola ['ko:la] **(-, -s)** *f* Coke ®
Computer [kɔm'pju:tər] **(-s, -)** *m* computer;
~spiel *nt* computer game
Cord [kɔrt] **(-s)** *m* cord, corduroy
Couch [kaʊtʃ] **(-, -es** *od* **-en)** *f* couch
Coupon [ku'põ:] **(-s, -s)** *m* = **Kupon**
Cousin [ku'zɛ̃:] **(-s, -s)** *m* cousin; **~e**
[ku'zi:nə] *f* cousin
Creme [kre:m] **(-, -s)** *f (Schuhcreme)*
polish; *(Zahncreme)* paste; *(KOCH)* mousse;
c~farben *adj* cream(-coloured)
cremig ['kre:mɪç] *adj* creamy
Curry ['kari] **(-s)** *m od nt* curry powder;
~pulver *nt* curry powder; **~wurst** *f* curried
sausage

D, d

da [da:] *adv* **1** *(örtlich)* there; *(hier)* here; **da**
draußen out there; **da sein** to be there; **da**

bin ich here I am; **da, wo** where; **ist noch Milch da?** is there any milk left?
2 (*zeitlich*) then; (*folglich*) so
3: da haben wir Glück gehabt we were lucky then; **da kann man nichts machen** nothing can be done about it
♦ *konj* (*weil*) as, since

dabehalten (*unreg*) *vt* to keep
dabei [da'baɪ] *adv* (*räumlich*) close to it; (*noch dazu*) besides; (*zusammen mit*) with them; (*zeitlich*) during this; (*obwohl doch*) but, however; **was ist schon ~?** what of it?; **es ist doch nichts ~, wenn ...** it doesn't matter if ...; **bleiben wir ~** let's leave it at that; **es bleibt ~** that's settled; **das Dumme/Schwierige ~** the stupid/difficult part of it; **er war gerade ~ zu gehen** he was just leaving; **~ sein** (*anwesend*) to be present; (*beteiligt*) to be involved; **~stehen** (*unreg*) *vi* to stand around
Dach [dax] (**-(e)s, ¨er**) *nt* roof; **~boden** *m* attic, loft; **~decker** (**-s, -**) *m* slater, tiler; **~fenster** *nt* skylight; **~gepäckträger** *m* roof rack; **~luke** *f* skylight; **~pappe** *f* roofing felt; **~rinne** *f* gutter
Dachs [daks] (**-es, -e**) *m* badger
dachte *etc* ['daxtə] *vb siehe* **denken**
Dackel ['dakəl] (**-s, -**) *m* dachshund
dadurch [da'dʊrç] *adv* (*räumlich*) through it; (*durch diesen Umstand*) thereby, in that way; (*deshalb*) because of that, for that reason
♦ *konj*: **~, dass** because
dafür [da'fy:r] *adv* for it; (*anstatt*) instead; **er kann nichts ~** he can't help it; **er ist bekannt ~** he is well-known for that; **was bekomme ich ~?** what will I get for it?
dagegen [da'ge:gən] *adv* against it; (*im Vergleich damit*) in comparison with it; (*bei Tausch*) for it/them ♦ *konj* however; **ich habe nichts ~** I don't mind; **ich war ~** I was against it; **~ kann man nichts tun** one can't do anything about it; **~halten** (*unreg*) *vt* (*vergleichen*) to compare with it; (*entgegnen*) to object to it; **~sprechen** (*unreg*) *vi*: **es spricht nichts ~** there's no reason why not

daheim [da'haɪm] *adv* at home; **D~ (-s)** *nt* home
daher [da'he:r] *adv* (*räumlich*) from there; (*Ursache*) from that ♦ *konj* (*deshalb*) that's why
dahin [da'hɪn] *adv* (*räumlich*) there; (*zeitlich*) then; (*vergangen*) gone; **~ gehend** on this matter; **~'gegen** *konj* on the other hand; **~gestellt** *adv*: **~gestellt bleiben** to remain to be seen; **~gestellt sein lassen** to leave open *od* undecided
dahinten [da'hɪntən] *adv* over there
dahinter [da'hɪntər] *adv* behind it; **~ kommen** to get to the bottom of it
dalli ['dali] (*umg*) *adv* chop chop
damalig ['da:ma:lɪç] *adj* of that time, then
damals ['da:ma:ls] *adv* at that time, then
Dame ['da:mə] *f* lady; (*SCHACH, KARTEN*) queen; (*Spiel*) draughts *sg*; **~nbinde** *f* sanitary towel *od* napkin (*US*); **d~nhaft** *adj* ladylike; **~ntoilette** *f* ladies' toilet *od* restroom (*US*); **~nwahl** *f* ladies' excuse-me
damit [da'mɪt] *adv* with it; (*begründend*) by that ♦ *konj* in order that, in order to; **was meint er ~?** what does he mean by that?; **genug ~!** that's enough!
dämlich ['dɛ:mlɪç] (*umg*) *adj* silly, stupid
Damm [dam] (**-(e)s, ¨e**) *m* dyke; (*Staudamm*) dam; (*Hafendamm*) mole; (*Bahndamm, Straßendamm*) embankment
dämmen ['dɛmən] *vt* (*Wasser*) to dam up; (*Schmerzen*) to keep back
dämmer- *zW*: **~ig** *adj* dim, faint; **~n** *vi* (*Tag*) to dawn; (*Abend*) to fall; **D~ung** *f* twilight; (*Morgendämmerung*) dawn; (*Abenddämmerung*) dusk
Dampf [dampf] (**-(e)s, ¨e**) *m* steam; (*Dunst*) vapour; **d~en** *vi* to steam
dämpfen ['dɛmpfən] *vt* (*KOCH*) to steam; (*bügeln*) to iron with a damp cloth; (*fig*) to dampen, to subdue
Dampf- *zW*: **~schiff** *nt* steamship; **~walze** *f* steamroller
danach [da'na:x] *adv* after that; (*zeitlich*) after that, afterwards; (*gemäß*) accordingly; according to which; according to that; **er sieht ~ aus** he looks it

Däne ['dɛːnə] (-n, -n) m Dane

daneben [da'neːbən] adv beside it; (*im Vergleich*) in comparison; **~benehmen** (*unreg*) vr to misbehave; **~gehen** (*unreg*) vi to miss; (*Plan*) to fail

Dänemark ['dɛːnəmark] nt Denmark; **Dänin** f Dane; **dänisch** adj Danish

Dank [daŋk] (-(e)s) m thanks pl; **vielen** od **schönen ~** many thanks; **jdm ~ sagen** to thank sb; **d~** präp (+dat od gen) thanks to; **d~bar** adj grateful; (*Aufgabe*) rewarding; **~barkeit** f gratitude; **d~e** excl thank you, thanks; **d~en** vi +dat to thank; **d~enswert** adj (*Arbeit*) worthwhile; rewarding; (*Bemühung*) kind; **d~sagen** vi to express one's thanks

dann [dan] adv then; **~ und wann** now and then

daran [da'ran] adv on it; (*stoßen*) against it; **es liegt ~, dass ...** the cause of it is that ...; **gut/schlecht ~ sein** to be well-/badly off; **das Beste/Dümmste ~** the best/stupidest thing about it; **ich war nahe ~ zu ...** I was on the point of ...; **er ist ~ gestorben** he died from it od of it; **~gehen** (*unreg*) vi to start; **~setzen** vt to stake

darauf [da'raʊf] adv (*räumlich*) on it; (*zielgerichtet*) towards it; (*danach*) afterwards; **es kommt ganz ~ an, ob ...** it depends whether ...; **die Tage ~** the days following od thereafter; **am Tag ~** the next day; **~ folgend** (*Tag, Jahr*) next, following; **~ legen** to lay od put on top

daraus [da'raʊs] adv from it; **was ist ~ geworden?** what became of it?; **~ geht hervor, dass ...** this means that ...

Darbietung ['daːrbiːtʊŋ] f performance

darf etc [darf] vb siehe **dürfen**

darin [da'rɪn] adv in (there), in it

darlegen ['daːrleːgən] vt to explain, to expound, to set forth; **Darlegung** f explanation

Darleh(e)n (-s, -) nt loan

Darm [darm] (-(e)s, ̶e) m intestine; (*Wurstdarm*) skin; **~grippe** f (*MED*) gastric influenza od flu

darstell- ['daːrʃtɛl] zW: **~en** vt (*abbilden, bedeuten*) to represent; (*THEAT*) to act; (*beschreiben*) to describe ♦ vr to appear to be; **D~er(in)** (-s, -) m(f) actor (actress); **D~ung** f portrayal, depiction

darüber [da'ryːbər] adv (*räumlich*) over it, above it; (*fahren*) over it; (*mehr*) more; (*währenddessen*) meanwhile; (*sprechen, streiten*) about it; **~ geht nichts** there's nothing like it

darum [da'rʊm] adv (*räumlich*) round it ♦ konj that's why; **er bittet ~** he is pleading for it; **es geht ~, dass ...** the thing is that ...; **er würde viel ~ geben, wenn ...** he would give a lot to ...; **ich tue es ~, weil ...** I am doing it because ...

darunter [da'rʊntər] adv (*räumlich*) under it; (*dazwischen*) among them; (*weniger*) less; **ein Stockwerk ~** one floor below (it); **was verstehen Sie ~?** what do you understand by that?

das [das] def art the ♦ pron that

Dasein ['daːzaɪn] (-s) nt (*Leben*) life; (*Anwesenheit*) presence; (*Bestehen*) existence

da sein ▲ siehe da

dass ▲ [das] konj that

dasselbe [das'zɛlbə] art, pron the same

dastehen ['daːʃteːən] (*unreg*) vi to stand there

Datei [da'taɪ] f file

Daten- ['daːtən] zW: **~bank** f data base; **~schutz** m data protection; **~verarbeitung** f data processing

datieren [da'tiːrən] vt to date

Dativ ['daːtiːf] (-s, -e) m dative (case)

Dattel ['datəl] (-, -n) f date

Datum ['daːtʊm] (-s, Daten) nt date; **Daten** pl (*Angaben*) data pl

Dauer ['daʊər] (-, -n) f duration; (*gewisse Zeitspanne*) length; (*Bestand, Fortbestehen*) permanence; **es war nur von kurzer ~** it didn't last long; **auf die ~** in the long run; (*auf längere Zeit*) indefinitely; **~auftrag** m standing order; **d~haft** adj lasting, durable; **~karte** f season ticket; **~lauf** m jog(ging); **d~n** vi to last; **es hat sehr lang gedauert, bis er ...** it took him a long time to ...;

d~nd adj constant; **~parkplatz** m long-stay car park; **~welle** f perm, permanent wave; **~wurst** f German salami; **~zustand** m permanent condition

Daumen ['daʊmən] (**-s, -**) m thumb

Daune ['daʊnə] f down; **~ndecke** f down duvet, down quilt

davon [da'fɔn] adv of it; (räumlich) away; (weg von) from it; (Grund) because of it; **das kommt ~!** that's what you get; **~ abgesehen** apart from that; **~ sprechen/ wissen** to talk/know of about it; **was habe ich ~?** what's the point?; **~kommen** (unreg) vi to escape; **~laufen** (unreg) vi to run away

davor [da'fo:r] adv (räumlich) in front of it; (zeitlich) before (that); **~ warnen** to warn about it

dazu [da'tsu:] adv (legen, stellen) by it; (essen, singen) with it; **und ~ noch** and in addition; **ein Beispiel/seine Gedanken ~** one example for/his thoughts on this; **wie komme ich denn ~?** why should I?; **~ fähig sein** to be capable of it; **sich ~ äußern** to say something on it; **~gehören** vi to belong to it; **~kommen** (unreg) vi (Ereignisse) to happen too; (an einen Ort) to come along

dazwischen [da'tsvɪʃən] adv in between; (räumlich auch) between (them); (zusammen mit) among them; **~kommen** (unreg) vi (hineingeraten) to get caught in it; **es ist etwas ~gekommen** something cropped up; **~reden** vi (unterbrechen) to interrupt; (sich einmischen) to interfere; **~treten** (unreg) vi to intervene

ⓘ The **DDR** (Deutsche Demokratische Republik) was the name by which the former Communist German Democratic Republic was known. It was founded in 1949 from the Soviet-occupied zone. After the Berlin Wall was built in 1961 it was virtually sealed off from the West. Mass demonstrations and demands for reform forced the opening of the borders in 1989

and the **DDR** merged in 1990 with the BRD.

Debatte [de'batə] f debate

Deck [dɛk] (**-(e)s, -s** od **-e**) nt deck; **an ~ gehen** to go on deck

Decke f cover; (Bettdecke) blanket; (Tischdecke) tablecloth; (Zimmerdecke) ceiling; **unter einer ~ stecken** to be hand in glove; **~l** (**-s, -**) m lid; **d~n** vt to cover ♦ vr to coincide

Deckung f (Schützen) covering; (Schutz) cover; (SPORT) defence; (Übereinstimmen) agreement

Defekt [de'fɛkt] (**-(e)s, -e**) m fault, defect; **d~** adj faulty

defensiv [defɛn'si:f] adj defensive

definieren [defi'ni:rən] vt to define; **Definition** [definitsi'o:n] f definition

Defizit ['de:fitsɪt] (**-s, -e**) nt deficit

deftig ['dɛftɪç] adj (Essen) large; (Witz) coarse

Degen ['de:gən] (**-s, -**) m sword

degenerieren [degene'ri:rən] vi to degenerate

dehnbar ['de:nba:r] adj elastic; (fig: Begriff) loose

dehnen vt, vr to stretch

Deich [daɪç] (**-(e)s, -e**) m dyke, dike

deichseln (umg) vt (fig) to wangle

dein(e) [daɪn(ə)] adj your; **~e(r, s)** pron yours; **~er** (gen von **du**) pron of you; **~erseits** adv on your part; **~esgleichen** pron people like you; **~etwegen** adv (für dich) for your sake; (wegen dir) on your account; **~etwillen** adv: **um ~etwillen = deinetwegen**; **~ige** pron: **der/die/das ~ige** od **D~ige** yours

Deklination [deklinatsi'o:n] f declension

deklinieren [dekli'ni:rən] vt to decline

Dekolleté, Dekolletee ▲ [dekɔl'te:] (**-s, -s**) nt low neckline

Deko- [deko] zW: **~rateur** [-ra'tø:r] m window dresser; **~ration** [-ratsi'o:n] f decoration; (in Laden) window dressing; **d~rativ** [-ra'ti:f] adj decorative; **d~rieren** [-'ri:rən] vt to decorate; (Schaufenster) to dress

Delegation [delegatsiˈoːn] *f* delegation

delegieren [deleˈgiːrən] *vt*: ~ **an** +*akk* (*Aufgaben*) to delegate to

Delfin ▲ [delˈfiːn] (**-s, -e**) *m* dolphin

delikat [deliˈkaːt] *adj* (*zart, heikel*) delicate; (*köstlich*) delicious

Delikatesse [delikaˈtɛsə] *f* delicacy; ~**n** *pl* (*Feinkost*) delicatessen food; ~**ngeschäft** *nt* delicatessen

Delikt [deˈlɪkt] (**-(e)s, -e**) *nt* (*JUR*) offence

Delle [ˈdɛlə] (*umg*) *f* dent

Delphin △ [delˈfiːn] (**-s, -e**) *m* = **Delfin**

dem [de(ː)m] *art* dat von **der**

Demagoge [demaˈgoːgə] (**-n, -n**) *m* demagogue

dementieren [demɛnˈtiːrən] *vt* to deny

dem- *zW*: ~**gemäß** *adv* accordingly; ~**nach** *adv* accordingly; ~**nächst** *adv* shortly

Demokrat [demoˈkraːt] (**-en, -en**) *m* democrat; ~**ie** [-ˈtiː] *f* democracy; **d~isch** *adj* democratic; **d~isieren** [-iˈziːrən] *vt* to democratize

demolieren [demoˈliːrən] *vt* to demolish

Demon- [demɔn] *zW*: ~**strant(in)** [-ˈstrant(ɪn)] *m(f)* demonstrator; ~**stration** [-straˈtsiˈoːn] *f* demonstration; **d~strativ** [-straˈtiːf] *adj* demonstrative; (*Protest*) pointed; **d~strieren** [-ˈstriːrən] *vt, vi* to demonstrate

Demoskopie [demoskoˈpiː] *f* public opinion research

Demut [ˈdeːmuːt] (**-**) *f* humility

demütig [ˈdeːmyːtɪç] *adj* humble; ~**en** [ˈdeːmyːtɪgən] *vt* to humiliate; **D~ung** *f* humiliation

demzufolge [ˈdeːmtsuˈfɔlgə] *adv* accordingly

den [de(ː)n] *art akk von* **der**

denen [ˈdeːnən] *pron dat pl von* **der**; **die**; **das**

Denk- [ˈdɛŋk] *zW*: **d~bar** *adj* conceivable; ~**en** (**-s**) *nt* thinking; **d~en** (*unreg*) *vt, vi* to think; **d~faul** *adj* lazy; ~**fehler** *m* logical error; ~**mal** (**-s, ⁻er**) *nt* monument; ~**malschutz** *m* protection of historical monuments; **unter ~malschutz stehen** to be classified as a historical monument; **d~würdig** *adj* memorable; ~**zettel** *m*: **jdm**

einen ~zettel verpassen to teach sb a lesson

denn [dɛn] *konj* for ♦ *adv* then; (*nach Komparativ*) than; **warum ~?** why?

dennoch [ˈdɛnnɔx] *konj* nevertheless

Denunziant [denʊntsiˈant(ɪn)] *m* informer

Deodorant [de|odoˈrant] (**-s, -s** *od* **-e**) *nt* deodorant

Deponie [depoˈniː] *f* dump

deponieren [depoˈniːrən] *vt* (*COMM*) to deposit

Depot [deˈpoː] (**-s, -s**) *nt* warehouse; (*Busdepot, EISENB*) depot; (*Bankdepot*) strongroom, safe (*US*)

Depression [deprɛsiˈoːn] *f* depression; **depres⁓siv** *adj* depressive

deprimieren [depriˈmiːrən] *vt* to depress

SCHLÜSSELWORT

---

der [de(ː)r] (*f* **die**, *nt* **das**, *gen* **des, der, des**, *dat* **dem, der, dem**, *akk* **den, die, das**, *pl* **die**) *def art* the; **der Rhein** the Rhine; **der Klaus** (*umg*) Klaus; **die Frau** (*im Allgemeinen*) women; **der Tod/das Leben** death/life; **der Fuß des Berges** the foot of the hill; **gib es der Frau** give it to the woman; **er hat sich die Hand verletzt** he has hurt his hand

♦ *relativ pron* (*bei Menschen*) who, that; (*bei Tieren, Sachen*) which, that; **der Mann, den ich gesehen habe** the man who *od* whom *od* that I saw

♦ *demonstrativ pron* he/she/it; (*jener, dieser*) that; (*pl*) those; **der/die war es** it was him/her; **der mit der Brille** the one with glasses; **ich will den (da)** I want that one

---

derart [ˈdeːrˈ|aːrt] *adv* so; (*solcher Art*) such; ~**ig** *adj* such, this sort of

derb [dɛrp] *adj* sturdy; (*Kost*) solid; (*grob*) coarse

der- *zW*: ~**'gleichen** *pron* such; ~**'jenige** *pron* he; she; it; the one (who); that (which); ~**'maßen** *adv* to such an extent, so; ~**'selbe** *art, pron* the same; ~**'weil(en)** *adv* in the meantime; ~**'zeitig** *adj* present, current; (*damalig*) then

---

des [dɛs] *art gen von* **der**

desertieren [dezɛr'tiːrən] *vi* to desert

desgleichen ['dɛs'glaiçən] *adv* likewise, also

deshalb ['dɛs'halp] *adv* therefore, that's why

Desinfektion [dezɪnfɛktsi'oːn] *f* disinfection; **~smittel** *nt* disinfectant

desinfizieren [dezɪnfi'tsiːrən] *vt* to disinfect

dessen ['dɛsən] *pron gen von* **der**; **das**; **~ ungeachtet** nevertheless, regardless

Dessert [dɛ'seːr] **(-s, -s)** *nt* dessert

destillieren [dɛstɪ'liːrən] *vt* to distil

desto ['dɛsto] *adv* all the, so much the; **~ besser** all the better

deswegen ['dɛs've:gən] *konj* therefore, hence

Detail [de'tai] **(-s, -s)** *nt* detail

Detektiv [detɛk'tiːf] **(-s, -e)** *m* detective

deut- ['dɔyt] *zW*: **~en** *vt* to interpret, to explain ♦ *vi*: **~en (auf** +*akk)* to point (to *od* at); **~lich** *adj* clear; (*Unterschied*) distinct; **D~lichkeit** *f* clarity; distinctness

Deutsch [dɔytʃ] *nt* German

deutsch *adj* German; **auf D~** in German; **D~e Demokratische Republik** (*HIST*) German Democratic Republic, East Germany; **~es Beefsteak** ≃ hamburger; **D~e(r)** *mf* German; **ich bin D~er** I am German; **D~land** *nt* Germany

Devise [de'viːzə] *f* motto, device; **~n** *pl* (*FIN*) foreign currency, foreign exchange

Dezember [de'tsɛmbər] **(-s, -)** *m* December

dezent [de'tsɛnt] *adj* discreet

dezimal [detsi'maːl] *adj* decimal; **D~system** *nt* decimal system

d. h. *abk* (= *das heißt*) i.e.

Dia ['diːa] **(-s, -s)** *nt* (*PHOT*) slide, transparency

Diabetes [dia'beːtes] **(-, -)** *m* (*MED*) diabetes

Diagnose [dia'gnoːzə] *f* diagnosis

diagonal [diago'naːl] *adj* diagonal

Dialekt [dia'lɛkt] **(-(e)s, -e)** *m* dialect; **d~isch** *adj* dialectal; (*Logik*) dialectical

Dialog [dia'loːk] **(-(e)s, -e)** *m* dialogue

Diamant [dia'mant] *m* diamond

Diaprojektor ['diːaprojɛktɔr] *m* slide projector

Diät [di'ɛːt] **(-, -en)** *f* diet

dich [dɪç] (*akk von du*) *pron* you; yourself

dicht [dɪçt] *adj* dense; (*Nebel*) thick; (*Gewebe*) close; (*undurchlässig*) (water)tight; (*fig*) concise ♦ *adv*: **~ an/bei** close to; **~ bevölkert** densely *od* heavily populated; **D~e** *f* density; thickness; closeness; (water)tightness; (*fig*) conciseness

dichten *vt* (*dicht machen*) to make watertight, to seal; (*NAUT*) to caulk; (*LITER*) to compose, to write ♦ *vi* to compose, to write

Dichter(in) **(-s, -)** *m(f)* poet; (*Autor*) writer; **d~isch** *adj* poetical

dichthalten (*unreg*) (*umg*) *vi* to keep one's mouth shut

Dichtung *f* (*TECH*) washer; (*AUT*) gasket; (*Gedichte*) poetry; (*Prosa*) (piece of) writing

dick [dɪk] *adj* thick; (*fett*) fat; **durch ~ und dünn** through thick and thin; **D~darm** *m* (*ANAT*) colon; **D~e** *f* thickness; fatness; **~flüssig** *adj* viscous; **D~icht** **(-s, -e)** *nt* thicket; **D~kopf** *m* mule; **D~milch** *f* soured milk

die [diː] *def art siehe* **der**

Dieb(in) [diːp, 'diːbɪn] **(-(e)s, -e)** *m(f)* thief; **d~isch** *adj* thieving; (*umg*) immense; **~stahl** **(-(e)s, ~e)** *m* theft; **~stahlversicherung** *f* insurance against theft

Diele ['diːlə] *f* (*Brett*) board; (*Flur*) hall, lobby

dienen ['diːnən] *vi*: (*jdm*) **~** to serve (sb)

Diener **(-s, -)** *m* servant; **~in** *f* (maid)servant; **~schaft** *f* servants *pl*

Dienst [diːnst] **(-(e)s, -e)** *m* service; **außer ~** retired; **~ haben** to be on duty; **~ habend** (*Arzt*) on duty

Dienstag ['diːnstaːk] *m* Tuesday; **d~s** *adv* on Tuesdays

Dienst- *zW*: **~bote** *m* servant; **~geheimnis** *nt* official secret; **~gespräch** *nt* business call; **~leistung** *f* service; **d~lich** *adj* official; **~mädchen** *nt* (house)maid; **~reise** *f* business trip; **~stelle** *f* office; **~vorschrift** *f* official regulations *pl*; **~weg** *m* official channels *pl*; **~zeit** *f* working hours *pl*; (*MIL*) period of service

dies [diːs] *pron (demonstrativ: sg)* this; (: *pl*) these; **~bezüglich** *adj (Frage)* on this matter; **~e(r, s)** ['diːzə(r, s)] *pron* this (one)

Diesel ['diːzəl] *m (Kraftstoff)* diesel

dieselbe [diːˈzɛlbə] *pron, art* the same

Dieselmotor *m* diesel engine

diesig ['diːzɪç] *adj* drizzly

dies- *zW:* **~jährig** *adj* this year's; **~mal** *adv* this time; **~seits** *präp +gen* on this side; **D~seits** (-) *nt* this life

Dietrich ['diːtrɪç] (**-s, -e**) *m* picklock

diffamieren [dɪfaˈmiːrən] *(pej) vt* to defame

Differenz [dɪfəˈrɛnts] (**-, -en**) *f (Unterschied)* difference; **~en** *pl (Meinungsverschiedenheit)* difference (of opinion); **d~ieren** *vt* to make distinctions in; **d~iert** *adj (Mensch etc)* complex

differenzial ▲ [dɪferɛntsiaˈl] *adj* differential; **D~rechnung** *f* differential calculus

digital [digiˈtaːl] *adj* digital; **D~fernsehen** *f* digital TV

Dikt- [dɪkt] *zW:* **~afon**, **~aphon** [-aˈfoːn] *nt* dictaphone; **~at** [-ˈtaːt] (**-(e)s, -e**) *nt* dictation; **~ator** [-ˈtaːtər] *m* dictator; **d~atorisch** [-aˈtoːrɪʃ] *adj* dictatorial; **~atur** [-aˈtuːr] *f* dictatorship; **d~ieren** [-ˈtiːrən] *vt* to dictate

Dilemma [diˈlɛma] (**-s, -s** *od* **-ta**) *nt* dilemma

Dilettant [dileˈtant] *m* dilettante, amateur; **d~isch** *adj* amateurish, dilettante

Dimension [dimɛnziˈoːn] *f* dimension

DIN *f abk* (= *Deutsche Industrie-Norm*) German Industrial Standard

Ding [dɪŋ] (**-(e)s, -e**) *nt* thing, object; **d~lich** *adj* real, concrete; **~s(bums)** ['dɪŋks(bʊms)] (-) *(umg) nt* thingummybob

Diplom [diˈploːm] (**-s, -e**) *nt* diploma, certificate; **~at** [-ˈmaːt] (**-en, -en**) *m* diplomat; **~atie** [-aˈtiː] *f* diplomacy; **d~atisch** [-ˈmaːtɪʃ] *adj* diplomatic; **~ingenieur** *m* qualified engineer

dir [diːr] (*dat von* **du**) *pron* (to) you

direkt [diˈrɛkt] *adj* direct; **D~flug** *m* direct flight; **D~or** *m* director; (*SCH*) principal, headmaster; **D~übertragung** *f* live broadcast

Dirigent [diriˈgɛnt(ɪn)] *m* conductor

dirigieren [diriˈgiːrən] *vt* to direct; (*MUS*) to conduct

Diskette [dɪsˈkɛtə] *f* diskette, floppy disk

Diskont [dɪsˈkɔnt] (**-s, -e**) *m* discount; **~satz** *m* rate of discount

Diskothek [dɪskoˈteːk] (**-, -en**) *f* disco(theque)

diskret [dɪsˈkreːt] *adj* discreet; **D~ion** *f* discretion

diskriminieren [dɪskrimiˈniːrən] *vt* to discriminate against

Diskussion [dɪskʊsiˈoːn] *f* discussion; debate; **zur ~ stehen** to be under discussion

diskutieren [dɪskuˈtiːrən] *vt, vi* to discuss; to debate

Distanz [dɪsˈtants] *f* distance; **distan'zieren** *vr:* **sich von jdm/etw d~ieren** to distance o.s. from sb/sth

Distel ['dɪstəl] (**-, -n**) *f* thistle

Disziplin [dɪstsiˈpliːn] *f* discipline

Dividende [diviˈdɛndə] *f* dividend

dividieren [diviˈdiːrən] *vt:* **(durch etw) ~** to divide (by sth)

DM [deːˈɛm] *abk* (= *Deutsche Mark*) German Mark

D-Mark ['deːmark] *f* D Mark, German Mark

SCHLÜSSELWORT

doch [dɔx] *adv* **1** (*dennoch*) after all; (*sowieso*) anyway; **er kam doch noch** he came after all; **du weißt es ja doch besser** you know better than I do anyway; **und doch ...** and yet ...

2 (*als bejahende Antwort*) yes I do/it does *etc;* **das ist nicht wahr - doch!** that's not true - yes it is!

3 (*auffordernd*): **komm doch** do come; **lass ihn doch** just leave him; **nicht doch!** oh no!

4: sie ist doch noch so jung but she's still so young; **Sie wissen doch, wie das ist** you know how it is (, don't you?); **wenn doch** if only

♦ *konj (aber)* but; (*trotzdem*) all the same;

und doch hat er es getan but still he did it

Docht [dɔxt] **(-(e)s, -e)** m wick

Dock [dɔk] **(-s, -s** od **-e)** nt dock

Dogge ['dɔgə] f bulldog

Dogma ['dɔgma] **(-s, -men)** nt dogma; **d~tisch** adj dogmatic

Doktor ['dɔktɔr, pl -'to:rən] **(-s, -en)** m doctor

Dokument [doku'mɛnt] nt document

Dokumentar- [dokumen'ta:r] zW: **~bericht** m documentary; **~film** m documentary (film); **d~isch** adj documentary

Dolch [dɔlç] **(-(e)s, -e)** m dagger

dolmetschen ['dɔlmɛtʃən] vt, vi to interpret; **Dolmetscher(in) (-s, -)** m(f) interpreter

Dom [do:m] **(-(e)s, -e)** m cathedral

dominieren [domi'ni:rən] vt to dominate ♦ vi to predominate

Donau ['do:nau] f Danube

Donner ['dɔnər] **(-s, -)** m thunder; **d~n** vi unpers to thunder

Donnerstag ['dɔnərsta:k] m Thursday

doof [do:f] (umg) adj daft, stupid

Doppel ['dɔpəl] **(-s, -)** nt duplicate; (SPORT) doubles; **~bett** nt double bed; **d~deutig** adj ambiguous; **~fenster** nt double glazing; **~gänger (-s, -)** m double; **~punkt** m colon; **~stecker** m two-way adaptor; **d~t** adj double; **in d~ter Ausführung** in duplicate; **~verdiener** m person with two incomes; (pl: Paar) two-income family; **~zentner** m 100 kilograms; **~zimmer** nt double room

Dorf [dɔrf] **(-(e)s, ⁻er)** nt village; **~bewohner** m villager

Dorn [dɔrn] **(-(e)s, -en)** m (BOT) thorn; **d~ig** adj thorny

Dörrobst ['dœro:pst] nt dried fruit

Dorsch [dɔrʃ] **(-(e)s, -e)** m cod

dort [dɔrt] adv there; **~ drüben** over there; **~her** adv from there; **~hin** adv (to) there; **~ig** adj of that place; in that town

Dose ['do:zə] f box; (Blechdose) tin, can

Dosen pl von **Dose**; **Dosis**

Dosenöffner m tin od can opener

Dosis ['do:zɪs] **(-, Dosen)** f dose

Dotter ['dɔtər] **(-s, -)** m (egg) yolk

Drache ['draxə] **(-n, -n)** m (Tier) dragon

Drachen (-s, -) m kite; **~fliegen (-s)** nt hang-gliding

Draht [dra:t] **(-(e)s, ⁻e)** m wire; **auf ~ sein** to be on the ball; **d~ig** adj (Mann) wiry; **~seil** nt cable; **~seilbahn** f cable railway, funicular

Drama ['dra:ma] **(-s, Dramen)** nt drama, play; **~tiker** [-'ma:tikər] **(-s, -)** m dramatist; **d~tisch** [-'ma:tɪʃ] adj dramatic

dran [dran] (umg) adv: **jetzt bin ich ~!** it's my turn now; siehe **daran**

Drang [draŋ] **(-(e)s, ⁻e)** m (Trieb): **~ (nach)** impulse (for), urge (for), desire (for); (Druck) pressure

drängeln ['drɛŋəln] vt, vi to push, to jostle

drängen ['drɛŋən] vt (schieben) to push, to press; (antreiben) to urge ♦ vi (eilig sein) to be urgent; (Zeit) to press; **auf etw** akk **~** to press for sth

drastisch ['drastɪʃ] adj drastic

drauf [drauf] (umg) adv = **darauf**; **D~gänger (-s, -)** m daredevil

draußen ['drausən] adv outside

Dreck [drɛk] **(-(e)s)** m mud, dirt; **d~ig** adj dirty, filthy

Dreh- ['dre:] zW: **~arbeiten** pl (CINE) shooting sg; **~bank** f lathe; **~buch** nt (CINE) script; **d~en** vt to turn, to rotate; (Zigaretten) to roll; (Film) to shoot ♦ vi to turn, to rotate ♦ vr to turn; (handeln von): **es d~t sich um ...** it's about ...; **~orgel** f barrel organ; **~tür** f revolving door; **~ung** f (Rotation) rotation; (Umdrehung, Wendung) turn; **~zahl** f rate of revolutions; **~zahlmesser** m rev(olution) counter

drei [drai] num three; **~ viertel** three quarters; **D~eck** nt triangle; **~eckig** adj triangular; **~einhalb** num three and a half; **~erlei** adj inv of three kinds; **~fach** adj triple, treble ♦ adv three times; **~hundert** num three hundred; **D~'königsfest** nt Epiphany; **~mal** adv three times; **~malig** adj three times

dreinreden ['draɪnre:dən] *vi:* **jdm ~** (*dazwischenreden*) to interrupt sb; (*sich einmischen*) to interfere with sb

Dreirad *nt* tricycle

dreißig ['draɪsɪç] *num* thirty

dreist [draɪst] *adj* bold, audacious

drei- *zW:* **~viertel** △ *num siehe* **drei**; **D~viertelstunde** *f* three-quarters of an hour; **~zehn** *num* thirteen

dreschen ['drɛʃən] (*unreg*) *vt* (*Getreide*) to thresh; (*umg: verprügeln*) to beat up

dressieren [drɛ'si:rən] *vt* to train

drillen ['drɪlən] *vt* (*bohren*) to drill, to bore; (*MIL*) to drill; (*fig*) to train

Drilling *m* triplet

drin [drɪn] (*umg*) *adv* = **darin**

dringen ['drɪŋən] (*unreg*) *vi* (*Wasser, Licht, Kälte*): **~ (durch/in** +*akk*) to penetrate (through/into); **auf etw** *akk* **~** to insist on sth

dringend ['drɪŋənt] *adj* urgent

Dringlichkeit *f* urgency

drinnen ['drɪnən] *adv* inside, indoors

dritte(r, s) [drɪtə(r, s)] *adj* third; **D~ Welt** Third World; **D~s Reich** Third Reich; **D~l (-s, -)** *nt* third; **~ns** *adv* thirdly

DRK [de:|er'ka:] *nt abk* (= *Deutsches Rotes Kreuz*) German Red Cross

droben ['dro:bən] *adv* above, up there

Droge ['dro:gə] *f* drug

drogen *zW:* **~abhängig** *adj* addicted to drugs; **D~händler** *m* drug pedlar, pusher

Drogerie [dro:gə'ri:] *f* chemist's shop

Drogerie

ⓘ The **Drogerie** as opposed to the **Apotheke** sells medicines not requiring a prescription. It tends to be cheaper and also sells cosmetics, perfume and toiletries.

Drogist [dro'gɪst] *m* pharmacist, chemist

drohen ['dro:ən] *vi:* (**jdm**) **~** to threaten (sb)

dröhnen ['drø:nən] *vi* (*Motor*) to roar; (*Stimme, Musik*) to ring, to resound

Drohung ['dro:ʊŋ] *f* threat

drollig ['drɔlɪç] *adj* droll

Drossel ['drɔsəl] (**-, -n**) *f* thrush

drüben ['dry:bən] *adv* over there, on the other side

drüber ['dry:bər] (*umg*) *adv* = **darüber**

Druck [drʊk] (**-(e)s, -e**) *m* (*PHYS: Zwang*) pressure; (*TYP: Vorgang*) printing; (: *Produkt*) print; (*fig: Belastung*) burden, weight; **~buchstabe** *m* block letter

drücken ['drʊkən] *vt* (*Knopf, Hand*) to press; (*zu eng sein*) to pinch; (*fig: Preise*) to keep down; (: *belasten*) to oppress, to weigh down ♦ *vi* to press; to pinch ♦ *vr:* **sich vor etw** *dat* **~** to get out of (doing) sth; **~d** *adj* oppressive

Drucker (**-s, -**) *m* printer

Drücker (**-s, -**) *m* button; (*Türdrücker*) handle; (*Gewehrdrücker*) trigger

Druck- *zW:* **~e'rei** *f* printing works, press; **~erschwärze** *f* printer's ink; **~fehler** *m* misprint; **~knopf** *m* press stud, snap fastener; **~sache** *f* printed matter; **~schrift** *f* block *od* printed letters *pl*

drum [drʊm] (*umg*) *adv* = **darum**

drunten ['drʊntən] *adv* below, down there

Drüse ['dry:zə] *f* gland

Dschungel ['dʒʊŋəl] (**-s, -**) *m* jungle

du [du:] (*nom*) *pron* you; **~ sagen** = **duzen**

Dübel ['dy:bəl] (**-s, -**) *m* Rawlplug ®

ducken ['dʊkən] *vt* (*Kopf, Person*) to duck; (*fig*) to take down a peg or two ♦ *vr* to duck

Duckmäuser ['dʊkmɔyzər] (**-s, -**) *m* yes man

Dudelsack ['du:dəlzak] *m* bagpipes *pl*

Duell [du'el] (**-s, -e**) *nt* duel

Duft [dʊft] (**-(e)s, ⁼e**) *m* scent, odour; **d~en** *vi* to smell, to be fragrant; **d~ig** *adj* (*Stoff, Kleid*) delicate, diaphanous

dulden ['dʊldən] *vt* to suffer; (*zulassen*) to tolerate ♦ *vi* to suffer

dumm [dʊm] *adj* stupid; (*ärgerlich*) annoying; **der D~e sein** to be the loser; **~erweise** *adv* stupidly; **D~heit** *f* stupidity; (*Tat*) blunder, stupid mistake; **D~kopf** *m* blockhead

dumpf [dʊmpf] *adj* (*Ton*) hollow, dull; (*Luft*)

musty; (*Erinnerung, Schmerz*) vague

Düne ['dyːnə] *f* dune

düngen ['dyŋən] *vt* to manure

Dünger (**-s, -**) *m* dung, manure; (*künstlich*) fertilizer

dunkel ['dʊŋkəl] *adj* dark; (*Stimme*) deep; (*Ahnung*) vague; (*rätselhaft*) obscure; (*verdächtig*) dubious, shady; **im D~n tappen** (*fig*) to grope in the dark

Dunkel- *zW*: **~heit** *f* darkness; (*fig*) obscurity; **~kammer** *f* (*PHOT*) darkroom; **d~n** *vi unpers* to grow dark; **~ziffer** *f* estimated number of unreported cases

dünn [dʏn] *adj* thin; **~flüssig** *adj* watery, thin

Dunst [dʊnst] (**-es, ⁻e**) *m* vapour; (*Wetter*) haze

dünsten ['dʏnstən] *vt* to steam

dunstig ['dʊnstɪç] *adj* vaporous; (*Wetter*) hazy, misty

Duplikat [dupliˈkaːt] (**-(e)s, -e**) *nt* duplicate

Dur [duːr] (**-, -**) *nt* (*MUS*) major

SCHLÜSSELWORT

durch [dʊrç] *präp +akk* **1** (*hindurch*) through; **durch den Urwald** through the jungle; **durch die ganze Welt reisen** to travel all over the world

2 (*mittels*) through, by (means of); (*aufgrund*) through, owing to, due to; **Tod durch Herzschlag/den Strang** death from a heart attack/by hanging; **durch die Post** by post; **durch seine Bemühungen** through his efforts

♦ *adv* **1** (*hindurch*) through; **die ganze Nacht durch** all through the night; **den Sommer durch** during the summer; **8 Uhr durch** past 8 o'clock; **durch und durch** completely

2 (*durchgebraten etc*): **(gut) durch** well-done

---

durch- *zW*: **~arbeiten** *vt, vi* to work through ♦ *vr* to work one's way through; **~'aus** *adv* completely; (*unbedingt*) definitely; **~aus nicht** absolutely not

Durchblick ['dʊrçblɪk] *m* view; (*fig*) comprehension; **d~en** *vi* to look through;

(*umg: verstehen*): **(bei etw) d~en** to understand (sth); **etw d~en lassen** (*fig*) to hint at sth

durchbrechen ['dʊrçbrɛçən] (*unreg*) *vt, vi* to break

durch'brechen ['dʊrçbrɛçən] (*unreg*) *vt insep* (*Schranken*) to break through; (*Schallmauer*) to break; (*Gewohnheit*) to break free from

durchbrennen ['dʊrçbrɛnən] (*unreg*) *vi* (*Draht, Sicherung*) to burn through; (*umg*) to run away

durchbringen (*unreg*) *vt* (*Kranken*) to pull through; (*umg: Familie*) to support; (*durchsetzen: Antrag, Kandidat*) to get through; (*vergeuden: Geld*) to get through, to squander

Durchbruch ['dʊrçbrʊx] *m* (*Öffnung*) opening; (*MIL*) breach; (*von Gefühlen etc*) eruption; (*der Zähne*) cutting; (*fig*) breakthrough; **zum ~ kommen** to break through

durch- *zW*: **~dacht** [-'daxt] *adj* well thought-out; **~'denken** (*unreg*) *vt* to think out; **~drehen** *vt* (*Fleisch*) to mince ♦ *vi* (*umg*) to crack up

durcheinander [dʊrçaɪˈnandər] *adv* in a mess, in confusion; (*umg: verwirrt*) confused; **~ bringen** to mess up; (*verwirren*) to confuse; **~ reden** to talk at the same time; **D~** (**-s**) *nt* (*Verwirrung*) confusion; (*Unordnung*) mess

durch- *zW*: **~fahren** (*unreg*) *vi* (*~ Tunnel usw*) to drive through; (*ohne Unterbrechung*) to drive straight through; (*ohne anzuhalten*): **der Zug fährt bis Hamburg ~** the train runs direct to Hamburg; (*ohne Umsteigen*): **können wir ~fahren?** can we go direct?, can we go non-stop?; **D~fahrt** *f* transit; (*Verkehr*) thoroughfare; **D~fall** *m* (*MED*) diarrhoea; **~fallen** (*unreg*) *vi* to fall through; (*in Prüfung*) to fail; **~finden** (*unreg*) *vr* to find one's way through; **~fragen** *vr* to find one's way by asking

durchführ- ['dʊrçfyːr] *zW*: **~bar** *adj* feasible, practicable; **~en** *vt* to carry out; **D~ung** *f* execution, performance

---

Durchgang ['dʊrçgaŋ] *m* passage(way); (*bei Produktion, Versuch*) run; (*SPORT*) round; (*bei Wahl*) ballot; „~ **verboten"** "no thoroughfare"

Durchgangsverkehr *m* through traffic

durchgefroren ['dʊrçgəfro:rən] *adj* (*Mensch*) frozen stiff

durchgehen ['dʊrçge:ən] (*unreg*) *vt* (*behandeln*) to go over ♦ *vi* to go through; (*ausreißen: Pferd*) to break loose; (*Mensch*) to run away; **mein Temperament ging mit mir durch** my temper got the better of me; **jdm etw ~ lassen** to let sb get away with sth; **~d** *adj* (*Zug*) through; (*Öffnungszeiten*) continuous

durch- *zW:* **~greifen** (*unreg*) *vi* to take strong action; **~halten** (*unreg*) *vi* to last out ♦ *vt* to keep up; **~kommen** (*unreg*) *vi* to get through; (*überleben*) to pull through; **~'kreuzen** *vt insep* to thwart, to frustrate; **~lassen** (*unreg*) *vt* (*Person*) to let through; (*Wasser*) to let in; **~lesen** (*unreg*) *vt* to read through; **~'leuchten** *vt insep* to X-ray; **~machen** *vt* to go through; **die Nacht ~machen** to make a night of it

Durchmesser (**-s, -**) *m* diameter

durch- *zW:* **~'nässen** *vt insep* to soak (through); **~nehmen** (*unreg*) *vt* to go over; **~nummerieren** ▲ *vt* to number consecutively; **~queren** [dʊrç'kve:rən] *vt insep* to cross; **D~reise** *f* transit; **auf der D~reise** passing through; (*Güter*) in transit; **~ringen** (*unreg*) *vr* to reach a decision after a long struggle

durchs [dʊrçs] = **durch das**

Durchsage ['dʊrçza:gə] *f* intercom *od* radio announcement

durchschauen ['dʊrçʃauən] *vi* to look *od* see through; (*Person, Lüge*) to see through

durchscheinen ['dʊrçʃaɪnən] (*unreg*) *vi* to shine through; **~d** *adj* translucent

Durchschlag ['dʊrçʃla:k] *m* (*Doppel*) carbon copy; (*Sieb*) strainer; **d~en** [-gən] (*unreg*) *vt* (*entzweischlagen*) to split (in two); (*sieben*) to sieve ♦ *vi* (*zum Vorschein kommen*) to emerge, to come out ♦ *vr* to

get by

durchschlagend *adj* resounding

durchschneiden ['dʊrçʃnaɪdən] (*unreg*) *vt* to cut through

Durchschnitt ['dʊrçʃnɪt] *m* (*Mittelwert*) average; **über/unter dem ~** above/below average; **im ~** on average; **d~lich** *adj* average ♦ *adv* on average

Durchschnittswert *m* average

durch- *zW:* **D~schrift** *f* copy; **~sehen** (*unreg*) *vt* to look through; **~setzen** *vt* to enforce ♦ *vr* (*Erfolg haben*) to succeed; (*sich behaupten*) to get one's way; **seinen Kopf ~setzen** to get one's way; **~'setzen** *vt insep* to mix

Durchsicht ['dʊrçzɪçt] *f* looking through, checking; **d~ig** *adj* transparent

durch- *zW:* **~'sprechen** (*unreg*) *vt* to talk over; **~'stehen** (*unreg*) *vt* to live through; **~stellen** *vt* (*an Telefon*) to put through; **~stöbern** *vt* (*auch untr*) (*Kisten*) to rummage through, to rifle through; (*Haus, Wohnung*) to ransack; **~'streichen** (*unreg*) *vt* to cross out; **~'suchen** *vt insep* to search; **D~'suchung** *f* search; **~'wachsen** *adj* (*Speck*) streaky; (*fig: mittelmäßig*) so-so; **D~wahl** *f* (*TEL*) direct dialling; **~weg** *adv* throughout, completely; **~ziehen** (*unreg*) *vt* (*Faden*) to draw through ♦ *vi* to pass through; **D~zug** *m* (*Luft*) draught; (*von Truppen, Vögeln*) passage

---

SCHLÜSSELWORT

---

dürfen ['dʏrfən] (*unreg*) *vi* **1** (*Erlaubnis haben*) to be allowed to; **ich darf das** I'm allowed to (do that); **darf ich?** may I?; **darf ich ins Kino?** can *od* may I go to the cinema?; **es darf geraucht werden** you may smoke

2 (*in Verneinungen*): **er darf das nicht** he's not allowed to (do that); **das darf nicht geschehen** that must not happen; **da darf sie sich nicht wundern** that shouldn't surprise her

3 (*in Höflichkeitsformeln*): **darf ich Sie bitten, das zu tun?** may *od* could I ask you to do that?; **was darf es sein?** what can I do for you?

Rechtschreibreform: ▲ *neue Schreibung* △ *alte Schreibung (auslaufend)*

4 (*können*): **das dürfen Sie mir glauben** you can believe me

5 (*Möglichkeit*): **das dürfte genug sein** that should be enough; **es dürfte Ihnen bekannt sein, dass ...** as you will probably know ...

dürftig ['dyrftɪç] *adj* (*ärmlich*) needy, poor; (*unzulänglich*) inadequate

dürr [dyr] *adj* dried-up; (*Land*) arid; (*mager*) skinny, gaunt; **D~e** *f* aridity; (*Zeit*) drought; (*Magerkeit*) skinniness

Durst [dʊrst] (-(e)s) *m* thirst; ~ **haben** to be thirsty; **d~ig** *adj* thirsty

Dusche ['dʊʃə] *f* shower; **d~en** *vi, vr* to have a shower

Düse ['dy:zə] *f* nozzle; (*Flugzeugdüse*) jet

Düsen- *zW:* ~**antrieb** *m* jet propulsion; ~**flugzeug** *nt* jet (plane); ~**jäger** *m* jet fighter

Dussel ['dʊsəl] (-s, -) (*umg*) *m* twit

düster ['dy:stər] *adj* dark; (*Gedanken, Zukunft*) gloomy

Dutzend ['dʊtsənt] (-s, -e) *nt* dozen; ~**(e)** *od* **d~(e) Mal(e)** a dozen times

duzen ['du:tsən] *vt:* (jdn) ~ to use the familiar form of address "du" (to *od* with sb)

---
duzen
---

i There are two different forms of address in Germany: du and Sie. **Duzen** means addressing someone as 'du' - used with children, family and close friends - and siezen means addressing someone as 'Sie' - used for all grown-ups and older teenagers. Students almost always use 'du' to each other.

Dynamik [dy'na:mɪk] *f* (*PHYS*) dynamics *sg;* (*fig: Schwung*) momentum; (*von Mensch*) dynamism; **dynamisch** *adj* (*auch fig*) dynamic

Dynamit [dyna'mi:t] (-s) *nt* dynamite

Dynamo [dy'na:mo] (-s, -s) *m* dynamo

DZ *nt abk* = **Doppelzimmer**

D-Zug ['de:tsu:k] *m* through train

E, e

Ebbe ['ɛbə] *f* low tide

eben ['e:bən] *adj* level, flat; (*glatt*) smooth ♦ *adv* just; (*bestätigend*) exactly; ~ **deswegen** just because of that; ~**bürtig** *adj:* **jdm ~bürtig sein** to be sb's equal; **E~e** *f* plain; (*fig*) level; ~**falls** *adv* likewise; ~**so** *adv* just as

Eber ['e:bər] (-s, -) *m* boar

ebnen ['e:bnən] *vt* to level

Echo ['ɛço] (-s, -s) *nt* echo

echt [ɛçt] *adj* genuine; (*typisch*) typical; **E~heit** *f* genuineness

Eck- ['ɛk] *zW:* ~**ball** *m* corner (kick); ~**e** *f* corner; (*MATH*) angle; **e~ig** *adj* angular; ~**zahn** *m* eye tooth

ECU [e'ky:] (-, -s) *m* (*FIN*) ECU

edel ['e:dəl] *adj* noble; **E~metall** *nt* rare metal; **E~stahl** *m* high-grade steel; **E~stein** *m* precious stone

EDV [e:de:'fau] (-) *f abk* (= *elektronische Datenverarbeitung*) electronic data processing

Efeu ['e:fɔy] (-s) *m* ivy

Effekt [ɛ'fɛkt] (-s, -e) *m* effect

Effekten [ɛ'fɛktən] *pl* stocks

effektiv [ɛfɛk'ti:f] *adj* effective, actual

EG [e:'ge:] *f abk* (= *Europäische Gemeinschaft*) EC

egal [e'ga:l] *adj* all the same

Ego- [e:go] *zW:* ~**ismus** [-'ɪsmʊs] *m* selfishness, egoism; ~**ist** [-'ɪst] *m* egoist; **e~istisch** *adj* selfish, egoistic

Ehe ['e:ə] *f* marriage

ehe *konj* before

Ehe- *zW:* ~**beratung** *f* marriage guidance (counselling); ~**bruch** *m* adultery; ~**frau** *f* married woman; wife; ~**leute** *pl* married people; **e~lich** *adj* matrimonial; (*Kind*) legitimate

ehemalig *adj* former

ehemals *adv* formerly

Ehe- *zW:* ~**mann** *m* married man; husband; ~**paar** *nt* married couple

Spelling Reform: ▲ *new spelling* △ *old spelling (to be phased out)*

eher ['eːər] *adv* (*früher*) sooner; (*lieber*) rather, sooner; (*mehr*) more

Ehe- *zW*:**~ring** *m* wedding ring; **~schließung** *f* marriage ceremony

eheste(r, s) ['eːəstə(r, s)] *adj* (*früheste*) first, earliest; **am ~n** (*liebsten*) soonest; (*meist*) most; (*wahrscheinlichst*) most probably

Ehr- [eːr] *zW*:**e~bar** *adj* honourable, respectable;**e~e** *f* honour;**e~en** *vt* to honour

Ehren- ['eːrən] *zW*:**e~amtlich** *adj* honorary;**~gast** *m* guest of honour; **e~haft** *adj* honourable;**~platz** *m* place of honour *od* (*US*) honor;**~runde** *f* lap of honour;**~sache** *f* point of honour;**e~voll** *adj* honourable;**~wort** *nt* word of honour

Ehr- *zW*:**~furcht** *f* awe, deep respect; **e~fürchtig** *adj* reverent;**~gefühl** *nt* sense of honour;**~geiz** *m* ambition;**e~geizig** *adj* ambitious;**e~lich** *adj* honest;**~lichkeit** *f* honesty;**e~los** *adj* dishonourable;**~ung** *f* honour(ing);**e~würdig** *adj* venerable

Ei [ai] (**-(e)s, -er**) *nt* egg

Eich- *zW*:**~e** ['aiçə] *f* oak (tree);**~l** (**-, -n**) *f* acorn;**~hörnchen** *nt* squirrel

Eichmaß *nt* standard

Eid [ait] (**-(e)s, -e**) *m* oath

Eidechse ['aidɛksə] *f* lizard

eidesstattlich *adj*: **~e Erklärung** affidavit

Eidgenosse *m* Swiss

Eier- *zW*:**~becher** *m* eggcup;**~kuchen** *m* omelette; pancake;**~likör** *m* advocaat; **~schale** *f* eggshell;**~stock** *m* ovary;**~uhr** *f* egg timer

Eifer ['aifər] (**-s**) *m* zeal, enthusiasm;**~sucht** *f* jealousy;**e~süchtig** *adj*: **e~süchtig (auf** +*akk*) jealous (of)

eifrig ['aifriç] *adj* zealous, enthusiastic

Eigelb ['aigɛlp] (**-(e)s, -e**) *nt* egg yolk

eigen ['aigən] *adj* own; (*~artig*) peculiar; **mit der/dem ihm ~en ...** with that ... peculiar to him; **sich** *dat* **etw zu E~ machen** to make sth one's own;**E~art** *f* peculiarity; characteristic;**~artig** *adj* peculiar; **E~bedarf** *m*: **zum E~bedarf** for (one's own) personal use/domestic requirements; **der Vermieter machte E~bedarf geltend** the landlord showed he needed the house/flat for himself;**~händig** *adj* with one's own hand;**E~heim** *nt* owner-occupied house;**E~heit** *f* peculiarity; **~mächtig** *adj* high-handed;**E~name** *m* proper name;**~s** *adv* expressly, on purpose;**E~schaft** *f* quality, property, attribute;**E~sinn** *m* obstinacy;**s~sinnig** *adj* obstinate;**~tlich** *adj* actual, real ♦ *adv* actually, really;**E~tor** *nt* own goal;**E~tum** *nt* property;**E~tümer(in)** (**-s, -**) *m(f)* owner, proprietor;**~tümlich** *adj* peculiar; **E~tümlichkeit** *f* peculiarity; **E~tumswohnung** *f* freehold flat

eignen ['aignən] *vr* to be suited;**Eignung** *f* suitability

Eil- [ail] *zW*:**~bote** *m* courier;**~brief** *m* express letter;**~e** *f* haste; **es hat keine ~e** there's no hurry;**e~en** *vi* (*Mensch*) to hurry; (*dringend sein*) to be urgent;**e~ends** *adv* hastily;**~gut** *nt* express goods *pl*, fast freight (*US*);**e~ig** *adj* hasty, hurried; (*dringlich*) urgent; **es e~ig haben** to be in a hurry;**~zug** *m* semi-fast train, limited stop train

Eimer ['aimər] (**-s, -**) *m* bucket, pail

ein ['ain] *adv*: **nicht ~ noch aus wissen** not to know what to do

ein(e) ['ain(ə)] *num* one ♦ *indef art* a, an

einander [ai'nandər] *pron* one another, each other

einarbeiten ['ain|arbaitən] *vt* to train ♦ *vr*: **sich in etw** *akk* **~** to familiarize o.s. with sth

einatmen ['ain|aːtmən] *vt*, *vi* to inhale, to breathe in

Einbahnstraße ['ainbaːnʃtraːsə] *f* one-way street

Einband ['ainbant] *m* binding, cover

einbauen ['ainbauən] *vt* to build in; (*Motor*) to install, to fit

Einbaumöbel *pl* built-in furniture *sg*

einbegriffen ['ainbəgrifən] *adj* included

einberufen ['ainbaruːfən] (*unreg*) *vt* to convene; (*MIL*) to call up

Einbettzimmer *nt* single room

einbeziehen ['ainbətsiːən] (*unreg*) *vt* to

include

einbiegen ['aınbiːgən] (*unreg*) *vi* to turn

einbilden ['aınbıldən] *vt*: **sich** *dat* **etw ~** to imagine sth

Einbildung *f* imagination; (*Dünkel*) conceit; **~skraft** *f* imagination

Einblick ['aınblık] *m* insight

einbrechen ['aınbrɛçən] (*unreg*) *vi* (*in Haus*) to break in; (*Nacht*) to fall; (*Winter*) to set in; (*durchbrechen*) to break; **~ in** +*akk* (*MIL*) to invade

Einbrecher (**-s, -**) *m* burglar

einbringen ['aınbrıŋən] (*unreg*) *vt* to bring in; (*Geld, Vorteil*) to yield; (*mitbringen*) to contribute

Einbruch ['aınbrʊx] *m* (*Hauseinbruch*) break-in, burglary; (*Eindringen*) invasion; (*des Winters*) onset; (*Durchbrechen*) break; (*MET*) approach; (*MIL*) penetration; (**bei/vor**) **~ der Nacht** at/before nightfall; **e~sicher** *adj* burglar-proof

einbürgern ['aınbʏrgərn] *vt* to naturalize ♦ *vr* to become adopted

einbüßen ['aınbyːsən] *vt* to lose, to forfeit

einchecken ['aıntʃɛkən] *vt, vi* to check in

eincremen ['aınkreːmən] *vt* to put cream on

eindecken ['aındɛkən] *vr*: **sich (mit etw) ~** to lay in stocks (of sth); to stock up (with sth)

eindeutig ['aındɔʏtıç] *adj* unequivocal

eindringen ['aındrıŋən] (*unreg*) *vi*: **~ (in** +*akk*) to force one's way in(to); (*in Haus*) to break in(to); (*in Land*) to invade; (*Gas, Wasser*) to penetrate; (**auf jdn**) **~** (*mit Bitten*) to pester (sb)

eindringlich *adj* forcible, urgent

Eindringling *m* intruder

Eindruck ['aındrʊk] *m* impression

eindrücken ['aındrʏkən] *vt* to press in

eindrucksvoll *adj* impressive

eine(r, s) *pron* one; (*jemand*) someone

eineiig ['aın|aııç] *adj* (*Zwillinge*) identical

eineinhalb ['aın|aın'halp] *num* one and a half

einengen ['aın|ɛŋən] *vt* to confine, to restrict

einer- ['aınər] *zW*: **'E~'lei** (**-s**) *nt* sameness; **'~'lei** *adj* (*gleichartig*) the same kind of; **es ist mir ~lei** it is all the same to me; **~seits** *adv* on the one hand

einfach ['aınfax] *adj* simple; (*nicht mehrfach*) single ♦ *adv* simply; **E~heit** *f* simplicity

einfädeln ['aınfɛːdəln] *vt* (*Nadel, Faden*) to thread; (*fig*) to contrive

einfahren ['aınfaːrən] (*unreg*) *vt* to bring in; (*Barriere*) to knock down; (*Auto*) to run in ♦ *vi* to drive in; (*Zug*) to pull in; (*MIN*) to go down

Einfahrt *f* (*Vorgang*) driving in; pulling in; (*MIN*) descent; (*Ort*) entrance

Einfall ['aınfal] *m* (*Idee*) idea, notion; (*Lichteinfall*) incidence; (*MIL*) raid; **e~en** (*unreg*) *vi* (*Licht*) to fall; (*MIL*) to raid; (*einstürzen*) to fall in, to collapse; (*einstimmen*): (**in etw** *akk*) **e~en** to join in (with sth); **etw fällt jdm ein** sth occurs to sb; **das fällt mir gar nicht ein** I wouldn't dream of it; **sich** *dat* **etw e~en lassen** to have a good idea

einfältig ['aınfɛltıç] *adj* simple(-minded)

Einfamilienhaus [aınfa'miːliənhaʊs] *nt* detached house

einfarbig ['aınfarbıç] *adj* all one colour; (*Stoff etc*) self-coloured

einfetten ['aınfɛtən] *vt* to grease

einfließen ['aınfliːsən] (*unreg*) *vi* to flow in

einflößen ['aınfløːsən] *vt*: **jdm etw ~** to give sb sth; (*fig*) to instil sth in sb

Einfluss ▲ ['aınflʊs] *m* influence; **~bereich** *m* sphere of influence

einförmig ['aınfœrmıç] *adj* uniform; **E~keit** *f* uniformity

einfrieren ['aınfriːrən] (*unreg*) *vi* to freeze (up) ♦ *vt* to freeze

einfügen ['aınfyːgən] *vt* to fit in; (*zusätzlich*) to add

Einfuhr ['aınfuːr] (**-**) *f* import; **~beschränkung** *f* import restrictions *pl*; **~bestimmungen** *pl* import regulations

einführen ['aınfyːrən] *vt* to bring in; (*Mensch, Sitten*) to introduce; (*Ware*) to import

Einführung *f* introduction

Spelling Reform: ▲ *new spelling* △ *old spelling (to be phased out)*

Eingabe ['aɪngaːbə] f petition; (COMPUT) input

Eingang ['aɪngaŋ] m entrance; (COMM: Ankunft) arrival; (Erhalt) receipt

eingeben ['aɪngeːbən] (unreg) vt (Arznei) to give; (Daten etc) to enter

eingebildet ['aɪngəbɪldət] adj imaginary; (eitel) conceited

Eingeborene(r) ['aɪngəboːrənə(r)] f(m) native

Eingebung f inspiration

eingefleischt ['aɪngəflaɪʃt] adj (Gewohnheit, Vorurteile) deep-rooted

eingehen ['aɪngeːən] (unreg) vi (Aufnahme finden) to come in; (Sendung, Geld) to be received; (Tier, Pflanze) to die; (Firma) to fold; (schrumpfen) to shrink ♦ vt to enter into; (Wette) to make; **auf etw** akk ~ to go into sth; **auf jdn** ~ to respond to sb; **jdm** ~ (verständlich sein) to be comprehensible to sb; ~**d** adj exhaustive, thorough

Eingemachte(s) ['aɪngəma:xtə(s)] nt preserves pl

eingenommen ['aɪngənɔmən] adj: ~ **(von)** fond (of), partial (to); ~ **(gegen)** prejudiced (against)

eingeschrieben ['aɪngəʃriːbən] adj registered

eingespielt ['aɪngəʃpiːlt] adj: **aufeinander** ~ **sein** to be in tune with each other

Eingeständnis ['aɪngəʃtɛntnɪs] (-ses, -se) nt admission, confession

eingestehen ['aɪngəʃteːən] (unreg) vt to confess

eingestellt ['aɪngəʃtɛlt] adj: **auf etw** ~ **sein** to be prepared for sth

eingetragen ['aɪngətraːgən] adj (COMM) registered

Eingeweide ['aɪngəvaɪdə] (-s, -) nt innards pl, intestines pl

Eingeweihte(r) ['aɪngəvaɪtə(r)] f(m) initiate

eingewöhnen ['aɪngəvøːnən] vr: **sich** ~ **in** +akk to settle (down) in

eingleisig ['aɪnglaɪzɪç] adj single-track

eingreifen ['aɪngraɪfən] (unreg) vi to intervene, to interfere; (Zahnrad) to mesh

Eingriff ['aɪngrɪf] m intervention,

interference; (Operation) operation

einhaken ['aɪnhaːkən] vt to hook in ♦ vr: **sich bei jdm** ~ to link arms with sb ♦ vi (sich einmischen) to intervene

Einhalt ['aɪnhalt] m: ~ **gebieten** +dat to put a stop to; **e~en** (unreg) vt (Regel) to keep ♦ vi to stop

einhändigen ['aɪnhɛndɪgən] vt to hand in

einhängen ['aɪnhɛŋən] vt to hang; (Telefon) to hang up ♦ vi (TEL) to hang up; **sich bei jdm** ~ to link arms with sb

einheimisch ['aɪnhaɪmɪʃ] adj native; **E~e(r)** f(m) local

Einheit ['aɪnhaɪt] f unity; (Maß, MIL) unit; **e~lich** adj uniform; ~**spreis** m standard price

einholen ['aɪnhoːlən] vt (Tau) to haul in; (Fahne, Segel) to lower; (Vorsprung aufholen) to catch up with; (Verspätung) to make up; (Rat, Erlaubnis) to ask ♦ vi (einkaufen) to shop

einhüllen ['aɪnhylən] vt to wrap up

einhundert ['aɪn'hʊndərt] num one hundred, a hundred

einig ['aɪnɪç] adj (vereint) united; ~ **gehen** to agree; **sich** dat ~ **sein** to be in agreement; ~ **werden** to agree

einige(r, s) ['aɪnɪgə(r, s)] adj, pron some ♦ pl some; (mehrere) several; ~ **Mal** a few times

einigen vt to unite ♦ vr: **sich** ~ **(auf** +akk) to agree (on)

einigermaßen adv somewhat; (leidlich) reasonably

einig- zW: **E~keit** f unity; (Übereinstimmung) agreement; **E~ung** f agreement; (Vereinigung) unification

einkalkulieren ['aɪnkalkuliːrən] vt to take into account, to allow for

Einkauf ['aɪnkaʊf] m purchase; **e~en** vt to buy ♦ vi to shop; **e~en gehen** to go shopping

Einkaufs- zW: ~**bummel** m shopping spree; ~**korb** m shopping basket; ~**wagen** m shopping trolley; ~**zentrum** nt shopping centre

einklammern ['aɪnklamərn] vt to put in brackets, to bracket

Rechtschreibreform: ▲ *neue Schreibung* △ *alte Schreibung (auslaufend)*

Einklang ['aɪnklaŋ] *m* harmony
einklemmen ['aɪnklɛmən] *vt* to jam
einkochen ['aɪnkɔxən] *vt* to boil down; (*Obst*) to preserve, to bottle
Einkommen ['aɪnkɔmən] (**-s, -**) *nt* income; **~(s)steuer** *f* income tax
Einkünfte ['aɪnkʏnftə] *pl* income *sg*, revenue *sg*
einladen ['aɪnlɑːdən] (*unreg*) *vt* (*Person*) to invite; (*Gegenstände*) to load; **jdn ins Kino ~** to take sb to the cinema
Einladung *f* invitation
Einlage ['aɪnlɑːgə] *f* (*Programm~*) interlude; (*Spar~*) deposit; (*Schuh~*) insole; (*Fußstütze*) support; (*Zahn~*) temporary filling; (*KOCH*) noodles *pl*, vegetables *pl etc* in soup
einlagern ['aɪnlɑːgərn] *vt* to store
Einlass ▲ ['aɪnlas] (**-es, ⁝e**) *m* (*Zutritt*) admission
einlassen ['aɪnlasən] (*unreg*) *vt* to let in; (*einsetzen*) to set in ♦ *vr*: **sich mit jdm/auf etw** *akk* **~** to get involved with sb/sth
Einlauf ['aɪnlaʊf] *m* arrival; (*von Pferden*) finish; (*MED*) enema; **e~en** (*unreg*) *vi* to arrive, to come in; (*in Hafen*) to enter; (*SPORT*) to finish; (*Wasser*) to run in; (*Stoff*) to shrink ♦ *vt* (*Schuhe*) to break in ♦ *vr* (*SPORT*) to warm up; (*Motor, Maschine*) to run in; **jdm das Haus e~en** to invade sb's house
einleben ['aɪnleːbən] *vr* to settle down
einlegen ['aɪnleːgən] *vt* (*einfügen: Blatt, Sohle*) to insert; (*KOCH*) to pickle; (*Pause*) to have; (*Protest*) to make; (*Veto*) to use; (*Berufung*) to lodge; (*AUT: Gang*) to engage
einleiten ['aɪnlaɪtən] *vt* to introduce, to start; (*Geburt*) to induce; **Einleitung** *f* introduction; induction
einleuchten ['aɪnlɔʏçtən] *vi*: (**jdm**) **~** to be clear *od* evident (to sb); **~d** *adj* clear
einliefern ['aɪnliːfərn] *vt*: **~ (in** +*akk*) to take (into)
Einlieferungsschein *m* certificate of posting
Einliegerwohnung ['aɪnliːgərvoːnʊŋ] *f* self-contained flat; (*für Eltern, Großeltern*) granny flat

einloggen ['aɪnlɔgən] *vi* (*COMPUT*) to log on
einlösen ['aɪnløːzən] *vt* (*Scheck*) to cash; (*Schuldschein, Pfand*) to redeem; (*Versprechen*) to keep
einmachen ['aɪnmaxən] *vt* to preserve
einmal ['aɪnmɑːl] *adv* once; (*erstens*) first; (*zukünftig*) sometime; **nehmen wir ~ an** just let's suppose; **noch ~** once more; **nicht ~** not even; **auf ~** all at once; **es war ~** once upon a time there was/were; **E-'eins** *nt* multiplication tables *pl*; **~ig** *adj* unique; (*einmal erforderlich*) single; (*prima*) fantastic
Einmarsch ['aɪnmarʃ] *m* entry; (*MIL*) invasion; **e~ieren** *vi* to march in
einmischen ['aɪnmɪʃən] *vr*: **sich ~ (in** +*akk*) to interfere (with)
einmütig ['aɪnmyːtɪç] *adj* unanimous
Einnahme ['aɪnnɑːmə] *f* (*von Medizin*) taking; (*MIL*) capture, taking; **~n** *pl* (*Geld*) takings, revenue *sg*; **~quelle** *f* source of income
einnehmen ['aɪnneːmən] (*unreg*) *vt* to take; (*Stellung, Raum*) to take up; **~ für/gegen** to persuade in favour of/against; **~d** *adj* charming
einordnen ['aɪnɔrdnən] *vt* to arrange, to fit in ♦ *vr* to adapt; (*AUT*) to get into lane
einpacken ['aɪnpakən] *vt* to pack (up)
einparken ['aɪnparkən] *vt* to park
einpendeln ['aɪnpɛndəln] *vr* to even out
einpflanzen ['aɪnpflantsən] *vt* to plant; (*MED*) to implant
einplanen ['aɪnplɑːnən] *vt* to plan for
einprägen ['aɪnprɛːgən] *vt* to impress, to imprint; (*beibringen*): (**jdm**) **~** to impress (on sb); **sich** *dat* **etw ~** to memorize sth
einrahmen ['aɪnrɑːmən] *vt* to frame
einräumen ['aɪnrɔʏmən] *vt* (*ordnend*) to put away; (*überlassen: Platz*) to give up; (*zugestehen*) to admit, to concede
einreden ['aɪnreːdən] *vt*: **jdm/sich etw ~** to talk sb/o.s. into believing sth
einreiben ['aɪnraɪbən] (*unreg*) *vt* to rub in
einreichen ['aɪnraɪçən] *vt* to hand in; (*Antrag*) to submit
Einreise ['aɪnraɪzə] *f* entry;

~bestimmungen *pl* entry regulations;
~erlaubnis *f* entry permit;
~genehmigung *f* entry permit; **e~n** *vi*:
(in ein Land) e~n to enter (a country)
einrichten ['aınrıçtən] *vt* (*Haus*) to furnish;
(*schaffen*) to establish, to set up;
(*arrangieren*) to arrange; (*möglich machen*)
to manage ♦ *vr* (*in Haus*) to furnish one's
house; **sich ~ (auf** +*akk*) (*sich vorbereiten*) to
prepare o.s. (for); (*sich anpassen*) to adapt
(to)
Einrichtung *f* (*Wohnungseinrichtung*)
furnishings *pl*; (*öffentliche Anstalt*)
organization; (*Dienste*) service
einrosten ['aınrɔstən] *vi* to get rusty
einrücken ['aınrykən] *vi* (*MIL: in Land*) to
move in
Eins [aıns] (-, -en) *f* one; **e~** *num* one; **es ist
mir alles e~** it's all one to me
einsam ['aınza:m] *adj* lonely, solitary;
E~keit *f* loneliness, solitude
einsammeln ['aınzaməln] *vt* to collect
Einsatz ['aınzats] *m* (*Teil*) inset; (*an Kleid*)
insertion; (*Verwendung*) use, employment;
(*Spieleinsatz*) stake; (*Risiko*) risk; (*MIL*)
operation; (*MUS*) entry; **im ~** in action;
e~bereit *adj* ready for action
einschalten ['aınʃaltən] *vt* (*einfügen*) to
insert; (*Pause*) to make; (*ELEK*) to switch on;
(*Anwalt*) to bring in ♦ *vr* (*dazwischentreten*)
to intervene
einschärfen ['aınʃɛrfən] *vt*: **jdm etw ~** to
impress sth (up)on sb
einschätzen ['aınʃɛtsən] *vt* to estimate, to
assess ♦ *vr* to rate o.s.
einschenken ['aınʃɛŋkən] *vt* to pour out
einschicken ['aınʃıkən] *vt* to send in
einschl. *abk* (= *einschließlich*) incl.
einschlafen ['aınʃla:fən] (*unreg*) *vi* to fall
asleep, to go to sleep
einschläfernd ['aınʃlɛ:fɛrnt] *adj* (*MED*)
soporific; (*langweilig*) boring; (*Stimme*)
lulling
Einschlag ['aınʃla:k] *m* impact; (*fig:
Beimischung*) touch, hint; **e~en** [-gən]
(*unreg*) *vt* to knock in; (*Fenster*) to smash, to
break; (*Zähne, Schädel*) to smash in; (*AUT:

Räder) to turn; (*kürzer machen*) to take up;
(*Ware*) to pack, to wrap up; (*Weg, Richtung*)
to take ♦ *vi* to hit; (*sich einigen*) to agree;
(*Anklang finden*) to work, to succeed; **in etw
akk / auf jdn e~en** to hit sth/sb
einschlägig ['aınʃlɛ:gıç] *adj* relevant
einschließen ['aınʃli:sən] (*unreg*) *vt* (*Kind*) to
lock in; (*Häftling*) to lock up; (*Gegenstand*)
to lock away; (*Bergleute*) to cut off;
(*umgeben*) to surround; (*MIL*) to encircle;
(*fig*) to include, to comprise ♦ *vr* to lock
o.s. in
einschließlich *adv* inclusive ♦ *präp* +*gen*
inclusive of, including
einschmeicheln ['aınʃmaıçəln] *vr*: **sich ~
(bei)** to ingratiate o.s. (with)
einschnappen ['aınʃnapən] *vi* (*Tür*) to click
to; (*fig*) to be touchy; **eingeschnappt sein**
to be in a huff
einschneidend ['aınʃnaıdənt] *adj* drastic
Einschnitt ['aınʃnıt] *m* cutting; (*MED*)
incision; (*Ereignis*) decisive point
einschränken ['aınʃrɛŋkən] *vt* to limit, to
restrict; (*Kosten*) to cut down, to reduce
♦ *vr* to cut down (on expenditure);
Einschränkung *f* restriction, limitation;
reduction; (*von Behauptung*) qualification
Einschreib- ['aınʃraıb] *zW*: **~(e)brief** *m*
recorded delivery letter; **e~en** (*unreg*) *vt* to
write in; (*Post*) to send recorded delivery
♦ *vr* to register; (*UNIV*) to enrol; **~en** *nt*
recorded delivery letter
einschreiten ['aınʃraıtən] (*unreg*) *vi* to step
in, to intervene; **~ gegen** to take action
against
einschüchtern ['aınʃʏçtərn] *vt* to intimidate
einschulen ['aınʃu:lən] *vt*: **eingeschult
werden** (*Kind*) to start school
einsehen ['aınze:ən] (*unreg*) *vt* (*hineinsehen
in*) to realize; (*Akten*) to have a look at;
(*verstehen*) to see; **E~** (-s) *nt*
understanding; **ein E~ haben** to show
understanding
einseitig ['aınzaıtıç] *adj* one-sided
Einsend- ['aınzɛnd] *zW*: **e~en** (*unreg*) *vt* to
send in; **~er** (-s, -) *m* sender, contributor;
~ung *f* sending in

einsetzen ['aɪnzɛtsən] *vt* to put (in); (*in Amt*) to appoint, to install; (*Geld*) to stake; (*verwenden*) to use; (*MIL*) to employ ♦ *vi* (*beginnen*) to set in; (*MUS*) to enter, to come in ♦ *vr* to work hard; **sich für jdn/ etw ~** to support sb/sth

Einsicht ['aɪnzɪçt] *f* insight; (*in Akten*) look, inspection; **zu der ~ kommen, dass ...** to come to the conclusion that ...; **e~ig** *adj* (*Mensch*) judicious; **e~slos** *adj* unreasonable; **e~svoll** *adj* understanding

einsilbig ['aɪnzɪlbɪç] *adj* (*auch fig*) monosyllabic; (*Mensch*) uncommunicative

einspannen ['aɪnʃpanən] *vt* (*Papier*) to insert; (*Pferde*) to harness; (*umg: Person*) to rope in

Einsparung ['aɪnʃpaːrʊŋ] *f* economy, saving

einsperren ['aɪnʃpɛrən] *vt* to lock up

einspielen ['aɪnʃpiːlən] *vr* (*SPORT*) to warm up ♦ *vt* (*Film: Geld*) to bring in; (*Instrument*) to play in; **sich aufeinander ~** to become attuned to each other; **gut eingespielt** running smoothly

einsprachig ['aɪnʃpraːxɪç] *adj* monolingual

einspringen ['aɪnʃprɪŋən] (*unreg*) *vi* (*aushelfen*) to help out, to step into the breach

Einspruch ['aɪnʃprʊx] *m* protest, objection; **~srecht** *nt* veto

einspurig ['aɪnʃpuːrɪç] *adj* (*EISENB*) single-track; (*AUT*) single-lane

einst [aɪnst] *adv* once; (*zukünftig*) one day, some day

einstecken ['aɪnʃtɛkən] *vt* to stick in, to insert; (*Brief*) to post; (*ELEK: Stecker*) to plug in; (*Geld*) to pocket; (*mitnehmen*) to take; (*überlegen sein*) to put in the shade; (*hinnehmen*) to swallow

einstehen ['aɪnʃteːən] (*unreg*) *vi:* **für jdn/ etw ~** to guarantee sb/sth; (*verantworten*): **für etw ~** to answer for sth

einsteigen ['aɪnʃtaɪgən] (*unreg*) *vi* to get in *od* on; (*in Schiff*) to go on board; (*sich beteiligen*) to come in; (*hineinklettern*) to climb in

einstellen ['aɪnʃtɛlən] *vt* (*aufhören*) to stop; (*Geräte*) to adjust; (*Kamera etc*) to focus;

(*Sender, Radio*) to tune in; (*unterstellen*) to put; (*in Firma*) to employ, to take on ♦ *vi* (*Firma*) to take on staff/workers ♦ *vr* (*anfangen*) to set in; (*kommen*) to arrive; **sich auf jdn ~** to adapt to sb; **sich auf etw** *akk* **~** to prepare o.s. for sth

Einstellung *f* (*Aufhören*) suspension; adjustment; focusing; (*von Arbeiter etc*) appointment; (*Haltung*) attitude

Einstieg ['aɪnʃtiːk] (**-(e)s, -e**) *m* entry; (*fig*) approach

einstig ['aɪnstɪç] *adj* former

einstimmig ['aɪnʃtɪmɪç] *adj* unanimous; (*MUS*) for one voice

einstmals *adv* once, formerly

einstöckig ['aɪnʃtœkɪç] *adj* two-storeyed

Einsturz ['aɪnʃtʊrts] *m* collapse

einstürzen ['aɪnʃtʏrtsən] *vi* to fall in, to collapse

einst- *zW:* **~weilen** *adv* meanwhile; (*vorläufig*) temporarily, for the time being; **~weilig** *adj* temporary

eintägig ['aɪntɛːgɪç] *adj* one-day

eintauschen ['aɪntaʊʃən] *vt:* **~ (gegen** *od* **für)** to exchange (for)

eintausend ['aɪntaʊzənt] *num* one thousand

einteilen ['aɪntaɪlən] *vt* (*in Teile*) to divide (up); (*Menschen*) to assign

einteilig *adj* one-piece

eintönig ['aɪntøːnɪç] *adj* monotonous

Eintopf ['aɪntɔpf] *m* stew

Eintracht ['aɪntraxt] (**-**) *f* concord, harmony; **einträchtig** ['aɪntrɛçtɪç] *adj* harmonious

Eintrag ['aɪntraːk] (**-(e)s, ⁻e**) *m* entry; **amtlicher ~** entry in the register; **e~en** [-gən] (*unreg*) *vt* (*in Buch*) to enter; (*Profit*) to yield ♦ *vr* to put one's name down

einträglich ['aɪntrɛːklɪç] *adj* profitable

eintreffen ['aɪntrɛfən] (*unreg*) *vi* to happen; (*ankommen*) to arrive

eintreten ['aɪntreːtən] (*unreg*) *vi* to occur; (*sich einsetzen*) to intercede ♦ *vt* (*Tür*) to kick open; **~ in** +*akk* to enter; (*in Klub, Partei*) to join

Eintritt ['aɪntrɪt] *m* (*Betreten*) entrance; (*Anfang*) commencement; (*in Klub etc*)

Spelling Reform: ▲ *new spelling* △ *old spelling (to be phased out)*

joining

Eintritts- *zW:* **~geld** *nt* admission charge; **~karte** *f* (admission) ticket; **~preis** *m* admission charge

einüben ['ain|y:bən] *vt* to practise

Einvernehmen ['ainfɛrneːmən] **(-s, -)** *nt* agreement, harmony

einverstanden ['ainfɛrʃtandən] *excl* agreed, okay ♦ *adj:* **~ sein** to agree, to be agreed

Einverständnis ['ainfɛrʃtɛntnɪs] *nt* understanding; *(gleiche Meinung)* agreement

Einwand ['ainvant] **(-(e)s, ⸚e)** *m* objection

Einwand- *zW:* **~erer** ['ainvandərər] *m* immigrant; **e~ern** *vi* to immigrate; **~erung** *f* immigration

einwandfrei *adj* perfect ♦ *adv* absolutely

Einweg- ['ainveːg] *zW:* **~flasche** *f* no-deposit bottle; **~spritze** *f* disposable syringe

einweichen ['ainvaiçən] *vt* to soak

einweihen ['ainvaiən] *vt (Kirche)* to consecrate; *(Brücke)* to open; *(Gebäude)* to inaugurate; **~ (in** +*akk) (Person)* to initiate (in); **Einweihung** *f* consecration; opening; inauguration; initiation

einweisen ['ainvaizən] *(unreg) vt (in Amt)* to install; *(in Arbeit)* to introduce; *(in Anstalt)* to send

einwenden ['ainvɛndən] *(unreg) vt:* **etwas ~ gegen** to object to, to oppose

einwerfen ['ainvɛrfən] *(unreg) vt* to throw in; *(Brief)* to post; *(Geld)* to put in, to insert; *(Fenster)* to smash; *(äußern)* to interpose

einwickeln ['ainvɪkəln] *vt* to wrap up; *(fig: umg)* to outsmart

einwilligen ['ainvɪligən] *vi:* **~ (in** +*akk)* to consent (to), to agree (to); **Einwilligung** *f* consent

einwirken ['ainvɪrkən] *vi:* **auf jdn/etw ~** to influence sb/sth

Einwohner ['ainvoːnər] **(-s, -)** *m* inhabitant; **~'meldeamt** *nt* registration office; **~schaft** *f* population, inhabitants *pl*

Einwurf ['ainvʊrf] *m (Öffnung)* slot; *(von Münze)* insertion; *(von Brief)* posting; *(Einwand)* objection; *(SPORT)* throw-in

Einzahl ['aintsaːl] *f* singular; **e~en** *vt* to pay

in; **~ung** *f* paying in; **~ungsschein** *m* paying-in slip, deposit slip

einzäunen ['aintsɔynən] *vt* to fence in

Einzel ['aintsəl] **(-s, -)** *nt (TENNIS)* singles; **~fahrschein** *m* one-way ticket; **~fall** *m* single instance, individual case; **~handel** *m* retail trade; **~handelspreis** *m* retail price; **~heit** *f* particular, detail; **~kind** *nt* only child; **e~n** *adj* single; *(vereinzelt)* the odd ♦ *adv* singly; **e~n angeben** to specify; **der/die E~ne** the individual; **das E~ne** the particular; **ins E~ne gehen** to go into detail(s); **~teil** *nt* component (part); **~zimmer** *nt* single room; **~zimmerzuschlag** *m* single room supplement

einziehen ['aintsiːən] *(unreg) vt* to draw in, to take in; *(Kopf)* to duck; *(Fühler, Antenne, Fahrgestell)* to retract; *(Steuern, Erkundigungen)* to collect; *(MIL)* to draft, to call up; *(aus dem Verkehr ziehen)* to withdraw; *(konfiszieren)* to confiscate ♦ *vi* to move in; *(Friede, Ruhe)* to come; *(Flüssigkeit)* to penetrate

einzig ['aintsɪç] *adj* only; *(ohnegleichen)* unique; **das E~e** the only thing; **der/die E~e** the only one; **~artig** *adj* unique

Einzug ['aintsuːk] *m* entry, moving in

Eis [ais] **(-es, -)** *nt* ice; *(Speiseeis)* ice cream; **~bahn** *f* ice *od* skating rink; **~bär** *m* polar bear; **~becher** *m* sundae; **~bein** *nt* pig's trotters *pl*; **~berg** *m* iceberg; **~café** *nt* ice-cream parlour *(BRIT) od* parlor *(US)*; **~decke** *f* sheet of ice; **~diele** *f* ice-cream parlour

Eisen ['aizən] **(-s, -)** *nt* iron

Eisenbahn *f* railway, railroad *(US)*; **~er (-s, -)** *m* railwayman, railway employee, railroader *(US)*; **~schaffner** *m* railway guard; **~wagen** *m* railway carriage

Eisenerz *nt* iron ore

eisern ['aizərn] *adj* iron; *(Gesundheit)* robust; *(Energie)* unrelenting; *(Reserve)* emergency

Eis- *zW:* **e~frei** *adj* clear of ice; **~hockey** *nt* ice hockey; **e~ig** ['aizɪç] *adj* icy; **e~kalt** *adj* icy cold; **~kunstlauf** *m* figure skating; **~laufen** *nt* ice skating; **~pickel** *m* ice axe; **~schrank** *m* fridge, icebox *(US)*; **~würfel**

m ice cube; **~zapfen** *m* icicle; **~zeit** *f* ice age

eitel ['aɪtəl] *adj* vain; **E~keit** *f* vanity

Eiter ['aɪtər] **(-s)** *m* pus; **e~ig** *adj* suppurating; **e~n** *vi* to suppurate

Eiweiß **(-es, -e)** *nt* white of an egg; (*CHEM*) protein

Ekel[1] ['eːkəl] **(-s, -)** *nt* (*umg: Mensch*) nauseating person

Ekel[2] ['eːkəl] **(-s)** *m* nausea, disgust; **~erregend** nauseating, disgusting; **e~haft** *adj* nauseating, disgusting; **e~ig** *adj* nauseating, disgusting; **e~n** *vt* to disgust ♦ *vr:* **sich e~n (vor** +*dat*) to loathe, to be disgusted (at); **es e~t** *jdn od* **jdm** sb is disgusted; **eklig** *adj* nauseating, disgusting

Ekstase [ɛkˈstaːzə] *f* ecstasy

Ekzem [ɛkˈtseːm] **(-s, -e)** *nt* (*MED*) eczema

Elan [eˈlãː] **(-s)** *m* elan

elastisch [eˈlastɪʃ] *adj* elastic

Elastizität [elastitsiˈtɛːt] *f* elasticity

Elch [ɛlç] **(-(e)s, -e)** *m* elk

Elefant [eleˈfant] *m* elephant

elegant [eleˈgant] *adj* elegant

Eleganz [eleˈgants] *f* elegance

Elek- [eˈlek] *zW:* **~triker** [-trɪkər] **(-s, -)** *m* electrician; **e~trisch** [-trɪʃ] *adj* electric; **e~trisieren** [-triˈziːrən] *vt* (*auch fig*) to electrify; (*Mensch*) to give an electric shock to ♦ *vr* to get an electric shock; **~trizität** [tritsiˈtɛːt] *f* electricity; **~trizitätswerk** *nt* power station; (*Gesellschaft*) electric power company

Elektro- [eˈlɛktro] *zW:* **~de** [-ˈtroːdə] *f* electrode; **~gerät** *nt* electrical appliance; **~herd** *m* electric cooker; **~n** **(-s, -en)** *nt* electron; **~nik** *f* electronics *sg*; **e~nisch** *adj* electronic; **~rasierer** *m* electric razor; **~technik** *f* electrical engineering

Element [eleˈmɛnt] **(-s, -e)** *nt* element; (*ELEK*) cell, battery; **e~ar** [-ˈtaːr] *adj* elementary; (*naturhaft*) elemental

Elend ['eːlɛnt] **(-(e)s)** *nt* misery; **e~** *adj* miserable; **~sviertel** *nt* slum

elf [ɛlf] *num* eleven; **E~** **(-, -en)** *f* (*SPORT*) eleven

Elfe *f* elf

Elfenbein *nt* ivory

Elfmeter *m* (*SPORT*) penalty (kick)

Elite [eˈliːtə] *f* elite

Ell- *zW:* **~bogen** *m* elbow; **~e** [ɛlə] *f* ell; (*Maß*) yard; **~enbogen** *m* elbow; **~(en)bogenfreiheit** *f* (*fig*) elbow room

Elsass ▲ ['ɛlzas] **(- od -es)** *nt:* **das ~** Alsace

Elster ['ɛlstər] **(-, -n)** *f* magpie

Eltern ['ɛltərn] *pl* parents; **~beirat** *m* (*SCH*) ≈ PTA (*BRIT*), parents' council; **~haus** *nt* home; **e~los** *adj* parentless

E-Mail ['iːmeːl] **(-, -s)** *f* E-mail; **~-Adresse** *f* e-mail address

Emaille [eˈmaljə] **(-s, -s)** *nt* enamel

emaillieren [emaˈjiːrən] *vt* to enamel

Emanzipation [emantsipatsiˈoːn] *f* emancipation

emanzi'pieren *vt* to emancipate

Embryo ['ɛmbryo] **(-s, -s** *od* **Embryonen)** *m* embryo

Emi- *zW:* **~'grant(in)** *m(f)* emigrant; **~gration** *f* emigration; **e~grieren** *vi* to emigrate

Emissionen [emisiˈoːnən] *fpl* emissions

Empfang [ɛmˈpfaŋ] **(-(e)s, ⁿe)** *m* reception; (*Erhalten*) receipt; **in ~ nehmen** to receive; **e~en** (*unreg*) *vt* to receive ♦ *vi* (*schwanger werden*) to conceive

Empfäng- [ɛmˈpfɛŋ] *zW:* **~er** **(-s, -)** *m* receiver; (*COMM*) addressee, consignee; **~erabschnitt** *m* receipt slip; **e~lich** *adj* receptive, susceptible; **~nis** **(-, -se)** *f* conception; **~nisverhütung** *f* contraception

Empfangs- *zW:* **~bestätigung** *f* acknowledgement; **~dame** *f* receptionist; **~schein** *m* receipt; **~zimmer** *nt* reception room

empfehlen [ɛmˈpfeːlən] (*unreg*) *vt* to recommend ♦ *vr* to take one's leave; **~swert** *adj* recommendable

Empfehlung *f* recommendation

empfiehlst *etc* [ɛmˈpfiːlst] *vb siehe* **empfehlen**

empfind- [ɛmˈpfɪnt] *zW:* **~en** [-dən] (*unreg*) *vt* to feel; **~lich** *adj* sensitive; (*Stelle*) sore; (*reizbar*) touchy; **~sam** *adj* sentimental;

E~ung [-dʊŋ] *f* feeling, sentiment

empfohlen *etc* [ɛm'pfoːlən] *vb siehe* **empfehlen**

empor [ɛm'poːr] *adv* up, upwards

empören [ɛm'pøːrən] *vt* to make indignant; to shock ♦ *vr* to become indignant; **~d** *adj* outrageous

Emporkömmling [ɛm'poːrkœmlɪŋ] *m* upstart, parvenu

Empörung *f* indignation

emsig ['ɛmzɪç] *adj* diligent, busy

End- ['ɛnd] *in zW* final; **~e** (-s, -n) *nt* end; **am ~e** at the end; (*schließlich*) in the end; **am ~e sein** to be at the end of one's tether; **~e Dezember** at the end of December; **zu ~e sein** to be finished; **e~en** *vi* to end; **e~gültig** ['ɛnt-] *adj* final, definite

Endivie [ɛn'diːviə] *f* endive

End- *zW*: **e~lich** *adj* final; (*MATH*) finite ♦ *adv* finally; **e~lich!** at last!; **komm e~lich!** come on!; **e~los** *adj* endless, infinite; **~spiel** *nt* final(s); **~spurt** *m* (*SPORT*) final spurt; **~station** *f* terminus; **~ung** *f* ending

Energie [enɛr'giː] *f* energy; **~bedarf** *m* energy requirement; **e~los** *adj* lacking in energy, weak; **~verbrauch** *m* energy consumption; **~versorgung** *f* supply of energy; **~wirtschaft** *f* energy industry

energisch [e'nɛrgɪʃ] *adj* energetic

eng [ɛŋ] *adj* narrow; (*Kleidung*) tight; (*fig: Horizont*) narrow, limited; (*Freundschaft, Verhältnis*) close; **~ an etw** *dat* close to sth

Engagement [ãgaʒə'mãː] (-s, -s) *nt* engagement; (*Verpflichtung*) commitment

engagieren [ãga'ʒiːrən] *vt* to engage ♦ *vr* to commit o.s.

Enge ['ɛŋə] *f* (*auch fig*) narrowness; (*Landenge*) defile; (*Meerenge*) straits *pl*; **jdn in die ~ treiben** to drive sb into a corner

Engel ['ɛŋəl] (-s, -) *m* angel; **e~haft** *adj* angelic

England ['ɛŋlant] *nt* England; **Engländer(in)** *m(f)* Englishman(-woman); **englisch** *adj* English

Engpass ▲ *m* defile, pass; (*fig, Verkehr*) bottleneck

en gros [ã'gro] *adv* wholesale

engstirnig ['ɛŋʃtɪrnɪç] *adj* narrow-minded

Enkel ['ɛŋkəl] (-s, -) *m* grandson; **~in** *f* granddaughter; **~kind** *nt* grandchild

enorm [e'nɔrm] *adj* enormous

Ensemble [ã'sãbəl] (-s, -s) *nt* company, ensemble

entbehr- [ɛnt'beːr-] *zW*: **~en** *vt* to do without, to dispense with; **~lich** *adj* superfluous; **E~ung** *f* deprivation

entbinden [ɛnt'bɪndən] (*unreg*) *vt* (+*gen*) to release (from); (*MED*) to deliver ♦ *vi* (*MED*) to give birth; **Entbindung** *f* release; (*MED*) confinement; **Entbindungsheim** *nt* maternity hospital

entdeck- [ɛnt'dɛk] *zW*: **~en** *vt* to discover; **E~er** (-s, -) *m* discoverer; **E~ung** *f* discovery

Ente ['ɛntə] *f* duck; (*fig*) canard, false report

enteignen [ɛnt'aɪgnən] *vt* to expropriate; (*Besitzer*) to dispossess

enterben [ɛnt'ɛrbən] *vt* to disinherit

entfallen [ɛnt'falən] (*unreg*) *vi* to drop, to fall; (*wegfallen*) to be dropped; **jdm ~** (*vergessen*) to slip sb's memory; **auf jdn ~** to be allotted to sb

entfalten [ɛnt'faltən] *vt* to unfold; (*Talente*) to develop ♦ *vr* to open; (*Mensch*) to develop one's potential; **Entfaltung** *f* unfolding; (*von Talenten*) development

entfern- [ɛnt'fɛrn] *zW*: **~en** *vt* to remove; (*hinauswerfen*) to expel ♦ *vr* to go away, to withdraw; **~t** *adj* distant; **weit davon ~t sein, etw zu tun** to be far from doing sth; **E~ung** *f* distance; (*Wegschaffen*) removal

entfremden [ɛnt'frɛmdən] *vt* to estrange, to alienate; **Entfremdung** *f* alienation, estrangement

entfrosten [ɛnt'frɔstən] *vt* to defrost

Entfroster (-s, -) *m* (*AUT*) defroster

entführ- [ɛnt'fyːr] *zW*: **~en** *vt* to carry off, to abduct; to kidnap; **E~er** *m* kidnapper; **E~ung** *f* abduction; kidnapping

entgegen [ɛnt'geːgən] *präp* +*dat* contrary to, against ♦ *adv* towards; **~bringen** (*unreg*) *vt* to bring; **jdm etw ~bringen** (*fig*) to show sb sth; **~gehen** (*unreg*) *vi* +*dat* to go to meet, to go towards; **~gesetzt** *adj* opposite; (*widersprechend*) opposed; **~halten** (*unreg*) *vt* (*fig*) to object; **E~kommen** *nt* obligingness; **~kommen** (*unreg*) *vi* +*dat* to approach; to meet; (*fig*) to accommodate; **~kommend** *adj* obliging; **~nehmen** (*unreg*) *vt* to receive, to accept; **~sehen** (*unreg*) *vi* +*dat* to await; **~setzen** *vt* to oppose; **~treten** (*unreg*) *vi* +*dat* to step up to; (*fig*) to oppose, to counter; **~wirken** *vi* +*dat* to counteract

entgegnen [ɛnt'geːgnən] *vt* to reply, to retort

entgehen [ɛnt'geːən] (*unreg*) *vi* (*fig*): **jdm ~** to escape sb's notice; **sich** *dat* **etw ~ lassen** to miss sth

Entgelt [ɛnt'gɛlt] **(-(e)s, -e)** *nt* compensation, remuneration

entgleisen [ɛnt'glaɪzən] *vi* (*EISENB*) to be derailed; (*fig: Person*) to misbehave; **~ lassen** to derail

entgräten [ɛnt'grɛːtən] *vt* to fillet, to bone

Enthaarungscreme [ɛnt'haːrʊŋs-] *f* hair-removing cream

enthalten [ɛnt'haltən] (*unreg*) *vt* to contain ♦ *vr*: **sich (von etw) ~** to abstain (from sth), to refrain (from sth)

enthaltsam [ɛnt'haltzaːm] *adj* abstinent, abstemious

enthemmen [ɛnt'hɛmən] *vt*: **jdn ~** to free sb from his inhibitions

enthüllen [ɛnt'hʏlən] *vt* to reveal, to unveil

Enthusiasmus [ɛntuzi'asmʊs] *m* enthusiasm

entkommen [ɛnt'kɔmən] (*unreg*) *vi*: **~ (aus** *od* +*dat*) to get away (from), to escape (from)

entkräften [ɛnt'krɛftən] *vt* to weaken, to exhaust; (*Argument*) to refute

entladen [ɛnt'laːdən] (*unreg*) *vt* to unload; (*ELEK*) to discharge ♦ *vr* (*ELEK: Gewehr*) to discharge; (*Ärger etc*) to vent itself

entlang [ɛnt'laŋ] *adv* along; **~ dem Fluss, den Fluss ~** along the river; **~gehen** (*unreg*) *vi* to walk along

entlarven [ɛnt'larfən] *vt* to unmask, to expose

entlassen [ɛnt'lasən] (*unreg*) *vt* to discharge; (*Arbeiter*) to dismiss; **Entlassung** *f* discharge; dismissal

entlasten [ɛnt'lastən] *vt* to relieve; (*Achse*) to relieve the load on; (*Angeklagten*) to exonerate; (*Konto*) to clear

Entlastung *f* relief; (*COMM*) crediting

Entlastungszug *m* relief train

entlegen [ɛnt'leːgən] *adj* remote

entlocken [ɛnt'lɔkən] *vt*: **(jdm etw) ~** to elicit (sth from sb)

entmutigen [ɛnt'muːtɪgən] *vt* to discourage

entnehmen [ɛnt'neːmən] (*unreg*) *vt* (+*dat*) to take out (of), to take (from); (*folgern*) to infer (from)

entreißen [ɛnt'raɪsən] (*unreg*) *vt*: **jdm etw ~** to snatch sth (away) from sb

entrichten [ɛnt'rɪçtən] *vt* to pay

entrosten [ɛnt'rɔstən] *vt* to remove rust from

entrümpeln [ɛnt'rʏmpəln] *vt* to clear out

entrüst- [ɛnt'rʏst] *zW*: **~en** *vt* to incense, to outrage ♦ *vr* to be filled with indignation; **~et** *adj* indignant, outraged; **E~ung** *f* indignation

entschädigen [ɛnt'ʃɛːdɪgən] *vt* to compensate; **Entschädigung** *f* compensation

entschärfen [ɛnt'ʃɛrfən] *vt* to defuse; (*Kritik*) to tone down

Entscheid [ɛnt'ʃaɪt] **(-(e)s, -e)** *m* decision; **e~en** [-dən] (*unreg*) *vt, vi, vr* to decide; **e~end** *adj* decisive; (*Stimme*) casting; **~ung** *f* decision

entschieden [ɛnt'ʃiːdən] *adj* decided; (*entschlossen*) resolute; **E~heit** *f* firmness, determination

entschließen [ɛnt'ʃliːsən] (*unreg*) *vr* to decide

entschlossen [ɛnt'ʃlɔsən] *adj* determined, resolute; **E~heit** *f* determination

Entschluss ▲ [ɛnt'ʃlʊs] *m* decision; **e~freudig** *adj* decisive; **~kraft** *f* determination, decisiveness

entschuldigen [ɛnt'ʃʊldɪgən] *vt* to excuse ♦ *vr* to apologize

Entschuldigung *f* apology; (*Grund*)

excuse; **jdn um ~ bitten** to apologize to sb; **~!** excuse me; (*Verzeihung*) sorry

entsetz- [ɛntˈzɛts] *zW:* **~en** *vt* to horrify; (*MIL*) to relieve ♦ *vr* to be horrified *od* appalled; **E~en (-s)** *nt* horror, dismay; **~lich** *adj* dreadful, appalling; **~t** *adj* horrified

Entsorgung [ɛntˈzɔrgʊŋ] *f* (*von Kraftwerken, Chemikalien*) (waste) disposal

entspannen [ɛntˈʃpanən] *vt, vr* (*Körper*) to relax; (*POL: Lage*) to ease

Entspannung *f* relaxation, rest; (*POL*) détente; **~spolitik** *f* policy of détente

entsprechen [ɛntˈʃprɛçən] (*unreg*) *vi* +*dat* to correspond to; (*Anforderungen, Wünschen*) to meet, to comply with; **~d** *adj* appropriate ♦ *adv* accordingly

entspringen [ɛntˈʃprɪŋən] (*unreg*) *vi* (+*dat*) to spring (from)

entstehen [ɛntˈʃteːən] (*unreg*) *vi*: **~ (aus** *od* **durch)** to arise (from), to result (from)

Entstehung *f* genesis, origin

entstellen [ɛntˈʃtɛlən] *vt* to disfigure; (*Wahrheit*) to distort

entstören [ɛntˈʃtøːrən] *vt* (*RADIO*) to eliminate interference from

enttäuschen [ɛntˈtɔyʃən] *vt* to disappoint; **Enttäuschung** *f* disappointment

entwaffnen [ɛntˈvafnən] *vt* (*lit, fig*) to disarm

entwässern [ɛntˈvɛsərn] *vt* to drain; **Entwässerung** *f* drainage

entweder [ɛntˈveːdər] *konj* either

entwenden [ɛntˈvɛndən] (*unreg*) *vt* to purloin, to steal

entwerfen [ɛntˈvɛrfən] (*unreg*) *vt* (*Zeichnung*) to sketch; (*Modell*) to design; (*Vortrag, Gesetz etc*) to draft

entwerten [ɛntˈveːrtən] *vt* to devalue; (*stempeln*) to cancel

Entwerter (-s, -) *m* ticket punching machine

entwickeln [ɛntˈvɪkəln] *vt, vr* (*auch PHOT*) to develop; (*Mut, Energie*) to show (o.s.), to display (o.s.)

Entwicklung [ɛntˈvɪklʊŋ] *f* development; (*PHOT*) developing

Entwicklungs- *zW:* **~hilfe** *f* aid for developing countries; **~land** *nt* developing country

entwöhnen [ɛntˈvøːnən] *vt* to wean; (*Süchtige*): **(einer Sache** *dat od* **von etw) ~** to cure (of sth)

Entwöhnung *f* weaning; cure, curing

entwürdigend [ɛntˈvyrdɪgənt] *adj* degrading

Entwurf [ɛntˈvʊrf] *m* outline, design; (*Vertragsentwurf, Konzept*) draft

entziehen [ɛntˈtsiːən] (*unreg*) *vt* (+*dat*) to withdraw (from), to take away (from); (*Flüssigkeit*) to draw (from), to extract (from) ♦ *vr* (+*dat*) to escape (from); (*jds Kenntnis*) to be outside *od* beyond; (*der Pflicht*) to shirk (from)

Entziehung *f* withdrawal; **~sanstalt** *f* drug addiction/alcoholism treatment centre; **~skur** *f* treatment for drug addiction/alcoholism

entziffern [ɛntˈtsɪfərn] *vt* to decipher; to decode

entzücken [ɛntˈtsʏkən] *vt* to delight; **E~ (-s)** *nt* delight; **~d** *adj* delightful, charming

entzünden [ɛntˈtsʏndən] *vt* to light, to set light to; (*fig, MED*) to inflame; (*Streit*) to spark off ♦ *vr* (*auch fig*) to catch fire; (*Streit*) to start; (*MED*) to become inflamed

Entzündung *f* (*MED*) inflammation

entzwei [ɛntˈtsvaɪ] *adv* broken; in two; **~brechen** (*unreg*) *vt, vi* to break in two; **~en** *vt* to set at odds ♦ *vr* to fall out; **~gehen** (*unreg*) *vi* to break (in two)

Enzian [ˈɛntsiaːn] (*-s, -e*) *m* gentian

Epidemie [epideˈmiː] *f* epidemic

Epilepsie [epilɛˈpsiː] *f* epilepsy

Episode [epiˈzoːdə] *f* episode

Epoche [eˈpɔxə] *f* epoch; **~ machend** epoch-making

Epos [ˈeːpɔs] (*-s, Epen*) *nt* epic (poem)

er [eːr] (*nom*) *pron* he; it

erarbeiten [ɛrˈarbaɪtən] *vt* to work for, to acquire; (*Theorie*) to work out

erbarmen [ɛrˈbarmən] *vr* (+*gen*) to have pity *od* mercy (on); **E~ (-s)** *nt* pity

erbärmlich [ɛrˈbɛrmlɪç] *adj* wretched,

pitiful; **E~keit** f wretchedness

erbarmungslos [ɛr'barmʊŋslo:s] adj pitiless, merciless

erbau- [ɛr'bau] zW: **~en** vt to build, to erect; (fig) to edify; **E~er (-s, -)** m builder; **~lich** adj edifying

Erbe¹ ['ɛrbə] **(-n, -n)** m heir

Erbe² ['ɛrbə] nt inheritance; (fig) heritage

erben vt to inherit

erbeuten [ɛr'bɔytən] vt to carry off; (MIL) to capture

Erb- [ɛrb] zW: **~faktor** m gene; **~folge** f (line of) succession; **~in** f heiress

erbittern [ɛr'bɪtərn] vt to embitter; (erzürnen) to incense

erbittert [ɛr'bɪtərt] adj (Kampf) fierce, bitter

erblassen [ɛr'blasən] vi to (turn) pale

erblich ['ɛrplɪç] adj hereditary

erblinden [ɛr'blɪndən] vi to go blind

erbrechen [ɛr'hrɛçən] (unreg) vt, vr to vomit

Erbschaft f inheritance, legacy

Erbse ['ɛrpsə] f pea

Erbstück nt heirloom

Erd- ['e:rd] zW:**~achse** f earth's axis;**~atmosphäre** f earth's atmosphere; **~beben** nt earthquake; **~beere** f strawberry; **~boden** m ground; **~e** f earth; **zu ebener ~e** at ground level; **e~en** vt (ELEK) to earth

erdenklich [ɛr'dɛŋklɪç] adj conceivable

Erd- zW: **~gas** nt natural gas; **~geschoss** ▲ nt ground floor; **~kunde** f geography; **~nuss** ▲ f peanut; **~öl** nt (mineral) oil

erdrosseln [ɛr'drɔsəln] vt to strangle, to throttle

erdrücken [ɛr'drʏkən] vt to crush

Erd- zW: **~rutsch** m landslide; **~teil** m continent

erdulden [ɛr'dʊldən] vt to endure, to suffer

ereignen [ɛr'|aignən] vr to happen

Ereignis [ɛr'|aignɪs] **(-ses, -se)** nt event; **e~los** adj uneventful; **e~reich** adj eventful

ererbt [ɛr'ɛrpt] adj (Haus) inherited; (Krankheit) hereditary

erfahren [ɛr'fa:rən] (unreg) vt to learn, to find out; (erleben) to experience ♦ adj experienced

Erfahrung f experience; **e~sgemäß** adv according to experience

erfassen [ɛr'fasən] vt to seize; (fig: einbeziehen) to include, to register; (verstehen) to grasp

erfind- [ɛr'fɪnd] zW: **~en** (unreg) vt to invent; **E~er (-s, -)** m inventor; **~erisch** adj inventive; **E~ung** f invention

Erfolg [ɛr'fɔlk] **(-(e)s, -e)** m success; (Folge) result; **~ versprechend** promising; **e~en** [-gən] vi to follow; (sich ergeben) to result; (stattfinden) to take place; (Zahlung) to be effected; **e~los** adj unsuccessful; **~losigkeit** f lack of success; **e~reich** adj successful

erforderlich adj requisite, necessary

erfordern [ɛr'fɔrdərn] vt to require, to demand

erforschen [ɛr'fɔrʃən] vt (Land) to explore; (Problem) to investigate; (Gewissen) to search; **Erforschung** f exploration; investigation; searching

erfreuen [ɛr'frɔyən] vr: **sich ~ an** +dat to enjoy ♦ vt to delight; **sich einer Sache** gen **~** to enjoy sth

erfreulich [ɛr'frɔylɪç] adj pleasing, gratifying; **~erweise** adv happily, luckily

erfrieren [ɛr'fri:rən] (unreg) vi to freeze (to death); (Glieder) to get frostbitten; (Pflanzen) to be killed by frost

erfrischen [ɛr'frɪʃən] vt to refresh; **Erfrischung** f refreshment

Erfrischungs- zW: **~getränk** nt (liquid) refreshment; **~raum** m snack bar, cafeteria

erfüllen [ɛr'fʏlən] vt (Raum etc) to fill; (fig: Bitte etc) to fulfil ♦ vr to come true

ergänzen [ɛr'gɛntsən] vt to supplement, to complete ♦ vr to complement one another; **Ergänzung** f completion; (Zusatz) supplement

ergeben [ɛr'ge:bən] (unreg) vt to yield, to produce ♦ vr to surrender; (folgen) to result ♦ adj devoted, humble

Ergebnis [ɛr'ge:pnɪs] **(-ses, -se)** nt result; **e~los** adj without result, fruitless

ergehen [ɛr'ge:ən] (unreg) vi to be issued, to go out ♦ vi unpers: **es ergeht ihm gut/**

schlecht he's faring *od* getting on well/badly ♦ *vr*: **sich in etw** *dat* ~ to indulge in sth; **etw über sich ~ lassen** to put up with sth

ergiebig [ɛr'gi:bɪç] *adj* productive

Ergonomie [ɛrgono'mi:] *f* ergonomics *sg*

Ergonomik [ɛrgo'no:mɪk] *f* = **Ergonomie**

ergreifen [ɛr'graɪfən] (*unreg*) *vt* (*auch fig*) to seize; (*Beruf*) to take up; (*Maßnahmen*) to resort to; (*rühren*) to move; ~**d** *adj* moving, touching

ergriffen [ɛr'grɪfən] *adj* deeply moved

Erguss ▲ [ɛr'gʊs] *m* discharge; (*fig*) outpouring, effusion

erhaben [ɛr'ha:bən] *adj* raised, embossed; (*fig*) exalted, lofty; **über etw** *akk* ~ **sein** to be above sth

erhalten [ɛr'haltən] (*unreg*) *vt* to receive; (*bewahren*) to preserve, to maintain; **gut ~** in good condition

erhältlich [ɛr'hɛltlɪç] *adj* obtainable, available

Erhaltung *f* maintenance, preservation

erhärten [ɛr'hɛrtən] *vt* to harden; (*These*) to substantiate, to corroborate

erheben [ɛr'he:bən] (*unreg*) *vt* to raise; (*Protest, Forderungen*) to make; (*Fakten*) to ascertain, to establish ♦ *vr* to rise (up)

erheblich [ɛr'he:plɪç] *adj* considerable

erheitern [ɛr'haɪtərn] *vt* to amuse, to cheer (up)

Erheiterung *f* exhilaration; **zur allgemeinen ~** to everybody's amusement

erhitzen [ɛr'hɪtsən] *vt* to heat ♦ *vr* to heat up; (*fig*) to become heated

erhoffen [ɛr'hɔfən] *vt* to hope for

erhöhen [ɛr'hø:ən] *vt* to raise; (*verstärken*) to increase

erhol- [ɛr'ho:l] *zW*: ~**en** *vr* to recover; (*entspannen*) to have a rest; ~**sam** *adj* restful; **E~ung** *f* recovery; relaxation, rest; ~**ungsbedürftig** *adj* in need of a rest, run-down; **E~ungsgebiet** *nt* ≃ holiday area; **E~ungsheim** *nt* convalescent home

erhören [ɛr'hø:rən] *vt* (*Gebet etc*) to hear; (*Bitte etc*) to yield to

erinnern [ɛr'ɪnərn] *vt*: ~ **(an** +*akk*) to

remind (of) ♦ *vr*: **sich (an** *akk* **etw)** ~ to remember (sth)

Erinnerung *f* memory; (*Andenken*) reminder

erkältet [ɛr'kɛltət] *adj* with a cold; ~ **sein** to have a cold

Erkältung *f* cold

erkennbar *adj* recognizable

erkennen [ɛr'kɛnən] (*unreg*) *vt* to recognize; (*sehen, verstehen*) to see

erkennt- *zW*: ~**lich** *adj*: **sich ~lich zeigen** to show one's appreciation; **E~lichkeit** *f* gratitude; (*Geschenk*) token of one's gratitude; **E~nis** (**-, -se**) *f* knowledge; (*das Erkennen*) recognition; (*Einsicht*) insight; **zur E~nis kommen** to realize

Erkennung *f* recognition

Erkennungszeichen *nt* identification

Erker ['ɛrkər] (**-s, -**) *m* bay

erklär- [ɛr'klɛ:r] *zW*: ~**bar** *adj* explicable; ~**en** *vt* to explain; ~**lich** *adj* explicable; (*verständlich*) understandable; **E~ung** *f* explanation; (*Aussage*) declaration

erkranken [ɛr'kraŋkən] *vi* to fall ill; **Erkrankung** *f* illness

erkund- [ɛr'kʊnd] *zW*: ~**en** *vt* to find out, to ascertain; (*bes MIL*) to reconnoitre, to scout; ~**igen** *vr*: **sich ~igen (nach)** to inquire (about); **E~igung** *f* inquiry; **E~ung** *f* reconnaissance, scouting

erlahmen [ɛr'la:mən] *vi* to tire; (*nachlassen*) to flag, to wane

erlangen [ɛr'laŋən] *vt* to attain, to achieve

Erlass ▲ [ɛr'las] (**-es, ⁼e**) *m* decree; (*Aufhebung*) remission

erlassen (*unreg*) *vt* (*Verfügung*) to issue; (*Gesetz*) to enact; (*Strafe*) to remit; **jdm etw ~** to release sb from sth

erlauben [ɛr'laʊbən] *vt*: **(jdm etw)** ~ to allow *od* permit (sb (to do) sth) ♦ *vr* to permit o.s., to venture

Erlaubnis [ɛr'laʊpnɪs] (**-, -se**) *f* permission; (*Schriftstück*) permit

erläutern [ɛr'lɔʏtərn] *vt* to explain; **Erläuterung** *f* explanation

erleben [ɛr'le:bən] *vt* to experience; (*Zeit*) to live through; (*miterleben*) to witness; (*noch* *miterleben*) to live to see

Erlebnis [ɛr'le:pnɪs] (**-ses, -se**) *nt* experience

erledigen [ɛr'le:dɪgən] *vt* to take care of, to deal with; (*Antrag etc*) to process; (*umg: erschöpfen*) to wear out; (: *ruinieren*) to finish; (: *umbringen*) to do in

erleichtern [ɛr'laɪçtərn] *vt* to make easier, to lighten; (*fig: Last*) to lighten; (*lindern, beruhigen*) to relieve; **Erleichterung** *f* facilitation; lightening; relief

erleiden [ɛr'laɪdən] (*unreg*) *vt* to suffer, to endure

erlernen [ɛr'lɛrnən] *vt* to learn, to acquire

erlesen [ɛr'le:zən] *adj* select, choice

erleuchten [ɛr'lɔyçtən] *vt* to illuminate; (*fig*) to inspire

Erleuchtung *f* (*Einfall*) inspiration

Erlös [ɛr'lø:s] (**-es, -e**) *m* proceeds *pl*

erlösen [ɛr'lø:zən] *vt* to redeem, to save; **Erlösung** *f* release; (*REL*) redemption

ermächtigen [ɛr'mɛçtɪgən] *vt* to authorize, to empower; **Ermächtigung** *f* authorization; authority

ermahnen [ɛr'ma:nən] *vt* to exhort, to admonish; **Ermahnung** *f* admonition, exhortation

ermäßigen [ɛr'mɛsɪgən] *vt* to reduce; **Ermäßigung** *f* reduction

ermessen [ɛr'mɛsən] (*unreg*) *vt* to estimate, to gauge; **E~** (**-s**) *nt* estimation; discretion; **in jds E~ liegen** to lie within sb's discretion

ermitteln [ɛr'mɪtəln] *vt* to determine; (*Täter*) to trace ♦ *vi*: **gegen jdn ~** to investigate sb

Ermittlung [ɛr'mɪtlʊŋ] *f* determination; (*Polizeiermittlung*) investigation

ermöglichen [ɛr'mø:klɪçən] *vt* (+*dat*) to make possible (for)

ermorden [ɛr'mɔrdən] *vt* to murder

ermüden [ɛr'my:dən] *vt, vi* to tire; (*TECH*) to fatigue; **~d** *adj* tiring; (*fig*) wearisome

Ermüdung *f* fatigue

ermutigen [ɛr'mu:tɪgən] *vt* to encourage

ernähr- [ɛr'nɛ:r] *zW*: **~en** *vt* to feed, to nourish; (*Familie*) to support ♦ *vr* to support o.s., to earn a living; **sich ~en von** to live

on; **E~er** (**-s, -**) *m* breadwinner; **E~ung** *f* nourishment; nutrition; (*Unterhalt*) maintenance

ernennen [ɛr'nɛnən] (*unreg*) *vt* to appoint; **Ernennung** *f* appointment

erneu- [ɛr'nɔy] *zW*: **~ern** *vt* to renew; to restore; to renovate; **E~erung** *f* renewal; restoration; renovation; **~t** *adj* renewed, fresh ♦ *adv* once more

ernst [ɛrnst] *adj* serious; **~ gemeint** meant in earnest, serious; **E~** (**-es**) *m* seriousness; **das ist mein E~** I'm quite serious; **im E~** in earnest; **E~ machen mit etw** to put sth into practice; **E~fall** *m* emergency; **~haft** *adj* serious; **E~haftigkeit** *f* seriousness; **~lich** *adj* serious

Ernte ['ɛrntə] *f* harvest; **e~n** *vt* to harvest; (*Lob etc*) to earn

ernüchtern [ɛr'nyçtərn] *vt* to sober up; (*fig*) to bring down to earth

Erober- [ɛr'o:bər] *zW*: **~er** (**-s, -**) *m* conqueror; **e~n** *vt* to conquer; **~ung** *f* conquest

eröffnen [ɛr'œfnən] *vt* to open ♦ *vr* to present itself; **jdm etw ~** to disclose sth to sb

Eröffnung *f* opening

erörtern [ɛr'œrtərn] *vt* to discuss

Erotik [e'ro:tɪk] *f* eroticism; **erotisch** *adj* erotic

erpress- [ɛr'prɛs] *zW*: **~en** *vt* (*Geld etc*) to extort; (*Mensch*) to blackmail; **E~er** (**-s, -**) *m* blackmailer; **E~ung** *f* extortion; blackmail

erprobt [ɛr'pro:pt] *adj* (*Gerät, Medikamente*) proven, tested

erraten [ɛr'ra:tən] (*unreg*) *vt* to guess

erreg- [ɛr're:g] *zW*: **~en** *vt* to excite; (*ärgern*) to infuriate; (*hervorrufen*) to arouse, to provoke ♦ *vr* to get excited *od* worked up; **E~er** (**-s, -**) *m* causative agent; **E~ung** *f* excitement

erreichbar *adj* accessible, within reach

erreichen [ɛr'raɪçən] *vt* to reach; (*Zweck*) to achieve; (*Zug*) to catch

errichten [ɛr'rɪçtən] *vt* to erect, to put up; (*gründen*) to establish, to set up

Spelling Reform: ▲ *new spelling* △ *old spelling (to be phased out)*

erringen [ɛrˈrɪŋən] (*unreg*) *vt* to gain, to win

erröten [ɛrˈrøːtən] *vi* to blush, to flush

Errungenschaft [ɛrˈrʊŋənʃaft] *f* achievement; (*umg: Anschaffung*) acquisition

Ersatz [ɛrˈzats] (**-es**) *m* substitute; replacement; (*Schadenersatz*) compensation; (*MIL*) reinforcements *pl*; **~dienst** *m* (*MIL*) alternative service; **~reifen** *m* (*AUT*) spare tyre; **~teil** *nt* spare (part)

erschaffen [ɛrˈʃafən] (*unreg*) *vt* to create

erscheinen [ɛrˈʃaɪnən] (*unreg*) *vi* to appear; **Erscheinung** *f* appearance; (*Geist*) apparition; (*Gegebenheit*) phenomenon; (*Gestalt*) figure

erschießen [ɛrˈʃiːsən] (*unreg*) *vt* to shoot (dead)

erschlagen [ɛrˈʃlaːgən] (*unreg*) *vt* to strike dead

erschöpf- [ɛrˈʃœpf] *zW:* **~en** *vt* to exhaust; **~end** *adj* exhaustive, thorough; **E~ung** *f* exhaustion

erschrecken [ɛrˈʃrɛkən] *vt* to startle, to frighten ♦ *vi* to be frightened *od* startled; **~d** *adj* alarming, frightening

erschrocken [ɛrˈʃrɔkən] *adj* frightened, startled

erschüttern [ɛrˈʃʏtərn] *vt* to shake; (*fig*) to move deeply; **Erschütterung** *f* shaking; shock

erschweren [ɛrˈʃveːrən] *vt* to complicate

erschwinglich *adj* within one's means

ersetzen [ɛrˈzɛtsən] *vt* to replace; **jdm Unkosten** *etc* **~** to pay sb's expenses *etc*

ersichtlich [ɛrˈzɪçtlɪç] *adj* evident, obvious

ersparen [ɛrˈʃpaːrən] *vt* (*Ärger etc*) to spare; (*Geld*) to save

Ersparnis (**-, -se**) *f* saving

| SCHLÜSSELWORT |

erst [eːrst] *adv* **1** first; **mach erst mal die Arbeit fertig** finish your work first; **wenn du das erst mal hinter dir hast** once you've got that behind you
2 (*nicht früher als, nur*) only; (*nicht bis*) not till; **erst gestern** only yesterday; **erst morgen** not until tomorrow; **erst als** only when, not until; **wir fahren erst später**

we're not going until later; **er ist (gerade) erst angekommen** he's only just arrived
3: wäre er doch erst zurück! if only he were back!

---

erstatten [ɛrˈʃtatən] *vt* (*Kosten*) to (re)pay; **Anzeige** *etc* **gegen jdn ~** to report sb; **Bericht ~** to make a report

Erstattung *f* (*von Kosten*) refund

Erstaufführung [ˈeːrstˈauffyːrʊŋ] *f* first performance

erstaunen [ɛrˈʃtaunən] *vt* to astonish ♦ *vi* to be astonished; **E~** (**-s**) *nt* astonishment

erstaunlich *adj* astonishing

erst- [ˈeːrst] *zW:* **E~ausgabe** *f* first edition; **~beste(r, s)** *adj* first that comes along; **~e(r, s)** *adj* first

erstechen [ɛrˈʃtɛçən] (*unreg*) *vt* to stab (to death)

erstehen [ɛrˈʃteːən] (*unreg*) *vt* to buy ♦ *vi* to (a)rise

erstens [ˈeːrstəns] *adv* firstly, in the first place

ersticken [ɛrˈʃtɪkən] *vt* (*auch fig*) to stifle; (*Mensch*) to suffocate; (*Flammen*) to smother ♦ *vi* (*Mensch*) to suffocate; (*Feuer*) to be smothered; **in Arbeit ~** to be snowed under with work

erst- *zW:* **~klassig** *adj* first-class; **~malig** *adj* first; **~mals** *adv* for the first time

erstrebenswert [ɛrˈʃtreːbənsveːrt] *adj* desirable, worthwhile

erstrecken [ɛrˈʃtrɛkən] *vr* to extend, to stretch

ersuchen [ɛrˈzuːxən] *vt* to request

ertappen [ɛrˈtapən] *vt* to catch, to detect

erteilen [ɛrˈtaɪlən] *vt* to give

Ertrag [ɛrˈtraːk] (**-(e)s, ̈e**) *m* yield; (*Gewinn*) proceeds *pl*

ertragen [ɛrˈtraːgən] (*unreg*) *vt* to bear, to stand

erträglich [ɛrˈtrɛːklɪç] *adj* tolerable, bearable

ertrinken [ɛrˈtrɪŋkən] (*unreg*) *vi* to drown; **E~** (**-s**) *nt* drowning

erübrigen [ɛrˈyːbrɪgən] *vt* to spare ♦ *vr* to be unnecessary

erwachen [ɛrˈvaxən] *vi* to awake

erwachsen [ɛr'vaksən] adj grown-up; **E~e(r)** f(m) adult; **E~enbildung** f adult education

erwägen [ɛr've:gən] (unreg) vt to consider; **Erwägung** f consideration

erwähn- [ɛr've:n] zW: **~en** vt to mention; **~enswert** adj worth mentioning; **E~ung** f mention

erwärmen [ɛr'vɛrmən] vt to warm, to heat ♦ vr to get warm, to warm up; **sich ~ für** to warm to

Erwarten nt: **über meinen/unseren** usw **~** beyond my/our etc expectations; **wider ~** contrary to expectations

erwarten [ɛr'vartən] vt to expect; (warten auf) to wait for; **etw kaum ~ können** to be hardly able to wait for sth

Erwartung f expectation

erwartungsgemäß adv as expected

erwartungsvoll adj expectant

erwecken [ɛr'vɛkən] vt to rouse, to awake; **den Anschein ~** to give the impression

Erweis [ɛr'vais] **(-es, -e)** m proof; **e~en** (unreg) vt to prove ♦ vr: **sich e~en (als)** to prove (to be); **jdm einen Gefallen/Dienst e~en** to do sb a favour/service

Erwerb [ɛr'vɛrp] **(-(e)s, -e)** m acquisition; (Beruf) trade; **e~en** [-bən] (unreg) vt to acquire

erwerbs- zW: **~los** adj unemployed; **E~quelle** f source of income; **~tätig** adj (gainfully) employed

erwidern [ɛr'vi:dərn] vt to reply; (vergelten) to return

erwischen [ɛr'vɪʃən] (umg) vt to catch, to get

erwünscht [ɛr'vʏnʃt] adj desired

erwürgen [ɛr'vʏrgən] vt to strangle

Erz [e:rts] **(-es, -e)** nt ore

erzähl- [ɛr'tsɛ:l] zW: **~en** vt to tell ♦ vi: **sie kann gut ~en** she's a good story-teller; **E~er (-s, -)** m narrator; **E~ung** f story, tale

Erzbischof m archbishop

erzeug- [ɛr'tsɔyg] zW: **~en** vt to produce; (Strom) to generate; **E~nis (-ses, -se)** nt product, produce; **E~ung** f production; generation

erziehen [ɛr'tsi:ən] (unreg) vt to bring up; (bilden) to educate, to train; **Erzieher(in) (-s, -)** m(f) (Berufsbezeichnung) teacher; **Erziehung** f bringing up; (Bildung) education; **Erziehungsbeihilfe** f educational grant; **Erziehungsberechtigte(r)** f(m) parent; guardian

erzielen [ɛr'tsi:lən] vt to achieve, to obtain; (Tor) to score

erzwingen [ɛr'tsvɪŋən] (unreg) vt to force, to obtain by force

es [ɛs] (nom, akk) pron it

Esel ['e:zəl] **(-s, -)** m donkey, ass

Eskalation [ɛskalatsi'o:n] f escalation

ess- ▲ ['ɛs] zW: **~bar** ['ɛsba:r] adj eatable, edible; **E~besteck** nt knife, fork and spoon; **E~ecke** f dining area

essen ['ɛsən] (unreg) vt, vi to eat; **E~ (-s, -)** nt meal; food

Essig ['ɛsɪç] **(-s, -e)** m vinegar

Ess- ▲ zW: **~kastanie** f sweet chestnut; **~löffel** m tablespoon; **~tisch** m dining table; **~waren** pl foodstuffs, provisions; **~zimmer** nt dining room

etablieren [eta'bli:rən] vr to become established; to set up in business

Etage [e'ta:ʒə] f floor, storey; **~nbetten** pl bunk beds; **~nwohnung** f flat

Etappe [e'tapə] f stage

Etat [e'ta:] **(-s, -s)** m budget

etc abk (= et cetera) etc

Ethik ['e:tɪk] f ethics sg; **ethisch** adj ethical

Etikett [eti'kɛt] **(-(e)s, -e)** nt label; tag; **~e** f etiquette, manners pl

etliche ['ɛtlɪçə] pron pl some, quite a few; **~s** pron a thing or two

Etui [ɛt'vi:] **(-s, -s)** nt case

etwa ['ɛtva] adv (ungefähr) about; (vielleicht) perhaps; (beispielsweise) for instance; **nicht ~** by no means; **~ig** ['ɛtvaɪç] adj possible

etwas pron something; anything; (ein wenig) a little ♦ adv a little

euch [ɔyç] pron (akk von **ihr**) you; yourselves; (dat von **ihr**) (to) you

euer ['ɔyər] pron (gen von **ihr**) of you ♦ adj your

Eule ['ɔylə] *f* owl

eure ['ɔyrə] *adj f siehe* **euer**

eure(r, s) ['ɔyrə(r, s)] *pron* yours; **~rseits** *adv* on your part; **~s** *adj nt siehe* **euer**; **~sgleichen** *pron* people like you; **~twegen** *adv* (*für euch*) for your sakes; (*wegen euch*) on your account; **~twillen** *adv*: **um ~twillen** = **euretwegen**

eurige ['ɔyrɪgə] *pron*: **der/die/das ~** *od* **E~** yours

Euro- ['ɔyro:] (**-, -s**) *m* (FIN) euro

Euro- *zW*: **~pa** [ɔy'ro:pa] *nt* Europe; **~päer(in)** [ɔyro'pɛːər(ɪn)] *m(f)* European; **e~päisch** *adj* European; **~pameister** [ɔy'ro:pa-] *m* European champion; **~paparlament** *nt* European Parliament; **~scheck** *m* (FIN) eurocheque

Euter ['ɔytər] (**-s, -**) *nt* udder

ev. *abk* = **evangelisch**

evakuieren [evaku'iːrən] *vt* to evacuate

evangelisch [evaŋ'geːlɪʃ] *adj* Protestant

Evangelium [evaŋ'geːliʊm] *nt* gospel

eventuell [eventu'ɛl] *adj* possible ♦ *adv* possibly, perhaps

evtl. *abk* = **eventuell**

EWG [eːveː'geː] (**-**) *f abk* (= *Europäische Wirtschaftsgemeinschaft*) EEC, Common Market

ewig ['eːvɪç] *adj* eternal; **E~keit** *f* eternity

EWU [eːveː'uː] *f abk* (= *Europäische Währungsunion*) EMU

exakt [ɛ'ksakt] *adj* exact

Examen [ɛ'ksaːmən] (**-s, -** *od* **Examina**) *nt* examination

Exemplar [ɛksɛm'plaːr] (**-s, -e**) *nt* specimen; (*Buchexemplar*) copy; **e~isch** *adj* exemplary

Exil [ɛ'ksiːl] (**-s, -e**) *nt* exile

Existenz [ɛksɪs'tɛnts] *f* existence; (*Unterhalt*) livelihood, living; (*pej: Mensch*) character; **~minimum** (**-s**) *nt* subsistence level

existieren [ɛksɪs'tiːrən] *vi* to exist

exklusiv [ɛksklu'ziːf] *adj* exclusive; **~e** *adv* exclusive of, not including ♦ *präp +gen* exclusive of, not including

exotisch [ɛ'ksoːtɪʃ] *adj* exotic

Expedition [ɛkspeditsi'oːn] *f* expedition

Experiment [ɛksperi'mɛnt] *nt* experiment;

e~ell [-'tɛl] *adj* experimental; **e~ieren** [-'tiːrən] *vi* to experiment

Experte [ɛks'pɛrtə] (**-n, -n**) *m* expert, specialist; **Expertin** *f* expert, specialist

explo- [ɛksplo] *zW*: **~dieren** [-'diːrən] *vi* to explode; **E~sion** [-zi'oːn] *f* explosion; **~siv** [-'ziːf] *adj* explosive

Export [ɛks'pɔrt] (**-(e)s, -e**) *m* export; **~eur** [-'tøːr] *m* exporter; **~handel** *m* export trade; **e~ieren** [-'tiːrən] *vt* to export; **~land** *nt* exporting country

Express- ▲ [ɛks'prɛs] *zW*: **~gut** *nt* express goods *pl*, express freight; **~zug** *m* express (train)

extra ['ɛkstra] *adj inv* (*umg: gesondert*) separate; (*besondere*) extra ♦ *adv* (*gesondert*) separately; (*speziell*) specially; (*absichtlich*) on purpose; (*vor Adjektiven, zusätzlich*) extra; **E~** (**-s, -s**) *nt* extra; **E~ausgabe** *f* special edition; **E~blatt** *nt* special edition

Extrakt [ɛks'trakt] (**-(e)s, -e**) *m* extract

extravagant [ɛkstrava'gant] *adj* extravagant

extrem [ɛks'treːm] *adj* extreme; **~istisch** [-'mɪstɪʃ] *adj* (POL) extremist; **E~itäten** [-mi'tɛːtən] *pl* extremities

exzentrisch [ɛks'tsɛntrɪʃ] *adj* eccentric

EZ *nt abk* = **Einzelzimmer**

EZB *f abk* (= *Europäische Zentralbank*) ECB

F, f

Fa. *abk* (= *Firma*) firm; (*in Briefen*) Messrs

Fabel ['faːbəl] (**-, -n**) *f* fable; **f~haft** *adj* fabulous, marvellous

Fabrik [fa'briːk] *f* factory; **~ant** [-'kant] *m* (*Hersteller*) manufacturer; (*Besitzer*) industrialist; **~arbeiter** *m* factory worker; **~at** [-'kaːt] (**-(e)s, -e**) *nt* manufacture, product; **~gelände** *nt* factory site

Fach [fax] (**-(e)s, ⁼er**) *nt* compartment; (*Sachgebiet*) subject; **ein Mann vom ~** an expert; **~arbeiter** *m* skilled worker; **~arzt** *m* (medical) specialist; **~ausdruck** *m* technical term

Fächer ['fɛçər] (**-s, -**) *m* fan

Fach- *zW*: **~geschäft** *nt* specialist shop;

~**hochschule** f technical college; ~**kraft** f skilled worker, trained employee; **f~kundig** adj expert, specialist; ~**lich** adj professional; expert; ~**mann** (pl **-leute**) m specialist; **f~männisch** adj professional; ~**schule** f technical college; **f~simpeln** vi to talk shop; ~**werk** nt timber frame

Fackel ['fakəl] (-, -n) f torch

fad(e) [fa:t, 'fa:də] adj insipid; (langweilig) dull

Faden ['fa:dən] (-s, ⸚) m thread; **f~scheinig** adj (auch fig) threadbare

fähig ['fɛ:ɪç] adj: ~ (**zu** od +gen) capable (of); able (to); **F~keit** f ability

fahnden ['fa:ndən] vi: ~ **nach** to search for; **Fahndung** f search

Fahndungsliste f list of wanted criminals, wanted list

Fahne ['fa:nə] f flag, standard; **eine ~ haben** (umg) to smell of drink; ~**nflucht** f desertion

Fahr- zW: ~**ausweis** m ticket; ~**bahn** f carriageway (BRIT), roadway

Fähre ['fɛ:rə] f ferry

fahren ['fa:rən] (unreg) vt to drive; (Rad) to ride; (befördern) to drive, to take; (Rennen) to drive in ♦ vi (sich bewegen) to go; (Schiff) to sail; (abfahren) to leave; **mit dem Auto/ Zug ~** to go od travel by car/train; **mit der Hand ~ über** +akk to pass one's hand over

Fahr- zW: ~**er(in)** (-s, -) m(f) driver; ~**erflucht** f hit-and-run; ~**gast** m passenger; ~**geld** nt fare; ~**karte** f ticket; ~**kartenausgabe** f ticket office; ~**kartenautomat** m ticket machine; ~**kartenschalter** m ticket office; **f~lässig** adj negligent; **f~lässige Tötung** manslaughter; ~**lehrer** m driving instructor; ~**plan** m timetable; **f~planmäßig** adj scheduled; ~**preis** m fare; ~**prüfung** f driving test; ~**rad** nt bicycle; ~**radweg** m cycle lane; ~**schein** m ticket; ~**scheinentwerter** m (automatic) ticket stamping machine

Fährschiff ['fɛ:rʃɪf] nt ferry(boat)

Fahr- zW: ~**schule** f driving school; ~**spur** f lane; ~**stuhl** m lift (BRIT), elevator (US)

Fahrt [fa:rt] (-, -en) f journey; (kurz) trip;

(AUT) drive; (Geschwindigkeit) speed; **gute ~!** have a good journey

Fährte ['fɛ:rtə] f track, trail

Fahrt- zW: ~**kosten** pl travelling expenses; ~**richtung** f course, direction

Fahrzeit f time for the journey

Fahrzeug nt vehicle; ~**brief** m log book; ~**papiere** pl vehicle documents

fair [fɛ:r] adj fair

Fakt [fakt] (-(e)s, -en) m fact

Faktor ['faktɔr] m factor

Fakultät [fakʊl'tɛ:t] f faculty

Falke ['falkə] (-n, -n) m falcon

Fall [fal] (-(e)s, ⸚e) m (Sturz) fall; (Sachverhalt, JUR, GRAM) case; **auf jeden ~, auf alle Fälle** in any case; (bestimmt) definitely; **auf keinen ~!** no way!

Falle f trap

fallen (unreg) vi to fall; **etw ~ lassen** to drop sth; (Bemerkung) to make sth; (Plan) to abandon sth, to drop sth

fällen ['fɛlən] vt (Baum) to fell; (Urteil) to pass

fällig ['fɛlɪç] adj due

falls [fals] adv in case, if

Fallschirm m parachute; ~**springer** m parachutist

falsch [falʃ] adj false; (unrichtig) wrong

fälschen ['fɛlʃən] vt to forge

fälsch- zW: ~**lich** adj false; ~**licherweise** adv mistakenly; **F~ung** f forgery

Falte ['faltə] f (Knick) fold, crease; (Hautfalte) wrinkle; (Rockfalte) pleat; **f~n** vt to fold; (Stirn) to wrinkle

faltig ['faltɪç] adj (Hände, Haut) wrinkled; (zerknittert: Rock) creased

familiär [famili'ɛ:r] adj familiar

Familie [fa'mi:liə] f family

Familien- zW: ~**betrieb** m family business; ~**kreis** m family circle; ~**mitglied** nt member of the family; ~**name** m surname; ~**stand** m marital status

Fanatiker [fa'na:tikər] (-s, -) m fanatic; **fanatisch** adj fanatical

fand etc [fant] vb siehe **finden**

Fang [faŋ] (-(e)s, ⸚e) m catch; (Jagen) hunting; (Kralle) talon, claw; **f~en** (unreg) vt to catch ♦ vr to get caught; (Flugzeug) to

Spelling Reform: ▲ *new spelling* △ *old spelling (to be phased out)*

level out; (*Mensch: nicht fallen*) to steady
o.s.; (*fig*) to compose o.s.; (*in Leistung*) to
get back on form
Fantasie ▲ [fanta'zi:] *f* imagination; **f~los**
adj unimaginative; **f~ren** *vi* to fantasize;
f~voll *adj* imaginative
fantastisch ▲ [fan'tastɪʃ] *adj* fantastic
Farb- ['farb] *zW:* **~abzug** *m* colour print;
~aufnahme *f* colour photograph; **~band**
m typewriter ribbon; **~e** *f* colour; (*zum
Malen etc*) paint; (*Stoffarbe*) dye; **f~echt** *adj*
colourfast
färben ['fɛrbən] *vt* to colour; (*Stoff, Haar*) to
dye
farben- ['farbən] *zW:* **~blind** *adj* colour-
blind; **~freudig** *adj* colourful; **~froh** *adj*
colourful, gay
Farb- *zW:* **~fernsehen** *nt* colour television;
~film *m* colour film; **~foto** *nt* colour
photograph; **f~ig** *adj* coloured; **~ige(r)**
f(m) coloured (person); **~kasten** *m*
paintbox; **f~lich** *adj* colour; **f~los** *adj*
colourless; **~stift** *m* coloured pencil; **~stoff**
m dye; **~ton** *m* hue, tone
Färbung ['fɛrbʊŋ] *f* colouring; (*Tendenz*) bias
Farn [farn] (**-(e)s, -e**) *m* fern; bracken
Fasan [fa'za:n] (**-(e)s, -e(n)**) *m* pheasant
Fasching ['faʃɪŋ] (**-s, -e** *od* **-s**) *m* carnival
Faschismus [fa'ʃɪsmʊs] *m* fascism
Faschist *m* fascist
Faser ['fa:zər] (**-, -n**) *f* fibre; **f~n** *vi* to fray
Fass ▲ [fas] (**-es, ⁻er**) *nt* vat, barrel; (*für Öl*)
drum; **Bier vom ~** draught beer
Fassade [fa'sa:də] *f* façade
fassen ['fasən] *vt* (*ergreifen*) to grasp, to
take; (*inhaltlich*) to hold; (*Entschluss etc*) to
take; (*verstehen*) to understand; (*Ring etc*) to
set; (*formulieren*) to formulate, to phrase
♦ *vr* to calm down; **nicht zu ~**
unbelievable
Fassung ['fasʊŋ] *f* (*Umrahmung*) mounting;
(*Lampenfassung*) socket; (*Wortlaut*) version;
(*Beherrschung*) composure; **jdn aus der ~
bringen** to upset sb; **f~slos** *adj* speechless
fast [fast] *adv* almost, nearly
fasten ['fastən] *vi* to fast; **F~zeit** *f* Lent
Fastnacht *f* Shrove Tuesday; carnival

faszinieren [fastsi'ni:rən] *vt* to fascinate
fatal [fa'ta:l] *adj* fatal; (*peinlich*) embarrassing
faul [faʊl] *adj* rotten; (*Person*) lazy; (*Ausreden*)
lame; **daran ist etwas ~** there's something
fishy about it; **~en** *vi* to rot; **~enzen** *vi* to
idle; **F~enzer** (**-s, -**) *m* idler, loafer; **F~heit**
f laziness; **~ig** *adj* putrid
Faust ['faʊst] (**-, Fäuste**) *f* fist; **auf eigene ~**
off one's own bat; **~handschuh** *m* mitten
Favorit [favo'ri:t] (**-en, -en**) *m* favourite
Fax [faks] (**-, -(e)**) *nt* fax
faxen ['faksən] *vt* to fax; **jdm etw ~** to fax
sth to sb
FCKW *m abk* (= *Fluorchlorkohlenwasserstoff*)
CFC
Februar ['fe:brua:r] (**-(s), -e**) *m* February
fechten ['fɛçtən] (*unreg*) *vi* to fence
Feder ['fe:dər] (**-, -n**) *f* feather; (*Schreibfeder*)
pen nib; (*TECH*) spring; **~ball** *m*
shuttlecock; **~bett** *nt* continental quilt;
~halter *m* penholder, pen; **f~leicht** *adj*
light as a feather; **f~n** *vi* (*nachgeben*) to be
springy; (*sich bewegen*) to bounce ♦ *vt* to
spring; **~ung** *f* (*AUT*) suspension
Fee [fe:] *f* fairy
fegen ['fe:gən] *vt* to sweep
fehl [fe:l] *adj:* **~ am Platz** *od* **Ort** out of
place; **F~betrag** *m* deficit; **~en** *vi* to be
wanting *od* missing; (*abwesend sein*) to be
absent; **etw ~t jdm** sb lacks sth; **du ~st mir**
I miss you; **was ~t ihm?** what's wrong
with him?; **F~er** (**-s, -**) *m* mistake, error;
(*Mangel, Schwäche*) fault; **~erfrei** *adj*
faultless; without any mistakes; **~erhaft** *adj*
incorrect; faulty; **~erlos** *adj* flawless,
perfect; **F~geburt** *f* miscarriage; **~gehen**
(*unreg*) *vi* to go astray; **F~griff** *m* blunder;
F~konstruktion *f* badly designed thing;
~schlagen (*unreg*) *vi* to fail; **F~start** *m*
(*SPORT*) false start; **F~zündung** *f* (*AUT*)
misfire, backfire
Feier ['faɪər] (**-, -n**) *f* celebration; **~abend** *m*
time to stop work; **~abend machen** to
stop, to knock off; **jetzt ist ~abend!** that's
enough!; **f~lich** *adj* solemn; **~lichkeit** *f*
solemnity; **~lichkeiten** *pl* (*Veranstaltungen*)
festivities; **f~n** *vt, vi* to celebrate; **~tag** *m*

holiday

feig(e) [faɪk, 'faɪgə] *adj* cowardly

Feige ['faɪgə] *f* fig

Feigheit *f* cowardice

Feigling *m* coward

Feile ['faɪlə] *f* file

feilschen ['faɪlʃən] *vi* to haggle

fein [faɪn] *adj* fine; (*vornehm*) refined; (*Gehör etc*) keen; **~!** great!

Feind [faɪnt] **(-(e)s, -e)** *m* enemy; **f~lich** *adj* hostile; **~schaft** *f* enmity; **f~selig** *adj* hostile

Fein- *zW*: **f~fühlig** *adj* sensitive; **~gefühl** *nt* delicacy, tact; **~heit** *f* fineness; refinement; keenness; **~kostgeschäft** *nt* delicatessen (shop); **~schmecker (-s, -)** *m* gourmet; **~wäsche** *f* delicate clothing (*when washing*); **~waschmittel** *nt* mild detergent

Feld [fɛlt] **(-(e)s, -er)** *nt* field; (*SCHACH*) square; (*SPORT*) pitch; **~herr** *m* commander; **~stecher (-s, -)** *m* binoculars *pl*; **~weg** *m* path; **~zug** *m* (*fig*) campaign

Felge ['fɛlgə] *f* (wheel) rim

Fell [fɛl] **(-(e)s, -e)** *nt* fur; coat; (*von Schaf*) fleece; (*von toten Tieren*) skin

Fels [fɛls] **(-en, -en)** *m* rock; (*Klippe*) cliff

Felsen ['fɛlzən] **(-s, -)** *m* = **Fels**; **f~fest** *adj* firm

feminin [femi'niːn] *adj* feminine

Fenster ['fɛnstər] **(-s, -)** *nt* window; **~bank** *f* windowsill; **~laden** *m* shutter; **~leder** *nt* chamois (leather); **~scheibe** *f* windowpane

Ferien ['feːrɪən] *pl* holidays, vacation *sg* (*US*); **~ haben** to be on holiday; **~bungalow** [-bʊŋgalo] **(-s, -s)** *m* holiday bungalow; **~haus** *nt* holiday home; **~kurs** *m* holiday course; **~lager** *nt* holiday camp; **~reise** *f* holiday; **~wohnung** *f* holiday apartment

Ferkel ['fɛrkəl] **(-s, -)** *nt* piglet

fern [fɛrn] *adj, adv* far-off, distant; **~ von hier** a long way (away) from here; **der F~e Osten** the Far East; **~ halten** to keep away; **F~bedienung** *f* remote control; **F~e** *f* distance; **~er** *adj* further ♦ *adv* further; (*weiterhin*) in future; **F~gespräch** *nt* trunk call; **F~glas** *nt* binoculars *pl*; **F~licht** *nt*

(*AUT*) full beam; **F~rohr** *nt* telescope; **F~ruf** *m* (*förmlich*) telephone number; **F~schreiben** *nt* telex; **F~sehapparat** *m* television set; **F~sehen (-s)** *nt* television; **im F~sehen** on television; **~sehen** (*unreg*) *vi* to watch television; **F~seher** *m* television; **F~sehturm** *m* television tower; **F~sprecher** *m* telephone; **F~steuerung** *f* remote control; **~ stellen** to complete; **F~straße** *f* ≃ 'A' road (*BRIT*), highway (*US*); **F~verkehr** *m* long-distance traffic

Ferse ['fɛrzə] *f* heel

fertig ['fɛrtɪç] *adj* (*bereit*) ready; (*beendet*) finished; (*gebrauchsfertig*) ready-made; **~ bringen** (*fähig sein*) to be capable of; **~ machen** (*beenden*) to finish; (*umg: Person*) to finish; (*: körperlich*) to exhaust; (*: moralisch*) to get down; **sich ~ machen** to get ready; **F~gericht** *nt* precooked meal; **F~haus** *nt* kit house, prefab; **F~keit** *f* skill

Fessel ['fɛsəl] **(-, -n)** *f* fetter; **f~n** *vt* to bind; (*mit ~n*) to fetter; (*fig*) to spellbind; **f~nd** *adj* fascinating, captivating

Fest (-(e)s, -e) *nt* party; festival; **frohes ~!** Happy Christmas!

fest [fɛst] *adj* firm; (*Nahrung*) solid; (*Gehalt*) regular; **~e Kosten** fixed cost ♦ *adv* (*schlafen*) soundly; **~ angestellt** permanently employed; **~binden** (*unreg*) *vt* to tie, to fasten; **~bleiben** (*unreg*) *vi* to stand firm; **F~essen** *nt* banquet; **~halten** (*unreg*) *vt* to seize, to hold fast; (*Ereignis*) to record ♦ *vr*: **sich ~halten (an** +*dat*) to hold on (to); **~igen** *vt* to strengthen; **F~igkeit** *f* strength; **F~ival** ['fɛstival] **(-s, -s)** *nt* festival; **F~land** *nt* mainland; **~legen** *vt* to fix ♦ *vr* to commit o.s.; **~lich** *adj* festive; **~liegen** (*unreg*) *vi* (*~stehen: Termin*) to be confirmed, be fixed; **~machen** *vt* to fasten; (*Termin etc*) to fix; **F~nahme** *f* arrest; **~nehmen** (*unreg*) *vt* to arrest; **F~preis** *m* (*COMM*) fixed price; **F~rede** *f* address; **~setzen** *vt* to fix, to settle; **F~spiele** *pl* (*Veranstaltung*) festival *sg*; **~stehen** (*unreg*) *vi* to be certain; **~stellen** *vt* to establish; (*sagen*) to remark; **F~tag** *m* feast day, holiday; **F~ung** *f* fortress; **F~wochen** *pl* festival *sg*

Fett [fɛt] **(-(e)s, -e)** *nt* fat, grease

fett *adj* fat; (*Essen etc*) greasy; (*TYP*) bold; **~arm** *adj* low fat; **~en** *vt* to grease; **F~fleck** *m* grease stain; **~ig** *adj* greasy, fatty

Fetzen ['fɛtsən] **(-s, -)** *m* scrap

feucht [fɔʏçt] *adj* damp; (*Luft*) humid; **F~igkeit** *f* dampness; humidity; **F~igkeitscreme** *f* moisturizing cream

Feuer ['fɔʏər] **(-s, -)** *nt* fire; (*zum Rauchen*) a light; (*fig: Schwung*) spirit; **~alarm** *nt* fire alarm; **f~fest** *adj* fireproof; **~gefahr** *f* danger of fire; **f~gefährlich** *adj* inflammable; **~leiter** *f* fire escape ladder; **~löscher (-s, -)** *m* fire extinguisher; **~melder (-s, -)** *m* fire alarm; **f~n** *vt, vi* (*auch fig*) to fire; **~stein** *m* flint; **~treppe** *f* fire escape; **~wehr (-, -en)** *f* fire brigade; **~wehrauto** *nt* fire engine; **~wehrmann** *m* fireman; **~werk** *nt* fireworks *pl*; **~zeug** *nt* (cigarette) lighter

Fichte ['fɪçtə] *f* spruce, pine

Fieber ['fiːbər] **(-s, -)** *nt* fever, temperature; **f~haft** *adj* feverish; **~thermometer** *nt* thermometer; **fiebrig** *adj* (*Erkältung*) feverish

fiel *etc* [fiːl] *vb siehe* **fallen**

fies [fiːs] (*umg*) *adj* nasty

Figur [fiˈguːr] **(-, -en)** *f* figure; (*Schachfigur*) chessman, chess piece

Filet [fiˈleː] **(-s, -s)** *nt* (*KOCH*) fillet

Filiale [filiˈaːlə] *f* (*COMM*) branch

Film [fɪlm] **(-(e)s, -e)** *m* film; **~aufnahme** *f* shooting; **f~en** *vt, vi* to film; **~kamera** *f* cine camera

Filter ['fɪltər] **(-s, -)** *m* filter; **f~n** *vt* to filter; **~papier** *nt* filter paper; **~zigarette** *f* tipped cigarette

Filz [fɪlts] **(-es, -e)** *m* felt; **f~en** *vt* (*umg*) to frisk ♦ *vi* (*Wolle*) to mat; **~stift** *m* felt-tip pen

Finale [fiˈnaːlə] **(-s, -(s))** *nt* finale; (*SPORT*) final(s)

Finanz [fiˈnants] *f* finance; **~amt** *nt* Inland Revenue office; **~beamte(r)** *m* revenue

officer; **f~iell** [-tsiˈɛl] *adj* financial; **f~ieren** [-ˈtsiːrən] *vt* to finance; **f~kräftig** *adj* financially strong; **~minister** *m* Chancellor of the Exchequer (*BRIT*), Minister of Finance

Find- ['fɪnd] *zW*: **f~en** (*unreg*) *vt* to find; (*meinen*) to think ♦ *vr* to be (found); (*sich fassen*) to compose o.s.; **ich f~e nichts dabei, wenn ...** I don't see what's wrong if ...; **das wird sich f~en** things will work out; **~er (-s, -)** *m* finder; **~erlohn** *m* reward (*for sb who finds sth*); **f~ig** *adj* resourceful

fing *etc* [fɪŋ] *vb siehe* **fangen**

Finger ['fɪŋər] **(-s, -)** *m* finger; **~abdruck** *m* fingerprint; **~nagel** *m* fingernail; **~spitze** *f* fingertip

fingiert *adj* made-up, fictitious

Fink [fɪŋk] **(-en, -en)** *m* finch

Finn- [fɪn] *zW*: **~e ~n, -n)** *m* Finn; **~in** *f* Finn; **f~isch** *adj* Finnish; **~land** *nt* Finland

finster ['fɪnstər] *adj* dark, gloomy; (*verdächtig*) dubious; (*verdrossen*) grim; (*Gedanke*) dark; **F~nis (-)** *f* darkness, gloom

Firma ['fɪrma] **(-, -men)** *f* firm

Firmen- ['fɪrmən] *zW*: **~inhaber** *m* owner of firm; **~schild** *nt* (shop) sign; **~wagen** *m* company car; **~zeichen** *nt* trademark

Fisch [fɪʃ] **(-(e)s, -e)** *m* fish; **~e** *pl* (*ASTROL*) Pisces *sg*; **f~en** *vt, vi* to fish; **~er (-s, -)** *m* fisherman; **~e'rei** *f* fishing, fishery; **~fang** *m* fishing; **~geschäft** *nt* fishmonger's (shop); **~gräte** *f* fishbone; **~stäbchen** [-stɛːpçən] *nt* fish finger (*BRIT*), fish stick (*US*)

fit [fɪt] *adj* fit; **'F~ness ▲ (-, -)** *f* (physical) fitness

fix [fɪks] *adj* fixed; (*Person*) alert, smart; **~ und fertig** finished; (*erschöpft*) done in; **F~er(in)** *m(f)* (*umg*) junkie; **F~erstube** *f* (*umg*) junkies centre; **~ieren** [fɪˈksiːrən] *vt* to fix; (*anstarren*) to stare at

flach [flax] *adj* flat; (*Gefäß*) shallow

Fläche ['flɛçə] *f* area; (*Oberfläche*) surface

Flachland *nt* lowland

flackern ['flakərn] *vi* to flare, to flicker

Flagge ['flagə] *f* flag; **f~n** *vi* to fly a flag

flämisch ['flɛːmɪʃ] *adj* (*LING*) Flemish

Flamme ['flamə] *f* flame

Flandern ['flandərn] nt Flanders
Flanke ['flaŋkə] f flank; (SPORT: Seite) wing
Flasche ['flaʃə] f bottle; (umg: Versager) wash-out
Flaschen- zW: **~bier** nt bottled beer; **~öffner** m bottle opener; **~zug** m pulley
flatterhaft adj flighty, fickle
flattern ['flatərn] vi to flutter
flau [flau] adj weak, listless; (Nachfrage) slack; **jdm ist ~** sb feels queasy
Flaum [flaum] (-(e)s) m (Feder) down; (Haare) fluff
flauschig ['flauʃɪç] adj fluffy
Flaute ['flautə] f calm; (COMM) recession
Flechte ['flɛçtə] f plait; (MED) dry scab; (BOT) lichen; **f~n** (unreg) vt to plait; (Kranz) to twine
Fleck [flɛk] (-(e)s, -e) m spot; (Schmutzfleck) stain; (Stoffleck) patch; (Makel) blemish; **nicht vom ~ kommen** (auch fig) not to get any further; **vom ~ weg** straight away
Flecken (-s, -) m = **Fleck**; **f~los** adj spotless; **~mittel** nt stain remover; **~wasser** nt stain remover
fleckig adj spotted; stained
Fledermaus ['fleːdərmaus] f bat
Flegel ['fleːgəl] (-s, -) m (Mensch) lout; **f~haft** adj loutish, unmannerly; **~jahre** pl adolescence sg
flehen ['fleːən] vi to implore; **~tlich** adj imploring
Fleisch ['flaiʃ] (-(e)s) nt flesh; (Essen) meat; **~brühe** f beef tea, meat stock; **~er** (-s, -) m butcher; **~e'rei** f butcher's (shop); **f~ig** adj fleshy; **f~los** adj meatless, vegetarian
Fleiß ['flais] (-es) m diligence, industry; **f~ig** adj diligent, industrious
fletschen ['flɛtʃən] vt (Zähne) to show
flexibel [flɛ'ksiːbəl] adj flexible
Flicken ['flɪkən] (-s, -) m patch; **f~** vt to mend
Flieder ['fliːdər] (-s, -) m lilac
Fliege ['fliːgə] f fly; (Kleidung) bow tie; **f~n** (unreg) vt, vi to fly; **auf jdn/etw f~n** (umg) to be mad about sb/sth; **~npilz** m toadstool; **~r** (-s, -) m flier, airman
fliehen ['fliːən] (unreg) vi to flee

Fliese ['fliːzə] f tile
Fließ- ['fliːs] zW: **~band** nt production od assembly line; **f~en** (unreg) vi to flow; **f~end** adj flowing; (Rede, Deutsch) fluent; (Übergänge) smooth
flimmern ['flɪmərn] vi to glimmer
flink [flɪŋk] adj nimble, lively
Flinte ['flɪntə] f rifle; shotgun
Flitterwochen pl honeymoon sg
flitzen ['flɪtsən] vi to flit
Flocke ['flɔkə] f flake
flog etc [floːk] vb siehe **fliegen**
Floh [floː] (-(e)s, ⁺e) m flea; **~markt** m flea market
florieren [flo'riːrən] vi to flourish
Floskel ['flɔskəl] (-, -n) f set phrase
Floß [flɔs] (-es, ⁺e) nt raft, float
floss ▲ etc vb siehe **fließen**
Flosse ['flɔsə] f fin
Flöte ['fløːtə] f flute; (Blockflöte) recorder
flott [flɔt] adj lively; (elegant) smart; (NAUT) afloat; **F~e** f fleet, navy
Fluch [fluːx] (-(e)s, ⁺e) m curse; **f~en** vi to curse, to swear
Flucht [fluxt] (-, -en) f flight; (Fensterflucht) row; (Zimmerflucht) suite; **f~artig** adj hasty
flücht- ['flʏçt] zW: **~en** vi, vr to flee, to escape; **~ig** adj fugitive; (vergänglich) transitory; (oberflächlich) superficial; (eilig) fleeting; **F~igkeitsfehler** m careless slip; **F~ling** m fugitive, refugee
Flug [fluːk] (-(e)s, ⁺e) m flight; **~blatt** nt pamphlet
Flügel ['flyːgəl] (-s, -) m wing; (MUS) grand piano
Fluggast m airline passenger
Flug- zW: **~gesellschaft** f airline (company); **~hafen** m airport; **~lärm** m aircraft noise; **~linie** f airline; **~plan** m flight schedule; **~platz** m airport; (klein) airfield; **~reise** f flight; **~schein** m (Ticket) plane ticket; (Pilotenschein) pilot's licence; **~steig** [-ʃtaik] (-(e)s, -e) m gate; **~verbindung** f air connection; **~verkehr** m air traffic; **~zeug** nt (aero)plane, airplane (US); **~zeugentführung** f hijacking of a plane; **~zeughalle** f hangar; **~zeugträger**

m aircraft carrier

Flunder ['flʊndər] (-, -n) *f* flounder

flunkern ['flʊŋkərn] *vi* to fib, to tell stories

Fluor ['fluːɔr] (-s) *nt* fluorine

Flur [fluːr] (-(e)s, -e) *m* hall; (*Treppenflur*) staircase

Fluss ▲ [flʊs] (-es, ⁺e) *m* river; (*Fließen*) flow

flüssig ['flʏsɪç] *adj* liquid; **~ machen** (*Geld*) to make available; **F~keit** *f* liquid; (*Zustand*) liquidity

flüstern ['flʏstərn] *vt, vi* to whisper

Flut [fluːt] (-, -en) *f* (*auch fig*) flood; (*Gezeiten*) high tide; **f~en** *vi* to flood; **~licht** *nt* floodlight

Fohlen ['foːlən] (-s, -) *nt* foal

Föhn¹ [føːn] (-(e)s, -e) *m* (*warmer Fallwind*) föhn

Föhn² (-(e)s, -e) ▲ (*Haartrockner*) hair-dryer; **f~en** ▲ *vt* to (blow) dry; **~frisur** ▲ *f* blow-dry hairstyle

Folge ['fɔlgə] *f* series, sequence; (*Fortsetzung*) instalment; (*Auswirkung*) result; **in rascher ~** in quick succession; **etw zur ~ haben** to result in sth; **~n haben** to have consequences; **einer Sache** *dat* **~ leisten** to comply with sth; **f~n** *vi* +*dat* to follow; (*gehorchen*) to obey; **jdm f~n können** (*fig*) to follow *od* understand sb; **f~nd** *adj* following; **f~ndermaßen** *adv* as follows, in the following way; **f~rn vt: f~rn (aus)** to conclude (from); **~rung** *f* conclusion

folglich ['fɔlklɪç] *adv* consequently

folgsam ['fɔlkzaːm] *adj* obedient

Folie ['foːliə] *f* foil

Folklore ['fɔlkloːər] *f* folklore

Folter ['fɔltər] (-, -n) *f* torture; (*Gerät*) rack; **f~n** *vt* to torture

Fön [føːn] (-(e)s, -e) ® *m* hair dryer

Fondue [fõdyː] (-s, -s *od* -, -s) *nt od f* (*KOCH*) fondue

fönen △ *vt siehe* **föhnen**

Fönfrisur △ *f siehe* **Föhnfrisur**

Fontäne [fɔnˈtɛːnə] *f* fountain

Förder- ['fœrdər] *zW:* **~band** *nt* conveyor belt; **~korb** *m* pit cage; **f~lich** *adj* beneficial

fordern ['fɔrdərn] *vt* to demand

fördern ['fœrdərn] *vt* to promote; (*unterstützen*) to help; (*Kohle*) to extract

Forderung ['fɔrdərʊŋ] *f* demand

Förderung ['fœrdərʊŋ] *f* promotion; help; extraction

Forelle [foˈrɛlə] *f* trout

Form [fɔrm] (-, -en) *f* shape; (*Gestaltung*) form; (*Gussform*) mould; (*Backform*) baking tin; **in ~ sein** to be in good form *od* shape; **in ~ von** in the shape of

Formali'tät *f* formality

Format [fɔrˈmaːt] (-(e)s, -e) *nt* format; (*fig*) distinction

formbar *adj* malleable

Formblatt *nt* form

Formel (-, -n) *f* formula

formell [fɔrˈmɛl] *adj* formal

formen *vt* to form, to shape

Formfehler *m* faux pas, gaffe; (*JUR*) irregularity

formieren [fɔrˈmiːrən] *vt* to form ♦ *vr* to form up

förmlich ['fœrmlɪç] *adj* formal; (*umg*) real; **F~keit** *f* formality

formlos *adj* shapeless; (*Benehmen etc*) informal

Formular [fɔrmuˈlaːr] (-s, -e) *nt* form

formulieren [fɔrmuˈliːrən] *vt* to formulate

forsch [fɔrʃ] *adj* energetic, vigorous

forsch- *zW:* **~en** *vi:* **~en (nach)** to search (for); (*wissenschaftlich*) to (do) research; **~end** *adj* searching; **F~er** (-s, -) *m* research scientist; (*Naturforscher*) explorer; **F~ung** *f* research

Forst [fɔrst] (-(e)s, -e) *m* forest

Förster ['fœrstər] (-s, -) *m* forester; (*für Wild*) gamekeeper

fort [fɔrt] *adv* away; (*verschwunden*) gone; (*vorwärts*) on; **und so ~** and so on; **in einem ~** on and on; **~bestehen** (*unreg*) *vi* to survive; **~bewegen** *vt, vr* to move away; **~bilden** *vr* to continue one's education; **~bleiben** (*unreg*) *vi* to stay away; **F~dauer** *f* continuance; **~fahren** (*unreg*) *vi* to depart; (*~setzen*) to go on, to continue; **~führen** *vt* to continue, to carry on; **~gehen** (*unreg*) *vi* to go away;

~geschritten adj advanced; **~pflanzen** vr to reproduce; **F~pflanzung** f reproduction

fort- zW: **~schaffen** vt to remove; **~schreiten** (unreg) vi to advance

Fortschritt ['fɔrtʃrɪt] m advance; **~e machen** to make progress; **f~lich** adj progressive

fort- zW: **~setzen** vt to continue; **F~setzung** f continuation; (folgender Teil) instalment; **F~setzung folgt** to be continued; **~während** adj incessant, continual

Foto ['foːto] (-s, -s) nt photo(graph); **~apparat** m camera; **~'graf** m photographer; **~gra'fie** f photography; (Bild) photograph; **f~gra'fieren** vt to photograph ♦ vi to take photographs; **~kopie** f photocopy

Fr. abk (= Frau) Mrs, Ms

Fracht [fraxt] (-, -en) f freight; (NAUT) cargo; (Preis) carriage; **~ zahlt Empfänger** (COMM) carriage forward; **~er** (-s, -) m freighter, cargo boat; **~gut** nt freight

Frack [frak] (-(e)s, ⁻e) m tails pl

Frage ['fraːgə] (-, -n) f question; **jdm eine ~ stellen** to ask sb a question, to put a question to sb; siehe **infrage**; **~bogen** m questionnaire; **f~n** vt, vi to ask; **~zeichen** nt question mark

fraglich adj questionable, doubtful

fraglos adv unquestionably

Fragment [fra'gmɛnt] nt fragment

fragwürdig ['fraːkvʏrdɪç] adj questionable, dubious

Fraktion [fraktsi'oːn] f parliamentary party

frankieren [fraŋ'kiːrən] vt to stamp, to frank

franko ['fraŋko] adv post-paid; carriage paid

Frankreich ['fraŋkraɪç] (-s) nt France

Franzose [fran'tsoːzə] m Frenchman; **Französin** [fran'tsøːzɪn] f Frenchwoman; **französisch** adj French

fraß etc [fras] vb siehe **fressen**

Fratze ['fratsə] f grimace

Frau [frau] (-, -en) f woman; (Ehefrau) wife; (Anrede) Mrs, Ms; **~ Doktor** Doctor

Frauen- zW: **~arzt** m gynaecologist; **~bewegung** f feminist movement; **~haus** nt women's refuge; **~zimmer** nt female, broad (US)

Fräulein ['frɔʏlaɪn] nt young lady; (Anrede) Miss, Ms

fraulich ['fraulɪç] adj womanly

frech [frɛç] adj cheeky, impudent; **F~heit** f cheek, impudence

frei [fraɪ] adj free; (Stelle, Sitzplatz) free, vacant; (Mitarbeiter) freelance; (unbekleidet) bare; **von etw ~ sein** to be free of sth; **im F~en** in the open air; **~ sprechen** to talk without notes; **~ Haus** (COMM) carriage paid; **~er Wettbewerb** (COMM) fair/open competition; **F~bad** nt open-air swimming pool; **~bekommen** (unreg) vt: **einen Tag ~bekommen** to get a day off; **~beruflich** adj self-employed; **~gebig** adj generous; **~halten** (unreg) vt to keep free; **~händig** adv (fahren) with no hands; **F~heit** f freedom; **~heitlich** adj liberal; **F~heitsstrafe** f prison sentence; **F~karte** f free ticket; **~lassen** (unreg) vt to (set) free; **~legen** vt to expose; **~lich** adv certainly, admittedly; **ja ~lich** yes of course; **F~lichtbühne** f open-air theatre; **F~lichtmuseum** nt open-air museum; **~machen** vt (Post) to frank ♦ vr to arrange to be free; (entkleiden) to undress; **Tage ~machen** to take days off; **~nehmen ▲** (unreg) vt: **sich dat einen Tag ~nehmen** to take a day off; **~sprechen** (unreg) vt: **~sprechen (von)** to acquit (of); **F~spruch** m acquittal; **~stehen** (unreg) vi: **es steht dir ~, das zu tun** you're free to do that; (leer stehen: Wohnung, Haus) to lie/stand empty; **~stellen** vt: **jdm etw ~stellen** to leave sth (up) to sb; **F~stoß** m free kick

Freitag m Friday; **~s** adv on Fridays

frei- zW: **~willig** adj voluntary; **F~zeit** f spare od free time; **F~zeitpark** m amusement park; **F~zeitzentrum** nt leisure centre; **~zügig** adj liberal, broad-minded; (mit Geld) generous

fremd [frɛmt] adj (unvertraut) strange; (ausländisch) foreign; (nicht eigen) someone else's; **etw ist jdm ~** sth is foreign to sb; **~artig** adj strange; **F~enführer** ['frɛmdən-]

m (tourist) guide; **F~enverkehr** *m* tourism; **F~enverkehrsamt** *nt* tourist board; **F~enzimmer** *nt* guest room; **F~körper** *m* foreign body; **~ländisch** *adj* foreign; **F~sprache** *f* foreign language; **F~wort** *nt* foreign word

Frequenz [freˈkvɛnts] *f* (RADIO) frequency

fressen [ˈfrɛsən] (*unreg*) *vt, vi* to eat

Freude [ˈfrɔʏdə] *f* joy, delight

freudig *adj* joyful, happy

freuen [ˈfrɔʏən] *vt unpers* to make happy *od* pleased ♦ *vr* to be glad *od* happy; **freut mich!** pleased to meet you; **sich auf etw** *akk* ~ to look forward to sth; **sich über etw** *akk* ~ to be pleased about sth

Freund [ˈfrɔʏnt] (-(e)s, -e) *m* friend; boyfriend; **~in** [-dɪn] *f* friend; girlfriend; **f~lich** *adj* kind, friendly; **f~licherweise** *adv* kindly; **~lichkeit** *f* friendliness, kindness; **~schaft** *f* friendship; **f~schaftlich** *adj* friendly

Frieden [ˈfriːdən] (-s, -) *m* peace; **im ~** in peacetime

Friedens- *zW:* **~schluss** ▲ *m* peace agreement; **~vertrag** *m* peace treaty; **~zeit** *f* peacetime

fried- [ˈfriːt] *zW:* **~fertig** *adj* peaceable; **F~hof** *m* cemetery; **~lich** *adj* peaceful

frieren [ˈfriːrən] (*unreg*) *vt, vi* to freeze; **ich friere, es friert mich** I'm freezing, I'm cold

Frikadelle [frikaˈdɛlə] *f* rissole

Frikassee [frikaˈseː] (-s, -s) *nt* (KOCH) fricassee

frisch [frɪʃ] *adj* fresh; (*lebhaft*) lively; **~ gestrichen!** wet paint!; **sich ~ machen** to freshen (o.s.) up; **F~e** *f* freshness; liveliness; **F~haltefolie** *f* cling film

Friseur [friˈzøːr] *m* hairdresser

Friseuse [friˈzøːzə] *f* hairdresser

frisieren [friˈziːrən] *vt* to do (one's hair); (*fig: Abrechnung*) to fiddle, to doctor ♦ *vr* to do one's hair

Frisiersalon *m* hairdressing salon

frisst ▲ [frɪst] *vb siehe* **fressen**

Frist [frɪst] (-, -en) *f* period; (*Termin*) deadline; **f~gerecht** *adj* within the stipulated time *od* period; **f~los** *adj*

(*Entlassung*) instant

Frisur [friˈzuːr] *f* hairdo, hairstyle

frivol [friˈvoːl] *adj* frivolous

froh [froː] *adj* happy, cheerful; **ich bin ~, dass ...** I'm glad that ...

fröhlich [ˈfrøːlɪç] *adj* merry, happy; **F~keit** *f* merriness, gaiety

fromm [frɔm] *adj* pious, good; (*Wunsch*) idle; **Frömmigkeit** [ˈfrœmɪçkaɪt] *f* piety

Fronleichnam [froːnˈlaɪçnaːm] (-(e)s) *m* Corpus Christi

Front [frɔnt] (-, -en) *f* front; **f~al** [frɔnˈtaːl] *adj* frontal

fror *etc* [froːr] *vb siehe* **frieren**

Frosch [frɔʃ] (-(e)s, ⁻e) *m* frog; (*Feuerwerk*) squib; **~mann** *m* frogman; **~schenkel** *m* frog's leg

Frost [frɔst] (-(e)s, ⁻e) *m* frost; **~beule** *f* chilblain

frösteln [ˈfrœstəln] *vi* to shiver

frostig *adj* frosty

Frostschutzmittel *nt* antifreeze

Frottier(hand)tuch [frɔˈtiːr(hant)tuːx] *nt* towel

Frucht [frʊxt] (-, ⁻e) *f* (*auch fig*) fruit; (*Getreide*) corn; **f~bar** *adj* fruitful, fertile; **~barkeit** *f* fertility; **f~ig** *adj* (*Geschmack*) fruity; **f~los** *adj* fruitless; **~saft** *m* fruit juice

früh [fryː] *adj, adv* early; **heute ~** this morning; **F~aufsteher** (-s, -) *m* early riser; **F~e** *f* early morning; **~er** *adj* earlier; (*ehemalig*) former ♦ *adv* formerly; **~er war das anders** that used to be different; **~estens** *adv* at the earliest; **F~jahr** *nt*, **F~ling** *m* spring; **~reif** *adj* precocious; **F~stück** *nt* breakfast; **~stücken** *vi* to (have) breakfast; **F~stücksbüfett** *nt* breakfast buffet; **~zeitig** *adj* early; (*pej*) untimely

frustrieren [frʊsˈtriːrən] *vt* to frustrate

Fuchs [fʊks] (-es, ⁻e) *m* fox; **f~en** (*umg*) *vt* to rile, to annoy; **f~teufelswild** *adj* hopping mad

Fuge [ˈfuːgə] *f* joint; (*MUS*) fugue

fügen [ˈfyːgən] *vt* to place, to join ♦ *vr:* **sich ~ (in** +*dat*) to be obedient (to); (*anpassen*) to adapt oneself (to) ♦ *vr unpers* to happen

fühl- *zW*: **~bar** *adj* perceptible, noticeable; **~en** *vt, vi, vr* to feel; **F~er (-s, -)** *m* feeler

fuhr *etc* [fuːr] *vb siehe* **fahren**

führen ['fyːrən] *vt* to lead; (*Geschäft*) to run; (*Name*) to bear; (*Buch*) to keep ♦ *vi* to lead ♦ *vr* to behave

Führer ['fyːrər] **(-s, -)** *m* leader; (*Fremdenführer*) guide; **~schein** *m* driving licence

Führung ['fyːrʊŋ] *f* leadership; (*eines Unternehmens*) management; (*MIL*) command; (*Benehmen*) conduct; (*Museumsführung*) conducted tour; **~szeugnis** *nt* certificate of good conduct

Fülle ['fylə] *f* wealth, abundance; **f~n** *vt* to fill; (*KOCH*) to stuff ♦ *vr* to fill (up)

Füll- *zW*: **~er (-s, -)** *m* fountain pen; **~federhalter** *m* fountain pen; **~ung** *f* filling; (*Holzfüllung*) panel

fummeln ['fʊməln] (*umg*) *vi* to fumble

Fund [fʊnt] **(-(e)s, -e)** *nt* find

Fundament [fʊndaˈmɛnt] *nt* foundation; **fundamen'tal** *adj* fundamental

Fund- *zW*: **~büro** *nt* lost property office, lost and found (*US*); **~grube** *f* (*fig*) treasure trove

fundiert [fʊnˈdiːrt] *adj* sound

fünf [fynf] *num* five; **~hundert** *num* five hundred; **~te(r, s)** *adj* fifth; **F~tel (-s, -)** *nt* fifth; **~zehn** *num* fifteen; **~zig** *num* fifty

Funk [fʊŋk] **(-s)** *m* radio, wireless; **~e (-ns, -n)** *m* (*auch fig*) spark; **f~eln** *vi* to sparkle; **~en (-s, -)** *m* (*auch fig*) spark; **f~en** *vi* (*durch Funk*) to signal, to radio; (*umg: richtig funktionieren*) to work ♦ *vt* (*Funken sprühen*) to shower with sparks; **~er (-s, -)** *m* radio operator; **~gerät** *nt* radio set; **~rufempfänger** *m* pager, paging device; **~streife** *f* police radio patrol; **~telefon** *nt* cellphone

Funktion [fʊŋktsiˈoːn] *f* function; **f~ieren** [-ˈniːrən] *vi* to work, to function

für [fyːr] *präp +akk* for; **was ~** what kind *od* sort of; **das F~ und Wider** the pros and cons *pl*; **Schritt ~ Schritt** step by step

Furche ['fʊrçə] *f* furrow

Furcht [fʊrçt] **(-)** *f* fear; **f~bar** *adj* terrible,

frightful

fürchten ['fʏrçtən] *vt* to be afraid of, to fear ♦ *vr*: **sich ~ (vor +*dat*)** to be afraid (of)

fürchterlich *adj* awful

furchtlos *adj* fearless

füreinander [fyːraɪˈnandər] *adv* for each other

Furnier [fʊrˈniːr] **(-s, -e)** *nt* veneer

fürs [fyːrs] = **für das**

Fürsorge ['fyːrzɔrgə] *f* care; (*Sozialfürsorge*) welfare; **~r(in) (-s, -)** *m(f)* welfare worker; **~unterstützung** *f* social security, welfare benefit (*US*); **fürsorglich** *adj* attentive, caring

Fürsprache *f* recommendation; (*um Gnade*) intercession

Fürsprecher *m* advocate

Fürst [fʏrst] **(-en, -en)** *m* prince; **~entum** *nt* principality; **~in** *f* princess; **f~lich** *adj* princely

Fuß [fuːs] **(-es, ⁺e)** *m* foot; (*von Glas, Säule etc*) base; (*von Möbel*) leg; **zu ~** on foot; **~ball** *m* football; **~ballplatz** *m* football pitch; **~ballspiel** *nt* football match; **~ballspieler** *m* footballer; **~boden** *m* floor; **~bremse** *f* (*AUT*) footbrake; **~ende** *nt* foot; **~gänger(in) (-s, -)** *m(f)* pedestrian; **~gängerzone** *f* pedestrian precinct; **~nagel** *m* toenail; **~note** *f* footnote; **~spur** *f* footprint; **~tritt** *m* kick; (*Spur*) footstep; **~weg** *m* footpath

Futter ['fʊtər] **(-s, -)** *nt* fodder, feed; (*Stoff*) lining; **~al** [-ˈraːl] **(-s, -e)** *nt* case

füttern ['fʏtərn] *vt* to feed; (*Kleidung*) to line

Futur [fuˈtuːr] **(-s, -e)** *nt* future

G, g

g *abk* = **Gramm**

gab *etc* [ɡaːp] *vb siehe* **geben**

Gabe ['ɡaːbə] *f* gift

Gabel ['ɡaːbəl] **(-, -n)** *f* fork; **~ung** *f* fork

gackern ['ɡakərn] *vi* to cackle

gaffen ['ɡafən] *vi* to gape

Gage ['ɡaːʒə] *f* fee; salary

gähnen ['ɡɛːnən] *vi* to yawn

Galerie [galə'riː] *f* gallery

Galgen ['galgən] (**-s, -**) *m* gallows *sg*; **~frist** *f* respite; **~humor** *m* macabre humour

Galle ['galə] *f* gall; (*Organ*) gall bladder; **~nstein** *m* gallstone

gammeln ['gaməln] (*umg*) *vi* to bum around; **Gammler(in)** (**-s, -**) (*pej*) *m(f)* layabout, loafer (*inf*)

Gämse ▲ ['gɛmzə] *f* chamois

Gang [gaŋ] (**-(e)s, ⁻e**) *m* walk; (*Botengang*) errand; (*~art*) gait; (*Abschnitt eines Vorgangs*) operation; (*Essensgang, Ablauf*) course; (*Flur etc*) corridor; (*Durchgang*) passage; (*TECH*) gear; **in ~ bringen** to start up; (*fig*) to get off the ground; **in ~ sein** to be in operation; (*fig*) to be under way

gang *adj*: **~ und gäbe** usual, normal

gängig ['gɛŋɪç] *adj* common, current; (*Ware*) in demand, selling well

Gangschaltung *f* gears *pl*

Ganove [ga'noːvə] (**-n, -n**) (*umg*) *m* crook

Gans [gans] (**-, ⁻e**) *f* goose

Gänse- ['gɛnzə] *zW*: **~blümchen** *nt* daisy; **~füßchen** (*umg*) *pl* (*Anführungszeichen*) inverted commas; **~haut** *f* goose pimples *pl*; **~marsch** *m*: **im ~marsch** in single file; **~rich** (**-s, -e**) *m* gander

ganz [gants] *adj* whole; (*vollständig*) complete ♦ *adv* quite; (*völlig*) completely; **~ Europa** all Europe; **sein ~es Geld** all his money; **~ und gar nicht** not at all; **es sieht ~ so aus** it really looks like it; **aufs G~e gehen** to go for the lot

gänzlich ['gɛntslɪç] *adj* complete, entire ♦ *adv* completely, entirely

Ganztagsschule *f* all-day school

gar [gaːr] *adj* cooked, done ♦ *adv* quite; **~ nicht/nichts/keiner** not/nothing/nobody at all; **~ nicht schlecht** not bad at all

Garage [ga'raːʒə] *f* garage

Garantie [garan'tiː] *f* guarantee; **g~ren** *vt* to guarantee; **er kommt g~rt** he's guaranteed to come

Garbe ['garbə] *f* sheaf

Garde ['gardə] *f* guard

Garderobe [gardə'roːbə] *f* wardrobe; (*Abgabe*) cloakroom; **~nfrau** *f* cloakroom attendant

Gardine [gar'diːnə] *f* curtain

garen ['gaːrən] *vt, vi* to cook

gären ['gɛːrən] (*unreg*) *vi* to ferment

Garn [garn] (**-(e)s, -e**) *nt* thread; yarn (*auch fig*)

Garnele [gar'neːlə] *f* shrimp, prawn

garnieren [gar'niːrən] *vt* to decorate; (*Speisen, fig*) to garnish

Garnison [garni'zoːn] (**-, -en**) *f* garrison

Garnitur [garni'tuːr] *f* (*Satz*) set; (*Unterwäsche*) set of (matching) underwear; **erste ~** (*fig*) top rank; **zweite ~** (*fig*) second rate

garstig ['garstɪç] *adj* nasty, horrid

Garten ['gartən] (**-s, ⁻**) *m* garden; **~arbeit** *f* gardening; **~gerät** *nt* gardening tool; **~lokal** *nt* beer garden; **~tür** *f* garden gate

Gärtner(in) ['gɛrtnər(ɪn)] (**-s, -**) *m(f)* gardener; **~ei** [-'rai] *f* nursery; (*Gemüsegärtnerei*) market garden (*BRIT*), truck farm (*US*)

Gärung ['gɛːruŋ] *f* fermentation

Gas [gaːs] (**-es, -e**) *nt* gas; **~ geben** (*AUT*) to accelerate, to step on the gas; **~hahn** *m* gas tap; **~herd** *m* gas cooker; **~kocher** *m* gas cooker; **~leitung** *f* gas pipe; **~pedal** *nt* accelerator, gas pedal

Gasse ['gasə] *f* lane, alley

Gast [gast] (**-es, ⁻e**) *m* guest; (*in Lokal*) patron; **bei jdm zu ~ sein** to be sb's guest; **~arbeiter(in)** *m(f)* foreign worker

Gäste- ['gɛstə] *zW*: **~buch** *nt* visitors' book, guest book; **~zimmer** *nt* guest *od* spare room

Gast- *zW*: **g~freundlich** *adj* hospitable; **~geber** (**-s, -**) *m* host; **~geberin** *f* hostess; **~haus** *nt* hotel, inn; **~hof** *m* hotel, inn; **g~ieren** [-'tiːrən] *vi* (*THEAT*) to (appear as a) guest; **g~lich** *adj* hospitable; **~rolle** *f* guest role; **~spiel** *nt* (*THEAT*) guest performance; **~stätte** *f* restaurant; pub; **~wirt** *m* innkeeper; **~wirtschaft** *f* hotel, inn

Gaswerk *nt* gasworks *sg*

Gaszähler *m* gas meter

Gatte ['gatə] (**-n, -n**) *m* husband, spouse

Gattin *f* wife, spouse

Rechtschreibreform: ▲ neue Schreibung △ alte Schreibung (auslaufend)

Gattung ['gatʊŋ] *f* genus; kind

Gaudi ['gaʊdi] (*umg: SÜDD, ÖSTERR*) *nt od f* fun

Gaul [gaʊl] **(-(e)s, Gäule)** *m* horse; nag

Gaumen ['gaʊmən] **(-s, -)** *m* palate

Gauner ['gaʊnər] **(-s, -)** *m* rogue; **~ei** [-'raɪ] *f* swindle

geb. *abk* = **geboren**

Gebäck [gə'bɛk] **(-(e)s, -e)** *nt* pastry

gebacken [gə'bakən] *adj* baked; (*gebraten*) fried

Gebälk [gə'bɛlk] **(-(e)s)** *nt* timberwork

Gebärde [gə'bɛːrdə] *f* gesture; **g~n** *vr* to behave

gebären [gə'bɛːrən] (*unreg*) *vt* to give birth to, to bear

Gebärmutter *f* uterus, womb

Gebäude [gə'bɔydə] **(-s, -)** *nt* building; **~komplex** *m* (building) complex

geben ['geːbən] (*unreg*) *vt, vi* to give; (*Karten*) to deal ♦ *vb unpers*: **es gibt** there is/are; there will be ♦ *vr* (*sich verhalten*) to behave, to act; (*aufhören*) to abate; **jdm etw ~** to give sb sth *od* sth to sb; **was gibts?** what's up?; **was gibt es im Kino?** what's on at the cinema?; **sich geschlagen ~** to admit defeat; **das wird sich schon ~** that'll soon sort itself out

Gebet [gə'beːt] **(-(e)s, -e)** *nt* prayer

gebeten [gə'beːtən] *vb siehe* **bitten**

Gebiet [gə'biːt] **(-(e)s, -e)** *nt* area; (*Hoheitsgebiet*) territory; (*fig*) field; **g~en** (*unreg*) *vt* to command, to demand; **g~erisch** *adj* imperious

Gebilde [gə'bɪldə] **(-s, -)** *nt* object

gebildet *adj* cultured, educated

Gebirge [gə'bɪrgə] **(-s, -)** *nt* mountain chain

Gebiss [gə'bɪs] **(-es, -e)** *nt* teeth *pl*; (*künstlich*) dentures *pl*

gebissen *vb siehe* **beißen**

geblieben [gə'bliːbən] *vb siehe* **bleiben**

geblümt [gə'blyːmt] *adj* (*Kleid, Stoff, Tapete*) floral

geboren [gə'boːrən] *adj* born; (*Frau*) née

geborgen [gə'bɔrgən] *adj* secure, safe

Gebot [gə'boːt] **(-(e)s, -e)** *nt* command; (*REL*) commandment; (*bei Auktion*) bid

geboten [gə'boːtən] *vb siehe* **bieten**

Gebr. *abk* (= *Gebrüder*) Bros.

gebracht [gə'braxt] *vb siehe* **bringen**

gebraten [gə'braːtən] *adj* fried

Gebrauch [gə'braʊx] **(-(e)s, Gebräuche)** *m* use; (*Sitte*) custom; **g~en** *vt* to use

gebräuchlich [gə'brɔyçlɪç] *adj* usual, customary

Gebrauchs- *zW*: **~anweisung** *f* directions *pl* for use; **g~fertig** *adj* ready for use; **~gegenstand** *m* commodity

gebraucht [gə'braʊxt] *adj* used; **G~wagen** *m* secondhand *od* used car

gebrechlich [gə'brɛçlɪç] *adj* frail

Gebrüder [gə'bryːdər] *pl* brothers

Gebrüll [gə'brʏl] **(-(e)s)** *nt* roaring

Gebühr [gə'byːr] **(-, -en)** *f* charge, fee; **nach ~** fittingly; **über ~** unduly; **g~en** *vi*: **jdm g~en** to be sb's due *od* due to sb ♦ *vr* to be fitting; **g~end** *adj* fitting, appropriate ♦ *adv* fittingly, appropriately

Gebühren- *zW*: **~einheit** *f* (*TEL*) unit; **~erlass** ▲ *m* remission of fees; **~ermäßigung** *f* reduction of fees; **g~frei** *adj* free of charge; **~ordnung** *f* scale of charges, tariff; **g~pflichtig** *adj* subject to a charge

gebunden [gə'bʊndən] *vb siehe* **binden**

Geburt [gə'buːrt] **(-, -en)** *f* birth

Geburtenkontrolle *f* birth control

Geburtenregelung *f* birth control

gebürtig [gə'bʏrtɪç] *adj* born in, native of; **~e Schweizerin** native of Switzerland

Geburts- *zW*: **~anzeige** *f* birth notice; **~datum** *nt* date of birth; **~jahr** *nt* year of birth; **~ort** *m* birthplace; **~tag** *m* birthday; **~urkunde** *f* birth certificate

Gebüsch [gə'byʃ] **(-(e)s, -e)** *nt* bushes *pl*

gedacht [gə'daxt] *vb siehe* **denken**

Gedächtnis [gə'dɛçtnɪs] **(-ses, -se)** *nt* memory; **~feier** *f* commemoration

Gedanke [gə'daŋkə] **(-ns, -n)** *m* thought; **sich über etw** *akk* **~n machen** to think about sth

Gedanken- *zW*: **~austausch** *m* exchange of ideas; **g~los** *adj* thoughtless; **~strich** *m* dash; **~übertragung** *f* thought transference, telepathy

Gedeck [gə'dɛk] (-(e)s, -e) *nt* cover(ing); (*Speisenfolge*) menu; **ein ~ auflegen** to lay a place

gedeihen [gə'daɪən] (*unreg*) *vi* to thrive, to prosper

Gedenken *nt*: **zum ~ an jdn** in memory of sb

gedenken [gə'dɛŋkən] (*unreg*) *vi* +*gen* (*beabsichtigen*) to intend; (*sich erinnern*) to remember

Gedenk- *zW*: **~feier** *f* commemoration; **~minute** *f* minute's silence; **~stätte** *f* memorial; **~tag** *m* remembrance day

Gedicht [gə'dɪçt] (-(e)s, -e) *nt* poem

gediegen [gə'diːgən] *adj* (good) quality; (*Mensch*) reliable, honest

Gedränge [gə'drɛŋə] (-s) *nt* crush, crowd

gedrängt *adj* compressed; **~ voll** packed

gedrückt [gə'drʏkt] *adj* (*deprimiert*) low, depressed

gedrungen [gə'drʊŋən] *adj* thickset, stocky

Geduld [gə'dʊlt] *f* patience; **g~en** [gə'dʊldən] *vr* to be patient; **g~ig** *adj* patient, forbearing; **~sprobe** *f* trial of (one's) patience

gedurft [gə'dʊrft] *vb siehe* **dürfen**

geehrt [gə'|eːrt] *adj*: **Sehr ~e Frau X!** Dear Mrs X

geeignet [gə'|aɪgnət] *adj* suitable

Gefahr [gə'faːr] (-, -en) *f* danger; **~ laufen, etw zu tun** to run the risk of doing sth; **auf eigene ~** at one's own risk

gefährden [gə'fɛːrdən] *vt* to endanger

Gefahren- *zW*: **~quelle** *f* source of danger; **~zulage** *f* danger money

gefährlich [gə'fɛːrlɪç] *adj* dangerous

Gefährte [gə'fɛːrtə] (-n, -n) *m* companion; (*Lebenspartner*) partner

Gefährtin [gə'fɛːrtɪn] *f* (female) companion; (*Lebenspartner*) (female) partner

Gefälle [gə'fɛlə] (-s, -) *nt* gradient, incline

Gefallen[1] [gə'falən] (-s, -) *m* favour

Gefallen[2] [gə'falən] (-s) *nt* pleasure; **an etw** *dat* **~ finden** to derive pleasure from sth

gefallen *pp von* **fallen** ♦ *vi*: **jdm ~** to please

sb; **er/es gefällt mir** I like him/it; **das gefällt mir an ihm** that's one thing I like about him; **sich** *dat* **etw ~ lassen** to put up with sth

gefällig [gə'fɛlɪç] *adj* (*hilfsbereit*) obliging; (*erfreulich*) pleasant; **G~keit** *f* favour; helpfulness; **etw aus G~keit tun** to do sth out of the goodness of one's heart

gefangen [gə'faŋən] *adj* captured; (*fig*) captivated; **~ halten** to keep prisoner; **~ nehmen** to take prisoner; **G~e(r)** *f(m)* prisoner, captive; **G~nahme** *f* capture; **G~schaft** *f* captivity

Gefängnis [gə'fɛŋnɪs] (-ses, -se) *nt* prison; **~strafe** *f* prison sentence; **~wärter** *m* prison warder; **~zelle** *f* prison cell

Gefäß [gə'fɛːs] (-es, -e) *nt* vessel; (*auch* ANAT) container

gefasst ▲ [gə'fast] *adj* composed, calm; **auf etw** *akk* **~ sein** to be prepared *od* ready for sth

Gefecht [gə'fɛçt] (-(e)s, -e) *nt* fight; (MIL) engagement

Gefieder [gə'fiːdər] (-s, -) *nt* plumage, feathers *pl*

gefleckt [gə'flɛkt] *adj* spotted, mottled

geflogen [gə'floːgən] *vb siehe* **fliegen**

geflossen [gə'flɔsən] *vb siehe* **fließen**

Geflügel [gə'flyːgəl] (-s) *nt* poultry

Gefolgschaft [gə'fɔlkʃaft] *f* following

gefragt [ge'fraːkt] *adj* in demand

gefräßig [gə'frɛːsɪç] *adj* voracious

Gefreite(r) [gə'fraɪtə(r)] *m* lance corporal; (NAUT) able seaman; (AVIAT) aircraftman

Gefrierbeutel *m* freezer bag

gefrieren [gə'friːrən] (*unreg*) *vi* to freeze

Gefrier- *zW*: **~fach** *nt* icebox; **~fleisch** *nt* frozen meat; **g~getrocknet** [-gətrɔknət] *adj* freeze-dried; **~punkt** *m* freezing point; **~schutzmittel** *nt* antifreeze; **~truhe** *f* deep-freeze

gefroren [gə'froːrən] *vb siehe* **frieren**

Gefühl [gə'fyːl] (-(e)s, -e) *nt* feeling; **etw im ~ haben** to have a feel for sth; **g~los** *adj* unfeeling

gefühls- *zW*: **~betont** *adj* emotional; **G~duselei** [-duːzə'laɪ] *f* over-sentimentality;

~mäßig adj instinctive
gefüllt [gə'fʏlt] adj (KOCH) stuffed
gefunden [gə'fʊndən] vb siehe **finden**
gegangen [gə'gaŋən] vb siehe **gehen**
gegeben [gə'ge:bən] vb siehe **geben** ♦ adj
given; **zu ~er Zeit** in good time
gegebenenfalls [gə'ge:bənənfals] adv if
need be

SCHLÜSSELWORT

gegen ['ge:gən] präp +akk **1** against; **nichts
gegen jdn haben** to have nothing against
sb; **X gegen Y** (SPORT, JUR) X versus Y; **ein
Mittel gegen Schnupfen** something for
colds

2 (in Richtung auf) towards; **gegen Osten**
to(wards) the east; **gegen Abend** towards
evening; **gegen einen Baum fahren** to
drive into a tree

3 (ungefähr) round about; **gegen 3 Uhr**
around 3 o'clock

4 (gegenüber) towards; (ungefähr) around;
gerecht gegen alle fair to all

5 (im Austausch für) for; **gegen bar** for cash;
gegen Quittung against a receipt

6 (verglichen mit) compared with

Gegenangriff m counter-attack
Gegenbeweis m counter-evidence
Gegend ['ge:gənt] (-, -en) f area, district
Gegen- zW: **g~ei'nander** adv against one
another; **~fahrbahn** f oncoming
carriageway; **~frage** f counter-question;
~gewicht nt counterbalance; **~gift** nt
antidote; **~leistung** f service in return;
~maßnahme f countermeasure; **~mittel**
nt antidote, cure; **~satz** m contrast; **~sätze
überbrücken** to overcome differences;
g~sätzlich adj contrary, opposite;
(widersprüchlich) contradictory; **g~seitig** adj
mutual, reciprocal; **sich g~seitig helfen** to
help each other; **~spieler** m opponent;
~sprechanlage f (two-way) intercom;
~stand m object; **~stimme** f vote against;
~stoß m counterblow; **~stück** nt
counterpart; **~teil** nt opposite; **im ~teil** on
the contrary; **g~teilig** adj opposite,

contrary
gegenüber [ge:gən'|y:bər] präp +dat
opposite; (zu) to(wards); (angesichts) in the
face of ♦ adv opposite; **~** nt person
opposite; **~liegen** (unreg) vr to face each
other; **~stehen** (unreg) vr to be opposed
(to each other); **~stellen** vt to confront;
(fig) to contrast; **G~stellung** f
confrontation; (fig) contrast; **~treten**
(unreg) vi +dat to face
Gegen- zW: **~verkehr** m oncoming traffic;
~vorschlag m counterproposal; **~wart** f
present; **g~wärtig** adj present ♦ adv at
present; **das ist mir nicht mehr g~wärtig**
that has slipped my mind; **~wert** m
equivalent; **~wind** m headwind;
g~zeichnen vt, vi to countersign
gegessen [gə'gesən] vb siehe **essen**
Gegner ['ge:gnər] (-s, -) m opponent;
g~isch adj opposing
gegr. abk (= gegründet) est.
gegrillt [gə'grɪlt] adj grilled
Gehackte(s) [gə'hakta(s)] nt mince(d meat)
Gehalt¹ [gə'halt] (-(e)s, -e) m content
Gehalt² [gə'halt] (-(e)s, ⁺er) nt salary
Gehalts- zW: **~empfänger** m salary
earner; **~erhöhung** f salary increase;
~zulage f salary increment
gehaltvoll [gə'haltfɔl] adj (nahrhaft)
nutritious
gehässig [gə'hɛsɪç] adj spiteful, nasty
Gehäuse [gə'hɔʏzə] (-s, -) nt case; casing;
(von Apfel etc) core
Gehege [gə'he:gə] (-s, -) nt reserve; (im Zoo)
enclosure
geheim [gə'haɪm] adj secret; **~ halten** to
keep secret; **G~dienst** m secret service,
intelligence service; **G~nis** (-ses, -se) nt
secret; mystery; **~nisvoll** adj mysterious;
G~polizei f secret police
gehemmt [gə'hɛmt] adj inhibited, self-
conscious
gehen ['ge:ən] (unreg) vt, vi to go; (zu Fuß ~)
to walk ♦ vb unpers: **wie geht es (dir)?**
how are you od things?; **~ nach** (Fenster) to
face; **mir/ihm geht es gut** I'm/he's (doing)
fine; **geht das?** is that possible?; **gehts**

---

noch? can you manage?; **es geht** not too bad, O.K.; **das geht nicht** that's not on; **es geht um etw** it has to do with sth, it's about sth; **sich ~ lassen** (*unbeherrscht sein*) to lose control (of o.s.); **jdn ~ lassen** to let/leave sb alone; **lass mich ~!** leave me alone!

geheuer [gə'hɔʏər] *adj*: **nicht ~** eerie; (*fragwürdig*) dubious

Gehilfe [gə'hɪlfə] (**-n, -n**) *m* assistant; **Gehilfin** *f* assistant

Gehirn [gə'hɪrn] (**-(e)s, -e**) *nt* brain; **~erschütterung** *f* concussion; **~hautentzündung** *f* meningitis

gehoben [gə'ho:bən] *pp von* **heben** ♦ *adj* (*Position*) elevated; high

geholfen [gə'hɔlfən] *vb siehe* **helfen**

Gehör [gə'hø:r] (**-(e)s**) *nt* hearing; **musikalisches ~** ear; **~ finden** to gain a hearing; **jdm ~ schenken** to give sb a hearing

gehorchen [gə'hɔrçən] *vi +dat* to obey

gehören [gə'hø:rən] *vi* to belong ♦ *vr unpers* to be right *od* proper

gehörig *adj* proper; **~ zu** *od +dat* belonging to; part of

gehörlos *adj* deaf

gehorsam [gə'ho:rza:m] *adj* obedient; **G~** (**-s**) *m* obedience

Geh- ['ge:-] *zW:* **~steig** *m* pavement, sidewalk (*US*); **~weg** *m* pavement, sidewalk (*US*)

Geier ['gaɪər] (**-s, -**) *m* vulture

Geige ['gaɪgə] *f* violin; **~r** (**-s, -**) *m* violinist

geil [gaɪl] *adj* randy (*BRIT*), horny (*US*)

Geisel ['gaɪzəl] (**-, -n**) *f* hostage

Geist [gaɪst] (**-(e)s, -er**) *m* spirit; (*Gespenst*) ghost; (*Verstand*) mind

geisterhaft *adj* ghostly

Geistes- *zW:* **g~abwesend** *adj* absent-minded; **~blitz** *m* brainwave; **~gegenwart** *f* presence of mind; **g~krank** *adj* mentally ill; **~kranke(r)** *f(m)* mentally ill person; **~krankheit** *f* mental illness; **~wissenschaften** *pl* the arts; **~zustand** *m* state of mind

geist- *zW:* **~ig** *adj* intellectual; mental;

(*Getränke*) alcoholic; **~ig behindert** mentally handicapped; **~lich** *adj* spiritual, religious; clerical; **G~liche(r)** *m* clergyman; **G~lichkeit** *f* clergy; **~los** *adj* uninspired, dull; **~reich** *adj* clever; witty; **~voll** *adj* intellectual; (*weise*) wise

Geiz [gaɪts] (**-es**) *m* miserliness, meanness; **g~en** *vi* to be miserly; **~hals** *m* miser; **g~ig** *adj* miserly, mean; **~kragen** *m* miser

gekannt [gə'kant] *vb siehe* **kennen**

gekonnt [gə'kɔnt] *adj* skilful ♦ *vb siehe* **können**

gekünstelt [gə'kʏnstəlt] *adj* artificial, affected

Gel [ge:l] (**-s, -e**) *nt* gel

Gelächter [gə'lɛçtər] (**-s, -**) *nt* laughter

geladen [gə'la:dən] *adj* loaded; (*ELEK*) live; (*fig*) furious

gelähmt [gə'lɛːmt] *adj* paralysed

Gelände [gə'lɛndə] (**-s, -**) *nt* land, terrain; (*von Fabrik, Sportgelände*) grounds *pl*; (*Bau~*) site; **~lauf** *m* cross-country race

Geländer [gə'lɛndər] (**-s, -**) *nt* railing; (*Treppengeländer*) banister(s)

gelangen [gə'laŋən] *vi:* **~ (an +akk od zu)** to reach; (*erwerben*) to attain; **in jds Besitz** *akk* **~** to come into sb's possession

gelangweilt [gə'laŋvaɪlt] *adj* bored

gelassen [gə'lasən] *adj* calm, composed; **G~heit** *f* calmness, composure

Gelatine [ʒela'ti:nə] *f* gelatine

geläufig [gə'lɔʏfɪç] *adj* (*üblich*) common; **das ist mir nicht ~** I'm not familiar with that

gelaunt [gə'laʊnt] *adj:* **schlecht/gut ~** in a bad/good mood; **wie ist er ~?** what sort of mood is he in?

gelb [gɛlp] *adj* yellow; (*Ampellicht*) amber; **~lich** *adj* yellowish; **G~sucht** *f* jaundice

Geld [gɛlt] (**-(e)s, -er**) *nt* money; **etw zu ~ machen** to sell sth off; **~anlage** *f* investment; **~automat** *m* cash dispenser; **~beutel** *m* purse; **~börse** *f* purse; **~geber** (**-s, -**) *m* financial backer; **g~gierig** *adj* avaricious; **~schein** *m* banknote; **~schrank** *m* safe, strongbox; **~strafe** *f* fine; **~stück** *nt* coin; **~wechsel**

m exchange (of money)

Gelee [ʒe'le:] **(-s, -s)** *nt od m* jelly

gelegen [gə'le:gən] *adj* situated; (*passend*) convenient, opportune ♦ *vb siehe* **liegen**; **etw kommt jdm ~** sth is convenient for sb

Gelegenheit [gə'le:gənhaɪt] *f* opportunity; (*Anlaß*) occasion; **bei jeder ~** at every opportunity; **~arbeit** *f* casual work; **~skauf** *m* bargain

gelegentlich [gə'le:gəntlɪç] *adj* occasional ♦ *adv* occasionally; (*bei Gelegenheit*) some time (or other) ♦ *präp +gen* on the occasion of

gelehrt [gə'le:rt] *adj* learned; **G~e(r)** *f(m)* scholar; **G~heit** *f* scholarliness

Geleise [gə'laɪzə] **(-s, -)** *nt* = **Gleis**

Geleit [gə'laɪt] **(-(e)s, -e)** *nt* escort; **g~en** *vt* to escort

Gelenk [gə'lɛŋk] **(-(e)s, -e)** *nt* joint; **g~ig** *adj* supple

gelernt [gə'lɛrnt] *adj* skilled

Geliebte(r) [gə'li:ptə(r)] *f(m)* sweetheart, beloved

geliehen [gə'li:ən] *vb siehe* **leihen**

gelind(e) [gə'lɪnd(ə)] *adj* mild, light; (*fig: Wut*) fierce; **~ gesagt** to put it mildly

gelingen [gə'lɪŋən] (*unreg*) *vi* to succeed; **es ist mir gelungen, etw zu tun** I succeeded in doing sth

geloben [gə'lo:bən] *vt, vi* to vow, to swear

gelten ['gɛltən] (*unreg*) *vt* (*wert sein*) to be worth ♦ *vi* (*gültig sein*) to be valid; (*erlaubt sein*) to be allowed ♦ *vb unpers:* **es gilt, etw zu tun** it is necessary to do sth; **jdm viel/ wenig ~** to mean a lot/not to mean much to sb; **was gilt die Wette?** what do you bet?; **etw ~ lassen** to accept sth; **als** *od* **für etw ~** to be considered to be sth; **jdm** *od* **für jdn ~** (*betreffen*) to apply to *od* for sb; **~d** *adj* prevailing; **etw ~d machen** to assert sth; **sich ~d machen** to make itself/ o.s. felt

Geltung ['gɛltʊŋ] *f:* **~ haben** to have validity; **sich/etw** *dat* **~ verschaffen** to establish one's position/the position of sth; **etw zur ~ bringen** to show sth to its best advantage; **zur ~ kommen** to be seen/

heard *etc* to its best advantage

Geltungsbedürfnis *nt* desire for admiration

Gelübde [gə'lypdə] **(-s, -)** *nt* vow

gelungen [gə'lʊŋən] *adj* successful

gemächlich [gə'mɛːçlɪç] *adj* leisurely

Gemahl [gə'ma:l] **(-(e)s, -e)** *m* husband; **~in** *f* wife

Gemälde [gə'mɛːldə] **(-s, -)** *nt* picture, painting

gemäß [gə'mɛːs] *präp +dat* in accordance with ♦ *adj* (*+dat*) appropriate (to)

gemäßigt *adj* moderate; (*Klima*) temperate

gemein [gə'maɪn] *adj* common; (*niederträchtig*) mean; **etw ~ haben (mit)** to have sth in common (with)

Gemeinde [gə'maɪndə] *f* district, community; (*Pfarrgemeinde*) parish; (*Kirchengemeinde*) congregation; **~steuer** *f* local rates *pl;* **~verwaltung** *f* local administration; **~wahl** *f* local election

Gemein- *zW:* **g~gefährlich** *adj* dangerous to the public; **~heit** *f* commonness; mean thing to do/to say; **g~nützig** *adj* charitable; **g~nütziger Verein** non-profit-making organization; **g~sam** *adj* joint, common (*AUCH MATH*) ♦ *adv* together, jointly; **g~same Sache mit jdm machen** to be in cahoots with sb; **etw g~sam haben** to have sth in common; **~samkeit** *f* community, having in common; **~schaft** *f* community; **in ~schaft mit** jointly *od* together with; **g~schaftlich** *adj* = **gemeinsam; ~schaftsarbeit** *f* teamwork; team effort; **~sinn** *m* public spirit

Gemenge [gə'mɛŋə] **(-s, -)** *nt* mixture; (*Handgemenge*) scuffle

gemessen [gə'mɛsən] *adj* measured

Gemetzel [gə'mɛtsəl] **(-s, -)** *nt* slaughter, carnage, butchery

Gemisch [gə'mɪʃ] **(-es, -e)** *nt* mixture; **g~t** *adj* mixed

gemocht [gə'mɔxt] *vb siehe* **mögen**

Gemse △ ['gɛmzə] *f siehe* **Gämse**

Gemurmel [gə'mʊrməl] **(-s)** *nt* murmur(ing)

Gemüse [gə'my:zə] **(-s, -)** *nt* vegetables *pl;* **~garten** *m* vegetable garden; **~händler** *m* greengrocer

gemusst ▲ [gəˈmʊst] vb siehe **müssen**

gemustert [gəˈmʊstərt] adj patterned

Gemüt [gəˈmyːt] (-(e)s, -er) nt disposition, nature; person; **sich** dat **etw zu ~e führen** (umg) to indulge in sth; **die ~er erregen** to arouse strong feelings; **g~lich** adj comfortable, cosy; (Person) good-natured; **~lichkeit** f comfortableness, cosiness; amiability

Gemüts- zW: **~mensch** m sentimental person; **~ruhe** f composure; **~zustand** m state of mind

Gen [geːn] (-s, -e) nt gene

genannt [gəˈnant] vb siehe **nennen**

genau [gəˈnau] adj exact, precise ♦ adv exactly, precisely; **etw ~ nehmen** to take sth seriously; **~ genommen** strictly speaking; **G~igkeit** f exactness, accuracy; **~so** adv just the same; **~so gut** just as good

genehm [gəˈneːm] adj agreeable, acceptable; **~igen** vt to approve, to authorize; **sich** dat **etw ~igen** to indulge in sth; **G~igung** f approval, authorization; (Schriftstück) permit

General [geneˈraːl] (-s, -e od ⁺e) m general; **~direktor** m director general; **~konsulat** nt consulate general; **~probe** f dress rehearsal; **~streik** m general strike; **g~überholen** vt to overhaul thoroughly; **~versammlung** f general meeting

Generation [generatsiˈoːn] f generation

Generator [geneˈraːtɔr] m generator, dynamo

generell [genəˈrɛl] adj general

genesen [geˈneːzən] (unreg) vi to convalesce, to recover; **Genesung** f recovery, convalescence

genetisch [geˈneːtɪʃ] adj genetic

Genf [ˈgɛnf] nt Geneva; **der ~er See** Lake Geneva

genial [geniˈaːl] adj brilliant

Genick [gəˈnɪk] (-(e)s, -e) nt (back of the) neck

Genie [ʒeˈniː] (-s, -s) nt genius

genieren [ʒeˈniːrən] vt to bother ♦ vr to feel awkward od self-conscious

genieß- zW: **~bar** adj edible; drinkable; **~en** [gəˈniːsən] (unreg) vt to enjoy; to eat; to drink; **G~er** (-s, -) m epicure; pleasure lover; **~erisch** adj appreciative ♦ adv with relish

genmanipuliert [ˈgeːnmanipuliːrt] adj genetically modified

genommen [gəˈnɔmən] vb siehe **nehmen**

Genosse [gəˈnɔsə] (-n, -n) m (bes POL) comrade, companion; **~nschaft** f cooperative (association)

Genossin f (bes POL) comrade, companion

Gentechnik [ˈgeːntɛçnɪk] f genetic engineering

genug [gəˈnuːk] adv enough

Genüge [gəˈnyːgə] f: **jdm/etw ~ tun** od **leisten** to satisfy sb/sth; **g~n** vi (+dat) to be enough (for); **g~nd** adj sufficient

genügsam [gəˈnyːkzaːm] adj modest, easily satisfied; **G~keit** f moderation

Genugtuung [gəˈnuːktuːʊŋ] f satisfaction

Genuss ▲ [gəˈnʊs] (-es, ⁺e) m pleasure; (Zusichnehmen) consumption; **in den ~ von etw kommen** to receive the benefit of sth

genüsslich ▲ [gəˈnʏslɪç] adv with relish

Genussmittel ▲ pl (semi-)luxury items

geöffnet [gəˈœfnət] adj open

Geograf ▲ [geoˈgraːf] (-en, -en) m geographer; **Geograˈfie** ▲ f geography; **g~isch** adj geographical

Geologe [geoˈloːgə] (-n, -n) m geologist; **Geoloˈgie** f geology

Geometrie [geomeˈtriː] f geometry

Gepäck [gəˈpɛk] (-(e)s) nt luggage, baggage; **~abfertigung** f luggage office; **~annahme** f luggage office; **~aufbewahrung** f left-luggage office (BRIT), baggage check (US); **~ausgabe** f luggage office; (AVIAT) luggage reclaim; **~netz** nt luggage rack; **~träger** m porter; (Fahrrad) carrier; **~versicherung** f luggage insurance; **~wagen** m luggage van (BRIT), baggage car (US)

gepflegt [gəˈpfleːkt] adj well-groomed; (Park etc) well looked after

Gerade [gə'ra:də] *f* straight line; **g~'aus** *adv* straight ahead; **g~he'raus** *adv* straight out, bluntly; **g~stehen** (*unreg*) *vi:* **für jdn/etw g~stehen** to be answerable for sb('s actions)/sth; **g~wegs** *adv* direct, straight; **g~zu** *adv* (*beinahe*) virtually, almost

---
SCHLÜSSELWORT
---

gerade [gə'ra:də] *adj* straight; (*aufrecht*) upright; **eine gerade Zahl** an even number

♦ *adv* **1** (*genau*) just, exactly; (*speziell*) especially; **gerade deshalb** that's just *od* exactly why; **das ist es ja gerade!** that's just it!; **gerade du** you especially; **warum gerade ich?** why me (of all people)?; **jetzt gerade nicht!** not now!; **gerade neben** right next to

2 (*eben, soeben*) just; **er wollte gerade aufstehen** he was just about to get up; **gerade erst** only just; **gerade noch** (only) just

---

gerannt [gə'rant] *vb siehe* **rennen**
Gerät [gə'rɛ:t] (*-(e)s, -e*) *nt* device; (*Werkzeug*) tool; (*SPORT*) apparatus; (*Zubehör*) equipment *no pl*
geraten [gə'ra:tən] (*unreg*) *vi* (*gedeihen*) to thrive; (*gelingen*): (**jdm**) ~ to turn out well (for sb); **gut/schlecht** ~ to turn out well/badly; **an jdn** ~ to come across sb; **in etw** *akk* ~ to get into sth; **nach jdm** ~ to take after sb
Geratewohl [gəra:tə'vo:l] *nt:* **aufs** ~ on the off chance; (*bei Wahl*) at random
geräuchert [gə'rɔʏçərt] *adj* smoked
geräumig [gə'rɔʏmɪç] *adj* roomy
Geräusch [gə'rɔʏʃ] (*-(e)s, -e*) *nt* sound, noise; **g~los** *adj* silent
gerben ['gɛrbən] *vt* to tan
gerecht [gə'rɛçt] *adj* just, fair; **jdm/etw** ~ **werden** to do justice to sb/sth; **G~igkeit** *f* justice, fairness
Gerede [gə're:də] (*-s*) *nt* talk, gossip
geregelt [gə're:gəlt] *adj* (*Arbeit*) steady, regular; (*Mahlzeiten*) regular, set

gereizt [gə'raɪtst] *adj* irritable; **G~heit** *f* irritation
Gericht [gə'rɪçt] (*-(e)s, -e*) *nt* court; (*Essen*) dish; **mit jdm ins** ~ **gehen** (*fig*) to judge sb harshly; **das Jüngste** ~ the Last Judgement; **g~lich** *adj* judicial, legal ♦ *adv* judicially, legally
Gerichts- *zW:* **~barkeit** *f* jurisdiction; **~hof** *m* court (of law); **~kosten** *pl* (legal) costs; **~medizin** *f* forensic medicine; **~saal** *m* courtroom; **~verfahren** *nt* legal proceedings *pl*; **~verhandlung** *f* trial; **~vollzieher** *m* bailiff
gerieben [gə'ri:bən] *adj* grated; (*umg: schlau*) smart, wily ♦ *vb siehe* **reiben**
gering [gə'rɪŋ] *adj* slight, small; (*niedrig*) low; (*Zeit*) short; **~fügig** *adj* slight, trivial; **~schätzig** *adj* disparaging
geringste(r, s) *adj* slightest, least; **~nfalls** *adv* at the very least
gerinnen [gə'rɪnən] (*unreg*) *vi* to congeal; (*Blut*) to clot; (*Milch*) to curdle
Gerippe [gə'rɪpə] (*-s, -*) *nt* skeleton
gerissen [gə'rɪsən] *adj* wily, smart
geritten [gə'rɪtən] *vb siehe* **reiten**
gern(e) ['gɛrn(ə)] *adv* willingly, gladly; ~ **haben**, ~ **mögen** to like; **etwas** ~ **tun** to like doing something; **ich möchte** ~ ... I'd like ...; **ja,** ~ yes, please; yes, I'd like to; ~ **geschehen!** it's a pleasure
gerochen [gə'rɔxən] *vb siehe* **riechen**
Geröll [gə'rœl] (*-(e)s, -e*) *nt* scree
Gerste ['gɛrstə] *f* barley; **~nkorn** *nt* (*im Auge*) stye
Geruch [gə'rux] (*-(e)s, ²e*) *m* smell, odour; **g~los** *adj* odourless
Gerücht [gə'rɪçt] (*-(e)s, -e*) *nt* rumour
geruhsam [gə'ru:za:m] *adj* (*Leben*) peaceful; (*Nacht, Zeit*) peaceful, restful; (*langsam: Arbeitsweise, Spaziergang*) leisurely
Gerümpel [gə'rʏmpəl] (*-s*) *nt* junk
Gerüst [gə'rʏst] (*-(e)s, -e*) *nt* (*Baugerüst*) scaffold(ing); frame
gesalzen [gə'zaltsən] *pp von* **salzen** ♦ *adj* (*umg: Preis, Rechnung*) steep
gesamt [gə'zamt] *adj* whole, entire; (*Kosten*) total; (*Werke*) complete; **im G~en** all in all;

~deutsch *adj* all-German; **G~eindruck** *m* general impression; **G~heit** *f* totality, whole; **G~schule** *f* ≃ comprehensive school

Gesamtschule

The **Gesamtschule** *is a comprehensive school for pupils of different abilities. Traditionally pupils go to either a* **Gymnasium, Realschule** *or* **Hauptschule**, *depending on ability. The* **Gesamtschule** *seeks to avoid the elitism of many Gymnasien. However, these schools are still very controversial, with many parents still preferring the traditional education system.*

gesandt [gə'zant] *vb siehe* **senden**
Gesandte(r) [gə'zantə(r)] *m* envoy
Gesandtschaft [gə'zantʃaft] *f* legation
Gesang [gə'zaŋ] (**-(e)s, ⸚e**) *m* song; (*Singen*) singing; **~buch** *nt* (*REL*) hymn book
Gesäß [gə'zɛ:s] (**-es, -e**) *nt* seat, bottom
Geschäft [gə'ʃɛft] (**-(e)s, -e**) *nt* business; (*Laden*) shop; (*~sabschluß*) deal; **g~ig** *adj* active, busy; (*pej*) officious; **g~lich** *adj* commercial ♦ *adv* on business
Geschäfts- *zW*: **~bedingungen** *pl* terms *pl* of business; **~bericht** *m* financial report; **~frau** *f* businesswoman; **~führer** *m* manager; (*Klub*) secretary; **~geheimnis** *nt* trade secret; **~jahr** *nt* financial year; **~lage** *f* business conditions *pl*; **~mann** *m* businessman; **g~mäßig** *adj* businesslike; **~partner** *m* business partner; **~reise** *f* business trip; **~schluss** ▲ *m* closing time; **~stelle** *f* office, place of business; **g~tüchtig** *adj* business-minded; **~viertel** *nt* business quarter; shopping centre; **~wagen** *m* company car; **~zeit** *f* business hours *pl*
geschehen [gə'ʃe:ən] (*unreg*) *vi* to happen; **es war um ihn ~** that was the end of him
gescheit [gə'ʃaɪt] *adj* clever
Geschenk [gə'ʃɛŋk] (**-(e)s, -e**) *nt* present, gift
Geschichte [gə'ʃɪçtə] *f* story; (*Sache*) affair; (*Historie*) history
geschichtlich *adj* historical
Geschick [gə'ʃɪk] (**-(e)s, -e**) *nt* aptitude; (*Schicksal*) fate; **~lichkeit** *f* skill, dexterity; **g~t** *adj* skilful
geschieden [gə'ʃi:dən] *adj* divorced
geschienen [gə'ʃi:nən] *vb siehe* **scheinen**
Geschirr [gə'ʃɪr] (**-(e)s, -e**) *nt* crockery; pots and pans *pl*; (*Pferdegeschirr*) harness; **~spülmaschine** *f* dishwasher; **~spülmittel** *nt* washing-up liquid; **~tuch** *nt* dish cloth
Geschlecht [gə'ʃlɛçt] (**-(e)s, -er**) *nt* sex; (*GRAM*) gender; (*Gattung*) race; family; **g~lich** *adj* sexual
Geschlechts- *zW*: **~krankheit** *f* venereal disease; **~teil** *nt* genitals *pl*; **~verkehr** *m* sexual intercourse
geschlossen [gə'ʃlɔsən] *adj* shut ♦ *vb siehe* **schließen**
Geschmack [gə'ʃmak] (**-(e)s, ⸚e**) *m* taste; **nach jds ~** to sb's taste; **~ finden an etw** *dat* to (come to) like sth; **g~los** *adj* tasteless; (*fig*) in bad taste; **~ssinn** *m* sense of taste; **g~voll** *adj* tasteful
geschmeidig [gə'ʃmaɪdɪç] *adj* supple; (*formbar*) malleable
Geschnetzelte(s) [gə'ʃnɛtsəltə(s)] *nt* (*KOCH*) *strips of meat stewed to produce a thick sauce*
geschnitten [gə'ʃnɪtən] *vb siehe* **schneiden**
Geschöpf [gə'ʃœpf] (**-(e)s, -e**) *nt* creature
Geschoss ▲ [gə'ʃɔs] (**-es, -e**) *nt* (*MIL*) projectile, missile; (*Stockwerk*) floor
geschossen [gə'ʃɔsən] *vb siehe* **schießen**
geschraubt [gə'ʃraʊpt] *adj* stilted, artificial
Geschrei [gə'ʃraɪ] (**-s**) *nt* cries *pl*, shouting; (*fig: Aufheben*) noise, fuss
geschrieben [gə'ʃri:bən] *vb siehe* **schreiben**
Geschütz [gə'ʃʏts] (**-es, -e**) *nt* gun, cannon; **ein schweres ~ auffahren** (*fig*) to bring out the big guns
geschützt *adj* protected
Geschw. *abk siehe* **Geschwister**
Geschwätz [gə'ʃvɛts] (**-es**) *nt* chatter, gossip; **g~ig** *adj* talkative
geschweige [gə'ʃvaɪgə] *adv*: **~ (denn)** let

alone, not to mention

geschwind [gə'ʃvɪnt] *adj* quick, swift; **G~igkeit** [-dɪçkaɪt] *f* speed, velocity; **G~igkeitsbeschränkung** *f* speed limit; **G~igkeitsüberschreitung** *f* exceeding the speed limit

Geschwister [gə'ʃvɪstər] *pl* brothers and sisters

geschwommen [gə'ʃvɔmən] *vb siehe* **schwimmen**

Geschworene(r) [ge'ʃvoːrənə(r)] *f(m)* juror; **~n** *pl* jury

Geschwulst [gə'ʃvʊlst] (-, ¨e) *f* swelling; growth, tumour

geschwungen [gə'ʃvʊŋən] *pp von* **schwingen ♦** *adj* curved, arched

Geschwür [gə'ʃvyːr] (-(e)s, -e) *nt* ulcer

Gesell- [gə'zɛl] *zW:* **~e** (-n, -n) *m* fellow; (*Handwerksgeselle*) journeyman; **g~ig** *adj* sociable; **~igkeit** *f* sociability; **~schaft** *f* society; (*Begleitung*, *COMM*) company; (*Abendgesellschaft etc*) party; **g~schaftlich** *adj* social; **~schaftsordnung** *f* social structure; **~schaftsschicht** *f* social stratum

gesessen [gə'zɛsən] *vb siehe* **sitzen**

Gesetz [gə'zɛts] (-es, -e) *nt* law; **~buch** *nt* statute book; **~entwurf** *m* (draft) bill; **~gebung** *f* legislation; **g~lich** *adj* legal, lawful; **g~licher Feiertag** statutory holiday; **g~los** *adj* lawless; **g~mäßig** *adj* lawful; **g~t** *adj* (*Mensch*) sedate; **g~widrig** *adj* illegal, unlawful

Gesicht [gə'zɪçt] (-(e)s, -er) *nt* face; **das zweite ~** second sight; **das ist mir nie zu ~ gekommen** I've never laid eyes on that

Gesichts- *zW:* **~ausdruck** *m* (facial) expression; **~creme** *f* face cream; **~farbe** *f* complexion; **~punkt** *m* point of view; **~wasser** *nt* face lotion; **~züge** *pl* features

Gesindel [gə'zɪndəl] (-s) *nt* rabble

gesinnt [gə'zɪnt] *adj* disposed, minded

Gesinnung [gə'zɪnʊŋ] *f* disposition; (*Ansicht*) views *pl*

gesittet [gə'zɪtət] *adj* well-mannered

Gespann [gə'ʃpan] (-(e)s, -e) *nt* team; (*umg*) couple

gespannt *adj* tense, strained; (*begierig*) eager; **ich bin ~, ob** I wonder if *od* whether; **auf etw/jdn ~ sein** to look forward to sth/meeting sb

Gespenst [gə'ʃpɛnst] (-(e)s, -er) *nt* ghost, spectre

gesperrt [gə'ʃpɛrt] *adj* closed off

Gespött [gə'ʃpœt] (-(e)s) *nt* mockery; **zum ~ werden** to become a laughing stock

Gespräch [gə'ʃprɛːç] (-(e)s, -e) *nt* conversation; discussion(s); (*Anruf*) call; **g~ig** *adj* talkative

gesprochen [gə'ʃprɔxən] *vb siehe* **sprechen**

gesprungen [gə'ʃprʊŋən] *vb siehe* **springen**

Gespür [gə'ʃpyːr] (-s) *nt* feeling

Gestalt [gə'ʃtalt] (-, -en) *f* form, shape; (*Person*) figure; **in ~ von** in the form of; **~ annehmen** to take shape; **g~en** *vt* (*formen*) to shape, to form; (*organisieren*) to arrange, to organize **♦** *vr:* **sich g~en (zu)** to turn out (to be); **~ung** *f* formation; organization

gestanden [gə'ʃtandən] *vb siehe* **stehen**

Geständnis [gə'ʃtɛntnɪs] (-ses, -se) *nt* confession

Gestank [gə'ʃtaŋk] (-(e)s) *m* stench

gestatten [gə'ʃtatən] *vt* to permit, to allow; **~ Sie?** may I?; **sich** *dat* **~, etw zu tun** to take the liberty of doing sth

Geste ['gɛstə] *f* gesture

gestehen [gə'ʃteːən] (*unreg*) *vt* to confess

Gestein [gə'ʃtaɪn] (-(e)s, -e) *nt* rock

Gestell [gə'ʃtɛl] (-(e)s, -e) *nt* frame; (*Regal*) rack, stand

gestern ['gɛstərn] *adv* yesterday; **~ Abend/ Morgen** yesterday evening/morning

Gestirn [gə'ʃtɪrn] (-(e)s, -e) *nt* star; (*Sternbild*) constellation

gestohlen [gə'ʃtoːlən] *vb siehe* **stehlen**

gestorben [gə'ʃtɔrbən] *vb siehe* **sterben**

gestört [gə'ʃtøːrt] *adj* disturbed

gestreift [gə'ʃtraɪft] *adj* striped

gestrichen [gə'ʃtrɪçən] *adj* cancelled

gestrig ['gɛstrɪç] *adj* yesterday's

Gestrüpp [gə'ʃtrʏp] (-(e)s, -e) *nt* undergrowth

Gestüt [gə'ʃtyːt] (-(e)s, -e) *nt* stud farm

Gesuch [gə'zuːx] (-(e)s, -e) *nt* petition;

Spelling Reform: ▲ *new spelling* △ *old spelling (to be phased out)*

(*Antrag*) application; **g~t** *adj* (*COMM*) in demand; wanted; (*fig*) contrived

gesund [gə'zʊnt] *adj* healthy; **wieder ~ werden** to get better; **G~heit** *f* health(iness); **G~heit!** bless you!; **~heitlich** *adj* health *attrib*, physical ♦ *adv*: **wie geht es Ihnen ~heitlich?** how's your health?; **~heitsschädlich** *adj* unhealthy; **G~heitswesen** *nt* health service; **G~heitszustand** *m* state of health

gesungen [gə'zʊŋən] *vb siehe* **singen**

getan [gə'taːn] *vb siehe* **tun**

Getöse [gə'tøːzə] (**-s**) *nt* din, racket

Getränk [gə'trɛŋk] (**-(e)s, -e**) *nt* drink; **~ekarte** *f* wine list

getrauen [gə'traʊən] *vr* to dare, to venture

Getreide [gə'traɪdə] (**-s, -**) *nt* cereals *pl*, grain; **~speicher** *m* granary

getrennt [gə'trɛnt] *adj* separate

Getriebe [gə'triːbə] (**-s, -**) *nt* (*Leute*) bustle; (*AUT*) gearbox

getrieben *vb siehe* **treiben**

getroffen [gə'trɔfən] *vb siehe* **treffen**

getrost [gə'troːst] *adv* without any bother

getrunken [gə'trʊŋkən] *vb siehe* **trinken**

Getue [gə'tuːə] (**-s**) *nt* fuss

geübt [gə'yːpt] *adj* experienced

Gewächs [gə'vɛks] (**-es, -e**) *nt* growth; (*Pflanze*) plant

gewachsen [gə'vaksən] *adj*: **jdm/etw ~ sein** to be sb's equal/equal to sth

Gewächshaus *nt* greenhouse

gewagt [gə'vaːkt] *adj* daring, risky

gewählt [gə'vɛːlt] *adj* (*Sprache*) refined, elegant

Gewähr [gə'vɛːr] (**-**) *f* guarantee; **keine ~ übernehmen für** to accept no responsibility for; **g~en** *vt* to grant; (*geben*) to provide; **g~leisten** *vt* to guarantee

Gewahrsam [gə'vaːrzaːm] (**-s, -e**) *m* safekeeping; (*Polizeigewahrsam*) custody

Gewalt [gə'valt] (**-, -en**) *f* power; (*große Kraft*) force; (*~taten*) violence; **mit aller ~** with all one's might; **~anwendung** *f* use of force; **g~ig** *adj* tremendous; (*Irrtum*) huge; **~marsch** *m* forced march; **g~sam** *adj* forcible; **g~tätig** *adj* violent

Gewand [gə'vant] (**-(e)s, ⁻er**) *nt* gown, robe

gewandt [gə'vant] *adj* deft, skilful; (*erfahren*) experienced; **G~heit** *f* dexterity, skill

gewann *etc* [gə'van] *vb siehe* **gewinnen**

Gewässer [gə'vɛsər] (**-s, -**) *nt* waters *pl*

Gewebe [gə'veːbə] (**-s, -**) *nt* (*Stoff*) fabric; (*BIOL*) tissue

Gewehr [gə'veːr] (**-(e)s, -e**) *nt* gun; rifle; **~lauf** *m* rifle barrel

Geweih [gə'vaɪ] (**-(e)s, -e**) *nt* antlers *pl*

Gewerb- [gə'vɛrb] *zW*: **~e** (**-s, -**) *nt* trade, occupation; **Handel und ~e** trade and industry; **~eschule** *f* technical school; **~ezweig** *m* line of trade

Gewerkschaft [gə'vɛrkʃaft] *f* trade union; **~ler** (**-s, -**) *m* trade unionist; **~sbund** *m* trade unions federation

gewesen [gə'veːzən] *pp von* **sein**

Gewicht [gə'vɪçt] (**-(e)s, -e**) *nt* weight; (*fig*) importance

gewieft [gə'viːft] *adj* shrewd, cunning

gewillt [gə'vɪlt] *adj* willing, prepared

Gewimmel [gə'vɪməl] (**-s**) *nt* swarm

Gewinde [gə'vɪndə] (**-s, -**) *nt* (*Kranz*) wreath; (*von Schraube*) thread

Gewinn [gə'vɪn] (**-(e)s, -e**) *m* profit; (*bei Spiel*) winnings *pl*; **~ bringend** profitable; **etw mit ~ verkaufen** to sell sth at a profit; **~- und Verlustrechnung** (*COMM*) profit and loss account; **~beteiligung** *f* profit-sharing; **g~en** (*unreg*) *vt* to win; (*erwerben*) to gain; (*Kohle, Öl*) to extract ♦ *vi* to win; (*profitieren*) to gain; **an etw** *dat* **g~en** to gain (in) sth; **g~end** *adj* (*Lächeln, Aussehen*) winning, charming; **~er(in)** (**-s, -**) *m(f)* winner; **~spanne** *f* profit margin; **~ung** *f* winning; gaining; (*von Kohle etc*) extraction

Gewirr [gə'vɪr] (**-(e)s, -e**) *nt* tangle; (*von Straßen*) maze

gewiss ▲ [gə'vɪs] *adj* certain ♦ *adv* certainly

Gewissen [gə'vɪsən] (**-s, -**) *nt* conscience; **g~haft** *adj* conscientious; **g~los** *adj* unscrupulous

Gewissens- *zW*: **~bisse** *pl* pangs of conscience, qualms; **~frage** *f* matter of conscience; **~konflikt** *m* moral conflict

gewissermaßen [gəvɪsər'maːsən] *adv* more

or less, in a way

Gewissheit ▲ [gə'vɪshaɪt] f certainty

Gewitter [gə'vɪtər] (-s, -) nt thunderstorm; **g~n** vi unpers: **es g~t** there's a thunderstorm

gewitzt [gə'vɪtst] adj shrewd, cunning

gewogen [gə'voːɡən] adj (+dat) well-disposed (towards)

gewöhnen [gə'vøːnən] vt: **jdn an etw** akk **~** to accustom sb to sth; (erziehen zu) to teach sb sth ♦ vr: **sich an etw** akk **~** to get used od accustomed to sth

Gewohnheit [gə'voːnhaɪt] f habit; (Brauch) custom; **aus ~** from habit; **zur ~ werden** to become a habit

Gewohnheits- zW: **~mensch** m creature of habit; **~recht** nt common law

gewöhnlich [gə'vøːnlɪç] adj usual; ordinary; (pej) common; **wie ~** as usual

gewohnt [gə'voːnt] adj usual; **etw ~ sein** to be used to sth

Gewöhnung f: **~ (an** +akk) getting accustomed (to)

Gewölbe [gə'vœlbə] (-s, -) nt vault

gewollt [gə'vɔlt] adj affected, artificial

gewonnen [gə'vɔnən] vb siehe **gewinnen**

geworden [gə'vɔrdən] vb siehe **werden**

geworfen [gə'vɔrfən] vb siehe **werfen**

Gewühl [gə'vyːl] (-(e)s) nt throng

Gewürz [gə'vyrts] (-es, -e) nt spice, seasoning; **g~t** adj spiced

gewusst ▲ [gə'vʊst] vb siehe **wissen**

Gezeiten [gə'tsaɪtən] pl tides

gezielt [gə'tsiːlt] adj with a particular aim in mind, purposeful; (Kritik) pointed

gezogen [gə'tsoːɡən] vb siehe **ziehen**

Gezwitscher [gə'tsvɪtʃər] (-s) nt twitter(ing), chirping

gezwungen [gə'tsvʊŋən] adj forced; **~ermaßen** adv of necessity

ggf. abk von **gegebenenfalls**

gibst etc [giːpst] vb siehe **geben**

Gicht [gɪçt] (-) f gout

Giebel ['giːbəl] (-s, -) m gable; **~dach** nt gable(d) roof; **~fenster** nt gable window

Gier [giːr] (-) f greed; **g~ig** adj greedy

gießen ['giːsən] (unreg) vt to pour; (Blumen) to water; (Metall) to cast; (Wachs) to mould

Gießkanne f watering can

Gift [gɪft] (-(e)s, -e) nt poison; **g~ig** adj poisonous; (fig: boshaft) venomous; **~müll** m toxic waste; **~stoff** m toxic substance; **~zahn** m fang

ging etc [ɡɪŋ] vb siehe **gehen**

Gipfel ['ɡɪpfəl] (-s, -) m summit, peak; (fig: Höhepunkt) height; **g~n** vi to culminate; **~treffen** nt summit (meeting)

Gips [ɡɪps] (-es, -e) m plaster; (MED) plaster (of Paris); **~abdruck** m plaster cast; **g~en** vt to plaster; **~verband** m plaster (cast)

Giraffe [ɡi'rafə] f giraffe

Girlande [ɡɪr'landə] f garland

Giro ['ʒiːro] (-s, -s) nt giro; **~konto** nt current account

Gitarre [ɡi'tarə] f guitar

Gitter ['ɡɪtər] (-s, -) nt grating, bars pl; (für Pflanzen) trellis; (Zaun) railing(s); **~bett** nt cot; **~fenster** nt barred window; **~zaun** m railing(s)

Glanz [ɡlants] (-es) m shine, lustre; (fig) splendour

glänzen ['ɡlɛntsən] vi to shine (also fig), to gleam ♦ vt to polish; **~d** adj shining; (fig) brilliant

Glanz- zW: **~leistung** f brilliant achievement; **g~los** adj dull; **~zeit** f heyday

Glas [ɡlaːs] (-es, "er) nt glass; **~er** (-s, -) m glazier; **~faser** f fibreglass; **g~ieren** [ɡla'ziːrən] vt to glaze; **g~ig** adj glassy; **~scheibe** f pane; **~ur** [ɡla'zuːr] f glaze; (KOCH) icing

glatt [ɡlat] adj smooth; (rutschig) slippery; (Absage) flat; (Lüge) downright; **Glätte** f smoothness; slipperiness

Glatteis nt (black) ice; **jdn aufs ~ führen** (fig) to take sb for a ride

glätten vt to smooth out

Glatze ['ɡlatsə] f bald head; **eine ~ bekommen** to go bald

Glaube ['ɡlaʊbə] (-ns, -n) m: **~ (an** +akk) faith (in); belief (in); **g~n** vt, vi to believe; to think; **jdm g~n** to believe sb; **an etw** akk **g~n** to believe in sth; **daran g~n müssen**

(umg) to be for it

glaubhaft ['glaubhaft] *adj* credible

gläubig ['glɔybɪç] *adj* (*REL*) devout; (*vertrauensvoll*) trustful; **G~e(r)** *f(m)* believer; **die G~en** the faithful; **G~er** **(-s, -)** *m* creditor

glaubwürdig ['glaubvyrdɪç] *adj* credible; (*Mensch*) trustworthy; **G~keit** *f* credibility; trustworthiness

gleich [glaɪç] *adj* equal; (*identisch*) (the) same, identical ♦ *adv* equally; (*sofort*) straight away; (*bald*) in a minute; **es ist mir ~** it's all the same to me; **~ bleibend** constant; **~ gesinnt** like-minded; **2 mal 2 ~ 4** 2 times 2 is *od* equals 4; **~ groß** the same size; **~ nach/an** right after/at; **~altrig** *adj* of the same age; **~artig** *adj* similar; **~bedeutend** *adj* synonymous; **G~berechtigung** *f* equal rights *pl*; **~en** (*unreg*) *vi*: **jdm/etw ~en** to be like sb/sth ♦ *vr* to be alike; **~falls** *adv* likewise; **danke ~falls!** the same to you; **G~förmigkeit** *f* uniformity; **G~gewicht** *nt* equilibrium, balance; **~gültig** *adj* indifferent; (*unbedeutend*) unimportant; **G~gültigkeit** *f* indifference; **G~heit** *f* equality; **~kommen** (*unreg*) *vi* +*dat* to be equal to; **~mäßig** *adj* even, equal; **~sam** *adv* as it were; **G~schritt** *m*: **im G~schritt gehen** to walk in step; **~stellen** *vt* (*rechtlich etc*) to treat as (an) equal; **G~strom** *m* (*ELEK*) direct current; **~tun** (*unreg*) *vi*: **es jdm ~tun** to match sb; **G~ung** *f* equation; **~viel** *adv* no matter; **~wertig** *adj* (*Geld*) of the same value; (*Gegner*) evenly matched; **~zeitig** *adj* simultaneous

Gleis [glaɪs] **(-es, -e)** *nt* track, rails *pl*; (*Bahnsteig*) platform

gleiten ['glaɪtən] (*unreg*) *vi* to glide; (*rutschen*) to slide

Gleitzeit *f* flex(i)time

Gletscher ['glɛtʃər] **(-s, -)** *m* glacier; **~spalte** *f* crevasse

Glied [gliːt] **(-(e)s, -er)** *nt* member; (*Arm, Bein*) limb; (*von Kette*) link; (*MIL*) rank(s); **g~ern** [-dərn] *vt* to organize, to structure; **~erung** *f* structure, organization

glimmen ['glɪmən] (*unreg*) *vi* to glow, to gleam

glimpflich ['glɪmpflɪç] *adj* mild, lenient; **~ davonkommen** to get off lightly

glitschig ['glɪtʃɪç] *adj* (*Fisch, Weg*) slippery

glitzern ['glɪtsərn] *vi* to glitter; to twinkle

global [glo'baːl] *adj* global

Globus ['gloːbʊs] **(- *od* -ses, Globen** *od* **-se)** *m* globe

Glocke ['glɔkə] *f* bell; **etw an die große ~ hängen** (*fig*) to shout sth from the rooftops

Glocken- *zW*: **~blume** *f* bellflower; **~geläut** *nt* peal of bells; **~spiel** *nt* chime(s); (*MUS*) glockenspiel; **~turm** *m* bell tower

Glosse ['glɔsə] *f* comment

glotzen ['glɔtsən] (*umg*) *vi* to stare

Glück [glʏk] **(-(e)s)** *nt* luck, fortune; (*Freude*) happiness; **~ haben** to be lucky; **viel ~!** good luck!; **zum ~** fortunately; **g~en** *vi* to succeed; **es g~te ihm, es zu bekommen** he succeeded in getting it

gluckern ['glʊkərn] *vi* to glug

glück- *zW*: **~lich** *adj* fortunate; (*froh*) happy; **~licherweise** *adv* fortunately; **~'selig** *adj* blissful

Glücks- *zW*: **~fall** *m* stroke of luck; **~kind** *nt* lucky person; **~sache** *f* matter of luck; **~spiel** *nt* game of chance

Glückwunsch *m* congratulations *pl*, best wishes *pl*

Glüh- ['glyː] *zW*: **~birne** *f* light bulb; **g~en** *vi* to glow; **~wein** *m* mulled wine; **~würmchen** *nt* glow-worm

Glut [gluːt] **(-, -en)** *f* (*Röte*) glow; (*Feuersglut*) fire; (*Hitze*) heat; (*fig*) ardour

GmbH [geː|ɛmbeː'haː] *f* abk (= *Gesellschaft mit beschränkter Haftung*) limited company, Ltd

Gnade ['gnaːdə] *f* (*Gunst*) favour; (*Erbarmen*) mercy; (*Milde*) clemency

Gnaden- *zW*: **~frist** *f* reprieve, respite; **g~los** *adj* merciless; **~stoß** *m* coup de grâce

gnädig ['gnɛːdɪç] *adj* gracious; (*voll Erbarmen*) merciful

Gold [gɔlt] **(-(e)s)** *nt* gold; **g~en** *adj* golden; **~fisch** *m* goldfish; **~grube** *f* goldmine;

g~ig ['gɔldɪç] (umg) adj (fig: allerliebst) sweet, adorable; ~regen m laburnum; ~schmied m goldsmith

Golf[1] [gɔlf] (-(e)s, -e) m gulf

Golf[2] [gɔlf] (-s) nt golf; ~platz m golf course; ~schläger m golf club

Golfstrom m Gulf Stream

Gondel ['gɔndəl] (-, -n) f gondola; (Seilbahn) cable car

gönnen ['gœnən] vt: jdm etw ~ not to begrudge sb sth; sich dat etw ~ to allow o.s. sth

Gönner (-s, -) m patron; g~haft adj patronizing

Gosse ['gɔsə] f gutter

Gott [gɔt] (-es, ¨er) m god; mein ~! for heaven's sake!; um ~es Willen! for heaven's sake!; grüß ~! hello; ~ sei Dank! thank God!; ~heit f deity

Göttin ['gœtɪn] f goddess

göttlich adj divine

gottlos adj godless

Götze ['gœtsə] (-n, -n) m idol

Grab [gra:p] (-(e)s, ¨er) nt grave; g~en ['gra:bən] (unreg) vt to dig; ~en (-s, ¨) m ditch; (MIL) trench; ~stein m gravestone

Grad [gra:t] (-(e)s, -e) m degree

Graf [gra:f] (-en, -en) m count, earl

Grafiker(in) ▲ ['gra:fikər(ɪn)] (-s, -) m(f) graphic designer

grafisch ▲ ['gra:fɪʃ] adj graphic

Gram [gra:m] (-(e)s) m grief, sorrow

grämen ['grɛ:mən] vr to grieve

Gramm [gram] (-s, -e) nt gram(me)

Grammatik [gra'matɪk] f grammar

Granat [gra'na:t] (-(e)s, -e) m (Stein) garnet

Granate f (MIL) shell; (Handgranate) grenade

Granit [gra'ni:t] (-s, -e) m granite

Gras [gra:s] (-es, ¨er) nt grass; g~en ['gra:zən] vi to graze; ~halm m blade of grass

grassieren [gra'si:rən] vi to be rampant, to rage

grässlich ▲ ['grɛslɪç] adj horrible

Grat [gra:t] (-(e)s, -e) m ridge

Gräte ['grɛ:tə] f fishbone

gratis ['gra:tɪs] adj, adv free (of charge)

G~probe f free sample

Gratulation [gratulatsi'o:n] f congratulation(s)

gratulieren [gratu'li:rən] vi: jdm ~ (zu etw) to congratulate sb (on sth); (ich) gratuliere! congratulations!

grau [grau] adj grey

Gräuel ▲ ['grɔyəl] (-s, -) m horror, revulsion; etw ist jdm ein ~ sb loathes sth

Grauen (-s) nt horror; g~ vi unpers: es graut jdm vor etw sb dreads sth, sb is afraid of sth ♦ vr: sich g~ vor to dread, to have a horror of; g~haft adj horrible

grauhaarig adj grey-haired

gräulich ▲ ['grɔylɪç] adj horrible

grausam ['grauza:m] adj cruel; G~keit f cruelty

Grausen ['grauzən] (-s) nt horror; g~ vb = grauen

gravieren [gra'vi:rən] vt to engrave; ~d adj grave

graziös [gratsi'ø:s] adj graceful

greifbar adj tangible, concrete; in ~er Nähe within reach

greifen ['graifən] (unreg) vt to seize; to grip; nach etw ~ to reach for sth; um sich ~ (fig) to spread; zu etw ~ (fig) to turn to sth

Greis [grais] (-es, -e) m old man; g~enhaft adj senile; ~in f old woman

grell [grɛl] adj harsh

Grenz- ['grɛnts] zW: ~beamte(r) m frontier official; ~e f boundary; (Staatsgrenze) frontier; (Schranke) limit; g~en vi: g~en (an +akk) to border (on); g~enlos adj boundless; ~fall m borderline case; ~kontrolle f border control; ~übergang m frontier crossing

Greuel △ ['grɔyəl] (-s, -) m siehe Gräuel

greulich △ adj siehe gräulich

Griech- ['gri:ç] zW: ~e (-n, -n) m Greek; ~enland nt Greece; ~in f Greek; g~isch adj Greek

griesgrämig ['gri:sgrɛ:mɪç] adj grumpy

Grieß [gri:s] (-es, -e) m (KOCH) semolina

Griff [grɪf] (-(e)s, -e) m grip; (Vorrichtung) handle; g~bereit adj handy

Grill [grɪl] m grill; ~e f cricket; g~en vt to

grill; **~fest** nt barbecue party

Grimasse [gri'masə] f grimace

grimmig ['grɪmɪç] adj furious; (*heftig*) fierce, severe

grinsen ['grɪnzən] vi to grin

Grippe ['grɪpə] f influenza, flu

grob [gro:p] adj coarse, gross; (*Fehler, Verstoß*) gross; **G~heit** f coarseness; coarse expression

grölen ['grø:lən] (*pej*) vt to bawl, to bellow

Groll [grɔl] **(-(e)s)** m resentment; **g~en** vi (*Donner*) to rumble; **g~en (mit** od +dat) to bear ill will (towards)

groß [gro:s] adj big, large; (*hoch*) tall; (*fig*) great ♦ adv greatly; **im G~en und Ganzen** on the whole; **bei jdm ~ geschrieben werden** to be high on sb's list of priorities; **~artig** adj great, splendid; **G~aufnahme** f (*CINE*) close-up; **G~britannien** nt Great Britain

Größe ['grø:sə] f size; (*Höhe*) height; (*fig*) greatness

Groß- zW: **~einkauf** m bulk purchase; **~eltern** pl grandparents; **g~enteils** adv mostly; **~format** nt large size; **~handel** m wholesale trade; **~händler** m wholesaler; **~macht** f great power; **~mutter** f grandmother; **~rechner** m mainframe (computer); **g~schreiben** (*unreg*) vt (*Wort*) to write in block capitals; *siehe* **groß**; **g~spurig** adj pompous; **~stadt** f city, large town

größte(r, s) ['grø:stə(r, s)] adj superl von **groß**; **größtenteils** adv for the most part

Groß- zW: **g~tun** (*unreg*) vi to boast; **~vater** m grandfather; **g~ziehen** (*unreg*) vt to raise; **g~zügig** adj generous; (*Planung*) on a large scale

grotesk [gro'tɛsk] adj grotesque

Grotte ['grɔtə] f grotto

Grübchen ['gry:pçən] nt dimple

Grube ['gru:bə] f pit; mine

grübeln ['gry:bəln] vi to brood

Gruft [gruft] **(-, ̈e)** f tomb, vault

grün [gry:n] adj green; **der ~e Punkt** green spot symbol on recyclable packaging

---

Grünanlage f park

Grund [grʊnt] **(-(e)s, ̈e)** m ground; (*von See, Gefäß*) bottom; (*fig*) reason; **im ~e genommen** basically; *siehe* **aufgrund**; **~ausbildung** f basic training; **~besitz** m land(ed property), real estate; **~buch** nt land register

gründen [grʏndən] vt to found ♦ vr: **sich ~ (auf** +dat) to be based (on); **~ auf** +akk to base on; **Gründer (-s, -)** m founder

Grund- zW: **~gebühr** f basic charge; **~gesetz** nt constitution; **~lage** f foundation; **g~legend** adj fundamental

gründlich adj thorough

Grund- zW: **g~los** adj groundless; **~regel** f basic rule; **~riss ▲** m plan; (*fig*) outline; **~satz** m principle; **g~sätzlich** adj fundamental; (*Frage*) of principle ♦ adv fundamentally; (*prinzipiell*) on principle; **~schule** f elementary school; **~stein** m foundation stone; **~stück** nt estate; plot

Grundwasser nt ground water

┌─ **Grundschule** ─────────────┐

Grünstreifen *m* central reservation
grunzen ['grʊntsən] *vi* to grunt
Gruppe ['grʊpa] *f* group; **~nermäßigung** *f* group reduction; **g~nweise** *adv* in groups
gruppieren [grʊ'piːrən] *vt, vr* to group
gruselig *adj* creepy
gruseln ['gruːzəln] *vi unpers*: **es gruselt jdm vor etw** sth gives sb the creeps ♦ *vr* to have the creeps
Gruß [gruːs] (**-es, ̈e**) *m* greeting; (*MIL*) salute; **viele Grüße** best wishes; **mit freundlichen Grüßen** yours sincerely; **Grüße an** +*akk* regards to
grüßen ['gryːsən] *vt* to greet; (*MIL*) to salute; **jdn von jdm ~** to give sb sb's regards; **jdn ~ lassen** to send sb one's regards
gucken ['gʊkən] *vi* to look
gültig ['gʏltɪç] *adj* valid; **G~keit** *f* validity
Gummi ['gʊmi] (**-s, -s**) *nt od m* rubber; (*~harze*) gum; **~band** *nt* rubber *od* elastic band; (*Hosenband*) elastic; **~bärchen** *nt* ≈ jelly baby (*BRIT*); **~baum** *m* rubber plant; **g~eren** [gu'miːrən] *vt* to gum; **~stiefel** *m* rubber boot
günstig ['gʏnstɪç] *adj* convenient; (*Gelegenheit*) favourable; **das habe ich ~ bekommen** it was a bargain
Gurgel ['gʊrgəl] (**-, -n**) *f* throat; **g~n** *vi* to gurgle; (*im Mund*) to gargle
Gurke ['gʊrkə] *f* cucumber; **saure ~** pickled cucumber, gherkin
Gurt [gʊrt] (**-(e)s, -e**) *m* belt
Gürtel ['gʏrtəl] (**-s, -**) *m* belt; (*GEOG*) zone; **~reifen** *m* radial tyre
GUS *f abk* (= *Gemeinschaft unabhängiger Staaten*) CIS
Guss [gʊs] (**-es, ̈e**) *m* casting; (*Regenguss*) downpour; (*KOCH*) glazing; **~eisen** *nt* cast iron

gut *adj* good; **alles Gute** all the best; **also gut** all right then
♦ *adv* well; **gut gehen** to work, to come off; **es geht jdm gut** sb's doing fine; **gut gemeint** well meant; **gut schmecken** to taste good; **jdm gut tun** to do sb good; **gut, aber ...** OK, but ...; **(na) gut, ich komme** all right, I'll come; **gut drei Stunden** a good three hours; **das kann gut sein** that may well be; **lass es gut sein** that'll do

Gut [guːt] (**-(e)s, ̈er**) *nt* (*Besitz*) possession; **Güter** *pl* (*Waren*) goods; **~achten** (**-s, -**) *nt* (expert) opinion; **~achter** (**-s, -**) *m* expert; **g~artig** *adj* good-natured; (*MED*) benign; **g~bürgerlich** *adj* (*Küche*) (good) plain; **~dünken** *nt*: **nach ~dünken** at one's discretion
Güte ['gyːtə] *f* goodness, kindness; (*Qualität*) quality
Güter- *zW*: **~abfertigung** *f* (*EISENB*) goods office; **~bahnhof** *m* goods station; **~wagen** *m* goods waggon (*BRIT*), freight car (*US*); **~zug** *m* goods train (*BRIT*), freight train (*US*)
Gütezeichen *nt* quality mark; ≈ kite mark
gut- *zW*: **~gehen** △ (*unreg*) *vi unpers siehe* **gut**; **~gemeint** △ *adj siehe* **gut**; **~gläubig** *adj* trusting; **~haben** (**-s**) *nt* credit; **~heißen** (*unreg*) *vt* to approve (of)
gütig ['gyːtɪç] *adj* kind
Gut- *zW*: **g~mütig** *adj* good-natured; **~schein** *m* voucher; **g~schreiben** (*unreg*) *vt* to credit; **~schrift** *f* (*Betrag*) credit; **g~tun** △ (*unreg*) *vi siehe* **gut**; **g~willig** *adj* willing
Gymnasium [gym'naːziʊm] *nt* grammar school (*BRIT*), high school (*US*)

┤ **Gymnasium** ├

ⓘ *The* **Gymnasium** *is a selective secondary school. After nine years of study pupils sit the* **Abitur** *so they can go on to higher education. Pupils who successfully complete six years at a* **Gymnasium** *automatically gain the* **mittlere Reife**.

Gymnastik [gym'nastɪk] *f* exercises *pl*, keep fit

H, h

Haag [haːk] *m*: **Den ~** the Hague
Haar [haːr] **(-(e)s, -e)** *nt* hair; **um ein ~** nearly; **an den ~en herbeigezogen** (*umg*: *Vergleich*) very far-fetched; **~bürste** *f* hairbrush; **h~en** *vi*, *vr* to lose hair; **~esbreite** *f*: **um ~esbreite** by a hair's-breadth; **~festiger (-s, -)** *m* (hair) setting lotion; **h~genau** *adv* precisely; **h~ig** *adj* hairy; (*fig*) nasty; **~klammer** *f* hairgrip; **~nadel** *f* hairpin; **h~scharf** *adv* (*beobachten*) very sharply; (*daneben*) by a hair's breadth; **~schnitt** *m* haircut; **~spange** *f* hair slide; **h~sträubend** *adj* hair-raising; **~teil** *nt* hairpiece; **~waschmittel** *nt* shampoo
Habe ['haːbə] **(-)** *f* property
haben ['haːbən] (*unreg*) *vt, vb aux* to have; **Hunger/Angst ~** to be hungry/afraid; **woher hast du das?** where did you get that from?; **was hast du denn?** what's the matter (with you)?; **du hast zu schweigen** you're to be quiet; **ich hätte gern** I would like; **H~ (-s, -)** *nt* credit
Habgier *f* avarice; **h~ig** *adj* avaricious
Habicht ['haːbɪçt] **(-s, -e)** *m* hawk
Habseligkeiten ['haːpzeːlɪçkaɪtən] *pl* belongings
Hachse ['haksə] *f* (*KOCH*) knuckle
Hacke ['hakə] *f* hoe; (*Ferse*) heel; **h~n** *vt* to hack, to chop; (*Erde*) to hoe
Hackfleisch *nt* mince, minced meat
Hafen ['haːfən] **(-s, ⁺)** *m* harbour, port; **~arbeiter** *m* docker; **~rundfahrt** *f* boat trip round the harbour; **~stadt** *f* port
Hafer ['haːfər] **(-s, -)** *m* oats *pl*; **~flocken** *pl* rolled oats; **~schleim** *m* gruel
Haft [haft] **(-)** *f* custody; **h~bar** *adj* liable, responsible; **~befehl** *m* warrant (for arrest); **h~en** *vi* to stick, to cling; **h~en für** to be liable *od* responsible for; **h~en bleiben (an** +*dat*) to stick (to); **Häftling** *m* prisoner; **~pflicht** *f* liability; **~pflichtversicherung** *f* (*AUT*) third party

insurance; **~schalen** *pl* contact lenses; **~ung** *f* liability; **~ungsbeschränkung** *f* limitation of liability
Hagebutte ['haːgəbʊtə] *f* rose hip
Hagel ['haːgəl] **(-s)** *m* hail; **h~n** *vi unpers* to hail
hager ['haːgər] *adj* gaunt
Hahn [haːn] **(-(e)s, ⁺e)** *m* cock; (*Wasserhahn*) tap, faucet (*US*)
Hähnchen ['hɛːnçən] *nt* cockerel; (*KOCH*) chicken
Hai(fisch) ['haɪ(fɪʃ)] **(-(e)s, -e)** *m* shark
häkeln ['hɛːkəln] *vt* to crochet
Haken ['haːkən] **(-s, -)** *m* hook; (*fig*) catch; **~kreuz** *nt* swastika; **~nase** *f* hooked nose
halb [halp] *adj* half; **~ eins** half past twelve; **~ offen** half-open; **ein ~es Dutzend** half a dozen; **H~dunkel** *nt* semi-darkness
halber ['halbər] *präp* +*gen* (*wegen*) on account of; (*für*) for the sake of
Halb- *zW*: **~heit** *f* half-measure; **h~ieren** *vt* to halve; **~insel** *f* peninsula; **~jahr** *nt* six months; (*auch*: *COMM*) half-year; **h~jährlich** *adj* half-yearly; **~kreis** *m* semicircle; **~leiter** *m* semiconductor; **~mond** *m* half-moon; (*fig*) crescent; **~pension** *f* half-board; **~schuh** *m* shoe; **h~tags** *adv*: **h~tags arbeiten** to work part-time, to work mornings/afternoons; **h~wegs** *adv* halfway; **h~wegs besser** more or less better; **~zeit** *f* (*SPORT*) half; (*Pause*) half-time
Halde ['haldə] *f* (*Kohlen*) heap
half [half] *vb siehe* **helfen**
Hälfte ['hɛlftə] *f* half
Halfter ['halftər] **(-s, -)** *m od nt* (*für Tiere*) halter
Halle ['halə] *f* hall; (*AVIAT*) hangar; **h~n** *vi* to echo, to resound; **~nbad** *nt* indoor swimming pool
hallo [ha'loː] *excl* hello
Halluzination [halutsinatsi'oːn] *f* hallucination
Halm [halm] **(-(e)s, -e)** *m* blade; stalk
Halogenlampe [halo'geːnlampə] *f* halogen lamp

Hals [hals] **(-es, ⸚e)** *m* neck; (*Kehle*) throat; **~ über Kopf** in a rush; **~band** *nt* (*von Hund*) collar; **~kette** *f* necklace; **~-Nasen-Ohren-Arzt** *m* ear, nose and throat specialist; **~schmerzen** *pl* sore throat *sg*; **~tuch** *nt* scarf

Halt [halt] **(-(e)s, -e)** *m* stop; (*fester ~*) hold; (*innerer ~*) stability; **~ od h~!** stop!, halt!; **~ machen** to stop; **h~bar** *adj* durable; (*Lebensmittel*) non-perishable; (*MIL, fig*) tenable; **~barkeit** *f* durability; (non-) perishability

halten ['haltən] (*unreg*) *vt* to keep; (*festhalten*) to hold ♦ *vi* to hold; (*frisch bleiben*) to keep; (*stoppen*) to stop ♦ *vr* (*frisch bleiben*) to keep; (*sich behaupten*) to hold out; **~ für** to regard as; **~ von** to think of; **an sich ~** to restrain o.s.; **sich rechts/links ~** to keep to the right/left

Halte- *zW*: **~stelle** *f* stop; **~verbot** *nt*: **hier ist ~verbot** there's no waiting here

Halt- *zW*: **h~los** *adj* unstable; **h~machen** △ *vi siehe* **Halt**; **~ung** *f* posture; (*fig*) attitude; (*Selbstbeherrschung*) composure

Halunke [ha'luŋkə] **(-n, -n)** *m* rascal

hämisch ['hɛːmɪʃ] *adj* malicious

Hammel ['haməl] **(-s, ⸚ od -)** *m* wether; **~fleisch** *nt* mutton

Hammer ['hamər] **(-s, ⸚)** *m* hammer

hämmern ['hɛmərn] *vt, vi* to hammer

Hämorr(ho)iden [hɛmɔro'iːdən,hɛmɔ'riːdn] *pl* haemorrhoids

Hamster ['hamstər] **(-s, -)** *m* hamster; **~ei** [-'rai] *f* hoarding; **h~n** *vi* to hoard

Hand [hant] **(-, ⸚e)** *f* hand; **~arbeit** *f* manual work; (*Nadelarbeit*) needlework; **~ball** *m* (*SPORT*) handball; **~bremse** *f* handbrake; **~buch** *nt* handbook, manual

Händedruck ['hɛndədrʊk] *m* handshake

Handel ['handəl] **(-s)** *m* trade; (*Geschäft*) transaction

Handeln ['handəln] **(-s)** *nt* action

handeln *vi* to trade; (*agieren*) to act ♦ *vr unpers*: **sich ~ um** to be a question of, to be about; **~ von** to be about

Handels- *zW*: **~bilanz** *f* balance of trade;

~kammer *f* chamber of commerce; **~reisende(r)** *m* commercial traveller; **~schule** *f* business school; **h~üblich** *adj* customary; (*Preis*) going *attrib*; **~vertreter** *m* sales representative

Hand- *zW*: **~feger (-s, -)** *m* hand brush; **h~fest** *adj* hefty; **h~gearbeitet** *adj* handmade; **~gelenk** *nt* wrist; **~gemenge** *nt* scuffle; **~gepäck** *nt* hand luggage; **h~geschrieben** *adj* handwritten; **h~greiflich** *adj* palpable; **h~greiflich werden** to become violent; **~griff** *m* flick of the wrist; **h~haben** *vt insep* to handle

Händler ['hɛndlər] **(-s, -)** *m* trader, dealer

handlich ['hantlɪç] *adj* handy

Handlung ['handlʊŋ] *f* act(ion); (*in Buch*) plot; (*Geschäft*) shop

Hand- *zW*: **~schelle** *f* handcuff; **~schrift** *f* handwriting; (*Text*) manuscript; **~schuh** *m* glove; **~stand** *m* (*SPORT*) handstand; **~tasche** *f* handbag; **~tuch** *nt* towel; **~umdrehen** *nt*: **im ~umdrehen** in the twinkling of an eye; **~werk** *nt* trade, craft; **~werker (-s, -)** *m* craftsman, artisan; **~werkzeug** *nt* tools *pl*

Handy ['hɛndɪ] **(-s, -s)** *nt* mobile (telephone)

Hanf [hanf] **(-(e)s)** *m* hemp

Hang [haŋ] **(-(e)s, ⸚e)** *m* inclination; (*Abhang*) slope

Hänge- ['hɛŋə] *in zW* hanging; **~brücke** *f* suspension bridge; **~matte** *f* hammock

hängen ['hɛŋən] (*unreg*) *vi* to hang ♦ *vt*: **etw (an etw** *akk*) **~** to hang sth (on sth); **~ an** +*dat* (*fig*) to be attached to; **sich ~ an** +*akk* to hang on to, to cling to; **~ bleiben** to be caught; (*fig*) to remain, to stick; **~ bleiben an** +*dat* to catch *od* get caught on; **~ lassen** (*vergessen*) to leave; **den Kopf ~ lassen** to get downhearted

Hannover [ha'noːfər] **(-s)** *nt* Hanover

hänseln ['hɛnzəln] *vt* to tease

Hansestadt ['hanzəʃtat] *f* Hanse town

hantieren [han'tiːrən] *vi* to work, to be busy; **mit etw ~** to handle sth

hapern ['haːpərn] *vi unpers*: **es hapert an etw** *dat* there is a lack of sth

Happen ['hapən] (-s, -) *m* mouthful
Harfe ['harfə] *f* harp
Harke ['harkə] *f* rake; **h~n** *vt, vi* to rake
harmlos ['harmlo:s] *adj* harmless; **H~igkeit** *f* harmlessness
Harmonie [harmo'ni:] *f* harmony; **h~ren** *vi* to harmonize
harmonisch [har'mo:nɪʃ] *adj* harmonious
Harn ['harn] (-(e)s, -e) *m* urine; **~blase** *f* bladder
Harpune [har'pu:nə] *f* harpoon
harren ['harən] *vi:* **~ (auf** +*akk*) to wait (for)
hart [hart] *adj* hard; (*fig*) harsh; **~ gekocht** hard-boiled
Härte ['hɛrtə] *f* hardness; (*fig*) harshness
hart- *zW:* **~herzig** *adj* hard-hearted; **~näckig** *adj* stubborn
Harz [ha:rts] (-es, -e) *nt* resin
Haschee [ha'ʃe:] (-s, -s) *nt* hash
Haschisch ['haʃɪʃ] (-) *nt* hashish
Hase ['ha:zə] (-n, -n) *m* hare
Haselnuss ▲ ['ha:zəlnus] *f* hazelnut
Hasenscharte *f* harelip
Hass ▲ [has] (-es) *m* hate, hatred
hassen ['hasən] *vt* to hate
hässlich ▲ ['hɛslɪç] *adj* ugly; (*gemein*) nasty; **H~keit** *f* ugliness; nastiness
Hast [hast] *f* haste
hast *vb siehe* **haben**
hasten *vi* to rush
hastig *adj* hasty
hat [hat] *vb siehe* **haben**
hatte *etc* ['hatə] *vb siehe* **haben**
Haube ['haubə] *f* hood; (*Mütze*) cap; (*AUT*) bonnet, hood (*US*)
Hauch [haux] (-(e)s, -e) *m* breath; (*Lufthauch*) breeze; (*fig*) trace; **h~dünn** *adj* extremely thin
Haue ['hauə] *f* hoe, pick; (*umg*) hiding; **h~n** (*unreg*) *vt* to hew, to cut; (*umg*) to thrash
Haufen ['haufən] (-s, -) *m* heap; (*Leute*) crowd; **ein ~ (x)** (*umg*) loads *od* a lot (of x); **auf einem ~** in one heap
häufen ['hɔyfən] *vt* to pile up ♦ *vr* to accumulate
haufenweise *adv* in heaps; in droves; **etw ~ haben** to have piles of sth

häufig ['hɔyfɪç] *adj* frequent ♦ *adv* frequently; **H~keit** *f* frequency
Haupt [haupt] (-(e)s, **Häupter**) *nt* head; (*Oberhaupt*) chief ♦ *in zW* main; **~bahnhof** *m* central station; **h~beruflich** *adv* as one's main occupation; **~darsteller(in)** *m(f)* leading actor (actress); **~fach** *nt* (*SCH, UNIV*) main subject, major (*US*); **~gericht** *nt* (*KOCH*) main course
Häuptling ['hɔyptlɪŋ] *m* chief(tain)
Haupt- *zW:* **~mann** (*pl* **-leute**) *m* (*MIL*) captain; **~person** *f* central figure; **~quartier** *nt* headquarters *pl*; **~rolle** *f* leading part; **~sache** *f* main thing; **h~sächlich** *adj* chief ♦ *adv* chiefly; **~saison** *f* high season, peak season; **~schule** *f* ≈ secondary school; **~stadt** *f* capital; **~straße** *f* main street; **~verkehrszeit** *f* rush-hour, peak traffic hours *pl*

Hauptschule

The **Hauptschule** *is a non-selective school which pupils may attend after the* **Grundschule.** *They complete five years of study and most go on to do some vocational training.*

Haus [haus] (-es, **Häuser**) *nt* house; **~ halten** (*sparen*) to economize; **nach ~e** home; **zu ~e** at home; **~apotheke** *f* medicine cabinet; **~arbeit** *f* housework; (*SCH*) homework; **~arzt** *m* family doctor; **~aufgabe** *f* (*SCH*) homework; **~besitzer(in)** *m(f)* house owner; **~besuch** *m* (*von Arzt*) house call; **~durchsuchung** *f* police raid; **h~eigen** *adj* belonging to a/the hotel/firm
Häuser- ['hɔyzər] *zW:* **~block** *m* block (of houses); **~makler** *m* estate agent (*BRIT*), real estate agent (*US*)
Haus- *zW:* **~flur** *m* hallway; **~frau** *f* housewife; **h~gemacht** *adj* home-made; **~halt** *m* household; (*POL*) budget; **h~halten** (*unreg*) *vi* △ *siehe* **Haus**; **~hälterin** *f* housekeeper; **~haltsgeld** *nt* housekeeping (money); **~haltsgerät** *nt*

domestic appliance; **~herr** m host;
(*Vermieter*) landlord; **h~hoch** adv: **h~hoch
verlieren** to lose by a mile
hausieren [hau'ziːrən] vi to peddle
Hausierer (**-s**, **-**) m pedlar (*BRIT*), peddler
(*US*)
häuslich ['hɔyslɪç] adj domestic
Haus- zW: **~meister** m caretaker, janitor;
~nummer f street number; **~ordnung** f
house rules pl; **~putz** m house cleaning;
~schlüssel m front door key; **~schuh** m
slipper; **~tier** nt pet; **~tür** f front door;
~wirt m landlord; **~wirtschaft** f domestic
science; **~zelt** nt frame tent
Haut [haut] (**-**, **Häute**) f skin; (*Tierhaut*) hide;
~creme f skin cream; **h~eng** adj skin-
tight; **~farbe** f complexion; **~krebs** m skin
cancer
Haxe ['haksə] f = **Hachse**
Hbf. abk = **Hauptbahnhof**
Hebamme ['heːpˌlamə] f midwife
Hebel ['heːbəl] (**-s**, **-**) m lever
heben ['heːbən] (*unreg*) vt to raise, to lift
Hecht [hɛçt] (**-(e)s**, **-e**) m pike
Heck [hɛk] (**-(e)s**, **-e**) nt stern; (*von Auto*)
rear
Hecke ['hɛkə] f hedge
Heckenschütze m sniper
Heckscheibe f rear window
Heer [heːr] (**-(e)s**, **-e**) nt army
Hefe ['heːfə] f yeast
Heft ['hɛft] (**-(e)s**, **-e**) nt exercise book;
(*Zeitschrift*) number; (*von Messer*) haft;
h~en vt: **h~en (an +akk)** to fasten (to);
(*nähen*) to tack ((on) to); **etw an etw** akk
h~en to fasten sth to sth; **~er** (**-s**, **-**) m
folder
heftig adj fierce, violent; **H~keit** f
fierceness, violence
Heft- zW: **~klammer** f paper clip;
~pflaster nt sticking plaster; **~zwecke** f
drawing pin
hegen ['heːgən] vt (*Wild, Bäume*) to care for,
to tend; (*fig, geh: empfinden: Wunsch*) to
cherish; (: *Misstrauen*) to feel
Hehl [heːl] m od nt: **kein(en) ~ aus etw
machen** to make no secret of sth; **~er** (**-s,**

-) m receiver (of stolen goods), fence
Heide[1] ['haɪdə] (**-n**, **-n**) m heathen, pagan
Heide[2] ['haɪdə] f heath, moor; **~kraut** nt
heather
Heidelbeere f bilberry
Heidentum nt paganism
Heidin f heathen, pagan
heikel ['haɪkəl] adj awkward, thorny
Heil [haɪl] (**-(e)s**) nt well-being; (*Seelenheil*)
salvation; **h~** adj in one piece, intact; **~and**
(**-(e)s**, **-e**) m saviour; **h~bar** adj curable;
h~en vt to cure ♦ vi to heal; **h~froh** adj
very relieved
heilig ['haɪlɪç] adj holy; **~ sprechen** to
canonize; **H~abend** m Christmas Eve;
H~e(r) f(m) saint; **~en** vt to sanctify, to
hallow; **H~enschein** m halo; **H~keit** f
holiness; **H~tum** nt shrine; (*Gegenstand*)
relic
Heil- zW: **h~los** adj unholy; (*fig*) hopeless;
~mittel nt remedy; **~praktiker(in)** m(f)
non-medical practitioner; **h~sam** adj (*fig*)
salutary; **~sarmee** f Salvation Army; **~ung**
f cure
Heim [haɪm] (**-(e)s**, **-e**) nt home; **h~** adv
home
Heimat ['haɪmaːt] (**-**, **-en**) f home (town/
country etc); **~land** nt homeland; **h~lich**
adj native, home attrib; (*Gefühle*) nostalgic;
h~los adj homeless; **~ort** m home town/
area
Heim- zW: **~computer** m home computer;
h~fahren (*unreg*) vi to drive home; **~fahrt**
f journey home; **h~gehen** (*unreg*) vi to go
home; (*sterben*) to pass away; **h~isch** adj
(*gebürtig*) native; **sich h~isch fühlen** to feel
at home; **~kehr** (**-**, **-en**) f homecoming;
h~kehren vi to return home; **h~lich** adj
secret; **~lichkeit** f secrecy; **~reise** f
journey home; **~spiel** nt (*SPORT*) home
game; **h~suchen** vt to afflict; (*Geist*) to
haunt; **~trainer** m exercise bike;
h~tückisch adj malicious; **~weg** m way
home; **~weh** nt homesickness; **~werker**
(**-s**, **-**) m handyman; **h~zahlen** vt: **jdm etw
h~zahlen** to pay sb back for sth
Heirat ['haɪraːt] (**-**, **-en**) f marriage; **h~en** vt

to marry ♦ *vi* to marry, to get married ♦ *vr* to get married; **~santrag** *m* proposal

heiser ['haɪzər] *adj* hoarse; **H~keit** *f* hoarseness

heiß [haɪs] *adj* hot; **~e(s) Eisen** (*umg*) hot potato; **~blütig** *adj* hot-blooded

heißen ['haɪsən] (*unreg*) *vi* to be called; (*bedeuten*) to mean ♦ *vt* to command; (*nennen*) to name ♦ *vi unpers*: **es heißt** it says; it is said; **das heißt** that is (to say)

Heiß- *zW*: **~hunger** *m* ravenous hunger; **h~hungrig** (*unreg*) *vi, vr* to overheat

heiter ['haɪtər] *adj* cheerful; (*Wetter*) bright; **H~keit** *f* cheerfulness; (*Belustigung*) amusement

Heiz- ['haɪts] *zW*: **h~bar** *adj* heated; (*Raum*) with heating; **h~en** *vt* to heat; **~körper** *m* radiator; **~öl** *nt* fuel oil; **~sonne** *f* electric fire; **~ung** *f* heating

hektisch ['hɛktɪʃ] *adj* hectic

Held [hɛlt] (**-en, -en**) *m* hero; **h~enhaft** *adj* heroic; **~in** *f* heroine

helfen ['hɛlfən] (*unreg*) *vi* to help; (*nützen*) to be of use ♦ *vb unpers*: **es hilft nichts, du musst ...** it's no use, you'll have to ...; **jdm (bei etw) ~** to help sb (with sth); **sich** *dat* **zu ~ wissen** to be resourceful

Helfer (-s, -) *m* helper, assistant; **~shelfer** *m* accomplice

hell [hɛl] *adj* clear, bright; (*Farbe, Bier*) light; **~blau** *adj* light blue; **~blond** *adj* ash blond; **H~e (-)** *f* clearness, brightness; **~hörig** *adj* (*Wand*) paper-thin; **~hörig werden** (*fig*) to prick up one's ears; **H~seher** *m* clairvoyant; **~wach** *adj* wide-awake

Helm ['hɛlm] (**-(e)s, -e**) *m* (*auf Kopf*) helmet

Hemd [hɛmt] (**-(e)s, -en**) *nt* shirt; (*Unterhemd*) vest; **~bluse** *f* blouse

hemmen ['hɛmən] *vt* to check, to hold up; **gehemmt sein** to be inhibited; **Hemmung** *f* check; (*PSYCH*) inhibition; **hemmungslos** *adj* unrestrained, without restraint

Hengst [hɛŋst] (**-es, -e**) *m* stallion

Henkel ['hɛŋkəl] (**-s, -**) *m* handle

Henker (-s, -) *m* hangman

Henne ['hɛnə] *f* hen

SCHLÜSSELWORT

her [heːr] *adv* **1** (*Richtung*): **komm her zu mir** come here (to me); **von England her** from England; **von weit her** from a long way away; **her damit!** hand it over!; **wo hat er das her?** where did he get that from?
2 (*Blickpunkt*): **von der Form her** as far as the form is concerned
3 (*zeitlich*): **das ist 5 Jahre her** that was 5 years ago; **wo bist du her?** where do you come from?; **ich kenne ihn von früher her** I know him from before

---

herab [hɛ'rap] *adv* down(ward(s)); **~hängen** (*unreg*) *vi* to hang down; **~lassen** (*unreg*) *vt* to let down ♦ *vr* to condescend; **~lassend** *adj* condescending; **~setzen** *vt* to lower, to reduce; (*fig*) to belittle, to disparage

heran [hɛ'ran] *adv*: **näher ~!** come up closer!; **~ zu mir!** come up to me!; **~bringen** (*unreg*) *vt*: **~bringen (an** +*akk*) to bring up (to); **~fahren** (*unreg*) *vi*: **~fahren (an** +*akk*) to drive up (to); **~kommen** (*unreg*) *vi*: **(an jdn/etw) ~kommen** to approach (sb/sth), to come near (to sb/sth); **~machen** *vr*: **sich an jdn ~machen** to make up to sb; **~treten** (*unreg*) *vi*: **mit etw an jdn ~treten** to approach sb with sth; **~wachsen** (*unreg*) *vi* to grow up; **~ziehen** (*unreg*) *vt* to pull nearer; (*aufziehen*) to raise; (*ausbilden*) to train; **jdn zu etw ~ziehen** to call upon sb to help in sth

herauf [hɛ'raʊf] *adv* up(ward(s)), up here; **~beschwören** (*unreg*) *vt* to conjure up, to evoke; **~bringen** (*unreg*) *vt* to bring up; **~setzen** *vt* (*Preise, Miete*) to raise, put up

heraus [hɛ'raʊs] *adv* out; **~bekommen** (*unreg*) *vt* to get out; (*fig*) to find *od* figure out; **~bringen** (*unreg*) *vt* to bring out; (*Geheimnis*) to elicit; **~finden** (*unreg*) *vt* to find out; **~fordern** *vt* to challenge; **H~forderung** *f* challenge; provocation; **~geben** (*unreg*) *vt* to hand over, to surrender; (*zurückgeben*) to give back; (*Buch*) to edit; (*veröffentlichen*) to publish; **H~geber** (**-s, -**) *m* editor; (*Verleger*) publisher; **~gehen** (*unreg*) *vi*: **aus sich ~gehen** to come out of one's shell; **~halten** (*unreg*) *vr*: **sich aus etw ~halten** to keep out of sth; **~hängen¹** *vt* to hang out; **~hängen²** (*unreg*) *vi* to hang out; **~holen** *vt*: **~holen (aus)** to get out (of); **~kommen** (*unreg*) *vi* to come out; **dabei kommt nichts ~** nothing will come of it; **~nehmen** (*unreg*) *vt* to remove (from), take out (of); **sich** *dat* **etw ~nehmen** to take liberties; **~reißen** (*unreg*) *vt* to tear out; to pull out; **~rücken** *vt* (*Geld*) to fork out, to hand over; **mit etw ~rücken** (*fig*) to come out with sth; **~stellen** *vr*: **sich ~stellen (als)** to turn out (to be); **~suchen** *vt*: **sich** *dat* **jdn/etw ~suchen** to pick sb/sth out; **~ziehen** (*unreg*) *vt* to pull out, to extract

herb [hɛrp] *adj* (slightly) bitter, acid; (*Wein*) dry; (*fig: schmerzlich*) bitter

herbei [hɛr'baɪ] *adv* (over) here; **~führen** *vt* to bring about; **~schaffen** *vt* to procure

herbemühen ['hɛːrbəmyːən] *vr* to take the trouble to come

Herberge ['hɛrbɛrgə] *f* shelter; hostel, inn

Herbergsmutter *f* warden

Herbergsvater *m* warden

herbitten (*unreg*) *vt* to ask to come (here)

Herbst [hɛrpst] (**-(e)s, -e**) *m* autumn, fall (*US*); **h~lich** *adj* autumnal

Herd [heːrt] (**-(e)s, -e**) *m* cooker; (*fig, MED*) focus, centre

Herde ['heːrdə] *f* herd; (*Schafherde*) flock

herein [hɛ'raɪn] *adv* in (here), here; **~!** come in!; **~bitten** (*unreg*) *vt* to ask in; **~brechen** (*unreg*) *vi* to set in; **~bringen** (*unreg*) *vt* to bring in; **~fallen** (*unreg*) *vi* to be caught, to be taken in; **~fallen auf** +*akk* to fall for; **~kommen** (*unreg*) *vi* to come in; **~lassen** (*unreg*) *vt* to admit; **~legen** *vt*: **jdn ~legen** to take sb in; **~platzen** (*umg*) *vi* to burst in

Her- *zW*: **~fahrt** *f* journey here; **h~fallen** (*unreg*) *vi*: **h~fallen über** +*akk* to fall upon; **~gang** *m* course of events; **h~geben**

(*unreg*) *vt* to give, to hand (over); **sich zu etw h~geben** to lend one's name to sth; **h~gehen** (*unreg*) *vi*: **hinter jdm h~gehen** to follow sb; **es geht hoch h~** there are a lot of goings-on; **h~halten** (*unreg*) *vt* to hold out; **h~halten müssen** (*umg*) to have to suffer; **h~hören** *vi* to listen

Hering ['heːrɪŋ] (**-s, -e**) *m* herring

her- [hɛr] *zW*: **~kommen** (*unreg*) *vi* to come; **komm mal ~!** come here!; **~kömmlich** *adj* traditional; **H~kunft** (**-, -künfte**) *f* origin; **H~kunftsland** *nt* country of origin; **H~kunftsort** *m* place of origin; **~laufen** (*unreg*) *vi*: **~laufen hinter** +*dat* to run after

hermetisch [hɛr'meːtɪʃ] *adj* hermetic ♦ *adv* hermetically

her'nach *adv* afterwards

Heroin [hero'iːn] (**-s**) *nt* heroin

Herr [hɛr] (**-(e)n, -en**) *m* master; (*Mann*) gentleman; (*REL*) Lord; (*vor Namen*) Mr.; **mein ~!** sir!; **meine ~en!** gentlemen!

Herren- *zW*: **~haus** *nt* mansion; **~konfektion** *f* menswear; **h~los** *adj* ownerless; **~toilette** *f* men's toilet *od* restroom (*US*)

herrichten ['hɛrrɪçtən] *vt* to prepare

Herr- *zW*: **~in** *f* mistress; **h~isch** *adj* domineering; **h~lich** *adj* marvellous, splendid; **~lichkeit** *f* splendour, magnificence; **~schaft** *f* power, rule; (*~ und ~in*) master and mistress; **meine ~schaften!** ladies and gentlemen!

herrschen ['hɛrʃən] *vi* to rule; (*bestehen*) to prevail, to be

Herrscher(in) (**-s, -**) *m(f)* ruler

her- *zW*: **~rühren** *vi* to arise, to originate; **~sagen** *vt* to recite; **~stellen** *vt* to make, to manufacture; **H~steller** (**-s, -**) *m* manufacturer; **H~stellung** *f* manufacture

herüber [hɛ'ryːbər] *adv* over (here), across

herum [hɛ'rʊm] *adv* about, (a)round; **um etw ~** around sth; **~führen** *vt* to show around; **~gehen** (*unreg*) *vi* to walk about; **um etw ~gehen** to walk *od* go round sth; **~kommen** (*unreg*) *vi* (*um Kurve etc*) to come round, to turn (round); **~kriegen**

(*umg*) *vt* to bring *od* talk around; **~lungern**
(*umg*) *vi* to hang about *od* around;
~sprechen (*unreg*) *vr* to get around, to be
spread; **~treiben** *vi*, *vr* to drift about;
~ziehen *vi*, *vr* to wander about

herunter [he'rʊntər] *adv* downward(s),
down (there); **~gekommen** *adj* run-down;
~kommen (*unreg*) *vi* to come down; (*fig*)
to come down in the world; **~laden** *unreg*
vt (COMPUT) to download; **~machen** *vt* to
take down; (*schimpfen*) to have a go at

hervor [her'fo:r] *adv* out, forth; **~bringen**
(*unreg*) *vt* to produce; (*Wort*) to utter;
~gehen (*unreg*) *vi* to emerge, to result;
~heben (*unreg*) *vt* to stress; (*als Kontrast*) to
set off; **~ragend** *adj* (*fig*) excellent; **~rufen**
(*unreg*) *vt* to cause, to give rise to; **~treten**
(*unreg*) *vi* to come out (from behind/
between/below); (*Adern*) to be prominent

Herz [herts] **(-ens, -en)** *nt* heart; (KARTEN)
hearts *pl*; **~anfall** *m* heart attack; **~fehler**
m heart defect; **h~haft** *adj* hearty

herziehen ['he:rtsi:ən] (*unreg*) *vi*: **über jdn/
etw ~** (*umg*) to pull sb/sth to pieces (*inf*)

Herz- *zW*: **~infarkt** *m* heart attack;
~klopfen *nt* palpitation; **h~lich** *adj*
cordial; **h~lichen Glückwunsch**
congratulations *pl*; **h~liche Grüße** best
wishes; **h~los** *adj* heartless

Herzog ['hertso:k] **(-(e)s, ⸚e)** *m* duke; **~tum**
nt duchy

Herz- *zW*: **~schlag** *m* heartbeat; (MED)
heart attack; **~stillstand** *m* cardiac arrest;
h~zerreißend *adj* heartrending

Hessen ['hesən] **(-s)** *nt* Hesse

hessisch *adj* Hessian

Hetze ['hetsə] *f* (*Eile*) rush; **h~n** *vt* to hunt;
(*verfolgen*) to chase ♦ *vi* (*eilen*) to rush;
jdn/etw auf jdn/etw h~n to set sb/sth on
sb/sth; **h~n gegen** to stir up feeling
against; **h~n zu** to agitate for

Heu [hɔy] **(-(e)s)** *nt* hay; **Geld wie ~** stacks
of money

Heuch- ['hɔyç] *zW*: **~elei** [-ə'laɪ] *f* hypocrisy;
h~eln *vt* to pretend, to feign ♦ *vi* to be
hypocritical; **~ler(in)** **(-s, -)** *m(f)* hypocrite;
h~lerisch *adj* hypocritical

heulen ['hɔylən] *vi* to howl; to cry

Heurige(r) ['hɔyrɪgə(r)] *m* new wine

Heu- *zW*: **~schnupfen** *m* hay fever;
'**~schrecke** *f* grasshopper; locust

heute ['hɔytə] *adv* today; **~ Abend/früh** this
evening/morning

heutig ['hɔytɪç] *adj* today's

heutzutage ['hɔyttsuta:gə] *adv* nowadays

Hexe ['heksə] *f* witch; **h~n** *vi* to practise
witchcraft; **ich kann doch nicht h~n** I can't
work miracles; **~nschuss** ▲ *m* lumbago;
~'rei *f* witchcraft

Hieb [hi:p] **(-(e)s, -e)** *m* blow; (*Wunde*) cut,
gash; (*Stichelei*) cutting remark; **~e
bekommen** to get a thrashing

hielt *etc* [hi:lt] *vb siehe* **halten**

hier [hi:r] *adv* here; **~ behalten** to keep
here; **~ bleiben** to stay here; **~ lassen** to
leave here; **~auf** *adv* thereupon; (*danach*)
after that; **~bei** *adv* herewith, enclosed;
~durch *adv* by this means; (*örtlich*)
through here; **~her** *adv* this way, here;
~hin *adv* here; **~mit** *adv* hereby; **~nach**
adv hereafter; **~von** *adv* about this, hereof;
~zulande, ~ zu Lande *adv* in this
country

hiesig ['hi:zɪç] *adj* of this place, local

hieß *etc* [hi:s] *vb siehe* **heißen**

Hilfe ['hɪlfə] *f* help; aid; **erste ~** first aid; **~!**
help!

Hilf- *zW*: **h~los** *adj* helpless; **~losigkeit** *f*
helplessness; **h~reich** *adj* helpful

Hilfs- *zW*: **~arbeiter** *m* labourer;
h~bedürftig *adj* needy; **h~bereit** *adj*
ready to help; **~kraft** *f* assistant, helper

hilfst [hɪlfst] *vb siehe* **helfen**

Himbeere ['hɪmbe:rə] *f* raspberry

Himmel ['hɪməl] **(-s, -)** *m* sky; (REL, *auch fig*)
heaven; **~bett** *nt* four-poster bed; **h~blau**
adj sky-blue; **~fahrt** *f* Ascension;
~srichtung *f* direction

himmlisch ['hɪmlɪʃ] *adj* heavenly

SCHLÜSSELWORT

---

hin [hɪn] *adv* **1** (*Richtung*): **hin und zurück**
there and back; **hin und her** to and fro;
bis zur Mauer hin up to the wall; **wo ist**

Rechtschreibreform: ▲ *neue Schreibung* △ *alte Schreibung (auslaufend)*

er hin? where has he gone?; **Geld hin, Geld her** money or no money

2 (*auf ... hin*): **auf meine Bitte hin** at my request; **auf seinen Rat hin** on the basis of his advice

3 : **mein Glück ist hin** my happiness has gone

hinab [hɪˈnap] *adv* down;~**gehen** (*unreg*) *vi* to go down;~**sehen** (*unreg*) *vi* to look down

hinauf [hɪˈnaof] *adv* up;~**arbeiten** *vr* to work one's way up;~**steigen** (*unreg*) *vi* to climb

hinaus [hɪˈnaos] *adv* out;~**gehen** (*unreg*) *vi* to go out; ~**gehen über** +*akk* to exceed; ~**laufen** (*unreg*) *vi* to run out; ~**laufen auf** +*akk* to come to, to amount to; ~**schieben** (*unreg*) *vt* to put off, to postpone;~**werfen** (*unreg*) *vt* (*Gegenstand, Person*) to throw out;~**wollen** *vi* to want to go out; ~**wollen auf** +*akk* to drive at, to get at

Hinblick [ˈhɪnblɪk] *m*: **in od im ~ auf** +*akk* in view of

hinder- [ˈhɪndər] *zW*:~**lich** *adj*: ~**lich sein** to be a hindrance *od* nuisance;~**n** *vt* to hinder, to hamper; **jdn an etw** *dat* ~**n** to prevent sb from doing sth;**H~nis** (**-ses**, **-se**) *nt* obstacle;**H~nisrennen** *nt* steeplechase

hindeuten [ˈhɪndɔʏtən] *vi*: ~ **auf** +*akk* to point to

hindurch [hɪnˈdorç] *adv* through; across; (*zeitlich*) through(out)

hinein [hɪˈnaɪn] *adv* in;~**fallen** (*unreg*) *vi* to fall in; ~**fallen in** +*akk* to fall into;~**gehen** (*unreg*) *vi* to go in; ~**gehen in** +*akk* to go into, to enter;~**geraten** (*unreg*) *vi*: ~**geraten in** +*akk* to get into;~**passen** *vi* to fit in; ~**passen in** +*akk* to fit into; (*fig*) to fit in with;~**steigern** *vr* to get worked up; ~**versetzen** *vr*: **sich ~versetzen in** +*akk* to put o.s. in the position of;~**ziehen** (*unreg*) *vt* to pull in ♦ *vi* to go in

hin- [ˈhɪn] *zW*:~**fahren** (*unreg*) *vi* to go; to drive ♦ *vt* to take; to drive;**H~fahrt** *f*

journey there;~**fallen** (*unreg*) *vi* to fall (down);~**fällig** *adj* frail; (*fig: ungültig*) invalid;**H~flug** *m* outward flight;**H~gabe** *f* devotion;~**geben** (*unreg*) *vr* +*dat* to give o.s. up to, to devote o.s. to;~**gehen** (*unreg*) *vi* to go; (*Zeit*) to pass;~**halten** (*unreg*) *vt* to hold out; (*warten lassen*) to put off, to stall

hinken [ˈhɪŋkən] *vi* to limp; (*Vergleich*) to be unconvincing

hinkommen (*unreg*) *vi* (*an Ort*) to arrive

hin- [ˈhɪn] *zW*:~**legen** *vt* to put down ♦ *vr* to lie down;~**nehmen** (*unreg*) *vt* (*fig*) to put up with, to take;**H~reise** *f* journey out;~**reißen** (*unreg*) *vt* to carry away, to enrapture; **sich ~reißen lassen, etw zu tun** (*unreg*) *vt* (*Steuern*) to do sth; ~**richten** *vt* to execute;**H~richtung** *f* execution;~**setzen** *vt* to put down ♦ *vr* to sit down;~**sichtlich** *präp* +*gen* with regard to;~**stellen** *vt* to put (down) ♦ *vr* to place o.s.

hinten [ˈhɪntən] *adv* at the back; behind; ~**herum** *adv* round the back; (*fig*) secretly

hinter [ˈhɪntər] *präp* (+*dat od akk*) behind; (: *nach*) after; ~ **jdm her sein** to be after sb;**H~achse** *f* rear axle;**H~bliebene(r)** *f(m)* surviving relative;~**e(r, s)** *adj* rear, back;~**einander** *adv* one after the other; **H~gedanke** *m* ulterior motive;~**gehen** (*unreg*) *vt* to deceive;**H~grund** *m* background;**H~halt** *m* ambush;~**hältig** *adj* underhand, sneaky;~**her** *adv* afterwards, after;**H~hof** *m* backyard; **H~kopf** *m* back of one's head;~**lassen** (*unreg*) *vt* to leave;~**legen** *vt* to deposit; **H~list** *f* cunning, trickery; (*Handlung*) trick, dodge;~**listig** *adj* cunning, crafty; **H~mann** *m* person behind;**H~rad** *nt* back wheel;**H~radantrieb** *m* (*AUT*) rear wheel drive;~**rücks** *adv* from behind; **H~tür** *f* back door; (*fig: Ausweg*) loophole; ~**ziehen** (*unreg*) *vt* (*Steuern*) to evade

hinüber [hɪˈnyːbər] *adv* across, over; ~**gehen** (*unreg*) *vi* to go over *od* across

hinunter [hɪˈnontər] *adv* down;~**bringen** (*unreg*) *vt* to take down;~**schlucken** *vt* *(auch fig)* to swallow; **~steigen** *(unreg) vi* to descend

Hinweg ['hɪnveːk] *m* journey out

hinweghelfen [hɪn'veːk-] *(unreg) vi:* **jdm über etw ~** to help sb to get over sth

hinwegsetzen [hɪn'veːk-] *vr:* **sich ~ über** *+akk* to disregard

hin- ['hɪn] *zW:* **H~weis (-es, -e)** *m (Andeutung)* hint; *(Anweisung)* instruction; *(Verweis)* reference; **~weisen** *(unreg) vi:* **~weisen auf** *+akk (anzeigen)* to point to; *(sagen)* to point out, to refer to; **~werfen** *(unreg) vt* to throw down; **~ziehen** *(unreg) vr (fig)* to drag on

hinzu [hɪn'tsuː] *adv* in addition; **~fügen** *vt* to add; **~kommen** *(unreg) vi (Mensch)* to arrive, to turn up; *(Umstand)* to ensue

Hirn [hɪrn] **(-(e)s, -e)** *nt* brain(s); **~gespinst (-(e)s, -e)** *nt* fantasy

Hirsch [hɪrʃ] **(-(e)s, -e)** *m* stag

Hirt ['hɪrt] **(-en, -en)** *m* herdsman; *(Schafhirt, fig)* shepherd

hissen ['hɪsən] *vt* to hoist

Historiker [hɪs'toːrikar] **(-s, -)** *m* historian

historisch [hɪs'toːrɪʃ] *adj* historical

Hitze ['hɪtsə] **(-)** *f* heat; **h~beständig** *adj* heat-resistant; **h~frei** *adj:* **h~frei haben** *to have time off school because of excessively hot weather;* **~welle** *f* heat wave

hitzig ['hɪtsɪç] *adj* hot-tempered; *(Debatte)* heated

Hitzkopf *m* hothead

Hitzschlag *m* heatstroke

hl. *abk von* **heilig**

H-Milch ['haːmɪlç] *f* long-life milk

Hobby ['hɔbi] **(-s, -s)** *nt* hobby

Hobel ['hoːbəl] **(-s, -)** *m* plane; **~bank** *f* carpenter's bench; **h~n** *vt, vi* to plane; **~späne** *pl* wood shavings

Hoch **(-s, -s)** *nt (Ruf)* cheer; *(MET)* anticyclone

hoch [hoːx] *(attrib* **hohe(r, s))** *adj* high;
♦ *adv:* **~ achten** to respect; **~ begabt** extremely gifted; **~ dotiert** highly paid; **H~achtung** *f* respect, esteem; **~achtungsvoll** *adv* yours faithfully; **H~amt** *nt* high mass; **~arbeiten** *vr* to

work one's way up; **H~betrieb** *m* intense activity; *(COMM)* peak time; **H~burg** *f* stronghold; **H~deutsch** *nt* High German; **H~druck** *m* high pressure; **H~ebene** *f* plateau; **H~form** *f* top form; **H~gebirge** *nt* high mountains *pl*; **H~glanz** *m (PHOT)* high gloss print; **etw auf H~glanz bringen** to make sth sparkle like new; **~halten** *(unreg) vt* to hold up; *(fig)* to uphold, to cherish; **H~haus** *nt* multi-storey building; **~heben** *(unreg) vt* to lift (up); **H~konjunktur** *f* boom; **H~land** *nt* highlands *pl*; **jdn ~leben lassen** to give sb three cheers; **H~mut** *m* pride; **~mütig** *adj* proud, haughty; **~näsig** *adj* stuck-up, snooty; **H~ofen** *m* blast furnace; **~prozentig** *adj (Alkohol)* strong; **H~rechnung** *f* projection; **H~saison** *f* high season; **H~schule** *f* college; university; **H~sommer** *m* middle of summer; **H~spannung** *f* high tension; **H~sprung** *m* high jump

höchst [høːçst] *adv* highly, extremely

Hochstapler ['hoːxstaːplər] **(-s, -)** *m* swindler

höchste(r, s) *adj* highest; *(äußerste)* extreme

Höchst- *zW:* **h~ens** *adv* at the most; **~geschwindigkeit** *f* maximum speed; **h~persönlich** *adv* in person; **~preis** *m* maximum price; **h~wahrscheinlich** *adv* most probably

Hoch- *zW:* **~verrat** *m* high treason; **~wasser** *nt* high water; *(Überschwemmung)* floods *pl*

Hochzeit ['hɔxtsaɪt] **(-, -en)** *f* wedding; **~sreise** *f* honeymoon

hocken ['hɔkən] *vi, vr* to squat, to crouch

Hocker **(-s, -)** *m* stool

Höcker ['hœkər] **(-s, -)** *m* hump

Hoden ['hoːdən] **(-s, -)** *m* testicle

Hof [hoːf] **(-(e)s, ⁼e)** *m (Hinterhof)* yard; *(Bauernhof)* farm; *(Königshof)* court

hoff- ['hɔf] *zW:* **~en** *vi:* **~en (auf** *+akk)* to hope (for); **~entlich** *adv* I hope, hopefully; **H~nung** *f* hope

Hoffnungs- *zW:* **h~los** *adj* hopeless;

~losigkeit f hopelessness; **h~voll** adj hopeful

höflich ['høːflɪç] adj polite, courteous; **H~keit** f courtesy, politeness

hohe(r, s) ['hoːə(r, s)] adj attrib siehe **hoch**

Höhe ['høːə] f height; (Anhöhe) hill

Hoheit ['hoːhaɪt] f (POL) sovereignty; (Titel) Highness

Hoheits- zW: **~gebiet** nt sovereign territory; **~gewässer** nt territorial waters pl

Höhen- ['høːən] zW: **~luft** f mountain air; **~messer** (-s, -) m altimeter; **~sonne** f sun lamp; **~unterschied** m difference in altitude

Höhepunkt m climax

höher adj, adv higher

hohl [hoːl] adj hollow

Höhle ['høːlə] f cave, hole; (Mundhöhle) cavity; (fig, ZOOL) den

Hohlmaß nt measure of volume

Hohn [hoːn] (-(e)s) m scorn

höhnisch adj scornful, taunting

holen ['hoːlən] vt to get, to fetch; (Atem) to take; **jdn/etw ~ lassen** to send for sb/sth

Holland ['hɔlant] nt Holland; **Holländer** ['hɔlɛndər] m Dutchman; **holländisch** adj Dutch

Hölle ['hœlə] f hell

höllisch ['hœlɪʃ] adj hellish, infernal

holperig ['hɔlpərɪç] adj rough, bumpy

Holunder [ho'lʊndər] (-s, -) m elder

Holz [hɔlts] (-es, ⁻er) nt wood

hölzern ['hœltsərn] adj (auch fig) wooden

Holz- zW: **~fäller** (-s, -) m lumberjack, woodcutter; **h~ig** adj woody; **~kohle** f charcoal; **~schuh** m clog; **~weg** m (fig) wrong track; **~wolle** f fine wood shavings pl

Homöopathie [homøopa'tiː] f homeopathy

homosexuell [homozɛksu'ɛl] adj homosexual

Honig ['hoːnɪç] (-s, -e) m honey; **~melone** f (BOT, KOCH) honeydew melon; **~wabe** f honeycomb

Honorar [hono'raːr] (-s, -e) nt fee

Hopfen ['hɔpfən] (-s, -) m hops pl

hopsen ['hɔpsən] vi to hop

Hörapparat m hearing aid

hörbar adj audible

horchen ['hɔrçən] vi to listen; (pej) to eavesdrop

Horde ['hɔrdə] f horde

hör- ['høːr] zW: **~en** vt, vi to hear; **Musik/ Radio ~en** to listen to music/the radio; **H~er** (-s, -) m hearer; (RADIO) listener; (UNIV) student; (Telefonhörer) receiver; **H~funk** (-s) m radio; **~geschädigt** [-ɡəʃeːdɪçt] adj hearing-impaired

Horizont [hori'tsɔnt] (-(e)s, -e) m horizon; **h~al** [-'taːl] adj horizontal

Hormon [hɔr'moːn] (-s, -e) nt hormone

Hörmuschel f (TEL) earpiece

Horn [hɔrn] (-(e)s, ⁻er) nt horn; **~haut** f horny skin

Hornisse [hɔr'nɪsə] f hornet

Horoskop [horo'skoːp] (-s, -e) nt horoscope

Hörspiel nt radio play

Hort [hɔrt] (-(e)s, -e) m (SCH) day centre for schoolchildren whose parents are at work

horten ['hɔrtən] vt to hoard

Hose ['hoːzə] f trousers pl, pants pl (US)

Hosen- zW: **~anzug** m trouser suit; **~rock** m culottes pl; **~tasche** f (trouser) pocket; **~träger** m braces pl (BRIT), suspenders pl (US)

Hostie ['hɔstiə] f (REL) host

Hotel [ho'tɛl] (-s, -s) nt hotel; **~ier** (-s, -s) [hotɛli'eː] m hotelkeeper, hotelier; **~verzeichnis** nt hotel register

Hubraum ['huːp-] m (AUT) cubic capacity

hübsch [hʏpʃ] adj pretty, nice

Hubschrauber ['huːpʃraubər] (-s, -) m helicopter

Huf ['huːf] (-(e)s, -e) m hoof; **~eisen** nt horseshoe

Hüft- ['hʏft] zW: **~e** f hip; **~gürtel** m girdle; **~halter** (-s, -) m girdle

Hügel ['hyːɡəl] (-s, -) m hill; **h~ig** adj hilly

Huhn [huːn] (-(e)s, ⁻er) nt hen; (KOCH) chicken

Hühner- ['hyːnər] zW: **~auge** nt corn; **~brühe** f chicken broth

Hülle ['hʏlə] f cover(ing); wrapping; **in ~**

und Fülle galore; **h~n** *vt:* **h~n (in** +*akk*) to cover (with); to wrap (in)

Hülse ['hʏlzə] *f* husk, shell; **~nfrucht** *f* pulse

human [hu'maːn] *adj* humane; **~i'tär** *adj* humanitarian; **H~i'tät** *f* humanity

Hummel ['hʊməl] **(-, -n)** *f* bumblebee

Hummer ['hʊmər] **(-s, -)** *m* lobster

Humor [hu'moːr] **(-s, -e)** *m* humour; **~ haben** to have a sense of humour; **~ist** [-'rɪst] *m* humorist; **h~voll** *adj* humorous

humpeln ['hʊmpəln] *vi* to hobble

Humpen ['hʊmpən] **(-s, -)** *m* tankard

Hund [hʊnt] **(-(e)s, -e)** *m* dog

Hunde- [hʊndə] *zW:* **~hütte** *f* (dog) kennel; **h~müde** (*umg*) *adj* dog-tired

hundert ['hʊndərt] *num* hundred; **H~'jahrfeier** *f* centenary; **~prozentig** *adj, adv* one hundred per cent

Hundesteuer *f* dog licence fee

Hündin ['hʏndɪn] *f* bitch

Hunger ['hʊŋər] **(-s)** *m* hunger; **~ haben** to be hungry; **h~n** *vi* to starve; **~snot** *f* famine

hungrig ['hʊŋrɪç] *adj* hungry

Hupe ['huːpə] *f* horn; **h~n** *vi* to hoot, to sound one's horn

hüpfen ['hʏpfən] *vi* to hop; to jump

Hürde ['hʏrdə] *f* hurdle; (*für Schafe*) pen; **~nlauf** *m* hurdling

Hure ['huːrə] *f* whore

hurtig ['hʊrtɪç] *adj* brisk, quick ♦ *adv* briskly, quickly

huschen ['hʊʃən] *vi* to flit; to scurry

Husten ['huːstən] **(-s)** *m* cough; **h~** *vi* to cough; **~anfall** *m* coughing fit; **~bonbon** *m od nt* cough drop; **~saft** *m* cough mixture

Hut[1] [huːt] **(-(e)s, ⸚e)** *m* hat

Hut[2] [huːt] **(-)** *f* care; **auf der ~ sein** to be on one's guard

hüten ['hyːtən] *vt* to guard ♦ *vr* to watch out; **sich ~, zu** to take care not to; **sich ~ (vor)** to beware (of), to be on one's guard (against)

Hütte ['hʏtə] *f* hut; cottage; (*Eisen~*) forge

Hütten- *zW:* **~käse** *m* (*KOCH*) cottage cheese; **~schuh** *m* slipper sock

Hydrant [hy'drant] *m* hydrant

hydraulisch [hy'draʊlɪʃ] *adj* hydraulic

Hygiene [hygi'eːnə] **(-)** *f* hygiene

hygienisch [hygi'eːnɪʃ] *adj* hygienic

Hymne ['hʏmnə] *f* hymn; anthem

Hypno- [hʏp'noː] *zW:* **~se** *f* hypnosis; **h~tisch** *adj* hypnotic; **~tiseur** [-ti'zøːr] *m* hypnotist; **h~ti'sieren** *vt* to hypnotize

Hypothek [hypo'teːk] **(-, -en)** *f* mortgage

Hypothese [hypo'teːzə] *f* hypothesis

Hysterie [hʏste'riː] *f* hysteria

hysterisch [hʏs'teːrɪʃ] *adj* hysterical

I, i

ICE [iːtseː'|eː] *m abk* = **Intercity-Expresszug**

Ich **(-(s), -(s))** *nt* self; (*PSYCH*) ego

ich [ɪç] *pron* I; **~ bins!** it's me!

Icon ['aɪkɔn] **(-s, -s)** *nt* (*COMPUT*) icon

Ideal [ide'aːl] **(-s, -e)** *nt* ideal; **ideal** *adj* ideal; **idealistisch** [-'lɪstɪʃ] *adj* idealistic

Idee [i'deː, *pl* i'deːən] *f* idea

identifizieren [identifi'tsiːrən] *vt* to identify

identisch [i'dentɪʃ] *adj* identical

Identität [identi'tɛːt] *f* identity

Ideo- [ideo] *zW:* **~loge** [-'loːgə] **(-n, -n)** *m* ideologist; **~logie** [-lo'giː] *f* ideology; **ideologisch** [-'loːgɪʃ] *adj* ideological

Idiot [idi'oːt] **(-en, -en)** *m* idiot; **idiotisch** *adj* idiotic

idyllisch [i'dʏlɪʃ] *adj* idyllic

Igel ['iːgəl] **(-s, -)** *m* hedgehog

ignorieren [igno'riːrən] *vt* to ignore

ihm [iːm] (*dat von* **er, es**) *pron* (to) him; (to) it

ihn [iːn] (*akk von* **er, es**) *pron* him; it; **~en** (*dat von* **sie** *pl*) *pron* (to) them; **Ihnen** (*dat von* **Sie** *pl*) *pron* (to) you

---

SCHLÜSSELWORT

---

ihr [iːr] *pron* **1** (*nom pl*) you; **ihr seid es** it's you

2 (*dat von sie*) to her; **gib es ihr** give it to her; **er steht neben ihr** he is standing beside her

♦ *possessiv pron* **1** (*sg*) her; (: *bei Tieren,*

Dingen) its; **ihr Mann** her husband
2 (*pl*) their; **die Bäume und ihre Blätter**
the trees and their leaves

ihr(e) [iːr] *adj* (*sg*) her, its; (*pl*) their; **Ihr(e)**
adj your

ihre(r, s) *pron* (*sg*) hers, its; (*pl*) theirs;
Ihre(r, s) *pron* yours; **~r** (*gen von* **sie** *sg/pl*)
pron of her/them; **Ihrer** (*gen von* **Sie**) *pron*
of you; **~rseits** *adv* for her/their part;
~sgleichen *pron* people like her/them;
(*von Dingen*) others like it; **~twegen** *adv*
(*für sie*) for her/its/their sake; (*wegen ihr*) on
her/its/their account; **~twillen** *adv*: **um
~twillen** = **ihretwegen**

ihrige [ˈiːrɪɡə] *pron*: **der/die/das ~** *od* **I~**
hers; its; theirs

illegal [ˈɪleɡaːl] *adj* illegal

Illusion [ɪluziˈoːn] *f* illusion

illusorisch [ɪluˈzoːrɪʃ] *adj* illusory

illustrieren [ɪlʊsˈtriːrən] *vt* to illustrate

Illustrierte *f* magazine

im [ɪm] = **in dem**

Imbiss ▲ [ˈɪmbɪs] **(-es, -e)** *m* snack;
~stube *f* snack bar

imitieren [imiˈtiːrən] *vt* to imitate

Imker [ˈɪmkər] **(-s, -)** *m* beekeeper

immatrikulieren [ɪmatrikuˈliːrən] *vi, vr* to
register

immer [ˈɪmər] *adv* always; **~ wieder** again
and again; **~ noch** still; **~ noch nicht** still
not; **für ~** forever; **~ wenn ich ...** every
time I ...; **~ schöner/trauriger** more and
more beautiful/sadder and sadder; **was/
wer (auch) ~** whatever/whoever; **~hin** *adv*
all the same; **~zu** *adv* all the time

Immobilien [ɪmoˈbiːliən] *pl* real estate *sg*;
~makler *m* estate agent (*BRIT*), realtor (*US*)

immun [ɪˈmuːn] *adj* immune; **Immunität**
[-iˈtɛːt] *f* immunity; **Immunsystem** *nt*
immune system

Imperfekt [ˈɪmperfɛkt] **(-s, -e)** *nt* imperfect
(tense)

Impf- [ˈɪmpf] *zW*: **impfen** *vt* to vaccinate;
~stoff *m* vaccine, serum; **~ung** *f*
vaccination

imponieren [ɪmpoˈniːrən] *vi* +*dat* to impress

Import [ɪmˈpɔrt] **(-(e)s, -e)** *m* import; **~eur**
m importer; **importieren** *vt* to import

imposant [ɪmpoˈzant] *adj* imposing

impotent [ˈɪmpotɛnt] *adj* impotent

imprägnieren [ɪmprɛˈɡniːrən] *vt* to
(water)proof

improvisieren [ɪmproviˈziːrən] *vt, vi* to
improvise

Impuls [ɪmˈpʊls] **(-es, -e)** *m* impulse;
impulsiv [ˈzɪːf] *adj* impulsive

imstande, im Stande [ɪmˈʃtandə] *adj*: **~
sein** to be in a position; (*fähig*) to be able

in [ɪn] *präp* +*akk* 1 (*räumlich: wohin?*) in, into;
in die Stadt into town; **in die Schule
gehen** to go to school
2 (*zeitlich*): **bis ins 20. Jahrhundert** into *od*
up to the 20th century
♦ *präp* +*dat* 1 (*räumlich: wo*) in; **in der Stadt**
in town; **in der Schule sein** to be at
school
2 (*zeitlich: wann*): **in diesem Jahr** this year;
(*in jenem Jahr*) in that year; **heute in zwei
Wochen** two weeks today

Inanspruchnahme [ɪnˈʔanʃpruxnaːmə] *f*
(+*gen*) demands *pl* (on)

Inbegriff [ˈɪnbəɡrɪf] *m* embodiment,
personification; **inbegriffen** *adv* included

indem [ɪnˈdeːm] *konj* while; **~ man etw
macht** (*dadurch*) by doing sth

Inder(in) [ˈɪndər(ɪn)] *m(f)* Indian

indes(sen) [ɪnˈdɛs(ən)] *adv* however;
(*inzwischen*) meanwhile ♦ *konj* while

Indianer(in) [ɪndiˈaːnər(ɪn)] *m(f)*
American Indian, native American;
indianisch *adj* Red Indian

Indien [ˈɪndiən] *nt* India

indirekt [ˈɪndirɛkt] *adj* indirect

indisch [ˈɪndɪʃ] *adj* Indian

indiskret [ˈɪndɪskreːt] *adj* indiscreet

indiskutabel [ˈɪndɪskutaːbəl] *adj* out of the
question

individuell [ɪndividuˈɛl] *adj* individual

Individuum [ɪndiˈviːduʊm] **(-s, -en)** *nt*
individual

Indiz [ɪnˈdiːts] **(-es, -ien)** *nt (JUR)* clue; **~ (für)** sign (of)

industrialisieren [ɪndʊstrialiˈzɪːrən] *vt* to industrialize

Industrie [ɪndʊsˈtriː] *f* industry ♦ *in zW* industrial; **~gebiet** *nt* industrial area; **~- und Handelskammer** *f* chamber of commerce; **~zweig** *m* branch of industry

ineinander [ɪn|aɪˈnandər] *adv* in(to) one another *od* each other

Infarkt [ɪnˈfarkt] **(-(e)s, -e)** *m* coronary (thrombosis)

Infektion [ɪnfɛktsiˈoːn] *f* infection; **~skrankheit** *f* infectious disease

Infinitiv [ˈɪnfinitiːf] **(-s, -e)** *m* infinitive

infizieren [ɪnfiˈtsiːrən] *vt* to infect ♦ *vr:* **sich (bei jdm) ~** to be infected (by sb)

Inflation [ɪnflatsiˈoːn] *f* inflation

inflationär [ɪnflatsioˈnɛːr] *adj* inflationary

infolge [ɪnˈfɔlɡə] *präp +gen* as a result of, owing to; **~dessen** [-ˈdesən] *adv* consequently

Informatik [ɪnfɔrˈmatɪk] *f* information studies *pl*

Information [ɪnfɔrmatsiˈoːn] *f* information *no pl*

informieren [ɪnfɔrˈmiːrən] *vt* to inform ♦ *vr:* **sich ~ (über** +akk) to find out (about)

infrage, in Frage *adv:* **~ stellen** to question sth; **nicht ~ kommen** to be out of the question

Ingenieur [ɪnʒeniˈøːr] *m* engineer; **~schule** *f* school of engineering

Ingwer [ˈɪŋvər] **(-s)** *m* ginger

Inh. *abk* (= *Inhaber*) prop.; (= *Inhalt*) contents

Inhaber(in) [ˈɪnhabər(ɪn)] **(-s, -)** *m(f)* owner; (*Hausinhaber*) occupier; (*Lizenzinhaber*) licensee, holder; (*FIN*) bearer

inhaftieren [ɪnhafˈtiːrən] *vt* to take into custody

inhalieren [ɪnhaˈliːrən] *vt, vi* to inhale

Inhalt [ˈɪnhalt] **(-(e)s, -e)** *m* contents *pl*; (*eines Buchs etc*) content; (*MATH*) area; volume; **inhaltlich** *adj* as regards content

Inhalts- *zW:* **~angabe** *f* summary; **~verzeichnis** *nt* table of contents

inhuman [ˈɪnhumaːn] *adj* inhuman

Initiative [initsiaˈtiːvə] *f* initiative

inklusive [ɪnkluˈziːvə] *präp +gen* inclusive of ♦ *adv* inclusive

In-Kraft-Treten [ɪnˈkraftˌtreːtən] **(-s)** *nt* coming into force

Inland [ˈɪnlant] **(-(e)s)** *nt* (*GEOG*) inland; (*POL, COMM*) home (country); **~flug** *m* domestic flight

inmitten [ɪnˈmɪtən] *präp +gen* in the middle of; **~ von** amongst

innehaben [ˈɪnəhaːbən] (*unreg*) *vt* to hold

innen [ˈɪnən] *adv* inside; **Innenarchitekt** *m* interior designer; **Inneneinrichtung** *f* (interior) furnishings *pl*; **Innenhof** *m* inner courtyard; **Innenminister** *m* minister of the interior, Home Secretary (*BRIT*); **Innenpolitik** *f* domestic policy; **~politisch** *adj* (*Entwicklung, Lage*) internal, domestic; **Innenstadt** *f* town/city centre

inner- [ˈɪnər] *zW:* **~e(r, s)** *adj* inner; (*im Körper, inländisch*) internal; **Innere(s)** *nt* inside; (*Mitte*) centre; (*fig*) heart; **Innereien** [-ˈraɪən] *pl* innards; **~halb** *adv* within; (*räumlich*) inside ♦ *präp +gen* within; inside; **~lich** *adj* internal; (*geistig*) inward; **~ste(r, s)** *adj* innermost; **Innerste(s)** *nt* heart

innig [ˈɪnɪç] *adj* (*Freundschaft*) close

inoffiziell [ˈɪnʔofitsiɛl] *adj* unofficial

ins [ɪns] = **in das**

Insasse [ˈɪnzasə] **(-n, -n)** *m* (*Anstalt*) inmate; (*AUT*) passenger

Insassenversicherung *f* passenger insurance

insbesondere [ɪnsbəˈzɔndərə] *adv* (e)specially

Inschrift [ˈɪnʃrɪft] *f* inscription

Insekt [ɪnˈzɛkt] **(-(e)s, -en)** *nt* insect

Insektenschutzmittel *nt* insect repellent

Insel [ˈɪnzəl] **(-, -n)** *f* island

Inser- *zW:* **~at** [ɪnzeˈraːt] **(-(e)s, -e)** *nt* advertisement; **~ent** [ɪnzeˈrent] *m* advertiser; **inserieren** [ɪnzeˈriːrən] *vt, vi* to advertise

insgeheim [ɪnsɡəˈhaɪm] *adv* secretly

insgesamt [ɪnsɡəˈzamt] *adv* altogether, all in all

insofern [ɪnzo'fɛrn] *adv* in this respect ♦ *konj* if; (*deshalb*) (and) so; ~ **als** in so far as

insoweit [ɪnzo'vaɪt] = **insofern**

Installateur [ɪnstala'tøːr] *m* electrician; plumber

Instandhaltung [ɪn'ʃtanthaltʊŋ] *f* maintenance

inständig [ɪn'ʃtɛndɪç] *adj* urgent

Instandsetzung [ɪn'ʃtant-] *f* overhaul; (*eines Gebäudes*) restoration

Instanz [ɪn'ʃtants] *f* authority; (*JUR*) court

Instinkt [ɪn'stɪŋkt] **(-(e)s, -e)** *m* instinct; **instinktiv** [-'tiːf] *adj* instinctive

Institut [ɪnsti'tuːt] **(-(e)s, -e)** *nt* institute

Instrument [ɪnstru'mɛnt] *nt* instrument

Intell- [ɪntɛl] *zW*: **intellektuell** [-ɛktu'ɛl] *adj* intellectual; **intelligent** [-i'gɛnt] *adj* intelligent; **~igenz** [-i'gɛnts] *f* intelligence; (*Leute*) intelligentsia *pl*

Intendant [ɪntɛn'dant] *m* director

intensiv [ɪntɛn'ziːf] *adj* intensive; **Intensivstation** *f* intensive care unit

Intercity- [ɪntər'sɪti] *zW*: **~-Expresszug** ▲ *m* high-speed train; **~-Zug** *m* intercity (train); **~-Zuschlag** *m* intercity supplement

Interess- *zW*: **i~ant** [ɪntərɛ'sant] *adj* interesting; **i~anterweise** *adv* interestingly enough; **~e** [ɪntə'rɛsə] **(-s, -n)** *nt* interest; **~e haben an** +*dat* to be interested in; **~ent** [ɪntərɛ'sɛnt] *m* interested party; **i~ieren** [ɪntərɛ'siːrən] *vt* to interest ♦ *vr*: **sich i~ieren für** to be interested in

intern [ɪn'tɛrn] *adj* (*Angelegenheiten, Regelung*) internal; (*Besprechung*) private

Internat [ɪntɛr'naːt] **(-(e)s, -e)** *nt* boarding school

inter- [ɪntɛr] *zW*: **~national** [-natsio'naːl] *adj* international; **I~net** ['ɪntɛrnɛt] **(-s)** *nt*: **das I~net** the Internet; **I~net-Anbieter** *m* Internet Service Provider, ISP; **I~net-Café** *nt* Internet café; **~pretieren** [-pre'tiːrən] *vt* to interpret; **~vall** [-'val] **(-s, -e)** *nt* interval; **I~view** [-'vjuː] **(-s, -s)** *nt* interview; **~viewen** [-'vjuːən] *vt* to interview

intim [ɪn'tiːm] *adj* intimate; **Intimität** *f* intimacy

intolerant ['ɪntolerant] *adj* intolerant

Intrige [ɪn'triːgə] *f* intrigue, plot

Invasion [ɪnvazi'oːn] *f* invasion

Inventar [ɪnvɛn'taːr] **(-s, -e)** *nt* inventory

Inventur [ɪnvɛn'tuːr] *f* stocktaking; **~ machen** to stocktake

investieren [ɪnvɛs'tiːrən] *vt* to invest

inwie- [ɪnvi'] *zW*: **~fern** *adv* how far, to what extent; **~weit** *adv* how far, to what extent

inzwischen [ɪn'tsvɪʃən] *adv* meanwhile

Irak [i'raːk] **(-s)** *m*: **der ~** Iraq; **irakisch** *adj* Iraqi

Iran [i'raːn] **(-s)** *m*: **der ~** Iran; **iranisch** *adj* Iranian

irdisch ['ɪrdɪʃ] *adj* earthly

Ire ['iːrə] **(-n, -n)** *m* Irishman

irgend ['ɪrgɛnt] *adv* at all; **wann/was/wer ~** whenever/whatever/whoever; **~etwas** *pron* something/anything; **~jemand** *pron* somebody/anybody; **~ein(e, s)** *adj* some, any; **~einmal** *adv* sometime or other; (*fragend*) ever; **~wann** *adv* sometime; **~wie** *adv* somehow; **~wo** *adv* somewhere; anywhere; **~wohin** *adv* somewhere; anywhere

Irin ['iːrɪn] *f* Irishwoman

Irland ['ɪrlant] **(-s)** *nt* Ireland

Ironie [iro'niː] *f* irony; **ironisch** [i'roːnɪʃ] *adj* ironic(al)

irre ['ɪrə] *adj* crazy, mad; **Irre(r)** *f(m)* lunatic; **~führen** *vt* to mislead; **~machen** *vt* to confuse; **~n** *vi* to be mistaken; (*umherirren*) to wander, to stray ♦ *vr* to be mistaken; **Irrenanstalt** *f* lunatic asylum

Irr- *zW*: **~garten** *m* maze; **i~ig** ['ɪrɪç] *adj* incorrect, wrong; **i~itieren** [ɪri'tiːrən] *vt* (*verwirren*) to confuse; (*ärgern*) to irritate; (*stören*) to annoy; **irrsinnig** *adj* mad, crazy; (*umg*) terrific; **~tum** **(-s, -tümer)** *m* mistake, error; **irrtümlich** *adj* mistaken

Island ['iːslant] **(-s)** *nt* Iceland

Isolation [izolatsi'oːn] *f* isolation; (*ELEK*) insulation

Isolier- [izo'liːr] *zW*: **~band** *nt* insulating tape; **isolieren** *vt* to isolate; (*ELEK*) to insulate; **~station** *f* (*MED*) isolation ward;

~**ung** *f* isolation; (ELEK) insulation
Israel ['ɪsraeːl] **(-s)** *nt* Israel; ~**i** (-s, -s) [-'eːli] *m* Israeli; **israelisch** *adj* Israeli
isst ▲ [ɪst] *vb siehe* **essen**
ist [ɪst] *vb siehe* **sein**
Italien [i'taːliən] **(-s)** *nt* Italy; ~**er(in)** (-s) *m(f)* Italian; **italienisch** *adj* Italian
i. V. *abk* = **in Vertretung**

J, j

ja [jaː] *adv* **1** yes; **haben Sie das gesehen? - ja** did you see it? - yes(, I did); **ich glaube ja** (yes) I think so
2 (*fragend*) really?; **ich habe gekündigt - ja?** I've quit - have you?; **du kommst, ja?** you're coming, aren't you?
3: sei ja vorsichtig do be careful; **Sie wissen ja, dass ...** as you know, ...; **tu das ja nicht!** don't do that!; **ich habe es ja gewusst** I just knew it; **ja, also ...** well you see ...

Jacht [jaxt] **(-, -en)** *f* yacht
Jacke ['jakə] *f* jacket; (*Wolljacke*) cardigan
Jackett [ʒa'kɛt] **(-s, -s** *od* **-e)** *nt* jacket
Jagd [jaːkt] **(-, -en)** *f* hunt; (*Jagen*) hunting; ~**beute** *f* kill; ~**flugzeug** *nt* fighter; ~**hund** *m* hunting dog
jagen ['jaːgən] *vi* to hunt; (*eilen*) to race ♦ *vt* to hunt; (*wegjagen*) to drive (off); (*verfolgen*) to chase
Jäger ['jeːgər] **(-s, -)** *m* hunter; ~**schnitzel** *nt* (KOCH) pork in a spicy sauce with mushrooms
jäh [jeː] *adj* sudden, abrupt; (*steil*) steep, precipitous
Jahr [jaːr] **(-(e)s, -e)** *nt* year; **j~elang** *adv* for years
Jahres- *zW:* ~**abonnement** *nt* annual subscription; ~**abschluss** ▲ *m* end of the year; (COMM) annual statement of account; ~**beitrag** *m* annual subscription; ~**karte** *f*

yearly season ticket; ~**tag** *m* anniversary; ~**wechsel** *m* turn of the year; ~**zahl** *f* date; year; ~**zeit** *f* season
Jahr- *zW:* ~**gang** *m* age group; (*von Wein*) vintage; ~'**hundert** **(-s, -e)** *nt* century; **jährlich** ['jeːrlɪç] *adj, adv* yearly; ~**markt** *m* fair; ~**tausend** *nt* millennium; ~'**zehnt** *nt* decade
Jähzorn ['jeːtsɔrn] *m* sudden anger; hot temper; **j~ig** *adj* hot-tempered
Jalousie [ʒalu'ziː] *f* venetian blind
Jammer ['jamər] **(-s)** *m* misery; **es ist ein ~, dass ...** it is a crying shame that ...
jämmerlich ['jemərlɪç] *adj* wretched, pathetic
jammern *vi* to wail ♦ *vt unpers:* **es jammert jdn** it makes sb feel sorry
Januar ['januaːr] **(-(s), -e)** *m* January
Japan ['jaːpan] **(-s)** *nt* Japan; ~**er(in)** [-'paːnər(ɪn)] **(-s)** *m(f)* Japanese; **j~isch** *adj* Japanese
jäten ['jeːtən] *vt:* **Unkraut ~** to weed
jauchzen ['jauxtsən] *vi* to rejoice
jaulen ['jaulən] *vi* to howl
jawohl [ja'voːl] *adv* yes (of course)
Jawort ['jaːvɔrt] *nt* consent
Jazz [dʒæz] **(-)** *m* Jazz

je [jeː] *adv* **1** (*jemals*) ever; **hast du so was je gesehen?** did you ever see anything like it?
2 (*jeweils*) every, each; **sie zahlten je 3 Mark** they paid 3 marks each
♦ *konj* **1**: **je nach** depending on; **je nachdem** it depends; **je nachdem, ob ...** depending on whether ...
2: **je eher, desto** *od* **umso besser** the sooner the better

Jeans [dʒiːnz] *pl* jeans
jede(r, s) ['jeːdə(r, s)] *adj* every, each ♦ *pron* everybody; (~ *Einzelne*) each; ~**s Mal** every time, each time; **ohne ~ x** without any x
jedenfalls *adv* in any case
jedermann *pron* everyone
jederzeit *adv* at any time

Rechtschreibreform: ▲ *neue Schreibung* △ *alte Schreibung (auslaufend)*

jedoch [je'dɔx] *adv* however

jeher ['je:he:r] *adv*: **von/seit ~** always

jemals ['je:ma:ls] *adv* ever

jemand ['je:mant] *pron* somebody; anybody

jene(r, s) ['je:nə(r, s)] *adj* that ♦ *pron* that one

jenseits ['je:nzaɪts] *adv* on the other side ♦ *präp* +gen on the other side of, beyond

Jenseits *nt*: **das ~** the hereafter, the beyond

jetzig ['jɛtsɪç] *adj* present

jetzt [jɛtst] *adv* now

jeweilig *adj* respective

jeweils *adv*: **~ zwei zusammen** two at a time; **zu ~ 5 DM** at 5 marks each; **~ das Erste** the first each time

Jh. *abk* = **Jahrhundert**

Job [dʒɔp] **(-s, -s)** *m* (*umg*) job; **j~ben** ['dʒɔbən] *vi* (*umg*) to work

Jockei ['dʒɔke] **(-s, -s)** *m* jockey

Jod [jo:t] **(-(e)s)** *nt* iodine

jodeln ['jo:dəln] *vi* to yodel

joggen ['dʒɔgən] *vi* to jog

Jog(h)urt ['jo:gʊrt] **(-s, -s)** *m od nt* yogurt

Johannisbeere [jo'hanɪsbe:rə] *f* redcurrant; **schwarze ~** blackcurrant

johlen ['jo:lən] *vi* to yell

jonglieren [ʒõ'gli:rən] *vi* to juggle

Journal- [ʒʊrnal] *zW*: **~ismus** [-'lɪsmʊs] *m* journalism; **~ist(in)** [-'lɪst(ɪn)] *m(f)* journalist; **journa'listisch** *adj* journalistic

Jubel ['ju:bəl] **(-s)** *m* rejoicing; **j~n** *vi* to rejoice

Jubiläum [jubi'le:ʊm] **(-s, Jubiläen)** *nt* anniversary; jubilee

jucken ['jʊkən] *vi* to itch ♦ *vt*: **es juckt mich am Arm** my arm is itching

Juckreiz ['jʊkraɪts] *m* itch

Jude ['ju:də] **(-n, -n)** *m* Jew

Juden- *zW*: **~tum** (-) *nt* Judaism; Jewry; **~verfolgung** *f* persecution of the Jews

Jüdin ['jy:dɪn] *f* Jewess

jüdisch ['jy:dɪʃ] *adj* Jewish

Jugend ['ju:gənt] (-) *f* youth; **j~frei** *adj* (*CINE*) U (*BRIT*), G (*US*), suitable for children; **~herberge** *f* youth hostel; **~herbergsausweis** *m* youth hostelling

card; **j~lich** *adj* youthful; **~liche(r)** *f(m)* teenager, young person

Jugoslaw- [jugo'sla:v] *zW*: **~ien (-s)** *nt* Yugoslavia; **j~isch** *adj* Yugoslavian

Juli ['ju:li] **(-(s), -s)** *m* July

jun. *abk* (= *junior*) jr.

jung [jʊŋ] *adj* young; **J~e (-n, -n)** *m* boy, lad ♦ *nt* young animal; **J~en** *pl* (*von Tier*) young *pl*

Jünger ['jʏŋər] **(-s, -)** *m* disciple

jünger *adj* younger

Jung- *zW*: **~frau** *f* virgin; (*ASTROL*) Virgo; **~geselle** *m* bachelor; **~gesellin** *f* unmarried woman

jüngst [jʏŋst] *adv* lately, recently; **~e(r, s)** *adj* youngest; (*neueste*) latest

Juni ['ju:ni] **(-(s), -s)** *m* June

Junior ['ju:niɔr] **(-s, -en)** *m* junior

Jurist [ju'rɪst] *m* jurist, lawyer; **j~isch** *adj* legal

Justiz [jʊs'ti:ts] (-) *f* justice; **~beamte(r)** *m* judicial officer; **~irrtum** *m* miscarriage of justice; **~minister** *m* ≈ Lord (High) Chancellor (*BRIT*), ≈ Attorney General (*US*)

Juwel [ju've:l] **(-s, -en)** *nt od m* jewel

Juwelier [juve'li:r] **(-s, -e)** *m* jeweller; **~geschäft** *nt* jeweller's (shop)

Jux [jʊks] **(-es, -e)** *m* joke, lark

K, k

Kabarett [kaba'rɛt] **(-s, -e od -s)** *nt* cabaret; **~ist** [-'tɪst] *m* cabaret artiste

Kabel ['ka:bəl] **(-s, -)** *nt* (*ELEK*) wire; (*stark*) cable; **~fernsehen** *nt* cable television

Kabeljau ['ka:bəljau] **(-s, -e od -s)** *m* cod

Kabine [ka'bi:nə] *f* cabin; (*Zelle*) cubicle

Kabinenbahn *f* cable railway

Kabinett [kabi'nɛt] **(-s, -e)** *nt* (*POL*) cabinet

Kachel ['kaxəl] **(-, -n)** *f* tile; **k~n** *vt* to tile; **~ofen** *m* tiled stove

Käfer ['kɛ:fər] **(-s, -)** *m* beetle

Kaffee ['kafe] **(-s, -s)** *m* coffee; **~haus** *nt* café; **~kanne** *f* coffeepot; **~löffel** *m* coffee spoon

Käfig ['kɛ:fɪç] **(-s, -e)** *m* cage

kahl [kaːl] *adj* bald; **~ geschoren** shaven, shorn; **~köpfig** *adj* bald-headed

Kahn [kaːn] **(-(e)s, ⸚e)** *m* boat, barge

Kai [kaɪ] **(-s, -e** *od* **-s)** *m* quay

Kaiser ['kaɪzər] **(-s, -)** *m* emperor; **~in** *f* empress; **k~lich** *adj* imperial; **~reich** *nt* empire; **~schnitt** *m* (*MED*) Caesarian (section)

Kakao [ka'kaːo] **(-s, -s)** *m* cocoa

Kaktee [kak'teː(ə)] **(-, -n)** *f* cactus

Kaktus ['kaktʊs] **(-, -teen)** *m* cactus

Kalb [kalp] **(-(e)s, ⸚er)** *nt* calf; **k~en** ['kalbən] *vi* to calve; **~fleisch** *nt* veal; **~sleder** *nt* calf(skin)

Kalender [ka'lɛndər] **(-s, -)** *m* calendar; (*Taschenkalender*) diary

Kaliber [ka'liːbər] **(-s, -)** *nt* (*auch fig*) calibre

Kalk [kalk] **(-(e)s, -e)** *m* lime; (*BIOL*) calcium; **~stein** *m* limestone

kalkulieren [kalku'liːrən] *vt* to calculate

Kalorie [kalo'riː] *f* calorie

kalt [kalt] *adj* cold; **mir ist (es) ~** I am cold; **~ bleiben** (*fig*) to remain unmoved; **~ stellen** to chill; **~blütig** *adj* cold-blooded; (*ruhig*) cool

Kälte ['kɛltə] **(-)** *f* cold; coldness; **~grad** *m* degree of frost *od* below zero; **~welle** *f* cold spell

kalt- *zW:* **~herzig** *adj* cold-hearted; **~schnäuzig** *adj* cold, unfeeling; **~stellen** *vt* (*fig*) to leave out in the cold

kam *etc* [kaːm] *vb siehe* **kommen**

Kamel [ka'meːl] **(-(e)s, -e)** *nt* camel

Kamera ['kamera] **(-, -s)** *f* camera

Kamerad [kamə'raːt] **(-en, -en)** *m* comrade, friend; **~schaft** *f* comradeship; **k~schaftlich** *adj* comradely

Kameramann **(-(e)s, -männer)** *m* cameraman

Kamille [ka'mɪlə] *f* camomile; **~ntee** *m* camomile tea

Kamin [ka'miːn] **(-s, -e)** *m* (*außen*) chimney; (*innen*) fireside, fireplace; **~kehrer** **(-s, -)** *m* chimney sweep

Kamm [kam] **(-(e)s, ⸚e)** *m* comb; (*Bergkamm*) ridge; (*Hahnenkamm*) crest

kämmen ['kɛmən] *vt* to comb ♦ *vr* to comb one's hair

Kammer ['kamər] **(-, -n)** *f* chamber; small bedroom

Kammerdiener *m* valet

Kampagne [kam'panjə] *f* campaign

Kampf [kampf] **(-(e)s, ⸚e)** *m* fight, battle; (*Wettbewerb*) contest; (*fig: Anstrengung*) struggle; **k~bereit** *adj* ready for action

kämpfen ['kɛmpfən] *vi* to fight

Kämpfer [-] **(-s, -)** *m* fighter, combatant

Kampf- *zW:* **~handlung** *f* action; **k~los** *adj* without a fight; **~richter** *m* (*SPORT*) referee; (*TENNIS*) umpire; **~stoff** *m:* **chemischer/biologischer ~stoff** chemical/biological weapon

Kanada ['kanada] **(-s)** *nt* Canada; **Kanadier(in)** **(-s, -)** [kə'naːdiər(ɪn)] *m(f)* Canadian; **ka'nadisch** *adj* Canadian

Kanal [ka'naːl] **(-s, Kanäle)** *m* (*Fluss*) canal; (*Rinne, Ärmelkanal*) channel; (*für Abfluss*) drain; **~inseln** *pl* Channel Islands; **~isation** [-izatsi'oːn] *f* sewage system; **~tunnel** *m:* **der ~tunnel** the Channel Tunnel

Kanarienvogel [ka'naːriənfoːgəl] *m* (*ZOOL*) canary

kanarisch [ka'naːrɪʃ] *adj:* **K~e Inseln** Canary Islands, Canaries

Kandi- [kandi] *zW:* **~dat** [-'daːt] **(-en, -en)** *m* candidate; **~datur** [-da'tuːr] *f* candidature, candidacy; **k~dieren** [-'diːrən] *vi* to stand, to run

Kandis(zucker) ['kandɪs(tsʊkər)] **(-)** *m* candy

Känguru ▲ ['kɛŋguru] **(-s, -s)** *nt* kangaroo

Kaninchen [ka'niːnçən] *nt* rabbit

Kanister [ka'nɪstər] **(-s, -)** *m* can, canister

Kännchen ['kɛnçən] *nt* pot

Kanne ['kanə] *f* (*Krug*) jug; (*Kaffeekanne*) pot; (*Milchkanne*) churn; (*Gießkanne*) can

kannst *etc* [kanst] *vb siehe* **können**

Kanone [ka'noːnə] *f* gun; (*HIST*) cannon; (*fig: Mensch*) ace

Kantate [kan'taːtə] *f* cantaga

Kante ['kantə] *f* edge

Kantine [kan'tiːnə] *f* canteen

Kanton [kan'toːn] **(-s, -e)** *m* canton

Kanton
---

i **Kanton** *is the term for a state or region of Switzerland. Under the Swiss constitution the* **Kantone** *enjoy considerable autonomy. The Swiss* **Kantone** *are Aargau, Appenzell, Basel, Bern, Fribourg, Geneva, Glarus, Graubünden, Luzern, Neuchâtel, St. Gallen, Schaffhausen, Schwyz, Solothurn, Ticino, Thurgau, Unterwalden, Uri, Valais, Vaud, Zug and Zürich.*

Kanu ['ka:nu] **(-s, -s)** *nt* canoe
Kanzel ['kantsəl] **(-, -n)** *f* pulpit
Kanzler ['kantslər] **(-s, -)** *m* chancellor
Kap [kap] **(-s, -s)** *nt* cape (GEOG)
Kapazität [kapatsi'tɛːt] *f* capacity; (*Fachmann*) authority
Kapelle [ka'pɛlə] *f* (*Gebäude*) chapel; (MUS) band
kapieren [ka'pi:rən] (*umg*) *vt, vi* to get, to understand
Kapital [kapi'ta:l] **(-s, -e** *od* **-ien)** *nt* capital; **~anlage** *f* investment; **~ismus** [-'lɪsmʊs] *m* capitalism; **~ist** [-'lɪst] *m* capitalist; **k~istisch** *adj* capitalist
Kapitän [kapi'tɛːn] **(-s, -e)** *m* captain
Kapitel [ka'pɪtəl] **(-s, -)** *nt* chapter
Kapitulation [kapitulatsi'o:n] *f* capitulation
kapitulieren [kapitu'li:rən] *vi* to capitulate
Kappe ['kapə] *f* cap; (*Kapuze*) hood
kappen *vt* to cut
Kapsel ['kapsəl] **(-, -n)** *f* capsule
kaputt [ka'pʊt] (*umg*) *adj* kaput, broken; (*Person*) exhausted, finished; **am Auto ist etwas ~** there's something wrong with the car; **~gehen** (*unreg*) *vi* to break; (*Schuhe*) to fall apart; (*Firma*) to go bust; (*Stoff*) to wear out; (*sterben*) to cop it (*umg*); **~machen** *vt* to break; (*Mensch*) to exhaust, to wear out
Kapuze [ka'pu:tsə] *f* hood
Karamell ▲ [kara'mɛl] **(-s)** *m* caramel; **~bonbon** *m od nt* toffee
Karate [ka'ra:tə] **(-s)** *nt* karate
Karawane [kara'va:nə] *f* caravan

Kardinal [kardi'na:l] **(-s, Kardinäle)** *m* cardinal; **~zahl** *f* cardinal number
Karfreitag [ka:r'fraita:k] *m* Good Friday
karg [kark] *adj* (*Landschaft, Boden*) barren; (*Lohn*) meagre
kärglich ['kɛrklɪç] *adj* poor, scanty
Karibik [ka'ri:bɪk] **(-)** *f*: **die ~** the Caribbean
karibisch [ka'ri:bɪʃ] *adj*: **K~e Inseln** Caribbean Islands
kariert [ka'ri:rt] *adj* (*Stoff*) checked; (*Papier*) squared
Karies ['ka:ries] **(-)** *f* caries
Karikatur [karika'tu:r] *f* caricature; **~ist** [-'rɪst] *m* cartoonist
Karneval ['karnəval] **(-s, -e** *od* **-s)** *m* carnival

Karneval
---

i **Karneval** *is the time immediately before Lent when people gather to eat, drink and generally have fun before the fasting begins.* **Rosenmontag**, *the day before Shrove Tuesday, is the most important day of* **Karneval** *on the Rhine. Most firms take a day's holiday on that day to enjoy the celebrations. In South Germany and Austria* **Karneval** *is called Fasching.*

Karo ['ka:ro] **(-s, -s)** *nt* square; (KARTEN) diamonds
Karosserie [karɔsə'ri:] *f* (AUT) body(work)
Karotte [ka'rɔtə] *f* carrot
Karpfen ['karpfən] **(-s, -)** *m* carp
Karre ['karə] *f* cart, barrow
Karren **(-s, -)** *m* cart, barrow
Karriere [kari'e:rə] *f* career; **~ machen** to get on, to get to the top; **~macher (-s, -)** *m* careerist
Karte ['kartə] *f* card; (*Landkarte*) map; (*Speisekarte*) menu; (*Eintrittskarte, Fahrkarte*) ticket; **alles auf eine ~ setzen** to put all one's eggs in one basket
Kartei [kar'tai] *f* card index; **~karte** *f* index card
Kartell [kar'tɛl] **(-s, -e)** *nt* cartel
Karten- *zW*: **~spiel** *nt* card game; pack of cards; **~telefon** *nt* cardphone;

Spelling Reform: ▲ *new spelling* △ *old spelling (to be phased out)*

~vorverkauf m advance booking office

Kartoffel [kar'tɔfəl] **(-, -n)** f potato; **~brei** m mashed potatoes pl; **~mus** nt mashed potatoes pl; **~püree** nt mashed potatoes pl; **~salat** m potato salad

Karton [kar'tõ:] **(-s, -s)** m cardboard; (*Schachtel*) cardboard box; **k~iert** [karto'ni:rt] adj hardback

Karussell [karu'sɛl] **(-s, -s)** nt roundabout (*BRIT*), merry-go-round

Karwoche ['ka:rvɔxə] f Holy Week

Käse ['kɛ:zə] **(-s, -)** m cheese; **~glocke** f cheese (plate) cover; **~kuchen** m cheesecake

Kaserne [ka'zɛrnə] f barracks pl; **~nhof** m parade ground

Kasino [ka'zi:no] **(-s, -s)** nt club; (*MIL*) officers' mess; (*Spielkasino*) casino

Kaskoversicherung ['kasko-] f (*Teilkasko*) ≈ third party, fire and theft insurance; (*Vollkasko*) ≈ fully comprehensive insurance

Kasse ['kasə] f (*Geldkasten*) cashbox; (*in Geschäft*) till, cash register; cash desk, checkout; (*Kinokasse, Theaterkasse etc*) box office; ticket office; (*Krankenkasse*) health insurance; (*Sparkasse*) savings bank; **~ machen** to count the money; **getrennte ~ führen** to pay separately; **an der ~** (*in Geschäft*) at the desk; **gut bei ~ sein** to be in the money

Kassen- zW: **~arzt** m panel doctor (*BRIT*); **~bestand** m cash balance; **~patient** m panel patient (*BRIT*); **~prüfung** f audit; **~sturz** m: **~sturz machen** to check one's money; **~zettel** m receipt

Kassette [ka'sɛtə] f small box; (*Tonband, PHOT*) cassette; (*Bücherkassette*) case

Kassettenrekorder **(-s, -)** m cassette recorder

kassieren [ka'si:rən] vt to take ♦ vi: **darf ich ~?** would you like to pay now?

Kassierer [ka'si:rər] **(-s, -)** m cashier; (*von Klub*) treasurer

Kastanie [kas'ta:niə] f chestnut; (*Baum*) chestnut tree

Kasten ['kastən] **(-s, ¨)** m (*auch SPORT*) box; case; (*Truhe*) chest

kastrieren [kas'tri:rən] vt to castrate

Katalog [kata'lo:k] **(-(e)s, -e)** m catalogue

Katalysator [kataly'za:tɔr] m catalyst; (*AUT*) catalytic converter

katastrophal [katastro'fa:l] adj catastrophic

Katastrophe [kata'stro:fə] f catastrophe, disaster

Kat-Auto ['kat|auto] nt car fitted with a catalytic converter

Kategorie [katego'ri:] f category

kategorisch [kate'go:rɪʃ] adj categorical

Kater ['ka:tər] **(-s, -)** m tomcat; (*umg*) hangover

kath. abk (= *katholisch*) Cath.

Kathedrale [kate'dra:lə] f cathedral

Katholik [kato'li:k] **(-en, -en)** m Catholic

katholisch [ka'to:lɪʃ] adj Catholic

Kätzchen ['kɛtsçən] nt kitten

Katze ['katsə] f cat; **für die Katz** (*umg*) in vain, for nothing

Katzen- zW: **~auge** nt cat's eye; (*Fahrrad*) rear light; **~sprung** (*umg*) m stone's throw; short journey

Kauderwelsch ['kaudərvɛlʃ] **(-(s))** nt jargon; (*umg*) double Dutch

kauen ['kauən] vt, vi to chew

kauern ['kauərn] vi to crouch down; (*furchtsam*) to cower

Kauf [kauf] **(-(e)s, Käufe)** m purchase, buy; (*~en*) buying; **ein guter ~** a bargain; **etw in ~ nehmen** to put up with sth; **k~en** vt to buy

Käufer(in) ['kɔyfər(ɪn)] **(-s, -)** m(f) buyer

Kauf- zW: **~frau** f businesswoman; **~haus** nt department store; **~kraft** f purchasing power

käuflich ['kɔyflɪç] adj purchasable, for sale; (*pej*) venal ♦ adv: **~ erwerben** to purchase

Kauf- zW: **k~lustig** adj interested in buying; **~mann** (*pl* -leute) m businessman; shopkeeper; **k~männisch** adj commercial; **k~männischer Angestellter** office worker; **~preis** m purchase price; **~vertrag** m bill of sale

Kaugummi ['kaugumi] m chewing gum

Kaulquappe ['kaulkvapə] f tadpole

kaum [kaum] adv hardly, scarcely

Kaution [kautsi'o:n] f deposit; (JUR) bail

Kauz [kauts] (**-es, Käuze**) m owl; (fig) queer fellow

Kavalier [kava'li:r] (**-s, -e**) m gentleman, cavalier; **~sdelikt** nt peccadillo

Kaviar ['ka:viar] m caviar

keck [kɛk] adj daring, bold

Kegel ['ke:gəl] (**-s, -**) m skittle; (MATH) cone; **~bahn** f skittle alley; bowling alley; **k~n** vi to play skittles

Kehle ['ke:lə] f throat

Kehlkopf m larynx

Kehre ['ke:rə] f turn(ing), bend; **k~n** vt, vi (wenden) to turn; (mit Besen) to sweep; **sich an etw** dat **nicht k~n** not to heed sth

Kehricht ['ke:rɪçt] (**-s**) m sweepings pl

Kehrseite f reverse, other side; wrong side; bad side

kehrtmachen vi to turn about, to about-turn

keifen ['kaifən] vi to scold, to nag

Keil [kail] (**-(e)s, -e**) m wedge; (MIL) arrowhead; **~riemen** m (AUT) fan belt

Keim [kaim] (**-(e)s, -e**) m bud; (MED, fig) germ; **k~en** vi to germinate; **k~frei** adj sterile; **~zelle** f (fig) nucleus

kein [kain] adj no, not ... any; ~**e(r, s)** pron no one, nobody; none; ~**erlei** adj attrib no ... whatsoever

keinesfalls adv on no account

keineswegs adv by no means

keinmal adv not once

Keks [ke:ks] (**-es, -e**) m od nt biscuit

Kelch [kɛlç] (**-(e)s, -e**) m cup, goblet, chalice

Kelle ['kɛlə] f (Suppenkelle) ladle; (Maurerkelle) trowel

Keller ['kɛlər] (**-s, -**) m cellar

Kellner(in) ['kɛlnər(ɪn)] (**-s, -**) m(f) waiter (-tress)

keltern ['kɛltərn] vt to press

kennen ['kɛnən] (unreg) vt to know; ~ **lernen** ▲ to get to know; **sich ~ lernen** to get to know each other; (zum ersten Mal) to meet

Kenner (**-s, -**) m connoisseur

kenntlich adj distinguishable, discernible;

etw ~ **machen** to mark sth

Kenntnis (**-, -se**) f knowledge no pl; **etw zur ~ nehmen** to note sth; **von etw ~ nehmen** to take notice of sth; **jdn in ~ setzen** to inform sb

Kenn- zW: **~zeichen** nt mark, characteristic; **k~zeichnen** vt insep to characterize; **~ziffer** f reference number

kentern ['kɛntərn] vi to capsize

Keramik [ke'ra:mɪk] (**-, -en**) f ceramics pl, pottery

Kerbe ['kɛrbə] f notch, groove

Kerker ['kɛrkər] (**-s, -**) m prison

Kerl [kɛrl] (**-s, -e**) m chap, bloke (BRIT), guy

Kern [kɛrn] (**-(e)s, -e**) m (Obstkern) pip, stone; (Nusskern) kernel; (Atomkern) nucleus; (fig) heart, core; **~energie** f nuclear energy; **~forschung** f nuclear research; **~frage** f central issue; **k~gesund** adj thoroughly healthy, fit as a fiddle; **k~ig** adj (kraftvoll) robust; (Ausspruch) pithy; **~kraftwerk** nt nuclear power station; **k~los** adj seedless, without pips; **~physik** f nuclear physics sg; **~spaltung** f nuclear fission; **~waffen** pl nuclear weapons

Kerze ['kɛrtsə] f candle; (Zündkerze) plug; **k~ngerade** adj straight as a die; **~nständer** m candle holder

kess ▲ [kɛs] adj saucy

Kessel ['kɛsəl] (**-s, -**) m kettle; (von Lokomotive etc) boiler; (GEOG) depression; (MIL) encirclement

Kette ['kɛtə] f chain; **k~n** vt to chain; **~nrauchen** (**-s**) nt chain smoking; **~nreaktion** f chain reaction

Ketzer ['kɛtsər] (**-s, -**) m heretic

keuchen ['kɔyçən] vi to pant, to gasp

Keuchhusten m whooping cough

Keule ['kɔylə] f club; (KOCH) leg

keusch [kɔyʃ] adj chaste; **K~heit** f chastity

kfm. abk = **kaufmännisch**

Kfz [ka:|ɛf'tsɛt] nt abk = **Kraftfahrzeug**

KG [ka:'ge:] (**-, -s**) f abk (= Kommanditgesellschaft) limited partnership

kg abk = **Kilogramm**

kichern ['kɪçərn] vi to giggle

kidnappen ['kɪtnɛpən] *vt* to kidnap

Kiefer¹ ['ki:fər] **(-s, -)** *m* jaw

Kiefer² ['ki:fər] **(-, -n)** *f* pine; **~nzapfen** *m* pine cone

Kiel [ki:l] **(-(e)s, -e)** *m* (*Federkiel*) quill; (*NAUT*) keel

Kieme ['ki:mə] *f* gill

Kies [ki:s] **(-es, -e)** *m* gravel

Kilo ['ki:lo] *nt* kilo; **~gramm** [kilo'gram] *nt* kilogram; **~meter** [kilo'me:tər] *m* kilometre; **~meterzähler** *m* milometer

Kind [kɪnt] **(-(e)s, -er)** *nt* child; **von ~ auf** from childhood

Kinder- ['kɪndər] *zW:* **~betreuung** *f* crèche; **~ei** [-'raɪ] *f* childishness; **~garten** *m* nursery school, playgroup; **~gärtnerin** *f* nursery school teacher; **~geld** *nt* child benefit (*BRIT*); **~heim** *nt* children's home; **~krippe** *f* crèche; **~lähmung** *f* poliomyelitis; **k~leicht** *adj* childishly easy; **k~los** *adj* childless; **~mädchen** *nt* nursemaid; **k~reich** *adj* with a lot of children; **~sendung** *f* (*RADIO, TV*) children's programme; **~sicherung** *f* (*AUT*) childproof safety catch; **~spiel** *nt* (*fig*) child's play; **~tagesstätte** *f* day nursery; **~wagen** *m* pram, baby carriage (*US*); **~zimmer** *nt* (*für ~*) children's room; (*für Säugling*) nursery

---

Kindergarten

ⓘ A **Kindergarten** *is a nursery school for children aged between 3 and 6 years. The children sing and play but do not receive any formal instruction. Most Kindergärten are financed by the town or the church with parents paying a monthly contribution towards the cost.*

Kind- *zW:* **~heit** *f* childhood; **k~isch** *adj* childish; **k~lich** *adj* childlike

Kinn [kɪn] **(-(e)s, -e)** *nt* chin; **~haken** *m* (*BOXEN*) uppercut

Kino ['ki:no] **(-s, -s)** *nt* cinema; **~besucher** *m* cinema-goer; **~programm** *nt* film programme

Kiosk [ki'ɔsk] **(-(e)s, -e)** *m* kiosk

Kippe ['kɪpə] *f* cigarette end; (*umg*) fag; **auf der ~ stehen** (*fig*) to be touch and go

kippen *vi* to topple over, to overturn ♦ *vt* to tilt

Kirch- ['kɪrç] *zW:* **~e** *f* church; **~enlied** *nt* hymn; **~ensteuer** *f* church tax; **~gänger** **(-s, -)** *m* churchgoer; **~hof** *m* churchyard; **k~lich** *adj* ecclesiastical

Kirmes ['kɪrmes] **(-, -sen)** *f* fair

Kirsche ['kɪrʃə] *f* cherry

Kissen ['kɪsən] **(-s, -)** *nt* cushion; (*Kopfkissen*) pillow; **~bezug** *m* pillowslip

Kiste ['kɪstə] *f* box; chest

Kitsch [kɪtʃ] **(-(e)s)** *m* kitsch; **k~ig** *adj* kitschy

Kitt [kɪt] **(-(e)s, -e)** *m* putty

Kittel ['kɪtəl] **(-s, -)** *m* overall, smock

kitten *vt* to putty; (*fig: Ehe etc*) to cement

kitzelig ['kɪtsəlɪç] *adj* (*auch fig*) ticklish

kitzeln *vi* to tickle

Kiwi ['ki:vi] **(-, -s)** *f* (*BOT, KOCH*) kiwi fruit

KKW [ka:ka:'ve:] *nt abk* = **Kernkraftwerk**

Klage ['kla:gə] *f* complaint; (*JUR*) action; **k~n** *vi* (*wehklagen*) to lament, to wail; (*sich beschweren*) to complain; (*JUR*) to take legal action

Kläger(in) ['klɛ:gər(ɪn)] **(-s, -)** *m(f)* plaintiff

kläglich ['klɛ:klɪç] *adj* wretched

klamm [klam] *adj* (*Finger*) numb; (*feucht*) damp

Klammer ['klamər] **(-, -n)** *f* clamp; (*in Text*) bracket; (*Büro~*) clip; (*Wäsche~*) peg; (*Zahn~*) brace; **k~n** *vr:* **sich k~n an** *+akk* to cling to

Klang [klaŋ] **(-(e)s, ˙e)** *m* sound; **k~voll** *adj* sonorous

Klappe ['klapə] *f* valve; (*Ofen~*) damper; (*umg: Mund*) trap; **k~n** *vi* (*Geräusch*) to click; (*Sitz etc*) to tip ♦ *vt* to tip ♦ *vb unpers* to work

Klapper ['klapər] **(-, -n)** *f* rattle; **k~ig** *adj* run-down, worn-out; **k~n** *vi* to clatter, to rattle; **~schlange** *f* rattlesnake; **~storch** *m* stork

Klapp- *zW:* **~messer** *nt* jackknife; **~rad** *nt* collapsible bicycle; **~stuhl** *m* folding chair; **~tisch** *m* folding table

Klaps [klaps] **(-es, -e)** *m* slap

---

klar [klaːr] *adj* clear; (*NAUT*) ready for sea; (*MIL*) ready for action; **sich** *dat* (**über etw** *akk*) ~ **werden** to get (sth) clear in one's mind; **sich** *dat* **im K~en sein über** +*akk* to be clear about; **ins K~e kommen** to get clear; (**na**) ~! of course!; ~ **sehen** to see clearly

Kläranlage *f* purification plant

klären ['klɛːrən] *vt* (*Flüssigkeit*) to purify; (*Probleme*) to clarify ♦ *vr* to clear (itself) up

Klarheit *f* clarity

Klarinette [klari'nɛtə] *f* clarinet

klar- *zW:* ~**legen** *vt* to clear up, to explain; ~**machen** *vt* (*Schiff*) to get ready for sea; **jdm etw** ~**machen** to make sth clear to sb; ~**sehen** △ (*unreg*) *vi siehe* **klar;** **K~sichtfolie** *f* transparent film; ~**stellen** *vt* to clarify

Klärung ['klɛːrʊŋ] *f* (*von Flüssigkeit*) purification; (*von Probleme*) clarification

klarwerden △ (*unreg*) *vi siehe* **klar**

Klasse ['klasə] *f* class; (*SCH*) class, form

klasse (*umg*) *adj* smashing

Klassen- *zW:* ~**arbeit** *f* test; ~**gesellschaft** *f* class society; ~**lehrer** *m* form master; **k~los** *adj* classless; ~**sprecher(in)** *m(f)* form prefect; ~**zimmer** *nt* classroom

klassifizieren [klasifi'tsiːrən] *vt* to classify

Klassik ['klasɪk] *f* (*Zeit*) classical period; (*Stil*) classicism; ~**er** (**-s, -**) *m* classic

klassisch (*auch fig*) *adj* classical

Klatsch [klatʃ] (**-(e)s, -e**) *m* smack, crack; (*Gerede*) gossip; ~**base** *f* gossip, scandalmonger; ~**e** (*umg*) *f* crib; **k~en** *vi* (*Geräusch*) to clash; (*reden*) to gossip; (*applaudieren*) to applaud, to clap ♦ *vt:* **jdm Beifall k~en** to applaud sb; ~**mohn** *m* (corn) poppy; **k~nass** ▲ *adj* soaking wet

Klaue ['klauə] *f* claw; (*umg: Schrift*) scrawl; **k~n** (*umg*) *vt* to pinch

Klausel ['klauzəl] (**-, -n**) *f* clause

Klausur [klau'zuːr] *f* seclusion; ~**arbeit** *f* examination paper

Klavier [kla'viːr] (**-s, -e**) *nt* piano

Kleb- ['kleːb] *zW:* **k~en** ['kleːbən] *vt, vi:* **k~en (an** +*akk*) to stick (to); **k~rig** *adj*

sticky; ~**stoff** *m* glue; ~**streifen** *m* adhesive tape

kleckern ['klekərn] *vi* to make a mess ♦ *vt* to spill

Klecks [klɛks] (**-es, -e**) *m* blot, stain

Klee [kleː] (**-s**) *m* clover; ~**blatt** *nt* cloverleaf; (*fig*) trio

Kleid [klaɪt] (**-(e)s, -er**) *nt* garment; (*Frauenkleid*) dress; ~**er** *pl* (~*unq*) clothes; **k~en** ['klaɪdən] *vt* to clothe, to dress; to suit ♦ *vr* to dress

Kleider- ['klaɪdər] *zW:* ~**bügel** *m* coat hanger; ~**bürste** *f* clothes brush; ~**schrank** *m* wardrobe

Kleid- *zW:* **k~sam** *adj* flattering; ~**ung** *f* clothing; ~**ungsstück** *nt* garment

klein [klaɪn] *adj* little, small; ~ **hacken** to chop, to mince; ~ **schneiden** to chop up; **K~e(r, s)** *mf* little one; **K~format** *nt* small size; **im K~format** small-scale; **K~geld** *nt* small change; **K~igkeit** *f* trifle; **K~kind** *nt* infant; **K~kram** *m* details *pl*; ~**laut** *adj* dejected, quiet; ~**lich** *adj* petty, paltry; **K~od** ['klaɪnoːt] (**-s, -odien**) *nt* gem, jewel; treasure; **K~stadt** *f* small town; ~**städtisch** *adj* provincial; ~**stmöglich** ▲ *adj* smallest possible

Kleister ['klaɪstər] (**-s, -**) *m* paste

Klemme ['klɛmə] *f* clip; (*MED*) clamp; (*fig*) jam; **k~n** *vt* (*festhalten*) to jam; (*quetschen*) to pinch, to nip ♦ *vr* to catch o.s.; (*sich hineinzwängen*) to squeeze o.s. ♦ *vi* (*Tür*) to stick, to jam; **sich hinter jdn/etw k~n** to get on to sb/down to sth

Klempner ['klɛmpnər] (**-s, -**) *m* plumber

Klerus ['kleːrʊs] (**-**) *m* clergy

Klette ['klɛtə] *f* burr

Kletter- ['klɛtər] *zW:* ~**er** (**-s, -**) *m* climber; **k~n** *vi* to climb; ~**pflanze** *f* creeper

klicken ['klɪkən] *vi* (*COMPUT*) to click

Klient(in) [kli'ɛnt(ɪn)] *m(f)* client

Klima ['kliːma] (**-s, -s** *od* **-te**) *nt* climate; ~**anlage** *f* air conditioning; ~**wechsel** *m* change of air

klimpern ['klɪmpərn] (*umg*) *vi* (*mit Münzen, Schlüsseln*) to jingle; (*auf Klavier*) to plonk (away)

Klinge ['klɪŋə] *f* blade; sword

Klingel ['klɪŋəl] (-, -n) *f* bell; ~beutel *m* collection bag; k~n *vi* to ring

klingen ['klɪŋən] (*unreg*) *vi* to sound; (*Gläser*) to clink

Klinik ['kliːnɪk] *f* hospital, clinic

Klinke ['klɪŋkə] *f* handle

Klippe ['klɪpə] *f* cliff; (*im Meer*) reef; (*fig*) hurdle

klipp und klar ['klɪp|ʊntklaːr] *adj* clear and concise

klirren ['klɪrən] *vi* to clank, to jangle; (*Gläser*) to clink; ~de Kälte biting cold

Klischee [klɪ'ʃeː] (-s, -s) *nt* (*Druckplatte*) plate, block; (*fig*) cliché; ~vorstellung *f* stereotyped idea

Klo [kloː] (-s, -s) (*umg*) *nt* loo (*BRIT*), john (*US*)

Kloake [klo'aːkə] *f* sewer

klobig ['kloːbɪç] *adj* clumsy

Klon [kloːn] (-s, -e) *m* clone

klonen ['kloːnən] *vti* to clone

Klopapier (*umg*) *nt* loo paper (*BRIT*)

klopfen ['klɔpfən] *vi* to knock; (*Herz*) to thump ♦ *vt* to beat; **es klopft** somebody's knocking; **jdm auf die Schulter ~** to tap sb on the shoulder

Klopfer (-s, -) *m* (*Teppichklopfer*) beater; (*Türklopfer*) knocker

Klops [klɔps] (-es, -e) *m* meatball

Klosett [klo'zɛt] (-s, -e *od* -s) *nt* lavatory, toilet; ~papier *nt* toilet paper

Kloß [kloːs] (-es, ⁻e) *m* (*im Hals*) lump; (*KOCH*) dumpling

Kloster ['kloːstər] (-s, ⁻) *nt* (*Männerkloster*) monastery; (*Frauenkloster*) convent; **klösterlich** ['kløːstərlɪç] *adj* monastic; convent *cpd*

Klotz [klɔts] (-es, ⁻e) *m* log; (*Hackklotz*) block; **ein ~ am Bein** (*fig*) a drag, a millstone round (sb's) neck

Klub [klʊp] (-s, -s) *m* club; ~sessel *m* easy chair

Kluft [klʊft] (-, ⁻e) *f* cleft, gap; (*GEOG*) gorge, chasm

klug [kluːk] *adj* clever, intelligent; **K~heit** *f* cleverness, intelligence

Klumpen ['klʊmpən] (-s, -) *m* (*Erd~*) clod;

(*Blut~*) clot; (*Gold~*) nugget; (*KOCH*) lump

km *abk* = **Kilometer**

knabbern ['knabərn] *vt, vi* to nibble

Knabe ['knaːbə] (-n, -n) *m* boy

Knäckebrot ['knɛkəbroːt] *nt* crispbread

knacken ['knakən] *vt, vi* (*auch fig*) to crack

Knacks [knaks] (-es, -e) *m* crack; (*fig*) defect

Knall [knal] (-(e)s, -e) *m* bang; (*Peitschenknall*) crack; **~ und Fall** (*umg*) unexpectedly; ~bonbon *nt* cracker; k~en *vi* to bang; to crack; k~rot *adj* bright red

knapp [knap] *adj* tight; (*Geld*) scarce; (*Sprache*) concise; **eine ~e Stunde** just under an hour; **~ unter/neben** just under/ by; **K~heit** *f* tightness; scarcity; conciseness

knarren ['knarən] *vi* to creak

Knast [knast] (-(e)s) (*umg*) *m* (*Haftstrafe*) porridge (*inf*), time (*inf*); (*Gefängnis*) slammer (*inf*), clink (*inf*)

knattern ['knatərn] *vi* to rattle; (*Maschinengewehr*) to chatter

Knäuel ['knɔʏəl] (-s, -) *m od nt* (*Wollknäuel*) ball; (*Menschenknäuel*) knot

Knauf [knauf] (-(e)s, Knäufe) *m* knob; (*Schwertknauf*) pommel

Knebel ['kneːbəl] (-s, -) *m* gag

kneifen ['knaɪfən] (*unreg*) *vt* to pinch ♦ *vi* to pinch; (*sich drücken*) to back out; **vor etw ~** to dodge sth

Kneipe ['knaɪpə] (*umg*) *f* pub

kneten ['kneːtən] *vt* to knead; (*Wachs*) to mould

Knick [knɪk] (-(e)s, -e) *m* (*Sprung*) crack; (*Kurve*) bend; (*Falte*) fold; k~en *vt, vi* (*springen*) to crack; (*brechen*) to break; (*Papier*) to fold; **geknickt sein** to be downcast

Knicks [knɪks] (-es, -e) *m* curtsey

Knie [kniː] (-s, -) *nt* knee; ~beuge *f* knee bend; ~bundhose *m* knee breeches; ~gelenk *nt* knee joint; ~kehle *f* back of the knee; k~n *vi* to kneel; ~scheibe *f* kneecap; ~strumpf *m* knee-length sock

Kniff [knɪf] (-(e)s, -e) *m* (*fig*) trick, knack; k~elig *adj* tricky

knipsen ['knɪpsən] *vt* (*Fahrkarte*) to punch; (*PHOT*) to take a snap of, to snap ♦ *vi* to take a snap *od* snaps

Knirps [knɪrps] (**-es, -e**) *m* little chap; (®: *Schirm*) telescopic umbrella

knirschen ['knɪrʃən] *vi* to crunch; **mit den Zähnen ~** to grind one's teeth

knistern ['knɪstərn] *vi* to crackle

Knitter- ['knɪtər] *zW:* **~falte** *f* crease; **k~frei** *adj* non-crease; **k~n** *vi* to crease

Knoblauch ['knoːplaʊx] (**-(e)s**) *m* garlic; **~zehe** *f* (*KOCH*) clove of garlic

Knöchel ['knœçəl] (**-s, -**) *m* knuckle; (*Fußknöchel*) ankle

Knochen ['knɔxən] (**-s, -**) *m* bone; **~bruch** *m* fracture; **~gerüst** *nt* skeleton; **~mark** *nt* bone marrow

knöchern ['knœçərn] *adj* bone

knochig ['knɔxɪç] *adj* bony

Knödel ['knøːdəl] (**-s, -**) *m* dumpling

Knolle ['knɔlə] *f* tuber

Knopf [knɔpf] (**-(e)s, ˟e**) *m* button; (*Kragenknopf*) stud

knöpfen ['knœpfən] *vt* to button

Knopfloch *nt* buttonhole

Knorpel ['knɔrpəl] (**-s, -**) *m* cartilage, gristle; **k~ig** *adj* gristly

Knospe ['knɔspə] *f* bud

Knoten ['knoːtən] (**-s, -**) *m* knot; (*BOT*) node; (*MED*) lump; **k~** *vt* to knot; **~punkt** *m* junction

Knüller ['knʏlər] (**-s, -**) (*umg*) *m* hit; (*Reportage*) scoop

knüpfen ['knʏpfən] *vt* to tie; (*Teppich*) to knot; (*Freundschaft*) to form

Knüppel ['knʏpəl] (**-s, -**) *m* cudgel; (*Polizeiknüppel*) baton, truncheon; (*AVIAT*) (joy)stick

knurren ['knʊrən] *vi* (*Hund*) to snarl, to growl; (*Magen*) to rumble; (*Mensch*) to mutter

knusperig ['knʊspərɪç] *adj* crisp; (*Keks*) crunchy

k. o. [kaːˈoː] *adj* knocked out; (*fig*) done in

Koalition [koalitsiˈoːn] *f* coalition

Kobold ['koːbɔlt] (**-(e)s, -e**) *m* goblin, imp

Koch [kɔx] (**-(e)s, ˟e**) *m* cook; **~buch** *nt* cook(ery) book; **k~en** *vt, vi* to cook; (*Wasser*) to boil; **~er** (**-s, -**) *m* stove, cooker; **~gelegenheit** *f* cooking facilities *pl*

Köchin ['kœçɪn] *f* cook

Koch- *zW:* **~löffel** *m* kitchen spoon; **~nische** *f* kitchenette; **~platte** *f* hotplate; **~salz** *nt* cooking salt; **~topf** *m* saucepan, pot

Köder ['køːdər] (**-s, -**) *m* bait, lure

ködern *vt* (*Tier*) to trap with bait; (*Person*) to entice, to tempt

Koexistenz [koɛksɪsˈtɛnts] *f* coexistence

Koffein [kɔfeˈiːn] (**-s**) *nt* caffeine; **k~frei** *adj* decaffeinated

Koffer ['kɔfər] (**-s, -**) *m* suitcase; (*Schrankkoffer*) trunk; **~kuli** *m* (luggage) trolley; **~radio** *nt* portable radio; **~raum** *m* (*AUT*) boot (*BRIT*), trunk (*US*)

Kognak ['kɔnjak] (**-s, -s**) *m* brandy, cognac

Kohl [koːl] (**-(e)s, -e**) *m* cabbage

Kohle ['koːlə] *f* coal; (*Holzkohle*) charcoal; (*CHEM*) carbon; **~hydrat** (**-(e)s, -e**) *nt* carbohydrate

Kohlen- *zW:* **~dioxid** (**-(e)s, -e**) *nt* carbon dioxide; **~händler** *m* coal merchant, coalman; **~säure** *f* carbon dioxide; **~stoff** *m* carbon

Kohlepapier *nt* carbon paper

Koje ['koːjə] *f* cabin; (*Bett*) bunk

Kokain [kokaˈiːn] (**-s**) *nt* cocaine

kokett [koˈkɛt] *adj* coquettish, flirtatious

Kokosnuss ▲ ['koːkɔsnʊs] *f* coconut

Koks [koːks] (**-es, -e**) *m* coke

Kolben ['kɔlbən] (**-s, -**) *m* (*Gewehrkolben*) rifle butt; (*Keule*) club; (*CHEM*) flask; (*TECH*) piston; (*Maiskolben*) cob

Kolik ['koːlɪk] *f* colic, the gripes *pl*

Kollaps [kɔˈlaps] (**-es, -e**) *m* collapse

Kolleg [kɔˈleːk] (**-s, -s** *od* **-ien**) *nt* lecture course; **~e** [kɔˈleːgə] (**-n, -n**) *m* colleague; **~in** *f* colleague; **~ium** *nt* working party; (*SCH*) staff

Kollekte [kɔˈlɛktə] *f* (*REL*) collection

kollektiv [kɔlɛkˈtiːf] *adj* collective

Köln [kœln] (**-s**) *nt* Cologne

Kolonie [koloˈniː] *f* colony

kolonisieren [koloni'tsi:rən] *vt* to colonize

Kolonne [ko'lɔnə] *f* column; (*von Fahrzeugen*) convoy

Koloss ▲ [ko'lɔs] **(-es, -e)** *m* colossus; **kolo'ssal** *adj* colossal

Kölsch [kœlʃ] **(-, -)** *nt* (*Bier*) ≈ (strong) lager

Kombi- ['kɔmbi] *zW:* **~nation** [-natsi'o:n] *f* combination; (*Vermutung*) conjecture; (*Hemdhose*) combinations *pl*; **k~nieren** [-'ni:rən] *vt* to combine ♦ *vi* to deduce, to work out; (*vermuten*) to guess; **~wagen** *m* station wagon; **~zange** *f* (pair of) pliers *pl*

Komet [ko'me:t] **(-en, -en)** *m* comet

Komfort [kɔm'fo:r] **(-s)** *m* luxury

Komik ['ko:mɪk] *f* humour, comedy; **~er (-s, -)** *m* comedian

komisch ['ko:mɪʃ] *adj* funny

Komitee [komi'te:] **(-s, -s)** *nt* committee

Komma ['kɔma] **(-s, -s** *od* **-ta)** *nt* comma; **2 ~ 3** 2 point 3

Kommand- [kɔ'mand] *zW:* **~ant** [-'dant] *m* commander, commanding officer; **k~ieren** [-'di:rən] *vt, vi* to command; **~o (-s, -s)** *nt* command, order; (*Truppe*) detachment, squad; **auf ~o** to order

kommen ['kɔmən] (*unreg*) *vi* to come; (*näher kommen*) to approach; (*passieren*) to happen; (*gelangen, geraten*) to get; (*Blumen, Zähne, Tränen etc*) to appear; (*in die Schule, das Zuchthaus etc*) to go; **~ lassen** to send for; **das kommt in den Schrank** that goes in the cupboard; **zu sich ~** to come round *od* to; **zu etw ~** to acquire sth; **um etw ~** to lose sth; **nichts auf jdn/etw ~ lassen** to have nothing said against sb/sth; **jdm frech ~** to get cheeky with sb; **auf jeden vierten kommt ein Platz** there's one place for every fourth person; **wer kommt zuerst?** who's first?; **unter ein Auto ~** to be run over by a car; **wie hoch kommt das?** what does that cost?; **komm gut nach Hause!** safe journey (home); **~den Sonntag** next Sunday; **K~ (-s)** *nt* coming

Kommentar [kɔmɛn'ta:r] *m* commentary; **kein ~** no comment; **k~los** *adj* without comment

Kommentator [kɔmɛn'ta:tɔr] *m* (*TV*) commentator

kommentieren [kɔmɛn'ti:rən] *vt* to comment on

kommerziell [kɔmɛrtsi'ɛl] *adj* commercial

Kommilitone [kɔmili'to:nə] **(-n, -n)** *m* fellow student

Kommissar [kɔmɪ'sa:r] *m* police inspector

Kommission [kɔmɪsi'o:n] *f* (*COMM*) commission; (*Ausschuss*) committee

Kommode [kɔ'mo:də] *f* (chest of) drawers

kommunal [kɔmu'na:l] *adj* local; (*von Stadt auch*) municipal

Kommune [kɔ'mu:nə] *f* commune

Kommunikation [kɔmunɪkatsi'o:n] *f* communication

Kommunion [kɔmuni'o:n] *f* communion

Kommuniqué, Kommunikee ▲ [kɔmyni'ke:] **(-s, -s)** *nt* communiqué

Kommunismus [kɔmu'nɪsmʊs] *m* communism

Kommunist(in) [kɔmu'nɪst(ɪn)] *m(f)* communist; **k~isch** *adj* communist

kommunizieren [kɔmuni'tsi:rən] *vi* to communicate

Komödie [ko'mø:diə] *f* comedy

Kompagnon [kɔmpan'jö:] **(-s, -s)** *m* (*COMM*) partner

kompakt [kɔm'pakt] *adj* compact

Kompanie [kɔmpa'ni:] *f* company

Kompass ▲ ['kɔmpas] **(-es, -e)** *m* compass

kompatibel [kɔmpa'ti:bəl] *adj* compatible

kompetent [kɔmpe'tɛnt] *adj* competent

Kompetenz *f* competence, authority

komplett [kɔm'plɛt] *adj* complete

Komplex [kɔm'plɛks] **(-es, -e)** *m* (*Gebäudekomplex*) complex

Komplikation [kɔmplikatsi'o:n] *f* complication

Kompliment [kɔmpli'mɛnt] *nt* compliment

Komplize [kɔm'pli:tsə] **(-n, -n)** *m* accomplice

kompliziert [kɔmpli'tsi:rt] *adj* complicated

komponieren [kɔmpo'ni:rən] *vt* to compose

Komponist [kɔmpo'nɪst(ɪn)] *m* composer

Komposition [kɔmpozitsi'o:n] *f* composition

Kompost [kɔm'pɔst] **(-(e)s, -e)** *m* compost

Kompott [kɔm'pɔt] **(-(e)s, -e)** *nt* stewed fruit
Kompromiss ▲ [kɔmpro'mɪs] **(-es, -e)** *m*
compromise; **k~bereit** *adj* willing to
compromise
Kondens- [kɔn'dɛns] *zW:* **~ation**
[kɔndɛnzatsi'oːn] *f* condensation; **k~ieren**
[kɔndɛn'ziːrən] *vt* to condense; **~milch** *f*
condensed milk
Kondition [kɔnditsi'oːn] *f* (COMM, FIN)
condition; (*Durchhaltevermögen*) stamina;
(*körperliche Verfassung*) physical condition,
state of health
Konditionstraining [kɔnditsi'oːnstreːnɪŋ] *nt*
fitness training
Konditor [kɔn'diːtɔr] *m* pastry cook; **~ei**
[-'raɪ] *f* café; cake shop
Kondom [kɔn'doːm] **(-s, -e)** *nt* condom
Konferenz [kɔnfe'rɛnts] *f* conference,
meeting
Konfession [kɔnfɛsi'oːn] *f* (religious)
denomination; **k~ell** [-'nɛl] *adj*
denominational; **k~slos** *adj* non-
denominational
Konfirmand [kɔnfɪr'mant] *m* candidate for
confirmation
Konfirmation [kɔnfɪrmatsi'oːn] *f* (REL)
confirmation
konfirmieren [kɔnfɪr'miːrən] *vt* to confirm
konfiszieren [kɔnfɪs'tsiːrən] *vt* to confiscate
Konfitüre [kɔnfi'tyːrə] *f* jam
Konflikt [kɔn'flɪkt] **(-(e)s, -e)** *m* conflict
konfrontieren [kɔnfrɔn'tiːrən] *vt* to
confront
konfus [kɔn'fuːs] *adj* confused
Kongress ▲ [kɔn'grɛs] **(-es, -e)** *m*
congress; **~zentrum** *nt* conference centre
Kongruenz [kɔngru'ɛnts] *f* agreement,
congruence
König ['køːnɪç] **(-(e)s, -e)** *m* king; **~in**
['køːnɪgɪn] *f* queen; **k~lich** *adj* royal;
~reich *nt* kingdom
Konjugation [kɔnjugatsi'oːn] *f* conjugation
konjugieren [kɔnju'giːrən] *vt* to conjugate
Konjunktion [kɔnjuŋktsi'oːn] *f* conjunction
Konjunktiv ['kɔnjuŋktiːf] **(-s, -e)** *m*
subjunctive
Konjunktur [kɔnjuŋk'tuːr] *f* economic

situation; (*Hochkonjunktur*) boom
konkret [kɔn'kreːt] *adj* concrete
Konkurrent(in) [kɔnku'rɛnt(ɪn)] *m(f)*
competitor
Konkurrenz [kɔnku'rɛnts] *f* competition;
k~fähig *adj* competitive; **~kampf** *m*
competition; rivalry, competitive situation
konkurrieren [kɔnku'riːrən] *vi* to compete
Konkurs [kɔn'kurs] **(-es, -e)** *m* bankruptcy
Können (-s) *nt* ability

┌──────────────────────────────────┐
│ **SCHLÜSSELWORT** │
└──────────────────────────────────┘

können ['kœnən] (*pt* **konnte**, *pp* **gekonnt** *od*
(*als Hilfsverb*) **können**) *vt, vi* **1** to be able
to; **ich kann es machen** I can do it, I am
able to do it; **ich kann es nicht machen** I
can't do it, I'm not able to do it; **ich kann
nicht ...** I can't ..., I cannot ...; **ich kann
nicht mehr** I can't go on

2 (*wissen, beherrschen*) to know; **können
Sie Deutsch?** can you speak German?; **er
kann gut Englisch** he speaks English well;
sie kann keine Mathematik she can't do
mathematics

3 (*dürfen*) to be allowed to; **kann ich
gehen?** can I go?; **könnte ich ...?** could I
...?; **kann ich mit?** (*umg*) can I come with
you?

4 (*möglich sein*): **Sie könnten Recht haben**
you may be right; **das kann sein** that's
possible; **kann sein** maybe

Könner *m* expert
konnte *etc* ['kɔntə] *vb siehe* **können**
konsequent [kɔnze'kvɛnt] *adj* consistent
Konsequenz [kɔnze'kvɛnts] *f* consistency;
(*Folgerung*) conclusion
Konserv- [kɔn'zɛrv] *zW:* **k~ativ** [-a'tiːf] *adj*
conservative; **~ative(r)** [-a'tiːva(r)] *f(m)* (POL)
conservative; **~e** *f* tinned food;
~enbüchse *f* tin, can; **k~ieren** [-'viːrən] *vt*
to preserve; **~ierung** *f* preservation;
~ierungsstoff *m* preservatives
Konsonant [kɔnzo'nant] *m* consonant
konstant [kɔn'stant] *adj* constant
konstru- *zW:* **~ieren** [kɔnstru'iːrən] *vt* to
construct; **K~kteur** [kɔnstrʊk'tøːr] *m*

designer; K~ktion [kɛnstrʊktsi'oːn] f
construction; ~ktiv [kɔnstrʊk'tiːf] adj
constructive

Konsul ['kɔnzʊl] **(-s, -n)** m consul; ~at [-'laːt]
nt consulate

konsultieren [kɔnzʊl'tiːrən] vt to consult

Konsum [kɔn'zuːm] **(-s)** m consumption;
~artikel m consumer article; ~ent [-'mɛnt]
m consumer; k~ieren [-'miːrən] vt to
consume

Kontakt [kɔn'takt] **(-(e)s, -e)** m contact;
k~arm adj unsociable; k~freudig adj
sociable; k~linsen pl contact lenses

kontern ['kɔntərn] vt, vi to counter

Kontinent [kɔnti'nɛnt] m continent

Kontingent [kɔntɪŋ'gɛnt] **(-(e)s, -e)** nt
quota; (Truppenkontingent) contingent

kontinuierlich [kɔntinu'iːrlɪç] adj
continuous

Konto ['kɔnto] **(-s, Konten)** nt account;
~auszug m statement (of account);
~inhaber(in) m(f) account holder; ~stand
m balance

Kontra ['kɔntra] **(-s, -s)** nt (KARTEN) double;
jdm ~ geben (fig) to contradict sb;
~bass ▲ m double bass; ~hent m (COMM)
contracting party; ~punkt m counterpoint

Kontrast [kɔn'trast] **(-(e)s, -e)** m contrast

Kontroll- [kɔn'trɔl] zW: ~e f control,
supervision; (Passkontrolle) passport control;
~eur [-'løːr] m inspector; k~ieren [-'liːrən]
vt to control, to supervise; (nachprüfen) to
check

Konvention [kɔnvɛntsi'oːn] f convention;
k~ell [-'nɛl] adj conventional

Konversation [kɔnvɛrzatsi'oːn] f
conversation; ~slexikon nt
encyclop(a)edia

Konvoi ['kɔnvɔy] **(-s, -s)** m convoy

Konzentration [kɔntsɛntratsi'oːn] f
concentration

Konzentrationslager nt concentration
camp

konzentrieren [kɔntsɛn'triːrən] vt, vr to
concentrate

konzentriert adj concentrated ♦ adv
(zuhören, arbeiten) intently

Konzern [kɔn'tsɛrn] **(-s, -e)** m combine

Konzert [kɔn'tsɛrt] **(-(e)s, -e)** nt concert;
(Stück) concerto; ~saal m concert hall

Konzession [kɔntsesi'oːn] f licence;
(Zugeständnis) concession

Konzil [kɔn'tsiːl] **(-s, -e** od **-ien)** nt council

kooperativ [koʊopera'tiːf] adj cooperative

koordinieren [koʊɔrdi'niːrən] vt to
coordinate

Kopf [kɔpf] **(-(e)s, ᵘe)** m head; ~haut f
scalp; ~hörer m headphones pl; ~kissen
nt pillow; k~los adj panic-stricken;
k~rechnen vi to do mental arithmetic;
~salat m lettuce; ~schmerzen pl
headache sg; ~sprung m header, dive;
~stand m headstand; ~stütze f (im Auto
etc) headrest, head restraint; ~tuch nt
headscarf; ~weh nt headache;
~zerbrechen nt: **jdm ~zerbrechen
machen** to be a headache for sb

Kopie [ko'piː] f copy; k~ren vt to copy

Kopiergerät nt photocopier

Koppel¹ ['kɔpəl] **(-, -n)** f (Weide) enclosure

Koppel² ['kɔpəl] **(-s, -)** nt (Gürtel) belt

koppeln vt to couple

Koppelung f coupling

Koralle [ko'ralə] f coral

Korb [kɔrp] **(-(e)s, ᵘe)** m basket; **jdm einen
~ geben** (fig) to turn sb down; ~ball m
basketball; ~stuhl m wicker chair

Kord [kɔrt] **(-(e)s, -e)** m cord, corduroy

Kordel ['kɔrdəl] **(-, -n)** f cord, string

Kork [kɔrk] **(-(e)s, -e)** m cork; ~en **(-s, -)** m
stopper, cork; ~enzieher **(-s, -)** m
corkscrew

Korn [kɔrn] **(-(e)s, ᵘer)** nt corn, grain;
(Gewehr) sight

Körper ['kœrper] **(-s, -)** m body; ~bau m
build; k~behindert adj disabled; ~geruch
m body odour; ~gewicht nt weight;
~größe f height; k~lich adj physical;
~pflege f personal hygiene; ~schaft f
corporation; ~schaftsteuer f corporation
tax; ~teil m part of the body;
~verletzung f bodily od physical injury

korpulent [kɔrpu'lɛnt] adj corpulent

korrekt [ko'rɛkt] adj correct; K~ur [-'tuːr] f

(*eines Textes*) proofreading; (*Text*) proof; (*SCH*) marking, correction

Korrespond- [kɔrɛspɔnd] *zW:* **~ent(in)** [-'dɛnt(ɪn)] *m(f)* correspondent; **~enz** [-'dɛnts] *f* correspondence; **k~ieren** [-'diːrən] *vi* to correspond

Korridor ['kɔridoːr] **(-s, -e)** *m* corridor

korrigieren [kɔri'giːrən] *vt* to correct

Korruption [kɔruptsi'oːn] *f* corruption

Kose- |'koːzə] *zW:* **~form** *f* pet form; **~name** *m* pet name; **~wort** *nt* term of endearment

Kosmetik [kɔs'meːtɪk] *f* cosmetics *pl*; **~erin** *f* beautician

kosmetisch *adj* cosmetic; (*Chirurgie*) plastic

kosmisch ['kɔsmɪʃ] *adj* cosmic

Kosmo- [kɔsmo] *zW:* **~naut** [-'naut] **(-en, -en)** *m* cosmonaut; **k~politisch** *adj* cosmopolitan; **~s (-)** *m* cosmos

Kost [kɔst] **(-)** *f* (*Nahrung*) food; (*Verpflegung*) board; **k~bar** *adj* precious; (*teuer*) costly, expensive; **~barkeit** *f* preciousness; costliness, expensiveness; (*Wertstück*) valuable

Kosten *pl* cost(s); (*Ausgaben*) expenses; **auf ~ von** at the expense of; **k~** *vt* to cost; (*versuchen*) to taste ♦ *vi* to taste; **was kostet ...?** what does ... cost?, how much is ...?; **~anschlag** *m* estimate; **k~los** *adj* free (of charge)

köstlich ['kœstlɪç] *adj* precious; (*Einfall*) delightful; (*Essen*) delicious; **sich ~ amüsieren** to have a marvellous time

Kostprobe *f* taste; (*fig*) sample

kostspielig *adj* expensive

Kostüm [kɔs'tyːm] **(-s, -e)** *nt* costume; (*Damenkostüm*) suit; **~fest** *nt* fancy-dress party; **k~ieren** [kɔsty'miːrən] *vt, vr* to dress up; **~verleih** *m* costume agency

Kot [koːt] **(-(e)s)** *m* excrement

Kotelett [kɔtə'lɛt] **(-(e)s, -e** *od* **-s)** *nt* cutlet, chop; **~en** *pl* (*Bart*) sideboards

Köter ['køːtər] **(-s, -)** *m* cur

Kotflügel *m* (*AUT*) wing

kotzen ['kɔtsən] (*umg!*) *vi* to puke (*umg*), to throw up (*umg*)

Krabbe ['krabə] *f* shrimp; **k~ln** *vi* to crawl

Krach [krax] **(-(e)s, -s** *od* **-e)** *m* crash; (*andauernd*) noise; (*umg: Streit*) quarrel, argument; **k~en** *vi* to crash; (*beim Brechen*) to crack ♦ *vr* (*umg*) to argue, to quarrel

krächzen ['krɛçtsən] *vi* to croak

Kraft [kraft] **(-, ²e)** *f* strength; power; force; (*Arbeitskraft*) worker; **in ~ treten** to come into force; **k~** *präp* +*gen* by virtue of; **~fahrer** *m* (motor) driver; **~fahrzeug** *nt* motor vehicle; **~fahrzeugbrief** *m* logbook, **~fahrzeugsteuer** *f* ≈ road tax; **~fahrzeugversicherung** *f* car insurance

kräftig ['krɛftɪç] *adj* strong; **~en** *vt* to strengthen

Kraft- *zW:* **k~los** *adj* weak; powerless; (*JUR*) invalid; **~probe** *f* trial of strength; **~stoff** *m* fuel; **k~voll** *adj* vigorous; **~werk** *nt* power station

Kragen ['kraːgən] **(-s, -)** *m* collar; **~weite** *f* collar size

Krähe ['krɛːə] *f* crow; **k~n** *vi* to crow

Kralle ['kralə] *f* claw; (*Vogelkralle*) talon; **k~n** *vt* to clutch; (*krampfhaft*) to claw

Kram [kraːm] **(-(e)s)** *m* stuff, rubbish; **k~en** *vi* to rummage; **~laden** *m* (*pej*) small shop

Krampf [krampf] **(-(e)s, ²e)** *m* cramp; (*zuckend*) spasm; **~ader** *f* varicose vein; **k~haft** *adj* convulsive; (*fig: Versuche*) desperate

Kran [kraːn] **(-(e)s, ²e)** *m* crane; (*Wasserkran*) tap, faucet (*US*)

krank [kraŋk] *adj* ill, sick; **K~e(r)** *f(m)* sick person, invalid; patient; **~en** *vi:* **an etw** *dat* **~en** (*fig*) to suffer from sth

kränken ['krɛŋkən] *vt* to hurt

Kranken- *zW:* **~geld** *nt* sick pay; **~gymnastik** *f* physiotherapy; **~haus** *nt* hospital; **~kasse** *f* health insurance; **~pfleger** *m* nursing orderly; **~schein** *m* health insurance card; **~schwester** *f* nurse; **~versicherung** *f* health insurance; **~wagen** *m* ambulance

Krank- *zW:* **k~haft** *adj* diseased; (*Angst etc*) morbid; **~heit** *f* illness; disease; **~heitserreger** *m* disease-causing agent

kränklich ['krɛŋklɪç] *adj* sickly

Kränkung *f* insult, offence

Kranz [krants] **(-es, ⁀e)** *m* wreath, garland

krass ▲ [kras] *adj* crass

Krater ['kra:tər] **(-s, -)** *m* crater

Kratz- ['krats] *zW:* **~bürste** *f (fig)* crosspatch; **k~en** *vt, vi* to scratch; **~er (-s, -)** *m* scratch; *(Werkzeug)* scraper

Kraul [kraʊl] **(-s)** *nt* crawl; **~ schwimmen** to do the crawl; **k~en** *vi (schwimmen)* to do the crawl ♦ *vt (streicheln)* to fondle

kraus [kraʊs] *adj* crinkly; *(Haar)* frizzy; *(Stirn)* wrinkled

Kraut [kraʊt] **(-(e)s, Kräuter)** *nt* plant; *(Gewürz)* herb; *(Gemüse)* cabbage

Krawall [kra'val] **(-s, -e)** *m* row, uproar

Krawatte [kra'vatə] *f* tie

kreativ [krea'ti:f] *adj* creative

Krebs [kre:ps] **(-es, -e)** *m* crab; *(MED, ASTROL)* cancer; **k~krank** *adj* suffering from cancer

Kredit [kre'di:t] **(-(e)s, -e)** *m* credit; **~institut** *nt* bank; **~karte** *f* credit card

Kreide ['kraɪdə] *f* chalk; **k~bleich** *adj* as white as a sheet

Kreis [kraɪs] **(-es, -e)** *m* circle; *(Stadtkreis etc)* district; **im ~ gehen** *(auch fig)* to go round in circles

kreischen ['kraɪʃən] *vi* to shriek, to screech

Kreis- *zW:* **~el** ['kraɪzəl] **(-s, -)** *m* top; *(~verkehr)* roundabout *(BRIT)*, traffic circle *(US)*; **k~en** ['kraɪzən] *vi* to spin; **~lauf** *m (MED)* circulation; *(fig: der Natur etc)* cycle; **~säge** *f* circular saw; **~stadt** *f* county town; **~verkehr** *m* roundabout traffic

Krematorium [krema'to:riʊm] *nt* crematorium

Kreml ['kre:ml] **(-s)** *m* Kremlin

krepieren [kre'pi:rən] *(umg) vi (sterben)* to die, to kick the bucket

Krepp [krep] **(-s, -s od -e)** *m* crepe; **~papier** ▲ *nt* crepe paper

Kresse ['kresə] *f* cress

Kreta ['kre:ta] **(-s)** *nt* Crete

Kreuz [krɔʏts] **(-es, -e)** *nt* cross; *(ANAT)* small of the back; *(KARTEN)* clubs; **k~en** *vt, vr* to cross ♦ *vi (NAUT)* to cruise; **~er (-s, -)** *m (Schiff)* cruiser; **~fahrt** *f* cruise; **~feuer** *nt (fig):* **ins ~feuer geraten** to be under fire from all sides; **~gang** *m* cloisters *pl;*

k~igen *vt* to crucify; **~igung** *f* crucifixion; **~ung** *f (Verkehrskreuzung)* crossing, junction; *(Züchten)* cross; **~verhör** *nt* cross-examination; **~weg** *m* crossroads; *(REL)* Way of the Cross; **~worträtsel** *nt* crossword puzzle; **~zug** *m* crusade

Kriech- ['kri:ç] *zW:* **k~en** *(unreg) vi* to crawl, to creep; *(pej)* to grovel, to crawl; **~er (-s, -)** *m* crawler; **~spur** *f* crawler lane; **~tier** *nt* reptile

Krieg [kri:k] **(-(e)s, -e)** *m* war

kriegen ['kri:gən] *(umg) vt* to get

Kriegs- *zW:* **~erklärung** *f* declaration of war; **~fuß** *m:* **mit jdm/etw auf ~fuß stehen** to be at loggerheads with sb/to have difficulties with sth; **~gefangene(r)** *m* prisoner of war; **~gefangenschaft** *f* captivity; **~gericht** *nt* court-martial; **~schiff** *nt* warship; **~verbrecher** *m* war criminal; **~versehrte(r)** *m* person disabled in the war; **~zustand** *m* state of war

Krim [krim] **(-)** *f* Crimea

Krimi ['kri:mi] **(-s, -s)** *(umg) m* thriller

Kriminal- [krimi'na:l] *zW:* **~beamte(r)** *m* detective; **~i'tät** *f* criminality; **~'polizei** *f ≈* Criminal Investigation Department *(BRIT)*, Federal Bureau of Investigation *(US)*; **~ro'man** *m* detective story

kriminell [krimi'nɛl] *adj* criminal; **K~e(r)** *m* criminal

Krippe ['krɪpə] *f* crib; *(Kinderkrippe)* crèche

Krise ['kri:zə] *f* crisis; **k~ln** *vi:* **es k~lt** there's a crisis

Kristall [krɪs'tal] **(-s, -e)** *m* crystal ♦ *nt (Glas)* crystal

Kriterium [kri'te:riʊm] *nt* criterion

Kritik [kri'ti:k] *f* criticism; *(Zeitungskritik)* review, write-up; **~er** ['kri:tikər] **(-s, -)** *m* critic; **k~los** *adj* uncritical

kritisch ['kri:tɪʃ] *adj* critical

kritisieren [kriti'zi:rən] *vt, vi* to criticize

kritzeln ['krɪtsəln] *vt, vi* to scribble, to scrawl

Kroatien [kro'a:tsiən] *nt* Croatia

Krokodil [kroko'di:l] **(-s, -e)** *nt* crocodile

Krokus ['kro:kʊs] **(-, - od -se)** *m* crocus

Krone ['kro:nə] *f* crown; *(Baumkrone)* top

krönen ['krø:nən] *vt* to crown

Kron- zW: ~korken m bottle top; ~leuchter m chandelier; ~prinz m crown prince

Krönung ['krø:nʊŋ] f coronation

Kropf [krɔpf] (-(e)s, ⁼e) m (MED) goitre; (von Vogel) crop

Kröte ['krø:tə] f toad

Krücke ['krʏkə] f crutch

Krug [kru:k] (-(e)s, ⁼e) m jug; (Bierkrug) mug

Krümel ['kry:məl] (-s, -) m crumb; k~n vt, vi to crumble

krumm [krʊm] adj (auch fig) crooked; (kurvig) curved; jdm etw ~ nehmen to take sth amiss; ~beinig adj bandy-legged; ~lachen (umg) vr to laugh o.s. silly

Krümmung ['krʏmʊŋ] f bend, curve

Krüppel ['krʏpəl] (-s, -) m cripple

Kruste ['krʊstə] f crust

Kruzifix [krutsi'fɪks] (-es, -e) nt crucifix

Kübel ['ky:bəl] (-s, -) m tub; (Eimer) pail

Kubikmeter [ku'bi:kme:tər] m cubic metre

Küche ['kʏçə] f kitchen; (Kochen) cooking, cuisine

Kuchen ['ku:xən] (-s, -) m cake; ~form f baking tin; ~gabel f pastry fork

Küchen- zW: ~herd m cooker, stove; ~schabe f cockroach; ~schrank m kitchen cabinet

Kuckuck ['kʊkʊk] (-s, -e) m cuckoo; ~suhr f cuckoo clock

Kugel ['ku:gəl] (-, -n) f ball; (MATH) sphere; (MIL) bullet; (Erdkugel) globe; (SPORT) shot; k~förmig adj spherical; ~lager nt ball bearing; k~rund adj (Gegenstand) round; (umg: Person) tubby; ~schreiber m ball-point (pen), Biro ®; k~sicher adj bulletproof; ~stoßen (-s) nt shot put

Kuh [ku:] (-, ⁼e) f cow

kühl [ky:l] adj (auch fig) cool; K~anlage f refrigeration plant; K~e (-) f coolness; ~en vt to cool; K~er (-s, -) m (AUT) radiator; K~erhaube f (AUT) bonnet (BRIT), hood (US); K~raum m cold storage chamber; K~schrank m refrigerator; K~truhe f freezer; K~ung f cooling; K~wasser nt radiator water

kühn [ky:n] adj bold, daring; K~heit f boldness

Kuhstall m byre, cattle shed

Küken ['ky:kən] (-s, -) nt chicken

kulant [ku'lant] adj obliging

Kuli ['ku:li] (-s, -s) m coolie; (umg: Kugelschreiber) Biro ®

Kulisse [ku'lɪsə] f scenery

kullern ['kʊlərn] vi to roll

Kult [kʊlt] (-(e)s, -e) m worship, cult; mit etw einen ~ treiben to make a cult out of sth

kultivieren [kʊlti'vi:rən] vt to cultivate

kultiviert adj cultivated, refined

Kultur [kʊl'tu:r] f culture; civilization; (des Bodens) cultivation; ~banause (umg) m philistine, low-brow; ~beutel m toilet bag; k~ell [-u'rɛl] adj cultural; ~ministerium nt ministry of education and the arts

Kümmel ['kʏməl] (-s, -) m caraway seed; (Branntwein) kümmel

Kummer ['kʊmər] (-s) m grief, sorrow

kümmerlich ['kʏmərlɪç] adj miserable, wretched

kümmern ['kʏmərn] vt to concern ♦ vr: sich um jdn ~ to look after sb; das kümmert mich nicht that doesn't worry me; sich um etw ~ to see to sth

Kumpel ['kʊmpəl] (-s, -) (umg) m mate

kündbar ['kʏntba:r] adj redeemable, recallable; (Vertrag) terminable

Kunde¹ ['kʊndə] (-n, -n) m customer

Kunde² ['kʊndə] f (Botschaft) news

Kunden- zW: ~dienst m after-sales service; ~konto nt charge account; ~nummer f customer number

Kund- zW: k~geben (unreg) vt to announce; ~gebung f announcement; (Versammlung) rally

Künd- ['kʏnd] zW: k~igen vi to give in one's notice ♦ vt to cancel; jdm k~igen to give sb his notice; die Stellung/Wohnung k~igen to give notice that one is leaving one's job/house; jdm die Stellung/Wohnung k~igen to give sb notice to leave his/her job/house; ~igung f notice; ~igungsfrist f period of notice; ~igungsschutz m protection against

Spelling Reform: ▲ new spelling △ old spelling (to be phased out)

wrongful dismissal

Kundin f customer

Kundschaft f customers pl, clientele

künftig ['kʏnftɪç] adj future ♦ adv in future

Kunst [kʊnst] (-, ¨e) f art; (Können) skill; **das ist doch keine ~** it's easy; **~dünger** m artificial manure; **~faser** f synthetic fibre; **~fertigkeit** f skilfulness; **~gegenstand** m art object; **~gerecht** adj skilful; **~geschichte** f history of art; **~gewerbe** nt arts and crafts pl; **~griff** m trick, knack; **~händler** m art dealer

Künstler(in) ['kʏnstlər(ɪn)] (-s, -) m(f) artist; **k~isch** adj artistic; **~name** m pseudonym

künstlich ['kʏnstlɪç] adj artificial

Kunst- zW: **~sammler** (-s, -) m art collector; **~seide** f artificial silk; **~stoff** m synthetic material; **~stück** nt trick; **~turnen** nt gymnastics sg; **k~voll** adj artistic; **~werk** nt work of art

kunterbunt ['kʊntərbʊnt] adj higgledy-piggledy

Kupee ▲ [ku'pe:] (-s, -s) nt coupé

Kupfer ['kʊpfər] (-s) nt copper; **k~n** adj copper

Kupon [ku'põ, ku'pɔŋ] (-s, -s) m coupon; (Stoff~) length of cloth

Kuppe ['kʊpə] f (Bergkuppe) top; (Fingerkuppe) tip

Kuppel (-, -n) f dome; **k~n** vi (JUR) to procure; (AUT) to declutch ♦ vt to join

Kupplung f coupling; (AUT) clutch

Kur [ku:r] (-, -en) f cure, treatment

Kür [ky:r] (-, -en) f (SPORT) free exercises pl

Kurbel ['kʊrbəl] (-, -n) f crank, winder; (AUT) starting handle; **~welle** f crankshaft

Kürbis ['kʏrbɪs] (-ses, -se) m pumpkin; (exotisch) gourd

Kurgast m visitor (to a health resort)

kurieren [ku'ri:rən] vt to cure

kurios [kuri'o:s] adj curious, odd; **K~i'tät** f curiosity

Kurort m health resort

Kurs [kʊrs] (-es, -e) m course; (FIN) rate; **~buch** nt timetable; **k~ieren** [kʊr'zi:rən] vi to circulate; **k~iv** [kʊr'zi:f] adv in italics; **~us** ['kʊrzʊs] (-, Kurse) m course; **~wagen**

m (EISENB) through carriage

Kurtaxe [-taksə] (-, -n) f visitors' tax (at health resort or spa)

Kurve ['kʊrvə] f curve; (Straßenkurve) curve, bend; **kurvig** adj (Straße) bendy

kurz [kʊrts] adj short; **~ gesagt** in short; **~ halten** to keep short; **zu ~ kommen** to come off badly; **den Kürzeren ziehen** to get the worst of it; **K~arbeit** f short-time work; **~ärm(e)lig** adj short-sleeved

Kürze ['kʏrtsə] f shortness, brevity; **k~n** vt to cut short; (in der Länge) to shorten; (Gehalt) to reduce

kurz- zW: **~erhand** adv on the spot; **~fristig** adj short-term; **K~geschichte** f short story; **~halten** △ (unreg) vt siehe **kurz;** **~lebig** adj short-lived

kürzlich ['kʏrtslɪç] adv lately, recently

Kurz- zW: **~schluss** ▲ m (ELEK) short circuit; **k~sichtig** adj short-sighted

Kürzung f (eines Textes) abridgement; (eines Theaterstück, des Gehalts) cut

Kurzwelle f short wave

kuscheln ['kʊʃəln] vr to snuggle up

Kusine [ku'zi:nə] f cousin

Kuss ▲ [kʊs] (-es, ¨e) m kiss

küssen ['kʏsən] vt, vr to kiss

Küste ['kʏstə] f coast, shore

Küstenwache f coastguard

Küster ['kʏstər] (-s, -) m sexton, verger

Kutsche ['kʊtʃə] f coach, carriage; **~r** (-s, -) m coachman

Kutte ['kʊtə] f habit

Kuvert [ku'vert] (-s, -e od -s) nt envelope; cover

KZ nt abk von **Konzentrationslager**

L, l

l abk = **Liter**

labil [la'bi:l] adj (MED: Konstitution) delicate

Labor [la'bo:r] (-s, -e od -s) nt lab; **~ant(in)** m(f) lab(oratory) assistant

Labyrinth [laby'rɪnt] (-s, -e) nt labyrinth

Lache ['laxə] f (Flüssigkeit) puddle; (von Blut, Benzin etc) pool

lächeln ['lɛçəln] vi to smile; **L~** (-s) nt smile
lachen ['laxən] vi to laugh
lächerlich ['lɛçərlɪç] adj ridiculous
Lachgas nt laughing gas
lachhaft adj laughable
Lachs [laks] (-es, -e) m salmon
Lack [lak] (-(e)s, -e) m lacquer, varnish; (von Auto) paint; **l~ieren** [la'kiːrən] vt to varnish; (Auto) to spray; **~ierer** [la'kiːrər] (-s, -) m varnisher
Laden ['laːdən] (-s, ⁿ) m shop; (Fensterladen) shutter
laden ['laːdən] (unreg) vt (Lasten) to load; (JUR) to summon; (einladen) to invite
Laden- zW: **~dieb** m shoplifter; **~diebstahl** m shoplifting; **~schluss** ▲ m closing time; **~tisch** m counter
Laderaum m freight space; (AVIAT, NAUT) hold
Ladung ['laːdʊŋ] f (Last) cargo, load; (Beladen) loading; (JUR) summons; (Einladung) invitation; (Sprengladung) charge
Lage ['laːgə] f position, situation; (Schicht) layer; **in der ~ sein** to be in a position
Lageplan m site plan
Lager ['laːgər] (-s, -) nt camp; (COMM) warehouse; (Schlaflager) bed; (von Tier) lair; (TECH) bearing; **~bestand** m stocks pl; **~feuer** nt campfire; **~haus** nt warehouse, store
lagern ['laːgərn] vi (Dinge) to be stored; (Menschen) to camp ♦ vt to store; (betten) to lay down; (Maschine) to bed
Lagune [la'guːnə] f lagoon
lahm [laːm] adj lame; **~ legen** to paralyse; **~en** vi to be lame
Lähmung f paralysis
Laib [laɪp] (-s, -e) m loaf
Laie ['laɪə] (-n, -n) m layman; **l~nhaft** adj amateurish
Laken ['laːkən] (-s, -) nt sheet
Lakritze [la'krɪtsə] f liquorice
lallen ['lalən] vt, vi to slur; (Baby) to babble
Lamelle [la'mɛlə] f lamella; (ELEK) lamina; (TECH) plate
Lametta [la'mɛta] (-s) nt tinsel

Lamm [lam] (-(e)s, ⁿer) nt lamb
Lampe ['lampə] f lamp
Lampen- zW: **~fieber** nt stage fright; **~schirm** m lampshade
Lampion [lampi'õː] (-s, -s) m Chinese lantern
Land [lant] (-(e)s, ⁿer) nt land; (Nation, nicht Stadt) country; (Bundesland) state; **auf dem ~(e)** in the country; siehe **hierzulande**; **~besitz** m landed property; **~ebahn** f runway; **l~en** ['landən] vt, vi to land

---

Land

ⓘ A **Land** (plural **Länder**) is a member state of the BRD and of Austria. There are 16 **Länder** in Germany, namely Baden-Württemberg, Bayern, Berlin, Brandenburg, Bremen, Hamburg, Hessen, Mecklenburg-Vorpommern, Niedersachsen, Nordrhein-Westfalen, Rheinland-Pfalz, Saarland, Sachsen, Sachsen-Anhalt, Schleswig-Holstein and Thüringen. Each **Land** has its own parliament and constitution. The 9 **Länder** of Austria are Vorarlberg, Tirol, Salzburg, Oberösterreich, Niederösterreich, Kärnten, Steiermark, Burgenland and Wien.

Landes- ['landəs] zW: **~farben** pl national colours; **~innere(s)** nt inland region; **~sprache** f national language; **l~üblich** adj customary; **~verrat** m high treason; **~währung** f national currency; **l~weit** adj nationwide
Land- zW: **~haus** nt country house; **~karte** f map; **~kreis** m administrative region; **l~läufig** adj customary
ländlich ['lɛntlɪç] adj rural
Land- zW: **~schaft** f countryside; (KUNST) landscape; **~schaftsschutzgebiet** nt nature reserve; **~sitz** m country seat; **~straße** f country road; **~streicher** (-s, -) m tramp; **~strich** m region
Landung ['landʊŋ] f landing; **~sbrücke** f jetty, pier
Land- zW: **~weg** m: **etw auf dem ~weg befördern** to transport sth by land; **~wirt**

m farmer; **~wirtschaft** *f* agriculture; **~zunge** *f* spit

lang [laŋ] *adj* long; (*Mensch*) tall; **~atmig** *adj* long-winded; **~e** *adv* for a long time; (*dauern, brauchen*) a long time

Länge ['lɛŋə] *f* length; (*GEOG*) longitude

langen ['laŋən] *vi* (*ausreichen*) to do, to suffice; (*fassen*): **~ (nach)** to reach (for) ♦ *vt*: **jdm etw ~** to hand *od* pass sb sth; **es langt mir** I've had enough

Längengrad *m* longitude

Längenmaß *nt* linear measure

lang- *zW*: **L~eweile** *f* boredom; **~fristig** *adj* long-term; **~jährig** *adj* (*Freundschaft, Gewohnheit*) long-standing; **L~lauf** *m* (*SKI*) cross-country skiing

länglich *adj* longish

längs [lɛŋs] *präp* (+*gen od dat*) along ♦ *adv* lengthwise

lang- *zW*: **~sam** *adj* slow; **L~samkeit** *f* slowness; **L~schläfer(in)** *m(f)* late riser

längst [lɛŋst] *adv*: **das ist ~ fertig** that was finished a long time ago, that has been finished for a long time; **~e(r, s)** *adj* longest

lang- *zW*: **~weilen** *vt* to bore ♦ *vr* to be bored; **~weilig** *adj* boring, tedious; **L~welle** *f* long wave; **~wierig** *adj* lengthy, long-drawn-out

Lanze ['lantsə] *f* lance

Lappalie [la'paːliə] *f* trifle

Lappen ['lapən] (**-s, -**) *m* cloth, rag; (*ANAT*) lobe

läppisch ['lɛpɪʃ] *adj* foolish

Lapsus ['lapsʊs] (**-, -**) *m* slip

Laptop ['lɛptɔp] (**-s, -s**) *m* laptop (computer)

Lärche ['lɛrçə] *f* larch

Lärm [lɛrm] (**-(e)s**) *m* noise; **l~en** *vi* to be noisy, to make a noise

Larve ['larfə] *f* (*BIOL*) larva

lasch [laʃ] *adj* slack

Laser ['leːzər] (**-s, -**) *m* laser

---

lassen ['lasən] (*pt* **ließ**, *pp* **gelassen** *od* (*als Hilfsverb*) **lassen**) *vt* **1** (*unterlassen*) to stop; (*momentan*) to leave; **lass das (sein)!** don't (do it)!; (*hör auf*) stop it!; **lass mich!** leave me alone; **lassen wir das!** let's leave it; **er kann das Trinken nicht lassen** he can't stop drinking

2 (*zurücklassen*) to leave; **etw lassen, wie es ist** to leave sth (just) as it is

3 (*überlassen*): **jdn ins Haus lassen** to let sb into the house

♦ *vi*: **lass mal, ich mache das schon** leave it, I'll do it

♦ *Hilfsverb* **1** (*veranlassen*): **etw machen lassen** to have *od* get sth done; **sich** *dat* **etw schicken lassen** to have sth sent (to one)

2 (*zulassen*): **jdn etw wissen lassen** to let sb know sth; **das Licht brennen lassen** to leave the light on; **jdn warten lassen** to keep sb waiting; **das lässt sich machen** that can be done

3: **lass uns gehen** let's go

---

lässig ['lɛsɪç] *adj* casual; **L~keit** *f* casualness

Last [last] (**-, -en**) *f* load, burden; (*NAUT, AVIAT*) cargo; (*meist pl: Gebühr*) charge; **jdm zur ~ fallen** to be a burden to sb; **~auto** *nt* lorry, truck; **l~en** *vi*: **l~en auf** +*dat* to weigh on; **~enaufzug** *m* goods lift *od* elevator (*US*)

Laster ['lastər] (**-s, -**) *nt* vice

lästern ['lɛstərn] *vt, vi* (*Gott*) to blaspheme; (*schlecht sprechen*) to mock

Lästerung *f* jibe; (*Gotteslästerung*) blasphemy

lästig ['lɛstɪç] *adj* troublesome, tiresome

Last- *zW*: **~kahn** *m* barge; **~kraftwagen** *m* heavy goods vehicle; **~schrift** *f* debit; **~wagen** *m* lorry, truck; **~zug** *m* articulated lorry

Latein [la'taɪn] (**-s**) *nt* Latin; **~amerika** *nt* Latin America

latent [la'tɛnt] *adj* latent

Laterne [la'tɛrnə] *f* lantern; (*Straßenlaterne*) lamp, light; **~npfahl** *m* lamppost

latschen ['laːtʃən] (*umg*) *vi* (*gehen*) to wander, to go; (*lässig*) to slouch

Latte ['latə] *f* lath; (*SPORT*) goalpost; (*quer*)

crossbar

Latzhose ['latshoːzə] f dungarees pl

lau [lau] adj (Nacht) balmy; (Wasser) lukewarm

Laub [laup] (-(e)s) nt foliage; ~**baum** m deciduous tree; ~**frosch** m tree frog; ~**säge** f fretsaw

Lauch [laux] (-(e)s, -e) m leek

Lauer ['lauər] f: **auf der ~ sein** od **liegen** to lie in wait, **l~n** vi to lie in wait; (Gefahr) to lurk

Lauf [lauf] (-(e)s, Läufe) m run; (Wettlauf) race; (Entwicklung, ASTRON) course; (Gewehrlauf) barrel; **einer Sache** dat **ihren ~ lassen** to let sth take its course; ~**bahn** f career

laufen ['laufən] (unreg) vt, vi to run; (umg: gehen) to walk; ~**d** adj running; (Monat, Ausgaben) current; **auf dem ~den sein/ halten** to be/keep up to date; **am ~den Band** (fig) continuously

Läufer ['lɔyfər] (-s, -) m (Teppich, SPORT) runner; (Fußball) half-back; (Schach) bishop

Lauf- zW: ~**masche** f run, ladder (BRIT); ~**pass** ▲ m: **jdm den ~pass geben** (umg) to send sb packing (inf); ~**stall** m playpen; ~**steg** m catwalk; ~**werk** nt (COMPUT) disk drive

Lauge ['laugə] f soapy water; (CHEM) alkaline solution

Laune ['launə] f mood, humour; (Einfall) caprice; (schlechte) temper; **l~nhaft** adj capricious, changeable

launisch adj moody; bad-tempered

Laus [laus] (-, Läuse) f louse

lauschen ['lauʃən] vi to eavesdrop, to listen in

lauschig ['lauʃɪç] adj snug

lausig ['lauzɪç] (umg: pej) adj measly; (Kälte) perishing

laut [laut] adj loud ♦ adv loudly; (lesen) aloud ♦ präp (+gen od dat) according to; **L~** (-(e)s, -e) m sound

Laute ['lautə] f lute

lauten ['lautən] vi to say; (Urteil) to be

läuten ['lɔytən] vt, vi to ring, to sound

lauter ['lautər] adj (Wasser) clear, pure;

(Wahrheit, Charakter) honest ♦ adj inv (Freude, Dummheit etc) sheer ♦ adv nothing but, only

laut- zW: ~**hals** adv at the top of one's voice; ~**los** adj noiseless, silent; **L~schrift** f phonetics pl; **L~sprecher** m loudspeaker; ~**stark** adj vociferous; **L~stärke** f (RADIO) volume

lauwarm ['lauvarm] adj (auch fig) lukewarm

Lavendel [la'vɛndəl] (-s, -) m lavender

Lawine [la'viːnə] f avalanche; ~**ngefahr** f danger of avalanches

lax [laks] adj lax

Lazarett [latsa'rɛt] (-(e)s, -e) nt (MIL) hospital, infirmary

leasen ['liːzən] vt to lease

Leben (-s, -) nt life

leben ['leːbən] vt, vi to live; ~**d** adj living; ~**dig** [le'bɛndɪç] adj living, alive; (lebhaft) lively; **L~digkeit** f liveliness

Lebens- zW: ~**art** f way of life; ~**erwartung** f life expectancy; **l~fähig** adj able to live; ~**freude** f zest for life; ~**gefahr** f: **~gefahr!** danger!; **in ~gefahr** dangerously ill; **l~gefährlich** adj dangerous; (Verletzung) critical; ~**haltungskosten** pl cost of living sg; ~**jahr** nt year of life; **l~länglich** adj (Strafe) for life; ~**lauf** m curriculum vitae; ~**mittel** pl food sg; ~**mittelgeschäft** nt grocer's (shop); ~**mittelvergiftung** f (MED) food poisoning; **l~müde** adj tired of life; ~**retter** m lifesaver; ~**standard** m standard of living; ~**unterhalt** m livelihood; ~**versicherung** f life insurance; ~**wandel** m way of life; ~**weise** f lifestyle, way of life; **l~wichtig** adj vital, essential; ~**zeichen** nt sign of life

Leber ['leːbər] (-, -n) f liver; ~**fleck** m mole; ~**tran** m cod-liver oil; ~**wurst** f liver sausage

Lebewesen nt creature

leb- ['leːp] zW: ~**haft** adj lively, vivacious; **L~kuchen** m gingerbread; ~**los** adj lifeless

Leck [lɛk] (-(e)s, -e) nt leak; **l~** adj leaky, leaking; **l~en** vi (Loch haben) to leak; (schlecken) to lick ♦ vt to lick

lecker [ˈlɛkər] *adj* delicious, tasty; **L~bissen** *m* dainty morsel

Leder [ˈleːdər] (**-s, -**) *nt* leather; **~hose** *f* lederhosen; **l~n** *adj* leather; **~waren** *pl* leather goods

ledig [ˈleːdɪç] *adj* single; **einer Sache** *gen* **~ sein** to be free of sth; **~lich** *adv* merely, solely

leer [leːr] *adj* empty; vacant; **~ machen** to empty; **~ stehend** empty; **L~e** (**-**) *f* emptiness; **~en** *vt, vr* to empty; **L~gewicht** *nt* weight when empty; **L~gut** *nt* empties *pl*; **L~lauf** *m* neutral; **L~ung** *f* emptying; (*Post*) collection

legal [leˈɡaːl] *adj* legal, lawful; **~i'sieren** *vt* to legalize

legen [ˈleːɡən] *vt* to lay, to put, to place; (*Ei*) to lay ♦ *vr* to lie down; (*fig*) to subside

Legende [leˈɡɛndə] *f* legend

leger [leˈʒɛːr] *adj* casual

Legierung [leˈɡiːrʊŋ] *f* alloy

Legislative [leɡɪslaˈtiːvə] *f* legislature

legitim [leɡiˈtiːm] *adj* legitimate

legitimieren [leɡitiˈmiːrən] *vt* to legitimate ♦ *vr* to prove one's identity

Lehm [leːm] (**-(e)s, -e**) *m* loam; **l~ig** *adj* loamy

Lehne [ˈleːnə] *f* arm; back; **l~n** *vt, vr* to lean

Lehnstuhl *m* armchair

Lehr- *zW*: **~amt** *nt* teaching profession; **~buch** *nt* textbook

Lehre [ˈleːrə] *f* teaching, doctrine; (*beruflich*) apprenticeship; (*moralisch*) lesson; (*TECH*) gauge; **l~n** *vt* to teach

Lehrer(in) (**-s, -**) *m(f)* teacher; **~zimmer** *nt* staff room

Lehr- *zW*: **~gang** *m* course; **~jahre** *pl* apprenticeship *sg*; **~kraft** *f* (*förmlich*) teacher; **~ling** *m* apprentice; **~plan** *m* syllabus; **l~reich** *adj* instructive; **~stelle** *f* apprenticeship; **~zeit** *f* apprenticeship

Leib [laɪp] (**-(e)s, -er**) *m* body; **halt ihn mir vom ~!** keep him away from me!; **l~haftig** *adj* personified; (*Teufel*) incarnate; **l~lich** *adj* bodily; (*Vater etc*) own; **~schmerzen** *pl* stomach pains; **~wache** *f* bodyguard

Leiche [ˈlaɪçə] *f* corpse; **~nhalle** *f* mortuary;

~nwagen *m* hearse

Leichnam [ˈlaɪçnaːm] (**-(e)s, -e**) *m* corpse

leicht [laɪçt] *adj* light; (*einfach*) easy; **jdm ~ fallen** to be easy for sb; **es sich** *dat* **~ machen** to make things easy for o.s.; **L~athletik** *f* athletics *sg*; **~fertig** *adj* frivolous; **~gläubig** *adj* gullible, credulous; **~hin** *adv* lightly; **L~igkeit** *f* easiness; **mit L~igkeit** with ease; **L~sinn** *m* carelessness; **~sinnig** *adj* careless

Leid [laɪt] (**-(e)s**) *nt* grief, sorrow; **es tut mir/ihm ~** I am/he is sorry; **er/das tut mir ~** I am sorry for him/it; **l~** *adj*: **etw l~ haben** *od* **sein** to be tired of sth; **l~en** (*unreg*) *vt* to suffer; (*erlauben*) to permit ♦ *vi* to suffer; **jdn/etw nicht l~en können** not to be able to stand sb/sth; **~en** [ˈlaɪdən] (**-s, -**) *nt* suffering; (*Krankheit*) complaint; **~enschaft** *f* passion; **l~enschaftlich** *adj* passionate

leider [ˈlaɪdər] *adv* unfortunately; **ja, ~** yes, I'm afraid so; **~ nicht** I'm afraid not

leidig [ˈlaɪdɪç] *adj* worrying, troublesome

leidlich [ˈlaɪtlɪç] *adj* tolerable ♦ *adv* tolerably

Leid- *zW*: **~tragende(r)** *f(m)* bereaved; (*Benachteiligter*) one who suffers; **~wesen** *nt*: **zu jds ~wesen** to sb's disappointment

Leier [ˈlaɪər] (**-, -n**) *f* lyre; (*fig*) old story; **~kasten** *m* barrel organ

Leihbibliothek *f* lending library

Leihbücherei *f* lending library

leihen [ˈlaɪən] (*unreg*) *vt* to lend; **sich** *dat* **etw ~** to borrow sth

Leih- *zW*: **~gebühr** *f* hire charge; **~haus** *nt* pawnshop; **~wagen** *m* hired car

Leim [laɪm] (**-(e)s, -e**) *m* glue; **l~en** *vt* to glue

Leine [ˈlaɪnə] *f* line, cord; (*Hundeleine*) leash, lead

Leinen *nt* linen; **l~** *adj* linen

Leinwand *f* (*KUNST*) canvas; (*CINE*) screen

leise [ˈlaɪzə] *adj* quiet; (*sanft*) soft, gentle

Leiste [ˈlaɪstə] *f* ledge; (*Zierleiste*) strip; (*ANAT*) groin

leisten [ˈlaɪstən] *vt* (*Arbeit*) to do; (*Gesellschaft*) to keep; (*Ersatz*) to supply; (*vollbringen*) to achieve; **sich** *dat* **etw ~**

können to be able to afford sth
Leistung f performance; (gute)
achievement; **~sdruck** m pressure;
l~sfähig adj efficient
Leitartikel m leading article
Leitbild nt model
leiten ['laɪtən] vt to lead; (Firma) to manage;
(in eine Richtung) to direct; (ELEK) to conduct
Leiter[1] ['laɪtər] (-s, -) m leader, head; (ELEK)
conductor
Leiter[2] ['laɪtər] (-, -n) f ladder
Leitfaden m guide
Leitplanke f crash barrier
Leitung f (Führung) direction; (CINE, THEAT
etc) production; (von Firma) management;
directors pl; (Wasserleitung) pipe; (Kabel)
cable; **eine lange ~ haben** to be slow on
the uptake
Leitungs- zW: **~draht** m wire; **~rohr** nt
pipe; **~wasser** nt tap water
Lektion [lɛktsiˈoːn] f lesson
Lektüre [lɛkˈtyːrə] f (Lesen) reading;
(Lesestoff) reading matter
Lende ['lɛndə] f loin; **~nstück** nt fillet
lenk- ['lɛŋk] zW: **~bar** adj (Fahrzeug)
steerable; (Kind) manageable; **~en** vt to
steer; (Kind) to guide; (Blick,
Aufmerksamkeit): **~en (auf** +akk) to direct
(at); **L~rad** nt steering wheel;
L~radschloss ▲ nt steering (wheel) lock;
L~stange f handlebars pl; **L~ung** f
steering
Lepra ['leːpra] (-) f leprosy
Lerche ['lɛrçə] f lark
lernbegierig adj eager to learn
lernen ['lɛrnən] vt to learn
lesbar ['leːsbaːr] adj legible
Lesbierin ['lɛsbiərɪn] f lesbian
lesbisch ['lɛsbɪʃ] adj lesbian
Lese ['leːzə] f (Wein) harvest
Lesebrille f reading glasses
Lesebuch nt reading book, reader
lesen (unreg) vt, vi to read; (ernten) to
gather, to pick
Leser(in) (-s, -) m(f) reader; **~brief** m
reader's letter; **l~lich** adj legible
Lesezeichen nt bookmark

Lesung ['leːzʊŋ] f (PARL) reading
letzte(r, s) ['lɛtstə(r, s)] adj last; (neueste)
latest; **zum ~n Mal** for the last time; **~ns**
adv lately; **~re(r, s)** adj latter
Leuchte ['lɔʏçtə] f lamp, light; **l~n** vi to
shine, to gleam; **~r (-s, -)** m candlestick
Leucht- zW: **~farbe** f fluorescent colour;
~rakete f flare; **~reklame** f neon sign;
~röhre f strip light; **~turm** m lighthouse
leugnen ['lɔʏgnən] vt to deny
Leukämie [lɔʏkɛˈmiː] f leukaemia
Leukoplast [lɔʏkoˈplast] (®; -(e)s, -e) nt
Elastoplast ®
Leumund ['lɔʏmʊnt] (-(e)s, -e) m
reputation
Leumundszeugnis nt character reference
Leute ['lɔʏtə] pl people pl
Leutnant ['lɔʏtnant] (-s, -s od -e) m
lieutenant
leutselig ['lɔʏtzeːlɪç] adj amiable
Lexikon ['lɛksikɔn] (-s, Lexiken od Lexika)
nt encyclop(a)edia
Libelle [liˈbɛlə] f dragonfly; (TECH) spirit level
liberal [libeˈraːl] adj liberal; **L~e(r)** f(m)
liberal
Licht [lɪçt] (-(e)s, -er) nt light; **~bild** nt
photograph; (Dia) slide; **~blick** m cheering
prospect; **l~empfindlich** adj sensitive to
light; **l~en** vt to clear; (Anker) to weigh ♦ vr
to clear up; (Haar) to thin; **l~erloh** adv:
l~erloh brennen to be ablaze; **~hupe** f
flashing of headlights; **~jahr** nt light year;
~maschine f dynamo; **~schalter** m light
switch; **~schutzfaktor** m protection factor
Lichtung f clearing, glade
Lid [liːt] (-(e)s, -er) nt eyelid; **~schatten** m
eyeshadow
lieb [liːp] adj dear; **das ist ~ von dir** that's
kind of you; **~ gewinnen** to get fond of; **~
haben** to be fond of; **~äugeln** ['liːbɔʏgəln]
vi insep: **mit etw ~äugeln** to have one's
eye on sth; **mit dem Gedanken ~äugeln,
etw zu tun** to toy with the idea of doing
sth
Liebe ['liːbə] f love; **l~bedürftig** adj:
l~bedürftig sein to need love; **l~n** vt to
love; to like

liebens- *zW:* **~wert** *adj* loveable; **~würdig** *adj* kind; **~würdigerweise** *adv* kindly; **L~würdigkeit** *f* kindness

lieber ['liːbər] *adv* rather, preferably; **ich gehe ~ nicht** I'd rather not go; *siehe auch* **gern; lieb**

Liebes- *zW:* **~brief** *m* love letter; **~kummer** *m:* **~kummer haben** to be lovesick; **~paar** *nt* courting couple, lovers *pl*

liebevoll *adj* loving

lieb- [liːp] *zW:* **~gewinnen** △ (*unreg*) *vt siehe* **lieb**; **~haben** △ (*unreg*) *vt siehe* **lieb**; **L~haber** (**-s, -**) *m* lover; **L~habe'rei** *f* hobby; **~kosen** ['liːpkoːzən] *vt insep* to caress; **~lich** *adj* lovely, charming; **L~ling** *m* darling; **L~lings-** *in zW* favourite; **~los** *adj* unloving; **L~schaft** *f* love affair

Lied [liːt] (**-(e)s, -er**) *nt* song; (*REL*) hymn; **~erbuch** ['liːdər-] *nt* songbook; hymn book

liederlich ['liːdərlɪç] *adj* slovenly; (*Lebenswandel*) loose, immoral; **L~keit** *f* slovenliness; immorality

lief *etc* [liːf] *vb siehe* **laufen**

Lieferant [liːfə'rant] *m* supplier

Lieferbedingungen *pl* terms of delivery

liefern ['liːfərn] *vt* to deliver; (*versorgen mit*) to supply; (*Beweis*) to produce

Liefer- *zW:* **~schein** *m* delivery note; **~termin** *m* delivery date; **~ung** *f* delivery; supply; **~wagen** *m* van; **~zeit** *f* delivery period

Liege ['liːgə] *f* bed

liegen ['liːgən] (*unreg*) *vi* to lie; (*sich befinden*) to be; **mir liegt nichts/viel daran** it doesn't matter to me/it matters a lot to me; **es liegt bei Ihnen, ob ...** it's up to you whether ...; **Sprachen ~ mir nicht** languages are not my line; **woran liegt es?** what's the cause?; **~ bleiben** (*im Bett*) to stay in bed; (*nicht aufstehen*) to stay lying down; (*vergessen werden*) to be left (behind); **~ lassen** (*vergessen*) to leave behind

Liege- *zW:* **~sitz** *m* (*AUT*) reclining seat; **~stuhl** *m* deck chair; **~wagen** *m* (*EISENB*) couchette

Lift [lɪft] (**-(e)s, -e** *od* **-s**) *m* lift

Likör [li'køːr] (**-s, -e**) *m* liqueur

lila ['liːla] *adj inv* purple, lilac; **L~** (**-s, -s**) *nt* (*Farbe*) purple, lilac

Lilie ['liːliə] *f* lily

Limonade [limo'naːdə] *f* lemonade

Limone [li'moːnə] *f* lime

Linde ['lɪndə] *f* lime tree, linden

lindern ['lɪndərn] *vt* to alleviate, to soothe; **Linderung** *f* alleviation

Lineal [line'aːl] (**-s, -e**) *nt* ruler

Linie ['liːniə] *f* line

Linien- *zW:* **~blatt** *nt* ruled sheet; **~flug** *m* scheduled flight; **~richter** *m* linesman

linieren [li'niːrən] *vt* to line

Linke ['lɪŋkə] *f* left side; left hand; (*POL*) left

linkisch *adj* awkward, gauche

links [lɪŋks] *adv* left; to *od* on the left; **~ von mir** on *od* to my left; **L~händer(in)** (**-s, -**) *m(f)* left-handed person; **L~kurve** *f* left-hand bend; **L~verkehr** *m* driving on the left

Linoleum [li'noːleum] (**-s**) *nt* lino(leum)

Linse ['lɪnzə] *f* lentil; (*optisch*) lens *sg*

Lippe ['lɪpə] *f* lip; **~nstift** *m* lipstick

lispeln ['lɪspəln] *vi* to lisp

Lissabon ['lɪsabɔn] (**-s**) *nt* Lisbon

List [lɪst] (**-, -en**) *f* cunning; trick, ruse

Liste ['lɪstə] *f* list

listig ['lɪstɪç] *adj* cunning, sly

Liter ['liːtər] (**-s, -**) *nt od m* litre

literarisch [lite'raːrɪʃ] *adj* literary

Literatur [litera'tuːr] *f* literature

Litfaßsäule ['lɪtfaszɔylə] *f* advertising pillar

Liturgie [litur'giː] *f* liturgy

liturgisch [li'turgɪʃ] *adj* liturgical

Litze ['lɪtsə] *f* braid; (*ELEK*) flex

Lizenz [li'tsɛnts] *f* licence

Lkw [ɛlkaː'veː] (**-(s), -(s)**) *m abk* = **Lastkraftwagen**

Lob [loːp] (**-(e)s**) *nt* praise

Lobby ['lɔbi] *f* lobby

loben ['loːbən] *vt* to praise; **~swert** *adj* praiseworthy

löblich ['løːplɪç] *adj* praiseworthy, laudable

Loch [lɔx] (**-(e)s, ⁻er**) *nt* hole; **l~en** *vt* to punch holes in; **~er** (**-s, -**) *m* punch

löcherig ['lœçərɪç] *adj* full of holes
Lochkarte *f* punch card
Lochstreifen *m* punch tape
Locke ['lɔkə] *f* lock, curl; **l~n** *vt* to entice; (*Haare*) to curl; **~nwickler (-s, -)** *m* curler
locker ['lɔkər] *adj* loose; **~lassen** (*unreg*) *vi*: **nicht ~lassen** not to let up; **~n** *vt* to loosen
lockig ['lɔkɪç] *adj* curly
lodern ['lo:dərn] *vi* to blaze
Löffel ['lœfəl] **(-s, -)** *m* spoon
löffeln *vt* to spoon
Loge ['lo:ʒə] *f* (*THEAT*) box; (*Freimaurer*) (masonic) lodge; (*Pförtnerloge*) office
Logik ['lo:gɪk] *f* logic
logisch ['lo:gɪʃ] *adj* logical
Logopäde [logo'pɛ:də] **(-n, -n)** *m* speech therapist
Lohn [lo:n] **(-(e)s, -̈e)** *m* reward; (*Arbeitslohn*) pay, wages *pl*; **~büro** *nt* wages office; **~empfänger** *m* wage earner
lohnen ['lo:nən] *vr unpers* to be worth it ♦ *vt*: **(jdm etw) ~** to reward (sb for sth); **~d** *adj* worthwhile
Lohn- zW: ~erhöhung *f* pay rise; **~steuer** *f* income tax; **~steuerkarte** *f* (income) tax card; **~streifen** *m* pay slip; **~tüte** *f* pay packet
Lokal [lo'ka:l] **(-(e)s, -e)** *nt* pub(lic house)
lokal *adj* local; **~i'sieren** *vt* to localize
Lokomotive [lokomo'ti:və] *f* locomotive
Lokomotivführer *m* engine driver
Lorbeer ['lɔrbe:r] **(-s, -en)** *m* (*auch fig*) laurel; **~blatt** *nt* (*KOCH*) bay leaf
Los [lo:s] **(-es, -e)** *nt* (*Schicksal*) lot, fate; (*Lotterielos*) lottery ticket
los [lo:s] *adj* (*locker*) loose; **~!** go on!; **etw ~ sein** to be rid of sth; **was ist ~?** what's the matter?; **dort ist nichts / viel ~** there's nothing/a lot going on there; **~binden** (*unreg*) *vt* to untie
Löschblatt ['lœʃblat] *nt* sheet of blotting paper
löschen ['lœʃən] *vt* (*Feuer, Licht*) to put out, to extinguish; (*Durst*) to quench; (*COMM*) to cancel; (*COMPUT*) to delete; (*Tonband*) to erase; (*Fracht*) to unload ♦ *vi* (*Feuerwehr*) to

put out a fire; (*Tinte*) to blot
Lösch- *zW*: **~fahrzeug** *nt* fire engine; fire boat; **~gerät** *nt* fire extinguisher; **~papier** *nt* blotting paper
lose ['lo:zə] *adj* loose
Lösegeld *nt* ransom
losen ['lo:zən] *vi* to draw lots
lösen ['lø:zən] *vt* to loosen; (*Rätsel etc*) to solve; (*Verlobung*) to call off; (*CHEM*) to dissolve; (*Partnerschaft*) to break up; (*Fahrkarte*) to buy ♦ *vr* (*aufgehen*) to come loose; (*Zucker etc*) to dissolve; (*Problem, Schwierigkeit*) to (re)solve itself
los- *zW*: **~fahren** (*unreg*) *vi* to leave; **~gehen** (*unreg*) *vi* to set out; (*anfangen*) to start; (*Bombe*) to go off; **auf jdn ~gehen** to go for sb; **~kaufen** *vt* (*Gefangene, Geißeln*) to pay ransom for; **~kommen** (*unreg*) *vi*: **von etw ~kommen** to get away from sth; **~lassen** (*unreg*) *vt* (*Seil*) to let go of; (*Schimpfe*) to let loose; **~laufen** (*unreg*) *vi* to run off
löslich ['lø:slɪç] *adj* soluble; **L~keit** *f* solubility
los- *zW*: **~lösen** *vt*: **(sich) ~lösen** to free (o.s.); **~machen** *vt* to loosen; (*Boot*) to unmoor *vr* to get away; **~schrauben** *vt* to unscrew
Losung ['lo:zʊŋ] *f* watchword, slogan
Lösung ['lø:zʊŋ] *f* (*Lockermachen*) loosening; (*eines Rätsels, CHEM*) solution; **~smittel** *nt* solvent
los- *zW*: **~werden** (*unreg*) *vt* to get rid of; **~ziehen** (*unreg*) (*umg*) *vi* (*sich aufmachen*) to set off
Lot [lo:t] **(-(e)s, -e)** *nt* plumbline; **im ~** vertical; (*fig*) on an even keel
löten ['lø:tən] *vt* to solder
Lothringen ['lo:trɪŋən] **(-s)** *nt* Lorraine
Lotse ['lo:tsə] **(-n, -n)** *m* pilot; (*AVIAT*) air traffic controller; **l~n** *vt* to pilot; (*umg*) to lure
Lotterie [lɔtə'ri:] *f* lottery
Lotto ['lɔto] **(-s, -s)** *nt* national lottery; **~zahlen** *pl* winning lottery numbers
Löwe ['lø:və] **(-n, -n)** *m* lion; (*ASTROL*) Leo; **~nanteil** *m* lion's share; **~nzahn** *m*

Spelling Reform: ▲ *new spelling* △ *old spelling (to be phased out)*

dandelion

loyal [loa'jaːl] *adj* loyal; **L~ität** *f* loyalty

Luchs [lʊks] **(-es, -e)** *m* lynx

Lücke ['lʏkə] *f* gap

Lücken- *zW:* **~büßer (-s, -)** *m* stopgap; **l~haft** *adj* full of gaps; *(Versorgung, Vorräte etc)* inadequate; **l~los** *adj* complete

Luft [lʊft] **(-, ¨e)** *f* air; *(Atem)* breath; **in der ~ liegen** to be in the air; **jdn wie ~ behandeln** to ignore sb; **~angriff** *m* air raid; **~ballon** *m* balloon; **~blase** *f* air bubble; **l~dicht** *adj* airtight; **~druck** *m* atmospheric pressure

lüften ['lʏftən] *vt* to air; *(Hut)* to lift, to raise ♦ *vi* to let some air in

Luft- *zW:* **~fahrt** *f* aviation; **~fracht** *f* air freight; **l~gekühlt** *adj* air-cooled; **~gewehr** *nt* air rifle, airgun; **l~ig** *adj* *(Ort)* breezy; *(Raum)* airy; *(Kleider)* summery; **~kissenfahrzeug** *nt* hovercraft; **~kurort** *m* health resort; **l~leer** *adj:* **l~leerer Raum** vacuum; **~linie** *f:* **in der ~linie** as the crow flies; **~loch** *nt* air hole; *(AVIAT)* air pocket; **~matratze** *f* Lilo ® *(BRIT)*, air mattress; **~pirat** *m* hijacker; **~post** *f* airmail; **~pumpe** *f* air pump; **~röhre** *f* *(ANAT)* windpipe; **~schlange** *f* streamer; **~schutzkeller** *m* air-raid shelter; **~verkehr** *m* air traffic; **~verschmutzung** *f* air pollution; **~waffe** *f* air force; **~zug** *m* draught

Lüge ['lyːgə] *f* lie; **jdn/etw ~n strafen** to give the lie to sb/sth; **l~n** *(unreg)* *vi* to lie

Lügner(in) (-s, -) *m(f)* liar

Luke ['luːkə] *f* dormer window; hatch

Lump [lʊmp] **(-en, -en)** *m* scamp, rascal

Lumpen ['lʊmpən] **(-s, -)** *m* rag

lumpen ['lʊmpən] *vi:* **sich nicht ~ lassen** not to be mean

lumpig ['lʊmpɪç] *adj* shabby

Lupe ['luːpə] *f* magnifying glass; **unter die ~ nehmen** *(fig)* to scrutinize

Lust [lʊst] **(-, ¨e)** *f* joy, delight; *(Neigung)* desire; **~ haben zu** *od* **auf etw** *akk***/etw zu tun** to feel like sth/doing sth

lüstern ['lʏstərn] *adj* lustful, lecherous

lustig ['lʊstɪç] *adj* *(komisch)* amusing, funny;

(fröhlich) cheerful

Lust- *zW:* **l~los** *adj* unenthusiastic; **~mord** *m* sex(ual) murder; **~spiel** *nt* comedy

lutschen ['lʊtʃən] *vt, vi* to suck; **am Daumen ~** to suck one's thumb

Lutscher (-s, -) *m* lollipop

luxuriös [lʊksuri'øːs] *adj* luxurious

Luxus ['lʊksʊs] **(-)** *m* luxury; **~artikel** *pl* luxury goods; **~hotel** *nt* luxury hotel

Luzern [luˈtsɛrn] **(-s)** *nt* Lucerne

Lymphe ['lʏmfə] *f* lymph

lynchen ['lʏnçən] *vt* to lynch

Lyrik ['lyːrɪk] *f* lyric poetry; **~er (-s, -)** *m* lyric poet

lyrisch ['lyːrɪʃ] *adj* lyrical

M, m

m *abk* = **Meter**

Machart *f* make

machbar *adj* feasible

SCHLÜSSELWORT
---

machen ['maxən] *vt* **1** to do; *(herstellen, zubereiten)* to make; **was machst du da?** what are you doing (there)?; **das ist nicht zu machen** that can't be done; **das Radio leiser machen** to turn the radio down; **aus Holz gemacht** made of wood

2 *(verursachen, bewirken)* to make; **jdm Angst machen** to make sb afraid; **das macht die Kälte** it's the cold that does that

3 *(ausmachen)* to matter; **das macht nichts** that doesn't matter; **die Kälte macht mir nichts** I don't mind the cold

4 *(kosten, ergeben)* to be; **3 und 5 macht 8** 3 and 5 is *od* are 8; **was** *od* **wie viel macht das?** how much does that make?

5 was macht die Arbeit? how's the work going?; **was macht dein Bruder?** how is your brother doing?; **das Auto machen lassen** to have the car done; **machs gut!** take care!; *(viel Glück)* good luck!

♦ *vi:* **mach schnell!** hurry up!; **Schluss machen** to finish (off); **mach schon!** come on!; **das macht müde** it makes you tired;; **in etw** *dat* **machen** to be *od* deal in sth ♦ *vr* to come along (nicely); **sich an etw** *akk* **machen** to set about sth; **sich verständlich machen** to make o.s. understood; **sich** *dat* **viel aus jdm/etw machen** to like sb/sth

---

Macht [maxt] (-, ⁼e) *f* power; ~**haber** (-s, -) *m* ruler

mächtig ['mɛçtɪç] *adj* powerful, mighty; (*umg: ungeheuer*) enormous

Macht- *zW*: m~**los** *adj* powerless; ~**probe** *f* trial of strength; ~**wort** *nt*: **ein ~wort sprechen** to exercise one's authority

Mädchen ['mɛːtçən] *nt* girl; m~**haft** *adj* girlish; ~**name** *m* maiden name

Made ['maːdə] *f* maggot

madig ['maːdɪç] *adj* maggoty; **jdm etw ~ machen** to spoil sth for sb

mag *etc* [maːk] *vb siehe* **mögen**

Magazin [maga'tsiːn] (-s, -e) *nt* magazine

Magen ['maːɡən] (-s, - *od* ⁼) *m* stomach; ~**geschwür** *nt* (*MED*) stomach ulcer; ~**schmerzen** *pl* stomachache *sg*

mager ['maːɡər] *adj* lean; (*dünn*) thin; **M~keit** *f* leanness; thinness

Magie [ma'ɡiː] *f* magic

magisch ['maːɡɪʃ] *adj* magical

Magnet [ma'ɡneːt] (-s *od* -en, -en) *m* magnet; m~**isch** *adj* magnetic; ~**nadel** *f* magnetic needle

mähen ['mɛːən] *vt, vi* to mow

Mahl [maːl] (-(e)s, -e) *nt* meal; m~**en** (*unreg*) *vt* to grind; ~**zeit** *f* meal ♦ *excl* enjoy your meal

Mahnbrief *m* reminder

Mähne ['mɛːnə] *f* mane

mahn- ['maːn] *zW*: ~**en** *vt* to remind; (*warnend*) to warn; (*wegen Schuld*) to demand payment from; **M~mal** *nt* memorial; **M~ung** *f* reminder; admonition, warning

Mai [mai] (-(e)s, -e) *m* May; ~**glöckchen** *nt* lily of the valley

Mailand ['mailant] *nt* Milan

mailändisch *adj* Milanese

mailen ['meːlən] *vti* to e-mail

Mais [mais] (-es, -e) *m* maize, corn (*US*); ~**kolben** *m* corncob; ~**mehl** *nt* (*KOCH*) corn meal

Majestät [majes'tɛːt] *f* majesty; m~**isch** *adj* majestic

Majonäse ▲ [majo'nɛːzə] *f* mayonnaise

Major [ma'joːr] (-s, -e) *m* (*MIL*) major; (*AVIAT*) squadron leader

Majoran [majo'raːn] (-s, -e) *m* marjoram

makaber [ma'kaːbər] *adj* macabre

Makel ['maːkəl] (-s, -) *m* blemish; (*moralisch*) stain; m~**los** *adj* immaculate, spotless

mäkeln ['mɛːkəln] *vi* to find fault

Makler(in) ['maːklər(ɪn)] (-s, -) *m(f)* broker

Makrele [ma'kreːlə] *f* mackerel

Mal [maːl] (-(e)s, -e) *nt* mark, sign; (*Zeitpunkt*) time; **ein für alle ~** once and for all; m~ *adv* times; (*umg*) *siehe* **einmal** ♦ *suffix*: **-m~** *-times*

malen *vt, vi* to paint

Maler (-s, -) *m* painter; **Male'rei** *f* painting; m~**isch** *adj* picturesque

Malkasten *m* paintbox

Mallorca [ma'jɔrka, ma'lɔrka] (-s) *nt* Majorca

malnehmen (*unreg*) *vt, vi* to multiply

Malz [malts] (-es) *nt* malt; ~**bier** *nt* (*KOCH*) malt beer; ~**bonbon** *nt* cough drop; ~**kaffee** *m* malt coffee

Mama ['mamaː] (-, -s) (*umg*) *f* mum(my) (*BRIT*), mom(my) (*US*)

Mami ['mami] (-, -s) *f* = **Mama**

Mammut ['mamʊt] (-s, -e *od* -s) *nt* mammoth

man [man] *pron* one, you; ~ **sagt, ...** they *od* people say ...; **wie schreibt ~ das?** how do you write it?, how is it written?

Manager(in) ['mɛnɪdʒər(ɪn)] (-s, -) *m(f)* manager

manch [manç] (*unver*) *pron* many a

manche(r, s) ['mançə(r, s)] *adj* many a; (*pl: einige*) a number of ♦ *pron* some

mancherlei [mançər'lai] *adj inv* various ♦ *pron inv* a variety of things

manchmal *adv* sometimes

Mandant(in) [man'dant(ɪn)] *m(f)* (*JUR*) client

Mandarine [manda'riːnə] *f* mandarin,

Spelling Reform: ▲ *new spelling* △ *old spelling (to be phased out)*

tangerine

Mandat [man'daːt] (-(e)s, -e) nt mandate

Mandel ['mandəl] (-, -n) f almond; (ANAT) tonsil; ~**entzündung** f (MED) tonsillitis

Manege [ma'neːʒə] f ring, arena

Mangel ['maŋəl] (-s, ") m lack; (Knappheit) shortage; (Fehler) defect, fault; ~ **an** +dat shortage of; ~**erscheinung** f deficiency symptom; m~**haft** adj poor; (fehlerhaft) defective, faulty; m~n vi unpers: **es m~t jdm an etw** dat sb lacks sth ♦ vt (Wäsche) to mangle

mangels präp +gen for lack of

Manie [ma'niː] f mania

Manier [ma'niːr] (-) f manner; style; (pej) mannerism; ~**en** pl (Umgangsformen) manners; m~**lich** adj well-mannered

Manifest [mani'fest] (-es, -e) nt manifesto

Maniküre [mani'kyːrə] f manicure

manipulieren [manipu'liːrən] vt to manipulate

Manko ['maŋko] (-s, -s) nt deficiency; (COMM) deficit

Mann [man] (-(e)s, "er) m man; (Ehemann) husband; (NAUT) hand; **seinen ~ stehen** to hold one's own

Männchen ['mɛnçən] nt little man; (Tier) male

Mannequin [manə'kɛ̃ː] (-s, -s) nt fashion model

männlich ['mɛnlɪç] adj (BIOL) male; (fig, GRAM) masculine

Mannschaft f (SPORT, fig) team; (AVIAT, NAUT) crew; (MIL) other ranks pl

Manöver [ma'nøːvər] (-s, -) nt manoeuvre

manövrieren [manø'vriːrən] vt, vi to manoeuvre

Mansarde [man'zardə] f attic

Manschette [man'ʃɛtə] f cuff; (TECH) collar; sleeve; ~**nknopf** m cufflink

Mantel ['mantəl] (-s, ") m coat; (TECH) casing, jacket

Manuskript [manu'skrɪpt] (-(e)s, -e) nt manuscript

Mappe ['mapə] f briefcase; (Aktenmappe) folder

Märchen ['mɛːrçən] nt fairy tale; m~**haft** adj fabulous; ~**prinz** m Prince Charming

Margarine [marga'riːnə] f margarine

Margerite [marga'riːtə] f (BOT) marguerite

Marienkäfer [ma'riːənkɛːfər] m ladybird

Marine [ma'riːnə] f navy; m~**blau** adj navy blue

marinieren [mari'niːrən] vt to marinate

Marionette [mario'netə] f puppet

Mark¹ [mark] (-, -) f (Münze) mark

Mark² [mark] (-(e)s) nt (Knochenmark) marrow; **jdm durch ~ und Bein gehen** to go right through sb

markant [mar'kant] adj striking

Marke ['markə] f mark; (Warensorte) brand; (Fabrikat) make; (Rabatt~, Brief~) stamp; (Essen~) ticket; (aus Metall etc) token, disc

Markenartikel m proprietary article

markieren [mar'kiːrən] vt to mark; (umg) to act ♦ vi (umg) to act it

Markierung f marking

Markise [mar'kiːzə] f awning

Markstück nt one-mark piece

Markt [markt] (-(e)s, "e) m market; ~**forschung** f market research; ~**lücke** f (COMM) opening, gap in the market; ~**platz** m market place; m~**üblich** adj (Preise, Mieten) standard, usual; ~**wert** m (COMM) market value; ~**wirtschaft** f market economy

Marmelade [marmə'laːdə] f jam

Marmor ['marmɔr] (-s, -e) m marble; m~**ieren** [-'riːrən] vt to marble

Marokko [ma'rɔko] (-s) nt Morocco

Marone [ma'roːnə] (-, -n od **Maroni**) f chestnut

Marotte [ma'rɔtə] f fad, quirk

Marsch¹ [marʃ] (-, -en) f marsh

Marsch² [marʃ] (-(e)s, "e) m march ♦ excl march!; ~**befehl** m marching orders pl; m~**bereit** adj ready to move; m~**ieren** [mar'ʃiːrən] vi to march

Märtyrer(in) ['mɛrtyrər(ɪn)] (-s, -) m(f) martyr

März [mɛrts] (-(es), -e) m March

Marzipan [martsi'paːn] (-s, -e) nt marzipan

Masche ['maʃə] f mesh; (Strickmasche) stitch; **das ist die neueste ~** that's the

latest thing; **~ndraht** m wire mesh;
m~nfest adj run-resistant

Maschine [ma'ʃiːnə] f machine; (Motor)
engine; (Schreibmaschine) typewriter; **~
schreiben** to type; **m~ll** [maʃi'nɛl] adj
machine(-); mechanical

Maschinen- zW: **~bauer** m mechanical
engineer; **~gewehr** nt machine gun;
~pistole f submachine gun; **~schaden** m
mechanical fault; **~schlosser** m fitter;
~schrift f typescript

Maschinist [maʃi'nɪst] m engineer

Maser ['maːzər] (-, -n) f (von Holz) grain; **~n**
pl (MED) measles sg

Maske ['maskə] f mask; **~nball** m fancy-
dress ball

maskieren [mas'kiːrən] vt to mask;
(verkleiden) to dress up ♦ vr to disguise o.s.;
to dress up

Maskottchen [mas'kɔtçən] nt (lucky)
mascot

Maß¹ [maːs] (-es, -e) nt measure;
(Mäßigung) moderation; (Grad) degree,
extent; **~ halten** to exercise moderation

Maß² [maːs] (-, -(e)) f litre of beer

Massage [ma'saːʒə] f massage

Maßanzug m made-to-measure suit

Maßarbeit f (fig) neat piece of work

Masse ['masə] f mass

Maßeinheit f unit of measurement

Massen- zW: **~artikel** m mass-produced
article; **~grab** nt mass grave; **m~haft** adj
loads of; **~medien** pl mass media pl;
~veranstaltung f mass meeting;
m~weise adv on a large scale

Masseur [ma'søːr] m masseur; **~in** f
masseuse

maßgebend adj authoritative

maßhalten △ (unreg) vi siehe **Maß¹**

massieren [ma'siːrən] vt to massage; (MIL)
to mass

massig ['masɪç] adj massive; (umg) massive
amount of

mäßig ['mɛːsɪç] adj moderate; **~en**
['mɛːsɪgən] vt to restrain, to moderate;
M~keit f moderation

Massiv (-s, -e) nt massif

massiv [ma'siːf] adj solid; (fig) heavy, rough

Maß- zW: **~krug** m tankard; **m~los** adj
extreme; **~nahme** f measure, step; **~stab**
m rule, measure; (fig) standard; (GEOG)
scale; **m~voll** adj moderate

Mast [mast] (-(e)s, -e(n)) m mast; (ELEK)
pylon

mästen ['mɛstən] vt to fatten

Material [materi'aːl] (-s, -ien) nt material(s);
~fehler m material defect; **~ismus** [-
'lɪsmʊs] m materialism; **m~istisch** [-'lɪstɪʃ]
adj materialistic

Materie [ma'teːriə] f matter, substance

materiell [materi'ɛl] adj material

Mathematik [matema'tiːk] f mathematics
sg; **~er(in)** [mate'maːtikər(ɪn)] (-s, -) m(f)
mathematician

mathematisch [mate'maːtɪʃ] adj
mathematical

Matjeshering ['matjəsheːrɪŋ] m (KOCH)
young herring

Matratze [ma'tratsə] f mattress

Matrixdrucker ['maːtrɪks-] m dot-matrix
printer

Matrose [ma'troːzə] (-n, -n) m sailor

Matsch [matʃ] (-(e)s) m mud;
(Schneematsch) slush; **m~ig** adj muddy;
slushy

matt [mat] adj weak; (glanzlos) dull; (PHOT)
matt; (SCHACH) mate

Matte ['matə] f mat

Mattscheibe f (TV) screen

Mauer ['mauər] (-, -n) f wall; **m~n** vi to
build; to lay bricks ♦ vt to build

Maul [maul] (-(e)s, Mäuler) nt mouth;
m~en (umg) vi to grumble; **~esel** m mule;
~korb m muzzle; **~sperre** f lockjaw;
~tasche f (KOCH) pasta envelopes stuffed
and used in soup; **~tier** nt mule; **~wurf** m
mole

Maurer ['maurər] (-s, -) m bricklayer

Maus [maus] (-, Mäuse) f (auch COMPUT)
mouse

Mause- ['mauzə] zW: **~falle** f mousetrap;
m~n vi to catch mice ♦ vt (umg) to pinch;
m~tot adj stone dead

Maut- ['maut] zW: **~gebühr** f toll (charge);

~**straße** f toll road

maximal [maksi'maːl] adj maximum ♦ adv at most

Mayonnaise [majɔ'nɛːzə] f mayonnaise

Mechan- [me'çaːn] zW: ~**ik** f mechanics sg; (Getriebe) mechanics pl; ~**iker (-s, -)** m mechanic, engineer; **m~isch** adj mechanical; ~**ismus** m mechanism

meckern ['mɛkərn] vi to bleat; (umg) to moan

Medaille [me'daljə] f medal

Medaillon [medal'jõː] **(-s, -s)** nt (Schmuck) locket

Medikament [medika'mɛnt] nt medicine

Meditation [meditatsi'oːn] f meditation

meditieren [medi'tiːrən] vi to meditate

Medizin [medi'tsiːn] **(-, -en)** f medicine; **m~isch** adj medical

Meer [meːr] **(-(e)s, -e)** nt sea; ~**enge** f straits pl; ~**esspiegel** m sea level; ~**rettich** m horseradish; ~**schweinchen** nt guinea-pig

Mehl [meːl] **(-(e)s, -e)** nt flour; **m~ig** adj floury; ~**schwitze** f (KOCH) roux; ~**speise** f (KOCH) flummery

mehr [meːr] adj, adv more; ~**deutig** adj ambiguous; ~**ere** adj several; ~**eres** pron several things; ~**fach** adj multiple; (wiederholt) repeated; **M~fahrtenkarte** f multi-journey ticket; **M~heit** f majority; ~**malig** adj repeated; ~**mals** adv repeatedly; ~**stimmig** adj for several voices; ~**stimmig singen** to harmonize; **M~wertsteuer** f value added tax; **M~zahl** f majority; (GRAM) plural

Mehrzweck- in zW multipurpose

meiden ['maɪdən] (unreg) vt to avoid

Meile ['maɪlə] f mile; ~**nstein** m milestone; **m~nweit** adj for miles

mein(e) [maɪn] adj my; ~**e(r, s)** pron mine

Meineid ['maɪnʔaɪt] m perjury

meinen ['maɪnən] vi to think ♦ vt to think; (sagen) to say; (sagen wollen) to mean; **das will ich ~** I should think so

mein- zW: ~**erseits** adv for my part; ~**etwegen** adv (für mich) for my sake; (wegen mir) on my account; (von mir aus) as far as I'm concerned; I don't care od mind; ~**etwillen** adv: **um ~etwillen** for my sake, on my account

Meinung ['maɪnʊŋ] f opinion; **ganz meine ~** I quite agree; **jdm die ~ sagen** to give sb a piece of one's mind

Meinungs- zW: ~**austausch** m exchange of views; ~**umfrage** f opinion poll; ~**verschiedenheit** f difference of opinion

Meise ['maɪzə] f tit(mouse)

Meißel ['maɪsəl] **(-s, -)** m chisel

meist [maɪst] adj most ♦ adv mostly; **am ~en** the most; ~**ens** adv generally, usually

Meister ['maɪstər] **(-s, -)** m master; (SPORT) champion; **m~haft** adj masterly; **m~n** vt (Schwierigkeiten etc) to overcome, conquer; ~**schaft** f mastery; (SPORT) championship; ~**stück** nt masterpiece; ~**werk** nt masterpiece

Melancholie [melaŋko'liː] f melancholy; **melancholisch** [melaŋ'koːlɪʃ] adj melancholy

Melde- ['mɛldə] zW: ~**frist** f registration period; **m~n** vt to report ♦ vr to report; (SCH) to put one's hand up; (freiwillig) to volunteer; (auf etw, am Telefon) to answer; **sich m~n bei** to report to; to register with; **sich zu Wort m~n** to ask to speak; ~**pflicht** f obligation to register with the police; ~**schluss** ▲ m closing date; ~**stelle** f registration office

Meldung ['mɛldʊŋ] f announcement; (Bericht) report

meliert [me'liːrt] adj (Haar) greying; (Wolle) flecked

melken ['mɛlkən] (unreg) vt to milk

Melodie [melo'diː] f melody, tune

melodisch [me'loːdɪʃ] adj melodious, tuneful

Melone [me'loːnə] f melon; (Hut) bowler (hat)

Membran [mem'braːn] **(-, -en)** f (TECH) diaphragm

Memoiren [memo'aːrən] pl memoirs

Menge ['mɛŋə] f quantity; (Menschenmenge) crowd; (große Anzahl) lot (of); **m~n** vt to mix ♦ vr: **sich m~n in** +akk to meddle

with; **~nlehre** f (MATH) set theory;
~nrabatt m bulk discount
Mensch [mɛnʃ] **(-en, -en)** m human being,
man; person ♦ excl hey!; **kein ~** nobody
Menschen- zW: **~affe** m (ZOOL) ape;
m~freundlich adj philanthropical;
~kenner m judge of human nature;
m~leer adj deserted; **m~möglich** adj
humanly possible; **~rechte** pl human
rights; **m~unwürdig** adj beneath human
dignity; **~verstand** m: **gesunder**
~verstand common sense
Mensch- zW: **~heit** f humanity, mankind;
m~lich adj human; (human) humane;
~lichkeit f humanity
Menstruation [mɛnstruatsi'oːn] f
menstruation
Mentalität [mɛntali'tɛːt] f mentality
Menü [me'nyː] **(-s, -s)** nt (auch COMPUT)
menu
Merk- ['mɛrk] zW: **~blatt** nt instruction
sheet od leaflet; **m~en** vt to notice; **sich**
dat **etw m~en** to remember sth; **m~lich**
adj noticeable; **~mal** nt sign, characteristic;
m~würdig adj odd
messbar ▲ ['mɛsbaːr] adj measurable
Messbecher ▲ m measuring jug
Messe ['mɛsə] f fair; (ECCL) mass; **~gelände**
nt exhibition centre; **~halle** f pavilion at a
fair
messen (unreg) vt to measure ♦ vr to
compete
Messer **(-s, -)** nt knife; **~spitze** f knife
point; (in Rezept) pinch
Messestand m stall at a fair
Messgerät ▲ nt measuring device, gauge
Messing ['mɛsɪŋ] **(-s)** nt brass
Metall [me'tal] **(-s, -e)** nt metal; **m~isch** adj
metallic
Meter ['meːtər] **(-s, -)** nt od m metre; **~maß**
nt tape measure
Methode [me'toːdə] f method;
methodisch adj methodical
Metropole [metro'poːlə] f metropolis
Metzger ['mɛtsɡər] **(-s, -)** m butcher; **~ei**
[-'raɪ] f butcher's (shop)
Meute ['mɔʏtə] f pack; **~'rei** f mutiny;

m~rn vi to mutiny
miauen [mi'aʊən] vi to miaow
mich [mɪç] (akk von ich) pron me; myself
Miene ['miːnə] f look, expression
mies [miːs] (umg) adj lousy
Miet- ['miːt] zW: **~auto** nt hired car; **~e** f
rent; **zur ~e wohnen** to live in rented
accommodation; **m~en** vt to rent; (Auto)
to hire; **~er(in)** **(-s, -)** m(f) tenant; **~shaus**
nt tenement, block of (rented) flats;
~vertrag m lease
Migräne [mi'ɡrɛːnə] f migraine
Mikro- ['mikro] zW: **~fon, ~phon**
[-'foːn] **(-s, -e)** nt microphone; **~skop**
[-'skoːp] **(-s, -e)** nt microscope;
m~skopisch adj microscopic;
~wellenherd m microwave (oven)
Milch [mɪlç] **(-)** f milk; **~glas** nt frosted
glass; **m~ig** adj milky; **~kaffee** m white
coffee; **~mann** (pl **-männer**) m milkman;
~mixgetränk nt (KOCH) milkshake;
~pulver nt powdered milk; **~straße** f
Milky Way; **~zahn** m milk tooth
mild [mɪlt] adj mild; (Richter) lenient;
(freundlich) kind, charitable; **M~e** f
mildness; leniency; **~ern** vt to mitigate, to
soften; (Schmerz) to alleviate; **~ernde**
Umstände extenuating circumstances
Milieu [mili'øː] **(-s, -s)** nt background,
environment; **m~geschädigt** adj
maladjusted
Mili- [mili] zW: **m~tant** [-'tant] adj militant;
~tär [-'tɛːr] **(-s)** nt military, army;
~'tärgericht nt military court; **m~'tärisch**
adj military
Milli- ['mili] zW: **~ardär** [-ar'dɛːr] m
multimillionaire; **~arde** [-'ardə] f milliard,
billion (BES US); **~meter** m millimetre;
~meterpapier nt graph paper
Million [mili'oːn] **(-, -en)** f million; **~är**
[-o'nɛːr] m millionaire
Milz [mɪlts] **(-, -en)** f spleen
Mimik ['miːmɪk] f mime
Mimose [mi'moːzə] f mimosa; (fig) sensitive
person
minder ['mɪndər] adj inferior ♦ adv less;
M~heit f minority; **~jährig** adj minor;

M~jährige(r) *f(m)* minor; **~n** *vt, vr* to decrease, to diminish; **M~ung** *f* decrease; **~wertig** *adj* inferior;

M~wertigkeitskomplex *m* inferiority complex

Mindest- ['mɪndəst] *zW:* **~alter** *nt* minimum age; **~betrag** *m* minimum amount; **m~e(r, s)** *adj* least; **zum ~en** *od* **m~en** at least; **m~ens** *adv* at least; **~haltbarkeitsdatum** *nt* best-before date; **~lohn** *m* minimum wage; **~maß** *nt* minimum

Mine ['miːnə] *f* mine; *(Bleistiftmine)* lead; *(Kugelschreibermine)* refill

Mineral [mine'raːl] **(-s, -e** *od* **-ien)** *nt* mineral; **m~isch** *adj* mineral; **~wasser** *nt* mineral water

Miniatur [minia'tuːr] *f* miniature

Mini- *zW:* **~golf** ['mɪniɡɔlf] *nt* miniature golf, crazy golf; **m~mal** [mini'maːl] *adj* minimal; **~mum** ['minimʊm] *nt* minimum; **~rock** *nt* miniskirt

Minister [mi'nɪstər] **(-s, -)** *m* minister; **m~iell** *adj* ministerial; **~ium** *nt* ministry; **~präsident** *m* prime minister

Minus ['miːnʊs] **(-, -)** *nt* deficit

minus *adv* minus; **M~zeichen** *nt* minus sign

Minute [mi'nuːtə] *f* minute

Minze ['mɪntsə] *f* mint

mir [miːr] *(dat von* **ich)** *pron* (to) me; **~ nichts, dir nichts** just like that

Misch- ['mɪʃ] *zW:* **~brot** *nt* bread made from more than one kind of flour; **~ehe** *f* mixed marriage; **m~en** *vt* to mix; **~ling** *m* half-caste; **~ung** *f* mixture

miserabel [mizə'raːbəl] *(umg) adj (Essen, Film)* dreadful

Miss- ▲ ['mɪs] *zW:* **~behagen** *nt* discomfort, uneasiness; **~bildung** *f* deformity; **m~'billigen** *vt insep* to disapprove of; **~brauch** *m* abuse; *(falscher Gebrauch)* misuse; **m~'brauchen** *vt insep* to abuse; **jdn zu** *od* **für etw m~brauchen** to use sb for *od* to do sth; **~erfolg** *m* failure; **~fallen (-s)** *nt* displeasure; **m~'fallen** *(unreg) vi insep:* **jdm m~fallen**

to displease sb; **~geschick** *nt* misfortune; **m~glücken** [mɪs'ɡlʏkən] *vi insep* to fail; **jdm m~glückt etw** sb does not succeed with sth; **~griff** *m* mistake; **~gunst** *f* envy; **m~günstig** *adj* envious; **m~'handeln** *vt insep* to ill-treat; **~'handlung** *f* ill-treatment

Mission [mɪsi'oːn] *f* mission; **~ar(in)** *m(f)* missionary

Miss- ▲ *zW:* **~klang** *m* discord; **~kredit** *m* discredit; **m~lingen** [mɪs'lɪŋən] *(unreg) vi insep* to fail; **~mut** *m* sullenness; **m~mutig** *adj* sullen; **m~'raten** *(unreg) vi insep* to turn out badly ♦ *adj* ill-bred; **~stand** *m* bad state of affairs; abuse; **m~'trauen** *vi insep* to mistrust; **~trauen (-s)** *nt* distrust, suspicion; **~trauensantrag** *m (POL)* motion of no confidence; **m~trauisch** *adj* distrustful, suspicious; **~verhältnis** *nt* disproportion; **~verständnis** *nt* misunderstanding; **m~verstehen** *(unreg) vt insep* to misunderstand; **~wirtschaft** *f* mismanagement

Mist [mɪst] **(-(e)s)** *m* dung; dirt; *(umg)* rubbish

Mistel (-, -n) *f* mistletoe

Misthaufen *m* dungheap

mit [mɪt] *präp +dat* with; *(~tels)* by ♦ *adv* along, too; **~ der Bahn** by train; **~ 10 Jahren** at the age of 10; **wollen Sie ~?** do you want to come along?

Mitarbeit ['mɪtʔarbaɪt] *f* cooperation; **m~en** *vi* to cooperate, to collaborate; **~er(in)** *m(f)* collaborator; co-worker ♦ *pl (Personal)* staff

Mit- *zW:* **~bestimmung** *f* participation in decision-making; **m~bringen** *(unreg) vt* to bring along

miteinander [mɪtʔaɪ'nandər] *adv* together, with one another

miterleben *vt* to see, to witness

Mitesser ['mɪtʔɛsər] **(-s, -)** *m* blackhead

mitfahr- *zW:* **~en** *vi* to accompany; *(auf Reise auch)* to travel with; **M~gelegenheit** *f* lift; **M~zentrale** *f* agency for arranging lifts

mitfühlend *adj* sympathetic, compassionate

Mit- zW: **m~geben** (unreg) vt to give; **~gefühl** nt sympathy; **m~gehen** (unreg) vi to go/come along; **m~genommen** adj done in, in a bad way; **~gift** f dowry

Mitglied ['mɪtgliːt] nt member; **~sbeitrag** m membership fee; **~schaft** f membership

Mit- zW: **m~halten** (unreg) vi to keep up; **m~helfen** (unreg) vi to help; **~hilfe** f help, assistance; **m~hören** vt to listen in to; **m~kommen** (unreg) vi to come along; (verstehen) to keep up, to follow; **~läufer** m hanger-on; (POL) fellow traveller

Mitleid nt sympathy; (Erbarmen) compassion; **m~ig** adj sympathetic; **m~slos** adj pitiless, merciless

Mit- zW: **m~machen** vt to join in, to take part in; **~mensch** m fellow man; **m~nehmen** (unreg) vt to take along/away; (anstrengen) to wear out, to exhaust; **zum ~nehmen** to take away; **m~reden** vi: **bei etw m~reden** to have a say in sth; **m~reißen** (unreg) vt to carry away/along; (fig) to thrill, captivate

mitsamt [mɪt'zamt] präp +dat together with

Mitschuld f complicity; **m~ig** adj: **m~ig (an** +dat) implicated (in); (an Unfall) partly responsible (for)

Mit- zW: **~schüler(in)** m(f) schoolmate; **m~spielen** vi to join in, to take part; **~spieler(in)** m(f) partner

Mittag ['mɪtaːk] (-(e)s, -e) m midday, lunchtime; (zu) **~ essen** to have lunch; **heute / morgen ~** today/tomorrow at lunchtime od noon; **~essen** nt lunch, dinner

mittags adv at lunchtime od noon; **M~pause** f lunch break; **M~schlaf** m early afternoon nap, siesta

Mittäter(in) ['mɪttɛːtər(ɪn)] m(f) accomplice

Mitte ['mɪtə] f middle; (POL) centre; **aus unserer ~** from our midst

mitteilen ['mɪttaɪlən] vt: **jdm etw ~** to inform sb of sth, to communicate sth to sb

Mitteilung f communication

Mittel ['mɪtəl] (-s -) nt means; method; (MATH) average; (MED) medicine; **ein ~ zum Zweck** a means to an end; **~alter** nt

Middle Ages pl; **m~alterlich** adj mediaeval; **~ding** nt cross; **~europa** nt Central Europe; **~gebirge** nt low mountain range; **m~mäßig** adj mediocre, middling; **~mäßigkeit** f mediocrity; **~meer** nt Mediterranean; **~ohrentzündung** f inflammation of the middle ear; **~punkt** m centre; **~stand** m middle class; **~streifen** m central reservation; **~stürmer** m centre-forward; **~weg** m middle course; **~welle** f (RADIO) medium wave

mitten ['mɪtən] adv in the middle; **~ auf der Straße/in der Nacht** in the middle of the street/night

Mitternacht ['mɪtərnaxt] f midnight

mittlere(r, s) ['mɪtlərə(r, s)] adj middle; (durchschnittlich) medium, average; **~ Reife** ≃ O-levels

---

┌─────────────────────────────┐
│ **mittlere Reife** │
└─────────────────────────────┘

ⓘ The **mittlere Reife** is the standard certificate gained at a **Realschule** or **Gymnasium** on successful completion of 6 years' education there. If a pupil at a **Realschule** attains good results in several subjects he is allowed to enter the 11th class of a **Gymnasium** to study for the **Abitur**.

---

mittlerweile ['mɪtlər'vaɪlə] adv meanwhile

Mittwoch ['mɪtvɔx] (-(e)s, -e) m Wednesday; **m~s** adv on Wednesdays

mitunter [mɪt'|ʊntər] adv occasionally, sometimes

Mit- zW: **m~verantwortlich** adj jointly responsible; **m~wirken** vi: **m~wirken (bei)** to contribute (to); (THEAT) to take part (in); **~wirkung** f contribution; participation

Mobbing ['mɔbɪŋ] (-s) nt workplace bullying

Möbel ['møːbəl] pl furniture sg; **~wagen** f furniture od removal van

mobil [mo'biːl] adj mobile; (MIL) mobilized; **M~iar** [mobili'aːr] (-s, -e) nt furnishings pl; **M~machung** f mobilization; **M~telefon** nt mobile phone

möblieren [mø'bliːrən] vt to furnish;

möbliert wohnen to live in furnished accommodation

möchte *etc* ['mœçtə] *vb siehe* **mögen**

Mode ['mo:də] *f* fashion

Modell [mo'dɛl] (**-s, -e**) *nt* model; **m~ieren** [-'li:rən] *vt* to model

Modenschau *f* fashion show

moderig ['mo:dərɪç] *adj* (*Keller*) musty; (*Luft*) stale

modern [mo'dɛrn] *adj* modern; (*modisch*) fashionable; **~i'sieren** *vt* to modernize

Mode- *zW*: **~schau** *f* fashion show; **~schmuck** *m* fashion jewellery; **~schöpfer(in)** *m(f)* fashion designer; **~wort** *nt* fashionable word, buzz word

modisch ['mo:dɪʃ] *adj* fashionable

Mofa ['mo:fa] (**-s, -s**) *nt* small moped

mogeln ['mo:gəln] (*umg*) *vi* to cheat

SCHLÜSSELWORT
---

mögen ['mø:gən] (*pt* **mochte**, *pp* **gemocht** *od* (*als Hilfsverb*) **mögen**) *vt, vi* to like; **magst du/mögen Sie ihn?** do you like him?; **ich möchte ...** I would like ..., I'd like ...; **er möchte in die Stadt** he'd like to go into town; **ich möchte nicht, dass du ...** I wouldn't like you to ...; **ich mag nicht mehr** I've had enough

♦ *Hilfsverb* to like to; (*wollen*) to want; **möchtest du etwas essen?** would you like something to eat?; **sie mag nicht bleiben** she doesn't want to stay; **das mag wohl sein** that may well be; **was mag das heißen?** what might that mean?; **Sie möchten zu Hause anrufen** could you please call home?

---

möglich ['mø:klɪç] *adj* possible; **~erweise** *adv* possibly; **M~keit** *f* possibility; **nach M~keit** if possible; **~st** *adv* as ... as possible

Mohn [mo:n] (**-(e)s, -e**) *m* (*~blume*) poppy; (*~samen*) poppy seed

Möhre ['mø:rə] *f* carrot

Mohrrübe ['mo:rry:bə] *f* carrot

mokieren [mo'ki:rən] *vr*: **sich ~ über** +*akk* to make fun of

Mole ['mo:lə] *f* (harbour) mole

Molekül [mole'ky:l] (**-s, -e**) *nt* molecule

Molkerei [mɔlkə'raɪ] *f* dairy

Moll [mɔl] (**-, -**) *nt* (*MUS*) minor (key)

mollig *adj* cosy; (*dicklich*) plump

Moment [mo'mɛnt] (**-(e)s, -e**) *m* moment ♦ *nt* factor; **im ~** at the moment; **~ (mal)!** just a moment; **m~an** [-'ta:n] *adj* momentary ♦ *adv* at the moment

Monarch [mo'narç] (**-en, -en**) *m* monarch; **~ie** [monar'çi:] *f* monarchy

Monat ['mo:nat] (**-(e)s, -e**) *m* month; **m~elang** *adv* for months; **m~lich** *adj* monthly

Monats- *zW*: **~gehalt** *nt*: **das dreizehnte ~gehalt** Christmas bonus (*of one month's salary*); **~karte** *f* monthly ticket

Mönch [mœnç] (**-(e)s, -e**) *m* monk

Mond [mo:nt] (**-(e)s, -e**) *m* moon; **~finsternis** *f* eclipse of the moon; **m~hell** *adj* moonlit; **~landung** *f* moon landing; **~schein** *m* moonlight

Mono- [mono] *in zW* mono; **~log** [-'lo:k] (**-s, -e**) *m* monologue; **~pol** [-'po:l] (**-s, -e**) *nt* monopoly; **m~polisieren** [-poli'zi:rən] *vt* to monopolize; **m~ton** [-'to:n] *adj* monotonous; **~tonie** [-to'ni:] *f* monotony

Montag ['mo:nta:k] (**-(e)s, -e**) *m* Monday

Montage [mɔn'ta:ʒə] *f* (*PHOT etc*) montage; (*TECH*) assembly; (*Einbauen*) fitting

Monteur [mɔn'tø:r] *m* fitter

montieren [mɔn'ti:rən] *vt* to assemble

Monument [monu'mɛnt] *nt* monument; **m~al** [-'ta:l] *adj* monumental

Moor [mo:r] (**-(e)s, -e**) *nt* moor

Moos [mo:s] (**-es, -e**) *nt* moss

Moped ['mo:pɛt] (**-s, -s**) *nt* moped

Moral [mo'ra:l] (**-, -en**) *f* morality; (*einer Geschichte*) moral; **m~isch** *adj* moral

Morast [mo'rast] (**-(e)s, -e**) *m* morass, mire; **m~ig** *adj* boggy

Mord [mɔrt] (**-(e)s, -e**) *m* murder; **~anschlag** *m* murder attempt

Mörder(in) ['mœrdər(ɪn)] (**-s, -**) *m(f)* murderer (murderess)

mörderisch *adj* (*fig: schrecklich*) terrible, dreadful ♦ *adv* (*umg: entsetzlich*) terribly, dreadfully

---

Rechtschreibreform: ▲ *neue Schreibung* △ *alte Schreibung (auslaufend)*

Mord- *zW:* **~kommission** *f* murder squad; **~glück** (*umg*) *nt* amazing luck; **m~smäßig** (*umg*) *adj* terrific, enormous; **~verdacht** *m* suspicion of murder; **~waffe** *f* murder weapon

morgen ['mɔrgən] *adv* tomorrow; **~ früh** tomorrow morning; **M~** (**-s, -**) *m* morning; **M~mantel** *m* dressing gown; **M~rock** *m* dressing gown; **M~röte** *f* dawn; **~s** *adv* in the morning

morgig ['mɔrgɪç] *adj* tomorrow's; **der ~e Tag** tomorrow

Morphium ['mɔrfiʊm] *nt* morphine

morsch [mɔrʃ] *adj* rotten

Morsealphabet ['mɔrzə|alfabeːt] *nt* Morse code

morsen *vi* to send a message by Morse code

Mörtel ['mœrtəl] (**-s, -**) *m* mortar

Mosaik [moza'iːk] (**-s, -en** *od* **-e**) *nt* mosaic

Moschee [mɔ'ʃeː] (**-, -n**) *f* mosque

Moskito [mɔs'kiːto] (**-s, -s**) *m* mosquito

Most [mɔst] (**-(e)s, -e**) *m* (unfermented) fruit juice; (*Apfelwein*) cider

Motel [mo'tɛl] (**-s, -s**) *nt* motel

Motiv [mo'tiːf] (**-s, -e**) *nt* motive; (*MUS*) theme; **~ation** [-vatsi'oːn] *f* motivation; **m~ieren** [moti'viːrən] *vt* to motivate

Motor ['moːtɔr, *pl* mo'toːrən] (**-s, -en**) *m* engine; (*bes ELEK*) motor; **~boot** *nt* motorboat; **~haube** *f* (*von Auto*) bonnet (*BRIT*), hood (*US*); **m~isieren** *vt* to motorize; **~öl** *nt* engine oil; **~rad** *nt* motorcycle; **~roller** *m* (motor) scooter; **~schaden** *m* engine trouble *od* failure

Motte ['mɔtə] *f* moth; **~nkugel** *f* mothball(s)

Motto ['mɔto] (**-s, -s**) *nt* motto

Möwe ['møːvə] *f* seagull

Mücke ['mʏkə] *f* midge, gnat; **~nstich** *m* midge *od* gnat bite

müde ['myːdə] *adj* tired

Müdigkeit ['myːdɪçkaɪt] *f* tiredness

Muffel (**-s, -**) (*umg*) *m* killjoy, sourpuss

muffig *adj* (*Luft*) musty

Mühe ['myːə] *f* trouble, pains *pl*; **mit Müh und Not** with great difficulty; **sich** *dat* **~**

geben to go to a lot of trouble; **m~los** *adj* without trouble, easy; **m~voll** *adj* laborious, arduous

Mühle ['myːlə] *f* mill; (*Kaffeemühle*) grinder

Müh- *zW:* **~sal** (**-, -e**) *f* tribulation; **m~sam** *adj* arduous, troublesome; **m~selig** *adj* arduous, laborious

Mulde ['mʊldə] *f* hollow, depression

Mull [mʊl] (**-(e)s, -e**) *m* thin muslin

Müll [mʏl] (**-(e)s, -e**) *m* refuse; **~abfuhr** *f* rubbish disposal; (*Leute*) dustmen *pl*; **~ableplatz** *m* rubbish dump; **~binde** *f* gauze bandage; **~eimer** *m* dustbin, garbage can (*US*); **~haufen** *m* rubbish heap; **~schlucker** (**-s, -**) *m* garbage disposal unit; **~tonne** *f* dustbin; **~verbrennungsanlage** *f* incinerator

mulmig ['mʊlmɪç] *adj* rotten; (*umg*) dodgy; **jdm ist ~** sb feels funny

multiplizieren [mʊltipli'tsiːrən] *vt* to multiply

Mumie ['muːmiə] *f* mummy

Mumm [mʊm] (**-s**) (*umg*) *m* gumption, nerve

Mumps [mʊmps] (**-**) *m od f* (*MED*) mumps

München ['mʏnçən] (**-s**) *nt* Munich

Mund [mʊnt] (**-(e)s, ⁻er**) *m* mouth; **~art** *f* dialect

münden ['mʏndən] *vi:* **~ in** +*akk* to flow into

Mund- *zW:* **m~faul** *adj* taciturn; **~geruch** *m* bad breath; **~harmonika** *f* mouth organ

mündig ['mʏndɪç] *adj* of age; **M~keit** *f* majority

mündlich ['mʏntlɪç] *adj* oral

Mundstück *nt* mouthpiece; (*Zigarettenmundstück*) tip

Mündung ['mʏndʊŋ] *f* (*von Fluss*) mouth; (*Gewehr*) muzzle

Mund- *zW:* **~wasser** *nt* mouthwash; **~werk** *nt:* **ein großes ~werk haben** to have a big mouth; **~winkel** *m* corner of the mouth

Munition [munitsi'oːn] *f* ammunition; **~slager** *nt* ammunition dump

munkeln ['mʊŋkəln] *vi* to whisper, to

Spelling Reform: ▲ *new spelling* △ *old spelling (to be phased out)*

mutter

Münster ['mʏnstər] **(-s, -)** *nt* minster

munter ['mʊntər] *adj* lively

Münze ['mʏntsə] *f* coin; **m~n** *vt* to coin, to mint; **auf jdn gemünzt sein** to be aimed at sb

Münzfernsprecher ['mʏntsfɛrnʃpreçər] *m* callbox (*BRIT*), pay phone

mürb(e) ['mʏrb(ə)] *adj* (*Gestein*) crumbly; (*Holz*) rotten; (*Gebäck*) crisp; **jdn ~ machen** to wear sb down; **M~eteig** ['mʏrbətaiç] *m* shortcrust pastry

murmeln ['mʊrməln] *vt, vi* to murmur, to mutter

murren ['mʊrən] *vi* to grumble, to grouse

mürrisch ['mʏrɪʃ] *adj* sullen

Mus [muːs] **(-es, -e)** *nt* purée

Muschel ['mʊʃəl] **(-, -n)** *f* mussel; (*~schale*) shell; (*Telefonmuschel*) receiver

Muse ['muːzə] *f* muse

Museum [mu'zeːʊm] **(-s, Museen)** *nt* museum

Musik [mu'ziːk] *f* music; (*Kapelle*) band; **m~alisch** *adj* musical; **~ant(in)** [-'kant(ɪn)] **(-en, -en)** *m(f)* musician; **~box** *f* jukebox; **~er** **(-s, -)** *m* musician; **~hochschule** *f* college of music; **~instrument** *nt* musical instrument

musisch ['muːzɪʃ] *adj* (*Mensch*) artistic

musizieren [muzi'tsiːrən] *vi* to make music

Muskat [mʊs'kaːt] **(-(e)s, -e)** *m* nutmeg

Muskel ['mʊskəl] **(-s, -n)** *m* muscle; **~kater** *m*: **~kater haben** to be stiff

Muskulatur [mʊskula'tuːr] *f* muscular system

muskulös [mʊsku'løːs] *adj* muscular

Müsli ['myːsli] **(-s, -)** *nt* (*KOCH*) muesli

Muss ▲ [mʊs] **(-)** *nt* necessity, must

Muße ['muːsə] **(-)** *f* leisure

SCHLÜSSELWORT

müssen ['mʏsən] (*pt* **musste**, *pp* **gemusst** *od* (*als Hilfsverb*) **müssen**) *vi* **1** (*Zwang*) must (*nur im Präsens*), to have to; **ich muss es tun** I must do it, I have to do it; **ich musste es tun** I had to do it; **er muss es**

nicht tun he doesn't have to do it; muss ich? must I?, do I have to?; wann müsst ihr zur Schule? when do you have to go to school?; er hat gehen müssen he (has) had to go; muss das sein? is that really necessary?; ich muss mal (*umg*) I need the toilet

2 (*sollen*): das musst du nicht tun! you oughtn't to *od* shouldn't do that; Sie hätten ihn fragen müssen you should have asked him

3: es muss geregnet haben it must have rained; es muss nicht wahr sein it needn't be true

---

müßig ['myːsɪç] *adj* idle

Muster ['mʊstər] **(-s, -)** *nt* model; (*Dessin*) pattern; (*Probe*) sample; **m~gültig** *adj* exemplary; **m~n** *vt* (*Tapete*) to pattern; (*fig, MIL*) to examine; (*Truppen*) to inspect; **~ung** *f* (*von Stoff*) pattern; (*MIL*) inspection

Mut [muːt] *m* courage; **nur ~!** cheer up!; **jdm ~ machen** to encourage sb; **m~ig** *adj* courageous; **m~los** *adj* discouraged, despondent

mutmaßlich ['muːtmaːslɪç] *adj* presumed
♦ *adv* probably

Mutprobe *f* test *od* trial of courage

Mutter¹ ['mʊtər] **(-, ")** *f* mother

Mutter² ['mʊtər] **(-, -n)** *f* (*Schraubenmutter*) nut

mütterlich ['mʏtərlɪç] *adj* motherly; **~erseits** *adv* on the mother's side

Mutter- *zW*: **~liebe** *f* motherly love; **~mal** *nt* birthmark; **~milch** *f* mother's milk; **~schaft** *f* motherhood, maternity; **~schutz** *m* maternity regulations; **'~seelena‖lein** *adj* all alone; **~sprache** *f* native language; **~tag** *m* Mother's Day

Mutti ['mʊti] **(-, -s)** *f* mum(my) (*BRIT*), mom(my) (*US*)

mutwillig ['muːtvɪlɪç] *adj* malicious, deliberate

Mütze ['mʏtsə] *f* cap

MwSt *abk* (= *Mehrwertsteuer*) VAT

mysteriös [mʏsteri'øːs] *adj* mysterious

Mythos ['myːtɔs] **(-, Mythen)** *m* myth

Rechtschreibreform: ▲ *neue Schreibung* △ *alte Schreibung (auslaufend)*

N, n

na [na] *excl* well; **~ gut** okay then
Nabel ['naːbəl] **(-s, -)** *m* navel; **~schnur** *f* umbilical cord

SCHLÜSSELWORT

nach [naːx] *präp +dat* **1** (*örtlich*) to; **nach Berlin** to Berlin; **nach links / rechts** (to the) left/right; **nach oben / hinten** up/back **2** (*zeitlich*) after; **einer nach dem anderen** one after the other; **nach Ihnen!** after you!; **zehn (Minuten) nach drei** ten (minutes) past three

3 (*gemäß*) according to; **nach dem Gesetz** according to the law; **dem Namen nach** judging by his/her name; **nach allem, was ich weiß** as far as I know

♦ *adv*: **ihm nach!** after him!; **nach und nach** gradually, little by little; **nach wie vor** still

nachahmen ['naːxʔaːmən] *vt* to imitate
Nachbar(in) ['naxbaːr(ɪn)] **(-s, -n)** *m(f)* neighbour; **~haus** *nt*: **im ~haus** next door; **n~lich** *adj* neighbourly; **~schaft** *f* neighbourhood; **~staat** *m* neighbouring state
nach- *zW*: **~bestellen** *vt*: **50 Stück ~bestellen** to order another 50; **N~bestellung** *f* (*COMM*) repeat order; **N~bildung** *f* imitation, copy; **~blicken** *vi* to gaze after; **~datieren** *vt* to postdate
nachdem [naːxˈdeːm] *konj* after; (*weil*) since; **je ~ (ob)** it depends (whether)
nachdenken (*unreg*) *vi*: **~ über** *+akk* to think about; **N~** **(-s)** *nt* reflection, meditation
nachdenklich *adj* thoughtful, pensive
Nachdruck ['naːxdrʊk] *m* emphasis; (*TYP*) reprint, reproduction
nachdrücklich [naːxˈdrʏklɪç] *adj* emphatic
nacheinander [naːxʔaɪˈnandər] *adv* one after the other
nachempfinden ['naːxʔɛmpfɪndən] (*unreg*)

vt: **jdm etw ~** to feel sth with sb
Nacherzählung ['naːxʔɛrtseːlʊŋ] *f* reproduction (of a story)
Nachfahr ['naːxfaːr] **(-s, -en)** *m* descendant
Nachfolge ['naːxfɔlɡə] *f* succession; **n~n** *vi* +*dat* to follow; **~r(in)** **(-s, -)** *m(f)* successor
nachforschen *vt, vi* to investigate
Nachforschung *f* investigation
Nachfrage ['naːxfraːɡə] *f* inquiry; (*COMM*) demand; **n~n** *vi* to inquire
nach- *zW*: **~füllen** *vt* to refill; **~geben** (*unreg*) *vi* to give way, to yield; **N~gebühr** *f* (*POST*) excess postage
nachgehen ['naːxɡeːən] (*unreg*) *vi* (+*dat*) to follow; (*erforschen*) to inquire (into); (*Uhr*) to be slow
Nachgeschmack ['naːxɡəʃmak] *m* aftertaste
nachgiebig ['naːxɡiːbɪç] *adj* soft, accommodating; **N~keit** *f* softness
nachhaltig ['naːxhaltɪç] *adj* lasting; (*Widerstand*) persistent
nachhause *adv* (*österreichisch, schweizerisch*) home
nachhelfen ['naːxhɛlfən] (*unreg*) *vi* +*dat* to assist, to help
nachher [naːxˈheːr] *adv* afterwards
Nachhilfeunterricht ['naːxhɪlfəʔʊntərrɪçt] *m* extra tuition
nachholen ['naːxhoːlən] *vt* to catch up with; (*Versäumtes*) to make up for
Nachkomme ['naːxkɔmə] **(-, -n)** *m* descendant
nachkommen (*unreg*) *vi* to follow; (*einer Verpflichtung*) to fulfil; **N~schaft** *f* descendants *pl*
Nachkriegszeit *f* postwar period
Nach- *zW*: **~lass** ▲ **(-es, -lässe)** *m* (*COMM*) discount, rebate; (*Erbe*) estate; **n~lassen** (*unreg*) *vt* (*Strafe*) to remit; (*Summe*) to take off; (*Schulden*) to cancel ♦ *vi* to decrease, to ease off; (*Sturm*) to die down, to ease off; (*schlechter werden*) to deteriorate; **er hat n~gelassen** he has got worse; **n~lässig** *adj* negligent, careless
nachlaufen ['naːxlaʊfən] (*unreg*) *vi* +*dat* to run after, to chase

nachlösen ['naːxløːzən] *vi (Zuschlag)* to pay on the train, pay at the other end; *(zur Weiterfahrt)* to pay the supplement
nachmachen ['naːxmaxən] *vt* to imitate, to copy; *(fälschen)* to counterfeit
Nachmittag ['naːxmɪtaːk] *m* afternoon; **am ~** in the afternoon; **n~s** *adv* in the afternoon
Nach- *zW*: **~nahme** *f* cash on delivery; **per ~nahme** C.O.D.; **~name** *m* surname; **~porto** *nt* excess postage
nachprüfen ['naːxpryːfən] *vt* to check, to verify
nachrechnen ['naːxrɛçnən] *vt* to check
nachreichen ['naːxraiçən] *vt (Unterlagen)* to hand in later
Nachricht ['naːxrɪçt] *(-, -en) f* (piece of) news; *(Mitteilung)* message; **~en** *pl (Neuigkeiten)* news
Nachrichten- *zW*: **~agentur** *f* news agency; **~dienst** *m* (MIL) intelligence service; **~sprecher(in)** *m(f)* newsreader; **~technik** *f* telecommunications *sg*
Nachruf ['naːxruːf] *m* obituary
nachsagen ['naːxzaːgən] *vt* to repeat; **jdm etw ~** to say sth of sb
Nachsaison ['naːxzɛzõː] *f* off-season
nachschicken ['naːxʃɪkən] *vt* to forward
nachschlagen ['naːxʃlaːgən] *(unreg) vt* to look up
Nachschlagewerk *nt* reference book
Nachschlüssel *m* duplicate key
Nachschub ['naːxʃuːp] *m* supplies *pl*; *(Truppen)* reinforcements *pl*
nachsehen ['naːxzeːən] *(unreg) vt (prüfen)* to check ♦ *vi (erforschen)* to look and see; **jdm etw ~** to forgive sb sth; **das N~ haben** to come off worst
Nachsendeantrag *m application to have one's mail forwarded*
nachsenden ['naːxzɛndən] *(unreg) vt* to send on, to forward
nachsichtig *adj* indulgent, lenient
nachsitzen ['naːxzɪtsən] *(unreg) vi*: **~ (müssen)** (SCH) to be kept in
Nachspeise ['naːxʃpaizə] *f* dessert, sweet, pudding

Nachspiel ['naːxʃpiːl] *nt* epilogue; *(fig)* sequel
nachsprechen ['naːxʃprɛçən] *(unreg) vt*: **(jdm) ~** to repeat (after sb)
nächst [nɛːçst] *präp +dat (räumlich)* next to; *(außer)* apart from; **~beste(r, s)** *adj* first that comes along; *(zweitbeste)* next best; **N~e(r)** *f(m)* neighbour; **~e(r, s)** *adj* next; *(~gelegen)* nearest
nachstellen ['naːxʃtɛlən] *vt (TECH: neu einstellen)* to adjust
nächst *zW*: **N~enliebe** *f* love for one's fellow men; **~ens** *adv* shortly, soon; **~liegend** *adj* nearest; *(fig)* obvious; **~möglich** *adj* next possible
Nacht [naxt] *(-, ᵉe) f* night; **~dienst** *m* night shift
Nachteil ['naːxtail] *m* disadvantage; **n~ig** *adj* disadvantageous
Nachthemd *nt (Herrennachthemd)* nightshirt; *(Damennachthemd)* nightdress
Nachtigall ['naxtɪgal] *(-, -en) f* nightingale
Nachtisch ['naːxtɪʃ] *m* = **Nachspeise**
Nachtklub *m* night club
Nachtleben *nt* nightlife
nächtlich ['nɛçtlɪç] *adj* nightly
Nachtlokal *nt* night club
Nach- *zW*: **~trag** *(-(e)s, -träge) m* supplement; **n~tragen** *(unreg) vt* to carry; *(zufügen)* to add; **jdm etw n~tragen** to hold sth against sb; **n~träglich** *adj* later, subsequent; additional ♦ *adv* later, subsequently; additionally; **n~trauern** *vi*: **jdm/etw n~trauern** to mourn the loss of sb/sth
Nacht- *zW*: **n~s** *adv* at by night; *od* **~schicht** *f* nightshift; **~schwester** *f* night nurse; **~tarif** *m* off-peak tariff; **~tisch** *m* bedside table; **~wächter** *m* night watchman
Nach- *zW*: **~untersuchung** *f* checkup; **n~wachsen** *(unreg) vi* to grow again; **~wahl** *f (POL)* ≃ by-election
Nachweis ['naːxvais] *(-es, -e) m* proof; **n~bar** *adj* provable, demonstrable; **n~en** *(unreg) vt* to prove; **jdm etw n~en** to point sth out to sb; **n~lich** *adj* evident,

demonstrable

nach- *zW:* **~wirken** *vi* to have after-effects;
N~wirkung *f* aftereffect; **N~wort** *nt*
epilogue; **N~wuchs** *m* offspring; *(beruflich
etc)* new recruits *pl;* **~zahlen** *vt, vi* to pay
extra; **N~zahlung** *f* additional payment;
(zurückdatiert) back pay; **~ziehen** *(unreg) vt*
(hinter sich herziehen: Bein) to drag;
N~zügler (-s, -) *m* straggler

Nacken ['nakən] **(-s, -)** *m* nape of the neck

nackt [nakt] *adj* naked; *(Tatsachen)* plain,
bare; **N~badestrand** *m* nudist beach;
N~heit *f* nakedness

Nadel ['naːdəl] **(-, -n)** *f* needle; *(Stecknadel)*
pin; **~öhr** *nt* eye of a needle; **~wald** *m*
coniferous forest

Nagel ['naːgəl] **(-s, ᵜ)** *m* nail; **~bürste** *f*
nailbrush; **~feile** *f* nailfile; **~lack** *m* nail
varnish *od* polish *(BRIT)*; **n~n** *vt, vi* to nail;
n~neu *adj* brand-new; **~schere** *f* nail
scissors *pl*

nagen ['naːgən] *vt, vi* to gnaw

Nagetier ['naːgətiːr] *nt* rodent

nah(e) ['naː(ə)] *adj (räumlich)* near(by);
(Verwandte) near; *(Freunde)* close; *(zeitlich)*
near, close ♦ *adv* near(by); near, close;
(verwandt) closely ♦ *präp* (+*dat*) near (to),
close to; **der Nahe Osten** the Near East; **~
gehen** (+*dat*) to grieve; **~ kommen** (+*dat*)
to get close (to); **jdm etw ~ legen** to
suggest sth to sb; **~ liegen** to be obvious;
~ liegend obvious; **~ stehen** (+*dat*) to be
close (to); **einer Sache ~ stehen** to
sympathize with sth; **~ stehend** close; **jdm
(zu) ~ treten** to offend sb

Nahaufnahme *f* close-up

Nähe ['nɛːə] **(-)** *f* nearness, proximity;
(Umgebung) vicinity; **in der ~** close by; at
hand; **aus der ~** from close to

nah(e)bei *adv* nearby

nahen *vi, vr* to approach, to draw near

nähen ['nɛːən] *vt, vi* to sew

näher *adj, adv* nearer; *(Erklärung,
Erkundigung)* more detailed; **(sich) ~
kommen** to get closer; **N~e(s)** *nt* details
pl, particulars *pl*

Naherholungsgebiet *nt* recreational area

nähern *vr* to approach

nahezu *adv* nearly

Nähgarn *nt* thread

Nahkampf *m* hand-to-hand fighting

Nähkasten *m* sewing basket, workbox

nahm *etc* [naːm] *vb siehe* **nehmen**

Nähmaschine *f* sewing machine

Nähnadel *f* needle

nähren ['nɛːrən] *vt* to feed ♦ *vr (Person)* to
feed o.s.; *(Tier)* to feed

nahrhaft ['naːrhaft] *adj* nourishing,
nutritious

Nahrung ['naːruŋ] *f* food; *(fig auch)*
sustenance

Nahrungs- *zW:* **~mittel** *nt* foodstuffs *pl;*
~mittelindustrie *f* food industry; **~suche**
f search for food

Nährwert *m* nutritional value

Naht [naːt] **(-, ᵜe)** *f* seam; *(MED)* suture;
(TECH) join; **n~los** *adj* seamless; **n~los
ineinander übergehen** to follow without a
gap

Nah- *zW:* **~verkehr** *m* local traffic;
~verkehrszug *m* local train; **~ziel** *nt*
immediate objective

Name ['naːmə] **(-ns, -n)** *m* name; **im ~n von**
on behalf of; **n~ns** *adv* by the name of;
~nstag *m* name day, saint's day; **n~ntlich**
adj by name ♦ *adv* particularly, especially

Namenstag

---

i In Catholic areas of Germany the
Namenstag is often a more important
celebration than a birthday. This is the day
dedicated to the saint after whom a person
is called, and on that day the person
receives presents and invites relatives and
friends round to celebrate.

---

namhaft ['naːmhaft] *adj (berühmt)* famed,
renowned; *(beträchtlich)* considerable; **~
machen** to name

nämlich ['nɛːmlɪç] *adv* that is to say,
namely; *(denn)* since

nannte *etc* ['nantə] *vb siehe* **nennen**

Napf [napf] **(-(e)s, ᵜe)** *m* bowl, dish

Narbe ['narbə] *f* scar; **narbig** *adj* scarred
Narkose [nar'ko:zə] *f* anaesthetic
Narr [nar] **(-en, -en)** *m* fool; **n~en** *vt* to
fool; **Närrin** ['nɛrɪn] *f* fool; **närrisch** *adj*
foolish, crazy
Narzisse [nar'tsɪsə] *f* narcissus; daffodil
naschen ['naʃən] *vt, vi* to nibble; *(heimlich*
kosten) to pinch a bit
naschhaft *adj* sweet-toothed
Nase ['na:zə] *f* nose
Nasen- *zW:* **~bluten (-s)** *nt* nosebleed;
~loch *nt* nostril; **~tropfen** *pl* nose drops
naseweis *adj* pert, cheeky; *(neugierig)*
nosey
Nashorn ['na:shɔrn] *nt* rhinoceros
nass ▲ [nas] *adj* wet
Nässe ['nɛsə] **(-)** *f* wetness; **n~n** *vt* to wet
nasskalt ▲ *adj* wet and cold
Nassrasur ▲ *f* wet shave
Nation [natsi'o:n] *f* nation
national [natsio'na:l] *adj* national;
N~feiertag *m* national holiday;
N~hymne *f* national anthem; **~isieren**
[-i'zi:rən] *vt* to nationalize; **N~ismus** [-'ɪs-
mʊs] *m* nationalism; **~istisch** [-'ɪstɪʃ] *adj*
nationalistic; **N~i'tät** *f* nationality;
N~mannschaft *f* national team;
N~sozialismus *m* national socialism
Natron ['na:trɔn] **(-s)** *nt* soda
Natter ['natər] **(-, -n)** *f* adder
Natur [na'tu:r] *f* nature; *(körperlich)*
constitution; **~ell (-es, -e)** *nt* disposition;
~erscheinung *f* natural phenomenon *od*
event; **n~farben** *adj* natural coloured;
n~gemäß *adj* natural; **~gesetz** *nt* law of
nature; **n~getreu** *adj* true to life;
~katastrophe *f* natural disaster
natürlich [na'ty:rlɪç] *adj* natural ♦ *adv*
naturally; **ja, ~!** yes, of course; **N~keit** *f*
naturalness
Natur- *zW:* **~park** *m* ≃ national park;
~produkt *nt* natural product; **n~rein** *adj*
natural, pure; **~schutz** *m* nature
conservation; **unter ~schutz stehen** to be
legally protected; **~schutzgebiet** *nt*
nature reserve; **~wissenschaft** *f* natural
science; **~wissenschaftler(in)** *m(f)*

scientist
nautisch ['naʊtɪʃ] *adj* nautical
Nazi ['na:tsi] **(-s, -s)** *m* Nazi
NB *abk (= nota bene)* nb
n. Chr. *abk (= nach Christus)* A.D.
Nebel ['ne:bəl] **(-s, -)** *m* fog, mist; **n~ig** *adj*
foggy, misty; **~scheinwerfer** *m* fog lamp
neben ['ne:bən] *präp (+akk od dat)* next to;
(+dat: außer) apart from, besides; **~an** [ne:-
bən'an] *adv* next door; **N~anschluss** ▲
m (TEL) extension; **N~ausgang** *m* side exit;
~bei [ne:bən'baɪ] *adv* at the same time;
(außerdem) additionally; *(beiläufig)*
incidentally; **N~beruf** *m* second job;
N~beschäftigung *f* second job;
N~buhler(in) (-s, -) *m(f)* rival; **~einander**
[ne:bən|aɪ'nandər] *adv* side by side;
~einander legen to put next to each
other; **N~eingang** *m* side entrance;
N~fach *nt* subsidiary subject; **N~fluss** ▲
m tributary; **N~gebäude** *nt* annexe;
N~geräusch *nt (RADIO)* atmospherics *pl*,
interference; **~her** [ne:bən'he:r] *adv*
(zusätzlich) besides; *(gleichzeitig)* at the
same time; *(daneben)* alongside; **N~kosten**
pl extra charges, extras; **N~produkt** *nt*
by-product; **N~sache** *f* trifle, side issue;
~sächlich *adj* minor, peripheral;
N~saison *f* low season; **N~straße** *f* side
street; **N~verdienst** *m* secondary income;
N~wirkung *f* side effect; **N~zimmer** *nt*
adjoining room
neblig ['ne:blɪç] *adj* foggy, misty
Necessaire [nese'sɛ:r] **(-s, -s)** *nt*
(Nähnecessaire) needlework box;
(Nagelnecessaire) manicure case
necken ['nɛkən] *vt* to tease
Neckerei [nɛkə'raɪ] *f* teasing
Neffe ['nɛfə] **(-n, -n)** *m* nephew
negativ ['ne:gati:f] *adj* negative; **N~ (-s, -e)**
nt (PHOT) negative
Neger ['ne:gər] **(-s, -)** *m* negro; **~in** *f*
negress
nehmen ['ne:mən] *(unreg) vt* to take; **jdn zu**
sich ~ to take sb in; **sich ernst ~** to take
o.s. seriously; **nimm dir doch bitte** please
help yourself

Rechtschreibreform: ▲ *neue Schreibung* △ *alte Schreibung (auslaufend)*

Neid [naɪt] **(-(e)s)** *m* envy; **~er (-s, -)** *m* envier; **n~isch** ['naɪdɪʃ] *adj* envious, jealous

neigen ['naɪgən] *vt* to incline, to lean; *(Kopf)* to bow ♦ *vi:* **zu etw ~** to tend to sth

Neigung *f (des Geländes)* slope; *(Tendenz)* tendency, inclination; *(Vorliebe)* liking; *(Zuneigung)* affection

nein [naɪn] *adv* no

Nektarine [nɛkta'riːnə] *f (Frucht)* nectarine

Nelke ['nɛlkə] *f* carnation, pink; *(Gewürz)* clove

Nenn- ['nɛn] *zW:* **n~en** *(unreg) vt* to name; *(mit Namen)* to call; **wie n~t man ...?** what do you call ...?; **n~enswert** *adj* worth mentioning; **~er (-s, -)** *m* denominator; **~wert** *m* nominal value; *(COMM)* par

Neon ['neːɔn] **(-s)** *nt* neon; **~licht** *nt* neon light; **~röhre** *f* neon tube

Nerv [nɛrf] **(-s, -en)** *m* nerve; **jdm auf die ~en gehen** to get on sb's nerves; **n~enaufreibend** *adj* nerve-racking; **~enbündel** *nt* bundle of nerves; **~enheilanstalt** *f* mental home; **n~enkrank** *adj* mentally ill; **~ensäge** *(umg) f* pain (in the neck) *(umg)*; **~ensystem** *nt* nervous system; **~enzusammenbruch** *m* nervous breakdown; **n~lich** *adj (Belastung)* affecting the nerves; **~ös** [nɛr'vøːs] *adj* nervous; **~osi'tät** *f* nervousness; **n~tötend** *adj* nerve-racking; *(Arbeit)* soul-destroying

Nerz [nɛrts] **(-es, -e)** *m* mink

Nessel ['nɛsəl] **(-, -n)** *f* nettle

Nessessär ▲ [nese'sɛːr] **(-s, -s)** *nt* = **Necessaire**

Nest [nɛst] **(-(e)s, -er)** *nt* nest; *(umg: Ort)* dump

nett [nɛt] *adj* nice; *(freundlich)* nice, kind; **~erweise** *adv* kindly

netto ['nɛtoː] *adv* net

Netz [nɛts] **(-es, -e)** *nt* net; *(Gepäcknetz)* rack; *(Einkaufsnetz)* string bag; *(Spinnennetz)* web; *(System)* network; **jdm ins ~ gehen** *(fig)* to fall into sb's trap; **~anschluss** ▲ *m* mains connection

Netzhaut *f* retina

neu [nɔy] *adj* new; *(Sprache, Geschichte)*

modern; **seit ~estem** (since) recently; **die ~esten Nachrichten** the latest news; **~ schreiben** to rewrite, to write again; **N~anschaffung** *f* new purchase *od* acquisition; **~artig** *adj* new kind of; **N~bau** *m* new building; **N~e(r)** *f(m)* the new man/woman; **~erdings** *adv (kürzlich)* (since) recently; *(von ~em)* again; **N~erscheinung** *f (Buch)* new publication; *(Schallplatte)* new release; **N~erung** *f* innovation, new departure; **N~gier** *f* curiosity; **~gierig** *adj* curious; **N~heit** *f* newness, novelty; **N~igkeit** *f* news *sg*; **N~jahr** *nt* New Year; **~lich** *adv* recently, the other day; **N~ling** *m* novice; **N~mond** *m* new moon

neun [nɔyn] *num* nine; **~zehn** *num* nineteen; **~zig** *num* ninety

neureich *adj* nouveau riche; **N~e(r)** *f(m)* nouveau riche

neurotisch *adj* neurotic

Neuseeland [nɔy'zeːlant] *nt* New Zealand; **Neuseeländer(in)** [nɔy'zeːlɛndər(in)] *m(f)* New Zealander

neutral [nɔy'traːl] *adj* neutral; **~i'sieren** *vt* to neutralize

Neutrum ['nɔytrʊm] **(-s, -a** *od* **-en)** *nt* neuter

Neu- *zW:* **~wert** *m* purchase price; **n~wertig** *adj* (as) new, not used; **~zeit** *f* modern age; **n~zeitlich** *adj* modern, recent

<hr>

SCHLÜSSELWORT

nicht [nɪçt] *adv* **1** *(Verneinung)* not; **er ist es nicht** it's not him, it isn't him; **er raucht nicht** *(gerade)* he isn't smoking; *(gewöhnlich)* he doesn't smoke; **ich kann das nicht - ich auch nicht** I can't do it - neither *od* nor can I; **es regnet nicht mehr** it's not raining any more; **nicht rostend** stainless

2 *(Bitte, Verbot):* **nicht!** don't!, no!; **nicht berühren!** do not touch!; **nicht doch!** don't!

3 *(rhetorisch):* **du bist müde, nicht (wahr)?** you're tired, aren't you?; **das ist schön,**

nicht (wahr)? it's nice, isn't it?
4: **was du nicht sagst!** the things you say!

Nichtangriffspakt [nɪçt'|angrɪfspakt] *m* non-aggression pact

Nichte ['nɪçtə] *f* niece

nichtig ['nɪçtɪç] *adj* (*ungültig*) null, void; (*wertlos*) futile

Nichtraucher(in) *m(f)* non-smoker

nichts [nɪçts] *pron* nothing; **für ~ und wieder ~** for nothing at all; **~ sagend** meaningless; **N~ (-)** *nt* nothingness; (*pej: Person*) nonentity

Nichtschwimmer *m* non-swimmer

nichts- *zW:* **~desto'weniger** *adv* nevertheless; **N~nutz (-es, -e)** *m* good-for-nothing; **~nutzig** *adj* worthless, useless; **N~tun (-s)** *nt* idleness

Nichtzutreffende(s) *nt:* **~s od nicht Zutreffendes (bitte) streichen!** (please) delete where appropriate

Nickel ['nɪkəl] **(-s)** *nt* nickel

nicken ['nɪkən] *vi* to nod

Nickerchen ['nɪkərçən] *nt* nap

nie [ni:] *adv* never; **~ wieder** *od* **mehr** never again; **~ und nimmer** never ever

nieder ['ni:dər] *adj* low; (*gering*) inferior
♦ *adv* down; **N~gang** *m* decline; **~gedrückt** *adj* (*deprimiert*) dejected, depressed; **~gehen** (*unreg*) *vi* to descend; (*AVIAT*) to come down; (*Regen*) to fall; (*Boxer*) to go down; **~geschlagen** *adj* depressed, dejected; **N~lage** *f* defeat; **N~lande** *pl* Netherlands; **N~länder(in)** *m(f)* Dutchman(-woman); **~ländisch** *adj* Dutch; **~lassen** (*unreg*) *vr* (*sich setzen*) to sit down; (*an Ort*) to settle (down); (*Arzt, Rechtsanwalt*) to set up a practice; **N~lassung** *f* settlement; (*COMM*) branch; **~legen** *vt* to lay down; (*Arbeit*) to stop; (*Amt*) to resign; **N~sachsen** *nt* Lower Saxony; **N~schlag** *m* (*MET*) precipitation; rainfall; **~schlagen** (*unreg*) *vt* (*Gegner*) to beat down; (*Gegenstand*) to knock down; (*Augen*) to lower; (*Aufstand*) to put down
♦ *vr* (*CHEM*) to precipitate; **~trächtig** *adj* base, mean; **N~trächtigkeit** *f* meanness,

baseness; outrage; **N~ung** *f* (*GEOG*) depression; (*Mündungsgebiet*) flats *pl*

niedlich ['ni:tlɪç] *adj* sweet, cute

niedrig ['ni:drɪç] *adj* low; (*Stand*) lowly, humble; (*Gesinnung*) mean

niemals ['ni:ma:ls] *adv* never

niemand ['ni:mant] *pron* nobody, no-one

Niemandsland ['ni:mantslant] *nt* no-man's-land

Niere ['ni:rə] *f* kidney

nieseln ['ni:zəln] *vi* to drizzle

niesen ['ni:zən] *vi* to sneeze

Niete ['ni:tə] *f* (*TECH*) rivet; (*Los*) blank; (*Reinfall*) flop; (*Mensch*) failure; **n~n** *vt* to rivet

---
St. Nikolaus

i On December 6th, **St. Nikolaus** visits German children to reward those who have been good by filling shoes they have left out with sweets and small presents.

Nikotin [niko'ti:n] **(-s)** *nt* nicotine

Nilpferd [ni:l-] *nt* hippopotamus

Nimmersatt ['nɪmərzat] **(-(e)s, -e)** *m* glutton

nimmst *etc* [nɪmst] *vb siehe* **nehmen**

nippen ['nɪpən] *vt, vi* to sip

nirgend- ['nɪrgənt] *zW:* **~s** *adv* nowhere; **~wo** *adv* nowhere; **~wohin** *adv* nowhere

Nische ['ni:ʃə] *f* niche

nisten ['nɪstən] *vi* to nest

Niveau [ni'vo:] **(-s, -s)** *nt* level

Nixe ['nɪksə] *f* water nymph

nobel ['no:bəl] *adj* (*großzügig*) generous; (*elegant*) posh (*inf*)

SCHLÜSSELWORT
---

noch [nɔx] *adv* **1** (*weiterhin*) still; **noch nicht** not yet; **noch nie** never (yet); **noch immer** *od* **immer noch** still; **bleiben Sie doch noch** stay a bit longer
2 (*in Zukunft*) still, yet; **das kann noch passieren** that might still happen; **er wird noch kommen** he'll come (yet)
3 (*nicht später als*): **noch vor einer Woche** only a week ago; **noch am selben Tag** the

very same day; **noch im 19. Jahrhundert** as late as the 19th century; **noch heute** today

4 (*zusätzlich*): **wer war noch da?** who else was there?; **noch einmal** once more, again; **noch dreimal** three more times; **noch einer** another one

5 (*bei Vergleichen*): **noch größer** even bigger; **das ist noch besser** that's better still; **und wenn es noch so schwer ist** however hard it is

6: **Geld noch und noch** heaps (and heaps) of money; **sie hat noch und noch versucht, ...** she tried again and again to ...

♦ *konj*: **weder A noch B** neither A nor B

noch- *zW*: **~mal** ['nɔxmaːl] *adv* again, once more; **~malig** ['nɔxmaːlɪç] *adj* repeated; **~mals** *adv* again, once more
Nominativ ['noːminatiːf] (**-s, -e**) *m* nominative
nominell [nomi'nɛl] *adj* nominal
Nonne ['nɔnə] *f* nun
Nord(en) ['nɔrd(ən)] (**-s**) *m* north
Nord'irland *nt* Northern Ireland
nordisch *adj* northern
nördlich ['nœrtlɪç] *adj* northerly, northern
♦ *präp +gen* (to the) north of; **~ von** (to the) north of
Nord- *zW*: **~pol** *m* North Pole; **~rhein-Westfalen** *nt* North Rhine-Westphalia; **~see** *f* North Sea; **n~wärts** *adv* northwards
nörgeln ['nœrgəln] *vi* to grumble; **Nörgler** (**-s, -**) *m* grumbler
Norm [nɔrm] (**-, -en**) *f* norm; (*Größenvorschrift*) standard; **n~al** [nɔr'maːl] *adj* normal; **~al(benzin)** *nt* ≈ 2-star petrol (*BRIT*), regular petrol (*US*); **n~alerweise** *adv* normally; **n~ali'sieren** *vt* to normalize
♦ *vr* to return to normal
normen *vt* to standardize
Norwegen ['nɔrveːgən] *nt* Norway; **norwegisch** *adj* Norwegian
Nostalgie [nɔstal'giː] *f* nostalgia
Not [noːt] (**-, ⁼e**) *f* need; (*Mangel*) want;

(*Mühe*) trouble; (*Zwang*) necessity; **~ leidend** needy; **zur ~** if necessary; (*gerade noch*) just about
Notar [no'taːr] (**-s, -e**) *m* notary; **n~i'ell** *adj* notarial
Not- *zW*: **~arzt** *m* emergency doctor; **~ausgang** *m* emergency exit; **~behelf** (**-s, -e**) *m* makeshift; **~bremse** *f* emergency brake; **~dienst** *m* (*Bereitschaftsdienst*) emergency service; **n~dürftig** *adj* scanty; (*behelfsmäßig*) makeshift
Note ['noːtə] *f* note; (*SCH*) mark (*BRIT*), grade (*US*)
Noten- *zW*: **~blatt** *nt* sheet of music; **~schlüssel** *m* clef; **~ständer** *m* music stand
Not- *zW*: **~fall** *m* (case of) emergency; **n~falls** *adv* if need be; **n~gedrungen** *adj* necessary, unavoidable; **etw n~gedrungen machen** to be forced to do sth
notieren [no'tiːrən] *vt* to note; (*COMM*) to quote
Notierung *f* (*COMM*) quotation
nötig ['nøːtɪç] *adj* necessary; **etw ~ haben** to need sth; **~en** (**-gən**) *vt* to compel, to force; **~enfalls** *adv* if necessary
Notiz [no'tiːts] (**-, -en**) *f* note; (*Zeitungsnotiz*) item; **~ nehmen** to take notice; **~block** *m* notepad; **~buch** *nt* notebook
Not- *zW*: **~lage** *f* crisis, emergency; **n~landen** *vi* to make a forced *od* emergency landing; **n~leidend** △ *adj* siehe **Not**; **~lösung** *f* temporary solution; **~lüge** *f* white lie
notorisch [no'toːrɪʃ] *adj* notorious
Not- *zW*: **~ruf** *m* emergency call; **~rufsäule** *f* emergency telephone; **~stand** *m* state of emergency; **~unterkunft** *f* emergency accommodation; **~verband** *m* emergency dressing; **~wehr** (**-**) *f* self-defence; **n~wendig** *adj* necessary; **~wendigkeit** *f* necessity
Novelle [no'vɛlə] *f* short novel; (*JUR*) amendment
November [no'vɛmbər] (**-s, -**) *m* November
Nu [nuː] *m*: **im ~** in an instant

Spelling Reform: ▲ *new spelling* △ *old spelling (to be phased out)*

Nuance [ny'ã:sə] *f* nuance
nüchtern ['nʏçtərn] *adj* sober; (*Magen*) empty; (*Urteil*) prudent; **N~heit** *f* sobriety
Nudel ['nu:dəl] (**-, -n**) *f* noodle; **~n** *pl* (*Teigwaren*) pasta *sg*; (*in Suppe*) noodles
Null [nʊl] (**-, -en**) *f* nought, zero; (*pej*: *Mensch*) washout; **n~** *num* zero; (*Fehler*) no; **n~ Uhr** midnight; **n~ und nichtig** null and void; **~punkt** *m* zero; **auf dem ~punkt** at zero
numerisch [nu'me:rɪʃ] *adj* numerical
Nummer ['nʊmər] (**-, -n**) *f* number; (*Größe*) size; **n~ieren** ▲ *vt* to number; **~nschild** *nt* (*AUT*) number *od* license (*US*) plate
nun [nu:n] *adv* now ♦ *excl* well; **das ist ~ mal so** that's the way it is
nur [nu:r] *adv* just, only; **wo bleibt er ~?** (just) where is he?
Nürnberg ['nʏrnbɛrk] (**-s**) *nt* Nuremberg
Nuss ▲ [nʊs] (**-, ¨e**) *f* nut; **~baum** *m* walnut tree; **~knacker** (**-s, -**) *m* nutcracker
nutz [nʊts] *adj*: **zu nichts ~ sein** to be no use for anything; **~bringend** *adj* (*Verwendung*) profitable
nütze ['nʏtsə] *adj* = **nutz**
Nutzen (**-s**) *m* usefulness; (*Gewinn*) profit; **von ~** useful; **n~** *vi* to be of use ♦ *vt*: **etw zu etw n~** to use sth for sth; **was nutzt es?** what's the use?, what use is it?
nützen *vi, vt* = **nutzen**
nützlich ['nʏtslɪç] *adj* useful; **N~keit** *f* usefulness
Nutz- *zW*: **n~los** *adj* useless; **~losigkeit** *f* uselessness; **~nießer** (**-s, -**) *m* beneficiary
Nylon ['naɪlɔn] (**-(s)**) *nt* nylon

O, o

Oase [o'a:zə] *f* oasis
ob [ɔp] *konj* if, whether; **~ das wohl wahr ist?** can that be true?; **und ~!** you bet!
obdachlos *adj* homeless
Obdachlose(r) *f(m)* homeless person; **~nasyl** *nt* shelter for the homeless
Obduktion [ɔpdʊktsi'o:n] *f* post-mortem
obduzieren [ɔpdu'tsi:rən] *vt* to do a post-mortem on
O-Beine ['o:baɪnə] *pl* bow *od* bandy legs
oben ['o:bən] *adv* above; (*in Haus*) upstairs; **~ erwähnt, ~ gennant** above-mentioned; **nach ~** up; **von ~** down; **~ ohne** topless; **jdn von ~ bis unten ansehen** to look sb up and down; **~an** *adv* at the top; **~auf** *adv* up above, on the top ♦ *adj* (*munter*) in form; **~drein** *adv* into the bargain
Ober ['o:bər] (**-s, -**) *m* waiter; **die ~en** *pl* (*umg*) the bosses; (*ECCL*) the superiors; **~arm** *m* upper arm; **~arzt** *m* senior physician; **~aufsicht** *f* supervision; **~bayern** *nt* Upper Bavaria; **~befehl** *m* supreme command; **~befehlshaber** *m* commander-in-chief; **~bekleidung** *f* outer clothing; **~'bürgermeister** *m* lord mayor; **~deck** *nt* upper *od* top deck; **o~e(r, s)** *adj* upper; **~fläche** *f* surface; **o~flächlich** *adj* superficial; **~geschoss** ▲ *nt* upper storey; **o~halb** *adv* above ♦ *präp +gen* above; **~haupt** *nt* head, chief; **~haus** *nt* (*POL*) upper house, House of Lords (*BRIT*); **~hemd** *nt* shirt; **~herrschaft** *f* supremacy, sovereignty; **~in** *f* matron; (*ECCL*) Mother Superior; **~kellner** *m* head waiter; **~kiefer** *m* upper jaw; **~körper** *m* upper part of body; **~leitung** *f* direction; (*ELEK*) overhead cable; **~licht** *nt* skylight; **~lippe** *f* upper lip; **~schenkel** *m* thigh; **~schicht** *f* upper classes *pl*; **~schule** *f* grammar school (*BRIT*), high school (*US*); **~schwester** *f* (*MED*) matron
Oberst ['o:bərst] (**-en** *od* **-s, -en** *od* **-e**) *m* colonel; **o~e(r, s)** *adj* very top, topmost
Ober- *zW*: **~stufe** *f* upper school; **~teil** *nt* upper part; **~weite** *f* bust/chest measurement
obgleich [ɔp'glaɪç] *konj* although
Obhut ['ɔphu:t] (**-**) *f* care, protection; **in jds ~ sein** to be in sb's care
obig ['o:bɪç] *adj* above
Objekt [ɔp'jɛkt] (**-(e)s, -e**) *nt* object; **~iv** [-'ti:f] (**-s, -e**) *nt* lens; **o~iv** *adj* objective; **~ivi'tät** *f* objectivity
Oblate [o'bla:tə] *f* (*Gebäck*) wafer; (*ECCL*) host

obligatorisch [obliga'to:rɪʃ] *adj* compulsory, obligatory

Obrigkeit ['o:brɪçkaɪt] *f* (*Behörden*) authorities *pl*, administration; (*Regierung*) government

obschon [ɔp'ʃo:n] *konj* although

Observatorium [ɔpzɛrva'to:riʊm] *nt* observatory

obskur [ɔps'ku:r] *adj* obscure; (*verdächtig*) dubious

Obst [o:pst] (**-(e)s**) *nt* fruit; **~baum** *m* fruit tree; **~garten** *m* orchard; **~händler** *m* fruiterer, fruit merchant; **~kuchen** *m* fruit tart

obszön [ɔps'tsø:n] *adj* obscene; **O~i'tät** *f* obscenity

obwohl [ɔp'vo:l] *konj* although

Ochse ['ɔksə] (**-n, -n**) *m* ox; **o~n** (*umg*) *vt, vi* to cram, to swot (*BRIT*)

Ochsenschwanzsuppe *f* oxtail soup

Ochsenzunge *f* oxtongue

öd(e) ['ø:d(ə)] *adj* (*Land*) waste, barren; (*fig*) dull; **Ö~** *f* desert, waste(land); (*fig*) tedium

oder ['o:dər] *konj* or; **das stimmt, ~?** that's right, isn't it?

Ofen ['o:fən] (**-s, ̈**) *m* oven; (*Heizofen*) fire, heater; (*Kohlenofen*) stove; (*Hochofen*) furnace; (*Herd*) cooker, stove; **~rohr** *nt* stovepipe

offen ['ɔfən] *adj* open; (*aufrichtig*) frank; (*Stelle*) vacant; **~ bleiben** (*Fenster*) to stay open; (*Frage, Entscheidung*) to remain open; **~ halten** to keep open; **~ lassen** to leave open; **~ stehen** to be open; (*Rechnung*) to be unpaid; **es steht Ihnen ~, es zu tun** you are at liberty to do it; **~ gesagt** to be honest; **~bar** *adj* obvious; **~baren** [ɔfən'ba:rən] *vt* to reveal, to manifest; **O~'barung** *f* (*REL*) revelation; **O~heit** *f* candour, frankness; **~herzig** *adj* candid, frank; (*Kleid*) revealing; **~kundig** *adj* well-known; (*klar*) evident; **~sichtlich** *adj* evident, obvious

offensiv [ɔfɛn'zi:f] *adj* offensive; **O~e** [-'zi:və] *f* offensive

öffentlich ['œfəntlɪç] *adj* public; **Ö~keit** *f* (*Leute*) public; (*einer Versammlung etc*) public nature; **in aller Ö~keit** in public; **an die Ö~keit dringen** to reach the public ear

offiziell [ɔfitsi'ɛl] *adj* official

Offizier [ɔfi'tsi:r] (**-s, -e**) *m* officer; **~skasino** *nt* officers' mess

öffnen ['œfnən] *vt, vr* to open; **jdm die Tür ~** to open the door for sb

Öffner ['œfnər] (**-s, -**) *m* opener

Öffnung ['œfnʊŋ] *f* opening; **~szeiten** *pl* opening times

oft [ɔft] *adv* often

öfter ['œftər] *adv* more often *od* frequently; **~s** *adv* often, frequently

oh [o:] *excl* oh; **~ je!** oh dear

OHG *abk* (= *Offene Handelsgesellschaft*) general partnership

ohne ['o:nə] *präp +akk* without ♦ *konj* without; **das ist nicht ~** (*umg*) it's not bad; **~ weiteres** without a second thought; (*sofort*) immediately; **~ zu fragen** without asking; **~ dass er es wusste** without him knowing it; **~dies** [o:nə'di:s] *adv* anyway; **~gleichen** [o:nə'glaɪçən] *adj* unsurpassed, without equal; **~hin** [o:nə'hɪn] *adv* anyway, in any case

Ohnmacht ['o:nmaxt] *f* faint; (*fig*) impotence; **in ~ fallen** to faint

ohnmächtig ['o:nmɛçtɪç] *adj* in a faint, unconscious; (*fig*) weak, impotent; **sie ist ~** she has fainted

Ohr [o:r] (**-(e)s, -en**) *nt* ear

Öhr [ø:r] (**-(e)s, -e**) *nt* eye

Ohren- *zW*: **~arzt** *m* ear specialist; **o~betäubend** *adj* deafening; **~schmalz** *nt* earwax; **~schmerzen** *pl* earache *sg*

Ohr- *zW*: **~feige** *f* slap on the face; box on the ears; **o~feigen** *vt*: **jdn o~feigen** to slap sb's face; to box sb's ears; **~läppchen** *nt* ear lobe; **~ring** *m* earring; **~wurm** *m* earwig; (*MUS*) catchy tune

Öko- [øko] *zW*: **~laden** *m* wholefood shop; **ö~logisch** [-'lo:gɪʃ] *adj* ecological; **ö~nomisch** [-'no:mɪʃ] *adj* economical

Oktober [ɔk'to:bər] (**-s, -**) *m* October; **~fest** *nt* Munich beer festival

---
Oktoberfest

The annual beer festival, the Oktoberfest, takes place in Munich at the end of September in a huge area where beer tents and various amusements are set up. People sit at long wooden tables, drink beer from enormous beer mugs, eat pretzels and listen to brass bands. It is a great attraction for tourists and locals alike.

ökumenisch [øku'me:nɪʃ] *adj* ecumenical

Öl [ø:l] (**-(e)s, -e**) *nt* oil; **~baum** *m* olive tree; **ö~en** *vt* to oil; (*TECH*) to lubricate; **~farbe** *f* oil paint; **~feld** *nt* oilfield; **~film** *m* film of oil; **~heizung** *f* oil-fired central heating; **ö~ig** *adj* oily; **~industrie** *f* oil industry

oliv [o'li:f] *adj* olive-green; **O~e** *f* olive

Öl- *zW:* **~messstab** ▲ *m* dipstick; **~sardine** *f* sardine; **~stand** *m* oil level; **~standanzeiger** *m* (*AUT*) oil gauge; **~tanker** *m* oil tanker; **~ung** *f* lubrication; oiling; (*ECCL*) anointment; **die Letzte ~ung** Extreme Unction; **~wechsel** *m* oil change

Olymp- [o'lʏmp] *zW:* **~iade** [olʏmpi'a:də] *f* Olympic Games *pl*; **~iasieger(in)** [-iazi:gər(ɪn)] *m(f)* Olympic champion; **~iateilnehmer(in)** *m(f)* Olympic competitor; **o~isch** *adj* Olympic

Ölzeug *nt* oilskins *pl*

Oma ['o:ma] (**-, -s**) (*umg*) *f* granny

Omelett [ɔm(ə)'let] (**-(e)s, -s**) *nt* omelet(te)

ominös [omi'nø:s] *adj* (*unheilvoll*) ominous

Onanie [ona'ni:] *f* masturbation; **o~ren** *vi* to masturbate

Onkel ['ɔŋkəl] (**-s, -**) *m* uncle

Opa ['o:pa] (**-s, -s**) (*umg*) *m* grandpa

Oper ['o:pər] (**-, -n**) *f* opera; opera house

Operation [operatsi'o:n] *f* operation; **~ssaal** *m* operating theatre

Operette [ope'retə] *f* operetta

operieren [ope'ri:rən] *vt* to operate on ♦ *vi* to operate

Opern- *zW:* **~glas** *nt* opera glasses *pl*; **~haus** *nt* opera house

Opfer ['ɔpfər] (**-s, -**) *nt* sacrifice; (*Mensch*) victim; **o~n** *vt* to sacrifice; **~ung** *f* sacrifice

opponieren [ɔpo'ni:rən] *vi:* **gegen jdn/etw ~** to oppose sb/sth

Opportunist [ɔpɔrtu'nɪst] *m* opportunist

Opposition [ɔpozitsi'o:n] *f* opposition; **o~ell** *adj* opposing

Optik ['ɔptɪk] *f* optics *sg*; **~er** (**-s, -**) *m* optician

optimal [ɔpti'ma:l] *adj* optimal, optimum

Optimismus [ɔpti'mɪsmus] *m* optimism

Optimist [ɔpti'mɪst] *m* optimist; **o~isch** *adj* optimistic

optisch ['ɔptɪʃ] *adj* optical

Orakel [o'ra:kəl] (**-s, -**) *nt* oracle

oral [o'ra:l] *adj* (*MED*) oral

Orange [o'rã:ʒə] *f* orange; **o~** *adj* orange; **~ade** [orã'ʒa:də] *f* orangeade; **~at** [orã'ʒa:t] (**-s, -e**) *nt* candied peel

Orchester [ɔr'kɛstər] (**-s, -**) *nt* orchestra

Orchidee [ɔrçi'de:ə] *f* orchid

Orden ['ɔrdən] (**-s, -**) *m* (*ECCL*) order; (*MIL*) decoration; **~sschwester** *f* nun

ordentlich ['ɔrdəntlɪç] *adj* (*anständig*) decent, respectable; (*geordnet*) tidy, neat; (*umg: annehmbar*) not bad; (: *tüchtig*) real, proper ♦ *adv* properly; **~er Professor** (full) professor; **O~keit** *f* respectability; tidiness, neatness

ordinär [ɔrdi'nɛːr] *adj* common, vulgar

ordnen ['ɔrdnən] *vt* to order, to put in order

Ordner (**-s, -**) *m* steward; (*COMM*) file

Ordnung *f* order; (*Ordnen*) ordering; (*Geordnetsein*) tidiness; **~ machen** to tidy up; **in ~!** okay!

Ordnungs- *zW:* **o~gemäß** *adj* proper, according to the rules; **o~liebend** *adj* orderly, methodical; **~strafe** *f* fine; **o~widrig** *adj* contrary to the rules, irregular; **~widrigkeit** *f* infringement (*of law or rule*); **~zahl** *f* ordinal number

Organ [ɔr'ga:n] (**-s, -e**) *nt* organ; (*Stimme*) voice; **~isation** [-izatsi'o:n] *f* organization; **~isator** [i'za:tɔr] *m* organizer; **o~isch** *adj* organic; **o~isieren** [-i'zi:rən] *vt* to organize, to arrange; (*umg: beschaffen*) to acquire ♦ *vr* to organize; **~ismus** [-'nɪsmus] *m*

Rechtschreibreform: ▲ *neue Schreibung* △ *alte Schreibung (auslaufend)*

organism; ~ist [-'nɪst] m organist;
~spende f organ donation;
~spenderausweis m donor card
Orgasmus [ɔr'gasmʊs] m orgasm
Orgel ['ɔrgəl] (-, -n) f organ
Orgie ['ɔrgiə] f orgy
Orient ['o:riɛnt] (-s) m Orient, east;
o~alisch [-'ta:lɪʃ] adj oriental
orientier- zW: ~en [-'ti:rən] vt (örtlich) to
locate; (fig) to inform ♦ vr to find one's way
od bearings; to inform o.s.; O~ung [-'ti:rʊŋ]
f orientation; (fig) information;
O~ungssinn m sense of direction;
O~ungsstufe f period during which pupils
are selected for different schools

Orientierungsstufe

i The **Orientierungsstufe** *is the name
given to the first two years spent in a*
Realschule *or* **Gymnasium**, *during which
a child is assessed as to his or her
suitability for that type of school. At the
end of two years it may be decided to
transfer the child to a school more suited to
his or her ability.*

---

original [origi'na:l] adj original; O~ (-s, -e)
nt original; O~fassung f original version;
O~i'tät f originality
originell [origi'nɛl] adj original
Orkan [ɔr'ka:n] (-(e)s, -e) m hurricane;
o~artig adj (Wind) gale-force; (Beifall)
thunderous
Ornament [ɔrna'mɛnt] nt decoration,
ornament; o~al [-'ta:l] adj decorative,
ornamental
Ort [ɔrt] (-(e)s, -e od ⁺er) m place; an ~ und
Stelle on the spot; o~en vt to locate
ortho- [ɔrto] zW: ~dox [-'dɔks] adj orthodox;
O~grafie ▲ [-gra'fi:] f spelling,
orthography; ~'grafisch ▲ adj
orthographic; O~päde [-'pɛ:də] (-n, -n) m
orthopaedist; O~pädie [-pɛ'di:] f
orthopaedics sg; ~'pädisch adj
orthopaedic
örtlich ['œrtlɪç] adj local; Ö~keit f locality
ortsansässig adj local

Ortschaft f village, small town
Orts- zW: o~fremd adj non-local;
~gespräch nt local (phone)call; ~name
m place name; ~netz nt (TEL) local
telephone exchange area; ~tarif m (TEL)
tariff for local calls; ~zeit f local time
Ortung f locating
Öse ['ø:zə] f loop, eye
Ost'asien [ɔs'ta:ziən] nt Eastern Asia
Osten ['ɔstən] (-s) m east
Oster- ['o:stər] zW: ~ei nt Easter egg; ~fest
nt Easter; ~glocke f daffodil; ~hase m
Easter bunny; ~montag m Easter Monday;
~n (-s, -) nt Easter
Österreich ['ø:stəraɪç] (-s) nt Austria;
~er(in) (-s, -) m(f) Austrian; ö~isch adj
Austrian
Ostküste f east coast
östlich ['œstlɪç] adj eastern, easterly
Ostsee f: die ~ the Baltic (Sea)
Ouvertüre [uver'ty:rə] f overture
oval [o'va:l] adj oval
Ovation [ovatsi'o:n] f ovation
Oxid, Oxyd [ɔ'ksy:t] (-(e)s, -e) nt oxide;
o~ieren vt, vi to oxidize; ~ierung f
oxidization
Ozean ['o:tsea:n] (-s, -e) m ocean;
~dampfer m (ocean-going) liner
Ozon [o'tso:n] (-s) nt ozone; ~loch nt ozone
hole; ~schicht f ozone layer

P, p

Paar [pa:r] (-(e)s, -e) nt pair; (Ehepaar)
couple; ein ~ a few; ein p~ Mal a few
times; p~en vt, vr to couple; (Tiere) to
mate; ~lauf m pair skating; ~ung f
combination; mating; p~weise adv in
pairs; in couples
Pacht [paxt] (-, -en) f lease; p~en vt to
lease
Pächter ['pɛçtər] (-s, -) m leaseholder,
tenant
Pack¹ [pak] (-(e)s, -e od ⁺e) m bundle,
pack
Pack² [pak] (-(e)s) nt (pej) mob, rabble

Spelling Reform: ▲ *new spelling* △ *old spelling (to be phased out)*

Päckchen ['pɛkçən] *nt* small package; (*Zigaretten*) packet; (*Postpäckchen*) small parcel

Pack- *zW:* **p~en** *vt* to pack; (*fassen*) to grasp, to seize; (*umg: schaffen*) to manage; (*fig: fesseln*) to grip; **~en** (**-s, -**) *m* bundle; (*fig: Menge*) heaps of; **~esel** *m* (*auch fig*) packhorse; **~papier** *nt* brown paper, wrapping paper; **~ung** *f* packet; (*Pralinenpackung*) box; (*MED*) compress; **~ungsbeilage** *f* enclosed instructions *pl* for use

Pädagog- [pɛda'goːg] *zW:* **~e** (**-n, -n**) *m* teacher; **~ik** *f* education; **p~isch** *adj* educational, pedagogical

Paddel ['padəl] (**-s, -**) *nt* paddle; **~boot** *nt* canoe; **p~n** *vi* to paddle

Page [pa'ːʒə] (**-n, -n**) *m* page

Paket [pa'keːt] (**-(e)s, -e**) *nt* packet; (*Postpaket*) parcel; **~karte** *f* dispatch note; **~post** *f* parcel post; **~schalter** *m* parcels counter

Pakt [pakt] (**-(e)s, -e**) *m* pact

Palast [pa'last] (**-es, Paläste**) *m* palace

Palästina [palɛ'stiːna] (**-s**) *nt* Palestine

Palme ['palmə] *f* palm (tree)

Pampelmuse ['pampəlmuːzə] *f* grapefruit

panieren [pa'niːrən] *vt* (*KOCH*) to bread

Paniermehl [pa'niːrmeːl] *nt* breadcrumbs *pl*

Panik ['paːnɪk] *f* panic

panisch ['paːnɪʃ] *adj* panic-stricken

Panne ['panə] *f* (*AUT etc*) breakdown; (*Missgeschick*) slip; **~nhilfe** *f* breakdown service

panschen ['panʃən] *vi* to splash about ♦ *vt* to water down

Pantoffel [pan'tɔfəl] (**-s, -n**) *m* slipper

Pantomime [panto'miːmə] *f* mime

Panzer ['pantsər] (**-s, -**) *m* armour; (*Platte*) armour plate; (*Fahrzeug*) tank; **~glas** *nt* bulletproof glass; **p~n** *vt* to armour ♦ *vr* (*fig*) to arm o.s.

Papa [pa'paː] (**-s, -s**) (*umg*) *m* dad, daddy

Papagei [papa'gaɪ] (**-s, -en**) *m* parrot

Papier [pa'piːr] (**-s, -e**) *nt* paper; (*Wertpapier*) security; **~fabrik** *f* paper mill; **~geld** *nt* paper money; **~korb** *m* wastepaper basket; **~taschentuch** *nt* tissue

Papp- ['pap] *zW:* **~deckel** *m* cardboard; **~e** *f* cardboard; **~el** (**-, -n**) *f* poplar; **p~en** (*umg*) *vt, vi* to stick; **p~ig** *adj* sticky

Paprika ['paprika] (**-s, -s**) *m* (*Gewürz*) paprika; (*~schote*) pepper

Papst [paːpst] (**-(e)s, ⁓e**) *m* pope

päpstlich ['pɛːpstlɪç] *adj* papal

Parabel [pa'raːbəl] (**-, -n**) *f* parable; (*MATH*) parabola

Parabolantenne [parabo'lantɛnə] *f* satellite dish

Parade [pa'raːdə] *f* (*MIL*) parade, review; (*SPORT*) parry

Paradies [para'diːs] (**-es, -e**) *nt* paradise; **p~isch** *adj* heavenly

Paradox [para'dɔks] (**-es, -e**) *nt* paradox; **p~** *adj* paradoxical

Paragraf ▲ [para'graːf] (**-en, -en**) *m* paragraph; (*JUR*) section

parallel [para'leːl] *adj* parallel; **P~e** *f* parallel

Parasit [para'ziːt] (**-en, -en**) *m* (*auch fig*) parasite

parat [pa'raːt] *adj* ready

Pärchen ['pɛːrçən] *nt* couple

Parfüm [par'fyːm] (**-s, -s** *od* **-e**) *nt* perfume; **~erie** [-ə'riː] *f* perfumery; **p~frei** *adj* non-perfumed; **p~ieren** *vt* to scent, to perfume

parieren [pa'riːrən] *vt* to parry ♦ *vi* (*umg*) to obey

Paris [pa'riːs] (**-**) *nt* Paris; **~er** *adj* Parisian ♦ *m* Parisian; **~erin** *f* Parisian

Park [park] (**-s, -s**) *m* park; **~anlage** *f* park; (*um Gebäude*) grounds *pl*; **p~en** *vt, vi* to park; **~ett** (**-(e)s, -e**) *nt* parquet (floor); (*THEAT*) stalls *pl*; **~gebühr** *f* parking fee; **~haus** *nt* multi-storey car park; **~lücke** *f* parking space; **~platz** *m* parking place; car park, parking lot (*US*); **~scheibe** *f* parking disc; **~schein** *m* car park ticket; **~uhr** *f* parking meter; **~verbot** *nt* parking ban

Parlament [parla'mɛnt] *nt* parliament; **~arier** [-'taːriər] (**-s, -**) *m* parliamentarian; **p~arisch** [-'taːrɪʃ] *adj* parliamentary

Parlaments- *zW:* **~beschluss** ▲ *m* vote of parliament; **~mitglied** *nt* member of parliament; **~sitzung** *f* sitting (of parliament)

Parodie [paro'di:] *f* parody; p~**ren** *vt* to parody

Parole [pa'ro:lə] *f* password; (*Wahlspruch*) motto

Partei [par'tai] *f* party; ~ **ergreifen für jdn** to take sb's side; p~**isch** *adj* partial, bias(s)ed; p~**los** *adj* neutral, impartial; ~**mitglied** *nt* party member; ~**programm** *nt* (party) manifesto; ~**tag** *m* party conference

Parterre [par'tɛr] (-s, -s) *nt* ground floor; (*THEAT*) stalls *pl*

Partie [par'ti:] *f* part; (*Spiel*) game; (*Ausflug*) outing; (*Mann, Frau*) catch; (*COMM*) lot; **mit von der ~ sein** to join in

Partizip [parti'tsi:p] (-s, -ien) *nt* participle

Partner(in) ['partnər(ın)] (-s, -) *m(f)* partner; ~**schaft** *f* partnership; (*von Städten*) twinning; p~**schaftlich** *adj* as partners; ~**stadt** *f* twin town

Party ['pa:rti] (-, -s) *f* party

Pass ▲ [pas] (-es, ⋍e) *m* pass; (*Ausweis*) passport

passabel [pa'sa:bəl] *adj* passable, reasonable

Passage [pa'sa:ʒə] *f* passage

Passagier [pasa'ʒi:r] (-s, -e) *m* passenger; ~**flugzeug** *nt* airliner

Passamt ▲ *nt* passport office

Passant [pa'sant] *m* passer-by

Passbild ▲ *nt* passport photograph

passen ['pasən] *vi* to fit; (*Farbe*) to go; (*auf Frage, KARTEN, SPORT*) to pass; **das passt mir nicht** that doesn't suit me; ~ **zu** (*Farbe, Kleider*) to go with; **er passt nicht zu dir** he's not right for you; ~**d** *adj* suitable; (*zusammenpassend*) matching; (*angebracht*) fitting; (*Zeit*) convenient

passier- [pa'si:r] *zW*: ~**bar** *adj* passable; ~**en** *vt* to pass; (*durch Sieb*) to strain ♦ *vi* to happen; P~**schein** *m* pass, permit

Passion [pasi'o:n] *f* passion; p~**iert** [-'ni:rt] *adj* enthusiastic, passionate; ~**sspiel** *nt* Passion Play

passiv ['pasi:f] *adj* passive; P~ (-s, -e) *nt* passive; P~**a** *pl* (*COMM*) liabilities; P~**i'tät** *f*

passiveness; **P~rauchen** *nt* passive smoking

Pass- ▲ *zW*: ~**kontrolle** *f* passport control; ~**stelle** *f* passport office; ~**straße** *f* (mountain) pass

Paste ['pastə] *f* paste

Pastete [pas'te:tə] *f* pie

pasteurisieren [pastøri'zi:rən] *vt* to pasteurize

Pastor ['pastɔr] *m* vicar; pastor, minister

Pate ['pa:tə] (-n, -n) *m* godfather; ~**nkind** *nt* godchild

Patent [pa'tɛnt] (-(e)s, -e) *nt* patent; (*MIL*) commission; p~ *adj* clever; ~**amt** *nt* patent office

Patentante *f* godmother

patentieren [patɛn'ti:rən] *vt* to patent

Patentinhaber *m* patentee

pathetisch [pa'te:tıʃ] *adj* emotional; bombastic

Pathologe [pato'lo:gə] (-n, -n) *m* pathologist

pathologisch *adj* pathological

Pathos ['pa:tɔs] (-) *nt* emotiveness, emotionalism

Patient(in) [patsi'ɛnt(ın)] *m(f)* patient

Patin ['pa:tın] *f* godmother

Patriot [patri'o:t] (-en, -en) *m* patriot; p~**isch** *adj* patriotic; ~**ismus** [-'tısmʊs] *m* patriotism

Patrone [pa'tro:nə] *f* cartridge

Patrouille [pa'trʊljə] *f* patrol

patrouillieren [patrʊl'ji:rən] *vi* to patrol

patsch [patʃ] *excl* splash; **P~e** (*umg*) *f* (*Bedrängnis*) mess, jam; ~**en** *vi* to smack, to slap; (*im Wasser*) to splash; ~**nass** ▲ *adj* soaking wet

patzig ['patsıç] (*umg*) *adj* cheeky, saucy

Pauke ['paukə] *f* kettledrum; **auf die ~ hauen** to live it up

pauken *vt* (*intensiv lernen*) to swot up (*inf*) ♦ *vi* to swot (*inf*), cram (*inf*)

pausbäckig ['pausbɛkıç] *adj* chubby-cheeked

pauschal [pau'ʃa:l] *adj* (*Kosten*) inclusive; (*Urteil*) sweeping; P~**e** *f* flat rate; P~**gebühr** *f* flat rate; P~**preis** *m* all-in

Spelling Reform: ▲ new spelling △ old spelling (to be phased out)

price; **P~reise** f package tour; **P~summe** f lump sum

Pause ['pauzə] f break; (*THEAT*) interval; (*Innehalten*) pause; (*Kopie*) tracing

pausen vt to trace; **~los** adj non-stop; **P~zeichen** nt call sign; (*MUS*) rest

Pauspapier ['pauspapiːr] nt tracing paper

Pavillon ['paviljõ] (**-s, -s**) m pavilion

Pazif- [pa'tsiːf] zW: **~ik** (**-s**) m Pacific; **p~istisch** adj pacifist

Pech [pɛç] (**-s, -e**) nt pitch; (*fig*) bad luck; **~ haben** to be unlucky; **p~schwarz** adj pitch-black; **~strähne** (*umg*) f unlucky patch; **~vogel** (*umg*) m unlucky person

Pedal [pe'daːl] (**-s, -e**) nt pedal

Pedant [pe'dant] m pedant; **~e'rie** f pedantry; **p~isch** adj pedantic

Pediküre [pedi'kyːrə] f (*Fußpflege*) pedicure

Pegel ['peːgəl] (**-s, -**) m water gauge; **~stand** m water level

peilen ['paɪlən] vt to get a fix on

Pein [paɪn] (**-**) f agony, pain; **p~igen** vt to torture; (*plagen*) to torment; **p~lich** adj (*unangenehm*) embarrassing, awkward, painful; (*genau*) painstaking

Peitsche ['paɪtʃə] f whip; **p~n** vt to whip; (*Regen*) to lash

Pelle ['pɛlə] f skin; **p~n** vt to skin, to peel

Pellkartoffeln pl jacket potatoes

Pelz [pɛlts] (**-es, -e**) m fur

Pendel ['pɛndəl] (**-s, -**) nt pendulum; **p~n** vi (*Zug, Fähre etc*) to operate a shuttle service; (*Mensch*) to commute; **~verkehr** m shuttle traffic; (*für Pendler*) commuter traffic

Pendler ['pɛndlər] (**-s, -**) m commuter

penetrant [pene'trant] adj sharp; (*Person*) pushing

Penis ['peːnɪs] (**-, -se**) m penis

pennen ['pɛnən] (*umg*) vi to kip

Penner (*umg: pej*) m (*Landstreicher*) tramp

Pension [pɛnzi'oːn] f (*Geld*) pension; (*Ruhestand*) retirement; (*für Gäste*) boarding od guesthouse; **~är(in)** [-'nɛːr(ɪn)] (**-s, -e**) m(f) pensioner; **p~ieren** vt to pension off; **p~iert** adj retired; **~ierung** f retirement; **~sgast** m boarder, paying guest

Pensum ['pɛnzʊm] (**-s, Pensen**) nt quota; (*SCH*) curriculum

per [pɛr] präp +akk by, per; (*pro*) per; (*bis*) by

Perfekt ['pɛrfɛkt] (**-(e)s, -e**) nt perfect; **p~** adj perfect

perforieren [pɛrfo'riːrən] vt to perforate

Pergament [pɛrga'mɛnt] nt parchment; **~papier** nt greaseproof paper

Periode [peri'oːdə] f period; **periodisch** adj periodic; (*dezimal*) recurring

Perle ['pɛrlə] f (*auch fig*) pearl; **p~n** vi to sparkle; (*Tropfen*) to trickle

Perl- ['pɛrl] zW: **~mutt** (**-s**) nt mother-of-pearl; **~wein** m sparkling wine

perplex [pɛr'plɛks] adj dumbfounded

Person [pɛr'zoːn] (**-, -en**) f person; **ich für meine ~** ... personally I ...

Personal [pɛrzo'naːl] (**-s**) nt personnel; (*Bedienung*) servants pl; **~ausweis** m identity card; **~computer** m personal computer; **~ien** [-ɪən] pl particulars; **~mangel** m undermanning; **~pronomen** nt personal pronoun

personell [pɛrzo'nɛl] adj (*Veränderungen*) personnel

Personen- zW: **~aufzug** m lift, elevator (*US*); **~kraftwagen** m private motorcar; **~schaden** m injury to persons; **~zug** m stopping train; passenger train

personifizieren [pɛrzonifi'tsiːrən] vt to personify

persönlich [pɛr'zøːnlɪç] adj personal ♦ adv in person; personally; **P~keit** f personality

Perspektive [pɛrspɛk'tiːvə] f perspective

Perücke [pe'rʏkə] f wig

pervers [pɛr'vɛrs] adj perverse

Pessimismus [pɛsi'mɪsmʊs] m pessimism

Pessimist [pɛsi'mɪst] m pessimist; **p~isch** adj pessimistic

Pest [pɛst] (**-**) f plague

Petersilie [petər'ziːliə] f parsley

Petroleum [pe'troːleʊm] (**-s**) nt paraffin, kerosene (*US*)

Pfad [pfaːt] (**-(e)s, -e**) m path; **~finder** (**-s, -**) m boy scout; **~finderin** f girl guide

Pfahl [pfaːl] (**-(e)s, ⁻e**) m post, stake

Pfand [pfant] (**-(e)s, ⁻er**) nt pledge, security; (*Flaschenpfand*) deposit; (*im Spiel*) forfeit;

~brief *m* bond

pfänden ['pfɛndən] *vt* to seize, to distrain

Pfänderspiel *nt* game of forfeits

Pfandflasche *f* returnable bottle

Pfandschein *m* pawn ticket

Pfändung ['pfɛndʊŋ] *f* seizure, distraint

Pfanne ['pfanə] *f* (frying) pan

Pfannkuchen *m* pancake; (*Berliner*) doughnut

Pfarr- ['pfar] *zW*: ~ei *f* parish; ~er (**-s, -**) *m* priest; (*evangelisch*) vicar; minister; ~haus *nt* vicarage; manse

Pfau [pfaʊ] (**-(e)s**, **-en** *m* peacock; ~enauge *nt* peacock butterfly

Pfeffer ['pfɛfər] (**-s, -**) *m* pepper; ~kuchen *m* gingerbread; ~minz (**-es, -e**) *nt* peppermint; ~mühle *f* pepper mill; p~n *vt* to pepper; (*umg: werfen*) to fling; **gepfefferte Preise/Witze** steep prices/ spicy jokes

Pfeife ['pfaɪfə] *f* whistle; (*Tabakpfeife, Orgelpfeife*) pipe; p~n (*unreg*) *vt, vi* to whistle; ~r (**-s, -**) *m* piper

Pfeil [pfaɪl] (**-(e)s, -e**) *m* arrow

Pfeiler ['pfaɪlər] (**-s, -**) *m* pillar, prop; (*Brückenpfeiler*) pier

Pfennig ['pfɛnɪç] (**-(e)s, -e**) *m* pfennig (*hundredth part of a mark*)

Pferd [pfeːrt] (**-(e)s, -e**) *nt* horse

Pferde- ['pfeːrdə] *zW*: ~rennen *nt* horse race; horse racing; ~schwanz *m* (*Frisur*) ponytail; ~stall *m* stable

Pfiff [pfɪf] (**-(e)s, -e**) *m* whistle

Pfifferling ['pfɪfərlɪŋ] *m* yellow chanterelle (*mushroom*); **keinen ~ wert** not worth a thing

pfiffig *adj* sly, sharp

Pfingsten ['pfɪŋstən] (**-, -**) *nt* Whitsun (*BRIT*), Pentecost

Pfirsich ['pfɪrzɪç] (**-s, -e**) *m* peach

Pflanz- ['pflants] *zW*: ~e *f* plant; p~en *vt* to plant; ~enfett *nt* vegetable fat; p~lich *adj* vegetable; ~ung *f* plantation

Pflaster ['pflastər] (**-s, -**) *nt* plaster; (*Straße*) pavement; p~n *vt* to pave; ~stein *m* paving stone

Pflaume ['pflaʊmə] *f* plum

Pflege ['pfleːgə] *f* care; (*von Idee*) cultivation; (*Krankenpflege*) nursing; **in ~ sein** (*Kind*) to be fostered out; p~bedürftig *adj* needing care; ~eltern *pl* foster parents; ~heim *nt* nursing home; ~kind *nt* foster child; p~leicht *adj* easy-care; ~mutter *f* foster mother; p~n *vt* to look after; (*Kranke*) to nurse; (*Beziehungen*) to foster; ~r (**-s, -**) *m* orderly; male nurse; ~rin *f* nurse, attendant; ~vater *m* foster father

Pflicht [pflɪçt] (**-, -en**) *f* duty; (*SPORT*) compulsory section; p~bewusst ▲ *adj* conscientious; ~fach *nt* (*SCH*) compulsory subject; ~gefühl *nt* sense of duty; p~gemäß *adj* dutiful ♦ *adv* as in duty bound; ~versicherung *f* compulsory insurance

pflücken ['pflʏkən] *vt* to pick; (*Blumen*) to pick, to pluck

Pflug [pfluːk] (**-(e)s, ⁻e**) *m* plough

pflügen ['pflyːgən] *vt* to plough

Pforte ['pfɔrtə] *f* gate; door

Pförtner ['pfœrtnər] (**-s, -**) *m* porter, doorkeeper, doorman

Pfosten ['pfɔstən] (**-s, -**) *m* post

Pfote ['pfoːtə] *f* paw; (*umg: Schrift*) scrawl

pfui [pfʊi] *excl* ugh!

Pfund [pfʊnt] (**-(e)s, -e**) *nt* pound

pfuschen ['pfʊʃən] (*umg*) *vi* to be sloppy; **jdm ins Handwerk ~** to interfere in sb's business

Pfuscher ['pfʊʃər] (**-s, -**) (*umg*) *m* sloppy worker; (*Kurpfuscher*) quack; ~ei (*umg*) *f* sloppy work; quackery

Pfütze ['pfʏtsə] *f* puddle

Phänomen [feno'meːn] (**-s, -e**) *nt* phenomenon

phänomenal [-'naːl] *adj* phenomenal

Phantasie *etc* [fanta'ziː] *f* = **Fantasie** *etc*

phantastisch [fan'tastɪʃ] *adj* = **fantastisch**

Phase ['faːzə] *f* phase

Philologie [filolo'giː] *f* philology

Philosoph [filo'zoːf] (**-en, -en**) *m* philosopher; ~ie [-'fiː] *f* philosophy; p~isch *adj* philosophical

phlegmatisch [fleˈgmaːtɪʃ] adj lethargic
Phonetik [foˈneːtɪk] f phonetics sg
phonetisch adj phonetic
Phosphor [ˈfɔsfɔr] (-s) m phosphorus
Photo etc [ˈfoːto] (-s, -s) nt = **Foto** etc
Phrase [ˈfraːzə] f phrase; (pej) hollow phrase
pH-Wert [peːˈhaːveːrt] m pH-value
Physik [fyˈziːk] f physics sg; **p~alisch** [-ˈkaːlɪʃ] adj of physics; **~er(in)** [ˈfyːzɪkər(ɪn)] (-s, -) m(f) physicist
Physiologie [fyzioloˈgiː] f physiology
physisch [ˈfyːzɪʃ] adj physical
Pianist(in) [piaˈnɪst(ɪn)] m(f) pianist
Pickel [ˈpɪkəl] (-s, -) m pimple; (Werkzeug) pickaxe; (Bergpickel) ice axe; **p~ig** adj pimply, spotty
picken [ˈpɪkən] vi to pick, to peck
Picknick [ˈpɪknɪk] (-s, -e od -s) nt picnic; **~ machen** to have a picnic
piepen [ˈpiːpən] vi to chirp
piepsen [ˈpiːpsən] vi to chirp
Piepser (umg) m pager, paging device
Pier [piːər] (-s, -s od -e) m od f pier
Pietät [pieˈtɛːt] f piety, reverence; **p~los** adj impious, irreverent
Pigment [pɪgˈmɛnt] nt pigment
Pik [piːk] (-s, -s) nt (KARTEN) spades
pikant [piˈkant] adj spicy, piquant; (anzüglich) suggestive
Pilger [ˈpɪlgər] (-s, -) m pilgrim; **~fahrt** f pilgrimage
Pille [ˈpɪlə] f pill
Pilot [piˈloːt] (-en, -en) m pilot
Pilz [pɪlts] (-es, -e) m fungus; (essbar) mushroom; (giftig) toadstool; **~krankheit** f fungal disease
Pinguin [ˈpɪŋguiːn] (-s, -e) m penguin
Pinie [ˈpiːniə] f pine
pinkeln [ˈpɪŋkəln] (umg) vi to pee
Pinnwand [ˈpɪnvant] f noticeboard
Pinsel [ˈpɪnzəl] (-s, -) m paintbrush
Pinzette [pɪnˈtsɛtə] f tweezers pl
Pionier [pioˈniːr] (-s, -e) m pioneer; (MIL) sapper, engineer
Pirat [piˈraːt] (-en, -en) m pirate
Piste [ˈpɪstə] f (SKI) run, piste; (AVIAT) runway
Pistole [pɪsˈtoːlə] f pistol

Pizza [ˈpɪtsa] (-, -s) f pizza
Pkw [peːkaːˈveː] (-(s), -(s)) m abk = **Personenkraftwagen**
plädieren [plɛˈdiːrən] vi to plead
Plädoyer [plɛdoaˈjeː] (-s, -s) nt speech for the defence; (fig) plea
Plage [ˈplaːgə] f plague; (Mühe) nuisance; **~geist** m pest, nuisance; **p~n** vt to torment ♦ vr to toil, to slave
Plakat [plaˈkaːt] (-(e)s, -e) nt placard; poster
Plan [plaːn] (-(e)s, ᵛe) m plan; (Karte) map
Plane f tarpaulin
planen vt to plan; (Mord etc) to plot
Planer (-s, -) m planner
Planet [plaˈneːt] (-en, -en) m planet
planieren [plaˈniːrən] vt to plane, to level
Planke [ˈplaŋkə] f plank
plan- [plaːn] zW: **~los** adj (Vorgehen) unsystematic; (Umherlaufen) aimless; **~mäßig** adj according to plan; systematic; (EISENB) scheduled
Plansoll (-s) nt output target
Plantage [planˈtaːʒə] f plantation
Plan(t)schbecken [ˈplan(t)ʃbɛkən] nt paddling pool
plan(t)schen [ˈplan(t)ʃən] vi to splash
Planung f planning
Planwirtschaft f planned economy
plappern [ˈplapərn] vi to chatter
plärren [ˈplɛrən] vi (Mensch) to cry, to whine; (Radio) to blare
Plasma [ˈplasma] (-s, **Plasmen**) nt plasma
Plastik¹ [ˈplastɪk] f sculpture
Plastik² [ˈplastɪk] (-s) nt (Kunststoff) plastic; **~beutel** m plastic bag, carrier bag; **~folie** f plastic film
plastisch [ˈplastɪʃ] adj plastic; **stell dir das ~ vor!** just picture it!
Platane [plaˈtaːnə] f plane (tree)
Platin [ˈplaːtiːn] (-s) nt platinum
platonisch [plaˈtoːnɪʃ] adj platonic
platsch [platʃ] excl splash; **~en** vi to splash
plätschern [ˈplɛtʃərn] vi to babble
platschnass ▲ adj drenched
platt [plat] adj flat; (umg: überrascht) flabbergasted; (fig: geistlos) flat, boring; **~deutsch** adj low German; **P~e** f

(*Speisenplatte*, PHOT, TECH) plate; (*Steinplatte*) flag; (*Kachel*) tile; (*Schallplatte*) record; **P~enspieler** *m* record player; **P~enteller** *m* turntable

Platz [plats] **(-es, ⁀e)** *m* place; (*Sitzplatz*) seat; (*Raum*) space, room; (*in Stadt*) square; (*Sportplatz*) playing field; **~ nehmen** to take a seat; **jdm ~ machen** to make room for sb; **~angst** *f* claustrophobia; **~anweiser(in)** **(-s, -)** *m(f)* usher(ette)

Plätzchen ['plɛtsçən] *nt* spot; (*Gebäck*) biscuit

platzen *vi* to burst; (*Bombe*) to explode; **vor Wut p~en** (*umg*) to be bursting with anger

platzieren ▲ [pla'tsi:rən] *vt* to place ♦ *vr* (*SPORT*) to be placed; (*TENNIS*) to be seeded

Platz- *zW:* **~karte** *f* seat reservation; **~mangel** *m* lack of space; **~patrone** *f* blank cartridge; **~regen** *m* downpour; **~reservierung** [-rezɛrvi:rʊŋ] *f* seat reservation; **~wunde** *f* cut

Plauderei [plaʊdə'raɪ] *f* chat, conversation; (*RADIO*) talk

plaudern ['plaʊdərn] *vi* to chat, to talk

plausibel [plaʊ'zi:bəl] *adj* plausible

plazieren △ [pla'tsi:rən] *vt, vr siehe* **platzieren**

Pleite ['plaɪtə] *f* bankruptcy; (*umg: Reinfall*) flop; **~ machen** to go bust; **p~** (*umg*) *adj* broke

Plenum ['ple:nʊm] **(-s)** *nt* plenum

Plombe ['plɔmbə] *f* lead seal; (*Zahnplombe*) filling

plombieren [plɔm'bi:rən] *vt* to seal; (*Zahn*) to fill

plötzlich ['plœtslɪç] *adj* sudden ♦ *adv* suddenly

plump [plʊmp] *adj* clumsy; (*Hände*) coarse; (*Körper*) shapeless; **~sen** (*umg*) *vi* to plump down, to fall

Plunder ['plʊndər] **(-s)** *m* rubbish

plündern ['plʏndərn] *vt* to plunder; (*Stadt*) to sack ♦ *vi* to plunder; **Plünderung** *f* plundering, sack, pillage

Plural ['plu:ra:l] **(-s, -e)** *m* plural; **p~istisch** *adj* pluralistic

Plus [plʊs] **(-, -)** *nt* plus; (*FIN*) profit; (*Vorteil*) advantage; **p~** *adv* plus

Plüsch [ply:ʃ] **(-(e)s, -e)** *m* plush

Plus- [plʊs] *zW:* **~pol** *m* (*ELEK*) positive pole; **~punkt** *m* point; (*fig*) point in sb's favour

Plutonium [plu'to:niʊm] **(-s)** *nt* plutonium

PLZ *abk* = **Postleitzahl**

Po [po:] **(-s, -s)** (*umg*) *m* bottom, bum

Pöbel ['pø:bəl] **(-s)** *m* mob, rabble; **~ei** *f* vulgarity; **p~haft** *adj* low, vulgar

pochen ['pɔxən] *vi* to knock; (*Herz*) to pound; **auf etw** *akk* **~** (*fig*) to insist on sth

Pocken ['pɔkən] *pl* smallpox *sg*

Podium ['po:diʊm] *nt* podium; **~sdiskussion** *f* panel discussion

Poesie [poe'zi:] *f* poetry

Poet [po'e:t] **(-en, -en)** *m* poet; **p~isch** *adj* poetic

Pointe [po'ɛ̃:tə] *f* point

Pokal [po'ka:l] **(-s, -e)** *m* goblet; (*SPORT*) cup; **~spiel** *nt* cup tie

pökeln ['pø:kəln] *vt* to pickle, to salt

Poker ['po:kər] **(-s)** *nt od m* poker

Pol [po:l] **(-s, -e)** *m* pole; **p~ar** *adj* polar; **~arkreis** *m* Arctic circle

Pole ['po:lə] **(-n, -n)** *m* Pole

polemisch [po:le:mɪʃ] *adj* polemical

Polen ['po:lən] **(-s)** *nt* Poland

Police [po'li:s(ə)] *f* insurance policy

Polier [po'li:r] **(-s, -e)** *m* foreman

polieren *vt* to polish

Poliklinik [poli'kli:nɪk] *f* outpatients (department) *sg*

Polin *f* Pole

Politik [poli'ti:k] *f* politics *sg*; (*eine bestimmte*) policy; **~er(in)** [poli'ti:kər(ɪn)] **(-s, -)** *m(f)* politician

politisch [po'li:tɪʃ] *adj* political

Politur [poli'tu:r] *f* polish

Polizei [poli'tsaɪ] *f* police; **~beamte(r)** *m* police officer; **p~lich** *adj* police; **sich p~lich melden** to register with the police; **~revier** *nt* police station; **~staat** *m* police state; **~streife** *f* police patrol; **~stunde** *f* closing time; **~wache** *f* police station

Polizist(in) [poli'tsɪst(ɪn)] **(-en, -en)** *m(f)* policeman(-woman)

Pollen ['pɔlən] (-s, -) *m* pollen; ~flug *m* pollen count

polnisch ['pɔlnɪʃ] *adj* Polish

Polohemd ['po:lohɛmt] *nt* polo shirt

Polster ['pɔlstər] (-s, -) *nt* cushion; (~ung) upholstery; (*in Kleidung*) padding; (*fig: Geld*) reserves *pl*; ~er (-s, -) *m* upholsterer; ~möbel *pl* upholstered furniture *sg*; p~n *vt* to upholster; to pad

Polterabend ['pɔltəra:bənt] *m* party on eve of wedding

poltern *vi* (*Krach machen*) to crash; (*schimpfen*) to rant

Polyp [po'ly:p] (-en, -en) *m* polyp; (*umg*) cop; ~en *pl* (MED) adenoids

Pomade [po'ma:də] *f* pomade

Pommes frites [pɔm'frɪt] *pl* chips, French fried potatoes

Pomp [pɔmp] (-(e)s) *m* pomp; p~ös [pɔm'pø:s] *adj* (*Auftritt, Fest, Haus*) ostentatious, showy

Pony ['pɔni] (-s, -s) *nt* (*Pferd*) pony ♦ *m* (*Frisur*) fringe

Popmusik ['pɔpmuzi:k] *f* pop music

Popo [po'po:] (-s, -s) (*umg*) *m* bottom, bum

poppig ['pɔpɪç] *adj* (*Farbe etc*) gaudy

populär [popu'lɛ:r] *adj* popular

Popularität [populari'tɛ:t] *f* popularity

Pore ['po:rə] *f* pore

Pornografie ▲ [pɔrnogra'fi:] *f* pornography; **pornografisch** ▲ [pɔrno'gra:fɪʃ] *adj* pornographic

porös [po'rø:s] *adj* porous

Porree ['pɔre] (-s, -s) *m* leek

Portefeuille [pɔrt(ə)'fœ:j] *nt* (POL, FIN) portfolio

Portemonnaie [pɔrtmɔ'ne:] (-s, -s) *nt* purse

Portier [pɔrti'e:] (-s, -s) *m* porter

Portion [pɔrtsi'o:n] *f* portion, helping; (*umg: Anteil*) amount

Portmonee ▲ [pɔrtmo'ne:] (-s, -s) *nt* = **Portemonnaie**

Porto ['pɔrto] (-s, -s) *nt* postage; p~frei *adj* post-free, (postage) prepaid

Portrait [pɔr'trɛ:] (-s, -s) *nt* = **Porträt**; p~ieren *vt* = **porträtieren**

Porträt [pɔr'trɛ:] (-s, -s) *nt* portrait; p~ieren *vt* to paint, to portray

Portugal ['pɔrtugal] (-s) *nt* Portugal; **Portugiese** [pɔrtu'gi:zə] (-n, -n) *m* Portuguese; **Portugiesin** *f* Portuguese; **portu'giesisch** *adj* Portuguese

Porzellan [pɔrtse'la:n] (-s, -e) *nt* china, porcelain; (*Geschirr*) china

Posaune [po'zaunə] *f* trombone

Pose ['po:zə] *f* pose

Position [pozitsi'o:n] *f* position

positiv ['po:ziti:f] *adj* positive; **P~** (-s, -e) *nt* (PHOT) positive

possessiv ['pɔsesi:f] *adj* possessive; **P~pronomen** (-s, -e) *nt* possessive pronoun

possierlich [pɔ'si:rlɪç] *adj* funny

Post [pɔst] (-, -en) *f* post (office); (*Briefe*) mail; ~amt *nt* post office; ~anweisung *f* postal order, money order; ~bote *m* postman; ~en (-s, -) *m* post, position; (COMM) item; (*auf Liste*) entry; (MIL) sentry; (*Streikposten*) picket; ~er (-s, -(s)) *nt* poster; ~fach *nt* post office box; ~karte *f* postcard; p~lagernd *adv* poste restante (BRIT), general delivery (US); ~leitzahl *f* postal code; ~scheckkonto *nt* postal giro account; ~sparbuch *nt* post office savings book; ~sparkasse *f* post office savings bank; ~stempel *m* postmark; p~wendend *adv* by return of post; ~wertzeichen *nt* postage stamp

potent [po'tɛnt] *adj* potent

Potential △ [potɛntsi'a:l] (-s, -e) *nt* siehe **Potenzial**

potentiell △ [potɛntsi'ɛl] *adj* siehe **potenziell**

Potenz [po'tɛnts] *f* power; (*eines Mannes*) potency

Potenzial ▲ [potɛn'tsia:l] (-s, -e) *nt* potential

potenziell ▲ [potɛn'tsiɛl] *adj* potential

Pracht [praxt] (-) *f* splendour, magnificence; **prächtig** ['prɛçtɪç] *adj* splendid

Prachtstück *nt* showpiece

prachtvoll *adj* splendid, magnificent

Prädikat [prɛdi'ka:t] (-(e)s, -e) *nt* title;

(GRAM) predicate; (Zensur) distinction

prägen ['prɛ:gən] vt to stamp; (Münze) to mint; (Ausdruck) to coin; (Charakter) to form

prägnant [prɛ'gnant] adj precise, terse

Prägung ['prɛ:gʊŋ] f minting; forming; (Eigenart) character, stamp

prahlen ['pra:lən] vi to boast, to brag; **Prahle'rei** f boasting

Praktik ['praktɪk] f practice; **p~abel** [-'ka:bəl] adj practicable; **~ant(in)** [-'kant(ɪn)] m(f) trainee; **~um** (-s, **Praktika** od **Praktiken**) nt practical training

praktisch ['praktɪʃ] adj practical, handy; **~er Arzt** general practitioner

praktizieren [praktiˈtsi:rən] vt, vi to practise

Praline [pra'li:nə] f chocolate

prall [pral] adj firmly rounded; (Segel) taut; (Arme) plump; (Sonne) blazing; **~en** vi to bounce, to rebound; (Sonne) to blaze

Prämie ['prɛ:miə] f premium; (Belohnung) award, prize; **p~ren** vt to give an award to

Präparat [prɛpaˈra:t] (-(e)s, -e) nt (BIOL) preparation; (MED) medicine

Präposition [prɛpozitsiˈo:n] f preposition

Prärie [prɛ'ri:] f prairie

Präsens ['prɛ:zɛns] (-) nt present tense

präsentieren [prɛzɛnˈti:rən] vt to present

Präservativ [prɛzɛrvaˈti:f] (-s, -e) nt contraceptive

Präsident(in) [prɛziˈdɛnt(ɪn)] m(f) president; **~schaft** f presidency

Präsidium [prɛˈzi:diʊm] nt presidency, chair(manship); (Polizeipräsidium) police headquarters pl

prasseln ['prasəln] vi (Feuer) to crackle; (Hagel) to drum; (Wörter) to rain down

Praxis ['praksɪs] (-, **Praxen**) f practice; (Behandlungsraum) surgery; (von Anwalt) office

Präzedenzfall [prɛtseˈdɛnts-] m precedent

präzis [prɛˈtsi:s] adj precise; **P~ion** [prɛtsiziˈo:n] f precision

predigen ['pre:dɪgən] vt, vi to preach; **Prediger** (-s, -) m preacher

Predigt ['pre:dɪçt] (-, -en) f sermon

Preis [praɪs] (-es, -e) m price; (Siegespreis) prize; **um keinen ~** not at any price;

p~bewusst ▲ adj price-conscious

Preiselbeere f cranberry

preis- ['praɪs] zW: **~en** (unreg) vi to praise; **~geben** (unreg) vt to abandon; (opfern) to sacrifice; (zeigen) to expose; **~gekrönt** adj prizewinning; **P~gericht** nt jury; **~günstig** adj inexpensive; **P~lage** f price range; **~lich** adj (Lage, Unterschied) price, in price; **P~liste** f price list; **P~richter** m judge (in a competition); **P~schild** nt price tag; **P~träger(in)** m(f) prizewinner; **~wert** adj inexpensive

Prell- [prɛl] zW: **~bock** m buffers pl; **p~en** vt to bump; (fig) to cheat, to swindle; **~ung** f bruise

Premiere [prəmiˈɛ:rə] f premiere

Premierminister [prəmiˈe:mɪnɪstər] m prime minister, premier

Presse ['prɛsə] f press; **~agentur** f press agency; **~freiheit** f freedom of the press; **p~n** vt to press

Pressluft ▲ ['prɛslʊft] f compressed air; **~bohrer** m pneumatic drill

Prestige [prɛsˈti:ʒə] (-s) nt prestige

prickeln ['prɪkəln] vt, vi to tingle; to tickle

Priester ['pri:stər] (-s, -) m priest

prima adj inv first-class, excellent

primär [priˈmɛ:r] adj primary

Primel ['pri:məl] (-, -n) f primrose

primitiv [primiˈti:f] adj primitive

Prinz [prɪnts] (-en, -en) m prince; **~essin** f princess

Prinzip [prɪnˈtsi:p] (-s, -ien) nt principle; **p~iell** [-iˈɛl] adj, adv on principle; **p~ienlos** adj unprincipled

Priorität [prioriˈtɛ:t] f priority

Prise ['pri:zə] f pinch

Prisma ['prɪsma] (-s, **Prismen**) nt prism

privat [priˈva:t] adj private; **P~besitz** m private property; **P~fernsehen** nt commercial television; **P~patient(in)** m(f) private patient; **P~schule** f public school

Privileg [priviˈle:k] (-(e)s, -ien) nt privilege

Pro [pro:] (-) nt pro

pro präp +akk per

Probe ['pro:bə] f test; (Teststück) sample; (THEAT) rehearsal; **jdn auf die ~ stellen** to put sb to the test; **~exemplar** *nt* specimen copy; **~fahrt** *f* test drive; **p~n** *vt* to try; (*THEAT*) to rehearse; **p~weise** *adv* on approval; **~zeit** *f* probation period

probieren [pro'biːrən] *vt* to try; (*Wein, Speise*) to taste, to sample ♦ *vi* to try; to taste

Problem [pro'bleːm] **(-s, -e)** *nt* problem; **~atik** [-'maːtɪk] *f* problem; **p~atisch** [-'maːtɪʃ] *adj* problematic; **p~los** *adj* problem-free

Produkt [pro'dʊkt] **(-(e)s, -e)** *nt* product; (*AGR*) produce *no pl*; **~ion** [prodʊktsi'oːn] *f* production; output; **p~iv** [-'tiːf] *adj* productive; **~ivi'tät** *f* productivity

Produzent [produ'tsɛnt] *m* manufacturer; (*Film*) producer

produzieren [produ'tsiːrən] *vt* to produce

Professor [pro'fɛsɔr] *m* professor

Profi [pro'fiː] **(-s, -s)** *m* (*umg, SPORT*) pro

Profil [pro'fiːl] **(-s, -e)** *nt* profile; (*fig*) image

Profit [pro'fiːt] **(-(e)s, -e)** *m* profit; **p~ieren** *vi*: **p~ieren (von)** to profit (from)

Prognose [pro'gnoːzə] *f* prediction, prognosis

Programm [pro'gram] **(-s, -e)** *nt* programme; (*COMPUT*) program; **p~ieren** [-'miːrən] *vt* to programme; (*COMPUT*) to program; **~ierer(in)** **(-s, -)** *m(f)* programmer

progressiv [progrɛ'siːf] *adj* progressive

Projekt [pro'jɛkt] **(-(e)s, -e)** *nt* project; **~or** [pro'jɛktɔr] *m* projector

proklamieren [prokla'miːrən] *vt* to proclaim

Prokurist(in) [proku'rɪst(ɪn)] *m(f)* ≈ company secretary

Prolet [pro'leːt] **(-en, -en)** *m* prole, pleb; **~arier** [-'taːriər] **(-s, -)** *m* proletarian

Prolog [pro'loːk] **(-(e)s, -e)** *m* prologue

Promenade [promə'naːdə] *f* promenade

Promille [pro'mɪlə] **(-(s), -)** *nt* alcohol level

prominent [promi'nɛnt] *adj* prominent

Prominenz [promi'nɛnts] *f* VIPs *pl*

Promotion [promotsi'oːn] *f* doctorate, Ph.D.

promovieren [promo'viːrən] *vi* to do a doctorate *od* Ph.D.

prompt [prɔmpt] *adj* prompt

Pronomen [pro'noːmɛn] **(-s, -)** *nt* pronoun

Propaganda [propa'ganda] **(-)** *f* propaganda

Propeller [pro'pɛlər] **(-s, -)** *m* propeller

Prophet [pro'feːt] **(-en, -en)** *m* prophet

prophezeien [profe'tsaɪən] *vt* to prophesy; **Prophezeiung** *f* prophecy

Proportion [propɔrtsi'oːn] *f* proportion; **p~al** [-'naːl] *adj* proportional

proportioniert [proportsio'niːrt] *adj*: **gut/ schlecht ~** well-/badly-proportioned

Prosa ['proːza] **(-)** *f* prose; **p~isch** [pro'zaːɪʃ] *adj* prosaic

prosit ['proːzɪt] *excl* cheers

Prospekt [pro'spɛkt] **(-(e)s, -e)** *m* leaflet, brochure

prost [proːst] *excl* cheers

Prostituierte [prostitu'iːrtə] *f* prostitute

Prostitution [prostitutsi'oːn] *f* prostitution

Protest [pro'tɛst] **(-(e)s, -e)** *m* protest; **~ant(in)** [protɛs'tant(ɪn)] *m(f)* Protestant; **p~antisch** [protɛs'tantɪʃ] *adj* Protestant; **p~ieren** [protɛs'tiːrən] *vi* to protest

Prothese [pro'teːzə] *f* artificial limb; (*Zahnprothese*) dentures *pl*

Protokoll [proto'kɔl] **(-s, -e)** *nt* register; (*von Sitzung*) minutes *pl*; (*diplomatisch*) protocol; (*Polizeiprotokoll*) statement; **p~ieren** [-'liːrən] *vt* to take down in the minutes

protzen ['prɔtsən] *vi* to show off

Proviant [provi'ant] **(-s, -e)** *m* provisions *pl*, supplies *pl*

Provinz [pro'vɪnts] **(-, -en)** *f* province; **p~i'ell** *adj* provincial

Provision [provizi'oːn] *f* (*COMM*) commission

provisorisch [provi'zoːrɪʃ] *adj* provisional

Provokation [provokatsi'oːn] *f* provocation

provozieren [provo'tsiːrən] *vt* to provoke

Prozedur [protse'duːr] *f* procedure; (*pej*) carry-on

Prozent [pro'tsɛnt] **(-(e)s, -e)** *nt* per cent, percentage; **~satz** *m* percentage; **p~ual** [-u'aːl] *adj* percentage *cpd*; **as a percentage**

Prozess ▲ [pro'tsɛs] **(-es, -e)** *m* trial, case

Prozession [protsesi'oːn] *f* procession

prüde ['pryːdə] *adj* prudish; **P~rie** [-'riː] *f* prudery

Prüf- ['pry:f] *zW:* **p~en** *vt* to examine, to test; (*nachprüfen*) to check; **~er** (**-s, -**) *m* examiner; **~ling** *m* examinee; **~ung** *f* examination; checking; **~ungsaus-schuss** ▲ *m* examining board

Prügel ['pry:gəl] (**-s, -**) *m* cudgel ♦ *pl* (*Schläge*) beating; **~ei** [-'lai] *f* fight; **p~n** *vt* to beat ♦ *vr* to fight; **~strafe** *f* corporal punishment

Prunk [pruŋk] (**-(e)s**) *m* pomp, show; **p~voll** *adj* splendid, magnificent

PS [pe:'ɛs] *abk* (= *Pferdestärke*) H.P.

Psych- ['psyç] *zW:* **~iater** [-i'a:tər] (**-s, -**) *m* psychiatrist; **p~iatrisch** *adj* (*MED*) psychiatric; **p~isch** *adj* psychological; **~oanalyse** [-o|ana'ly:zə] *f* psychoanalysis; **~ologe** (**-n, -n**) *m* psychologist; **~olo'gie** *f* psychology; **p~ologisch** *adj* psychological; **~otherapeut(in)** (**-en, -en**) *m(f)* psychotherapist

Pubertät [puber'tɛ:t] *f* puberty

Publikum [pu:blikom] (**-s**) *nt* audience; (*SPORT*) crowd

publizieren [publi'tsi:rən] *vt* to publish, to publicize

Pudding ['pudiŋ] (**-s, -e** *od* **-s**) *m* blancmange

Pudel ['pu:dəl] (**-s**) *m* poodle

Puder ['pu:dər] (**-s, -**) *m* powder; **~dose** *f* powder compact; **p~n** *vt* to powder; **~zucker** *m* icing sugar

Puff¹ [puf] (**-s, -e**) *m* (*Wäschepuff*) linen basket; (*Sitzpuff*) pouf

Puff² [puf] (**-s, ⁻e**) (*umg*) *m* (*Stoß*) push

Puff³ [puf] (**-s, -**) (*umg*) *m od nt* (*Bordell*) brothel

Puffer (**-s, -**) *m* buffer

Pullover [pu'lo:vər] (**-s, -**) *m* pullover, jumper

Puls [puls] (**-es, -e**) *m* pulse; **~ader** *f* artery; **p~ieren** *vi* to throb, to pulsate

Pult [pult] (**-(e)s, -e**) *nt* desk

Pulver ['pulfər] (**-s, -**) *nt* powder; **p~ig** *adj* powdery; **~schnee** *m* powdery snow

pummelig ['puməliç] *adj* chubby

Pumpe ['pumpə] *f* pump; **p~n** *vt* to pump; (*umg*) to lend; to borrow

Punkt [puŋkt] (**-(e)s, -e**) *m* point; (*bei Muster*) dot; (*Satzzeichen*) full stop; **p~ieren** [-'ti:rən] *vt* to dot; (*MED*) to aspirate

pünktlich ['pyŋktliç] *adj* punctual; **P~keit** *f* punctuality

Punktsieg *m* victory on points

Punktzahl *f* score

Punsch [punʃ] (**-(e)s, -e**) *m* punch

Pupille [pu'pilə] *f* pupil

Puppe ['pupə] *f* doll; (*Marionette*) puppet; (*Insektenpuppe*) pupa, chrysalis

Puppen- *zW:* **~spieler** *m* puppeteer; **~stube** *f* doll's house; **~theater** *nt* puppet theatre

pur [pu:r] *adj* pure; (*völlig*) sheer; (*Whisky*) neat

Püree [py're:] (**-s, -s**) *nt* mashed potatoes *pl*

Purzelbaum ['purtsəlbaum] *m* somersault

purzeln ['purtsəln] *vi* to tumble

Puste ['pu:stə] (**-**) (*umg*) *f* puff; (*fig*) steam; **p~n** *vi* to puff, to blow

Pute ['pu:tə] *f* turkey hen; **~r** (**-s, -**) *m* turkey cock

Putsch [putʃ] (**-(e)s, -e**) *m* revolt, putsch

Putz [puts] (**-es**) *m* (*Mörtel*) plaster, roughcast

putzen *vt* to clean; (*Nase*) to wipe, to blow ♦ *vr* to clean o.s.; to dress o.s. up

Putz- *zW:* **~frau** *f* charwoman; **p~ig** *adj* quaint, funny; **~lappen** *m* cloth

Puzzle ['pasəl] (**-s, -s**) *nt* jigsaw

PVC *nt abk* PVC

Pyjama [pi'dʒa:ma] (**-s, -s**) *m* pyjamas *pl*

Pyramide [pyra'mi:də] *f* pyramid

Pyrenäen [pyre'nɛ:ən] *pl* Pyrenees

Q, q

Quacksalber ['kvakzalbər] (**-s, -**) *m* quack (doctor)

Quader ['kva:dər] (**-s, -**) *m* square stone; (*MATH*) cuboid

Quadrat [kva'dra:t] (**-(e)s, -e**) *nt* square; **q~isch** *adj* square; **~meter** *m* square metre

quaken ['kva:kən] *vi* to croak; (*Ente*) to

quack
quäken ['kvɛːkən] *vi* to screech
Qual [kvaːl] (-, **-en**) *f* pain, agony; (*seelisch*) anguish; **q~en** *vt* to torment ♦ *vr* to struggle; (*geistig*) to torment o.s.; **~erei** *f* torture, torment
Qualifikation [kvalifikatsi'oːn] *f* qualification
qualifizieren [kvalifi'tsiːrən] *vt* to qualify; (*einstufen*) to label ♦ *vr* to qualify
Qualität [kvali'tɛːt] *f* quality; **~sware** *f* article of high quality
Qualle ['kvalə] *f* jellyfish
Qualm [kvalm] (-(e)s) *m* thick smoke; **q~en** *vt, vi* to smoke
qualvoll ['kvaːlfɔl] *adj* excruciating, painful, agonizing
Quant- [kvant] *zW:* **~ität** [-i'tɛːt] *f* quantity; **q~itativ** [-ita'tiːf] *adj* quantitative; **~um** (-s) *nt* quantity, amount
Quarantäne [karan'tɛːnə] *f* quarantine
Quark [kvark] (-s) *m* curd cheese
Quartal [kvar'taːl] (-s, -e) *nt* quarter (year)
Quartier [kvar'tiːr] (-s, -e) *nt* accommodation; (*MIL*) quarters *pl*; (*Stadtquartier*) district
Quarz [kvaːrts] (-es, -e) *m* quartz
quasseln ['kvasəln] (*umg*) *vi* to natter
Quatsch [kvatʃ] (-es) *m* rubbish; **q~en** *vi* to chat, to natter
Quecksilber ['kvɛkzɪlbər] *nt* mercury
Quelle ['kvɛlə] *f* spring; (*eines Flusses*) source; **q~n** (*unreg*) *vi* (*hervorquellen*) to pour *od* gush forth; (*schwellen*) to swell
quer [kveːr] *adv* crossways, diagonally; (*rechtwinklig*) at right angles; **~ auf dem Bett** across the bed; **Q~balken** *m* crossbeam; **Q~flöte** *f* flute; **Q~format** *nt* (*PHOT*) oblong format; **Q~schnitt** *m* cross-section; **~schnittsgelähmt** *adj* paralysed below the waist; **Q~straße** *f* intersecting road
quetschen ['kvɛtʃən] *vt* to squash, to crush; (*MED*) to bruise
Quetschung *f* bruise, contusion
quieken ['kviːkən] *vi* to squeak
quietschen ['kviːtʃən] *vi* to squeak
Quintessenz ['kvɪntɛsɛnts] *f* quintessence

Quirl [kvɪrl] (-(e)s, -e) *m* whisk
quitt [kvɪt] *adj* quits, even
Quitte *f* quince
quittieren [kvɪ'tiːrən] *vt* to give a receipt for; (*Dienst*) to leave
Quittung *f* receipt
Quiz [kvɪs] (-, -) *nt* quiz
quoll *etc* [kvɔl] *vb siehe* **quellen**
Quote ['kvoːtə] *f* number, rate

R, r

Rabatt [ra'bat] (-(e)s, -e) *m* discount
Rabattmarke *f* trading stamp
Rabe ['raːbə] (-n, -n) *m* raven
rabiat [rabi'aːt] *adj* furious
Rache ['raxə] (-) *f* revenge, vengeance
Rachen (-s, -) *m* throat
rächen ['rɛçən] *vt* to avenge, to revenge ♦ *vr* to take (one's) revenge; **das wird sich ~** you'll pay for that
Rad [raːt] (-(e)s, ‸er) *nt* wheel; (*Fahrrad*) bike; **~ fahren** to cycle
Radar ['raːdaːr] (-s) *m od nt* radar; **~falle** *f* speed trap; **~kontrolle** *f* radar-controlled speed trap
Radau [ra'dau] (-s) (*umg*) *m* row
radeln ['raːdəln] (*umg*) *vi* to cycle
Radfahr- *zW:* **r~en** △ (*unreg*) *vi siehe* **Rad**; **~er(in)** *m(f)* cyclist; **~weg** *m* cycle track *od* path
Radier- [ra'diːr] *zW:* **r~en** *vt* to rub out, to erase; (*KUNST*) to etch; **~gummi** *m* rubber, eraser; **~ung** *f* etching
Radieschen [ra'diːsçən] *nt* radish
radikal [radi'kaːl] *adj* radical
Radio ['raːdio] (-s, -s) *nt* radio, wireless; **r~ak'tiv** *adj* radioactive; **~aktivi'tät** *f* radioactivity; **~apparat** *m* radio, wireless set
Radius ['raːdius] (-, **Radien**) *m* radius
Rad- *zW:* **~kappe** *f* (*AUT*) hub cap; **~ler(in)** (*umg*) *m(f)* cyclist; **~rennen** *nt* cycle race; cycle racing; **~sport** *m* cycling; **~weg** *m* cycleway
raffen ['rafən] *vt* to snatch, to pick up; (*Stoff*)

to gather (up); (*Geld*) to pile up, to rake in

raffi'niert *adj* crafty, cunning

ragen ['ra:gən] *vi* to tower, to rise

Rahm [ra:m] **(-s)** *m* cream

Rahmen (-s, -) *m* frame(work); **im ~ des Möglichen** within the bounds of possibility; **r~** *vt* to frame

räkeln ['rɛ:kln] *vr* = **rekeln**

Rakete [ra'ke:tə] *f* rocket; **~nstützpunkt** *m* missile base

rammen ['ramən] *vt* to ram

Rampe ['rampə] *f* ramp; **~nlicht** *nt* (*THEAT*) footlights *pl*

ramponieren [rampo'ni:rən] (*umg*) *vt* to damage

Ramsch [ramʃ] **(-(e)s, -e)** *m* junk

ran [ran] (*umg*) *adv* = **heran**

Rand [rant] **(-(e)s, ⁻er)** *m* edge; (*von Brille, Tasse etc*) rim; (*Hutrand*) brim; (*auf Papier*) margin; (*Schmutzrand, unter Augen*) ring; (*fig*) verge, brink; **außer ~ und Band** wild; **am ~e bemerkt** mentioned in passing

randalieren [randa'li:rən] *vi* to (go on the) rampage

Rang [raŋ] **(-(e)s, ⁻e)** *m* rank; (*Stand*) standing; (*Wert*) quality; (*THEAT*) circle

Rangier- [rãʒi:r] *zW:* **~bahnhof** *m* marshalling yard; **r~en** *vt* (*EISENB*) to shunt, to switch (*US*) ♦ *vi* to rank, to be classed; **~gleis** *nt* siding

Ranke ['raŋkə] *f* tendril, shoot

ranzig ['rantsɪç] *adj* rancid

Rappen ['rapən] *m* (*FIN*) rappen, centime

rar [ra:r] *adj* rare; **sich ~ machen** (*umg*) to keep o.s. to o.s.; **R~i'tät** *f* rarity; (*Sammelobjekt*) curio

rasant [ra'zant] *adj* quick, rapid

rasch [raʃ] *adj* quick

rascheln *vi* to rustle

Rasen ['ra:zən] **(-s, -)** *m* lawn; grass

rasen *vi* to rave; (*schnell*) to race; **~d** *adj* furious; **~de Kopfschmerzen** a splitting headache

Rasenmäher (-s, -) *m* lawnmower

Rasier- [ra'zi:r] *zW:* **~apparat** *m* shaver; **~creme** *f* shaving cream; **r~en** *vt, vr* to shave; **~klinge** *f* razor blade; **~messer** *nt*

razor; **~pinsel** *m* shaving brush; **~schaum** *m* shaving foam; **~seife** *f* shaving soap *od* stick; **~wasser** *nt* shaving lotion

Rasse ['rasə] *f* race; (*Tierrasse*) breed; **~hund** *m* thoroughbred dog

rasseln ['rasəln] *vi* to clatter

Rassen- *zW:* **~hass** ▲ *m* race *od* racial hatred; **~trennung** *f* racial segregation

Rassismus [ra'sɪsmʊs] *m* racism

Rast [rast] **(-, -en)** *f* rest; **r~en** *vi* to rest; **~hof** *m* (*AUT*) service station; **r~los** *adj* tireless; (*unruhig*) restless; **~platz** *m* (*AUT*) layby; **~stätte** *f* (*AUT*) service station

Rasur [ra'zu:r] *f* shaving

Rat [ra:t] **(-(e)s, -schläge)** *m* advice *no pl*; **ein ~** a piece of advice; **keinen ~ wissen** not to know what to do; *siehe* **zurate**

Rate *f* instalment

raten (*unreg*) *vt, vi* to guess; (*empfehlen*): **jdm ~** to advise sb

Ratenzahlung *f* hire purchase

Ratgeber (-s, -) *m* adviser

Rathaus *nt* town hall

ratifizieren [ratifi'tsi:rən] *vt* to ratify

Ration [ratsi'o:n] *f* ration; **r~al** [-'na:l] *adj* rational; **r~ali'sieren** *vt* to rationalize; **r~ell** [-'nɛl] *adj* efficient; **r~ieren** [-'ni:rən] *vt* to ration

Rat- *zW:* **r~los** *adj* at a loss, helpless; **r~sam** *adj* advisable; **~schlag** *m* (piece of) advice

Rätsel ['rɛ:tsəl] **(-s, -)** *nt* puzzle; (*Worträtsel*) riddle; **r~haft** *adj* mysterious; **es ist mir r~haft** it's a mystery to me

Ratte ['ratə] *f* rat; **~nfänger (-s, -)** *m* ratcatcher

rattern ['ratərn] *vi* to rattle, to clatter

rau ▲ [rau] *adj* rough, coarse; (*Wetter*) harsh

Raub [raup] **(-(e)s)** *m* robbery; (*Beute*) loot, booty; **~bau** *m* ruthless exploitation; **r~en** ['raubən] *vt* to rob; (*Mensch*) to kidnap, to abduct

Räuber ['rɔybər] **(-s, -)** *m* robber

Raub- *zW:* **~mord** *m* robbery with murder; **~tier** *nt* predator; **~überfall** *m* robbery with violence; **~vogel** *m* bird of prey

Rauch [raux] **(-(e)s)** *m* smoke; **r~en** *vt, vi* to

Spelling Reform: ▲ *new spelling* △ *old spelling (to be phased out)*

smoke; **~er(in)** **(-s, -)** *m(f)* smoker;
~erabteil *nt* (*EISENB*) smoker; **räuchern** *vt*
to smoke, to cure; **~fleisch** *nt* smoked
meat; **r~ig** *adj* smoky

rauf [rauf] (*umg*) *adv* = **herauf; hinauf**

raufen *vt* (*Haare*) to pull out ♦ *vi, vr* to fight;
Raufe'rei *f* brawl, fight

rauh △ *etc* [rau] *adj siehe* **rau** *etc*

Raum [raum] **(-(e)s, Räume)** *m* space;
(*Zimmer, Platz*) room; (*Gebiet*) area

räumen ['rɔymən] *vt* to clear; (*Wohnung,
Platz*) to vacate; (*wegbringen*) to shift, to
move; (*in Schrank etc*) to put away

Raum- *zW:* **~fähre** *f* space shuttle; **~fahrt** *f*
space travel; **~inhalt** *m* cubic capacity,
volume

räumlich ['rɔymlıç] *adj* spatial; **R~keiten** *pl*
premises

Raum- *zW:* **~pflegerin** *f* cleaner; **~schiff**
nt spaceship; **~schifffahrt** ▲ *f* space
travel

Räumung ['rɔymuŋ] *f* vacating, evacuation;
clearing (away)

Räumungs- *zW:* **~arbeiten** *pl* clearance
operations; **~verkauf** *m* clearance sale; (*bei
Geschäftsaufgabe*) closing down sale

raunen ['raunən] *vt, vi* to whisper

Raupe ['raupə] *f* caterpillar; (*~nkette*)
(caterpillar) track

Raureif ▲ ['rauraif] *m* hoarfrost

raus [raus] (*umg*) *adv* = **heraus; hinaus**

Rausch [rauʃ] **(-(e)s, Räusche)** *m*
intoxication

rauschen *vi* (*Wasser*) to rush; (*Baum*) to
rustle; (*Radio etc*) to hiss; (*Mensch*) to
sweep, to sail; **~d** *adj* (*Beifall*) thunderous;
(*Fest*) sumptuous

Rauschgift *nt* drug; **~süchtige(r)** *f(m)*
drug addict

räuspern ['rɔyspərn] *vr* to clear one's throat

Razzia ['ratsia] **(-, Razzien)** *f* raid

Reagenzglas [rea'gɛntsglaːs] *nt* test tube

reagieren [rea'giːrən] *vi:* **~ (auf** +*akk*) to
react (to)

Reakt- *zW:* **~ion** [reaktsi'oːn] *f* reaction;
r~io'när *adj* reactionary; **~or** [re'aktɔr] *m*
reactor

real [re'aːl] *adj* real, material

reali'sieren *vt* (*verwirklichen: Pläne*) to carry
out

Realismus [rea'lısmus] *m* realism

rea'listisch *adj* realistic

Realschule *f* secondary school

Realschule

i The **Realschule** *is one of the secondary
schools a German schoolchild may
attend after the* **Grundschule**. *On the
successful completion of six years of
schooling in the* **Realschule** *pupils gain the*
mittlere Reife *and usually go on to
vocational training or further education.*

Rebe ['reːbə] *f* vine

rebellieren [rebe'liːrən] *vi* to rebel;
Rebelli'on *f* rebellion; **re'bellisch** *adj*
rebellious

Rebhuhn ['reːphuːn] *nt* (*KOCH, ZOOL*)
partridge

Rechen ['rɛçən] **(-s, -)** *m* rake

Rechen- *zW:* **~fehler** *m* miscalculation;
~maschine *f* calculating machine;
~schaft *f* account; **für etw ~schaft
ablegen** to account for sth; **~schieber** *m*
slide rule

Rech- ['rɛç] *zW:* **r~nen** *vt, vi* to calculate;
jdn/etw r~nen zu to count sb/sth among;
r~nen mit to reckon with; **r~nen auf** +*akk*
to count on; **~nen** *nt* arithmetic; **~ner** **(-s,
-)** *m* calculator; (*COMPUT*) computer; **~nung**
f calculation(s); (*COMM*) bill, check (*US*);
jdm/etw ~nung tragen to take sb/sth into
account; **~nungsbetrag** *m* total amount
of a bill/invoice; **~nungsjahr** *nt* financial
year; **~nungsprüfer** *m* auditor

Recht [rɛçt] **(-(e)s, -e)** *nt* right; (*JUR*) law;
mit ~ rightly, justly; **R~ haben** to be right;
jdm R~ geben to agree with sb; **von ~s
wegen** by rights

recht *adj* right ♦ *adv* (*vor Adjektiv*) really,
quite; **das ist mir ~** that suits me; **jetzt
erst ~** now more than ever

Rechte *f* right (hand); (*POL*) Right; **r~(r, s)**
adj right; (*POL*) right-wing; **ein ~r** a right-

---

winger; **~(s)** *nt* right thing; **etwas/nichts ~s** something/nothing proper

recht- *zW:* **~eckig** *adj* rectangular; **~fertigen** *vt insep* to justify ♦ *vr insep* to justify o.s.; **R~fertigung** *f* justification; **~haberisch** *(pej) adj (Mensch)* opinionated; **~lich** *adj (gesetzlich: Gleichstellung, Anspruch)* legal; **~los** *adj* with no rights; **~mäßig** *adj* legal, lawful

rechts [reçts] *adv* on/to the right; **R~anwalt** *m* lawyer, barrister; **R~anwältin** *f* lawyer, barrister

Rechtschreibung *f* spelling

Rechts- *zW:* **~fall** *m* (law) case; **~händer (-s, -)** *m* right-handed person; **r~kräftig** *adj* valid, legal; **~kurve** *f* right-hand bend; **r~verbindlich** *adj* legally binding; **~verkehr** *m* driving on the right; **r~widrig** *adj* illegal; **~wissenschaft** *f* jurisprudence

rechtwinklig *adj* right-angled

rechtzeitig *adj* timely ♦ *adv* in time

Reck [rɛk] **(-(e)s, -e)** *nt* horizontal bar; **r~en** *vt, vr* to stretch

recyceln [riːˈsaɪkəln] *vt* to recycle; **Recycling** [riːˈsaɪklɪŋ] **(-s)** *nt* recycling

Redakteur [redakˈtøːr] *m* editor

Redaktion [redaktsiˈoːn] *f* editing; *(Leute)* editorial staff; *(Büro)* editorial office(s)

Rede [ˈreːdə] *f* speech; *(Gespräch)* talk; **jdn zur ~ stellen** to take sb to task; **~freiheit** *f* freedom of speech; **r~gewandt** *adj* eloquent; **r~n** *vi* to talk, to speak ♦ *vt* to say; *(Unsinn etc)* to talk; **~nsart** *f* set phrase

redlich [ˈreːtlɪç] *adj* honest

Redner (-s, -) *m* speaker, orator

redselig [ˈreːtzeːlɪç] *adj* talkative, loquacious

reduzieren [reduˈtsiːrən] *vt* to reduce

Reede [ˈreːdə] *f* protected anchorage; **~r (-s, -)** *m* shipowner; **~ˈrei** *f* shipping line *od* firm

reell [reˈɛl] *adj* fair, honest; *(MATH)* real

Refer- *zW:* **~at** [refeˈraːt] **(-(e)s, -e)** *nt* report; *(Vortrag)* paper; *(Gebiet)* section; **~ent** [refeˈrɛnt] *m* speaker; *(Berichterstatter)* reporter; *(Sachbearbeiter)* expert; **r~ieren** [refeˈriːrən] *vi:* **r~ieren über** *+akk* to speak

od talk on

reflektieren [reflɛkˈtiːrən] *vt (Licht)* to reflect

Reflex [reˈflɛks] **(-es, -e)** *m* reflex; **r~iv** [-ˈksiːf] *adj (GRAM)* reflexive

Reform [reˈfɔrm] **(-, -en)** *f* reform; **~atiˈon** *f* reformation; **~ationstag** *m* Reformation Day; **~haus** *nt* health food shop; **r~ieren** [-ˈmiːrən] *vt* to reform

Regal [reˈgaːl] **(-s, -e)** *nt* (book)shelves *pl*, bookcase; stand, rack

rege [ˈreːgə] *adj (lebhaft: Treiben)* lively; *(wach, lebendig: Geist)* keen

Regel [ˈreːgəl] **(-, -n)** *f* rule; *(MED)* period; **r~mäßig** *adj* regular; **~mäßigkeit** *f* regularity; **r~n** *vt* to regulate, to control; *(Angelegenheit)* to settle ♦ *vr:* **sich von selbst r~n** to take care of itself; **r~recht** *adj* regular, proper, thorough; **~ung** *f* regulation; settlement; **r~widrig** *adj* irregular, against the rules

Regen [ˈreːgən] **(-s, -)** *m* rain; **~bogen** *m* rainbow; **~bogenpresse** *f* tabloids *pl*

regenerierbar [regeneˈriːrbaːr] *adj* renewable

Regen- *zW:* **~mantel** *m* raincoat, mac(kintosh); **~schauer** *m* shower (of rain); **~schirm** *m* umbrella; **~wald** *m (GEOG)* rainforest; **~wurm** *m* earthworm; **~zeit** *f* rainy season

Regie [reˈʒiː] *f (Film etc)* direction; *(THEAT)* production

Regier- [reˈgiːr] *zW:* **r~en** *vt, vi* to govern, to rule; **~ung** *f* government; *(Monarchie)* reign; **~ungssitz** *m* seat of government; **~ungswechsel** *m* change of government; **~ungszeit** *f* period in government; *(von König)* reign

Regiment [regiˈmɛnt] **(-s, -er)** *nt* regiment

Region [regiˈoːn] *f* region

Regisseur [reʒɪˈsøːr] *m* director; *(THEAT)* (stage) producer

Register [reˈgɪstər] **(-s, -)** *nt* register; *(in Buch)* table of contents, index

registrieren [regɪsˈtriːrən] *vt* to register

Regler [ˈreːglər] **(-s, -)** *m* regulator, governor

reglos [ˈreːkloːs] *adj* motionless

regnen [ˈreːgnən] *vi unpers* to rain

Spelling Reform: ▲ *new spelling* △ *old spelling (to be phased out)*

regnerisch *adj* rainy

regulär [regu'lɛːr] *adj* regular

regulieren [regu'liːrən] *vt* to regulate; (*COMM*) to settle

Regung ['reːgʊŋ] *f* motion; (*Gefühl*) feeling, impulse; **r~slos** *adj* motionless

Reh [reː] **(-(e)s, -e)** *nt* deer, roe; **~bock** *m* roebuck; **~kitz** *nt* fawn

Reib- ['raɪb] *zW:* **~e** *f* grater; **~eisen** *nt* grater; **r~en** (*unreg*) *vt* to rub; (*KOCH*) to grate; **~fläche** *f* rough surface; **~ung** *f* friction; **r~ungslos** *adj* smooth

Reich **(-(e)s, -e)** *nt* empire, kingdom; (*fig*) realm; **das Dritte R~** the Third Reich

reich [raɪç] *adj* rich

reichen *vi* to reach; (*genügen*) to be enough *od* sufficient ♦ *vt* to hold out; (*geben*) to pass, to hand; (*anbieten*) to offer; **jdm ~** to be enough *od* sufficient for sb

reich- *zW:* **~haltig** *adj* ample, rich; **~lich** *adj* ample, plenty of; **R~tum** **(-s)** *m* wealth; **R~weite** *f* range

Reif **(-(e)s, -e)** *m* (*Ring*) ring, hoop

reif [raɪf] *adj* ripe; (*Mensch, Urteil*) mature

Reife **(-)** *f* ripeness; maturity; **r~n** *vi* to mature; to ripen

Reifen **(-s, -)** *m* ring, hoop; (*Fahrzeugreifen*) tyre; **~druck** *m* tyre pressure; **~panne** *f* puncture

Reihe ['raɪə] *f* row; (*von Tagen etc, umg: Anzahl*) series *sg*; **der ~ nach** in turn; **er ist an der ~** it's his turn; **an die ~ kommen** to have one's turn

Reihen- *zW:* **~folge** *f* sequence; **alphabetische ~folge** alphabetical order; **~haus** *nt* terraced house

reihum [raɪ'ʊm] *adv:* **es geht/wir machen das ~** we take turns

Reim [raɪm] **(-(e)s, -e)** *m* rhyme; **r~en** *vt* to rhyme

rein¹ [raɪn] (*umg*) *adv* = **herein; hinein**

rein² [raɪn] *adj* pure; (*sauber*) clean ♦ *adv* purely; **etw ins R~e schreiben** to make a fair copy of sth; **etw ins R~e bringen** to clear up sth; **R~fall** (*umg*) *m* let-down; **R~gewinn** *m* net profit; **R~heit** *f* purity; cleanness; **~igen** *vt* to clean; (*Wasser*) to

purify; **R~igung** *f* cleaning; purification; (*Geschäft*) cleaner's; **chemische R~igung** dry cleaning; dry cleaner's;

R~igungsmittel *nt* cleansing agent; **~rassig** *adj* pedigree; **R~schrift** *f* fair copy

Reis [raɪs] **(-es, -e)** *m* rice

Reise ['raɪzə] *f* journey; (*Schiffsreise*) voyage; **~n** *pl* (*Herumreisen*) travels; **gute ~!** have a good journey; **~apotheke** *f* first-aid kit; **~büro** *nt* travel agency; **r~fertig** *adj* ready to start; **~führer** *m* guide(book); (*Mensch*) travel guide; **~gepäck** *nt* luggage; **~gesellschaft** *f* party of travellers; **~kosten** *pl* travelling expenses; **~leiter** *m* courier; **~lektüre** *f* reading matter for the journey; **r~n** *vi* to travel; **r~n nach** to go to; **~nde(r)** *f(m)* traveller; **~pass** ▲ *m* passport; **~proviant** *m* food and drink for the journey; **~route** *f* route, itinerary; **~ruf** *m* personal message; **~scheck** *m* traveller's cheque; **~veranstalter** *m* tour operator; **~versicherung** *f* travel insurance; **~ziel** *nt* destination

Reißbrett *nt* drawing board

reißen ['raɪsən] (*unreg*) *vt* to tear; (*ziehen*) to pull, to drag; (*Witz*) to crack ♦ *vi* to tear; to pull, to drag; **etw an sich ~** to snatch sth up; (*fig*) to take over sth; **sich um etw ~** to scramble for sth; **~d** *adj* (*Fluss*) raging; (*WIRTS: Verkauf*) rapid

Reiß- *zW:* **~verschluss** ▲ *m* zip(per), zip fastener; **~zwecke** *m* drawing pin (*BRIT*), thumbtack (*US*)

Reit- ['raɪt] *zW:* **r~en** (*unreg*) *vt, vi* to ride; **~er** **(-s, -)** *m* rider; (*MIL*) cavalryman, trooper; **~erin** *f* rider; **~hose** *f* riding breeches *pl*; **~pferd** *nt* saddle horse; **~stiefel** *m* riding boot; **~weg** *n* bridle path; **~zeug** *nt* riding outfit

Reiz [raɪts] **(-es, -e)** *m* stimulus; (*angenehm*) charm; (*Verlockung*) attraction; **r~bar** *adj* irritable; **~barkeit** *f* irritability; **r~en** *vt* to stimulate; (*unangenehm*) to irritate; (*verlocken*) to appeal to, to attract; **r~end** *adj* charming; **r~voll** *adj* attractive

rekeln ['reːkəln] *vr* to stretch out; (*lümmeln*)

to lounge *od* loll about

Reklamation [reklamatsi'o:n] *f* complaint

Reklame [re'kla:mə] *f* advertising; advertisement; ~ **machen für etw** to advertise sth

rekonstruieren [rekɔnstru'i:rən] *vt* to reconstruct

Rekord [re'kɔrt] **(-(e)s, -e)** *m* record; ~**leistung** *f* record performance

Rektor ['rɛktɔr] *m* (*UNIV*) rector, vice-chancellor; (*SCH*) headteacher (*BRIT*), principal (*US*); ~**at** [-'ra:t] **(-(e)s, -e)** *nt* rectorate, vice-chancellorship; headship; (*Zimmer*) rector's *etc* office

Relais [rə'lɛ:] **(-, -)** *nt* relay

relativ [rela'ti:f] *adj* relative; **R~ität** [relativi'tɛ:t] *f* relativity

relevant [rele'vant] *adj* relevant

Relief [reli'ɛf] **(-s, -s)** *nt* relief

Religion [religi'o:n] *f* religion

religiös [religi'ø:s] *adj* religious

Reling ['re:lɪŋ] **(-, -s)** *f* (*NAUT*) rail

Remoulade [remu'la:də] *f* remoulade

Rendezvous [rãde'vu:] **(-, -)** *nt* rendezvous

Renn- ['rɛn] *zW:* ~**bahn** *f* racecourse; (*AUT*) circuit, race track; **r~en** (*unreg*) *vt, vi* to run, to race; ~**en (-s, -)** *nt* running; (*Wettbewerb*) race; ~**fahrer** *m* racing driver; ~**pferd** *nt* racehorse; ~**wagen** *m* racing car

renommiert [renɔ'mi:rt] *adj* renowned

renovieren [reno'vi:rən] *vt* to renovate; **Renovierung** *f* renovation

rentabel [rɛn'ta:bəl] *adj* profitable, lucrative

Rentabilität [rɛntabili'tɛ:t] *f* profitability

Rente ['rɛntə] *f* pension

Rentenversicherung *f* pension scheme

rentieren [rɛn'ti:rən] *vr* to pay, to be profitable

Rentner(in) ['rɛntnər(ɪn)] **(-s, -)** *m(f)* pensioner

Reparatur [repara'tu:r] *f* repairing; repair; ~**werkstatt** *f* repair shop; (*AUT*) garage

reparieren [repa'ri:rən] *vt* to repair

Reportage [repɔr'ta:ʒə] *f* (on-the-spot) report; (*TV, RADIO*) live commentary *od* coverage

Reporter [re'pɔrtər] **(-s, -)** *m* reporter, commentator

repräsentativ [reprɛzɛnta'ti:f] *adj* (*stellvertretend, typisch: Menge, Gruppe*) representative; (*beeindruckend: Haus, Auto etc*) impressive

repräsentieren [reprɛzɛn'ti:rən] *vt* (*Staat, Firma*) to represent; (*darstellen: Wert*) to constitute ♦ *vi* (*gesellschaftlich*) to perform official duties

Repressalie [reprɛ'sa:liə] *f* reprisal

Reprivatisierung [reprivati'zi:rʊŋ] *f* denationalization

Reproduktion [reprodʊktsi'o:n] *f* reproduction

reproduzieren [reprodu'tsi:rən] *vt* to reproduce

Reptil [rɛp'ti:l] **(-s, -ien)** *nt* reptile

Republik [repu'bli:k] *f* republic; **r~anisch** *adj* republican

Reservat [rezɛr'va:t] **(-(e)s, -e)** *nt* reservation

Reserve [re'zɛrvə] *f* reserve; ~**rad** *nt* (*AUT*) spare wheel; ~**spieler** *m* reserve; ~**tank** *m* reserve tank

reservieren [rezɛr'vi:rən] *vt* to reserve

Reservoir [rezɛrvo'a:r] **(-s, -e)** *nt* reservoir

Residenz [rezi'dɛnts] *f* residence, seat

resignieren [rezɪ'gni:rən] *vi* to resign

resolut [rezo'lu:t] *adj* resolute

Resonanz [rezo'nants] *f* resonance; (*fig*) response

Resozialisierung [rezotsiali'zi:rʊŋ] *f* rehabilitation

Respekt [rɛ'spɛkt] **(-(e)s)** *m* respect; **r~ieren** [-'ti:rən] *vt* to respect; **r~los** *adj* disrespectful; **r~voll** *adj* respectful

Ressort [rɛ'so:r] **(-s, -s)** *nt* department

Rest [rɛst] **(-(e)s, -e)** *m* remainder, rest; (*Überrest*) remains *pl*

Restaurant [rɛsto'rã:] **(-s, -s)** *nt* restaurant

restaurieren [rɛstaʊ'ri:rən] *vt* to restore

Rest- *zW:* ~**betrag** *m* remainder, outstanding sum; **r~lich** *adj* remaining; **r~los** *adj* complete

Resultat [rezʊl'ta:t] **(-(e)s, -e)** *nt* result

Retorte [re'tɔrtə] *f* retort

Spelling Reform: ▲ *new spelling* △ *old spelling (to be phased out)*

Retouren [re'tu:rən] *pl* (*COMM*) returns

retten ['rɛtən] *vt* to save, to rescue

Retter(in) *m(f)* rescuer

Rettich ['rɛtɪç] (**-s, -e**) *m* radish

Rettung *f* rescue; (*Hilfe*) help; **seine letzte ~** his last hope

Rettungs- *zW:* **~boot** *nt* lifeboat; **~dienst** *m* rescue service; **r~los** *adj* hopeless; **~ring** *m* lifebelt, life preserver (*US*); **~wagen** *m* ambulance

retuschieren [retʊ'ʃi:rən] *vt* (*PHOT*) to retouch

Reue ['rɔʏə] (**-**) *f* remorse; (*Bedauern*) regret; **r~n** *vt:* **es reut ihn** he regrets (it) *od* is sorry (about it)

Revanche [re'vã:ʃə] *f* revenge; (*SPORT*) return match

revanchieren [revã'ʃi:rən] *vr* (*sich rächen*) to get one's own back, to have one's revenge; (*erwidern*) to reciprocate, to return the compliment

Revier [re'vi:r] (**-s, -e**) *nt* district; (*Jagdrevier*) preserve; (*Polizeirevier*) police station; beat

Revolte [re'vɔltə] *f* revolt

revol'tieren *vi* (*gegen jdn/etw*) to rebel

Revolution [revolutsi'o:n] *f* revolution; **~är** [-'nɛ:r] (**-s, -e**) *m* revolutionary; **r~ieren** [-'ni:rən] *vt* to revolutionize

Rezept [re'tsɛpt] (**-(e)s, -e**) *nt* recipe; (*MED*) prescription; **r~frei** *adj* available without prescription; **~ion** *f* reception; **r~pflichtig** *adj* available only on prescription

R-Gespräch ['ɛrgəʃprɛːç] *nt* reverse charge call (*BRIT*), collect call (*US*)

Rhabarber [ra'barbər] (**-s**) *m* rhubarb

Rhein [raɪn] (**-s**) *m* Rhine; **r~isch** *adj* Rhenish

Rheinland-Pfalz *nt* (*GEOG*) Rheinland-Pfalz, Rhineland-Palatinate

Rhesusfaktor ['re:zusfaktɔr] *m* rhesus factor

rhetorisch [re'to:rɪʃ] *adj* rhetorical

Rheuma ['rɔʏma] (**-s**) *nt* rheumatism; **r~tisch** [-'ma:tɪʃ] *adj* rheumatic

rhythmisch ['rʏtmɪʃ] *adj* rhythmical

Rhythmus ['rʏtmʊs] *m* rhythm

richt- ['rɪçt] *zW:* **~en** *vt* to direct; (*Waffe*) to aim; (*einstellen*) to adjust; (*instandsetzen*) to

repair; (*zurechtmachen*) to prepare; (*bestrafen*) to pass judgement on ♦ *vr:* **sich ~en nach** to go by; **~en an** +*akk* to direct at; (*fig*) to direct to; **~en auf** +*akk* to aim at; **R~er(in)** (**-s, -**) *m(f)* judge; **~erlich** *adj* judicial; **R~geschwindigkeit** *f* recommended speed

richtig *adj* right, correct; (*echt*) proper ♦ *adv* (*umg: sehr*) really; **bin ich hier ~?** am I in the right place?; **der/die R~e** the right one/person; **das R~e** the right thing; **etw ~ stellen** to correct sth; **R~keit** *f* correctness

Richt- *zW:* **~linie** *f* guideline; **~preis** *m* recommended price

Richtung *f* direction; tendency; orientation

rieb *etc* [ri:p] *vb siehe* **reiben**

riechen ['ri:çən] (*unreg*) *vt, vi* to smell; **an etw** *dat* **~** to smell sth; **nach etw ~** to smell of sth; **ich kann das/ihn nicht ~** (*umg*) I can't stand him/it

rief *etc* [ri:f] *vb siehe* **rufen**

Riegel ['ri:gəl] (**-s, -**) *m* bolt; (*Schokolade usw*) bar

Riemen ['ri:mən] (**-s, -**) *m* strap; (*Gürtel, TECH*) belt; (*NAUT*) oar

Riese ['ri:zə] (**-n, -n**) *m* giant

rieseln *vi* to trickle; (*Schnee*) to fall gently

Riesen- *zW:* **~erfolg** *m* enormous success; **r~groß** *adj* colossal, gigantic, huge; **~rad** *nt* big wheel

riesig ['ri:zɪç] *adj* enormous, huge, vast

riet *etc* [ri:t] *vb siehe* **raten**

Riff [rɪf] (**-(e)s, -e**) *nt* reef

Rille ['rɪlə] *f* groove

Rind [rɪnt] (**-(e)s, -er**) *nt* ox; cow; cattle *pl*; (*KOCH*) beef

Rinde ['rɪndə] *f* rind; (*Baumrinde*) bark; (*Brotrinde*) crust

Rind- *zW:* **~fleisch** *nt* beef; **~vieh** *nt* cattle *pl*; (*umg*) blockhead, stupid oaf

Ring [rɪŋ] (**-(e)s, -e**) *m* ring; **~buch** *nt* ring binder; **r~en** (*unreg*) *vi* to wrestle; **~en** (**-s**) *nt* wrestling; **~finger** *m* ring finger; **~kampf** *m* wrestling bout; **~richter** *m* referee; **r~s** *adv:* **r~s um** round; **r~sherum** *adv* round about; **~straße** *f*

ring road; **r~sum** adv (rundherum) round about; (überall) all round; **r~sumher =
ringsum**

Rinn- ['rɪn] zW: **~e** f gutter, drain; **r~en** (unreg) vi to run, to trickle; **~stein** m gutter

Rippchen ['rɪpçən] nt small rib; cutlet

Rippe ['rɪpə] f rib

Risiko ['riːziko] (-s, -s od Risiken) nt risk

riskant [rɪs'kant] adj risky, hazardous

riskieren [rɪs'kiːrən] vt to risk

Riss ▲ [rɪs] (-es, -e) m tear; (in Mauer, Tasse etc) crack; (in Haut) scratch; (TECH) design

rissig ['rɪsɪç] adj torn; cracked; scratched

Ritt [rɪt] (-(e)s, -e) m ride

ritt etc vb siehe **reiten**

Ritter (-s, -) m knight; **r~lich** adj chivalrous

Ritze ['rɪtsə] f crack, chink

Rivale [ri'vaːlə] (-n, -n) m rival

Rivalität [rivali'tɛːt] f rivalry

Robbe ['rɔbə] f seal

Roboter ['rɔbɔtər] (-s, -) m robot

robust [ro'bʊst] adj (kräftig: Mensch, Gesundheit) robust

roch etc [rɔx] vb siehe **riechen**

Rock [rɔk] (-(e)s, ᵘe) m skirt; (Jackett) jacket; (Uniformrock) tunic

Rodel ['roːdəl] (-s, -) m toboggan; **~bahn** f toboggan run; **r~n** vi to toboggan

Rogen ['roːgən] (-s, -) m roe, spawn

Roggen ['rɔgən] (-s, -) m rye; **~brot** nt (KOCH) rye bread

roh [roː] adj raw; (Mensch) coarse, crude; **R~bau** m shell of a building; **R~material** nt raw material; **R~öl** nt crude oil

Rohr [roːr] (-(e)s, -e) nt pipe, tube; (BOT) cane; (Schilf) reed; (Gewehrrohr) barrel; **~bruch** m burst pipe

Röhre ['røːrə] f tube, pipe; (RADIO etc) valve; (Backröhre) oven

Rohr- zW: **~leitung** f pipeline; **~zucker** m cane sugar

Rohstoff m raw material

Rokoko ['rɔkoko] (-s) nt rococo

Rolladen △ m siehe **Rollladen**

Rollbahn ['rɔlbaːn] f (AVIAT) runway

Rolle ['rɔlə] f roll; (THEAT, soziologisch) role; (Garnrolle etc) reel, spool; (Walze) roller;

(Wäscherolle) mangle; **keine ~ spielen** not to matter; **eine (wichtige) ~ spielen bei** to play a (major) part od role in; **r~n** vt, vi to roll; (AVIAT) to taxi; **~r** (-s, -) m scooter; (Welle) roller

Roll- zW: **~kragen** m rollneck, polo neck; **~laden** ▲ m shutter; **~mops** m pickled herring; **~schuh** m roller skate; **~stuhl** m wheelchair; **~stuhlfahrer(in)** m(f) wheelchair user; **~treppe** f escalator

Rom [roːm] (-s) nt Rome

Roman [ro'maːn] (-s, -e) m novel; **~tik** f romanticism; **~tiker** [ro'mantɪkər] (-s, -) m romanticist; **r~tisch** [ro'mantɪʃ] adj romantic; **~ze** [ro'mantsə] f romance

Römer ['røːmər] (-s, -) m wineglass; (Mensch) Roman

römisch ['røːmɪʃ] adj Roman; **~-katholisch** adj (REL) Roman Catholic

röntgen ['rœntgən] vt to X-ray; **R~bild** nt X-ray; **R~strahlen** pl X-rays

rosa ['roːza] adj inv pink, rose(-coloured)

Rose ['roːzə] f rose

Rosen- zW: **~kohl** m Brussels sprouts pl; **~kranz** m rosary; **~montag** m Monday before Ash Wednesday

rosig ['roːzɪç] adj rosy

Rosine [ro'ziːnə] f raisin, currant

Ross ▲ [rɔs] (-es, -e) nt horse, steed; **~kastanie** f horse chestnut

Rost [rɔst] (-(e)s, -e) m rust; (Gitter) grill, gridiron; (Bettrost) springs pl; **~braten** m roast(ed) meat, roast; **r~en** vi to rust

rösten ['røːstən] vt to roast; to toast; to grill

Rost- zW: **r~frei** adj rust-free; rustproof; stainless; **r~ig** adj rusty; **~schutz** m rust-proofing

rot [roːt] adj red; **in den ~en Zahlen** in the red

Röte ['røːtə] (-) f redness; **~ln** pl German measles sg; **r~n** vt, vr to redden

rothaarig adj red-haired

rotieren [ro'tiːrən] vi to rotate

Rot- zW: **~kehlchen** nt robin; **~stift** m red pencil; **~wein** m red wine

Rouge [ruːʒ] nt blusher

Roulade [ru'laːdə] f (KOCH) beef olive

Route ['ruːtə] *f* route

Routine [ru'tiːnə] *f* experience; routine

Rübe ['ryːbə] *f* turnip; **Gelbe ~** carrot; **Rote ~** beetroot (*BRIT*), beet (*US*)

rüber ['ryːbər] (*umg*) *adv* = **herüber; hinüber**

Rubrik [ru'briːk] *f* heading; (*Spalte*) column

Ruck [rʊk] (*-(e)s, -e*) *m* jerk, jolt

Rück- ['rʏk] *zW:* **~antwort** *f* reply, answer; **r~bezüglich** *adj* reflexive

Rücken ['rʏkən] (*-s, -*) *m* back; (*Bergrücken*) ridge

rücken *vt, vi* to move

Rücken- *zW:* **~mark** *nt* spinal cord; **~schwimmen** *nt* backstroke

Rück- *zW:* **~erstattung** *f* return, restitution; **~fahrkarte** *f* return (ticket); **~fahrt** *f* return journey; **~fall** *m* relapse; **r~fällig** *adj* relapsing; **r~fällig werden** to relapse; **~flug** *m* return flight; **~frage** *f* question; **r~fragen** *vi* to check, to inquire (further); **~gabe** *f* return; **~gaberecht** *nt* right of return; **~gang** *m* decline, fall; **r~gängig** *adj:* **etw r~gängig machen** to cancel sth; **~grat** (*-(e)s, -e*) *nt* spine, backbone; **~halt** *m* (*Unterstützung*) backing, support; **~kehr** (*-, -en*) *f* return; **~licht** *nt* back light; **r~lings** *adv* from behind; backwards; **~nahme** *f* taking back; **~porto** *nt* return postage; **~reise** *f* return journey; (*NAUT*) home voyage; **~reiseverkehr** *m* homebound traffic; **~ruf** *m* recall

Rucksack ['rʊkzak] *m* rucksack; **~tourist(in)** *m(f)* backpacker

Rück- *zW:* **~schau** *f* reflection; **~schlag** *m* (*plötzliche Verschlechterung*) setback; **~schluss** ▲ *m* conclusion; **~schritt** *m* retrogression; **r~schrittlich** *adj* reactionary; retrograde; **~seite** *f* back; (*von Münze etc*) reverse; **~sicht** *f* consideration; **~sicht nehmen auf** *+akk* to show consideration for; **r~sichtslos** *adj* inconsiderate; (*Fahren*) reckless; (*unbarmherzig*) ruthless; **r~sichtsvoll** *adj* considerate; **~sitz** *m* back seat; **~spiegel** *m* (*AUT*) rear-view mirror; **~spiel** *nt* return match; **~sprache** *f* further discussion *od* talk; **~stand** *m* arrears *pl*; **r~ständig** *adj*

backward, out-of-date; (*Zahlungen*) in arrears; **~strahler** (*-s, -*) *m* rear reflector; **~tritt** *m* resignation; **~trittbremse** *f* pedal brake; **~vergütung** *f* repayment; (*COMM*) refund; **~versicherung** *f* reinsurance; **r~wärtig** *adj* rear; **r~wärts** *adv* backward(s), back; **~wärtsgang** *m* (*AUT*) reverse gear; **~weg** *m* return journey, way back; **r~wirkend** *adj* retroactive; **~wirkung** *f* reaction; retrospective effect; **~zahlung** *f* repayment; **~zug** *m* retreat

Rudel ['ruːdəl] (*-s, -*) *nt* pack; herd

Ruder ['ruːdər] (*-s, -*) *nt* oar; (*Steuer*) rudder; **~boot** *nt* rowing boat; **r~n** *vt, vi* to row

Ruf [ruːf] (*-(e)s, -e*) *m* call, cry; (*Ansehen*) reputation; **r~en** (*unreg*) *vt, vi* to call; to cry; **~name** *m* usual (first) name; **~nummer** *f* (tele)phone number; **~säule** *f* (*an Autobahn*) emergency telephone; **~zeichen** *nt* (*RADIO*) call sign; (*TEL*) ringing tone

rügen ['ryːgən] *vt* to rebuke

Ruhe ['ruːə] (*-*) *f* rest; (*Ungestörtheit*) peace, quiet; (*Gelassenheit, Stille*) calm; (*Schweigen*) silence; **jdn in ~ lassen** to leave sb alone; **sich zur ~ setzen** to retire; **~!** be quiet!, silence!; **r~n** *vi* to rest; **~pause** *f* break; **~stand** *m* retirement; **~stätte** *f:* **letzte ~stätte** final resting place; **~störung** *f* breach of the peace; **~tag** *m* (*von Geschäft*) closing day

ruhig ['ruːɪç] *adj* quiet; (*bewegungslos*) still; (*Hand*) steady; (*gelassen, friedlich*) calm; (*Gewissen*) clear; **kommen Sie ~ herein** just come on in; **tu das ~** feel free to do that

Ruhm [ruːm] (*-(e)s*) *m* fame, glory

rühmen ['ryːmən] *vt* to praise ♦ *vr* to boast

Rühr- [ryːr] *zW:* **~ei** *nt* scrambled egg; **r~en** *vt, vr* (*auch fig*) to move, to stir ♦ *vi:* **r~en von** to come *od* stem from; **r~en an** *+akk* to touch; (*fig*) to touch on; **r~end** *adj* touching, moving; **r~selig** *adj* sentimental, emotional; **~ung** *f* emotion

Ruin [ru'iːn] (*-s, -e*) *m* ruin; **~e** *f* ruin; **r~ieren** [-'niːrən] *vt* to ruin

rülpsen ['rʏlpsən] *vi* to burp, to belch

Rum [rʊm] (*-s, -s*) *m* rum

Rumän- ['ru:mɛ:n] *zW:* **~ien (-s)** *nt*
Ro(u)mania; **r~isch** *adj* Ro(u)manian
Rummel ['rʊməl] **(-s)** *(umg)* m hubbub;
(Jahrmarkt) fair; **~platz** m fairground, fair
Rumpf [rʊmpf] **(-(e)s, ˮe)** m trunk, torso;
(AVIAT) fuselage; *(NAUT)* hull
rümpfen ['rʏmpfən] *vt (Nase)* to turn up
rund [rʊnt] *adj* round ♦ *adv (etwa)* around; **~
um etw** round sth; **R~brief** m circular;
R~e ['rʊndə] f round; *(in Rennen)* lap;
(Gesellschaft) circle; **R~fahrt** f (round) trip
Rundfunk ['rʊntfʊŋk] **(-(e)s)** m
broadcasting; **im ~** on the radio; **~gerät** nt
wireless set; **~sendung** f broadcast, radio
programme
Rund- *zW:* **r~heraus** *adv* straight out,
bluntly; **r~herum** *adv* round about; all
round; **r~lich** *adj* plump, rounded; **~reise**
f round trip; **~schreiben** nt *(COMM)*
circular; **~(wander)weg** m circular path *od*
route
runter ['rʊntər] *(umg) adv* = **herunter;
hinunter**
Runzel ['rʊntsəl] **(-, -n)** f wrinkle; **r~ig** *adj*
wrinkled; **r~n** *vt* to wrinkle; **die Stirn r~n**
to frown
rupfen ['rʊpfən] *vt* to pluck
ruppig ['rʊpɪç] *adj* rough, gruff
Rüsche ['ry:ʃə] f frill
Ruß [ru:s] **(-es)** m soot
Russe ['rʊsə] **(-n, -n)** m Russian
Rüssel ['rʏsəl] **(-s, -)** m snout;
(Elefantenrüssel) trunk
rußig ['ru:sɪç] *adj* sooty
Russin ['rʊsɪn] f Russian
russisch *adj* Russian
Russland ▲ ['rʊslant] **(-s)** nt Russia
rüsten ['rʏstən] *vt* to prepare ♦ *vi* to
prepare; *(MIL)* to arm ♦ *vr* to prepare (o.s.);
to arm o.s.
rüstig ['rʏstɪç] *adj* sprightly, vigorous
Rüstung ['rʏstʊŋ] f preparation; arming;
(Ritterrüstung) armour; *(Waffen etc)*
armaments *pl*; **~skontrolle** f arms control
Rute ['ru:tə] f rod
Rutsch [rʊtʃ] **(-(e)s, -e)** m slide; *(Erdrutsch)*
landslide; **~bahn** f slide; **r~en** *vi* to slide;

(ausrutschen) to slip; **r~ig** *adj* slippery
rütteln ['rʏtəln] *vt, vi* to shake, to jolt

S, s

S. *abk (= Seite)* p.; = **Schilling**
s. *abk (= siehe)* see
Saal [za:l] **(-(e)s, Säle)** m hall; room
Saarland ['za:rlant] nt: **das ~** the
Saar(land)
Saat [za:t] **(-, -en)** f seed; *(Pflanzen)* crop;
(Säen) sowing
Säbel ['zɛ:bəl] **(-s, -)** m sabre, sword
Sabotage [zabo'ta:ʒə] f sabotage
Sach- ['zax] *zW:* **~bearbeiter** m specialist;
s~dienlich *adj* relevant, helpful; **~e** f
thing; *(Angelegenheit)* affair, business;
(Frage) matter; *(Pflicht)* task; **zur ~e** to the
point; **s~kundig** *adj* expert; **s~lich** *adj*
matter-of-fact; objective; *(Irrtum, Angabe)*
factual
sächlich ['zɛxlɪç] *adj* neuter
Sachschaden m material damage
Sachsen ['zaksən] **(-s)** nt Saxony
sächsisch ['zɛksɪʃ] *adj* Saxon
sacht(e) ['zaxt(ə)] *adv* softly, gently
Sachverständige(r) f(m) expert
Sack [zak] **(-(e)s, ˮe)** m sack; **~gasse** f cul-
de-sac, dead-end street *(US)*
Sadismus [za'dɪsmʊs] m sadism
Sadist [za'dɪst] m sadist
säen ['zɛ:ən] *vt, vi* to sow
Safersex ▲, **Safer Sex** m safe sex
Saft [zaft] **(-(e)s, ˮe)** m juice; *(BOT)* sap; **s~ig**
adj juicy; **s~los** *adj* dry
Sage ['za:gə] f saga
Säge ['zɛ:gə] f saw; **~mehl** nt sawdust
sagen ['za:gən] *vt, vi* to say; *(mitteilen)*: **jdm
~ to** tell sb; **~ Sie ihm, dass ...** tell him ...
sägen *vt, vi* to saw
sagenhaft *adj* legendary; *(umg)* great,
smashing
sah *etc* [za:] *vb siehe* **sehen**
Sahne ['za:nə] **(-)** f cream
Saison [zɛ'zõ:] **(-, -s)** f season
Saite ['zaɪtə] f string

Sakko ['zako] (**-s, -s**) *m od nt* jacket
Sakrament [zakra'mɛnt] *nt* sacrament
Sakristei [zakrɪs'taɪ] *f* sacristy
Salat [za'la:t] (**-(e)s, -e**) *m* salad; (*Kopfsalat*) lettuce; **~soße** *f* salad dressing
Salbe ['zalbə] *f* ointment
Salbei ['zalbaɪ] (**-s** *od* **-**) *m od f* sage
Saldo ['zaldo] (**-s, Salden**) *m* balance
Salmiak [zalmi'ak] (**-s**) *m* sal ammoniac; **~geist** *m* liquid ammonia
Salmonellenvergiftung [zalmo'nɛlən-] *f* salmonella (poisoning)
salopp [za'lɔp] *adj* casual
Salpeter [zal'pe:tər] (**-s**) *m* saltpetre; **~säure** *f* nitric acid
Salz [zalts] (**-es, -e**) *nt* salt; **s~en** (*unreg*) *vt* to salt; **s~ig** *adj* salty; **~kartoffeln** *pl* boiled potatoes; **~säure** *f* hydrochloric acid; **~streuer** *m* salt cellar; **~wasser** *nt* (*Meerwasser*) salt water
Samen ['za:mən] (**-s, -**) *m* seed; (*ANAT*) sperm
Sammel- ['zaməl] *zW:* **~band** *m* anthology; **~fahrschein** *m* multi-journey ticket; (*für mehrere Personen*) group ticket
sammeln ['zaməln] *vt* to collect ♦ *vr* to assemble, to gather; (*konzentrieren*) to concentrate
Sammlung ['zamlʊŋ] *f* collection; assembly, gathering; concentration
Samstag ['zamsta:k] *m* Saturday; **s~s** *adv* (on) Saturdays
Samt [zamt] (**-(e)s, -e**) *m* velvet; **s~** *präp* +*dat* (along) with, together with; **s~ und sonders** each and every one (of them)
sämtlich ['zɛmtlɪç] *adj* all (the), entire
Sand [zant] (**-(e)s, -e**) *m* sand
Sandale [zan'da:lə] *f* sandal
Sand- *zW:* **~bank** *f* sandbank; **s~ig** ['zandɪç] *adj* sandy; **~kasten** *m* sandpit; **~kuchen** *m* Madeira cake; **~papier** *nt* sandpaper; **~stein** *m* sandstone; **s~strahlen** *vt, vi insep* to sandblast; **~strand** *m* sandy beach
sandte *etc* ['zantə] *vb siehe* **senden**
sanft [zanft] *adj* soft, gentle; **~mütig** *adj* gentle, meek

sang *etc* [zaŋ] *vb siehe* **singen**
Sänger(in) ['zɛŋər(ɪn)] (**-s, -**) *m(f)* singer
Sani- *zW:* **s~eren** [za'ni:rən] *vt* to redevelop; (*Betrieb*) to make financially sound ♦ *vr* to line one's pockets; to become financially sound; **s~tär** [zani'tɛ:r] *adj* sanitary; **s~täre Anlagen** sanitation *sg*; **~täter** [zani'tɛ:tər] (**-s, -**) *m* first-aid attendant; (*MIL*) (medical) orderly
sanktionieren [zaŋktsio'ni:rən] *vt* to sanction
Sardelle [zar'dɛlə] *f* anchovy
Sardine [zar'di:nə] *f* sardine
Sarg [zark] (**-(e)s, ᵁe**) *m* coffin
Sarkasmus [zar'kasmʊs] *m* sarcasm
saß *etc* [za:s] *vb siehe* **sitzen**
Satan ['za:tan] (**-s, -e**) *m* Satan; devil
Satellit [zate'li:t] (**-en, -en**) *m* satellite; **~enfernsehen** *nt* satellite television
Satire [za'ti:rə] *f* satire; **satirisch** *adj* satirical
satt [zat] *adj* full; (*Farbe*) rich, deep; **jdn/etw ~ sein** *od* **haben** to be fed up with sb/sth; **sich ~ hören/sehen** an +*dat* to hear/see enough of; **sich ~ essen** to eat one's fill; **~ machen** to be filling
Sattel ['zatəl] (**-s, ᵁ**) *m* saddle; (*Berg*) ridge; **s~n** *vt* to saddle; **~schlepper** *m* articulated lorry
sättigen ['zɛtɪgən] *vt* to satisfy; (*CHEM*) to saturate
Satz [zats] (**-es, ᵁe**) *m* (*GRAM*) sentence; (*Nebensatz, Adverbialsatz*) clause; (*Theorem*) theorem; (*MUS*) movement; (*TENNIS: Briefmarken etc*) set; (*Kaffee*) grounds *pl*; (*COMM*) rate; (*Sprung*) jump; **~teil** *m* part of a sentence; **~ung** *f* (*Statut*) statute, rule; **~zeichen** *nt* punctuation mark
Sau [zau] (**-, Säue**) *f* sow; (*umg*) dirty pig
sauber ['zaubər] *adj* clean; (*ironisch*) fine; **~ halten** to keep clean; **S~keit** *f* cleanness; (*einer Person*) cleanliness
säuberlich ['zɔybərlɪç] *adv* neatly
säubern *vt* to clean; (*POL etc*) to purge; **Säuberung** *f* cleaning; purge
Sauce ['zo:sə] *f* sauce, gravy
sauer ['zauər] *adj* sour; (*CHEM*) acid; (*umg*)

Rechtschreibreform: ▲ *neue Schreibung* △ *alte Schreibung (auslaufend)*

cross; **saurer Regen** acid rain; **S~braten**
m braised beef marinated in vinegar

Sauerei [zaʊəˈraɪ] (*umg*) *f* rotten state of
affairs, scandal; (*Schmutz etc*) mess;
(*Unanständigkeit*) obscenity

Sauerkraut *nt* sauerkraut, pickled cabbage

säuerlich [ˈzɔʏərlɪç] *adj* (*Geschmack*) sour;
(*missvergnügt: Gesicht*) dour

Sauer- *zW*: **~milch** *f* sour milk; **~rahm** *m*
(*KOCH*) sour cream; **~stoff** *m* oxygen;
~teig *m* leaven

saufen [ˈzaʊfən] (*unreg*) (*umg*) *vt, vi* to drink,
to booze; **Säufer** [ˈzɔʏfər] (**-s, -**) (*umg*) *m*
boozer

saugen [ˈzaʊɡən] (*unreg*) *vt, vi* to suck

säugen [ˈzɔʏɡən] *vt* to suckle

Sauger [ˈzaʊɡər] (**-s, -**) *m* dummy,
comforter (*US*); (*auf Flasche*) teat

Säugetier [ˈzɔʏɡə-] *nt* mammal

Säugling *m* infant, baby

Säule [ˈzɔʏlə] *f* column, pillar

Saum [zaʊm] (**-(e)s, Säume**) *m* hem; (*Naht*)
seam

säumen [ˈzɔʏmən] *vt* to hem; to seam ♦ *vi*
to delay, to hesitate

Sauna [ˈzaʊna] (**-, -s**) *f* sauna

Säure [ˈzɔʏrə] *f* acid

sausen [ˈzaʊzən] *vi* to blow; (*umg: eilen*) to
rush; (*Ohren*) to buzz; **etw ~ lassen** (*umg*)
not to bother with sth

Saxofon, Saxophon [zaksoˈfoːn] (**-s, -e**)
nt saxophone

SB *abk* = **Selbstbedienung**

S-Bahn *f abk* (= *Schnellbahn*) high speed
railway; (= *Stadtbahn*) suburban railway

schaben [ˈʃaːbən] *vt* to scrape

schäbig [ˈʃɛːbɪç] *adj* shabby

Schablone [ʃaˈbloːnə] *f* stencil; (*Muster*)
pattern; (*fig*) convention

Schach [ʃax] (**-s, -s**) *nt* chess; (*Stellung*)
check; **~brett** *nt* chessboard; **~figur** *f*
chessman; '**~matt** *adj* checkmate; **~spiel**
nt game of chess

Schacht [ʃaxt] (**-(e)s, ⁼e**) *m* shaft

Schachtel (**-, -n**) *f* box

schade [ˈʃaːdə] *adj* a pity *od* shame ♦ *excl*:
(wie) ~! (what a) pity *od* shame; **sich** *dat*

zu ~ sein für etw to consider o.s. too good
for sth

Schädel [ˈʃɛːdəl] (**-s, -**) *m* skull; **~bruch** *m*
fractured skull

Schaden [ˈʃaːdən] (**-s, ⁼**) *m* damage;
(*Verletzung*) injury; (*Nachteil*) disadvantage;
s~ *vi +dat* to hurt; **einer Sache s~** to
damage sth; **~ersatz** *m* compensation,
damages *pl*; **~freude** *f* malicious glee;
s~froh *adj* (*Mensch, Lachen*) gloating;
~sfall *m*: **im ~sfall** in the event of a claim

schadhaft [ˈʃaːthaft] *adj* faulty, damaged

schäd- [ˈʃɛːt] *zW*: **~igen** [ˈʃɛːdɪɡən] *vt* to
damage; (*Person*) to do harm to, to harm;
~lich *adj*: **~lich (für)** harmful (to);
S~lichkeit *f* harmfulness; **S~ling** *m* pest

Schadstoff [ˈʃaːtʃtɔf] *m* harmful substance;
s~arm *adj*: **s~arm sein** to contain a low
level of harmful substances

Schaf [ʃaːf] (**-(e)s, -e**) *nt* sheep

Schäfer [ˈʃɛːfər] (**-s, -e**) *m* shepherd; **~hund**
m Alsatian (dog) (*BRIT*), German shepherd
(dog) (*US*)

Schaffen [ˈʃafən] (**-s**) *nt* (creative) activity

schaffen[1] [ˈʃafən] (*unreg*) *vt* to create;
(*Platz*) to make

schaffen[2] [ˈʃafən] *vt* (*erreichen*) to manage,
to do; (*erledigen*) to finish; (*Prüfung*) to pass;
(*transportieren*) to take ♦ *vi* (*umg: arbeiten*)
to work; **sich** *dat* **etw ~** to get o.s. sth;
sich an etw *dat* **zu ~ machen** to busy o.s.
with sth

Schaffner(in) [ˈʃafnər(ɪn)] (**-s, -**) *m(f)*
(*Busschaffner*) conductor(-tress); (*EISENB*)
guard

Schaft [ʃaft] (**-(e)s, ⁼e**) *m* shaft; (*von Gewehr*)
stock; (*von Stiefel*) leg; (*BOT*) stalk; tree trunk

Schal [ʃaːl] (**-s, -e** *od* **-s**) *m* scarf

schal *adj* flat; (*fig*) insipid

Schälchen [ˈʃɛːlçən] *nt* cup, bowl

Schale [ˈʃaːlə] *f* skin; (*abgeschält*) peel;
(*Nussschale, Muschelschale, Eischale*) shell;
(*Geschirr*) dish, bowl

schälen [ˈʃɛːlən] *vt* to peel; to shell ♦ *vr* to
peel

Schall [ʃal] (**-(e)s, -e**) *m* sound; **~dämpfer**
(**-s, -**) *m* (*AUT*) silencer; **s~dicht** *adj*

soundproof; **s~en** *vi* to (re)sound; **s~end** *adj* resounding, loud; **~mauer** *f* sound barrier; **~platte** *f* (gramophone) record

Schalt- ['ʃalt] *zW:* **~bild** *nt* circuit diagram; **~brett** *nt* switchboard; **s~en** *vt* to switch, to turn ♦ *vi* (*AUT*) to change (gear); (*umg: begreifen*) to catch on; **~er** (**-s, -**) *m* counter; (*an Gerät*) switch; **~erbeamte(r)** *m* counter clerk; **~erstunden** *pl* hours of business; **~hebel** *m* switch; (*AUT*) gear lever; **~jahr** *nt* leap year; **~ung** *f* switching; (*ELEK*) circuit; (*AUT*) gear change

Scham [ʃaːm] (**-**) *f* shame; (*~gefühl*) modesty; (*Organe*) private parts *pl*

schämen ['ʃɛːmən] *vr* to be ashamed

schamlos *adj* shameless

Schande ['ʃandə] (**-**) *f* disgrace

schändlich ['ʃɛntlɪç] *adj* disgraceful, shameful

Schändung ['ʃɛndʊŋ] *f* violation, defilement

Schanze ['ʃantsə] *f* (*Sprungschanze*) ski jump

Schar [ʃaːr] (**-, -en**) *f* band, company; (*Vögel*) flock; (*Menge*) crowd; **in ~en** in droves; **s~en** *vr* to assemble, to rally

scharf [ʃarf] *adj* sharp; (*Essen*) hot, spicy; (*Munition*) live; **~ nachdenken** to think hard; **auf etw** *akk* **~ sein** (*umg*) to be keen on sth

Schärfe ['ʃɛrfə] *f* sharpness; (*Strenge*) rigour; **s~n** *vt* to sharpen

Scharf- *zW:* **s~machen** (*umg*) *vt* to stir up; **~richter** *m* executioner; **~schütze** *m* marksman, sharpshooter; **s~sinnig** *adj* astute, shrewd

Scharlach ['ʃarlax] (**-s, -e**) *m* (*~fieber*) scarlet fever

Scharnier [ʃar'niːr] (**-s, -e**) *nt* hinge

scharren ['ʃarən] *vt, vi* to scrape, to scratch

Schaschlik ['ʃaʃlɪk] (**-s, -s**) *m od nt* (shish) kebab

Schatten ['ʃatən] (**-s, -**) *m* shadow; **~riss** ▲ *m* silhouette; **~seite** *f* shady side, dark side

schattieren [ʃa'tiːrən] *vt, vi* to shade

schattig ['ʃatɪç] *adj* shady

Schatulle [ʃa'tʊlə] *f* casket; (*Geldschatulle*) coffer

Schatz [ʃats] (**-es, ⁺e**) *m* treasure; (*Person*) darling

schätz- [ʃɛts] *zW:* **~bar** *adj* assessable; **S~chen** *nt* darling, love; **~en** *vt* (*abschätzen*) to estimate; (*Gegenstand*) to value; (*würdigen*) to value, to esteem; (*vermuten*) to reckon; **S~ung** *f* estimate; estimation; valuation; **nach meiner S~ung ...** I reckon that ...

Schau [ʃaʊ] (**-**) *f* show; (*Ausstellung*) display, exhibition; **etw zur ~ stellen** to make a show of sth, to show sth off; **~bild** *nt* diagram

Schauder ['ʃaʊdər] (**-s, -s**) *m* shudder; (*wegen Kälte*) shiver; **s~haft** *adj* horrible; **s~n** *vi* to shudder; to shiver

schauen ['ʃaʊən] *vi* to look

Schauer ['ʃaʊər] (**-s, -**) *m* (*Regenschauer*) shower; (*Schreck*) shudder; **~geschichte** *f* horror story; **s~lich** *adj* horrific, spine-chilling

Schaufel ['ʃaʊfəl] (**-, -n**) *f* shovel; (*NAUT*) paddle; (*TECH*) scoop; **s~n** *vt* to shovel, to scoop

Schau- *zW:* **~fenster** *nt* shop window; **~fensterbummel** *m* window shopping (expedition); **~kasten** *m* showcase

Schaukel ['ʃaʊkəl] (**-, -n**) *f* swing; **s~n** *vi* to swing, to rock; **~pferd** *nt* rocking horse; **~stuhl** *m* rocking chair

Schaulustige(r) ['ʃaʊlʊstɪgə(r)] *f(m)* onlooker

Schaum [ʃaʊm] (**-(e)s, Schäume**) *m* foam; (*Seifenschaum*) lather; **~bad** *nt* bubble bath

schäumen ['ʃɔymən] *vi* to foam

Schaum- *zW:* **~festiger** (**-s, -**) *m* mousse; **~gummi** *m* foam (rubber); **s~ig** *adj* frothy, foamy; **~stoff** *m* foam material; **~wein** *m* sparkling wine

Schauplatz *m* scene

schaurig ['ʃaʊrɪç] *adj* horrific, dreadful

Schauspiel *nt* spectacle; (*THEAT*) play; **~er(in)** *m(f)* actor (actress); **s~ern** *vi insep* to act; **Schauspielhaus** *nt* theatre

Scheck [ʃɛk] (**-s, -s**) *m* cheque; **~gebühr** *f* encashment fee; **~heft** *m* cheque book; **~karte** *f* cheque card

---

Rechtschreibreform: ▲ *neue Schreibung* △ *alte Schreibung (auslaufend)*

scheffeln ['ʃɛfəln] *vt* to amass
Scheibe ['ʃaɪbə] *f* disc; (*Brot etc*) slice; (*Glasscheibe*) pane; (*MIL*) target
Scheiben- *zW:* **~bremse** *f* (*AUT*) disc brake; **~wischer** *m* (*AUT*) windscreen wiper
Scheide ['ʃaɪdə] *f* sheath; (*Grenze*) boundary; (*ANAT*) vagina; **s~n** (*unreg*) *vt* to separate; (*Ehe*) to dissolve ♦ *vi* to depart; to part; **sich s~n lassen** to get a divorce
Scheidung *f* (*Ehescheidung*) divorce
Schein [ʃaɪn] (**-(e)s, -e**) *m* light; (*Anschein*) appearance; (*Geld*) (bank)note; (*Bescheinigung*) certificate; **zum ~** in pretence; **s~bar** *adj* apparent; **s~en** (*unreg*) *vi* to shine; (*Anschein haben*) to seem; **s~heilig** *adj* hypocritical; **~werfer** (**-s, -**) *m* floodlight; spotlight; (*Suchscheinwerfer*) searchlight; (*AUT*) headlamp
Scheiß- ['ʃaɪs] (*umg*) *in zW* bloody
Scheiße ['ʃaɪsə] (**-**) (*umg*) *f* shit
Scheitel ['ʃaɪtəl] (**-s, -**) *m* top; (*Haarscheitel*) parting; **s~n** *vt* to part
scheitern ['ʃaɪtərn] *vi* to fail
Schelle ['ʃɛlə] *f* small bell; **s~n** *vi* to ring
Schellfisch ['ʃɛlfɪʃ] *m* haddock
Schelm [ʃɛlm] (**-(e)s, -e**) *m* rogue; **s~isch** *adj* mischievous, roguish
Schelte ['ʃɛltə] *f* scolding; **s~n** (*unreg*) *vt* to scold
Schema ['ʃeːma] (**-s, -s** *od* **-ta**) *nt* scheme, plan; (*Darstellung*) schema; **nach ~** quite mechanically; **s~tisch** [ʃeˈmaːtɪʃ] *adj* schematic; (*pej*) mechanical
Schemel ['ʃeːməl] (**-s, -**) *m* (foot)stool
Schenkel ['ʃɛŋkəl] (**-s, -**) *m* thigh
schenken ['ʃɛŋkən] *vt* (*auch fig*) to give; (*Getränk*) to pour; **sich** *dat* **etw ~** (*umg*) to skip sth; **das ist geschenkt!** (*billig*) that's a giveaway!; (*nichts wert*) that's worthless!
Scherbe ['ʃɛrbə] *f* broken piece, fragment; (*archäologisch*) potsherd
Schere ['ʃeːrə] *f* scissors *pl*; (*groß*) shears *pl*; **s~n** (*unreg*) *vt* to cut; (*Schaf*) to shear; (*kümmern*) to bother ♦ *vr* to care; **scher dich zum Teufel!** get lost!; **~'rei** (*umg*) *f* bother, trouble

Scherz [ʃɛrts] (**-es, -e**) *m* joke; fun; **~frage** *f* conundrum; **s~haft** *adj* joking, jocular
Scheu [ʃɔy] (**-**) *f* shyness; (*Angst*) fear; (*Ehrfurcht*) awe; **s~** *adj* shy; **s~en** *vr:* **sich s~en vor** +*dat* to be afraid of, to shrink from ♦ *vt* to shun ♦ *vi* (*Pferd*) to shy
scheuern ['ʃɔyərn] *vt* to scour, to scrub
Scheune ['ʃɔynə] *f* barn
Scheusal ['ʃɔyzaːl] (**-s, -e**) *nt* monster
scheußlich ['ʃɔyslɪç] *adj* dreadful, frightful
Schi [ʃiː] *m* = **Ski**
Schicht [ʃɪçt] (**-, -en**) *f* layer; (*Klasse*) class, level; (*in Fabrik etc*) shift; **~arbeit** *f* shift work; **s~en** *vt* to layer, to stack
schick [ʃɪk] *adj* stylish, chic
schicken *vt* to send ♦ *vr:* **sich ~** (**in** +*akk*) to resign o.s. (to) ♦ *vb unpers* (*anständig sein*) to be fitting
schicklich *adj* proper, fitting
Schicksal (**-s, -e**) *nt* fate; **~sschlag** *m* great misfortune, blow
Schieb- ['ʃiːb] *zW:* **~edach** *nt* (*AUT*) sun roof; **s~en** (*unreg*) *vt* (*auch Drogen*) to push; (*Schuld*) to put ♦ *vi* to push; **~etür** *f* sliding door; **~ung** *f* fiddle
Schieds- ['ʃiːts] *zW:* **~gericht** *nt* court of arbitration; **~richter** *m* referee; umpire; (*Schlichter*) arbitrator
schief [ʃiːf] *adj* crooked; (*Ebene*) sloping; (*Turm*) leaning; (*Winkel*) oblique; (*Blick*) funny; (*Vergleich*) distorted ♦ *adv* crooked(ly); (*ansehen*) askance; **etw ~ stellen** to slope sth; **~ gehen** (*umg*) to go wrong
Schiefer ['ʃiːfər] (**-s, -**) *m* slate
schielen ['ʃiːlən] *vi* to squint; **nach etw ~** (*fig*) to eye sth
schien *etc* [ʃiːn] *vb siehe* **scheinen**
Schienbein *nt* shinbone
Schiene ['ʃiːnə] *f* rail; (*MED*) splint; **s~n** *vt* to put in splints
schier [ʃiːr] *adj* (*fig*) sheer ♦ *adv* nearly, almost
Schieß- ['ʃiːs] *zW:* **~bude** *f* shooting gallery; **s~en** (*unreg*) *vt* to shoot; (*Ball*) to kick; (*Geschoss*) to fire ♦ *vi* to shoot; (*Salat etc*) to run to seed; **s~en auf** +*akk* to shoot

at; **~e'rei** *f* shooting incident, shoot-out; **~pulver** *nt* gunpowder; **~scharte** *f* embrasure

Schiff [ʃɪf] **(-(e)s, -e)** *nt* ship, vessel; (*Kirchenschiff*) nave; **s~bar** *adj* (*Fluss*) navigable; **~bruch** *m* shipwreck; **s~brüchig** *adj* shipwrecked; **~chen** *nt* small boat; (*Weben*) shuttle; (*Mütze*) forage cap; **~er (-s, -)** *m* bargeman, boatman; **~fahrt** ▲ *f* shipping; (*Reise*) voyage

Schikane [ʃi'kaːnə] *f* harassment; dirty trick; **mit allen ~n** with all the trimmings

schikanieren [ʃika'niːrən] *vt* to harass, to torment

Schikoree ▲ ['ʃikoreː] **(-s)** *m od f* = **Chicorée**

Schild[1] [ʃɪlt] **(-(e)s, -e)** *m* shield; **etw im ~e führen** to be up to sth

Schild[2] [ʃɪlt] **(-(e)s, -er)** *nt* sign; nameplate; (*Etikett*) label

Schilddrüse *f* thyroid gland

schildern ['ʃɪldərn] *vt* to depict, to portray

Schildkröte *f* tortoise; (*Wasserschildkröte*) turtle

Schilf [ʃɪlf] **(-(e)s, -e)** *nt* (*Pflanze*) reed; (*Material*) reeds *pl*, rushes *pl*; **~rohr** *nt* (*Pflanze*) reed

schillern ['ʃɪlərn] *vi* to shimmer; **~d** *adj* iridescent

Schilling ['ʃɪlɪŋ] *m* schilling

Schimmel ['ʃɪml] **(-s, -)** *m* mould; (*Pferd*) white horse; **s~ig** *adj* mouldy; **s~n** *vi* to get mouldy

Schimmer ['ʃɪmər] **(-s, -)** *m* (*Lichtsein*) glimmer; (*Glanz*) shimmer; **s~n** *vi* to glimmer, to shimmer

Schimpanse [ʃɪm'panzə] **(-n, -n)** *m* chimpanzee

schimpfen ['ʃɪmpfən] *vt* to scold ♦ *vi* to curse, to complain; to scold

Schimpfwort *nt* term of abuse

schinden ['ʃɪndən] (*unreg*) *vt* to maltreat, to drive too hard ♦ *vr:* **sich ~ (mit)** to sweat and strain (at), to toil away (at); **Eindruck ~** (*umg*) to create an impression

Schinde'rei *f* grind, drudgery

Schinken ['ʃɪŋkən] **(-s, -)** *m* ham

Schirm [ʃɪrm] **(-(e)s, -e)** *m* (*Regenschirm*) umbrella; (*Sonnenschirm*) parasol, sunshade; (*Wandschirm, Bildschirm*) screen; (*Lampenschirm*) (lamp)shade; (*Mützenschirm*) peak; (*Pilzschirm*) cap; **~mütze** *f* peaked cap; **~ständer** *m* umbrella stand

schizophren [ʃitso'freːn] *adj* schizophrenic

Schlacht [ʃlaxt] **(-, -en)** *f* battle; **s~en** *vt* to slaughter, to kill; **~er (-s, -)** *m* butcher; **~feld** *nt* battlefield; **~hof** *m* slaughterhouse, abattoir; **~schiff** *nt* battleship; **~vieh** *nt* animals kept for meat; beef cattle

Schlaf [ʃlaːf] **(-(e)s)** *m* sleep; **~anzug** *m* pyjamas *pl*

Schläfe *f* (*ANAT*) temple

schlafen ['ʃlaːfən] (*unreg*) *vi* to sleep; **~ gehen** to go to bed; **S~szeit** *f* bedtime

schlaff [ʃlaf] *adj* slack; (*energielos*) limp; (*erschöpft*) exhausted

Schlaf- *zW:* **~gelegenheit** *f* sleeping accommodation; **~lied** *nt* lullaby; **s~los** *adj* sleepless; **~losigkeit** *f* sleeplessness, insomnia; **~mittel** *nt* sleeping pill

schläfrig ['ʃlɛːfrɪç] *adj* sleepy

Schlaf- *zW:* **~saal** *m* dormitory; **~sack** *m* sleeping bag; **~tablette** *f* sleeping pill; **~wagen** *m* sleeping car, sleeper; **s~wandeln** *vi insep* to sleepwalk; **~zimmer** *nt* bedroom

Schlag [ʃlaːk] **(-(e)s, ⁺e)** *m* (*auch fig*) blow; (*auch MED*) stroke; (*Pulsschlag, Herzschlag*) beat; (*ELEK*) shock; (*Blitzschlag*) bolt, stroke; (*Autotür*) car door; (*umg: Portion*) helping; (*Art*) kind, type; **Schläge** *pl* (*Tracht Prügel*) beating *sg*; **mit einem ~** all at once; **~ auf ~** in rapid succession; **~ader** *f* artery; **~anfall** *m* stroke; **s~artig** *adj* sudden, without warning; **~baum** *m* barrier

Schlägel ['ʃlɛːgəl] **(-s, -)** *m* (drum)stick; (*Hammer*) mallet, hammer

schlagen ['ʃlaːgən] (*unreg*) *vt, vi* to strike, to hit; (*wiederholt ~, besiegen*) to beat; (*Glocke*) to ring; (*Stunde*) to strike; (*Sahne*) to whip; (*Schlacht*) to fight ♦ *vr* to fight; **nach jdm ~** (*fig*) to take after sb; **sich gut ~** (*fig*) to do well; **Schlager** ['ʃlaːgər] **(-s, -)**

m (auch fig) hit

Schläger ['ʃlɛːɡər] *m* brawler; (*SPORT*) bat; (*TENNIS etc*) racket; (*GOLF*) club; hockey stick; (*Waffe*) rapier; **Schläge'rei** *f* fight, punch-up

Schlagersänger(in) *m(f)* pop singer

Schlag- *zW:* **s~fertig** *adj* quick-witted; **~fertigkeit** *f* ready wit, quickness of repartee; **~loch** *nt* pothole; **~obers** (*ÖSTERR*) *nt* = **Schlagsahne**; **~sahne** *f* (whipped) cream; **~seite** *f* (*NAUT*) list; **~wort** *nt* slogan, catch phrase; **~zeile** *f* headline; **~zeug** *nt* percussion; drums *pl*; **~zeuger** **(-s, -)** *m* drummer

Schlamassel [ʃlaˈmasəl] **(-s, -)** (*umg*) *m* mess

Schlamm [ʃlam] **(-(e)s, -e)** *m* mud; **s~ig** *adj* muddy

Schlamp- ['ʃlamp] *zW:* **~e** (*umg*) *f* slut; **s~en** (*umg*) *vi* to be sloppy; **~e'rei** (*umg*) *f* disorder, untidiness; sloppy work; **s~ig** (*umg*) *adj* (*Mensch, Arbeit*) sloppy, messy

Schlange ['ʃlaŋə] *f* snake; (*Menschenschlange*) queue (*BRIT*), line-up (*US*); **~ stehen** to (form a) queue, to line up

schlängeln ['ʃlɛŋəln] *vr* (*Schlange*) to wind; (*Weg*) to wind, twist; (*Fluss*) to meander

Schlangen- *zW:* **~biss** ▲ *m* snake bite; **~gift** *nt* snake venom; **~linie** *f* wavy line

schlank [ʃlaŋk] *adj* slim, slender; **S~heit** *f* slimness, slenderness; **S~heitskur** *f* diet

schlapp [ʃlap] *adj* limp; (*locker*) slack; **S~e** (*umg*) *f* setback

Schlaraffenland [ʃlaˈrafənlant] *nt* land of milk and honey

schlau [ʃlau] *adj* crafty, cunning

Schlauch [ʃlaux] **(-(e)s, Schläuche)** *m* hose; (*in Reifen*) inner tube; (*umg*: *Anstrengung*) grind; **~boot** *nt* rubber dinghy; **s~en** (*umg*) *vt* to tell on, to exhaust

Schläue ['ʃlɔʏə] **(-)** *f* cunning

Schlaufe ['ʃlaʊfə] *f* loop; (*Aufhänger*) hanger

Schlauheit *f* cunning

schlecht [ʃlɛçt] *adj* bad ♦ *adv* badly; **~ gelaunt** in a bad mood; **~ und recht** after

a fashion; **jdm ist ~** sb feels sick *od* bad; **jdm geht es ~** sb is in a bad way; **~ machen** to run down; **S~igkeit** *f* badness; bad deed

schlecken ['ʃlɛkən] *vt, vi* to lick

Schlegel ['ʃleːɡəl] **(-s, -)** *m* (*KOCH*) leg; siehe **Schlägel**

schleichen ['ʃlaɪçən] (*unreg*) *vi* to creep, to crawl; **~d** *adj* gradual; creeping

Schleichwerbung *f* (*COMM*) plug

Schleier ['ʃlaɪər] **(-s, -)** *m* veil; **s~haft** (*umg*) *adj*: **jdm s~haft sein** to be a mystery to sb

Schleif- ['ʃlaɪf] *zW:* **~e** *f* loop; (*Band*) bow; **s~en¹** *vt, vi* to drag; **s~en²** (*unreg*) *vt* to grind; (*Edelstein*) to cut; **~stein** *m* grindstone

Schleim [ʃlaɪm] **(-(e)s, -e)** *m* slime; (*MED*) mucus; (*KOCH*) gruel; **~haut** *f* (*ANAT*) mucous membrane; **s~ig** *adj* slimy

Schlemm- ['ʃlɛm] *zW:* **s~en** *vi* to feast; **~er** **(-s, -)** *m* gourmet; **~e'rei** *f* gluttony, feasting

schlendern ['ʃlɛndərn] *vi* to stroll

schlenkern ['ʃlɛŋkərn] *vt, vi* to swing, to dangle

Schlepp- ['ʃlɛp] *zW:* **~e** *f* train; **s~en** *vt* to drag; (*Auto, Schiff*) to tow; (*tragen*) to lug; **s~end** *adj* dragging, slow; **~er** **(-s, -)** *m* tractor; (*Schiff*) tug

Schlesien ['ʃleːziən] **(-s)** *nt* Silesia

Schleuder ['ʃlɔʏdər] **(-, -n)** *f* catapult; (*Wäscheschleuder*) spin-drier; (*Butterschleuder etc*) centrifuge; **~gefahr** *f* risk of skidding; „**Achtung ~gefahr**" "slippery road ahead"; **s~n** *vt* to hurl; (*Wäsche*) to spin-dry ♦ *vi* (*AUT*) to skid; **~preis** *m* give-away price; **~sitz** *m* (*AVIAT*) ejector seat; (*fig*) hot seat; **~ware** *f* cheap *od* cut-price goods *pl*

schleunigst ['ʃlɔʏnɪçst] *adv* straight away

Schleuse ['ʃlɔʏzə] *f* lock; (*~ntor*) sluice

schlicht [ʃlɪçt] *adj* simple, plain; **~en** *vt* (*glätten*) to smooth, to dress; (*Streit*) to settle; **S~er** **(-s, -)** *m* mediator, arbitrator; **S~ung** *f* settlement; arbitration

Schlick [ʃlɪk] **(-(e)s, -e)** *m* mud; (*Ölschlick*) slick

schlief *etc* [ʃliːf] *vb siehe* **schlafen**

Schließ- ['ʃliːs] *zW:* **s~en** *(unreg) vt* to close, to shut; *(beenden)* to close; *(Freundschaft, Bündnis, Ehe)* to enter into; *(folgern):* **s~en (aus)** to infer (from) ♦ *vi, vr* to close, to shut; **etw in sich s~en** to include sth; **~fach** *nt* locker; **s~lich** *adv* finally; **s~lich doch** after all

Schliff [ʃlɪf] **(-(e)s, -e)** *m* cut(ting); *(fig)* polish

schlimm [ʃlɪm] *adj* bad; **~er** *adj* worse; **~ste(r, s)** *adj* worst; **~stenfalls** *adv* at (the) worst

Schlinge ['ʃlɪŋə] *f* loop; *(bes Henkersschlinge)* noose; *(Falle)* snare; *(MED)* sling; **s~n** *(unreg) vt* to wind; *(essen)* to bolt, to gobble ♦ *vi (essen)* to bolt one's food, to gobble

schlingern *vi* to roll

Schlips [ʃlɪps] **(-es, -e)** *m* tie

Schlitten ['ʃlɪtən] **(-s, -)** *m* sledge, sleigh; **~fahren (-s)** *nt* tobogganing

schlittern ['ʃlɪtərn] *vi* to slide

Schlittschuh ['ʃlɪtʃuː] *m* skate; **~ laufen** to skate; **~bahn** *f* skating rink; **~läufer(in)** *m(f)* skater

Schlitz [ʃlɪts] **(-es, -e)** *m* slit; *(für Münze)* slot; *(Hosenschlitz)* flies *pl*; **s~äugig** *adj* slant-eyed

Schloss ▲ [ʃlɔs] **(-es, ¨er)** *nt* lock; *(an Schmuck etc)* clasp; *(Bau)* castle; chateau

schloss ▲ *etc vb siehe* **schließen**

Schlosser ['ʃlɔsər] **(-s, -)** *m (Autoschlosser)* fitter; *(für Schlüssel etc)* locksmith

Schlosserei [-'raɪ] *f* metal (working) shop

Schlot [ʃloːt] **(-(e)s, -e)** *m* chimney; *(NAUT)* funnel

schlottern ['ʃlɔtərn] *vi* to shake, to tremble; *(Kleidung)* to be baggy

Schlucht [ʃlʊxt] **(-, -en)** *f* gorge, ravine

schluchzen ['ʃlʊxtsən] *vi* to sob

Schluck [ʃlʊk] **(-(e)s, -e)** *m* swallow; *(Menge)* drop; **~auf (-s, -s)** *m* hiccups *pl*; **s~en** *vt, vi* to swallow

schludern ['ʃluːdərn] *vi* to skimp, to do sloppy work

schlug *etc* [ʃluːk] *vb siehe* **schlagen**

Schlummer ['ʃlʊmər] **(-s)** *m* slumber; **s~n**

vi to slumber

Schlund [ʃlʊnt] **(-(e)s, ¨e)** *m* gullet; *(fig)* jaw

schlüpfen ['ʃlʏpfən] *vi* to slip; *(Vogel etc)* to hatch (out)

Schlüpfer ['ʃlʏpfər] **(-s, -)** *m* panties *pl*, knickers *pl*

schlüpfrig ['ʃlʏpfrɪç] *adj* slippery; *(fig)* lewd; **S~keit** *f* slipperiness; *(fig)* lewdness

schlurfen ['ʃlʊrfən] *vi* to shuffle

schlürfen ['ʃlʏrfən] *vt, vi* to slurp

Schluss ▲ [ʃlʊs] **(-es, ¨e)** *m* end; *(~folgerung)* conclusion; **am ~** at the end; **~ machen mit** to finish with

Schlüssel ['ʃlʏsəl] **(-s, -)** *m (auch fig)* key; *(Schraubenschlüssel)* spanner, wrench; *(MUS)* clef; **~bein** *nt* collarbone; **~blume** *f* cowslip, primrose; **~bund** *m* bunch of keys; **~dienst** *m* key cutting service; **~loch** *nt* keyhole; **~position** *f* key position; **~wort** *nt* keyword

schlüssig ['ʃlʏsɪç] *adj* conclusive

Schluss- ▲ *zW:* **~licht** *nt* taillight; *(fig)* tailender; **~strich** *m (fig)* final stroke; **~verkauf** *m* clearance sale

schmächtig ['ʃmɛçtɪç] *adj* slight

schmackhaft ['ʃmakhaft] *adj* tasty

schmal [ʃmaːl] *adj* narrow; *(Person, Buch etc)* slender, slim; *(karg)* meagre

schmälern ['ʃmɛːlərn] *vt* to diminish; *(fig)* to belittle

Schmalfilm *m* cine film

Schmalz [ʃmalts] **(-es, -e)** *nt* dripping, lard; *(fig)* sentiment, schmaltz; **s~ig** *adj (fig)* schmaltzy

schmarotzen [ʃmaˈrɔtsən] *vi* to sponge; *(BOT)* to be parasitic; **Schmarotzer (-s, -)** *m* parasite; sponger

Schmarren ['ʃmarən] **(-s, -)** *m (ÖSTERR)* small piece of pancake; *(fig)* rubbish, tripe

schmatzen ['ʃmatsən] *vi* to smack one's lips; to eat noisily

schmecken ['ʃmɛkən] *vt, vi* to taste; **es schmeckt ihm** he likes it

Schmeichel- ['ʃmaɪçəl] *zW:* **~ei** [-'laɪ] *f* flattery; **s~haft** *adj* flattering; **s~n** *vi* to flatter

schmeißen ['ʃmaɪsən] *(unreg) (umg) vt* to

throw, to chuck

Schmelz [ʃmɛlts] **(-es, -e)** *m* enamel; (*Glasur*) glaze; (*von Stimme*) melodiousness; **s~en** (*unreg*) *vt* to melt; (*Erz*) to smelt ♦ *vi* to melt; **~punkt** *m* melting point; **~wasser** *nt* melted snow

Schmerz [ʃmɛrts] **(-es, -en)** *m* pain; (*Trauer*) grief; **s~empfindlich** *adj* sensitive to pain; **s~en** *vt, vi* to hurt; **~ensgeld** *nt* compensation; **s~haft** *adj* painful; **s~lich** *adj* painful; **s~los** *adj* painless; **~mittel** *nt* painkiller; **~tablette** *f* painkiller

Schmetterling [ʃmɛtərlɪŋ] *m* butterfly

schmettern [ʃmɛtərn] *vt* (*werfen*) to hurl; (*TENNIS: Ball*) to smash; (*singen*) to belt out (*inf*)

Schmied [ʃmiːt] **(-(e)s, -e)** *m* blacksmith; **~e** [ʃmiːdə] *f* smithy, forge; **~eeisen** *nt* wrought iron; **s~en** *vt* to forge; (*Pläne*) to devise, to concoct

schmiegen [ʃmiːɡən] *vt* to press, to nestle ♦ *vr:* **sich ~ (an** +*akk*) to cuddle up (to), to nestle (up to)

Schmier- [ʃmiːr] *zW:* **~e** *f* grease; (*THEAT*) greasepaint, make-up; **s~en** *vt* to smear; (*ölen*) to lubricate, to grease; (*bestechen*) to bribe; (*schreiben*) to scrawl ♦ *vi* (*schreiben*) to scrawl; **~fett** *nt* grease; **~geld** *nt* bribe; **s~ig** *adj* greasy; **~seife** *f* soft soap

Schminke [ʃmɪŋkə] *f* make-up; **s~n** *vt, vr* to make up

schmirgeln [ʃmɪrɡəln] *vt* to sand (down)

Schmirgelpapier *nt* emery paper

schmollen [ʃmɔlən] *vi* to sulk, to pout

Schmorbraten *m* stewed *od* braised meat

schmoren [ʃmoːrən] *vt* to stew, to braise

Schmuck [ʃmʊk] **(-(e)s, -e)** *m* jewellery; (*Verzierung*) decoration

schmücken [ʃmʏkən] *vt* to decorate

Schmuck- *zW:* **s~los** *adj* unadorned, plain; **~sachen** *pl* jewels, jewellery *sg*

Schmuggel [ʃmʊɡəl] **(-s)** *m* smuggling; **s~n** *vt, vi* to smuggle

Schmuggler **(-s, -)** *m* smuggler

schmunzeln [ʃmʊntsəln] *vi* to smile benignly

schmusen [ʃmuːzən] (*umg*) *vi* (*zärtlich sein*)

to cuddle, to canoodle (*inf*)

Schmutz [ʃmʊts] **(-es)** *m* dirt, filth; **~fink** *m* filthy creature; **~fleck** *m* stain; **s~ig** *adj* dirty

Schnabel [ʃnaːbəl] **(-s, ⁼)** *m* beak, bill; (*Ausguss*) spout

Schnalle [ʃnalə] *f* buckle, clasp; **s~n** *vt* to buckle

Schnapp- [ʃnap] *zW:* **s~en** *vt* to grab, to catch ♦ *vi* to snap; **~schloss** ▲ *nt* spring lock; **~schuss** ▲ *m* (*PHOT*) snapshot

Schnaps [ʃnaps] **(-es, ⁼e)** *m* spirits *pl*; schnapps

schnarchen [ʃnarçən] *vi* to snore

schnattern [ʃnatərn] *vi* (*Gänse*) to gabble; (*Ente*) to quack

schnauben [ʃnaʊbən] *vi* to snort ♦ *vr* to blow one's nose

schnaufen [ʃnaʊfən] *vi* to puff, to pant

Schnauze *f* snout, muzzle; (*Ausguss*) spout; (*umg*) gob

schnäuzen ▲ [ʃnɔytsən] *vr* to blow one's nose

Schnecke [ʃnɛkə] *f* snail; **~nhaus** *nt* snail's shell

Schnee [ʃneː] **(-s)** *m* snow; (*Eischnee*) beaten egg white; **~ball** *m* snowball; **~flocke** *f* snowflake; **s~frei** *adj* free of snow; **~gestöber** *nt* snowstorm; **~glöckchen** *nt* snowdrop; **~grenze** *f* snow line; **~kette** *f* (*AUT*) snow chain; **~mann** *m* snowman; **~pflug** *m* snowplough; **~regen** *m* sleet; **~schmelze** *f* thaw; **~wehe** *f* snowdrift

Schneide [ʃnaɪdə] *f* edge; (*Klinge*) blade; **s~n** (*unreg*) *vt* to cut; (*kreuzen*) to cross, to intersect with ♦ *vr* to cut o.s.; to cross, to intersect; **s~nd** *adj* cutting; **~r** **(-s, -)** *m* tailor; **~rei** *f* (*Geschäft*) tailor's; **~rin** *f* dressmaker; **s~rn** *vt* to make ♦ *vi* to be a tailor; **~zahn** *m* incisor

schneien [ʃnaɪən] *vi unpers* to snow

Schneise [ʃnaɪzə] *f* clearing

schnell [ʃnɛl] *adj* quick, fast ♦ *adv* quick, quickly, fast; **S~hefter** **(-s, -)** *m* loose-leaf binder; **S~igkeit** *f* speed; **S~imbiss** ▲ *m* (*Lokal*) snack bar; **S~kochtopf** *m*

(*Dampfkochtopf*) pressure cooker; **S~reinigung** *f* dry cleaner's; **~stens** *adv* as quickly as possible; **S~straße** *f* expressway; **S~zug** *m* fast *od* express train

schneuzen △ ['ʃnɔʏtsən] *vr siehe* **schnäuzen**

schnippeln ['ʃnɪpəln] (*umg*) *vt:* **~ (an** +*dat*) to snip (at)

schnippisch ['ʃnɪpɪʃ] *adj* sharp-tongued

Schnitt (-(e)s, -e) *m* cut(ting); (~*punkt*) intersection; (*Querschnitt*) (cross) section; (*Durchschnitt*) average; (~*muster*) pattern; (*an Buch*) edge; (*umg: Gewinn*) profit

schnitt *etc vb siehe* **schneiden**

Schnitt- *zW:* **~blumen** *pl* cut flowers; **~e** *f* slice; (*belegt*) sandwich; **~fläche** *f* section; **~lauch** *m* chive; **~punkt** *m* (point of) intersection; **~stelle** *f* (*COMPUT*) interface; **~wunde** *f* cut

Schnitz- ['ʃnɪts] *zW:* **~arbeit** *f* wood carving; **~el** (-s, -) *nt* chip; (*KOCH*) escalope; **s~en** *vt* to carve; **~er** (-s, -) *m* carver; (*umg*) blunder; **~e'rei** *f* carving; carved woodwork

schnodderig ['ʃnɔdərɪç] (*umg*) *adj* snotty

Schnorchel ['ʃnɔrçəl] (-s, -) *m* snorkel

Schnörkel ['ʃnœrkəl] (-s, -) *m* flourish; (*ARCHIT*) scroll

schnorren ['ʃnɔrən] *vt, vi* to cadge

schnüffeln ['ʃnʏfəln] *vi* to sniff

Schnüffler (-s, -) *m* snooper

Schnuller ['ʃnʊlər] (-s, -) *m* dummy, comforter (*US*)

Schnupfen ['ʃnʊpfən] (-s, -) *m* cold

schnuppern ['ʃnʊpərn] *vi* to sniff

Schnur [ʃnuːr] (-, ⁼e) *f* string, cord; (*ELEK*) flex

schnüren ['ʃnyːrən] *vt* to tie

schnurgerade *adj* straight (as a die)

Schnurrbart ['ʃnʊrbaːrt] *m* moustache

schnurren ['ʃnʊrən] *vi* to purr; (*Kreisel*) to hum

Schnürschuh *m* lace-up (shoe)

Schnürsenkel *m* shoelace

schnurstracks *adv* straight (away)

Schock [ʃɔk] (-(e)s, -e) *m* shock; **s~ieren** [ʃɔ'kiːrən] *vt* to shock, to outrage

Schöffe ['ʃœfə] (-n, -n) *m* lay magistrate; **Schöffin** *f* lay magistrate

Schokolade [ʃoko'laːdə] *f* chocolate

Scholle ['ʃɔlə] *f* clod; (*Eisscholle*) ice floe; (*Fisch*) plaice

---

SCHLÜSSELWORT

---

schon [ʃoːn] *adv* **1** (*bereits*) already; **er ist schon da** he's there already, he's already there; **ist er schon da?** is he there yet?; **warst du schon einmal da?** have you ever been there?; **ich war schon einmal da** I've been there before; **das war schon immer so** that has always been the case; **schon oft** often; **hast du schon gehört?** have you heard?

2 (*bestimmt*) all right; **du wirst schon sehen** you'll see (all right); **das wird schon noch gut** that'll be OK

3 (*bloß*) just; **allein schon das Gefühl ...** just the very feeling ...; **schon der Gedanke** the very thought; **wenn ich das schon höre** I only have to hear that

4 (*einschränkend*): **ja schon, aber ...** yes (well), but ...

5: schon möglich possible; **schon gut!** OK!; **du weißt schon** you know; **komm schon!** come on!

---

schön [ʃøːn] *adj* beautiful; (*nett*) nice; **~e Grüße** best wishes; **~e Ferien** have a nice holiday; **~en Dank** (many) thanks; **sich ~ machen** to make o.s. look nice

schonen ['ʃoːnən] *vt* to look after ♦ *vr* to take it easy; **~d** *adj* careful, gentle

Schön- *zW:* **~heit** *f* beauty; **~heitsfehler** *m* blemish, flaw; **~heitsoperation** *f* cosmetic surgery

Schonkost (-) *f* light diet; (*Spezialdiät*) special diet

Schon- *zW:* **~ung** *f* good care; (*Nachsicht*) consideration; (*Forst*) plantation of young trees; **s~ungslos** *adj* unsparing, harsh; **~zeit** *f* close season

Schöpf- ['ʃœpf] *zW:* **s~en** *vt* to scoop, to ladle; (*Mut*) to summon up; (*Luft*) to breathe in; **~er** (-s, -) *m* creator; **s~erisch**

---

adj creative; **~kelle** *f* ladle; **~ung** *f* creation

Schorf [ʃɔrf] **(-(e)s, -e)** *m* scab

Schornstein ['ʃɔrnʃtaɪn] *m* chimney; *(NAUT)* funnel; **~feger (-s, -)** *m* chimney sweep

Schoß [ʃoːs] **(-es, ⁻e)** *m* lap

schoss ▲ *etc vb siehe* **schießen**

Schoßhund *m* pet dog, lapdog

Schote ['ʃoːtə] *f* pod

Schotte ['ʃɔtə] *m* Scot, Scotsman

Schotter ['ʃɔtər] **(-s)** *m* broken stone, road metal; *(EISENB)* ballast

Schott- [ʃɔt] *zW:* **~in** *f* Scot, Scotswoman; **s~isch** *adj* Scottish, Scots; **~land** *nt* Scotland

schraffieren [ʃraˈfiːrən] *vt* to hatch

schräg [ʃrɛːk] *adj* slanting, not straight; **etw ~ stellen** to put sth at an angle; **~ gegenüber** diagonally opposite; **S~e** ['ʃrɛːgə] *f* slant; **S~strich** *m* oblique stroke

Schramme ['ʃramə] *f* scratch; **s~n** *vt* to scratch

Schrank [ʃraŋk] **(-(e)s, ⁻e)** *m* cupboard; *(Kleiderschrank)* wardrobe; **~e** *f* barrier; **~koffer** *m* trunk

Schraube ['ʃraʊbə] *f* screw; **s~n** *vt* to screw; **~nschlüssel** *m* spanner; **~nzieher (-s, -)** *m* screwdriver

Schraubstock ['ʃraʊpʃtɔk] *m* *(TECH)* vice

Schreck [ʃrɛk] **(-(e)s, -e)** *m* terror; fright; **~en (-s, -)** *m* terror; fright; **s~en** *vt* to frighten, to scare; **~gespenst** *nt* spectre, nightmare; **s~haft** *adj* jumpy, easily frightened; **s~lich** *adj* terrible, dreadful

Schrei [ʃraɪ] **(-(e)s, -e)** *m* scream; *(Ruf)* shout

Schreib- ['ʃraɪb] *zW:* **~block** *m* writing pad; **s~en** *(unreg)* *vt, vi* to write; *(buchstabieren)* to spell; **~en (-s, -)** *nt* letter, communication; **s~faul** *adj* bad about writing letters; **~kraft** *f* typist; **~maschine** *f* typewriter; **~papier** *nt* notepaper; **~tisch** *m* desk; **~ung** *f* spelling; **~waren** *pl* stationery *sg*; **~weise** *f* spelling; way of writing; **~zentrale** *f* typing pool; **~zeug** *nt* writing materials *pl*

schreien ['ʃraɪən] *(unreg)* *vt, vi* to scream; *(rufen)* to shout; **~d** *adj* *(fig)* glaring; *(Farbe)*

loud

Schrein [ʃraɪn] **(-(e)s, -e)** *m* shrine

Schreiner ['ʃraɪnər] **(-s, -)** *m* joiner; *(Zimmermann)* carpenter; *(Möbelschreiner)* cabinetmaker; **~ei** [-'raɪ] *f* joiner's workshop

schreiten ['ʃraɪtən] *(unreg)* *vi* to stride

schrieb *etc* [ʃriːp] *vb siehe* **schreiben**

Schrift [ʃrɪft] **(-, -en)** *f* writing; handwriting; *(~art)* script; *(Gedrucktes)* pamphlet, work; **~deutsch** *nt* written German; **~führer** *m* secretary; **s~lich** *adj* written ♦ *adv* in writing; **~sprache** *f* written language; **~steller(in) (-s, -)** *m(f)* writer; **~stück** *nt* document; **~wechsel** *m* correspondence

schrill [ʃrɪl] *adj* shrill

Schritt [ʃrɪt] **(-(e)s, -e)** *m* step; *(Gangart)* walk; *(Tempo)* pace; *(von Hose)* crutch; **~ fahren** to drive at walking pace; **~macher (-s, -)** *m* pacemaker; **~tempo** ▲ *nt:* **im ~tempo** at a walking pace

schroff [ʃrɔf] *adj* steep; *(zackig)* jagged; *(fig)* brusque

schröpfen ['ʃrœpfən] *vt* *(fig)* to fleece

Schrot [ʃroːt] **(-(e)s, -e)** *m od nt* *(Blei)* (small) shot; *(Getreide)* coarsely ground grain, groats *pl*; **~flinte** *f* shotgun

Schrott [ʃrɔt] **(-(e)s, -e)** *m* scrap metal; **~haufen** *m* scrap heap; **s~reif** *adj* ready for the scrap heap

schrubben ['ʃrʊbən] *vt* to scrub

Schrubber (-s, -) *m* scrubbing brush

schrumpfen ['ʃrʊmpfən] *vi* to shrink; *(Apfel)* to shrivel

Schub- ['ʃuːb] *zW:* **~fach** *nt* drawer; **~karren** *m* wheelbarrow; **~lade** *f* drawer

Schubs [ʃuːps] **(-es, -e)** *(umg)* *m* shove *(inf)*, push

schüchtern ['ʃʏçtərn] *adj* shy; **S~heit** *f* shyness

Schuft [ʃʊft] **(-(e)s, -e)** *m* scoundrel

schuften *(umg)* *vi* to graft, to slave away

Schuh [ʃuː] **(-(e)s, -e)** *m* shoe; **~band** *nt* shoelace; **~creme** *f* shoe polish; **~größe** *f* shoe size; **~löffel** *m* shoehorn; **~macher (-s, -)** *m* shoemaker

Schul- *zW:* **~arbeit** *f* homework *(no pl)*; **~aufgaben** *pl* homework *sg*; **~besuch** *m*

school attendance; **~buch** nt school book

Schuld [ʃʊlt] (-, -en) f guilt; (FIN) debt; (*Verschulden*) fault; **~ haben (an** +dat) to be to blame (for); **er hat ~** it's his fault; **jdm ~ geben** to blame sb; *siehe* **zuschulden; s~** adj: **s~ sein (an** +dat) to be to blame (for); **er ist s~** it's his fault; **s~en** [ˈʃʊldən] vt to owe; **s~enfrei** adj free from debt; **~gefühl** nt feeling of guilt; **s~ig** adj guilty; (*gebührend*) due; **s~ig an etw** dat **sein** to be guilty of sth; **jdm etw s~ig sein** to owe sb sth; **jdm etw s~ig bleiben** not to provide sb with sth; **s~los** adj innocent, without guilt; **~ner** (-s, -) m debtor; **~schein** m promissory note, IOU

Schule [ˈʃuːlə] f school; **s~n** vt to train, to school

Schüler(in) [ˈʃyːlər(ɪn)] (-s, -) m(f) pupil; **~austausch** m school od student exchange; **~ausweis** m (school) student card

Schul- zW: **~ferien** pl school holidays; **s~frei** adj: **s~freier Tag** holiday; **s~frei sein** to be a holiday; **~hof** m playground; **~jahr** nt school year; **~kind** nt schoolchild; **s~pflichtig** adj of school age; **~schiff** nt (NAUT) training ship; **~stunde** f period, lesson; **~tasche** f school bag

Schulter [ˈʃʊltər] (-, -n) f shoulder; **~blatt** nt shoulder blade; **s~n** vt to shoulder

Schulung f education, schooling

Schulzeugnis nt school report

Schund [ʃʊnt] (-(e)s) m trash, garbage

Schuppe [ˈʃʊpə] f scale; **~n** pl (*Haarschuppen*) dandruff sg

Schuppen (-s, -) m shed

schuppig [ˈʃʊpɪç] adj scaly

Schur [ʃuːr] (-, -en) f shearing

schüren [ˈʃyːrən] vt to rake; (*fig*) to stir up

schürfen [ˈʃʏrfən] vt, vi to scrape, to scratch; (MIN) to prospect

Schurke [ˈʃʊrkə] (-n, -n) m rogue

Schurwolle f: **"reine ~"** "pure new wool"

Schürze [ˈʃʏrtsə] f apron

Schuss ▲ [ʃʊs] (-es, ⁻e) m shot; (WEBEN) woof; **~bereich** m effective range

Schüssel [ˈʃʏsəl] (-, -n) f bowl

Schuss- ▲ zW: **~linie** f line of fire; **~verletzung** f bullet wound; **~waffe** f firearm

Schuster [ˈʃuːstər] (-s, -) m cobbler, shoemaker

Schutt [ʃʊt] (-(e)s) m rubbish; (*Bauschutt*) rubble

Schüttelfrost m shivering

schütteln [ˈʃʏtəln] vt, vr to shake

schütten [ˈʃʏtən] vt to pour; (*Zucker, Kies etc*) to tip; (*verschütten*) to spill ♦ vi unpers to pour (down)

Schutthalde f dump

Schutthaufen m heap of rubble

Schutz [ʃʊts] (-es) m protection; (*Unterschlupf*) shelter; **jdn in ~ nehmen** to stand up for sb; **~anzug** m overalls pl; **~blech** nt mudguard

Schütze [ˈʃʏtsə] (-n, -n) m gunman; (*Gewehrschütze*) rifleman; (*Scharfschütze, Sportschütze*) marksman; (ASTROL) Sagittarius

schützen [ˈʃʏtsən] vt to protect; **~ vor** +dat od **gegen** to protect from

Schützenfest nt fair featuring shooting matches

Schutz- zW: **~engel** m guardian angel; **~gebiet** nt protectorate; (*Naturschutzgebiet*) reserve; **~hütte** f shelter, refuge; **~impfung** f immunisation

Schützling [ˈʃʏtslɪŋ] m protégé(e); (*bes Kind*) charge

Schutz- zW: **s~los** adj defenceless; **~mann** m policeman; **~patron** m patron saint

Schwaben [ˈʃvaːbən] nt Swabia; **schwäbisch** adj Swabian

schwach [ʃvax] adj weak, feeble

Schwäche [ˈʃvɛçə] f weakness; **s~n** vt to weaken

Schwachheit f weakness

schwächlich adj weakly, delicate

Schwächling m weakling

Schwach- zW: **~sinn** m imbecility; **s~sinnig** adj mentally deficient; (*Idee*) idiotic; **~strom** m weak current

Schwächung [ˈʃvɛçʊŋ] f weakening

Schwager [ˈʃvaːgər] (-s, ⁻) m brother-in-law

Schwägerin [ˈʃvɛːgərɪn] f sister-in-law

Rechtschreibreform: ▲ *neue Schreibung* △ *alte Schreibung (auslaufend)*

Schwalbe ['ʃvalbə] f swallow

Schwall [ʃval] (-(e)s, -e) m surge; (Worte) flood, torrent

Schwamm [ʃvam] (-(e)s, ⁻e) m sponge; (Pilz) fungus

schwamm etc vb siehe **schwimmen**

schwammig adj spongy; (Gesicht) puffy

Schwan [ʃvaːn] (-(e)s, ⁻e) m swan

schwanger ['ʃvaŋər] adj pregnant; **S~schaft** f pregnancy

schwanken vi to sway; (taumeln) to stagger, to reel; (Preise, Zahlen) to fluctuate; (zögern) to hesitate, to vacillate

Schwankung f fluctuation

Schwanz [ʃvants] (-es, ⁻e) m tail

schwänzen ['ʃvɛntsən] (umg) vt to skip, to cut ♦ vi to play truant

Schwarm [ʃvarm] (-(e)s, ⁻e) m swarm; (umg) heart-throb, idol

schwärm- ['ʃvɛrm] zW: **~en** vi to swarm; **~en für** to be mad od wild about; **S~erei** [-ə'raɪ] f enthusiasm; **~erisch** adj impassioned, effusive

Schwarte ['ʃvartə] f hard skin; (Speckschwarte) rind

schwarz [ʃvarts] adj black; **~es Brett** notice board; **ins S~e treffen** (auch fig) to hit the bull's eye; **in den ~en Zahlen** in the black; **~ sehen** (umg) to see the gloomy side of things; **S~arbeit** f illicit work, moonlighting; **S~brot** nt black bread; **S~e(r)** f(m) black (man/woman)

Schwärze ['ʃvɛrtsə] f blackness; (Farbe) blacking; (Druckerschwärze) printer's ink; **s~n** vt to blacken

Schwarz- zW: **s~fahren** (unreg) vi to travel without paying; to drive without a licence; **~handel** m black market (trade); **~markt** m black market; **~wald** m Black Forest; **s~weiß, s~–weiß** adj black and white

schwatzen ['ʃvatsən] vi to chatter

schwätzen ['ʃvɛtsən] vi to chatter

Schwätzer ['ʃvɛtsər] (-s, -) m gasbag

schwatzhaft adj talkative, gossipy

Schwebe ['ʃveːbə] f: **in der ~** (fig) in abeyance; **~bahn** f overhead railway; **s~n** vi to drift, to float; (hoch) to soar

Schwed- ['ʃveːd] zW: **~e** m Swede; **~en** nt Sweden; **~in** f Swede; **s~isch** adj Swedish

Schwefel ['ʃveːfəl] (-s) m sulphur; **s~ig** adj sulphurous; **~säure** f sulphuric acid

Schweig- ['ʃvaɪg] zW: **~egeld** nt hush money; **~en** (-s) nt silence; **s~en** (unreg) vi to be silent; to stop talking; **~epflicht** f pledge of secrecy; (von Anwalt) requirement of confidentiality; **s~sam** ['ʃvaɪkzaːm] adj silent, taciturn; **~samkeit** f taciturnity, quietness

Schwein [ʃvaɪn] (-(e)s, -e) nt pig; (umg) (good) luck

Schweine- zW: **~fleisch** nt pork; **~'rei** f mess; (Gemeinheit) dirty trick; **~stall** m pigsty

schweinisch adj filthy

Schweinsleder nt pigskin

Schweiß [ʃvaɪs] (-es) m sweat, perspiration; **s~en** vt, vi to weld; **~er** (-s, -) m welder; **~füße** pl sweaty feet; **~naht** f weld

Schweiz [ʃvaɪts] f Switzerland; **~er(in)** m(f) Swiss; **s~erisch** adj Swiss

schwelgen ['ʃvɛlgən] vi to indulge

Schwelle ['ʃvɛlə] f (auch fig) threshold; doorstep; (EISENB) sleeper (BRIT), tie (US)

schwellen (unreg) vi to swell

Schwellung f swelling

Schwemme ['ʃvɛmə] f (WIRTS: Überangebot) surplus

Schwenk- ['ʃvɛŋk] zW: **s~bar** adj swivel-mounted; **s~en** vt to swing; (Fahne) to wave; (abspülen) to rinse ♦ vi to turn, to swivel; (MIL) to wheel; **~ung** f turn; wheel

schwer [ʃveːr] adj heavy; (schwierig) difficult, hard; (schlimm) serious, bad ♦ adv (sehr) very (much); (verletzt etc) seriously, badly; **~ erziehbar** difficult (to bring up); **jdm ~ fallen** to be difficult for sb; **jdm/sich etw ~ machen** to make sth difficult for sb/o.s.; **~ nehmen** to take to heart; **sich** dat od akk **~ tun** to have difficulties; **~ verdaulich** indigestible, heavy; **~ wiegend** weighty, important; **S~arbeiter** m manual worker, labourer; **S~behinderte(r)** f(m) seriously handicapped person; **S~e** *f* weight, heaviness; (*PHYS*) gravity; **~elos** *adj* weightless; (*Kammer*) zero-G; **~fällig** *adj* ponderous; **S~gewicht** *nt* heavyweight; (*fig*) emphasis; **~hörig** *adj* hard of hearing; **S~industrie** *f* heavy industry; **S~kraft** *f* gravity; **S~kranke(r)** *f(m)* person who is seriously ill; **~lich** *adv* hardly; **~mütig** *adj* melancholy; **S~punkt** *m* centre of gravity; (*fig*) emphasis, crucial point

Schwert [ʃveːrt] (-(e)s, -er) *nt* sword; **~lilie** *f* iris

schwer- *zW*: **S~verbrecher(in)** *m(f)* criminal, serious offender; **S~verletzte(r)** *f(m)* serious casualty; (*bei Unfall usw auch*) seriously injured person

Schwester [ˈʃvɛstər] (-, -n) *f* sister; (*MED*) nurse; **s~lich** *adj* sisterly

Schwieger- [ˈʃviːɡər] *zW*: **~eltern** *pl* parents-in-law; **~mutter** *f* mother-in-law; **~sohn** *m* son-in-law; **~tochter** *f* daughter-in-law; **~vater** *m* father-in-law

schwierig [ˈʃviːrɪç] *adj* difficult, hard; **S~keit** *f* difficulty

Schwimm- [ˈʃvɪm] *zW*: **~bad** *nt* swimming baths *pl*; **~becken** *nt* swimming pool; **s~en** (*unreg*) *vi* to swim; (*treiben, nicht sinken*) to float; (*fig: unsicher sein*) to be all at sea; **~er** (-s, -) *m* swimmer; (*Angeln*) float; **~erin** *f* (female) swimmer; **~lehrer** *m* swimming instructor; **~weste** *f* life jacket

Schwindel [ˈʃvɪndəl] (-s) *m* giddiness; dizzy spell; (*Betrug*) swindle, fraud; (*Zeug*) stuff; **s~frei** *adj*: **s~frei sein** to have a good head for heights; **s~n** (*umg*) *vi* (*lügen*) to fib; **jdm s~t es** sb feels dizzy

schwinden [ˈʃvɪndən] (*unreg*) *vi* to disappear; (*sich verringern*) to decrease; (*Kräfte*) to decline

Schwindler [ˈʃvɪndlər] *m* swindler; (*Lügner*) liar

schwindlig *adj* dizzy; **mir ist ~** I feel dizzy

Schwing- [ˈʃvɪŋ] *zW*: **s~en** (*unreg*) *vt* to swing; (*Waffe etc*) to brandish ♦ *vi* to swing; (*vibrieren*) to vibrate; (*klingen*) to sound; **~tür** *f* swing door(s); **~ung** *f* vibration;

(*PHYS*) oscillation

Schwips [ʃvɪps] (-es, -e) *m*: **einen ~ haben** to be tipsy

schwirren [ˈʃvɪrən] *vi* to buzz

schwitzen [ˈʃvɪtsən] *vi* to sweat, to perspire

schwören [ˈʃvøːrən] (*unreg*) *vt, vi* to swear

schwul [ʃvuːl] (*umg*) *adj* gay, queer

schwül [ʃvyːl] *adj* sultry, close; **S~e** (-) *f* sultriness

Schwule(r) (*umg*) *f(m)* gay (man/woman)

Schwung [ʃvʊŋ] (-(e)s, ⁺e) *m* swing; (*Triebkraft*) momentum; (*fig: Energie*) verve, energy; (*umg: Menge*) batch; **s~haft** *adj* brisk, lively; **s~voll** *adj* vigorous

Schwur [ʃvuːr] (-(e)s, ⁺e) *m* oath; **~gericht** *nt* court with a jury

sechs [zɛks] *num* six; **~hundert** *num* six hundred; **~te(r, s)** *adj* sixth; **S~tel** (-s, -) *nt* sixth

sechzehn [ˈzɛçtseːn] *num* sixteen

sechzig [ˈzɛçtsɪç] *num* sixty

See¹ [zeː] (-, -n) *f* sea

See² [zeː] (-s, -n) *m* lake

See- [zeː] *zW*: **~bad** *nt* seaside resort; **~hund** *m* seal; **~igel** [ˈzeːliːɡəl] *m* sea urchin; **s~krank** *adj* seasick; **~krankheit** *f* seasickness; **~lachs** *m* rock salmon

Seele [ˈzeːlə] *f* soul; **s~nruhig** *adv* calmly

Seeleute [ˈzeːlɔytə] *pl* seamen

Seel- *zW*: **s~isch** *adj* mental; **~sorge** *f* pastoral duties *pl*; **~sorger** (-s, -) *m* clergyman

See- *zW*: **~macht** *f* naval power; **~mann** (*pl* **-leute**) *m* seaman, sailor; **~meile** *f* nautical mile; **~möwe** *f* (*ZOOL*) seagull; **~not** *f* distress; **~räuber** *m* pirate; **~rose** *f* water lily; **~stern** *m* starfish; **s~tüchtig** *adj* seaworthy; **~weg** *m* sea route; **auf dem ~weg** by sea; **~zunge** *f* sole

Segel [ˈzeːɡəl] (-s, -) *nt* sail; **~boot** *nt* yacht; **~fliegen** *nt* gliding; **~flieger** *m* glider pilot; **~flugzeug** *nt* glider; **s~n** *vt, vi* to sail; **~schiff** *nt* sailing vessel; **~sport** *m* sailing; **~tuch** *nt* canvas

Segen [ˈzeːɡən] (-s, -) *m* blessing

Segler [ˈzeːɡlər] (-s, -) *m* sailor, yachtsman

segnen [ˈzeːɡnən] *vt* to bless

Seh- ['ze:] zW: **s~behindert** adj partially sighted; **s~en** (unreg) vt, vi to see; (in bestimmte Richtung) to look; **mal s~en(, ob ...)** let's see (if ...); **siehe Seite 5** see page 5; **s~enswert** adj worth seeing; **~enswürdigkeiten** pl sights (of a town); **~fehler** m sight defect

Sehne ['ze:nə] f sinew; (an Bogen) string

sehnen vr: **sich ~ nach** to long od yearn for

sehnig adj sinewy

Sehn- zW: **s~lich** adj ardent; **~sucht** f longing; **s~süchtig** adj longing

sehr [ze:r] adv very; (mit Verben) a lot, (very) much; **zu ~** too much; **~ geehrte(r) ...** dear ...

seicht [zaɪçt] adj (auch fig) shallow

Seide ['zaɪdə] f silk; **s~n** adj silk; **~npapier** nt tissue paper

seidig ['zaɪdɪç] adj silky

Seife ['zaɪfə] f soap

Seifen- zW: **~lauge** f soapsuds pl; **~schale** f soap dish; **~schaum** m lather

seihen ['zaɪən] vt to strain, to filter

Seil [zaɪl] (-(e)s, -e) nt rope; cable; **~bahn** f cable railway; **~hüpfen** (-s) nt skipping; **~springen** (-s) nt skipping; **~tänzer(in)** m(f) tightrope walker

sein [zaɪn] (pt **war**, pp **gewesen**) vi **1** to be; **ich bin I** am; **du bist** you are; **er/sie/es ist** he/she/it is; **wir sind/ihr seid/sie sind** we/you/they are; **wir waren** we were; **wir sind gewesen** we have been
2: seien Sie nicht böse don't be angry; **sei so gut und ...** be so kind as to ...; **das wäre gut** that would od that'd be a good thing; **wenn ich Sie wäre** if I were od was you; **das wärs** that's all, that's it; **morgen bin ich in Rom** tomorrow I'll od I will od I shall be in Rome; **waren Sie mal in Rom?** have you ever been to Rome?
3: wie ist das zu verstehen? how is that to be understood?; **er ist nicht zu ersetzen** he cannot be replaced; **mit ihr ist nicht zu reden** you can't talk to her

4: mir ist kalt I'm cold; **was ist?** what's the matter?, what is it?; **ist was?** is something the matter?; **es sei denn, dass ...** unless ...; **wie dem auch sei** be that as it may; **wie wäre es mit ...?** how od what about ...?; **lass das sein!** stop that!

sein(e) ['zaɪn(ə)] adj his; its; **~e(r, s)** pron his; its; **~er** (gen von **er**) pron of him; **~erseits** adv for his part; **~erzeit** adv in those days, formerly; **~esgleichen** pron people like him; **~etwegen** adv (für ihn) for his sake; (wegen ihm) on his account; (von ihm aus) as far as he is concerned; **~etwillen** adv: **um ~etwillen** = **seinetwegen**; **~ige** pron: **der/die/das ~ige** od **S~ige** his

seit [zaɪt] präp +dat since ♦ konj since; **er ist ~ einer Woche hier** he has been here for a week; **~ langem** for a long time; **~dem** [zaɪt'de:m] adv, konj since

Seite ['zaɪtə] f side; (Buch~) page; (MIL) flank

Seiten- zW: **~airbag** m side-impact airbag; **~ansicht** f side view; **~hieb** m (fig) passing shot, dig; **s~s** präp +gen on the part of; **~schiff** nt aisle; **~sprung** m extramarital escapade; **~stechen** nt (a) stitch; **~straße** f side road; **~streifen** m verge; (der Autobahn) hard shoulder

seither [zaɪt'he:r] adv, konj since (then)

seit- zW: **~lich** adj on one od the side; side cpd; **~wärts** adv sidewards

Sekretär [zekre'tɛ:r] m secretary; (Möbel) bureau

Sekretariat [zekretari'a:t] (-(e)s, -e) nt secretary's office, secretariat

Sekretärin f secretary

Sekt [zɛkt] (-(e)s, -e) m champagne

Sekte ['zɛktə] f sect

Sekunde [ze'kʊndə] f second

selber ['zɛlbər] = **selbst**

Selbst [zɛlpst] (-) nt self

selbst [zɛlpst] pron **1**: **ich/er/wir selbst** I myself/he himself/we ourselves; **sie ist die Tugend selbst** she's virtue itself; **er braut**

sein Bier selbst he brews his own beer; **wie gehts? - gut, und selbst?** how are things? - fine, and yourself?

2 (*ohne Hilfe*) alone, on my/his/one's *etc* own; **von selbst** by itself; **er kam von selbst** he came of his own accord; **selbst gemacht** home-made

♦ *adv* even; **selbst wenn** even if; **selbst Gott** even God (himself)

selbständig *etc* ['zɛlpʃtɛndiç] = **selbst-ständig** *etc*

Selbst- *zW:* **~auslöser** *m* (*PHOT*) delayed-action shutter release; **~bedienung** *f* self-service; **~befriedigung** *f* masturbation; **~beherrschung** *f* self-control; **~bestimmung** *f* (*POL*) self-determination; **~beteiligung** *f* (*VERSICHERUNG: bei Kosten*) (voluntary) excess; **s~bewusst ▲** *adj* (self-)confident; **~bewusstsein ▲** *nt* self-confidence; **~erhaltung** *f* self-preservation; **~erkenntnis** *f* self-knowledge; **s~gefällig** *adj* smug, self-satisfied; **~gespräch** *nt* conversation with o.s.; **~kostenpreis** *m* cost price; **s~los** *adj* unselfish, selfless; **~mord** *m* suicide; **~mörder(in)** *m(f)* suicide; **s~mörderisch** *adj* suicidal; **s~sicher** *adj* self-assured; **s~ständig ▲** *adj* independent; **s~ständigkeit ▲** *f* independence; **s~süchtig** *adj* (*Mensch*) selfish; **~versorger** (**-s, -**) *m* (*im Urlaub etc*) self-caterer; **s~verständlich** ['zɛlpstfɛrʃtɛntliç] *adj* obvious ♦ *adv* naturally; **ich halte das für s~verständlich** I take that for granted; **~verteidigung** *f* self-defence; **~vertrauen** *nt* self-confidence; **~verwaltung** *f* autonomy, self-government

selig ['ze:liç] *adj* happy, blissful; (*REL*) blessed; (*tot*) late; **S~keit** *f* bliss

Sellerie ['zɛləri:] (**-s, -(s)** *od* **-, -**) *m od f* celery

selten ['zɛltən] *adj* rare ♦ *adv* seldom, rarely; **S~heit** *f* rarity

Selterswasser ['zɛltɐsvasɐ] *nt* soda water

seltsam ['zɛltza:m] *adj* strange, curious; **S~keit** *f* strangeness

Semester [ze'mɛstɐ] (**-s, -**) *nt* semester; **~ferien** *pl* vacation *sg*

Semi- [zemi] *in zW* semi-; **~kolon** [-'ko:lɔn] (**-s, -s**) *nt* semicolon

Seminar [zemi'na:r] (**-s, -e**) *nt* seminary; (*Kurs*) seminar; (*UNIV: Ort*) department building

Semmel ['zɛməl] (**-, -n**) *f* roll

Senat [ze'na:t] (**-(e)s, -e**) *m* senate, council

Sende- ['zɛndə] *zW:* **~bereich** *m* transmission range; **~folge** *f* (*Serie*) series; **s~n** (*unreg*) *vt* to send; (*RADIO, TV*) to transmit, to broadcast ♦ *vi* to transmit, to broadcast; **~r** (**-s, -**) *m* station; (*Anlage*) transmitter; **~reihe** *f* series (of broadcasts)

Sendung ['zɛndʊŋ] *f* consignment; (*Aufgabe*) mission; (*RADIO, TV*) transmission; (*Programm*) programme

Senf [zɛnf] (**-(e)s, -e**) *m* mustard

senil [ze'ni:l] (*pej*) *adj* senile

Senior(in) ['ze:niɔr(ɪn)] (**-s, -en**) *m(f)* (*Mensch im Rentenalter*) (old age) pensioner

Seniorenheim [zeniˈoːrənhaɪm] *nt* old people's home

Senk- ['zɛŋk] *zW:* **~blei** *nt* plumb; **~e** *f* depression; **s~en** *vt* to lower ♦ *vr* to sink, to drop gradually; **s~recht** *adj* vertical, perpendicular; **~rechte** *f* perpendicular; **~rechtstarter** *m* (*AVIAT*) vertical take-off plane; (*fig*) high-flyer

Sensation [zɛnzatsiˈoːn] *f* sensation; **s~ell** [-ˈnɛl] *adj* sensational

sensibel [zɛnˈziːbəl] *adj* sensitive

sentimental [zɛntimɛnˈtaːl] *adj* sentimental; **S~ität** *f* sentimentality

separat [zepaˈraːt] *adj* separate

September [zɛpˈtɛmbɐr] (**-(s), -**) *m* September

Serie ['ze:riə] *f* series

serien- *zW:* **~mäßig** *adj* standard; **S~mörder(in)** *m(f)* serial killer; **~weise** *adv* in series

seriös [zeriˈøːs] *adj* serious, bona fide

Service¹ [zɛrˈviːs] (**-(s), -**) *nt* (*Geschirr*) set, service

Service² (**-, -s**) *m* service

servieren [zɛrˈviːrən] *vt, vi* to serve

Serviererin [zɛrˈviːrərɪn] *f* waitress

Serviette [zɛrviˈɛtə] *f* napkin, serviette

Servo- [ˈzɛrvo] *zW*: **~bremse** *f* (*AUT*) servo(-assisted) brake; **~lenkung** *f* (*AUT*) power steering

Sessel [ˈzɛsəl] (**-s, -**) *m* armchair; **~lift** *m* chairlift

sesshaft ▲ [ˈzɛshaft] *adj* settled; (*ansässig*) resident

setzen [ˈzɛtsən] *vt* to put, to set; (*Baum etc*) to plant; (*Segel, TYP*) to set ♦ *vr* to settle; (*Person*) to sit down ♦ *vi* (*springen*) to leap; (*wetten*) to bet

Setz- [ˈzɛts] *zW*: **~er** (**-s, -**) *m* (*TYP*) compositor; **~ling** *m* young plant

Seuche [ˈzɔʏçə] *f* epidemic; **~ngebiet** *nt* infected area

seufzen [ˈzɔʏftsən] *vt, vi* to sigh

Seufzer [ˈzɔʏftsər] (**-s, -**) *m* sigh

Sex [zɛks] (**-(es)**) *m* sex; **~ualität** [-ualiˈtɛt] *f* sex, sexuality; **~ualkunde** [zɛksuˈaːl-] *f* (*SCH*) sex education; **s~uell** [-uˈɛl] *adj* sexual

Shampoo [ʃamˈpuː] (**-s, -s**) *nt* shampoo

Sibirien [ziˈbiːriən] *nt* Siberia

SCHLÜSSELWORT

sich [zɪç] *pron* **1** (*akk*): **er/sie/es ... sich** he/she/it ... himself/herself/itself; **sie** *pl/* **man ... sich** they/one ... themselves/ oneself; **Sie ... sich** you ... yourself/ yourselves *pl*; **sich wiederholen** to repeat oneself/itself

2 (*dat*): **er/sie/es ... sich** he/she/it ... to himself/herself/itself; **sie** *pl/***man ... sich** they/one ... to themselves/oneself; **Sie ... sich** you ... to yourself/yourselves *pl*; **sie hat sich einen Pullover gekauft** she bought herself a jumper; **sich die Haare waschen** to wash one's hair

3 (*mit Präposition*): **haben Sie Ihren Ausweis bei sich?** do you have your pass on you?; **er hat nichts bei sich** he's got nothing on him; **sie bleiben gern unter sich** they keep themselves to themselves

4 (*einander*) each other, one another; **sie bekämpfen sich** they fight each other *od*

one another

5: **dieses Auto fährt sich gut** this car drives well; **hier sitzt es sich gut** it's good to sit here

---

Sichel [ˈzɪçəl] (**-, -n**) *f* sickle; (*Mondsichel*) crescent

sicher [ˈzɪçər] *adj* safe; (*gewiss*) certain; (*zuverlässig*) secure, reliable; (*selbstsicher*) confident; **vor jdm/etw ~ sein** to be safe from sb/sth; **ich bin nicht ~** I'm not sure *od* certain; **~ nicht** surely not; **aber ~!** of course!; **~gehen** (*unreg*) *vi* to make sure

Sicherheit [ˈzɪçərhaɪt] *f* safety; (*auch FIN*) security; (*Gewissheit*) certainty; (*Selbstsicherheit*) confidence

Sicherheits- *zW*: **~abstand** *m* safe distance; **~glas** *nt* safety glass; **~gurt** *m* safety belt; **s~halber** *adv* for safety; to be on the safe side; **~nadel** *f* safety pin; **~schloss** ▲ *nt* safety lock; **~vorkehrung** *f* safety precaution

sicher- *zW*: **~lich** *adv* certainly, surely; **~n** *vt* to secure; (*schützen*) to protect; (*Waffe*) to put the safety catch on; **jdm etw ~n** to secure sth for sb; **sich** *dat* **etw ~n** to secure sth (for o.s.); **~stellen** *vt* to impound; (*COMPUT*) to save; **S~ung** *f* (*S~n*) securing; (*Vorrichtung*) safety device; (*an Waffen*) safety catch; (*ELEK*) fuse; **S~ungskopie** *f* back-up copy

Sicht [zɪçt] (**-**) *f* sight; (*Aussicht*) view; **auf** *od* **nach ~** (*FIN*) at sight; **auf lange ~** on a long-term basis; **s~bar** *adj* visible; **s~en** *vt* to sight; (*auswählen*) to sort out; **s~lich** *adj* evident, obvious; **~verhältnisse** *pl* visibility *sg*; **~vermerk** *m* visa; **~weite** *f* visibility

sickern [ˈzɪkərn] *vi* to trickle, to seep

Sie [ziː] (*nom, akk*) *pron* you

sie [ziː] *pron* (*sg: nom*) she, it; (: *akk*) her, it; (*pl: nom*) they; (: *akk*) them

Sieb [ziːp] (**-(e)s, -e**) *nt* sieve; (*KOCH*) strainer; **s~en**[1] [ˈziːbən] *vt* to sift; (*Flüssigkeit*) to strain

sieben[2] *num* seven; **~hundert** *num* seven hundred; **S~sachen** *pl* belongings

---

Spelling Reform: ▲ *new spelling* △ *old spelling (to be phased out)*

siebte(r, s) ['zi:ptə(r, s)] *adj* seventh; **S~l
(-s, -)** *nt* seventh

siebzehn ['zi:ptse:n] *num* seventeen

siebzig ['zi:ptsɪç] *num* seventy

siedeln ['zi:dəln] *vi* to settle

sieden ['zi:dən] *vt, vi* to boil, to simmer

Siedepunkt *m* boiling point

Siedler (-s, -) *m* settler

Siedlung *f* settlement; (*Häusersiedlung*)
housing estate

Sieg [zi:k] **(-(e)s, -e)** *m* victory

Siegel ['zi:gəl] **(-s, -)** *nt* seal; **~ring** *m* signet
ring

Sieg- *zW:* **s~en** *vi* to be victorious; (*SPORT*)
to win; **~er (-s, -)** *m* victor; (*SPORT etc*)
winner; **s~reich** *adj* victorious

siehe *etc* ['zi:ə] *vb siehe* **sehen**

siezen ['zi:tsən] *vt* to address as "Sie"

Signal [zɪ'gna:l] **(-s, -e)** *nt* signal

Silbe ['zɪlbə] *f* syllable

Silber ['zɪlbər] **(-s)** *nt* silver; **~hochzeit** *f*
silver wedding (anniversary); **s~n** *adj* silver;
~papier *nt* silver paper

Silhouette [zilu'ɛtə] *f* silhouette

Silvester [zɪl'vɛstər] **(-s, -)** *nt* New Year's
Eve, Hogmanay (*SCOTTISH*); **~abend** *m* =
Silvester

Silvester

ⓘ **Silvester** *is the German word for New
Year's Eve. Although not an official
holiday most businesses close early and
shops shut at midday. Most Germans
celebrate in the evening, and at midnight
they let off fireworks and rockets; the revelry
usually lasts until the early hours of the
morning.*

---

simpel ['zɪmpəl] *adj* simple

Sims [zɪms] **(-es, -e)** *nt od m* (*Kaminsims*)
mantelpiece; (*Fenstersims*) (window)sill

simulieren [zimu'li:rən] *vt* to simulate;
(*vortäuschen*) to feign ♦ *vi* to feign illness

simultan [zimʊl'ta:n] *adj* simultaneous

Sinfonie [zɪnfo'ni:] *f* symphony

singen ['zɪŋən] (*unreg*) *vt, vi* to sing

Singular ['zɪŋgula:r] *m* singular

Singvogel ['zɪŋfo:gəl] *m* songbird

sinken ['zɪŋkən] (*unreg*) *vi* to sink; (*Preise etc*)
to fall, to go down

Sinn [zɪn] **(-(e)s, -e)** *m* mind;
(*Wahrnehmungssinn*) sense; (*Bedeutung*)
sense, meaning; **~ für etw** sense of sth;
von ~en sein to be out of one's mind; **es
hat keinen ~** there's no point; **~bild** *nt*
symbol; **s~en** (*unreg*) *vi* to ponder; **auf
etw** *akk* **s~en** to contemplate sth;
~estäuschung *f* illusion; **s~gemäß** *adj*
faithful; (*Wiedergabe*) in one's own words;
s~ig *adj* clever; **s~lich** *adj* sensual,
sensuous; (*Wahrnehmung*) sensory;
~lichkeit *f* sensuality; **s~los** *adj* senseless;
meaningless; **~losigkeit** *f* senselessness;
meaninglessness; **s~voll** *adj* meaningful;
(*vernünftig*) sensible

Sintflut ['zɪntflu:t] *f* Flood

Sippe ['zɪpə] *f* clan, kin

Sippschaft ['zɪpʃaft] (*pej*) *f* relations *pl*,
tribe; (*Bande*) gang

Sirene [zi're:nə] *f* siren

Sirup ['zi:rʊp] **(-s, -e)** *m* syrup

Sitt- ['zɪt] *zW:* **~e** *f* custom; **~en** *pl* (*~lichkeit*)
morals; **~enpolizei** *f* vice squad; **s~sam**
adj modest, demure

Situation [zituatsi'o:n] *f* situation

Sitz [zɪts] **(-es, -e)** *m* seat; **der Anzug hat
einen guten ~** the suit is a good fit; **s~en**
(*unreg*) *vi* to sit; (*Bemerkung, Schlag*) to strike
home, to tell; (*Gelerntes*) to have sunk in;
s~en bleiben to remain seated; (*SCH*) to
have to repeat a year; **auf etw** *dat* **s~en
bleiben** to be lumbered with sth; **s~en
lassen** (*SCH*) to make (sb) repeat a year;
(*Mädchen*) to jilt; (*Wartenden*) to stand up;
etw auf sich *dat* **s~en lassen** to take sth
lying down; **s~end** *adj* (*Tätigkeit*)
sedentary; **~gelegenheit** *f* place to sit
down; **~platz** *m* seat; **~streik** *m* sit-down
strike; **~ung** *f* meeting

Sizilien [zi'tsi:liən] *nt* Sicily

Skala ['ska:la] **(-, Skalen)** *f* scale

Skalpell [skal'pɛl] **(-s, -e)** *nt* scalpel

Skandal [skan'da:l] **(-s, -e)** *m* scandal; **s~ös**
[-'lø:s] *adj* scandalous

Skandinav- [skandi'na:v] *zW:* **~ien** *nt*
Scandinavia; **~ier(in)** *m(f)* Scandinavian;
s~isch *adj* Scandinavian
Skelett [ske'lɛt] **(-(e)s, -e)** *nt* skeleton
Skepsis ['skɛpsɪs] **(-)** *f* scepticism
skeptisch ['skɛptɪʃ] *adj* sceptical
Ski [ʃi:] **(-s, -er)** *m* ski; **~ laufen** *od* **fahren** to
ski; **~fahrer** *m* skier; **~gebiet** *nt* ski(ing)
area; **~läufer** *m* skier; **~lehrer** *m* ski
instructor; **~lift** *m* ski-lift; **~springen** *nt*
ski-jumping; **~stock** *m* ski-pole
Skizze ['skɪtsə] *f* sketch
skizzieren [skɪ'tsi:rən] *vt, vi* to sketch
Sklave ['skla:və] **(-n, -n)** *m* slave; **~rei** *f*
slavery; **Sklavin** *f* slave
Skonto ['skɔnto] **(-s, -s)** *m od nt* discount
Skorpion [skɔrpi'o:n] **(-s, -e)** *m* scorpion;
(*ASTROL*) Scorpio
Skrupel ['skru:pəl] **(-s, -)** *m* scruple; **s~los**
adj unscrupulous
Skulptur [skʊlp'tu:r] *f* (*Gegenstand*) sculpture
S-Kurve ['ɛskʊrvə] *f* S-bend
Slip [slɪp] **(-s, -s)** *m* (under)pants; **~einlage**
f panty liner
Slowakei [slova'kaɪ] *f:* **die ~** Slovakia
Slowenien [slo've:niən] *nt* Slovenia
Smaragd [sma'rakt] **(-(e)s, -e)** *m* emerald
Smoking ['smo:kɪŋ] **(-s, -s)** *m* dinner jacket

SCHLÜSSELWORT

so [zo:] *adv* **1** (*so sehr*) so; **so groß/schön**
etc so big/nice *etc*; **so groß/schön wie ...**
as big/nice as ...; **so viel (wie)** as much as;
rede nicht so viel don't talk so much; **so**
weit sein to be ready; **so weit wie** *od* **als**
möglich as far as possible; **ich bin so weit**
zufrieden by and large I'm quite satisfied;
so wenig (wie) as little (as); **das hat ihn**
so geärgert, dass ... that annoyed him so
much that ...; **so einer wie ich** somebody
like me; **na so was!** well, well!
2 (*auf diese Weise*) like this; **mach es nicht**
so don't do it like that; **so oder so** in one
way or the other; **so und so weiter** and so
on; **... oder so was** ... or something like
that; **das ist gut so** that's fine; **so genannt**
so-called

3 (*umg: umsonst*): **ich habe es so**
bekommen I got it for nothing
♦ *konj:* **so dass, sodass** so that; **so wie es**
jetzt ist as things are at the moment
♦ *excl:* **so?** really?; **so, das wärs** so, that's
it then

---

s. o. *abk* = **siehe oben**
Söckchen ['zœkçən] *nt* ankle socks
Socke ['zɔkə] *f* sock
Sockel ['zɔkəl] **(-s, -)** *m* pedestal, base
sodass ▲ [zo'das] *konj* so that
Sodawasser ['zo:davasər] *nt* soda water
Sodbrennen ['zo:tbrɛnən] **(-s, -)** *nt*
heartburn
soeben [zo'|e:bən] *adv* just (now)
Sofa ['zo:fa] **(-s, -s)** *nt* sofa
sofern [zo'fɛrn] *konj* if, provided (that)
sofort [zo'fɔrt] *adv* immediately, at once;
~ig *adj* immediate
Sog [zo:k] **(-(e)s, -e)** *m* (*Strömung*) undertow
sogar [zo'ga:r] *adv* even
sogleich [zo'glaɪç] *adv* straight away, at
once
Sohle ['zo:lə] *f* sole; (*Talsohle etc*) bottom;
(*MIN*) level
Sohn [zo:n] **(-(e)s, ⁺e)** *m* son
Solar- [zo'la:r] *in zW* solar; **~zelle** *f* solar
cell
solch [zɔlç] *pron* such; **ein ~e(r, s) ...** such
a ...
Soldat [zɔl'da:t] **(-en, -en)** *m* soldier
Söldner ['zœldnər] **(-s, -)** *m* mercenary
solidarisch [zoli'da:rɪʃ] *adj* in *od* with
solidarity; **sich ~ erklären** to declare one's
solidarity
Solidari'tät *f* solidarity
solid(e) [zo'li:d(ə)] *adj* solid; (*Leben, Person*)
respectable
Solist(in) [zo'lɪst(ɪn)] *m(f)* soloist
Soll [zɔl] **(-(s), -(s))** *nt* (*FIN*) debit (side);
(*Arbeitsmenge*) quota, target

SCHLÜSSELWORT

sollen ['zɔlən] [*pt* **sollte**, *pp* **gesollt** *od* (*als*
Hilfsverb) **sollen**] *Hilfsverb* **1** (*Pflicht, Befehl*)
to be supposed to; **du hättest nicht gehen**

Spelling Reform: ▲ *new spelling* △ *old spelling (to be phased out)*

sollen you shouldn't have gone, you oughtn't to have gone; **soll ich?** shall I?; **soll ich dir helfen?** shall I help you?; **sag ihm, er soll warten** tell him he's to wait; **was soll ich machen?** what should I do? 2 (*Vermutung*): **sie soll verheiratet sein** she's said to be married; **was soll das heißen?** what's that supposed to mean?; **man sollte glauben, dass ...** you would think that ...; **sollte das passieren, ...** if that should happen ...

♦ *vt, vi*: **was soll das?** what's all this?; **das sollst du nicht** you shouldn't do that; **was solls?** what the hell!

Solo ['zo:lo] (**-s, -s** *od* **Soli**) *nt* solo
somit [zo'mɪt] *konj* and so, therefore
Sommer ['zɔmər] (**-s, -**) *m* summer; **s~lich** *adj* summery; summer; **~reifen** *m* normal tyre; **~schlussverkauf** ▲ *m* summer sale; **~sprossen** *pl* freckles
Sonde ['zɔndə] *f* probe
Sonder- ['zɔndər] *in zW* special; **~angebot** *nt* special offer; **s~bar** *adj* strange, odd; **~fahrt** *f* special trip; **~fall** *m* special case; **s~lich** *adj* particular; (*außergewöhnlich*) remarkable; (*eigenartig*) peculiar; **~marke** *f* special issue stamp; **s~n** *konj* but ♦ *vt* to separate; **nicht nur ..., s~n auch** not only ..., but also; **~preis** *m* special reduced price; **~zug** *m* special train
Sonnabend ['zɔn|a:bənt] *m* Saturday
Sonne ['zɔnə] *f* sun; **s~n** *vr* to sun o.s.
Sonnen- *zW*: **~aufgang** *m* sunrise; **s~baden** *vi* to sunbathe; **~brand** *m* sunburn; **~brille** *f* sunglasses *pl*; **~creme** *f* suntan lotion; **~energie** *f* solar energy, solar power; **~finsternis** *f* solar eclipse; **~kollektor** *m* solar panel; **~schein** *m* sunshine; **~schirm** *m* parasol, sunshade; **~schutzfaktor** *m* protection factor; **~stich** *m* sunstroke; **~uhr** *f* sundial; **~untergang** *m* sunset; **~wende** *f* solstice
sonnig ['zɔnɪç] *adj* sunny
Sonntag ['zɔnta:k] *m* Sunday
sonst [zɔnst] *adv* otherwise; (*mit pron, in Fragen*) else; (*zu anderer Zeit*) at other times, normally ♦ *konj* otherwise; **~ noch etwas?** anything else?; **~ nichts** nothing else; **~ jemand** anybody (at all); **~ wo** somewhere else; **~ woher** from somewhere else; **~ wohin** somewhere else; **~ig** *adj* other
sooft [zo'|ɔft] *konj* whenever
Sopran [zo'pra:n] (**-s, -e**) *m* soprano
Sorge ['zɔrgə] *f* care, worry
sorgen *vi*: **für jdn ~** to look after sb ♦ *vr*: **sich ~ (um)** to worry (about); **für etw ~** to take care of *od* see to sth; **~frei** *adj* carefree; **~voll** *adj* troubled, worried
Sorgerecht *nt* custody (of a child)
Sorg- [zɔrk] *zW*: **~falt** (**-**) *f* care(fulness); **s~fältig** *adj* careful; **s~los** *adj* careless; (*ohne ~en*) carefree; **s~sam** *adj* careful
Sorte ['zɔrtə] *f* sort; (*Warensorte*) brand; **~n** *pl* (*FIN*) foreign currency *sg*
sortieren [zɔr'ti:rən] *vt* to sort (out)
Sortiment [zɔrti'mɛnt] *nt* assortment
sosehr [zo'ze:r] *konj* as much as
Soße ['zo:sə] *f* sauce; (*Bratensoße*) gravy
soufflieren [zu'fli:rən] *vt, vi* to prompt
Souterrain [zute'rɛ:] (**-s, -s**) *nt* basement
souverän [zuvə're:n] *adj* sovereign; (*überlegen*) superior
so- *zW*: **~viel** [zo'fi:l] *konj*: **~viel ich weiß** as far as I know; *siehe* **so**; **~weit** [zo'vaɪt] *konj* as far as; *siehe* **so**; **~wenig** [zo've:nɪç] *konj* little as; *siehe* **so**; **~wie** [zo'vi:] *konj* (**~bald**) as soon as; (*ebenso*) as well as; **~wieso** [zovi'zo:] *adv* anyway
sowjetisch ['zɔvjetɪʃ] *adj* Soviet
Sowjetunion *f* Soviet Union
sowohl [zo'vo:l] *konj*: **~ ... als** *od* **wie auch** both ... and
sozial [zotsi'a:l] *adj* social; **S~abgaben** *pl* national insurance contributions; **S~arbeiter(in)** *m(f)* social worker; **S~demokrat** *m* social democrat; **~demokratisch** *adj* social democratic; **S~hilfe** *f* income support (*BRIT*), welfare (aid) (*US*); **~isieren** *vt* to socialize; **S~ismus** [-'lɪsmʊs] *m* socialism; **S~ist** [-'lɪst] *m* socialist; **~istisch** *adj* socialist; **S~politik** *f* social welfare policy; **S~produkt** *nt* (net) national product;

S~staat m welfare state;
S~versicherung f national insurance
(BRIT), social security (US); **S~wohnung** f
council flat

soziologisch [zotsio'lo:gɪʃ] adj sociological

sozusagen [zotsu'za:gən] adv so to speak

Spachtel ['ʃpaxtəl] (-s, -) m spatula

spähen ['ʃpɛːən] vi to peep, to peek

Spalier [ʃpa'liːr] (-s, -e) nt (Gerüst) trellis;
(Leute) guard of honour

Spalt [ʃpalt] (-(e)s, -e) m crack; (Türspalt)
chink; (fig: Kluft) split; **~e** f crack, fissure;
(Gletscherspalte) crevasse; (in Text) column;
s~en vt, vr (auch fig) to split; **~ung** f
splitting

Span [ʃpaːn] (-(e)s, ~e) m shaving

Spanferkel nt sucking pig

Spange ['ʃpaŋə] f clasp; (Haarspange) hair
slide; (Schnalle) buckle

Spanien ['ʃpaːniən] nt Spain; **Spanier(in)**
m(f) Spaniard; **spanisch** adj Spanish

Spann- ['ʃpan] zW: **~beton** m prestressed
concrete; **~betttuch** ▲ nt fitted sheet; **~e**
f (Zeitspanne) space; (Differenz) gap; **s~en**
vt (straffen) to tighten, to tauten;
(befestigen) to brace ♦ vi to be tight;
s~end adj exciting, gripping; **~ung** f
tension; (ELEK) voltage; (fig) suspense;
(unangenehm) tension

Spar- ['ʃpaːr] zW: **~buch** nt savings book;
~büchse f money box; **s~en** vt, vi to
save; **sich** dat **etw s~en** to save o.s. sth;
(Bemerkung) to keep sth to o.s.; **mit etw
s~en** to be sparing with sth; **an etw** dat
s~en to economize on sth; **~er** (-s, -) m
saver

Spargel ['ʃpargəl] (-s, -) m asparagus

Sparkasse f savings bank

Sparkonto nt savings account

spärlich ['ʃpɛːrlɪç] adj meagre; (Bekleidung)
scanty

Spar- zW: **~preis** m economy price;
s~sam adj economical, thrifty; **~samkeit**
f thrift, economizing; **~schwein** nt piggy
bank

Sparte ['ʃpartə] f field; line of business;
(PRESSE) column

Spaß [ʃpaːs] (-es, ~e) m joke; (Freude) fun;
jdm ~ machen to be fun (for sb); **viel ~!**
have fun!; **s~en** vi to joke; **mit ihm ist
nicht zu s~en** you can't take liberties with
him; **s~haft** adj funny, droll; **s~ig** adj
funny, droll

spät [ʃpɛːt] adj, adv late; **wie ~ ist es?**
what's the time?

Spaten ['ʃpaːtən] (-s, -) m spade

später adj, adv later

spätestens adv at the latest

Spätvorstellung f late show

Spatz [ʃpats] (-en, -en) m sparrow

spazier- [ʃpa'tsiːr] zW: **~en** vi to stroll, to
walk; **~en fahren** to go for a drive; **~en
gehen** to go for a walk; **S~gang** m walk;
S~stock m walking stick; **S~weg** m path,
walk

Specht [ʃpɛçt] (-(e)s, -e) m woodpecker

Speck [ʃpɛk] (-(e)s, -e) m bacon

Spediteur [ʃpedi'tøːr] m carrier;
(Möbelspediteur) furniture remover

Spedition [ʃpeditsi'oːn] f carriage; (~sfirma)
road haulage contractor; removal firm

Speer [ʃpeːr] (-(e)s, -e) m spear; (SPORT)
javelin

Speiche ['ʃpaɪçə] f spoke

Speichel ['ʃpaɪçəl] (-s) m saliva, spit(tle)

Speicher ['ʃpaɪçər] (-s, -) m storehouse;
(Dachspeicher) attic, loft; (Kornspeicher)
granary; (Wasserspeicher) tank; (TECH) store;
(COMPUT) memory; **s~n** vt to store;
(COMPUT) to save

speien ['ʃpaɪən] (unreg) vt, vi to spit;
(erbrechen) to vomit; (Vulkan) to spew

Speise ['ʃpaɪzə] f food; **~eis** [-laɪs] nt ice-
cream; **~kammer** f larder, pantry; **~karte**
f menu; **s~n** vt to feed; to eat ♦ vi to dine;
~röhre f gullet, oesophagus; **~saal** m
dining room; **~wagen** m dining car

Speku- [ʃpeku] zW: **~lant** m speculator;
~lation [-latsi'oːn] f speculation; **s~lieren**
[-'liːrən] vi (fig) to speculate; **auf etw** akk
s~lieren to have hopes of sth

Spelunke [ʃpe'luŋkə] f dive

Spende ['ʃpɛndə] f donation; **s~n** vt to
donate, to give; **~r** (-s, -) m donor,

donator

spendieren [ʃpɛnˈdiːrən] *vt* to pay for, to buy; **jdm etw ~** to treat sb to sth, to stand sb sth

Sperling [ˈʃpɛrlɪŋ] *m* sparrow

Sperma [ˈʃpɛrma] (-s, **Spermen**) *nt* sperm

Sperr- [ˈʃpɛr] *zW:* **~e** *f* barrier; (*Verbot*) ban; **s~en** *vt* to block; (*SPORT*) to suspend, to bar; (*vom Ball*) to obstruct; (*einschließen*) to lock; (*verbieten*) to ban ♦ *vr* to baulk, to jib(e); **~gebiet** *nt* prohibited area; **~holz** *nt* plywood; **s~ig** *adj* bulky; **~müll** *m* bulky refuse; **~sitz** *m* (*THEAT*) stalls *pl*; **~stunde** *f* closing time

Spesen [ˈʃpeːzən] *pl* expenses

Spezial- [ʃpetsiˈaːl] *in zW* special; **~gebiet** *nt* specialist field; **s~iˈsieren** *vr* to specialize; **~iˈsierung** *f* specialization; **~ist** [-ˈlɪst] *m* specialist; **~iˈtät** *f* speciality

speziell [ʃpetsiˈɛl] *adj* special

spezifisch [ʃpeˈtsiːfɪʃ] *adj* specific

Sphäre [ˈsfɛːrə] *f* sphere

Spiegel [ˈʃpiːɡəl] (-s, -) *m* mirror; (*Wasserspiegel*) level; (*MIL*) tab; **~bild** *nt* reflection; **s~bildlich** *adj* reversed; **~ei** *nt* fried egg; **s~n** *vt* to mirror, to reflect ♦ *vr* to be reflected ♦ *vi* to gleam; (*widerspiegeln*) to be reflective; **~ung** *f* reflection

Spiel [ʃpiːl] (-(e)s, -e) *nt* game; (*Schauspiel*) play; (*Tätigkeit*) play(ing); (*KARTEN*) deck; (*TECH*) (free) play; **s~en** *vt, vi* to play; (*um Geld*) to gamble; (*THEAT*) to perform, to act; **s~end** *adv* easily; **~er** (-s, -) *m* player; (*um Geld*) gambler; **~eˈrei** *f* trifling pastime; **~feld** *nt* pitch, field; **~film** *m* feature film; **~kasino** *nt* casino; **~plan** *m* (*THEAT*) programme; **~platz** *m* playground; **~raum** *m* room to manoeuvre, scope; **~regel** *f* rule; **~sachen** *pl* toys; **~uhr** *f* musical box; **~verderber** (-s, -) *m* spoilsport; **~waren** *pl* toys; **~zeug** *nt* toy(s)

Spieß [ʃpiːs] (-es, -e) *m* spear; (*Bratspieß*) spit; **~bürger** *m* bourgeois; **~er** (-s, -) (*umg*) *m* bourgeois; **s~ig** (*pej*) *adj* (petit) bourgeois

Spinat [ʃpiˈnaːt] (-(e)s, -e) *m* spinach

Spind [ʃpɪnt] (-(e)s, -e) *m od nt* locker

Spinn- [ˈʃpɪn] *zW:* **~e** *f* spider; **s~en** (*unreg*) *vt, vi* to spin; (*umg*) to talk rubbish; (*verrückt sein*) to be crazy *od* mad; **~eˈrei** *f* spinning mill; **~rad** *nt* spinning wheel; **~webe** *f* cobweb

Spion [ʃpiˈoːn] (-s, -e) *m* spy; (*in Tür*) spyhole; **~age** [ʃpioˈnaːʒə] *f* espionage; **s~ieren** [ʃpioˈniːrən] *vi* to spy; **~in** *f* (female) spy

Spirale [ʃpiˈraːlə] *f* spiral

Spirituosen [ʃpirituˈoːzən] *pl* spirits

Spiritus [ˈʃpiːritʊs] (-, -se) *m* (methylated) spirit

Spital [ʃpiˈtaːl] (-s, ̈er) *nt* hospital

spitz [ʃpɪts] *adj* pointed; (*Winkel*) acute; (*fig: Zunge*) sharp; (: *Bemerkung*) caustic

Spitze *f* point, tip; (*Bergspitze*) peak; (*Bemerkung*) taunt, dig; (*erster Platz*) lead, top; (*meist pl: Gewebe*) lace

Spitzel (-s, -) *m* police informer

spitzen *vt* to sharpen

Spitzenmarke *f* brand leader

spitzfindig *adj* (over)subtle

Spitzname *m* nickname

Splitter [ˈʃplɪtər] (-s, -) *m* splinter

sponsern [ˈʃpɔnzərn] *vt* to sponsor

spontan [ʃpɔnˈtaːn] *adj* spontaneous

Sport [ʃpɔrt] (-(e)s, -e) *m* sport; (*fig*) hobby; **~lehrer(in)** *m(f)* games *od* P.E. teacher; **~ler(in)** (-s, -) *m(f)* sportsman(-woman); **s~lich** *adj* sporting; (*Mensch*) sporty; **~platz** *m* playing *od* sports field; **~schuh** *m* (*Turnschuh*) training shoe, trainer; **~stadion** *nt* sports stadium; **~verein** *m* sports club; **~wagen** *m* sports car

Spott [ʃpɔt] (-(e)s) *m* mockery, ridicule; **s~billig** *adj* dirt-cheap; **s~en** *vi* to mock; **s~en (über +akk)** to mock (at), to ridicule

spöttisch [ˈʃpœtɪʃ] *adj* mocking

sprach *etc* [ʃpraːx] *vb siehe* **sprechen**

Sprach- *zW:* **s~begabt** *adj* good at languages; **~e** *f* language; **~enschule** *f* language school; **~fehler** *m* speech defect; **~führer** *m* phrasebook; **~gefühl** *nt* feeling for language; **~kenntnisse** *pl* linguistic proficiency *sg*; **~kurs** *m* language course; **~labor** *nt* language laboratory; **s~lich** *adj* linguistic; **s~los** *adj* speechless

sprang *etc* [ʃpraŋ] *vb siehe* **springen**

Spray [spreː] **(-s, -s)** *m od nt* spray

Sprech- ['ʃprɛç] *zW*: **~anlage** *f* intercom; **s~en** (*unreg*) *vi* to speak, to talk ♦ *vt* to say; (*Sprache*) to speak; (*Person*) to speak to; **mit jdm s~en** to speak to sb; **das spricht für ihn** that's a point in his favour; **~er(in) (-s, -)** *m(f)* speaker; (*für Gruppe*) spokesman(-woman); (*RADIO, TV*) announcer; **~stunde** *f* consultation (hour); (*doctor's*) surgery; **~stundenhilfe** *f* (doctor's) receptionist; **~zimmer** *nt* consulting room, surgery, office (*US*)

spreizen ['ʃpraɪtsən] *vt* (*Beine*) to open, to spread; (*Finger, Flügel*) to spread

Spreng- ['ʃprɛŋ] *zW*: **s~en** *vt* to sprinkle; (*mit ~stoff*) to blow up; (*Gestein*) to blast; (*Versammlung*) to break up; **~stoff** *m* explosive(s)

sprichst *etc* [ʃprɪçst] *vb siehe* **sprechen**

Sprichwort *nt* proverb; **sprichwörtlich** *adj* proverbial

Spring- ['ʃprɪŋ] *zW*: **~brunnen** *m* fountain; **s~en** (*unreg*) *vi* to jump; (*Glas*) to crack; (*mit Kopfsprung*) to dive; **~er (-s, -)** *m* jumper; (*Schach*) knight

Sprit [ʃprɪt] **(-(e)s, -e)** (*umg*) *m* juice, gas

Spritz- ['ʃprɪts] *zW*: **~e** *f* syringe; injection; (*an Schlauch*) nozzle; **s~en** *vt* to spray; (*MED*) to inject ♦ *vi* to splash; (*herausspritzen*) to spurt; (*MED*) to give injections; **~pistole** *f* spray gun; **~tour** *f* (*umg*) spin

spröde ['ʃprøːdə] *adj* brittle; (*Person*) reserved, coy

Sprosse ['ʃprɔsə] *f* rung

Sprössling ▲ ['ʃprœslɪŋ] (*umg*) *m* (*Kind*) offspring (*pl inv*)

Spruch [ʃprʊx] **(-(e)s, ᵂe)** *m* saying, maxim; (*JUR*) judgement

Sprudel ['ʃpruːdəl] **(-s, -)** *m* mineral water; lemonade; **s~n** *vi* to bubble; **~wasser** *nt* (*KOCH*) sparkling *od* fizzy mineral water

Sprüh- ['ʃpryː] *zW*: **~dose** *f* aerosol (can); **s~en** *vi* to spray; (*fig*) to sparkle ♦ *vt* to spray; **~regen** *m* drizzle

Sprung [ʃprʊŋ] **(-(e)s, ᵂe)** *m* jump; (*Riss*) crack; **~brett** *nt* springboard; **s~haft** *adj* erratic; (*Aufstieg*) rapid; **~schanze** *f* ski jump

Spucke ['ʃpʊkə] **(-)** *f* spit; **s~n** *vt, vi* to spit

Spuk [ʃpuːk] **(-(e)s, -e)** *m* haunting; (*fig*) nightmare; **s~en** *vi* (*Geist*) to walk; **hier s~t es** this place is haunted

Spülbecken ['ʃpyːlbɛkən] *nt* (*in Küche*) sink

Spule ['ʃpuːlə] *f* spool; (*ELEK*) coil

Spül- ['ʃpyːl] *zW*: **~e** *f* (kitchen) sink; **s~en** *vt, vi* to rinse; (*Geschirr*) to wash up; (*Toilette*) to flush; **~maschine** *f* dishwasher; **~mittel** *nt* washing-up liquid; **~stein** *m* sink; **~ung** *f* rinsing; flush; (*MED*) irrigation

Spur [ʃpuːr] **(-, -en)** *f* trace; (*Fußspur, Radspur, Tonbandspur*) track; (*Fährte*) trail; (*Fahrspur*) lane

spürbar *adj* noticeable, perceptible

spüren ['ʃpyːrən] *vt* to feel

spurlos *adv* without (a) trace

Spurt [ʃpʊrt] **(-(e)s, -s** *od* **-e)** *m* spurt; **s~en** *vi* to spurt

sputen ['ʃpuːtən] *vr* to make haste

St. *abk* = **Stück**; (= *Sankt*) St.

Staat [ʃtaːt] **(-(e)s, -en)** *m* state; (*Prunk*) show; (*Kleidung*) finery; **s~enlos** *adj* stateless; **s~lich** *adj* state(-); state-run

Staats- *zW*: **~angehörige(r)** *f(m)* national; **~angehörigkeit** *f* nationality; **~anwalt** *m* public prosecutor; **~bürger** *m* citizen; **~dienst** *m* civil service; **~examen** *nt* (*UNIV*) state exam(ination); **s~feindlich** *adj* subversive; **~mann** (*pl* **-männer**) *m* statesman; **~oberhaupt** *nt* head of state

Stab [ʃtaːp] **(-(e)s, ᵂe)** *m* rod; (*Gitterstab*) bar; (*Menschen*) staff; **~hochsprung** *m* pole vault

stabil [ʃtaˈbiːl] *adj* stable; (*Möbel*) sturdy; **~i'sieren** *vt* to stabilize

Stachel ['ʃtaxəl] **(-s, -n)** *m* spike; (*von Tier*) spine; (*von Insekten*) sting; **~beere** *f* gooseberry; **~draht** *m* barbed wire; **s~ig** *adj* prickly; **~schwein** *nt* porcupine

Stadion ['ʃtaːdiɔn] **(-s, Stadien)** *nt* stadium

Stadium ['ʃtaːdiʊm] *nt* stage, phase

Stadt [ʃtat] (-, ⸚e) *f* town; **~autobahn** *f* urban motorway; **~bahn** *f* suburban railway; **~bücherei** *f* municipal library

Städt- [ˈʃtɛːt] *zW*: **~ebau** *m* town planning; **~epartnerschaft** *f* town twinning; **~er(in)** (-s, -) *m(f)* town dweller; **s~isch** *adj* municipal; (*nicht ländlich*) urban

Stadt- *zW*: **~kern** *m* town centre, city centre; **~mauer** *f* city wall(s); **~mitte** *f* town centre; **~plan** *m* street map; **~rand** *m* outskirts *pl*; **~rat** *m* (*Behörde*) town council, city council; **~rundfahrt** *f* tour of a/the city; **~teil** *m* district, part of town; **~zentrum** *nt* town centre

Staffel [ˈʃtafəl] (-, -n) *f* rung; (SPORT) relay (team); (AVIAT) squadron; **~lauf** *m* (SPORT) relay (race); **s~n** *vt* to graduate

Stahl [ʃtaːl] (-(e)s, ⸚e) *m* steel

stahl *etc vb siehe* **stehlen**

stak *etc* [staːk] *vb siehe* **stecken**

Stall [ʃtal] (-(e)s, ⸚e) *m* stable; (*Kaninchenstall*) hutch; (*Schweinestall*) sty; (*Hühnerstall*) henhouse

Stamm [ʃtam] (-(e)s, ⸚e) *m* (*Baumstamm*) trunk; (*Menschenstamm*) tribe; (GRAM) stem; **~baum** *m* family tree; (*von Tier*) pedigree; **s~eln** *vt, vi* to stammer; **s~en** *vi*: **s~en von** *od* **aus** to come from; **~gast** *m* regular (customer)

stämmig [ˈʃtɛmɪç] *adj* sturdy; (*Mensch*) stocky

Stammtisch [ˈʃtamtɪʃ] *m* table for the regulars

stampfen [ˈʃtampfən] *vt, vi* to stamp; (*stapfen*) to tramp; (*mit Werkzeug*) to pound

Stand [ʃtant] (-(e)s, ⸚e) *m* position; (*Wasserstand, Benzinstand etc*) level; (*Stehen*) standing position; (*Zustand*) state; (*Spielstand*) score; (*Messestand etc*) stand; (*Klasse*) class; (*Beruf*) profession; *siehe* **imstande, zustande**

stand *etc vb siehe* **stehen**

Standard [ˈʃtandart] (-s, -s) *m* standard

Ständer [ˈʃtɛndər] (-s, -) *m* stand

Standes- [ˈʃtandəs] *zW*: **~amt** *nt* registry office; **~beamte(r)** *m* registrar; **s~gemäß** *adj, adv* according to one's social position;

~unterschied *m* social difference

Stand- *zW*: **s~haft** *adj* steadfast; **s~halten** (*unreg*) *vi*: (**jdm/etw**) **s~halten** to stand firm (against sb/sth), to resist (sb/sth)

ständig [ˈʃtɛndɪç] *adj* permanent; (*ununterbrochen*) constant, continual

Stand- *zW*: **~licht** *nt* sidelights *pl*, parking lights *pl* (US); **~ort** *m* location; (MIL) garrison; **~punkt** *m* standpoint; **~spur** *f* hard shoulder

Stange [ˈʃtaŋə] *f* stick; (*Stab*) pole, bar; rod; (*Zigaretten*) carton; **von der ~** (COMM) off the peg; **eine ~ Geld** (*umg*) quite a packet

Stängel ▲ [ˈʃtɛŋəl] (-s, -) *m* stalk

Stapel [ˈʃtaːpəl] (-s, -) *m* pile; (NAUT) stocks *pl*; **~lauf** *m* launch; **s~n** *vt* to pile (up)

Star¹ [ʃtaːr] (-(e)s, -e) *m* starling; (MED) cataract

Star² [ʃtaːr] (-s, -s) *m* (*Filmstar etc*) star

starb *etc* [ʃtarp] *vb siehe* **sterben**

stark [ʃtark] *adj* strong; (*heftig, groß*) heavy; (*Maßangabe*) thick

Stärke [ˈʃtɛrkə] *f* strength; heaviness; thickness; (KOCH, Wäschestärke) starch; **s~n** *vt* to strengthen; (*Wäsche*) to starch

Starkstrom *m* heavy current

Stärkung [ˈʃtɛrkʊŋ] *f* strengthening; (*Essen*) refreshment

starr [ʃtar] *adj* stiff; (*unnachgiebig*) rigid; (*Blick*) staring; **~en** *vi* to stare; **~en vor** *od* **von** to be covered in; (*Waffen*) to be bristling with; **S~heit** *f* rigidity; **~köpfig** *adj* stubborn; **S~sinn** *m* obstinacy

Start [ʃtart] (-(e)s, -e) *m* start; (AVIAT) takeoff; **~automatik** *f* (AUT) automatic choke; **~bahn** *f* runway; **s~en** *vt* to start ♦ *vi* to start; to take off; **~er** (-s, -) *m* starter; **~erlaubnis** *f* takeoff clearance; **~hilfekabel** *nt* jump leads *pl*

Station [ʃtatsiˈoːn] *f* station; hospital ward; **s~är** [ʃtatsioˈnɛːr] *adj* (MED) in-patient *attr*; **s~ieren** [-ˈniːrən] *vt* to station

Statist [ʃtaˈtɪst] *m* extra, supernumerary

Statistik *f* statistics *sg*; **~er** (-s, -) *m* statistician

statistisch *adj* statistical

Stativ [ʃtaˈtiːf] (-s, -e) *nt* tripod

statt [ʃtat] *konj* instead of ♦ *präp* (+gen od dat) instead of

Stätte ['ʃtɛtə] *f* place

statt- *zW:* **~finden** (*unreg*) *vi* to take place; **~haft** *adj* admissible; **~lich** *adj* imposing, handsome

Statue ['ʃta:tuə] *f* statue

Status ['ʃta:tʊs] (-, -) *m* status

Stau [ʃtaʊ] (-(e)s, -e) *m* blockage; (*Verkehrsstau*) (traffic) jam

Staub [ʃtaʊp] (-(e)s) *m* dust; **~ saugen** to vacuum, to hoover®; **s~en** ['ʃtaʊbən] *vi* to be dusty; **s~ig** *adj* dusty; **s~saugen** *vi* to vacuum, to hoover ®; **~sauger** *m* vacuum cleaner; **~tuch** *nt* duster

Staudamm *m* dam

Staude ['ʃtaʊdə] *f* shrub

stauen ['ʃtaʊən] *vt* (*Wasser*) to dam up; (*Blut*) to stop the flow of ♦ *vr* (*Wasser*) to become dammed up; (*MED: Verkehr*) to become congested; (*Menschen*) to collect; (*Gefühle*) to build up

staunen ['ʃtaʊnən] *vi* to be astonished; **S~** (-s) *nt* amazement

Stausee ['ʃtaʊze:] (-s, -n) *m* reservoir, man-made lake

Stauung ['ʃtaʊʊŋ] *f* (*von Wasser*) damming-up; (*von Blut, Verkehr*) congestion

Std. *abk* (= *Stunde*) hr.

Steak [ʃteːk] *nt* steak

Stech- ['ʃtɛç] *zW:* **s~en** (*unreg*) *vt* (*mit Nadel etc*) to prick; (*mit Messer*) to stab; (*mit Finger*) to poke; (*Biene etc*) to sting; (*Mücke*) to bite; (*Sonne*) to burn; (*KARTEN*) to take; (*ART*) to engrave; (*Torf, Spargel*) to cut; **in See s~en** to put to sea; **~en** (-s, -) *nt* (*SPORT*) play-off; jump-off; **s~end** *adj* piercing, stabbing; (*Geruch*) pungent; **~palme** *f* holly; **~uhr** *f* time clock

Steck- ['ʃtɛk] *zW:* **~brief** *m* "wanted" poster; **~dose** *f* (wall) socket; **s~en** *vt* to put, to insert; (*Nadel*) to stick; (*Pflanzen*) to plant; (*beim Nähen*) to pin ♦ *vi* (*auch unreg*) to be; (*festsitzen*) to be stuck; (*Nadeln*) to stick; **s~en bleiben** to get stuck; **s~en lassen** to leave in; **~enpferd** *nt* hobby-horse; **~er** (-s, -) *m* plug; **~nadel** *f* pin

Steg [ʃteːk] (-(e)s, -e) *m* small bridge; (*Anlegesteg*) landing stage; **~reif** *m:* **aus dem ~reif** just like that

stehen ['ʃteːən] (*unreg*) *vi* to stand; (*sich befinden*) to be; (*in Zeitung*) to say; (*stillstehen*) to have stopped ♦ *vi unpers:* **es steht schlecht um jdn/etw** things are bad for sb/sth; **zu jdm/etw ~** to stand by sb/sth; **jdm ~** to suit sb; **wie stehts?** how are things?; (*SPORT*) what's the score?; **~ bleiben** to remain standing; (*Uhr*) to stop; (*Fehler*) to stay as it is; **~ lassen** to leave; (*Bart*) to grow

Stehlampe ['ʃteːlampə] *f* standard lamp

stehlen ['ʃteːlən] (*unreg*) *vt* to steal

Stehplatz ['ʃteːplats] *m* standing place

steif [ʃtaɪf] *adj* stiff; **S~heit** *f* stiffness

Steig- ['ʃtaɪk] *zW:* **~bügel** *m* stirrup; **s~en** ['ʃtaɪgən] (*unreg*) *vi* to rise; (*klettern*) to climb; **s~en in** +*akk*/**auf** +*akk* to get in/on; **s~ern** *vt* to raise; (*GRAM*) to compare ♦ *vi* (*Auktion*) to bid ♦ *vr* to increase; **~erung** *f* raising; (*GRAM*) comparison; **~ung** *f* incline, gradient, rise

steil [ʃtaɪl] *adj* steep; **S~küste** *f* steep coast; (*Klippen*) cliffs *pl*

Stein [ʃtaɪn] (-(e)s, -e) *m* stone; (*in Uhr*) jewel; **~bock** *m* (*ASTROL*) Capricorn; **~bruch** *m* quarry; **s~ern** *adj* (made of) stone; (*fig*) stony; **~gut** *nt* stoneware; **s~ig** ['ʃtaɪnɪç] *adj* stony; **s~igen** *vt* to stone; **~kohle** *f* mineral coal; **~zeit** *f* Stone Age

Stelle ['ʃtɛlə] *f* place; (*Arbeit*) post, job; (*Amt*) office; **an ihrer/meiner ~** in your/my place; *siehe* **anstelle**

stellen *vt* to put; (*Uhr etc*) to set; (*zur Verfügung ~*) to supply; (*fassen: Dieb*) to apprehend ♦ *vr* (*sich aufstellen*) to stand; (*sich einfinden*) to present o.s.; (*bei Polizei*) to give o.s. up; (*vorgeben*) to pretend (to be); **sich zu etw ~** to have an opinion of sth

Stellen- *zW:* **~angebot** *nt* offer of a post; (*in Zeitung*) "vacancies"; **~anzeige** *f* job advertisement; **~gesuch** *nt* application for a post; **~vermittlung** *f* employment agency

Stell- _zW:_ **~ung** _f_ position; (_MIL_) line; **~ung nehmen zu** to comment on; **~ungnahme** _f_ comment; **s~vertretend** _adj_ deputy, acting; **~vertreter** _m_ deputy

Stelze ['ʃtɛltsə] _f_ stilt

stemmen ['ʃtɛmən] _vt_ to lift (up); (_drücken_) to press; **sich ~ gegen** (_fig_) to resist, to oppose

Stempel ['ʃtɛmpəl] (**-s, -**) _m_ stamp; (_BOT_) pistil; **~kissen** _nt_ ink pad; **s~n** _vt_ to stamp; (_Briefmarke_) to cancel; **s~n gehen** (_umg_) to be _od_ go on the dole

Stengel △ ['ʃtɛŋəl] (**-s, -**) _m_ = **Stängel**

Steno- [ʃteno] _zW:_ **~gramm** [-'gram] _nt_ shorthand report; **~grafie ▲** [-gra'fi:] _f_ shorthand; **s~grafieren ▲** [-gra'fi:rən] _vt_, _vi_ to write (in) shorthand; **~typist(in)** [-ty'pɪst(ɪn)] _m(f)_ shorthand typist

Stepp- [ʃtɛp] _zW:_ **~decke** _f_ quilt; **~e** _f_ prairie; steppe; **s~en** _vt_ to stitch ♦ _vi_ to tap-dance

Sterb- ['ʃtɛrb] _zW:_ **~efall** _m_ death; **~ehilfe** _f_ euthanasia; **s~en** (_unreg_) _vi_ to die; **s~lich** ['ʃtɛrplɪç] _adj_ mortal; **~lichkeit** _f_ mortality; **~lichkeitsziffer** _f_ death rate

stereo- ['ʃte:reo] _in zW_ stereo(-); **S~anlage** _f_ stereo (system); **~typ** [ʃtereo'ty:p] _adj_ stereotype

steril [ʃte'ri:l] _adj_ sterile; **~i'sieren** _vt_ to sterilize; **S~i'sierung** _f_ sterilization

Stern [ʃtɛrn] (**-(e)s, -e**) _m_ star; **~bild** _nt_ constellation; **~schnuppe** _f_ meteor, falling star; **~stunde** _f_ historic moment; **~zeichen** _nt_ sign of the zodiac

stet [ʃte:t] _adj_ steady; **~ig** _adj_ constant, continual; **~s** _adv_ continually, always

Steuer[1] ['ʃtɔyər] (**-s, -**) _nt_ (_NAUT_) helm; (_~ruder_) rudder; (_AUT_) steering wheel

Steuer[2] ['ʃtɔyər] (**-, -n**) _f_ tax; **~berater(in)** _m(f)_ tax consultant

Steuerbord _nt_ (_NAUT, AVIAT_) starboard

Steuer- ['ʃtɔyər] _zW:_ **~erklärung** _f_ tax return; **s~frei** _adj_ tax-free; **~freibetrag** _m_ tax allowance; **~klasse** _f_ tax group; **~knüppel** _m_ control column; (_AVIAT, COMPUT_) joystick; **~mann** (_pl_ **-männer** _od_ **-leute**) _m_ helmsman; **s~n** _vt_, _vi_ to steer;

(_Flugzeug_) to pilot; (_Entwicklung, Tonstärke_) to control; **s~pflichtig** [-pflɪçtɪç] _adj_ taxable; **~rad** _nt_ steering wheel; **~ung** _f_ (_auch AUT_) steering; piloting; control; (_Vorrichtung_) controls _pl_; **~zahler** (**-s, -**) _m_ taxpayer

Steward ['stju:art] (**-s, -s**) _m_ steward; **~ess ▲** ['stju:ardɛs] (**-, -en**) _f_ stewardess; air hostess

Stich [ʃtɪç] (**-(e)s, -e**) _m_ (_Insektenstich_) sting; (_Messerstich_) stab; (_beim Nähen_) stitch; (_Färbung_) tinge; (_KARTEN_) trick; (_ART_) engraving; **jdn im ~ lassen** to leave sb in the lurch; **s~eln** _vi_ (_fig_) to jibe; **s~haltig** _adj_ sound, tenable; **~probe** _f_ spot check; **~straße** _f_ cul-de-sac; **~wahl** _f_ final ballot; **~wort** _nt_ cue; (_in Wörterbuch_) headword; (_für Vortrag_) note

sticken ['ʃtɪkən] _vt_, _vi_ to embroider

Sticke'rei _f_ embroidery

stickig _adj_ stuffy, close

Stickstoff _m_ nitrogen

Stief- ['ʃti:f] _in zW_ step

Stiefel ['ʃti:fəl] (**-s, -**) _m_ boot

Stief- _zW:_ **~kind** _nt_ stepchild; (_fig_) Cinderella; **~mutter** _f_ stepmother; **~mütterchen** _nt_ pansy; **s~mütterlich** _adj_ (_fig_): **jdn/etw s~mütterlich behandeln** to pay little attention to sb/sth; **~vater** _m_ stepfather

stiehlst _etc_ ['ʃti:lst] _vb siehe_ **stehlen**

Stiel [ʃti:l] (**-(e)s, -e**) _m_ handle; (_BOT_) stalk

Stier (**-(e)s, -e**) _m_ bull; (_ASTROL_) Taurus

stieren _vi_ to stare

Stierkampf _m_ bullfight

Stierkämpfer _m_ bullfighter

Stift [ʃtɪft] (**-(e)s, -e**) _m_ peg; (_Nagel_) tack; (_Farbstift_) crayon; (_Bleistift_) pencil ♦ _nt_ (charitable) foundation; (_ECCL_) religious institution; **s~en** _vt_ to found; (_Unruhe_) to cause; (_spenden_) to contribute; **~er(in)** (**-s, -**) _m(f)_ founder; **~ung** _f_ donation; (_Organisation_) foundation; **~zahn** _m_ post crown

Stil [ʃti:l] (**-(e)s, -e**) _m_ style

still [ʃtɪl] _adj_ quiet; (_unbewegt_) still; (_heimlich_) secret; **S~er Ozean** Pacific; **~ halten** to keep still; **~ stehen** to stand still; **S~e** _f_

stillness, quietness; **in aller S~e** quietly;
~**en** vt to stop; (*befriedigen*) to satisfy;
(*Säugling*) to breast-feed; ~**legen** ▲ vt to
close down; ~**schweigen** (*unreg*) vi to be
silent; **S~schweigen** nt silence;
~**schweigend** adj silent; (*Einverständnis*)
tacit ♦ adv silently; tacitly; **S~stand** m
standstill

Stimm- ['ʃtɪm] zW: ~**bänder** pl vocal cords;
s~berechtigt adj entitled to vote; ~**e** f
voice; (*Wahlstimme*) vote; **s~en** vt (*MUS*) to
tune ♦ vi to be right; **das s~te ihn traurig**
that made him feel sad; **s~en für/gegen**
to vote for/against; **s~t so!** that's right;
~**enmehrheit** f majority (of votes);
~**enthaltung** f abstention; ~**gabel** f
tuning fork; ~**recht** nt right to vote; ~**ung**
f mood; atmosphere; **s~ungsvoll** adj
enjoyable; full of atmosphere; ~**zettel** m
ballot paper

stinken ['ʃtɪŋkən] (*unreg*) vi to stink
Stipendium [ʃtiˈpɛndiʊm] nt grant
stirbst etc [ʃtɪrpst] vb siehe **sterben**
Stirn [ʃtɪrn] (-, -en) f forehead, brow;
(*Frechheit*) impudence; ~**band** nt
headband; ~**höhle** f sinus

stöbern ['ʃtøːbərn] vi to rummage
stochern ['ʃtɔxərn] vi to poke (about)
Stock[1] [ʃtɔk] (-(e)s, -ᵉe) m stick; (*BOT*) stock
Stock[2] [ʃtɔk] (-(e)s, - od **Stockwerke**) m
storey

stocken vi to stop, to pause; ~**d** adj halting
Stockung f stoppage
Stockwerk nt storey, floor
Stoff [ʃtɔf] (-(e)s, -e) m (*Gewebe*) material,
cloth; (*Materie*) matter; (*von Buch etc*)
subject (matter); **s~lich** adj material; ~**tier**
nt soft toy; ~**wechsel** m metabolism

stöhnen ['ʃtøːnən] vi to groan
Stollen ['ʃtɔlən] (-s, -) m (*MIN*) gallery;
(*KOCH*) cake eaten at Christmas; (*von
Schuhen*) stud

stolpern ['ʃtɔlpərn] vi to stumble, to trip
Stolz [ʃtɔlts] (-es) m pride; **s~** adj proud;
s~ieren [ʃtɔlˈtsiːrən] vi to strut

stopfen ['ʃtɔpfən] vt (*hineinstopfen*) to stuff;
(*voll stopfen*) to fill (up); (*nähen*) to darn ♦ vi

(*MED*) to cause constipation
Stopfgarn nt darning thread
Stoppel ['ʃtɔpəl] (-, -n) f stubble
Stopp- ['ʃtɔp] zW: **s~en** vt to stop; (*mit Uhr*)
to time ♦ vi to stop; ~**schild** nt stop sign;
~**uhr** f stopwatch
Stöpsel ['ʃtœpsəl] (-s, -) m plug; (*für
Flaschen*) stopper
Storch [ʃtɔrç] (-(e)s, -ᵉe) m stork
Stör- ['ʃtøːr] zW: **s~en** vt to disturb;
(*behindern*, *RADIO*) to interfere with ♦ vr:
sich an etw dat **s~en** to let sth bother
one; **s~end** adj disturbing, annoying;
~**enfried** (-(e)s, -e) m troublemaker
stornieren [ʃtɔrˈniːrən] vt (*Auftrag*) to
cancel; (*Buchung*) to reverse
Stornogebühr ['ʃtɔrno-] f cancellation fee
störrisch ['ʃtœrɪʃ] adj stubborn, perverse
Störung f disturbance; interference
Stoß [ʃtoːs] (-es, -ᵉe) m (*Schub*) push; (*Schlag*)
blow; knock; (*mit Schwert*) thrust; (*mit Fuß*)
kick; (*Erdstoß*) shock; (*Haufen*) pile;
~**dämpfer** (-s, -) m shock absorber; **s~en**
(*unreg*) vt (*mit Druck*) to shove, to push; (*mit
Schlag*) to knock, to bump; (*mit Fuß*) to
kick; (*Schwert etc*) to thrust; (*anstoßen: Kopf
etc*) to bump ♦ vr to get a knock ♦ vi: **s~en
an** od **auf** +*akk* to bump into; (*finden*) to
come across; (*angrenzen*) to be next to;
sich s~en an +*dat* (*fig*) to take exception
to; ~**stange** f (*AUT*) bumper
stottern ['ʃtɔtərn] vt, vi to stutter
Str. abk (= *Straße*) St.
Straf- ['ʃtraːf] zW: ~**anstalt** f penal
institution; ~**arbeit** f (*SCH*) punishment;
lines pl; **s~bar** adj punishable; ~**e** f
punishment; (*JUR*) penalty; (*Gefängnisstrafe*)
sentence; (*Geldstrafe*) fine; **s~en** vt to
punish
straff [ʃtraf] adj tight; (*streng*) strict; (*Stil etc*)
concise; (*Haltung*) erect; ~**en** vt to tighten,
to tauten
Strafgefangene(r) f(m) prisoner, convict
Strafgesetzbuch nt penal code
sträflich ['ʃtrɛːflɪç] adj criminal
Sträfling m convict
Straf- zW: ~**porto** nt excess postage

Spelling Reform: ▲ *new spelling* △ *old spelling (to be phased out)*

(charge); **~predigt** f telling-off; **~raum** m (SPORT) penalty area; **~recht** nt criminal law; **~stoß** m (SPORT) penalty (kick); **~tat** f punishable act; **~zettel** m ticket

Strahl [ʃtraːl] (**-s, -en**) m ray, beam; (Wasserstrahl) jet; **s~en** vi to radiate; (fig) to beam; **~ung** f radiation

Strähne ['ʃtrɛːnə] f strand

stramm [ʃtram] adj tight; (Haltung) erect; (Mensch) robust

strampeln ['ʃtrampəln] vi to kick (about), to fidget

Strand [ʃtrant] (**-(e)s, ⁔e**) m shore; (mit Sand) beach; **~bad** nt open-air swimming pool, lido; **s~en** ['ʃtrandən] vi to run aground; (fig: Mensch) to fail; **~gut** nt flotsam; **~korb** m beach chair

Strang [ʃtraŋ] (**-(e)s, ⁔e**) m cord, rope; (Bündel) skein

Strapaz- zW: **~e** [ʃtra'paːtsə] f strain, exertion; **s~ieren** [ʃtrapa'tsiːrən] vt (Material) to treat roughly, to punish; (Mensch, Kräfte) to wear out, to exhaust; **s~ierfähig** adj hard-wearing; **s~iös** [ʃtrapatsi'øːs] adj exhausting, tough

Straße ['ʃtraːsə] f street, road

Straßen- zW: **~bahn** f tram, streetcar (US); **~glätte** f slippery road surface; **~karte** f road map; **~kehrer** (**-s, -**) m roadsweeper; **~sperre** f roadblock; **~verkehr** m (road) traffic; **~verkehrsordnung** f highway code

Strateg- [ʃtra'teːg] zW: **~e** (**-n, -n**) m strategist; **~ie** [ʃtrate'giː] f strategy; **s~isch** adj strategic

sträuben ['ʃtrɔybən] vt to ruffle ♦ vr to bristle; (Mensch): **sich (gegen etw) ~** to resist (sth)

Strauch [ʃtraux] (**-(e)s, Sträucher**) m bush, shrub

Strauß¹ [ʃtraus] (**-es, Sträuße**) m bunch; bouquet

Strauß² [ʃtraus] (**-es, -e**) m ostrich

Streb- ['ʃtreːb] zW: **s~en** vi to strive, to endeavour; **s~en nach** to strive for; **~er** (**-s, -**) (pej) m pusher, climber; (SCH) swot (BRIT)

Strecke ['ʃtrɛkə] f stretch; (Entfernung) distance; (EISENB, MATH) line; **s~n** vt to stretch; (Waffen) to lay down; (KOCH) to eke out ♦ vr to stretch (o.s.)

Streich [ʃtraɪç] (**-(e)s, -e**) m trick, prank; (Hieb) blow; **s~eln** vt to stroke; **s~en** (unreg) vt (berühren) to stroke; (auftragen) to spread; (anmalen) to paint; (durchstreichen) to delete; (nicht genehmigen) to cancel ♦ vi (berühren) to brush; (schleichen) to prowl; **~holz** nt match; **~instrument** nt string instrument

Streif- ['ʃtraɪf] zW: **~e** f patrol; **s~en** vt (leicht berühren) to brush against, to graze; (Blick) to skim over; (Thema, Problem) to touch on; (abstreifen) to take off ♦ vi (gehen) to roam; **~en** (**-s, -**) m (Linie) stripe; (Stück) strip; (Film) film; **~enwagen** m patrol car; **~schuss** ▲ m graze, grazing shot; **~zug** m scouting trip

Streik [ʃtraɪk] (**-(e)s, -s**) m strike; **~brecher** (**-s, -**) m blackleg, strikebreaker; **s~en** vi to strike; **~posten** m (strike) picket

Streit [ʃtraɪt] (**-(e)s, -e**) m argument; dispute; **s~en** (unreg) vi, vr to argue; to dispute; **~frage** f point at issue; **s~ig** adj: **jdm etw s~ig machen** to dispute sb's right to sth; **~igkeiten** pl quarrel sg, dispute sg; **~kräfte** pl (MIL) armed forces

streng [ʃtrɛŋ] adj severe; (Lehrer, Maßnahme) strict; (Geruch etc) sharp; **~ genommen** strictly speaking; **S~e** (**-**) f severity, strictness, sharpness; **~gläubig** adj orthodox, strict; **~stens** adv strictly

Stress ▲ [ʃtrɛs] (**-es, -e**) m stress

stressen vt to put under stress

streuen ['ʃtrɔyən] vt to strew, to scatter, to spread

Strich [ʃtrɪç] (**-(e)s, -e**) m (Linie) line; (Federstrich, Pinselstrich) stroke; (von Geweben) nap; (von Fell) pile; **auf den ~ gehen** (umg) to walk the streets; **jdm gegen den ~ gehen** to rub sb up the wrong way; **einen ~ machen durch** to cross out; (fig) to foil; **~kode** m (auf Waren) bar code; **~mädchen** nt streetwalker; **s~weise** adv here and there

---

Rechtschreibreform: ▲ *neue Schreibung* △ *alte Schreibung (auslaufend)*

Strick [ʃtrɪk] (-(e)s, -e) m rope; **s~en** vt, vi
to knit; **~jacke** f cardigan; **~leiter** f rope
ladder; **~nadel** f knitting needle; **~waren**
pl knitwear sg

strikt [strɪkt] adj strict

strittig ['ʃtrɪtɪç] adj disputed, in dispute

Stroh [ʃtroː] (-(e)s) nt straw; **~blume** f
everlasting flower; **~dach** nt thatched roof;
~halm m (drinking) straw

Strom [ʃtroːm] (-(e)s, ⁀e) m river; (fig)
stream; (ELEK) current; **s~abwärts** adv
downstream; **s~aufwärts** adv upstream;
~ausfall m power failure

strömen ['ʃtrøːmən] vi to stream, to pour

Strom- zW: **~kreis** m circuit;
s~linienförmig adj streamlined; **~sperre**
f power cut

Strömung ['ʃtrøːmʊŋ] f current

Strophe ['ʃtroːfə] f verse

strotzen ['ʃtrɔtsən] vi: **~ vor** od **von** to
abound in, to be full of

Strudel ['ʃtruːdəl] (-s, -) m whirlpool, vortex;
(KOCH) strudel

Struktur [ʃtrʊk'tuːr] f structure

Strumpf [ʃtrʊmpf] (-(e)s, ⁀e) m stocking;
~band nt garter; **~hose** f (pair of) tights

Stube ['ʃtuːbə] f room

Stuben- zW: **~arrest** m confinement to
one's room; (MIL) confinement to quarters;
~hocker (umg) m stay-at-home; **s~rein**
adj house-trained

Stuck [ʃtʊk] (-(e)s) m stucco

Stück [ʃtʏk] (-(e)s, -e) nt piece; (etwas) bit;
(THEAT) play; **~chen** nt little piece; **~lohn**
m piecework wages pl; **s~weise** adv bit by
bit, piecemeal; (COMM) individually

Student(in) [ʃtu'dɛnt(ɪn)] m(f) student;
s~isch adj student, academic

Studie ['ʃtuːdiə] f study

Studienfahrt f study trip

studieren [ʃtu'diːrən] vt, vi to study

Studio ['ʃtuːdio] (-s, -s) nt studio

Studium ['ʃtuːdiʊm] nt studies pl

Stufe ['ʃtuːfə] f step; (Entwicklungsstufe) stage;
s~nweise adv gradually

Stuhl [ʃtuːl] (-(e)s, ⁀e) m chair; **~gang** m
bowel movement

stülpen ['ʃtʏlpən] vt (umdrehen) to turn
upside down; (bedecken) to put

stumm [ʃtʊm] adj silent; (MED) dumb

Stummel ['ʃtʊməl] (-s, -) m stump;
(Zigarettenstummel) stub

Stummfilm m silent film

Stümper ['ʃtʏmpər] (-s, -) m incompetent,
duffer; **s~haft** adj bungling, incompetent;
s~n vi to bungle

Stumpf [ʃtʊmpf] (-(e)s, ⁀e) m stump; **s~** adj
blunt; (teilnahmslos, glanzlos) dull; (Winkel)
obtuse; **~sinn** m tediousness; **s~sinnig** adj
dull

Stunde ['ʃtʊndə] f hour; (SCH) lesson

stunden vt: **jdm etw ~** to give sb time to
pay sth; **S~geschwindigkeit** f average
speed per hour; **S~kilometer** pl
kilometres per hour; **~lang** adj for hours;
S~lohn m hourly wage; **S~plan** m
timetable; **~weise** adj by the hour; every
hour

stündlich ['ʃtʏntlɪç] adj hourly

Stups [ʃtʊps] (-es, -e) (umg) m push; **~nase**
f snub nose

stur [ʃtuːr] adj obstinate, pigheaded

Sturm [ʃtʊrm] (-(e)s, ⁀e) m storm, gale; (MIL
etc) attack, assault

stürm- [ʃtʏrm] zW: **~en** vi (Wind) to blow
hard, to rage; (rennen) to storm ♦ vt (MIL,
fig) to storm ♦ vb unpers: **es ~t** there's a
gale blowing; **S~er** (-s, -) m (SPORT)
forward, striker; **~isch** adj stormy

Sturmwarnung f gale warning

Sturz [ʃtʊrts] (-es, ⁀e) m fall; (POL) overthrow

stürzen ['ʃtʏrtsən] vt (werfen) to hurl; (POL)
to overthrow; (umkehren) to overturn ♦ vr
to rush; (hineinstürzen) to plunge ♦ vi to
fall; (AVIAT) to dive; (rennen) to dash

Sturzflug m nose dive

Sturzhelm m crash helmet

Stute ['ʃtuːtə] f mare

Stützbalken m brace, joist

Stütze ['ʃtʏtsə] f support; help

stutzen ['ʃtʊtsən] vt to trim; (Ohr, Schwanz)
to dock; (Flügel) to clip ♦ vi to hesitate; to
become suspicious

stützen vt (auch fig) to support; (Ellbogen

etc) to prop up

stutzig *adj* perplexed, puzzled; (*misstrauisch*) suspicious

Stützpunkt *m* point of support; (*von Hebel*) fulcrum; (*MIL, fig*) base

Styropor [ʃtyro'poːr] (®; **-s**) *nt* polystyrene

s. u. *abk* = **siehe unten**

Subjekt [zup'jɛkt] (**-(e)s, -e**) *nt* subject; **s~iv** [-'tiːf] *adj* subjective; **~ivi'tät** *f* subjectivity

Subsidiarität *f* subsidiarity

Substantiv [zupstan'tiːf] (**-s, -e**) *nt* noun

Substanz [zup'stants] *f* substance

subtil [zup'tiːl] *adj* subtle

subtrahieren [zuptra'hiːrən] *vt* to subtract

subtropisch ['zuptroːpɪʃ] *adj* subtropical

Subvention [zupvɛntsi'oːn] *f* subsidy; **s~ieren** *vt* to subsidize

Such- [zuːx] *zW*: **~aktion** *f* search; **~e** *f* search; **s~en** *vt* to look (for), to seek; (*versuchen*) to try ♦ *vi* to seek, to search; **~er(-s, -)** *m* seeker, searcher; (*PHOT*) viewfinder; **~maschine** *f* (*COMPUT*) search engine

Sucht [zuxt] (**-, ⁼e**) *f* mania; (*MED*) addiction, craving

süchtig ['zʏçtɪç] *adj* addicted; **S~e(r)** *f(m)* addict

Süd- ['zyːt] *zW*: **~en** ['zyːdən] (**-s**) *m* south; **~früchte** *pl* Mediterranean fruit *sg*; **s~lich** *adj* southern; **s~lich von** (to the) south of; **~pol** *m* South Pole; **s~wärts** *adv* southwards

süffig ['zʏfɪç] *adj* (*Wein*) pleasant to the taste

süffisant [zʏfi'zant] *adj* smug

suggerieren [zugɛ'riːrən] *vt* to suggest

Sühne ['zyːnə] *f* atonement, expiation; **s~n** *vt* to atone for, to expiate

Sultan ['zʊltan] (**-s, -e**) *m* sultan; **~ine** [zʊlta'niːnə] *f* sultana

Sülze ['zʏltsə] *f* brawn

Summe ['zʊmə] *f* sum, total

summen *vt, vi* to buzz; (*Lied*) to hum

Sumpf [zʊmpf] (**-(e)s, ⁼e**) *m* swamp, marsh; **s~ig** *adj* marshy

Sünde ['zʏndə] *f* sin; **~nbock** (*umg*) *m* scapegoat; **~r(in)(-s, -)** *m(f)* sinner; **sündigen** *vi* to sin

Super ['zuːpər] (**-s**) *nt* (*Benzin*) four star (petrol) (*BRIT*), premium (*US*); **~lativ** [-latiːf] (**-s, -e**) *m* superlative; **~macht** *f* superpower; **~markt** *m* supermarket

Suppe ['zʊpə] *f* soup; **~nteller** *m* soup plate

süß [zyːs] *adj* sweet; **S~e(-)** *f* sweetness; **~en** *vt* to sweeten; **S~igkeit** *f* sweetness; (*Bonbon etc*) sweet (*BRIT*), candy (*US*); **~lich** *adj* sweetish; (*fig*) sugary; **~sauer** *adj* (*Gurke*) pickled; (*Sauce etc*) sweet-and-sour; **S~speise** *f* pudding, sweet; **S~stoff** *m* sweetener; **S~waren** *pl* confectionery (*sing*); **S~wasser** *nt* fresh water

Symbol [zym'boːl] (**-s, -e**) *nt* symbol; **s~isch** *adj* symbolic(al)

Symmetrie [zyme'triː] *f* symmetry

symmetrisch [zy'meːtrɪʃ] *adj* symmetrical

Sympathie [zympa'tiː] *f* liking, sympathy; **sympathisch** [zym'paːtɪʃ] *adj* likeable; **er ist mir sympathisch** I like him; **sympathi'sieren** *vi* to sympathize

Symphonie [zymfo'niː] *f* (*MUS*) symphony

Symptom [zymp'toːm] (**-s, -e**) *nt* symptom; **s~atisch** [zympto'maːtɪʃ] *adj* symptomatic

Synagoge [zyna'goːgə] *f* synagogue

synchron [zyn'kroːn] *adj* synchronous; **~i'sieren** *vt* to synchronize; (*Film*) to dub

Synonym [zyno'nyːm] (**-s, -e**) *nt* synonym; **s~** *adj* synonymous

Synthese [zyn'teːzə] *f* synthesis

synthetisch *adj* synthetic

System [zys'teːm] (**-s, -e**) *nt* system; **s~atisch** *adj* systematic; **s~ati'sieren** *vt* to systematize

Szene ['stseːnə] *f* scene; **~rie** [stsenə'riː] *f* scenery

T, t

t *abk* (= *Tonne*) t

Tabak ['taːbak] (**-s, -e**) *m* tobacco

Tabell- [ta'bɛl] *zW*: **t~arisch** [tabɛ'laːrɪʃ] *adj* tabular; **~e** *f* table

Tablett [ta'blɛt] *nt* tray; **~e** *f* tablet, pill

Tabu [ta'buː] *nt* taboo; **t~** *adj* taboo

Tachometer [taxo'meːtər] (**-s, -**) *m* (*AUT*)

speedometer

Tadel ['ta:dəl] **(-s, -)** *m* censure; scolding; (*Fehler*) fault, blemish; **t~los** *adj* faultless, irreproachable; **t~n** *vt* to scold

Tafel ['ta:fəl] **(-, -n)** *f* (*auch* MATH) table; (*Anschlag~*) board; (*Wand~*) blackboard; (*Schiefer~*) slate; (*Gedenk~*) plaque; (*Illustration*) plate; (*Schalt~*) panel; (*Schokolade etc*) bar

Tag [ta:k] **(-(e)s, -e)** *m* day; daylight; **unter/über ~e** (MIN) underground/on the surface; **an den ~ kommen** to come to light; **guten ~!** good morning/afternoon!; *siehe* **zutage**; **t~aus** *adv*: **t~aus, ~ein** day in, day out; **~dienst** *m* day duty

Tage- ['ta:gə] *zW*: **~buch** ['ta:gəbu:x] *nt* diary, journal; **~geld** *nt* daily allowance; **t~lang** *adv* for days; **t~n** *vi* to sit, to meet ♦ *vb unpers*: **es tagt** dawn is breaking

Tages- *zW*: **~ablauf** *m* course of the day; **~anbruch** *m* dawn; **~fahrt** *f* day trip; **~karte** *f* menu of the day; (*Fahrkarte*) day ticket; **~licht** *nt* daylight; **~ordnung** *f* agenda; **~zeit** *f* time of day; **~zeitung** *f* daily (paper)

täglich ['tɛ:klɪç] *adj, adv* daily

tagsüber ['ta:ks|y:bər] *adv* during the day

Tagung *f* conference

Taille ['taljə] *f* waist

Takt [takt] **(-(e)s, -e)** *m* tact; (MUS) time; **~gefühl** *nt* tact

Taktik *f* tactics *pl*; **taktisch** *adj* tactical

Takt- *zW*: **t~los** *adj* tactless; **~losigkeit** *f* tactlessness; **~stock** *m* (conductor's) baton; **t~voll** *adj* tactful

Tal [ta:l] **(-(e)s, ꞋꞋer)** *nt* valley

Talent [ta'lɛnt] **(-(e)s, -e)** *nt* talent; **t~iert** [talɛn'ti:rt] *adj* talented, gifted

Talisman ['ta:lɪsman] **(-s, -e)** *m* talisman

Talsohle *f* bottom of a valley

Talsperre *f* dam

Tampon ['tampɔn] **(-s, -s)** *m* tampon

Tandem ['tandɛm] **(-s, -s)** *nt* tandem

Tang [taŋ] **(-(e)s, -e)** *m* seaweed

Tank [taŋk] **(-s, -s)** *m* tank; **~anzeige** *f* fuel gauge; **t~en** *vi* to fill up with petrol (BRIT) *od* gas (US); (AVIAT) to (re)fuel; **~er** **(-s, -)** *m* tanker; **~schiff** *nt* tanker; **~stelle** *f* petrol

(BRIT) *od* gas (US) station; **~wart** *m* petrol pump (BRIT) *od* gas station (US) attendant

Tanne ['tanə] *f* fir

Tannen- *zW*: **~baum** *m* fir tree; **~zapfen** *m* fir cone

Tante ['tantə] *f* aunt

Tanz [tants] **(-es, ꞋꞋe)** *m* dance; **t~en** *vt, vi* to dance

Tänzer(in) ['tɛntsər(ɪn)] **(-s, -)** *m(f)* dancer

Tanzfläche *f* (dance) floor

Tanzschule *f* dancing school

Tapete [ta'pe:tə] *f* wallpaper; **~nwechsel** *m* (*fig*) change of scenery

tapezieren [tape'tsi:rən] *vt* to (wall)paper; **Tapezierer** [tape'tsi:rər] **(-s, -)** *m* (interior) decorator

tapfer ['tapfər] *adj* brave; **T~keit** *f* courage, bravery

Tarif [ta'ri:f] **(-s, -e)** *m* tariff, (scale of) fares *od* charges; **~lohn** *m* standard wage rate; **~verhandlungen** *pl* wage negotiations; **~zone** *f* fare zone

Tarn- ['tarn] *zW*: **t~en** *vt* to camouflage; (*Person, Absicht*) to disguise; **~ung** *f* camouflaging; disguising

Tasche ['taʃə] *f* pocket; handbag

Taschen- *in zW* pocket; **~buch** *nt* paperback; **~dieb** *m* pickpocket; **~geld** *nt* pocket money; **~lampe** *f* (electric) torch, flashlight (US); **~messer** *nt* penknife; **~tuch** *nt* handkerchief

Tasse ['tasə] *f* cup

Tastatur [tasta'tu:r] *f* keyboard

Taste ['tastə] *f* push-button control; (*an Schreibmaschine*) key; **t~n** *vt* to feel, to touch ♦ *vi* to feel, to grope ♦ *vr* to feel one's way

Tat [ta:t] **(-, -en)** *f* act, deed, action; **in der ~** indeed, as a matter of fact; **t~** *etc vb siehe* **tun**; **~bestand** *m* facts *pl* of the case; **t~enlos** *adj* inactive

Tät- ['tɛ:t] *zW*: **~er(in)** **(-s, -)** *m(f)* perpetrator, culprit; **t~ig** *adj* active; **in einer Firma t~ig sein** to work for a firm; **~igkeit** *f* activity; (*Beruf*) occupation; **t~lich** *adj* violent; **~lichkeit** *f* violence; **~lichkeiten** *pl* (*Schläge*) blows

tätowieren [tɛto'viːrən] *vt* to tattoo
Tatsache *f* fact
tatsächlich *adj* actual ♦ *adv* really
Tau¹ [tau] (-(e)s, -e) *nt* rope
Tau² [tau] (-(e)s) *m* dew
taub [taup] *adj* deaf; *(Nuss)* hollow
Taube ['taubə] *f* dove; pigeon; **~nschlag** *m* dovecote; **hier geht es zu wie in einem ~nschlag** it's a hive of activity here
taub- *zW:* **T~heit** *f* deafness; **~stumm** *adj* deaf-and-dumb
Tauch- ['taux] *zW:* **t~en** *vt* to dip ♦ *vi* to dive; *(NAUT)* to submerge; **~er** (-s, -) *m* diver; **~eranzug** *m* diving suit; **~erbrille** *f* diving goggles *pl;* **~sieder** (-s, -) *m* immersion coil *(for boiling water)*
tauen ['tauən] *vt, vi* to thaw ♦ *vb unpers:* **es taut** it's thawing
Tauf- ['tauf] *zW:* **~becken** *nt* font; **~e** *f* baptism; **t~en** *vt* to christen, to baptize; **~pate** *m* godfather; **~patin** *f* godmother; **~schein** *m* certificate of baptism
taug- ['taug] *zW:* **~en** *vi* to be of use; **~en für** to do for, to be good for; **nicht ~en** to be no good *od* useless; **T~enichts** (-es, -e) *m* good-for-nothing; **~lich** ['tauklɪç] *adj* suitable; *(MIL)* fit *(for service)*
Taumel ['tauməl] (-s) *m* dizziness; *(fig)* frenzy; **t~n** *vi* to reel, to stagger
Tausch [tauʃ] (-(e)s, -e) *m* exchange; **t~en** *vt* to exchange, to swap
täuschen ['tɔyʃən] *vt* to deceive ♦ *vi* to be deceptive ♦ *vr* to be wrong; **~d** *adj* deceptive
Tauschhandel *m* barter
Täuschung *f* deception; *(optisch)* illusion
tausend ['tauzənt] *num* (a) thousand
Tauwetter *nt* thaw
Taxi ['taksi] (-(s), -(s)) *nt* taxi; **~fahrer** *m* taxi driver; **~stand** *m* taxi rank
Tech- ['tɛç] *zW:* **~nik** *f* technology; *(Methode, Kunstfertigkeit)* technique; **~niker** (-s, -) *m* technician; **t~nisch** *adj* technical; **~nologie** *f* technology; **t~no'logisch** *adj* technological
Tee [teː] (-s, -s) *m* tea; **~beutel** *m* tea bag; **~kanne** *f* teapot; **~löffel** *m* teaspoon

Teer [teːr] (-(e)s, -e) *m* tar; **t~en** *vt* to tar
Teesieb *nt* tea strainer
Teich [taɪç] (-(e)s, -e) *m* pond
Teig [taɪk] (-(e)s, -e) *m* dough; **t~ig** ['taɪgɪç] *adj* doughy; **~waren** *pl* pasta *sg*
Teil [taɪl] (-(e)s, -e) *m od nt* part; *(Anteil)* share; *(Bestandteil)* component; **zum ~** partly; **t~bar** *adj* divisible; **~betrag** *m* instalment; **~chen** *nt* (atomic) particle; **t~en** *vt, vr* to divide; *(mit jdm)* to share; **t~haben** *(unreg)* vi: **t~haben an** +*dat* to share in; **~haber** (-s, -) *m* partner; **~kaskoversicherung** *f* third party, fire and theft insurance; **t~möbliert** *adj* partially furnished; **~nahme** *f* participation; *(Mitleid)* sympathy; **t~nahmslos** *adj* disinterested, apathetic; **t~nehmen** *(unreg)* vi: **t~nehmen an** +*dat* to take part in; **~nehmer** (-s, -) *m* participant; **t~s** *adv* partly; **~ung** *f* division; **t~weise** *adv* partially, in part; **~zahlung** *f* payment by instalments; **~zeitarbeit** *f* part-time work
Teint [tɛ̃ː] (-s, -s) *m* complexion
Telearbeit ['teːleˌʔarbait] *f* teleworking
Telefax ['teːlefaks] *nt* fax
Telefon [tele'foːn] (-s, -e) *nt* telephone; **~anruf** *m* (tele)phone call; **~at** [telefo'naːt] (-(e)s, -e) *nt* (tele)phone call; **~buch** *nt* telephone directory; **~hörer** *m* (telephone) receiver; **t~ieren** *vi* to telephone; **t~isch** [-ɪʃ] *adj* telephone; *(Benachrichtigung)* by telephone; **~ist(in)** [telefo'nɪst(ɪn)] *m(f)* telephonist; **~karte** *f* phonecard; **~nummer** *f* (tele)phone number; **~zelle** *f* telephone kiosk, callbox; **~zentrale** *f* telephone exchange
Telegraf [tele'graːf] (-en, -en) *m* telegraph; **~enmast** *m* telegraph pole; **~ie** [-'fiː] *f* telegraphy; **t~ieren** [-'fiːrən] *vt, vi* to telegraph, to wire
Telegramm [tele'gram] (-s, -e) *nt* telegram, cable; **~adresse** *f* telegraphic address
Tele- *zW:* **~objektiv** ['teːleˌʔɔpjɛktiːf] *nt* telephoto lens; **t~pathisch** [tele'paːtɪʃ] *adj* telepathic; **~skop** [tele'skoːp] (-s, -e) *nt* telescope

Teller ['tɛlər] (-s, -) m plate; ~**gericht** nt (KOCH) one-course meal

Tempel ['tɛmpəl] (-s, -) m temple

Temperament [tɛmpera'mɛnt] nt temperament; (Schwung) vivacity, liveliness; **t~voll** adj high-spirited, lively

Temperatur [tɛmpera'tu:r] f temperature

Tempo¹ ['tɛmpo] (-s, **Tempi**) nt (MUS) tempo

Tempo² ['tɛmpo] (-s, -s) nt speed, pace; ~! get a move on!; ~**limit** [-lɪmɪt] (-s, -s) nt speed limit; ~**taschentuch** ® nt tissue

Tendenz [tɛn'dɛnts] f tendency; (Absicht) intention; **t~iös** [-i'ø:s] adj biased, tendentious

tendieren [tɛn'di:rən] vi: ~ **zu** to show a tendency to, to incline towards

Tennis ['tɛnɪs] (-) nt tennis; ~**ball** m tennis ball; ~**platz** m tennis court; ~**schläger** m tennis racket; ~**schuh** m tennis shoe; ~**spieler(in)** m(f) tennis player

Tenor [te'no:r] (-s, ⁓e) m tenor

Teppich ['tɛpɪç] (-s, -e) m carpet; ~**boden** m wall-to-wall carpeting

Termin [tɛr'mi:n] (-s, -e) m (Zeitpunkt) date; (Frist) time limit, deadline; (Arzttermin etc) appointment; ~**kalender** m diary, appointments book; ~**planer** m personal organizer

Terrasse [tɛ'rasə] f terrace

Terrine [tɛ'ri:nə] f tureen

territorial [tɛritori'a:l] adj territorial

Territorium [tɛri'to:riʊm] nt territory

Terror ['tɛrɔr] (-s) m terror; reign of terror; **t~isieren** [tɛrori'zi:rən] vt to terrorize; ~**ismus** [-'rɪsmʊs] m terrorism; ~**ist** [-'rɪst] m terrorist

Tesafilm ['te:zafilm] ® m Sellotape ® (BRIT), Scotch tape ® (US)

Tessin [tɛ'si:n] (-s) nt: **das ~** Ticino

Test [tɛst] (-s, -s) m test

Testament [tɛsta'mɛnt] nt will, testament; (REL) Testament; **t~arisch** [-'ta:rɪʃ] adj testamentary

Testamentsvollstrecker m executor (of a will)

testen vt to test

Tetanus ['te:tanʊs] (-) m tetanus; ~**impfung** f (anti-)tetanus injection

teuer ['tɔyər] adj dear, expensive; **T~ung** f increase in prices; **T~ungszulage** f cost of living bonus

Teufel ['tɔyfəl] (-s, -) m devil; **teuflisch** ['tɔyflɪʃ] adj fiendish, diabolical

Text [tɛkst] (-(e)s, -e) m text; (Liedertext) words pl; **t~en** vi to write the words

textil [tɛks'ti:l] adj textile; **T~ien** pl textiles; **T~industrie** f textile industry; **T~waren** pl textiles

Textverarbeitung f word processing

Theater [te'a:tər] (-s, -) nt theatre; (umg) fuss; ~ **spielen** (auch fig) to playact; ~**besucher** m playgoer; ~**kasse** f box office; ~**stück** nt (stage) play

Theke ['te:kə] f (Schanktisch) bar; (Ladentisch) counter

Thema ['te:ma] (-s, **Themen** od -ta) nt theme, topic, subject

Themse ['tɛmzə] f Thames

Theo- [teo] zW: ~**loge** [-'lo:gə] (-n, -n) m theologian; ~**logie** [-lo'gi:] f theology; **t~logisch** [-'lo:gɪʃ] adj theological; ~**retiker** [-'re:tikər] (-s, -) m theorist; **t~retisch** [-'re:tɪʃ] adj theoretical; ~**rie** [-'ri:] f theory

Thera- [tera] zW: ~**peut** [-'pɔyt] (-en, -en) m therapist; **t~peutisch** [-'pɔytɪʃ] adj therapeutic; ~**pie** [-'pi:] f therapy

Therm- zW: ~**albad** [tɛr'ma:lba:t] nt thermal bath; thermal spa; ~**odrucker** [tɛrmo-] m thermal printer; ~**ometer** [tɛrmo'me:tər] (-s, -) nt thermometer; ~**osflasche** ['tɛrmɔsflaʃə] ® f Thermos ® flask

These ['te:zə] f thesis

Thrombose [trɔm'bo:zə] f thrombosis

Thron [tro:n] (-(e)s, -e) m throne; **t~en** vi to sit enthroned; (fig) to sit in state; ~**folge** f succession (to the throne); ~**folger(in)** (-s, -) m(f) heir to the throne

Thunfisch ['tu:nfɪʃ] m tuna

Thüringen ['ty:rɪŋən] (-s) nt Thuringia

Thymian ['ty:mia:n] (-s, -e) m thyme

Tick [tɪk] (-(e)s, -s) m tic; (Eigenart) quirk;

(*Fimmel*) craze

ticken *vi* to tick

tief [tiːf] *adj* deep; (~*sinnig*) profound; (*Ausschnitt, Preis, Ton*) low; ~ **greifend** far-reaching; ~ **schürfend** profound; **T~** (**-s, -s**) *nt* (*MET*) depression; **T~druck** *m* low pressure; **T~e** *f* depth; **T~ebene** *f* plain; **T~enschärfe** *f* (*PHOT*) depth of focus; **T~garage** *f* underground garage; ~**gekühlt** *adj* frozen; **T~kühlfach** *nt* deepfreeze compartment; **T~kühlkost** *f* (deep) frozen food; **T~kühltruhe** *f* deep-freeze, freezer; **T~punkt** *m* low point; (*fig*) low ebb; **T~schlag** *m* (*BOXEN, fig*) blow below the belt; **T~see** *f* deep sea; ~**sinnig** *adj* profound; melancholy; **T~stand** *m* low level; **T~stwert** *m* minimum *od* lowest value

Tier [tiːr] (**-(e)s, -e**) *nt* animal; ~**arzt** *m* vet(erinary surgeon); ~**garten** *m* zoo(logical gardens *pl*); ~**heim** *nt* cat/dog home; **t~isch** *adj* animal; (*auch fig*) brutish; (*fig: Ernst etc*) deadly; ~**kreis** *m* zodiac; ~**kunde** *f* zoology; **t~liebend** *adj* fond of animals; ~**park** *m* zoo; ~**quälerei** [-kvɛːləˈraɪ] *f* cruelty to animals; ~**schutzverein** *m* society for the prevention of cruelty to animals

Tiger(in) [ˈtiːgər(ɪn)] (**-s, -**) *m(f)* tiger(-gress)

tilgen [ˈtɪlgən] *vt* to erase; (*Sünden*) to expiate; (*Schulden*) to pay off

Tinte [ˈtɪntə] *f* ink

Tintenfisch *m* cuttlefish

Tipp ▲ [tɪp] (**-s**) *m* tip; **t~en** *vt, vi* to tap, to touch; (*umg: schreiben*) to type; (*im Lotto etc*) to bet (on); **auf jdn t~en** (*umg: raten*) to tip sb, to put one's money on sb (*fig*)

Tipp- [tɪp] *zW:* ~**fehler** (*umg*) *m* typing error; **t~topp** (*umg*) *adj* tip-top; ~**zettel** *m* (pools) coupon

Tirol [tiˈroːl] *nt* the Tyrol; ~**er(in)** *m(f)* Tyrolean; **t~isch** *adj* Tyrolean

Tisch [tɪʃ] (**-(e)s, -e**) *m* table; **bei** ~ at table; **vor/nach** ~ before/after eating; **unter den** ~ **fallen** (*fig*) to be dropped; ~**decke** *f* tablecloth; ~**ler** (**-s, -**) *m* carpenter, joiner; ~**le'rei** *f* joiner's workshop (*Arbeit*)

carpentry, joinery; **t~lern** *vi* to do carpentry *etc*; ~**rede** *f* after-dinner speech; ~**tennis** *nt* table tennis; ~**tuch** *nt* tablecloth

Titel [ˈtiːtəl] (**-s, -**) *m* title; ~**bild** *nt* cover (picture); (*von Buch*) frontispiece; ~**rolle** *f* title role; ~**seite** *f* cover; (*Buchtitelseite*) title page; ~**verteidiger** *m* defending champion, title holder

Toast [toːst] (**-(e)s, -s** *od* **-e**) *m* toast; ~**brot** *nt* bread for toasting; ~**er** (**-s, -**) *m* toaster

tob- [ˈtoːb] *zW:* ~**en** *vi* to rage; (*Kinder*) to romp about; ~**süchtig** *adj* maniacal

Tochter [ˈtɔxtər] (**-, ̈**) *f* daughter; ~**gesellschaft** *f* subsidiary (company)

Tod [toːt] (**-(e)s, -e**) *m* death; **t~ernst** *adj* deadly serious ♦ *adv* in dead earnest

Todes- [ˈtoːdəs] *zW:* ~**angst** [-aŋst] *f* mortal fear; ~**anzeige** *f* obituary (notice); ~**fall** *m* death; ~**strafe** *f* death penalty; ~**ursache** *f* cause of death; ~**urteil** *nt* death sentence; ~**verachtung** *f* utter disgust

todkrank *adj* dangerously ill

tödlich [ˈtøːtlɪç] *adj* deadly, fatal

tod- *zW:* ~**müde** *adj* dead tired; ~**schick** (*umg*) *adj* smart, classy; ~**sicher** (*umg*) *adj* absolutely *od* dead certain; **T~sünde** *f* deadly sin

Toilette [toaˈlɛtə] *f* toilet, lavatory; (*Frisiertisch*) dressing table

Toiletten- *zW:* ~**artikel** *pl* toiletries, toilet articles; ~**papier** *nt* toilet paper; ~**tisch** *m* dressing table

toi, toi, toi [ˈtɔyˈtɔyˈtɔy] *excl* touch wood

tolerant [toleˈrant] *adj* tolerant

Toleranz [toleˈrants] *f* tolerance

tolerieren [toleˈriːrən] *vt* to tolerate

toll [tɔl] *adj* mad; (*Treiben*) wild; (*umg*) terrific; ~**en** *vi* to romp; **T~kirsche** *f* deadly nightshade; ~**kühn** *adj* daring; **T~wut** *f* rabies

Tomate [toˈmaːtə] *f* tomato; ~**nmark** *nt* tomato purée

Ton¹ [toːn] (**-(e)s, -e**) *m* (*Erde*) clay

Ton² [toːn] (**-(e)s, ̈e**) *m* (*Laut*) sound; (*MUS*) note; (*Redeweise*) tone; (*Farbton, Nuance*) shade; (*Betonung*) stress;

Rechtschreibreform: ▲ *neue Schreibung* △ *alte Schreibung (auslaufend)*

t~**angebend** adj leading; ~**art** f (musical) key; ~**band** nt tape; ~**bandgerät** nt tape recorder

tönen ['tø:nən] vi to sound ♦ vt to shade; (Haare) to tint

tönern ['tø:nərn] adj clay

Ton- zW: ~**fall** m intonation; ~**film** m sound film; ~**leiter** f (MUS) scale; **t~los** adj soundless

Tonne ['tɔnə] f barrel; (Maß) ton

Ton- zW: ~**taube** f clay pigeon; ~**waren** pl pottery sg, earthenware sg

Topf [tɔpf] (-(e)s, ᵁe) m pot; ~**blume** f pot plant

Töpfer ['tœpfər] (-s, -) m potter; ~**ei** [-'raı] f piece of pottery; potter's workshop; ~**scheibe** f potter's wheel

topografisch ▲ [topo'gra:fɪʃ] adj topographic

Tor¹ [to:r] (-en, -en) m fool

Tor² [to:r] (-(e)s, -e) nt gate; (SPORT) goal; ~**bogen** m archway

Torf [tɔrf] (-(e)s) m peat

Torheit f foolishness; foolish deed

töricht ['tø:rɪçt] adj foolish

torkeln ['tɔrkəln] vi to stagger, to reel

Torte ['tɔrtə] f cake; (Obsttorte) flan, tart

Tortur [tɔr'tu:r] f ordeal

Torwart (-(e)s, -e) m goalkeeper

tosen ['to:zən] vi to roar

tot [to:t] adj dead; **~ geboren** stillborn; **sich ~ stellen** to pretend to be dead

total [to'ta:l] adj total; ~**itär** [totali'tɛ:r] adj totalitarian; **T~schaden** m (AUT) complete write-off

Tote(r) f(m) dead person

töten ['tø:tən] vt, vi to kill

Toten- zW: ~**bett** nt death bed; **t~blass** ▲ adj deathly pale, white as a sheet; ~**kopf** m skull; ~**schein** m death certificate; ~**stille** f deathly silence

tot- zW: ~**fahren** (unreg) vt to run over; ~**geboren** △ adj siehe **tot**; ~**lachen** (umg) vr to laugh one's head off

Toto ['to:to] (-s, -s) m od nt pools pl; ~**schein** m pools coupon

tot- zW: **T~schlag** m manslaughter

~**schlagen** (unreg) vt (auch fig) to kill; ~**schweigen** (unreg) vt to hush up; ~**stellen** △ vr siehe **tot**

Tötung ['tø:tʊŋ] f killing

Toupet [tu'pe:] (-s, -s) nt toupee

toupieren [tu'pi:rən] vt to backcomb

Tour [tu:r] (-, -en) f tour, trip; (Umdrehung) revolution; (Verhaltensart) way; **in einer ~** incessantly; ~**enzähler** m rev counter; ~**ismus** [tu'rɪsmʊs] m tourism; ~**ist** [tu'rɪst] m tourist; ~**istenklasse** f tourist class; ~**nee** [tʊr'ne:] (-, -n) f (THEAT etc) tour; **auf ~nee gehen** to go on tour

Trab [tra:p] (-(e)s) m trot

Trabantenstadt f satellite town

traben ['tra:bən] vi to trot

Tracht [traxt] (-, -en) f (Kleidung) costume, dress; **eine ~ Prügel** a sound thrashing; **t~en** vi: **t~en (nach)** to strive (for); **jdm nach dem Leben t~en** to seek to kill sb; **danach t~en, etw zu tun** to strive od endeavour to do sth

trächtig ['trɛçtɪç] adj (Tier) pregnant

Tradition [traditsi'o:n] f tradition; **t~ell** [-'nɛl] adj traditional

traf etc [tra:f] vb siehe **treffen**

Tragbahre f stretcher

tragbar adj (Gerät) portable; (Kleidung) wearable; (erträglich) bearable

träge ['trɛ:gə] adj sluggish, slow; (PHYS) inert

tragen ['tra:gən] (unreg) vt to carry; (Kleidung, Brille) to wear; (Namen, Früchte) to bear; (erdulden) to endure ♦ vi (schwanger sein) to be pregnant; (Eis) to hold; **sich mit einem Gedanken ~** to have an idea in mind; **zum T~ kommen** to have an effect

Träger ['trɛ:gər] (-s, -) m carrier; wearer; bearer; (Ordensträger) holder; (an Kleidung) (shoulder) strap; (Körperschaft etc) sponsor

Tragetasche f carrier bag

Tragfläche f (AVIAT) wing

Tragflügelboot nt hydrofoil

Trägheit ['trɛ:khaıt] f laziness; (PHYS) inertia

Tragik ['tra:gɪk] f tragedy; **tragisch** adj tragic

Tragödie [tra'gø:diə] f tragedy

Tragweite f range; (fig) scope

Train- ['treːn] zW: **~er (-s, -)** m (SPORT) trainer, coach; (Fußball) manager; **t~ieren** [trɛ'niːrən] vt, vi to train; (Mensch) to train, to coach; (Übung) to practise; **~ing (-s, -s)** nt training; **~ingsanzug** m track suit

Traktor ['traktɔr] m tractor; (von Drucker) tractor feed

trällern ['trɛlərn] vt, vi to trill, to sing

Tram [tram] **(-, -s)** f tram

trampeln ['trampəln] vt, vi to trample, to stamp

trampen ['trɛmpən] vi to hitch-hike

Tramper(in) [trɛmpər(ɪn)] **(-s, -)** m(f) hitch-hiker

Tran [traːn] **(-(e)s, -e)** m train oil, blubber

tranchieren [trã'ʃiːrən] vt to carve

Träne ['trɛːnə] f tear; **t~n** vi to water; **~ngas** nt teargas

trank etc [traŋk] vb siehe **trinken**

tränken ['trɛŋkən] vt (Tiere) to water

transchieren ▲ [tran'ʃiːrən] vt to carve

Trans- zW: **~formator** [transfɔr'maːtɔr] m transformer; **~istor** [tran'zistɔr] m transistor; **~itverkehr** [tran'ziːtfɛrkeːr] m transit traffic; **~itvisum** nt transit visa; **t~parent** adj transparent; **~parent (-(e)s, -e)** nt (Bild) transparency; (Spruchband) banner; **~plantation** [transplantatsi'oːn] f transplantation; (Hauttransplantation) graft(ing)

Transport [trans'pɔrt] **(-(e)s, -e)** m transport; **t~ieren** [transpɔr'tiːrən] vt to transport; **~kosten** pl transport charges, carriage sg; **~mittel** nt means sg of transportation; **~unternehmen** nt carrier

Traube ['traubə] f grape; bunch (of grapes); **~nzucker** m glucose

trauen ['trauən] vi: **jdm/etw ~** to trust sb/sth ♦ vr to dare ♦ vt to marry

Trauer ['trauər] **(-)** f sorrow; (für Verstorbenen) mourning; **~fall** m death, bereavement; **~feier** f funeral service; **~kleidung** f mourning; **t~n** vi to mourn; **um jdn t~n** to mourn (for) sb; **~rand** m black border; **~spiel** nt tragedy

traulich ['trauliç] adj cosy, intimate

Traum [traum] **(-(e)s, Träume)** m dream

Trauma (-s, -men) nt trauma

träum- ['trɔym] zW: **~en** vt, vi to dream; **T~er (-s, -)** m dreamer; **T~e'rei** f dreaming; **~erisch** adj dreamy

traumhaft adj dreamlike; (fig) wonderful

traurig ['trauriç] adj sad; **T~keit** f sadness

Trau- ['trau] zW: **~ring** m wedding ring; **~schein** m marriage certificate; **~ung** f wedding ceremony; **~zeuge** m witness (to a marriage); **~zeugin** f witness (to a marriage)

treffen ['trɛfən] (unreg) vt to strike, to hit; (Bemerkung) to hurt; (begegnen) to meet; (Entscheidung etc) to make; (Maßnahmen) to take ♦ vi to hit ♦ vr to meet; **er hat es gut getroffen** he did well; **~ auf** +akk to come across, to meet with; **es traf sich, dass ...** it so happened that ...; **es trifft sich gut** it's convenient; **wie es so trifft** as these things happen; **T~ (-s, -)** nt meeting; **~d** adj pertinent, apposite

Treffer (-s, -) m hit; (Tor) goal; (Los) winner

Treffpunkt m meeting place

Treib- ['traip] zW: **~eis** nt drift ice; **t~en** (unreg) vt to drive; (Studien etc) to pursue; (Sport) to do, to go in for ♦ vi (Schiff etc) to drift; (Pflanzen) to sprout; (KOCH: aufgehen) to rise; (Tee, Kaffee) to be diuretic; **~haus** nt greenhouse; **~hauseffekt** m greenhouse effect; **~hausgas** nt greenhouse gas; **~stoff** m fuel

trenn- ['trɛn] zW: **~bar** adj separable; **~en** vt to separate; (teilen) to divide ♦ vr to separate; **sich ~en von** to part with; **T~ung** f separation; **T~wand** f partition (wall)

Trepp- ['trɛp] zW: **t~ab** adv downstairs; **t~auf** adv upstairs; **~e** f stair(case); **~engeländer** nt banister; **~enhaus** nt staircase

Tresor [tre'zoːr] **(-s, -e)** m safe

Tretboot nt pedalo, pedal boat

treten ['treːtən] (unreg) vi to step; (Tränen, Schweiß) to appear ♦ vt (mit Fußtritt) to kick; (niedertreten) to tread, to trample; **~ nach** to kick at; **~ in** +akk to step in(to); **in Verbindung ~** to get in contact; **in**

Erscheinung ~ to appear

treu [trɔy] *adj* faithful, true; **T~e** (-) *f* loyalty, faithfulness; **T~händer** (-s, -) *m* trustee; **T~handanstalt** *f* trustee organization; **T~handgesellschaft** *f* trust company; **~herzig** *adj* innocent; **~los** *adj* faithless

---
Treuhandanstalt

The **Treuhandanstalt** *was the organization set up in 1990 to take over the nationally-owned companies of the former DDR, break them down into smaller units and privatize them. It was based in Berlin and had nine branches. Many companies were closed down by the* **Treuhandanstalt** *because of their outdated equipment and inability to compete with Western firms which resulted in rising unemployment. Having completed its initial task, the* **Treuhandanstalt** *was closed down in 1995.*

Tribüne [tri'by:nə] *f* grandstand; (*Rednertribüne*) platform

Trichter ['trɪçtər] (-s, -) *m* funnel; (*in Boden*) crater

Trick [trɪk] (-s, -e *od* -s) *m* trick; **~film** *m* cartoon

Trieb [tri:p] (-(e)s, -e) *m* urge, drive; (*Neigung*) inclination; (*an Baum etc*) shoot; **t~** *etc vb siehe* **treiben**; **~kraft** *f* (*fig*) drive; **~täter** *m* sex offender; **~werk** *nt* engine

triefen ['tri:fən] *vi* to drip

triffst *etc* [trɪfst] *vb siehe* **treffen**

triftig ['trɪftɪç] *adj* good, convincing

Trikot [tri'ko:] (-s, -s) *nt* vest; (*SPORT*) shirt

Trimester [tri'mɛstər] (-s, -) *nt* term

trimmen ['trɪmən] *vr* to do keep fit exercises

trink- ['trɪŋk] *zW:* **~bar** *adj* drinkable; **~en** (*unreg*) *vt, vi* to drink; **T~er** (-s, -) *m* drinker; **T~geld** *nt* tip; **T~halle** *f* refreshment kiosk; **T~wasser** *nt* drinking water

Tripper ['trɪpər] (-s, -) *m* gonorrhoea

Tritt [trɪt] (-(e)s, -e) *m* step; (*Fußtritt*) kick; **~brett** *nt* (*EISENB*) step; (*AUT*) running board

Triumph [tri'ʊmf] (-(e)s, -e) *m* triumph; **~bogen** *m* triumphal arch; **t~ieren** [triʊm'fi:rən] *vi* to triumph; (*jubeln*) to exult

trocken ['trɔkən] *adj* dry; **T~element** *nt* dry cell; **T~haube** *f* hair dryer; **T~heit** *f* dryness; **~legen** *vt* (*Sumpf*) to drain; (*Kind*) to put a clean nappy on; **T~milch** *f* dried milk; **T~rasur** *f* dry shave, electric shave

trocknen ['trɔknən] *vt, vi* to dry

Trödel ['trø:dəl] (-s) (*umg*) *m* junk; **~markt** *m* flea market; **t~n** (*umg*) *vi* to dawdle

Trommel ['trɔməl] (-, -n) *f* drum; **~fell** *nt* eardrum; **t~n** *vt, vi* to drum

Trompete [trɔm'pe:tə] *f* trumpet; **~r** (-s, -) *m* trumpeter

Tropen ['tro:pən] *pl* tropics; **~helm** *m* sun helmet

tröpfeln ['trœpfəln] *vi* to drop, to trickle

Tropfen ['trɔpfən] (-s, -) *m* drop; **t~** *vt, vi* to drip ♦ *vb unpers:* **es tropft** a few raindrops are falling; **t~weise** *adv* in drops

Tropfsteinhöhle *f* stalactite cave

tropisch ['tro:pɪʃ] *adj* tropical

Trost [tro:st] (-es) *m* consolation, comfort

trösten ['trø:stən] *vt* to console, to comfort

trost- *zW:* **~los** *adj* bleak; (*Verhältnisse*) wretched; **T~preis** *m* consolation prize; **~reich** *adj* comforting

Trott [trɔt] (-(e)s, -e) *m* trot; (*Routine*) routine; **~el** (-s, -) (*umg*) *m* fool, dope; **t~en** *vi* to trot

Trotz [trɔts] (-es) *m* pigheadedness; **etw aus ~ tun** to do sth just to show them; **jdm zum ~** in defiance of sb; **t~** *präp* (+*gen od dat*) in spite of; **t~dem** *adv* nevertheless, all the same ♦ *konj* although; **t~en** *vi* (+*dat*) to defy; (*der Kälte, Klima etc*) to withstand; (*der Gefahr*) to brave; (*t~ig sein*) to be awkward; **t~ig** *adj* defiant, pig-headed; **~kopf** *m* obstinate child

trüb [try:p] *adj* dull; (*Flüssigkeit, Glas*) cloudy; (*fig*) gloomy

Trubel ['tru:bəl] (-s) *m* hurly-burly

trüb- *zW:* **~en** ['try:bən] *vt* to cloud ♦ *vr* to become clouded; **T~heit** *f* dullness; cloudiness; gloom; **T~sal** (-, -e) *f* distress; **~selig** *adj* sad, melancholy; **T~sinn** *m*

depression; **~sinnig** *adj* depressed, gloomy
Trüffel ['tryfəl] (-, -n) *f* truffle
trug *etc* [tru:k] *vb siehe* **tragen**
trügen ['try:gən] (*unreg*) *vt* to deceive ♦ *vi* to be deceptive
trügerisch *adj* deceptive
Trugschluss ▲ ['tru:gʃlʊs] *m* false conclusion
Truhe ['tru:ə] *f* chest
Trümmer ['trymər] *pl* wreckage *sg*; (*Bautrümmer*) ruins; **~haufen** *m* heap of rubble
Trumpf [trʊmpf] (-(e)s, ⁺e) *m* (*auch fig*) trump; **t~en** *vt, vi* to trump
Trunk [trʊŋk] (-(e)s, ⁺e) *m* drink; **t~en** *adj* intoxicated; **~enheit** *f* intoxication; **~enheit am Steuer** drunken driving; **~sucht** *f* alcoholism
Trupp [trʊp] (-s, -s) *m* troop; **~e** *f* troop; (*Waffengattung*) force; (*Schauspieltruppe*) troupe; **~en** *pl* (*MIL*) troops; **~enübungsplatz** *m* training area
Truthahn ['tru:tha:n] *m* turkey
Tschech- ['tʃɛç] *zW:* **~e** *m* Czech; **~ien** (-s) *nt* the Czech Republic; **~in** *f* Czech; **t~isch** *adj* Czech; **~oslowakei** [-oslova'kai] *f:* **die ~oslowakei** Czechoslovakia; **t~oslowakisch** [-oslo'va:kiʃ] *adj* Czechoslovak(ian)
tschüs(s) [tʃʏs] *excl* cheerio
T-Shirt ['ti:ʃəːt] *nt* T-shirt
Tube ['tu:bə] *f* tube
Tuberkulose [tuberku'lo:zə] *f* tuberculosis
Tuch [tu:x] (-(e)s, ⁺er) *nt* cloth; (*Halstuch*) scarf; (*Kopftuch*) headscarf; (*Handtuch*) towel
tüchtig ['tʏçtɪç] *adj* efficient, (cap)able; (*umg: kräftig*) good, sound; **T~keit** *f* efficiency, ability
Tücke ['tʏkə] *f* (*Arglist*) malice; (*Trick*) trick; (*Schwierigkeit*) difficulty, problem
tückisch ['tʏkɪʃ] *adj* treacherous; (*böswillig*) malicious
Tugend ['tu:gənt] (-, -en) *f* virtue; **t~haft** *adj* virtuous
Tülle *f* spout
Tulpe ['tʊlpə] *f* tulip
Tumor ['tu:mɔr] (-s, -e) *m* tumour

Tümpel ['tʏmpəl] (-s, -) *m* pool, pond
Tumult [tu'mʊlt] (-(e)s, -e) *m* tumult
tun [tu:n] (*unreg*) *vt* (*machen*) to do; (*legen*) to put ♦ *vi* to act ♦ *vr:* **es tut sich etwas/ viel** something/a lot is happening; **jdm etw ~** (*antun*) to do sth to sb; **etw tut es auch** sth will do; **das tut nichts** that doesn't matter; **das tut nichts zur Sache** that's neither here nor there; **so ~ als ob** to act as if
tünchen ['tʏnçən] *vt* to whitewash
Tunfisch ▲ ['tu:nfɪʃ] *m* = **Thunfisch**
Tunke ['tʊŋkə] *f* sauce; **t~n** *vt* to dip, to dunk
tunlichst ['tu:nlɪçst] *adv* if at all possible; **~ bald** as soon as possible
Tunnel ['tʊnəl] (-s, -s *od* -) *m* tunnel
Tupfen ['tʊpfən] (-s, -) *m* dot, spot; **t~** *vt, vi* to dab; (*mit Farbe*) to dot
Tür [ty:r] (-, -en) *f* door
Turbine [tʊr'bi:nə] *f* turbine
Türk- [tʏrk] *zW:* **~e** *m* Turk; **~ei** [tyr'kai] *f:* **die ~ei** Turkey; **~in** *f* Turk
Türkis [tyr'ki:s] (-es, -e) *m* turquoise; **t~** *adj* turquoise
türkisch ['tʏrkɪʃ] *adj* Turkish
Türklinke *f* doorknob, door handle
Turm [tʊrm] (-(e)s, ⁺e) *m* tower; (*Kirchturm*) steeple; (*Sprungturm*) diving platform; (*SCHACH*) castle, rook
türmen ['tʏrmən] *vr* to tower up ♦ *vt* to heap up ♦ *vi* (*umg*) to scarper, to bolt
Turn- ['tʊrn] *zW:* **t~en** *vi* to do gymnastic exercises ♦ *vt* to perform; **~en** (-s) *nt* gymnastics; (*SCH*) physical education, P.E.; **~er(in)** (-s, -) *m(f)* gymnast; **~halle** *f* gym(nasium); **~hose** *f* gym shorts *pl*
Turnier [tʊr'ni:r] (-s, -e) *nt* tournament
Turn- *zW:* **~schuh** *m* gym shoe; **~verein** *m* gymnastics club; **~zeug** *nt* gym things *pl*
Tusche ['tʊʃə] *f* Indian ink
tuscheln ['tʊʃəln] *vt, vi* to whisper
Tuschkasten *m* paintbox
Tüte ['ty:tə] *f* bag
tuten ['tu:tən] *vi* (*AUT*) to hoot (*BRIT*), to honk (*US*)

TÜV [tʏf] (**-s, -s**) *m abk* (= *Technischer Überwachungs-Verein*) ≃ MOT

Typ [ty:p] (**-s, -en**) *m* type; **~e** *f* (*TYP*) type

Typhus ['ty:fʊs] (**-**) *m* typhoid (fever)

typisch ['ty:pɪʃ] *adj*: **~ (für)** typical (of)

Tyrann ['ty'ran] (**-en, -en**) *m* tyrant; **~ei** [-'naɪ] *f* tyranny; **t~isch** *adj* tyrannical; **t~i'sieren** *vt* to tyrannize

U, u

u. a. *abk* = unter anderem

U-Bahn ['u:ba:n] *f* underground, tube

übel ['y:bəl] *adj* bad; (*moralisch*) bad, wicked; **jdm ist ~** sb feels sick; **~ gelaunt** bad-tempered; **jdm eine Bemerkung** *etc* **~ nehmen** to be offended at sb's remark *etc*; **Ü~** (**-s, -**) *nt* evil; (*Krankheit*) disease; **Ü~keit** *f* nausea

üben ['y:bən] *vt, vi* to exercise, to practise

SCHLÜSSELWORT

über ['y:bər] *präp +dat* 1 (*räumlich*) over, above; **zwei Grad über null** two degrees above zero

2 (*zeitlich*) over; **über der Arbeit einschlafen** to fall asleep over one's work
♦ *präp +akk* 1 (*räumlich*) over; (*hoch über auch*) above; (*quer über auch*) across

2 (*zeitlich*) over; **über Weihnachten** over Christmas; **über kurz oder lang** sooner or later

3 (*mit Zahlen*): **Kinder über 12 Jahren** children over *od* above 12 years of age; **ein Scheck über 200 Mark** a cheque for 200 marks

4 (*auf dem Wege*) via; **nach Köln über Aachen** to Cologne via Aachen; **ich habe es über die Auskunft erfahren** I found out from information

5 (*betreffend*) about; **ein Buch über ...** a book about *od* on ...; **über jdn/etw lachen** to laugh about *od* at sb/sth

6: **Macht über jdn haben** to have power over sb; **sie liebt ihn über alles** she loves him more than everything

♦ *adv* over; **über und über** over and over; **den ganzen Tag über** all day long; **jdm in etw** *dat* **über sein** to be superior to sb in sth

überall [y:bər'|al] *adv* everywhere; **~'hin** *adv* everywhere

überanstrengen [y:bər'|anʃtrɛŋən] *vt insep* to overexert ♦ *vr insep* to overexert o.s.

überarbeiten [y:bər'|arbaɪtən] *vt insep* to revise, to rework ♦ *vr insep* to overwork (o.s.)

überaus ['y:bər|aʊs] *adv* exceedingly

überbelichten ['y:bərbəlɪçtən] *vt* (*PHOT*) to overexpose

über'bieten (*unreg*) *vt insep* to outbid; (*übertreffen*) to surpass; (*Rekord*) to break

Überbleibsel ['y:bərblaɪpsəl] (**-s, -**) *nt* residue, remainder

Überblick ['y:bərblɪk] *m* view; (*fig: Darstellung*) survey, overview; (*Fähigkeit*): **~ (über** +*akk*) grasp (of), overall view (of); **ü~en** [-'blɪkən] *vt insep* to survey

überbring- [y:bər'brɪŋ] *zW:* **~en** (*unreg*) *vt insep* to deliver, to hand over; **Ü~er** (**-s, -**) *m* bearer

überbrücken [y:bər'brʏkən] *vt insep* to bridge (over)

überbuchen [y:bərbu:xən] *vt insep* to overbook

über'dauern *vt insep* to outlast

über'denken (*unreg*) *vt insep* to think over

überdies [y:bər'di:s] *adv* besides

überdimensional ['y:bərdimɛnziona:l] *adj* oversize

Überdruss ▲ ['y:bərdrʊs] (**-es**) *m* weariness; **bis zum ~** ad nauseam

überdurchschnittlich ['y:bərdʊrçʃnɪtlɪç] *adj* above-average ♦ *adv* exceptionally

übereifrig ['y:bər|aɪfrɪç] *adj* over-keen

übereilt [y:bər'|aɪlt] *adj* (over)hasty, premature

überein- [y:bər'|aɪn] *zW:* **~ander** [y:bər|aɪ'nandər] *adv* one upon the other; (*sprechen*) about each other; **~kommen** (*unreg*) *vi* to agree; **Ü~kunft** (**-, -künfte**) *f* agreement; **~stimmen** *vi* to agree;

Ü~stimmung *f* agreement
überempfindlich ['y:bər|ɛmpfɪntlɪç] *adj*
hypersensitive
überfahren [y:bər'fa:rən] (*unreg*) *vt insep*
(*AUT*) to run over; (*fig*) to walk all over
Überfahrt ['y:bərfa:rt] *f* crossing
Überfall ['y:bərfal] *m* (*Banküberfall, MIL*) raid;
(*auf jdn*) assault; **ü~en** [-'falən] (*unreg*) *vt*
insep to attack; (*Bank*) to raid; (*besuchen*) to
drop in on, to descend on
überfällig ['y:bərfɛlɪç] *adj* overdue
über'fliegen (*unreg*) *vt insep* to fly over, to
overfly; (*Buch*) to skim through
Überfluss ▲ ['y:bərflʊs] *m:* **~ (an +*dat*)**
(super)abundance (of), excess (of)
überflüssig ['y:bərflʏsɪç] *adj* superfluous
über'fordern *vt insep* to demand too
much of; (*Kräfte etc*) to overtax
über'führen *vt insep* (*Leiche etc*) to
transport; (*Täter*) to have convicted
Über'führung *f* transport; conviction;
(*Brücke*) bridge, overpass
über'füllt *adj* (*Schulen, Straßen*)
overcrowded; (*Kurs*) oversubscribed
Übergabe ['y:bərga:bə] *f* handing over; (*MIL*)
surrender
Übergang ['y:bərgaŋ] *m* crossing; (*Wandel,
Überleitung*) transition
Übergangs- *zW:* **~lösung** *f* provisional
solution, stopgap; **~zeit** *f* transitional
period
über'geben (*unreg*) *vt insep* to hand over;
(*MIL*) to surrender ♦ *vr insep* to be sick
übergehen ['y:bərge:ən] (*unreg*) *vi* (*Besitz*) to
pass; (*zum Feind etc*) to go over, to defect;
~ in *+akk* to turn into; **über'gehen** (*unreg*)
vt insep to pass over, to omit
Übergewicht ['y:bərgəvɪçt] *nt* excess
weight; (*fig*) preponderance
überglücklich ['y:bərglʏklɪç] *adj* overjoyed
Übergröße ['y:bərgrø:sə] *f* oversize
überhaupt [y:bər'haʊpt] *adv* at all; (*im
Allgemeinen*) in general; (*besonders*)
especially; **~ nicht/keine** not/none at all
überheblich [y:bər'he:plɪç] *adj* arrogant;
Ü~keit *f* arrogance
über'holen *vt insep* to overtake; (*TECH*) to

overhaul
über'holt *adj* out-of-date, obsolete
Überholverbot [y:bər'ho:lfɛrbo:t] *nt*
restriction on overtaking
über'hören *vt insep* not to hear;
(*absichtlich*) to ignore
überirdisch ['y:bər|ɪrdɪʃ] *adj* supernatural,
unearthly
über'laden (*unreg*) *vt insep* to overload
♦ *adj* (*fig*) cluttered
über'lassen (*unreg*) *vt insep:* **jdm etw ~** to
leave sth to sb ♦ *vr insep:* **sich einer Sache**
dat **~** to give o.s. over to sth
über'lasten *vt insep* to overload; (*Mensch*)
to overtax
überlaufen ['y:bərlaʊfən] (*unreg*) *vi*
(*Flüssigkeit*) to flow over; (*zum Feind etc*) to
go over, to defect; **~ sein** to be inundated
od besieged; **über'laufen** (*unreg*) *vt insep*
(*Schauer etc*) to come over
über'leben *vt insep* to survive;
Über'lebende(r) *f(m)* survivor
über'legen *vt insep* to consider ♦ *adj*
superior; **ich muss es mir ~** I'll have to
think about it; **Über'legenheit** *f*
superiority
Über'legung *f* consideration, deliberation
über'liefern *vt insep* to hand down, to
transmit
Überlieferung *f* tradition
überlisten [y:bər'lɪstən] *vt insep* to outwit
überm ['y:bərm] = **über dem**
Übermacht ['y:bərmaxt] *f* superior force,
superiority; **übermächtig** ['y:bərmɛçtɪç] *adj*
superior (in strength); (*Gefühl etc*)
overwhelming
übermäßig ['y:bərmɛ:sɪç] *adj* excessive
Übermensch ['y:bərmɛnʃ] *m* superman;
ü~lich *adj* superhuman
übermitteln [y:bər'mɪtəln] *vt insep* to
convey
übermorgen ['y:bərmɔrgən] *adv* the day
after tomorrow
Übermüdung [y:bər'my:dʊŋ] *f* fatigue,
overtiredness
Übermut ['y:bərmu:t] *m* exuberance
übermütig ['y:bərmy:tɪç] *adj* exuberant,

high-spirited; ~ **werden** to get overconfident

übernächste(r, s) ['y:bɐrnɛːçstə(r, s)] adj (Jahr) next but one

übernacht- [y:bɐr'naxt] zW: ~**en** vi insep: (bei jdm) ~**en** to spend the night (at sb's place); **Ü~ung** f overnight stay; **Ü~ung mit Frühstück** bed and breakfast; **Ü~ungsmöglichkeit** f overnight accommodation no pl

Übernahme ['y:bɐrnaːmə] f taking over od on, acceptance

über'nehmen (unreg) vt insep to take on, to accept; (Amt, Geschäft) to take over ♦ vr insep to take on too much

über'prüfen vt insep to examine, to check

überqueren [y:bɐr'kveːrən] vt insep to cross

überragen [y:bɐr'raːgən] vt insep to tower above; (fig) to surpass

überraschen [y:bɐr'raʃən] vt insep to surprise

Überraschung f surprise

überreden [y:bɐr'reːdən] vt insep to persuade

überreichen [y:bɐr'raɪçən] vt insep to present, to hand over

'Überrest m remains, remnants

überrumpeln [y:bɐr'rʊmpəln] vt insep to take by surprise

überrunden [y:bɐr'rʊndən] vt insep to lap

übers ['y:bɐs] = **über das**

Überschall- ['y:bɐrʃal] zW: ~**flugzeug** nt supersonic jet; ~**geschwindigkeit** f supersonic speed

über'schätzen vt insep to overestimate

'überschäumen vi (Bier) to foam over, bubble over; (Temperament) to boil over

Überschlag ['y:bɐrʃlaːk] m (FIN) estimate; (SPORT) somersault; **ü~en** [-'ʃlaːgən] (unreg) vt insep (berechnen) to estimate; (auslassen: Seite) to omit ♦ vr insep to somersault; (Stimme) to crack; (AVIAT) to loop the loop; **'überschlagen** (unreg) vt (Beine) to cross ♦ vi (Wellen) to break; (Funken) to flash

überschnappen ['y:bɐrʃnapən] vi (Stimme) to crack; (umg: Mensch) to flip one's lid

über'schneiden (unreg) vr insep (auch fig) to overlap; (Linien) to intersect

über'schreiben (unreg) vt insep to provide with a heading; **jdm etw ~** to transfer od make over sth to sb

über'schreiten (unreg) vt insep to cross over; (fig) to exceed; (verletzen) to transgress

Überschrift ['y:bɐrʃrɪft] f heading, title

Überschuss ▲ ['y:bɐrʃʊs] m: ~ (**an** +dat) surplus (of); **überschüssig** ['y:bɐrʃʏsɪç] adj surplus, excess

über'schütten vt insep: **jdn/etw mit etw ~** to pour sth over sb/sth; **jdn mit etw ~** (fig) to shower sb with sth

überschwänglich ▲ ['y:bɐrʃvɛŋlɪç] adj effusive

überschwemmen [y:bɐr'ʃvɛmən] vt insep to flood

Überschwemmung f flood

Übersee ['y:bɐrzeː] f: **nach/in ~** overseas; **ü~isch** adj overseas

über'sehen (unreg) vt insep to look (out) over; (fig: Folgen) to see, to get an overall view of; (: nicht beachten) to overlook

über'senden (unreg) vt insep to send, to forward

übersetz- zW: ~**en** [y:bɐr'zɛtsən] vt insep to translate; **'übersetzen** vi to cross; **Ü~er(in)** [-'zɛtsər(ɪn)] (**-s, -**) m(f) translator; **Ü~ung** [-'zɛtsʊŋ] f translation; (TECH) gear ratio

Übersicht ['y:bɐrzɪçt] f overall view; (Darstellung) survey; **ü~lich** adj clear; (Gelände) open; ~**lichkeit** f clarity, lucidity

übersiedeln ['y:bɐrziːdəln] vi sep to move; **über'siedeln** vi to move

über'spannt adj eccentric; (Idee) wild, crazy

überspitzt [y:bɐr'ʃpɪtst] adj exaggerated

über'springen (unreg) vt insep to jump over; (fig) to skip

überstehen [y:bɐr'ʃteːən] (unreg) vt insep to overcome, to get over; (Winter etc) to survive, to get through; **'überstehen** (unreg) vi to project

über'steigen (unreg) vt insep to climb over; (fig) to exceed

Spelling Reform: ▲ *new spelling* △ *old spelling (to be phased out)*

über'stimmen vt insep to outvote

Überstunden ['y:bərʃtʊndən] pl overtime sg

über'stürzen vt insep to rush ♦ vr insep to follow (one another) in rapid succession

überstürzt adj (over)hasty

Übertrag ['y:bərtra:k] (-(e)s, -träge) m (COMM) amount brought forward; **ü~bar** [-'tra:kba:r] adj transferable; (MED) infectious; **ü~en** [-'tra:gən] (unreg) vt insep to transfer; (RADIO) to broadcast; (übersetzen) to render; (Krankheit) to transmit ♦ vr insep to spread ♦ adj figurative; **ü~en auf** +akk to transfer to; **jdm etw ü~en** to assign sth to sb; **sich ü~en auf** +akk to spread to; **~ung** [-'tra:gʊŋ] f transfer(ence); (RADIO) broadcast; rendering; transmission

über'treffen (unreg) vt insep to surpass

über'treiben (unreg) vt insep to exaggerate; **Übertreibung** f exaggeration

übertreten [y:bər'tre:tən] (unreg) vt insep to cross; (Gebot etc) to break; **'übertreten** (unreg) vi (über Linie, Gebiet) to step (over); (SPORT) to overstep; (zu anderem Glauben) to be converted; **'übertreten (in** +akk) (POL) to go over (to)

Über'tretung f violation, transgression

übertrieben [y:bər'tri:bən] adj exaggerated, excessive

übervölkert [y:bər'fœlkərt] adj overpopulated

übervoll ['y:bərfɔl] adj overfull

übervorteilen [y:bər'fɔrtailən] vt insep to dupe, to cheat

über'wachen vt insep to supervise; (Verdächtigen) to keep under surveillance; **Überwachung** f supervision; surveillance

überwältigen [y:bər'vɛltɪgən] vt insep to overpower; **~d** adj overwhelming

überweisen [y:bər'vaizən] (unreg) vt insep to transfer

Überweisung f transfer; **~sauftrag** m (credit) transfer order

über'wiegen (unreg) vi insep to predominate; **~d** adj predominant

über'winden (unreg) vt insep to overcome ♦ vr insep to make an effort, to bring o.s. (to do sth)

Überwindung f effort, strength of mind

Überzahl ['y:bərtsa:l] f superiority, superior numbers pl; **in der ~ sein** to be numerically superior

überzählig ['y:bərtsɛ:lɪç] adj surplus

über'zeugen vt insep to convince; **~d** adj convincing

Überzeugung f conviction

überziehen ['y:bərtsi:ən] (unreg) vt to put on; **über'ziehen** (unreg) vt insep to cover; (Konto) to overdraw

Überziehungskredit m overdraft provision

Überzug ['y:bərtsu:k] m cover; (Belag) coating

üblich ['y:plɪç] adj usual

U-Boot ['u:bo:t] nt submarine

übrig ['y:brɪç] adj remaining; **für jdn etwas ~ haben** (umg) to be fond of sb; **die Ü~en** the others; **das Ü~e** the rest; **im Ü~en** besides; **~ bleiben** to remain, to be left (over); **~ lassen** to leave (over); **~ens** ['y:brɪgəns] adv besides; (nebenbei bemerkt) by the way

Übung ['y:bʊŋ] f practice; (Turnübung, Aufgabe etc) exercise; **~ macht den Meister** practice makes perfect

Ufer ['u:fər] (-s, -) nt bank; (Meeresufer) shore

Uhr [u:r] (-, -en) f clock; (Armbanduhr) watch; **wie viel ~ ist es?** what time is it?; **1 ~** 1 o'clock; **20 ~** 8 o'clock, 20.00 (twenty hundred) hours; **~(arm)band** nt watch strap; **~band** nt watch strap; **~macher** (-s, -) m watchmaker; **~werk** nt clockwork; works of a watch; **~zeiger** m hand; **~zeigersinn** m: **im ~zeigersinn** clockwise; **entgegen dem ~zeigersinn** anticlockwise; **~zeit** f time (of day)

Uhu ['u:hu] (-s, -s) m eagle owl

UKW [u:ka:'ve:] abk (= Ultrakurzwelle) VHF

ulkig ['ʊlkɪç] adj funny

Ulme ['ʊlmə] f elm

Ultimatum [ʊlti'ma:tʊm] (-s, Ultimaten) nt ultimatum

Ultra- ['ʊltra] zW: **~schall** m (PHYS) ultrasound; **u~violett** adj ultraviolet

um [ʊm] *präp +akk* **1** (*um herum*) (a)round;
um Weihnachten around Christmas; **er
schlug um sich** he hit about him
2 (*mit Zeitangabe*) at; **um acht (Uhr)** at
eight (o'clock)
3 (*mit Größenangabe*) by; **etw um 4 cm
kürzen** to shorten sth by 4 cm; **um 10%
teurer** 10% more expensive; **um vieles
besser** better by far; **um nichts besser**
not in the least bit better
4: **der Kampf um den Titel** the battle for
the title; **um Geld spielen** to play for
money; **Stunde um Stunde** hour after
hour; **Auge um Auge** an eye for an eye
♦ *präp +gen*: **um ... willen** for the sake of
...; **um Gottes willen** for goodness' *od*
(*stärker*) God's sake
♦ *konj*: **um ... zu** (in order) to ...; **zu klug,
um zu ...** too clever to ...; *siehe* **umso**
♦ *adv* **1** (*ungefähr*) about; **um (die) 30
Leute** about or around 30 people
2 (*vorbei*): **die 2 Stunden sind um** the two
hours are up

umändern ['ʊmʔɛndərn] *vt* to alter
Umänderung *f* alteration
umarbeiten ['ʊmʔarbaɪtən] *vt* to remodel;
(*Buch etc*) to revise, to rework
umarmen [ʊmʔarmən] *vt insep* to embrace
Umbau ['ʊmbaʊ] **(-(e)s, -e** *od* **-ten)** *m*
reconstruction, alteration(s); **u~en** *vt* to
rebuild, to reconstruct
umbilden ['ʊmbɪldən] *vt* to reorganize; (*POL:
Kabinett*) to reshuffle
umbinden ['ʊmbɪndən] (*unreg*) *vt* (*Krawatte
etc*) to put on
umblättern ['ʊmblɛtərn] *vt* to turn over
umblicken ['ʊmblɪkən] *vr* to look around
umbringen ['ʊmbrɪŋən] (*unreg*) *vt* to kill
umbuchen ['ʊmbuːxən] *vi* to change one's
reservation/flight *etc* ♦ *vt* to change
umdenken ['ʊmdɛŋkən] (*unreg*) *vi* to adjust
one's views
umdrehen ['ʊmdreːən] *vt* to turn (round);
(*Hals*) to wring ♦ *vr* to turn (round)

Um'drehung *f* revolution; rotation
umeinander [ʊmʔaɪ'nandər] *adv* round one
another; (*füreinander*) for one another
umfahren ['ʊmfaːrən] (*unreg*) *vt* to run over;
um'fahren (*unreg*) *vt insep* to drive round;
to sail round
umfallen ['ʊmfalən] (*unreg*) *vi* to fall down
od over
Umfang ['ʊmfaŋ] *m* extent; (*von Buch*) size;
(*Reichweite*) range; (*Fläche*) area; (*MATH*)
circumference; **u~reich** *adj* extensive;
(*Buch etc*) voluminous
um'fassen *vt insep* to embrace; (*umgeben*)
to surround; (*enthalten*) to include;
um'fassend *adj* comprehensive, extensive
umformen ['ʊmfɔrmən] *vi* to transform
Umfrage ['ʊmfraːgə] *f* poll
umfüllen ['ʊmfʏlən] *vt* to transfer; (*Wein*) to
decant
umfunktionieren ['ʊmfʊŋktsioniːrən] *vt* to
convert, to transform
Umgang ['ʊmgaŋ] *m* company; (*mit jdm*)
dealings *pl*; (*Behandlung*) way of behaving
umgänglich ['ʊmgɛŋlɪç] *adj* sociable
Umgangs- *zW*: **~formen** *pl* manners;
~sprache *f* colloquial language
umgeben [ʊm'geːbən] (*unreg*) *vt insep* to
surround
Umgebung *f* surroundings *pl*; (*Milieu*)
environment; (*Personen*) people in one's
circle
umgehen ['ʊmgeːən] (*unreg*) *vi* to go
(a)round; **im Schlosse ~** to haunt the
castle; **mit jdm grob** *etc* **~** roughly sb
roughly *etc*; **mit Geld sparsam ~** to be
careful with one's money; **um'gehen** *vt
insep* to bypass; (*MIL*) to outflank; (*Gesetz
etc*) to circumvent; (*vermeiden*) to avoid;
'umgehend *adj* immediate
Um'gehung *f* bypassing; outflanking;
circumvention; avoidance; **~sstraße** *f*
bypass
umgekehrt ['ʊmgəkeːrt] *adj* reverse(d);
(*gegenteilig*) opposite ♦ *adv* the other way
around; **und ~** and vice versa
umgraben ['ʊmgraːbən] (*unreg*) *vt* to dig up
Umhang ['ʊmhaŋ] *m* wrap, cape

umhauen ['ʊmhaʊən] vt to fell; (fig) to bowl over

umher [ʊm'heːr] adv about, around; **~gehen** (unreg) vi to walk about; **~ziehen** (unreg) vi to wander from place to place

umhinkönnen [ʊm'hɪnkœnən] (unreg) vi: **ich kann nicht umhin, das zu tun** I can't help doing it

umhören ['ʊmhøːrən] vr to ask around

Umkehr ['ʊmkeːr] (-) f turning back; (Änderung) change; **u~en** vi to turn back ♦ vt to turn round, to reverse; (Tasche etc) to turn inside out; (Gefäß etc) to turn upside down

umkippen ['ʊmkɪpən] vt to tip over ♦ vi to overturn; (umg: Mensch) to keel over; (fig: Meinung ändern) to change one's mind

Umkleide- ['ʊmklaɪdə] zW: **~kabine** f (im Schwimmbad) (changing) cubicle; **~raum** m changing od dressing room

umkommen ['ʊmkɔmən] (unreg) vi to die, to perish; (Lebensmittel) to go bad

Umkreis ['ʊmkraɪs] m neighbourhood; **im ~ von** within a radius of

Umlage ['ʊmlaːgə] f share of the costs

Umlauf ['ʊmlaʊf] m (Geldumlauf) circulation; (von Gestirn) revolution; **~bahn** f orbit

Umlaut ['ʊmlaʊt] m umlaut

umlegen ['ʊmleːgən] vt to put on; (verlegen) to move, to shift; (Kosten) to share out; (umkippen) to tip over; (umg: töten) to bump off

umleiten ['ʊmlaɪtən] vt to divert

Umleitung f diversion

umliegend ['ʊmliːgənt] adj surrounding

um'randen vt insep to border, to edge

umrechnen ['ʊmrɛçnən] vt to convert

Umrechnung f conversion; **~skurs** m rate of exchange

um'reißen (unreg) vt insep to outline, to sketch

Umriss ▲ ['ʊmrɪs] m outline

umrühren ['ʊmryːrən] vt, vi to stir

ums [ʊms] = **um das**

Umsatz ['ʊmzats] m turnover; **~steuer** f sales tax

umschalten ['ʊmʃaltən] vt to switch

umschauen vr to look round

Umschlag ['ʊmʃlaːk] m cover; (Buchumschlag auch) jacket; (MED) compress; (Briefumschlag) envelope; (Wechsel) change; (von Hose) turn-up; **u~en** [-gən] (unreg) vi to change; (NAUT) to capsize ♦ vt to knock over; (Ärmel) to turn up; (Seite) to turn over; (Waren) to transfer; **~platz** m (COMM) distribution centre

umschreiben ['ʊmʃraɪbən] (unreg) vt (neu schreiben) to rewrite; (übertragen) to transfer; **~ auf** +akk to transfer to; **um'schreiben** (unreg) vt insep to paraphrase; (abgrenzen) to define

umschulen ['ʊmʃuːlən] vt to retrain; (Kind) to send to another school

Umschweife ['ʊmʃvaɪfə] pl: **ohne ~** without beating about the bush, straight out

Umschwung ['ʊmʃvʊŋ] m change (around), revolution

umsehen ['ʊmzeːən] (unreg) vr to look around od about; (suchen): **sich ~ (nach)** to look out (for)

umseitig ['ʊmzaɪtɪç] adv overleaf

umsichtig ['ʊmzɪçtɪç] adj cautious, prudent

umso ▲ ['ʊmzo] konj: **~ besser/schlimmer** so much the better/worse

umsonst [ʊm'zɔnst] adv in vain; (gratis) for nothing

umspringen ['ʊmʃprɪŋən] (unreg) vi to change; (Wind auch) to veer; **mit jdm ~** to treat sb badly

Umstand ['ʊmʃtant] m circumstance; **Umstände** pl (fig: Schwierigkeiten) fuss; **in anderen Umständen sein** to be pregnant; **Umstände machen** to go to a lot of trouble; **unter Umständen** possibly

umständlich ['ʊmʃtɛntlɪç] adj (Methode) cumbersome, complicated; (Ausdrucksweise, Erklärung) long-winded; (Mensch) ponderous

Umstandskleid nt maternity dress

Umstehende(n) ['ʊmʃteːəndə(n)] pl bystanders

umsteigen ['ʊmʃtaɪgən] (unreg) vi (EISENB) to change

umstellen ['ʊmʃtɛlən] vt (an anderen Ort) to

change round, to rearrange; (*TECH*) to convert ♦ *vr* to adapt (o.s.); **sich auf etw** *akk* ~ to adapt to sth; **um'stellen** *vt insep* to surround

Umstellung ['ʊmʃtɛlʊŋ] *f* change; (*Umgewöhnung*) adjustment; (*TECH*) conversion

umstimmen ['ʊmʃtɪmən] *vt* (*MUS*) to retune; **jdn** ~ to make sb change his mind

umstoßen ['ʊmʃtoːsən] (*unreg*) *vt* to overturn; (*Plan etc*) to change, to upset

umstritten [ʊmˈʃtrɪtn] *adj* disputed

Umsturz ['ʊmʃtʊrts] *m* overthrow

umstürzen ['ʊmʃtʏrtsən] *vt* (*umwerfen*) to overturn ♦ *vi* to collapse, to fall down; (*Wagen*) to overturn

Umtausch ['ʊmtaʊʃ] *m* exchange; **u~en** *vt* to exchange

Umverpackung ['ʊmfɛrpakʊŋ] *f* packaging

umwandeln ['ʊmvandəln] *vt* to change, to convert; (*ELEK*) to transform

umwechseln ['ʊmvɛksəln] *vt* to change

Umweg ['ʊmveːk] *m* detour, roundabout way

Umwelt ['ʊmvɛlt] *f* environment; **u~freundlich** *adj* not harmful to the environment, environment-friendly; **u~schädlich** *adj* ecologically harmful; **~schutz** *m* environmental protection; **~schützer** *m* environmentalist; **~verschmutzung** *f* environmental pollution

umwenden ['ʊmvɛndən] (*unreg*) *vt, vr* to turn (round)

umwerfen ['ʊmvɛrfən] (*unreg*) *vt* to upset, to overturn; (*fig: erschüttern*) to upset, to throw; **~d** (*umg*) *adj* fantastic

umziehen ['ʊmtsiːən] (*unreg*) *vt, vr* to change ♦ *vi* to move

Umzug ['ʊmtsuːk] *m* procession; (*Wohnungsumzug*) move, removal

unab- ['ʊnʔap] *zW:* **~änderlich** *adj* irreversible, unalterable; **~hängig** *adj* independent; **U~hängigkeit** *f* independence; **~kömmlich** *adj* indispensable; **zur Zeit ~kömmlich** not free at the moment; **~lässig** *adj* incessant,

constant; **~sehbar** *adj* immeasurable; (*Folgen*) unforeseeable; (*Kosten*) incalculable; **~sichtlich** *adj* unintentional; **~'wendbar** *adj* inevitable

unachtsam ['ʊnʔaxtzaːm] *adj* careless; **U~keit** *f* carelessness

unan- ['ʊnʔan] *zW:* **~'fechtbar** *adj* indisputable; **~gebracht** *adj* uncalled-for; **~gemessen** *adj* inadequate; **~genehm** *adj* unpleasant; **U~nehmlichkeit** *f* inconvenience; **U~nehmlichkeiten** *pl* (*Ärger*) trouble *sg*; **~sehnlich** *adj* unsightly; **~ständig** *adj* indecent, improper

unappetitlich ['ʊnʔapetiːtlɪç] *adj* unsavoury

Unart ['ʊnʔaːrt] *f* bad manners *pl*; (*Angewohnheit*) bad habit; **u~ig** *adj* naughty, badly behaved

unauf- ['ʊnʔaʊf] *zW:* **~fällig** *adj* unobtrusive; (*Kleidung*) inconspicuous; **~'findbar** *adj* not to be found; **~gefordert** *adj* unasked ♦ *adv* spontaneously; **~haltsam** *adj* irresistible; **~'hörlich** *adj* incessant, continuous; **~merksam** *adj* inattentive; **~richtig** *adj* insincere

unaus- ['ʊnʔaʊs] *zW:* **~geglichen** *adj* unbalanced; **~'sprechlich** *adj* inexpressible; **~'stehlich** *adj* intolerable

unbarmherzig ['ʊnbarmhɛrtsɪç] *adj* pitiless, merciless

unbeabsichtigt ['ʊnbəʔapzɪçtɪçt] *adj* unintentional

unbeachtet ['ʊnbəʔaxtət] *adj* unnoticed, ignored

unbedenklich ['ʊnbədɛŋklɪç] *adj* (*Plan*) unobjectionable

unbedeutend ['ʊnbədɔʏtənt] *adj* insignificant, unimportant; (*Fehler*) slight

unbedingt ['ʊnbədɪŋt] *adj* unconditional ♦ *adv* absolutely; **musst du ~ gehen?** do you really have to go?

unbefangen ['ʊnbəfaŋən] *adj* impartial, unprejudiced; (*ohne Hemmungen*) uninhibited; **U~heit** *f* impartiality; uninhibitedness

unbefriedigend ['ʊnbəfriːdɪgənt] *adj* unsatisfactory

unbefriedigt ['ʊnbəfriːdɪçt] *adj* unsatisfied,

dissatisfied

unbefugt ['ʊnbəfuːkt] *adj* unauthorized

unbegreiflich [ʊnbə'graɪflɪç] *adj* inconceivable

unbegrenzt ['ʊnbəgrɛntst] *adj* unlimited

unbegründet ['ʊnbəgrʏndət] *adj* unfounded

Unbehagen ['ʊnbəhaːgən] *nt* discomfort; **unbehaglich** ['ʊnbəhaːklɪç] *adj* uncomfortable; (*Gefühl*) uneasy

unbeholfen ['ʊnbəhɔlfən] *adj* awkward, clumsy

unbekannt ['ʊnbəkant] *adj* unknown

unbekümmert ['ʊnbəkʏmərt] *adj* unconcerned

unbeliebt ['ʊnbəliːpt] *adj* unpopular

unbequem ['ʊnbəkveːm] *adj* (*Stuhl*) uncomfortable; (*Mensch*) bothersome; (*Regelung*) inconvenient

unberechenbar [ʊnbə'rɛçənbaːr] *adj* incalculable; (*Mensch, Verhalten*) unpredictable

unberechtigt ['ʊnbərɛçtɪçt] *adj* unjustified; (*nicht erlaubt*) unauthorized

unberührt ['ʊnbərʏːrt] *adj* untouched, intact; **sie ist noch ~** she is still a virgin

unbescheiden ['ʊnbəʃaɪdən] *adj* presumptuous

unbeschreiblich [ʊnbə'ʃraɪplɪç] *adj* indescribable

unbeständig ['ʊnbəʃtɛndɪç] *adj* (*Mensch*) inconstant; (*Wetter*) unsettled; (*Lage*) unstable

unbestechlich [ʊnbə'ʃtɛçlɪç] *adj* incorruptible

unbestimmt ['ʊnbəʃtɪmt] *adj* indefinite; (*Zukunft auch*) uncertain

unbeteiligt [ʊnbə'taɪlɪçt] *adj* unconcerned, indifferent

unbeweglich ['ʊnbəveːklɪç] *adj* immovable

unbewohnt ['ʊnbəvoːnt] *adj* uninhabited; (*Wohnung*) unoccupied

unbewusst ▲ ['ʊnbəvʊst] *adj* unconscious

unbezahlt ['ʊnbətsaːlt] *adj* (*Rechnung*) outstanding, unsettled; (*Urlaub*) unpaid

unbrauchbar ['ʊnbrauxbaːr] *adj* (*Arbeit*) useless; (*Gerät auch*) unusable

und [ʊnt] *konj* and; **~ so weiter** and so on

Undank ['ʊndaŋk] *m* ingratitude; **u~bar** *adj* ungrateful

undefinierbar [ʊndefi'niːrbaːr] *adj* indefinable

undenkbar [ʊn'dɛŋkbaːr] *adj* inconceivable

undeutlich ['ʊndɔʏtlɪç] *adj* indistinct

undicht ['ʊndɪçt] *adj* leaky

Unding ['ʊndɪŋ] *nt* absurdity

undurch- ['ʊndʊrç] *zW:* **~führbar** [-'fyːrbaːr] *adj* impracticable; **~lässig** [-'lɛsɪç] *adj* waterproof, impermeable; **~sichtig** [-'zɪçtɪç] *adj* opaque; (*fig*) obscure

uneben ['ʊnˈeːbən] *adj* uneven

unecht ['ʊnˈɛçt] *adj* (*Schmuck*) fake; (*vorgetäuscht: Freundlichkeit*) false

unehelich ['ʊnˈeːəlɪç] *adj* illegitimate

uneinig ['ʊnˈaɪnɪç] *adj* divided; **~ sein** to disagree; **U~keit** *f* discord, dissension

uneins ['ʊnˈaɪns] *adj* at variance, at odds

unempfindlich ['ʊnˈɛmpfɪntlɪç] *adj* insensitive; (*Stoff*) practical

unendlich [ʊnˈɛntlɪç] *adj* infinite

unent- ['ʊnˈɛnt] *zW:* **~behrlich** [-'beːrlɪç] *adj* indispensable; **~geltlich** [-gɛltlɪç] *adj* free (of charge); **~schieden** [-ʃiːdən] *adj* undecided; **~schieden enden** (*SPORT*) to end in a draw; **~schlossen** [-ʃlɔsən] *adj* undecided; irresolute; **~wegt** [-'veːkt] *adj* unswerving; (*unaufhörlich*) incessant

uner- ['ʊnˈɛr] *zW:* **~bittlich** [-'bɪtlɪç] *adj* unyielding, inexorable; **~fahren** [-faːrən] *adj* inexperienced; **~freulich** [-frɔʏlɪç] *adj* unpleasant; **~gründlich** *adj* unfathomable; **~hört** [-høːrt] *adj* unheard-of; (*Bitte*) outrageous; **~lässlich** ▲ [-'lɛslɪç] *adj* indispensable; **~laubt** *adj* unauthorized; **~messlich** ▲ *adj* immeasurable, immense; **~reichbar** *adj* (*Ziel*) unattainable; (*Ort*) inaccessible; (*telefonisch*) unobtainable; **~schöpflich** [-'ʃœpflɪç] *adj* inexhaustible; **~schwinglich** [-'ʃvɪŋlɪç] *adj* (*Preis*) exorbitant; too expensive; **~träglich** [-'trɛːklɪç] *adj* unbearable; (*Frechheit*) insufferable; **~wartet** *adj* unexpected; **~wünscht** *adj* undesirable, unwelcome

unfähig ['ʊnfɛːɪç] *adj* incapable, incompetent; **zu etw ~ sein** to be incapable of sth; **U~keit** f incapacity; incompetence

unfair ['unfɛːr] *adj* unfair

Unfall ['unfal] *m* accident; **~flucht** f hit-and-run (driving); **~schaden** *m* damages *pl*; **~station** f emergency ward; **~stelle** f scene of the accident; **~versicherung** f accident insurance

unfassbar ▲ [un'fasbaːr] *adj* inconceivable

unfehlbar [un'feːlbaːr] *adj* infallible ♦ *adv* inevitably; **U~keit** f infallibility

unförmig ['unfœrmɪç] *adj* (*formlos*) shapeless

unfrei ['unfraɪ] *adj* not free, unfree; (*Paket*) unfranked; **~willig** *adj* involuntary, against one's will

unfreundlich ['unfrɔʏntlɪç] *adj* unfriendly; **U~keit** f unfriendliness

Unfriede(n) ['unfriːdə(n)] *m* dissension, strife

unfruchtbar ['unfruxtbaːr] *adj* infertile; (*Gespräche*) unfruitful; **U~keit** f infertility; unfruitfulness

Unfug ['unfuːk] (**-s**) *m* (*Benehmen*) mischief; (*Unsinn*) nonsense; **grober ~** (*JUR*) gross misconduct; malicious damage

Ungar(in) ['uŋgar(ɪn)] *m(f)* Hungarian; **u~isch** *adj* Hungarian; **~n** *nt* Hungary

ungeachtet ['ungə|axtət] *präp +gen* notwithstanding

ungeahnt ['ungə|aːnt] *adj* unsuspected, undreamt-of

ungebeten ['ungəbeːtən] *adj* uninvited

ungebildet ['ungəbɪldət] *adj* uneducated; uncultured

ungedeckt ['ungədɛkt] *adj* (*Scheck*) uncovered

Ungeduld ['ungədult] f impatience; **u~ig** [-dɪç] *adj* impatient

ungeeignet ['ungə|aɪgnət] *adj* unsuitable

ungefähr ['ungəfɛːr] *adj* rough, approximate; **das kommt nicht von ~** that's hardly surprising

ungefährlich ['ungəfɛːrlɪç] *adj* not dangerous, harmless

ungehalten ['ungəhaltən] *adj* indignant

ungeheuer ['ungəhɔʏər] *adj* huge ♦ *adv* (*umg*) enormously; **U~** (**-s, -**) *nt* monster;

~lich [-'hɔʏərlɪç] *adj* monstrous

ungehörig ['ungəhøːrɪç] *adj* impertinent, improper

ungehorsam ['ungəhoːrzaːm] *adj* disobedient; **U~** *m* disobedience

ungeklärt ['ungəklɛːrt] *adj* not cleared up; (*Rätsel*) unsolved

ungeladen ['ungəlaːdən] *adj* not loaded; (*Gast*) uninvited

ungelegen ['ungəleːgən] *adj* inconvenient

ungelernt ['ungəlɛrnt] *adj* unskilled

ungelogen ['ungəloːgən] *adv* really, honestly

ungemein ['ungəmaɪn] *adj* uncommon

ungemütlich ['ungəmyːtlɪç] *adj* uncomfortable; (*Person*) disagreeable

ungenau ['ungənaʊ] *adj* inaccurate; **U~igkeit** f inaccuracy

ungenießbar ['ungəniːsbaːr] *adj* inedible; undrinkable; (*umg*) unbearable

ungenügend ['ungənyːgənt] *adj* insufficient, inadequate

ungepflegt ['ungəpfleːkt] *adj* (*Garten etc*) untended; (*Person*) unkempt; (*Hände*) neglected

ungerade ['ungəraːdə] *adj* uneven, odd

ungerecht ['ungərɛçt] *adj* unjust; **~fertigt** *adj* unjustified; **U~igkeit** f injustice, unfairness

ungern ['ungɛrn] *adv* unwillingly, reluctantly

ungeschehen ['ungəʃeːən] *adj*: **~ machen** to undo

Ungeschicklichkeit ['ungəʃɪklɪçkaɪt] f clumsiness

ungeschickt *adj* awkward, clumsy

ungeschminkt ['ungəʃmɪŋkt] *adj* without make-up; (*fig*) unvarnished

ungesetzlich ['ungəzɛtslɪç] *adj* illegal

ungestört ['ungəʃtøːrt] *adj* undisturbed

ungestraft ['ungəʃtraːft] *adv* with impunity

ungestüm ['ungəʃtyːm] *adj* impetuous; tempestuous

ungesund ['ungəzunt] *adj* unhealthy

ungetrübt ['ungətryːpt] *adj* clear; (*fig*) untroubled; (*Freude*) unalloyed

Ungetüm ['ungətyːm] (**-(e)s, -e**) *nt* monster

ungewiss ▲ ['ungəvɪs] *adj* uncertain;

U~heit *f* uncertainty

ungewöhnlich ['ʊngəvøːnlɪç] *adj* unusual

ungewohnt ['ʊngəvoːnt] *adj* unaccustomed

Ungeziefer ['ʊngətsiːfər] (-s) *nt* vermin

ungezogen ['ʊngətsoːgən] *adj* rude, impertinent; U~heit *f* rudeness, impertinence

ungezwungen ['ʊngətsvʊŋən] *adj* natural, unconstrained

unglaublich [ʊn'glaʊplɪç] *adj* incredible

ungleich ['ʊnglaɪç] *adj* dissimilar; unequal ♦ *adv* incomparably; ~artig *adj* different; U~heit *f* dissimilarity; inequality; ~mäßig *adj* irregular, uneven

Unglück ['ʊnglʏk] (-(e)s, -e) *nt* misfortune; (*Pech*) bad luck; (~*sfall*) calamity, disaster; (*Verkehrsunglück*) accident; u~lich *adj* unhappy; (*erfolglos*) unlucky; (*unerfreulich*) unfortunate; u~licherweise [-'vaɪzə] *adv* unfortunately; ~sfall *m* accident, calamity

ungültig ['ʊngʏltɪç] *adj* invalid; U~keit *f* invalidity

ungünstig ['ʊngʏnstɪç] *adj* unfavourable

ungut ['ʊnguːt] *adj* (*Gefühl*) uneasy; **nichts für ~** no offence

unhaltbar ['ʊnhaltbaːr] *adj* untenable

Unheil ['ʊnhaɪl] *nt* evil; (*Unglück*) misfortune; ~ **anrichten** to cause mischief; u~bar *adj* incurable

unheimlich ['ʊnhaɪmlɪç] *adj* weird, uncanny ♦ *adv* (*umg*) tremendously

unhöflich ['ʊnhøːflɪç] *adj* impolite; U~keit *f* impoliteness

unhygienisch ['ʊnhygieːnɪʃ] *adj* unhygienic

Uni ['ʊni] (-, -s) (*umg*) *f* university

Uniform [uni'fɔrm] *f* uniform; u~iert [-'miːrt] *adj* uniformed

uninteressant ['ʊn|ɪnteresant] *adj* uninteresting

Uni- *zW:* ~versität [univerzi'tɛːt] *f* university; ~versum [uni'verzʊm] (-s) *nt* universe

unkenntlich ['ʊnkɛntlɪç] *adj* unrecognizable

Unkenntnis ['ʊnkɛntnɪs] *f* ignorance

unklar ['ʊnklaːr] *adj* unclear; **im U~en sein über** +*akk* to be in the dark about; U~heit *f* unclarity; (*Unentschiedenheit*) uncertainty

unklug ['ʊnkluːk] *adj* unwise

Unkosten ['ʊnkɔstən] *pl* expense(s); ~beitrag *m* contribution to costs *od* expenses

Unkraut ['ʊnkraʊt] *nt* weed; weeds *pl*

unkündbar ['ʊnkʏntbaːr] *adj* (*Stelle*) permanent; (*Vertrag*) binding

unlauter ['ʊnlaʊtər] *adj* unfair

unleserlich ['ʊnleːzərlɪç] *adj* illegible

unlogisch ['ʊnloːgɪʃ] *adj* illogical

unlösbar [ʊn'løːsbaːr] *adj* insoluble

Unlust ['ʊnlʊst] *f* lack of enthusiasm

Unmenge ['ʊnmɛŋə] *f* tremendous number, hundreds *pl*

Unmensch ['ʊnmɛnʃ] *m* ogre, brute; u~lich *adj* inhuman, brutal; (*ungeheuer*) awful

unmerklich [ʊn'mɛrklɪç] *adj* imperceptible

unmissverständlich ▲ ['ʊnmɪsfɛrʃtɛntlɪç] *adj* unmistakable

unmittelbar ['ʊnmɪtəlbaːr] *adj* immediate

unmodern ['ʊnmodɛrn] *adj* old-fashioned

unmöglich ['ʊnmøːklɪç] *adj* impossible; U~keit *f* impossibility

unmoralisch ['ʊnmoraːlɪʃ] *adj* immoral

Unmut ['ʊnmuːt] *m* ill humour

unnachgiebig ['ʊnnaːxgiːbɪç] *adj* unyielding

unnahbar [ʊn'naːbaːr] *adj* unapproachable

unnötig ['ʊnnøːtɪç] *adj* unnecessary

unnütz ['ʊnnʏts] *adj* useless

unordentlich ['ʊn|ɔrdəntlɪç] *adj* untidy

Unordnung ['ʊn|ɔrdnʊŋ] *f* disorder

unparteiisch ['ʊnpartaɪɪʃ] *adj* impartial; U~e(r) *f(m)* umpire; (*FUSSBALL*) referee

unpassend ['ʊnpasənt] *adj* inappropriate; (*Zeit*) inopportune

unpässlich ▲ ['ʊnpɛslɪç] *adj* unwell

unpersönlich ['ʊnpɛrzøːnlɪç] *adj* impersonal

unpolitisch ['ʊnpoliːtɪʃ] *adj* apolitical

unpraktisch ['ʊnpraktɪʃ] *adj* unpractical

unpünktlich ['ʊnpʏŋktlɪç] *adj* unpunctual

unrationell ['ʊnratsionel] *adj* inefficient

unrealistisch ['ʊnrealɪstɪʃ] *adj* unrealistic

unrecht ['ʊnrɛçt] *adj* wrong; U~ *nt* wrong; **zu U~** wrongly; U~ **haben** to be wrong; ~mäßig *adj* unlawful, illegal

unregelmäßig ['ʊnreːgəlmɛːsɪç] *adj* irregular; U~keit *f* irregularity

unreif ['ʊnraɪf] *adj* (*Obst*) unripe; (*fig*)
immature
unrentabel ['ʊnrɛnta:bəl] *adj* unprofitable
unrichtig ['ʊnrɪçtɪç] *adj* incorrect, wrong
Unruhe ['ʊnru:ə] *f* unrest; **~stifter** *m*
troublemaker
unruhig ['ʊnru:ɪç] *adj* restless
uns [ʊns] (*akk, dat von* **wir**) *pron* us;
ourselves
unsachlich ['ʊnzaxlɪç] *adj* not to the point,
irrelevant
unsagbar [ʊn'za:kba:r] *adj* indescribable
unsanft ['ʊnzanft] *adj* rough
unsauber ['ʊnzaʊbər] *adj* unclean, dirty;
(*fig*) crooked; (*MUS*) fuzzy
unschädlich ['ʊnʃe:tlɪç] *adj* harmless; **jdn/
etw ~ machen** to render sb/sth harmless
unscharf ['ʊnʃarf] *adj* indistinct; (*Bild etc*)
out of focus, blurred
unscheinbar ['ʊnʃaɪnba:r] *adj* insignificant;
(*Aussehen, Haus etc*) unprepossessing
unschlagbar [ʊn'ʃla:kba:r] *adj* invincible
unschön ['ʊnʃø:n] *adj* (*hässlich: Anblick*)
ugly, unattractive; (*unfreundlich: Benehmen*)
unpleasant, ugly
Unschuld ['ʊnʃʊlt] *f* innocence; **u~ig** [-dɪç]
adj innocent
unselbst(st)ändig ['ʊnzɛlpʃtɛndɪç] *adj*
dependent, over-reliant on others
unser(e) ['ʊnzər(ə)] *adj* our; **~e(r, s)** *pron*
ours; **~einer** *pron* people like us; **~eins**
pron = **unsereiner**; **~erseits** *adv* on our
part; **~twegen** *adv* (*für uns*) for our sake;
(*wegen uns*) on our account; **~twillen** *adv*:
um ~twillen = **unsertwegen**
unsicher ['ʊnzɪçər] *adj* uncertain; (*Mensch*)
insecure; **U~heit** *f* uncertainty; insecurity
unsichtbar ['ʊnzɪçtba:r] *adj* invisible
Unsinn ['ʊnzɪn] *m* nonsense; **u~ig** *adj*
nonsensical
Unsitte ['ʊnzɪtə] *f* deplorable habit
unsozial ['ʊnzotsia:l] *adj* (*Verhalten*)
antisocial
unsportlich ['ʊnʃpɔrtlɪç] *adj* not sporty;
unfit; (*Verhalten*) unsporting
unsre ['ʊnzrə] = **unsere**
unsterblich ['ʊnʃtɛrplɪç] *adj* immortal

Unstimmigkeit ['ʊnʃtɪmɪçkaɪt] *f*
inconsistency; (*Streit*) disagreement
unsympathisch ['ʊnzʏmpa:tɪʃ] *adj*
unpleasant; **er ist mir ~** I don't like him
untätig ['ʊnte:tɪç] *adj* idle
untauglich ['ʊntaʊklɪç] *adj* unsuitable; (*MIL*)
unfit
unteilbar [ʊn'taɪlba:r] *adj* indivisible
unten ['ʊntən] *adv* below; (*im Haus*)
downstairs; (*an der Treppe etc*) at the
bottom; **nach ~** down; **~ am Berg** *etc* at
the bottom of the mountain *etc*; **ich bin
bei ihm ~ durch** (*umg*) he's through with
me

SCHLÜSSELWORT

unter ['ʊntər] *präp +dat* **1** (*räumlich, mit
Zahlen*) under; (*drunter*) underneath, below;
unter 18 Jahren under 18 years
2 (*zwischen*) among(st); **sie waren unter
sich** they were by themselves; **einer unter
ihnen** one of them; **unter anderem**
among other things
♦ *präp +akk* under, below

Unterarm ['ʊntərarm] *m* forearm
unter- *zW*: **~belichten** *vt* (*PHOT*) to
underexpose; **U~bewusstsein** ▲ *nt*
subconscious; **~bezahlt** *adj* underpaid
unterbieten [ʊntər'bi:tən] (*unreg*) *vt insep*
(*COMM*) to undercut; (*Rekord*) to lower
unterbrechen [ʊntər'brɛçən] (*unreg*) *vt insep*
to interrupt
Unterbrechung *f* interruption
unterbringen ['ʊntərbrɪŋən] (*unreg*) *vt* (*in
Koffer*) to stow; (*in Zeitung*) to place;
(*Person: in Hotel etc*) to accommodate, to
put up
unterdessen [ʊntər'dɛsən] *adv* meanwhile
Unterdruck ['ʊntərdrʊk] *m* low pressure
unterdrücken [ʊntər'drʏkən] *vt insep* to
suppress; (*Leute*) to oppress
untere(r, s) ['ʊntərə(r, s)] *adj* lower
untereinander [ʊntər|aɪ'nandər] *adv* with
each other; among themselves *etc*
unterentwickelt ['ʊntər|ɛntvɪkəlt] *adj*
underdeveloped

unterernährt [ˈʊntɐrlɛrnɛːrt] *adj* undernourished, underfed

Unterernährung *f* malnutrition

Unterˈführung *f* subway, underpass

Untergang [ˈʊntɐrɡaŋ] *m* (down)fall, decline; (*NAUT*) sinking; (*von Gestirn*) setting

unterˈgeben *adj* subordinate

untergehen [ˈʊntɐrɡeːən] (*unreg*) *vi* to go down; (*Sonne auch*) to set; (*Staat*) to fall; (*Volk*) to perish; (*Welt*) to come to an end; (*im Lärm*) to be drowned

Untergeschoss ▲ [ˈʊntɐrɡəʃɔs] *nt* basement

ˈUntergewicht *nt* underweight

unterˈgliedern *vt insep* to subdivide

Untergrund [ˈʊntɐrɡrʊnt] *m* foundation; (*POL*) underground; **~bahn** *f* underground, tube, subway (*US*)

unterhalb [ˈʊntɐrhalp] *präp +gen* below ♦ *adv* below; **~ von** below

Unterhalt [ˈʊntɐrhalt] *m* maintenance; **u~en** (*unreg*) *vt insep* to maintain; (*belustigen*) to entertain ♦ *vr insep* to talk; (*sich belustigen*) to enjoy o.s.; **u~sam** *adj* (*Abend, Person*) entertaining, amusing; **~ung** *f* maintenance; (*Belustigung*) entertainment, amusement; (*Gespräch*) talk

Unterhändler [ˈʊntɐrhɛntlɐr] *m* negotiator

Unter- *zW:* **~hemd** *nt* vest, undershirt (*US*); **~hose** *f* underpants *pl;* **~kiefer** *m* lower jaw

unterkommen [ˈʊntɐrkɔmən] (*unreg*) *vi* to find shelter; to find work; **das ist mir noch nie untergekommen** I've never met with that

unterkühlt [ʊntɐrˈkyːlt] *adj* (*Körper*) affected by hypothermia

Unterkunft [ˈʊntɐrkʊnft] (**-, -künfte**) *f* accommodation

Unterlage [ˈʊntɐrlaːɡə] *f* foundation; (*Beleg*) document; (*Schreibunterlage etc*) pad

unterˈlassen (*unreg*) *vt insep* (*versäumen*) to fail to do; (*sich enthalten*) to refrain from

unterlaufen [ʊntɐrˈlaufən] (*unreg*) *vi insep* to happen ♦ *adj:* **mit Blut ~** suffused with blood; (*Augen*) bloodshot

unterlegen [ˈʊntɐrleːɡən] *vt* to lay *od* put

under; **unterˈlegen** *adj* inferior; (*besiegt*) defeated

Unterleib [ˈʊntɐrlaip] *m* abdomen

unterˈliegen (*unreg*) *vi insep (+dat)* to be defeated *od* overcome (by); (*unterworfen sein*) to be subject (to)

Untermiete [ˈʊntɐrmiːtə] *f:* **zur ~ wohnen** to be a subtenant *od* lodger; **~r(in)** *m(f)* subtenant, lodger

unterˈnehmen (*unreg*) *vt insep* to undertake; **Unterˈnehmen (-s, -)** *nt* undertaking, enterprise (*auch COMM*)

Unternehmer [ʊntɐrˈneːmɐr] (**-s, -**) *m* entrepreneur, businessman

ˈunterordnen [ˈʊntɐrɔrdnən] *vr +dat* to submit o.s. (to), to give o.s. second place to

Unterredung [ʊntɐrˈreːdʊŋ] *f* discussion, talk

Unterricht [ˈʊntɐrɪçt] (**-(e)s, -e**) *m* instruction, lessons *pl;* **u~en** [ʊntɐrˈrɪçtən] *vt insep* to instruct; (*SCH*) to teach ♦ *vr insep:* **sich u~en (über +akk)** to inform o.s. (about), to obtain information (about); **~sfach** *nt* subject (on school *etc* curriculum)

Unterrock [ˈʊntɐrɔk] *m* petticoat, slip

unterˈsagen *vt insep* to forbid; **jdm etw ~** to forbid sb to do sth

Untersatz [ˈʊntɐrzats] *m* coaster, saucer

unterˈschätzen *vt insep* to underestimate

unterˈscheiden (*unreg*) *vt insep* to distinguish ♦ *vr insep* to differ

Unterˈscheidung *f* (*Unterschied*) distinction; (*Unterscheiden*) differentiation

Unterschied [ˈʊntɐrʃiːt] (**-(e)s, -e**) *m* difference, distinction; **im ~ zu** as distinct from; **u~lich** *adj* varying, differing; (*diskriminierend*) discriminatory

unterschiedslos *adv* indiscriminately

unterˈschlagen (*unreg*) *vt insep* to embezzle; (*verheimlichen*) to suppress

Unterˈschlagung *f* embezzlement

Unterschlupf [ˈʊntɐrʃlʊpf] (**-(e)s, -schlüpfe**) *m* refuge

unterˈschreiben (*unreg*) *vt insep* to sign

Unterschrift [ˈʊntɐrʃrɪft] *f* signature

Unterseeboot ['ʊntɐzeːboːt] *nt* submarine
Untersetzer ['ʊntɐzɛtsər] *m* tablemat; (*für Gläser*) coaster
untersetzt [ʊntɐˈzɛtst] *adj* stocky
unterste(r, s) ['ʊntɐstə(r, s)] *adj* lowest, bottom
unterstehen [ʊntɐˈʃteːən] (*unreg*) *vi insep* (+*dat*) to be under ♦ *vr insep* to dare; **'unterstehen** (*unreg*) *vt* to shelter
unterstellen [ʊntɐˈʃtɛlən] *vt insep* to subordinate; (*fig*) to impute ♦ *vt* (*Auto*) to garage, to park ♦ *vr* to take shelter
unter'streichen (*unreg*) *vt insep* (*auch fig*) to underline
Unterstufe ['ʊntɐʃtuːfə] *f* lower grade
unter'stützen *vt insep* to support
Unter'stützung *f* support, assistance
unter'suchen *vt insep* (*MED*) to examine; (*Polizei*) to investigate
Unter'suchung *f* examination; investigation, inquiry; **~sausschuss** ▲ *m* committee of inquiry; **~shaft** *f* imprisonment on remand
Untertasse ['ʊntɐtasə] *f* saucer
untertauchen ['ʊntɐtaʊxən] *vi* to dive; (*fig*) to disappear, to go underground
Unterteil ['ʊntɐtaɪl] *nt od m* lower part, bottom; **u~en** [ʊntɐˈtaɪlən] *vt insep* to divide up
Untertitel ['ʊntɐtiːtəl] *m* subtitle
Unterwäsche ['ʊntɐvɛʃə] *f* underwear
unterwegs [ʊntɐˈveːks] *adv* on the way
unter'werfen (*unreg*) *vt insep* to subject; (*Volk*) to subjugate ♦ *vr insep* (+*dat*) to submit (to)
unter'zeichnen *vt insep* to sign
unter'ziehen (*unreg*) *vt insep* to subject ♦ *vr insep* (+*dat*) to undergo; (*einer Prüfung*) to take
untragbar [ʊnˈtraːkbaːr] *adj* unbearable, intolerable
untreu ['ʊntrɔy] *adj* unfaithful; **U~e** *f* unfaithfulness
untröstlich [ʊnˈtrøːstlɪç] *adj* inconsolable
unüberlegt ['ʊnyːbɐleːkt] *adj* ill-considered ♦ *adv* without thinking
unübersichtlich *adj* (*Gelände*) broken;

(*Kurve*) blind
unumgänglich [ʊn|ʊmˈgɛŋlɪç] *adj* indispensable, vital; absolutely necessary
ununterbrochen ['ʊn|ʊntɐbrɔxən] *adj* uninterrupted
unver- ['ʊnfer] *zW:* **~änderlich** [-ˈɛndɐlɪç] *adj* unchangeable; **~antwortlich** [-ˈantvɔrtlɪç] *adj* irresponsible; (*unentschuldbar*) inexcusable; **~besserlich** *adj* incorrigible; **~bindlich** *adj* not binding; (*Antwort*) curt ♦ *adv* (*COMM*) without obligation; **~bleit** *adj* (*Benzin usw*) unleaded; **ich fahre ~bleit** I use unleaded; **~blümt** [-ˈblyːmt] *adj* plain, blunt ♦ *adv* plainly, bluntly; **~daulich** *adj* indigestible; **~einbar** *adj* incompatible; **~fänglich** [-ˈfɛŋlɪç] *adj* harmless; **~froren** *adj* impudent; **~gesslich** ▲ *adj* (*Tag, Erlebnis*) unforgettable; **~hofft** [-ˈhɔft] *adj* unexpected; **~meidlich** [-ˈmaɪtlɪç] *adj* unavoidable; **~mutet** *adj* unexpected; **~nünftig** ['nʏnftɪç] *adj* foolish; **~schämt** *adj* impudent; **U~schämtheit** *f* impudence, insolence; **~sehrt** *adj* uninjured; **~söhnlich** [-ˈzøːnlɪç] *adj* irreconcilable; **~ständlich** [-ˈʃtɛntlɪç] *adj* unintelligible; **~träglich** *adj* quarrelsome; (*Meinungen, MED*) incompatible; **~zeihlich** *adj* unpardonable; **~züglich** [-ˈtsyːklɪç] *adj* immediate
unvollkommen ['ʊnfɔlkɔmən] *adj* imperfect
unvollständig ['ʊnfɔlʃtɛndɪç] *adj* incomplete
unvor- ['ʊnfoːr] *zW:* **~bereitet** *adj* unprepared; **~eingenommen** *adj* unbiased; **~hergesehen** [-heːrgezeːən] *adj* unforeseen; **~sichtig** [-zɪçtɪç] *adj* careless, imprudent; **~stellbar** [-ˈʃtɛlbaːr] *adj* inconceivable; **~teilhaft** *adj* disadvantageous
unwahr ['ʊnvaːr] *adj* untrue; **~scheinlich** *adj* improbable, unlikely ♦ *adv* (*umg*) incredibly
unweigerlich [ʊnˈvaɪgɐlɪç] *adj* unquestioning ♦ *adv* without fail
Unwesen ['ʊnveːzən] *nt* nuisance; (*Unfug*) mischief; **sein ~ treiben** to wreak havoc
unwesentlich *adj* inessential, unimportant; **~ besser** marginally better

Unwetter ['ʊnvɛtər] *nt* thunderstorm
unwichtig ['ʊnvɪçtɪç] *adj* unimportant
unwider- ['ʊnviːdər] *zW*: **~legbar** *adj* irrefutable; **~ruflich** *adj* irrevocable; **~stehlich** *adj* irresistible
unwill- ['ʊnvɪl] *zW*: **U~e(n)** *m* indignation; **~ig** *adj* indignant; (*widerwillig*) reluctant; **~kürlich** [-kyːrlɪç] *adj* involuntary ♦ *adv* instinctively; (*lachen*) involuntarily
unwirklich ['ʊnvɪrklɪç] *adj* unreal
unwirksam ['ʊnvɪrkzaːm] *adj* (*Mittel, Methode*) ineffective
unwirtschaftlich ['ʊnvɪrtʃaftlɪç] *adj* uneconomical
unwissen- ['ʊnvɪsən] *zW*: **~d** *adj* ignorant; **U~heit** *f* ignorance; **~tlich** *adv* unknowingly, unwittingly
unwohl ['ʊnvoːl] *adj* unwell, ill; **U~sein (-s)** *nt* indisposition
unwürdig ['ʊnvʏrdɪç] *adj* unworthy
unzählig [ʊn'tsɛːlɪç] *adj* innumerable, countless
unzer- [ʊntsɛr] *zW*: **~brechlich** *adj* unbreakable; **~störbar** *adj* indestructible; **~trennlich** *adj* inseparable
Unzucht ['ʊntsʊxt] *f* sexual offence
unzüchtig ['ʊntsʏçtɪç] *adj* immoral, lewd
unzu- ['ʊntsu] *zW*: **~frieden** *adj* dissatisfied; **U~friedenheit** *f* discontent; **~länglich** *adj* inadequate; **~lässig** *adj* inadmissible; **~rechnungsfähig** *adj* irresponsible; **~treffend** *adj* incorrect; **~verlässig** *adj* unreliable
unzweideutig ['ʊntsvaɪdɔʏtɪç] *adj* unambiguous
üppig ['ʏpɪç] *adj* (*Frau*) curvaceous; (*Busen*) full, ample; (*Essen*) sumptuous; (*Vegetation*) luxuriant, lush
Ur- ['uːr] *in zW* original
uralt ['uːr|alt] *adj* ancient, very old
Uran [u'raːn] (**-s**) *nt* uranium
Ur- *zW*: **~aufführung** *f* first performance; **~einwohner** *m* original inhabitant; **~eltern** *pl* ancestors; **~enkel(in)** *m(f)* great-grandchild, great-grandson (-daughter); **~großeltern** *pl* great-grandparents; **~heber (-s, -)** *m* originator;

(*Autor*) author; **~heberrecht** *nt* copyright
Urin [u'riːn] (**-s, -e**) *m* urine
Urkunde ['uːrkʊndə] *f* document, deed
Urlaub ['uːrlaʊp] (**-(e)s, -e**) *m* holiday(s *pl*) (*BRIT*), vacation (*US*); (*MIL etc*) leave; **~er** [-'laʊbər] (**-s, -**) *m* holiday-maker (*BRIT*), vacationer (*US*); **~sort** *m* holiday resort; **~szeit** *f* holiday season
Urne ['ʊrnə] *f* urn
Ursache ['uːrzaxə] *f* cause; **keine ~** that's all right
Ursprung ['uːrʃprʊŋ] *m* origin, source; (*von Fluss*) source
ursprünglich ['uːrʃprʏŋlɪç] *adj* original ♦ *adv* originally
Ursprungsland *nt* country of origin
Urteil ['ʊrtaɪl] (**-s, -e**) *nt* opinion; (*JUR*) sentence, judgement; **u~en** *vi* to judge; **~sspruch** *m* sentence, verdict
Urwald *m* jungle
Urzeit *f* prehistoric times *pl*
USA [uː'ɛs'|aː] *pl abk* (= *Vereinigte Staaten von Amerika*) USA
usw. *abk* (= *und so weiter*) etc
Utensilien [uten'ziːliən] *pl* utensils
Utopie [uto'piː] *f* pipe dream
utopisch [u'toːpɪʃ] *adj* utopian

V, v

vag(e) [va:k, 'va:gə] *adj* vague
Vagina [va'giːna] (**-, Vaginen**) *f* vagina
Vakuum ['va:kuʊm] (**-s, Vakua** *od* **Vakuen**) *nt* vacuum
Vampir [vam'piːr] (**-s, -e**) *m* vampire
Vanille [va'nɪljə] (**-**) *f* vanilla
Variation [variatsi'oːn] *f* variation
variieren [vari'iːrən] *vt, vi* to vary
Vase ['va:zə] *f* vase
Vater ['faːtər] (**-s, -̈**) *m* father; **~land** *nt* native country; Fatherland
väterlich ['fɛːtərlɪç] *adj* fatherly
Vaterschaft *f* paternity
Vaterunser (**-s, -**) *nt* Lord's prayer
Vati ['faːti] *m* daddy
v. Chr. *abk* (= *vor Christus*) B.C.

Vegetarier(in) [vege'taːriər(ɪn)] **(-s, -)** *m(f)* vegetarian

vegetarisch [vege'taːrɪʃ] *adj* vegetarian

Veilchen ['faɪlçən] *nt* violet

Vene ['veːnə] *f* vein

Ventil [vɛn'tiːl] **(-s, -e)** *nt* valve

Ventilator [vɛnti'laːtɔr] *m* ventilator

verab- [fɛr'ap] *zW:* **~reden** *vt* to agree, to arrange ♦ *vr:* **sich mit jdm ~reden** to arrange to meet sb; **mit jdm ~redet sein** to have arranged to meet sb; **V~redung** *f* arrangement; (*Treffen*) appointment; **~scheuen** *vt* to detest, to abhor; **~schieden** *vt* (*Gäste*) to say goodbye to; (*entlassen*) to discharge; (*Gesetz*) to pass ♦ *vr* to take one's leave; **V~schiedung** *f* leave-taking; discharge; passing

ver- [fɛr] *zW:* **~achten** *vt* to despise; **~ächtlich** [-'lɛçtlɪç] *adj* contemptuous; (*~achtenswert*) contemptible; **jdn ~ächtlich machen** to run sb down; **V~achtung** *f* contempt

verallgemeinern [fɛrʔalgə'maɪnərn] *vt* to generalize; **Verallgemeinerung** *f* generalization

veralten [fɛr'ʔaltən] *vi* to become obsolete *od* out-of-date

Veranda [ve'randa] **(-, Veranden)** *f* veranda

veränder- [fɛr'ʔɛndər] *zW:* **~lich** *adj* changeable; **~n** *vt, vr* to change, to alter; **V~ung** *f* change, alteration

veran- [fɛr'ʔan] *zW:* **~lagt** *adj* with a ... nature; **V~lagung** *f* disposition; **~lassen** *vt* to cause; **Maßnahmen ~lassen** to take measures; **sich ~lasst sehen** to feel prompted; **~schaulichen** *vt* to illustrate; **~schlagen** *vt* to estimate; **~stalten** *vt* to organize, to arrange; **V~stalter (-s, -)** *m* organizer; **V~staltung** *f* (*V~stalten*) organizing; (*Konzert etc*) event, function

verantwort- [fɛr'ʔantvɔrt] *zW:* **~en** *vt* to answer for ♦ *vr* to justify o.s.; **~lich** *adj* responsible; **V~ung** *f* responsibility; **~ungsbewusst** ▲ *adj* responsible; **~ungslos** *adj* irresponsible

verarbeiten [fɛr'ʔarbaɪtən] *vt* to process; (*geistig*) to assimilate; **etw zu etw ~** to make sth into sth; **Verarbeitung** *f* processing; assimilation

verärgern [fɛr'ʔɛrgərn] *vt* to annoy

verausgaben [fɛr'ʔausgaːbən] *vr* to run out of money; (*fig*) to exhaust o.s.

Verb [vɛrp] **(-s, -en)** *nt* verb

Verband [fɛr'bant] **(-(e)s, ⁻e)** *m* (*MED*) bandage, dressing; (*Bund*) association, society; (*MIL*) unit; **~kasten** *m* medicine chest, first-aid box; **~zeug** *nt* bandage

verbannen [fɛr'banən] *vt* to banish

verbergen [fɛr'bɛrgən] (*unreg*) *vt, vr:* **(sich) ~ (vor** +*dat*) to hide (from)

verbessern [fɛr'bɛsərn] *vt, vr* to improve; (*berichtigen*) to correct (o.s.)

Verbesserung *f* improvement; correction

verbeugen [fɛr'bɔygən] *vr* to bow

Verbeugung *f* bow

ver'biegen (*unreg*) *vi* to bend

ver'bieten (*unreg*) *vt* to forbid; **jdm etw ~** to forbid sb to do sth

verbilligen [fɛr'bɪlɪgən] *vt* to reduce the cost of; (*Preis*) to reduce

ver'binden (*unreg*) *vt* to connect; (*kombinieren*) to combine; (*MED*) to bandage ♦ *vr* (*auch CHEM*) to combine, to join; **jdm die Augen ~** to blindfold sb

verbindlich [fɛr'bɪntlɪç] *adj* binding; (*freundlich*) friendly

Ver'bindung *f* connection; (*Zusammensetzung*) combination; (*CHEM*) compound; (*UNIV*) club

verbissen [fɛr'bɪsən] *adj* (*Kampf*) bitter; (*Gesichtsausdruck*) grim

ver'bitten (*unreg*) *vt:* **sich** *dat* **etw ~** not to tolerate sth, not to stand for sth

Verbleib [fɛr'blaɪp] **(-(e)s)** *m* whereabouts; **v~en** (*unreg*) *vi* to remain

verbleit [fɛr'blaɪt] *adj* (*Benzin*) leaded

verblüffen [fɛr'blʏfən] *vt* to stagger, to amaze; **Verblüffung** *f* stupefaction

ver'blühen *vi* to wither, to fade

ver'bluten *vi* to bleed to death

verborgen [fɛr'bɔrgən] *adj* hidden

Verbot [fɛr'boːt] **(-(e)s, -e)** *nt* prohibition, ban; **v~en** *adj* forbidden; **Rauchen v~en!** no smoking; **~sschild** *nt* prohibitory sign

Verbrauch [fɛrˈbraʊx] (-(e)s) *m*
consumption; **v~en** *vt* to use up; **~er (-s,
-)** *m* consumer; **v~t** *adj* used up, finished;
(*Luft*) stale; (*Mensch*) worn-out

Verbrechen [fɛrˈbrɛçən] (-s, -) *nt* crime

Verbrecher [fɛrˈbrɛçər] (-s, -) *m* criminal;
v~isch *adj* criminal

ver'breiten *vt, vr* to spread; **sich über etw**
akk ~ to expound on sth

verbreitern [fɛrˈbraɪtərn] *vt* to broaden

Verbreitung *f* spread(ing), propagation

verbrenn- [fɛrˈbrɛn] *zW*: **~bar** *adj*
combustible; **~en** (*unreg*) *vt* to burn;
(*Leiche*) to cremate; **V~ung** *f* burning; (*in
Motor*) combustion; (*von Leiche*) cremation;
V~ungsmotor *m* internal combustion
engine

verbringen [fɛrˈbrɪŋən] (*unreg*) *vt* to spend

verbrühen [fɛrˈbryːən] *vt* to scald

verbuchen [fɛrˈbuːxən] *vt* (*FIN*) to register;
(*Erfolg*) to enjoy; (*Misserfolg*) to suffer

verbunden [fɛrˈbʊndən] *adj* connected; **jdm
~ sein** to be obliged *od* indebted to sb;
„falsch ~" (*TEL*) "wrong number"

verbünden [fɛrˈbyndən] *vr* to ally o.s.;
Verbündete(r) *f(m)* ally

ver'bürgen *vr*: **sich ~ für** to vouch for

ver'büßen *vt*: **eine Strafe ~** to serve a
sentence

Verdacht [fɛrˈdaxt] (-(e)s) *m* suspicion

verdächtig [fɛrˈdɛçtɪç] *adj* suspicious,
suspect; **~en** [fɛrˈdɛçtɪgən] *vt* to suspect

verdammen [fɛrˈdamən] *vt* to damn, to
condemn; **verdammt!** damn!

verdammt (*umg*) *adj, adv* damned; **~ noch
mal!** dammit, dammit!

ver'dampfen *vi* to vaporize, to evaporate

ver'danken *vt*: **jdm etw ~** to owe sb sth

verdau- [fɛrˈdaʊ] *zW*: **~en** *vt* (*auch fig*) to
digest; **~lich** *adj* digestible; **das ist schwer
~lich** that is hard to digest; **V~ung** *f*
digestion

Verdeck [fɛrˈdɛk] (-(e)s, -e) *nt* (*AUT*) hood;
(*NAUT*) deck; **v~en** *vt* to cover (up);
(*verbergen*) to hide

Verderb- [fɛrˈdɛrp] *zW*: **~en** [-ˈdɛrbən] (-s)
nt ruin; **v~en** (*unreg*) *vt* to spoil; (*schädigen*)

to ruin; (*moralisch*) to corrupt ♦ *vi* (*Essen*) to
spoil, to rot; (*Mensch*) to go to the bad; **es
mit jdm v~en** to get into sb's bad books;
v~lich *adj* (*Einfluss*) pernicious;
(*Lebensmittel*) perishable

verdeutlichen [fɛrˈdɔʏtlɪçən] *vt* to make
clear

ver'dichten *vt, vr* to condense

ver'dienen *vt* to earn; (*moralisch*) to
deserve

Ver'dienst (-(e)s, -e) *m* earnings *pl* ♦ *nt*
merit; (*Leistung*): **~ (um)** service (to)

verdient [fɛrˈdiːnt] *adj* well-earned; (*Person*)
deserving of esteem; **sich um etw ~
machen** to do a lot for sth

verdoppeln [fɛrˈdɔpəln] *vt* to double

verdorben [fɛrˈdɔrbən] *adj* spoilt;
(*geschädigt*) ruined; (*moralisch*) corrupt

verdrängen [fɛrˈdrɛŋən] *vt* to oust, to
displace (*auch PHYS*); (*PSYCH*) to repress

ver'drehen *vt* (*auch fig*) to twist; (*Augen*) to
roll; **jdm den Kopf ~** (*fig*) to turn sb's
head

verdrießlich [fɛrˈdriːslɪç] *adj* peevish,
annoyed

Verdruss ▲ [fɛrˈdrʊs] (-es, -e) *m*
annoyance, worry

verdummen [fɛrˈdʊmən] *vt* to make stupid
♦ *vi* to grow stupid

verdunkeln [fɛrˈdʊŋkəln] *vt* to darken; (*fig*)
to obscure ♦ *vr* to darken

Verdunk(e)lung *f* blackout; (*fig*) obscuring

verdünnen [fɛrˈdʏnən] *vt* to dilute

verdunsten [fɛrˈdʊnstən] *vi* to evaporate

verdursten [fɛrˈdʊrstən] *vi* to die of thirst

verdutzt [fɛrˈdʊtst] *adj* nonplussed, taken
aback

verehr- [fɛrˈeːr] *zW*: **~en** *vt* to venerate, to
worship (*auch REL*); **jdm etw ~en** to present
sb with sth; **V~er(in)** (-s, -) *m(f)* admirer,
worshipper (*auch REL*); **~t** *adj* esteemed;
V~ung *f* respect; (*REL*) worship

Verein [fɛrˈaɪn] (-(e)s, -e) *m* club,
association; **v~bar** *adj* compatible;
v~baren *vt* to agree upon; **~barung** *f*
agreement; **v~en** *vt* (*Menschen, Länder*) to
unite; (*Prinzipien*) to reconcile; **mit v~ten**

Kräften having pooled resources, having joined forces; **~te Nationen** United Nations; **v~fachen** vt to simplify; **v~heitlichen** [-haitlɪçən] vt to standardize; **v~igen** vt, vr to unite; **~igung** f union; (Verein) association; **v~t** adj united; **v~zelt** adj isolated

ver'eitern vi to suppurate, to fester

verengen [fɛr|ˈɛŋən] vr to narrow

vererb- [fɛrˈ|ɛrb] zW: **~en** vt to bequeath; (BIOL) to transmit ♦ vr to be hereditary; **V~ung** f bequeathing; (BIOL) transmission; (Lehre) heredity

verewigen [fɛr|ˈeːvɪɡən] vt to immortalize ♦ vr (umg) to immortalize o.s.

ver'fahren (unreg) vi to act ♦ vr to get lost ♦ adj tangled; **~ mit** to deal with; **Ver'fahren (-s, -)** nt procedure; (TECH) process; (JUR) proceedings pl

Verfall [fɛrˈfal] (-(e)s) m decline; (von Haus) dilapidation; (FIN) expiry; **v~en** (unreg) vi to decline; (Haus) to be falling down; (FIN) to lapse; **v~en in** +akk to lapse into; **v~en auf** +akk to hit upon; **einem Laster v~en sein** to be addicted to a vice; **~sdatum** nt expiry date; (der Haltbarkeit) sell-by date

ver'färben vr to change colour

verfassen [fɛrˈfasən] vt (Rede) to prepare, work out

Verfasser(in) [fɛrˈfasər(ɪn)] (-s, -) m(f) author, writer

Verfassung f (auch POL) constitution

Verfassungs- zW: **~gericht** nt constitutional court; **v~widrig** adj unconstitutional

ver'faulen vi to rot

ver'fehlen vt to miss; **etw für verfehlt halten** to regard sth as mistaken

verfeinern [fɛrˈfainərn] vt to refine

ver'filmen vt to film

verflixt [fɛrˈflɪkst] (umg) adj damned, damn

ver'fluchen vt to curse

verfolg- [fɛrˈfɔlg] zW: **~en** vt to pursue; (gerichtlich) to prosecute; (grausam, bes POL) to persecute; **V~er (-s, -)** m pursuer; **V~ung** f pursuit; prosecution; persecution

verfrüht [fɛrˈfryːt] adj premature

verfüg- [fɛrˈfyːg] zW: **~bar** adj available; **~en** vt to direct, to order ♦ vr to proceed ♦ vi: **~en über** +akk to have at one's disposal; **V~ung** f direction, order; **zur V~ung** at one's disposal; **jdm zur V~ung stehen** to be available to sb

verführ- [fɛrˈfyːr] zW: **~en** vt to tempt; (sexuell) to seduce; **V~er** m tempter; seducer; **~erisch** adj seductive; **V~ung** f seduction; (Versuchung) temptation

ver'gammeln (umg) vi to go to seed; (Nahrung) to go off

vergangen [fɛrˈgaŋən] adj past; **V~heit** f past

vergänglich [fɛrˈgɛŋlɪç] adj transitory

vergasen [fɛrˈgaːzən] vt (töten) to gas

Vergaser (-s, -) m (AUT) carburettor

vergaß etc [fɛrˈgaːs] vb siehe **vergessen**

vergeb- [fɛrˈgeːb] zW: **~en** (unreg) vt (verzeihen) to forgive; (weggeben) to give away; **jdm etw ~en** to forgive sb (for) sth; **~ens** adv in vain; **~lich** [fɛrˈgeːplɪç] adv in vain ♦ adj vain, futile; **V~ung** f forgiveness

ver'gehen (unreg) vi to pass by od away ♦ vr to commit an offence; **jdm vergeht etw** sb loses sth; **sich an jdm ~** to (sexually) assault sb; **Ver'gehen (-s, -)** nt offence

ver'gelten (unreg) vt: **jdm etw ~** to pay sb back for sth, to repay sb for sth

Ver'geltung f retaliation, reprisal

vergessen [fɛrˈgɛsən] (unreg) vt to forget; **V~heit** f oblivion

vergesslich ▲ [fɛrˈgɛslɪç] adj forgetful; **V~keit** f forgetfulness

vergeuden [fɛrˈgɔydən] vt to squander, to waste

vergewaltigen [fɛrgəˈvaltɪgən] vt to rape; (fig) to violate

Vergewaltigung f rape

vergewissern [fɛrgəˈvɪsərn] vr to make sure

ver'gießen (unreg) vt to shed

vergiften [fɛrˈgɪftən] vt to poison

Vergiftung f poisoning

Vergissmeinnicht ▲ [fɛrˈgɪsmainnɪçt] (-(e)s, -e) nt forget-me-not

vergisst ▲ etc [fɛrˈgɪst] vb siehe **vergessen**

Vergleich [fɛrˈɡlaɪç] (**-(e)s, -e**) *m*
comparison; (*JUR*) settlement; **im ~ mit** *od*
zu compared with *od* to; **v~bar** *adj*
comparable; **v~en** (*unreg*) *vt* to compare
♦ *vr* to reach a settlement

vergnügen [fɛrˈɡnyːɡən] *vr* to enjoy *od*
amuse o.s.; **V~** (**-s, -**) *nt* pleasure; **viel V~!**
enjoy yourself!

vergnügt [fɛrˈɡnyːkt] *adj* cheerful

Vergnügung *f* pleasure, amusement;
~spark *m* amusement park

vergolden [fɛrˈɡɔldən] *vt* to gild

ver'graben *vt* to bury

ver'greifen (*unreg*) *vr*: **sich an jdm ~** to lay
hands on sb; **sich an etw ~** to
misappropriate sth; **sich im Ton ~** to say
the wrong thing

vergriffen [fɛrˈɡrɪfən] *adj* (*Buch*) out of print;
(*Ware*) out of stock

vergrößern [fɛrˈɡrøːsərn] *vt* to enlarge;
(*mengenmäßig*) to increase; (*Lupe*) to
magnify

Vergrößerung *f* enlargement; increase;
magnification; **~sglas** *nt* magnifying glass

Vergünstigung [fɛrˈɡynstɪɡʊŋ] *f*
concession, privilege

Vergütung *f* compensation

verhaften [fɛrˈhaftən] *vt* to arrest

Verhaftung *f* arrest

ver'halten (*unreg*) *vr* to be, to stand; (*sich
benehmen*) to behave ♦ *vt* to hold *od* keep
back; (*Schritt*) to check; **sich ~ (zu)** (*MATH*)
to be in proportion (to); **Ver'halten** (**-s**) *nt*
behaviour

Verhältnis [fɛrˈhɛltnɪs] (**-ses, -se**) *nt*
relationship; (*MATH*) proportion, ratio; **~se**
pl (*Umstände*) conditions; **über seine ~se
leben** to live beyond one's means;
v~mäßig *adj* relative, comparative ♦ *adv*
relatively, comparatively

verhandeln [fɛrˈhandəln] *vi* to negotiate;
(*JUR*) to hold proceedings ♦ *vt* to discuss;
(*JUR*) to hear; **über etw** *akk* **~** to negotiate
sth *od* about sth

Verhandlung *f* negotiation; (*JUR*)
proceedings *pl*; **~sbasis** *f* (*FIN*) basis for
negotiations

ver'hängen *vt* (*fig*) to impose, to inflict

Verhängnis [fɛrˈhɛŋnɪs] (**-ses, -se**) *nt* fate,
doom; **jdm zum ~ werden** to be sb's
undoing; **v~voll** *adj* fatal, disastrous

verharmlosen [fɛrˈharmloːzən] *vt* to make
light of, to play down

verhärten [fɛrˈhɛrtən] *vr* to harden

verhasst ▲ [fɛrˈhast] *adj* odious, hateful

verhauen [fɛrˈhavən] (*unreg*; *umg*) *vt*
(*verprügeln*) to beat up

verheerend [fɛrˈheːrənt] *adj* disastrous,
devastating

verheimlichen [fɛrˈhaɪmlɪçən] *vt*: **jdm etw
~** to keep sth secret from sb

verheiratet [fɛrˈhaɪraːtət] *adj* married

ver'helfen (*unreg*) *vi*: **jdm ~ zu** to help sb
to get

ver'hindern *vt* to prevent; **verhindert sein**
to be unable to make it

verhöhnen [fɛrˈhøːnən] *vt* to mock, to
sneer at

Verhör [fɛrˈhøːr] (**-(e)s, -e**) *nt* interrogation;
(*gerichtlich*) (cross-)examination; **v~en** *vt* to
interrogate; to (cross-)examine ♦ *vr* to
misunderstand, to mishear

ver'hungern *vi* to starve, to die of hunger

ver'hüten *vt* to prevent, to avert

Ver'hütung *f* prevention; **~smittel** *nt*
contraceptive

verirren [fɛrˈɪrən] *vr* to go astray

ver'jagen *vt* to drive away *od* out

verkalken [fɛrˈkalkən] *vi* to calcify; (*umg*) to
become senile

Verkauf [fɛrˈkauf] *m* sale; **v~en** *vt* to sell

Verkäufer(in) [fɛrˈkɔyfər(ɪn)] (**-s, -**) *m(f)*
seller; salesman(-woman); (*in Laden*) shop
assistant

verkaufsoffen *adj*: **~er Samstag** *Saturday
when the shops stay open all day*

Verkehr [fɛrˈkeːr] (**-s, -e**) *m* traffic; (*Umgang,
bes sexuell*) intercourse; (*Umlauf*) circulation;
v~en *vi* (*Fahrzeug*) to ply, to run ♦ *vt*, *vr* to
turn, to transform; **v~en mit** to associate
with; **bei jdm v~en** (*besuchen*) to visit sb
regularly

Verkehrs- *zW*: **~ampel** *f* traffic lights *pl*;
~aufkommen *nt* volume of traffic;

~beruhigung f traffic calming; **~delikt** nt traffic offence; **~funk** m radio traffic service; **v~günstig** adj convenient; **~mittel** nt means of transport; **~schild** nt road sign; **~stau** m traffic jam, stoppage; **~unfall** m traffic accident; **~verein** m tourist information office; **~zeichen** nt traffic sign

verkehrt adj wrong; (umgekehrt) the wrong way round

ver'kennen (unreg) vt to misjudge, not to appreciate

ver'klagen vt to take to court

ver'kleiden [fɛr'klaɪdən] vr to disguise (o.s.); (sich kostümieren) to get dressed up ♦ vt (Wand) to cover

Verkleidung f disguise; (ARCHIT) wainscoting

verkleinern [fɛr'klaɪnərn] vt to make smaller, to reduce in size

ver'kneifen (umg) vt: **sich** dat **etw ~** (Lachen) to stifle sth; (Schmerz) to hide sth; (sich versagen) to do without sth

verknüpfen [fɛr'knʏpfən] vt to tie (up), to knot; (fig) to connect

ver'kommen (unreg) vi to deteriorate, to decay; (Mensch) to go downhill, to come down in the world ♦ adj (moralisch) dissolute, depraved

verkörpern [fɛr'kœrpərn] vt to embody, to personify

verkraften [fɛr'kraftən] vt to cope with

ver'kriechen (unreg) vr to creep away, to creep into a corner

verkrüppelt [fɛr'krʏpəlt] adj crippled

ver'kühlen vr to get a chill

ver'kümmern vi to waste away

ver'künden [fɛr'kʏndən] vt to proclaim; (Urteil) to pronounce

ver'kürzen [fɛr'kʏrtsən] vt to shorten; (Wort) to abbreviate; **sich** dat **die Zeit ~** to while away the time

Verkürzung f shortening; abbreviation

verladen [fɛr'la:dən] (unreg) vt (Waren, Vieh) to load; (Truppen: auf Schiff) to embark, (auf Zug) to entrain, (auf Flugzeug) to enplane

Verlag [fɛr'la:k] (-(e)s, -e) m publishing firm

verlangen [fɛr'laŋən] vt to demand; to desire ♦ vi: **~ nach** to ask for, to desire; **~ Sie Herrn X** ask for Mr X; **V~ (-s, -)** nt: **V~ (nach)** desire (for); **auf jds V~ (hin)** at sb's request

verlängern [fɛr'lɛŋərn] vt to extend; (länger machen) to lengthen

Verlängerung f extension; (SPORT) extra time; **~sschnur** f extension cable

verlangsamen [fɛr'laŋza:mən] vt, vr to decelerate, to slow down

Verlass ▲ [fɛr'las] m: **auf ihn/das ist kein ~** he/it cannot be relied upon

ver'lassen (unreg) vt to leave ♦ vr: **sich ~ auf** +akk to depend on ♦ adj desolate; (Mensch) abandoned

verlässlich ▲ [fɛr'lɛslɪç] adj reliable

Verlauf [fɛr'lauf] m course; **v~en** (unreg) vi (zeitlich) to pass; (Farben) to run ♦ vr to get lost; (Menschenmenge) to disperse

ver'lauten vi: **etw ~ lassen** to disclose sth; **wie verlautet** as reported

ver'legen vt to move; (verlieren) to mislay; (Buch) to publish ♦ vr: **sich auf etw** akk **~** to take up od to sth ♦ adj embarrassed; **nicht ~ um** never at a loss for; **Ver'legenheit** f embarrassment; (Situation) difficulty, scrape

Verleger [fɛr'le:gər] (-s, -) m publisher

Verleih [fɛr'laɪ] (-(e)s, -e) m hire service; **v~en** (unreg) vt to lend; (Kraft, Anschein) to confer, to bestow; (Preis, Medaille) to award; **~ung** f lending; bestowal; award

ver'leiten vt to lead astray; **~ zu** to talk into, to tempt into

ver'lernen vt to forget, to unlearn

ver'lesen (unreg) vt to read out; (aussondern) to sort out ♦ vr to make a mistake in reading

verletz- zW: **~en** vt (auch fig) to injure, to hurt; (Gesetz etc) to violate; **~end** adj (fig: Worte) hurtful; **~lich** adj vulnerable, sensitive; **V~te(r)** f(m) injured person; **V~ung** f injury; (Verstoß) violation, infringement

verleugnen [fɛr'lɔygnən] vt (Herkunft, Glauben) to belie; (Menschen) to disown

verleumden [fɛr'lɔymdən] *vt* to slander; **Verleumdung** *f* slander, libel

ver'lieben *vr:* **sich ~ (in** +*akk*) to fall in love (with)

verliebt [fɛr'liːpt] *adj* in love

verlieren [fɛr'liːrən] (*unreg*) *vt, vi* to lose ♦ *vr* to get lost

Verlierer *m* loser

verlob- [fɛr'loːb] *zW:* **~en** *vr:* **sich ~en (mit)** to get engaged (to); **V~te(r)** [fɛr'loːptə(r)] *f(m)* fiancé *m*, fiancée *f*; **V~ung** *f* engagement

ver'locken *vt* to entice, to lure

Ver'lockung *f* temptation, attraction

verlogen [fɛr'loːgən] *adj* untruthful

verlor *etc vb siehe* **verlieren**

verloren [fɛr'loːrən] *adj* lost; (*Eier*) poached ♦ *vb siehe* **verlieren**; **etw ~ geben** to give sth up for lost; **~ gehen** to get lost

verlosen [fɛr'loːzən] *vt* to raffle, to draw lots for; **Verlosung** *f* raffle, lottery

Verlust [fɛr'lʊst] **(-(e)s, -e)** *m* loss; (*MIL*) casualty

ver'machen *vt* to bequeath, to leave

Vermächtnis [fɛr'mɛçtnɪs] **(-ses, -se)** *nt* legacy

Vermählung [fɛr'mɛːlʊŋ] *f* wedding, marriage

vermarkten [fɛr'marktən] *vt* (*COMM: Artikel*) to market

vermehren [fɛr'meːrən] *vt, vr* to multiply; (*Menge*) to increase

Vermehrung *f* multiplying; increase

ver'meiden (*unreg*) *vt* to avoid

vermeintlich [fɛr'maɪntlɪç] *adj* supposed

Vermerk [fɛr'mɛrk] **(-(e)s, -e)** *m* note; (*in Ausweis*) endorsement; **v~en** *vt* to note

ver'messen (*unreg*) *vt* to survey ♦ *adj* presumptuous, bold; **Ver'messenheit** *f* presumptuousness; recklessness

Ver'messung *f* survey(ing)

vermiet- [fɛr'miːt] *zW:* **ver'mieten** *vt* to let, to rent (out); (*Auto*) to hire out, to rent; **Ver'mieter(in)** **(-s, -)** *m(f)* landlord(-lady); **Ver'mietung** *f* letting, renting (out); (*von Autos*) hiring (out)

vermindern [fɛr'mɪndərn] *vt, vr* to lessen, to decrease; (*Preise*) to reduce

Verminderung *f* reduction

ver'mischen *vt, vr* to mix, to blend

vermissen [fɛr'mɪsən] *vt* to miss

vermitt- [fɛr'mɪt] *zW:* **~eln** *vi* to mediate ♦ *vt* (*Gespräch*) to connect; **jdm etw ~eln** to help sb to obtain sth; **V~ler (-s, -)** *m* (*Schlichter*) agent, mediator; **V~lung** *f* procurement; (*Stellenvermittlung*) agency; (*TEL*) exchange; (*Schlichtung*) mediation; **V~lungsgebühr** *f* commission

ver'mögen (*unreg*) *vt* to be capable of; **~ zu** to be able to; **Ver'mögen (-s, -)** *nt* wealth; (*Fähigkeit*) ability; **ein V~ kosten** to cost a fortune; **ver'mögend** *adj* wealthy

vermuten [fɛr'muːtən] *vt* to suppose, to guess; (*argwöhnen*) to suspect

vermutlich *adj* supposed, presumed ♦ *adv* probably

Vermutung *f* supposition; suspicion

vernachlässigen [fɛr'naːxlɛsɪgən] *vt* to neglect

ver'nehmen (*unreg*) *vt* to perceive, to hear; (*erfahren*) to learn; (*JUR*) to (cross-)examine; **dem V~ nach** from what I/we *etc* hear

Vernehmung *f* (cross-)examination

verneigen [fɛr'naɪgən] *vr* to bow

verneinen [fɛr'naɪnən] *vt* (*Frage*) to answer in the negative; (*ablehnen*) to deny; (*GRAM*) to negate; **~d** *adj* negative

Verneinung *f* negation

vernichten [fɛr'nɪçtən] *vt* to annihilate, to destroy; **~d** *adj* (*fig*) crushing; (*Blick*) withering; (*Kritik*) scathing

Vernunft [fɛr'nʊnft] **(-)** *f* reason, understanding

vernünftig [fɛr'nʏnftɪç] *adj* sensible, reasonable

veröffentlichen [fɛr'œfəntlɪçən] *vt* to publish; **Veröffentlichung** *f* publication

verordnen [fɛr'|ɔrdnən] *vt* (*MED*) to prescribe

Verordnung *f* order, decree; (*MED*) prescription

ver'pachten *vt* to lease (out)

ver'packen *vt* to pack

Ver'packung *f* packing, wrapping;

~smaterial *nt* packing, wrapping
ver'passen *vt* to miss; **jdm eine Ohrfeige ~** (*umg*) to give sb a clip round the ear
verpfänden [fɛrˈpfɛndən] *vt* (*Besitz*) to mortgage
ver'pflanzen *vt* to transplant
ver'pflegen *vt* to feed, to cater for
Ver'pflegung *f* feeding, catering; (*Kost*) food; (*in Hotel*) board
verpflichten [fɛrˈpflɪçtən] *vt* to oblige, to bind; (*anstellen*) to engage ♦ *vr* to undertake; (*MIL*) to sign on ♦ *vi* to carry obligations; **jdm zu Dank verpflichtet sein** to be obliged to sb
Verpflichtung *f* obligation, duty
verpönt [fɛrˈpøːnt] *adj* disapproved (of), taboo
ver'prügeln (*umg*) *vt* to beat up, to do over
Verputz [fɛrˈpʊts] *m* plaster, roughcast; **v~en** *vt* to plaster; (*umg: Essen*) to put away
Verrat [fɛrˈraːt] **(-(e)s)** *m* treachery; (*POL*) treason; **v~en** (*unreg*) *vt* to betray; (*Geheimnis*) to divulge ♦ *vr* to give o.s. away
Verräter [fɛrˈrɛːtər] **(-s, -)** *m* traitor(-tress); **v~isch** *adj* treacherous
ver'rechnen *vt*: **~ mit** to set off against ♦ *vr* to miscalculate
Verrechnungsscheck [fɛrˈrɛçnʊŋsʃɛk] *m* crossed cheque
verregnet [fɛrˈreːɡnət] *adj* spoilt by rain, rainy
ver'reisen *vi* to go away (on a journey)
verrenken [fɛrˈrɛŋkən] *vt* to contort; (*MED*) to dislocate; **sich** *dat* **den Knöchel ~** to sprain one's ankle
ver'richten *vt* to do, to perform
verriegeln [fɛrˈriːɡəln] *vt* to bolt up, to lock
verringern [fɛrˈrɪŋərn] *vt* to reduce ♦ *vr* to diminish
Verringerung *f* reduction; lessening
ver'rinnen (*unreg*) *vi* to run out *od* away; (*Zeit*) to elapse
ver'rosten *vi* to rust
verrotten [fɛrˈrɔtən] *vi* to rot

ver'rücken *vt* to move, to shift
verrückt [fɛrˈrʏkt] *adj* crazy, mad; **V~e(r)** *f(m)* lunatic; **V~heit** *f* madness, lunacy
Verruf [fɛrˈruːf] *m*: **in ~ geraten / bringen** to fall / bring into disrepute; **v~en** *adj* notorious, disreputable
Vers [fɛrs] **(-es, -e)** *m* verse
ver'sagen *vt*: **jdm / sich etw ~** to deny sb / o.s. sth ♦ *vi* to fail; **Ver'sagen (-s)** *nt* failure
ver'salzen (*unreg*) *vt* to put too much salt in; (*fig*) to spoil
ver'sammeln *vt, vr* to assemble, to gather
Ver'sammlung *f* meeting, gathering
Versand [fɛrˈzant] **(-(e)s)** *m* forwarding; dispatch; (*~abteilung*) dispatch department; **~haus** *nt* mail-order firm
ver'säumen *vt* to miss; (*unterlassen*) to neglect, to fail
ver'schaffen *vt*: **jdm / sich etw ~** to get *od* procure sth for sb/o.s.
verschämt [fɛrˈʃɛːmt] *adj* bashful
verschandeln [fɛrˈʃandəln] (*umg*) *vt* to spoil
verschärfen [fɛrˈʃɛrfən] *vt* to intensify; (*Lage*) to aggravate ♦ *vr* to intensify; to become aggravated
ver'schätzen *vr* to be out in one's reckoning
ver'schenken *vt* to give away
verscheuchen [fɛrˈʃɔʏçən] *vt* (*Tiere*) to chase off *od* away
ver'schicken *vt* to send off
ver'schieben (*unreg*) *vt* to shift; (*EISENB*) to shunt; (*Termin*) to postpone
verschieden [fɛrˈʃiːdən] *adj* different; (*pl: mehrere*) various; **sie sind ~ groß** they are of different sizes; **~tlich** *adv* several times
verschimmeln [fɛrˈʃɪməln] *vi* (*Nahrungsmittel*) to go mouldy
verschlafen [fɛrˈʃlaːfən] (*unreg*) *vt* to sleep through; (*fig: versäumen*) to miss ♦ *vi, vr* to oversleep ♦ *adj* sleepy
Verschlag [fɛrˈʃlaːk] *m* shed; **v~en** [-ɡən] (*unreg*) *vt* to board up ♦ *adj* cunning; **jdm den Atem v~en** to take sb's breath away; **an einen Ort v~en werden** to wind up in a place

verschlechtern [fɛrˈʃlɛçtərn] *vt* to make worse ♦ *vr* to deteriorate, to get worse; **Verschlechterung** *f* deterioration

Verschleiß [fɛrˈʃlaɪs] **(-es, -e)** *m* wear and tear; **v~en** *(unreg) vt* to wear out

ver'schleppen *vt* to carry off, to abduct; *(Krankheit)* to protract; *(zeitlich)* to drag out

ver'schleudern *vt* to squander; *(COMM)* to sell dirt-cheap

verschließbar *adj* lockable

verschließen [fɛrˈʃliːsən] *(unreg) vt* to close; to lock ♦ *vr:* **sich einer Sache** *dat* **~** to close one's mind to sth

verschlimmern [fɛrˈʃlɪmərn] *vt* to make worse, to aggravate ♦ *vr* to get worse, to deteriorate

verschlingen [fɛrˈʃlɪŋən] *(unreg) vt* to devour, to swallow up; *(Fäden)* to twist

verschlossen [fɛrˈʃlɔsən] *adj* locked; *(fig)* reserved; **V~heit** *f* reserve

ver'schlucken *vt* to swallow ♦ *vr* to choke

Verschluss ▲ [fɛrˈʃlʊs] *m* lock; *(von Kleid etc)* fastener; *(PHOT)* shutter; *(Stöpsel)* plug

verschlüsseln [fɛrˈʃlʏsəln] *vt* to encode

verschmieren [fɛrˈʃmiːrən] *vt (verstreichen: Gips, Mörtel)* to apply, spread on; *(schmutzig machen: Wand etc)* to smear

verschmutzen [fɛrˈʃmʊtsən] *vt* to soil; *(Umwelt)* to pollute

verschneit [fɛrˈʃnaɪt] *adj* snowed up, covered in snow

verschollen [fɛrˈʃɔlən] *adj* lost, missing

ver'schonen *vt:* **jdn mit etw ~** to spare sb sth

verschönern [fɛrˈʃøːnərn] *vt* to decorate; *(verbessern)* to improve

ver'schreiben *(unreg) vt (MED)* to prescribe ♦ *vr* to make a mistake (in writing); **sich einer Sache ~** to devote o.s. to sth

verschreibungspflichtig *adj (Medikament)* available on prescription only

verschrotten [fɛrˈʃrɔtən] *vt* to scrap

verschuld- [fɛrˈʃʊld] *zW:* **~en** *vt* to be guilty of; **V~en (-s)** *nt* fault, guilt; **~et** *adj* in debt; **V~ung** *f* fault; *(Geld)* debts *pl*

ver'schütten *vt* to spill; *(zuschütten)* to fill; *(unter Trümmer)* to bury

ver'schweigen *(unreg) vt* to keep secret; **jdm etw ~** to keep sth from sb

verschwend- [fɛrˈʃvɛnd] *zW:* **~en** *vt* to squander; **V~er (-s, -)** *m* spendthrift; **~erisch** *adj* wasteful, extravagant; **V~ung** *f* waste; extravagance

verschwiegen [fɛrˈʃviːɡən] *adj* discreet; *(Ort)* secluded; **V~heit** *f* discretion; seclusion

ver'schwimmen *(unreg) vi* to grow hazy, to become blurred

ver'schwinden *(unreg) vi* to disappear, to vanish; **Ver'schwinden (-s)** *nt* disappearance

verschwitzt [fɛrˈʃvɪtst] *adj (Mensch)* sweaty

verschwommen [fɛrˈʃvɔmən] *adj* hazy, vague

verschwör- [fɛrˈʃvøːr] *zW:* **~en** *(unreg) vr* to plot, to conspire; **V~ung** *f* conspiracy, plot

ver'sehen *(unreg) vt* to supply, to provide; *(Pflicht)* to carry out; *(Amt)* to fill; *(Haushalt)* to keep ♦ *vr (fig)* to make a mistake; **ehe er (es) sich ~ hatte ...** before he knew it ...; **Ver'sehen (-s, -)** *nt* oversight; **aus V~** by mistake; **~tlich** *adv* by mistake

Versehrte(r) [fɛrˈzeːrtə(r)] *f(m)* disabled person

ver'senden *(unreg) vt* to forward, to dispatch

ver'senken *vt* to sink ♦ *vr:* **sich ~ in** *+akk* to become engrossed in

versessen [fɛrˈzɛsən] *adj:* **~ auf** *+akk* mad about

ver'setzen *vt* to transfer; *(verpfänden)* to pawn; *(umg)* to stand up ♦ *vr:* **sich in jdn** *od* **in jds Lage ~** to put o.s. in sb's place; **jdm einen Tritt/Schlag ~** to kick/hit sb; **etw mit etw ~** to mix sth with sth; **jdn in gute Laune ~** to put sb in a good mood

Ver'setzung *f* transfer

verseuchen [fɛrˈzɔʏçən] *vt* to contaminate

versichern [fɛrˈzɪçərn] *vt* to assure; *(mit Geld)* to insure

Versicherung *f* assurance; insurance

Versicherungs- *zW:* **~gesellschaft** *f* insurance company; **~karte** *f* insurance card; **die grüne ~karte** the green card;

Rechtschreibreform: ▲ *neue Schreibung* △ *alte Schreibung (auslaufend)*

~police f insurance policy

ver'sinken (unreg) vi to sink

versöhnen [fɛr'zøːnən] vt to reconcile ♦ vr to become reconciled

Versöhnung f reconciliation

ver'sorgen vt to provide, to supply; (Familie etc) to look after

Ver'sorgung f provision; (Unterhalt) maintenance; (Altersversorgung etc) benefit, assistance

verspäten [fɛr'ʃpeːtən] vr to be late

verspätet adj (Zug, Abflug, Ankunft) late; (Glückwünsche) belated

Verspätung f delay; **~ haben** to be late

ver'sperren vt to bar, to obstruct

verspielt [fɛr'ʃpiːlt] adj (Kind, Tier) playful

ver'spotten vt to ridicule, to scoff at

ver'sprechen (unreg) vt to promise; **sich** dat etw von etw **~** to expect sth from sth; **Ver'sprechen (-s, -)** nt promise

verstaatlichen [fɛr'ʃtaːtlɪçən] vt to nationalize

Verstand [fɛr'ʃtant] m intelligence; mind; **den ~ verlieren** to go out of one's mind; **über jds ~ gehen** to go beyond sb

verständig [fɛr'ʃtɛndɪç] adj sensible; **~en** [fɛr'ʃtɛndɪgən] vt to inform ♦ vr to communicate; (sich einigen) to come to an understanding; **V~ung** f communication; (Benachrichtigung) informing; (Einigung) agreement

verständ- [fɛr'ʃtɛnt] zW: **~lich** adj understandable, comprehensible; **V~lichkeit** f clarity, intelligibility; **V~nis (-ses, -se)** nt understanding; **~nislos** adj uncomprehending; **~nisvoll** adj understanding, sympathetic

verstärk- [fɛr'ʃtɛrk] zW: **~en** vt to strengthen; (Ton) to amplify; (erhöhen) to intensify ♦ vr to intensify; **V~er (-s, -)** m amplifier; **V~ung** f strengthening; (Hilfe) reinforcements pl; (von Ton) amplification

verstauchen [fɛr'ʃtaʊxən] vt to sprain

verstauen [fɛr'ʃtaʊən] vt to stow away

Versteck [fɛr'ʃtɛk] **(-(e)s, -e)** nt hiding (place); **v~en** vt, vr to hide; **v~t** adj hidden

ver'stehen (unreg) vt to understand ♦ vr to get on; **das versteht sich (von selbst)** that goes without saying

versteigern [fɛr'ʃtaɪgərn] vt to auction; **Versteigerung** f auction

verstell- [fɛr'ʃtɛl] zW: **~bar** adj adjustable, variable; **~en** vt to move, to shift; (Uhr) to adjust; (versperren) to block; (fig) to disguise ♦ vr to pretend, to put on an act; **V~ung** f pretence

versteuern [fɛr'ʃtɔʏərn] vt to pay tax on

verstimmt [fɛr'ʃtɪmt] adj out of tune; (fig) cross, put out; (Magen) upset

ver'stopfen vt to block, to stop up; (MED) to constipate

Ver'stopfung f obstruction; (MED) constipation

verstorben [fɛr'ʃtɔrbən] adj deceased, late

verstört [fɛr'ʃtøːrt] adj (Mensch) distraught

Verstoß [fɛr'ʃtoːs] m: **~ (gegen)** infringement (of), violation (of); **v~en** (unreg) vt to disown, to reject ♦ vi: **v~en gegen** to offend against

ver'streichen (unreg) vt to spread ♦ vi to elapse

ver'streuen vt to scatter (about)

verstümmeln [fɛr'ʃtʏməln] vt to maim, to mutilate (auch fig)

verstummen [fɛr'ʃtʊmən] vi to go silent; (Lärm) to die away

Versuch [fɛr'zuːx] **(-(e)s, -e)** m attempt; (SCI) experiment; **v~en** vt to try; (verlocken) to tempt ♦ vr: **sich an etw** dat **v~en** to try one's hand at sth; **~skaninchen** nt (fig) guinea-pig; **~ung** f temptation

vertagen [fɛr'taːgən] vt, vi to adjourn

ver'tauschen vt to exchange; (versehentlich) to mix up

verteidig- [fɛr'taɪdɪg] zW: **~en** vt to defend; **V~er (-s, -)** m defender; (JUR) defence counsel; **V~ung** f defence

ver'teilen vt to distribute; (Rollen) to assign; (Salbe) to spread

Verteilung f distribution, allotment

vertiefen [fɛr'tiːfən] vt to deepen ♦ vr: **sich in etw** akk **~** to become engrossed od absorbed in sth

Vertiefung f depression

vertikal [vɛrtiˈkaːl] *adj* vertical

vertilgen [fɛrˈtɪlgən] *vt* to exterminate; (*umg*) to eat up, to consume

vertonen [fɛrˈtoːnən] *vt* to set to music

Vertrag [fɛrˈtraːk] **(-(e)s, ⁺e)** *m* contract, agreement; (*POL*) treaty; **v~en** [-gən] (*unreg*) *vt* to tolerate, to stand ♦ *vr* to get along; (*sich aussöhnen*) to become reconciled; **v~lich** *adj* contractual

verträglich [fɛrˈtrɛːklɪç] *adj* good-natured, sociable; (*Speisen*) easily digested; (*MED*) easily tolerated; **V~keit** *f* sociability; good nature; digestibility

Vertrags- *zW*: **~bruch** *m* breach of contract; **~händler** *m* appointed retailer; **~partner** *m* party to a contract; **~werkstatt** *f* appointed repair shop; **v~widrig** *adj* contrary to contract

vertrauen [fɛrˈtraʊən] *vi*: **jdm ~** to trust sb; **~ auf** *+akk* to rely on; **V~ (-s)** *nt* confidence; **V~ erweckend** inspiring trust; **~svoll** *adj* trustful; **~swürdig** *adj* trustworthy

vertraulich [fɛrˈtraʊlɪç] *adj* familiar; (*geheim*) confidential

vertraut [fɛrˈtraʊt] *adj* familiar; **V~heit** *f* familiarity

ver'treiben (*unreg*) *vt* to drive away; (*aus Land*) to expel; (*COMM*) to sell; (*Zeit*) to pass

vertret- [fɛrˈtreːt] *zW*: **~en** (*unreg*) *vt* to represent; (*Ansicht*) to hold, to advocate; **sich** *dat* **die Beine ~en** to stretch one's legs; **V~er (-s, -)** *m* representative; (*Verfechter*) advocate; **V~ung** *f* representation; advocacy

Vertrieb [fɛrˈtriːp] **(-(e)s, -e)** *m* marketing (department)

ver'trocknen *vi* to dry up

ver'trösten *vt* to put off

vertun [fɛrˈtuːn] (*unreg*) *vt* to waste ♦ *vr* (*umg*) to make a mistake

vertuschen [fɛrˈtʊʃən] *vt* to hush *od* cover up

verübeln [fɛrˈlyːbəln] *vt*: **jdm etw ~** to be cross *od* offended with sb on account of sth

verüben [fɛrˈlyːbən] *vt* to commit

verun- [fɛrˈlʊn] *zW*: **~glimpfen** *vt* to disparage; **~glücken** *vi* to have an accident; **tödlich ~glücken** to be killed in an accident; **~reinigen** *vt* to soil; (*Umwelt*) to pollute; **~sichern** *vt* to rattle; **~treuen** [-trɔyən] *vt* to embezzle

verur- [fɛrˈlʊːr] *zW*: **~sachen** *vt* to cause; **~teilen** [-taɪlən] *vt* to condemn; **V~teilung** *f* condemnation; (*JUR*) sentence

verviel- [fɛrˈfiːl] *zW*: **~fachen** *vt* to multiply; **~fältigen** [-fɛltɪgən] *vt* to duplicate, to copy; **V~fältigung** *f* duplication, copying

vervollkommnen [fɛrˈfɔlkɔmnən] *vt* to perfect

vervollständigen [fɛrˈfɔlʃtɛndɪgən] *vt* to complete

ver'wackeln *vt* (*Foto*) to blur

ver'wählen *vr* (*TEL*) to dial the wrong number

verwahren [fɛrˈvaːrən] *vt* to keep, to lock away ♦ *vr* to protest

verwalt- [fɛrˈvalt] *zW*: **~en** *vt* to manage; to administer; **V~er (-s, -)** *m* manager; (*Vermögensverwalter*) trustee; **V~ung** *f* administration; management

ver'wandeln *vt* to change, to transform ♦ *vr* to change; to be transformed; **Ver'wandlung** *f* change, transformation

verwandt [fɛrˈvant] *adj*: **~ (mit)** related (to); **V~e(r)** *f(m)* relative, relation; **V~schaft** *f* relationship; (*Menschen*) relations *pl*

ver'warnen *vt* to caution

Ver'warnung *f* caution

ver'wechseln *vt*: **~ mit** to confuse with; to mistake for; **zum V~ ähnlich** as like as two peas

Ver'wechslung *f* confusion, mixing up

Verwehung [fɛrˈveːʊŋ] *f* snowdrift; sand drift

verweichlicht [fɛrˈvaɪçlɪçt] *adj* effeminate, soft

ver'weigern *vt*: **jdm etw ~** to refuse sb sth; **den Gehorsam / die Aussage ~** to refuse to obey/testify

Ver'weigerung *f* refusal

Verweis [fɛrˈvaɪs] **(-es, -e)** *m* reprimand,

rebuke; *(Hinweis)* reference; **v~en** *(unreg)* vt to refer; **jdn von der Schule v~en** to expel sb (from school); **jdn des Landes v~en** to deport *od* expel sb

ver'welken vi to fade

verwend- [fɛr'vɛnd] zW: **~bar** [-'vɛntbaːr] adj usable; **ver'wenden** *(unreg)* vt to use; *(Mühe, Zeit, Arbeit)* to spend ♦ vr to intercede; **Ver'wendung** f use

ver'werfen *(unreg)* vt to reject

verwerflich [fɛr'vɛrflɪç] adj reprehensible

ver'werten vt to utilize

Ver'wertung f utilization

verwesen [fɛr'veːzən] vi to decay

ver'wickeln vt to tangle (up); *(fig)* to involve ♦ vr to get tangled (up); **jdn in etw** akk ~ to involve sb in sth; **sich in etw** akk ~ to get involved in sth

verwickelt [fɛr'vɪkəlt] adj *(Situation, Fall)* difficult, complicated

verwildern [fɛr'vɪldərn] vi to run wild

verwirklichen [fɛr'vɪrklɪçən] vt to realize, to put into effect

Verwirklichung f realization

verwirren [fɛr'vɪrən] vt to tangle (up); *(fig)* to confuse

Verwirrung f confusion

verwittern [fɛr'vɪtərn] vi to weather

verwitwet [fɛr'vɪtvət] adj widowed

verwöhnen [fɛr'vøːnən] vt to spoil

verworren [fɛr'vɔrən] adj confused

verwundbar [fɛr'vʊntbaːr] adj vulnerable

verwunden [fɛr'vʊndən] vt to wound

verwunder- [fɛr'vʊndər] zW: **~lich** adj surprising; **V~ung** f astonishment

Verwundete(r) f(m) injured person

Verwundung f wound, injury

ver'wünschen vt to curse

verwüsten [fɛr'vyːstən] vt to devastate

verzagen [fɛr'tsaːgən] vi to despair

ver'zählen vr to miscount

verzehren [fɛr'tseːrən] vt to consume

ver'zeichnen vt to list; *(Niederlage, Verlust)* to register

Verzeichnis [fɛr'tsaɪçnɪs] (**-ses, -se**) nt list, catalogue; *(in Buch)* index

verzeih- [fɛr'tsaɪ] zW: **~en** *(unreg)* vt, vi to

forgive; **jdm etw ~en** to forgive sb for sth; **~lich** adj pardonable; **V~ung** f forgiveness, pardon; **V~ung!** sorry!, excuse me!

verzichten [fɛr'tsɪçtən] vi: ~ **auf** +akk to forgo, to give up

ver'ziehen *(unreg)* vi to move ♦ vt to put out of shape; *(Kind)* to spoil; *(Pflanzen)* to thin out ♦ vr to go out of shape; *(Gesicht)* to contort; *(verschwinden)* to disappear; **das Gesicht ~** to pull a face

verzieren [fɛr'tsiːrən] vt to decorate, to ornament

Verzierung f decoration

verzinsen [fɛr'tsɪnzən] vt to pay interest on

ver'zögern vt to delay

Ver'zögerung f delay, time lag; **~staktik** f delaying tactics pl

verzollen [fɛr'tsɔlən] vt to pay duty on

Verzug [fɛr'tsuːk] m delay

verzweif- [fɛr'tsvaɪf] zW: **~eln** vi to despair; **~elt** adj desperate; **V~lung** f despair

Veto ['veːto] (**-s, -s**) nt veto

Vetter ['fɛtər] (**-s, -n**) m cousin

vgl. abk (= *vergleiche*) cf.

v. H. abk (= *vom Hundert*) p.c.

vibrieren [vi'briːrən] vi to vibrate

Video ['viːdeo] nt video; **~gerät** nt video recorder; **~rekorder** m video recorder

Vieh [fiː] (**-(e)s**) nt cattle pl; **v~isch** adj bestial

viel [fiːl] adj a lot of, much ♦ adv a lot, much; **~ sagend** significant; **~ versprechend** promising; **~e** pron pl a lot of, many; **~ zu wenig** much too little; **~erlei** adj a great variety of; **~es** pron a lot; **~fach** adj, adv many times; **auf ~fachen Wunsch** at the request of many people; **V~falt** (-) f variety; **~fältig** adj varied, many-sided

vielleicht [fiˈlaɪçt] adv perhaps

viel- zW: **~mal(s)** adv many times; **danke ~mals** many thanks; **~mehr** adv rather, on the contrary; **~seitig** adj many-sided

vier [fiːr] num four; **V~eck (-(e)s, -e)** nt four-sided figure; *(gleichseitig)* square; **~eckig** adj four-sided; square; **V~takt-motor** m four-stroke engine; **~te(r, s)**

['fi:rtə(r, s)] *adj* fourth; **V~tel** ['fɪrtəl] **(-s, -)** *nt* quarter; **V~teljahr** *nt* quarter; **~teljährlich** *adj* quarterly; **~teln** *vt* to divide into four; (*Kuchen usw*) to divide into quarters; **V~telstunde** *f* quarter of an hour; **~zehn** ['fɪrtse:n] *num* fourteen; **in ~zehn Tagen** in a fortnight; **~zehntägig** *adj* fortnightly; **~zig** ['fɪrtsɪç] *num* forty

Villa ['vɪla] **(-, Villen)** *f* villa

violett [vio'let] *adj* violet

Violin- [vio'li:n] *zW:* **~e** *f* violin; **~schlüssel** *m* treble clef

virtuell [vɪrtu'el] *adj* (*COMPUT*) virtual; **~e Realität** *f* virtual reality

Virus ['vi:rʊs] **(-, Viren)** *m od nt* (*auch COMPUT*) virus

Visa ['vi:za] *pl von* **Visum**

vis-a-vis ▲, **vis-à-vis** [viza'vi:] *adv* opposite

Visen ['vi:zən] *pl von* **Visum**

Visier [vi'zi:r] **(-s, -e)** *nt* gunsight; (*am Helm*) visor

Visite [vi'zi:tə] *f* (*MED*) visit; **~nkarte** *f* visiting card

Visum ['vi:zʊm] **(-s, Visa od Visen)** *nt* visa

vital [vi'ta:l] *adj* lively, full of life, vital

Vitamin [vita'mi:n] **(-s, -e)** *nt* vitamin

Vogel ['fo:gəl] **(-s, ⁀)** *m* bird; **einen ~ haben** (*umg*) to have bats in the belfry; **jdm den ~ zeigen** (*umg*) to tap one's forehead (*meaning that one thinks sb stupid*); **~bauer** *nt* birdcage; **~perspektive** *f* bird's-eye view; **~scheuche** *f* scarecrow

Vokabel [vo'ka:bəl] **(-, -n)** *f* word

Vokabular [vokabu'la:r] **(-s, -e)** *nt* vocabulary

Vokal [vo'ka:l] **(-s, -e)** *m* vowel

Volk [fɔlk] **(-(e)s, ⁀er)** *nt* people; nation

Völker- ['fœlkər] *zW:* **~recht** *nt* international law; **v~rechtlich** *adj* according to international law; **~verständigung** *f* international understanding

Volkshochschule

i *The* **Volkshochschule** *(VHS) is an institution which offers Adult Education classes. No set qualifications are necessary*

to attend. For a small fee adults can attend both vocational and non-vocational classes in the day-time or evening.

Volks- *zW:* **~entscheid** *m* referendum; **~fest** *nt* fair; **~hochschule** *f* adult education classes *pl*; **~lied** *nt* folksong; **~republik** *f* people's republic; **~schule** *f* elementary school; **~tanz** *m* folk dance; **~vertreter(in)** *m(f)* people's representative; **~wirtschaft** *f* economics *sg*

voll [fɔl] *adj* full; **etw ~ machen** to fill sth up; **~ tanken** to fill up; **~ und ganz** completely; **jdn für ~ nehmen** (*umg*) to take sb seriously; **~auf** *adv* amply; **V~bart** *m* full beard; **V~beschäftigung** *f* full employment; **~'bringen** *vt insep* to accomplish; **~'enden** *vt* to finish, to complete; **~endet** *adj* (~*kommen*) completed; **~ends** ['fɔlents] *adv* completely; **V~'endung** *f* completion

Volleyball ['vɔlibal] *m* volleyball

Vollgas *nt*: **mit ~** at full throttle; **~ geben** to step on it

völlig ['fœlɪç] *adj* complete ♦ *adv* completely

voll- *zW:* **~jährig** *adj* of age; **V~kaskoversicherung** ['fɔlkaskofɛrzɪçərʊŋ] *f* fully comprehensive insurance; **~'kommen** *adj* perfect; **V~'kommenheit** *f* perfection; **V~kornbrot** *nt* wholemeal bread; **V~macht (-, -en)** *f* authority, full powers *pl*; **V~milch** *f* (*KOCH*) full-cream milk; **V~mond** *m* full moon; **V~pension** *f* full board; **~ständig** ['fɔlʃtendɪç] *adj* complete; **~'strecken** *vt insep* to execute; **~tanken** △ *vt, vi siehe* **voll**; **V~waschmittel** *nt* detergent; **V~wertkost** *f* wholefood; **~zählig** ['fɔlse:lɪç] *adj* complete; in full number; **~'ziehen** (*unreg*) *vt insep* to carry out ♦ *vr insep* to happen; **V~'zug** *m* execution

Volumen [vo'lu:mən] **(-s, - od Volumina)** *nt* volume

vom [fɔm] **= von dem**

SCHLÜSSELWORT

von [fɔn] *präp +dat* **1** (*Ausgangspunkt*) from;

von from ... to; **von morgens bis abends** from morning till night; **von ... nach ...** from ... to ...; **von ... an** from ...; **von ... aus** from ...; **von dort aus** from there; **etw von sich aus tun** to do sth of one's own accord; **von mir aus** (*umg*) if you like, I don't mind; **von wo/wann ...?** where/when ... from?
2 (*Ursache, im Passiv*) by; **ein Gedicht von Schiller** a poem by Schiller; **von etw müde** tired from sth
3 (*als Genitiv*) of; **ein Freund von mir** a friend of mine; **nett von dir** nice of you; **jeweils zwei von zehn** two out of every ten
4 (*über*) about; **er erzählte vom Urlaub** he talked about his holiday
5: **von wegen!** (*umg*) no way!

voneinander *adv* from each other

vor [foːr] *präp +dat* 1 (*räumlich*) in front of; **vor der Kirche links abbiegen** turn left before the church
2 (*zeitlich*) before; **ich war vor ihm da** I was there before him; **vor 2 Tagen** 2 days ago; **5 (Minuten) vor 4** 5 (minutes) to 4; **vor kurzem** a little while ago
3 (*Ursache*) with; **vor Wut/Liebe** with rage/love; **vor Hunger sterben** to die of hunger; **vor lauter Arbeit** because of work
4: **vor allem, vor allen Dingen** most of all
♦ *präp +akk* (*räumlich*) in front of
♦ *adv*: **vor und zurück** backwards and forwards

Vorabend ['foːrʔaːbənt] *m* evening before, eve
voran [foˈran] *adv* before, ahead; **mach ~!** get on with it!; **~gehen** (*unreg*) *vi* to go ahead; **einer Sache** *dat* **~gehen** to precede sth; **~kommen** (*unreg*) *vi* to come along, to make progress
Voranschlag ['foːrʔanʃlaːk] *m* estimate
Vorarbeiter ['foːrʔarbaɪtər] *m* foreman
voraus [foˈraʊs] *adv* ahead; (*zeitlich*) in

advance; **jdm ~ sein** to be ahead of sb; **im V~** in advance; **~gehen** (*unreg*) *vi* to go (on) ahead; (*fig*) to precede; **~haben** (*unreg*) *vt*: **jdm etw ~haben** to have the edge on sb in sth; **V~sage** *f* prediction; **~sagen** *vt* to predict; **~sehen** (*unreg*) *vt* to foresee; **~setzen** *vt* to assume; **~gesetzt, dass ...** provided that ...; **V~setzung** *f* requirement, prerequisite; **V~sicht** *f* foresight; **aller V~sicht nach** in all probability; **~sichtlich** *adv* probably
Vorbehalt ['foːrbəhalt] (*-(e)s, -e*) *m* reservation, proviso; **v~en** (*unreg*) *vt*: **sich/jdm etw v~en** to reserve sth (for o.s.)/for sb; **v~los** *adj* unconditional ♦ *adv* unconditionally
vorbei [foɐˈbaɪ] *adv* by, past; **das ist ~** that's over; **~gehen** (*unreg*) *vi* to pass by, to go past; **~kommen** (*unreg*) *vi*: **bei jdm ~kommen** to drop in *od* call in on sb
vor- *zW*: **~belastet** ['foːrbəlastət] *adj* (*fig*) handicapped; **~bereiten** *vt* to prepare; **V~bereitung** *f* preparation; **V~bestellung** *f* advance order; (*von Platz, Tisch etc*) advance booking; **~bestraft** ['foːrbəʃtraːft] *adj* previously convicted, with a record
vorbeugen ['foːrbɔʏɡən] *vt, vr* to lean forward ♦ *vi +dat* to prevent; **~d** *adj* preventive
Vorbeugung *f* prevention; **zur ~ gegen** for the prevention of
Vorbild ['foːrbɪlt] *nt* model; **sich** *dat* **jdn zum ~ nehmen** to model o.s. on sb; **v~lich** *adj* model, ideal
vorbringen ['foːrbrɪŋən] (*unreg*) *vt* to advance, to state
Vorder- ['fɔrdər] *zW*: **~achse** *f* front axle; **v~e(r, s)** *adj* front; **~grund** *m* foreground; **~mann** (*pl* **-männer**) *m* man in front; **jdn auf ~mann bringen** (*umg*) to get sb to shape up; **~seite** *f* front (side); **v~ste(r, s)** *adj* front
vordrängen ['foːrdrɛŋən] *vr* to push to the front
voreilig ['foːrʔaɪlɪç] *adj* hasty, rash
voreinander [foːrʔaɪˈnandər] *adv* (*räumlich*)

Spelling Reform: ▲ *new spelling* △ *old spelling (to be phased out)*

in front of each other

voreingenommen ['foːr|aıngənɔmən] *adj* biased; **V~heit** *f* bias

vorenthalten ['foːr|ɛnthaltən] *(unreg) vt*: **jdm etw ~** to withhold sth from sb

vorerst ['foːr|eːrst] *adv* for the moment *od* present

Vorfahr ['foːrfaːr] **(-en, -en)** *m* ancestor

vorfahren *(unreg) vi* to drive (on) ahead; *(vors Haus etc)* to drive up

Vorfahrt *f (AUT)* right of way; **~ achten!** give way!

Vorfahrts- *zW*: **~regel** *f* right of way; **~schild** *nt* give way sign; **~straße** *f* major road

Vorfall ['foːrfal] *m* incident; **v~en** *(unreg) vi* to occur

vorfinden ['foːrfındən] *(unreg) vt* to find

Vorfreude ['foːrfrɔydə] *f* (joyful) anticipation

vorführen ['foːrfyːrən] *vt* to show, to display; **dem Gericht ~** to bring before the court

Vorgabe ['foːrgaːbə] *f (SPORT)* start, handicap ♦ *in zW (COMPUT)* default

Vorgang ['foːrgaŋ] *m* course of events; *(bes SCI)* process

Vorgänger(in) ['foːrgɛŋər(ın)] **(-s, -)** *m(f)* predecessor

vorgeben ['foːrgeːbən] *(unreg) vt* to pretend, to use as a pretext; *(SPORT)* to give an advantage *od* a start of

vorgefertigt ['foːrgəfɛrtıçt] *adj* prefabricated

vorgehen ['foːrgeːən] *(unreg) vi (voraus)* to go (on) ahead; *(nach vorn)* to go up front; *(handeln)* to act, to proceed; *(Uhr)* to be fast; *(Vorrang haben)* to take precedence; *(passieren)* to go on

Vorgehen (-s) *nt* action

Vorgeschichte ['foːrgəʃıçtə] *f* past history

Vorgeschmack ['foːrgəʃmak] *m* foretaste

Vorgesetzte(r) ['foːrgəzɛtstə(r)] *f(m)* superior

vorgestern ['foːrgɛstərn] *adv* the day before yesterday

vorhaben ['foːrhaːbən] *(unreg) vt* to intend; **hast du schon was vor?** have you got anything on?; **V~ (-s, -)** *nt* intention

vorhalten ['foːrhaltən] *(unreg) vt* to hold *od* put up ♦ *vi* to last; **jdm etw ~** *(fig)* to reproach sb for sth

vorhanden [foːr'handən] *adj* existing; *(erhältlich)* available

Vorhang ['foːrhaŋ] *m* curtain

Vorhängeschloss ▲ ['foːrhɛŋəʃlɔs] *nt* padlock

vorher [foːr'heːr] *adv* before(hand); **~bestimmen** *vt (Schicksal)* to preordain; **~gehen** *(unreg) vi* to precede; **~ig** *adj* previous

Vorherrschaft ['foːrhɛrʃaft] *f* predominance, supremacy

vorherrschen ['foːrhɛrʃən] *vi* to predominate

vorher- [foːr'heːr] *zW*: **V~sage** *f* forecast; **~sagen** *vt* to forecast, to predict; **~sehbar** *adj* predictable; **~sehen** *(unreg) vt* to foresee

vorhin [foːr'hın] *adv* not long ago, just now; **V~ein** ▲ *adv*: **im V~ein** beforehand

vorig ['foːrıç] *adj* previous, last

Vorkämpfer(in) ['foːrkɛmpfər(ın)] *m(f)* pioneer

Vorkaufsrecht ['foːrkaufsrɛçt] *nt* option to buy

Vorkehrung ['foːrkeːrʊŋ] *f* precaution

vorkommen ['foːrkɔmən] *(unreg) vi* to come forward; *(geschehen, sich finden)* to occur; *(scheinen)* to seem (to be); **sich** *dat* **dumm** *etc* **~** to feel stupid *etc*; **V~ (-s, -)** *nt* occurrence

Vorkriegs- ['foːrkriːks] *in zW* prewar

Vorladung ['foːrlaːdʊŋ] *f* summons *sg*

Vorlage ['foːrlaːgə] *f* model, pattern; *(Gesetzesvorlage)* bill; *(SPORT)* pass

vorlassen ['foːrlasən] *(unreg) vt* to admit; *(vorgehen lassen)* to allow to go in front

vorläufig ['foːrlɔyfıç] *adj* temporary, provisional

vorlaut ['foːrlaut] *adj* impertinent, cheeky

vorlesen ['foːrleːzən] *(unreg) vt* to read (out)

Vorlesung *f (UNIV)* lecture

vorletzte(r, s) ['foːrlɛtstə(r, s)] *adj* last but one

vorlieb [foːr'liːp] *adv*: **~ nehmen mit** to

make do with

Vorliebe ['foːrliːbə] f preference, partiality

vorliegen ['foːrliːgən] (unreg) vi to be (here); **etw liegt jdm vor** sb has sth; **~d** adj present, at issue

vormachen ['foːrmaxən] vt: **jdm etw ~** to show sb how to do sth; (fig) to fool sb; to have sb on

Vormachtstellung ['foːrmaxtʃtɛlʊŋ] f supremacy, hegemony

Vormarsch ['foːrmarʃ] m advance

vormerken ['foːrmɛrkən] vt to book

Vormittag ['foːrmɪtaːk] m morning; **v~s** adv in the morning, before noon

vorn [fɔrn] adv in front; **von ~ anfangen** to start at the beginning; **nach ~** to the front

Vorname ['foːrnaːmə] m first name, Christian name

vorne ['fɔrnə] adv = vorn

vornehm ['foːrneːm] adj distinguished; refined; elegant

vornehmen (unreg) vt (fig) to carry out; **sich** dat **etw ~** to start on sth; (beschließen) to decide to do sth; **sich** dat **jdn ~** to tell sb off

vornherein ['fɔrnhɛraɪn] adv: **von ~** from the start

Vorort ['foːrʔɔrt] m suburb

Vorrang ['foːrraŋ] m precedence, priority; **v~ig** adj of prime importance, primary

Vorrat ['foːrraːt] m stock, supply

vorrätig ['foːrrɛːtɪç] adj in stock

Vorratskammer f pantry

Vorrecht ['foːrrɛçt] nt privilege

Vorrichtung ['foːrrɪçtʊŋ] f device, contrivance

vorrücken ['foːrrykən] vi to advance ♦ vt to move forward

Vorsaison ['foːrzɛzõ] f early season

Vorsatz ['foːrzats] m intention; (JUR) intent; **einen ~ fassen** to make a resolution

vorsätzlich ['foːrzɛtslɪç] adj intentional; (JUR) premeditated ♦ adv intentionally

Vorschau ['foːrʃau] f (RADIO, TV) (programme) preview; (Film) trailer

Vorschlag ['foːrʃlaːk] m suggestion, proposal; **v~en** (unreg) vt to suggest, to

propose

vorschreiben ['foːrʃraɪbən] (unreg) vt to prescribe, to specify

Vorschrift ['foːrʃrɪft] f regulation(s); rule(s); (Anweisungen) instruction(s); **Dienst nach ~** work-to-rule; **v~smäßig** adj as per regulations/instructions

Vorschuss ▲ ['foːrʃus] m advance

vorsehen ['foːrzeːən] (unreg) vt to provide for, to plan ♦ vr to take care, to be careful ♦ vi to be visible

Vorsehung f providence

Vorsicht ['foːrzɪçt] f caution, care; **~!** look out!, take care!; (auf Schildern) caution!, danger!; **~, Stufe!** mind the step!; **v~ig** adj cautious, careful; **v~shalber** adv just in case

Vorsilbe ['foːrzɪlbə] f prefix

vorsingen ['foːrzɪŋən] vt (vor Zuhörern) to sing (to); (in Prüfung, für Theater etc) to audition (for) ♦ vi to sing

Vorsitz ['foːrzɪts] m chair(manship); **~ende(r)** f(m) chairman(-woman)

Vorsorge ['foːrzɔrgə] f precaution(s), provision(s); **v~n** vi: **v~n für** to make provision(s) for; **~untersuchung** f check-up

vorsorglich ['foːrzɔrklɪç] adv as a precaution

Vorspeise ['foːrʃpaɪzə] f hors d'oeuvre, appetizer

Vorspiel ['foːrʃpiːl] nt prelude

vorspielen vt: **jdm etw ~** (MUS) to play sth for od to sb ♦ vi (zur Prüfung etc) to play for od to sb

vorsprechen ['foːrʃprɛçən] (unreg) vt to say out loud, to recite ♦ vi: **bei jdm ~** to call on sb

Vorsprung ['foːrʃprʊŋ] m projection, ledge; (fig) advantage, start

Vorstadt ['foːrʃtat] f suburbs pl

Vorstand ['foːrʃtant] m executive committee; (COMM) board (of directors); (Person) director, head

vorstehen ['foːrʃteːən] (unreg) vi to project; **einer Sache** dat **~** (fig) to be the head of sth

vorstell- ['foːrʃtɛl] zW: **~bar** adj

conceivable; **~en** vt to put forward; (bekannt machen) to introduce; (darstellen) to represent; **~en vor** +akk to put in front of; **sich** dat **etw ~en** to imagine sth; **V~ung** f (Bekanntmachen) introduction; (THEAT etc) performance; (Gedanke) idea, thought

vorstoßen ['foːrʃtoːsən] (unreg) vi (ins Unbekannte) to venture (forth)

Vorstrafe ['foːrʃtraːfə] f previous conviction

Vortag ['foːrtak] m: **am ~ einer Sache** gen on the day before sth

vortäuschen ['foːrtɔʏʃən] vt to feign, to pretend

Vorteil ['foːrtail] (-s, -e) m: **~ (gegenüber)** advantage (over); **im ~ sein** to have the advantage; **v~haft** adj advantageous

Vortrag ['foːrtraːk] (-(e)s, Vorträge) m talk, lecture; **v~en** [-gən] (unreg) vt to carry forward; (fig) to recite; (Rede) to deliver; (Lied) to perform; (Meinung etc) to express

vortreten ['foːrtreːtən] (unreg) vi to step forward; (Augen etc) to protrude

vorüber [fo'ryːbər] adv past, over; **~gehen** (unreg) vi to pass (by); **~gehen an** +dat (fig) to pass over; **~gehend** adj temporary, passing

Vorurteil ['foːrʔʊrtail] nt prejudice

Vorverkauf ['foːrfɛrkaʊf] m advance booking

Vorwahl ['foːrvaːl] f preliminary election; (TEL) dialling code

Vorwand ['foːrvant] (-(e)s, Vorwände) m pretext

vorwärts ['foːrvɛrts] adv forward; **~ gehen** to progress; **V~gang** m (AUT etc) forward gear; **~ kommen** to get on, to make progress

Vorwäsche f prewash

vorweg [foːr'vɛk] adv in advance; **~nehmen** (unreg) vt to anticipate

vorweisen ['foːrvaɪzən] (unreg) vt to show, to produce

vorwerfen ['foːrvɛrfən] (unreg) vt: **jdm etw ~** to reproach sb for sth, to accuse sb of sth; **sich** dat **nichts vorzuwerfen haben** to have nothing to reproach o.s. with

vorwiegend ['foːrviːgənt] adj predominant ♦ adv predominantly

vorwitzig ['foːrvɪtsɪç] adj (Mensch, Bemerkung) cheeky

Vorwort ['foːrvɔrt] (-(e)s, -e) nt preface

Vorwurf ['foːrvʊrf] m reproach; **jdm/sich Vorwürfe machen** to reproach sb/o.s.; **v~svoll** adj reproachful

vorzeigen ['foːrtsaɪgən] vt to show, to produce

vorzeitig ['foːrtsaɪtɪç] adj premature

vorziehen ['foːrtsiːən] (unreg) vt to pull forward; (Gardinen) to draw; (lieber haben) to prefer

Vorzimmer ['foːrtsɪmər] nt (Büro) outer office

Vorzug ['foːrtsuːk] m preference; (gute Eigenschaft) merit, good quality; (Vorteil) advantage

vorzüglich [foːr'tsyːklɪç] adj excellent

Vorzugspreis m special discount price

vulgär [vʊl'gɛːr] adj vulgar

Vulkan [vʊl'kaːn] (-s, -e) m volcano

W, w

Waage ['vaːgə] f scales pl; (ASTROL) Libra; **w~recht** adj horizontal

Wabe ['vaːbə] f honeycomb

wach [vax] adj awake; (fig) alert; **W~e** f guard, watch; **W~e halten** to keep watch; **W~e stehen** to stand guard; **~en** vi to be awake; (Wache halten) to guard

Wachs [vaks] (-es, -e) nt wax

wachsam ['vaxzaːm] adj watchful, vigilant, alert

wachsen (unreg) vi to grow

Wachstuch ['vakstuːx] nt oilcloth

Wachstum ['vakstuːm] (-s) nt growth

Wächter ['vɛçtər] (-s, -) m guard, warden, keeper; (Parkplatzwächter) attendant

wackel- ['vakəl] zW: **~ig** adj shaky, wobbly; **W~kontakt** m loose connection; **~n** vi to shake; (fig: Position) to be shaky

wacker ['vakər] adj valiant, stout ♦ adv well, bravely

Wade ['va:də] f (ANAT) calf
Waffe ['vafə] f weapon
Waffel ['vafəl] (-, -n) f waffle; wafer
Waffen- zW: **~schein** m gun licence;
~stillstand m armistice, truce
Wagemut ['va:gəmu:t] m daring
wagen ['va:gən] vt to venture, to dare
Wagen ['va:gən] (-s, -) m vehicle; (Auto) car;
(EISENB) carriage; (Pferdewagen) cart;
~heber (-s, -) m jack
Waggon [va'gõ:] (-s, -s) m carriage;
(Güterwaggon) goods van, freight truck (US)
Wagnis ['va:knɪs] (-ses, -se) nt risk
Wagon ▲ [va'gõ:, va'go:n] (-s, -s) m
= **Waggon**
Wahl [va:l] (-, -en) f choice; (POL) election;
zweite ~ (COMM) seconds pl
wähl- ['vɛ:l] zW: **~bar** adj eligible; **~en** vt, vi
to choose; (POL) to elect, to vote (for); (TEL)
to dial; **W~er(in)** (-s, -) m(f) voter;
~erisch adj fastidious, particular
Wahl- zW: **~fach** nt optional subject;
~gang m ballot; **~kabine** f polling booth;
~kampf m election campaign; **~kreis** m
constituency; **~lokal** nt polling station;
w~los adv at random; **~recht** nt franchise;
~spruch m motto; **~urne** f ballot box
Wahn [va:n] (-(e)s) m delusion; folly; **~sinn**
m madness; **w~sinnig** adj insane, mad
♦ adv (umg) incredibly
wahr [va:r] adj true
wahren vt to maintain, to keep
während ['vɛ:rənt] präp +gen during ♦ konj
while; **~dessen** adv meanwhile
wahr- zW: **~haben** (unreg) vt: **etw nicht**
~haben wollen to refuse to admit sth;
~haft adv (tatsächlich) truly; **~haftig**
[va:r'haftɪç] adj true, real ♦ adv really;
W~heit f truth; **~nehmen** (unreg) vt to
perceive, to observe; **W~nehmung** f
perception; **~sagen** vi to prophesy, to tell
fortunes; **W~sager(in)** (-s, -) m(f) fortune
teller; **~scheinlich** [va:r'faɪnlɪç] adj
probable ♦ adv probably;
W~'scheinlichkeit f probability; **aller**
W~scheinlichkeit nach in all probability
Währung ['vɛ:rʊŋ] f currency

Wahrzeichen nt symbol
Waise ['vaɪzə] f orphan; **~nhaus** nt
orphanage
Wald [valt] (-(e)s, ⁼er) m wood(s); (groß)
forest; **~brand** m forest fire; **~sterben** nt
trees dying due to pollution
Wales [weɪlz] (-) nt Wales
Wal(fisch) ['va:l(fɪʃ)] (-(e)s, -e) m whale
Waliser [va'li:zər] (-s, -) m Welshman;
Waliserin [va'li:zərɪn] f Welshwoman;
walisisch [va'li:zɪʃ] adj Welsh
Walkman ['vɔ:kman] (®; -s, Walkmen) m
Walkman ®, personal stereo
Wall [val] (-(e)s, ⁼e) m embankment;
(Bollwerk) rampart
Wallfahr- zW: **~er(in)** m(f) pilgrim; **~t** f
pilgrimage
Walnuss ▲ ['valnʊs] f walnut
Walross ▲ ['valrɔs] nt walrus
Walze ['valtsə] f (Gerät) cylinder; (Fahrzeug)
roller; **w~n** vt to roll (out)
wälzen ['vɛltsən] vt to roll (over); (Bücher) to
hunt through; (Probleme) to deliberate on
♦ vr to wallow; (vor Schmerzen) to roll
about; (im Bett) to toss and turn
Walzer ['valtsər] (-s, -) m waltz
Wand [vant] (-, ⁼e) f wall; (Trennwand)
partition; (Bergwand) precipice
Wandel ['vandəl] (-s) m change; **w~bar** adj
changeable, variable; **w~n** vt, vr to change
♦ vi (gehen) to walk
Wander- ['vandər] zW: **~er** (-s, -) m hiker,
rambler; **~karte** f map of country walks;
w~n vi to hike; (Blick) to wander;
(Gedanken) to stray; **~schaft** f travelling;
~ung f walk, hike; **~weg** m trail, walk
Wandlung f change, transformation
Wange ['vaŋə] f cheek
wanken ['vankən] vi to stagger; (fig) to
waver
wann [van] adv when
Wanne ['vanə] f tub
Wanze ['vantsə] f bug
Wappen ['vapən] (-s, -) nt coat of arms,
crest; **~kunde** f heraldry
war etc [va:r] vb siehe **sein**
Ware ['va:rə] f ware

Spelling Reform: ▲ *new spelling* △ *old spelling (to be phased out)*

Waren- *zW*: **~haus** *nt* department store; **~lager** *nt* stock, store; **~muster** *nt* trade sample; **~probe** *f* sample; **~sendung** *f* trade sample *(sent by post)*; **~zeichen** *nt*: **(eingetragenes) ~zeichen** (registered) trademark

warf *etc* [varf] *vb siehe* **werfen**

warm [varm] *adj* warm; *(Essen)* hot

Wärm- ['vɛrm] *zW*: **~e** *f* warmth; **w~en** *vt, vr* to warm (up), to heat (up); **~flasche** *f* hot-water bottle

Warn- ['varn] *zW*: **~blinkanlage** *f* (AUT) hazard warning lights *pl*; **~dreieck** *nt* warning triangle; **w~en** *vt* to warn; **~ung** *f* warning

warten ['vartən] *vi*: **~ (auf** *+akk)* to wait (for); **auf sich ~ lassen** to take a long time

Wärter(in) ['vɛrtər(ɪn)] **(-s, -)** *m(f)* attendant

Warte- ['vartə] *zW*: **~saal** *m* (EISENB) waiting room; **~zimmer** *nt* waiting room

Wartung *f* servicing; service; **~ und Instandhaltung** maintenance

warum [va'rʊm] *adv* why

Warze ['vartsə] *f* wart

was [vas] *pron* what; *(umg: etwas)* something; **~ für (ein) ...** what sort of ...

waschbar *adj* washable

Waschbecken *nt* washbasin

Wäsche ['vɛʃə] *f* wash(ing); *(Bettwäsche)* linen; *(Unterwäsche)* underclothing

waschecht *adj* colourfast; *(fig)* genuine

Wäsche- *zW*: **~klammer** *f* clothes peg (BRIT), clothespin (US); **~leine** *f* washing line (BRIT)

waschen ['vaʃən] *(unreg) vt, vi* to wash ♦ *vr* to (have a) wash; **sich** *dat* **die Hände ~** to wash one's hands

Wäsche'rei *f* laundry

Wasch- *zW*: **~gelegenheit** *f* washing facilities; **~küche** *f* laundry room; **~lappen** *m* face flannel, washcloth (US); *(umg)* sissy; **~maschine** *f* washing machine; **~mittel** *nt* detergent, washing powder; **~pulver** *nt* detergent, washing powder; **~raum** *m* washroom; **~salon** *m* Launderette ®

Wasser ['vasər] **(-s, -)** *nt* water; **~ball** *m* water polo; **w~dicht** *adj* waterproof; **~fall** *m* waterfall; **~farbe** *f* watercolour; **~hahn** *m* tap, faucet (US); **~kraftwerk** *nt* hydroelectric power station; **~leitung** *f* water pipe; **~mann** *n* (ASTROL) Aquarius

wässern ['vɛsərn] *vt, vi* to water

Wasser- *zW*: **w~scheu** *adj* afraid of (the) water; **~ski** ['vasərʃiː] *nt* water-skiing; **~stoff** *m* hydrogen; **~waage** *f* spirit level; **~zeichen** *nt* watermark

wässrig ▲ ['vɛsrɪç] *adj* watery

Watt [vat] **(-(e)s, -en)** *nt* mud flats *pl*

Watte *f* cotton wool, absorbent cotton (US)

WC ['veː'tseː] **(-s, -s)** *nt abk* W.C.

Web [vɛb] **(-s)** *nt* (COMPUT) **das ~** the Web

Web- ['veːb] *zW*: **w~en** *(unreg) vt* to weave; **~er (-s, -)** *m* weaver; **~e'rei** *f (Betrieb)* weaving mill

Website ['vɛbsaɪt] *f* (COMPUT) website

Webstuhl ['veːpʃtuːl] *m* loom

Wechsel ['vɛksəl] **(-s, -)** *m* change; (COMM) bill of exchange; **~geld** *nt* change; **w~haft** *adj (Wetter)* variable; **~jahre** *pl* change of life *sg*; **~kurs** *m* rate of exchange; **w~n** *vt* to change; *(Blicke)* to exchange ♦ *vi* to change; to vary; *(Geldwechseln)* to have change; **~strom** *m* alternating current; **~stube** *f* bureau de change; **~wirkung** *f* interaction

Weck- ['vɛk] *zW*: **~dienst** *m* alarm call service; **w~en** *vt* to wake (up); to call; **~er (-s, -)** *m* alarm clock

wedeln ['veːdəln] *vi (mit Schwanz)* to wag; *(mit Fächer etc)* to wave

weder ['veːdər] *konj* neither; **~ ... noch ...** neither ... nor ...

Weg [veːk] **(-(e)s, -e)** *m* way; *(Pfad)* path; *(Route)* route; **sich auf den ~ machen** to be on one's way; **jdm aus dem ~ gehen** to keep out of sb's way; *siehe* **zuwege**

weg [vɛk] *adv* away, off; **über etw** *akk* **~ sein** to be over sth; **er war schon ~** he had already left; **Finger ~!** hands off!

wegbleiben *(unreg) vi* to stay away

wegen ['veːgən] *präp +gen (umg: +dat)* because of

weg- [vɛk] *zW*: **~fallen** *(unreg) vi* to be left

out; (*Ferien, Bezahlung*) to be cancelled; (*aufhören*) to cease; **~gehen** (*unreg*) *vi* to go away; to leave; **~lassen** (*unreg*) *vt* to leave out; **~laufen** (*unreg*) *vi* to run away *od* off; **~legen** *vt* to put aside; **~machen** (*umg*) *vt* to get rid of; **~müssen** (*unreg*; *umg*) *vi* to have to go; **~nehmen** (*unreg*) *vt* to take away; **~tun** (*unreg*) *vt* to put away; **W~weiser (-s, -)** *m* road sign, signpost; **~werfen** (*unreg*) *vt* to throw away

weh [ve:] *adj* sore; **~(e)** *excl*: **~(e), wenn du ...** woe betide you if ...; **o ~!** oh dear!; **~e!** just you dare!

wehen *vt*, *vi* to blow; (*Fahnen*) to flutter

weh- *zW*: **~leidig** *adj* whiny, whining; **~mütig** *adj* melancholy

Wehr [ve:r] **(-, -en)** *f*: **sich zur ~ setzen** to defend o.s.; **~dienst** *m* military service; **~dienstverweigerer** *m* ≃ conscientious objector; **w~en** *vr* to defend o.s.; **w~los** *adj* defenceless; **~pflicht** *f* compulsory military service; **w~pflichtig** *adj* liable for military service

---
Wehrdienst

i **Wehrdienst** is military service which is still compulsory in Germany. All young men receive their call-up papers at 18 and all those pronounced physically fit are required to spend 10 months in the **Bundeswehr**. Conscientious objectors are allowed to do **Zivildienst** as an alternative, after presenting their case.

---

wehtun ▲ [ˈveːtuːn] (*unreg*) *vt* to hurt, to be sore; **jdm/sich ~** to hurt sb/o.s.

Weib [vaip] **(-(e)s, -er)** *nt* woman, female; wife; **~chen** *nt* female; **w~lich** *adj* feminine

weich [vaiç] *adj* soft; **W~e** *f* points *pl*; **~en** (*unreg*) *vi* to yield, to give way; **W~heit** *f* softness; **~lich** *adj* soft, namby-pamby

Weide [ˈvaidə] *f* (*Baum*) willow; (*Gras*) pasture; **w~n** *vi* to graze ♦ *vr*: **sich an etw** *dat* **w~n** to delight in sth

weigern [ˈvaigərn] *vr* to refuse

Weigerung [ˈvaigərʊŋ] *f* refusal

Weihe [ˈvaiə] *f* consecration; (*Priesterweihe*) ordination; **w~n** *vt* to consecrate; to ordain

Weihnacht- *zW*: **~en (-)** *nt* Christmas; **w~lich** *adj* Christmas *cpd*

Weihnachts- *zW*: **~abend** *m* Christmas Eve; **~lied** *nt* Christmas carol; **~mann** *m* Father Christmas, Santa Claus; **~markt** *m* Christmas fair; **~tag** *m* Christmas Day; **zweiter ~tag** Boxing Day

---
Weihnachtsmarkt

i The **Weihnachtsmarkt** is a market held in most large towns in Germany in the weeks prior to Christmas. People visit it to buy presents, toys and Christmas decorations, and to enjoy the festive atmosphere. Traditional Christmas food and drink can also be consumed there, for example, **Lebkuchen** and **Glühwein**.

Weihwasser *nt* holy water

weil [vail] *konj* because

Weile [ˈvailə] **(-)** *f* while, short time

Wein [vain] **(-(e)s, -e)** *m* wine; (*Pflanze*) vine; **~bau** *m* cultivation of vines; **~berg** *m* vineyard; **~bergschnecke** *f* snail; **~brand** *m* brandy

weinen *vt*, *vi* to cry; **das ist zum W~** it's enough to make you cry *od* weep

Wein- *zW*: **~glas** *nt* wine glass; **~karte** *f* wine list; **~lese** *f* vintage; **~probe** *f* wine-tasting; **~rebe** *f* vine; **w~rot** *adj* burgundy, claret, wine-red; **~stock** *m* vine; **~stube** *f* wine bar; **~traube** *f* grape

weise [ˈvaizə] *adj* wise

Weise *f* manner, way; (*Lied*) tune; **auf diese ~** in this way

weisen (*unreg*) *vt* to show

Weisheit [ˈvaishait] *f* wisdom; **~szahn** *m* wisdom tooth

weiß [vais] *adj* white ♦ *vb siehe* **wissen**; **W~bier** *nt* weissbier (*light, fizzy beer made using top-fermentation yeast*); **W~brot** *nt* white bread; **~en** *vt* to whitewash; **W~glut** *f* (*TECH*) incandescence; **jdn bis zur W~glut bringen** (*fig*) to make sb see red; **W~kohl**

m (white) cabbage; **W~wein** *m* white wine; **W~wurst** *f* veal sausage

weit [vaɪt] *adj* wide; (*Begriff*) broad; (*Reise, Wurf*) long ♦ *adv* far; **wie ~ ist es ...?** how far is it ...?; **in ~er Ferne** in the far distance; **~ blickend** far-seeing; **~ reichend** long-range; (*fig*) far-reaching; **~ verbreitet** widespread; **das geht zu ~** that's going too far; **~aus** *adv* by far; **~blickend** *adj* far-seeing; **W~e** *f* width; (*Raum*) space; (*von Entfernung*) distance; **~en** *vt, vr* to widen

weiter ['vaɪtər] *adj* wider; broader; farther (away); (*zusätzlich*) further ♦ *adv* further; **ohne ~es** without further ado; just like that; **~ nichts/niemand** nothing/nobody else; **~arbeiten** *vi* to go on working; **~bilden** *vr* to continue one's education; **~empfehlen** (*unreg*) *vt* to recommend (to others); **W~fahrt** *f* continuation of the journey; **~führen** *vi* (*Straße*) to lead on (to) ♦ *vt* (*fortsetzen*) to continue, carry on; **~gehen** (*unreg*) *vi* to go on; **~hin** *adv*: **etw ~hin tun** to go on doing sth; **~kommen** (*unreg*) *vi* (*fig: mit Arbeit*) to make progress; **~leiten** *vt* to pass on; **~machen** *vt, vi* to continue

weit- *zW*: **~gehend** *adj* considerable ♦ *adv* largely; **~läufig** *adj* (*Gebäude*) spacious; (*Erklärung*) lengthy; (*Verwandter*) distant; **~reichend** *adj* long-range; (*fig*) far-reaching; **~schweifig** *adj* long-winded; **~sichtig** *adj* (*MED*) long-sighted; (*fig*) far-sighted; **W~sprung** *m* long jump; **~verbreitet** *adj* widespread

Weizen ['vaɪtsən] (**-s, -**) *m* wheat

welche(r, s) *interrogativ pron* which; **welcher von beiden?** which (one) of the two?; **welchen hast du genommen?** which (one) did you take?; **welche eine ...!** what a ...!; **welche Freude!** what joy! ♦ *indef pron* some; (*in Fragen*) any; **ich habe welche** I have some; **haben Sie welche?** do you have any?

♦ *relativ pron* (*bei Menschen*) who; (*bei*

Sachen) which, that; **welche(r, s) auch immer** whoever/whichever/whatever

welk [vɛlk] *adj* withered; **~en** *vi* to wither

Welle ['vɛlə] *f* wave; (*TECH*) shaft

Wellen- *zW*: **~bereich** *m* waveband; **~länge** *f* (*auch fig*) wavelength; **~linie** *f* wavy line; **~sittich** *m* budgerigar

Welt [vɛlt] (**-, -en**) *f* world; **~all** *nt* universe; **~anschauung** *f* philosophy of life; **w~berühmt** *adj* world-famous; **~krieg** *m* world war; **w~lich** *adj* worldly; (*nicht kirchlich*) secular; **W~macht** *f* world power; **~meister** *m* world champion; **~raum** *m* space; **~reise** *f* trip round the world; **~stadt** *f* metropolis; **w~weit** *adj* world-wide

wem [veːm] (*dat von* **wer**) *pron* to whom

wen [veːn] (*akk von* **wer**) *pron* whom

Wende ['vɛndə] *f* turn; (*Veränderung*) change; **~kreis** *m* (*GEOG*) tropic; (*AUT*) turning circle; **~ltreppe** *f* spiral staircase; **w~n** (*unreg*) *vt, vi, vr* to turn; **sich an jdn w~n** to go/come to sb

wendig ['vɛndɪç] *adj* (*Auto etc*) manœuvrable; (*fig*) agile

Wendung *f* turn; (*Redewendung*) idiom

wenig ['veːnɪç] *adj, adv* little; **~e** *pron pl* few *pl*; **~er** *adj* less; (*mit pl*) fewer ♦ *adv* less; **~ste(r, s)** *adj* least; **am ~sten** least; **~stens** *adv* at least

wenn [vɛn] *konj* **1** (*falls, bei Wünschen*) if; **wenn auch ..., selbst wenn ...** even if ...; **wenn ich doch ...** if only I ...
2 (*zeitlich*) when; **immer wenn** whenever

wennschon ['vɛnʃoːn] *adv*: **na ~** so what?; **~, dennschon!** in for a penny, in for a pound

wer [veːr] *pron* who

Werbe- ['vɛrbə] *zW*: **~fernsehen** *nt* commercial television; **~geschenk** *nt* gift (*from company*); (*zu Gekauftem*) free gift; **w~n** (*unreg*) *vt* to win; (*Mitglied*) to recruit ♦ *vi* to advertise; **um jdn/etw w~n** to try to win sb/sth; **für jdn/etw w~n** to promote sb/sth

Werbung f advertising; (von Mitgliedern) recruitment; **~ um jdn/etw** promotion of sb/sth

Werdegang ['veːrdəgaŋ] m (Laufbahn) development; (beruflich) career

---SCHLÜSSELWORT---

werden ['veːrdən] (pt **wurde**, pp **geworden** od (bei Passiv) **worden**) vi to become; **was ist aus ihm/aus der Sache geworden?** what became of him/it?; **es ist nichts/gut geworden** it came to nothing/turned out well; **es wird Nacht/Tag** it's getting dark/light; **mir wird kalt** I'm getting cold; **mir wird schlecht** I feel ill; **Erster werden** to come od be first; **das muss anders werden** that'll have to change; **rot/zu Eis werden** to turn red/to ice; **was willst du (mal) werden?** what do you want to be?; **die Fotos sind gut geworden** the photos have come out nicely

♦ als Hilfsverb **1** (bei Futur): **er wird es tun** he will od he'll do it; **er wird das nicht tun** he will not od he won't do it; **es wird gleich regnen** it's going to rain

2 (bei Konjunktiv): **ich würde ...** I would ...; **er würde gern ...** he would od he'd like to ...; **ich würde lieber ...** I would od I'd rather ...

3 (bei Vermutung): **sie wird in der Küche sein** she will be in the kitchen

4 (bei Passiv): **gebraucht werden** to be used; **er ist erschossen worden** he has od he's been shot; **mir wurde gesagt, dass ...** I was told that ...

---

werfen ['vɛrfən] (unreg) vt to throw

Werft [vɛrft] (-, -en) f shipyard, dockyard

Werk [vɛrk] (-(e)s, -e) nt work; (Tätigkeit) job; (Fabrik, Mechanismus) works pl; **ans ~ gehen** to set to work; **~statt** (-, **-stätten**) f workshop; (AUT) garage; **~tag** m working day; **w~tags** adv on working days; **w~tätig** adj working; **~zeug** nt tool

Wermut ['veːrmuːt] (-(e)s) m wormwood;

(Wein) vermouth

Wert [veːrt] (-(e)s, -e) m worth; (FIN) value; **~ legen auf** +akk to attach importance to; **es hat doch keinen ~** it's useless; **w~** adj worth; (geschätzt) dear; worthy; **das ist nichts/viel w~** it's not worth anything/it's worth a lot; **das ist es/er mir w~** it's/he's worth that to me; **~angabe** f declaration of value; **~brief** m registered letter (containing sth of value); **w~en** vt to rate; **~gegenstände** mpl valuables; **w~los** adj worthless; **~papier** nt security; **w~voll** adj valuable

Wesen ['veːzən] (-s, -) nt (Geschöpf) being; (Natur, Charakter) nature; **w~tlich** adj significant; (beträchtlich) considerable

weshalb [vɛs'halp] adv why

Wespe ['vɛspə] f wasp

wessen ['vɛsən] (gen von **wer**) pron whose

Weste ['vɛstə] f waistcoat, vest (US); (Wollweste) cardigan

West- zW: **~en** (-s) m west; **~europa** nt Western Europe; **w~lich** adj western ♦ adv to the west

weswegen [vɛs'veːgən] adv why

wett [vɛt] adj even; **W~bewerb** m competition; **W~e** f bet, wager; **~en** vt, vi to bet

Wetter ['vɛtər] (-s, -) nt weather; **~bericht** m weather report; **~dienst** m meteorological service; **~lage** f (weather) situation; **~vorhersage** f weather forecast; **~warte** f weather station

Wett- zW: **~kampf** m contest; **~lauf** m race; **w~machen** vt to make good

wichtig ['vɪçtɪç] adj important; **W~keit** f importance

wickeln ['vɪkəln] vt to wind; (Haare) to set; (Kind) to change; **jdn/etw in etw** akk **~** to wrap sb/sth in sth

Wickelraum m mothers' (and babies') room

Widder ['vɪdər] (-s, -) m ram; (ASTROL) Aries

wider ['viːdər] präp +akk against; **~'fahren** (unreg) vi to happen; **~'legen** vt to refute

widerlich ['viːdərlɪç] adj disgusting, repulsive

wider- ['viːdər] *zW:* **~rechtlich** *adj* unlawful; **W~rede** *f* contradiction; **~'rufen** *(unreg) vt insep* to retract; *(Anordnung)* to revoke; *(Befehl)* to countermand; **~'setzen** *vr insep:* **sich jdm/etw ~setzen** to oppose sb/sth

widerspenstig ['viːdərʃpɛnstɪç] *adj* wilful

wider- ['viːdər] *zW:* **~spiegeln** *vt (Entwicklung, Erscheinung)* to mirror, reflect ♦ *vr* to be reflected; **~'sprechen** *(unreg) vi insep:* **jdm ~sprechen** to contradict sb

Widerspruch ['viːdərʃprʊx] *m* contradiction; **w~slos** *adv* without arguing

Widerstand ['viːdərʃtant] *m* resistance

Widerstands- *zW:* **~bewegung** *f* resistance (movement); **w~fähig** *adj* resistant, tough; **w~los** *adj* unresisting

wider'stehen *(unreg) vi insep:* **jdm/etw ~** to withstand sb/sth

wider- ['viːdər] *zW:* **~wärtig** *adj* nasty, horrid; **W~wille** *m:* **W~wille (gegen)** aversion (to); **~willig** *adj* unwilling, reluctant

widmen ['vɪtmən] *vt* to dedicate; to devote ♦ *vr* to devote o.s.

widrig ['viːdrɪç] *adj (Umstände)* adverse

SCHLÜSSELWORT

wie [viː] *adv* how; **wie groß/schnell?** how big/fast?; **wie wärs?** how about it?; **wie ist er?** what's he like?; **wie gut du das kannst!** you're very good at it; **wie bitte?** pardon?; *(entrüstet)* I beg your pardon!; **und wie!** and how!; **wie viel** how much; **wie viel Menschen** how many people; **wie weit** to what extent

♦ *konj* **1** *(bei Vergleichen):* **so schön wie ...** as beautiful as ...; **wie ich schon sagte** as I said; **wie du** like you; **singen wie ein ...** to sing like a ...; **wie (zum Beispiel)** such as (for example)

2 *(zeitlich):* **wie er das hörte, ging er** when he heard that he left; **er hörte, wie der Regen fiel** he heard the rain falling

---

wieder ['viːdər] *adv* again; **~ da sein** to be back (again); **~ aufbereiten** to recycle; **~**

aufnehmen to resume; **~ erkennen** to recognize; **~ gutmachen** to make up for; *(Fehler)* to put right; **~ herstellen** *(Ruhe, Frieden etc)* to restore; **~ vereinigen** to reunite; *(POL)* to reunify; **~ verwerten** to recycle; **gehst du schon ~?** are you off again?; **~ ein(e) ...** another ...; **W~aufbau** *m* rebuilding; **~bekommen** *(unreg) vt* to get back; **W~gabe** *f* reproduction; **~geben** *(unreg) vt (zurückgeben)* to return; *(Erzählung etc)* to repeat; *(Gefühle etc)* to convey; **W~'gutmachung** *f* reparation; **~'herstellen** *(Gesundheit, Gebäude)* to restore; **~'holen** *vt insep* to repeat; **W~'holung** *f* repetition; **W~hören** *nt:* **auf W~hören** *(TEL)* goodbye; **~kehr** (-) *f* return; *(von Vorfall)* repetition, recurrence; **~sehen** *(unreg) vt* to see again; **auf W~sehen** goodbye; **~um** *adv* again; *(andererseits)* on the other hand; **W~vereinigung** *f (POL)* reunification; **W~wahl** *f* re-election

Wiege ['viːgə] *f* cradle; **w~n¹** *vt (schaukeln)* to rock

wiegen² *(unreg) vt, vi (Gewicht)* to weigh

Wien [viːn] *nt* Vienna

Wiese ['viːzə] *f* meadow

Wiesel ['viːzəl] *(-s, -) nt* weasel

wieso [viːˈzoː] *adv* why

wieviel △ [viːˈfiːl] *adj siehe* **wie**

wievielmal [viːˈfiːlmaːl] *adv* how often

wievielte(r, s) *adj:* **zum ~n Mal?** how many times?; **den W~n haben wir?** what's the date?; **an ~r Stelle?** in what place?; **der ~ Besucher war er?** how many visitors were there before him?

wild [vɪlt] *adj* wild; **W~** (-(e)s) *nt* game; **W~e(r)** ['vɪldə(r)] *f(m)* savage; **~ern** *vi* to poach; **~'fremd** *(umg) adj* quite strange *od* unknown; **W~heit** *f* wildness; **W~leder** *nt* suede; **W~nis** (-, -se) *f* wilderness; **W~schwein** *nt* (wild) boar

will *etc* [vɪl] *vb siehe* **wollen**

Wille ['vɪlə] *(-ns, -n) m* will; **w~n** *präp +gen:* **um ... w~n** for the sake of ...; **w~nsstark** *adj* strong-willed

will- *zW:* **~ig** *adj* willing; **W~kommen**

[vɪl'kɔmən] **(-s, -)** nt welcome; **~kommen** adj welcome; **jdn ~kommen heißen** to welcome sb; **~kürlich** adj arbitrary; (*Bewegung*) voluntary

wimmeln [ˈvɪməln] vi: **~ (von)** to swarm (with)

wimmern [ˈvɪmərn] vi to whimper

Wimper [ˈvɪmpər] **(-, -n)** f eyelash

Wimperntusche f mascara

Wind [vɪnt] **(-(e)s, -e)** m wind; **~beutel** m cream puff; (*fig*) rake; **~e** f (*TECH*) winch, windlass; (*BOT*) bindweed; **~el** [ˈvɪndəl] **(-, -n)** f nappy, diaper (*US*); **w~en** vi unpers to be windy ♦ vt (*unreg*) to wind; (*Kranz*) to weave; (*entwinden*) to twist ♦ vr (*unreg*) to wind; (*Person*) to writhe; **~energie** f wind energy; **w~ig** [ˈvɪndɪç] adj windy; (*fig*) dubious; **~jacke** f windcheater; **~mühle** f windmill; **~pocken** pl chickenpox sg; **~schutzscheibe** f (*AUT*) windscreen (*BRIT*), windshield (*US*); **~stärke** f wind force; **w~still** adj (*Tag*) still, windless; (*Platz*) sheltered; **~stille** f calm; **~stoß** m gust of wind

Wink [vɪŋk] **(-(e)s, -e)** m (*mit Hand*) wave; (*mit Kopf*) nod; (*Hinweis*) hint

Winkel [ˈvɪŋkəl] **(-s, -)** m (*MATH*) angle; (*Gerät*) set square; (*in Raum*) corner

winken [ˈvɪŋkən] vt, vi to wave

winseln [ˈvɪnzəln] vi to whine

Winter [ˈvɪntər] **(-s, -)** m winter; **w~fest** adj (*Pflanze*) hardy; **~garten** m conservatory; **w~lich** adj wintry; **~reifen** m winter tyre; **~sport** m winter sports pl

Winzer [ˈvɪntsər] **(-s, -)** m vine grower

winzig [ˈvɪntsɪç] adj tiny

Wipfel [ˈvɪpfəl] **(-s, -)** m treetop

wir [viːr] pron we; **~ alle** all of us, we all

Wirbel [ˈvɪrbəl] **(-s, -)** m whirl, swirl; (*Trubel*) hurly-burly; (*Aufsehen*) fuss; (*ANAT*) vertebra; **w~n** vi to whirl, to swirl; **~säule** f spine

wird [vɪrt] vb siehe **werden**

wirfst etc [vɪrfst] vb siehe **werfen**

wirken [ˈvɪrkən] vi to have an effect; (*erfolgreich sein*) to work; (*scheinen*) to seem ♦ vt (*Wunder*) to work

wirklich [ˈvɪrklɪç] adj real ♦ adv really;

W~keit f reality

wirksam [ˈvɪrkzaːm] adj effective

Wirkstoff m (*biologisch, chemisch, pflanzlich*) active substance

Wirkung [ˈvɪrkʊŋ] f effect; **w~slos** adj ineffective; **w~slos bleiben** to have no effect; **w~svoll** adj effective

wirr [vɪr] adj confused, wild; **W~warr (-s)** m disorder, chaos

wirst [vɪrst] vb siehe **werden**

Wirt(in) [vɪrt(ɪn)] **(-(e)s, -e)** m(f) landlord(lady); **~schaft** f (*Gaststätte*) pub; (*Haushalt*) housekeeping; (*eines Landes*) economy; (*umg: Durcheinander*) mess; **w~schaftlich** adj economical; (*POL*) economic

Wirtschafts- zW: **~krise** f economic crisis; **~politik** f economic policy; **~prüfer** m chartered accountant; **~wunder** nt economic miracle

Wirtshaus nt inn

wischen [ˈvɪʃən] vt to wipe

Wischer (-s, -) m (*AUT*) wiper

Wissbegier(de) ▲ [ˈvɪsbagiːr(də)] f thirst for knowledge; **wissbegierig** ▲ adj inquisitive, eager for knowledge

wissen [ˈvɪsən] (*unreg*) vt to know; **was weiß ich!** I don't know!; **W~ (-s)** nt knowledge; **W~schaft** f science; **W~schaftler(in) (-s, -)** m(f) scientist; **~schaftlich** adj scientific; **~swert** adj worth knowing

wittern [ˈvɪtərn] vt to scent; (*fig*) to suspect

Witterung f weather; (*Geruch*) scent

Witwe [ˈvɪtvə] f widow; **~r (-s, -)** m widower

Witz [vɪts] **(-es, -e)** m joke; **~bold (-(e)s, -e)** m joker, wag, wit; **w~ig** adj funny

wo [voː] adv where; (*umg: irgendwo*) somewhere; **im Augenblick, ~ ...** the moment (that) ...; **die Zeit, ~ ...** the time when ...; **~anders** [voːˈandərs] adv elsewhere; **~bei** [-ˈbai] adv (*relativ*) by/with which; (*interrogativ*) what ... in/by/with

Woche [ˈvɔxə] f week

Wochen- zW: **~ende** nt weekend; **w~lang** adj, adv for weeks; **~markt** m weekly market; **~schau** f newsreel

Spelling Reform: ▲ *new spelling* △ *old spelling (to be phased out)*

wöchentlich ['vœçəntlɪç] *adj, adv* weekly
wodurch [vo'dʊrç] *adv (relativ)* through
which; *(interrogativ)* what ... through
wofür [vo'fy:r] *adv (relativ)* for which;
(interrogativ) what ... for
wog *etc* [vo:k] *vb siehe* **wiegen**
wo- [vo:] *zW:* ~'**gegen** *adv (relativ)* against
which; *(interrogativ)* what ... against; ~**her**
[-'he:r] *adv* where ... from; ~**hin** [-'hɪn] *adv*
where ... to

SCHLÜSSELWORT

wohl [vo:l] *adv* 1 : **sich wohl fühlen**
(zufrieden) to feel happy; *(gesundheitlich)* to
feel well; **jdm wohl tun** (to do sb good;
wohl oder übel whether one likes it or not
2 *(wahrscheinlich)* probably; *(gewiss)*
certainly; *(vielleicht)* perhaps; **sie ist wohl
zu Hause** she's probably at home; **das ist
doch wohl nicht dein Ernst!** surely you're
not serious!; **das mag wohl sein** that may
well be; **ob das wohl stimmt?** I wonder if
that's true; **er weiß das sehr wohl** he
knows that perfectly well

Wohl [vo:l] **(-(e)s)** *nt* welfare; **zum ~!**
cheers!; **w~auf** *adv* well; ~**behagen** *nt*
comfort; ~**fahrt** *f* welfare; ~**fahrtsstaat** *m*
welfare state; **w~habend** *adj* wealthy;
w~ig *adj* contented, comfortable;
w~schmeckend *adj* delicious; ~**stand** *m*
prosperity; ~**standsgesellschaft** *f*
affluent society; ~**tat** *f* relief; act of charity;
~**täter(in)** *m(f)* benefactor; **w~tätig** *adj*
charitable; ~**tätigkeits-** *zW* charity,
charitable; **w~tun** *(unreg) vi* △ *siehe* **wohl**;
w~verdient *adj* well-earned, well-
deserved; **w~weislich** *adv* prudently;
~**wollen (-s)** *nt* good will; **w~wollend** *adj*
benevolent

wohn- ['vo:n] *zW:* ~**en** *vi* to live;
W~gemeinschaft *f (Menschen)* people
sharing a flat; ~**haft** *adj* resident; **W~heim**
nt (für Studenten) hall of residence; *(für
Senioren)* home; *(bes für Arbeiter)* hostel;
~**lich** *adj* comfortable; **W~mobil (-s, -e)**
nt camper; **W~ort** *m* domicile; **W~sitz** *m*

place of residence; **W~ung** *f* house;
(Etagenwohnung) flat, apartment *(US)*;
W~wagen *m* caravan; **W~zimmer** *nt*
living room
wölben ['vœlbən] *vt, vr* to curve
Wolf [vɔlf] **(-(e)s, ⸚e)** *m* wolf
Wolke ['vɔlkə] *f* cloud; ~**nkratzer** *m*
skyscraper; **wolkig** ['vɔlkɪç] *adj* cloudy
Wolle ['vɔlə] *f* wool; **w~n¹** *adj* woollen

SCHLÜSSELWORT

wollen² ['vɔlən] *(pt* **wollte**, *pp* **gewollt** *od
(als Hilfsverb)* **wollen)** *vt, vi* to want; **ich
will nach Hause** I want to go home; **er
will nicht** he doesn't want to; **er wollte
das nicht** he didn't want it; **wenn du
willst** if you like; **ich will, dass du mir
zuhörst** I want you to listen to me
♦ *Hilfsverb:* **er will ein Haus kaufen** he
wants to buy a house; **ich wollte, ich wäre
...** I wish I were ...; **etw gerade tun wollen**
to be going to do sth

---

wollüstig ['vɔlʏstɪç] *adj* lusty, sensual
wo- *zW:* ~**mit** *adv (relativ)* with which;
(interrogativ) what ... with; ~**möglich** *adv*
probably, I suppose; ~**nach** *adv (relativ)*
after/for which; *(interrogativ)* what ... for/
after; ~**ran** *adv (relativ)* on/at which;
(interrogativ) what ... on/at; ~**rauf** *adv
(relativ)* on which; *(interrogativ)* what ... on;
~**raus** *adv (relativ)* from/out of which;
(interrogativ) what ... from/out of; ~**rin** *adv
(relativ)* in which; *(interrogativ)* what ... in
Wort [vɔrt] **(-(e)s, ⸚er** *od* **-e)** *nt* word; **jdn
beim ~ nehmen** to take sb at his word;
mit anderen ~en in other words;
w~brüchig *adj* not true to one's word
Wörterbuch ['vœrtərbu:x] *nt* dictionary
Wort- *zW:* **w~führer** *m* spokesman; **w~karg**
adj taciturn; ~**laut** *m* wording
wörtlich ['vœrtlɪç] *adj* literal
Wort- *zW:* **w~los** *adj* mute; **w~reich** *adj*
wordy, verbose; ~**schatz** *m* vocabulary;
~**spiel** *nt* play on words, pun
wo- *zW:* ~**rüber** *adv (relativ)* over/about
which; *(interrogativ)* what ... over/about;

~rum *adv* (*relativ*) about/round which; (*interrogativ*) what ... about/round; **~runter** *adv* (*relativ*) under which; (*interrogativ*) what ... under; **~von** *adv* (*relativ*) from which; (*interrogativ*) what ... from; **~vor** *adv* (*relativ*) in front of/before which; (*interrogativ*) in front of/before what; of what; **~zu** *adv* (*relativ*) to/for which; (*interrogativ*) what ... for/to; (*warum*) why

Wrack [vrak] **(-(e)s, -s)** *nt* wreck

Wucher ['vu:xər] **(-s)** *m* profiteering; **~er (-s, -)** *m* profiteer; **w~isch** *adj* profiteering; **w~n** *vi* (*Pflanzen*) to grow wild; **~ung** *f* (MED) growth, tumour

Wuchs [vu:ks] **(-es)** *m* (*Wachstum*) growth; (*Statur*) build

Wucht [vuxt] **(-)** *f* force

wühlen ['vy:lən] *vi* to scrabble; (*Tier*) to root; (*Maulwurf*) to burrow; (*umg: arbeiten*) to slave away ♦ *vt* to dig

Wulst [vulst] **(-es, ⁒e)** *m* bulge; (*an Wunde*) swelling

wund [vunt] *adj* sore, raw; **W~e** *f* wound

Wunder ['vundər] **(-s, -)** *nt* miracle; **es ist kein ~** it's no wonder; **w~bar** *adj* wonderful, marvellous; **~kerze** *f* sparkler; **~kind** *nt* infant prodigy; **w~lich** *adj* odd, peculiar; **w~n** *vr* to be surprised ♦ *vt* to surprise; **sich w~n über** +*akk* to be surprised at; **w~schön** *adj* beautiful; **w~voll** *adj* wonderful

Wundstarrkrampf ['vuntʃtarkrampf] *m* tetanus, lockjaw

Wunsch [vunʃ] **(-(e)s, ⁒e)** *m* wish

wünschen ['vynʃən] *vt* to wish; **sich** *dat* **etw ~** to want sth, to wish for sth; **~swert** *adj* desirable

wurde *etc* ['vurdə] *vb siehe* **werden**

Würde ['vyrdə] *f* dignity; (*Stellung*) honour; **w~voll** *adj* dignified

würdig ['vyrdıç] *adj* worthy; (*würdevoll*) dignified; **~en** *vt* to appreciate

Wurf [vurf] **(-s, ⁒e)** *m* throw; (*Junge*) litter

Würfel ['vyrfəl] **(-s, -)** *m* dice; (MATH) cube; **~becher** *m* (dice) cup; **w~n** *vi* to play dice ♦ *vt* to dice; **~zucker** *m* lump sugar

würgen ['vyrgən] *vt, vi* to choke

Wurm [vurm] **(-(e)s, ⁒er)** *m* worm; **w~stichig** *adj* worm-ridden

Wurst [vurst] **(-, ⁒e)** *f* sausage; **das ist mir ~** (*umg*) I don't care, I don't give a damn

Würstchen ['vyrstçən] *nt* sausage

Würze ['vyrtsə] *f* seasoning, spice

Wurzel ['vurtsəl] **(-, -n)** *f* root

würzen ['vyrtsən] *vt* to season, to spice

würzig *adj* spicy

wusch *etc* [vuʃ] *vb siehe* **waschen**

wusste ▲ *etc* ['vustə] *vb siehe* **wissen**

wüst [vy:st] *adj* untidy, messy; (*ausschweifend*) (*öde*) waste; (*umg: heftig*) terrible; **W~e** *f* desert

Wut [vu:t] **(-)** *f* rage, fury; **~anfall** *m* fit of rage

wüten ['vy:tən] *vi* to rage; **~d** *adj* furious, mad

X, x

X-Beine ['ıksbaınə] *pl* knock-knees

x-beliebig [ıksbə'li:bıç] *adj* any (whatever)

xerokopieren [kseroko'pi:rən] *vt* to xerox, to photocopy

x-mal ['ıksma:l] *adv* any number of times, n times

Xylofon ▲, **Xylophon** [ksylo'fo:n] **(-s, -e)** *nt* xylophone

Y, y

Yacht **(-, -en)** *f siehe* **Jacht**

Ypsilon ['ypsilɔn] **(-(s), -s)** *nt* the letter Y

Z, z

Zacke ['tsakə] *f* point; (*Bergzacke*) jagged peak; (*Gabelzacke*) prong; (*Kammzacke*) tooth

zackig ['tsakıç] *adj* jagged; (*umg*) smart; (*Tempo*) brisk

zaghaft ['tsa:khaft] *adj* timid

zäh [tsɛ:] *adj* tough; (*Mensch*) tenacious;

(*Flüssigkeit*) thick; (*schleppend*) sluggish;
Z~igkeit f toughness; tenacity
Zahl [tsa:l] (-, -en) f number; **z~bar** adj
payable; **z~en** vt, vi to pay; **z~en bitte!** the
bill please!
zählen ['tsɛ:lən] vt, vi to count; **~ auf** +akk
to count on; **~ zu** to be numbered among
Zahlenschloss ▲ nt combination lock
Zähler ['tsɛ:lər] (-s, -) m (*TECH*) meter;
(*MATH*) numerator
Zahl- zW: **z~los** adj countless; **z~reich** adj
numerous; **~tag** m payday; **~ung** f
payment; **~ungsanweisung** f giro
transfer order; **z~ungsfähig** adj solvent;
~wort nt numeral
zahm [tsa:m] adj tame
zähmen ['tsɛ:mən] vt to tame; (*fig*) to curb
Zahn [tsa:n] (-(e)s, ⁻e) m tooth; **~arzt** m
dentist; **~ärztin** f (female) dentist;
~bürste f toothbrush; **~fleisch** nt gums
pl; **~pasta** f toothpaste; **~rad** nt
cog(wheel); **~schmerzen** pl toothache sg;
~stein m tartar; **~stocher** (-s, -) m
toothpick
Zange ['tsaŋə] f pliers pl; (*Zuckerzange etc*)
tongs pl; (*Beißzange, ZOOL*) pincers pl; (*MED*)
forceps pl
zanken ['tsaŋkən] vi, vr to quarrel
zänkisch ['tsɛŋkɪʃ] adj quarrelsome
Zäpfchen ['tsɛpfçən] nt (*ANAT*) uvula; (*MED*)
suppository
Zapfen ['tsapfən] (-s, -) m plug; (*BOT*) cone;
(*Eiszapfen*) icicle
zappeln ['tsapəln] vi to wriggle; to fidget
zart [tsart] adj (*weich, leise*) soft; (*Fleisch*)
tender; (*fein, schwächlich*) delicate; **Z~heit** f
softness; tenderness; delicacy
zärtlich ['tsɛ:rtlɪç] adj tender, affectionate
Zauber ['tsaubər] (-s, -) m magic; (*~bann*)
spell; **~ei** [-'raɪ] f magic; **~er** (-s, -) m
magician; conjuror; **z~haft** adj magical,
enchanting; **~künstler** m conjuror;
~kunststück nt conjuring trick; **z~n** vi to
conjure, to practise magic
zaudern ['tsaudərn] vi to hesitate
Zaum [tsaum] (-(e)s, Zäume) m bridle; **etw
im ~ halten** to keep sth in check

Zaun [tsaun] (-(e)s, Zäune) m fence
z. B. abk (= zum Beispiel) e.g.
Zebra ['tse:bra] nt zebra; **~streifen** m zebra
crossing
Zeche ['tsɛçə] f (*Rechnung*) bill; (*Bergbau*)
mine
Zeh [tse:] (-s, -en) m toe
Zehe [tse:ə] f toe; (*Knoblauchzehe*) clove
zehn [tse:n] num ten; **~te(r, s)** adj tenth;
Z~tel (-s, -) nt tenth (part)
Zeich- ['tsaɪç] zW: **~en** (-s, -) nt sign;
z~nen vt to draw; (*kennzeichnen*) to mark;
(*unterzeichnen*) to sign ♦ vi to draw; to sign;
~ner (-s, -) m artist; **technischer ~ner**
draughtsman; **~nung** f drawing;
(*Markierung*) markings pl
Zeige- ['tsaɪgə] zW: **~finger** m index finger;
z~n vt to show ♦ vi to point ♦ vr to show
o.s.; **z~n auf** +akk to point to; to point at;
es wird sich z~n time will tell; **es zeigte
sich, dass ...** it turned out that ...; **~r** (-s,
-) m pointer; (*Uhrzeiger*) hand
Zeile ['tsaɪlə] f line; (*Häuserzeile*) row
Zeit [tsaɪt] (-, -en) f time; (*GRAM*) tense; **sich**
dat **~ lassen** to take one's time; **von ~ zu ~**
from time to time; *siehe* **zurzeit**; **~alter** nt
age; **~ansage** f (*TEL*) speaking clock;
~arbeit f (*COMM*) temporary job;
z~gemäß adj in keeping with the times;
~genosse m contemporary; **z~ig** adj
early; **z~lich** adj temporal; **~lupe** f slow
motion; **z~raubend** adj time-consuming;
~raum m period; **~rechnung** f time, era;
nach/vor unserer ~rechnung A.D./B.C.;
~schrift f periodical; **~ung** f newspaper;
~vertreib m pastime, diversion; **z~weilig**
adj temporary; **z~weise** adv for a time;
~wort nt verb
Zelle ['tsɛlə] f cell; (*Telefonzelle*) callbox
Zellstoff m cellulose
Zelt [tsɛlt] (-(e)s, -e) nt tent; **z~en** vi to
camp; **~platz** m camp site
Zement [tse'mɛnt] (-(e)s, -e) m cement;
z~ieren vt to cement
zensieren [tsɛn'zi:rən] vt to censor; (*SCH*) to
mark
Zensur [tsɛn'zu:r] f censorship; (*SCH*) mark

Zentimeter [tsɛnti'meːtər] *m od nt* centimetre

Zentner ['tsɛntnər] (**-s, -**) *m* hundredweight

zentral [tsɛn'traːl] *adj* central; **Z~e** *f* central office; (*TEL*) exchange; **Z~heizung** *f* central heating

Zentrum ['tsɛntrʊm] (**-s, Zentren**) *nt* centre

zerbrechen [tsɛr'brɛçən] (*unreg*) *vt, vi* to break

zerbrechlich *adj* fragile

zer'drücken *vt* to squash, to crush; (*Kartoffeln*) to mash

Zeremonie [tseremo'niː] *f* ceremony

Zerfall [tsɛr'fal] *m* decay; **z~en** (*unreg*) *vi* to disintegrate, to decay; (*sich gliedern*): **z~en (in** +*akk*) to fall (into)

zer'gehen (*unreg*) *vi* to melt, to dissolve

zerkleinern [tsɛr'klaɪnərn] *vt* to reduce to small pieces

zerlegbar [tsɛr'leːkbaːr] *adj* able to be dismantled

zerlegen [tsɛr'leːgən] *vt* to take to pieces; (*Fleisch*) to carve; (*Satz*) to analyse

zermürben [tsɛr'mʏrbən] *vt* to wear down

zerquetschen [tsɛr'kvɛtʃən] *vt* to squash

zer'reißen (*unreg*) *vt* to tear to pieces ♦ *vi* to tear, to rip

zerren ['tsɛrən] *vt* to drag ♦ *vi*: **~ (an** +*dat*) to tug (at)

zer'rinnen (*unreg*) *vi* to melt away

zerrissen [tsɛr'rɪsən] *adj* torn, tattered; **Z~heit** *f* tattered state; (*POL*) disunion, discord; (*innere Z~heit*) disintegration

Zerrung *f* (*MED*): **eine ~** pulled muscle

zerrütten [tsɛr'rʏtən] *vt* to wreck, to destroy

zer'schlagen (*unreg*) *vt* to shatter, to smash ♦ *vr* to fall through

zer'schneiden (*unreg*) *vt* to cut up

zer'setzen *vt, vr* to decompose, to dissolve

zer'springen (*unreg*) *vi* to shatter, to burst

Zerstäuber [tsɛr'ʃtɔybər] (**-s, -**) *m* atomizer

zerstören [tsɛr'ʃtøːrən] *vt* to destroy

Zerstörung *f* destruction

zerstreu– [tsɛr'ʃtrɔy] *zW*: **~en** *vt* to disperse, to scatter; (*unterhalten*) to divert; (*Zweifel etc*) to dispel ♦ *vr* to disperse, to scatter; to be dispelled; **~t** *adj* scattered; (*Mensch*)

absent-minded; **Z~theit** *f* absent-mindedness; **Z~ung** *f* dispersion; (*Ablenkung*) diversion

zerstückeln [tsɛr'ʃtʏkəln] *vt* to cut into pieces

zer'teilen *vt* to divide into parts

Zertifikat [tsɛrtifi'kaːt] (**-(e)s, -e**) *nt* certificate

zer'treten (*unreg*) *vt* to crush underfoot

zertrümmern [tsɛr'trʏmərn] *vt* to shatter; (*Gebäude etc*) to demolish

Zettel ['tsɛtəl] (**-s, -**) *m* piece of paper, slip; (*Notizzettel*) note; (*Formular*) form

Zeug [tsɔyk] (**-(e)s, -e**) (*umg*) *nt* stuff; (*Ausrüstung*) gear; **dummes ~** (stupid) nonsense; **das ~ haben zu** to have the makings of; **sich ins ~ legen** to put one's shoulder to the wheel

Zeuge ['tsɔygə] (**-n, -n**) *m* witness; **z~n** *vi* to bear witness, to testify ♦ *vt* (*Kind*) to father; **es zeugt von ...** it testifies to ...; **~naussage** *f* evidence; **Zeugin** ['tsɔygɪn] *f* witness

Zeugnis ['tsɔygnɪs] (**-ses, -se**) *nt* certificate; (*SCH*) report; (*Referenz*) reference; (*Aussage*) evidence, testimony; **~ geben von** to be evidence of, to testify to

z. H(d). *abk* (= *zu Händen*) attn.

Zickzack ['tsɪktsak] (**-(e)s, -e**) *m* zigzag

Ziege ['tsiːgə] *f* goat

Ziegel ['tsiːgəl] (**-s, -**) *m* brick; (*Dachziegel*) tile

ziehen ['tsiːən] (*unreg*) *vt* to draw; (*zerren*) to pull; (*SCHACH etc*) to move; (*züchten*) to rear ♦ *vi* to draw; (*umziehen, wandern*) to move; (*Rauch, Wolke etc*) to drift; (*reißen*) to pull ♦ *vb unpers*: **es zieht** there is a draught, it's draughty ♦ *vr* (*Gummi*) to stretch; (*Grenze etc*) to run; (*Gespräche*) to be drawn out; **etw nach sich ~** to lead to sth, to entail sth

Ziehung ['tsiːʊŋ] *f* (*Losziehung*) drawing

Ziel [tsiːl] (**-(e)s, -e**) *nt* (*einer Reise*) destination; (*SPORT*) finish; (*MIL*) target; (*Absicht*) goal; **z~bewusst** ▲ *adj* decisive; **z~en** *vi*: **z~en (auf** +*akk*) to aim (at); **z~los** *adj* aimless; **~scheibe** *f* target; **z~strebig**

adj purposeful

ziemlich ['tsi:mlɪç] *adj* quite a; fair ♦ *adv* rather; quite a bit

zieren ['tsi:rən] *vr* to act coy

zierlich ['tsi:rlɪç] *adj* dainty

Ziffer ['tsɪfər] (-, -n) *f* figure, digit; **~blatt** *nt* dial, clock-face

zig [tsɪk] (*umg*) *adj* umpteen

Zigarette [tsigaˈrɛtə] *f* cigarette

Zigaretten- *zW*: **~automat** *m* cigarette machine; **~schachtel** *f* cigarette packet; **~spitze** *f* cigarette holder

Zigarre [tsiˈgarə] *f* cigar

Zigeuner(in) [tsiˈgɔynər(ɪn)] (-s, -) *m(f)* gipsy

Zimmer ['tsɪmər] (-s, -) *nt* room; **~lautstärke** *f* reasonable volume; **~mädchen** *nt* chambermaid; **~mann** *m* carpenter; **z~n** *vt* to make (from wood); **~nachweis** *m* accommodation office; **~pflanze** *f* indoor plant; **~service** *m* room service

zimperlich ['tsɪmpərlɪç] *adj* squeamish; (*pingelig*) fussy, finicky

Zimt [tsɪmt] (-(e)s, -e) *m* cinnamon

Zink [tsɪŋk] (-(e)s) *nt* zinc

Zinn [tsɪn] (-(e)s) *nt* (*Element*) tin; (*in ~waren*) pewter; **~soldat** *m* tin soldier

Zins [tsɪns] (-es, -en) *m* interest; **~eszins** *m* compound interest; **~fuß** *m* rate of interest; **z~los** *adj* interest-free; **~satz** *m* rate of interest

Zipfel ['tsɪpfəl] (-s, -) *m* corner; (*spitz*) tip; (*Hemdzipfel*) tail; (*Wurstzipfel*) end

zirka ['tsɪrka] *adv* (round) about

Zirkel ['tsɪrkəl] (-s, -) *m* circle; (*MATH*) pair of compasses

Zirkus ['tsɪrkʊs] (-, -se) *m* circus

zischen ['tsɪʃən] *vi* to hiss

Zitat [tsiˈtaːt] (-(e)s, -e) *nt* quotation, quote

zitieren [tsiˈtiːrən] *vt* to quote

Zitrone [tsiˈtroːnə] *f* lemon; **~nlimonade** *f* lemonade; **~nsaft** *m* lemon juice

zittern ['tsɪtərn] *vi* to tremble

zivil [tsiˈviːl] *adj* civil; (*Preis*) moderate; **Z~** (-s) *nt* plain clothes *pl*; (*MIL*) civilian clothing; **Z~courage** *f* courage of one's convictions;

Z~dienst *m* community service;

Z~isation [tsivilizatsiˈoːn] *f* civilization;

Z~isationskrankheit *f* disease peculiar to civilization; **~i'sieren** *vt* to civilize

---

Zivildienst

> ⓘ A young German has to complete his 13 months' **Zivildienst** or service to the community if he has opted out of military service as a conscientious objector. This is usually done in a hospital or old people's home. About 18% of young Germans choose to do this as an alternative to the **Wehrdienst**.

Zivilist [tsiviˈlɪst] *m* civilian

zögern ['tsøːgərn] *vi* to hesitate

Zoll [tsɔl] (-(e)s, ⁺e) *m* customs *pl*; (*Abgabe*) duty; **~abfertigung** *f* customs clearance; **~amt** *nt* customs office; **~beamte(r)** *m* customs official; **~erklärung** *f* customs declaration; **z~frei** *adj* duty-free; **~kontrolle** *f* customs check; **z~pflichtig** *adj* liable to duty, dutiable

Zone ['tsoːnə] *f* zone

Zoo [tsoː] (-s, -s) *m* zoo; **~loge** [tsooˈloːgə] (-n, -n) *m* zoologist; **~lo'gie** *f* zoology; **z~'logisch** *adj* zoological

Zopf [tsɔpf] (-(e)s, ⁺e) *m* plait; pigtail; **alter ~** antiquated custom

Zorn [tsɔrn] (-(e)s) *m* anger; **z~ig** *adj* angry

zottig ['tsɔtɪç] *adj* shaggy

z. T. *abk* = **zum Teil**

SCHLÜSSELWORT

zu [tsuː] *präp +dat* 1 (*örtlich*) to; **zum Bahnhof/Arzt gehen** to go to the station/ doctor; **zur Schule/Kirche gehen** to go to school/church; **sollen wir zu euch gehen?** shall we go to your place?; **sie sah zu ihm hin** she looked towards him; **zum Fenster herein** through the window; **zu meiner Linken** to *od* on my left

2 (*zeitlich*) at; **zu Ostern** at Easter; **bis zum 1. Mai** until May 1st; (*nicht später als*) by May 1st; **zu meiner Zeit** in my time

3 (*Zusatz*) with; **Wein zum Essen trinken**

---

to drink wine with one's meal; **sich zu jdm setzen** to sit down beside sb; **setz dich doch zu uns** (come and) sit with us; **Anmerkungen zu etw** notes on sth
4 (*Zweck*) for; **Wasser zum Waschen** water for washing; **Papier zum Schreiben** paper to write on; **etw zum Geburtstag bekommen** to get sth for one's birthday
5 (*Veränderung*) into; **zu etw werden** to turn into sth; **jdn zu etw machen** to make sb (into) sth; **zu Asche verbrennen** to burn to ashes
6 (*mit Zahlen*): **3 zu 2** (*SPORT*) 3-2; **das Stück zu 2 Mark** at 2 marks each; **zum ersten Mal** for the first time
7: **zu meiner Freude** *etc* to my joy *etc*; **zum Glück** luckily; **zu Fuß** on foot; **es ist zum Weinen** it's enough to make you cry
♦ *konj* to; **etw zu essen** sth to eat; **um besser sehen zu können** in order to see better; **ohne es zu wissen** without knowing it; **noch zu bezahlende Rechnungen** bills that are still to be paid
♦ *adv* 1 (*allzu*) too; **zu sehr** too much; **zu viel** too much; **zu wenig** too little
2 (*örtlich*) toward(s); **er kam auf mich zu** he came up to me
3 (*geschlossen*) shut, closed; **die Geschäfte haben zu** the shops are closed; **„auf/zu"** (*Wasserhahn etc*) "on/off"
4 (*umg: los*): **nur zu!** just keep on!; **mach zu!** hurry up!

zualler- [tsu'alər] *zW*: **~erst** [-'ʔeːrst] *adv* first of all; **~letzt** [-'lɛtst] *adv* last of all
Zubehör ['tsuːbəhøːr] (**-(e)s, -e**) *nt* accessories *pl*
zubereiten ['tsuːbəraɪtən] *vt* to prepare
zubilligen ['tsuːbɪlɪɡən] *vt* to grant
zubinden ['tsuːbɪndən] (*unreg*) *vt* to tie up
zubringen ['tsuːbrɪŋən] (*unreg*) *vt* (*Zeit*) to spend
Zubringer (**-s, -**) *m* (*Straße*) approach *od* slip road
Zucchini [tsu'kiːniː] *pl* (*BOT, KOCH*) courgette (*BRIT*), zucchini (*US*)
Zucht [tsʊxt] (**-, -en**) *f* (*von Tieren*) breeding;

(*von Pflanzen*) cultivation; (*Rasse*) breed; (*Erziehung*) raising; (*Disziplin*) discipline
züchten ['tsʏçtən] *vt* (*Tiere*) to breed; (*Pflanzen*) to cultivate, to grow; **Züchter** (**-s, -**) *m* breeder; grower
Zuchthaus *nt* prison, penitentiary (*US*)
züchtigen ['tsʏçtɪɡən] *vt* to chastise
Züchtung *f* (*Zuchtart, Sorte: von Tier*) breed; (*: von Pflanze*) variety
zucken ['tsʊkən] *vi* to jerk, to twitch; (*Strahl etc*) to flicker ♦ *vt* (*Schultern*) to shrug
Zucker ['tsʊkər] (**-s, -**) *m* sugar; (*MED*) diabetes; **~guss** ▲ *m* icing; **z~krank** *adj* diabetic; **~krankheit** *f* (*MED*) diabetes; **z~n** *vt* to sugar; **~rohr** *nt* sugar cane; **~rübe** *f* sugar beet
Zuckung ['tsʊkʊŋ] *f* convulsion, spasm; (*leicht*) twitch
zudecken ['tsuːdɛkən] *vt* to cover (up)
zudem [tsu'deːm] *adv* in addition (to this)
zudringlich ['tsuːdrɪŋlɪç] *adj* forward, pushing, obtrusive
zudrücken ['tsuːdrʏkən] *vt* to close; **ein Auge ~** to turn a blind eye
zueinander [tsuʔaɪ'nandər] *adv* to one other; (*in Verbindung*) together
zuerkennen ['tsuːʔɛrkɛnən] (*unreg*) *vt* to award; **jdm etw ~** to award sth to sb, to award sb sth
zuerst [tsu'ʔeːrst] *adv* first; (*zu Anfang*) at first; **~ einmal** first of all
Zufahrt ['tsuːfaːrt] *f* approach; **~sstraße** *f* approach road; (*von Autobahn etc*) slip road
Zufall ['tsuːfal] *m* chance; (*Ereignis*) coincidence; **durch ~** by accident; **so ein ~** what a coincidence; **z~en** (*unreg*) *vi* to close, to shut; (*Anteil, Aufgabe*) to fall
zufällig ['tsuːfɛlɪç] *adj* chance ♦ *adv* by chance; (*in Frage*) by any chance
Zuflucht ['tsuːflʊxt] *f* recourse; (*Ort*) refuge
zufolge [tsu'fɔlɡə] *präp* (+*dat od gen*) judging by; (*laut*) according to
zufrieden [tsu'friːdən] *adj* content(ed), satisfied; **~ geben** to be content *od* satisfied (with); **~ stellen** to satisfy
zufrieren ['tsuːfriːrən] (*unreg*) *vi* to freeze up *od* over

Spelling Reform: ▲ *new spelling* △ *old spelling (to be phased out)*

zufügen ['tsuːfyːɡən] vt to add; (Leid etc): **(jdm) etw ~** to cause (sb) sth

Zufuhr ['tsuːfuːr] (-, -en) f (Herbeibringen) supplying; (MET) influx

Zug [tsuːk] (-(e)s, ⁺e) m (EISENB) train; (Luftzug) draught; (Ziehen) pull(ing); (Gesichtszug) feature; (SCHACH etc) move; (Schriftzug) stroke; (Atemzug) breath; (Charakterzug) trait; (an Zigarette) puff, pull, drag; (Schluck) gulp; (Menschengruppe) procession; (von Vögeln) flight; (MIL) platoon; **etw in vollen Zügen genießen** to enjoy sth to the full

Zu- ['tsuː] zW: **~gabe** f extra; (in Konzert etc) encore; **~gang** m access, approach; **z~gänglich** adj accessible; (Mensch) approachable

zugeben ['tsuːɡeːbən] (unreg) vt (beifügen) to add, to throw in; (zugestehen) to admit; (erlauben) to permit

zugehen ['tsuːɡeːən] (unreg) vi (schließen) to shut; **es geht dort seltsam zu** there are strange goings-on there; **auf jdn/etw ~** to walk towards sb/sth; **dem Ende ~** to be finishing

Zugehörigkeit ['tsuːɡəhøːrɪçkaɪt] f: **~ (zu)** membership (of), belonging (to)

Zügel ['tsyːɡəl] (-s, -) m rein(s); (fig) curb; **z~n** vt to curb; (Pferd) to rein in

zuge- ['tsuːɡə] zW: **Z~ständnis (-ses, -se)** nt concession; **~stehen** (unreg) vt to admit; (Rechte) to concede

Zugführer m (EISENB) guard

zugig ['tsuːɡɪç] adj draughty

zügig ['tsyːɡɪç] adj speedy, swift

zugreifen ['tsuːɡraɪfən] (unreg) vi to seize od grab at; (helfen) to help; (beim Essen) to help o.s.

Zugrestaurant nt dining car

zugrunde, zu Grunde [tsuːˈɡrʊndə] adv: **~ gehen** to collapse; (Mensch) to perish; **einer Sache** dat **etw ~ legen** to base sth on sth; **einer Sache** dat **~ liegen** to be based on sth; **~ richten** to ruin, to destroy

zugunsten, zu Gunsten [tsuːˈɡʊnstən] präp (+gen od dat) in favour of

zugute [tsuːˈɡuːtə] adv: **jdm etw ~ halten** to concede sth to sb; **jdm ~ kommen** to be of assistance to sb

Zugvogel m migratory bird

zuhalten ['tsuːhaltən] (unreg) vt to keep closed ♦ vi: **auf jdn/etw ~** to make a beeline for sb/sth

Zuhälter ['tsuːhɛltər] (-s, -) m pimp

Zuhause [tsuːˈhaʊzə] (-) nt home

zuhause [tsuːˈhaʊzə] adv (österreichisch, schweizerisch) at home

zuhören ['tsuːhøːrən] vi to listen

Zuhörer (-s, -) m listener

zukleben ['tsuːkleːbən] vt to paste up

zukommen ['tsuːkɔmən] (unreg) vi to come up; **auf jdn ~** to come up to sb; **jdm etw ~ lassen** to give sb sth; **etw auf sich ~ lassen** to wait and see; **jdm ~** (sich gehören) to be fitting for sb

Zukunft ['tsuːkʊnft] (-, Zukünfte) f future; **zukünftig** ['tsuːkʏnftɪç] adj future ♦ adv in future; **mein zukünftiger Mann** my husband to be

Zulage ['tsuːlaːɡə] f bonus

zulassen ['tsuːlasən] (unreg) vt (hereinlassen) to admit; (erlauben) to permit; (Auto) to license; (umg: nicht öffnen) to (keep) shut

zulässig ['tsuːlɛsɪç] adj permissible, permitted

Zulassung f (amtlich) authorization; (von Kfz) licensing

zulaufen ['tsuːlaʊfən] (unreg) vi (subj: Mensch): **~ auf jdn/etw** to run up to sb/sth; (: Straße): **~ auf** to lead towards

zuleide, zu Leide [tsuːˈlaɪdə] adv: **jdm etw ~ tun** to hurt od harm sb

zuletzt [tsuːˈlɛtst] adv finally, at last

zuliebe [tsuːˈliːbə] adv: **jdm ~** to please sb

zum [tsʊm] = **zu dem**; **~ dritten Mal** for the third time; **~ Scherz** as a joke; **~ Trinken** for drinking

zumachen ['tsuːmaxən] vt to shut; (Kleidung) to do up, to fasten ♦ vi to shut; (umg) to hurry up

zu- zW: **~mal** [tsuːˈmaːl] konj especially (as); **~meist** [tsuːˈmaɪst] adv mostly; **~mindest** [tsuːˈmɪndəst] adv at least

zumutbar ['tsu:mu:tba:r] *adj* reasonable

zumute, zu Mute [tsu'mu:tə] *adv*: **wie ist ihm ~?** how does he feel?

zumuten [tsu'mu:tən] *vt*: **(jdm) etw ~** to expect *od* ask sth (of sb)

Zumutung ['tsu:mu:tʊŋ] *f* unreasonable expectation *od* demand, impertinence

zunächst [tsu'nɛ:çst] *adv* first of all; **~ einmal** to start with

Zunahme ['tsu:na:mə] *f* increase

Zuname ['tsu:na:mə] *m* surname

Zünd- [tsʏnd] *zW*: **z~en** *vi* (*Feuer*) to light, to ignite; (*Motor*) to fire; (*begeistern*): **bei jdm z~en** to fire sb (with enthusiasm); **z~end** *adj* fiery; **~er (-s, -)** *m* fuse; (*MIL*) detonator; **~holz** ['tsʏnt-] *nt* match; **~kerze** *f* (*AUT*) spark(ing) plug; **~schloss** ▲ *nt* ignition lock; **~schlüssel** *m* ignition key; **~schnur** *f* fuse wire; **~stoff** *m* (*fig*) inflammatory stuff; **~ung** *f* ignition

zunehmen ['tsu:ne:mən] (*unreg*) *vi* to increase, to grow; (*Mensch*) to put on weight

Zuneigung ['tsu:naɪgʊŋ] *f* affection

Zunft [tsʊnft] **(-, ⁻e)** *f* guild

zünftig ['tsʏnftɪç] *adj* proper, real; (*Handwerk*) decent

Zunge ['tsʊŋə] *f* tongue

zunichte [tsu'nɪçtə] *adv*: **~ machen** to ruin, to destroy; **~ werden** to come to nothing

zunutze, zu Nutze [tsu'nʊtsə] *adv*: **sich** *dat* **etw ~ machen** to make use of sth

zuoberst [tsu'|o:bərst] *adv* at the top

zupfen ['tsʊpfən] *vt* to pull, to pick, to pluck; (*Gitarre*) to pluck

zur [tsu:r] = **zu der**

zurate, zu Rate [tsu'ra:tə] *adv*: **jdn ~ ziehen** to consult sb

zurechnungsfähig ['tsu:rɛçnʊŋsfɛ:ɪç] *adj* responsible, accountable

zurecht- [tsu'rɛçt] *zW*: **~finden** (*unreg*) *vr* to find one's way (about); **~kommen** (*unreg*) *vi* to (be able to) cope, to manage; **~legen** *vt* to get ready; (*Ausrede etc*) to have ready; **~machen** *vt* to prepare ♦ *vr* to get ready; **~weisen** (*unreg*) *vt* to reprimand

zureden ['tsu:re:dən] *vi*: **jdm ~** to persuade *od* urge sb

zurück [tsu'rʏk] *adv* back; **~behalten** (*unreg*) *vt* to keep back; **~bekommen** (*unreg*) *vt* to get back; **~bleiben** (*unreg*) *vi* (*Mensch*) to remain behind; (*nicht nachkommen*) to fall behind, to lag; (*Schaden*) to remain; **~bringen** (*unreg*) *vt* to bring back; **~fahren** (*unreg*) *vi* to travel back; (*vor Schreck*) to recoil, to start ♦ *vt* to drive back; **~finden** (*unreg*) *vi* to find one's way back; **~fordern** *vt* to demand back; **~führen** *vt* to lead back; **etw auf etw** *akk* **~führen** to trace sth back to sth; **~geben** (*unreg*) *vt* to give back; (*antworten*) to retort with; **~geblieben** *adj* retarded; **~gehen** (*unreg*) *vi* to go back; (*fallen*) to go down, to fall; (*zeitlich*): **~gehen (auf** +*akk*) to date back (to); **~gezogen** *adj* retired, withdrawn; **~halten** (*unreg*) *vt* to hold back; (*Mensch*) to restrain; (*hindern*) to prevent ♦ *vr* (*reserviert sein*) to be reserved; (*im Essen*) to hold back; **~haltend** *adj* reserved; **Z~haltung** *f* reserve; **~kehren** *vi* to return; **~kommen** (*unreg*) *vi* to come back; **auf etw** *akk* **~kommen** to return to sth; **~lassen** (*unreg*) *vt* to leave behind; **~legen** *vt* to put back; (*Geld*) to put by; (*reservieren*) to keep back; (*Strecke*) to cover; **~nehmen** (*unreg*) *vt* to take back; **~stellen** *vt* to put back, to replace; (*aufschieben*) to put off, postpone; (*Interessen*) to defer; (*Ware*) to keep; **~treten** (*unreg*) *vi* to step back; (*vom Amt*) to retire; **gegenüber etw** *od* **hinter etw** *dat* **~treten** to diminish in importance in view of sth; **~weisen** (*unreg*) *vt* to turn down; (*Mensch*) to reject; **~zahlen** *vt* to repay, to pay back; **~ziehen** (*unreg*) *vt* to pull back; (*Angebot*) to withdraw ♦ *vr* to retire

Zuruf ['tsu:ru:f] *m* shout, cry

zurzeit [tsʊr'tsaɪt] *adv* at the moment

Zusage ['tsu:za:gə] *f* promise; (*Annahme*) consent; **z~n** *vt* to promise ♦ *vi* to accept; **jdm z~n** (*gefallen*) to agree with *od* please sb

zusammen [tsu'zamən] *adv* together;

Z~arbeit f cooperation; ~arbeiten vi to cooperate; ~beißen (unreg) vt (Zähne) to clench; ~brechen (unreg) vi to collapse; (Mensch auch) to break down; ~bringen (unreg) vt to bring od get together; (Geld) to get; (Sätze) to put together; Z~bruch m collapse; ~fassen vt to summarize; (vereinigen) to unite; Z~fassung f summary, résumé; ~fügen vt to join (together), to unite; ~halten (unreg) vi to stick together; Z~hang m connection; **im/aus dem Z~hang** in/out of context; ~hängen (unreg) vi to be connected od linked; ~kommen (unreg) vi to meet, to assemble; (sich ereignen) to occur at once od together; ~legen vt to put together; (stapeln) to pile up; (falten) to fold; (verbinden) to combine, to unite; (Termine, Fest) to amalgamate; (Geld) to collect; ~nehmen (unreg) vt to summon up ♦ vr to pull o.s. together; **alles ~genommen** all in all; ~passen vi to go well together, to match; ~schließen (unreg) vt, vr to join (together); Z~schluss ▲ m amalgamation; ~schreiben (unreg) vt to write as one word; (Bericht) to put together; Z~sein (-s) nt get-together; ~setzen vt to put together ♦ vr (Stoff) to be composed of; (Menschen) to get together; Z~setzung f composition; ~stellen vt to put together; to compile; Z~stoß m collision; ~stoßen (unreg) vi to collide; ~treffen (unreg) vi to coincide; (Menschen) to meet; Z~treffen nt coincidence; meeting; ~zählen vt to add up; ~ziehen (unreg) vt (verengern) to draw together; (vereinigen) to bring together; (addieren) to add up ♦ vr to shrink; (sich bilden) to form, to develop

zusätzlich ['tsu:zetslıç] adj additional ♦ adv in addition

zuschauen ['tsu:ʃauən] vi to watch, to look on; **Zuschauer(in)** (-s, -) m(f) spectator ♦ pl (THEAT) audience sg

zuschicken ['tsu:ʃıkən] vt: **(jdm etw) ~** to send od to forward (sth to sb)

Zuschlag ['tsu:ʃlaːk] m extra charge, surcharge; **z~en** (unreg) vt (Tür) to slam; (Ball) to hit; (bei Auktion) to knock down; (Steine etc) to knock into shape ♦ vi (Fenster, Tür) to shut; (Mensch) to hit, to punch; ~karte f (EISENB) surcharge ticket; **z~pflichtig** adj subject to surcharge

zuschneiden ['tsu:ʃnaɪdən] (unreg) vt to cut out; to cut to size

zuschrauben ['tsu:ʃraubən] vt to screw down od up

zuschreiben ['tsu:ʃraɪbən] (unreg) vt (fig) to ascribe, to attribute; (COMM) to credit

Zuschrift ['tsu:ʃrıft] f letter, reply

zuschulden, zu Schulden [tsu:ʃuldən] adv: **sich** dat **etw ~ kommen lassen** to make o.s. guilty of sth

Zuschuss ▲ ['tsu:ʃus] m subsidy, allowance

zusehen ['tsu:ze:ən] (unreg) vi to watch; (dafür sorgen) to take care; **jdm/etw ~** to watch sb/sth; **~ds** adv visibly

zusenden ['tsu:zendən] (unreg) vt to forward, to send on

zusichern ['tsu:zıçərn] vt: **jdm etw ~** to assure sb of sth

zuspielen ['tsu:ʃpiːlən] vt, vi to pass

zuspitzen ['tsu:ʃpıtsən] vt to sharpen ♦ vr (Lage) to become critical

zusprechen ['tsu:ʃpreçən] (unreg) vt (zuerkennen) to award ♦ vi to speak; **jdm etw ~** to award sb sth od sth to sb; **jdm Trost ~** to comfort sb; **dem Essen/ Alkohol ~** to eat/drink a lot

Zustand ['tsu:ʃtant] m state, condition

zustande, zu Stande [tsu:ʃtandə] adv: **~ bringen** to bring about; **~ kommen** to come about

zuständig ['tsu:ʃtendıç] adj responsible; Z~keit f competence, responsibility

zustehen ['tsu:ʃteːən] (unreg) vi: **jdm ~** to be sb's right

zustellen ['tsu:ʃtelən] vt (verstellen) to block; (Post etc) to send

Zustellung f delivery

zustimmen ['tsu:ʃtımən] vi to agree

Zustimmung f agreement, consent

zustoßen ['tsu:ʃtoːsən] (unreg) vi (fig) to happen

zutage, zu Tage [tsuːˈtaːgə] *adv*: ~ **bringen** to bring to light; ~ **treten** to come to light

Zutaten [ˈtsuːtaːtən] *pl* ingredients

zuteilen [ˈtsuːtaɪlən] *vt* (*Arbeit, Rolle*) to designate, assign; (*Aktien, Wohnung*) to allocate

zutiefst [tsuˈtiːfst] *adv* deeply

zutragen [ˈtsuːtraːgən] (*unreg*) *vt* to bring; (*Klatsch*) to tell ♦ *vr* to happen

zutrau- [ˈtsuːtrau] *zW*: **Z~en (-s)** *nt*: **Z~en (zu)** trust (in); ~**en** *vt*: **jdm etw ~en** to credit sb with sth; ~**lich** *adj* trusting, friendly

zutreffen [ˈtsuːtrɛfən] (*unreg*) *vi* to be correct; to apply; ~**d** *adj* (*richtig*) accurate; **Z~des bitte unterstreichen** please underline where applicable

Zutritt [ˈtsuːtrɪt] *m* access, admittance

Zutun [ˈtsuːtuːn] (-s) *nt* assistance

zuverlässig [ˈtsuːfɛrlɛsɪç] *adj* reliable; **Z~keit** *f* reliability

zuversichtlich [ˈtsuːfɛrzɪçtlɪç] *adj* confident

zuvor [tsuˈfoːr] *adv* before, previously; ~**kommen** (*unreg*) *vi* +*dat* to anticipate; **jdm ~kommen** to beat sb to it; ~**kommend** *adj* obliging, courteous

Zuwachs [ˈtsuːvaks] (-es) *m* increase, growth; (*umg*) addition; **z~en** (*unreg*) *vi* to become overgrown; (*Wunde*) to heal (up)

zuwege, zu Wege [tsuˈveːgə] *adv*: **etw ~ bringen** to accomplish sth

zuweilen [tsuˈvaɪlən] *adv* at times, now and then

zuweisen [ˈtsuːvaɪzən] (*unreg*) *vt* to assign, to allocate

zuwenden [ˈtsuːvɛndən] (*unreg*) *vt* (+*dat*) to turn (towards) ♦ *vr*: **sich jdm/etw ~** to devote o.s. to sb/sth; to turn to sb/sth

zuwider [tsuˈviːdər] *adv*: **etw ist jdm ~** sb loathes sth, sb finds sth repugnant; ~**handeln** *vi*: **einer Sache** *dat* ~**handeln** to act contrary to sth; **einem Gesetz ~handeln** to contravene a law

zuziehen [ˈtsuːtsiːən] (*unreg*) *vt* (*schließen: Vorhang*) to draw, to close; (*herbeirufen: Experten*) to call in ♦ *vi* to move in, to

come; **sich** *dat* **etw ~** (*Krankheit*) to catch sth; (*Zorn*) to incur sth

zuzüglich [ˈtsuːtsyːklɪç] *präp* +*gen* plus, with the addition of

Zwang [tsvaŋ] (-(e)s, ⁻e) *m* compulsion, coercion

zwängen [ˈtsvɛŋən] *vt, vr* to squeeze

zwanglos *adj* informal

Zwangs- *zW*: ~**arbeit** *f* forced labour; (*Strafe*) hard labour; ~**lage** *f* predicament, tight corner; **z~läufig** *adj* necessary, inevitable

zwanzig [ˈtsvantsɪç] *num* twenty

zwar [tsvaːr] *adv* to be sure, indeed; **das ist ~ ..., aber ...** that may be ... but ...; **und ~ am Sonntag** on Sunday to be precise; **und ~ so schnell, dass ...** in fact so quickly that ...

Zweck [tsvɛk] (-(e)s, -e) *m* purpose, aim; **es hat keinen ~** there's no point; **z~dienlich** *adj* practical; expedient

Zwecke *f* hobnail; (*Heftzwecke*) drawing pin, thumbtack (*US*)

Zweck- *zW*: **z~los** *adj* pointless; **z~mäßig** *adj* suitable, appropriate; **z~s** *präp* +*gen* for the purpose of

zwei [tsvaɪ] *num* two; **Z~bettzimmer** *nt* twin room; **z~deutig** *adj* ambiguous; (*unanständig*) suggestive; ~**erlei** *adj*: ~**erlei Stoff** two different kinds of material; ~**erlei Meinung** of differing opinions; ~**fach** *adj* double

Zweifel [ˈtsvaɪfəl] (-s, -) *m* doubt; **z~haft** *adj* doubtful, dubious; **z~los** *adj* doubtless; **z~n** *vi*: **(an etw** *dat*) **z~n** to doubt (sth)

Zweig [tsvaɪk] (-(e)s, -e) *m* branch; ~**stelle** *f* branch (office)

zwei- *zW*: ~**hundert** *num* two hundred; ~**mal** *adv* twice; ~**sprachig** *adj* bilingual; ~**spurig** *adj* (*AUT*) two-lane; ~**stimmig** *adj* for two voices

zweit [tsvaɪt] *adv*: **zu ~** together; (*bei mehreren Paaren*) in twos

zweitbeste(r, s) *adj* second best

zweite(r, s) *adj* second

zweiteilig [ˈtsvaɪtaɪlɪç] *adj* (*Gruppe*) two-piece; (*Fernsehfilm*) two-part; (*Kleidung*)

two-piece
zweit- *zW:* **~ens** *adv* secondly; **~größte(r, s)** *adj* second largest; **~klassig** *adj* second-class; **~letzte(r, s)** *adj* last but one, penultimate; **~rangig** *adj* second-rate
Zwerchfell ['tsvɛrçfɛl] *nt* diaphragm
Zwerg [tsvɛrk] (**-(e)s, -e**) *m* dwarf
Zwetsch(g)e ['tsvɛtʃ(g)ə] *f* plum
Zwieback ['tsvi:bak] (**-(e)s, -e**) *m* rusk
Zwiebel ['tsvi:bəl] (**-, -n**) *f* onion; (*Blumenzwiebel*) bulb
Zwie- ['tsvi:] *zW:* **z~lichtig** *adj* shady, dubious; **z~spältig** *adj* (*Gefühle*) conflicting; (*Charakter*) contradictory; **~tracht** *f* discord, dissension
Zwilling ['tsvɪlɪŋ] (**-s, -e**) *m* twin; **~e** *pl* (*ASTROL*) Gemini
zwingen ['tsvɪŋən] (*unreg*) *vt* to force; **~d** *adj* (*Grund etc*) compelling
zwinkern ['tsvɪŋkərn] *vi* to blink; (*absichtlich*) to wink
Zwirn [tsvɪrn] (**-(e)s, -e**) *m* thread
zwischen ['tsvɪʃən] *präp* (*+akk od dat*) between; **Z~bemerkung** *f* (incidental) remark; **Z~ding** *nt* cross; **~durch** *adv* in between; (*räumlich*) here and there; **Z~ergebnis** *nt* intermediate result; **Z~fall** *m* incident; **Z~frage** *f* question; **Z~handel** *m* middlemen *pl*; middleman's trade; **Z~landung** *f* (*AVIAT*) stopover; **~menschlich** *adj* interpersonal; **Z~raum** *m* space; **Z~ruf** *m* interjection; **Z~stecker** *m* adaptor (plug); **Z~zeit** *f* interval; **in der Z~zeit** in the interim, meanwhile
zwitschern ['tsvɪtʃərn] *vt, vi* to twitter, to chirp
zwo [tsvo:] *num* two
zwölf [tsvœlf] *num* twelve
Zyklus ['tsy:klʊs] (**-, Zyklen**) *m* cycle
Zylinder [tsi'lɪndər] (**-s, -**) *m* cylinder; (*Hut*) top hat
Zyniker ['tsy:nikər] (**-s, -**) *m* cynic
zynisch ['tsy:nɪʃ] *adj* cynical
Zypern ['tsy:pərn] *nt* Cyprus
Zyste ['tsʏstə] *f* cyst
zz., zzt. *abk* = **zurzeit**

PUZZLES AND
WORDGAMES

PUZZLES AND WORDGAMES

Introduction

We are delighted that you have decided to invest in this Collins Pocket Dictionary! Whether you intend to use it in school, at home, on holiday or at work, we are sure that you will find it very useful.

In the pages which follow you will find explanations and wordgames (not too difficult!) designed to give you practice in exploring the dictionary's contents and in retrieving information for a variety of purposes. Answers are provided at the end. If you spend a little time on these pages you should be able to use your dictionary more efficiently and effectively. Have fun!

Supplement by
Roy Simon
reproduced by kind permission of
Tayside Region Education Department

HOW INFORMATION IS PRESENTED IN YOUR DICTIONARY

A great deal of information is packed into your Collins Pocket Dictionary using colour, various typefaces, sizes of type, symbols, abbreviations and brackets. The purpose of this section is to acquaint you with the conventions used in presenting information.

Headwords

A headword is the word you look up in a dictionary. Headwords are listed in alphabetical order throughout the dictionary. They are printed in colour so that they stand out clearly from all the other words on the dictionary page.

Note that at the top of each page a headword appears. This is a guide to the alphabetical order of words on the page. It is there to help you scan through the dictionary more quickly to find the word you want.

The German alphabet consists of the same 26 letters as the English alphabet, plus the letter ß. Although certain letters in the German alphabet take umlaut (ä, ö, ü), this does not affect the order of words in the German-English section of the dictionary.

A Dictionary Entry

An entry is made up of a headword and all the information about that headword. Entries will be short or long depending on how frequently a word is used in either English or German and how many meanings it has. Inevitably, the fuller the dictionary entry the more care is needed in sifting through it to find the information you require.

Meanings

The translations of a headword are given in ordinary type. Where there is more than one meaning or usage, a semi-colon separates one from the other.

abladen ['apla:dən] (*unreg*) *vt* to unload
Ablage ['apla:gə] *f* (*für Akten*) tray; (*für Kleider*) cloakroom
ablassen ['aplasən] (*unreg*) *vt* (*Wasser, Dampf*) to let off; (*vom Preis*) to knock off
♦ *vi*: **von etw ~** to give sth up, to abandon sth

brünett [bry'nɛt] *adj* brunette, dark-haired
Brunnen ['brʊnən] (**-s, -**) *m* fountain; (*tief*)

Bude ['bu:də] *f* booth, stall; (*umg*) digs *pl* (*BRIT*)

Ohnmacht ['o:nmaxt] *f* faint; (*fig*) impotence; **in ~ fallen** to faint
ohnmächtig ['o:nmɛçtɪç] *adj* in a faint, unconscious; (*fig*) weak, impotent; **sie ist ~** she has fainted
Ohr [o:r] (**-(e)s, -en**) *nt* ear
Öhr [ø:r] (**-(e)s, -e**) *nt* eye

Gurt [gʊrt] (**-(e)s, -e**) *m* belt

klar- *zW*: **~legen** *vt* to clear up, to explain; **~machen** *vt* (*Schiff*) to get ready for sea; **jdm etw ~machen** to make sth clear to sb; **~sehen** △ (*unreg*) *vi siehe* **klar**; **K~sichtfolie** *f* transparent film; **~stellen** *vt* to clarify

Zug [tsu:k] (**-(e)s, ⁼e**) *m* (*EISENB*) train; (*Luftzug*) draught; (*Ziehen*) pull(ing); (*Gesichtszug*) feature; (*SCHACH etc*) move; (*Schriftzug*) stroke; (*Atemzug*) breath; (*Charakterzug*) trait; (*an Zigarette*) puff, pull, drag; (*Schluck*) gulp; (*Menschengruppe*) procession; (*von Vögeln*) flight; (*MIL*) platoon; **etw in vollen Zügen genießen** to enjoy sth to the full

In addition, you will often find other words appearing in *italics* in brackets before the translations. These either give some notion of the contexts in which the headword might appear (as with 'scharf' opposite – 'scharfes Essen', 'scharfe Munition', etc.) or else they provide synonyms (as with 'fremd' opposite – 'unvertraut', 'ausländisch', etc.).

Phonetic Spellings

In square brackets immediately after most headwords you will find the phonetic spelling of the word – i.e. its pronunciation. The phonetic transcription of German and English vowels and consonants is given on page xii near the front of your dictionary.

Additional Information About Headwords

Information about the usage or form of certain headwords is given in brackets between the phonetics and the translation or translations. Have a look at the entries for 'KG', 'Filiale', 'löschen' and 'Bruch' opposite.

This information is usually given in abbreviated form. A helpful list of abbreviations is given on pages viii to x at the front of your dictionary.

You should be particularly careful with colloquial words or phrases. Words labelled '(*umg*)' would not normally be used in formal speech, while those labelled '(*umg!*)' would be considered offensive.

Careful consideration of such style labels will provide indications as to the degree of formality and appropriateness of a word and could help you avoid many an embarrassing situation when using German!

Expressions in which the Headword Appears

An entry will often feature certain common expressions in which the headword appears. These expressions are in **bold** type but in black as opposed to colour. A swung dash (~) is used instead of repeating a headword in an entry. 'Schikane' and 'man' opposite illustrate this point.

Related Words

In the Pocket Dictionary words related to certain headwords are sometimes given at the end of an entry, as with 'Lohn' and 'accept' opposite. These are easily picked out as they are also in colour. To help you find these words, they are placed in alphabetical order after the headword to which they belong – see 'acceptable', 'acceptance' etc. opposite.

scharf [ʃarf] *adj* sharp; (*Essen*) hot, spicy; (*Munition*) live; ~ **nachdenken** to think hard; **auf etw** *akk* ~ **sein** (*umg*) to be keen on sth

fremd [fremt] *adj* (*unvertraut*) strange; (*ausländisch*) foreign; (*nicht eigen*) someone else's; **etw ist jdm** ~ sth is foreign to sb; **~artig** *adj* strange; **F~enführer** ['frɛmdən-]

gänzlich ['gɛntslɪç] *adj* complete, entire ♦ *adv* completely, entirely

KG [kaːˈgeː] (-, -s) *f abk* (= *Kommanditgesellschaft*) limited partnership

Filiale [filiˈaːlə] *f* (*COMM*) branch

löschen ['lœʃən] *vt* (*Feuer, Licht*) to put out, to extinguish; (*Durst*) to quench; (*COMM*) to cancel; (*COMPUT*) to delete; (*Tonband*) to erase; (*Fracht*) to unload ♦ *vi* (*Feuerwehr*) to put out a fire; (*Tinte*) to blot

Bruch [brʊx] (-(e)s, ⁻e) *m* breakage; (*zerbrochene Stelle*) break; (*fig*) split, breach; (*MED: Eingeweidebruch*) rupture, hernia; (*Beinbruch etc*) fracture; (*MATH*) fraction

Teufel ['tɔʏfəl] (-s, -) *m* devil; **teuflisch** ['tɔʏflɪʃ] *adj* fiendish, diabolical

schenken ['ʃɛŋkən] *vt* (*auch fig*) to give; (*Getränk*) to pour; **sich** *dat* **etw** ~ (*umg*) to skip sth; **das ist geschenkt!** (*billig*) that's a giveaway!; (*nichts wert*) that's worthless!

Bombenerfolg (*umg*) *m* smash hit

Arsch [arʃ] (-es, ⁻e) (*umg!*) *m* arse (*BRIT!*), ass (*US!*)

Schikane [ʃiˈkaːnə] *f* harassment; dirty trick; **mit allen ~n** with all the trimmings

man [man] *pron* one, you; ~ **sagt, ...** they *od* people say ...; **wie schreibt ~ das?** how do you write it?, how is it written?

Lohn [loːn] (-(e)s, ⁻e) *m* reward; (*Arbeitslohn*) pay, wages *pl*; **~büro** *nt* wages office; **~empfänger** *m* wage earner

accept [əkˈsɛpt] *vt* (*take*) annehmen; (*agree to*) akzeptieren; **~able** *adj* annehmbar; **~ance** *n* Annahme *f*

281

'Key' Words

Your Collins Pocket Dictionary gives special status to certain German and English words which can be looked on as 'key' words in each language. These are words which have many different usages. 'werden', 'alle(r, s)' and 'sich' opposite are typical examples in German. You are likely to become familiar with them in your day-to-day language studies.

There will be occasions, however, when you want to check on a particular usage. Your dictionary can be very helpful here. Note how different parts of speech and different usages are clearly indicated by a combination of lozenges (♦) and numbers. In addition, further guides to usage are given in italics in brackets in the language of the user who needs them.

werden ['vɛːrdən] (*pt* **wurde**, *pp* **geworden** *od (bei Passiv)* **worden**) *vi* to become; **was ist aus ihm / aus der Sache geworden?** what became of him/it?; **es ist nichts / gut geworden** it came to nothing/turned out well; **es wird Nacht / Tag** it's getting dark/light; **mir wird kalt** I'm getting cold; **mir wird schlecht** I feel ill; **Erster werden** to come *od* be first; **das muss anders werden** that'll have to change; **rot / zu Eis werden** to turn red/to ice; **was willst du (mal) werden?** what do you want to be?; **die Fotos sind gut geworden** the photos have come out nicely

♦ *als Hilfsverb* **1** (*bei Futur*): **er wird es tun** he will *od* he'll do it; **er wird das nicht tun** he will not *od* he won't do it; **es wird gleich regnen** it's going to rain

2 (*bei Konjunktiv*): **ich würde ...** I would ...; **er würde gern ...** he would *od* he'd like to ...; **ich würde lieber ...** I would *od* I'd rather ...

3 (*bei Vermutung*): **sie wird in der Küche sein** she will be in the kitchen

4 (*bei Passiv*): **gebraucht werden** to be used; **er ist erschossen worden** he has *od* he's been shot; **mir wurde gesagt, dass ...** I was told that ...

alle(r, s) ['alə(r,s)] *adj* **1** (*sämtliche*) all; **wir alle** all of us; **alle Kinder waren da** all the children were there; **alle Kinder mögen ...** all children like ...; **alle beide** both of us/them; **sie kamen alle** they all came; **alles Gute** all the best; **alles in allem** all in all **2** (*mit Zeit- oder Maßangaben*) every; **alle vier Jahre** every four years; **alle fünf Meter** every five metres

♦ *pron* everything; **alles was er sagt** everything he says, all that he says

♦ *adv* (*zu Ende, aufgebraucht*) finished; **die Milch ist alle** the milk's all gone, there's no milk left; **etw alle machen** to finish sth up

sich [zɪç] *pron* **1** (*akk*): **er/sie/es ... sich** he/she/it ... himself/herself/itself; **sie** *pl* / **man ... sich** they/one ... themselves/oneself; **Sie ... sich** you ... yourself/yourselves *pl*; **sich wiederholen** to repeat oneself/itself

2 (*dat*): **er/sie/es ... sich** he/she/it ... to himself/herself/itself; **sie** *pl* / **man ... sich** they/one ... to themselves/oneself; **Sie ... sich** you ... to yourself/yourselves *pl*; **sie hat sich einen Pullover gekauft** she bought herself a jumper; **sich die Haare waschen** to wash one's hair

3 (*mit Präposition*): **haben Sie Ihren Ausweis bei sich?** do you have your pass on you?; **er hat nichts bei sich** he's got nothing on him; **sie bleiben gern unter sich** they keep themselves to themselves

4 (*einander*) each other, one another; **sie bekämpfen sich** they fight each other *od* one another

5: **dieses Auto fährt sich gut** this car drives well; **hier sitzt es sich gut** it's good to sit here

WORDGAME 1
HEADWORDS

Study the following sentences. In each sentence a wrong word spelt very
similarly to the correct word has deliberately been put in and the
sentence doesn't make sense. This word is shaded each time. Write out
the correct word, which you will find in your dictionary near the wrong
word.

Example   Raufen verboten

['Raufen' (= 'to pull out') is the wrong word and
should be replaced by 'rauchen' (= 'to smoke')]

1. Hast du das Buch schon gekonnt?

2. Ich habe ein paar VW-Akten gekauft.

3. Wir waren gestern im Kilo.

4. Sollen wir die Theaterkarten schon kauen?

5. Unser Nachbar hat einen kleinen schwarzen Puder.

6. Ich zähle heute die Rechnung.

7. Der Student muss sich für den Kurs einschreiten.

8. Das neue Restaurant ist gar nicht über.

9. Gans viele Leute standen am Unfallort.

10. Ich habe meiner Tanne einen Brief geschrieben.

WORDGAME 2
DICTIONARY ENTRIES

Complete the crossword below by looking up the English words in the list and finding the correct German translations. There is a slight catch, however! All the English words can be translated several ways into German, but only one translation will fit correctly into each part of the crossword. So look carefully through the entries in the English-German section of your dictionary.

1. FAIR
2. CATCH
3. LEARN
4. FALL
5. HIT
6. HARD
7. CALF
8. PLACE
9. HOLD
10. PLACE
11. TRACK
12. HOME

WORDGAME 3

FINDING MEANINGS

In this list there are eight pairs of words that have some sort of connection with each other. For example, 'Diplom' (= 'diploma') and 'Student' (='student') are linked. Find the other pairs by looking up the words in your dictionary.

1. Morgenrock
2. Handtasche
3. Bett
4. Kirche
5. Fisch
6. Nest
7. Diplom
8. Lederwaren
9. Hausschuhe
10. Glockengeläut
11. Student
12. Decke
13. Elster
14. Buch
15. Schuppe
16. Regal

WORDGAME 4

SYNONYMS

Complete the crossword by supplying synonyms of the words below. You will sometimes find the words you are looking for in italics in brackets in the entries for the words in the list. Sometimes you will have to turn to the English-German section for help.

1. Art
2. probieren
3. Feuer
4. sich ereignen
5. Arroganz

6. namhaft
7. Ladung
8. Plan
9. begegnen
10. Neigung

WORDGAME 5

SPELLING

You will often use your dictionary to check spellings. The person who has compiled this list of ten German words has made <u>three</u> spelling mistakes. Find the three words which have been misspelt and write them out correctly.

1. nachsehen
2. nacht
3. Nagetier
4. Name
5. Nature
6. neuriech
7. Nickerchen
8. Nimmersatt
9. nördlich
10. nötig

WORDGAME 6

ANTONYMS

Complete the crossword by supplying ANTONYMS (i.e. opposites) in German of the words below. Use your dictionary to help.

1. gestehen
2. enthüllen
3. unschuldig
4. kaufen
5. verbieten
6. Reichtum
7. ruhig
8. ankommen
9. ängstlich
10. schmutzig

WORDGAME 7
PHONETIC SPELLINGS

The phonetic transcriptions of ten German words are given below. If you study page xii near the front of your dictionary you should be able to work out what the words are.

1. frika'dɛlə
2. ʃpuːr
3. faɪn
4. 'lyːgə
5. 'ʃtaxəl
6. 'naʊtɪʃ
7. gə'vœlbə
8. 'kɔʏçən
9. 'møːgən
10. 'glaʊbvʏrdɪç

WORDGAME 8

EXPRESSIONS IN WHICH THE HEADWORD APPEARS

If you look up the headword 'Satz' in the German-English section of your dictionary you will find that the word can have many meanings. Study the entry carefully and translate the following sentences into English.

1. Der Satz ist viel zu lang.

2. Unterstreicht jeden Satz, der mit einer Konjunktion beginnt.

3. Den Satz von Pythagoras kennt jeder.

4. Das Orchester hat den letzten Satz ganz ausgezeichnet gespielt.

5. Steffi Graf hat in der Meisterschaft keinen Satz verloren.

6. Der ganze Satz war in der Tasse.

7. Bei Lieferungen ins Ausland gilt ein anderer Satz.

8. Sie hat vor lauter Begeisterung einen großen Satz gemacht.

WORDGAME 9
RELATED WORDS

Fill in the blanks in the pairs of sentences below. The missing words are related to the headwords on the left. Choose the correct "relative" each time. You will find it in your dictionary near the headword provided.

HEADWORD	RELATED WORDS
Stellung	1. Ich habe die Uhr auf halb sechs _____. 2. Das Auto steht an der gleichen_____.
Hoffnung	3. _____bleibt das Wetter so. 4. Sie_____, dass sie bald wieder gesund ist.
Betrug	5. Von ihm lassen wir uns nicht mehr_____. 6. Er ist als _____bekannt.
sprechen	7. Hat er schon mit seiner Mutter_____? 8. Das Buch wurde in fünf _____übersetzt.
Student	9. Er hat letztes Semester mit dem_____ begonnen. 10. Sie _____Medizin.
kurz	11. Ich habe_____noch mit ihm gesprochen. 12. Der Rock muss_____werden.

WORDGAME 10
'KEY' WORDS

Study carefully the entry 'machen' in your dictionary and find translations for the following:

1. what are you doing (there)?

2. it's the cold that does that

3. that doesn't matter

4. I don't mind the cold

5. 3 and 5 are 8

6. to have the car done

7. how's the work going?

8. hurry up!

9. to set about sth

10. to turn the radio down

THE DICTIONARY AND GRAMMAR

While it is true that a dictionary can never be a substitute for a detailed grammar book, it nevertheless provides a great deal of grammatical information. If you know how to extract this information you will be able to use German more accurately both in speech and in writing.

The Collins Pocket Dictionary presents grammatical information as follows.

Parts of Speech

Parts of speech are given in italics immediately after the phonetic spellings of headwords. Abbreviated forms are used. Abbreviations can be checked on pages viii to x.

Changes in parts of speech within an entry – for example, from adjective to pronoun to adverb, or from noun to intransitive verb to transitive verb – are indicated by means of lozenges (♦), as with the German 'alle(r, s)' and the English 'fast' opposite.

German Nouns

The gender of each noun in the German-English section of the dictionary is indicated in the following way:

m = Maskulinum
f = Femininum
nt = Neutrum

You will occasionally see '*m od nt*' or '*m od f*' beside an entry. This indicates that the noun can be either masculine or neuter (see 'Knäuel' opposite or masculine or feminine (see 'Sellerie' opposite).

Feminine forms of nouns are shown, as with 'Schaffner(in)' opposite. This is marked *m(f)* to show that the feminine form has the ending '-in'. Nouns which have the ending '-(r)', like 'Angeklagte(r)' opposite, are formed from adjectives and are marked *f(m)* to show that they can be either masculine or feminine. Their spelling changes in the same way as adjectives, depending on their article and position in the sentence.

prosit ['pro:zɪt] *excl* cheers

leiten ['laɪtən] *vt* to lead; (*Firma*) to manage; (*in eine Richtung*) to direct; (*ELEK*) to conduct

---

alle(r, s) ['alə(r,s)] *adj* **1** (*sämtliche*) all; **wir alle** all of us; **alle Kinder waren da** all the children were there; **alle Kinder mögen ...** all children like ...; **alle beide** both of us/ them; **sie kamen alle** they all came; **alles Gute** all the best; **alles in allem** all in all **2** (*mit Zeit- oder Maßangaben*) every; **alle vier Jahre** every four years; **alle fünf Meter** every five metres
♦ *pron* everything; **alles was er sagt** everything he says, all that he says
♦ *adv* (*zu Ende, aufgebraucht*) finished; **die Milch ist alle** the milk's all gone, there's no milk left; **etw alle machen** to finish sth up

---

fast [fɑːst] *adj* schnell; (*firm*) fest ♦ *adv* schnell; fest ♦ *n* Fasten *nt* ♦ *vi* fasten; **to be ~** (*clock*) vorgehen

---

Knäuel ['knɔʏəl] (**-s, -**) *m od nt* (*Wollknäuel*) ball; (*Menschenknäuel*) knot

Sellerie ['zɛləriː] (**-s, -(s)** *od* **-, -**) *m od f* celery

---

Schaffner(in) ['ʃafnər(ɪn)] (**-s, -**) *m(f)* (*Busschaffner*) conductor(-tress); (*EISENB*) guard

Angeklagte(r) ['angəklaːktə(r)] *f(m)* accused

295

So many things depend on you knowing the correct gender of a German noun – whether you use 'er', 'sie' or 'es' to translate 'it'; whether you use 'er' or 'es' to translate 'he', 'sie' or 'es' to translate 'she'; the spelling of adjectives etc. If you are in any doubt as to the gender of a noun, it is always best to check it in your dictionary.

Genitive singular and nominative plural forms of many nouns are also given (see 'Bube' and 'Scheitel' opposite). A list of regular noun endings is given on page xi and nouns which have these forms will not show genitive singular and nominative plural at the headword (see 'Rasur' and 'Forelle' opposite). Nouns formed from two or more words do not have genitive singular and nominative plural shown if the last element appears in the dictionary as a headword. For example, if you want to know how to decline 'Backenzahn', you will find the necessary information at 'Zahn'.

Adjectives

Adjectives are given in the form used when they come after a verb. If the adjective comes before a noun, the spelling changes, depending on the gender of the noun and on the article (if any), which comes before the adjective. Compare 'der Hund ist schwarz' with 'der schwarze Hund'. If you find an unfamiliar adjective in a text and want to look it up in the dictionary, you will have to decide what spelling changes have been made before you can know how it will appear in the dictionary.

Some adjectives are never used after a verb. In these cases, the dictionary shows all the possible nominative singular endings.

Adverbs

German adverbs come in three main types.

Some are just adjectives in their after-verb form, used as adverbs. Sometimes the meaning is similar to the meaning of the adjective (see 'laut'), sometimes it is rather different (see 'richtig').

Some adverbs are formed by adding '-weise', '-sweise' or '-erweise' to the adjective.

Other adverbs are not considered to be derived from particular adjectives.

In your dictionary, adjective-adverbs may be shown by a change of part of speech or by the mention 'adj, adv' at the beginning of the entry.

Fuß [fuːs] (-es, ⸚e) m foot; (von Glas, Säule etc) base; (von Möbel) leg; **zu ~** on foot;

Stube [ˈʃtuːbə] f room

Mädchen [ˈmɛːtçən] nt girl; **m~haft** adj girlish; **~name** m maiden name

Rasur [raˈzuːr] f shaving

Forelle [foˈrɛlə] f trout

schwarz [ʃvarts] adj black; **~es Brett** notice board; **ins S~e treffen** (auch fig) to hit the bull's eye; **in den ~en Zahlen** in the black; **~ sehen** (umg) to see the gloomy side of things; **S~arbeit** f illicit work, moonlighting; **S~brot** nt black bread; **S~e(r)** f(m) black (man/woman)

laut [laʊt] adj loud ♦ adv loudly; (lesen) aloud ♦ präp (+gen od dat) according to; **L~** (-(e)s, -e) m sound

richtig adj right, correct; (echt) proper ♦ adv (umg: sehr) really; **bin ich hier ~?** am I in the right place?; **der/die R~e** the right one/person; **das R~e** the right thing; **etw ~ stellen** to correct sth; **R~keit** f correctness

leider [ˈlaɪdər] adv unfortunately; **ja, ~** yes, I'm afraid so; **~ nicht** I'm afraid not

oben [ˈoːbən] adv above; (in Haus) upstairs; **~ erwähnt**, **~ genannt** above-mentioned; **nach ~** up; **von ~** down; **~ ohne** topless;

Bube [ˈbuːbə] (-n, -n) m (Schurke) rogue; (KARTEN) jack

Scheitel [ˈʃaɪtəl] (-s, -) m top; (Haarscheitel) parting; **s~n** vt to part

Backenzahn m molar

Zahn [tsaːn] (-(e)s, ⸚e) m tooth; **~arzt** m dentist; **~ärztin** f (female) dentist; **~bürste** f toothbrush; **~fleisch** nt gums pl; **~pasta** f toothpaste; **~rad** nt cog(wheel); **~schmerzen** pl toothache sg; **~stein** m tartar; **~stocher** (-s, -) m toothpick

besondere(r, s) [bəˈzɔndərə(r, s)] adj special; (eigen) particular; (gesondert) separate; (eigentümlich) peculiar

letzte(r, s) [ˈlɛtstə(r, s)] adj last; (neueste) latest; **zum ~n Mal** for the last time; **~ns** adv lately; **~re(r, s)** adj latter

nett [nɛt] adj nice; (freundlich) nice, kind; **~erweise** adv kindly

glück- zW: **~lich** adj fortunate; (froh) happy; **~licherweise** adv fortunately; **~'selig** adj blissful

Adjective-plus-ending adverbs will usually appear as subentries.

Adverbs like 'oben' and 'leider' will usually appear as separate headwords.

Where a word in your text seems to be an adverb but does not appear in the dictionary, you should be able to work out a translation from the word it is related to, once you have found that in the dictionary.

Information about Verbs

A major problem facing language learners is that the form of a verb will change according to the subject and/or the tense being used. A typical German verb can take on many different forms – too many to list in a dictionary entry.

Yet, although verbs are listed in your dictionary in their infinitive forms only, this does not mean that the dictionary is of limited value when it comes to handling the verb system of the German language. On the contrary, it contains much valuable information.

First of all, your dictionary will help you with the meanings of unfamiliar verbs. If you came across the word 'füllt' in a text and looked it up in your dictionary you wouldn't find it. What you must do is assume that it is part of a verb and look for the infinitive form. Thus you will deduce that 'füllt' is a form of the verb 'füllen'. You now have the basic meaning of the word you are concerned with – something to do with English verb 'fill' – and this should be enough to help you understand the text you are reading.

It is usually an easy task to make the connection between the form of a verb and the infinitive. For example, 'füllten', 'füllst', 'füllte' and 'gefüllt' are all recognizable as parts of the infinitive 'füllen'. However, sometimes it is less obvious – for example, 'hilft', 'halfen' and 'geholfen' are all parts of 'helfen'. The only real solution to this problem is to learn the various forms of the main German irregular verbs.

And this is the second source of help offered by your dictionary as far as verbs are concerned. The irregular verb lists on pages 609 to 613 at the back of the Collins Pocket Dictionary provide the main forms of the main tenses of the basic irregular verbs. (Verbs which consist of a basic verb with prefix usually follow the rules for the basic verb.) Consider the verb 'sehen' below where the following information is given:

infinitive	present indicative (2nd, 3rd sg)	imperfect	past participle
sehen	siehst, sieht	sah	gesehen

In order to make maximum use of the information contained in these pages, a good working knowledge of the various rules affecting German verbs is required. You will acquire this in the course of your German studies and your Collins dictionary will serve as a useful 'aide-mémoire'. If you happen to forget how to form the second person singular form of the Past Tense of 'sehen' (i.e. how to translate 'You saw'), there will be no need to panic – your dictionary contains the information!

In addition, the main parts of the most common irregular verbs are listed in the body of the dictionary.

WORDGAME 11
PARTS OF SPEECH

In each sentence below a word has been shaded. Put a tick in the appropriate box to indicate the **part of speech** each time.

SENTENCE	Noun	Adj	Adv	Verb
1. Das Essen ist fertig.				
2. Er hat kein Recht dazu.				
3. Warum fahren wir nicht in die Stadt zum Essen?				
4. Ich gehe nicht mit essen.				
5. Rauchen ist strengstens verboten.				
6. Gehen Sie geradeaus und dann die erste Straße links.				
7. Das war aber ein interessanter Vortrag.				
8. Die Schauspielerin trug ein herrliches Kleid.				
9. Hast du schon von deiner Freundin gehört?				
10. Es ist immer noch recht sommerlich.				

WORDGAME 12

MEANING CHANGING WITH GENDER

Some German nouns change meaning according to their gender. Look at the pairs of sentences below and fill in the blanks with either 'ein, einen, eine' or 'der, den, die, das'.

1. Ist das _____ erste Band der Schillerausgabe?

   _____ Band ist nicht lang genug.

2. _____ Mark ist in letzter Zeit wieder gestiegen.

   Der Metzger löst _____ Mark aus den Knochen.

3. Was kostet _____ Bund Petersilie?

   _____ Bund an der Hose ist zu weit.

4. _____ Tau lag noch auf den Wiesen.

   Der Mann konnte _____ Tau nicht heben.

5. Wie steht mir _____ Hut?

   Wir müssen wirklich auf _____ Hut sein.

6. Hinter dem Haus steht _____ Kiefer.

   Er hat sich _____ Kiefer gebrochen.

WORDGAME 13
ADJECTIVES

Try to work out how the adjectives in the following phrases will appear in the dictionary. Write your answer beside the phrase, then check in the dictionary.

1. ein englisches Buch

2. der rote Traktor

3. letzte Nacht

4. mein kleiner Bruder

5. eine lange Reise

6. guter Käse

7. das alte Trikot

8. schwarzes Brot

9. die große Kommode

10. ein heftiger Schlag

11. der siebte Sohn

12. die neuen Nachbarn

WORDGAME 14

VERB TENSES

Use your dictionary to help you fill in the blanks in the table below. (Remember the important pages at the back of your dictionary.)

INFINITIVE	PRESENT TENSE	IMPERFECT	PERFECT TENSE
sehen		ich	
schlafen	du		
sein			ich
schlagen		ich	
anrufen			ich
abfahren	er		
studieren			ich
haben		ich	
anfangen	du		
waschen	er		
werden		ich	
nehmen			ich

WORDGAME 15

PAST PARTICIPLES

Use your dictionary to find the past participle of these verbs.

INFINITIVE	PAST PARTICIPLE
singen	
beißen	
bringen	
frieren	
reiben	
gewinnen	
helfen	
geschehen	
liegen	
lügen	
schneiden	
kennen	
mögen	
wissen	
können	

WORDGAME 16

IDENTIFYING INFINITIVES

In the sentences below you will see various German verbs shaded. Use your dictionary to help you find the INFINITIVE form of each verb.

1. Leider habe ich Ihren Namen vergessen.

2. Bitte ruf mich doch morgen früh mal an.

3. Er ist um 16 Uhr angekommen.

4. Sie hielt an ihrem Argument fest.

5. Wir waren im Sommer in Italien.

6. Ich würde gerne kommen, wenn ich nur könnte.

7. Die Maschine flog über den Nordpol.

8. Ich würde es ja machen, aber ich habe keine Zeit.

9. Wohin fährst du diesen Winter zum Skilaufen?

10. Wen habt ihr sonst noch eingeladen?

11. Er hat deinen Brief erst gestern bekommen.

12. Liest du das Buch nicht zu Ende?

13. Meine Mutter ist letztes Jahr gestorben.

14. Er hat den Zettel aus Versehen weggeworfen.

15. Ich nahm ihn jeden Tag mit nach Hause.

MORE ABOUT MEANING

In this section we will consider some of the problems associated with using a bilingual dictionary.

Overdependence on your dictionary

That the dictionary is an invaluable tool for the language learner is beyond dispute. Nevertheless, it is possible to become overdependent on your dictionary, turning to it in an almost automatic fashion every time you come up against a new German word or phrase. Tackling an unfamiliar text in this way will turn reading in German into an extremely tedious activity. If you stop to look up every new word you may actually be *hindering* your ability to read in German – you are so concerned with the individual words that you pay no attention to the text as a whole and to the context which gives them meaning. It is therefore important to develop appropriate reading skills – using clues such as titles, headlines, illustrations, etc., understanding relations within a sentence, etc. to predict or infer what a text is about.

A detailed study of the development of reading skills is not within the scope of this supplement; we are concerned with knowing how to use a dictionary, which is only one of several important skills involved in reading. Nevertheless, it may be instructive to look at one example. You see the following text in a German newspaper and are interested in working out what it is about.

Contextual clues here include the word in large type which you would probably recognize as a German name, something that looks like a date below, and the name and address at the bottom. Some 'form' words such as 'wir', 'sind', 'und' and 'Tochter' will be familiar to you from your general studies in German. Given that we are dealing with

> *Wir sind glücklich
> über die Geburt
> unserer Tochter*
>
> # Julia
>
> am 5. Juni 1999
>
> *Christine und Artur Landgraf
> Vacher Straße 50 B, Köln*

a newspaper, you will probably have worked out by now that this could be an announcement placed in the 'Personal Column'.

So you have used a series of cultural, contextual and word-formation clues to get you to the point where you have understood that Christine and Artur Landgraf have placed this notice in the 'Personal Column' of the newspaper and that something happened to Julia on 5 November 1997. And you have reached this point *without* opening your dictionary once. Common sense and your knowledge of newspaper contents in this country might suggest that this must be an announcement of someone's birth or death. Thus 'glücklich' ('happy') and 'Geburt' ('birth') become the only words that you might have to look up in order to confirm that this is indeed a birth announcement.

When learning German we are helped by the fact that some German and English words look and sound alike and have exactly the same meaning. Such words are called 'COGNATES' i.e. words derived from the same root. Many words come from a common Latin root. Other words are the same or nearly the same in both languages because the German language has borrowed a word from English or vice versa. The dictionary should not be necessary where cognates are concerned – provided you know the English word that the German word resembles!

Words With More Than One Meaning

The need to examine with care *all* the information contained in a dictionary entry must be stressed. This is particularly important with the many German words which have more than one meaning. For example, the German 'Zeit' can mean 'grammatical tense' as well as 'time'. How you translated the word would depend on the context in which you found it.

Similarly, if you were trying to translate a phrase such as 'sich vor etwas drücken', you would have to look through the whole entry for 'drücken' to get the right translation. If you restricted your search to the first couple of lines of the entry and saw that the first meaning given is 'press', you might be tempted to assume that the idiom meant 'to press o.s. in front of sth'. But if you examined the entry closely you would see that 'sich vor etwas drücken' means 'to get out of (doing) sth', as in the sentence 'Sie drückt sich immer vor dem Abwasch'.

The same need for care applies when you are using the English-German section of your dictionary to translate a word from English into German. Watch out in particular for the lozenges indicating changes in parts of speech.

If you want to translate 'You can't fool me', the capital letters at 'Narr' and 'Närrin' will remind you that these words are nouns. But watch what you are doing with the verbs or you could end up with a mistranslation like 'Sie können mich nicht herumalbern'!

Phrasal Verbs

Another potential source of difficulty is English phrasal verbs. These consist of a common verb ('go', 'make', etc.) plus an adverb and/or a preposition to give English expressions such as 'to take after', 'to make out', etc. Entries for such verbs tend to be fairly full; therefore close examination of the contents is required. Note how these verbs appear in colour within the entry.

fool [fu:l] *n* Narr *m*, Närrin *f* ♦ *vt* (*deceive*) hereinlegen ♦ *vi* (*also:* ~ **around**) (herum)albern; ~**hardy** *adj* tollkühn; ~**ish** *adj* albern; ~**proof** *adj* idiotensicher

make [meɪk] (*pt, pp* **made**) *vt* machen; (*appoint*) ernennen (zu); (*cause to do sth*) veranlassen; (*reach*) erreichen; (*in time*) schaffen; (*earn*) verdienen ♦ *n* Marke *f*; **to ~ sth happen** etw geschehen lassen; **to ~ it** es schaffen; **what time do you ~ it?** wie spät hast du es?; **to ~ do with** auskommen mit; **~ for** *vi* gehen/fahren nach; **~ out** *vt* (*write out*) ausstellen; (*understand*) verstehen; **~ up** *vt* machen; (*face*) schminken; (*quarrel*) beilegen; (*story etc*) erfinden ♦ *vi* sich versöhnen; **~ up for** *vt* wieder gutmachen; (*COMM*) vergüten; **~believe** *n* Fantasie *f*; **~r** *n* (*COMM*) Hersteller *m*; **~shift** *adj* behelfsmäßig, Not-; **~up** *n* Schminke *f*, Make-up *nt*; **~up remover** *n* Make-up-Entferner *m*; **making** *n*: **in the making** im Entstehen; **to have the makings of** das Zeug haben zu

False Friends

Some German and English words have similar forms *and* meanings. There are, however, German words which *look* like English words but have a completely *different* meaning. For example, 'blank' in German means 'bright'; 'Probe' means 'rehearsal'; 'bilden' means 'to educate'. This can easily lead to serious mistranslations.

Sometimes the meaning of the German word is close to the English. For example, 'die Chips' are 'potato crisps' rather than 'chips'; 'der Hund' means a dog of any sort, not just a 'hound'. But some German words have two meanings, one the same as the English, the other completely different! 'Golf' can mean 'gulf' as well as 'golf'; 'senden' can mean 'to send' but can also mean 'to transmit/broadcast'.

Such words are often referred to as 'false friends'. You will have to look at the context in which they appear in order to arrive at the correct meaning. If they seem to fit with the sense of the passage as a whole, it will probably not be necessary to look them up. If they don't make sense, however, you may be dealing with 'false friends'.

WORDGAME 17

WORDS IN CONTEXT

Study the sentences below. Translations of the underlined words are given at the bottom. Match the number of the sentence and the letter of the translation correctly each time.

1. Sprich bitte lauter, ich kann dich nicht hören.

2. Er hört den ganzen Tag Radio.

3. Kannst du das Licht ausmachen, wenn du ins Bett gehst?

4. Können wir heute schon einen Termin ausmachen?

5. Seine Frau saß am Steuer, als der Unfall passierte.

6. Ich muss dieses Jahr viel Steuern nachzahlen.

7. Die Nachfrage nach japanischen Autos ist groß.

8. Aufgrund meiner Nachfrage konnte ich dann doch etwas erfahren.

9. Das Haus wird auf meinen Namen umgeschrieben.

10. Das Referat musst du völlig umschreiben.

11. Sind die Äpfel schon reif?

12. Für ihr Alter wirkt sie schon ziemlich reif.

a. demand	e. ripe	i. steering wheel
b. transferred	f. inquiry	j. listens to
c. turn off	g. mature	k. agree
d. hear	h. rewrite	l. tax

WORDGAME 18
FALSE FRIENDS

Look at the advertisements below. The words which have been shaded resemble English words but have different meanings here. Find a correct translation for each word in the context.

1

Reformhaus
Neustr. 23
Sonderangebot:
Vollkornbrot 2, 78 DM

2

Hotel Olympia

Alle Zimmer mit Dusche/WC
Gemütliche Atmosphäre
Bitte Prospekt anfordern

Heinrichstraße 51 –
7000 STUTTGART 25
Tel. 0711/21 56 93

3

KP- Chef Italiens fliegt
morgen nach New York

4

W. Meinzer   Lebensmittel
Heute Chips
im
Sonderangebot

5

**Der Mann
im
Smoking**

6

Clinton
will wieder
Präsident der
USA werden

7

Nach der
Jahrtausendwende
erst mit 65 in
Rente

8

Europaparlament

Fraktions-Flanke abdecken

9

**Reise sorgenfrei
mit diesen Drei**

Reisescheck
Devisen
Sparkassenbuch

BEZIRKSSPARKASSE HAUSACH
Hauptstr. 14

WORDGAME 19

WORDS WITH MORE THAN ONE MEANING

Look at the advertisements and headlines below. The words which have been shaded can have more than one meaning. Use your dictionary to help you work out the correct translation in the context.

1

**Landespräsident
tritt
zurück**

2

Vermögen:

Vom kleinen zum
großen Geld

3

Ich weiß, wie ich
Schmerzen schnell los werde

Parazetamol
Aus Ihrer Apotheke

4

**Heinrich Wohnmobile
GmbH**

Spezialisten bieten
günstige Preise

5

Hotel Restaurant
Seeberger

Alle Preise inklusive
Bedienung

Marktplatz 12
Loßurg   Telefon (07165) 33 14

6

Müsli – Riegel

von Cadbury

– gibt Kraft und Energie!

7

Hotel – Pension Miramar

Behagliche Atmosphäre
Günstige Nachsaisonpreise

Strandstr. 6,
24340 Eckernförde
Telefon (04269) 29 51

8

Das Blatt
Finanz- und
Wirtschaftszeitung

HAVE FUN WITH YOUR DICTIONARY

Here are some word games for you to try. You will find your dictionary helpful as you attempt the activities.

WORDGAME 20
CODED WORDS

In the boxes below the letters of eight German words have been replaced by numbers. A number represents the same letter each time.

Try to crack the code and find the eight words. If you need help, use your dictionary.

Here is a clue: all the words you are looking for have something to do with TRANSPORT.

1 | W¹ | A² | G³ | 4 | 5 |

2 | 10 | 8 | 11 | 11 | 4 | 10 |

3 | 12 | 2 | 13 | 14 |

4 | 9 | 2 | 7 | 10 | 10 | 2 | 19 |

5 | 9 | 11 | 16 | 3 | 15 | 4 | 16 | 3 |

6 | 6 | 2 | 7 | 5 | 7 | 8 | 9 |

7 | 15 | 16 | 3 |

8 | 11 | 2 | 18 | 12 | 1 | 2 | 3 | 4 | 5 |

WORDGAME 21

BEHEADED WORDS

If you 'behead' certain German words, i.e. take away their first letter, you are left with another German word. For example, if you behead 'Kleider' (= 'clothes'), you get 'leider' (= 'unfortunately'), and 'dort' (= 'there') gives 'Ort' (= 'place').

The following words have their heads chopped off, i.e. the first letter has been removed. Use your dictionary to help you form a new German word by adding one letter to the start of each word below. Write down the new German word and its meaning.

1. ragen (= to tower)

2. tollen (= to romp)

3. nie (= never)

4. Rand (= edge)

5. oben (= above)

6. ich (= I)

7. Rad (= wheel)

8. innen (= inside)

9. raten (= to guess)

10. indisch (= Indian)

11. eigen (=own)

12. eben (= level)

13. Ohr (= ear)

14. pur (= pure)

WORDGAME 22

CROSSWORD

Complete this crossword by looking up the words listed below in the English-German section of your dictionary. Remember to read through the entry carefully to find the word that will fit.

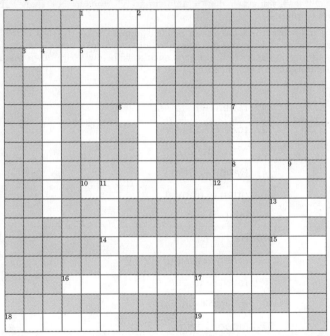

1. Heavily
2. Tearful
3. Meal
4. To record
5. Mood
6. Sad
7. Smooth
8. Deaf
9. To reassure
10. (A piece of) news
11. To start up (a car)
12. Tap
13. Place
14. To withdraw
15. Clock
16. To dirty
17. Day
18. To fold
19. Profit

WORDGAME 23

There are twelve German words hidden in the grid below. Each word is made up of five letters but has been split into two parts.

Find the German words. Each group of letters can only be used once.

Use your dictionary to help you.

Re	ten	cke	er	Lad	Na
rbe	Sch	tr	Sip	eh	wei
unt	en	He	am	ank	pe
ren	be	ne	cht	se	ben

WORDGAME 24

Here is a list of German words for things you will find in the kitchen. Unfortunately, they have all been jumbled up. Try to work out what each word is and put the word in the boxes on the right. You will see that there are six shaded boxes below. With the six letters in the shaded boxes make up <u>another</u> German word for an object you can find in the kitchen.

1. CSIHT   Die Kinder decken den ___

2. DERH   Die Kasserolle steht auf dem ___

3. RSNAHKC   Ist die Kaffeekanne in diesem ___ ?

4. SAETS   Sie gießt den Tee in die ___

5. SRIGHCRE   Das ___ liegt im Spülbecken

6. HKRÜHNSKCLA   Hol die Milch aus dem ___ heraus

The word you are looking for is:

318

WORDGAME 25

Take the four letters given each time and put them in the four empty boxes in the centre of each grid. Arrange them in such a way that you form four six-letter words. Use your dictionary to check the words.

ANSWERS

WORDGAME 1

1	gekannt	6	zahle
2	Aktien	7	einschreiben
3	Kino	8	übel
4	kaufen	9	Ganz
5	Pudel	10	Tante

WORDGAME 2

1	gerecht	7	Wade
2	erreichen	8	Ort
3	erfahren	9	fassen
4	Herbst	10	Stelle
5	treffen	11	Gleis
6	schwer	12	Heim

WORDGAME 3

Morgenrock+Hausschuhe
Handtasche+Lederwaren
Bett+Decke
Kirchturm+Glockengeläut
Fisch+Schuppe
Nest+Elster
Diplom+Student
Buch+Regal

WORDGAME 4

1	Weise *or* Sorte	6	berühmt
2	versuchen	7	Last
3	Brand	8	Karte
4	passieren	9	treffen
5	Überheblichkeit	10	Tendenz

WORDGAME 5

2	Nacht	5	Natur	6	neureich

WORDGAME 6

1	leugnen	6	Armut
2	verstecken	7	lärmend
3	schuldig	8	abreisen
4	verkaufen	9	tapfer
5	erlauben	10	sauber

WORDGAME 7

1	Frikadelle	6	nautisch
2	Spur	7	Gewölbe
3	fein	8	keuchen
4	Lüge	9	mögen
5	Stachel	10	glaubwürdig

WORDGAME 8

1 The sentence is much too long.
2 Underline every clause which starts with a conjunction.
3 Everybody knows Pythagoras' theorem.
4 The orchestra performed the last movement really well.
5 Steffi Graf hasn't lost a set in the championships.
6 All the grounds were in the cup.
7 For deliveries abroad there is a different rate.
8 She jumped for joy.

WORDGAME 9

1	gestellt	7	gesprochen
2	Stelle	8	Sprachen
3	hoffentlich	9	Studium
4	hofft	10	studiert
5	betrügen	11	kürzlich
6	Betrüger	12	gekürzt

WORDGAME 11

1	adj	6	adv
2	noun	7	adj
3	noun	8	verb
4	verb	9	verb
5	adv	10	adj

WORDGAME 12

1 der/das
2 die/das
3 das (or ein)/der
4 der/das
5 der/der
6 eine/den

WORDGAME 13

1	englisch	7	alt
2	rot	8	schwarz
3	letzte(r, s)	9	groß
4	klein	10	heftig
5	lang	11	siebte(r, s)
6	gut	12	neu

WORDGAME 14

ich sah
du schläfst
ich bin gewesen
ich schlug
ich habe angerufen
er fährt ab
ich habe studiert
ich hatte
du fängst an
er wäscht
ich wurde
ich habe genommen

WORDGAME 15

gesungen	gelegen
gebissen	gelogen
gebracht	geschnitten
gefroren	gekannt
gerieben	gemocht
gewonnen	gewusst
geholfen	gekonnt
geschehen	

WORDGAME 16

1	vergessen	9	fahren
2	anrufen	10	einladen
3	ankommen	11	bekommen
4	festhalten	12	lesen
5	sein	13	sterben
6	können	14	wegwerfen
7	fliegen	15	mitnehmen
8	werden		

WORDGAME 17

1	d	5	i	9	b
2	j	6	l	10	h
3	c	7	a	11	e
4	k	8	f	12	g

WORDGAME 18

1. health food shop
2. brochure
3. boss
4. crisps
5. dinner jacket
6. wants
7. pension
8. parliamentary party
9. foreign currency

WORDGAME 19

1. resigns
2. wealth
3. know
4. offer
5. service
6. bar
7. guesthouse
8. newspaper

WORDGAME 20

1. Wagen
2. Roller
3. Taxi
4. Fahrrad
5. Flugzeug
6. Bahnhof
7. Zug
8. Lastwagen

WORDGAME 21

1. tragen (= to carry); fragen (= to ask)
2. Stollen (= gallery)
3. Knie (= knee)
4. Brand (= fire)
5. loben (= to praise)
6. dich (= you); sich (= oneself); mich (= me)
7. Grad (= degree)
8. sinnen (= to ponder); rinnen (= to trickle)
9. braten (= to roast)
10. kindisch (= childish)
11. zeigen (= to show); neigen (= to incline)
12. geben (= to give); leben (= to live); neben (= next to); beben (= to tremble); heben (= to raise); weben (= to weave)
13. Rohr (= pipe, tube)
14. Spur (= race)

WORDGAME 22

1. schwer
2. weinerlich
3. Mahlzeit
4. aufnehmen
5. Laune
6. traurig
7. glatt
8. taub
9. beruhigen
10. Nachricht
11. anlassen
12. Hahn
13. Ort
14. abheben
15. Uhr
16. beschmutzen
17. Tag
18. falten
19. Gewinn

322

WORDGAME 23

1	Recht	7	neben
2	Laden	8	Sippe
3	Hecke	9	unter
4	ehren	10	Scham
5	beten	11	weise
6	Narbe	12	trank

WORDGAME 24

1	Tisch	4	Tasse
2	Herd	5	Geschirr
3	Schrank	6	Kühlschrank

Hidden word – KESSEL

WORDGAME 25

323

ENGLISH – GERMAN
ENGLISCH – DEUTSCH

A, a

A [eɪ] n (MUS) A nt; ~ **road**
Hauptverkehrsstraße f

KEYWORD

a [eɪ, ə] (before vowel or silent h: an) indef art **1**
ein; eine; **a woman** eine Frau; **a book** ein
Buch; **an eagle** ein Adler; **she's a doctor**
sie ist Ärztin

2 (instead of the number "one") ein, eine; **a
year ago** vor einem Jahr; **a hundred/
thousand** etc **pounds** (ein) hundert/(ein)
tausend etc Pfund

3 (in expressing ratios, prices etc) pro; **3 a
day/week** 3 pro Tag/Woche, 3 am Tag/in
der Woche; **10 km an hour** 10 km pro
Stunde/in der Stunde

A.A. n abbr = **Alcoholics Anonymous**;
(BRIT) = **Automobile Association**
A.A.A. (US) n abbr = **American Automobile
Association**
aback [ə'bæk] adv: **to be taken** ~ verblüfft
sein
abandon [ə'bændən] vt (give up) aufgeben;
(desert) verlassen ♦ n Hingabe f
abate [ə'beɪt] vi nachlassen, sich legen
abattoir ['æbətwɑːr] (BRIT) n Schlachthaus nt
abbey ['æbɪ] n Abtei f
abbot ['æbət] n Abt m
abbreviate [ə'briːvɪeɪt] vt abkürzen;
abbreviation [əbriːvɪ'eɪʃən] n Abkürzung f
abdicate ['æbdɪkeɪt] vt aufgeben ♦ vi
abdanken
abdomen ['æbdəmən] n Unterleib m
abduct [æb'dʌkt] vt entführen
aberration [æbə'reɪʃən] n (geistige)
Verwirrung f
abet [ə'bet] vt see **aid**
abeyance [ə'beɪəns] n: **in** ~ in der Schwebe;
(disuse) außer Kraft

abide [ə'baɪd] vt vertragen; leiden; ~ **by** vt
sich halten an +acc
ability [ə'bɪlɪtɪ] n (power) Fähigkeit f; (skill)
Geschicklichkeit f
abject ['æbdʒekt] adj (liar) übel; (poverty)
größte(r, s); (apology) zerknirscht
ablaze [ə'bleɪz] adj in Flammen
able ['eɪbl] adj geschickt, fähig; **to be ~ to
do sth** etw tun können; ~-**bodied**
['eɪbl'bɔdɪd] adj kräftig; (seaman) Voll-; **ably**
['eɪblɪ] adv geschickt
abnormal [æb'nɔːməl] adj regelwidrig,
abnorm
aboard [ə'bɔːd] adv, prep an Bord +gen
abode [ə'bəud] n: **of no fixed** ~ ohne festen
Wohnsitz
abolish [ə'bɔlɪʃ] vt abschaffen; **abolition**
[æbə'lɪʃən] n Abschaffung f
abominable [ə'bɔmɪnəbl] adj scheußlich
aborigine [æbə'rɪdʒɪnɪ] n Ureinwohner m
abort [ə'bɔːt] vt abtreiben; fehlgebären; ~**ion**
[ə'bɔːʃən] n Abtreibung f; (miscarriage)
Fehlgeburt f; ~**ive** adj misslungen
abound [ə'baund] vi im Überfluss vorhanden
sein; **to ~ in** Überfluss haben an +dat

KEYWORD

about [ə'baut] adv **1** (approximately) etwa,
ungefähr; **about a hundred/thousand** etc
etwa hundert/tausend etc; **at about 2
o'clock** etwa um 2 Uhr; **I've just about
finished** ich bin gerade fertig

2 (referring to place) herum, umher; **to
leave things lying about** Sachen
herumliegen lassen; **to run/walk** etc **about**
herumrennen/gehen etc

3: to be about to do sth im Begriff sein,
etw zu tun; **he was about to go to bed** er
wollte gerade ins Bett gehen

♦ prep **1** (relating to) über +acc; **a book**

about London ein Buch über London; **what is it about?** worum geht es?; (*book etc*) wovon handelt es?; **we talked about it** wir haben darüber geredet; **what** or **how about doing this?** wollen wir das machen? **2** (*referring to place*) um (... herum); **to walk about the town** in der Stadt herumgehen; **her clothes were scattered about the room** ihre Kleider waren über das ganze Zimmer verstreut

---

about-turn [ə'baut'tə:n] *n* Kehrtwendung *f*
above [ə'bʌv] *adv* oben ♦ *prep* über; **~ all** vor allem; **~ board** *adj* offen, ehrlich
abrasive [ə'breɪzɪv] *adj* Abschleif-; (*personality*) zermürbend, aufreibend
abreast [ə'brest] *adv* nebeneinander; **to keep ~ of** Schritt halten mit
abroad [ə'brɔːd] *adv* (*be*) im Ausland; (*go*) ins Ausland
abrupt [ə'brʌpt] *adj* (*sudden*) abrupt, jäh; (*curt*) schroff; **~ly** *adv*
abscess [ˈæbsɪs] *n* Geschwür *nt*
abscond [əb'skɔnd] *vi* flüchten, sich davonmachen
abseil [ˈæbseɪl] *vi* (*also:* **~ down**) sich abseilen
absence [ˈæbsəns] *n* Abwesenheit *f*
absent [ˈæbsənt] *adj* abwesend, nicht da; (*lost in thought*) geistesabwesend; **~-minded** *adj* zerstreut
absolute [ˈæbsəluːt] *adj* absolut; (*power*) unumschränkt; (*rubbish*) vollkommen, rein; **~ly** [æbsəˈluːtlɪ] *adv* absolut, vollkommen; **~ly!** ganz bestimmt!
absolve [əb'zɔlv] *vt* entbinden; freisprechen
absorb [əb'zɔːb] *vt* aufsaugen, absorbieren; (*fig*) ganz in Anspruch nehmen, fesseln; **to be ~ed in a book** in ein Buch vertieft sein; **~ent cotton** (*US*) *n* Verbandwatte *f*; **~ing** *adj* aufsaugend; (*fig*) packend; **absorption** [əb'sɔːpʃən] *n* Aufsaugung *f*, Absorption *f*; (*fig*) Versunkenheit *f*
abstain [əb'steɪn] *vi* (*in vote*) sich enthalten; **to ~ from** (*keep from*) sich enthalten +*gen*
abstemious [əb'stiːmɪəs] *adj* enthaltsam
abstinence [ˈæbstɪnəns] *n* Enthaltsamkeit *f*

abstract [ˈæbstrækt] *adj* abstrakt
absurd [əb'səːd] *adj* absurd
abundance [ə'bʌndəns] *n*: **~ (of)** Überfluss *m* (an +*dat*); **abundant** [ə'bʌndənt] *adj* reichlich
abuse [*n* ə'bjuːs, *vb* ə'bjuːz] *n* (*rude language*) Beschimpfung *f*; (*ill usage*) Missbrauch *m*; (*bad practice*) (Amts)missbrauch *m* ♦ *vt* (*misuse*) missbrauchen; **abusive** [ə'bjuːsɪv] *adj* beleidigend, Schimpf-
abysmal [ə'bɪzməl] *adj* scheußlich; (*ignorance*) bodenlos
abyss [ə'bɪs] *n* Abgrund *m*
AC *abbr* (= *alternating current*) Wechselstrom *m*
academic [ækə'demɪk] *adj* akademisch; (*theoretical*) theoretisch ♦ *n* Akademiker(in) *m(f)*
academy [ə'kædəmɪ] *n* (*school*) Hochschule *f*; (*society*) Akademie *f*
accelerate [æk'seləreɪt] *vi* schneller werden; (*AUT*) Gas geben ♦ *vt* beschleunigen; **acceleration** [æksələ'reɪʃən] *n* Beschleunigung *f*; **accelerator** [æk'seləreɪtə] *n* Gas(pedal) *nt*
accent [ˈæksənt] *n* Akzent *m*, Tonfall *m*; (*mark*) Akzent *m*; (*stress*) Betonung *f*
accept [ək'sept] *vt* (*take*) annehmen; (*agree to*) akzeptieren; **~able** *adj* annehmbar; **~ance** *n* Annahme *f*
access [ˈækses] *n* Zugang *m*; **~ible** [æk'sesəbl] *adj* (*easy to approach*) zugänglich; (*within reach*) (leicht) erreichbar
accessory [æk'sesərɪ] *n* Zubehörteil *nt*; **toilet accessories** Toilettenartikel *pl*
accident [ˈæksɪdənt] *n* Unfall *m*; (*coincidence*) Zufall *m*; **by ~** zufällig; **~al** [æksɪ'dentl] *adj* unbeabsichtigt; **~ally** [æksɪ'dentəlɪ] *adv* zufällig; **~ insurance** *n* Unfallversicherung *f*; **~-prone** *adj*: **to be ~-prone** zu Unfällen neigen
acclaim [ə'kleɪm] *vt* zujubeln +*dat* ♦ *n* Beifall *m*
acclimatize [ə'klaɪmətaɪz] *vt*: **to become ~d (to)** sich gewöhnen (an +*acc*), sich akklimatisieren (in +*dat*)
accommodate [ə'kɔmədeɪt] *vt*

unterbringen; (*hold*) Platz haben für; (*oblige*) (aus)helfen +*dat*

accommodating [ə'kɒmədeɪtɪŋ] *adj* entgegenkommend

accommodation [əkɒmə'deɪʃən] (*US* **accommodations**) *n* Unterkunft *f*

accompany [ə'kʌmpənɪ] *vt* begleiten

accomplice [ə'kʌmplɪs] *n* Helfershelfer *m*, Komplize *m*

accomplish [ə'kʌmplɪʃ] *vt* (*fulfil*) durchführen; (*finish*) vollenden; (*aim*) erreichen; ~**ed** *adj* vollendet, ausgezeichnet; ~**ment** *n* (*skill*) Fähigkeit *f*; (*completion*) Vollendung *f*; (*feat*) Leistung *f*

accord [ə'kɔ:d] *n* Übereinstimmung *f* ♦ *vt* gewähren; **of one's own ~** freiwillig; ~**ing to** nach, laut +*gen*; ~**ance** *n*: **in ~ance with** in Übereinstimmung mit; ~**ingly** *adv* danach, dementsprechend

accordion [ə'kɔ:dɪən] *n* Akkordeon *nt*

accost [ə'kɒst] *vt* ansprechen

account [ə'kaunt] *n* (*bill*) Rechnung *f*; (*narrative*) Bericht *m*; (*report*) Rechenschaftsbericht *m*; (*in bank*) Konto *nt*; (*importance*) Geltung *f*; ~**s** *npl* (*FIN*) Bücher *pl*; **on ~** auf Rechnung; **of no ~** ohne Bedeutung; **on no ~** keinesfalls; **on ~ of** wegen; **to take into ~** berücksichtigen; ~ **for** *vt fus* (*expenditure*) ablegen für; **how do you ~ for that?** wie erklären Sie (sich) das?; ~**able** *adj* verantwortlich; ~**ancy** [ə'kauntənsɪ] *n* Buchhaltung *f*; ~**ant** [ə'kauntənt] *n* Wirtschaftsprüfer(in) *m(f)*; ~ **number** *n* Kontonummer *f*

accumulate [ə'kju:mjuleɪt] *vt* ansammeln ♦ *vi* sich ansammeln

accuracy ['ækjurəsɪ] *n* Genauigkeit *f*

accurate ['ækjurɪt] *adj* genau; ~**ly** *adv* genau, richtig

accusation [ækju'zeɪʃən] *n* Anklage *f*, Beschuldigung *f*

accuse [ə'kju:z] *vt* anklagen, beschuldigen; ~**d** *n* Angeklagte(r) *f(m)*

accustom [ə'kʌstəm] *vt*: **to ~ sb (to sth)** jdn (an etw *acc*) gewöhnen; ~**ed** *adj* gewohnt

ace [eɪs] *n* Ass *nt*; (*inf*) Ass *nt*, Kanone *f*

ache [eɪk] *n* Schmerz *m* ♦ *vi* (*be sore*) schmerzen, wehtun

achieve [ə'tʃi:v] *vt* zustande *or* zu Stande bringen; (*aim*) erreichen; ~**ment** *n* Leistung *f*; (*act*) Erreichen *nt*

acid ['æsɪd] *n* Säure *f* ♦ *adj* sauer, scharf; ~ **rain** *n* saure(r) Regen *m*

acknowledge [ək'nɒlɪdʒ] *vt* (*receipt*) bestätigen; (*admit*) zugeben; ~**ment** *n* Anerkennung *f*; (*letter*) Empfangsbestätigung *f*

acne ['æknɪ] *n* Akne *f*

acorn ['eɪkɔ:n] *n* Eichel *f*

acoustic [ə'ku:stɪk] *adj* akustisch; ~**s** *npl* Akustik *f*

acquaint [ə'kweɪnt] *vt* vertraut machen; **to be ~ed with sb** mit jdm bekannt sein; ~**ance** *n* (*person*) Bekannte(r) *f(m)*; (*knowledge*) Kenntnis *f*

acquire [ə'kwaɪə*] *vt* erwerben; **acquisition** [ækwɪ'zɪʃən] *n* Errungenschaft *f*; (*act*) Erwerb *m*

acquit [ə'kwɪt] *vt* (*free*) freisprechen; **to ~ o.s. well** sich bewähren; ~**tal** *n* Freispruch *m*

acre ['eɪkə*] *n* Morgen *m*

acrid ['ækrɪd] *adj* (*smell, taste*) bitter; (*smoke*) beißend

acrobat ['ækrəbæt] *n* Akrobat *m*

across [ə'krɒs] *prep* über +*acc* ♦ *adv* hinüber, herüber; **he lives ~ the river** er wohnt auf der anderen Seite des Flusses; **ten metres ~** zehn Meter breit; **he lives ~ from us** er wohnt uns gegenüber; **to run/swim ~** hinüberlaufen/schwimmen

acrylic [ə'krɪlɪk] *adj* Acryl-

act [ækt] *n* (*deed*) Tat *f*; (*JUR*) Gesetz *nt*; (*THEAT*) Akt *m*; (: *turn*) Nummer *f* ♦ *vi* (*take ~ion*) handeln; (*behave*) sich verhalten; (*pretend*) vorgeben; (*THEAT*) spielen ♦ *vt* (*in play*) spielen; **to ~ as** fungieren als; ~**ing** *adj* stellvertretend ♦ *n* Schauspielkunst *f*; (*performance*) Aufführung *f*

action ['ækʃən] *n* (*deed*) Tat *f*; Handlung *f*; (*motion*) Bewegung *f*; (*way of working*) Funktionieren *nt*; (*battle*) Einsatz *m*, Gefecht *nt*; (*lawsuit*) Klage *f*, Prozess *m*; **out of ~**

(person) nicht einsatzfähig; *(thing)* außer Betrieb; **to take ~** etwas unternehmen; **~ replay** *n (TV)* Wiederholung *f*

activate ['æktıveıt] *vt (mechanism)* betätigen; *(CHEM, PHYS)* aktivieren

active ['æktıv] *adj (brisk)* rege, tatkräftig; *(working)* aktiv; *(GRAM)* aktiv, Tätigkeits-; **~ly** *adv* aktiv; *(dislike)* offen

activity [æk'tıvıtı] *n* Aktivität *f; (doings)* Unternehmungen *pl; (occupation)* Tätigkeit *f;* **~ holiday** *n* Aktivurlaub *m*

actor ['æktə'] *n* Schauspieler *m*

actress ['æktrıs] *n* Schauspielerin *f*

actual ['æktjuəl] *adj* wirklich; **~ly** *adv* tatsächlich; **~ly no** eigentlich nicht

acumen ['ækjumən] *n* Scharfsinn *m*

acute [ə'kju:t] *adj (severe)* heftig, akut; *(keen)* scharfsinnig

ad [æd] *n abbr* = **advertisement**

A.D. *adv abbr (= Anno Domini)* n. Chr.

adamant ['ædəmənt] *adj* eisern; hartnäckig

adapt [ə'dæpt] *vt* anpassen ♦ *vi:* **to ~ (to)** sich anpassen (an +*acc*); **~able** *adj* anpassungsfähig; **~ation** [ædæp'teıʃən] *n (THEAT etc)* Bearbeitung *f; (adjustment)* Anpassung *f;* **~er, ~or** *n (ELEC)* Zwischenstecker *m*

add [æd] *vt (join)* hinzufügen; *(numbers: also:* **~ up)** addieren; **~ up** *vi (make sense)* stimmen; **~ up to** *vt fus* ausmachen

adder ['ædə'] *n* Kreuzotter *f,* Natter *f*

addict ['ædıkt] *n* Süchtige(r) *f(m);* **~ed** [ə'dıktıd] *adj:* **~ed to** -süchtig; **~ion** [ə'dıkʃən] *n* Sucht *f;* **~ive** [ə'dıktıv] *adj:* **to be ~ive** süchtig machen

addition [ə'dıʃən] *n* Anhang *m,* Addition *f; (MATH)* Addition *f,* Zusammenzählen *nt;* **in ~** zusätzlich, außerdem; **~al** *adj* zusätzlich, weiter

additive ['ædıtıv] *n* Zusatz *m*

address [ə'dres] *n* Adresse *f; (speech)* Ansprache *f* ♦ *vt (letter)* adressieren; *(speak to)* ansprechen; *(make speech to)* eine Ansprache halten an +*acc*

adept ['ædept] *adj* geschickt; **to be ~ at** gut sein in +*dat*

adequate ['ædıkwıt] *adj* angemessen

adhere [əd'hıə'] *vi:* **to ~ to** haften an +*dat; (fig)* festhalten an +*dat*

adhesive [əd'hi:zıv] *adj* klebend; Kleb(e)- ♦ *n* Klebstoff *m;* **~ tape** *n (BRIT)* Klebestreifen *m; (US)* Heftpflaster *nt*

ad hoc [æd'hɔk] *adj (decision, committee)* Ad-hoc- ♦ *adv* ad hoc

adjacent [ə'dʒeısənt] *adj* benachbart; **~ to** angrenzend an +*acc*

adjective ['ædʒektıv] *n* Adjektiv *nt,* Eigenschaftswort *nt*

adjoining [ə'dʒɔınıŋ] *adj* benachbart, Neben-

adjourn [ə'dʒə:n] *vt* vertagen ♦ *vi* abbrechen

adjudicate [ə'dʒu:dıkeıt] *vi* entscheiden, ein Urteil fällen

adjust [ə'dʒʌst] *vt (alter)* anpassen; *(put right)* regulieren, richtig stellen ♦ *vi* sich anpassen; **~able** *adj* verstellbar

ad-lib [æd'lıb] *vt, vi* improvisieren ♦ *adv:* **ad lib** aus dem Stegreif

administer [əd'mınıstə'] *vt (manage)* verwalten; *(dispense)* ausüben; *(justice)* sprechen; *(medicine)* geben; **administration** [ədmınıs'treıʃən] *n* Verwaltung *f; (POL)* Regierung *f;* **administrative** [əd'mınıstrətıv] *adj* Verwaltungs-; **administrator** [əd'mınıstreıtə'] *n* Verwaltungsbeamte(r) *f(m)*

Admiralty ['ædmərəltı] *(BRIT) n* Admiralität *f*

admiration [ædmə'reıʃən] *n* Bewunderung *f*

admire [əd'maıə'] *vt (respect)* bewundern; *(love)* verehren; **~r** *n* Bewunderer *m*

admission [əd'mıʃən] *n (entrance)* Einlass *m; (fee)* Eintritt(spreis *m) m; (confession)* Geständnis *nt;* **~ charge** *n* Eintritt(spreis) *m*

admit [əd'mıt] *vt (let in)* einlassen; *(confess)* gestehen; *(accept)* anerkennen; **~tance** *n* Zulassung *f;* **~tedly** *adv* zugegebenermaßen

admonish [əd'mɔnıʃ] *vt* ermahnen

ad nauseam [æd'nɔ:sıæm] *adv (repeat, talk)* endlos

ado [ə'du:] *n:* **without more ~** ohne weitere Umstände

adolescence [ædəu'lɛsns] *n* Jugendalter *nt*; **adolescent** [ædəu'lɛsnt] *adj* jugendlich ♦ *n* Jugendliche(r) *f(m)*

adopt [ə'dɔpt] *vt* (*child*) adoptieren; (*idea*) übernehmen; **~ion** [ə'dɔpʃən] *n* Adoption *f*; Übernahme *f*

adore [ə'dɔːʳ] *vt* anbeten; verehren

adorn [ə'dɔːn] *vt* schmücken

Adriatic [eidri'ætik] *n*: **the ~ (Sea)** die Adria

adrift [ə'drift] *adv* Wind und Wellen preisgegeben

adult ['ædʌlt] *n* Erwachsene(r) *f(m)*

adultery [ə'dʌltəri] *n* Ehebruch *m*

advance [əd'vɑːns] *n* (*progress*) Vorrücken *nt*; (*money*) Vorschuss *m* ♦ *vt* (*move forward*) vorrücken; (*money*) vorschießen; (*argument*) vorbringen ♦ *vi* vorwärts gehen; **in ~** im Voraus; **~ booking** *n* Vorverkauf *m*; **~d** *adj* (*ahead*) vorgerückt; (*modern*) fortgeschritten; (*study*) für Fortgeschrittene

advantage [əd'vɑːntidʒ] *n* Vorteil *m*; **to have an ~ over sb** jdm gegenüber im Vorteil sein; **to take ~ of** (*misuse*) ausnutzen; (*profit from*) Nutzen ziehen aus; **~ous** [ædvən'teidʒəs] *adj* vorteilhaft

advent ['ædvənt] *n* Ankunft *f*; **A~** Advent *m*

adventure [əd'ventʃəʳ] *n* Abenteuer *nt*; **adventurous** *adj* abenteuerlich, waghalsig

adverb ['ædvɜːb] *n* Adverb *nt*, Umstandswort *nt*

adversary ['ædvəsəri] *n* Gegner *m*

adverse ['ædvɜːs] *adj* widrig; **adversity** [əd'vɜːsiti] *n* Widrigkeit *f*, Missgeschick *nt*

advert ['ædvɜːt] *n* Anzeige *f*; **~ise** ['ædvətaiz] *vt* werben für ♦ *vi* annoncieren; **to ~ise for sth** etw (per Anzeige) suchen; **~isement** [əd'vɜːtismənt] *n* Anzeige *f*, Inserat *nt*; **~iser** *n* (*in newspaper etc*) Inserent *m*; **~ising** *n* Werbung *f*

advice [əd'vais] *n* Rat(schlag) *m*

advisable [əd'vaizəbl] *adj* ratsam

advise [əd'vaiz] *vt*: **to ~ (sb)** (jdm) raten; **~dly** [əd'vaizidli] *adv* (*deliberately*) bewusst; **~r** *n* Berater *m*; **advisory** [əd'vaizəri] *adj* beratend, Beratungs-

advocate [*vb* 'ædvəkeit, *n* 'ædvəkət] *vt* vertreten ♦ *n* Befürworter(in) *m(f)*

Aegean [iː'dʒiːən] *n*: **the ~ (Sea)** die Ägäis

aerial ['ɛəriəl] *n* Antenne *f* ♦ *adj* Luft-

aerobics [ɛə'rəubiks] *n* Aerobic *nt*

aerodynamic ['ɛərəudai'næmik] *adj* aerodynamisch

aeroplane ['ɛərəplein] *n* Flugzeug *nt*

aerosol ['ɛərəsɔl] *n* Aerosol *nt*; Sprühdose *f*

aesthetic [iːs'θɛtik] *adj* ästhetisch

afar [ə'fɑːʳ] *adv*: **from ~** aus der Ferne

affable ['æfəbl] *adj* umgänglich

affair [ə'fɛəʳ] *n* (*concern*) Angelegenheit *f*; (*event*) Ereignis *nt*; (*love ~*) Verhältnis *nt*; **~s** *npl* (*business*) Geschäfte *pl*

affect [ə'fɛkt] *vt* (*influence*) (ein)wirken auf +*acc*; (*move deeply*) bewegen; **this change doesn't ~ us** diese Änderung betrifft uns nicht; **~ed** *adj* affektiert, gekünstelt

affection [ə'fɛkʃən] *n* Zuneigung *f*; **~ate** *adj* liebevoll

affiliated [ə'filieitid] *adj* angeschlossen

affinity [ə'finiti] *n* (*attraction*) gegenseitige Anziehung *f*; (*relationship*) Verwandtschaft *f*

affirmative [ə'fɜːmətiv] *adj* bestätigend

afflict [ə'flikt] *vt* quälen, heimsuchen

affluence ['æfluəns] *n* (*wealth*) Wohlstand *m*; **affluent** *adj* wohlhabend, Wohlstands-

afford [ə'fɔːd] *vt* sich *dat* leisten; (*yield*) bieten, einbringen

afield [ə'fiːld] *adv*: **far ~** weit fort

afloat [ə'fləut] *adj*: **to be ~** schwimmen

afoot [ə'fut] *adv* im Gang

afraid [ə'freid] *adj* ängstlich; **to be ~ of** Angst haben vor +*dat*; **to be ~ to do sth** sich scheuen, etw zu tun; **I am ~ I have ...** ich habe leider ...; **I'm ~ so/not** leider/leider nicht; **I am ~ that ...** ich fürchte(, dass) ...

afresh [ə'frɛʃ] *adv* von neuem

Africa ['æfrikə] *n* Afrika *nt*; **~n** *adj* afrikanisch ♦ *n* Afrikaner(in) *m(f)*

after ['ɑːftəʳ] *prep* nach; (*following, seeking*) hinter ... *dat* ... her; (*in imitation*) nach, im Stil von ♦ *adv*: **soon ~** bald danach ♦ *conj* nachdem; **what are you ~?** was wollen Sie?; **~ he left** nachdem er gegangen war; **~ you!** nach Ihnen!; **~ all** letzten Endes; **~ having shaved** als er sich rasiert hatte;

~effects *npl* Nachwirkungen *pl*; **~math** *n* Auswirkungen *pl*; **~noon** *n* Nachmittag *m*; **~s** (*inf*) *n* (*dessert*) Nachtisch *m*; **~-sales service** (*BRIT*) *n* Kundendienst *m*; **~shave (lotion)** *n* Rasierwasser *nt*; **~sun** *n* Aftersunlotion *f*; **~thought** *n* nachträgliche(r) Einfall *m*; **~wards** *adv* danach, nachher

again [ə'gɛn] *adv* wieder, noch einmal; (*besides*) außerdem, ferner; **~ and ~** immer wieder

against [ə'gɛnst] *prep* gegen

age [eɪdʒ] *n* (*of person*) Alter *nt*; (*in history*) Zeitalter *nt* ♦ *vi* altern, alt werden ♦ *vt* älter machen; **to come of ~** mündig werden; **20 years of ~** 20 Jahre alt; **it's been ~s since ...** es ist ewig her, seit ...

aged¹ [eɪdʒd] *adj* ... Jahre alt, -jährig

aged² [eɪdʒɪd] *adj* (*elderly*) betagt ♦ *npl*: **the ~ Alten** *pl*

age group *n* Altersgruppe *f*

age limit *n* Altersgrenze *f*

agency ['eɪdʒənsɪ] *n* Agentur *f*; Vermittlung *f*; (*CHEM*) Wirkung *f*; **through** *or* **by the ~ of ...** mithilfe *or* mit Hilfe von ...

agenda [ə'dʒɛndə] *n* Tagesordnung *f*

agent ['eɪdʒənt] *n* (*COMM*) Vertreter *m*; (*spy*) Agent *m*

aggravate ['ægrəveɪt] *vt* (*make worse*) verschlimmern; (*irritate*) reizen

aggregate ['ægrɪgɪt] *n* Summe *f*

aggression [ə'grɛʃən] *n* Aggression *f*; **aggressive** [ə'grɛsɪv] *adj* aggressiv

aghast [ə'gɑːst] *adj* entsetzt

agile ['ædʒaɪl] *adj* flink; agil; (*mind*) rege

agitate ['ædʒɪteɪt] *vt* rütteln; **to ~ for** sich stark machen für

AGM *n abbr* (= *annual general meeting*) JHV *f*

ago [ə'gəʊ] *adv*: **two days ~** vor zwei Tagen; **not long ~** vor kurzem; **it's so long ~** es ist schon so lange her

agog [ə'gɒg] *adj* gespannt

agonizing ['ægənaɪzɪŋ] *adj* quälend

agony ['ægənɪ] *n* Qual *f*; **to be in ~** Qualen leiden

agree [ə'griː] *vt* (*date*) vereinbaren ♦ *vi* (*have same opinion, correspond*) übereinstimmen;

(*consent*) zustimmen; (*be in harmony*) sich vertragen; **to ~ to sth** einer Sache *dat* zustimmen; **to ~ that ...** (*admit*) zugeben, dass ...; **to ~ to do sth** sich bereit erklären, etw zu tun; **garlic doesn't ~ with me** Knoblauch vertrage ich nicht; **I ~** einverstanden, ich stimme zu; **to ~ on sth** sich auf etw *acc* einigen; **~able** *adj* (*pleasing*) liebenswürdig; (*willing to consent*) einverstanden; **~d** *adj* vereinbart; **~ment** *n* (*~ing*) Übereinstimmung *f*; (*contract*) Vereinbarung *f*, Vertrag *m*; **to be in ~ment** übereinstimmen

agricultural [ægrɪ'kʌltʃərəl] *adj* landwirtschaftlich, Landwirtschafts-

agriculture ['ægrɪkʌltʃər] *n* Landwirtschaft *f*

aground [ə'graʊnd] *adv*: **to run ~** auf Grund laufen

ahead [ə'hɛd] *adv* vorwärts; **to be ~** voraus sein; **~ of time** der Zeit voraus; **go right** *or* **straight ~** gehen Sie geradeaus; fahren Sie geradeaus

aid [eɪd] *n* (*assistance*) Hilfe *f*, Unterstützung *f*; (*person*) Hilfe *f*; (*thing*) Hilfsmittel *nt* ♦ *vt* unterstützen, helfen *+dat*; **in ~ of** zugunsten *or* zu Gunsten *+gen*; **to ~ and abet sb** jdm Beihilfe leisten

aide [eɪd] *n* (*person*) Gehilfe *m*; (*MIL*) Adjutant *m*

AIDS [eɪdz] *n abbr* (= *acquired immune deficiency syndrome*) Aids *nt*; **AIDS-related** aidsbedingt

ailing ['eɪlɪŋ] *adj* kränkelnd

ailment ['eɪlmənt] *n* Leiden *nt*

aim [eɪm] *vt* (*gun, camera*) richten ♦ *vi* (*with gun: also*: **take ~**) zielen; (*intend*) beabsichtigen ♦ *n* (*intention*) Absicht *f*, Ziel *nt*; (*pointing*) Zielen *nt*, Richten *nt*; **to ~ at sth** auf etw dat richten; (*fig*) etw anstreben; **to ~ to do sth** vorhaben, etw zu tun; **~less** *adj* ziellos; **~lessly** *adv* ziellos

ain't [eɪnt] (*inf*) = **am not**; **are not**; **is not**; **has not**; **have not**

air [ɛər] *n* Luft *f*; (*manner*) Miene *f*, Anschein *m*; (*MUS*) Melodie *f* ♦ *vt* lüften; (*fig*) an die Öffentlichkeit bringen ♦ *cpd* Luft-; **by ~** (*travel*) auf dem Luftweg; **to be on the ~**

(RADIO, TV: programme) gesendet werden; ~bed (BRIT) n Luftmatratze f; ~-conditioned adj mit Klimaanlage; ~-conditioning n Klimaanlage f; ~craft n Flugzeug nt, Maschine f; ~craft carrier n Flugzeugträger m; ~field n Flugplatz m; ~force n Luftwaffe f; ~freshener n Raumspray nt; ~gun n Luftgewehr nt; ~hostess (BRIT) n Stewardess f; ~letter (BRIT) n Luftpostbrief m; ~lift n Luftbrücke f; ~line n Luftverkehrsgesellschaft f; ~liner n Verkehrsflugzeug nt; ~lock n Luftblase f; ~mail n: by ~mail mit Luftpost; ~miles npl ≃ Flugkilometer m; ~plane (US) n Flugzeug nt; ~port n Flughafen m, Flugplatz m; ~raid n Luftangriff m; ~sick adj luftkrank; ~space n Luftraum m; ~strip n Landestreifen m; ~terminal n Terminal m; ~tight adj luftdicht; ~traffic controller n Fluglotse m; ~y adj luftig; (manner) leichtfertig

aisle [aɪl] n Gang m; ~seat n Sitz m am Gang

ajar [ə'dʒɑːr] adv angelehnt; einen Spalt offen

alarm [ə'lɑːm] n (warning) Alarm m; (bell etc) Alarmanlage f; (anxiety) Sorge f ♦ vt erschrecken; ~call n (in hotel etc) Weckruf m; ~clock n Wecker m

Albania [æl'beɪnɪə] n Albanien nt

albeit [ɔːl'biːɪt] conj obgleich

album ['ælbəm] n Album nt

alcohol ['ælkəhɒl] n Alkohol m; ~-free adj alkoholfrei; ~ic [ælkə'hɒlɪk] adj (drink) alkoholisch ♦ n Alkoholiker(in) m(f); ~ism n Alkoholismus m

alert [ə'lɜːt] adj wachsam ♦ n Alarm m ♦ vt alarmieren; to be on the ~ wachsam sein

Algeria [æl'dʒɪərɪə] n Algerien nt

alias ['eɪlɪəs] adv alias ♦ n Deckname m

alibi ['ælɪbaɪ] n Alibi nt

alien ['eɪlɪən] n Ausländer m ♦ adj (foreign) ausländisch; (strange) fremd; ~to fremd +dat; ~ate vt entfremden

alight [ə'laɪt] adj brennend; (of building) in Flammen ♦ vi (descend) aussteigen; (bird) sich setzen

align [ə'laɪn] vt ausrichten

alike [ə'laɪk] adj gleich, ähnlich ♦ adv gleich, ebenso; to look ~ sich dat ähnlich sehen

alimony ['ælɪmənɪ] n Unterhalt m, Alimente pl

alive [ə'laɪv] adj (living) lebend; (lively) lebendig, aufgeweckt; ~ (with) (full of) voll (von), wimmelnd (von)

---KEYWORD---

all [ɔːl] adj alle(r, s); all day/night den ganzen Tag/die ganze Nacht; all men are equal alle Menschen sind gleich; all five came alle fünf kamen; all the books/food die ganzen Bücher/das ganze Essen; all the time die ganze Zeit (über); all his life sein ganzes Leben (lang)
♦ pron 1 alles; I ate it all, I ate all of it ich habe alles gegessen; all of us/the boys went wir gingen alle/alle Jungen gingen; we all sat down wir setzten uns alle
2 (in phrases): above all vor allem; after all schließlich; at all: not at all (in answer to question) überhaupt nicht; (in answer to thanks) gern geschehen; I'm not at all tired ich bin überhaupt nicht müde; anything at all will do es ist egal, welche(r, s); all in all alles in allem
♦ adv ganz; all alone ganz allein; it's not as hard as all that so schwer ist es nun auch wieder nicht; all the more/the better umso mehr/besser; all but fast; the score is 2 all es steht 2 zu 2

---

allay [ə'leɪ] vt (fears) beschwichtigen

all clear n Entwarnung f

allegation [ælɪ'geɪʃən] n Behauptung f

allege [ə'ledʒ] vt (declare) behaupten; (falsely) vorgeben; ~dly adv angeblich

allegiance [ə'liːdʒəns] n Treue f

allergic [ə'lɜːdʒɪk] adj: ~ (to) allergisch (gegen)

allergy ['ælədʒɪ] n Allergie f

alleviate [ə'liːvɪeɪt] vt lindern

alley ['ælɪ] n Gasse f, Durchgang m

alliance [ə'laɪəns] n Bund m, Allianz f

allied ['ælaɪd] adj vereinigt; (powers) alliiert; ~ (to) verwandt (mit)

all: ~-**in** (*BRIT*) *adj, adv* (*charge*) alles inbegriffen, Gesamt-; ~-**in wrestling** *n* Freistilringen *nt*; ~-**night** *adj* (*café, cinema*) die ganze Nacht geöffnet, Nacht-

allocate ['æləkeɪt] *vt* zuteilen

allot [ə'lɒt] *vt* zuteilen; ~-**ment** *n* (*share*) Anteil *m*; (*plot*) Schrebergarten *m*

all-out ['ɔ:laut] *adj* total; **all out** *adv* mit voller Kraft

allow [ə'lau] *vt* (*permit*) erlauben, gestatten; (*grant*) bewilligen; (*deduct*) abziehen; (*concede*): **to ~ that ...** annehmen, dass ...; **to ~ sb sth** jdm etw erlauben; **to ~ sb to do sth** jdm erlauben *or* gestatten, etw zu tun; ~ **for** *vt fus* berücksichtigen, einplanen; ~**ance** *n* Beihilfe *f*; **to make ~ances for** berücksichtigen

alloy ['ælɔɪ] *n* Metalllegierung *f*

all: ~ **right** *adv* (*well*) gut; (*correct*) richtig; (*as answer*) okay; ~-**round** *adj* (*sportsman*) allseitig, Allround-; (*view*) Rundum-; ~-**time** *adj* (*record, high*) ... aller Zeiten, Höchst-

allude [ə'lu:d] *vi:* **to ~ to** hinweisen auf +*acc*, anspielen auf +*acc*

alluring [ə'ljuərɪŋ] *adj* verlockend

ally [*n* 'ælaɪ, *vb* ə'laɪ] *n* Verbündete(r) *f(m)*; (*POL*) Alliierte(r) *f(m)* ♦ *vr:* **to ~ o.s. with** sich verbünden mit

almighty [ɔ:l'maɪtɪ] *adj* allmächtig

almond ['ɑ:mənd] *n* Mandel *f*

almost ['ɔ:lməust] *adv* fast, beinahe

alms [ɑ:mz] *npl* Almosen *nt*

alone [ə'ləun] *adj, adv* allein; **to leave sth ~** etw sein lassen; **let ~ ...** geschweige denn ...

along [ə'lɒŋ] *prep* entlang, längs ♦ *adv* (*onward*) vorwärts, weiter; ~ **with** zusammen mit; **he was limping ~** er humpelte einher; **all ~** (*all the time*) die ganze Zeit; ~**side** *adv* (*walk*) nebenher; (*come*) nebendran; (*be*) daneben ♦ *prep* (*walk, compared with*) neben +*dat*; (*come*) neben +*acc*; (*be*) entlang, neben +*dat*; (*of ship*) längsseits +*gen*

aloof [ə'lu:f] *adj* zurückhaltend ♦ *adv* fern; **to stand ~** abseits stehen

aloud [ə'laud] *adv* laut

alphabet ['ælfəbet] *n* Alphabet *nt*; ~**ical** [ælfə'betɪkl] *adj* alphabetisch

alpine ['ælpaɪn] *adj* alpin, Alpen-

Alps [ælps] *npl:* **the ~** die Alpen *pl*

already [ɔ:l'redɪ] *adv* schon, bereits

alright ['ɔ:l'raɪt] (*BRIT*) *adv* = **all right**

Alsatian [æl'seɪʃən] *n* (*dog*) Schäferhund *m*

also ['ɔ:lsəu] *adv* auch, außerdem

altar ['ɔltə'] *n* Altar *m*

alter ['ɔltə'] *vt* ändern; (*dress*) umändern; ~**ation** [ɔltə'reɪʃən] *n* Änderung *f*; Umänderung *f*; (*to building*) Umbau *m*

alternate [*adj* ɔl'tə:nɪt, *vb* 'ɔltə:neɪt] *adj* abwechselnd ♦ *vi* abwechseln; **on ~ days** jeden zweiten Tag

alternating ['ɔltə:neɪtɪŋ] *adj:* ~ **current** Wechselstrom *m*; **alternative** [ɔl'tə:nətɪv] *adj* andere(r, s) ♦ *n* Alternative *f*; **alternative medicine** Alternativmedizin *f*; **alternatively** *adv* in anderer Falle; **alternatively one could ...** oder man könnte ...; **alternator** ['ɔltə:neɪtə'] *n* (*AUT*) Lichtmaschine *f*

although [ɔ:l'ðəu] *conj* obwohl

altitude ['æltɪtju:d] *n* Höhe *f*

alto ['æltəu] *n* Alt *m*

altogether [ɔːltə'geðə'] *adv* (*on the whole*) im Ganzen genommen; (*entirely*) ganz und gar

aluminium [ælju'mɪnɪəm] (*BRIT*) *n* Aluminium *nt*

aluminum [ə'lu:mɪnəm] (*US*) *n* Aluminium *nt*

always ['ɔ:lweɪz] *adv* immer

Alzheimer's (disease) ['æltshaɪməz-] *n* (*MED*) Alzheimerkrankheit *f*

AM *n abbr* (= *Assembly Member*) Mitglied *nt* der walisischen Versammlung

am [æm] *see* **be**

a.m. *adv abbr* (= *ante meridiem*) vormittags

amalgamate [ə'mælgəmeɪt] *vi* (*combine*) sich vereinigen ♦ *vt* (*mix*) amalgamieren

amass [ə'mæs] *vt* anhäufen

amateur ['æmətə'] *n* Amateur *m*; (*pej*) Amateur *m*, Stümper *m*; ~**ish** (*pej*) *adj* dilettantisch, stümperhaft

amaze [ə'meɪz] *vt* erstaunen; **to be ~d (at)** erstaunt sein (über); ~**ment** *n* höchste(s)

Erstaunen *nt*; **amazing** *adj* höchst erstaunlich

Amazon ['æməzən] *n* (*GEOG*) Amazonas *m*

ambassador [æm'bæsədəᵊ] *n* Botschafter *m*

amber ['æmbəᵊ] *n* Bernstein *m*; **at ~** (*BRIT: AUT*) auf Gelb, gelb

ambiguous [æm'bɪgjuəs] *adj* zweideutig; (*not clear*) unklar

ambition [æm'bɪʃən] *n* Ehrgeiz *m*; **ambitious** *adj* ehrgeizig

amble ['æmbl] *vi* (*usu: ~ along*) schlendern

ambulance ['æmbjuləns] *n* Krankenwagen *m*; ~ **man** (*irreg*) *n* Sanitäter *m*

ambush ['æmbuʃ] *n* Hinterhalt *m* ♦ *vt* (aus dem Hinterhalt) überfallen

amenable [ə'miːnəbl] *adj* gefügig; ~ **(to)** (*reason*) zugänglich (+*dat*); (*flattery*) empfänglich (für)

amend [ə'mɛnd] *vt* (*law etc*) abändern, ergänzen; **to make ~s** etw wieder gutmachen; ~**ment** *n* Abänderung *f*

amenities [ə'miːnɪtɪz] *npl* Einrichtungen *pl*

America [ə'mɛrɪkə] *n* Amerika *nt*; ~**n** *adj* amerikanisch ♦ *n* Amerikaner(in) *m(f)*

amiable ['eɪmɪəbl] *adj* liebenswürdig

amicable ['æmɪkəbl] *adj* freundschaftlich; (*settlement*) gütlich

amid(st) [ə'mɪd(st)] *prep* mitten in *or* unter +*dat*

amiss [ə'mɪs] *adv*: **to take sth ~** etw übel nehmen; **there's something ~** da stimmt irgendetwas nicht

ammonia [ə'məunɪə] *n* Ammoniak *nt*

ammunition [æmju'nɪʃən] *n* Munition *f*

amnesia [æm'niːzɪə] *n* Gedächtnisverlust *m*

amnesty ['æmnɪstɪ] *n* Amnestie *f*

amok [ə'mɔk] *adv*: **to run ~** Amok laufen

among(st) [ə'mʌŋ(st)] *prep* unter

amoral [æ'mɔrəl] *adj* unmoralisch

amorous ['æmərəs] *adj* verliebt

amount [ə'maunt] *n* (*of money*) Betrag *m*; (*of water, sand*) Menge *f* ♦ *vi*: **to ~ to** (*total*) sich belaufen auf +*acc*; **a great ~ of time/ energy** ein großer Aufwand an Zeit/ Energie (*dat*); **this ~s to treachery** das kommt Verrat gleich; **he won't ~ to much** aus ihm wird nie was

amp(ere) [æmp(ɛəᵊ)] *n* Ampere *nt*

amphibian [æm'fɪbɪən] *n* Amphibie *f*

ample ['æmpl] *adj* (*portion*) reichlich; (*dress*) weit, groß; ~ **time** genügend Zeit

amplifier ['æmplɪfaɪəᵊ] *n* Verstärker *m*

amuse [ə'mjuːz] *vt* (*entertain*) unterhalten; (*make smile*) belustigen; ~**ment** *n* (*feeling*) Unterhaltung *f*; (*recreation*) Zeitvertreib *m*; ~**ment arcade** *n* Spielhalle *f*; ~**ment park** *n* Vergnügungspark *m*

an [æn, ən] *see* **a**

anaemia [ə'niːmɪə] *n* Anämie *f*; **anaemic** *adj* blutarm

anaesthetic [ænɪs'θɛtɪk] *n* Betäubungsmittel *nt*; **under ~** unter Narkose; **anaesthetist** [æ'niːsθɪtɪst] *n* Anästhesist(in) *m(f)*

analgesic [ænæl'dʒiːsɪk] *n* schmerzlindernde(s) Mittel *nt*

analog(ue) ['ænəlɔg] *adj* Analog-

analogy [ə'nælədʒɪ] *n* Analogie *f*

analyse ['ænəlaɪz] (*BRIT*) *vt* analysieren

analyses [ə'næləsiːz] (*BRIT*) *npl of* **analysis**

analysis [ə'næləsɪs] (*pl* **analyses**) *n* Analyse *f*

analyst ['ænəlɪst] *n* Analytiker(in) *m(f)*

analytic(al) [ænə'lɪtɪk(l)] *adj* analytisch

analyze ['ænəlaɪz] (*US*) *vt* = **analyse**

anarchy ['ænəkɪ] *n* Anarchie *f*

anatomy [ə'nætəmɪ] *n* (*structure*) anatomische(r) Aufbau *m*; (*study*) Anatomie *f*

ancestor ['ænsɪstəᵊ] *n* Vorfahr *m*

anchor ['æŋkəᵊ] *n* Anker *m* ♦ *vi* (*also:* **to drop ~**) ankern, vor Anker gehen ♦ *vt* verankern; **to weigh ~** den Anker lichten

anchovy ['æntʃəvɪ] *n* Sardelle *f*

ancient ['eɪnʃənt] *adj* alt; (*car etc*) uralt

ancillary [æn'sɪlərɪ] *adj* Hilfs-

and [ænd] *conj* und; ~ **so on** und so weiter; **try ~ come** versuche zu kommen; **better ~ better** immer besser

Andes ['ændiːz] *npl*: **the ~** die Anden *pl*

anemia *etc* [ə'niːmɪə] (*US*) *n* = **anaemia** *etc*

anesthetic *etc* [ænɪs'θɛtɪk] (*US*) *n* = **anaesthetic** *etc*

anew [ə'njuː] *adv* von neuem

angel ['eɪndʒəl] *n* Engel *m*

anger ['æŋgəᵊ] *n* Zorn *m* ♦ *vt* ärgern

angina [æn'dʒaɪnə] n Angina f

angle ['æŋgl] n Winkel m; (point of view) Standpunkt m

angler ['æŋglə'] n Angler m

Anglican ['æŋglɪkən] adj anglikanisch ♦ n Anglikaner(in) m(f)

angling ['æŋglɪŋ] n Angeln nt

angrily ['æŋgrɪlɪ] adv ärgerlich, böse

angry ['æŋgrɪ] adj ärgerlich, ungehalten, böse; (wound) entzündet; **to be ~ with sb** auf jdn böse sein; **to be ~ at sth** über etw acc verärgert sein

anguish ['æŋgwɪʃ] n Qual f

angular ['æŋgjʊlə'] adj eckig, winkelförmig; (face) kantig

animal ['ænɪməl] n Tier nt; (living creature) Lebewesen nt ♦ adj tierisch

animate [vb 'ænɪmeɪt, adj 'ænɪmɪt] vt beleben ♦ adj lebhaft; **~d** adj lebendig; (film) Zeichentrick-

animosity [ænɪ'mɒsɪtɪ] n Feindseligkeit f, Abneigung f

aniseed ['ænɪsiːd] n Anis m

ankle ['æŋkl] n (Fuß)knöchel m; **~ sock** n Söckchen nt

annex [n 'ænɛks, vb ə'nɛks] n (BRIT: also: ~e) Anbau m ♦ vt anfügen; (POL) annektieren, angliedern

annihilate [ə'naɪəleɪt] vt vernichten

anniversary [ænɪ'vɜːsərɪ] n Jahrestag m

announce [ə'naʊns] vt ankündigen, anzeigen; **~ment** n Ankündigung f; (official) Bekanntmachung f; **~r** n Ansager(in) m(f)

annoy [ə'nɔɪ] vt ärgern; **don't get ~ed!** reg dich nicht auf!; **~ance** n Ärgernis nt, Störung f; **~ing** adj ärgerlich; (person) lästig

annual ['ænjʊəl] adj jährlich; (salary) Jahres- ♦ n (plant) einjährige Pflanze f; (book) Jahrbuch nt; **~ly** adv jährlich

annul [ə'nʌl] vt aufheben, annullieren

annum ['ænəm] n see **per**

anonymous [ə'nɒnɪməs] adj anonym

anorak ['ænəræk] n Anorak m, Windjacke f

anorexia [ænə'rɛksɪə] n (MED) Magersucht f

another [ə'nʌðə'] adj, pron (different) ein(e) andere(r, s); (additional) noch eine(r, s); see

also **one**

answer ['ɑːnsə'] n Antwort f ♦ vi antworten; (on phone) sich melden ♦ vt (person) antworten +dat; (letter, question) beantworten; (telephone) gehen an +acc, abnehmen; (door) öffnen; **in ~ to your letter** in Beantwortung Ihres Schreibens; **to ~ the phone** ans Telefon gehen; **to ~ the bell** or **the door** aufmachen; **~ back** vi frech sein; **~ for** vt fus: **to ~ for sth** für etw verantwortlich sein; **~able** adj: **to be ~able to sb for sth** jdm gegenüber für etw verantwortlich sein; **~ing machine** n Anrufbeantworter m

ant [ænt] n Ameise f

antagonism [æn'tægənɪzəm] n Antagonismus m

antagonize [æn'tægənaɪz] vt reizen

Antarctic [ænt'ɑːktɪk] adj antarktisch ♦ n: **the ~** die Antarktis

antelope ['æntɪləʊp] n Antilope f

antenatal ['æntɪ'neɪtl] adj vor der Geburt; **~ clinic** n Sprechstunde f für werdende Mütter

antenna [æn'tɛnə] n (BIOL) Fühler m; (RAD) Antenne f

antennae [æn'tɛniː] npl of **antenna**

anthem ['ænθəm] n Hymne f; **national ~** Nationalhymne f

anthology [æn'θɒlədʒɪ] n Gedichtsammlung f, Anthologie f

anti- ['ænti] prefix Gegen-, Anti-

anti-aircraft ['æntɪ'ɛəkrɑːft] adj Flugabwehr-

antibiotic ['æntɪbaɪ'ɒtɪk] n Antibiotikum nt

antibody ['æntɪbɒdɪ] n Antikörper m

anticipate [æn'tɪsɪpeɪt] vt (expect: trouble, question) erwarten, rechnen mit; (look forward to) sich freuen auf +acc; (do first) vorwegnehmen; (foresee) ahnen, vorhersehen; **anticipation** [æntɪsɪ'peɪʃən] n Erwartung f; (foreshadowing) Vorwegnahme f

anticlimax ['æntɪ'klaɪmæks] n Ernüchterung f

anticlockwise ['æntɪ'klɒkwaɪz] adv entgegen dem Uhrzeigersinn

antics ['æntɪks] npl Possen pl

anti: ~**cyclone** *n* Hoch *nt*, Hochdruckgebiet *nt*; ~**depressant** *n* Antidepressivum *nt*; ~**dote** *n* Gegenmittel *nt*; ~**freeze** *n* Frostschutzmittel *nt*; ~**histamine** *n* Antihistamin *nt*

antiquated ['æntɪkweɪtɪd] *adj* antiquiert

antique [æn'tiːk] *n* Antiquität *f* ♦ *adj* antik; *(old-fashioned)* altmodisch; ~ **shop** *n* Antiquitätenladen *m*; **antiquity** [æn'tɪkwɪtɪ] *n* Altertum *nt*

antiseptic [æntɪ'septɪk] *n* Antiseptikum *nt* ♦ *adj* antiseptisch

antisocial ['æntɪ'səuʃəl] *adj* (person) ungesellig; (law) unsozial

antlers ['æntləz] *npl* Geweih *nt*

anus ['eɪnəs] *n* After *m*

anvil ['ænvɪl] *n* Amboss *m*

anxiety [æŋ'zaɪətɪ] *n* Angst *f*; (worry) Sorge *f*; **anxious** ['æŋkʃəs] *adj* ängstlich; (worried) besorgt; **to be anxious to do sth** etw unbedingt tun wollen

KEYWORD

any ['enɪ] *adj* **1** (in questions etc): **have you any butter?** haben Sie (etwas) Butter?; **have you any children?** haben Sie Kinder?; **if there are any tickets left** falls noch Karten da sind
2 (with negative): **I haven't any money/ books** ich habe kein Geld/keine Bücher
3 (no matter which) jede(r, s) (beliebige); **any colour (at all)** jede beliebige Farbe; **choose any book you like** nehmen Sie ein beliebiges Buch
4 (in phrases): **in any case** in jedem Fall; **any day now** jeden Tag; **at any moment** jeden Moment; **at any rate** auf jeden Fall
♦ *pron* **1** (in questions etc): **have you got any?** haben Sie welche?; **can any of you sing?** kann (irgend)einer von euch singen?
2 (with negative): **I haven't any (of them)** ich habe keinen/keines (davon)
3 (no matter which one(s)): **take any of those books (you like)** nehmen Sie irgendeines dieser Bücher
♦ *adv* **1** (in questions etc): **do you want any more soup/sandwiches?** möchten Sie

noch Suppe/Brote?; **are you feeling any better?** fühlen Sie sich etwas besser?
2 (with negative): **I can't hear him any more** ich kann ihn nicht mehr hören

anybody ['enɪbɔdɪ] *pron* (no matter who) jede(r); (in questions etc) (irgend)jemand, (irgend)eine(r); (with negative): **I can't see** ~ ich kann niemanden sehen

anyhow ['enɪhau] *adv* (at any rate): **I shall go** ~ ich gehe sowieso; (haphazardly): **do it** ~ machen Sie es, wie Sie wollen

anyone ['enɪwʌn] *pron* = **anybody**

KEYWORD

anything ['enɪθɪŋ] *pron* **1** (in questions etc) (irgend)etwas; **can you see anything?** können Sie etwas sehen?
2 (with negative): **I can't see anything** ich kann nichts sehen
3 (no matter what): **you can say anything you like** Sie können sagen, was Sie wollen; **anything will do** irgendetwas (wird genügen), irgendeine(r, s) (wird genügen); **he'll eat anything** er isst alles

anyway ['enɪweɪ] *adv* (at any rate) auf jeden Fall; (besides): ~**, I couldn't come even if I wanted to** jedenfalls könnte ich nicht kommen, selbst wenn ich wollte; **why are you phoning,** ~? warum rufst du überhaupt an?

anywhere ['enɪweə*] *adv* (in questions etc) irgendwo; (: with direction) irgendwohin; (no matter where) überall; (: with direction) überallhin; (with negative): **I can't see him** ~ ich kann ihn nirgendwo or nirgends sehen; **can you see him** ~? siehst du ihn irgendwo?; **put the books down** ~ leg die Bücher irgendwohin

apart [ə'pɑːt] *adv* (parted) auseinander; (away) beiseite, abseits; **10 miles** ~ 10 Meilen auseinander; **to take** ~ auseinander nehmen; ~ **from** *prep* außer

apartheid [ə'pɑːteɪt] *n* Apartheid *f*

apartment [ə'pɑːtmənt] (US) *n* Wohnung *f*; ~ **building** (US) *n* Wohnhaus *nt*

apathy ['æpəθɪ] *n* Teilnahmslosigkeit *f*,

Apathie f

ape [eɪp] n (Menschen)affe m ♦ vt
nachahmen

aperitif [əˈpɛrɪtiːf] n Aperitif m

aperture [ˈæpətʃjuəʳ] n Öffnung f; (PHOT)
Blende f

APEX [ˈeɪpɛks] n abbr (AVIAT: = advance
purchase excursion) APEX (im Voraus
reservierte(r) Fahrkarte/Flugschein zu
reduzierten Preisen)

apex [ˈeɪpɛks] n Spitze f

apiece [əˈpiːs] adv pro Stück; (per person)
pro Kopf

apologetic [əpɔləˈdʒɛtɪk] adj
entschuldigend; **to be ~** sich sehr
entschuldigen

apologize [əˈpɔlədʒaɪz] vi: **to ~ (for sth to
sb)** sich (für etw bei jdm) entschuldigen;
apology n Entschuldigung f

apostle [əˈpɔsl] n Apostel m

apostrophe [əˈpɔstrəfɪ] n Apostroph m

appal [əˈpɔːl] vt erschrecken; **~ling** adj
schrecklich

apparatus [æpəˈreɪtəs] n Gerät nt

apparel [əˈpærəl] (US) n Kleidung f

apparent [əˈpærənt] adj offenbar; **~ly** adv
anscheinend

apparition [æpəˈrɪʃən] n (ghost) Erscheinung
f, Geist m

appeal [əˈpiːl] vi dringend ersuchen; (JUR)
Berufung einlegen ♦ n Aufruf m; (JUR)
Berufung f; **to ~ for** dringend bitten um; **to
~ to** sich wenden an +acc; (to public)
appellieren an +acc; **it doesn't ~ to me** es
gefällt mir nicht; **~ing** adj ansprechend

appear [əˈpɪəʳ] vi (come into sight)
erscheinen; (be seen) auftauchen; (seem)
scheinen; **it would ~ that ...** anscheinend
...; **~ance** n (coming into sight) Erscheinen
nt; (outward show) Äußere(s) nt

appease [əˈpiːz] vt beschwichtigen

appendices [əˈpɛndɪsiːz] npl of **appendix**

appendicitis [əpɛndɪˈsaɪtɪs] n
Blinddarmentzündung f

appendix [əˈpɛndɪks] (pl **appendices**) n (in
book) Anhang m; (MED) Blinddarm m

appetite [ˈæpɪtaɪt] n Appetit m; (fig) Lust f

appetizer [ˈæpɪtaɪzəʳ] n Appetitanreger m;
appetizing [ˈæpɪtaɪzɪŋ] adj appetitanregend

applaud [əˈplɔːd] vi Beifall klatschen,
applaudieren ♦ vt Beifall klatschen +dat;
applause [əˈplɔːz] n Beifall m, Applaus m

apple [ˈæpl] n Apfel m; **~ tree** n Apfelbaum
m

appliance [əˈplaɪəns] n Gerät nt

applicable [əˈplɪkəbl] adj anwendbar; (in
forms) zutreffend

applicant [ˈæplɪkənt] n Bewerber(in) m(f)

application [æplɪˈkeɪʃən] n (request) Antrag
m; (for job) Bewerbung f; (putting into
practice) Anwendung f; (hard work) Fleiß m;
~ form n Bewerbungsformular nt

applied [əˈplaɪd] adj angewandt

apply [əˈplaɪ] vi (be suitable) zutreffen; (ask):
to ~ (to) sich wenden (an +acc); (request):
to ~ for sich melden für +acc ♦ vt (place on)
auflegen; (cream) auftragen; (put into
practice) anwenden; **to ~ for sth** sich um
etw bewerben; **to ~ o.s. to sth** sich bei
etw anstrengen

appoint [əˈpɔɪnt] vt (to office) ernennen,
berufen; (settle) festsetzen; **~ment** n
(meeting) Verabredung f; (at hairdresser etc)
Bestellung f; (in business) Termin m; (choice
for a position) Ernennung f; (UNIV) Berufung
f

appraisal [əˈpreɪzl] n Beurteilung f

appreciable [əˈpriːʃəbl] adj (perceptible)
merklich; (able to be estimated) abschätzbar

appreciate [əˈpriːʃɪeɪt] vt (value) zu schätzen
wissen; (understand) einsehen ♦ vi (increase
in value) im Wert steigen; **appreciation**
[əpriːʃɪˈeɪʃən] n Wertschätzung f; (COMM)
Wertzuwachs m; **appreciative** [əˈpriːʃɪətɪv]
adj (showing thanks) dankbar; (showing
liking) anerkennend

apprehend [æprɪˈhɛnd] vt (arrest)
festnehmen; (understand) erfassen

apprehension [æprɪˈhɛnʃən] n Angst f

apprehensive [æprɪˈhɛnsɪv] adj furchtsam

apprentice [əˈprɛntɪs] n Lehrling m; **~ship**
n Lehrzeit f

approach [əˈprəʊtʃ] vi sich nähern ♦ vt
herantreten an +acc; (problem) herangehen

an +*acc* ♦ *n* Annäherung *f*; (*to problem*)
Ansatz *m*; (*path*) Zugang *m*, Zufahrt *f*;
~**able** *adj* zugänglich
appropriate [*adj* ə'prəʊprɪɪt, *vb* ə'prəʊprɪeɪt]
adj angemessen; (*remark*) angebracht ♦ *vt*
(*take for o.s.*) sich aneignen; (*set apart*)
bereitstellen
approval [ə'pruːvəl] *n* (*show of satisfaction*)
Beifall *m*; (*permission*) Billigung *f*; **on ~**
(*COMM*) bei Gefallen
approve [ə'pruːv] *vt*, *vi* billigen; **I don't ~ of
it/him** ich halte nichts davon/von ihm; ~**d
school** (*BRIT*) *n* Erziehungsheim *nt*
approximate [*adj* ə'prɒksɪmɪt, *vb*
ə'prɒksɪmeɪt] *adj* annähernd, ungefähr ♦ *vt*
nahe kommen +*dat*; ~**ly** *adv* rund,
ungefähr
apricot ['eɪprɪkɒt] *n* Aprikose *f*
April ['eɪprəl] *n* April *m*; ~ **Fools' Day** *n* der
erste April
apron ['eɪprən] *n* Schürze *f*
apt [æpt] *adj* (*suitable*) passend; (*able*)
begabt; (*likely*): **to be ~ to do sth** dazu
neigen, etw zu tun
aptitude ['æptɪtjuːd] *n* Begabung *f*
aqualung ['ækwəlʌŋ] *n*
Unterwasseratmungsgerät *nt*
aquarium [ə'kwεərɪəm] *n* Aquarium *nt*
Aquarius [ə'kwεərɪəs] *n* Wassermann *m*
aquatic [ə'kwætɪk] *adj* Wasser-
Arab ['ærəb] *n* Araber(in) *m(f)*
Arabia [ə'reɪbɪə] *n* Arabien *nt*; ~**n** *adj*
arabisch
Arabic ['ærəbɪk] *adj* arabisch ♦ *n* Arabisch *nt*
arable ['ærəbl] *adj* bebaubar, Kultur-
arbitrary ['ɑːbɪtrərɪ] *adj* willkürlich
arbitration [ɑːbɪ'treɪʃən] *n* Schlichtung *f*
arc [ɑːk] *n* Bogen *m*
arcade [ɑː'keɪd] *n* Säulengang *m*; (*with video
games*) Spielhalle *f*
arch [ɑːtʃ] *n* Bogen *m* ♦ *vt* überwölben;
(*back*) krumm machen
archaeologist [ɑːkɪ'ɒlədʒɪst] *n* Archäologe
m
archaeology [ɑːkɪ'ɒlədʒɪ] *n* Archäologie *f*
archaic [ɑː'keɪɪk] *adj* altertümlich
archbishop [ɑːtʃ'bɪʃəp] *n* Erzbischof *m*

archenemy ['ɑːtʃ'enəmɪ] *n* Erzfeind *m*
archeology *etc* [ɑːkɪ'ɒlədʒɪ] (*US*) =
archaeology *etc*
archery ['ɑːtʃərɪ] *n* Bogenschießen *nt*
architect ['ɑːkɪtekt] *n* Architekt(in) *m(f)*;
~**ural** [ɑːkɪ'tektʃərəl] *adj* architektonisch;
~**ure** *n* Architektur *f*
archives ['ɑːkaɪvz] *npl* Archiv *nt*
archway ['ɑːtʃweɪ] *n* Bogen *m*
Arctic ['ɑːktɪk] *adj* arktisch ♦ *n*: **the ~** die
Arktis
ardent ['ɑːdənt] *adj* glühend
arduous ['ɑːdjʊəs] *adj* mühsam
are [ɑːr] *see* **be**
area ['εərɪə] *n* Fläche *f*; (*of land*) Gebiet *nt*;
(*part of sth*) Teil *m*, Abschnitt *m*
arena [ə'riːnə] *n* Arena *f*
aren't [ɑːnt] = **are not**
Argentina [ɑːdʒən'tiːnə] *n* Argentinien *nt*;
Argentinian [ɑːdʒən'tɪnɪən] *adj*
argentinisch ♦ *n* Argentinier(in) *m(f)*
arguably ['ɑːgjʊəblɪ] *adv* wohl
argue ['ɑːgjuː] *vi* diskutieren; (*angrily*)
streiten; **argument** *n* (*theory*) Argument *nt*;
(*reasoning*) Argumentation *f*; (*row*)
Auseinandersetzung *f*, Streit *m*; **to have an
argument** sich streiten; **argumentative**
[ɑːgjʊ'mentətɪv] *adj* streitlustig
aria ['ɑːrɪə] *n* Arie *f*
Aries ['εərɪz] *n* Widder *m*
arise [ə'raɪz] (*pt* **arose**, *pp* **arisen**) *vi*
aufsteigen; (*get up*) aufstehen; (*difficulties
etc*) entstehen; (*case*) vorkommen; **to ~
from sth** herrühren von etw; ~**n** [ə'rɪzn] *pp*
of **arise**
aristocracy [ærɪs'tɔkrəsɪ] *n* Adel *m*,
Aristokratie *f*; **aristocrat** ['ærɪstəkræt] *n*
Adlige(r) *f(m)*, Aristokrat(in) *m(f)*
arithmetic [ə'rɪθmətɪk] *n* Rechnen *nt*,
Arithmetik *f*
arm [ɑːm] *n* Arm *m*; (*branch of military service*)
Zweig *m* ♦ *vt* bewaffnen; ~**s** *npl* (*weapons*)
Waffen *pl*
armaments ['ɑːməmənts] *npl* Ausrüstung *f*
armchair ['ɑːmtʃεər] *n* Lehnstuhl *m*
armed [ɑːmd] *adj* (*forces*) Streit-, bewaffnet;
~ **robbery** *n* bewaffnete(r) Raubüberfall *m*

armistice [ˈɑːmɪstɪs] *n* Waffenstillstand *m*

armour [ˈɑːmər] (*US* **armor**) *n* (*knight's*) Rüstung *f*; (*MIL*) Panzerplatte *f*; **~ed car** *n* Panzerwagen *m*

armpit [ˈɑːmpɪt] *n* Achselhöhle *f*

armrest [ˈɑːmrest] *n* Armlehne *f*

army [ˈɑːmɪ] *n* Armee *f*, Heer *nt*; (*host*) Heer *nt*

aroma [əˈrəumə] *n* Duft *m*, Aroma *nt*; **~therapy** [ərəuməˈθerəpɪ] *n* Aromatherapie *f*; **~tic** [ærəˈmætɪk] *adj* aromatisch, würzig

arose [əˈrəuz] *pt of* **arise**

around [əˈraund] *adv* ringsherum; (*almost*) ungefähr ♦ *prep* um ... herum; **is he ~?** ist er hier?

arrange [əˈreɪndʒ] *vt* (*time, meeting*) festsetzen; (*holidays*) festlegen; (*flowers, hair, objects*) anordnen; **I ~d to meet him** ich habe mit ihm ausgemacht, ihn zu treffen; **it's all ~d** es ist alles arrangiert; **~ment** *n* (*order*) Reihenfolge *f*; (*agreement*) Vereinbarung *f*; **~ments** *npl* (*plans*) Pläne *pl*

array [əˈreɪ] *n* (*collection*) Ansammlung *f*

arrears [əˈrɪəz] *npl* (*of debts*) Rückstand *m*; (*of work*) Unerledigte(s) *nt*; **in ~** im Rückstand

arrest [əˈrest] *vt* (*person*) verhaften; (*stop*) aufhalten ♦ *n* Verhaftung *f*; **under ~** in Haft

arrival [əˈraɪvl] *n* Ankunft *f*

arrive [əˈraɪv] *vi* ankommen; **to ~ at** ankommen in +*dat*, ankommen bei

arrogance [ˈærəgəns] *n* Überheblichkeit *f*, Arroganz *f*; **arrogant** [ˈærəgənt] *adj* überheblich, arrogant

arrow [ˈærəu] *n* Pfeil *m*

arse [ɑːs] (*inf!*) *n* Arsch *m* (!)

arsenal [ˈɑːsɪnl] *n* Waffenlager *nt*, Zeughaus *nt*

arsenic [ˈɑːsnɪk] *n* Arsen *nt*

arson [ˈɑːsn] *n* Brandstiftung *f*

art [ɑːt] *n* Kunst *f*; **A~s** *npl* (*UNIV*) Geisteswissenschaften *pl*

artery [ˈɑːtərɪ] *n* Schlagader *f*, Arterie *f*

art gallery *n* Kunstgalerie *f*

arthritis [ɑːˈθraɪtɪs] *n* Arthritis *f*

artichoke [ˈɑːtɪtʃəuk] *n* Artischocke *f*;

Jerusalem ~ Erdartischocke *f*

article [ˈɑːtɪkl] *n* (*PRESS, GRAM*) Artikel *m*; (*thing*) Gegenstand *m*, Artikel *m*; (*clause*) Abschnitt *m*, Paragraf *m*; **~ of clothing** Kleidungsstück *nt*

articulate [*adj* ɑːˈtɪkjulɪt, *vb* ɑːˈtɪkjuleɪt] *adj* (*able to express o.s.*) redegewandt; (*speaking clearly*) deutlich, verständlich ♦ *vt* (*connect*) zusammenfügen, gliedern; **to be ~** sich gut ausdrücken können; **~d vehicle** *n* Sattelschlepper *m*

artificial [ɑːtɪˈfɪʃəl] *adj* künstlich, Kunst-; **~ respiration** *n* künstliche Atmung *f*

artisan [ˈɑːtɪzæn] *n* gelernte(r) Handwerker *m*

artist [ˈɑːtɪst] *n* Künstler(in) *m(f)*; **~ic** [ɑːˈtɪstɪk] *adj* künstlerisch; **~ry** *n* künstlerische(s) Können *nt*

art school *n* Kunsthochschule *f*

KEYWORD

as [æz] *conj* **1** (*referring to time*) als; **as the years went by** mit den Jahren; **he came in as I was leaving** als er hereinkam, ging ich gerade; **as from tomorrow** ab morgen
2 (*in comparisons*): **as big as** so groß wie; **twice as big as** zweimal so groß wie; **as much/many as** so viel/so viele wie; **as soon as** sobald
3 (*since, because*) da; **he left early as he had to be home by 10** er ging früher, da er um 10 zu Hause sein musste
4 (*referring to manner, way*) wie; **do as you wish** mach was du willst; **as she said** wie sie sagte
5 (*concerning*): **as for** *or* **to that** was das betrifft *or* angeht
6: **as if** *or* **though** als ob
♦ *prep* als; *see also* **long**; **he works as a driver** er arbeitet als Fahrer; *see also* **such**; **he gave it to me as a present** er hat es mir als Geschenk gegeben; *see also* **well**

a.s.a.p. *abbr* = **as soon as possible**

asbestos [æzˈbestəs] *n* Asbest *m*

ascend [əˈsend] *vi* aufsteigen ♦ *vt* besteigen; **ascent** *n* Aufstieg *m*; Besteigung *f*

ascertain [æsə'teɪn] vt feststellen

ascribe [ə'skraɪb] vt: **to ~ sth to sth / sth to sb** etw einer Sache/jdm etw zuschreiben

ash [æʃ] n Asche f; (tree) Esche f

ashamed [ə'ʃeɪmd] adj beschämt; **to be ~ of sth** sich für etw schämen

ashen ['æʃən] adj (pale) aschfahl

ashore [ə'ʃɔːr] adv an Land

ashtray ['æʃtreɪ] n Aschenbecher m

Ash Wednesday n Aschermittwoch m

Asia ['eɪʃə] n Asien nt; **~n** adj asiatisch ♦ n Asiat(in) m(f)

aside [ə'saɪd] adv beiseite

ask [ɑːsk] vt fragen; (permission) bitten um; **~ him his name** frage ihn nach seinem Namen; **he ~ed to see you** er wollte dich sehen; **to ~ sb to do sth** jdn bitten, etw zu tun; **to ~ sb about sth** jdn nach etw fragen; **to ~ (sb) a question** (jdn) etwas fragen; **to ~ sb out to dinner** jdn zum Essen einladen; **~ after** vt fus fragen nach; **~ for** vt fus bitten um

askance [ə'skɑːns] adv: **to look ~ at sb** jdn schief ansehen

asking price ['ɑːskɪŋ-] n Verkaufspreis m

asleep [ə'sliːp] adj: **to be ~** schlafen; **to fall ~** einschlafen

asparagus [əs'pærəgəs] n Spargel m

aspect ['æspekt] n Aspekt m

aspersions [əs'pɜːʃənz] npl: **to cast ~ on sb/sth** sich abfällig über jdn/etw äußern

asphyxiation [æsfɪksɪ'eɪʃən] n Erstickung f

aspirations [æspə'reɪʃənz] npl: **to have ~ towards sth** etw anstreben

aspire [əs'paɪər] vi: **to ~ to** streben nach

aspirin ['æsprɪn] n Aspirin nt

ass [æs] n (also fig) Esel m; (US: inf!) Arsch m (!)

assailant [ə'seɪlənt] n Angreifer m

assassin [ə'sæsɪn] n Attentäter(in) m(f); **~ate** vt ermorden; **~ation** [əsæsɪ'neɪʃən] n (geglückte(s)) Attentat nt

assault [ə'sɔːlt] n Angriff m ♦ vt überfallen; (woman) herfallen über +acc

assemble [ə'sɛmbl] vt versammeln; (parts) zusammensetzen ♦ vi sich versammeln;

assembly n (meeting) Versammlung f;

(construction) Zusammensetzung f, Montage f; **assembly line** n Fließband nt

assent [ə'sent] n Zustimmung f

assert [ə'sɜːt] vt erklären; **~ion** n Behauptung f

assess [ə'ses] vt schätzen; **~ment** n Bewertung f, Einschätzung f; **~or** n Steuerberater m

asset ['æset] n Vorteil m, Wert m; **~s** npl (FIN) Vermögen nt; (estate) Nachlass m

assign [ə'saɪn] vt zuweisen; **~ment** n Aufgabe f, Auftrag m

assimilate [ə'sɪmɪleɪt] vt sich aneignen, aufnehmen

assist [ə'sɪst] vt beistehen +dat; **~ance** n Unterstützung f, Hilfe f; **~ant** n Assistent(in) m(f), Mitarbeiter(in) m(f); (BRIT: also: **shop ~ant**) Verkäufer(in) m(f)

associate [n ə'səuʃɪɪt, vb ə'səuʃɪeɪt] n (partner) Kollege m, Teilhaber m; (member) außerordentliche(s) Mitglied nt ♦ vt verbinden ♦ vi (keep company) verkehren; **association** [əsəusɪ'eɪʃən] n Verband m, Verein m; (PSYCH) Assoziation f; (link) Verbindung f

assorted [ə'sɔːtɪd] adj gemischt

assortment [ə'sɔːtmənt] n Sammlung f; (COMM): **~ (of)** Sortiment nt (von), Auswahl f (an +dat)

assume [ə'sjuːm] vt (take for granted) annehmen; (put on) annehmen, sich geben; **~d name** n Deckname m

assumption [ə'sʌmpʃən] n Annahme f

assurance [ə'ʃuərəns] n (firm statement) Versicherung f; (confidence) Selbstsicherheit f; (insurance) (Lebens)versicherung f

assure [ə'ʃuər] vt (make sure) sicherstellen; (convince) versichern +dat; (life) versichern

asterisk ['æstərɪsk] n Sternchen nt

asthma ['æsmə] n Asthma nt

astonish [ə'stɒnɪʃ] vt erstaunen; **~ment** n Erstaunen nt

astound [ə'staund] vt verblüffen

astray [ə'streɪ] adv in die Irre; auf Abwege; **to go ~** (go wrong) sich vertun; **to lead ~** irreführen

astride [ə'straɪd] adv rittlings ♦ prep rittlings

auf

astrologer [əsˈtrɔlədʒəʳ] n Astrologe m,
Astrologin f; **astrology** n Astrologie f

astronaut [ˈæstrənɔːt] n Astronaut(in) m(f)

astronomer [əsˈtrɔnəməʳ] n Astronom m

astronomical [æstrəˈnɔmɪkl] adj
astronomisch; (success) riesig

astronomy [əsˈtrɔnəmɪ] n Astronomie f

astute [əsˈtjuːt] adj scharfsinnig; schlau,
gerissen

asylum [əsˈsaɪləm] n (home) Heim nt; (refuge)
Asyl nt

KEYWORD

at [æt] prep **1** (referring to position, direction) an
+dat, bei +dat; (with place) in +dat; **at the
top** an der Spitze; **at home/school** zu
Hause/in der Schule; **at the baker's** beim
Bäcker; **to look at sth** auf etw acc blicken;
to throw sth at sb etw nach jdm werfen
2 (referring to time): **at 4 o'clock** um 4 Uhr;
at night bei Nacht; **at Christmas** zu
Weihnachten; **at times** manchmal
3 (referring to rates, speed etc): **at £1 a kilo**
zu £1 pro Kilo; **two at a time** zwei auf
einmal; **at 50 km/h** mit 50 km/h
4 (referring to manner): **at a stroke** mit
einem Schlag; **at peace** in Frieden
5 (referring to activity): **to be at work** bei
der Arbeit sein; **to play at cowboys**
Cowboy spielen; **to be good at sth** gut in
etw dat sein
6 (referring to cause): **shocked/surprised/
annoyed at sth** schockiert/überrascht/
verärgert über etw acc; **I went at his
suggestion** ich ging auf seinen Vorschlag
hin

---

ate [eɪt] pt of **eat**

atheist [ˈeɪθɪɪst] n Atheist(in) m(f)

Athens [ˈæθɪnz] n Athen nt

athlete [ˈæθliːt] n Athlet m, Sportler m

athletic [æθˈletɪk] adj sportlich, athletisch;
~s n Leichtathletik f

Atlantic [ətˈlæntɪk] adj atlantisch ♦ n: **the ~
(Ocean)** der Atlantik

atlas [ˈætləs] n Atlas m

ATM abbr (= automated teller machine)
Geldautomat m

atmosphere [ˈætməsfɪəʳ] n Atmosphäre f

atom [ˈætəm] n Atom nt; (fig) bisschen nt;
~ic [əˈtɔmɪk] adj atomar, Atom-; **~(ic)
bomb** n Atombombe f

atomizer [ˈætəmaɪzəʳ] n Zerstäuber m

atone [əˈtəun] vi sühnen; **to ~ for sth** etw
sühnen

atrocious [əˈtrəuʃəs] adj grässlich

atrocity [əˈtrɔsɪtɪ] n Scheußlichkeit f; (deed)
Gräueltat f

attach [əˈtætʃ] vt (fasten) befestigen; **to be
~ed to sb/sth** an jdm/etw hängen; **to ~
importance** etc **to sth** Wichtigkeit etc auf
etw acc legen, einer Sache dat Wichtigkeit
etc beimessen

attaché case [əˈtæʃeɪ] n Aktenkoffer m

attachment [əˈtætʃmənt] n (tool)
Zubehörteil nt; (love): **~ (to sb)** Zuneigung
f (zu jdm)

attack [əˈtæk] vt angreifen ♦ n Angriff m;
(MED) Anfall m; **~er** n Angreifer(in) m(f)

attain [əˈteɪn] vt erreichen; **~ments** npl
Kenntnisse pl

attempt [əˈtempt] n Versuch m ♦ vt
versuchen; **~ed murder** Mordversuch m

attend [əˈtend] vt (go to) teilnehmen (an
+dat); (lectures) besuchen; **to ~ to** (needs)
nachkommen +dat; (person) sich kümmern
um; **~ance** n (presence) Anwesenheit f;
(people present) Besucherzahl f; **good ~ance**
gute Teilnahme; **~ant** n (companion)
Begleiter(in) m(f); Gesellschafter(in) m(f); (in
car park etc) Wächter(in) m(f); (servant)
Bedienstete(r) mf ♦ adj begleitend; (fig)
damit verbunden

attention [əˈtenʃən] n Aufmerksamkeit f;
(care) Fürsorge f; (for machine etc) Pflege f
♦ excl (MIL) Achtung!; **for the ~ of ...** zu
Händen (von) ...

attentive [əˈtentɪv] adj aufmerksam

attic [ˈætɪk] n Dachstube f, Mansarde f

attitude [ˈætɪtjuːd] n (mental) Einstellung f

attorney [əˈtɜːnɪ] n (solicitor) Rechtsanwalt
m; **A~ General** n Justizminister m

attract [əˈtrækt] vt anziehen; (attention)

erregen; **~ion** n Anziehungskraft f; (thing)
Attraktion f; **~ive** adj attraktiv

attribute [n 'ætrɪbjuːt, vb ə'trɪbjuːt] n
Eigenschaft f, Attribut nt ♦ vt zuschreiben

attrition [ə'trɪʃən] n: **war of ~**
Zermürbungskrieg m

aubergine ['əʊbəʒiːn] n Aubergine f

auburn ['ɔːbən] adj kastanienbraun

auction ['ɔːkʃən] n (also: **sale by ~**)
Versteigerung f, Auktion f ♦ vt versteigern;
~eer [ɔːkʃə'nɪər] n Versteigerer m

audacity [ɔː'dæsɪtɪ] n (boldness) Wagemut m;
(impudence) Unverfrorenheit f

audible ['ɔːdɪbl] adj hörbar

audience ['ɔːdɪəns] n Zuhörer pl, Zuschauer
pl; (with queen) Audienz f

audiotypist ['ɔːdɪəʊtaɪpɪst] n Phonotypistin
f, Fonotypistin f

audiovisual ['ɔːdɪəʊ'vɪzjuəl] adj audiovisuell

audit ['ɔːdɪt] vt prüfen

audition [ɔː'dɪʃən] n Probe f

auditor ['ɔːdɪtər] n (accountant)
Rechnungsprüfer(in) m(f), Buchprüfer m

auditorium [ɔːdɪ'tɔːrɪəm] n Zuschauerraum
m

augment [ɔːg'mɛnt] vt vermehren

augur ['ɔːgər] vi bedeuten, voraussagen; **this
~s well** das ist ein gutes Omen

August ['ɔːgəst] n August m

aunt [ɑːnt] n Tante f; **~ie** n Tantchen nt; **~y**
n = **auntie**

au pair ['əʊ'pɛər] n (also: **~ girl**)
Aupairmädchen nt, Au-pair-Mädchen nt

aura ['ɔːrə] n Nimbus m

auspicious [ɔːs'pɪʃəs] adj günstig;
verheißungsvoll

austere [ɔs'tɪər] adj streng; (room) nüchtern;
austerity [ɔs'tɛrɪtɪ] n Strenge f; (POL)
wirtschaftliche Einschränkung f

Australia [ɔs'treɪlɪə] n Australien nt; **~n** adj
australisch ♦ n Australier(in) m(f)

Austria ['ɔstrɪə] n Österreich nt; **~n** adj
österreichisch ♦ n Österreicher(in) m(f)

authentic [ɔː'θɛntɪk] adj echt, authentisch

author ['ɔːθər] n Autor m, Schriftsteller m;
(beginner) Urheber m, Schöpfer m

authoritarian [ɔːθɔrɪ'tɛərɪən] adj autoritär

authoritative [ɔː'θɔrɪtətɪv] adj (account)
maßgeblich; (manner) herrisch

authority [ɔː'θɔrɪtɪ] n (power) Autorität f;
(expert) Autorität f, Fachmann m; **the
authorities** npl (ruling body) die Behörden
pl

authorize ['ɔːθəraɪz] vt bevollmächtigen;
(permit) genehmigen

auto ['ɔːtəʊ] (US) n Auto nt, Wagen m

autobiography [ɔːtəbaɪ'ɔgrəfɪ] n
Autobiografie f

autograph ['ɔːtəgrɑːf] n (of celebrity)
Autogramm nt ♦ vt mit Autogramm
versehen

automatic [ɔːtə'mætɪk] adj automatisch ♦ n
(gun) Selbstladepistole f; (car) Automatik m;
~ally adv automatisch

automation [ɔːtə'meɪʃən] n Automatisierung
f

automobile ['ɔːtəməbiːl] (US) n Auto(mobil)
nt

autonomous [ɔː'tɔnəməs] adj autonom;
autonomy n Autonomie f

autumn ['ɔːtəm] n Herbst m

auxiliary [ɔːg'zɪlɪərɪ] adj Hilfs-

Av. abbr = **avenue**

avail [ə'veɪl] vt: **to ~ o.s. of sth** sich einer
Sache gen bedienen ♦ n: **to no ~** nutzlos

availability [əveɪlə'bɪlɪtɪ] n Erhältlichkeit f,
Vorhandensein nt

available [ə'veɪləbl] adj erhältlich; zur
Verfügung stehend; (person) erreichbar,
abkömmlich

avalanche ['ævəlɑːnʃ] n Lawine f

Ave. abbr = **avenue**

avenge [ə'vɛndʒ] vt rächen, sühnen

avenue ['ævənjuː] n Allee f

average ['ævərɪdʒ] n Durchschnitt m ♦ adj
durchschnittlich, Durchschnitts- ♦ vt
(figures) den Durchschnitt nehmen von;
(perform) durchschnittlich leisten; (in car etc)
im Schnitt fahren; **on ~** durchschnittlich,
im Durchschnitt; **~ out** vi: **to ~ out at** im
Durchschnitt betragen

averse [ə'vɜːs] adj: **to be ~ to doing sth**
eine Abneigung dagegen haben, etw zu
tun

avert[əˈvəːt] vt (turn away) abkehren; (prevent) abwehren

aviary[ˈeɪvɪərɪ] n Vogelhaus nt

aviation[eɪvɪˈeɪʃən] n Luftfahrt f, Flugwesen nt

avid[ˈævɪd] adj: ~ (for) gierig (auf +acc)

avocado[ævəˈkɑːdəu] n (BRIT: also: ~ pear) Avocado(birne) f

avoid[əˈvɔɪd] vt vermeiden

await[əˈweɪt] vt erwarten, entgegensehen +dat

awake[əˈweɪk] (pt awoke, pp awoken or awaked) adj wach ♦ vt (auf)wecken ♦ vi aufwachen; **to be ~** wach sein; **~ning** n Erwachen nt

award[əˈwɔːd] n (prize) Preis m ♦ vt: **to ~ (sb sth)** (jdm etw) zuerkennen

aware[əˈwɛər] adj bewusst; **to be ~** sich bewusst sein; **~ness** n Bewusstsein nt

awash[əˈwɔʃ] adj überflutet

away[əˈweɪ] adv weg, fort; **two hours ~ by car** zwei Autostunden entfernt; **the holiday was two weeks ~** es war noch zwei Wochen bis zum Urlaub; **two kilometres ~** zwei Kilometer entfernt; **~ match** n (SPORT) Auswärtsspiel nt

awe[ɔː] n Ehrfurcht f; **~-inspiring** adj Ehrfurcht gebietend; **~some** adj Ehrfurcht gebietend

awful[ˈɔːfəl] adj (very bad) furchtbar; **~ly** adv furchtbar, sehr

awhile[əˈwaɪl] adv eine Weile

awkward[ˈɔːkwəd] adj (clumsy) ungeschickt, linkisch; (embarrassing) peinlich

awning[ˈɔːnɪŋ] n Markise f

awoke[əˈwəuk] pt of awake; **~n** pp of awake

awry[əˈraɪ] adv schief; (plans) schief gehen

axe[æks] (US **ax**) n Axt f, Beil nt ♦ vt (end suddenly) streichen

axes[¹ˈæksɪz] npl of axe

axes[²ˈæksɪːz] npl of axis

axis[ˈæksɪs] (pl axes) n Achse f

axle[ˈæksl] n Achse f

ay(e)[aɪ] excl (yes) ja

azalea[əˈzeɪlɪə] n Azalee f

B, b

B[biː] n (MUS) H nt; **~ road** (BRIT) Landstraße f

B.A. n abbr = **Bachelor of Arts**

babble[ˈbæbl] vi schwätzen

baby[ˈbeɪbɪ] n Baby nt; **~ carriage** (US) n Kinderwagen m; **~ food** n Babynahrung f; **~-sit** vi Kinder hüten, babysitten; **~-sitter** n Babysitter m; **~sitting** n Babysitten nt, Babysitting nt; **~ wipe** n Ölpflegetuch nt

bachelor[ˈbætʃələr] n Junggeselle m; **B~ of Arts** Bakkalaureus m der philosophischen Fakultät; **B~ of Science** Bakkalaureus m der Naturwissenschaften

back[bæk] n (of person, horse) Rücken m; (of house) Rückseite f; (of train) Ende nt; (FOOTBALL) Verteidiger m ♦ vt (support) unterstützen; (wager) wetten auf +acc; (car) rückwärts fahren ♦ vi (go ~wards) rückwärts gehen or fahren ♦ adj hintere(r, s) ♦ adv zurück; (to the rear) nach hinten; **~ down** vi zurückstecken; **~ out** vi sich zurückziehen; (inf) kneifen; **~ up** vt (support) unterstützen; (car) zurücksetzen; (COMPUT) eine Sicherungskopie machen von; **~ache** n Rückenschmerzen pl; **~bencher** (BRIT) n Parlamentarier(in) m(f); **~bone** n Rückgrat nt; (support) Rückhalt m; **~cloth** n Hintergrund m; **~date** vt rückdatieren; **~drop** n (THEAT) = **backcloth**; (~ground) Hintergrund m; **~fire** vi (plan) fehlschlagen; (TECH) fehlzünden; **~ground** n Hintergrund m; (person's education) Vorbildung f; **family ~ground** Familienverhältnisse pl; **~hand** n (TENNIS: also: **~hand stroke**) Rückhand f; **~hander** (BRIT) n (bribe) Schmiergeld nt; **~ing** n (support) Unterstützung f; **~lash** n (fig) Gegenschlag m; **~log** n (of work) Rückstand m; **~ number** n (PRESS) fehlende or alte Nummer f; **~pack** n Rucksack m; **~packer** n Rucksacktourist(in) m(f); **~ pain** n Rückenschmerzen pl; **~ pay** n (Gehalts- or Lohn)nachzahlung f; **~ payments** npl

Zahlungsrückstände pl; ~ **seat** n (AUT)
Rücksitz m; ~**side** (inf) n Hintern m;
~**stage** adv hinter den Kulissen; ~**stroke** n
Rückenschwimmen nt; ~**up** adj (COMPUT)
Sicherungs- ♦ n (COMPUT) Sicherungskopie
f; ~**ward** adj (less developed)
zurückgeblieben; (primitive) rückständig;
~**wards** adv rückwärts; ~**water** n (fig) Kaff
nt; ~**yard** n Hinterhof m

bacon ['beɪkən] n Schinkenspeck m

bacteria [bæk'tɪərɪə] npl Bakterien pl

bad [bæd] adj schlecht, schlimm; **to go ~**
schlecht werden

bade [bæd] pt of **bid**

badge [bædʒ] n Abzeichen nt

badger ['bædʒər] n Dachs m

badly ['bædlɪ] adv schlecht, schlimm; ~
wounded schwer verwundet; **he needs it**
~ er braucht es dringend; **to be ~ off (for**
money) dringend Geld nötig haben

badminton ['bædmɪntən] n Federball m,
Badminton nt

bad-tempered ['bæd'tempəd] adj schlecht
gelaunt

baffle ['bæfl] vt (puzzle) verblüffen

bag [bæg] n (sack) Beutel m; (paper) Tüte f;
(handbag) Tasche f; (suitcase) Koffer m; (inf:
old woman) alte Schachtel f ♦ vt (put in sack)
in einen Sack stecken; (hunting) erlegen; ~**s**
of (inf: lots of) eine Menge +acc; ~**gage**
['bægɪdʒ] n Gepäck nt; ~ **allowance** n
Freigepäck nt; ~ **reclaim** n
Gepäckausgabe f; ~**gy** ['bægɪ] adj bauschig,
sackartig

bagpipes ['bægpaɪps] npl Dudelsack m

bail [beɪl] n (money) Kaution f ♦ vt (prisoner:
usu: grant ~ to) gegen Kaution freilassen;
(boat: also: ~ **out**) ausschöpfen; **on ~**
(prisoner) gegen Kaution freigegeben; **to ~**
sb out die Kaution für jdn stellen; see also
bale

bailiff ['beɪlɪf] n Gerichtsvollzieher(in) m(f)

bait [beɪt] n Köder m ♦ vt mit einem Köder
versehen; (fig) ködern

bake [beɪk] vt, vi backen; ~**d beans**
gebackene Bohnen pl; ~**d potatoes** npl in
der Schale gebackene Kartoffeln pl; ~**r** n

Bäcker m; ~**ry** n Bäckerei f; **baking** n
Backen nt; **baking powder** n Backpulver
nt

balance ['bæləns] n (scales) Waage f;
(equilibrium) Gleichgewicht nt; (FIN: state of
account) Saldo m; (difference) Bilanz f;
(amount remaining) Restbetrag m ♦ vt
(weigh) wägen; (make equal) ausgleichen; ~
of trade / payments Handels-/
Zahlungsbilanz f; ~**d** adj ausgeglichen; ~
sheet n Bilanz f, Rechnungsabschluss m

balcony ['bælkənɪ] n Balkon m

bald [bɔːld] adj kahl; (statement) knapp

bale [beɪl] n Ballen m; **bale out** vi (from a
plane) abspringen

ball [bɔːl] n Ball m; ~ **bearing** n Kugellager
nt

ballet ['bæleɪ] n Ballett nt; ~ **dancer** n
Balletttänzer(in) m(f); ~ **shoe** n
Ballettschuh m

balloon [bə'luːn] n (Luft)ballon m

ballot ['bælət] n (geheime) Abstimmung f

ballpoint (pen) ['bɔːlpɔɪnt-] n
Kugelschreiber m

ballroom ['bɔːlrum] n Tanzsaal m

Baltic ['bɔːltɪk] n: **the ~ (Sea)** die Ostsee

bamboo [bæm'buː] n Bambus m

ban [bæn] n Verbot nt ♦ vt verbieten

banana [bə'nɑːnə] n Banane f

band [bænd] n Band nt; (group) Gruppe f; (of
criminals) Bande f; (MUS) Kapelle f, Band f;
~ together vi sich zusammentun

bandage ['bændɪdʒ] n Verband m; (elastic)
Bandage f ♦ vt (cut) verbinden; (broken
limb) bandagieren

Bandaid ['bændeɪd] (® US) n Heftpflaster nt

bandit ['bændɪt] n Bandit m, Räuber m

bandwagon ['bændwægən] n: **to jump on**
the ~ (fig) auf den fahrenden Zug
aufspringen

bandy ['bændɪ] vt wechseln; ~**-legged** adj
o-beinig, O-beinig

bang [bæŋ] n (explosion) Knall m; (blow) Hieb
m ♦ vt, vi knallen

Bangladesh [bæŋglə'deʃ] n Bangladesch nt

bangle ['bæŋgl] n Armspange f

bangs [bæŋz] (US) npl (fringe) Pony m

banish ['bænɪʃ] *vt* verbannen
banister(s) ['bænɪstə(z)] *n(pl)*
(Treppen)geländer *nt*
bank [bæŋk] *n* (raised ground) Erdwall *m*; (of lake etc) Ufer *nt*; (FIN) Bank *f* ♦ *vt* (tilt: AVIAT) in die Kurve bringen; (money) einzahlen; ~ **on** *vt fus*: **to ~ on sth** mit etw rechnen; ~ **account** *n* Bankkonto *nt*; ~ **card** *n* Scheckkarte *f*; **~er** *n* Bankier *m*; **~er's card** (BRIT) *n* = **bank card**; **B~ holiday** (BRIT) *n* gesetzliche(r) Feiertag *m*; **~ing** *n* Bankwesen *nt*; **~note** *n* Banknote *f*; ~ **rate** *n* Banksatz *m*

---
bank holiday
---

i Als **bank holiday** wird in Großbritannien ein gesetzlicher Feiertag bezeichnet, an dem die Banken geschlossen sind. Die meisten dieser Feiertage, abgesehen von Weihnachten und Ostern, fallen auf Montage im Mai und August. An diesen langen Wochenenden (bank holiday weekends) fahren viele Briten in Urlaub, so dass dann auf den Straßen, Flughäfen und bei der Bahn sehr viel Betrieb ist.

---

bankrupt ['bæŋkrʌpt] *adj*: **to be ~** bankrott sein; **to go ~** Bankrott machen; **~cy** *n* Bankrott *m*
bank statement *n* Kontoauszug *m*
banned [bænd] *adj*: **he was ~ from driving** (BRIT) ihm wurde Fahrverbot erteilt
banner ['bænə*r*] *n* Banner *nt*
banns [bænz] *npl* Aufgebot *nt*
baptism ['bæptɪzəm] *n* Taufe *f*
baptize [bæp'taɪz] *vt* taufen
bar [bɑː*r*] *n* (rod) Stange *f*; (obstacle) Hindernis *nt*; (of chocolate) Tafel *f*; (of soap) Stück *nt*; (for food, drink) Buffet *nt*, Bar *f*; (pub) Wirtschaft *f*; (MUS) Takt(strich) *m* ♦ *vt* (fasten) verriegeln; (hinder) versperren; (exclude) ausschließen; **behind ~s** hinter Gittern; **the B~**: **to be called to the B~** als Anwalt zugelassen werden; ~ **none** ohne Ausnahme
barbaric [bɑː'bærɪk] *adj* primitiv, unkultiviert
barbecue ['bɑːbɪkjuː] *n* Barbecue *nt*

barbed wire ['bɑːbd-] *n* Stacheldraht *m*
barber ['bɑːbə*r*] *n* Herrenfriseur *m*
bar code *n* (COMM) Registrierkode *f*
bare [bɛə*r*] *adj* nackt; (trees, country) kahl; (mere) bloß ♦ *vt* entblößen; **~back** *adv* ungesattelt; **~faced** *adj* unverfroren; **~foot** *adj, adv* barfuß; **~ly** *adv* kaum, knapp
bargain ['bɑːgɪn] *n* (sth cheap) günstiger Kauf; (agreement: written) Kaufvertrag *m*; (: oral) Geschäft *nt*; **into the ~** obendrein; ~ **for** *vt*: **he got more than he ~ed for** er erlebte sein blaues Wunder
barge [bɑːdʒ] *n* Lastkahn *m*; ~ **in** *vi* hereinplatzen; ~ **into** *vt* rennen gegen
bark [bɑːk] *n* (of tree) Rinde *f*; (of dog) Bellen *nt* ♦ *vi* (dog) bellen
barley ['bɑːlɪ] *n* Gerste *f*; ~ **sugar** *n* Malzbonbon *nt*
bar: **~maid** *n* Bardame *f*; **~man** (irreg) *n* Barkellner *m*; ~ **meal** *n* einfaches Essen in einem Pub
barn [bɑːn] *n* Scheune *f*
barometer [bə'rɒmɪtə*r*] *n* Barometer *nt*
baron ['bærən] *n* Baron *m*; **~ess** *n* Baronin *f*
barracks ['bærəks] *npl* Kaserne *f*
barrage ['bærɑːʒ] *n* (gunfire) Sperrfeuer *nt*; (dam) Staudamm *m*; Talsperre *f*
barrel ['bærəl] *n* Fass *nt*; (of gun) Lauf *m*
barren ['bærən] *adj* unfruchtbar
barricade [bærɪ'keɪd] *n* Barrikade *f* ♦ *vt* verbarrikadieren
barrier ['bærɪə*r*] *n* (obstruction) Hindernis *nt*; (fence) Schranke *f*
barring ['bɑːrɪŋ] *prep* außer im Falle +gen
barrister ['bærɪstə*r*] (BRIT) *n* Rechtsanwalt *m*
barrow ['bærəu] *n* (cart) Schubkarren *m*
bartender ['bɑːtendə*r*] (US) *n* Barmann or -kellner *m*
barter ['bɑːtə*r*] *vt* handeln
base [beɪs] *n* (bottom) Boden *m*, Basis *f*; (MIL) Stützpunkt *m* ♦ *vt* gründen; (opinion, theory): **to be ~d on** basieren auf +dat ♦ *adj* (low) gemein; **I'm ~d in London** ich wohne in London; **~ball** *n* Baseball *m*; **~ment** ['beɪsmənt] *n* Kellergeschoss *nt*
bases[1] ['beɪsɪz] *npl* of **base**
bases[2] ['beɪsiːz] *npl* of **basis**

bash [bæʃ] (*inf*) *vt* (heftig) schlagen

bashful ['bæʃful] *adj* schüchtern

basic ['beɪsɪk] *adj* grundlegend; **~s** *npl*: **the ~s** das Wesentliche *sg*; **~ally** *adv* im Grunde

basil ['bæzl] *n* Basilikum *nt*

basin ['beɪsn] *n* (*dish*) Schüssel *f*; (*for washing, also valley*) Becken *nt*; (*dock*) (Trocken)becken *nt*

basis ['beɪsɪs] (*pl* **bases**) *n* Basis *f*, Grundlage *f*

bask [bɑːsk] *vi*: **to ~ in the sun** sich sonnen

basket ['bɑːskɪt] *n* Korb *m*; **~ball** *n* Basketball *m*

bass [beɪs] *n* (*MUS, also instrument*) Bass *m*; (*voice*) Bassstimme *f*; **~ drum** *n* große Trommel

bassoon [bə'suːn] *n* Fagott *nt*

bastard ['bɑːstəd] *n* Bastard *m*; (*inf!*) Arschloch *nt* (*!*)

bat [bæt] *n* (*SPORT*) Schlagholz *nt*, Schläger *m*; (*ZOOL*) Fledermaus *f* ♦ *vt*: **he didn't ~ an eyelid** er hat nicht mit der Wimper gezuckt

batch [bætʃ] *n* (*of letters*) Stoß *m*; (*of samples*) Satz *m*

bated ['beɪtɪd] *adj*: **with ~ breath** mit angehaltenem Atem

bath [bɑːθ] *n* Bad *nt*; (*~ tub*) Badewanne *f* ♦ *vt* baden; **to have a ~** baden; *see also* **baths**

bathe [beɪð] *vt, vi* baden; **~r** *n* Badende(r) *f(m)*

bathing ['beɪðɪŋ] *n* Baden *nt*; **~ cap** *n* Badekappe *f*; **~ costume** *n* Badeanzug *m*; **~ suit** (*US*) *n* Badeanzug *m*; **~ trunks** (*BRIT*) *npl* Badehose *f*

bath: **~robe** *n* Bademantel *m*; **~room** *n* Bad(ezimmer *nt*) *nt*; **~s** *npl* (Schwimm)bad *nt*; **~ towel** *n* Badetuch *nt*

baton ['bætən] *n* (*of police*) Gummiknüppel *m*; (*MUS*) Taktstock *m*

batter ['bætər] *vt* verprügeln ♦ *n* Schlagteig *m*; (*for cake*) Biskuitteig *m*; **~ed** *adj* (*hat, pan*) verbeult

battery ['bætərɪ] *n* (*ELEC*) Batterie *f*; (*MIL*) Geschützbatterie *f*

battery farming *n* (Hühner- *etc*)

batterien *pl*

battle ['bætl] *n* Schlacht *f*; (*small*) Gefecht *nt* ♦ *vi* kämpfen; **~field** *n* Schlachtfeld *nt*; **~ship** *n* Schlachtschiff *nt*

Bavaria [bə'veərɪə] *n* Bayern *nt*; **~n** *adj* bay(e)risch ♦ *n* (*person*) Bayer(in) *m(f)*

bawdy ['bɔːdɪ] *adj* unflätig

bawl [bɔːl] *vi* brüllen

bay [beɪ] *n* (*of sea*) Bucht *f* ♦ *vi* bellen; **to keep at ~** unter Kontrolle halten; **~ window** *n* Erkerfenster *nt*

bazaar [bə'zɑːr] *n* Basar *m*

B. & B. *abbr* = **bed and breakfast**

BBC *n abbr* (= *British Broadcasting Corporation*) BBC *f or m*

B.C. *adv abbr* (= *before Christ*) v. Chr.

KEYWORD

---

be [biː] (*pt* **was, were**, *pp* **been**) *aux vb*

1 (*with present participle: forming continuous tenses*): **what are you doing?** was machst du (gerade)?; **it is raining** es regnet; **I've been waiting for you for hours** ich warte schon seit Stunden auf dich

2 (*with pp: forming passives*): **to be killed** getötet werden; **the thief was nowhere to be seen** der Dieb war nirgendwo zu sehen

3 (*in tag questions*): **it was fun, wasn't it?** es hat Spaß gemacht, nicht wahr?

4 (*+to +infin*): **the house is to be sold** das Haus soll verkauft werden; **he's not to open it** er darf es nicht öffnen

♦ *vb +complement* **1** (*usu*) sein; **I'm tired** ich bin müde; **I'm hot/cold** mir ist heiß/kalt; **he's a doctor** er ist Arzt; **2 and 2 are 4** 2 und 2 ist *or* sind 4; **she's tall/pretty** sie ist groß/hübsch; **be careful/quiet** sei vorsichtig/ruhig

2 (*of health*): **how are you?** wie geht es dir?; **he's very ill** er ist sehr krank; **I'm fine now** jetzt geht es mir gut

3 (*of age*): **how old are you?** wie alt bist du?; **I'm sixteen (years old)** ich bin sechzehn (Jahre alt)

4 (*cost*): **how much was the meal?** was *or* wie viel hat das Essen gekostet?; **that'll be £5.75, please** das macht £5.75, bitte

♦ *vi* 1 (*exist, occur etc*) sein; **is there a God?** gibt es einen Gott?; **be that as it may** wie dem auch sei; **so be it** also gut
2 (*referring to place*) sein; **I won't be here tomorrow** iche werde morgen nicht hier sein
3 (*referring to movement*): **where have you been?** wo bist du gewesen?; **I've been in the garden** ich war im Garten
♦ *impers vb* 1 (*referring to time, distance, weather*) sein; **it's 5 o'clock** es ist 5 Uhr; **it's 10 km to the village** es sind 10 km bis zum Dorf; **it's too hot/cold** es ist zu heiß/kalt
2 (*emphatic*): **it's me** ich bins; **it's the postman** es ist der Briefträger

beach [biːtʃ] *n* Strand *m* ♦ *vt* (*ship*) auf den Strand setzen
beacon ['biːkən] *n* (*signal*) Leuchtfeuer *nt*; (*traffic ~*) Bake *f*
bead [biːd] *n* (*signal*) Perle *f*; (*drop*) Tropfen *m*
beak [biːk] *n* Schnabel *m*
beaker ['biːkər] *n* Becher *m*
beam [biːm] *n* (*of wood*) Balken *m*; (*of light*) Strahl *m*; (*smile*) strahlende(s) Lächeln *nt* ♦ *vi* strahlen
bean [biːn] *n* Bohne *f*; (*also:* **baked ~s**) gebackene Bohnen *pl*; **~ sprouts** *npl* Sojasprossen *pl*
bear [bɛər] (*pt* **bore**, *pp* **borne**) *n* Bär *m* ♦ *vt* (*weight, crops*) tragen; (*tolerate*) ertragen; (*young*) gebären ♦ *vi*: **to ~ right/left** sich rechts/links halten; **~ out** *vt* (*suspicions etc*) bestätigen; **~ up** *vi* sich halten
beard [bɪəd] *n* Bart *m*; **~ed** *adj* bärtig
bearer ['bɛərər] *n* Träger *m*
bearing ['bɛərɪŋ] *n* (*posture*) Haltung *f*; (*relevance*) Relevanz *f*; (*relation*) Bedeutung *f*; (*TECH*) Kugellager *nt*; **~s** *npl* (*direction*) Orientierung *f*; (*also:* **ball ~s**) (Kugel)lager *nt*
beast [biːst] *n* Tier *nt*, Vieh *nt*; (*person*) Biest *nt*
beat [biːt] (*pt* **beat**, *pp* **beaten**) *n* (*stroke*) Schlag *m*; (*pulsation*) (Herz)schlag *m*; (*police round*) Runde *f*; Revier *nt*; (*MUS*) Takt *m*;

Beat *m* ♦ *vt, vi* schlagen; **to ~ it** abhauen; **off the ~en track** abgelegen; **~ off** *vt* abschlagen; **~ up** *vt* zusammenschlagen; **~en** *pp* of **beat**; **~ing** *n* Prügel *pl*
beautiful ['bjuːtɪful] *adj* schön; **~ly** *adv* ausgezeichnet
beauty ['bjuːtɪ] *n* Schönheit *f*; **~ salon** *n* Schönheitssalon *m*; **~ spot** *n* Schönheitsfleck *m*; (*BRIT: TOURISM*) (besonders) schöne(r) Ort *m*
beaver ['biːvər] *n* Biber *m*
became [bɪˈkeɪm] *pt* of **become**
because [bɪˈkɒz] *conj* weil ♦ *prep*: **~ of** wegen +*gen*, wegen +*dat* (*inf*)
beck [bɛk] *n*: **to be at the ~ and call of sb** nach jds Pfeife tanzen
beckon ['bɛkən] *vt, vi*: **to ~ to sb** jdm ein Zeichen geben
become [bɪˈkʌm] (*irreg: like* **come**) *vi* werden ♦ *vt* werden; (*clothes*) stehen +*dat*
becoming [bɪˈkʌmɪŋ] *adj* (*suitable*) schicklich; (*clothes*) kleidsam
bed [bɛd] *n* Bett *nt*; (*of river*) Flussbett *nt*; (*foundation*) Schicht *f*; (*in garden*) Beet *nt*; **to go to ~** zu Bett gehen; **~ and breakfast** *n* Übernachtung *f* mit Frühstück; **~clothes** *npl* Bettwäsche *f*; **~ding** *n* Bettzeug *nt*

Bed and Breakfast

i Bed and Breakfast *bedeutet* „Übernachtung mit Frühstück", wobei sich dies in Großbritannien nicht auf Hotels, sondern auf kleinere Pensionen, Privathäuser und Bauernhöfe bezieht, wo man wesentlich preisgünstiger übernachten kann als in Hotels. Oft wird für Bed and Breakfast, auch B & B genannt, durch ein entsprechendes Schild im Garten oder an der Einfahrt geworben.

---

bedlam ['bɛdləm] *n* (*uproar*) tolle(s) Durcheinander *nt*
bed linen *n* Bettwäsche *f*
bedraggled [bɪˈdrægld] *adj* ramponiert
bed: **~ridden** *adj* bettlägerig; **~room** *n* Schlafzimmer *nt*; **~side** *n*: **at the ~side** am Bett; **~sit(ter)** (*BRIT*) *n* Einzimmerwohnung

f, möblierte(s) Zimmer nt; **~spread** n Tagesdecke f; **~time** n Schlafenszeit f

bee [biː] n Biene f

beech [biːtʃ] n Buche f

beef [biːf] n Rindfleisch nt; **roast ~** Roastbeef nt; **~burger** n Hamburger m

beehive ['biːhaɪv] n Bienenstock m

beeline ['biːlaɪn] n: **to make a ~ for** schnurstracks zugehen auf +acc

been [biːn] pp of **be**

beer [bɪəʳ] n Bier nt

beet [biːt] n (vegetable) Rübe f; (US: also: **red ~**) Rote Bete f or Rübe f

beetle ['biːtl] n Käfer m

beetroot ['biːtruːt] (BRIT) n Rote Bete f

before [bɪ'fɔːʳ] prep vor ♦ conj bevor ♦ adv (of time) zuvor; früher; **the week ~** die Woche zuvor or vorher; **I've done it ~** das hab ich schon mal getan; **~ going** bevor er/sie etc geht/ging; **~ she goes** bevor sie geht; **~hand** adv im Voraus

beg [beg] vt, vi (implore) dringend bitten; (alms) betteln

began [bɪ'gæn] pt of **begin**

beggar ['begəʳ] n Bettler(in) m(f)

begin [bɪ'gɪn] (pt **began**, pp **begun**) vt, vi anfangen, beginnen; (found) gründen; **to ~ doing** or **to do sth** anfangen or beginnen, etw zu tun; **to ~ with** zunächst (einmal); **~ner** n Anfänger m; **~ning** n Anfang m

begun [bɪ'gʌn] pp of **begin**

behalf [bɪ'hɑːf] n: **on ~ of** im Namen +gen; **on my ~** für mich

behave [bɪ'heɪv] vi sich benehmen; **behaviour** [bɪ'heɪvjəʳ] (US **behavior**) n Benehmen nt

beheld [bɪ'held] pt, pp of **behold**

behind [bɪ'haɪnd] prep hinter ♦ adv (late) im Rückstand; (in the rear) hinten ♦ n (inf) Hinterteil nt; **~ the scenes** (fig) hinter den Kulissen

behold [bɪ'həuld] (irreg: like **hold**) vt erblicken

beige [beɪʒ] adj beige

Beijing ['beɪ'dʒɪn] n Peking nt

being ['biːɪn] n (existence) (Da)sein nt; (person) Wesen nt; **to come into ~** entstehen

Belarus [belə'rus] n Weißrussland nt

belated [bɪ'leɪtɪd] adj verspätet

belch [beltʃ] vi rülpsen ♦ vt (smoke) ausspeien

belfry ['belfrɪ] n Glockenturm m

Belgian ['beldʒən] adj belgisch ♦ n Belgier(in) m(f)

Belgium ['beldʒəm] n Belgien nt

belie [bɪ'laɪ] vt Lügen strafen +acc

belief [bɪ'liːf] n Glaube m; (conviction) Überzeugung f; **~ in sb/sth** Glaube an jdn/etw

believe [bɪ'liːv] vt glauben +dat; (think) glauben, meinen, denken ♦ vi (have faith) glauben; **to ~ in sth** an etw acc glauben; **~r** n Gläubige(r) f(m)

belittle [bɪ'lɪtl] vt herabsetzen

bell [bel] n Glocke f

belligerent [bɪ'lɪdʒərənt] adj (person) streitsüchtig; (country) Krieg führend

bellow ['beləu] vt, vi brüllen

bellows ['beləuz] npl (TECH) Gebläse nt; (for fire) Blasebalg m

belly ['belɪ] n Bauch m

belong [bɪ'lɒn] vi gehören; **to ~ to sb** jdm gehören; **to ~ to a club** etc einem Klub etc angehören; **~ings** npl Habe f pl

beloved [bɪ'lʌvɪd] adj innig geliebt ♦ n Geliebte(r) f(m)

below [bɪ'ləu] prep unter ♦ adv unten

belt [belt] n (band) Riemen m; (round waist) Gürtel m ♦ vt (fasten) mit Riemen befestigen; (inf: beat) schlagen; **~way** (US) n (AUT: ring road) Umgehungsstraße f

bemused [bɪ'mjuːzd] adj verwirrt

bench [bentʃ] n (seat) Bank f; (workshop) Werkbank f; (judge's seat) Richterbank f; (judges) Richter pl

bend [bend] (pt, pp **bent**) vt (curve) biegen; (stoop) beugen ♦ vi sich biegen; sich beugen ♦ n Biegung f; (BRIT: in road) Kurve f; **~ down** or **over** vi sich bücken

beneath [bɪ'niːθ] prep unter ♦ adv darunter

benefactor ['benɪfæktəʳ] n Wohltäter(in) m(f)

beneficial [benɪ'fɪʃəl] adj vorteilhaft; (to

health) heilsam

benefit ['benɪfɪt] *n (advantage)* Nutzen *m*
♦ *vt* fördern ♦ *vi*: **to ~ (from)** Nutzen ziehen
(aus)

Benelux ['benɪlʌks] *n* Beneluxstaaten *pl*

benevolent [bɪ'nevələnt] *adj* wohlwollend

benign [bɪ'naɪn] *adj (person)* gütig; *(climate)*
mild

bent [bent] *pt, pp of* **bend** ♦ *n (inclination)*
Neigung *f* ♦ *adj (inf: dishonest)* unehrlich; **to**
be ~ on versessen sein auf +*acc*

bequest [bɪ'kwest] *n* Vermächtnis *nt*

bereaved [bɪ'riːvd] *npl*: **the ~** die
Hinterbliebenen *pl*

beret ['bereɪ] *n* Baskenmütze *f*

Berlin [bɜː'lɪn] *n* Berlin *nt*

berm [bɜːm] *(US) n (AUT)* Seitenstreifen *m*

berry ['berɪ] *n* Beere *f*

berserk [bə'sɜːk] *adj*: **to go ~** wild werden

berth [bɜːθ] *n (for ship)* Ankerplatz *m; (in*
ship) Koje *f; (in train)* Bett *nt* ♦ *vt* am Kai
festmachen ♦ *vi* anlegen

beseech [bɪ'siːtʃ] *(pt, pp* **besought***) vt*
anflehen

beset [bɪ'set] *(pt, pp* **beset***) vt* bedrängen

beside [bɪ'saɪd] *prep* neben, bei; *(except)*
außer; **to be ~ o.s. (with)** außer sich sein
(vor +*dat);* **that's ~ the point** das tut nichts
zur Sache

besides [bɪ'saɪdz] *prep* außer, neben ♦ *adv*
außerdem

besiege [bɪ'siːdʒ] *vt (MIL)* belagern;
(surround) umlagern, bedrängen

besought [bɪ'sɔːt] *pt, pp of* **beseech**

best [best] *adj* beste(r, s) ♦ *adv* am besten;
the ~ part of *(quantity)* das meiste +*gen;* **at**
~ höchstens; **to make the ~ of it** das Beste
daraus machen; **to do one's ~** sein Bestes
tun; **to the ~ of my knowledge** meines
Wissens; **to the ~ of my ability** so gut ich
kann; **for the ~** zum Besten; **~-before**
date *n* Mindesthaltbarkeitsdatum *nt;* **~**
man *n* Trauzeuge *m*

bestow [bɪ'stəʊ] *vt* verleihen

bet [bet] *(pt, pp* **bet** *or* **betted***) n* Wette *f* ♦ *vt,*
vi wetten

betray [bɪ'treɪ] *vt* verraten

better ['betər] *adj, adv* besser ♦ *vt* verbessern
♦ *n*: **to get the ~ of sb** jdn überwinden; **he**
thought ~ of it er hat sich eines Besseren
besonnen; **you had ~ leave** Sie gehen jetzt
wohl besser; **to get ~** *(MED)* gesund
werden; **~ off** *(richer)* wohlhabender

betting ['betɪŋ] *n* Wetten *nt;* **~ shop** *(BRIT) n*
Wettbüro *nt*

between [bɪ'twiːn] *prep* zwischen; *(among)*
unter ♦ *adv* dazwischen

beverage ['bevərɪdʒ] *n* Getränk *nt*

bevy ['bevɪ] *n* Schar *f*

beware [bɪ'weər] *vt, vi* sich hüten vor +*dat;*
"~ of the dog" „Vorsicht, bissiger Hund!"

bewildered [bɪ'wɪldəd] *adj* verwirrt

beyond [bɪ'jɒnd] *prep (place)* jenseits +*gen;*
(time) über ... hinaus; *(out of reach)*
außerhalb +*gen* ♦ *adv* darüber hinaus; **~**
doubt ohne Zweifel; **~ repair** nicht mehr
zu reparieren

bias ['baɪəs] *n (slant)* Neigung *f; (prejudice)*
Vorurteil *nt;* **~(s)ed** *adj* voreingenommen

bib [bɪb] *n* Latz *m*

Bible ['baɪbl] *n* Bibel *f*

bicarbonate of soda [baɪ'kɑːbənɪt-] *n*
Natron *nt*

bicker ['bɪkər] *vi* zanken

bicycle ['baɪsɪkl] *n* Fahrrad *nt*

bid [bɪd] *(pt* **bade** *or* **bid***, pp* **bid(den)***) n*
(offer) Gebot *nt; (attempt)* Versuch *m* ♦ *vt, vi*
(offer) bieten; **to ~ farewell** Lebewohl
sagen; **~der** *n (person)* Steigerer *m;* **the**
highest ~der der Meistbietende; **~ding** *n*
(command) Geheiß *nt*

bide [baɪd] *vt*: **to ~ one's time** abwarten

bifocals [baɪ'fəʊklz] *npl* Bifokalbrille *f*

big [bɪg] *adj* groß; **~ dipper** [-'dɪpər] *n*
Achterbahn *f;* **~headed** ['bɪg'hedɪd] *adj*
eingebildet

bigot ['bɪgət] *n* Frömmler *m;* **~ed** *adj* bigott;
~ry *n* Bigotterie *f*

big top *n* Zirkuszelt *nt*

bike [baɪk] *n* Rad *nt*

bikini [bɪ'kiːnɪ] *n* Bikini *m*

bile [baɪl] *n (BIOL)* Galle *f*

bilingual [baɪ'lɪŋgwəl] *adj* zweisprachig

bill [bɪl] *n (account)* Rechnung *f; (POL)*

Gesetzentwurf m; (US: FIN) Geldschein m; **to fit** or **fill the** ~ (fig) der/die/das Richtige sein; **"post no ~s"** „Plakate ankleben verboten"; **~board** ['bɪlbɔːd] n Reklameschild nt

billet ['bɪlɪt] n Quartier nt

billfold ['bɪlfəʊld] (US) n Geldscheintasche f

billiards ['bɪljədz] n Billard nt

billion ['bɪljən] n (BRIT) Billion f; (US) Milliarde f

bimbo ['bɪmbəʊ] (inf: pej) n Puppe f, Häschen nt

bin [bɪn] n Kasten m; (dustbin) (Abfall)eimer m

bind [baɪnd] (pt, pp **bound**) vt (tie) binden; (tie together) zusammenbinden; (oblige) verpflichten; **~ing** n (Buch)einband m ♦ adj verbindlich

binge [bɪndʒ] (inf) n Sauferei f

bingo ['bɪŋgəʊ] n Bingo nt

binoculars [bɪ'nɔkjʊləz] npl Fernglas nt

bio... [baɪəʊ] prefix: **~chemistry** n Biochemie f; **~degradable** adj biologisch abbaubar; **~graphy** n Biografie f; **~logical** [baɪə'lɔdʒɪkl] adj biologisch; **~logy** [baɪ'ɔlədʒɪ] n Biologie f

birch [bəːtʃ] n Birke f

bird [bəːd] n Vogel m; (BRIT: inf: girl) Mädchen nt; **~'s-eye view** n Vogelschau f; ~ **watcher** n Vogelbeobachter(in) m(f); ~ **watching** n Vogelbeobachten nt

Biro ['baɪərəʊ] ® n Kugelschreiber m

birth [bəːθ] n Geburt f; **to give** ~ **to** zur Welt bringen; ~ **certificate** n Geburtsurkunde f; ~ **control** n Geburtenkontrolle f; **~day** n Geburtstag m; **~day card** n Geburtstagskarte f; **~place** n Geburtsort m; ~ **rate** n Geburtenrate f

biscuit ['bɪskɪt] n Keks m

bisect [baɪ'sɛkt] vt halbieren

bishop ['bɪʃəp] n Bischof m

bit [bɪt] pt of **bite** ♦ n bisschen, Stückchen nt; (horse's) Gebiss nt; (COMPUT) Bit nt; **a ~ tired** etwas müde

bitch [bɪtʃ] n (dog) Hündin f; (unpleasant woman) Weibsstück nt

bite [baɪt] (pt **bit**, pp **bitten**) vt, vi beißen ♦ n

Biss m; (mouthful) Bissen m; **to ~ one's nails** Nägel kauen; **let's have a ~ to eat** lass uns etwas essen

bitten ['bɪtn] pp of **bite**

bitter ['bɪtər] adj bitter; (memory etc) schmerzlich; (person) verbittert ♦ n (BRIT: beer) dunkle(s) Bier nt; **~ness** n Bitterkeit f

blab [blæb] vi klatschen ♦ vt (also: ~ **out**) ausplaudern

black [blæk] adj schwarz; (night) finster ♦ vt schwärzen; (shoes) wichsen; (eye) blau schlagen; (BRIT: INDUSTRY) boykottieren; **to give sb a ~ eye** jdm ein blaues Auge schlagen; **in the ~** (bank account) in den schwarzen Zahlen; ~ **and blue** adj grün und blau; **~berry** n Brombeere f; **~bird** n Amsel f; **~board** n (Wand)tafel f; ~ **coffee** n schwarze(r) Kaffee m; **~currant** n schwarze Johannisbeere f; **~en** vt schwärzen; (fig) verunglimpfen; **B~ Forest** n Schwarzwald m; ~ **ice** n Glatteis nt; **~leg** (BRIT) n Streikbrecher(in) m(f); **~list** n schwarze Liste f; **~mail** n Erpressung f ♦ vt erpressen; ~ **market** n Schwarzmarkt m; **~out** n Verdunklung f; (MED): **to have a ~out** bewusstlos werden; ~ **pudding** n ≈ Blutwurst f; **B~ Sea** n: **the B~ Sea** das Schwarze Meer; ~ **sheep** n schwarze(s) Schaf nt; **~smith** n Schmied m; ~ **spot** n (AUT) Gefahrenstelle f; (for unemployment etc) schwer betroffene(s) Gebiet nt

bladder ['blædər] n Blase f

blade [bleɪd] n (of weapon) Klinge f; (of grass) Halm m; (of oar) Ruderblatt nt

blame [bleɪm] n Tadel m, Schuld f ♦ vt Vorwürfe machen +dat; **to ~ sb for sth** jdm die Schuld an etw dat geben; **he is to ~** er ist daran schuld

bland [blænd] adj mild

blank [blæŋk] adj leer, unbeschrieben; (look) verdutzt; (verse) Blank- ♦ n (space) Lücke f; Zwischenraum m; (cartridge) Platzpatrone f; ~ **cheque** n Blankoscheck m; (fig) Freibrief m

blanket ['blæŋkɪt] n (Woll)decke f

blare [bleər] vi (radio) plärren; (horn) tuten; (MUS) schmettern;

blasé ['blɑːzeɪ] *adj* blasiert

blast [blɑːst] *n* Explosion *f*; *(of wind)*
Windstoß *m* ♦ *vt (blow up)* sprengen; **~!**
(inf) verflixt!; **~off** *n* *(SPACE)*
(Raketen)abschuss *m*

blatant ['bleɪtənt] *adj* offenkundig

blaze [bleɪz] *n (fire)* lodernde(s) Feuer *nt* ♦ *vi*
lodern ♦ *vt*: **to ~ a trail** Bahn brechen

blazer ['bleɪzəʳ] *n* Blazer *m*

bleach [bliːtʃ] *n (also:* **household ~)**
Bleichmittel *nt* ♦ *vt* bleichen; **~ed** *adj*
gebleicht

bleachers ['bliːtʃəz] *(US) npl (SPORT)*
unüberdachte Tribüne *f*

bleak [bliːk] *adj* kahl, rau; *(future)* trostlos

bleary-eyed ['blɪərɪˈaɪd] *adj* triefäugig; *(on
waking up)* mit verschlafenen Augen

bleat [bliːt] *vi* blöken; *(fig: complain)*
meckern

bled [bled] *pt, pp of* **bleed**

bleed [bliːd] *(pt, pp* **bled)** *vi* bluten ♦ *vt*
(draw blood) zur Ader lassen; **to ~ to death**
verbluten

bleeper ['bliːpəʳ] *n (of doctor etc)*
Funkrufempfänger *m*

blemish ['blemɪʃ] *n* Makel *m* ♦ *vt*
verunstalten

blend [blend] *n* Mischung *f* ♦ *vt* mischen ♦ *vi*
sich mischen; **~er** *n* Mixer *m*, Mixgerät *nt*

bless [bles] *(pt, pp* **blessed)** *vt* segnen; *(give
thanks)* preisen; *(make happy)* glücklich
machen; **~ you!** Gesundheit!; **~ing** *n* Segen
m; *(at table)* Tischgebet *nt*; *(happiness)*
Wohltat *f*; Segen *m*; *(good wish)* Glück *nt*

blew [bluː] *pt of* **blow**

blimey ['blaɪmɪ] *(BRIT: inf) excl* verflucht

blind [blaɪnd] *adj* blind; *(corner)*
unübersichtlich ♦ *n (for window)* Rouleau *nt*
♦ *vt* blenden; **~ alley** *n* Sackgasse *f*; **~fold**
n Augenbinde *f* ♦ *adj, adv* mit verbundenen
Augen ♦ *vt*: **to ~fold sb** jdm die Augen
verbinden; **~ly** *adv* blind; *(fig)* blindlings;
~ness *n* Blindheit *f*; **~ spot** *n (AUT)* tote(r)
Winkel *m*; *(fig)* schwache(r) Punkt *m*

blink [blɪŋk] *vi* blinzeln; **~ers** *npl*
Scheuklappen *pl*

bliss [blɪs] *n* (Glück)seligkeit *f*

blister ['blɪstəʳ] *n* Blase *f* ♦ *vi* Blasen werfen

blitz [blɪts] *n* Luftkrieg *m*

blizzard ['blɪzəd] *n* Schneesturm *m*

bloated ['bləʊtɪd] *adj* aufgedunsen; *(inf: full)*
nudelsatt

blob [blɔb] *n* Klümpchen *nt*

bloc [blɔk] *n (POL)* Block *m*

block [blɔk] *n (of wood)* Block *m*, Klotz *m*; *(of
houses)* Häuserblock *m* ♦ *vt* hemmen; **~ade**
[blɔˈkeɪd] *n* Blockade *f* ♦ *vt* blockieren; **~age**
n Verstopfung *f*; **~buster** *n* Knüller *m*; **~
letters** *npl* Blockbuchstaben *pl*; **~ of flats**
(BRIT) n Häuserblock *m*

bloke [bləʊk] *(BRIT: inf) n* Kerl *m*, Typ *m*

blond(e) [blɔnd] *adj* blond ♦ *n* Blondine *f*

blood [blʌd] *n* Blut *nt*; **~ donor** *n*
Blutspender *m*; **~ group** *n* Blutgruppe *f*; **~
poisoning** *n* Blutvergiftung *f*; **~ pressure**
n Blutdruck *m*; **~shed** *n* Blutvergießen *nt*;
~shot *adj* blutunterlaufen; **~ sports** *npl*
Jagdsport, Hahnenkampf *etc*; **~stained** *adj*
blutbefleckt; **~stream** *n* Blut *nt*,
Blutkreislauf *m*; **~ test** *n* Blutprobe *f*;
~thirsty *adj* blutrünstig; **~ vessel** *n*
Blutgefäß *nt*; **~y** *adj* blutig; *(BRIT: inf)*
verdammt; **~y-minded** *(BRIT: inf) adj* stur

bloom [bluːm] *n* Blüte *f*; *(freshness)* Glanz *m*
♦ *vi* blühen

blossom ['blɔsəm] *n* Blüte *f* ♦ *vi* blühen

blot [blɔt] *n* Klecks *m* ♦ *vt* beklecksen; *(ink)*
(ab)löschen; **~ out** *vt* auslöschen

blotchy ['blɔtʃɪ] *adj* fleckig

blotting paper ['blɔtɪŋ-] *n* Löschpapier *nt*

blouse [blauz] *n* Bluse *f*

blow [bləʊ] *(pt* **blew,** *pp* **blown)** *n* Schlag *m*
♦ *vt* blasen ♦ *vi (wind)* wehen; **to ~ one's
nose** sich *dat* die Nase putzen; **~ away** *vt*
wegblasen; **~ down** *vt* umwehen; **~ off**
vt wegwehen ♦ *vi* wegfliegen; **~ out** *vi*
ausgehen; **~ over** *vi* vorübergehen; **~ up**
vi explodieren ♦ *vt* sprengen; **~-dry** *n*: **to
have a ~-dry** sich föhnen lassen ♦ *vt*
föhnen; **~lamp** *(BRIT) n* Lötlampe *f*; **~n** *pp*
of **blow; ~out** *n (AUT)* geplatzte(r) Reifen
m; **~torch** *n* = **blowlamp**

blue [bluː] *adj* blau; *(inf: unhappy)*
niedergeschlagen; *(obscene)* pornografisch;

(*joke*) anzüglich ♦ *n*: **out of the ~** (*fig*) aus heiterem Himmel; **~bell** *n* Glockenblume *f*; **~bottle** *n* Schmeißfliege *f*; **~ film** *n* Pornofilm *m*; **~print** *n* (*fig*) Entwurf *m*

bluff [blʌf] *vi* bluffen, täuschen ♦ *n* (*deception*) Bluff *m*; **to call sb's ~** es darauf ankommen lassen

blunder ['blʌndə'] *n* grobe(r) Fehler *m*, Schnitzer *m* ♦ *vi* einen groben Fehler machen

blunt [blʌnt] *adj* (*knife*) stumpf; (*talk*) unverblümt ♦ *vt* abstumpfen

blur [blə:'] *n* Fleck *m* ♦ *vt* verschwommen machen

blurb [blə:b] *n* Waschzettel *m*

blush [blʌʃ] *vi* erröten

blustery ['blʌstəri] *adj* stürmisch

boar [bɔ:'] *n* Keiler *m*, Eber *m*

board [bɔ:d] *n* (*of wood*) Brett *nt*; (*of card*) Pappe *f*; (*committee*) Ausschuss *m*; (*of firm*) Aufsichtsrat *m*; (*SCH*) Direktorium *nt* ♦ *vt* (*train*) einsteigen in +*acc*; (*ship*) an Bord gehen +*gen*; **on ~** (*AVIAT, NAUT*) an Bord; **~ and lodging** Unterkunft *f* und Verpflegung; **full/half ~** (*BRIT*) Voll-/Halbpension *f*; **to go by the ~** flachfallen, über Bord gehen; **~ up** *vt* mit Brettern vernageln; **~er** *n* Kostgänger *m*; (*SCH*) Internatsschüler(in) *m(f)*; **~ game** *n* Brettspiel *nt*; **~ing card** *n* (*AVIAT, NAUT*) Bordkarte *f*; **~ing house** *n* Pension *f*; **~ing school** *n* Internat *nt*; **~ room** *n* Sitzungszimmer *nt*

boast [bəust] *vi* prahlen ♦ *vt* sich rühmen +*gen* ♦ *n* Großtuerei *f*; Prahlerei *f*; **to ~ about** *or* **of sth** mit etw prahlen

boat [bəut] *n* Boot *nt*; (*ship*) Schiff *nt*; **~er** *n* (*hat*) Kreissäge *f*; **~swain** *n* = **bosun**; **~ train** *n* Zug *m* mit Fährenanschluss

bob [bɔb] *vi* sich auf und nieder bewegen; **~ up** *vi* auftauchen

bobbin ['bɔbɪn] *n* Spule *f*

bobby ['bɔbɪ] (*BRIT: inf*) *n* Bobby *m*

bobsleigh ['bɔbsleɪ] *n* Bob *m*

bode [bəud] *vi*: **to ~ well/ill** ein gutes/ schlechtes Zeichen sein

bodily ['bɔdɪlɪ] *adj, adv* körperlich

body ['bɔdɪ] *n* Körper *m*; (*dead*) Leiche *f*; (*group*) Mannschaft *f*; (*AUT*) Karosserie *f*; (*trunk*) Rumpf *m*; **~ building** *n* Bodybuilding *nt*; **~guard** *n* Leibwache *f*; **~work** *n* Karosserie *f*

bog [bɔg] *n* Sumpf *m* ♦ *vt*: **to get ~ged down** sich festfahren

boggle ['bɔgl] *vi* stutzen; **the mind ~s** es ist kaum auszumalen

bog-standard *adj* stinknormal (*inf*)

bogus ['bəugəs] *adj* unecht, Schein-

boil [bɔɪl] *vt, vi* kochen ♦ *n* (*MED*) Geschwür *nt*; **to come to the** (*BRIT*) *or* **a** (*US*) **~** zu kochen anfangen; **to ~ down to** (*fig*) hinauslaufen auf +*acc*; **~ over** *vi* überkochen; **~ed egg** *n* (*weich*) gekochte(s) Ei *nt*; **~ed potatoes** *npl* Salzkartoffeln *pl*; **~er** *n* Boiler *m*; **~er suit** (*BRIT*) *n* Arbeitsanzug *m*; **~ing point** *n* Siedepunkt *m*

boisterous ['bɔɪstərəs] *adj* ungestüm

bold [bəuld] *adj* (*fearless*) unerschrocken; (*handwriting*) fest und klar

bollard ['bɔləd] *n* (*NAUT*) Poller *m*; (*BRIT: AUT*) Pfosten *m*

bolt [bəult] *n* Bolzen *m*; (*lock*) Riegel *m* ♦ *adv*: **~ upright** kerzengerade ♦ *vt* verriegeln; (*swallow*) verschlingen ♦ *vi* (*horse*) durchgehen

bomb [bɔm] *n* Bombe *f* ♦ *vt* bombardieren; **~ard** [bɔm'bɑ:d] *vt* bombardieren; **~ardment** [bɔm'bɑ:dmənt] *n* Beschießung *f*; **~ disposal** *n*: **~ disposal unit** Bombenräumkommando *nt*; **~er** *n* Bomber *m*; (*terrorist*) Bombenattentäter(in) *m(f)*; **~ing** *n* Bomben *nt*; **~shell** *n* (*fig*) Bombe *f*

bona fide ['bəunə'faɪdɪ] *adj* echt

bond [bɔnd] *n* (*link*) Band *nt*; (*FIN*) Schuldverschreibung *f*

bondage ['bɔndɪdʒ] *n* Sklaverei *f*

bone [bəun] *n* Knochen *m*; (*of fish*) Gräte *f*; (*piece of ~*) Knochensplitter *m* ♦ *vt* die Knochen herausnehmen +*dat*; (*fish*) entgräten; **~ dry** *adj* (*inf*) knochentrocken; **~ idle** *adj* stinkfaul; **~ marrow** *n* (*ANAT*) Knochenmark *nt*

bonfire ['bɔnfaɪə'] *n* Feuer *nt* im Freien

bonnet ['bɔnɪt] n Haube f; (for baby) Häubchen nt; (BRIT: AUT) Motorhaube f

bonus ['bəʊnəs] n Bonus m; (annual ~) Prämie f

bony ['bəʊnɪ] adj knochig, knochendürr

boo [bu:] vt auspfeifen

booby trap ['bu:bɪ-] n Falle f

book [buk] n Buch nt ♦ vt (ticket etc) vorbestellen; (person) verwarnen; ~s npl (COMM) Bücher pl; ~case n Bücherregal nt, Bücherschrank m; ~ing office (BRIT) n (RAIL) Fahrkartenschalter m; (THEAT) Vorverkaufsstelle f; ~keeping n Buchhaltung f; ~let n Broschüre f; ~maker n Buchmacher m; ~seller n Buchhändler m; ~shelf n Bücherbord nt; ~shop ['bukʃɔp], ~store n Buchhandlung f

boom [bu:m] n (noise) Dröhnen nt; (busy period) Hochkonjunktur f ♦ vi dröhnen

boon [bu:n] n Wohltat f, Segen m

boost [bu:st] n Auftrieb m; (fig) Reklame f ♦ vt Auftrieb geben; ~er n (MED) Wiederholungsimpfung f

boot [bu:t] n Stiefel m; (BRIT: AUT) Kofferraum m ♦ vt (kick) einen Fußtritt geben; (COMPUT) laden; **to ~** (in addition) obendrein

booth [bu:ð] n (at fair) Bude f; (telephone ~) Zelle f; (voting ~) Kabine f

booze [bu:z] (inf) n Alkohol m, Schnaps m ♦ vi saufen

border ['bɔ:dər] n Grenze f; (edge) Kante f; (in garden) (Blumen)rabatte f ♦ adj Grenz-; **the B~s** Grenzregion zwischen England und Schottland; ~ **on** vt grenzen an +acc; ~line n Grenze f; ~line case n Grenzfall m

bore [bɔ:r] pt of bear ♦ vt bohren; (weary) langweilen ♦ n (person) Langweiler m; (thing) langweilige Sache f; (of gun) Kaliber nt; **I am ~d** ich langweile mich; ~dom n Langeweile f

boring ['bɔ:rɪŋ] adj langweilig

born [bɔ:n] adj: **to be ~** geboren werden

borne [bɔ:n] pp of bear

borough ['bʌrə] n Stadt(gemeinde) f, Stadtbezirk m

borrow ['bɔrəʊ] vt borgen

Bosnia (and) Herzegovina ['bɔznɪə (ənd) hɑ:tsəgəʊ'vi:nə] n Bosnien und Herzegowina nt; ~**n** n Bosnier(in) m(f) ♦ adj bosnisch

bosom ['buzəm] n Busen m

boss [bɔs] n Chef m, Boss m ♦ vt: **to ~ around** or **about** herumkommandieren; ~**y** adj herrisch

bosun ['bəʊsn] n Bootsmann m

botany ['bɔtənɪ] n Botanik f

botch [bɔtʃ] vt (also: ~ **up**) verpfuschen

both [bəʊθ] adj beide(s) ♦ pron beide(s) ♦ adv: ~ **X and Y** sowohl X wie or als auch Y; ~ **(of) the books** beide Bücher; ~ **of us went, we ~ went** wir gingen beide

bother ['bɔðər] vt (pester) quälen ♦ vi (fuss) sich aufregen ♦ n Mühe f, Umstand m; **to ~ doing sth** sich dat die Mühe machen, etw zu tun; **what a ~!** wie ärgerlich!

bottle ['bɔtl] n Flasche f ♦ vt (in Flaschen) abfüllen; ~ **up** vt aufstauen; ~ **bank** n Altglascontainer m; ~**d beer** n Flaschenbier nt; ~**d water** n in Flaschen abgefülltes Wasser; ~**neck** n (also fig) Engpass m; ~ **opener** n Flaschenöffner m

bottom ['bɔtəm] n Boden m; (of person) Hintern m; (riverbed) Flussbett nt ♦ adj unterste(r, s)

bough [baʊ] n Zweig m, Ast m

bought [bɔ:t] pt, pp of buy

boulder ['bəʊldər] n Felsbrocken m

bounce [baʊns] vi (person) herumhüpfen; (ball) hochspringen; (cheque) platzen ♦ vt (auf)springen lassen ♦ n (rebound) Aufprall m; ~**r** n Rausschmeißer m

bound [baʊnd] pt, pp of bind ♦ n Grenze f; (leap) Sprung m ♦ vi (spring, leap) (auf)springen ♦ adj (obliged) gebunden, verpflichtet; **out of ~s** Zutritt verboten; **to be ~ to do sth** verpflichtet sein, etw zu tun; **it's ~ to happen** es muss so kommen; **to be ~ for ...** nach ... fahren

boundary ['baʊndrɪ] n Grenze f

bouquet ['bukeɪ] n Strauß m; (of wine) Blume f

bourgeois ['bʊəʒwɑ:] adj kleinbürgerlich, bourgeois ♦ n Spießbürger(in) m(f)

bout [baʊt] n (of illness) Anfall m; (of contest)

Kampf *m*

bow¹ [bəu] *n* (*ribbon*) Schleife *f*; (*weapon, MUS*) Bogen *m*

bow² [bau] *n* (*with head, body*) Verbeugung *f*; (*of ship*) Bug *m* ♦ *vi* sich verbeugen; (*submit*): **to ~ to** sich beugen +*dat*

bowels ['bauəlz] *npl* (*ANAT*) Darm *m*

bowl [bəul] *n* (*basin*) Schüssel *f*; (*of pipe*) (Pfeifen)kopf *m*; (*wooden ball*) (Holz)kugel *f* ♦ *vt*, *vi* (die Kugel) rollen

bow-legged ['bəu'lɛgɪd] *adj* o-beinig, O-beinig

bowler ['bəulər] *n* Werfer *m*; (*BRIT: also: ~ hat*) Melone *f*

bowling ['bəulɪŋ] *n* Kegeln *nt*; **~ alley** *n* Kegelbahn *f*; **~ green** *n* Rasen *m* zum Bowlingspiel

bowls *n* (*game*) Bowlsspiel *nt*

bow tie [bəu-] *n* Fliege *f*

box [bɔks] *n* (*also: cardboard ~*) Schachtel *f*; (*bigger*) Kasten *m*; (*THEAT*) Loge *f* ♦ *vt* einpacken ♦ *vi* boxen; **~er** *n* Boxer *m*; **~er shorts** (*BRIT*) *npl* Boxershorts *pl*; **~ing** *n* (*SPORT*) Boxen *nt*; **B~ing Day** (*BRIT*) *n* zweite(r) Weihnachtsfeiertag *m*; **~ing gloves** *npl* Boxhandschuhe *pl*; **~ing ring** *n* Boxring *m*; **~ office** *n* (Theater)kasse *f*; **~room** *n* Rumpelkammer *f*

Boxing Day

ℹ️ **Boxing Day** (26.12.) ist ein Feiertag in Großbritannien. Wenn Weihnachten auf ein Wochenende fällt, wird der Feiertag am nächsten darauf folgenden Wochentag nachgeholt. Der Name geht auf einen alten Brauch zurück; früher erhielten Händler und Lieferanten an diesem Tag ein Geschenk, die so genannte Christmas Box.

---

boy [bɔɪ] *n* Junge *m*

boycott ['bɔɪkɔt] *n* Boykott *m* ♦ *vt* boykottieren

boyfriend ['bɔɪfrɛnd] *n* Freund *m*

boyish ['bɔɪʃ] *adj* jungenhaft

B.R. *n abbr* = **British Rail**

bra [brɑː] *n* BH *m*

brace [breɪs] *n* (*TECH*) Stütze *f*; (*MED*) Klammer *f* ♦ *vt* stützen; **~s** *npl* (*BRIT*) Hosenträger *pl*; **to ~ o.s. for sth** (*fig*) sich auf etw *acc* gefasst machen

bracelet ['breɪslɪt] *n* Armband *nt*

bracing ['breɪsɪŋ] *adj* kräftigend

bracken ['brækən] *n* Farnkraut *nt*

bracket ['brækɪt] *n* Halter *m*, Klammer *f*; (*in punctuation*) Klammer *f*; (*group*) Gruppe *f* ♦ *vt* einklammern; (*fig*) in dieselbe Gruppe einordnen

brag [bræg] *vi* sich rühmen

braid [breɪd] *n* (*hair*) Flechte *f*; (*trim*) Borte *f*

Braille [breɪl] *n* Blindenschrift *f*

brain [breɪn] *n* (*ANAT*) Gehirn *nt*; (*intellect*) Intelligenz *f*, Verstand *m*; (*person*) kluge(r) Kopf *m*; **~s** *npl* (*intelligence*) Verstand *m*; **~child** *n* Erfindung *f*; **~wash** *vt* eine Gehirnwäsche vornehmen bei; **~wave** *n* Geistesblitz *m*; **~y** *adj* gescheit

braise [breɪz] *vt* schmoren

brake [breɪk] *n* Bremse *f* ♦ *vt*, *vi* bremsen; **~ fluid** *n* Bremsflüssigkeit *f*; **~ light** *n* Bremslicht *nt*

bramble ['bræmbl] *n* Brombeere *f*

bran [bræn] *n* Kleie *f*; (*food*) Frühstücksflocken *pl*

branch [brɑːntʃ] *n* Ast *m*; (*division*) Zweig *m* ♦ *vi* (*also: ~ out: road*) sich verzweigen

brand [brænd] *n* (*COMM*) Marke *f*, Sorte *f*; (*on cattle*) Brandmal *nt* ♦ *vt* brandmarken; (*COMM*) ein Warenzeichen geben +*dat*

brandish ['brændɪʃ] *vt* (*drohend*) schwingen

brand-new ['brænd'njuː] *adj* funkelnagelneu

brandy ['brændɪ] *n* Weinbrand *m*, Kognak *m*

brash [bræʃ] *adj* unverschämt

brass [brɑːs] *n* Messing *nt*; **the ~** (*MUS*) das Blech; **~ band** *n* Blaskapelle *f*

brassière ['bræsɪər] *n* Büstenhalter *m*

brat [bræt] *n* Gör *nt*

bravado [brə'vɑːdəu] *n* Tollkühnheit *f*

brave [breɪv] *adj* tapfer ♦ *vt* die Stirn bieten +*dat*; **~ry** *n* Tapferkeit *f*

brawl [brɔːl] *n* Rauferei *f*

brawn [brɔːn] *n* (*ANAT*) Muskeln *pl*; (*strength*) Muskelkraft *f*

bray [breɪ] *vi* schreien

brazen ['breɪzn] *adj* (*shameless*) unverschämt

♦ *vt*: **to ~ it out** sich mit Lügen und
Betrügen durchsetzen
brazier ['breɪzɪəʳ] *n* (*of workmen*) offene(r)
Kohlenofen *m*
Brazil [brə'zɪl] *n* Brasilien *nt*; **~ian** *adj*
brasilianisch ♦ *n* Brasilianer(in) *m(f)*
breach [bri:tʃ] *n* (*gap*) Lücke *f*; (*MIL*)
Durchbruch *m*; (*of discipline*) Verstoß *m*
(gegen die Disziplin); (*of faith*)
Vertrauensbruch *m* ♦ *vt* durchbrechen; **~ of
contract** Vertragsbruch *m*; **~ of the peace**
öffentliche Ruhestörung *f*
bread [brɛd] *n* Brot *nt*; **~ and butter**
Butterbrot *nt*; **~bin** *n* Brotkasten *m*; **~
box** (*US*) *n* Brotkasten *m*; **~crumbs** *npl*
Brotkrumen *pl*; (*COOK*) Paniermehl *nt*; **~line**
n: **to be on the ~line** sich gerade so
durchschlagen
breadth [brɛtθ] *n* Breite *f*
breadwinner ['brɛdwɪnəʳ] *n* Ernährer *m*
break [breɪk] (*pt* **broke**, *pp* **broken**) *vt*
(*destroy*) (ab- or zer)brechen; (*promise*)
brechen, nicht einhalten ♦ *vi* (*fall apart*)
auseinander brechen; (*collapse*)
zusammenbrechen; (*dawn*) anbrechen ♦ *n*
(*gap*) Lücke *f*; (*chance*) Chance *f*,
Gelegenheit *f*; (*fracture*) Bruch *m*; (*rest*)
Pause *f*; **~ down** *vt* (*figures, data*)
aufschlüsseln; (*undermine*) überwinden ♦ *vi*
(*car*) eine Panne haben; (*person*)
zusammenbrechen; **~ even** *vi* die Kosten
decken; **~ free** *vi* sich losreißen; **~ in** *vt*
(*horse*) zureiten ♦ *vi* (*burglar*) einbrechen; **~
into** *vt fus* (*house*) einbrechen in +*acc*; **~
loose** *vi* sich losreißen; **~ off** *vi*
abbrechen; **~ open** *vt* (*door etc*)
aufbrechen; **~ out** *vi* ausbrechen; **to ~ out
in spots** Pikkel bekommen; **~ up** *vi*
zerbrechen; (*fig*) sich zerstreuen; (*BRIT: SCH*)
in die Ferien gehen ♦ *vt* brechen; **~age** *n*
Bruch *m*, Beschädigung *f*; **~down** *n* (*TECH*)
Panne *f*; (*MED: also:* **nervous ~down**)
Zusammenbruch *m*; **~down van** (*BRIT*) *n*
Abschleppwagen *m*; **~er** *n* Brecher *m*
breakfast ['brɛkfəst] *n* Frühstück *nt*
break: **~-in** *n* Einbruch *m*; **~ing** *n*: **~ing
and entering** (*JUR*) Einbruch *m*; **~through**

n Durchbruch *m*; **~water** *n* Wellenbrecher
m
breast [brɛst] *n* Brust *f*; **~-feed** (*irreg: like*
feed) *vt*, *vi* stillen; **~-stroke** *n*
Brustschwimmen *nt*
breath [brɛθ] *n* Atem *m*; **out of ~** außer
Atem; **under one's ~** flüsternd
Breathalyzer ['brɛθəlaɪzəʳ] ® *n* Röhrchen *nt*
breathe [bri:ð] *vt*, *vi* atmen; **~ in** *vt*, *vi*
einatmen; **~ out** *vt*, *vi* ausatmen; **~r** *n*
Verschnaufpause *f*; **breathing** *n* Atmung *f*
breathless ['brɛθlɪs] *adj* atemlos
breathtaking ['brɛθteɪkɪŋ] *adj*
atemberaubend
bred [brɛd] *pt*, *pp of* **breed**
breed [bri:d] (*pt*, *pp* **bred**) *vi* sich vermehren
♦ *vt* züchten ♦ *n* (*race*) Rasse *f*, Zucht *f*;
~ing *n* Züchtung *f*; (*upbringing*) Erziehung *f*
breeze [bri:z] *n* Brise *f*; **breezy** *adj* windig;
(*manner*) munter
brevity ['brɛvɪtɪ] *n* Kürze *f*
brew [bru:] *vt* (*beer*) brauen ♦ *vi* (*storm*) sich
zusammenziehen; **~ery** *n* Brauerei *f*
bribe [braɪb] *n* Bestechungsgeld *nt*,
Bestechungsgeschenk *nt* ♦ *vt* bestechen;
~ry ['braɪbərɪ] *n* Bestechung *f*
bric-a-brac ['brɪkəbræk] *n* Nippes *pl*
brick [brɪk] *n* Backstein *m*; **~layer** *n* Maurer
m; **~works** *n* Ziegelei *f*
bridal ['braɪdl] *adj* Braut-
bride [braɪd] *n* Braut *f*; **~groom** *n* Bräutigam
m; **~smaid** *n* Brautjungfer *f*
bridge [brɪdʒ] *n* Brücke *f*; (*NAUT*)
Kommandobrücke *f*; (*CARDS*) Bridge *nt*;
(*ANAT*) Nasenrücken *m* ♦ *vt* eine Brücke
schlagen über +*acc*; (*fig*) überbrücken
bridle ['braɪdl] *n* Zaum *m* ♦ *vt* (*fig*) zügeln;
(*horse*) aufzäumen; **~ path** *n* Reitweg *m*
brief [bri:f] *adj* kurz ♦ *n* (*JUR*) Akten *pl* ♦ *vt*
instruieren; **~s** *npl* (*underwear*) Schlüpfer *m*,
Slip *m*; **~case** *n* Aktentasche *f*; **~ing** *n*
(genaue) Anweisung *f*; **~ly** *adv* kurz
brigadier [brɪgə'dɪəʳ] *n* Brigadegeneral *m*
bright [braɪt] *adj* hell; (*cheerful*) heiter; (*idea*)
klug; **~en (up)** ['braɪtn-] *vt* aufhellen;
(*person*) aufheitern ♦ *vi* sich aufheitern
brilliance ['brɪljəns] *n* Glanz *m*; (*of person*)

Scharfsinn m

brilliant ['brɪljənt] adj glänzend

brim [brɪm] n Rand m

brine [braɪn] n Salzwasser nt

bring [brɪŋ] (pt, pp **brought**) vt bringen; ~ **about** vt zustande or zu Stande bringen; ~ **back** vt zurückbringen; ~ **down** vt (price) senken; ~ **forward** vt (meeting) vorverlegen; (COMM) übertragen; ~ **in** vt hereinbringen; (harvest) einbringen; ~ **off** vt davontragen; (success) erzielen; ~ **out** vt (object) herausbringen; ~ **round** or **to** vt wieder zu sich bringen; ~ **up** vt aufziehen; (question) zur Sprache bringen

brink [brɪŋk] n Rand m

brisk [brɪsk] adj lebhaft

bristle ['brɪsl] n Borste f ♦ vi sich sträuben; **bristling with** strotzend vor +dat

Britain ['brɪtən] n (also: **Great ~**) Großbritannien nt

British ['brɪtɪʃ] adj britisch ♦ npl: **the ~** die Briten pl; ~ **Isles** npl: **the ~ Isles** die Britischen Inseln pl; ~ **Rail** n die Britischen Eisenbahnen

Briton ['brɪtən] n Brite m, Britin f

Brittany ['brɪtənɪ] n die Bretagne

brittle ['brɪtl] adj spröde

broach [brəʊtʃ] vt (subject) anschneiden

broad [brɔːd] adj breit; (hint) deutlich; (general) allgemein; (accent) stark; **in ~ daylight** am helllichten Tag; **~cast** (pt, pp **broadcast**) n Rundfunkübertragung f ♦ vt, vi übertragen, senden; **~en** vt erweitern ♦ vi sich erweitern; **~ly** adv allgemein gesagt; **~-minded** adj tolerant

broccoli ['brɔkəlɪ] n Brokkoli pl

brochure ['brəʊʃjʊə*] n Broschüre f

broil [brɔɪl] vt (grill) grillen

broke [brəʊk] pt of **break** ♦ adj (inf) pleite

broken ['brəʊkn] pp of **break** ♦ adj: ~ **leg** gebrochenes Bein; **in ~ English** in gebrochenem Englisch; **~-hearted** adj untröstlich

broker ['brəʊkə*] n Makler m

brolly ['brɔlɪ] (BRIT: inf) n Schirm m

bronchitis [brɔŋ'kaɪtɪs] n Bronchitis f

bronze [brɔnz] n Bronze f

brooch [brəʊtʃ] n Brosche f

brood [bruːd] n Brut f ♦ vi brüten

brook [brʊk] n Bach m

broom [brum] n Besen m

Bros. abbr = **Brothers**

broth [brɔθ] n Suppe f, Fleischbrühe f

brothel ['brɔθl] n Bordell nt

brother ['brʌðə*] n Bruder m; **~-in-law** n Schwager m

brought [brɔːt] pt, pp of **bring**

brow [braʊ] n (eyebrow) (Augen)braue f; (forehead) Stirn f; (of hill) Bergkuppe f

brown [braʊn] adj braun ♦ n Braun nt ♦ vt bräunen; ~ **bread** n Mischbrot nt; **B~ie** n Wichtel m; ~ **paper** n Packpapier nt; ~ **sugar** n braune(r) Zucker m

browse [braʊz] vi (in books) blättern; (in shop) schmökern, herumschauen; **~r** n (COMPUT) Browser m

bruise [bruːz] n Bluterguss m, blaue(r) Fleck m ♦ vt einen blauen Fleck geben ♦ vi einen blauen Fleck bekommen

brunt [brʌnt] n volle Wucht f

brush [brʌʃ] n Bürste f; (for sweeping) Handbesen m; (for painting) Pinsel m; (fight) kurze(r) Kampf m; (MIL) Scharmützel nt; (fig) Auseinandersetzung f ♦ vt (clean) bürsten; (sweep) fegen; (usu: ~ past, ~ against) streifen; ~ **aside** vt abtun; ~ **up** vt (knowledge) auffrischen; **~wood** n Gestrüpp nt

brusque [bruːsk] adj schroff

Brussels ['brʌslz] n Brüssel nt; ~ **sprout** n Rosenkohl m

brutal ['bruːtl] adj brutal

brute [bruːt] n (person) Scheusal nt ♦ adj: **by ~ force** mit roher Kraft

B.Sc. n abbr = **Bachelor of Science**

BSE n abbr (= bovine spongiform encephalopathy) BSE f

bubble ['bʌbl] n (Luft)blase f ♦ vi sprudeln; (with joy) übersprudeln; ~ **bath** n Schaumbad nt; ~ **gum** n Kaugummi m or nt

buck [bʌk] n Bock m; (US: inf) Dollar m ♦ vi bocken; **to pass the ~ (to sb)** die Verantwortung (auf jdn) abschieben; ~ **up** (inf) vi sich zusammenreißen

bucket ['bʌkɪt] *n* Eimer *m*

Buckingham Palace
---

i Buckingham Palace *ist die offizielle Londoner Residenz der britischen Monarchen und liegt am St James Park. Der Palast wurde 1703 für den Herzog von Buckingham erbaut, 1762 von George III. gekauft, zwischen 1821 und 1836 von John Nash umgebaut, und Anfang des 20. Jahrhunderts teilweise neu gestaltet. Teile des Buckingham Palace sind heute der Öffentlichkeit zugänglich.*

buckle ['bʌkl] *n* Schnalle *f* ♦ *vt* (an- or zusammen)schnallen ♦ *vi* (*bend*) sich verziehen
bud [bʌd] *n* Knospe *f* ♦ *vi* knospen, keimen
Buddhism ['budɪzəm] *n* Buddhismus *m*; **Buddhist** *adj* buddhistisch ♦ *n* Buddhist(in) *m(f)*
budding ['bʌdɪŋ] *adj* angehend
buddy ['bʌdɪ] (*inf*) *n* Kumpel *m*
budge [bʌdʒ] *vt, vi* (sich) von der Stelle rühren
budgerigar ['bʌdʒərɪgɑːʳ] *n* Wellensittich *m*
budget ['bʌdʒɪt] *n* Budget *nt*; (*POL*) Haushalt *m* ♦ *vi*: **to ~ for sth** etw einplanen
budgie ['bʌdʒɪ] *n* = **budgerigar**
buff [bʌf] *adj* (*colour*) lederfarben ♦ *n* (*enthusiast*) Fan *m*
buffalo ['bʌfələu] (*pl* ~ *or* ~**es**) *n* (*BRIT*) Büffel *m*; (*US*: *bison*) Bison *m*
buffer ['bʌfəʳ] *n* Puffer *m*; (*COMPUT*) Pufferspeicher *m*; ~ **zone** *n* Pufferzone *f*
buffet¹ ['bʌfɪt] *n* (*blow*) Schlag *m* ♦ *vt* (*herum*)stossen
buffet² ['bufeɪ] (*BRIT*) *n* (*bar*) Imbissraum *m*, Erfrischungsraum *m*; (*food*) (kaltes) Büfett *nt*; ~ **car** (*BRIT*) *n* Speisewagen *m*
bug [bʌg] *n* (*also fig*) Wanze *f* ♦ *vt* verwanzen; **the room is bugged** das Zimmer ist verwanzt
bugle ['bjuːgl] *n* Jagdhorn *nt*; (*MIL*: *MUS*) Bügelhorn *nt*
build [bɪld] (*pt, pp* **built**) *vt* bauen ♦ *n* Körperbau *m*; ~ **up** *vt* aufbauen; ~**er** *n*

Bauunternehmer *m*; ~**ing** *n* Gebäude *nt*; ~**ing society** (*BRIT*) *n* Bausparkasse *f*
built [bɪlt] *pt, pp of* **build**; ~-**in** *adj* (*cupboard*) eingebaut; ~-**up area** *n* Wohngebiet *nt*
bulb [bʌlb] *n* (*BOT*) (Blumen)zwiebel *f*; (*ELEC*) Glühlampe *f*, Birne *f*
Bulgaria [bʌl'gɛərɪə] *n* Bulgarien *nt*; ~**n** *adj* bulgarisch ♦ *n* Bulgare *m*, Bulgarin *f*; (*LING*) Bulgarisch *nt*
bulge [bʌldʒ] *n* Wölbung *f* ♦ *vi* sich wölben
bulk [bʌlk] *n* Größe *f*, Masse *f*; (*greater part*) Großteil *m*; **in** ~ (*COMM*) en gros; **the** ~ **of** der größte Teil +*gen*; ~**head** *n* Schott *nt*; ~**y** *adj* (sehr) umfangreich; (*goods*) sperrig
bull [bul] *n* Bulle *m*; (*cattle*) Stier *m*; ~**dog** *n* Bulldogge *f*
bulldozer ['buldəuzəʳ] *n* Planierraupe *f*
bullet ['bulɪt] *n* Kugel *f*
bulletin ['bulɪtɪn] *n* Bulletin *nt*, Bekanntmachung *f*
bulletproof ['bulɪtpruːf] *adj* kugelsicher
bullfight ['bulfaɪt] *n* Stierkampf *m*; ~**er** *n* Stierkämpfer *m*; ~**ing** *n* Stierkamp *m*
bullion ['buljən] *n* Barren *m*
bullock ['bulək] *n* Ochse *m*
bullring ['bulrɪŋ] *n* Stierkampfarena *f*
bull's-eye ['bulzaɪ] *n* Zentrum *nt*
bully ['bulɪ] *n* Raufbold *m* ♦ *vt* einschüchtern
bum [bʌm] *n* (*inf*: *backside*) Hintern *m*; (*tramp*) Landstreicher *m*
bumblebee ['bʌmblbiː] *n* Hummel *f*
bump [bʌmp] *n* (*blow*) Stoß *m*; (*swelling*) Beule *f* ♦ *vt, vi* stoßen, prallen; ~ **into** *vt fus* stoßen gegen ♦ *vt* (*person*) treffen; ~**er** *n* (*AUT*) Stoßstange *f* ♦ *adj* (*edition*) dick; (*harvest*) Rekord-
bumpy ['bʌmpɪ] *adj* holprig
bun [bʌn] *n* Korinthenbrötchen *nt*
bunch [bʌntʃ] *n* (*of flowers*) Strauß *m*; (*of keys*) Bund *m*; (*of people*) Haufen *m*; ~**es** *npl* (*in hair*) Zöpfe *pl*
bundle ['bʌndl] *n* Bündel *nt* ♦ *vt* (*also*: ~ **up**) bündeln
bungalow ['bʌŋgələu] *n* einstöckige(s) Haus *nt*, Bungalow *m*
bungle ['bʌŋgl] *vt* verpfuschen
bunion ['bʌnjən] *n* entzündete(r) Fußbal-

len *m*

bunk [bʌŋk] *n* Schlafkoje *f*; **~ beds** *npl* Etagenbett *nt*

bunker [ˈbʌŋkəʳ] *n* (*coal store*) Kohlenbunker *m*; (*GOLF*) Sandloch *nt*

bunny [ˈbʌnɪ] *n* (*also*: **~ rabbit**) Häschen *nt*

bunting [ˈbʌntɪŋ] *n* Fahnentuch *nt*

buoy [bɔɪ] *n* Boje *f*; (*lifebuoy*) Rettungsboje *f*; **~ant** *adj* (*floating*) schwimmend; (*fig*) heiter

burden [ˈbəːdn] *n* (*weight*) Ladung *f*, Last *f*; (*fig*) Bürde *f* ♦ *vt* belasten

bureau [ˈbjuərəu] (*pl* **~x**) *n* (*BRIT*: *writing desk*) Sekretär *m*; (*US*: *chest of drawers*) Kommode *f*; (*for information etc*) Büro *nt*

bureaucracy [bjuəˈrɔkrəsɪ] *n* Bürokratie *f*

bureaucrat [ˈbjuərəkræt] *n* Bürokrat(in) *m(f)*

bureaux [ˈbjuərəuz] *npl of* **bureau**

burglar [ˈbəːgləʳ] *n* Einbrecher *m*; **~ alarm** *n* Einbruchssicherung *f*; **~y** *n* Einbruch *m*

burial [ˈberɪəl] *n* Beerdigung *f*

burly [ˈbəːlɪ] *adj* stämmig

Burma [ˈbəːmə] *n* Birma *nt*

burn [bəːn] (*pt, pp* **burned** *or* **burnt**) *vt* verbrennen ♦ *vi* brennen ♦ *n* Brandwunde *f*; **~ down** *vt, vi* abbrennen; **~er** *n* Brenner *m*; **~ing** *adj* brennend; **~t** [bəːnt] *pt, pp of* **burn**

burrow [ˈbʌrəu] *n* (*of fox*) Bau *m*; (*of rabbit*) Höhle *f* ♦ *vt* eingraben

bursar [ˈbəːsəʳ] *n* Kassenverwalter *m*, Quästor *m*; **~y** (*BRIT*) *n* Stipendium *nt*

burst [bəːst] (*pt, pp* **burst**) *vt* zerbrechen ♦ *vi* platzen ♦ *n* Explosion *f*; (*outbreak*) Ausbruch *m*; (*in pipe*) Bruch(stelle *f*) *m*; **to ~ into flames** in Flammen aufgehen; **to ~ into tears** in Tränen ausbrechen; **to ~ out laughing** in Gelächter ausbrechen; **~ into** *vt fus* (*room etc*) platzen in +*acc*; **~ open** *vi* aufbrechen

bury [ˈberɪ] *vt* vergraben; (*in grave*) beerdigen

bus [bʌs] *n* (*Auto*)bus *m*, Omnibus *m*

bush [buʃ] *n* Busch *m*; **to beat about the ~** wie die Katze um den heißen Brei herumgehen; **~y** [ˈbuʃɪ] *adj* buschig

busily [ˈbɪzɪlɪ] *adv* geschäftig

business [ˈbɪznɪs] *n* Geschäft *nt*; (*concern*)

Angelegenheit *f*; **it's none of your ~** es geht dich nichts an; **to mean ~** es ernst meinen; **to be away on ~** geschäftlich verreist sein; **it's my ~ to ...** es ist meine Sache, zu ...; **~like** *adj* geschäftsmäßig; **~man** (*irreg*) *n* Geschäftsmann *m*; **~ trip** *n* Geschäftsreise *f*; **~woman** (*irreg*) *n* Geschäftsfrau *f*

busker [ˈbʌskəʳ] (*BRIT*) *n* Straßenmusikant *m*

bus: ~ shelter *n* Wartehäuschen *nt*; **~ station** *n* Busbahnhof *m*; **~ stop** *n* Bushaltestelle *f*

bust [bʌst] *n* Büste *f* ♦ *adj* (*broken*) kaputt(gegangen); (*business*) pleite; **to go ~** Pleite machen

bustle [ˈbʌsl] *n* Getriebe *nt* ♦ *vi* hasten

bustling [ˈbʌslɪŋ] *adj* geschäftig

busy [ˈbɪzɪ] *adj* beschäftigt; (*road*) belebt ♦ *vt*: **to ~ o.s.** sich beschäftigen; **~body** *n* Übereifrige(r) *mf*; **~ signal** (*US*) *n* (*TEL*) Besetztzeichen *nt*

KEYWORD

---

but [bʌt] *conj* 1 (*yet*) aber; **not X but Y** nicht X sondern Y

2 (*however*): **I'd love to come, but I'm busy** ich würde gern kommen, bin aber beschäftigt

3 (*showing disagreement, surprise etc*): **but that's fantastic!** (aber) das ist ja fantastisch!!

♦ *prep* (*apart from, except*): **nothing but trouble** nichts als Ärger; **no-one but him can do it** niemand außer ihn kann es machen; **but for you/your help** ohne dich/deine Hilfe; **anything but that** alles, nur das nicht

♦ *adv* (*just, only*): **she's but a child** sie ist noch ein Kind; **had I but known** wenn ich es nur gewusst hätte; **I can but try** ich kann es immerhin versuchen; **all but finished** so gut wie fertig

---

butcher [ˈbutʃəʳ] *n* Metzger *m*; (*murderer*) Schlächter *m* ♦ *vt* schlachten; (*kill*) abschlachten; **~'s (shop)** *n* Metzgerei *f*

butler [ˈbʌtləʳ] *n* Butler *m*

butt [bʌt] *n* (*cask*) große(s) Fass *nt*; (*BRIT*: *fig*: *target*) Zielscheibe *f*; (*of gun*) Kolben *m*; (*of cigarette*) Stummel *m* ♦ *vt* (mit dem Kopf) stoßen; **~ in** *vi* sich einmischen

butter ['bʌtə*r*] *n* Butter *f* ♦ *vt* buttern; **~ bean** *n* Wachsbohne *f*; **~cup** *n* Butterblume *f*

butterfly ['bʌtəflaɪ] *n* Schmetterling *m*; (*SWIMMING*: *also*: **~ stroke**) Butterflystil *m*

buttocks ['bʌtəks] *npl* Gesäß *nt*

button ['bʌtn] *n* Knopf *m* ♦ *vt*, *vi* (*also*: **~ up**) zuknöpfen

buttress ['bʌtrɪs] *n* Strebepfeiler *m*; Stützbogen *m*

buxom ['bʌksəm] *adj* drall

buy [baɪ] (*pt, pp* **bought**) *vt* kaufen ♦ *n* Kauf *m*; **to ~ sb a drink** jdm einen Drink spendieren; **~er** *n* Käufer(in) *m(f)*

buzz [bʌz] *n* Summen *nt* ♦ *vi* summen; **~er** ['bʌzə*r*] *n* Summer *m*; **~ word** *n* Modewort *nt*

KEYWORD

by [baɪ] *prep* **1** (*referring to cause, agent*) of, durch; **killed by lightning** vom Blitz getötet; **a painting by Picasso** ein Gemälde von Picasso

2 (*referring to method, manner*): **by bus/car/train** mit dem Bus/Auto/Zug; **to pay by cheque** per Scheck bezahlen; **by moonlight** bei Mondschein; **by saving hard, he ...** indem er eisern sparte, ... er ...

3 (*via, through*) über +*acc*; **he came in by the back door** er kam durch die Hintertür herein

4 (*close to, past*) bei, an +*dat*; **a holiday by the sea** ein Urlaub am Meer; **she rushed by me** sie eilte an mir vorbei

5 (*not later than*): **by 4 o'clock** bis 4 Uhr; **by this time tomorrow** morgen um diese Zeit; **by the time I got here it was too late** als ich hier ankam, war es zu spät

6 (*during*): **by day** bei Tag

7 (*amount*): **by the kilo/metre** kiloweise/meterweise; **paid by the hour** stundenweise bezahlt

8 (*MATH, measure*): **to divide by 3** durch 3

teilen; **to multiply by 3** mit 3 malnehmen; **a room 3 metres by 4** ein Zimmer 3 mal 4 Meter; **it's broader by a metre** es ist (um) einem Meter breiter

9 (*according to*) nach; **it's all right by me** von mir aus gern

10: **(all) by oneself** *etc* ganz allein

11: **by the way** übrigens

♦ *adv* **1** *see* **go**; **pass** *etc*

2: **by and by** irgendwann; (*with past tenses*) nach einiger Zeit; **by and large** (*on the whole*) im Großen und Ganzen

---

bye(-bye) ['baɪ('baɪ)] *excl* (auf) Wiedersehen

by(e)-law ['baɪlɔː] *n* Verordnung *f*

by-election ['baɪɪlekʃən] (*BRIT*) *n* Nachwahl *f*

bygone ['baɪgɔn] *adj* vergangen ♦ *n*: **let ~s be ~s** lass(t) das Vergangene vergangen sein

bypass ['baɪpɑːs] *n* Umgehungsstraße *f* ♦ *vt* umgehen

by-product ['baɪprɔdʌkt] *n* Nebenprodukt *nt*

bystander ['baɪstændə*r*] *n* Zuschauer *m*

byte [baɪt] *n* (*COMPUT*) Byte *nt*

byword ['baɪwəːd] *n* Inbegriff *m*

C, c

C [siː] *n* (*MUS*) C *nt*

C. *abbr* (= *centigrade*) C

C.A. *abbr* = **chartered accountant**

cab [kæb] *n* Taxi *nt*; (*of train*) Führerstand *m*; (*of truck*) Führersitz *m*

cabaret ['kæbəreɪ] *n* Kabarett *nt*

cabbage ['kæbɪdʒ] *n* Kohl(kopf) *m*

cabin ['kæbɪn] *n* Hütte *f*; (*NAUT*) Kajüte *f*; (*AVIAT*) Kabine *f*; **~ crew** *n* (*AVIAT*) Flugbegleitpersonal *nt*; **~ cruiser** *n* Motorjacht *f*

cabinet ['kæbɪnɪt] *n* Schrank *m*; (*for china*) Vitrine *f*; (*POL*) Kabinett *nt*; **~-maker** *n* Kunsttischler *m*

cable ['keɪbl] *n* Drahtseil *nt*, Tau *nt*; (*TEL*) (Leitungs)kabel *nt*; (*telegram*) Kabel *nt* ♦ *vt* kabeln, telegrafieren; **~ car** *n* Seilbahn *f*; **~ television** *n* Kabelfernsehen *nt*

cache [kæʃ] *n* geheime(s) (Waffen)lager *nt*; geheime(s) (Proviant)lager *nt*

cackle ['kækl] *vi* gackern

cacti ['kæktaɪ] *npl of* **cactus**

cactus ['kæktəs] (*pl* **cacti**) *n* Kaktus *m*, Kaktee *f*

caddie ['kædɪ] *n* (GOLF) Golfjunge *m*; **caddy** ['kædɪ] *n* = **caddie**

cadet [kə'dɛt] *n* Kadett *m*

cadge [kædʒ] *vt* schmarotzen

Caesarean [sɪ'zɛərɪən] *adj:* ~ **(section)** Kaiserschnitt *m*

café ['kæfeɪ] *n* Café *nt*, Restaurant *nt*

cafeteria [kæfɪ'tɪərɪə] *n* Selbstbedienungsrestaurant *nt*

caffein(e) ['kæfiːn] *n* Koffein *nt*

cage [keɪdʒ] *n* Käfig *m* ♦ *vt* einsperren

cagey ['keɪdʒɪ] *adj* geheimnistuerisch, zurückhaltend

cagoule [kə'guːl] *n* Windhemd *nt*

Cairo ['kaɪərəʊ] *n* Kairo *nt*

cajole [kə'dʒəʊl] *vt* überreden

cake [keɪk] *n* Kuchen *m*; (*of soap*) Stück *nt*; ~**d** *adj* verkrustet

calamity [kə'læmɪtɪ] *n* Unglück *nt*, (Schicksals)schlag *m*

calcium ['kælsɪəm] *n* Kalzium *nt*

calculate ['kælkjʊleɪt] *vt* berechnen, kalkulieren; **calculating** *adj* berechnend; **calculation** [kælkjʊ'leɪʃən] *n* Berechnung *f*; **calculator** *n* Rechner *m*

calendar ['kæləndə*] *n* Kalender *m*; ~ **month** *n* Kalendermonat *m*

calf [kɑːf] (*pl* **calves**) *n* Kalb *nt*; (*also:* ~**skin**) Kalbsleder *nt*; (ANAT) Wade *f*

calibre ['kælɪbə*] (US **caliber**) *n* Kaliber *nt*

call [kɔːl] *vt* rufen; (*name*) nennen; (*meeting*) einberufen; (*awaken*) wecken; (TEL) anrufen ♦ *vi* (*shout*) rufen; (*visit: also:* ~ **in**, ~ **round**) vorbeikommen ♦ *n* (*shout*) Ruf *m*; (TEL) Anruf *m*; **to be** ~**ed** heißen; **on** ~ **in** Bereitschaft; ~ **back** *vi* (*return*) wiederkommen; (TEL) zurückrufen; ~ **for** *vt fus* (*demand*) erfordern, verlangen; (*fetch*) abholen; ~ **off** *vt* (*cancel*) absagen; ~ **on** *vt fus* (*visit*) besuchen; (*turn to*) bitten; ~ **out** *vi* rufen; ~ **up** *vt* (MIL) einberufen;

~**box** (BRIT) *n* Telefonzelle *f*; ~ **centre** *n* Telefoncenter *nt*, Callcenter *nt*; ~**er** *n* Besucher(in) *m(f)*; (TEL) Anrufer *m*; ~ **girl** *n* Callgirl *nt*; ~-**in** (US) *n* (*phone-in*) Phone-in *nt*; ~**ing** *n* (*vocation*) Berufung *f*; ~**ing card** (US) *n* Visitenkarte *f*

callous ['kæləs] *adj* herzlos

calm [kɑːm] *n* Ruhe *f*; (NAUT) Flaute *f* ♦ *vt* beruhigen ♦ *adj* ruhig; (*person*) gelassen; ~ **down** *vi* sich beruhigen ♦ *vt* beruhigen

Calor gas ['kælə*-] ® *n* Propangas *nt*

calorie ['kælərɪ] *n* Kalorie *f*

calves [kɑːvz] *npl of* **calf**

Cambodia [kæm'bəʊdɪə] *n* Kambodscha *nt*

camcorder ['kæmkɔːdə*] *n* Camcorder *m*

came [keɪm] *pt of* **come**

cameo ['kæmɪəʊ] *n* Kamee *f*

camera ['kæmərə] *n* Fotoapparat *m*; (CINE, TV) Kamera *f*; **in** ~ unter Ausschluss der Öffentlichkeit; ~**man** (*irreg*) *n* Kameramann *m*

camouflage ['kæməflɑːʒ] *n* Tarnung *f* ♦ *vt* tarnen

camp [kæmp] *n* Lager *nt* ♦ *vi* zelten, campen ♦ *adj* affektiert

campaign [kæm'peɪn] *n* Kampagne *f*; (MIL) Feldzug *m* ♦ *vi* (MIL) Krieg führen; (*fig*) werben, Propaganda machen; (POL) den Wahlkampf führen

camp: ~ **bed** ['kæmp'bɛd] (BRIT) *n* Campingbett *nt*; ~**er** ['kæmpə*] *n* Camper(in) *m(f)*; (*vehicle*) Campingwagen *m*; ~**ing** ['kæmpɪŋ] *n*: **to go** ~**ing** zelten, Camping machen; ~**ing gas** (US) *n* Campinggas *nt*; ~**site** ['kæmpsaɪt] *n* Campingplatz *m*

campus ['kæmpəs] *n* Universitätsgelände *nt*, Campus *m*

can¹ [kæn] *n* Büchse *f*, Dose *f*; (*for water*) Kanne *f* ♦ *vt* konservieren, in Büchsen einmachen

---
KEYWORD
---

can² [kæn] (*negative* **cannot, can't**, *conditional* **could**) *aux vb* **1** (*be able to, know how to*) können; **I can see you tomorrow, if you like** ich könnte Sie morgen sehen, wenn Sie wollen; **I can swim** ich kann schwimmen; **can you speak German?** sprechen Sie Deutsch? **2** (*may*) können, dürfen; **could I have a word with you?** könnte ich Sie kurz sprechen?

Canada ['kænədə] *n* Kanada *nt*; **Canadian** [kə'neɪdɪən] *adj* kanadisch ♦ *n* Kanadier(in) *m(f)*

canal [kə'næl] *n* Kanal *m*

canapé ['kænəpeɪ] *n* Cocktail- or Appetithappen *m*

canary [kə'nɛərɪ] *n* Kanarienvogel *m*

cancel ['kænsəl] *vt* absagen; (*delete*) durchstreichen; (*train*) streichen; **~lation** [kænsə'leɪʃən] *n* Absage *f*; Streichung *f*

cancer ['kænsər] *n* (*ASTROL: C~*) Krebs *m*

candid ['kændɪd] *adj* offen, ehrlich

candidate ['kændɪdeɪt] *n* Kandidat(in) *m(f)*

candle ['kændl] *n* Kerze *f*; **~light** *n* Kerzenlicht *nt*; **~stick** *n* (*also:* **~ holder**) Kerzenhalter *m*

candour ['kændər] (*US* **candor**) *n* Offenheit *f*

candy ['kændɪ] *n* Kandis(zucker) *m*; (*US*) Bonbons *pl*; **~floss** (*BRIT*) *n* Zuckerwatte *f*

cane [keɪn] *n* (*BOT*) Rohr *nt*; (*stick*) Stock *m* ♦ *vt* (*BRIT: beat*) schlagen

canine ['keɪnaɪn] *adj* Hunde-

canister ['kænɪstər] *n* Blechdose *f*

cannabis ['kænəbɪs] *n* Hanf *m*, Haschisch *nt*

canned [kænd] *adj* Büchsen-, eingemacht

cannon ['kænən] (*pl* **~** *or* **~s**) *n* Kanone *f*

cannot ['kænɔt] = **can not**

canny ['kænɪ] *adj* schlau

canoe [kə'nuː] *n* Kanu *nt*; **~ing** *n* Kanusport *m*, Kanufahren *nt*

canon ['kænən] *n* (*clergyman*) Domherr *m*; (*standard*) Grundsatz *m*

can-opener ['kænəupnər] *n* Büchsenöffner *m*

canopy ['kænəpɪ] *n* Baldachin *m*

can't [kænt] = **can not**

cantankerous [kæn'tæŋkərəs] *adj* zänkisch, mürrisch

canteen [kæn'tiːn] *n* Kantine *f*; (*BRIT: of cutlery*) Besteckkasten *m*

canter ['kæntər] *n* Kanter *m* ♦ *vi* in kurzem Galopp reiten

canvas ['kænvəs] *n* Segeltuch *nt*; (*sail*) Segel *nt*; (*for painting*) Leinwand *f*; **under ~** (*camping*) in Zelten

canvass ['kænvəs] *vi* um Stimmen werben; **~ing** *n* Wahlwerbung *f*

canyon ['kænjən] *n* Felsenschlucht *f*

cap [kæp] *n* Mütze *f*; (*of pen*) Kappe *f*; (*of bottle*) Deckel *m* ♦ *vt* (*surpass*) übertreffen; (*SPORT*) aufstellen; (*put limit on*) einen Höchstsatz festlegen für

capability [keɪpə'bɪlɪtɪ] *n* Fähigkeit *f*

capable ['keɪpəbl] *adj* fähig

capacity [kə'pæsɪtɪ] *n* Fassungsvermögen *nt*; (*ability*) Fähigkeit *f*; (*position*) Eigenschaft *f*

cape [keɪp] *n* (*garment*) Cape *nt*, Umhang *m*; (*GEOG*) Kap *nt*

caper ['keɪpər] *n* (*COOK: usu:* **~s**) Kaper *f*; (*prank*) Kapriole *f*

capital ['kæpɪtl] *n* (**~ city**) Hauptstadt *f*; (*FIN*) Kapital *nt*; (**~ letter**) Großbuchstabe *m*; **~ gains tax** *n* Kapitalertragssteuer *f*; **~ism** *n* Kapitalismus *m*; **~ist** *adj* kapitalistisch ♦ *n* Kapitalist(in) *m(f)*; **~ize** *vi*: **to ~ize on** Kapital schlagen aus; **~ punishment** *n* Todesstrafe *f*

Capitol

ⓘ **Capitol** ist das Gebäude in Washington auf dem Capitol Hill, in dem der Kongress der USA zusammentritt. Die Bezeichnung wird in vielen amerikanischen Bundesstaaten auch für das Parlamentsgebäude des jeweiligen Staates verwendet.

Capricorn ['kæprɪkɔːn] *n* Steinbock *m*

capsize [kæp'saɪz] *vt, vi* kentern

capsule ['kæpsjuːl] *n* Kapsel *f*

captain ['kæptɪn] *n* Kapitän *m*; (*MIL*) Hauptmann *m* ♦ *vt* anführen

caption ['kæpʃən] *n* (*heading*) Überschrift *f*; (*to picture*) Unterschrift *f*

captivate ['kæptɪveɪt] *vt* fesseln

captive ['kæptɪv] *n* Gefangene(r) *f(m)* ♦ *adj* gefangen (gehalten); **captivity** [kæp'tɪvɪtɪ] *n* Gefangenschaft *f*

capture ['kæptʃəʳ] *vt* gefangen nehmen; (*place*) erobern; (*attention*) erregen ♦ *n* Gefangennahme *f*; (*data* ~) Erfassung *f*

car [kɑːʳ] *n* Auto *nt*, Wagen *m*; (*RAIL*) Wagen *m*

caramel ['kærəməl] *n* Karamelle *f*, Karamellbonbon *m or nt*; (*burnt sugar*) Karamell *m*

carat ['kærət] *n* Karat *nt*

caravan ['kærəvæn] *n* (*BRIT*) Wohnwagen *m*; (*in desert*) Karawane *f*; ~**ning** *n* Caravaning *nt*, Urlaub *m* im Wohnwagen; ~ **site** (*BRIT*) *n* Campingplatz *m* für Wohnwagen

carbohydrate [kɑːbəu'haɪdreɪt] *n* Kohlenhydrat *nt*

carbon ['kɑːbən] *n* Kohlenstoff *m*; ~ **copy** *n* Durchschlag *m*; ~ **dioxide** *n* Kohlendioxyd *nt*; ~ **monoxide** *n* Kohlenmonoxyd *nt*; ~ **paper** *n* Kohlepapier *nt*

car boot sale *n* auf einem Parkplatz stattfindender Flohmarkt mit dem Kofferraum als Auslage

carburettor [kɑːbju'retəʳ] (*US* **carburetor**) *n* Vergaser *m*

carcass ['kɑːkəs] *n* Kadaver *m*

card [kɑːd] *n* Karte *f*; ~**board** *n* Pappe *f*; ~ **game** *n* Kartenspiel *nt*

cardiac ['kɑːdiæk] *adj* Herz-

cardigan ['kɑːdɪɡən] *n* Strickjacke *f*

cardinal ['kɑːdɪnl] *adj*: ~ **number** Kardinalzahl *f* ♦ *n* (*REL*) Kardinal *m*

card index *n* Kartei *f*; (*in library*) Katalog *m*

cardphone *n* Kartentelefon *nt*

care [keəʳ] *n* (*of teeth, car etc*) Pflege *f*; (*of children*) Fürsorge *f*; (*~fulness*) Sorgfalt *f*; (*worry*) Sorge *f* ♦ *vi*: **to ~ about** sich kümmern um; ~ **of** bei; **in sb's ~** in jds Obhut; **I don't ~** das ist mir egal; **I couldn't ~ less** es ist mir doch völlig egal; **to take ~** aufpassen; **to take ~ of** sorgen für; **to take ~ to do sth** sich bemühen, etw zu tun; ~ **for** *vt* sorgen für; (*like*) mögen

career [kə'rɪəʳ] *n* Karriere *f*, Laufbahn *f* ♦ *vi* (*also*: ~ **along**) rasen; ~ **woman** (*irreg*) *n* Karrierefrau *f*

care: ~**free** *adj* sorgenfrei; ~**ful** *adj*

sorgfältig; (**be**) ~**ful!** pass auf!; ~**fully** *adv* vorsichtig; (*methodically*) sorgfältig; ~**less** *adj* nachlässig; ~**lessness** *n* Nachlässigkeit *f*; ~**r** *n* (*MED*) Betreuer(in) *m(f)*

caress [kə'res] *n* Liebkosung *f* ♦ *vt* liebkosen

caretaker ['keəteɪkəʳ] *n* Hausmeister *m*

car ferry *n* Autofähre *f*

cargo ['kɑːɡəu] (*pl* ~**es**) *n* Schiffsladung *f*

car hire *n* Autovermietung *f*

Caribbean [kærɪ'biːən] *n*: **the ~ (Sea)** die Karibik

caricature ['kærɪkətjuəʳ] *n* Karikatur *f*

caring ['keərɪŋ] *adj* (*society, organization*) sozial eingestellt; (*person*) liebevoll

carnage ['kɑːnɪdʒ] *n* Blutbad *nt*

carnation [kɑː'neɪʃən] *n* Nelke *f*

carnival ['kɑːnɪvl] *n* Karneval *m*, Fasching *m*; (*US: fun fair*) Kirmes *f*

carnivorous [kɑː'nɪvərəs] *adj* Fleisch fressend

carol ['kærəl] *n*: **(Christmas)** ~ (Weihnachts)lied *nt*

carp [kɑːp] *n* (*fish*) Karpfen *m*

car park (*BRIT*) *n* Parkplatz *m*; (*covered*) Parkhaus *nt*

carpenter ['kɑːpɪntəʳ] *n* Zimmermann *m*; **carpentry** ['kɑːpɪntrɪ] *n* Zimmerei *f*

carpet ['kɑːpɪt] *n* Teppich *m* ♦ *vt* mit einem Teppich auslegen; ~ **bombing** *n* Flächenbombardierung *f*; ~ **slippers** *npl* Pantoffeln *pl*; ~ **sweeper** ['kɑːpɪtswiːpəʳ] *n* Teppichkehrer *m*

car phone *n* (*TEL*) Autotelefon *nt*

car rental (*US*) *n* Autovermietung *f*

carriage ['kærɪdʒ] *n* Kutsche *f*; (*RAIL, of typewriter*) Wagen *m*; (*of goods*) Beförderung *f*; (*bearing*) Haltung *f*; ~ **return** *n* (*on typewriter*) Rücklauftaste *f*; ~**way** (*BRIT*) *n* (*part of road*) Fahrbahn *f*

carrier ['kærɪəʳ] *n* Träger(in) *m(f)*; (*COMM*) Spediteur *m*; ~ **bag** (*BRIT*) *n* Tragetasche *m*

carrot ['kærət] *n* Möhre *f*, Karotte *f*

carry ['kærɪ] *vt, vi* tragen; **to get carried away** (*fig*) sich nicht mehr bremsen können; ~ **on** *vi* (*continue*) weitermachen; (*inf: complain*) Theater machen; ~ **out** *vt* (*orders*) ausführen; (*investigation*) durchführen;~cot (BRIT) n Babytragetasche f;~on (inf) n (fuss) Theater nt

cart [kɑːt] n Wagen m, Karren m ♦ vt schleppen

cartilage ['kɑːtɪlɪdʒ] n Knorpel m

carton ['kɑːtən] n Karton m; (of milk) Tüte f

cartoon [kɑː'tuːn] n (PRESS) Karikatur f; (comic strip) Comics pl; (CINE) (Zeichen)trickfilm m

cartridge ['kɑːtrɪdʒ] n Patrone f

carve [kɑːv] vt (wood) schnitzen; (stone) meißeln; (meat) (vor)schneiden; ~ up vt aufschneiden; carving ['kɑːvɪŋ] n Schnitzerei f; carving knife n Tran(s)chiermesser nt

car wash n Autowäsche f

cascade [kæs'keɪd] n Wasserfall m ♦ vi kaskadenartig herabfallen

case [keɪs] n (box) Kasten m; (BRIT: also: suitcase) Koffer m; (JUR, matter) Fall m; in ~ falls, im Falle; in any ~ jedenfalls, auf jeden Fall

cash [kæʃ] n (Bar)geld nt ♦ vt einlösen; ~ on delivery per Nachnahme; ~ book n Kassenbuch nt; ~ card n Scheckkarte f; ~ desk n (BRIT) Kasse f; ~ dispenser n Geldautomat m

cashew [kæ'ʃuː] n (also: ~ nut) Cashewnuss f

cash flow n Cashflow m

cashier [kæ'ʃɪər] n Kassierer(in) m(f)

cashmere ['kæʃmɪər] n Kaschmirwolle f

cash register n Registrierkasse f

casing ['keɪsɪŋ] n Gehäuse nt

casino [kə'siːnəu] n Kasino nt

casket ['kɑːskɪt] n Kästchen nt; (US: coffin) Sarg m

casserole ['kæsərəul] n Kasserolle f; (food) Auflauf m

cassette [kæ'set] n Kassette f; ~ player n Kassettengerät nt

cast [kɑːst] (pt, pp cast) vt werfen; (horns) verlieren; (metal) gießen; (THEAT) besetzen; (vote) abgeben ♦ n (THEAT) Besetzung f; (also: plaster ~) Gipsverband m; ~ off vi (NAUT) losmachen

castaway ['kɑːstəweɪ] n Schiffbrüchige(r) f(m)

caste [kɑːst] n Kaste f

caster sugar ['kɑːstə-] (BRIT) n Raffinade f

casting vote ['kɑːstɪŋ-] (BRIT) n entscheidende Stimme f

cast iron n Gusseisen nt

castle ['kɑːsl] n Burg f; Schloss nt; (CHESS) Turm m

castor ['kɑːstər] n (wheel) Laufrolle f

castor oil n Rizinusöl nt

castrate [kæs'treɪt] vt kastrieren

casual ['kæʒjul] adj (attitude) nachlässig; (dress) leger; (meeting) zufällig; (work) Gelegenheits-; ~ly adv (dress) zwanglos, leger; (remark) beiläufig

casualty ['kæʒjultɪ] n Verletzte(r) f(m); (dead) Tote(r) f(m); (also: ~ department) Unfallstation f

cat [kæt] n Katze f

catalogue ['kætəlɔg] (US catalog) n Katalog m ♦ vt katalogisieren

catalyst ['kætəlɪst] n Katalysator m

catalytic converter [kætə'lɪtɪk kən'vəːtər] n Katalysator m

catapult ['kætəpʌlt] n Schleuder f

cataract ['kætərækt] n (MED) graue(r) Star m

catarrh [kə'tɑːr] n Katarr(h) m

catastrophe [kə'tæstrəfɪ] n Katastrophe f

catch [kætʃ] (pt, pp caught) vt fangen; (arrest) fassen; (train) erreichen; (person: by surprise) ertappen; (also: ~ up) einholen ♦ vi (fire) in Gang kommen; (in branches etc) hängen bleiben ♦ n (fish etc) Fang m; (trick) Haken m; (of lock) Sperrhaken m; to ~ an illness sich dat eine Krankheit holen; to ~ fire Feuer fangen; ~ on vi (understand) begreifen; (grow popular) ankommen; ~ up vi (fig) aufholen; ~ing ['kætʃɪŋ] adj ansteckend; ~ment area ['kætʃmənt-] (BRIT) n Einzugsgebiet nt; ~ phrase n Slogan m; ~y ['kætʃɪ] adj (tune) eingängig

categoric(al) [kætɪ'gɔrɪk(l)] adj kategorisch

category ['kætɪgərɪ] n Kategorie f

cater ['keɪtər] vi versorgen; ~ for (BRIT) vt fus (party) ausrichten; (needs) eingestellt sein auf +acc; ~er n Lieferant(in) m(f) von Speisen und Getränken; ~ing n

Gastronomie f

caterpillar ['kætəpilər] n Raupe f; ~ **track** ® n Gleiskette f

cathedral [kə'θi:drəl] n Kathedrale f, Dom m

Catholic ['kæθəlik] adj (REL) katholisch ♦ n Katholik(in) m(f); **c~** adj (tastes etc) vielseitig

CAT scan [kæt-] n Computertomografie f

Catseye ['kæts'ai] (BRIT: ®) n (AUT) Katzenauge nt

cattle ['kætl] npl Vieh nt

catty ['kæti] adj gehässig

caucus ['kɔ:kəs] n (POL) Gremium nt; (US: meeting) Sitzung f

caught [kɔ:t] pt, pp of **catch**

cauliflower ['kɔliflauər] n Blumenkohl m

cause [kɔ:z] n Ursache f; (purpose) Sache f ♦ vt verursachen

causeway ['kɔ:zwei] n Damm m

caustic ['kɔ:stik] adj ätzend; (fig) bissig

caution ['kɔ:ʃən] n Vorsicht f; (warning) Verwarnung f ♦ vt verwarnen; **cautious** ['kɔ:ʃəs] adj vorsichtig

cavalry ['kævəlri] n Kavallerie f

cave [keiv] n Höhle f; ~ **in** vi einstürzen; ~**man** (irreg) n Höhlenmensch m

cavern ['kævən] n Höhle f

caviar(e) ['kævia:r] n Kaviar m

cavity ['kæviti] n Loch nt

cavort [kə'vɔ:t] vi umherspringen

C.B. n abbr (= Citizens' Band (Radio)) CB

C.B.I. n abbr (= Confederation of British Industry) ≃ BDI m

cc n abbr = **carbon copy**; **cubic centimetres**

CCTV n abbr (= closed-circuit television) Videoüberwachung f

CD n abbr (= compact disc) CD f

CDI n abbr (= Compact Disk Interactive) CD-I f

CD player n CD-Spieler m

CD-ROM n abbr (= compact disc read-only memory) CD-Rom f

cease [si:s] vi aufhören ♦ vt beenden; **~fire** n Feuereinstellung f; ~**less** adj unaufhörlich

cedar ['si:dər] n Zeder f

ceiling ['si:liŋ] n Decke f; (fig) Höchstgrenze f

celebrate ['selibreit] vt, vi feiern; ~**d** adj gefeiert; **celebration** [seli'breiʃən] n Feier f

celebrity [si'lebriti] n gefeierte Persönlichkeit f

celery ['seləri] n Sellerie m or f

celibacy ['selibəsi] n Zölibat nt or m

cell [sel] n Zelle f; (ELEC) Element nt

cellar ['selər] n Keller m

cello ['tʃeləu] n Cello nt

Cellophane ['seləfein] ® n Cellophan nt ®

cellphone ['selfəun] n Funktelefon nt

cellular ['seljulər] adj zellular

cellulose ['seljuləus] n Zellulose f

Celt [kelt, selt] n Kelte m, Keltin f; ~**ic** ['keltik, 'seltik] adj keltisch

cement [sə'ment] n Zement m ♦ vt zementieren; ~ **mixer** n Betonmischmaschine f

cemetery ['semitri] n Friedhof m

censor ['sensər] n Zensor m ♦ vt zensieren; ~**ship** n Zensur f

censure ['senʃər] vt rügen

census ['sensəs] n Volkszählung f

cent [sent] n (coin) Cent m; see also **per cent**

centenary [sen'ti:nəri] n Jahrhundertfeier f

center ['sentər] (US) n = **centre**

centigrade ['sentigreid] adj Celsius

centimetre ['sentimi:tər] (US **centimeter**) n Zentimeter nt

centipede ['sentipi:d] n Tausendfüßler m

central ['sentrəl] adj zentral; **C~ America** n Mittelamerika nt; ~ **heating** n Zentralheizung f; ~**ize** vt zentralisieren; ~ **reservation** (BRIT) n (AUT) Mittelstreifen m

centre ['sentər] (US **center**) n Zentrum nt ♦ vt zentrieren; ~-**forward** n (SPORT) Mittelstürmer m; ~-**half** n (SPORT) Stopper m

century ['sentjuri] n Jahrhundert nt

ceramic [si'ræmik] adj keramisch; ~**s** npl Keramiken pl

cereal ['si:riəl] n (grain) Getreide nt; (at breakfast) Getreideflocken pl

cerebral ['seribrəl] adj zerebral; (intellectual) geistig

ceremony ['seriməni] n Zeremonie f; **to**

stand on ~ förmlich sein

certain ['sɜːtən] *adj* sicher; *(particular)* gewiss; **for ~** ganz bestimmt; **~ly** *adv* sicher, bestimmt; **~ty** *n* Gewissheit *f*

certificate [sə'tɪfɪkɪt] *n* Bescheinigung *f*; *(SCH etc)* Zeugnis *nt*

certified mail ['sɜːtɪfaɪd-] *(US) n* Einschreiben *nt*

certified public accountant ['sɜːtɪfaɪd-] *(US) n* geprüfte(r) Buchhalter *m*

certify ['sɜːtɪfaɪ] *vt* bescheinigen

cervical ['sɜːvɪkl] *adj (smear, cancer)* Gebärmutterhals-

cervix ['sɜːvɪks] *n* Gebärmutterhals *m*

cf. *abbr (= compare)* vgl.

CFC *n abbr (= chlorofluorocarbon)* FCKW *m*

ch. *abbr (= chapter)* Kap.

chafe [tʃeɪf] *vt* scheuern

chaffinch ['tʃæfɪntʃ] *n* Buchfink *m*

chain [tʃeɪn] *n* Kette *f* ♦ *vt (also: ~ up)* anketten; **~ reaction** *n* Kettenreaktion *f*; **~-smoke** *vi* kettenrauchen; **~ store** *n* Kettenladen *m*

chair [tʃeəʳ] *n* Stuhl *m*; *(armchair)* Sessel *m*; *(UNIV)* Lehrstuhl *m* ♦ *vt (meeting)* den Vorsitz führen bei; **~lift** *n* Sessellift *m*; **~man** *(irreg) n* Vorsitzende(r) *m*

chalet ['ʃæleɪ] *n* Chalet *nt*

chalk [tʃɔːk] *n* Kreide *f*

challenge ['tʃælɪndʒ] *n* Herausforderung *f* ♦ *vt* herausfordern; *(contest)* bestreiten; **challenging** *adj (tone)* herausfordernd; *(work)* anspruchsvoll

chamber ['tʃeɪmbəʳ] *n* Kammer *f*; **~ of commerce** Handelskammer *f*; **~maid** *n* Zimmermädchen *nt*; **~ music** *n* Kammermusik *f*

chamois ['ʃæmwɑː] *n* Gämse *f*

champagne [ʃæm'peɪn] *n* Champagner *m*, Sekt *m*

champion ['tʃæmpɪən] *n (SPORT)* Meister(in) *m(f)*; *(of cause)* Verfechter(in) *m(f)*; **~ship** *n* Meisterschaft *f*

chance [tʃɑːns] *n (luck)* Zufall *m*; *(possibility)* Möglichkeit *f*; *(opportunity)* Gelegenheit *f*, Chance *f*; *(risk)* Risiko *nt* ♦ *adj* zufällig ♦ *vt*: **to ~ it** es darauf ankommen lassen; **by ~**

zufällig; **to take a ~** ein Risiko eingehen

chancellor ['tʃɑːnsələʳ] *n* Kanzler *m*; **C~ of the Exchequer** *(BRIT) n* Schatzkanzler *m*

chandelier [ʃændə'lɪəʳ] *n* Kronleuchter *m*

change [tʃeɪndʒ] *vt* ändern; *(replace, COMM: money)* wechseln; *(exchange)* umtauschen; *(transform)* verwandeln ♦ *vi* sich ändern; *(~ trains)* umsteigen; *(~ clothes)* sich umziehen ♦ *n* Veränderung *f*; *(money returned)* Wechselgeld *nt*; *(coins)* Kleingeld *nt*; **to ~ one's mind** es sich *dat* anders überlegen; **to ~ into sth** *(be transformed)* sich in etw *acc* verwandeln; **for a ~** zur Abwechslung; **~able** *adj (weather)* wechselhaft; **~ machine** *n* Geldwechselautomat *m*; **~over** *n* Umstellung *f*

changing ['tʃeɪndʒɪŋ] *adj* veränderlich; **~ room** *(BRIT) n* Umkleideraum *m*

channel ['tʃænl] *n (stream)* Bachbett *nt*; *(NAUT)* Straße *f*; *(TV)* Kanal *m*; *(fig)* Weg *m* ♦ *vt (efforts)* lenken; **the (English) C~** der Ärmelkanal; **~-hopping** *n (TV)* ständiges Umschalten; **C~ Islands** *npl*: **the C~ Islands** die Kanalinseln *pl*; **C~ Tunnel** *n*: **the C~ Tunnel** der Kanaltunnel

chant [tʃɑːnt] *n* Gesang *m*; *(of fans)* Sprechchor *m* ♦ *vt* intonieren

chaos ['keɪɔs] *n* Chaos *nt*

chap [tʃæp] *(inf) n* Kerl *m*

chapel ['tʃæpl] *n* Kapelle *f*

chaperon ['ʃæpərəun] *n* Anstandsdame *f*

chaplain ['tʃæplɪn] *n* Kaplan *m*

chapped [tʃæpt] *adj (skin, lips)* spröde

chapter ['tʃæptəʳ] *n* Kapitel *nt*

char [tʃɑːʳ] *vt (burn)* verkohlen

character ['kærɪktəʳ] *n* Charakter *m*, Wesen *nt*; *(in novel, film)* Figur *f*; **~istic** [kærɪktə'rɪstɪk] *adj*: **~istic (of sb/sth)** (für jdn/etw) charakteristisch ♦ *n* Kennzeichen *nt*; **~ize** *vt* charakterisieren, kennzeichnen

charade [ʃə'rɑːd] *n* Scharade *f*

charcoal ['tʃɑːkəul] *n* Holzkohle *f*

charge [tʃɑːdʒ] *n (cost)* Preis *m*; *(JUR)* Anklage *f*; *(explosive)* Ladung *f*; *(attack)* Angriff *m* ♦ *vt (gun, battery)* laden; *(price)* verlangen; *(JUR)* anklagen; *(MIL)* angreifen ♦ *vi (rush)* (an)stürmen; **bank ~s**

Bankgebühren *pl*; **free of ~** kostenlos; **to reverse the ~s** (*TEL*) ein R-Gespräch führen; **to be in ~ of** verantwortlich sein für; **to take ~** (die Verantwortung) übernehmen; **to ~ sth (up) to sb's account** jdm etw in Rechnung stellen; **~ card** *n* Kundenkarte *f*

charitable ['tʃærɪtəbl] *adj* wohltätig; (*lenient*) nachsichtig

charity ['tʃærɪtɪ] *n* (*institution*) Hilfswerk *nt*; (*attitude*) Nächstenliebe *f*

charm [tʃɑːm] *n* Charme *m*; (*spell*) Bann *m*; (*object*) Talisman *m* ♦ *vt* bezaubern; **~ing** *adj* reizend

chart [tʃɑːt] *n* Tabelle *f*; (*NAUT*) Seekarte *f* ♦ *vt* (*course*) abstecken

charter ['tʃɑːtər] *vt* chartern ♦ *n* Schutzbrief *m*; **~ed accountant** *n* Wirtschaftsprüfer(in) *m(f)*; **~ flight** *n* Charterflug *m*

chase [tʃeɪs] *vt* jagen, verfolgen ♦ *n* Jagd *f*

chasm ['kæzəm] *n* Kluft *f*

chassis ['ʃæsɪ] *n* Fahrgestell *nt*

chat [tʃæt] *vi* (*also*: **have a ~**) plaudern ♦ *n* Plauderei *f*; **~ show** (*BRIT*) *n* Talkshow *f*

chatter ['tʃætər] *vi* schwatzen; (*teeth*) klappern ♦ *n* Geschwätz *nt*; **~box** *n* Quasselstrippe *f*

chatty ['tʃætɪ] *adj* geschwätzig

chauffeur ['ʃəʊfər] *n* Chauffeur *m*

chauvinist ['ʃəʊvɪnɪst] *n* (*male ~*) Chauvi *m* (*inf*)

cheap [tʃiːp] *adj, adv* billig; **~ day return** *n* Tagesrückfahrkarte *f* (*zu einem günstigeren Tarif*); **~ly** *adv* billig

cheat [tʃiːt] *vt, vi* betrügen; (*SCH*) mogeln ♦ *n* Betrüger(in) *m(f)*

check [tʃek] *vt* (*examine*) prüfen; (*make sure*) nachsehen; (*control*) kontrollieren; (*restrain*) zügeln; (*stop*) anhalten ♦ *n* (*examination, restraint*) Kontrolle *f*; (*bill*) Rechnung *f*; (*pattern*) Karo(muster) *nt*; (*US*) = **cheque** ♦ *adj* (*pattern, cloth*) kariert; **~ in** *vi* (*in hotel, airport*) einchecken ♦ *vt* (*luggage*) abfertigen lassen; **~ out** *vi* (*of hotel*) abreisen; **~ up** *vi* nachschauen; **~ up on** *vt* kontrollieren; **~ered** (*US*) *adj* =

chequered; **~ers** (*US*) *n* (*draughts*) Damespiel *nt*; **~-in (desk)** *n* Abfertigung *f*; **~ing account** (*US*) *n* (*current account*) Girokonto *nt*; **~mate** *n* Schachmatt *nt*; **~out** *n* Kasse *f*; **~point** *n* Kontrollpunkt *m*; **~ room** (*US*) *n* (*left-luggage office*) Gepäckaufbewahrung *f*; **~up** *n* (Nach)prüfung *f*; (*MED*) (ärztliche) Untersuchung *f*

cheek [tʃiːk] *n* Backe *f*; (*fig*) Frechheit *f*; **~bone** *n* Backenknochen *m*; **~y** *adj* frech

cheep [tʃiːp] *vi* piepsen

cheer [tʃɪər] *n* (*usu pl*) Hurra- *or* Beifallsruf *m* ♦ *vt* zujubeln; (*encourage*) aufmuntern ♦ *vi* jauchzen; **~s!** Prost!; **~ up** *vi* bessere Laune bekommen ♦ *vt* aufmuntern; **~ up!** nun lach doch mal!; **~ful** *adj* fröhlich

cheerio [tʃɪərɪ'aʊ] (*BRIT*) *excl* tschüss!

cheese [tʃiːz] *n* Käse *m*; **~board** *n* (gemischte) Käseplatte *f*

cheetah ['tʃiːtə] *n* Gepard *m*

chef [ʃef] *n* Küchenchef *m*

chemical ['kemɪkl] *adj* chemisch ♦ *n* Chemikalie *f*

chemist ['kemɪst] *n* (*BRIT: pharmacist*) Apotheker *m*, Drogist *m*; (*scientist*) Chemiker *m*; **~ry** *n* Chemie *f*; **~'s (shop)** (*BRIT*) *n* Apotheke *f*; Drogerie *f*

cheque [tʃek] (*BRIT*) *n* Scheck *m*; **~book** *n* Scheckbuch *nt*; **~ card** *n* Scheckkarte *f*

chequered ['tʃekəd] *adj* (*fig*) bewegt

cherish ['tʃerɪʃ] *vt* (*person*) lieben; (*hope*) hegen

cherry ['tʃerɪ] *n* Kirsche *f*

chess [tʃes] *n* Schach *nt*; **~board** *n* Schachbrett *nt*; **~man** (*irreg*) *n* Schachfigur *f*

chest [tʃest] *n* (*ANAT*) Brust *f*; (*box*) Kiste *f*; **~ of drawers** *n* Kommode *f*

chestnut ['tʃesnʌt] *n* Kastanie *f*

chew [tʃuː] *vt, vi* kauen; **~ing gum** *n* Kaugummi *m*

chic [ʃiːk] *adj* schick, elegant

chick [tʃɪk] *n* Küken *nt*; (*US: inf: girl*) Biene *f*

chicken ['tʃɪkɪn] *n* Huhn *nt*; (*food*) Hähnchen *nt*; **~ out** (*inf*) *vi* kneifen

chickenpox ['tʃɪkɪnpɒks] *n* Windpocken *pl*

chicory ['tʃɪkərɪ] n (in coffee) Zichorie f; (plant) Chicorée f, Schikoree f

chief [tʃiːf] n (of tribe) Häuptling m; (COMM) Chef m ♦ adj Haupt-; ~ **executive** n Geschäftsführer(in) m(f); **~ly** adv hauptsächlich

chilblain ['tʃɪlbleɪn] n Frostbeule f

child [tʃaɪld] (pl **~ren**) n Kind nt; **~birth** n Entbindung f; **~hood** n Kindheit f; **~ish** adj kindisch; **~like** adj kindlich; ~ **minder** (BRIT) n Tagesmutter f; **~ren** ['tʃɪldrən] npl of **child**; ~ **seat** n Kindersitz m

Chile ['tʃɪlɪ] n Chile nt; **~an** adj chilenisch

chill [tʃɪl] n Kühle f; (MED) Erkältung f ♦ vt (CULIN) kühlen

chilli ['tʃɪlɪ] n Peperoni pl; (meal, spice) Chili m

chilly ['tʃɪlɪ] adj kühl, frostig

chime [tʃaɪm] n Geläut nt ♦ vi ertönen

chimney ['tʃɪmnɪ] n Schornstein m; ~ **sweep** n Schornsteinfeger(in) m(f)

chimpanzee [tʃɪmpæn'ziː] n Schimpanse m

chin [tʃɪn] n Kinn nt

China ['tʃaɪnə] n China nt

china ['tʃaɪnə] n Porzellan nt

Chinese [tʃaɪ'niːz] adj chinesisch ♦ n (inv) Chinese m, Chinesin f; (LING) Chinesisch nt

chink [tʃɪŋk] n (opening) Ritze f; (noise) Klirren nt

chip [tʃɪp] n (of wood etc) Splitter m; (in poker etc; US: crisp) Chip m ♦ vt absplittern; **~s** npl (BRIT: COOK) Pommes frites pl; ~ **in** vi Zwischenbemerkungen machen

---

Chip shop

ⓘ **Chip shop**, auch fish-and-chip shop, ist die traditionelle britische Imbissbude, in der vor allem fritierte Fischfilets und Pommes frites, aber auch andere einfache Mahlzeiten angeboten werden. Früher wurde das Essen zum Mitnehmen in Zeitungspapier verpackt. Manche chip shops haben auch einen Essraum.

---

chiropodist [kɪ'rɔpədɪst] (BRIT) n Fußpfleger(in) m(f)

chirp [tʃəːp] vi zwitschern

chisel ['tʃɪzl] n Meißel m

chit [tʃɪt] n Notiz f

chivalrous ['ʃɪvəlrəs] adj ritterlich; **chivalry** ['ʃɪvəlrɪ] n Ritterlichkeit f

chives [tʃaɪvz] npl Schnittlauch m

chlorine ['klɔːriːn] n Chlor nt

chock-a-block ['tʃɔkə'blɔk] adj voll gepfropft

chock-full [tʃɔk'ful] adj voll gepfropft

chocolate ['tʃɔklɪt] n Schokolade f

choice [tʃɔɪs] n Wahl f; (of goods) Auswahl f ♦ adj Qualitäts-

choir ['kwaɪər] n Chor m; **~boy** n Chorknabe m

choke [tʃəuk] vi ersticken ♦ vt erdrosseln; (block) (ab)drosseln ♦ n (AUT) Starterklappe f

cholera ['kɔlərə] n Cholera f

cholesterol [kə'lestərɔl] n Cholesterin nt

choose [tʃuːz] (pt **chose**, pp **chosen**) vt wählen; **choosy** ['tʃuːzɪ] adj wählerisch

chop [tʃɔp] vt (wood) spalten; (COOK: also: ~ up) (zer)hacken ♦ n Hieb m; (COOK) Kotelett nt; **~s** npl (jaws) Lefzen pl

chopper ['tʃɔpər] n (helicopter) Hubschrauber m

choppy ['tʃɔpɪ] adj (sea) bewegt

chopsticks ['tʃɔpstɪks] npl (Ess)stäbchen pl

choral ['kɔːrəl] adj Chor-

chord [kɔːd] n Akkord m

chore [tʃɔːr] n Pflicht f; **~s** npl (housework) Hausarbeit f

choreographer [kɔrɪ'ɔgrəfər] n Choreograf(in) m(f)

chorister ['kɔrɪstər] n Chorsänger(in) m(f)

chortle ['tʃɔːtl] vi glucksen

chorus ['kɔːrəs] n Chor m; (in song) Refrain m

chose [tʃəuz] pt of **choose**

chosen ['tʃəuzn] pp of **choose**

chowder ['tʃaudər] (US) n sämige Fischsuppe f

Christ [kraɪst] n Christus m

christen ['krɪsn] vt taufen; **~ing** n Taufe f

Christian ['krɪstɪən] adj christlich ♦ n Christ(in) m(f); **~ity** [krɪstɪ'ænɪtɪ] n Christentum nt; ~ **name** n Vorname m

Christmas ['krɪsməs] n Weihnachten pl;
Happy or **Merry ~!** frohe or fröhliche
Weihnachten!; **~ card** n Weihnachtskarte f;
~ Day n der erste Weihnachtstag; **~ Eve** n
Heiligabend m; **~ tree** n Weihnachtsbaum
m

chrome [krəum] n Verchromung f

chromium ['krəumɪəm] n Chrom nt

chronic ['krɔnɪk] adj chronisch

chronicle ['krɔnɪkl] n Chronik f

chronological [krɔnə'lɔdʒɪkl] adj
chronologisch

chubby ['tʃʌbɪ] adj rundlich

chuck [tʃʌk] vt werfen; (BRIT: also: **~ up**)
hinwerfen; **~ out** vt (person) rauswerfen;
(old clothes etc) wegwerfen

chuckle ['tʃʌkl] vi in sich hineinlachen

chug [tʃʌg] vi tuckern

chunk [tʃʌŋk] n Klumpen m; (of food)
Brocken m

church [tʃəːtʃ] n Kirche f; **~yard** n Kirchhof
m

churn [tʃəːn] n (for butter) Butterfass nt; (for
milk) Milchkanne f; **~ out** (inf) vt
produzieren

chute [ʃuːt] n Rutsche f; (rubbish ~)
Müllschlucker m

chutney ['tʃʌtnɪ] n Chutney nt

CIA (US) n abbr (= Central Intelligence Agency)
CIA m

CID (BRIT) n abbr (= Criminal Investigation
Department) ≈ Kripo f

cider ['saɪdə*] n Apfelwein m

cigar [sɪ'gɑː*] n Zigarre f

cigarette [sɪgə'ret] n Zigarette f; **~ case** n
Zigarettenetui nt; **~ end** n
Zigarettenstummel m

Cinderella [sɪndə'relə] n Aschenbrödel nt

cinders ['sɪndəz] npl Asche f

cine camera ['sɪnɪ-] (BRIT) n Filmkamera f

cine film (BRIT) n Schmalfilm m

cinema ['sɪnəmə] n Kino nt

cinnamon ['sɪnəmən] n Zimt m

circle ['səːkl] n Kreis m; (in cinema etc) Rang
m ♦ vi kreisen ♦ vt (surround) umgeben;
(move round) kreisen um

circuit ['səːkɪt] n (track) Rennbahn f; (lap)

Runde f; (ELEC) Stromkreis m

circular ['səːkjulə*] adj rund ♦ n
Rundschreiben nt

circulate ['səːkjuleɪt] vi zirkulieren ♦ vt in
Umlauf setzen; **circulation** [səːkju'leɪʃən] n
(of blood) Kreislauf m; (of newspaper) Auflage
f; (of money) Umlauf m

circumcise ['səːkəmsaɪz] vt beschneiden

circumference [sə'kʌmfərəns] n
(Kreis)umfang m

circumspect ['səːkəmspekt] adj umsichtig

circumstances ['səːkəmstənsɪz] npl
Umstände pl; (financial) Verhältnisse pl

circumvent [səːkəm'vent] vt umgehen

circus ['səːkəs] n Zirkus m

CIS n abbr (= Commonwealth of Independent
States) GUS f

cistern ['sɪstən] n Zisterne f; (of W.C.)
Spülkasten m

cite [saɪt] vt zitieren, anführen

citizen ['sɪtɪzn] n Bürger(in) m(f); **~ship** n
Staatsbürgerschaft f

citrus fruit ['sɪtrəs-] n Zitrusfrucht f

city ['sɪtɪ] n Großstadt f; **the C~** die City, das
Finanzzentrum Londons

city technology college n ≈ Technische
Fachschule f

civic ['sɪvɪk] adj (of town) städtisch; (of citizen)
Bürger-; **~ centre** (BRIT) n Stadtverwaltung
f

civil ['sɪvɪl] adj bürgerlich; (not military) zivil;
(polite) höflich; **~ engineer** n Bauingenieur
m; **~ian** [sɪ'vɪlɪən] n Zivilperson f ♦ adj zivil,
Zivil-

civilization [sɪvɪlaɪ'zeɪʃən] n Zivilisation f

civilized ['sɪvɪlaɪzd] adj zivilisiert

civil: ~ law n Zivilrecht nt; **~ servant** n
Staatsbeamte(r) m; **C~ Service** n
Staatsdienst m; **~ war** n Bürgerkrieg m

clad [klæd] adj: **~ in** gehüllt in +acc

claim [kleɪm] vt beanspruchen; (have opinion)
behaupten ♦ vi (for insurance) Ansprüche
geltend machen ♦ n (demand) Forderung f;
(right) Anspruch m; (pretension) Behauptung
f; **~ant** n Antragsteller(in) m(f)

clairvoyant [kleə'vɔɪənt] n Hellseher(in) m(f)

clam [klæm] n Venusmuschel f

clamber ['klæmbəʳ] vi kraxeln

clammy ['klæmɪ] adj klamm

clamour ['klæməʳ] vi: **to ~ for sth** nach etw verlangen

clamp [klæmp] n Schraubzwinge f ♦ vt einspannen; (AUT: wheel) krallen; **~ down on** vt fus Maßnahmen ergreifen gegen

clan [klæn] n Clan m

clandestine [klæn'destɪn] adj geheim

clang [klæŋ] vi scheppern

clap [klæp] vi klatschen ♦ vt Beifall klatschen +dat ♦ n (of hands) Klatschen nt; (of thunder) Donnerschlag m; **~ping** n Klatschen nt

claret ['klærət] n rote(r) Bordeaux(wein) m

clarify ['klærɪfaɪ] vt klären, erklären

clarinet [klærɪ'net] n Klarinette f

clarity ['klærɪtɪ] n Klarheit f

clash [klæʃ] n (fig) Konflikt m ♦ vi zusammenprallen; (colours) sich beißen; (argue) sich streiten

clasp [klɑːsp] n Griff m; (on jewels, bag) Verschluss m ♦ vt umklammern

class [klɑːs] n Klasse f ♦ vt einordnen; **~-conscious** adj klassenbewusst

classic ['klæsɪk] n Klassiker m ♦ adj klassisch; **~al** adj klassisch

classified ['klæsɪfaɪd] adj (information) Geheim-; **~ advertisement** n Kleinanzeige f

classify ['klæsɪfaɪ] vt klassifizieren

classmate ['klɑːsmeɪt] n Klassenkamerad(in) m(f)

classroom ['klɑːsrʊm] n Klassenzimmer nt

clatter ['klætəʳ] vi klappern; (feet) trappeln

clause [klɔːz] n (JUR) Klausel f; (GRAM) Satz m

claustrophobia [klɔːstrə'fəʊbɪə] n Platzangst f

claw [klɔː] n Kralle f ♦ vt (zer)kratzen

clay [kleɪ] n Lehm m; (for pots) Ton m

clean [kliːn] adj sauber ♦ vt putzen; (clothes) reinigen; **~ out** vt gründlich putzen; **~ up** vt aufräumen; **~-cut** adj (person) adrett; (clear) klar; **~er** n (person) Putzfrau f; **~er's** n (also: **dry ~er's**) Reinigung f; **~ing** n Putzen nt; (clothes) Reinigung f; **~liness** ['klenlɪnɪs] n Reinlichkeit f

cleanse [klenz] vt reinigen; **~r** n (for face) Reinigungsmilch f

clean-shaven ['kliːn'ʃeɪvn] adj glatt rasiert

cleansing department ['klenzɪŋ-] (BRIT) n Stadtreinigung f

clear [klɪəʳ] adj klar; (road) frei ♦ vt (road etc) freimachen; (obstacle) beseitigen; (JUR: suspect) freisprechen ♦ vi klar werden; (fog) sich lichten ♦ adv: **~ of** von ... entfernt; **to ~ the table** den Tisch abräumen; **~ up** vt aufräumen; (solve) aufklären; **~ance** ['klɪərəns] n (removal) Räumung f; (free space) Lichtung f; (permission) Freigabe f; **~-cut** adj (case) eindeutig; **~ing** n Lichtung f; **~ing bank** (BRIT) n Clearingbank f; **~ly** adv klar; (obviously) eindeutig; **~way** (BRIT) n (Straße f mit) Halteverbot nt

cleaver ['kliːvəʳ] n Hackbeil f

cleft [kleft] n (in rock) Spalte f

clementine ['kleməntaɪn] n (fruit) Klementine f

clench [klentʃ] vt (teeth) zusammenbeißen; (fist) ballen

clergy ['klɜːdʒɪ] n Geistliche(n) pl; **~man** (irreg) n Geistliche(r) m

clerical ['klerɪkl] adj (office) Schreib-, Büro-; (REL) geistlich

clerk [klɑːk, (US) klɜːrk] n (in office) Büroangestellte(r) mf; (US: sales person) Verkäufer(in) m(f)

clever ['klevəʳ] adj klug; (crafty) schlau

cliché ['kliːʃeɪ] n Klischee nt

click [klɪk] vt (tongue) schnalzen mit; (heels) zusammenklappen; **~ on** vt (COMPUT) anklicken

client ['klaɪənt] n Klient(in) m(f); **~ele** [kliːɑːn'tel] n Kundschaft f

cliff [klɪf] n Klippe f

climate ['klaɪmɪt] n Klima nt

climax ['klaɪmæks] n Höhepunkt m

climb [klaɪm] vt besteigen ♦ vi steigen, klettern ♦ n Aufstieg m; **~-down** n Abstieg m; **~er** n Bergsteiger(in) m(f); **~ing** n Bergsteigen nt

clinch [klɪntʃ] vt (decide) entscheiden; (deal) festmachen

cling [klɪŋ] (pt, pp **clung**) vi (clothes) eng anliegen; **to ~ to** sich festklammern an +dat

clinic ['klɪnɪk] n Klinik f; **~al** adj klinisch

clink [klɪŋk] vi klimpern

clip [klɪp] n Spange f; (also: **paper ~**) Klammer f ♦ vt (papers) heften; (hair, hedge) stutzen; **~pers** npl (for hedge) Heckenschere f; (for hair) Haarschneidemaschine f; **~ping** n Ausschnitt m

cloak [kləuk] n Umhang m ♦ vt hüllen; **~room** n (for coats) Garderobe f; (BRIT: W.C.) Toilette f

clock [klɔk] n Uhr f; **~ in** or **on** vi stempeln; **~ off** or **out** vi stempeln; **~wise** adv im Uhrzeigersinn; **~work** n Uhrwerk nt ♦ adj zum Aufziehen

clog [klɔg] n Holzschuh m ♦ vt verstopfen

cloister ['klɔɪstər] n Kreuzgang m

clone [kləun] n Klon m ♦ vt klonen

close[1] [kləus] adj (near) in der Nähe; (friend, connection, print) eng; (relative) nahe; (result) knapp; (examination) eingehend; (weather) schwül; (room) stickig ♦ adv nahe, dicht; **~ by** in der Nähe; **~ at hand** in der Nähe; **to have a ~ shave** (fig) mit knapper Not davonkommen

close[2] [kləuz] vt (shut) schließen; (end) beenden ♦ vi (shop etc) schließen; (door etc) sich schließen ♦ n Ende nt; **~ down** vi schließen; **~d** adj (shop etc) geschlossen; **~d shop** n Gewerkschaftszwang m

close-knit ['kləus'nɪt] adj eng zusammengewachsen

closely ['kləuslɪ] adv eng; (carefully) genau

closet ['klɔzɪt] n Schrank m

close-up ['kləusʌp] n Nahaufnahme f

closure ['kləuʒər] n Schließung f

clot [klɔt] n (of blood) Blutgerinnsel nt; (fool) Blödmann m ♦ vi gerinnen

cloth [klɔθ] n (material) Tuch nt; (rag) Lappen m

clothe [kləuð] vt kleiden

clothes [kləuðz] npl Kleider pl; **~ brush** n Kleiderbürste f; **~ line** n Wäscheleine f; **~ peg, ~ pin** (US) n Wäscheklammer f

clothing ['kləuðɪŋ] n Kleidung f

clotted cream ['klɔtɪd-] (BRIT) n Sahne aus erhitzter Milch

cloud [klaud] n Wolke f; **~burst** n

Wolkenbruch m; **~y** adj bewölkt; (liquid) trüb

clout [klaut] vt hauen

clove [kləuv] n Gewürznelke f; **~ of garlic** Knoblauchzehe f

clover ['kləuvər] n Klee m

clown [klaun] n Clown m ♦ vi (also: **~ about, ~ around**) kaspern

cloying ['klɔɪɪŋ] adj (taste, smell) übersüß

club [klʌb] n (weapon) Knüppel m; (society) Klub m; (also: **golf ~**) Golfschläger m ♦ vt prügeln ♦ vi: **to ~ together** zusammenlegen; **~s** npl (CARDS) Kreuz nt; **~ car** (US) n (RAIL) Speisewagen m; **~ class** n (AVIAT) Club-Klasse f; **~house** n Klubhaus nt

cluck [klʌk] vi glucken

clue [klu:] n Anhaltspunkt m; (in crosswords) Frage f; **I haven't a ~** (ich hab) keine Ahnung

clump [klʌmp] n Gruppe f

clumsy ['klʌmzɪ] adj (person) unbeholfen; (shape) unförmig

clung [klʌŋ] pt, pp of **cling**

cluster ['klʌstər] n (of trees etc) Gruppe f ♦ vi sich drängen, sich scharen

clutch [klʌtʃ] n Griff m; (AUT) Kupplung f ♦ vt sich festklammern an +dat

clutter ['klʌtər] vt voll pfropfen; (desk) übersäen

CND n abbr = **Campaign for Nuclear Disarmament**

Co. abbr = **county; company**

c/o abbr (= care of) c/o

coach [kəutʃ] n (bus) Reisebus m; (horse-drawn) Kutsche f; (RAIL) (Personen)wagen m; (trainer) Trainer m ♦ vt (SCH) Nachhilfeunterricht geben +dat; (SPORT) trainieren; **~ trip** n Busfahrt f

coal [kəul] n Kohle f; **~ face** n Streb m

coalition [kəuə'lɪʃən] n Koalition f

coalman ['kəulmən] (irreg) n Kohlenhändler m

coal mine n Kohlenbergwerk nt

coarse [kɔ:s] adj grob; (fig) ordinär

coast [kəust] n Küste f ♦ vi dahinrollen; (AUT) im Leerlauf fahren; **~al** adj Küsten-;

~guard n Küstenwache f; **~line** n Küste(nlinie) f

coat [kəut] n Mantel m; (on animals) Fell nt; (of paint) Schicht f ♦ vt überstreichen; **~hanger** n Kleiderbügel m; **~ing** n Überzug m; (of paint) Schicht f; **~ of arms** n Wappen nt

coax [kəuks] vt beschwatzen

cob [kɔb] n see corn

cobbler ['kɔblə'] n Schuster m

cobbles ['kɔblz] npl Pflastersteine pl

cobweb ['kɔbweb] n Spinnennetz nt

cocaine [kə'keɪn] n Kokain nt

cock [kɔk] n Hahn m ♦ vt (gun) entsichern; **~erel** ['kɔkərl] n junge(r) Hahn m; **~eyed** adj (fig) verrückt

cockle ['kɔkl] n Herzmuschel f

cockney ['kɔknɪ] n echte(r) Londoner m

cockpit ['kɔkpɪt] n (AVIAT) Pilotenkanzel f

cockroach ['kɔkrəutʃ] n Küchenschabe f

cocktail ['kɔkteɪl] n Cocktail m; **~ cabinet** n Hausbar f; **~ party** n Cocktailparty f

cocoa ['kəukəu] n Kakao m

coconut ['kəukənʌt] n Kokosnuss f

cocoon [kə'ku:n] n Kokon m

cod [kɔd] n Kabeljau m

C.O.D. abbr = cash on delivery

code [kəud] n Kode m; (JUR) Kodex m

cod-liver oil ['kɔdlɪvə-] n Lebertran m

coercion [kəu'ə:ʃən] n Zwang m

coffee ['kɔfɪ] n Kaffee m; **~ bar** (BRIT) n Café nt; **~ bean** n Kaffeebohne f; **~ break** n Kaffeepause f; **~pot** n Kaffeekanne f; **~ table** n Couchtisch m

coffin ['kɔfɪn] n Sarg m

cog [kɔg] n (Rad)zahn m

cognac ['kɔnjæk] n Kognak m

coherent [kəu'hɪərənt] adj zusammenhängend; (person) verständlich

coil [kɔɪl] n Rolle f; (ELEC) Spule f; (contraceptive) Spirale f ♦ vt aufwickeln

coin [kɔɪn] n Münze f ♦ vt prägen; **~age** ['kɔɪnɪdʒ] n (word) Prägung f; **~ box** (BRIT) n Münzfernsprecher m

coincide [kəuɪn'saɪd] vi (happen together) zusammenfallen; (agree) übereinstimmen; **~nce** [kəu'ɪnsɪdəns] n Zufall m

coinphone ['kɔɪnfəun] n Münzfernsprecher m

Coke [kəuk] ® n (drink) Coca-Cola ® f

coke [kəuk] n Koks m

colander ['kɔləndə'] n Durchschlag m

cold [kəuld] adj kalt ♦ n Kälte f; (MED) Erkältung f; **I'm ~** mir ist kalt; **to catch ~** sich erkälten; **in ~ blood** kaltblütig; **to give sb the ~ shoulder** jdm die kalte Schulter zeigen; **~ly** adv kalt; **~-shoulder** vt die kalte Schulter zeigen +dat; **~ sore** n Erkältungsbläschen nt

coleslaw ['kəulslɔ:] n Krautsalat m

colic ['kɔlɪk] n Kolik f

collaborate [kə'læbəreɪt] vi zusammenarbeiten

collapse [kə'læps] vi (people) zusammenbrechen; (things) einstürzen ♦ n Zusammenbruch m; Einsturz m; **collapsible** adj zusammenklappbar, Klapp-

collar ['kɔlə'] n Kragen m; **~bone** n Schlüsselbein nt

collateral [kə'lætərl] n (zusätzliche) Sicherheit f

colleague ['kɔli:g] n Kollege m, Kollegin f

collect [kə'lekt] vt sammeln; (BRIT: call and pick up) abholen ♦ vi sich sammeln ♦ adv: **to call ~** (US: TEL) ein R-Gespräch führen; **~ion** [kə'lekʃən] n Sammlung f; (REL) Kollekte f; (of post) Leerung f; **~ive** [kə'lektɪv] adj gemeinsam; (POL) kollektiv; **~or** [kə'lektə'] n Sammler m; (tax ~or) (Steuer)einnehmer m

college ['kɔlɪdʒ] n (UNIV) College nt; (TECH) Fach-, Berufsschule f

collide [kə'laɪd] vi zusammenstoßen

collie ['kɔlɪ] n Collie m

colliery ['kɔlɪərɪ] (BRIT) n Zeche f

collision [kə'lɪʒən] n Zusammenstoß m

colloquial [kə'ləukwɪəl] adj umgangssprachlich

colon ['kəulən] n Doppelpunkt m; (MED) Dickdarm m

colonel ['kə:nl] n Oberst m

colonial [kə'ləunɪəl] adj Kolonial-

colonize ['kɔlənaɪz] vt kolonisieren

colony ['kɔlənɪ] n Kolonie f

colour ['kʌləʳ] (US **color**) n Farbe f ♦ vt (also fig) färben ♦ vi sich verfärben; **~s** npl (of club) Fahne f; **~ bar** n Rassenschranke f; **~-blind** adj farbenblind; **~ed** adj farbig; **~ film** n Farbfilm m; **~ful** adj bunt; (personality) schillernd; **~ing** n (complexion) Gesichtsfarbe f; (substance) Farbstoff m; **~ scheme** n Farbgebung f; **~ television** n Farbfernsehen nt

colt [kəʊlt] n Fohlen nt

column ['kɔləm] n Säule f; (MIL) Kolonne f; (of print) Spalte f; **~ist** ['kɔləmnɪst] n Kolumnist m

coma ['kəʊmə] n Koma nt

comb [kəʊm] n Kamm m ♦ vt kämmen; (search) durchkämmen

combat ['kɔmbæt] n Kampf m ♦ vt bekämpfen

combination [kɔmbɪ'neɪʃən] n Kombination f

combine [vb kəm'baɪn, n 'kɔmbaɪn] vt verbinden ♦ vi sich vereinigen ♦ n (COMM) Konzern m; **~ (harvester)** n Mähdrescher m

combustion [kəm'bʌstʃən] n Verbrennung f

come [kʌm] (pt **came**, pp **come**) vi kommen; **~ to undone** aufgehen; **~ about** vi geschehen; **~ across** vt fus (find) stoßen auf +acc; **~ away** vi (person) weggehen; (handle etc) abgehen; **~ back** vi zurückkommen; **~ by** vt fus (find): **to ~ by sth** zu etw kommen; **~ down** vi (price) fallen; **~ forward** vi (volunteer) sich melden; **~ from** vt fus (result) kommen von; **where do you ~ from?** wo kommen Sie her?; **I ~ from London** ich komme aus London; **~ in** vi hereinkommen; (train) einfahren; **~ in for** vt fus abkriegen; **~ into** vt fus (inherit) erben; **~ off** vi (handle) abgehen; (succeed) klappen; **~ on** vi (progress) vorankommen; **~ on!** komm!; (hurry) beeil dich!; **~ out** vi herauskommen; **~ round** vi (MED) wieder zu sich kommen; **~ to** vi (MED) wieder zu sich kommen ♦ vt fus (bill) sich belaufen auf +acc; **~ up** vi hochkommen; (sun)

aufgehen; (problem) auftauchen; **~ up against** vt fus (resistance, difficulties) stoßen auf +acc; **~ upon** vt fus stoßen auf +acc; **~ up with** vt fus sich einfallen lassen

comedian [kə'mi:dɪən] n Komiker m; **comedienne** [kəmi:dɪ'ɛn] n Komikerin f

comedown ['kʌmdaʊn] n Abstieg m

comedy ['kɔmɪdɪ] n Komödie f

comet ['kɔmɪt] n Komet m

comeuppance [kʌm'ʌpəns] n: **to get one's ~** seine Quittung bekommen

comfort ['kʌmfət] n Komfort m; (consolation) Trost m ♦ vt trösten; **~able** adj bequem; **~ably** adv (sit etc) bequem; (live) angenehm; **~ station** n (US) n öffentliche Toilette f

comic ['kɔmɪk] n Comic(heft) nt; (comedian) Komiker m ♦ adj (also: **~al**) komisch; **~ strip** n Comicstrip m

coming ['kʌmɪŋ] n Kommen nt; **~(s) and going(s)** n(pl) Kommen und Gehen nt

comma ['kɔmə] n Komma nt

command [kə'mɑ:nd] n Befehl m; (control) Führung f; (MIL) Kommando nt; (mastery) Beherrschung f ♦ vt befehlen +dat; (MIL) kommandieren; (be able to get) verfügen über +acc; **~eer** [kɔmən'dɪəʳ] vt requirieren; **~er** n Kommandant m; **~ment** n (REL) Gebot nt

commando [kə'mɑ:ndəʊ] n Kommandotruppe nt; (person) Mitglied nt einer Kommandotruppe

commemorate [kə'mɛməreɪt] vt gedenken +gen

commence [kə'mɛns] vt, vi beginnen

commend [kə'mɛnd] vt (recommend) empfehlen; (praise) loben

commensurate [kə'mɛnʃərɪt] adj: **~ with sth** einer Sache dat entsprechend

comment ['kɔmɛnt] n Bemerkung f ♦ vi: **to ~ (on)** sich äußern (zu); **~ary** n Kommentar m; **~ator** n Kommentator m; (TV) Reporter(in) m(f)

commerce ['kɔmə:s] n Handel m

commercial [kə'mə:ʃəl] adj kommerziell, geschäftlich; (training) kaufmännisch ♦ n (TV) Fernsehwerbung f; **~ break** n

Werbespot *m*; **~ize** *vt* kommerzialisieren

commiserate [kəˈmɪzəreɪt] *vi*: **to ~ with** Mitleid haben mit

commission [kəˈmɪʃən] *n (act)* Auftrag *m*; *(fee)* Provision *f*; *(body)* Kommission *f* ♦ *vt* beauftragen; *(MIL)* zum Offizier ernennen; *(work of art)* in Auftrag geben; **out of ~** außer Betrieb; **~er** *n (POLICE)* Polizeipräsident *m*

commit [kəˈmɪt] *vt (crime)* begehen; *(entrust)* anvertrauen; **to ~ o.s.** sich festlegen; **~ment** *n* Verpflichtung *f*

committee [kəˈmɪtɪ] *n* Ausschuss *m*

commodity [kəˈmɔdɪtɪ] *n* Ware *f*

common [ˈkɔmən] *adj (cause)* gemeinsam; *(pej)* gewöhnlich; *(widespread)* üblich, häufig ♦ *n* Gemeindeland *nt*; **C~s** *npl (BRIT)*: **the C~s** das Unterhaus; **~er** *n* Bürgerliche(r) *mf*; **~ law** *n* Gewohnheitsrecht *nt*; **~ly** *adv* gewöhnlich; **C~ Market** *n* Gemeinsame(r) Markt *m*; **~place** *adj* alltäglich; **~ room** *n* Gemeinschaftsraum *m*; **~ sense** *n* gesunde(r) Menschenverstand *m*; **C~wealth** *n*: **the C~wealth** das Commonwealth

commotion [kəˈməʊʃən] *n* Aufsehen *nt*

communal [ˈkɔmjuːnl] *adj* Gemeinde-; Gemeinschafts-

commune [*n* ˈkɔmjuːn, *vb* kəˈmjuːn] *n* Kommune *f* ♦ *vi*: **to ~ with** sich mitteilen +*dat*

communicate [kəˈmjuːnɪkeɪt] *vt (transmit)* übertragen ♦ *vi (be in touch)* in Verbindung stehen; *(make self understood)* sich verständigen; **communication** [kəmjuːnɪˈkeɪʃən] *n (message)* Mitteilung *f*; *(making understood)* Kommunikation *f*; **communication cord** *(BRIT)* *n* Notbremse *f*

communion [kəˈmjuːnɪən] *n (also:* **Holy C~)** Abendmahl *nt*, Kommunion *f*

communism [ˈkɔmjunɪzəm] *n* Kommunismus *m*; **communist** [ˈkɔmjunɪst] *n* Kommunist(in) *m(f)* ♦ *adj* kommunistisch

community [kəˈmjuːnɪtɪ] *n* Gemeinschaft *f*; **~ centre** *n* Gemeinschaftszentrum *nt*; **~**

chest *(US)* *n* Wohltätigkeitsfonds *m*; **~ home** *(BRIT)* *n* Erziehungsheim *nt*

commutation ticket [kɔmjuˈteɪʃən-] *(US)* *n* Zeitkarte *f*

commute [kəˈmjuːt] *vi* pendeln ♦ *vt* umwandeln; **~r** *n* Pendler *m*

compact [*adj* kəmˈpækt, *n* ˈkɔmpækt] *adj* kompakt ♦ *n (for make-up)* Puderdose *f*; **~ disc** *n* Compactdisc *f*, Compact Disc *f*; **~ disc player** *n* CD-Spieler *m*

companion [kəmˈpænjən] *n* Begleiter(in) *m(f)*; **~ship** *n* Gesellschaft *f*

company [ˈkʌmpənɪ] *n* Gesellschaft *f*; *(COMM)* Firma *f*, Gesellschaft *f*; **to keep sb ~** jdm Gesellschaft leisten; **~ secretary** *(BRIT)* *n* ≃ Prokurist(in) *m(f)*

comparable [ˈkɔmpərəbl] *adj* vergleichbar

comparative [kəmˈpærətɪv] *adj (relative)* relativ; **~ly** *adv* verhältnismäßig

compare [kəmˈpeəʳ] *vt* vergleichen ♦ *vi* sich vergleichen lassen; **comparison** [kəmˈpærɪsn] *n* Vergleich *m*; **in comparison (with)** im Vergleich (mit *or* zu)

compartment [kəmˈpɑːtmənt] *n (RAIL)* Abteil *nt*; *(in drawer)* Fach *nt*

compass [ˈkʌmpəs] *n* Kompass *m*; **~es** *npl (MATH etc: also:* **pair of ~es)** Zirkel *m*

compassion [kəmˈpæʃən] *n* Mitleid *nt*; **~ate** *adj* mitfühlend

compatible [kəmˈpætɪbl] *adj* vereinbar; *(COMPUT)* kompatibel

compel [kəmˈpel] *vt* zwingen

compensate [ˈkɔmpənseɪt] *vt* entschädigen ♦ *vi*: **to ~ for** Ersatz leisten für; **compensation** [kɔmpənˈseɪʃən] *n* Entschädigung *f*

compère [ˈkɔmpeəʳ] *n* Conférencier *m*

compete [kəmˈpiːt] *vi (take part)* teilnehmen; *(vie with)* konkurrieren

competent [ˈkɔmpɪtənt] *adj* kompetent

competition [kɔmpɪˈtɪʃən] *n (contest)* Wettbewerb *m*; *(COMM, rivalry)* Konkurrenz *f*; **competitive** [kəmˈpetɪtɪv] *adj* Konkurrenz-; *(COMM)* konkurrenzfähig; **competitor** [kəmˈpetɪtəʳ] *n (COMM)* Konkurrent(in) *m(f)*; *(participant)* Teilnehmer(in) *m(f)*

compile [kəm'paɪl] vt zusammenstellen

complacency [kəm'pleɪsnsɪ] n Selbstzufriedenheit f

complacent [kəm'pleɪsnt] adj selbstzufrieden

complain [kəm'pleɪn] vi sich beklagen; (formally) sich beschweren; **~t** n Klage f; (formal ~t) Beschwerde f; (MED) Leiden nt

complement [n 'kɒmplɪmənt, vb 'kɒmplɪment] n Ergänzung f; (ship's crew etc) Bemannung f ♦ vt ergänzen; **~ary** [kɒmplɪ'mentərɪ] adj (sich) ergänzend

complete [kəm'pliːt] adj (full) vollkommen, ganz; (finished) fertig ♦ vt vervollständigen; (finish) beenden; (fill in: form) ausfüllen; **~ly** adv ganz; **completion** [kəm'pliːʃən] n Fertigstellung f; (of contract etc) Abschluss m

complex ['kɒmpleks] adj kompliziert

complexion [kəm'plekʃən] n Gesichtsfarbe f; (fig) Aspekt m

complexity [kəm'pleksɪtɪ] n Kompliziertheit f

compliance [kəm'plaɪəns] n Fügsamkeit f, Einwilligung f; **in ~ with sth** einer Sache dat gemäß

complicate ['kɒmplɪkeɪt] vt komplizieren; **~d** adj kompliziert; **complication** [kɒmplɪ'keɪʃən] n Komplikation f

compliment [n 'kɒmplɪmənt, vb 'kɒmplɪment] n Kompliment nt ♦ vt ein Kompliment machen +dat; **~s** npl (greetings) Grüße pl; **to pay sb a ~** jdm ein Kompliment machen; **~ary** [kɒmplɪ'mentərɪ] adj schmeichelhaft; (free) Frei-, Gratis-

comply [kəm'plaɪ] vi: **to ~ with** erfüllen +acc; entsprechen +dat

component [kəm'pəunənt] adj Teil- ♦ n Bestandteil m

compose [kəm'pəuz] vt (music) komponieren; (poetry) verfassen; **to ~ o.s.** sich sammeln; **~d** adj gefasst; **~r** n Komponist(in) m(f); **composition** ['kɒmpə'zɪʃən] n (MUS) Komposition f; (SCH) Aufsatz m; (structure) Zusammensetzung f, Aufbau m

composure [kəm'pəuʒə'] n Fassung f

compound ['kɒmpaund] n (CHEM) Verbindung f; (enclosure) Lager nt; (LING) Kompositum nt ♦ adj zusammengesetzt; (fracture) kompliziert; **~ interest** n Zinseszins m

comprehend [kɒmprɪ'hend] vt begreifen; **comprehension** n Verständnis nt

comprehensive [kɒmprɪ'hensɪv] adj umfassend ♦ n = **comprehensive school**; **~ insurance** n Vollkasko nt; **~ school** (BRIT) n Gesamtschule f

compress [vb kəm'pres, n 'kɒmpres] vt komprimieren ♦ n (MED) Kompresse f

comprise [kəm'praɪz] vt (also: **be ~d of**) umfassen, bestehen aus

compromise ['kɒmprəmaɪz] n Kompromiss m ♦ vt kompromittieren ♦ vi einen Kompromiss schließen

compulsion [kəm'pʌlʃən] n Zwang m; **compulsive** [kəm'pʌlsɪv] adj zwanghaft; **compulsory** [kəm'pʌlsərɪ] adj obligatorisch

computer [kəm'pjuːtə'] n Computer m, Rechner m; **~ game** n Computerspiel nt; **~-generated** adj computergeneriert; **~ize** vt (information) computerisieren; (company, accounts) auf Computer umstellen; **~ programmer** n Programmierer(in) m(f); **~ programming** n Programmieren nt; **~ science** n Informatik f; **computing** [kəm'pjuːtɪŋ] n (science) Informatik f; (work) Computerei f

comrade ['kɒmrɪd] n Kamerad m; (POL) Genosse m

con [kɒn] vt hereinlegen ♦ n Schwindel nt

concave ['kɒnkeɪv] adj konkav

conceal [kən'siːl] vt (secret) verschweigen; (hide) verbergen

concede [kən'siːd] vt (grant) gewähren; (point) zugeben ♦ vi (admit defeat) nachgeben

conceit [kən'siːt] n Einbildung f; **~ed** adj eingebildet

conceivable [kən'siːvəbl] adj vorstellbar

conceive [kən'siːv] vt (idea) ausdenken; (imagine) sich vorstellen; (baby) empfangen ♦ vi empfangen

concentrate ['kɒnsəntreɪt] vi sich konzentrieren ♦ vt konzentrieren; **to ~ on sth** sich auf etw acc konzentrieren;

concentration [kɔnsən'treɪʃən] n Konzentration f; **concentration camp** n Konzentrationslager nt, KZ nt

concept ['kɔnsept] n Begriff m

conception [kən'sepʃən] n (idea) Vorstellung f; (BIOL) Empfängnis f

concern [kən'sɔːn] n (affair) Angelegenheit f; (COMM) Unternehmen nt; (worry) Sorge f ♦ vt (interest) angehen; (be about) handeln von; (have connection with) betreffen; **to be ~ed (about)** sich Sorgen machen (um); **~ing** prep hinsichtlich +gen

concert ['kɔnsət] n Konzert nt

concerted [kən'sɜːtɪd] adj gemeinsam

concert hall n Konzerthalle f

concertina [kɔnsə'tiːnə] n Handharmonika f

concerto [kən'tʃɔːtəu] n Konzert nt

concession [kən'seʃən] n (yielding) Zugeständnis nt; **tax ~** Steuerkonzession f

conciliation [kənsɪlɪ'eɪʃən] n Versöhnung f; (official) Schlichtung f

concise [kən'saɪs] adj präzis

conclude [kən'kluːd] vt (end) beenden; (treaty) (ab)schließen; (decide) schließen, folgern; **conclusion** [kən'kluːʒən] n (Ab)schluss m; (deduction) Schluss m; **conclusive** [kən'kluːsɪv] adj schlüssig

concoct [kən'kɔkt] vt zusammenbrauen; **~ion** [kən'kɔkʃən] n Gebräu nt

concourse ['kɔŋkɔːs] n (Bahnhofs)halle f, Vorplatz m

concrete ['kɔŋkriːt] n Beton m ♦ adj konkret

concur [kən'kɜːʳ] vi übereinstimmen

concurrently [kən'kʌrntlɪ] adv gleichzeitig

concussion [kən'kʌʃən] n (Gehirn)erschütterung f

condemn [kən'dem] vt (JUR) verurteilen; (building) abbruchreif erklären

condensation [kɔnden'seɪʃən] n Kondensation f

condense [kən'dens] vi (CHEM) kondensieren ♦ vt (fig) zusammendrängen; **~d milk** n Kondensmilch f

condescending [kɔndɪ'sendɪŋ] adj herablassend

condition [kən'dɪʃən] n (state) Zustand m; (presupposition) Bedingung f ♦ vt (hair etc) behandeln; (accustom) gewöhnen; **~s** npl (circumstances) Verhältnisse pl; **on ~ that ...** unter der Bedingung, dass ...; **~al** adj bedingt; **~er** n (for hair) Spülung f; (for fabrics) Weichspüler m

condolences [kən'dəulənsız] npl Beileid nt

condom ['kɔndəm] n Kondom nt or m

condominium [kɔndə'mɪnɪəm] (US) n Eigentumswohnung f; (block) Eigentumsblock m

condone [kən'dəun] vt gutheißen

conducive [kən'djuːsɪv] adj: **~ to** dienlich +dat

conduct [n 'kɔndʌkt, vb kən'dʌkt] n (behaviour) Verhalten nt; (management) Führung f ♦ vt führen; (MUS) dirigieren; **~ed tour** n Führung f; **~or** [kən'dʌktəʳ] n (of orchestra) Dirigent m; (in bus, US: on train) Schaffner m; (ELEC) Leiter m; **~ress** [kən'dʌktrɪs] n (in bus) Schaffnerin f

cone [kaun] n (MATH) Kegel m; (for ice cream) (Waffel)tüte f; (BOT) Tannenzapfen m

confectioner's (shop) [kən'fekʃənəz-] n Konditorei f; **~y** [kən'fekʃənrɪ] n Süßigkeiten pl

confederation [kənfedə'reɪʃən] n Bund m

confer [kən'fɜːʳ] vt (degree) verleihen ♦ vi (discuss) konferieren, verhandeln; **~ence** ['kɔnfərəns] n Konferenz f

confess [kən'fes] vt, vi gestehen; (ECCL) beichten; **~ion** [kən'feʃən] n Geständnis nt; (ECCL) Beichte f; **~ional** n Beichtstuhl m

confide [kən'faɪd] vi: **to ~ in** (sich) anvertrauen +dat

confidence ['kɔnfɪdns] n Vertrauen nt; (assurance) Selbstvertrauen nt; (secret) Geheimnis nt; **in ~** (speak, write) vertraulich; **~ trick** n Schwindel m

confident ['kɔnfɪdənt] adj (sure) überzeugt; (self-assured) selbstsicher

confidential [kɔnfɪ'denʃəl] adj vertraulich

confine [kən'faɪn] vt (limit) beschränken; (lock up) einsperren; **~d** adj (space) eng; **~ment** n (in prison) Haft f; (MED) Wochenbett nt; **~s** ['kɔnfaɪnz] npl Grenzen pl

confirm [kən'fɜːm] vt bestätigen; **~ation**

[kɔnfə'meɪʃən] n Bestätigung f; (REL) Konfirmation f; **~ed** adj unverbesserlich; (bachelor) eingefleischt

confiscate ['kɔnfɪskeɪt] vt beschlagnahmen

conflict [n 'kɔnflɪkt, vb kən'flɪkt] n Konflikt m ♦ vi im Widerspruch stehen; **~ing** [kən'flɪktɪŋ] adj widersprüchlich

conform [kən'fɔːm] vi: **to ~ (to)** (things) entsprechen +dat; (people) sich anpassen +dat; (to rules) sich richten (nach)

confound [kən'faund] vt verblüffen; (confuse) durcheinander bringen

confront [kən'frʌnt] vt (enemy) entgegentreten +dat; (problems) sich stellen +dat; **to ~ sb with sth** jdn mit etw konfrontieren; **~ation** [kɔnfrən'teɪʃən] n Konfrontation f

confuse [kən'fjuːz] vt verwirren; (sth with sth) verwechseln; **~d** adj verwirrt; **confusing** adj verwirrend; **confusion** [kən'fjuːʒən] n (perplexity) Verwirrung f; (mixing up) Verwechslung f; (tumult) Aufruhr m

congeal [kən'dʒiːl] vi (freeze) gefrieren; (clot) gerinnen

congested [kən'dʒestɪd] adj überfüllt

congestion [kən'dʒestʃən] n Stau m

conglomerate [kən'glɔmərɪt] n (COMM, GEOL) Konglomerat nt

conglomeration [kənglɔmə'reɪʃən] n Anhäufung f

congratulate [kən'grætjuleɪt] vt: **to ~ sb (on sth)** jdn (zu etw) beglückwünschen; **congratulations** [kəngrætju'leɪʃənz] npl Glückwünsche pl; **congratulations!** gratuliere!, herzlichen Glückwunsch!

congregate ['kɔngrɪgeɪt] vi sich versammeln; **congregation** [kɔngrɪ'geɪʃən] n Gemeinde f

congress ['kɔngres] n Kongress m; **C~man** (irreg: US) n Mitglied nt des amerikanischen Repräsentantenhauses

conifer ['kɔnɪfəʳ] n Nadelbaum m

conjunction [kən'dʒʌŋkʃən] n Verbindung f; (GRAM) Konjunktion f

conjunctivitis [kəndʒʌŋktɪ'vaɪtɪs] n Bindehautentzündung f

conjure ['kʌndʒəʳ] vi zaubern; **~ up** vt heraufbeschwören; **~r** n Zauberkünstler(in) m(f)

conk out [kɔŋk-] (inf) vi den Geist aufgeben

con man (irreg) n Schwindler m

connect [kə'nekt] vt verbinden; (ELEC) anschließen; **to be ~ed with** eine Beziehung haben zu; (be related to) verwandt sein mit; **~ion** [kə'nekʃən] n Verbindung f; (relation) Zusammenhang m; (ELEC, TEL, RAIL) Anschluss m

connive [kə'naɪv] vi: **to ~ at** stillschweigend dulden

connoisseur [kɔnɪ'səːʳ] n Kenner m

conquer ['kɔŋkəʳ] vt (feelings) überwinden; (enemy) besiegen; (country) erobern; **~or** n Eroberer m

conquest ['kɔŋkwest] n Eroberung f

cons [kɔnz] npl see **convenience**; **pro**

conscience ['kɔnʃəns] n Gewissen nt

conscientious [kɔnʃɪ'enʃəs] adj gewissenhaft

conscious ['kɔnʃəs] adj bewusst; (MED) bei Bewusstsein; **~ness** n Bewusstsein nt

conscript ['kɔnskrɪpt] n Wehrpflichtige(r) m; **~ion** [kən'skrɪpʃən] n Wehrpflicht f

consecutive [kən'sekjutɪv] adj aufeinander folgend

consensus [kən'sensəs] n allgemeine Übereinstimmung f

consent [kən'sent] n Zustimmung f ♦ vi zustimmen

consequence ['kɔnsɪkwəns] n (importance) Bedeutung f; (effect) Folge f

consequently ['kɔnsɪkwəntlɪ] adv folglich

conservation [kɔnsə'veɪʃən] n Erhaltung f; (nature ~) Umweltschutz m

conservative [kən'sə:vətɪv] adj konservativ; **C~** (BRIT) adj konservativ ♦ n Konservative(r) mf

conservatory [kən'sə:vətrɪ] n (room) Wintergarten m

conserve [kən'sə:v] vt erhalten

consider [kən'sɪdəʳ] vt überlegen; (take into account) in Betracht ziehen; (regard as) halten für; **to ~ doing sth** daran denken, etw zu tun; **~able** [kən'sɪdərəbl] adj beträchtlich; **~ably** *adv* beträchtlich; **~ate** *adj* rücksichtsvoll; **~ation** [kənsıdə'reıʃən] *n* Rücksicht(nahme) *f*; (*thought*) Erwägung *f*; **~ing** *prep* in Anbetracht +*gen*

consign [kən'saın] *vt* übergeben; **~ment** *n* Sendung *f*

consist [kən'sıst] *vi*: **to ~ of** bestehen aus

consistency [kən'sıstənsı] *n* (*of material*) Konsistenz *f*; (*of argument, person*) Konsequenz *f*

consistent [kən'sıstənt] *adj* (*person*) konsequent; (*argument*) folgerichtig

consolation [kɔnsə'leıʃən] *n* Trost *m*

console[1] [kən'səul] *vt* trösten

console[2] ['kɔnsəul] *n* Kontroll(pult) *nt*

consolidate [kən'sɔlıdeıt] *vt* festigen

consommé [kən'sɔmeı] *n* Fleischbrühe *f*

consonant ['kɔnsənənt] *n* Konsonant *m*, Mitlaut *m*

conspicuous [kən'spıkjuəs] *adj* (*prominent*) auffällig; (*visible*) deutlich sichtbar

conspiracy [kən'spırəsı] *n* Verschwörung *f*

conspire [kən'spaıə'] *vi* sich verschwören

constable [kən'stəbl] (*BRIT*) *n* Polizist(in) *m(f)*; **chief ~** Polizeipräsident *m*; **constabulary** [kən'stæbjuları] *n* Polizei *f*

constant ['kɔnstənt] *adj* (*continuous*) ständig; (*unchanging*) konstant; **~ly** *adv* ständig

constellation [kɔnstə'leıʃən] *n* Sternbild *nt*

consternation [kɔnstə'neıʃən] *n* Bestürzung *f*

constipated ['kɔnstıpeıtıd] *adj* verstopft; **constipation** [kɔnstı'peıʃən] *n* Verstopfung *f*

constituency [kən'stıtjuənsı] *n* Wahlkreis *m*

constituent [kən'stıtjuənt] *n* (*person*) Wähler *m*; (*part*) Bestandteil *m*

constitute ['kɔnstıtjuːt] *vt* (*make up*) bilden; (*amount to*) darstellen

constitution [kɔnstı'tjuːʃən] *n* Verfassung *f*; **~al** *adj* Verfassungs-

constraint [kən'streınt] *n* Zwang *m*; (*shyness*) Befangenheit *f*

construct [kən'strʌkt] *vt* bauen; **~ion** [kən'strʌkʃən] *n* Konstruktion *f*; (*building*) Bau *m*; **~ive** *adj* konstruktiv

construe [kən'struː] *vt* deuten

consul ['kɔnsl] *n* Konsul *m*; **~ate** *n* Konsulat *nt*

consult [kən'sʌlt] *vt* um Rat fragen; (*doctor*) konsultieren; (*book*) nachschlagen in +*dat*; **~ant** *n* (*MED*) Facharzt *m*; (*other specialist*) Gutachter *m*; **~ation** [kɔnsəl'teıʃən] *n* Beratung *f*; (*MED*) Konsultation *f*; **~ing room** *n* Sprechzimmer *nt*

consume [kən'sjuːm] *vt* verbrauchen; (*food*) konsumieren; **~r** *n* Verbraucher *m*; **~r goods** *npl* Konsumgüter *pl*; **~rism** *n* Konsum *m*; **~r society** *n* Konsumgesellschaft *f*

consummate ['kɔnsʌmeıt] *vt* (*marriage*) vollziehen

consumption [kən'sʌmpʃən] *n* Verbrauch *m*; (*of food*) Konsum *m*

cont. *abbr* (= *continued*) Forts.

contact ['kɔntækt] *n* (*touch*) Berührung *f*; (*connection*) Verbindung *f*; (*person*) Kontakt *m* ♦ *vt* sich in Verbindung setzen mit; **~ lenses** *npl* Kontaktlinsen *pl*

contagious [kən'teıdʒəs] *adj* ansteckend

contain [kən'teın] *vt* enthalten; **to ~ o.s.** sich zügeln; **~er** *n* Behälter *m*; (*transport*) Container *m*

contaminate [kən'tæmıneıt] *vt* verunreinigen

cont'd *abbr* (= *continued*) Forts.

contemplate ['kɔntəmpleıt] *vt* (*look at*) (nachdenklich) betrachten; (*think about*) überdenken; (*plan*) vorhaben

contemporary [kən'tempərərı] *adj* zeitgenössisch ♦ *n* Zeitgenosse *m*

contempt [kən'tempt] *n* Verachtung *f*; **~ of court** (*JUR*) Missachtung *f* des Gerichts; **~ible** *adj* verachtenswert; **~uous** *adj* verächtlich

contend [kən'tend] *vt* (*argue*) behaupten ♦ *vi* kämpfen; **~er** *n* (*for post*) Bewerber(in) *m(f)*; (*SPORT*) Wettkämpfer(in) *m(f)*

content [*adj, vb* kən'tent, *n* 'kɔntent] *adj* zufrieden ♦ *vt* befriedigen ♦ *n* (*also:* **~s**) Inhalt *m*; **~ed** *adj* zufrieden

contention [kən'tenʃən] *n* (*dispute*) Streit *m*; (*argument*) Behauptung *f*

contentment [kən'tentmənt] *n* Zufriedenheit f

contest [n 'kɔntest, vb kən'test] n (Wett)kampf m ♦ vt (dispute) bestreiten; (JUR) anfechten; (POL) kandidieren in +dat; **~ant** [kən'testənt] n Bewerber(in) m(f)

context ['kɔntekst] n Zusammenhang m

continent ['kɔntɪnənt] n Kontinent m; **the C~** (BRIT) das europäische Festland; **~al** [kɔntɪ'nentl] adj kontinental; **~al breakfast** n kleines Frühstück nt; **~al quilt** (BRIT) n Federbett nt

contingency [kən'tɪndʒənsɪ] n Möglichkeit f

contingent [kən'tɪndʒənt] n Kontingent nt

continual [kən'tɪnjʊəl] adj (endless) fortwährend; (repeated) immer wiederkehrend; **~ly** adv immer wieder

continuation [kəntɪnjʊ'eɪʃən] n Fortsetzung f

continue [kən'tɪnjuː] vi (person) weitermachen; (thing) weitergehen ♦ vt fortsetzen

continuity [kɔntɪ'njuːɪtɪ] n Kontinuität f

continuous [kən'tɪnjʊəs] adj ununterbrochen; **~ stationery** n Endlospapier nt

contort [kən'tɔːt] vt verdrehen; **~ion** [kən'tɔːʃən] n Verzerrung f

contour ['kɔntuə] n Umriss m; (also: **~ line**) Höhenlinie f

contraband ['kɔntrəbænd] n Schmuggelware f

contraception [kɔntrə'sepʃən] n Empfängnisverhütung f

contraceptive [kɔntrə'septɪv] n empfängnisverhütende(s) Mittel nt ♦ adj empfängnisverhütend

contract [n 'kɔntrækt, vb kən'trækt] n Vertrag m ♦ vi (muscle, metal) sich zusammenziehen ♦ vt zusammenziehen; **to ~ to do sth** (COMM) sich vertraglich verpflichten, etw zu tun; **~ion** [kən'trækʃən] n (shortening) Verkürzung f; **~or** [kən'træktə] n Unternehmer m

contradict [kɔntrə'dɪkt] vt widersprechen +dat; **~ion** [kɔntrə'dɪkʃən] n Widerspruch m

contraflow ['kɔntrəfləʊ] n (AUT) Gegenverkehr m

contraption [kən'træpʃən] (inf) n Apparat m

contrary1 ['kɔntrərɪ] adj (opposite) entgegengesetzt ♦ n Gegenteil nt; **on the ~** im Gegenteil

contrary2 [kən'treərɪ] adj (obstinate) widerspenstig

contrast [n 'kɔntrɑːst, vb kən'trɑːst] n Kontrast m ♦ vt entgegensetzen; **~ing** [kən'trɑːstɪŋ] adj Kontrast-

contravene [kɔntrə'viːn] vt verstoßen gegen

contribute [kən'trɪbjuːt] vt, vi: **to ~ to** beitragen zu; **contribution** [kɔntrɪ'bjuːʃən] n Beitrag m; **contributor** [kən'trɪbjutə] n Beitragende(r) f(m)

contrive [kən'traɪv] vt ersinnen ♦ vi: **to ~ to do sth** es schaffen, etw zu tun

control [kən'trəʊl] vt (direct, test) kontrollieren ♦ n Kontrolle f; **~s** npl (of vehicle) Steuerung f; (of engine) Schalttafel f; **to be in ~ of** (business, office) leiten; (group of children) beaufsichtigen; **out of ~** außer Kontrolle; **under ~** unter Kontrolle; **~led substance** n verschreibungspflichtiges Medikament; **~ panel** n Schalttafel f; **~ room** n Kontrollraum m; **~ tower** n (AVIAT) Kontrollturm m

controversial [kɔntrə'vəːʃl] adj umstritten; **controversy** ['kɔntrəvəːsɪ] n Kontroverse f

conurbation [kɔnə'beɪʃən] n Ballungsgebiet nt

convalesce [kɔnvə'les] vi genesen; **convalescence** [kɔnvə'lesns] n Genesung f

convector [kən'vektə] n Heizlüfter m

convene [kən'viːn] vt zusammenrufen ♦ vi sich versammeln

convenience [kən'viːnɪəns] n Annehmlichkeit f; **all modern ~s** or (BRIT) **mod cons** mit allem Komfort; **at your ~** wann es Ihnen passt

convenient [kən'viːnɪənt] adj günstig

convent ['kɔnvənt] n Kloster nt

convention [kən'venʃən] n Versammlung f; (custom) Konvention f; **~al** adj konventionell

convent school n Klosterschule f

converge [kən'vəːdʒ] vi zusammenlaufen

conversant [kən'vɜːsnt] *adj*: **to be ~ with** bewandert sein in +*dat*

conversation [kɔnvə'seɪʃən] *n* Gespräch *nt*; **~al** *adj* Unterhaltungs-

converse [*n* 'kɔnvɜːs, *vb* kən'vɜːs] *n* Gegenteil *nt* ♦ *vi* sich unterhalten

conversion [kən'vɜːʃən] *n* Umwandlung *f*; (*REL*) Bekehrung *f*

convert [*vb* kən'vɜːt, *n* 'kɔnvɜːt] *vt* (*change*) umwandeln; (*REL*) bekehren ♦ *n* Bekehrte(r) *mf*; Konvertit(in) *m(f)*; **~ible** *n* (*AUT*) Kabriolett *nt* ♦ *adj* umwandelbar; (*FIN*) konvertierbar

convex ['kɔnvɛks] *adj* konvex

convey [kən'veɪ] *vt* (*carry*) befördern; (*feelings*) vermitteln; **~or belt** *n* Fließband *nt*

convict [*vb* kən'vɪkt, *n* 'kɔnvɪkt] *vt* verurteilen ♦ *n* Häftling *m*; **~ion** [kən'vɪkʃən] *n* (*verdict*) Verurteilung *f*; (*belief*) Überzeugung *f*

convince [kən'vɪns] *vt* überzeugen; **~d** *adj*: **~d that** überzeugt davon, dass; **convincing** *adj* überzeugend

convoluted ['kɔnvəluːtɪd] *adj* verwickelt; (*style*) gewunden

convoy ['kɔnvɔɪ] *n* (*of vehicles*) Kolonne *f*; (*protected*) Konvoi *m*

convulse [kən'vʌls] *vt* zusammenzucken lassen; **to be ~d with laughter** sich vor Lachen krümmen; **convulsion** [kən'vʌlʃən] *n* (*esp MED*) Zuckung *f*, Krampf *m*

coo [kuː] *vi* gurren

cook [kuk] *vt*, *vi* kochen ♦ *n* Koch *m*, Köchin *f*; **~ book** *n* Kochbuch *nt*; **~er** *n* Herd *m*; **~ery** *n* Kochkunst *f*; **~ery book** (*BRIT*) *n* = **cook book**; **~ie** (*US*) *n* Plätzchen *nt*; **~ing** *n* Kochen *nt*

cool [kuːl] *adj* kühl ♦ *vt*, *vi* (ab)kühlen; **~ down** *vt*, *vi* (*fig*) (sich) beruhigen; **~ness** *n* Kühle *f*; (*of temperament*) kühle(r) Kopf *m*

coop [kuːp] *n* Hühnerstall *m* ♦ *vt*: **~ up** (*fig*) einpferchen

cooperate [kəu'ɔpəreɪt] *vi* zusammenarbeiten; **cooperation** [kəuɔpə'reɪʃən] *n* Zusammenarbeit *f*

cooperative [kəu'ɔpərətɪv] *adj* hilfsbereit; (*COMM*) genossenschaftlich ♦ *n* (*of farmers*) Genossenschaft *f*; (*~ store*) Konsumladen *m*

coordinate [*vb* kəu'ɔːdɪneɪt, *n* kəu'ɔːdɪnət] *vt* koordinieren ♦ *n* (*MATH*) Koordinate *f*; **~s** *npl* (*clothes*) Kombinationen *pl*;

coordination [kəuɔːdɪ'neɪʃən] *n* Koordination *f*

cop [kɔp] (*inf*) *n* Polyp *m*, Bulle *m*

cope [kəup] *vi*: **to ~ with** fertig werden mit

copious ['kəupɪəs] *adj* reichhaltig

copper ['kɔpə*] *n* (*metal*) Kupfer *nt*; (*inf*: *policeman*) Polyp *m*, Bulle *m*; **~s** *npl* (*money*) Kleingeld *nt*

copse [kɔps] *n* Unterholz *nt*

copy ['kɔpɪ] *n* (*imitation*) Kopie *f*; (*of book etc*) Exemplar *nt*; (*of newspaper*) Nummer *f* ♦ *vt* kopieren, abschreiben; **~right** *n* Copyright *nt*

coral ['kɔrəl] *n* Koralle *f*; **~ reef** *n* Korallenriff *nt*

cord [kɔːd] *n* Schnur *f*; (*ELEC*) Kabel *nt*

cordial ['kɔːdɪəl] *adj* herzlich ♦ *n* Fruchtsaft *m*

cordon ['kɔːdn] *n* Absperrkette *f*; **~ off** *vt* abriegeln

corduroy ['kɔːdərɔɪ] *n* Kord(samt) *m*

core [kɔː*] *n* Kern *m* ♦ *vt* entkernen

cork [kɔːk] *n* (*bark*) Korkrinde *f*; (*stopper*) Korken *m*; **~screw** *n* Korkenzieher *m*

corn [kɔːn] *n* (*BRIT*: *wheat*) Getreide *nt*, Korn *nt*; (*US*: *maize*) Mais *m*; (*on foot*) Hühnerauge *nt*; **~ on the cob** Maiskolben *m*

corned beef ['kɔːnd-] *n* Cornedbeef *nt*, Corned Beef *nt*

corner ['kɔːnə*] *n* Ecke *f*; (*on road*) Kurve *f* ♦ *vt* in die Enge treiben; (*market*) monopolisieren ♦ *vi* (*AUT*) in die Kurve gehen; **~stone** *n* Eckstein *m*

cornet ['kɔːnɪt] *n* (*MUS*) Kornett *nt*; (*BRIT*: *of ice cream*) Eistüte *f*

corn: **~flakes** ['kɔːnfleɪks] *npl* Cornflakes *pl* ®; **~flour** ['kɔːnflauə*] (*BRIT*) *n* Maizena *nt* ®; **~starch** ['kɔːnstɑːtʃ] (*US*) *n* Maizena *nt* ®

corny ['kɔːnɪ] *adj* (*joke*) blöd(e)

coronary ['kɔrənərɪ] *n* (*also*: **~ thrombosis**) Herzinfarkt *m*

coronation [kɔrə'neɪʃən] n Krönung f

coroner ['kɔrənə'] n Untersuchungsrichter m

corporal ['kɔːpərl] n Obergefreite(r) m ♦ adj:
~ **punishment** Prügelstrafe f

corporate ['kɔːpərɪt] adj gemeinschaftlich,
korporativ

corporation [kɔːpə'reɪʃən] n (of town)
Gemeinde f; (COMM) Körperschaft f,
Aktiengesellschaft f

corps [kɔː'] (pl ~) n (Armee)korps nt

corpse [kɔːps] n Leiche f

corral [kə'rɑːl] n Pferch m, Korral m

correct [kə'rɛkt] adj (accurate) richtig;
(proper) korrekt ♦ vt korrigieren; **~ion**
[kə'rɛkʃən] n Berichtigung f

correlation [kɔrɪ'leɪʃən] n
Wechselbeziehung f

correspond [kɔrɪs'pɔnd] vi (agree)
übereinstimmen; (exchange letters)
korrespondieren; **~ence** n (similarity)
Entsprechung f; (letters) Briefwechsel m,
Korrespondenz f; **~ence course** n
Fernkurs m; **~ent** n (PRESS) Berichterstatter
m

corridor ['kɔrɪdɔː'] n Gang m

corroborate [kə'rɔbəreɪt] vt bestätigen

corrode [kə'rəud] vt zerfressen ♦ vi rosten

corrosion [kə'rəuʒən] n Korrosion f

corrugated ['kɔrəgeɪtɪd] adj gewellt; ~ **iron**
n Wellblech nt

corrupt [kə'rʌpt] adj korrupt ♦ vt verderben;
(bribe) bestechen; **~ion** [kə'rʌpʃən] n
Verdorbenheit f; (bribery) Bestechung f

corset ['kɔːsɪt] n Korsett nt

Corsica ['kɔːsɪkə] n Korsika nt

cosmetics [kɔz'mɛtɪks] npl Kosmetika pl

cosmic ['kɔzmɪk] adj kosmisch

cosmonaut ['kɔzmənɔːt] n Kosmonaut(in)
m(f)

cosmopolitan [kɔzmə'pɔlɪtn] adj
international; (city) Welt-

cosmos ['kɔzmɔs] n Kosmos m

cost [kɔst] (pt, pp **cost**) n Kosten pl, Preis m
♦ vt, vi kosten; **~s** npl (JUR) Kosten pl; **how
much does it ~?** wie viel kostet das?; **at all
~s** um jeden Preis

co-star ['kəustɑː'] n zweite(r) or weitere(r)
Hauptdarsteller(in) m(f)

cost: **~-effective** adj rentabel; **~ly** ['kɔstlɪ]
adj kostspielig; **~-of- living** ['kɔstəv'lɪvɪŋ]
adj (index) Lebenshaltungskosten-; ~ **price**
(BRIT) n Selbstkostenpreis m

costume ['kɔstjuːm] n Kostüm nt; (fancy
dress) Maskenkostüm nt; (BRIT: also:
swimming ~) Badeanzug m; ~ **jewellery**
n Modeschmuck m

cosy ['kəuzɪ] (BRIT) adj behaglich;
(atmosphere) gemütlich

cot [kɔt] n (BRIT: child's) Kinderbett(chen) nt;
(US: camp bed) Feldbett nt

cottage ['kɔtɪdʒ] n kleine(s) Haus nt; ~
cheese n Hüttenkäse m; ~ **industry** n
Heimindustrie f; ~ **pie** n Auflauf mit
Hackfleisch und Kartoffelbrei

cotton ['kɔtn] n Baumwolle f; (thread) Garn
nt; ~ **on to** (inf) vt kapieren; ~ **candy** (US)
n Zuckerwatte f; ~ **wool** (BRIT) n Watte f

couch [kautʃ] n Couch f

couchette [kuː'ʃɛt] n (on train, boat)
Liegewagenplatz m

cough [kɔf] vi husten ♦ n Husten m; ~ **drop**
n Hustenbonbon nt

could [kud] pt of **can**[2]

couldn't ['kudnt] = **could not**

council ['kaunsl] n (of town) Stadtrat m; ~
estate (BRIT) n Siedlung f des sozialen
Wohnungsbaus; ~ **house** (BRIT) n Haus nt
des sozialen Wohnungsbaus; **~lor**
['kaunslə'] n Stadtrat m/-rätin f

counsel ['kaunsl] n (barrister) Anwalt m;
(advice) Rat(schlag) m ♦ vt beraten; **~lor**
['kaunslə'] n Berater m

count [kaunt] vt, vi zählen ♦ n (reckoning)
Abrechnung f; (nobleman) Graf m; ~ **on** vt
zählen auf +acc

countenance ['kauntɪnəns] n (old) Antlitz nt
♦ vt (tolerate) gutheißen

counter ['kauntə'] n (in shop) Ladentisch m;
(in café) Theke f; (in bank, post office)
Schalter m ♦ vt entgegnen

counteract ['kauntər'ækt] vt
entgegenwirken +dat

counterfeit ['kauntəfɪt] n Fälschung f ♦ vt
fälschen ♦ adj gefälscht

counterfoil ['kauntəfɔɪl] *n*
(Kontroll)abschnitt *m*

counterpart ['kauntəpɑːt] *n* (*object*)
Gegenstück *nt*; (*person*) Gegenüber *nt*

counterproductive ['kauntəprə'dʌktɪv] *adj*
destruktiv

countersign ['kauntəsaɪn] *vt* gegenzeichnen

countess ['kauntɪs] *n* Gräfin *f*

countless ['kauntlɪs] *adj* zahllos, unzählig

country ['kʌntrɪ] *n* Land *nt*; ~ **dancing**
(*BRIT*) *n* Volkstanz *m*; ~ **house** *n* Landhaus
nt; ~**man** (*irreg*) *n* (*national*) Landsmann *m*;
(*rural*) Bauer *m*; ~**side** *n* Landschaft *f*

county ['kauntɪ] *n* Landkreis *m*; (*BRIT*)
Grafschaft *f*

coup [kuː] (*pl* ~**s**) *n* Coup *m*; (*also*: ~ **d'état**)
Staatsstreich *m*, Putsch *m*

couple ['kʌpl] *n* Paar *nt* ♦ *vt* koppeln; **a ~ of**
ein paar

coupon ['kuːpɔn] *n* Gutschein *m*

coups [kuː] *npl of* **coup**

courage ['kʌrɪdʒ] *n* Mut *m*; ~**ous**
[kə'reɪdʒəs] *adj* mutig

courgette [kuə'ʒet] (*BRIT*) *n* Zucchini *f or pl*

courier ['kurɪə'] *n* (*for holiday*) Reiseleiter *m*;
(*messenger*) Kurier *m*

course [kɔːs] *n* (*race*) Bahn *f*; (*of stream*) Lauf
m; (*golf* ~) Platz *m*; (*NAUT, SCH*) Kurs *m*; (*in
meal*) Gang *m*; **of ~** natürlich

court [kɔːt] *n* (*royal*) Hof *m*; (*JUR*) Gericht *nt*
♦ *vt* (*woman*) gehen mit; (*danger*)
herausfordern; **to take to ~** vor Gericht
bringen

courteous ['kəːtɪəs] *adj* höflich

courtesy ['kəːtəsɪ] *n* Höflichkeit *f*

courtesy bus, courtesy coach *n*
gebührenfreier Bus

court: ~ **house** (*US*) *n* Gerichtsgebäude *nt*;
~**ier** ['kɔːtɪə'] *n* Höfling *m*; ~ **martial**
['kɔːt'mɑːʃəl] (*pl* ~**s martial**) *n* Kriegsgericht
nt ♦ *vt* vor ein Kriegsgericht stellen; ~**room**
n Gerichtssaal *m*; ~**s martial** *npl of* **court
martial**; ~**yard** ['kɔːtjɑːd] *n* Hof *m*

cousin ['kʌzn] *n* Cousin *m*, Vetter *m*; Kusine
f

cove [kəuv] *n* kleine Bucht *f*

covenant ['kʌvənənt] *n* (*ECCL*) Bund *m*; (*JUR*)

Verpflichtung *f*

cover ['kʌvə'] *vt* (*spread over*) bedecken;
(*shield*) abschirmen; (*include*) sich erstrecken
über +*acc*; (*protect*) decken; (*distance*)
zurücklegen; (*report on*) berichten über +*acc*
♦ *n* (*lid*) Deckel *m*; (*for bed*) Decke *f*; (*MIL*)
Bedeckung *f*; (*of book*) Einband *m*; (*of
magazine*) Umschlag *m*; (*insurance*)
Versicherung *f*; **to take ~** (*from rain*) sich
unterstellen; (*MIL*) in Deckung gehen;
under ~ (*indoors*) drinnen; **under ~ of** im
Schutze +*gen*; **under separate ~** (*COMM*)
mit getrennter Post; **to ~ up for sb** jdn
decken; ~**age** (*PRESS: reports*)
Berichterstattung *f*; (*distribution*)
Verbreitung *f*; ~ **charge** *n* Bedienungsgeld
nt; ~**ing** *n* Bedeckung *f*; ~**ing letter** (*US* ~
letter) *n* Begleitbrief *m*; ~ **note** *n*
(*INSURANCE*) vorläufige(r)
Versicherungsschein *m*

covert ['kʌvət] *adj* geheim

cover-up ['kʌvərʌp] *n* Vertuschung *f*

cow [kau] *n* Kuh *f* ♦ *vt* einschüchtern

coward ['kauəd] *n* Feigling *m*; ~**ice**
['kauədɪs] *n* Feigheit *f*; ~**ly** *adj* feige

cower ['kauə'] *vi* kauern

coy [kɔɪ] *adj* schüchtern

coyote [kɔɪ'əutɪ] *n* Präriewolf *m*

cozy ['kəuzɪ] (*US*) *adj* = **cosy**

CPA (*US*) *n abbr* = **certified public
accountant**

crab [kræb] *n* Krebs *m*

crab apple *n* Holzapfel *m*

crack [kræk] *n* Riss *m*, Sprung *m*; (*noise*)
Knall *m*; (*drug*) Crack *nt* ♦ *vt* (*break*)
springen lassen; (*joke*) reißen; (*nut, safe*)
knacken; (*whip*) knallen lassen ♦ *vi* springen
♦ *adj* erstklassig; (*troops*) Elite-; ~ **down** *vi*:
to ~ down (on) hart durchgreifen (bei); ~
up *vi* (*fig*) zusammenbrechen

cracked [krækt] *adj* (*glass, plate, ice*)
gesprungen; (*rib, bone*) gebrochen,
angeknackst (*umg*); (*broken*) gebrochen;
(*surface, walls*) rissig; (*inf: mad*)
übergeschnappt

cracker ['krækə'] *n* (*firework*) Knallkörper *m*,
Kracher *m*; (*biscuit*) Keks *m*; (*Christmas* ~)

Knallbonbon nt

crackle ['krækl] vi knistern; (fire) prasseln

cradle ['kreidl] n Wiege f

craft [krɑːft] n (skill) (Hand- or Kunst)fertigkeit f; (trade) Handwerk nt; (NAUT) Schiff nt; **~sman** (irreg) n Handwerker m; **~smanship** n (quality) handwerkliche Ausführung f; (ability) handwerkliche(s) Können nt

crafty ['krɑːftɪ] adj schlau

crag [kræg] n Klippe f

cram [kræm] vt voll stopfen ♦ vi (learn) pauken; **to ~ sth into sth** etw in etw acc stopfen

cramp [kræmp] n Krampf m ♦ vt (limit) einengen; (hinder) hemmen; **~ed** adj (position) verkrampft; (space) eng

crampon ['kræmpən] n Steigeisen nt

cranberry ['krænbərɪ] n Preiselbeere f

crane [kreɪn] n (machine) Kran m; (bird) Kranich m

crank [kræŋk] n (lever) Kurbel f; (person) Spinner m; **~shaft** n Kurbelwelle f

cranny ['krænɪ] n see **nook**

crash [kræʃ] n (noise) Krachen nt; (with cars) Zusammenstoß m; (with plane) Absturz m; (COMM) Zusammenbruch m ♦ vt (plane) abstürzen mit ♦ vi (cars) zusammenstoßen; (plane) abstürzen; (economy) zusammenbrechen; (noise) knallen; **~ course** n Schnellkurs m; **~ helmet** n Sturzhelm m; **~ landing** n Bruchlandung f

crass [kræs] adj krass

crate [kreɪt] n (also fig) Kiste f

crater ['kreɪtə*] n Krater m

cravat(e) [krə'væt] n Halstuch nt

crave [kreɪv] vt verlangen nach

crawl [krɔːl] vi kriechen; (baby) krabbeln ♦ n Kriechen nt; (swim) Kraul nt

crayfish ['kreɪfɪʃ] n inv (freshwater) Krebs m; (saltwater) Languste f

crayon ['kreɪən] n Buntstift m

craze [kreɪz] n Fimmel m

crazy ['kreɪzɪ] adj verrückt

creak [kriːk] vi knarren

cream [kriːm] n (from milk) Rahm m, Sahne f; (polish, cosmetic) Creme f; (fig: people)

Elite f ♦ adj cremefarbig; **~ cake** n Sahnetorte f; **~ cheese** n Rahmquark m; **~y** adj sahnig

crease [kriːs] n Falte f ♦ vt falten; (wrinkle) zerknittern ♦ vi (wrinkle up) knittern; **~d** adj zerknittert, faltig

create [kriː'eɪt] vt erschaffen; (cause) verursachen; **creation** [kriː'eɪʃən] n Schöpfung f; **creative** adj kreativ; **creator** n Schöpfer m

creature ['kriːtʃə*] n Geschöpf nt

crèche [krɛʃ] n Krippe f

credence ['kriːdns] n: **to lend** or **give ~ to sth** etw dat Glauben schenken

credentials [krɪ'denʃlz] npl Beglaubigungsschreiben nt

credibility [kredɪ'bɪlɪtɪ] n Glaubwürdigkeit f

credible ['kredɪbl] adj (person) glaubwürdig; (story) glaubhaft

credit ['kredɪt] n (also COMM) Kredit m ♦ vt Glauben schenken +dat; (COMM) gutschreiben; **~s** npl (of film) Mitwirkenden pl; **~able** adj rühmlich; **~ card** n Kreditkarte f; **~or** n Gläubiger m

creed [kriːd] n Glaubensbekenntnis nt

creek [kriːk] n (inlet) kleine Bucht f; (US: river) kleine(r) Wasserlauf m

creep [kriːp] (pt, pp **crept**) vi kriechen; **~er** n Kletterpflanze f; **~y** adj (frightening) gruselig

cremate [krɪ'meɪt] vt einäschern; **cremation** [krɪ'meɪʃən] n Einäscherung f; **crematorium** [kremə'tɔːrɪəm] n Krematorium nt

crêpe [kreɪp] n Krepp m; **~ bandage** (BRIT) n Elastikbinde f

crept [krept] pt, pp of **creep**

crescent ['kresnt] n (of moon) Halbmond m

cress [kres] n Kresse f

crest [krest] n (of cock) Kamm m; (of wave) Wellenkamm m; (coat of arms) Wappen nt

crestfallen ['krestfɔːlən] adj niedergeschlagen

Crete [kriːt] n Kreta nt

crevice ['krevɪs] n Riss m

crew [kruː] n Besatzung f, Mannschaft f; **~-cut** n Bürstenschnitt m; **~ neck** n runde(r)

Ausschnitt *m*

crib [krɪb] *n* (*bed*) Krippe *f* ♦ *vt* (*inf*) spicken

crick [krɪk] *n* Muskelkrampf *m*

cricket ['krɪkɪt] *n* (*insect*) Grille *f*; (*game*) Kricket *nt*

crime [kraɪm] *n* Verbrechen *nt*

criminal ['krɪmɪnl] *n* Verbrecher *m* ♦ *adj* kriminell; (*act*) strafbar

crimson ['krɪmzn] *adj* leuchtend rot

cringe [krɪndʒ] *vi* sich ducken

crinkle ['krɪŋkl] *vt* zerknittern

cripple ['krɪpl] *n* Krüppel *m* ♦ *vt* lahm legen; (*MED*) verkrüppeln

crisis ['kraɪsɪs] (*pl* **crises**) *n* Krise *f*

crisp [krɪsp] *adj* knusprig; **~s** (*BRIT*) *npl* Chips *pl*

crisscross ['krɪskrɔs] *adj* gekreuzt, Kreuz-

criteria [kraɪ'tɪərɪə] *npl of* **criterion**

criterion [kraɪ'tɪərɪən] (*pl* **criteria**) *n* Kriterium *nt*

critic ['krɪtɪk] *n* Kritiker(in) *m(f)*; **~al** *adj* kritisch; **~ally** *adv* kritisch; (*ill*) gefährlich; **~ism** ['krɪtɪsɪzəm] *n* Kritik *f*; **~ize** ['krɪtɪsaɪz] *vt* kritisieren

croak [krəuk] *vi* krächzen; (*frog*) quaken

Croatia [krəu'eɪʃə] *n* Kroatien *nt*

crochet ['krəuʃeɪ] *n* Häkelei *f*

crockery ['krɔkərɪ] *n* Geschirr *nt*

crocodile ['krɔkədaɪl] *n* Krokodil *nt*

crocus ['krəukəs] *n* Krokus *m*

croft [krɔft] (*BRIT*) *n* kleine(s) Pachtgut *nt*

crony ['krəunɪ] (*inf*) *n* Kumpel *m*

crook [kruk] *n* (*criminal*) Gauner *m*; (*stick*) Hirtenstab *m*

crooked ['krukɪd] *adj* krumm

crop [krɔp] *n* (*harvest*) Ernte *f*; (*riding ~*) Reitpeitsche *f* ♦ *vt* ernten; **~ up** *vi* passieren

croquet ['krəukeɪ] *n* Krocket *nt*

croquette [krə'ket] *n* Krokette *f*

cross [krɔs] *n* Kreuz *nt* ♦ *vt* (*road*) überqueren; (*legs*) übereinander legen; kreuzen ♦ *adj* (*annoyed*) böse; **~ out** *vt* streichen; **~ over** *vi* hinübergehen; **~bar** *n* Querstange *f*; **~-country (race)** *n* Geländelauf *m*; **~-examine** *vt* ins Kreuzverhör nehmen; **~-eyed** *adj*: **to be**

~-eyed schielen; **~-fire** *n* Kreuzfeuer *nt*; **~-ing** *n* (*~roads*) (Straßen)kreuzung *f*; (*of ship*) Überfahrt *f*; (*for pedestrians*) Fußgängerübergweg *m*; **~-ing guard** (*US*) *n* Schülerlotse *m*; **~ purposes** *npl*: **to be at ~ purposes** aneinander vorbeireden; **~-reference** *n* Querverweis *m*; **~-roads** *n* Straßenkreuzung *f*; (*fig*) Scheideweg *m*; **~ section** *n* Querschnitt *m*; **~-walk** (*US*) *n* Fußgängerübergweg *m*; **~-wind** *n* Seitenwind *m*; **~-word (puzzle)** *n* Kreuzworträtsel *nt*

crotch [krɔtʃ] *n* Zwickel *m*; (*ANAT*) Unterleib *nt*

crouch [krautʃ] *vi* hocken

crow [krəu] *n* (*bird*) Krähe *f*; (*of cock*) Krähen *nt* ♦ *vi* krähen

crowbar ['krəubɑːʳ] *n* Stemmeisen *nt*

crowd [kraud] *n* Menge *f* ♦ *vt* (*fill*) überfüllen ♦ *vi* drängen; **~ed** *adj* überfüllt

crown [kraun] *n* Krone *f*; (*of head, hat*) Kopf *m* ♦ *vt* krönen; **~ jewels** *npl* Kronjuwelen *pl*; **~ prince** *n* Kronprinz *m*

crow's-feet ['krəuzfiːt] *npl* Krähenfüße *pl*

crucial ['kruːʃl] *adj* entscheidend

crucifix ['kruːsɪfɪks] *n* Kruzifix *nt*; **~ion** [kruːsɪ'fɪkʃən] *n* Kreuzigung *f*

crude [kruːd] *adj* (*raw*) roh; (*humour, behaviour*) grob; (*basic*) primitiv; **~ (oil)** *n* Rohöl *nt*

cruel ['kruəl] *adj* grausam; **~ty** *n* Grausamkeit *f*

cruise [kruːz] *n* Kreuzfahrt *f* ♦ *vi* kreuzen; **~r** *n* (*MIL*) Kreuzer *m*

crumb [krʌm] *n* Krume *f*

crumble ['krʌmbl] *vt, vi* zerbröckeln; **crumbly** *adj* krümelig

crumpet ['krʌmpɪt] *n* Tee(pfann)kuchen *m*

crumple ['krʌmpl] *vt* zerknittern

crunch [krʌntʃ] *n*: **the ~** (*fig*) der Knackpunkt *m* ♦ *vt* knirschen; **~y** *adj* knusprig

crusade [kruː'seɪd] *n* Kreuzzug *m*

crush [krʌʃ] *n* Gedränge *nt* ♦ *vt* zerdrücken; (*rebellion*) unterdrücken

crust [krʌst] *n* Kruste *f*

crutch [krʌtʃ] *n* Krücke *f*

crux [krʌks] *n* springende(r) Punkt *m*

cry [kraɪ] vi (*shout*) schreien; (*weep*) weinen
♦ n (*call*) Schrei m; ~ **off** vi (plötzlich)
absagen

crypt [krɪpt] n Krypta f

cryptic ['krɪptɪk] adj hintergründig

crystal ['krɪstl] n Kristall m; (*glass*) Kristallglas
nt; (*mineral*) Bergkristall m; **~-clear** adj
kristallklar

crystallize ['krɪstəlaɪz] vt, vi kristallisieren;
(*fig*) klären

CSA n abbr (= *Child Support Agency*) Amt zur
Regelung von Unterhaltszahlungen für
Kinder

CTC (*BRIT*) n abbr = **city technology college**

cub [kʌb] n Junge(s) nt; (*also*: **C~ scout**)
Wölfling m

Cuba ['kjuːbə] n Kuba nt; **~n** adj kubanisch
♦ n Kubaner(in) m(f)

cubbyhole ['kʌbɪhəul] n Eckchen nt

cube [kjuːb] n Würfel m ♦ vt (*MATH*) hoch
drei nehmen

cubic ['kjuːbɪk] adj würfelförmig; (*centimetre
etc*) Kubik-; ~ **capacity** n
Fassungsvermögen nt

cubicle ['kjuːbɪkl] n Kabine f

cuckoo ['kukuː] n Kuckuck m; ~ **clock** n
Kuckucksuhr f

cucumber ['kjuːkʌmbər] n Gurke f

cuddle ['kʌdl] vt, vi herzen, drücken (*inf*)

cue [kjuː] n (*THEAT*) Stichwort nt; (*snooker ~*)
Billardstock m

cuff [kʌf] n (*BRIT: of shirt, coat etc*)
Manschette f; Aufschlag m; (*US*) = **turn-up**;
off the ~ aus dem Handgelenk; **~link** n
Manschettenknopf m

cuisine [kwɪˈziːn] n Kochkunst f, Küche f

cul-de-sac ['kʌldəsæk] n Sackgasse f

culinary ['kʌlɪnərɪ] adj Koch-

cull [kʌl] vt (*select*) auswählen

culminate ['kʌlmɪneɪt] vi gipfeln;
culmination [kʌlmɪˈneɪʃən] n Höhepunkt m

culottes [kjuːˈlɒts] npl Hosenrock m

culpable ['kʌlpəbl] adj schuldig

culprit ['kʌlprɪt] n Täter m

cult [kʌlt] n Kult m

cultivate ['kʌltɪveɪt] vt (*AGR*) bebauen;
(*mind*) bilden; **cultivation** [kʌltɪˈveɪʃən] n

(*AGR*) Bebauung f; (*of person*) Bildung f

cultural ['kʌltʃərəl] adj kulturell, Kultur-

culture ['kʌltʃər] n Kultur f; **~d** adj gebildet

cumbersome ['kʌmbəsəm] adj (*object*)
sperrig

cumulative ['kjuːmjulətɪv] adj gehäuft

cunning ['kʌnɪŋ] n Verschlagenheit f ♦ adj
schlau

cup [kʌp] n Tasse f; (*prize*) Pokal m

cupboard ['kʌbəd] n Schrank m

cup tie (*BRIT*) n Pokalspiel nt

curate ['kjuərɪt] n (*Catholic*) Kurat m;
(*Protestant*) Vikar m

curator [kjuəˈreɪtər] n Kustos m

curb [kəːb] vt zügeln ♦ n (*on spending etc*)
Einschränkung f; (*US*) Bordstein m

curdle ['kəːdl] vi gerinnen

cure [kjuər] n Heilmittel nt; (*process*)
Heilverfahren nt ♦ vt heilen

curfew ['kəːfjuː] n Ausgangssperre f;
Sperrstunde f

curio ['kjuərɪəu] n Kuriosität f

curiosity [kjuərɪˈɒsɪtɪ] n Neugier f

curious ['kjuərɪəs] adj neugierig; (*strange*)
seltsam

curl [kəːl] n Locke f ♦ vt locken ♦ vi sich
locken; ~ **up** vi sich zusammenrollen;
(*person*) sich ankuscheln; **~er** n
Lockenwickler m; **~y** ['kəːlɪ] adj lockig

currant ['kʌrnt] n Korinthe f

currency ['kʌrnsɪ] n Währung f; **to gain ~**
an Popularität gewinnen

current ['kʌrnt] n Strömung f ♦ adj
(*expression*) gängig, üblich; (*issue*) neueste;
~ **account** (*BRIT*) n Girokonto nt; ~ **affairs**
npl Zeitgeschehen nt; **~ly** adv zurzeit

curricula [kəˈrɪkjulə] npl of **curriculum**

curriculum [kəˈrɪkjuləm] (*pl* **~s** or **curricula**)
n Lehrplan m; ~ **vitae** [-ˈviːtaɪ] n Lebenslauf
m

curry ['kʌrɪ] n Currygericht nt ♦ vt: **to ~
favour with** sich einschmeicheln bei; ~
powder n Curry(pulver) nt

curse [kəːs] vi (*swear*): **to ~ (at)** fluchen (auf
or über +acc) ♦ vt (*insult*) verwünschen ♦ n
Fluch m

cursor ['kəːsər] n (*COMPUT*) Cursor m

cursory ['kɜːsərɪ] *adj* flüchtig

curt [kɜːt] *adj* schroff

curtail [kɜː'teɪl] *vt* abkürzen; (*rights*) einschränken

curtain ['kɜːtn] *n* Vorhang *m*

curts(e)y ['kɜːtsɪ] *n* Knicks *m* ♦ *vi* knicksen

curve [kɜːv] *n* Kurve *f*; (*of body, vase etc*) Rundung *f* ♦ *vi* sich biegen; (*hips, breasts*) sich runden; (*road*) einen Bogen machen

cushion ['kʊʃən] *n* Kissen *nt* ♦ *vt* dämpfen

custard ['kʌstəd] *n* Vanillesoße *f*

custodian [kʌs'təʊdɪən] *n* Kustos *m*, Verwalter(in) *m(f)*

custody ['kʌstədɪ] *n* Aufsicht *f*; (*police ~*) Haft *f*; **to take into ~** verhaften

custom ['kʌstəm] *n* (*tradition*) Brauch *m*; (*COMM*) Kundschaft *f*; **~ary** *adj* üblich

customer ['kʌstəmə*] *n* Kunde *m*, Kundin *f*

customized ['kʌstəmaɪzd] *adj* (*car etc*) mit Spezialausrüstung

custom-made ['kʌstəm'meɪd] *adj* speziell angefertigt

customs ['kʌstəmz] *npl* Zoll *m*; **~ duty** *n* Zollabgabe *f*; **~ officer** *n* Zollbeamte(r) *m*, Zollbeamtin *f*

cut [kʌt] (*pt, pp* **cut**) *vt* schneiden; (*wages*) kürzen; (*prices*) heruntersetzen ♦ *vi* schneiden; (*intersect*) sich schneiden ♦ *n* Schnitt *m*; (*wound*) Schnittwunde *f*; (*in income etc*) Kürzung *f*; (*share*) Anteil *m*; **to ~ a tooth** zahnen; **~ down** *vt* (*tree*) fällen; (*reduce*) einschränken; **~ off** *vt* (*also fig*) abschneiden; (*allowance*) sperren; **~ out** *vt* (*shape*) ausschneiden; (*delete*) streichen; **~ up** *vt* (*meat*) aufschneiden; **~back** *n* Kürzung *f*

cute [kjuːt] *adj* niedlich

cuticle ['kjuːtɪkl] *n* Nagelhaut *f*

cutlery ['kʌtlərɪ] *n* Besteck *nt*

cutlet ['kʌtlɪt] *n* (*pork*) Kotelett *nt*; (*veal*) Schnitzel *nt*

cut: ~out *n* (*cardboard ~out*) Ausschneidemodell *nt*; **~-price, ~-rate** (*US*) *adj* verbilligt; **~throat** *n* Verbrechertyp *m* ♦ *adj* mörderisch

cutting ['kʌtɪŋ] *adj* schneidend ♦ *n* (*BRIT: PRESS*) Ausschnitt *m*; (*: RAIL*) Durchstich *m*

CV *n abbr* = **curriculum vitae**

cwt *abbr* = **hundredweight(s)**

cyanide ['saɪənaɪd] *n* Zyankali *nt*

cybercafé ['saɪbəkæfeɪ] *n* Internet-Café *nt*

cyberspace ['saɪbəspeɪs] *n* Cyberspace *m*

cycle ['saɪkl] *n* Fahrrad *nt*; (*series*) Reihe *f* ♦ *vi* Rad fahren; **~ hire** *n* Fahrradverleih *m*; **~ lane, ~ path** *n* (Fahr)radweg *m*; **cycling** *n* Radfahren *nt*; **cyclist** *n* Radfahrer(in) *m(f)*

cyclone ['saɪkləʊn] *n* Zyklon *m*

cygnet ['sɪgnɪt] *n* junge(r) Schwan *m*

cylinder ['sɪlɪndə*] *n* Zylinder *m*; (*TECH*) Walze *f*

cymbals ['sɪmblz] *npl* Becken *nt*

cynic ['sɪnɪk] *n* Zyniker(in) *m(f)*; **~al** *adj* zynisch; **~ism** ['sɪnɪsɪzəm] *n* Zynismus *m*

cypress ['saɪprɪs] *n* Zypresse *f*

Cyprus ['saɪprəs] *n* Zypern *nt*

cyst [sɪst] *n* Zyste *f*

cystitis [sɪs'taɪtɪs] *n* Blasenentzündung *f*

czar [zɑː*] *n* Zar *m*

Czech [tʃek] *adj* tschechisch ♦ *n* Tscheche *m*, Tschechin *f*

Czechoslovakia [tʃekəslə'vækɪə] (*HIST*) *n* die Tschechoslowakei; **~n** *adj* tschechoslowakisch ♦ *n* Tschechoslowake *m*, Tschechoslowakin *f*

D, d

D [diː] *n* (*MUS*) D *nt*

dab [dæb] *vt* (*wound, paint*) betupfen ♦ *n* (*little bit*) bisschen *nt*; (*of paint*) Tupfer *m*

dabble ['dæbl] *vi*: **to ~ in sth** in etw *dat* machen

dad [dæd] *n* Papa *m*, Vati *m*; **~dy** ['dædɪ] *n* Papa *m*, Vati *m*; **~dy-long-legs** *n* Weberknecht *m*

daffodil ['dæfədɪl] *n* Osterglocke *f*

daft [dɑːft] (*inf*) *adj* blöd(e), doof

dagger ['dægə*] *n* Dolch *m*

daily ['deɪlɪ] *adj* täglich ♦ *n* (*PRESS*) Tageszeitung *f*; (*BRIT: cleaner*) Haushaltshilfe *f* ♦ *adv* täglich

dainty ['deɪntɪ] *adj* zierlich

dairy ['dɛərɪ] *n* (*shop*) Milchgeschäft *nt*; (*on*

farm) Molkerei *f* ♦ *adj* Milch-; **~ farm** *n* Hof *m* mit Milchwirtschaft; **~ produce** *n* Molkereiprodukte *pl*; **~ products** *npl* Milchprodukte *pl*, Molkereiprodukte *pl*; **~ store** (*US*) *n* Milchgeschäft *nt*

dais ['deɪs] *n* Podium *nt*

daisy ['deɪzɪ] *n* Gänseblümchen *nt*

dale [deɪl] *n* Tal *nt*

dam [dæm] *n* (Stau)damm *m* ♦ *vt* stauen

damage ['dæmɪdʒ] *n* Schaden *m* ♦ *vt* beschädigen; **~s** *npl* (*JUR*) Schaden(s)ersatz *m*

damn [dæm] *vt* verdammen ♦ *n* (*inf*): **I don't give a ~** das ist mir total egal ♦ *adj* (*inf: also:* **~ed**) verdammt; **~ it!** verflucht!; **~ing** *adj* vernichtend

damp [dæmp] *adj* feucht ♦ *n* Feuchtigkeit *f* ♦ *vt* (*also:* **~en**) befeuchten; (*discourage*) dämpfen

damson ['dæmzən] *n* Damaszenerpflaume *f*

dance [dɑːns] *n* Tanz *m* ♦ *vi* tanzen; **~ hall** *n* Tanzlokal *nt*; **~r** *n* Tänzer(in) *m(f)*; **dancing** *n* Tanzen *nt*

dandelion ['dændɪlaɪən] *n* Löwenzahn *m*

dandruff ['dændrəf] *n* (Kopf)schuppen *pl*

Dane [deɪn] *n* Däne *m*, Dänin *f*

danger ['deɪndʒə*r*] *n* Gefahr *f*; **~!** (*sign*) Achtung!; **to be in ~ of doing sth** Gefahr laufen, etw zu tun; **~ous** *adj* gefährlich

dangle ['dæŋgl] *vi* baumeln ♦ *vt* herabhängen lassen

Danish ['deɪnɪʃ] *adj* dänisch ♦ *n* Dänisch *nt*

dare [dɛə*r*] *vt* herausfordern ♦ *vi*: **to ~ (to) do sth** es wagen, etw zu tun; **I ~ say** ich würde sagen; **daring** ['dɛərɪŋ] *adj* (*audacious*) verwegen; (*bold*) wagemutig; (*dress*) gewagt ♦ *n* Mut *m*

dark [dɑːk] *adj* dunkel; (*fig*) düster, trübe; (*deep colour*) dunkel- ♦ *n* Dunkelheit *f*; **to be left in the ~ about** im Dunkeln sein über +*acc*; **after ~** nach Anbruch der Dunkelheit; **~en** *vt, vi* verdunkeln; **~ glasses** *npl* Sonnenbrille *f*; **~ness** *n* Finsternis *nt*; **~room** *n* Dunkelkammer *f*

darling ['dɑːlɪŋ] *n* Liebling *m* ♦ *adj* lieb

darn [dɑːn] *vt* stopfen

dart [dɑːt] *n* (*weapon*) Pfeil *m*; (*in sewing*)

Abnäher *m* ♦ *vi* sausen; **~s** *n* (*game*) Pfeilwerfen *nt*; **~board** *n* Zielscheibe *f*

dash [dæʃ] *n* (*mark*) (Gedanken)strich *m*; (*small amount*) bisschen *nt* ♦ *vt* (*hopes*) zunichte machen ♦ *vi* stürzen; **~ away** *vi* davonstürzen; **~ off** *vi* davonstürzen

dashboard ['dæʃbɔːd] *n* Armaturenbrett *nt*

dashing ['dæʃɪŋ] *adj* schneidig

data ['deɪtə] *npl* Einzelheiten *pl*, Daten *pl*; **~base** *n* Datenbank *f*; **~ processing** *n* Datenverarbeitung *f*

date [deɪt] *n* Datum *nt*; (*for meeting etc*) Termin *m*; (*with person*) Verabredung *f*; (*fruit*) Dattel *f* ♦ *vt* (*letter etc*) datieren; (*person*) gehen mit; **~ of birth** Geburtsdatum *nt*; **to ~** bis heute; **out of ~** überholt; **up to ~** (*clothes*) modisch; (*report*) up-to-date; (*with news*) auf dem Laufenden; **~d** *adj* altmodisch; **~ rape** *n* Vergewaltigung *f* nach einem Rendezvous

daub [dɔːb] *vt* beschmieren; (*paint*) schmieren

daughter ['dɔːtə*r*] *n* Tochter *f*; **~-in-law** *n* Schwiegertochter *f*

daunting ['dɔːntɪŋ] *adj* entmutigend

dawdle ['dɔːdl] *vi* trödeln

dawn [dɔːn] *n* Morgendämmerung *f* ♦ *vi* dämmern; (*fig*): **it ~ed on him that ...** es dämmerte ihm, dass ...

day [deɪ] *n* Tag *m*; **the ~ before/after** am Tag zuvor/danach; **the ~ after tomorrow** übermorgen; **the ~ before yesterday** vorgestern; **by ~** am Tage; **~break** *n* Tagesanbruch *m*; **~dream** *vi* mit offenen Augen träumen; **~light** *n* Tageslicht *nt*; **~ return** (*BRIT*) *n* Tagesrückfahrkarte *f*; **~time** *n* Tageszeit *f*; **~-to-~** *adj* alltäglich

daze [deɪz] *vt* betäuben ♦ *n* Betäubung *f*; **in a ~** benommen

dazzle ['dæzl] *vt* blenden

DC *abbr* (= *direct current*) Gleichstrom *m*

D-day ['diːdeɪ] *n* (*HIST*) *Tag der Invasion durch die Alliierten (6.6.44)*; (*fig*) der Tag X

deacon ['diːkən] *n* Diakon *m*

dead [dɛd] *adj* tot; (*without feeling*) gefühllos ♦ *adv* ganz; (*exactly*) genau ♦ *npl*: **the ~** die

Toten *pl*; **to shoot sb ~** jdn erschießen; **~ tired** todmüde; **to stop ~** abrupt stehen bleiben; **~en** *vt* (*pain*) abtöten; (*sound*) ersticken; **~ end** *n* Sackgasse *f*; **~ heat** *n* totes Rennen *nt*; **~line** *n* Stichtag *m*; **~lock** *n* Stillstand *m*; **~ loss** (*inf*) *n*: **to be a ~ loss** ein hoffnungsloser Fall sein; **~ly** *adj* tödlich; **~pan** *adj* undurchdringlich; **D~ Sea** *n*: **the D~ Sea** das Tote Meer

deaf [dɛf] *adj* taub; **~en** *vt* taub machen; **~ening** *adj* (*noise*) ohrenbetäubend; (*noise*) lautstark; **~-mute** *n* Taubstumme(r) *mf*; **~ness** *n* Taubheit *f*

deal [di:l] (*pt, pp* **dealt**) *n* Geschäft *nt* ♦ *vt* austeilen; (*CARDS*) geben; **a great ~ of** sehr viel; **~ in** *vt fus* handeln mit; **~ with** *vt fus* (*person*) behandeln; (*subject*) sich befassen mit; (*problem*) in Angriff nehmen; **~er** *n* (*COMM*) Händler *m*; (*CARDS*) Kartengeber *m*; **~ings** *npl* (*FIN*) Geschäfte *pl*; (*relations*) Beziehungen *pl*; **~t** [dɛlt] *pt, pp of* **deal**

dean [di:n] *n* (*Protestant*) Superintendent *m*; (*Catholic*) Dechant *m*; (*UNIV*) Dekan *m*

dear [dɪəʳ] *adj* lieb; (*expensive*) teuer ♦ *n* Liebling *m* ♦ *excl*: **~ me!** du liebe Zeit!; **D~ Sir** Sehr geehrter Herr!; **D~ John** Lieber John!; **~ly** *adv* (*love*) herzlich; (*pay*) teuer

death [dɛθ] *n* Tod *m*; (*statistic*) Todesfall *m*; **~ certificate** *n* Totenschein *m*; **~ly** *adj* totenähnlich, Toten-; **~ penalty** *n* Todesstrafe *f*; **~ rate** *n* Sterblichkeitsziffer *f*

debar [dɪˈbɑːʳ] *vt* ausschließen

debase [dɪˈbeɪs] *vt* entwerten

debatable [dɪˈbeɪtəbl] *adj* anfechtbar

debate [dɪˈbeɪt] *n* Debatte *f* ♦ *vt* debattieren, diskutieren; (*consider*) überlegen

debilitating [dɪˈbɪlɪteɪtɪŋ] *adj* schwächend

debit [ˈdɛbɪt] *n* Schuldposten *m* ♦ *vt* belasten

debris [ˈdɛbriː] *n* Trümmer *pl*

debt [dɛt] *n* Schuld *f*; **to be in ~** verschuldet sein; **~or** *n* Schuldner *m*

debunk [diːˈbʌŋk] *vt* entlarven

decade [ˈdɛkeɪd] *n* Jahrzehnt *n*

decadence [ˈdɛkədəns] *n* Dekadenz *f*

decaff [ˈdiːkæf] (*inf*) *n* koffeinfreier Kaffee

decaffeinated [dɪˈkæfɪneɪtɪd] *adj* koffeinfrei

decanter [dɪˈkæntəʳ] *n* Karaffe *f*

decay [dɪˈkeɪ] *n* Verfall *m*; (*tooth ~*) Karies *m* ♦ *vi* verfallen; (*teeth, meat etc*) faulen; (*leaves etc*) verrotten

deceased [dɪˈsiːst] *adj* verstorben

deceit [dɪˈsiːt] *n* Betrug *m*; **~ful** *adj* falsch

deceive [dɪˈsiːv] *vt* täuschen

December [dɪˈsɛmbəʳ] *n* Dezember *m*

decency [ˈdiːsənsɪ] *n* Anstand *m*

decent [ˈdiːsənt] *adj* (*respectable*) anständig; (*pleasant*) annehmbar

deception [dɪˈsɛpʃən] *n* Betrug *m*

deceptive [dɪˈsɛptɪv] *adj* irreführend

decibel [ˈdɛsɪbɛl] *n* Dezibel *nt*

decide [dɪˈsaɪd] *vt* entscheiden ♦ *vi* sich entscheiden; **to ~ on sth** etw beschließen; **~d** *adj* entschieden; **~dly** [dɪˈsaɪdɪdlɪ] *adv* entschieden

deciduous [dɪˈsɪdjuəs] *adj* Laub-

decimal [ˈdɛsɪməl] *adj* dezimal ♦ *n* Dezimalzahl *f*; **~ point** *n* Komma *nt*

decipher [dɪˈsaɪfəʳ] *vt* entziffern

decision [dɪˈsɪʒən] *n* Entscheidung *f*, Entschluss *m*

decisive [dɪˈsaɪsɪv] *adj* entscheidend; (*person*) entschlossen

deck [dɛk] *n* (*NAUT*) Deck *nt*; (*of cards*) Pack *m*; **~chair** *n* Liegestuhl *m*

declaration [dɛkləˈreɪʃən] *n* Erklärung *f*

declare [dɪˈklɛəʳ] *vt* erklären; (*CUSTOMS*) verzollen

decline [dɪˈklaɪn] *n* (*decay*) Verfall *m*; (*lessening*) Rückgang *m* ♦ *vt* (*invitation*) ablehnen ♦ *vi* (*say no*) ablehnen; (*of strength*) nachlassen

decode [ˈdiːˈkəud] *vt* entschlüsseln; **~r** *n* (*TV*) Decoder *m*

decompose [diːkəmˈpəuz] *vi* (sich) zersetzen

décor [ˈdeɪkɔːʳ] *n* Ausstattung *f*

decorate [ˈdɛkəreɪt] *vt* (*room: paper*) tapezieren; (*: paint*) streichen; (*adorn*) (aus)schmücken; (*cake*) verzieren; (*honour*) auszeichnen; **decoration** [dɛkəˈreɪʃən] *n* (*of house*) (Wand)dekoration *f*; (*medal*) Orden *m*; **decorator** [ˈdɛkəreɪtəʳ] *n* Maler *m*, Anstreicher *m*

decorum [dɪˈkɔːrəm] *n* Anstand *m*

decoy ['diːkɔɪ] *n* Lockvogel *m*

decrease [*n* 'diːkriːs, *vb* diːˈkriːs] *n* Abnahme *f* ♦ *vt* vermindern ♦ *vi* abnehmen

decree [dɪˈkriː] *n* Erlass *m*; ~ **nisi** *n* vorläufige(s) Scheidungsurteil *nt*

decrepit [dɪˈkrepɪt] *adj* hinfällig

dedicate ['dedɪkeɪt] *vt* widmen; ~**d** *adj* hingebungsvoll, engagiert; (*COMPUT*) dediziert; **dedication** [dedɪˈkeɪʃən] *n* (*devotion*) Ergebenheit *f*; (*in book*) Widmung *f*

deduce [dɪˈdjuːs] *vt*: **to** ~ **sth (from sth)** etw (aus etw) ableiten, etw (aus etw) schließen

deduct [dɪˈdʌkt] *vt* abziehen; ~**ion** [dɪˈdʌkʃən] *n* (*of money*) Abzug *m*; (*conclusion*) (Schluss)folgerung *f*

deed [diːd] *n* Tat *f*; (*document*) Urkunde *f*

deem [diːm] *vt*: **to** ~ **sb/sth (to be) sth** jdn/etw für etw halten

deep [diːp] *adj* tief ♦ *adv*: **the spectators stood 20** ~ die Zuschauer standen in 20 Reihen hintereinander; **to be 4m** ~ 4 Meter tief sein; ~**en** *vt* vertiefen ♦ *vi* (*darkness*) tiefer werden; ~ **end** *n*: **the** ~ **end** (*of swimming pool*) das Tiefe; ~-**freeze** *n* Tiefkühlung *f*; ~-**fry** *vt* frittieren; ~**ly** *adv* tief; ~-**sea diving** *n* Tiefseetauchen *nt*; ~-**seated** *adj* tief sitzend

deer [dɪəʳ] *n* Reh *nt*; ~**skin** *n* Hirsch-/Rehleder *nt*

deface [dɪˈfeɪs] *vt* entstellen

defamation [defəˈmeɪʃən] *n* Verleumdung *f*

default [dɪˈfɔːlt] *n* Versäumnis *nt*; (*COMPUT*) Standardwert *m* ♦ *vi* versäumen; **by** ~ durch Nichterscheinen

defeat [dɪˈfiːt] *n* Niederlage *f* ♦ *vt* schlagen; ~**ist** *adj* defätistisch ♦ *n* Defätist *m*

defect [*n* 'diːfekt, *vb* dɪˈfekt] *n* Fehler *m* ♦ *vi* überlaufen; ~**ive** [dɪˈfektɪv] *adj* fehlerhaft

defence [dɪˈfens] *n* Verteidigung *f*; ~**less** *adj* wehrlos

defend [dɪˈfend] *vt* verteidigen; ~**ant** *n* Angeklagte(r) *m*; ~**er** *n* Verteidiger *m*

defense [dɪˈfens] (*US*) *n* = **defence**

defensive [dɪˈfensɪv] *adj* defensiv ♦ *n*: **on the** ~ in der Defensive

defer [dɪˈfɜːʳ] *vt* verschieben

deference ['defərəns] *n* Rücksichtnahme *f*

defiance [dɪˈfaɪəns] *n* Trotz *m*, Unnachgiebigkeit *f*; **in** ~ **of sth** einer Sache *dat* zum Trotz

defiant [dɪˈfaɪənt] *adj* trotzig, unnachgiebig

deficiency [dɪˈfɪʃənsɪ] *n* (*lack*) Mangel *m*; (*weakness*) Schwäche *f*

deficient [dɪˈfɪʃənt] *adj* mangelhaft

deficit ['defɪsɪt] *n* Defizit *nt*

defile [*vb* dɪˈfaɪl, *n* 'diːfaɪl] *vt* beschmutzen ♦ *n* Hohlweg *m*

define [dɪˈfaɪn] *vt* bestimmen; (*explain*) definieren

definite ['defɪnɪt] *adj* (*fixed*) definitiv; (*clear*) eindeutig; ~**ly** *adv* bestimmt

definition [defɪˈnɪʃən] *n* Definition *f*

deflate [diːˈfleɪt] *vt* die Luft ablassen aus

deflect [dɪˈflekt] *vt* ablenken

deformity [dɪˈfɔːmɪtɪ] *n* Missbildung *f*

defraud [dɪˈfrɔːd] *vt* betrügen

defrost [diːˈfrɒst] *vt* (*fridge*) abtauen; (*food*) auftauen; ~**er** (*US*) *n* (*demister*) Gebläse *nt*

deft [deft] *adj* geschickt

defunct [dɪˈfʌŋkt] *adj* verstorben

defuse [diːˈfjuːz] *vt* entschärfen

defy [dɪˈfaɪ] *vt* (*disobey*) sich widersetzen +*dat*; (*orders, death*) trotzen +*dat*; (*challenge*) herausfordern

degenerate [*v* dɪˈdʒenəreɪt, *adj* dɪˈdʒenərɪt] *vi* degenerieren ♦ *adj* degeneriert

degrading [dɪˈgreɪdɪŋ] *adj* erniedrigend

degree [dɪˈgriː] *n* Grad *m*; (*UNIV*) Universitätsabschluss *m*; **by** ~**s** allmählich; **to some** ~ zu einem gewissen Grad

dehydrated [diːhaɪˈdreɪtɪd] *adj* (*person*) ausgetrocknet

de-ice ['diːˈaɪs] *vt* enteisen

deign [deɪn] *vi* sich herablassen

deity ['diːɪtɪ] *n* Gottheit *f*

dejected [dɪˈdʒektɪd] *adj* niedergeschlagen

delay [dɪˈleɪ] *vt* (*hold back*) aufschieben ♦ *vi* (*linger*) sich aufhalten ♦ *n* Aufschub *m*, Verzögerung *f*; (*of train etc*) Verspätung *f*; **to be** ~**ed** (*train*) Verspätung haben; **without** ~ unverzüglich

delectable [dɪˈlektəbl] *adj* köstlich; (*fig*) reizend

delegate [*n* 'delɪgɪt, *vb* 'delɪgeɪt] *n* Delegierte(r) *mf* ♦ *vt* delegieren
delete [dɪ'liːt] *vt* (aus)streichen
deliberate [*adj* dɪ'lɪbərɪt, *vb* dɪ'lɪbəreɪt] *adj* (*intentional*) absichtlich; (*slow*) bedächtig ♦ *vi* (*consider*) überlegen; (*debate*) sich beraten; **~ly** *adv* absichtlich
delicacy ['delɪkəsɪ] *n* Zartheit *f*; (*weakness*) Anfälligkeit *f*; (*food*) Delikatesse *f*
delicate ['delɪkɪt] *adj* (*fine*) fein; (*fragile*) zart; (*situation*) heikel; (*MED*) empfindlich
delicatessen [delɪkə'tesn] *n* Feinkostgeschäft *nt*
delicious [dɪ'lɪʃəs] *adj* lecker
delight [dɪ'laɪt] *n* Wonne *f* ♦ *vt* entzücken; **to take ~ in sth** Freude an etw *dat* haben; **~ed** *adj*: **~ed (at *or* with sth)** entzückt (über *+acc* etw); **~ed to do sth** etw sehr gern tun; **~ful** *adj* entzückend, herrlich
delinquency [dɪ'lɪŋkwənsɪ] *n* Kriminalität *f*
delinquent [dɪ'lɪŋkwənt] *n* Straffällige(r) *mf* ♦ *adj* straffällig
delirious [dɪ'lɪrɪəs] *adj* im Fieberwahn
deliver [dɪ'lɪvəʳ] *vt* (*goods*) (ab)liefern; (*letter*) zustellen; (*speech*) halten; **~y** *n* (Ab)lieferung *f*; (*of letter*) Zustellung *f*; (*of speech*) Vortragsweise *f*; (*MED*) Entbindung *f*; **to take ~y of** in Empfang nehmen
delude [dɪ'luːd] *vt* täuschen
deluge ['deljuːdʒ] *n* Überschwemmung *f*; (*fig*) Flut *f* ♦ *vt* (*fig*) überfluten
delusion [dɪ'luːʒən] *n* (Selbst)täuschung *f*
de luxe [də'lʌks] *adj* Luxus-
delve [delv] *vi*: **to ~ into** sich vertiefen in *+acc*
demand [dɪ'mɑːnd] *vt* verlangen ♦ *n* (*request*) Verlangen *nt*; (*COMM*) Nachfrage *f*; **in ~** gefragt; **on ~** auf Verlangen; **~ing** *adj* anspruchsvoll
demean [dɪ'miːn] *vt*: **to ~ o.s.** sich erniedrigen
demeanour [dɪ'miːnəʳ] (*US* **demeanor**) *n* Benehmen *nt*
demented [dɪ'mentɪd] *adj* wahnsinnig
demister [diː'mɪstəʳ] *n* (*AUT*) Gebläse *nt*
demo ['deməu] (*inf*) *n abbr* (= *demonstration*) Demo *f*

democracy [dɪ'mɔkrəsɪ] *n* Demokratie *f*
democrat ['deməkræt] *n* Demokrat *m*; **democratic** [demə'krætɪk] *adj* demokratisch
demolish [dɪ'mɔlɪʃ] *vt* abreißen; (*fig*) vernichten
demolition [demə'lɪʃən] *n* Abbruch *m*
demon ['diːmən] *n* Dämon *m*
demonstrate ['demənstreɪt] *vt, vi* demonstrieren; **demonstration** [demən'streɪʃən] *n* Demonstration *f*; **demonstrator** ['demənstreɪtəʳ] *n* (*POL*) Demonstrant(in) *m(f)*
demote [dɪ'məut] *vt* degradieren
demure [dɪ'mjuəʳ] *adj* ernst
den [den] *n* (*of animal*) Höhle *f*; (*study*) Bude *f*
denatured alcohol [diː'neɪtʃəd-] (*US*) *n* ungenießbar gemachte(r) Alkohol *m*
denial [dɪ'naɪəl] *n* Leugnung *f*; **official ~** Dementi *nt*
denim ['denɪm] *adj* Denim-; **~s** *npl* Denimjeans *pl*
Denmark ['denmɑːk] *n* Dänemark *nt*
denomination [dɪnɔmɪ'neɪʃən] *n* (*ECCL*) Bekenntnis *nt*; (*type*) Klasse *f*; (*FIN*) Wert *m*
denote [dɪ'nəut] *vt* bedeuten
denounce [dɪ'nauns] *vt* brandmarken
dense [dens] *adj* dicht; (*stupid*) schwer von Begriff; **~ly** *adv* dicht; **density** ['densɪtɪ] *n* Dichte *f*; **single/double density disk** Diskette *f* mit einfacher/doppelter Dichte
dent [dent] *n* Delle *f* ♦ *vt* (*also*: **make a ~ in**) einbeulen
dental ['dentl] *adj* Zahn-; **~ surgeon** *n* = **dentist**
dentist ['dentɪst] *n* Zahnarzt(ärztin) *m(f)*
dentures ['dentʃəz] *npl* Gebiss *nt*
deny [dɪ'naɪ] *vt* leugnen; (*officially*) dementieren; (*help*) abschlagen
deodorant [diː'əudərənt] *n* Deodorant *nt*
depart [dɪ'pɑːt] *vi* abfahren; **to ~ from** (*fig: differ from*) abweichen von
department [dɪ'pɑːtmənt] *n* (*COMM*) Abteilung *f*; (*UNIV*) Seminar *nt*; (*POL*) Ministerium *nt*; **~ store** *n* Warenhaus *nt*
departure [dɪ'pɑːtʃəʳ] *n* (*of person*) Abreise *f*; (*of train*) Abfahrt *f*; (*of plane*) Abflug *m*; **new**

~ Neuerung f; ~ **lounge** n (at airport) Abflughalle f

depend [dɪ'pɛnd] vi: **to ~ on** abhängen von; (rely on) angewiesen sein auf +acc; **it ~s** es kommt darauf an; **~ing on the result ...** abhängend vom Resultat ...; **~able** adj zuverlässig; **~ant** n Angehörige(r) f(m); **~ence** n Abhängigkeit f; **~ent** adj abhängig ♦ n = **dependant; ~ent on** abhängig von

depict [dɪ'pɪkt] vt schildern

depleted [dɪ'pliːtɪd] adj aufgebraucht

deplorable [dɪ'plɔːrəbl] adj bedauerlich

deploy [dɪ'plɔɪ] vt einsetzen

depopulation ['diːpɔpju'leɪʃən] n Entvölkerung f

deport [dɪ'pɔːt] vt deportieren; **~ation** [diːpɔː'teɪʃən] n Abschiebung f

deportment [dɪ'pɔːtmənt] n Betragen nt

deposit [dɪ'pɔzɪt] n (in bank) Guthaben nt; (down payment) Anzahlung f; (security) Kaution f; (CHEM) Niederschlag m ♦ vt (in bank) deponieren; (put down) niederlegen; **~ account** n Sparkonto nt

depot ['dɛpəʊ] n Depot nt

depraved [dɪ'preɪvd] adj verkommen

depreciate [dɪ'priːʃɪeɪt] vi im Wert sinken; **depreciation** [dɪpriːʃɪ'eɪʃən] n Wertminderung f

depress [dɪ'prɛs] vt (press down) niederdrücken; (in mood) deprimieren; **~ed** adj deprimiert; **~ion** [dɪ'prɛʃən] n (mood) Depression f; (in trade) Wirtschaftskrise f; (hollow) Vertiefung f; (MET) Tief(druckgebiet) nt

deprivation [dɛprɪ'veɪʃən] n Not f

deprive [dɪ'praɪv] vt: **to ~ sb of sth** jdn einer Sache gen berauben; **~d** adj (child) sozial benachteiligt; (area) unterentwickelt

depth [dɛpθ] n Tiefe f; **in the ~s of despair** in tiefster Verzweiflung

deputation [dɛpju'teɪʃən] n Abordnung f

deputize ['dɛpjutaɪz] vi: **to ~ (for sb)** (jdn) vertreten

deputy ['dɛpjutɪ] adj stellvertretend ♦ n (Stell)vertreter m; **~ head** n (BRIT: SCOL) n Konrektor(in) m(f)

derail [dɪ'reɪl] vt: **to be ~ed** entgleisen; **~ment** n Entgleisung f

deranged [dɪ'reɪndʒd] adj verrückt

derby ['dəːrbɪ] (US) n Melone f

derelict ['dɛrɪlɪkt] adj verlassen

deride [dɪ'raɪd] vt auslachen

derisory [dɪ'raɪsərɪ] adj spöttisch

derivative [dɪ'rɪvətɪv] n Derivat nt ♦ adj abgeleitet

derive [dɪ'raɪv] vt (get) gewinnen; (deduce) ableiten ♦ vi (come from) abstammen

dermatitis [dəːmə'taɪtɪs] n Hautentzündung f

derogatory [dɪ'rɔgətərɪ] adj geringschätzig

derrick ['dɛrɪk] n Drehkran m

descend [dɪ'sɛnd] vt, vi hinuntersteigen; **to ~ from** abstammen von; **~ant** n Nachkomme m; **descent** [dɪ'sɛnt] n (coming down) Abstieg m; (origin) Abstammung f

describe [dɪs'kraɪb] vt beschreiben

description [dɪs'krɪpʃən] n Beschreibung f; (sort) Art f

descriptive [dɪs'krɪptɪv] adj beschreibend; (word) anschaulich

desecrate ['dɛsɪkreɪt] vt schänden

desert [n 'dɛzət, vb dɪ'zəːt] n Wüste f ♦ vt verlassen; (temporarily) im Stich lassen ♦ vi (MIL) desertieren; **~s** npl (what one deserves): **to get one's just ~s** seinen gerechten Lohn bekommen; **~er** n Deserteur m; **~ion** [dɪ'zəːʃən] n (of wife) Verlassen nt; (MIL) Fahnenflucht f; **~ island** n einsame Insel f

deserve [dɪ'zəːv] vt verdienen; **deserving** adj verdienstvoll

design [dɪ'zaɪn] n (plan) Entwurf m; (planning) Design n ♦ vt entwerfen

designate [vb 'dɛzɪgneɪt, adj 'dɛzɪgnɪt] vt bestimmen ♦ adj designiert

designer [dɪ'zaɪnər] n Designer(in) m(f); (TECH) Konstrukteur(in) m(f); (fashion ~) Modeschöpfer(in) m(f)

desirable [dɪ'zaɪərəbl] adj wünschenswert

desire [dɪ'zaɪər] n Wunsch m, Verlangen nt ♦ vt (lust) begehren; (ask for) wollen

desk [dɛsk] n Schreibtisch m; (BRIT: in shop, restaurant) Kasse f; **~top publishing** n

Desktop-Publishing *nt*

desolate ['desəlɪt] *adj* öde; (*sad*) trostlos; **desolation** [desə'leɪʃən] *n* Trostlosigkeit *f*

despair [dɪs'peəʳ] *n* Verzweiflung *f ♦ vi:* **to ~ (of)** verzweifeln (an +*dat*)

despatch [dɪs'pætʃ] *n, vt* = **dispatch**

desperate ['despərɪt] *adj* verzweifelt; **~ly** *adv* verzweifelt; **desperation** [despə'reɪʃən] *n* Verzweiflung *f*

despicable [dɪs'pɪkəbl] *adj* abscheulich

despise [dɪs'paɪz] *vt* verachten

despite [dɪs'paɪt] *prep* trotz +*gen*

despondent [dɪs'pɒndənt] *adj* mutlos

dessert [dɪ'zɜːt] *n* Nachtisch *m;* **~spoon** *n* Dessertlöffel *m*

destination [destɪ'neɪʃən] *n* (*of person*) (Reise)ziel *nt;* (*of goods*) Bestimmungsort *m*

destiny ['destɪnɪ] *n* Schicksal *nt*

destitute ['destɪtjuːt] *adj* Not leidend

destroy [dɪs'trɔɪ] *vt* zerstören; **~er** *n* (*NAUT*) Zerstörer *m*

destruction [dɪs'trʌkʃən] *n* Zerstörung *f*

destructive [dɪs'trʌktɪv] *adj* zerstörend

detach [dɪ'tætʃ] *vt* loslösen; **~able** *adj* abtrennbar; **~ed** *adj* (*attitude*) distanziert; (*house*) Einzel-; **~ment** *n* (*fig*) Abstand *m;* (*MIL*) Sonderkommando *nt*

detail ['diːteɪl] *n* Einzelheit *f*, Detail *nt ♦ vt* (*relate*) ausführlich berichten; (*appoint*) abkommandieren; **in ~** im Detail; **~ed** *adj* detailliert

detain [dɪ'teɪn] *vt* aufhalten; (*imprison*) in Haft halten

detect [dɪ'tekt] *vt* entdecken; **~ion** [dɪ'tekʃən] *n* Aufdeckung *f;* **~ive** *n* Detektiv *m;* **~ive story** *n* Kriminalgeschichte *f*, Krimi *m*

détente [deɪ'tɑːnt] *n* Entspannung *f*

detention [dɪ'tenʃən] *n* Haft *f;* (*SCH*) Nachsitzen *nt*

deter [dɪ'tɜːʳ] *vt* abschrecken

detergent [dɪ'tɜːdʒənt] *n* Waschmittel *nt*

deteriorate [dɪ'tɪərɪəreɪt] *vi* sich verschlechtern; **deterioration** [dɪtɪərɪə'reɪʃən] *n* Verschlechterung *f*

determination [dɪtɜːmɪ'neɪʃən] *n* Entschlossenheit *f*

determine [dɪ'tɜːmɪn] *vt* bestimmen; **~d** *adj* entschlossen

deterrent [dɪ'terənt] *n* Abschreckungsmittel *nt*

detest [dɪ'test] *vt* verabscheuen

detonate ['detəneɪt] *vt* explodieren lassen *♦ vi* detonieren

detour ['diːtuəʳ] *n* Umweg *m;* (*US: AUT: diversion*) Umleitung *f ♦ vt* (*US: AUT: traffic*) umleiten

detract [dɪ'trækt] *vi:* **to ~ from** schmälern

detriment ['detrɪmənt] *n:* **to the ~ of** zum Schaden +*gen;* **~al** [detrɪ'mentl] *adj* schädlich

devaluation [dɪvælju'eɪʃən] *n* Abwertung *f*

devastate ['devəsteɪt] *vt* verwüsten; (*fig: shock*): **to be ~d by** niedergeschmettert sein von; **devastating** *adj* verheerend

develop [dɪ'veləp] *vt* entwickeln; (*resources*) erschließen *♦ vi* sich entwickeln; **~ing country** *n* Entwicklungsland *nt;* **~ment** *n* Entwicklung *f*

deviate ['diːvɪeɪt] *vi* abweichen

device [dɪ'vaɪs] *n* Gerät *nt*

devil ['devl] *n* Teufel *m*

devious ['diːvɪəs] *adj* (*means*) krumm; (*person*) verschlagen

devise [dɪ'vaɪz] *vt* entwickeln

devoid [dɪ'vɔɪd] *adj:* **~ of** ohne

devolution [diːvə'luːʃən] *n* (*POL*) Dezentralisierung *f*

devote [dɪ'vəut] *vt:* **to ~ sth (to sth)** etw (einer Sache *dat*) widmen; **~d** *adj* ergeben; **~e** [devəu'tiː] *n* Anhänger(in) *m(f)*, Verehrer(in) *m(f)*; **devotion** [dɪ'vəuʃən] *n* (*piety*) Andacht *f;* (*loyalty*) Ergebenheit *f*, Hingabe *f*

devour [dɪ'vauəʳ] *vt* verschlingen

devout [dɪ'vaut] *adj* andächtig

dew [djuː] *n* Tau *m*

dexterity [deks'terɪtɪ] *n* Geschicklichkeit *f*

DHSS (*BRIT*) *n abbr* = **Department of Health and Social Security**

diabetes [daɪə'biːtiːz] *n* Zuckerkrankheit *f*

diabetic [daɪə'betɪk] *adj* zuckerkrank; (*food*) Diabetiker- *♦ n* Diabetiker *m*

diabolical [daɪə'bɒlɪkl] (*inf*) *adj* (*weather, behaviour*) saumäßig

diagnose [daɪəg'nəuz] vt diagnostizieren
diagnoses [daɪəg'nəusiːz] npl of **diagnosis**
diagnosis [daɪəg'nəusɪs] n Diagnose f
diagonal [daɪ'ægənl] adj diagonal ♦ n
Diagonale f
diagram ['daɪəgræm] n Diagramm nt,
Schaubild nt
dial ['daɪəl] n (TEL) Wählscheibe f; (of clock)
Zifferblatt nt ♦ vt wählen
dialect ['daɪəlɛkt] n Dialekt m
dialling code ['daɪəlɪŋ-] n Vorwahl f
dialling tone n Amtszeichen nt
dialogue ['daɪəlɒg] n Dialog m
dial tone (US) n = **dialling tone**
diameter [daɪ'æmɪtəʳ] n Durchmesser m
diamond ['daɪəmənd] n Diamant m; **~s** npl
(CARDS) Karo nt
diaper ['daɪəpəʳ] (US) n Windel f
diaphragm ['daɪəfræm] n Zwerchfell nt
diarrhoea [daɪə'riːə] (US **diarrhea**) n
Durchfall m
diary ['daɪərɪ] n Taschenkalender m; (account)
Tagebuch nt
dice [daɪs] n Würfel pl ♦ vt in Würfel
schneiden
dictate [dɪk'teɪt] vt diktieren; **~s** ['dɪkteɪts]
npl Gebote pl; **dictation** [dɪk'teɪʃən] n
Diktat nt
dictator [dɪk'teɪtəʳ] n Diktator m; **~ship**
[dɪk'teɪtəʃɪp] n Diktatur f
dictionary ['dɪkʃənrɪ] n Wörterbuch nt
did [dɪd] pt of **do**
didn't ['dɪdnt] = **did not**
die [daɪ] vi sterben; **to be dying for sth** etw
unbedingt haben wollen; **to be dying to
do sth** darauf brennen, etw zu tun; **~
away** vi schwächer werden; **~ down** vi
nachlassen; **~ out** vi aussterben
diesel ['diːzl] n (car) Diesel m; **~ engine** n
Dieselmotor m; **~ oil** n Dieselkraftstoff m
diet ['daɪət] n Nahrung f; (special food) Diät f;
(slimming) Abmagerungskur f ♦ vi (also: **be
on a ~**) eine Abmagerungskur machen
differ ['dɪfəʳ] vi sich unterscheiden; (disagree)
anderer Meinung sein; **~ence** n
Unterschied m; **~ent** adj anders; (two
things) verschieden; **~entiate** [dɪfə'rɛnʃɪeɪt]

vt, vi unterscheiden; **~ently** adv anders;
(from one another) unterschiedlich
difficult ['dɪfɪkəlt] adj schwierig; **~y** n
Schwierigkeit f
diffident ['dɪfɪdənt] adj schüchtern
diffuse [adj dɪ'fjuːs, vb dɪ'fjuːz] adj langatmig
♦ vt verbreiten
dig [dɪg] (pt, pp **dug**) vt graben ♦ n (prod)
Stoß m; (remark) Spitze f; (archaeological)
Ausgrabung f; **~ in** vi (MIL) sich eingraben;
~ into vt fus (savings) angreifen; **~ up** vt
ausgraben; (fig) aufgabeln
digest [vb daɪ'dʒɛst, n 'daɪdʒɛst] vt verdauen
♦ n Auslese f; **~ion** [dɪ'dʒɛstʃən] n
Verdauung f
digit ['dɪdʒɪt] n Ziffer f; (ANAT) Finger m; **~al**
adj digital, Digital-; **~al camera** n
Digitalkamera f; **~al TV** n Digitalfernsehen nt
dignified ['dɪgnɪfaɪd] adj würdevoll
dignity ['dɪgnɪtɪ] n Würde f
digress [daɪ'grɛs] vi abschweifen
digs [dɪgz] (BRIT: inf) npl Bude f
dilapidated [dɪ'læpɪdeɪtɪd] adj baufällig
dilate [daɪ'leɪt] vt weiten ♦ vi sich weiten
dilemma [daɪ'lɛmə] n Dilemma nt
diligent ['dɪlɪdʒənt] adj fleißig
dilute [daɪ'luːt] vt verdünnen
dim [dɪm] adj trübe; (stupid) schwer von
Begriff ♦ vt verdunkeln; **to ~ one's
headlights** (esp US) abblenden
dime [daɪm] (US) n Zehncentstück nt
dimension [daɪ'mɛnʃən] n Dimension f
diminish [dɪ'mɪnɪʃ] vt, vi verringern
diminutive [dɪ'mɪnjutɪv] adj winzig ♦ n
Verkleinerungsform f
dimmer ['dɪməʳ] (US) n (AUT)
Abblendschalter m; **~s** npl Abblendlicht nt;
(sidelights) Begrenzungsleuchten pl
dimple ['dɪmpl] n Grübchen nt
din [dɪn] n Getöse nt
dine [daɪn] vi speisen; **~r** n Tischgast m;
(RAIL) Speisewagen m
dinghy ['dɪŋgɪ] n Dingi nt; **rubber ~**
Schlauchboot nt
dingy ['dɪndʒɪ] adj armselig
dining car (BRIT) n Speisewagen m
dining room ['daɪnɪŋ-] n Esszimmer nt; (in

hotel) Speisezimmer *nt*

dinner ['dɪnə^r] *n (lunch)* Mittagessen *nt*; *(evening)* Abendessen *nt*; *(public)* Festessen *nt*; ~ **jacket** *n* Smoking *m*; ~ **party** *n* Tischgesellschaft *f*; ~ **time** *n* Tischzeit *f*

dinosaur ['daɪnəsɔ:^r] *n* Dinosaurier *m*

dint [dɪnt] *n*: **by ~ of** durch

diocese ['daɪəsɪs] *n* Diözese *f*

dip [dɪp] *n (hollow)* Senkung *f; (bathe)* kurze(s) Baden *nt* ♦ *vt* eintauchen; *(BRIT: AUT)* abblenden ♦ *vi (slope)* sich senken, abfallen

diploma [dɪ'pləʊmə] *n* Diplom *nt*

diplomacy [dɪ'pləʊməsɪ] *n* Diplomatie *f*

diplomat ['dɪpləmæt] *n* Diplomat(in) *m(f)*; ~**ic** [dɪplə'mætɪk] *adj* diplomatisch

dip stick *n* Ölmessstab *m*

dipswitch ['dɪpswɪtʃ] *(BRIT)* *n (AUT)* Abblendschalter *m*

dire [daɪə^r] *adj* schrecklich

direct [daɪ'rɛkt] *adj* direkt ♦ *vt* leiten; *(film)* die Regie führen *+gen; (order)* anweisen; **can you ~ me to ...?** können Sie mir sagen, wo ich zu ... komme?; ~ **debit** *n (BRIT)* Einzugsauftrag *m; (transaction)* automatische Abbuchung *f*

direction [dɪ'rɛkʃən] *n* Richtung *f; (CINE)* Regie *f*; Leitung *f*; ~**s** *npl (for use)* Gebrauchsanleitung *f; (orders)* Anweisungen *pl; (food):* **sense of ~** Orientierungssinn *m*

directly [dɪ'rɛktlɪ] *adv* direkt; *(at once)* sofort

director [dɪ'rɛktə^r] *n* Direktor *m; (of film)* Regisseur *m*

directory [dɪ'rɛktərɪ] *n (TEL)* Telefonbuch *nt*; ~ **enquiries**, ~ **assistance** *(US)* *n* (Fernsprech)auskunft *f*

dirt [də:t] *n* Schmutz *m*, Dreck *m*; ~~**cheap** *adj* spottbillig; ~**y** *adj* schmutzig ♦ *vt* beschmutzen; ~**y trick** *n* gemeine(r) Trick *m*

disability [dɪsə'bɪlɪtɪ] *n* Körperbehinderung *f*

disabled [dɪs'eɪbld] *adj* körperbehindert

disadvantage [dɪsəd'vɑ:ntɪdʒ] *n* Nachteil *m*

disagree [dɪsə'gri:] *vi* nicht übereinstimmen; *(quarrel)* (sich) streiten; *(food):* **to ~ with sb** jdm nicht bekommen; ~**able** *adj*

unangenehm; ~**ment** *n (between persons)* Streit *m; (between things)* Widerspruch *m*

disallow ['dɪsə'laʊ] *vt* nicht zulassen

disappear [dɪsə'pɪə^r] *vi* verschwinden; ~**ance** *n* Verschwinden *nt*

disappoint [dɪsə'pɔɪnt] *vt* enttäuschen; ~**ed** *adj* enttäuscht; ~**ment** *n* Enttäuschung *f*

disapproval [dɪsə'pru:vəl] *n* Missbilligung *f*

disapprove [dɪsə'pru:v] *vi*: **to ~ of** missbilligen

disarm [dɪs'ɑ:m] *vt* entwaffnen; *(POL)* abrüsten; ~**ament** *n* Abrüstung *f*

disarray [dɪsə'reɪ] *n*: **to be in ~** *(army)* in Auflösung (begriffen) sein; *(clothes)* in unordentlichen Zustand sein

disaster [dɪ'zɑ:stə^r] *n* Katastrophe *f*; **disastrous** [dɪ'zɑ:strəs] *adj* verhängnisvoll

disband [dɪs'bænd] *vt* auflösen ♦ *vi* auseinander gehen

disbelief ['dɪsbə'li:f] *n* Ungläubigkeit *f*

disc [dɪsk] *n* Scheibe *f; (record)* (Schall)platte *f; (COMPUT)* = **disk**

discard [dɪs'kɑ:d] *vt* ablegen

discern [dɪ'sə:n] *vt* erkennen; ~**ing** *adj* scharfsinnig

discharge [*vb* dɪs'tʃɑ:dʒ], *n* 'dɪstʃɑ:dʒ] *vt (ship)* entladen; *(duties)* nachkommen *+dat; (dismiss)* entlassen; *(gun)* abschießen; *(JUR)* freisprechen ♦ *n (of ship, ELEC)* Entladung *f; (dismissal)* Entlassung *f; (MED)* Ausfluss *m*

disciple [dɪ'saɪpl] *n* Jünger *m*

discipline ['dɪsɪplɪn] *n* Disziplin *f* ♦ *vt (train)* schulen; *(punish)* bestrafen

disc jockey *n* Diskjockey *m*

disclaim [dɪs'kleɪm] *vt* nicht anerkennen

disclose [dɪs'kləʊz] *vt* enthüllen; **disclosure** [dɪs'kləʊʒə^r] *n* Enthüllung *f*

disco ['dɪskəʊ] *n abbr* = **discotheque**

discoloured [dɪs'kʌləd] *(US* **discolored)** *adj* verfärbt

discomfort [dɪs'kʌmfət] *n* Unbehagen *nt*

disconcert [dɪskən'sə:t] *vt* aus der Fassung bringen

disconnect [dɪskə'nɛkt] *vt* abtrennen

discontent [dɪskən'tɛnt] *n* Unzufriedenheit *f*; ~**ed** *adj* unzufrieden

discontinue [dɪskən'tɪnju:] *vt* einstellen

discord ['dɪskɔ:d] n Zwietracht f; (noise) Dissonanz f

discotheque ['dɪskəutek] n Diskothek f

discount [n 'dɪskaunt, vb dɪs'kaunt] n Rabatt m ♦ vt außer Acht lassen

discourage [dɪs'kʌrɪdʒ] vt entmutigen; (prevent) abraten

discourteous [dɪs'kə:tɪəs] adj unhöflich

discover [dɪs'kʌvər] vt entdecken;**~y** n Entdeckung f

discredit [dɪs'krɛdɪt] vt in Verruf bringen

discreet [dɪs'kri:t] adj diskret

discrepancy [dɪs'krepənsɪ] n Diskrepanz f

discriminate [dɪs'krɪmɪneɪt] vi unterscheiden; **to ~ against** diskriminieren; **discriminating** adj anspruchsvoll; **discrimination** [dɪskrɪmɪ'neɪʃən] n Urteilsvermögen nt; (pej) Diskriminierung f

discuss [dɪs'kʌs] vt diskutieren, besprechen; **~ion** [dɪs'kʌʃən] n Diskussion f, Besprechung f

disdain [dɪs'deɪn] n Verachtung f

disease [dɪ'zi:z] n Krankheit f

disembark [dɪsɪm'bɑ:k] vi von Bord gehen

disenchanted ['dɪsɪn'tʃɑ:ntɪd] adj desillusioniert

disengage [dɪsɪn'geɪdʒ] vt (AUT) auskuppeln

disentangle [dɪsɪn'tæŋgl] vt entwirren

disfigure [dɪs'fɪgər] vt entstellen

disgrace [dɪs'greɪs] n Schande f ♦ vt Schande bringen über +acc;**~ful** adj unerhört

disgruntled [dɪs'grʌntld] adj verärgert

disguise [dɪs'gaɪz] vt verkleiden; (feelings) verhehlen ♦ n Verkleidung f; **in ~** verkleidet, maskiert

disgust [dɪs'gʌst] n Abscheu f ♦ vt anwidern; **~ed** adj angeekelt; (at sb's behaviour) empört;**~ing** adj widerlich

dish [dɪʃ] n Schüssel f; (food) Gericht nt; **to do** or **wash the ~es** abwaschen;**~ up** vt auftischen;**~ cloth** n Spüllappen m

dishearten [dɪs'hɑ:tn] vt entmutigen

dishevelled [dɪ'ʃevəld] adj (hair) zerzaust; (clothing) ungepflegt

dishonest [dɪs'ɒnɪst] adj unehrlich

dishonour [dɪs'ɒnər] (US **dishonor**) n

Unehre f;**~able** adj unehrenhaft

dishtowel ['dɪʃtauəl] n Geschirrtuch nt

dishwasher ['dɪʃwɒʃər] n Geschirrspülmaschine f

disillusion [dɪsɪ'lu:ʒən] vt enttäuschen, desillusionieren

disincentive [dɪsɪn'sentɪv] n Entmutigung f

disinfect [dɪsɪn'fekt] vt desinfizieren;**~ant** n Desinfektionsmittel nt

disintegrate [dɪs'ɪntɪgreɪt] vi sich auflösen

disinterested [dɪs'ɪntrəstɪd] adj uneigennützig; (inf) uninteressiert

disjointed [dɪs'dʒɔɪntɪd] adj unzusammenhängend

disk [dɪsk] n (COMPUT) Diskette f; **single/ double sided ~** einseitige/beidseitige Diskette;**~ drive** n Diskettenlaufwerk nt; **~ette** [dɪs'ket] (US) n = **disk**

dislike [dɪs'laɪk] n Abneigung f ♦ vt nicht leiden können

dislocate ['dɪsləkeɪt] vt auskugeln

dislodge [dɪs'lɒdʒ] vt verschieben; (MIL) aus der Stellung werfen

disloyal [dɪs'lɔɪəl] adj treulos

dismal ['dɪzml] adj trostlos, trübe

dismantle [dɪs'mæntl] vt demontieren

dismay [dɪs'meɪ] n Bestürzung f ♦ vt bestürzen

dismiss [dɪs'mɪs] vt (employee) entlassen; (idea) von sich weisen; (send away) wegschicken; (JUR) abweisen;**~al** n Entlassung f

dismount [dɪs'maunt] vi absteigen

disobedience [dɪsə'bi:dɪəns] n Ungehorsam m;**disobedient** adj ungehorsam

disobey [dɪsə'beɪ] vt nicht gehorchen +dat

disorder [dɪs'ɔ:dər] n (confusion) Verwirrung f; (commotion) Aufruhr m; (MED) Erkrankung f

disorderly [dɪs'ɔ:dəlɪ] adj (untidy) unordentlich; (unruly) ordnungswidrig

disorganized [dɪs'ɔ:gənaɪzd] adj unordentlich

disorientated [dɪs'ɔ:rɪenteɪtɪd] adj (person: after journey) verwirrt

disown [dɪs'əun] vt (child) verstoßen

disparaging [dɪs'pærɪdʒɪŋ] adj

geringschätzig

dispassionate [dɪsˈpæʃənət] *adj* objektiv

dispatch [dɪsˈpætʃ] *vt* (*goods*) abschicken, abfertigen ♦ *n* Absendung *f*; (*esp* MIL) Meldung *f*

dispel [dɪsˈpɛl] *vt* zerstreuen

dispensary [dɪsˈpɛnsərɪ] *n* Apotheke *f*

dispense [dɪsˈpɛns] *vt* verteilen, austeilen; ~ **with** *vt fus* verzichten auf +*acc*; **~r** *n* (*container*) Spender *m*; **dispensing** *adj*: **dispensing chemist** (BRIT) Apotheker *m*

dispersal [dɪsˈpəːsl] *n* Zerstreuung *f*

disperse [dɪsˈpəːs] *vt* zerstreuen ♦ *vi* sich verteilen

dispirited [dɪsˈpɪrɪtɪd] *adj* niedergeschlagen

displace [dɪsˈpleɪs] *vt* verschieben; **~d person** *n* Verschleppte(r) *mf*

display [dɪsˈpleɪ] *n* (*of goods*) Auslage *f*; (*of feeling*) Zurschaustellung *f* ♦ *vt* zeigen; (*ostentatiously*) vorführen; (*goods*) ausstellen

displease [dɪsˈpliːz] *vt* missfallen +*dat*

displeasure [dɪsˈplɛʒəʳ] *n* Missfallen *nt*

disposable [dɪsˈpəʊzəbl] *adj* Wegwerf-; **~ nappy** *n* Papierwindel *f*

disposal [dɪsˈpəʊzl] *n* (*of property*) Verkauf *m*; (*throwing away*) Beseitigung *f*; **to be at one's ~** einem zur Verfügung stehen

dispose [dɪsˈpəʊz] *vi*: **to ~ of** loswerden; **~d** *adj* geneigt

disposition [dɪspəˈzɪʃən] *n* Wesen *nt*

disproportionate [dɪsprəˈpɔːʃənət] *adj* unverhältnismäßig

disprove [dɪsˈpruːv] *vt* widerlegen

dispute [dɪsˈpjuːt] *n* Streit *m*; (*also:* **industrial ~**) Arbeitskampf *m* ♦ *vt* bestreiten

disqualify [dɪsˈkwɒlɪfaɪ] *vt* disqualifizieren

disquiet [dɪsˈkwaɪət] *n* Unruhe *f*

disregard [dɪsrɪˈgɑːd] *vt* nicht (be)achten

disrepair [dɪsrɪˈpɛəʳ] *n*: **to fall into ~** verfallen

disreputable [dɪsˈrɛpjutəbl] *adj* verrufen

disrespectful [dɪsrɪˈspɛktfʊl] *adj* respektlos

disrupt [dɪsˈrʌpt] *vt* stören; (*service*) unterbrechen; **~ion** [dɪsˈrʌpʃən] *n* Störung *f*; Unterbrechung *f*

dissatisfaction [dɪssætɪsˈfækʃən] *n*

Unzufriedenheit *f*; **dissatisfied** [dɪsˈsætɪsfaɪd] *adj* unzufrieden

dissect [dɪˈsɛkt] *vt* zerlegen, sezieren

dissent [dɪˈsɛnt] *n* abweichende Meinung *f*

dissertation [dɪsəˈteɪʃən] *n* wissenschaftliche Arbeit *f*; (Ph.D.) Doktorarbeit *f*

disservice [dɪsˈsəːvɪs] *n*: **to do sb a ~** jdm einen schlechten Dienst erweisen

dissident [ˈdɪsɪdnt] *adj* anders denkend ♦ *n* Dissident *m*

dissimilar [dɪˈsɪmɪləʳ] *adj*: **~ (to sb/sth)** (jdm/etw) unähnlich

dissipate [ˈdɪsɪpeɪt] *vt* (*waste*) verschwenden; (*scatter*) zerstreuen

dissociate [dɪˈsəʊʃɪeɪt] *vt* trennen

dissolve [dɪˈzɒlv] *vt* auflösen ♦ *vi* sich auflösen

dissuade [dɪˈsweɪd] *vt*: **to ~ sb from doing sth** jdn davon abbringen, etw zu tun

distance [ˈdɪstns] *n* Entfernung *f*; **in the ~** in der Ferne; **distant** *adj* entfernt, fern; (*with time*) fern

distaste [dɪsˈteɪst] *n* Abneigung *f*; **~ful** *adj* widerlich

distended [dɪsˈtɛndɪd] *adj* (*stomach*) aufgebläht

distil [dɪsˈtɪl] *vt* destillieren; **~lery** *n* Brennerei *f*

distinct [dɪsˈtɪŋkt] *adj* (*separate*) getrennt; (*clear*) klar, deutlich; **as ~ from** im Unterschied zu; **~ion** [dɪsˈtɪŋkʃən] *n* Unterscheidung *f*; (*eminence*) Auszeichnung *f*; **~ive** *adj* bezeichnend

distinguish [dɪsˈtɪŋgwɪʃ] *vt* unterscheiden; **~ed** *adj* (*eminent*) berühmt; **~ing** *adj* bezeichnend

distort [dɪsˈtɔːt] *vt* verdrehen; (*misrepresent*) entstellen; **~ion** [dɪsˈtɔːʃən] *n* Verzerrung *f*

distract [dɪsˈtrækt] *vt* ablenken; **~ing** *adj* verwirrend; **~ion** [dɪsˈtrækʃən] *n* (*distress*) Raserei *f*; (*diversion*) Zerstreuung *f*

distraught [dɪsˈtrɔːt] *adj* bestürzt

distress [dɪsˈtrɛs] *n* Not *f*; (*suffering*) Qual *f* ♦ *vt* quälen; **~ing** *adj* erschütternd; **~ signal** *n* Notsignal *nt*

distribute [dɪsˈtrɪbjuːt] *vt* verteilen; **distribution** [dɪstrɪˈbjuːʃən] *n* Verteilung *f*;

distributor *n* Verteiler *m*

district ['dɪstrɪkt] *n* (*of country*) Kreis *m*; (*of town*) Bezirk *m*; ~ **attorney** (*US*) *n* Oberstaatsanwalt *m*; ~ **nurse** *n* Kreiskrankenschwester *f*

distrust [dɪs'trʌst] *n* Misstrauen *nt* ♦ *vt* misstrauen +*dat*

disturb [dɪs'tə:b] *vt* stören; (*agitate*) erregen; ~**ance** *n* Störung *f*; ~**ed** *adj* beunruhigt; **emotionally** ~**ed** emotional gestört; ~**ing** *adj* beunruhigend

disuse [dɪs'ju:s] *n*: **to fall into** ~ außer Gebrauch kommen; ~**d** [dɪs'ju:zd] *adj* außer Gebrauch; (*mine, railway line*) stillgelegt

ditch [dɪtʃ] *n* Graben *m* ♦ *vt* (*person*) loswerden; (*plan*) fallen lassen

dither ['dɪðə'] *vi* verdattert sein

ditto ['dɪtəu] *adv* dito, ebenfalls

divan [dɪ'væn] *n* Liegesofa *nt*

dive [daɪv] *n* (*into water*) Kopfsprung *m*; (*AVIAT*) Sturzflug *m* ♦ *vi* tauchen; ~**r** *n* Taucher *m*

diverge [daɪ'və:dʒ] *vi* auseinander gehen

diverse [daɪ'və:s] *adj* verschieden

diversion [daɪ'və:ʃən] *n* Ablenkung *f*; (*BRIT: AUT*) Umleitung *f*

diversity [daɪ'və:sɪtɪ] *n* Vielfalt *f*

divert [daɪ'və:t] *vt* ablenken; (*traffic*) umleiten

divide [dɪ'vaɪd] *vt* teilen ♦ *vi* sich teilen; ~**d highway** (*US*) *n* Schnellstraße *f*

divine [dɪ'vaɪn] *adj* göttlich

diving ['daɪvɪŋ] *n* (*SPORT*) Turmspringen *nt*; (*underwater* ~) Tauchen *nt*; ~ **board** *n* Sprungbrett *nt*

divinity [dɪ'vɪnɪtɪ] *n* Gottheit *f*; (*subject*) Religion *f*

division [dɪ'vɪʒən] *n* Teilung *f*; (*MIL*) Division *f*; (*part*) Abteilung *f*; (*in opinion*) Uneinigkeit *f*; (*BRIT: POL*) (Abstimmung *f* durch) Hammelsprung *f*

divorce [dɪ'vɔ:s] *n* (Ehe)scheidung *f* ♦ *vt* scheiden; ~**d** *adj* geschieden; ~**e** [dɪvɔ:'si:] *n* Geschiedene(r) *f(m)*

divulge [daɪ'vʌldʒ] *vt* preisgeben

DIY (*BRIT*) *n abbr* = **do-it-yourself**

dizzy ['dɪzɪ] *adj* schwindlig

DJ *n abbr* = **disc jockey**

DNA fingerprinting *n* genetische Fingerabdrücke *pl*

┌─────────────┐
│ KEYWORD │
└─────────────┘

do [du:] (*pt* **did**, *pp* **done**) *n* (*inf: party etc*) Fete *f*

♦ *aux vb* **1** (*in negative constructions and questions*): **I don't understand** ich verstehe nicht; **didn't you know?** wusstest du das nicht?; **what do you think?** was meinen Sie?

2 (*for emphasis, in polite phrases*): **she does seem rather tired** sie scheint wirklich sehr müde zu sein; **do sit down/help yourself** setzen Sie sich doch hin/greifen Sie doch zu

3 (*used to avoid repeating vb*): **she swims better than I do** sie schwimmt besser als ich; **she lives in Glasgow - so do I** sie wohnt in Glasgow - ich auch

4 (*in tag questions*): **you like him, don't you?** du magst ihn doch, oder?

♦ *vt* **1** (*carry out, perform etc*) tun, machen; **what are you doing tonight?** was machst du heute Abend?; **I've got nothing to do** ich habe nichts zu tun; **to do one's hair/ nails** sich die Haare/Nägel machen

2 (*AUT etc*) fahren

♦ *vi* **1** (*act, behave*): **do as I do** mach es wie ich

2 (*get on, fare*): **he's doing well/badly at school** er ist gut/schlecht in der Schule; **how do you do?** guten Tag

3 (*be suitable*) gehen; (*be sufficient*) reichen; **to make do (with)** auskommen mit

do away with *vt* (*kill*) umbringen; (*abolish: law etc*) abschaffen

do up *vt* (*laces, dress, buttons*) zumachen; (*room, house*) renovieren

do with *vt* (*need*) brauchen; (*be connected*) zu tun haben mit

do without *vt, vi* auskommen ohne

docile ['dəusaɪl] *adj* gefügig

dock [dɔk] *n* Dock *nt*; (*JUR*) Anklagebank *f* ♦ *vi* ins Dock gehen; ~**er** *n* Hafenarbeiter *m*; ~**yard** *n* Werft *f*

doctor ['dɔktəʳ] n Arzt m, Ärztin f; (UNIV) Doktor m ♦ vt (fig) fälschen; (drink etc) etw beimischen +dat; **D~ of Philosophy** n Doktor m der Philosophie

document ['dɔkjumənt] n Dokument nt; **~ary** [dɔkju'mentərɪ] n Dokumentarbericht m; (film) Dokumentarfilm m ♦ adj dokumentarisch; **~ation** [dɔkjumən'teɪʃən] n dokumentarische(r) Nachweis m

dodge [dɔdʒ] n Kniff m ♦ vt ausweichen +dat

dodgems ['dɔdʒəmz] (BRIT) npl Autoskooter m

doe [dəu] n (roe deer) Ricke f; (red deer) Hirschkuh f; (rabbit) Weibchen nt

does [dʌz] vb see **do**; **~n't** = **does not**

dog [dɔg] n Hund m; **~ collar** n Hundehalsband nt; (ECCL) Kragen m des Geistlichen; **~-eared** adj mit Eselsohren

dogged ['dɔgɪd] adj hartnäckig

dogsbody ['dɔgzbɔdɪ] n Mädchen nt für alles

doings ['duɪŋz] npl (activities) Treiben nt

do-it-yourself ['duːɪtjɔː'self] n Do-it-yourself nt

doldrums ['dɔldrəmz] npl: **to be in the ~** (business) Flaute haben; (person) deprimiert sein

dole [dəul] (BRIT) n Stempelgeld nt; **to be on the ~** stempeln gehen; **~ out** vt ausgeben, austeilen

doleful ['dəulful] adj traurig

doll [dɔl] n Puppe f ♦ vt: **to ~ o.s. up** sich aufdonnern

dollar ['dɔləʳ] n Dollar m

dolphin ['dɔlfɪn] n Delfin m, Delphin m

dome [dəum] n Kuppel f

domestic [də'mestɪk] adj häuslich; (within country) Innen-, Binnen-; (animal) Haus-; **~ated** adj (person) häuslich; (animal) zahm

dominant ['dɔmɪnənt] adj vorherrschend

dominate ['dɔmɪneɪt] vt beherrschen

domineering [dɔmɪ'nɪərɪŋ] adj herrisch

dominion [də'mɪnɪən] n (rule) Regierungsgewalt f; (land) Staatsgebiet nt mit Selbstverwaltung

domino ['dɔmɪnəu] (pl **~es**) n Dominostein m; **~es** n (game) Domino(spiel) nt

don [dɔn] (BRIT) n akademische(r) Lehrer m

donate [də'neɪt] vt (blood, money) spenden; (lot of money) stiften; **donation** [də'neɪʃən] n Spende f

done [dʌn] pp of **do**

donkey ['dɔŋkɪ] n Esel m

donor ['dəunəʳ] n Spender m; **~ card** n Organspenderausweis m

don't [dəunt] = **do not**

doodle ['duːdl] vi kritzeln

doom [duːm] n böse(s) Geschick nt; (downfall) Verderben nt ♦ vt: **to be ~ed** zum Untergang verurteilt sein; **~sday** n der Jüngste Tag

door [dɔːʳ] n Tür f; **~bell** n Türklingel f; **~handle** n Türklinke f; **~man** (irreg) n Türsteher m; **~mat** n Fußmatte f; **~step** n Türstufe f; **~way** n Türöffnung f

dope [dəup] n (drug) Aufputschmittel nt ♦ vt (horse) dopen

dopey ['dəupɪ] (inf) adj bekloppt

dormant ['dɔːmənt] adj latent

dormitory ['dɔːmɪtrɪ] n Schlafsaal m

dormouse ['dɔːmaus] (pl **-mice**) n Haselmaus f

DOS [dɔs] n abbr (= disk operating system) DOS nt

dosage ['dəusɪdʒ] n Dosierung f

dose [dəus] n Dosis f

dosh [dɔʃ] (inf) n (money) Moos nt, Knete f

doss house ['dɔs-] (BRIT) n Bleibe f

dot [dɔt] n Punkt m; **~ted with** übersät mit; **on the ~** pünktlich

dote [dəut]: **to ~ on** vt fus vernarrt sein in +acc

dotted line ['dɔtɪd-] n punktierte Linie f

double ['dʌbl] adj, adv doppelt ♦ n Doppelgänger m ♦ vt verdoppeln ♦ vi sich verdoppeln; **~s** npl (TENNIS) Doppel nt; **on or at the ~** im Laufschritt; **~ bass** n Kontrabass m; **~ bed** n Doppelbett nt; **~ bend** (BRIT) n S-Kurve f; **~-breasted** adj zweireihig; **~-cross** vt hintergehen; **~-decker** n Doppeldecker m; **~ glazing** (BRIT) n Doppelverglasung f; **~ room** n Doppelzimmer nt

doubly ['dʌblɪ] adv doppelt

doubt [daut] n Zweifel m ♦ vt bezweifeln; **~ful** adj zweifelhaft; **~less** adv ohne Zweifel

dough [dəu] n Teig m; **~nut** n Berliner m

douse [dauz] vt (drench) mit Wasser begießen, durchtränken; (extinguish) ausmachen

dove [dʌv] n Taube f

dovetail ['dʌvteɪl] vi (plans) übereinstimmen

dowdy ['daudɪ] adj unmodern

down [daun] n (fluff) Flaum m; (hill) Hügel m ♦ adv unten; (motion) herunter; hinunter ♦ prep: **to go ~ the street** die Straße hinuntergehen ♦ vt niederschlagen; **~ with X!** nieder mit X!; **~-and-out** n Tramp m; **~-at-heel** adj schäbig; **~cast** adj niedergeschlagen; **~fall** n Sturz m; **~hearted** adj niedergeschlagen; **~hill** adv bergab; **~ payment** n Anzahlung f; **~pour** n Platzregen m; **~right** adj ausgesprochen; **~size** vi (ECON: company) sich verkleinern

---

Downing Street

i Downing Street *ist die Straße in London, die von Whitehall zum St James Park führt und in der sich der offizielle Wohnsitz des Premierministers (Nr. 10) und des Finanzministers (Nr. 11) befindet. Im weiteren Sinne bezieht sich der Begriff Downing Street auf die britische Regierung.*

Down's syndrome [daunz-] n (MED) Down-Syndrom nt

down: **~stairs** adv unten; (motion) nach unten; **~stream** adv flussabwärts; **~-to-earth** adj praktisch; **~town** adv in der Innenstadt; (motion) in die Innenstadt; **~ under** (BRIT: inf) adv in/nach Australien/ Neuseeland; **~ward** adj Abwärts-, nach unten ♦ adv abwärts, nach unten; **~wards** adv abwärts, nach unten

dowry ['daurɪ] n Mitgift f

doz. abbr (= dozen) Dtzd.

doze [dəuz] vi dösen; **~ off** vi einnicken

dozen ['dʌzn] n Dutzend nt; **a ~ books** ein Dutzend Bücher; **~s of** dutzende or

Dutzende von

Dr. abbr = **doctor**; **drive**

drab [dræb] adj düster, eintönig

draft [drɑːft] n Entwurf m; (FIN) Wechsel m; (US: MIL) Einberufung f ♦ vt skizzieren; see also **draught**

draftsman ['drɑːftsmən] (US: irreg) n = **draughtsman**

drag [dræg] vt schleppen; (river) mit einem Schleppnetz absuchen ♦ vi sich (dahin)schleppen ♦ n (bore) etwas Blödes; **in ~** als Tunte; **a man in ~** eine Tunte; **~ on** vi sich in die Länge ziehen; **~ and drop** vt (COMPUT) Drag & Drop nt

dragon ['drægn] n Drache m; **~fly** ['drægənflaɪ] n Libelle f

drain [dreɪn] n Abfluss m; (fig: burden) Belastung f ♦ vt ableiten; (exhaust) erschöpfen ♦ vi (of water) abfließen; **~age** n Kanalisation f; **~ing board** (US **~board**) n Ablaufbrett nt; **~pipe** n Abflussrohr nt

dram [dræm] n Schluck m

drama ['drɑːmə] n Drama nt; **~tic** [drə'mætɪk] adj dramatisch; **~tist** ['dræmətɪst] n Dramatiker m; **~tize** ['dræmətaɪz] vt (events) dramatisieren; (for TV etc) bearbeiten

drank [dræŋk] pt of **drink**

drape [dreɪp] vt drapieren; **~s** (US) npl Vorhänge pl

drastic ['dræstɪk] adj drastisch

draught [drɑːft] (US **draft**) n Zug m; (NAUT) Tiefgang m; **~s** n Damespiel nt; **on ~** (beer) vom Fass; **~ beer** n Bier nt vom Fass; **~board** (BRIT) n Zeichenbrett nt

draughtsman ['drɑːftsmən] (irreg) n technische(r) Zeichner m

draw [drɔː] (pt **drew**, pp **drawn**) vt ziehen; (crowd) anlocken; (picture) zeichnen; (money) abheben; (water) schöpfen ♦ vi (SPORT) unentschieden spielen ♦ n (SPORT) Unentschieden nt; (lottery) Ziehung f; **~ near** vi näher rücken; **~ out** vi (train) ausfahren; (lengthen) sich hinziehen; **~ up** vi (stop) halten ♦ vt (document) aufsetzen

drawback ['drɔːbæk] n Nachteil m

drawbridge ['drɔːbrɪdʒ] n Zugbrücke f

drawer [drɔːr] n Schublade f

drawing ['drɔːɪŋ] n Zeichnung f; Zeichnen nt; ~ **board** n Reißbrett nt; ~ **pin** (BRIT) n Reißzwecke f; ~ **room** n Salon m

drawl [drɔːl] n schleppende Sprechweise f

drawn [drɔːn] pp of **draw**

dread [drɛd] n Furcht f ♦ vt fürchten; ~**ful** adj furchtbar

dream [driːm] (pt, pp **dreamed** or **dreamt**) n Traum m ♦ vt träumen ♦ vi: **to ~ (about)** träumen (von); ~**er** n Träumer m; ~**t** [drɛmt] pt, pp of **dream**; ~**y** adj verträumt

dreary ['drɪərɪ] adj trostlos, öde

dredge [drɛdʒ] vt ausbaggern

dregs [drɛgz] npl Bodensatz m; (fig) Abschaum m

drench [drɛntʃ] vt durchnässen

dress [drɛs] n Kleidung f; (garment) Kleid nt ♦ vt anziehen; (MED) verbinden; **to get ~ed** sich anziehen; ~ **up** vi sich fein machen; ~ **circle** (BRIT) n erste(r) Rang m; ~**er** n (furniture) Anrichte f; ~**ing** n (MED) Verband m; (COOK) Soße f; ~**ing gown** (BRIT) n Morgenrock m; ~**ing room** n (THEAT) Garderobe f; (SPORT) Umkleideraum m; ~**ing table** n Toilettentisch m; ~**maker** n Schneiderin f; ~**rehearsal** n Generalprobe f

drew [druː] pt of **draw**

dribble ['drɪbl] vi sabbern ♦ vt (ball) dribbeln

dried [draɪd] adj getrocknet; (fruit) Dörr-, gedörrte(r, s); ~ **milk** n Milchpulver nt

drier ['draɪər] n = **dryer**

drift [drɪft] n Strömung f; (snowdrift) Schneewehe f; (fig) Richtung f ♦ vi sich treiben lassen; ~**wood** n Treibholz nt

drill [drɪl] n Bohrer m; (MIL) Drill m ♦ vt bohren; (MIL) ausbilden ♦ vi: **to ~ (for)** bohren (nach)

drink [drɪŋk] (pt **drank**, pp **drunk**) n Getränk nt; (spirits) Drink m ♦ vt, vi trinken; **to have a ~** etwas trinken; ~**er** n Trinker m; ~**ing water** n Trinkwasser nt

drip [drɪp] n Tropfen m ♦ vi tropfen; ~**-dry** adj bügelfrei; ~**ping** n Bratenfett nt

drive [draɪv] (pt **drove**, pp **driven**) n Fahrt f; (road) Einfahrt f; (campaign) Aktion f; (energy) Schwung m; (SPORT) Schlag m;

(also: **disk ~**) Diskettenlaufwerk nt ♦ vt (car) fahren; (animals, people, objects) treiben; (power) antreiben ♦ vi fahren; **left-/right-hand ~** Links-/Rechtssteuerung f; **to ~ sb mad** jdn verrückt machen; ~**-by shooting** n Schusswaffenangriff aus einem vorbeifahrenden Wagen

drivel ['drɪvl] n Faselei f

driven ['drɪvn] pp of **drive**

driver ['draɪvər] n Fahrer m; ~**'s license** (US) n Führerschein m

driveway ['draɪvweɪ] n Auffahrt f; (longer) Zufahrtsstraße f

driving ['draɪvɪŋ] adj (rain) stürmisch; ~ **instructor** n Fahrlehrer m; ~ **lesson** n Fahrstunde f; ~ **licence** (BRIT) n Führerschein m; ~ **school** n Fahrschule f; ~ **test** n Fahrprüfung f

drizzle ['drɪzl] n Nieselregen m ♦ vi nieseln

droll [drəul] adj drollig

drone [drəun] n (sound) Brummen nt; (bee) Drohne f

drool [druːl] vi sabbern

droop [druːp] vi (schlaff) herabhängen

drop [drɒp] n (of liquid) Tropfen m; (fall) Fall m ♦ vt fallen lassen; (lower) senken; (abandon) fallen lassen ♦ vi (fall) herunterfallen; ~**s** npl (MED) Tropfen pl; ~ **off** vi (sleep) einschlafen ♦ vt (passenger) absetzen; ~ **out** vi (withdraw) ausscheiden; ~**-out** n Aussteiger m; ~**per** n Pipette f; ~**pings** npl Kot m

drought [draut] n Dürre f

drove [drəuv] pt of **drive**

drown [draun] vt ertränken; (sound) übertönen ♦ vi ertrinken

drowsy ['drauzɪ] adj schläfrig

drudgery ['drʌdʒərɪ] n Plackerei f

drug [drʌg] n (MED) Arznei f; (narcotic) Rauschgift nt ♦ vt betäuben; ~ **addict** n Rauschgiftsüchtige(r) f(m); ~**gist** (US) n Drogist(in) m(f); ~**store** (US) n Drogerie f

drum [drʌm] n Trommel f ♦ vi trommeln; ~**s** npl (MUS) Schlagzeug nt; ~**mer** n Trommler m

drunk [drʌŋk] pp of **drink** ♦ adj betrunken ♦ n (also: ~**ard**) Trinker(in) m(f); ~**en** adj

betrunken
dry [draɪ] *adj* trocken ♦ *vt* (ab)trocknen ♦ *vi* trocknen; **~ up** *vi* austrocknen ♦ *vt* (*dishes*) abtrocknen; **~ cleaner's** *n* chemische Reinigung *f*; **~ cleaning** *n* chemische Reinigung *f*; **~er** *n* Trockner *m*; (*US: spin-dryer*) (Wäsche)schleuder *f*; **~ goods store** (*US*) *n* Kurzwarengeschäft *nt*; **~ness** *n* Trockenheit *f*; **~ rot** *n* Hausschwamm *m*

DSS (*BRIT*) *n abbr* (= *Department of Social Security*) ≈ Sozialministerium *nt*

DTP *n abbr* (= *desktop publishing*) DTP *n*

dual ['djuəl] *adj* doppelt; **~ carriageway** (*BRIT*) *n* zweispurige Fahrbahn *f*; **~ nationality** *n* doppelte Staatsangehörigkeit *f*; **~-purpose** *adj* Mehrzweck-

dubbed [dʌbd] *adj* (*film*) synchronisiert

dubious ['djuːbɪəs] *adj* zweifelhaft

duchess ['dʌtʃɪs] *n* Herzogin *f*

duck [dʌk] *n* Ente *f* ♦ *vi* sich ducken; **~ling** *n* Entchen *nt*

duct [dʌkt] *n* Röhre *f*

dud [dʌd] *n* Niete *f* ♦ *adj* (*cheque*) ungedeckt

due [djuː] *adj* fällig; (*fitting*) angemessen ♦ *n* Gebühr *f*; (*right*) Recht *nt* ♦ *adv* (*south etc*) genau; **~s** *npl* (*for club*) Beitrag *m*; (*NAUT*) Gebühren *pl*; **~ to** wegen +*gen*

duel ['djuəl] *n* Duell *nt*

duet [djuː'et] *n* Duett *nt*

duffel ['dʌfl] *adj*: **~ bag** Matchbeutel *m*, Matchsack *m*

dug [dʌg] *pt, pp of* **dig**

duke [djuːk] *n* Herzog *m*

dull [dʌl] *adj* (*colour, weather*) trübe; (*stupid*) schwer von Begriff; (*boring*) langweilig ♦ *vt* abstumpfen

duly ['djuːlɪ] *adv* ordnungsgemäß

dumb [dʌm] *adj* stumm; (*inf: stupid*) doof, blöde; **~founded** [dʌm'faundɪd] *adj* verblüfft

dummy ['dʌmɪ] *n* Schneiderpuppe *f*; (*substitute*) Attrappe *f*; (*BRIT: for baby*) Schnuller *m* ♦ *adj* Schein-

dump [dʌmp] *n* Abfallhaufen *m*; (*MIL*) Stapelplatz *m*; (*inf: place*) Nest *nt* ♦ *vt* abladen, auskippen; **~ing** *n* (*COMM*) Schleuderexport *m*; (*of rubbish*)

Schuttabladen *nt*
dumpling ['dʌmplɪŋ] *n* Kloß *m*, Knödel *m*
dumpy ['dʌmpɪ] *adj* pummelig
dunce [dʌns] *n* Dummkopf *m*
dune [djuːn] *n* Düne *f*
dung [dʌŋ] *n* Dünger *m*
dungarees [dʌŋgə'riːz] *npl* Latzhose *f*
dungeon ['dʌndʒən] *n* Kerker *m*
dupe [djuːp] *n* Gefoppte(r) *m* ♦ *vt* hintergehen, anführen
duplex ['djuːpleks] (*US*) *n* zweistöckige Wohnung *f*
duplicate [*n* 'djuːplɪkət, *vb* 'djuːplɪkeɪt] *n* Duplikat *nt* ♦ *vt* verdoppeln; (*make copies*) kopieren; **in ~** in doppelter Ausführung
duplicity [djuː'plɪsɪtɪ] *n* Doppelspiel *nt*
durable ['djuərəbl] *adj* haltbar
duration [djuə'reɪʃən] *n* Dauer *f*
duress [djuə'res] *n*: **under ~** unter Zwang
during ['djuərɪŋ] *prep* während +*gen*
dusk [dʌsk] *n* Abenddämmerung *f*
dust [dʌst] *n* Staub *m* ♦ *vt* abstauben; (*sprinkle*) bestäuben; **~bin** *n* (*BRIT*) Mülleimer *m*; **~er** *n* Staubtuch *nt*; **~ jacket** *n* Schutzumschlag *m*; **~man** (*BRIT: irreg*) *n* Müllmann *m*; **~y** *adj* staubig
Dutch [dʌtʃ] *adj* holländisch, niederländisch ♦ *n* (*LING*) Holländisch *nt*, Niederländisch *nt*; **the ~** *npl* (*people*) die Holländer *pl*, die Niederländer *pl*; **to go ~** getrennte Kasse machen; **~man/woman** (*irreg*) *n* Holländer(in) *m(f)*, Niederländer(in) *m(f)*
dutiful ['djuːtɪful] *adj* pflichtbewusst
duty ['djuːtɪ] *n* Pflicht *f*; (*job*) Aufgabe *f*; (*tax*) Einfuhrzoll *m*; **on ~** im Dienst; **~ chemist's** *n* Apotheke *f* im Bereitschaftsdienst; **~-free** *adj* zollfrei
duvet ['duːveɪ] (*BRIT*) *n* Daunendecke *f*
DVD *n abbr* (= *digital video disc*) DVD *f*
dwarf [dwɔːf] (*pl* **dwarves**) *n* Zwerg *m* ♦ *vt* überragen
dwell [dwel] (*pt, pp* **dwelt**) *vi* wohnen; **~ on** *vt fus* verweilen bei; **~ing** *n* Wohnung *f*
dwelt [dwelt] *pt, pp of* **dwell**
dwindle ['dwɪndl] *vi* schwinden
dye [daɪ] *n* Farbstoff *m* ♦ *vt* färben
dying ['daɪɪŋ] *adj* (*person*) sterbend;

(*moments*) letzt
dyke [daɪk] (*BRIT*) n (*channel*) Kanal m;
(*barrier*) Deich m, Damm m
dynamic [daɪ'næmɪk] adj dynamisch
dynamite ['daɪnəmaɪt] n Dynamit nt
dyslexia [dɪs'lɛksɪə] n Legasthenie f

E, e

E [iː] n (*MUS*) E nt
each [iːtʃ] adj jeder/jede/jedes ♦ pron (ein)
jeder/(eine) jede/(ein) jedes; ~ **other**
einander, sich; **they have two books** ~ sie
haben je zwei Bücher
eager ['iːgəʳ] adj eifrig
eagle ['iːgl] n Adler m
ear [ɪəʳ] n Ohr nt; (*of corn*) Ähre f; ~**ache** n
Ohrenschmerzen pl; ~**drum** n Trommelfell
nt
earl [əːl] n Graf m
earlier ['əːlɪəʳ] adj, adv früher; **I can't come
any** ~ ich kann nicht früher or eher
kommen
early ['əːlɪ] adj, adv früh; ~ **retirement** n
vorzeitige Pensionierung
earmark ['ɪəmɑːk] vt vorsehen
earn [əːn] vt verdienen
earnest ['əːnɪst] adj ernst; **in** ~ im Ernst
earnings ['əːnɪŋz] npl Verdienst m
ear: ~**phones** ['ɪəfəunz] npl Kopfhörer pl;
~**ring** ['ɪərɪŋ] n Ohrring m; ~**shot** ['ɪəʃɔt] n
Hörweite f
earth [əːθ] n Erde f; (*BRIT: ELEC*) Erdung f ♦ vt
erden; ~**enware** n Steingut nt; ~**quake** n
Erdbeben nt; ~**y** adj roh
earwig ['ɪəwɪg] n Ohrwurm m
ease [iːz] n (*simplicity*) Leichtigkeit f; (*social*)
Ungezwungenheit f ♦ vt (*pain*) lindern;
(*burden*) erleichtern; **at** ~ ungezwungen;
(*MIL*) rührt euch!; ~ **off** or **up** vi
nachlassen
easel ['iːzl] n Staffelei f
easily ['iːzɪlɪ] adv leicht
east [iːst] n Osten m ♦ adj östlich ♦ adv nach
Osten
Easter ['iːstəʳ] n Ostern nt; ~ **egg** n Osterei

nt
east: ~**erly** adj östlich, Ost-; ~**ern** adj
östlich; ~**ward(s)** adv ostwärts
easy ['iːzɪ] adj (*task*) einfach; (*life*) bequem;
(*manner*) ungezwungen, natürlich ♦ adv
leicht; ~ **chair** n Sessel m; ~-**going** adj
gelassen; (*lax*) lässig
eat [iːt] (*pt* ate, *pp* eaten) vt essen; (*animals*)
fressen; (*destroy*) (zer)fressen ♦ vi essen;
fressen; ~ **away** vt zerfressen; ~ **into** vt
fus zerfressen; ~**en** pp of **eat**
eau de Cologne ['əudəkə'ləun] n
Kölnischwasser nt
eaves [iːvz] npl Dachrand m
eavesdrop ['iːvzdrɔp] vi lauschen; **to** ~ **on
sb** jdn belauschen
ebb [ɛb] n Ebbe f ♦ vi (*fig: also:* ~ **away**)
(ab)ebben
ebony ['ɛbənɪ] n Ebenholz nt
EC n abbr (= European Community) EG f
ECB n abbr (= European Central Bank) EZB f
eccentric [ɪk'sɛntrɪk] adj exzentrisch ♦ n
Exzentriker(in) m(f)
ecclesiastical [ɪkliːzɪ'æstɪkl] adj kirchlich
echo ['ɛkəu] (*pl* ~**es**) n Echo nt ♦ vt
zurückwerfen; (*fig*) nachbeten ♦ vi
widerhallen
eclipse [ɪ'klɪps] n Finsternis f ♦ vt verfinstern
ecology [ɪ'kɔlədʒɪ] n Ökologie f
e-commerce ['iːkɔməːs] n Onlinehandel m
economic [iːkə'nɔmɪk] adj wirtschaftlich;
~**al** adj wirtschaftlich; (*person*) sparsam; ~
refugee n Wirtschaftsflüchtling m; ~**s** n
Volkswirtschaft f
economist [ɪ'kɔnəmɪst] n
Volkswirt(schaftler) m
economize [ɪ'kɔnəmaɪz] vi sparen
economy [ɪ'kɔnəmɪ] n (*thrift*) Sparsamkeit f;
(*of country*) Wirtschaft f; ~ **class** n
Touristenklasse f
ecstasy ['ɛkstəsɪ] n Ekstase f; (*drug*) Ecstasy
nt; **ecstatic** [ɛks'tætɪk] adj hingerissen
ECU ['eɪkjuː] n abbr (= European Currency
Unit) ECU f
eczema ['ɛksɪmə] n Ekzem nt
edge [ɛdʒ] n Rand m; (*of knife*) Schneide f
♦ vt (*SEWING*) einfassen; **on** ~ (*fig*) = **edgy;**

to ~ away from langsam abrücken von; **~ways** adv: **he couldn't get a word in ~ways** er kam überhaupt nicht zu Wort

edgy ['edʒɪ] adj nervös

edible ['edɪbl] adj essbar

edict ['iːdɪkt] n Erlass m

edit ['edɪt] vt redigieren; **~ion** [ɪ'dɪʃən] n Ausgabe f; **~or** n (of newspaper) Redakteur m; (of book) Lektor m; **~orial** [edɪ'tɔːrɪəl] adj Redaktions- ♦ n Leitartikel m

educate ['edjukeɪt] vt erziehen, (aus)bilden; **~d** adj gebildet; **education** [edju'keɪʃən] n (teaching) Unterricht m; (system) Schulwesen nt; (schooling) Erziehung f; Bildung f; **educational** adj pädagogisch

eel [iːl] n Aal m

eerie ['ɪərɪ] adj unheimlich

effect [ɪ'fekt] n Wirkung f ♦ vt bewirken; **~s** npl (sound, visual) Effekte pl; **in ~** in der Tat; **to take ~** (law) in Kraft treten; (drug) wirken; **~ive** adj wirksam, effektiv; **~ively** adv wirksam, effektiv

effeminate [ɪ'femɪnɪt] adj weibisch

effervescent [efə'vesnt] adj (also fig) sprudelnd

efficiency [ɪ'fɪʃənsɪ] n Leistungsfähigkeit f

efficient [ɪ'fɪʃənt] adj tüchtig; (TECH) leistungsfähig; (method) wirksam

effigy ['efɪdʒɪ] n Abbild nt

effort ['efət] n Anstrengung f; **~less** adj mühelos

effusive [ɪ'fjuːsɪv] adj überschwänglich

e.g. adv abbr (= exempli gratia) z. B.

egalitarian [ɪgælɪ'teərɪən] adj Gleichheits-, egalitär

egg [eg] n Ei nt; **~ on** vt anstacheln; **~cup** n Eierbecher m; **~plant** (esp US) n Aubergine f; **~shell** n Eierschale f

ego ['iːgəʊ] n Ich nt, Selbst nt; **~tism** ['egəʊtɪzəm] n Ichbezogenheit f; **~tist** ['egəʊtɪst] n Egozentriker m

Egypt ['iːdʒɪpt] n Ägypten nt; **~ian** [ɪ'dʒɪpʃən] adj ägyptisch ♦ n Ägypter(in) m(f)

eiderdown ['aɪdədaʊn] n Daunendecke f

eight [eɪt] num acht; **~een** num achtzehn; **~h** [eɪtθ] adj achte(r, s) ♦ n Achtel nt; **~y** num achtzig

Eire ['eərə] n Irland nt

either ['aɪðəʳ] conj: **~ ... or** entweder ... oder ♦ pron: **~ of the two** eine(r, s) von beiden ♦ adj: **on ~ side** auf beiden Seiten ♦ adv: **I don't ~** ich auch nicht; **I don't want ~** ich will keins von beiden

eject [ɪ'dʒekt] vt ausstoßen, vertreiben

eke [iːk] vt: **to ~ out** strecken

elaborate [adj ɪ'læbərɪt, vb ɪ'læbəreɪt] adj sorgfältig ausgearbeitet, ausführlich ♦ vt sorgfältig ausarbeiten ♦ vi ausführlich darstellen

elapse [ɪ'læps] vi vergehen

elastic [ɪ'læstɪk] n Gummiband nt ♦ adj elastisch; **~ band** (BRIT) n Gummiband nt

elated [ɪ'leɪtɪd] adj froh

elation [ɪ'leɪʃən] n gehobene Stimmung f

elbow ['elbəʊ] n Ellbogen m

elder ['eldəʳ] adj älter ♦ n Ältere(r) f(m); **~ly** adj ältere(r, s) ♦ npl: **the ~ly** die Älteren pl; **eldest** ['eldɪst] adj älteste(r, s) ♦ n Älteste(r) f(m)

elect [ɪ'lekt] vt wählen ♦ adj zukünftig; **~ion** [ɪ'lekʃən] n Wahl f; **~ioneering** [ɪlekʃə'nɪərɪŋ] n Wahlpropaganda f; **~or** n Wähler m; **~oral** adj Wahl-; **~orate** n Wähler pl, Wählerschaft f

electric [ɪ'lektrɪk] adj elektrisch, Elektro-; **~al** adj elektrisch; **~ blanket** n Heizdecke f; **~ chair** n elektrische(r) Stuhl m; **~ fire** n elektrische(r) Heizofen m

electrician [ɪlek'trɪʃən] n Elektriker m

electricity [ɪlek'trɪsɪtɪ] n Elektrizität f

electrify [ɪ'lektrɪfaɪ] vt elektrifizieren; (fig) elektrisieren

electrocute [ɪ'lektrəkjuːt] vt durch elektrischen Strom töten

electronic [ɪlek'trɔnɪk] adj elektronisch, Elektronen-; **~ mail** n E-Mail f; **~s** n Elektronik f

elegance ['elɪgəns] n Eleganz f; **elegant** ['elɪgənt] adj elegant

element ['elɪmənt] n Element nt; **~ary** [elɪ'mentərɪ] adj einfach; (primary) Grund-

elephant ['elɪfənt] n Elefant m

elevate ['elɪveɪt] vt emporheben; **elevation** [elɪ'veɪʃən] n (height) Erhebung f; (ARCHIT)

(Quer)schnitt *m;* **elevator** (*US*) *n* Fahrstuhl *m,* Aufzug *m*

eleven [ɪ'lɛvn] *num* elf; **~ses** (*BRIT*) *npl* ≈ zweite(s) Frühstück *nt;* **~th** *adj* elfte(r, s)

elicit [ɪ'lɪsɪt] *vt* herausbekommen

eligible ['ɛlɪdʒəbl] *adj* wählbar; **to be ~ for a pension** pensionsberechtigt sein

eliminate [ɪ'lɪmɪneɪt] *vt* ausschalten

elite [eɪ'liːt] *n* Elite *f*

elm [ɛlm] *n* Ulme *f*

elocution [ɛlə'kjuːʃən] *n* Sprecherziehung *f*

elongated ['iːlɔŋgeɪtɪd] *adj* verlängert

elope [ɪ'ləʊp] *vi* entlaufen

eloquence ['ɛləkwəns] *n* Beredsamkeit *f;* **eloquent** *adj* redegewandt

else [ɛls] *adv* sonst; **who ~?** wer sonst?; **somebody ~** jemand anders; **or ~** sonst; **~where** *adv* anderswo, woanders

elude [ɪ'luːd] *vt* entgehen +*dat*

elusive [ɪ'luːsɪv] *adj* schwer fassbar

emaciated [ɪ'meɪsɪeɪtɪd] *adj* abgezehrt

e-mail ['iːmeɪl] *n abbr* (= *electronic mail*) E-Mail *f ♦ vti* mailen

emancipation [ɪmænsɪ'peɪʃən] *n* Emanzipation *f;* Freilassung *f*

embankment [ɪm'bæŋkmənt] *n* (*of river*) Uferböschung *f;* (*of road*) Straßendamm *m*

embargo [ɪm'baːgəʊ] (*pl* **~es**) *n* Embargo *nt*

embark [ɪm'baːk] *vi* sich einschiffen; **~ on** *vt fus* unternehmen; **~ation** [ɛmbaː'keɪʃən] *n* Einschiffung *f*

embarrass [ɪm'bærəs] *vt* in Verlegenheit bringen; **~ed** *adj* verlegen; **~ing** *adj* peinlich; **~ment** *n* Verlegenheit *f*

embassy ['ɛmbəsɪ] *n* Botschaft *f*

embed [ɪm'bɛd] *vt* einbetten

embellish [ɪm'bɛlɪʃ] *vt* verschönern

embers ['ɛmbəz] *npl* Glut(asche) *f*

embezzle [ɪm'bɛzl] *vt* unterschlagen; **~ment** *n* Unterschlagung *f*

embitter [ɪm'bɪtəʳ] *vt* verbittern

embody [ɪm'bɒdɪ] *vt* (*ideas*) verkörpern; (*new features*) (in sich) vereinigen

embossed [ɪm'bɒst] *adj* geprägt

embrace [ɪm'breɪs] *vt* umarmen; (*include*) einschließen *♦ vi* sich umarmen *♦ n* Umarmung *f*

embroider [ɪm'brɔɪdəʳ] *vt* (be)sticken; (*story*) ausschmücken; **~y** *n* Stickerei *f*

emerald ['ɛmərəld] *n* Smaragd *m*

emerge [ɪ'mɜːdʒ] *vi* auftauchen; (*truth*) herauskommen; **~nce** *n* Erscheinen *nt*

emergency [ɪ'mɜːdʒənsɪ] *n* Notfall *m;* **~ cord** (*US*) *n* Notbremse *f;* **~ exit** *n* Notausgang *m;* **~ landing** *n* Notlandung *f;* **~ services** *npl* Notdienste *pl*

emery board ['ɛmərɪ-] *n* Papiernagelfeile *f*

emigrant ['ɛmɪgrənt] *n* Auswanderer *m*

emigrate ['ɛmɪgreɪt] *vi* auswandern; **emigration** [ɛmɪ'greɪʃən] *n* Auswanderung *f*

eminence ['ɛmɪnəns] *n* hohe(r) Rang *m*

eminent ['ɛmɪnənt] *adj* bedeutend

emission [ɪ'mɪʃən] *n* Ausströmen *nt;* **~s** *npl* Emissionen *fpl*

emit [ɪ'mɪt] *vt* von sich *dat* geben

emotion [ɪ'məʊʃən] *n* Emotion *f,* Gefühl *nt;* **~al** *adj* (*person*) emotional; (*scene*) ergreifend

emotive [ɪ'məʊtɪv] *adj* gefühlsbetont

emperor ['ɛmpərəʳ] *n* Kaiser *m*

emphases ['ɛmfəsiːz] *npl of* **emphasis**

emphasis ['ɛmfəsɪs] *n* (*LING*) Betonung *f;* (*fig*) Nachdruck *m;* **emphasize** ['ɛmfəsaɪz] *vt* betonen

emphatic [ɛm'fætɪk] *adj* nachdrücklich; **~ally** *adv* nachdrücklich

empire ['ɛmpaɪəʳ] *n* Reich *nt*

empirical [ɛm'pɪrɪkl] *adj* empirisch

employ [ɪm'plɔɪ] *vt* (*hire*) anstellen; (*use*) verwenden; **~ee** [ɪmplɔɪ'iː] *n* Angestellte(r) *f(m);* **~er** *n* Arbeitgeber(in) *m(f);* **~ment** *n* Beschäftigung *f;* **~ment agency** *n* Stellenvermittlung *f*

empower [ɪm'paʊəʳ] *vt:* **to ~ sb to do sth** jdn ermächtigen, etw zu tun

empress ['ɛmprɪs] *n* Kaiserin *f*

emptiness ['ɛmptɪnɪs] *n* Leere *f*

empty ['ɛmptɪ] *adj* leer *♦ n* (*bottle*) Leergut *nt ♦ vt* (*contents*) leeren; (*container*) ausleeren *♦ vi* (*water*) abfließen; (*river*) münden; (*house*) sich leeren; **~-handed** *adj* mit leeren Händen

EMU ['iːmjuː] *n abbr* (= *economic and monetary union*) EWU *f*

emulate ['ɛmjuleɪt] vt nacheifern +dat

emulsion [ɪ'mʌlʃən] n Emulsion f

enable [ɪ'neɪbl] vt: **to ~ sb to do sth** es jdm ermöglichen, etw zu tun

enact [ɪ'nækt] vt (law) erlassen; (play) aufführen; (role) spielen

enamel [ɪ'næməl] n Email nt; (of teeth) (Zahn)schmelz m

encased [ɪn'keɪst] adj: **~ in** (enclosed) eingeschlossen in +dat; (covered) verkleidet mit

enchant [ɪn'tʃɑːnt] vt bezaubern; **~ing** adj entzückend

encircle [ɪn'sɜːkl] vt umringen

encl. abbr (= enclosed) Anl.

enclose [ɪn'kləuz] vt einschließen; **to ~ sth (in** or **with a letter)** beilegen; (einem Brief) beilegen; **~d** (in letter) beiliegend, anbei; **enclosure** [ɪn'kləuʒər] n Einfriedung f; (in letter) Anlage f

encompass [ɪn'kʌmpəs] vt (include) umfassen

encore [ɔŋ'kɔːr] n Zugabe f

encounter [ɪn'kauntər] n Begegnung f; (MIL) Zusammenstoß m ♦ vt treffen; (resistance) stoßen auf +acc

encourage [ɪn'kʌrɪdʒ] vt ermutigen; **~ment** n Ermutigung f, Förderung f; **encouraging** adj ermutigend, viel versprechend

encroach [ɪn'krəutʃ] vi: **to ~ (up)on** eindringen in +acc; (time) in Anspruch nehmen

encrusted [ɪn'krʌstɪd] adj: **~ with** besetzt mit

encyclop(a)edia [ɛnsaɪkləu'piːdɪə] n Konversationslexikon nt

end [ɛnd] n Ende nt, Schluss m; (purpose) Zweck m ♦ vt (also: **bring to an ~, put an ~ to**) beenden ♦ vi zu Ende gehen; **in the ~** zum Schluss; **on ~** (object) hochkant; **to stand on ~** (hair) zu Berge stehen; **for hours on ~** stundenlang; **~ up** vi landen

endanger [ɪn'deɪndʒər] vt gefährden; **~ed species** n eine vom Aussterben bedrohte Art

endearing [ɪn'dɪərɪŋ] adj gewinnend

endeavour [ɪn'dɛvər] (US **endeavor**) n Bestrebung f ♦ vi sich bemühen

ending ['ɛndɪŋ] n Ende nt

endless ['ɛndlɪs] adj endlos

endorse [ɪn'dɔːs] vt unterzeichnen; (approve) unterstützen; **~ment** n (AUT) Eintrag m

endow [ɪn'dau] vt: **to ~ sb with sth** jdm etw verleihen; (with money) jdm etw stiften

endurance [ɪn'djuərəns] n Ausdauer f

endure [ɪn'djuər] vt ertragen ♦ vi (last) (fort)dauern

enemy ['ɛnəmɪ] n Feind m ♦ adj feindlich

energetic [ɛnə'dʒɛtɪk] adj tatkräftig

energy ['ɛnədʒɪ] n Energie f

enforce [ɪn'fɔːs] vt durchsetzen

engage [ɪn'geɪdʒ] vt (employ) einstellen; (in conversation) verwickeln; (TECH) einschalten ♦ vi (TECH) ineinander greifen; (clutch) fassen; **to ~ in** sich beteiligen an +dat; **~d** adj verlobt; (BRIT: TEL, toilet) besetzt; (: busy) beschäftigt; **to get ~d** sich verloben; **~d tone** (BRIT) n (TEL) Besetztzeichen nt; **~ment** n (appointment) Verabredung f; (to marry) Verlobung f; (MIL) Gefecht nt; **~ment ring** n Verlobungsring m; **engaging** adj gewinnend

engender [ɪn'dʒɛndər] vt hervorrufen

engine ['ɛndʒɪn] n (AUT) Motor m; (RAIL) Lokomotive f; **~ driver** n Lok(omotiv)führer(in) m(f)

engineer [ɛndʒɪ'nɪər] n Ingenieur m; (US: RAIL) Lok(omotiv)führer(in) m(f); **~ing** [ɛndʒɪ'nɪərɪŋ] n Technik f

England ['ɪŋglənd] n England nt

English ['ɪŋglɪʃ] adj englisch ♦ n (LING) Englisch nt; **the ~** npl (people) die Engländer pl; **~ Channel** n: **the ~ Channel** der Ärmelkanal m; **~man / woman** (irreg) n Engländer(in) m(f)

engraving [ɪn'greɪvɪŋ] n Stich m

engrossed [ɪn'grəust] adj vertieft

engulf [ɪn'gʌlf] vt verschlingen

enhance [ɪn'hɑːns] vt steigern, heben

enigma [ɪ'nɪgmə] n Rätsel nt; **~tic** [ɛnɪg'mætɪk] adj rätselhaft

enjoy [ɪn'dʒɔɪ] vt genießen; (privilege) besitzen; **to ~ o.s.** sich amüsieren; **~able**

adj erfreulich; **~ment** *n* Genuss *m*, Freude *f*

enlarge [ɪn'lɑːdʒ] *vt* erweitern; (*PHOT*) vergrößern ♦ *vi*: **to ~ on sth** etw weiter ausführen; **~ment** *n* Vergrößerung *f*

enlighten [ɪn'laɪtn] *vt* aufklären; **~ment** *n*: **the E~ment** (*HIST*) die Aufklärung

enlist [ɪn'lɪst] *vt* gewinnen ♦ *vi* (*MIL*) sich melden

enmity ['enmɪtɪ] *n* Feindschaft *f*

enormity [ɪ'nɔːmɪtɪ] *n* Ungeheuerlichkeit *f*

enormous [ɪ'nɔːməs] *adj* ungeheuer

enough [ɪ'nʌf] *adj, adv* genug; **funnily ~** komischerweise

enquire [ɪn'kwaɪəʳ] *vt, vi* = **inquire**

enrage [ɪn'reɪdʒ] *vt* wütend machen

enrich [ɪn'rɪtʃ] *vt* bereichern

enrol [ɪn'rəʊl] *vt* einschreiben ♦ *vi* (*register*) sich anmelden; **~ment** *n* (*for course*) Anmeldung *f*

en route [ɒn'ruːt] *adv* unterwegs

ensign [*n* 'ensaɪn, 'ensən] *n* (*NAUT*) Flagge *f*; (*MIL*) Fähnrich *m*

enslave [ɪn'sleɪv] *vt* versklaven

ensue [ɪn'sjuː] *vi* folgen, sich ergeben

en suite [ɒnswiːt] *adj*: **room with ~ bathroom** Zimmer *nt* mit eigenem Bad

ensure [ɪn'ʃʊəʳ] *vt* garantieren

entail [ɪn'teɪl] *vt* mit sich bringen

entangle [ɪn'tæŋgl] *vt* verwirren, verstricken; **~d** *adj*: **to become ~d (in)** (*in net, rope etc*) sich verfangen (in +*dat*)

enter ['entəʳ] *vt* eintreten in +*dat*, betreten; (*club*) beitreten +*dat*; (*in book*) eintragen ♦ *vi* hereinkommen, hineingehen; **~ for** *vt fus* sich beteiligen an +*dat*; **~ into** *vt fus* (*agreement*) eingehen; (*plans*) eine Rolle spielen bei; **~ (up)on** *vt fus* beginnen

enterprise ['entəpraɪz] *n* (*in person*) Initiative *f*; (*COMM*) Unternehmen *nt*; **enterprising** ['entəpraɪzɪŋ] *adj* unternehmungslustig

entertain [entə'teɪn] *vt* (*guest*) bewirten; (*amuse*) unterhalten; **~er** *n* Unterhaltungskünstler(in) *m(f)*; **~ing** *adj* unterhaltsam; **~ment** *n* Unterhaltung *f*

enthralled [ɪn'θrɔːld] *adj* gefesselt

enthusiasm [ɪn'θuːzɪæzəm] *n* Begeisterung *f*

enthusiast [ɪn'θuːzɪæst] *n* Enthusiast *m*; **~ic** [ɪnθuːzɪ'æstɪk] *adj* begeistert

entice [ɪn'taɪs] *vt* verleiten, locken

entire [ɪn'taɪəʳ] *adj* ganz; **~ly** *adv* ganz, völlig; **~ty** [ɪn'taɪərətɪ] *n*: **in its ~ty** in seiner Gesamtheit

entitle [ɪn'taɪtl] *vt* (*allow*) berechtigen; (*name*) betiteln; **~d** *adj* (*book*) mit dem Titel; **to be ~d to sth** das Recht auf etw *acc* haben; **to be ~d to do sth** das Recht haben, etw zu tun

entity ['entɪtɪ] *n* Ding *nt*, Wesen *nt*

entourage [ɒntu'rɑːʒ] *n* Gefolge *nt*

entrails ['entreɪlz] *npl* Eingeweide *pl*

entrance [*n* 'entrns, *vb* ɪn'trɑːns] *n* Eingang *m*; (*entering*) Eintritt *m* ♦ *vt* hinreißen; **~ examination** *n* Aufnahmeprüfung *f*; **~ fee** *n* Eintrittsgeld *nt*; **~ ramp** (*US*) *n* (*AUT*) Einfahrt *f*

entrant ['entrnt] *n* (*for exam*) Kandidat *m*; (*in race*) Teilnehmer *m*

entreat [en'triːt] *vt* anflehen

entrenched [en'trentʃt] *adj* (*fig*) verwurzelt

entrepreneur ['ɒntrəprə'nɜːʳ] *n* Unternehmer(in) *m(f)*

entrust [ɪn'trʌst] *vt*: **to ~ sb with sth** *or* **sth to sb** jdm etw anvertrauen

entry ['entrɪ] *n* Eingang *m*; (*THEAT*) Auftritt *m*; (*in account*) Eintragung *f*; (*in dictionary*) Eintrag *m*; **"no ~"** "Eintritt verboten"; (*for cars*) "Einfahrt verboten"; **~ form** *n* Anmeldeformular *nt*; **~ phone** *n* Sprechanlage *f*

enumerate [ɪ'njuːməreɪt] *vt* aufzählen

enunciate [ɪ'nʌnsɪeɪt] *vt* aussprechen

envelop [ɪn'veləp] *vt* einhüllen

envelope ['envələup] *n* Umschlag *m*

enviable ['envɪəbl] *adj* beneidenswert

envious ['envɪəs] *adj* neidisch

environment [ɪn'vaɪərnmənt] *n* Umgebung *f*; (*ECOLOGY*) Umwelt *f*; **~al** [ɪnvaɪərn'mentl] *adj* Umwelt-; **~-friendly** *adj* umweltfreundlich

envisage [ɪn'vɪzɪdʒ] *vt* sich *dat* vorstellen

envoy ['envɔɪ] *n* Gesandte(r) *mf*

envy ['envɪ] *n* Neid *m* ♦ *vt*: **to ~ sb sth** jdn um etw beneiden

enzyme ['enzaɪm] *n* Enzym *nt*

epic ['epɪk] n Epos nt ♦ adj episch
epidemic [epɪ'demɪk] n Epidemie f
epilepsy ['epɪlepsɪ] n Epilepsie f; **epileptic** [epɪ'leptɪk] adj epileptisch ♦ n Epileptiker(in) m(f)
episode ['epɪsəud] n (incident) Vorfall m; (story) Episode f
epitaph ['epɪtɑ:f] n Grabinschrift f
epitomize [ɪ'pɪtəmaɪz] vt verkörpern
equable ['ekwəbl] adj ausgeglichen
equal ['i:kwl] adj gleich ♦ n Gleichgestellte(r) mf ♦ vt gleichkommen +dat; **~ to the task** der Aufgabe gewachsen; **equality** [i:'kwɔlɪtɪ] n Gleichheit f; (equal rights) Gleichberechtigung f; **~ize** vt gleichmachen ♦ vi (SPORT) ausgleichen; **~izer** n (SPORT) Ausgleich(streffer) m; **~ly** adv gleich
equanimity [ekwə'nɪmɪtɪ] n Gleichmut m
equate [ɪ'kweɪt] vt gleichsetzen
equation [ɪ'kweɪʃən] n Gleichung f
equator [ɪ'kweɪtə] n Äquator m
equestrian [ɪ'kwestrɪən] adj Reit-
equilibrium [i:kwɪ'lɪbrɪəm] n Gleichgewicht nt
equinox ['i:kwɪnɔks] n Tagundnachtgleiche f
equip [ɪ'kwɪp] vt ausrüsten; **to be well ~ped** gut ausgerüstet sein; **~ment** n Ausrüstung f; (TECH) Gerät nt
equitable ['ekwɪtəbl] adj gerecht, billig
equities ['ekwɪtɪz] (BRIT) npl (FIN) Stammaktien pl
equivalent [ɪ'kwɪvələnt] adj gleichwertig, entsprechend ♦ n Äquivalent nt; (in money) Gegenwert m; **~ to** gleichwertig +dat, entsprechend +dat
equivocal [ɪ'kwɪvəkl] adj zweideutig
era ['ɪərə] n Epoche f, Ära f
eradicate [ɪ'rædɪkeɪt] vt ausrotten
erase [ɪ'reɪz] vt ausradieren; (tape) löschen; **~r** n Radiergummi m
erect [ɪ'rekt] adj aufrecht ♦ vt errichten; **~ion** [ɪ'rekʃən] n Errichtung f; (ANAT) Erektion f
ERM n abbr (= Exchange Rate Mechanism) Wechselkursmechanismus m
erode [ɪ'rəud] vt zerfressen; (land)

auswaschen
erotic [ɪ'rɔtɪk] adj erotisch
err [ə:] vi sich irren
errand ['erənd] n Besorgung f
erratic [ɪ'rætɪk] adj unberechenbar
erroneous [ɪ'rəunɪəs] adj irrig
error ['erə] n Fehler m
erupt [ɪ'rʌpt] vi ausbrechen; **~ion** [ɪ'rʌpʃən] n Ausbruch m
escalate ['eskəleɪt] vi sich steigern
escalator ['eskəleɪtə] n Rolltreppe f
escape [ɪs'keɪp] n Flucht f; (of gas) Entweichen nt ♦ vi entkommen; (prisoners) fliehen; (leak) entweichen ♦ vt entkommen +dat; **escapism** n Flucht f (vor der Wirklichkeit)
escort [n 'eskɔ:t, vb ɪs'kɔ:t] n (person accompanying) Begleiter m; (guard) Eskorte f ♦ vt (lady) begleiten; (MIL) eskortieren
Eskimo ['eskɪməu] n Eskimo(frau) m(f)
especially [ɪs'peʃlɪ] adv besonders
espionage ['espɪənɑ:ʒ] n Spionage f
esplanade [esplə'neɪd] n Promenade f
Esquire [ɪs'kwaɪə] n: **J. Brown ~** Herrn J. Brown
essay ['eseɪ] n Aufsatz m; (LITER) Essay m
essence ['esns] n (quality) Wesen nt; (extract) Essenz f
essential [ɪ'senʃl] adj (necessary) unentbehrlich; (basic) wesentlich ♦ n Allernötigste(s) nt; **~ly** adv eigentlich
establish [ɪs'tæblɪʃ] vt (set up) gründen; (prove) nachweisen; **~ed** adj anerkannt; (belief, laws etc) herrschend; **~ment** n (setting up) Einrichtung f
estate [ɪs'teɪt] n Gut nt; (BRIT: housing ~) Siedlung f; (will) Nachlass m; **~ agent** (BRIT) n Grundstücksmakler m; **~ car** (BRIT) n Kombiwagen m
esteem [ɪs'ti:m] n Wertschätzung f
esthetic [ɪs'θetɪk] (US) adj = aesthetic
estimate [n 'estɪmət, vb 'estɪmeɪt] n Schätzung f; (of price) (Kosten)voranschlag m ♦ vt schätzen; **estimation** [estɪ'meɪʃən] n Einschätzung f; (esteem) Achtung f
estranged [ɪs'treɪndʒd] adj entfremdet
estuary ['estjuərɪ] n Mündung f

etc *abbr* (= *et cetera*) usw.

etching ['etʃɪŋ] *n* Kupferstich *m*

eternal [ɪ'tə:nl] *adj* ewig

eternity [ɪ'tə:nɪtɪ] *n* Ewigkeit *f*

ether ['i:θər] *n* Äther *m*

ethical ['eθɪkl] *adj* ethisch

ethics ['eθɪks] *n* Ethik *f* ♦ *npl* Moral *f*

Ethiopia [i:θɪ'əʊpɪə] *n* Äthiopien *nt*

ethnic ['eθnɪk] *adj* Volks-, ethnisch; **~ minority** *n* ethnische Minderheit *f*

ethos ['i:θɒs] *n* Gesinnung *f*

etiquette ['etɪket] *n* Etikette *f*

EU *abbr* (= *European Union*) EU *f*

euphemism ['ju:fəmɪzəm] *n* Euphemismus *m*

euro ['juərəʊ] *n* (FIN) Euro *m*

Eurocheque ['juərəʊtʃek] *n* Euroscheck *m*

Euroland ['juərəʊlænd] *n* Eurozone *f*, Euroland *nt*

Europe ['juərəp] *n* Europa *nt*; **~an** [juərə'pi:ən] *adj* europäisch ♦ *n* Europäer(in) *m(f)*; **~an Community** *n*: **the ~an Community** die Europäische Gemeinschaft

Euro-sceptic ['juərəʊskeptɪk] *n* Kritiker der Europäischen Gemeinschaft

evacuate [ɪ'vækjʊeɪt] *vt* (*place*) räumen; (*people*) evakuieren; **evacuation** [ɪvækjʊ'eɪʃən] *n* Räumung *f*; Evakuierung *f*

evade [ɪ'veɪd] *vt* (*escape*) entkommen +*dat*; (*avoid*) meiden; (*duty*) sich entziehen +*dat*

evaluate [ɪ'væljʊeɪt] *vt* bewerten; (*information*) auswerten

evaporate [ɪ'væpəreɪt] *vi* verdampfen ♦ *vt* verdampfen lassen; **~d milk** *n* Kondensmilch *f*

evasion [ɪ'veɪʒən] *n* Umgehung *f*

evasive [ɪ'veɪsɪv] *adj* ausweichend

eve [i:v] *n*: **on the ~ of** am Vorabend +*gen*

even ['i:vn] *adj* eben, gleichmäßig; (*score etc*) unentschieden; (*number*) gerade ♦ *adv*: **~ you** sogar du; **to get ~ with sb** jdm heimzahlen; **~ if** selbst wenn; **~ so** dennoch; **~ though** obwohl; **~ more** sogar noch mehr; **~ out** *vi* sich ausgleichen

evening ['i:vnɪŋ] *n* Abend *m*; **in the ~** abends, am Abend; **~ class** *n* Abendschule *f*; **~ dress** *n* (*man's*) Gesellschaftsanzug *m*;

(*woman's*) Abendkleid *nt*

event [ɪ'vent] *n* (*happening*) Ereignis *nt*; (SPORT) Disziplin *f*; **in the ~ of** im Falle +*gen*; **~ful** *adj* ereignisreich

eventual [ɪ'ventʃʊəl] *adj* (*final*) schließlich; **~ity** [ɪventʃʊ'ælɪtɪ] *n* Möglichkeit *f*; **~ly** *adv* am Ende; (*given time*) schließlich

ever ['evər] *adv* (*always*) immer; (*at any time*) je(mals) ♦ *conj* seit; **~ since** seitdem; **have you ~ seen it?** haben Sie es je gesehen?; **~green** *n* Immergrün *nt*; **~lasting** *adj* immer während

every ['evrɪ] *adj* jede(r, s); **~ other/third day** jeden zweiten/dritten Tag; **~ one of them** alle; **I have ~ confidence in him** ich habe uneingeschränktes Vertrauen in ihn; **we wish you ~ success** wir wünschen Ihnen viel Erfolg; **he's ~ bit as clever as his brother** er ist genauso klug wie sein Bruder; **~ now and then** ab und zu; **~body** *pron* = **everyone; ~day** *adj* (*daily*) täglich; (*commonplace*) alltäglich, Alltags-; **~one** *pron* jeder, alle *pl*; **~thing** *pron* alles; **~where** *adv* überall(hin); (*wherever*) wohin; **~where you go** wohin du auch gehst

evict [ɪ'vɪkt] *vt* ausweisen; **~ion** [ɪ'vɪkʃən] *n* Ausweisung *f*

evidence ['evɪdns] *n* (*sign*) Spur *f*; (*proof*) Beweis *m*; (*testimony*) Aussage *f*

evident ['evɪdnt] *adj* augenscheinlich; **~ly** *adv* offensichtlich

evil ['i:vl] *adj* böse ♦ *n* Böse *nt*

evocative [ɪ'vɒkətɪv] *adj*: **to be ~ of sth** an etw *acc* erinnern

evoke [ɪ'vəʊk] *vt* hervorrufen

evolution [i:və'lu:ʃən] *n* Entwicklung *f*; (*of life*) Evolution *f*

evolve [ɪ'vɒlv] *vt* entwickeln ♦ *vi* sich entwickeln

ewe [ju:] *n* Mutterschaf *nt*

ex- [eks] *prefix* Ex-, Alt-, ehemalig

exacerbate [eks'æsəbeɪt] *vt* verschlimmern

exact [ɪg'zækt] *adj* genau ♦ *vt* (*demand*) verlangen; **~ing** *adj* anspruchsvoll; **~ly** *adv* genau

exaggerate [ɪg'zædʒəreɪt] *vt, vi* übertreiben; **exaggeration** [ɪgzædʒə'reɪʃən] *n*

Übertreibung f

exalted [ɪɡˈzɔːltɪd] adj (position, style) hoch; (person) exaltiert

exam [ɪɡˈzæm] n abbr (SCH) = **examination**

examination [ɪɡzæmɪˈneɪʃən] n Untersuchung f; (SCH) Prüfung f, Examen nt; (customs) Kontrolle f

examine [ɪɡˈzæmɪn] vt untersuchen; (SCH) prüfen; (consider) erwägen; **~r** n Prüfer m

example [ɪɡˈzɑːmpl] n Beispiel nt; **for ~** zum Beispiel

exasperate [ɪɡˈzɑːspəreɪt] vt zur Verzweiflung bringen; **exasperating** adj ärgerlich, zum Verzweifeln bringend; **exasperation** [ɪɡzɑːspəˈreɪʃən] n Verzweiflung f

excavate [ˈɛkskəveɪt] vt ausgraben; **excavation** [ɛkskəˈveɪʃən] n Ausgrabung f

exceed [ɪkˈsiːd] vt überschreiten; (hopes) übertreffen; **~ingly** adv äußerst

excel [ɪkˈsɛl] vi sich auszeichnen; **~lence** [ˈɛksələns] n Vortrefflichkeit f; **E~lency** [ˈɛksələnsɪ] n: **His E~lency** Seine Exzellenz f; **~lent** [ˈɛksələnt] adj ausgezeichnet

except [ɪkˈsɛpt] prep (also: **~ for, ~ing**) außer +dat ♦ vt ausnehmen; **~ion** [ɪkˈsɛpʃən] n Ausnahme f; **to take ~ion to** Anstoß nehmen an +dat; **~ional** [ɪkˈsɛpʃənl] adj außergewöhnlich

excerpt [ˈɛksəːpt] n Auszug m

excess [ɪkˈsɛs] n Übermaß nt; **an ~ of** ein Übermaß an +dat; **~ baggage** n Mehrgepäck nt; **~ fare** n Nachlösegebühr f; **~ive** adj übermäßig

exchange [ɪksˈtʃeɪndʒ] n Austausch m; (also: **telephone ~**) Zentrale f ♦ vt (goods) tauschen; (greetings) austauschen; (money, blows) wechseln; **~ rate** n Wechselkurs m

Exchequer [ɪksˈtʃɛkəʳ] (BRIT) n: **the ~** das Schatzamt

excise [ˈɛksaɪz] n Verbrauchssteuer f

excite [ɪkˈsaɪt] vt erregen; **to get ~d** sich aufregen; **~ment** n Aufregung f; **exciting** adj spannend

exclaim [ɪksˈkleɪm] vi ausrufen

exclamation [ɛkskləˈmeɪʃən] n Ausruf m; **~ mark** n Ausrufezeichen nt

exclude [ɪksˈkluːd] vt ausschließen

exclusion [ɪksˈkluːʒən] n Ausschluss m; **~ zone** n Sperrzone f

exclusive [ɪksˈkluːsɪv] adj (select) exklusiv; (sole) ausschließlich, Allein-; **~ of** exklusive +gen; **~ly** adv nur, ausschließlich

excrement [ˈɛkskrəmənt] n Kot m

excruciating [ɪksˈkruːʃieɪtɪŋ] adj qualvoll

excursion [ɪksˈkəːʃən] n Ausflug m

excusable [ɪksˈkjuːzəbl] adj entschuldbar

excuse [n ɪksˈkjuːs, vb ɪksˈkjuːz] n Entschuldigung f ♦ vt entschuldigen; **~ me!** entschuldigen Sie!

ex-directory [ˈɛksdɪˈrɛktərɪ] (BRIT) adj: **to be ~** nicht im Telefonbuch stehen

execute [ˈɛksɪkjuːt] vt (carry out) ausführen; (kill) hinrichten; **execution** [ɛksɪˈkjuːʃən] n Ausführung f; (killing) Hinrichtung f; **executioner** [ɛksɪˈkjuːʃnəʳ] n Scharfrichter m

executive [ɪɡˈzɛkjutɪv] n (COMM) Geschäftsführer m; (POL) Exekutive f ♦ adj Exekutiv-, ausführend

executor [ɪɡˈzɛkjutəʳ] n Testamentsvollstrecker m

exemplary [ɪɡˈzɛmplərɪ] adj musterhaft

exemplify [ɪɡˈzɛmplɪfaɪ] vt veranschaulichen

exempt [ɪɡˈzɛmpt] adj befreit ♦ vt befreien; **~ion** [ɪɡˈzɛmpʃən] n Befreiung f

exercise [ˈɛksəsaɪz] n Übung f ♦ vt (power) ausüben; (muscle, patience) üben; (dog) ausführen ♦ vi Sport treiben; **~ bike** n Heimtrainer m; **~ book** n (Schul)heft nt

exert [ɪɡˈzəːt] vt (influence) ausüben; **to ~ o.s.** sich anstrengen; **~ion** [ɪɡˈzəːʃən] n Anstrengung f

exhale [ɛksˈheɪl] vt, vi ausatmen

exhaust [ɪɡˈzɔːst] n (fumes) Abgase pl; (pipe) Auspuffrohr nt ♦ vt erschöpfen; **~ed** adj erschöpft; **~ion** [ɪɡˈzɔːstʃən] n Erschöpfung f; **~ive** adj erschöpfend

exhibit [ɪɡˈzɪbɪt] n (JUR) Beweisstück nt; (ART) Ausstellungsstück nt ♦ vt ausstellen; **~ion** [ɛksɪˈbɪʃən] n (ART) Ausstellung f; (of temper etc) Zurschaustellung f; **~ionist** [ɛksɪˈbɪʃənɪst] n Exhibitionist m

exhilarating [ɪɡˈzɪləreɪtɪŋ] adj erhebend

ex-husband n Ehemann m
exile ['ɛksaɪl] n Exil nt; (person) Verbannte(r) f(m) ♦ vt verbannen
exist [ɪg'zɪst] vi existieren; **~ence** n Existenz f; **~ing** adj bestehend
exit ['ɛksɪt] n Ausgang m; (THEAT) Abgang m ♦ vi (THEAT) abtreten; (COMPUT) aus einem Programm herausgehen; **~ poll** n bei Wahlen unmittelbar nach Verlassen der Wahllokale durchgeführte Umfrage; **~ ramp** (US) n (AUT) Ausfahrt f
exodus ['ɛksədəs] n Auszug m
exonerate [ɪg'zɒnəreɪt] vt entlasten
exorbitant [ɪg'zɔːbɪtnt] adj übermäßig; (price) Fantasie-
exotic [ɪg'zɒtɪk] adj exotisch
expand [ɪks'pænd] vt ausdehnen ♦ vi sich ausdehnen
expanse [ɪks'pæns] n Fläche f
expansion [ɪks'pænʃən] n Erweiterung f
expatriate [ɛks'pætrɪət] n Ausländer(in) m(f)
expect [ɪks'pɛkt] vt erwarten; (suppose) annehmen ♦ vi: **to be ~ing** ein Kind erwarten; **~ancy** n Erwartung f; **~ant mother** n werdende Mutter f; **~ation** [ɛkspɛk'teɪʃən] n Hoffnung f
expedient [ɪks'piːdɪənt] adj zweckdienlich ♦ n (Hilfs)mittel nt
expedition [ɛkspə'dɪʃən] n Expedition f
expel [ɪks'pɛl] vt ausweisen; (student) (ver)weisen
expend [ɪks'pɛnd] vt (effort) aufwenden; **~iture** n Ausgaben pl
expense [ɪks'pɛns] n Kosten pl; **~s** npl (COMM) Spesen pl; **at the ~ of** auf Kosten von; **~ account** n Spesenkonto nt; **expensive** [ɪks'pɛnsɪv] adj teuer
experience [ɪks'pɪərɪəns] n (incident) Erlebnis nt; (practice) Erfahrung f ♦ vt erleben; **~d** adj erfahren
experiment [ɪks'pɛrɪmənt] n Versuch m, Experiment nt ♦ vi experimentieren; **~al** [ɪkspɛrɪ'mɛntl] adj experimentell
expert ['ɛkspɜːt] n Fachmann m; (official) Sachverständige(r) m ♦ adj erfahren; **~ise** [ɛkspɜː'tiːz] n Sachkenntnis f
expire [ɪks'paɪər] vi (end) ablaufen; (ticket)

verfallen; (die) sterben; **expiry** n Ablauf m
explain [ɪks'pleɪn] vt erklären
explanation [ɛksplə'neɪʃən] n Erklärung f; **explanatory** [ɪks'plænətrɪ] adj erklärend
explicit [ɪks'plɪsɪt] adj ausdrücklich
explode [ɪks'pləʊd] vi explodieren ♦ vt (bomb) sprengen
exploit [n 'ɛksplɔɪt, vb ɪks'plɔɪt] n (Helden)tat f ♦ vt ausbeuten; **~ation** [ɛksplɔɪ'teɪʃən] n Ausbeutung f
exploration [ɛksplə'reɪʃən] n Erforschung f
exploratory [ɪks'plɒrətrɪ] adj Probe-
explore [ɪks'plɔːr] vt (travel) erforschen; (search) untersuchen; **~r** n Erforscher(in) m(f)
explosion [ɪks'pləʊʒən] n Explosion f; (fig) Ausbruch m
explosive [ɪks'pləʊsɪv] adj explosiv, Spreng- ♦ n Sprengstoff m
export [vb ɛks'pɔːt, n 'ɛkspɔːt] vt exportieren ♦ n Export m; cpd (trade) Export-; **~er** [ɛks'pɔːtər] n Exporteur m
expose [ɪks'pəʊz] vt (to danger etc) aussetzen; (impostor) entlarven; **to ~ sb to sth** jdn einer Sache dat aussetzen; **~d** adj (position) exponiert; **exposure** [ɪks'pəʊʒər] n (MED) Unterkühlung f; (PHOT) Belichtung f; **exposure meter** n Belichtungsmesser m
express [ɪks'prɛs] adj ausdrücklich; (speedy) Express-, Eil- ♦ n (RAIL) Schnellzug m ♦ adv (send) per Express ♦ vt ausdrücken; **to ~ o.s.** sich ausdrücken; **~ion** [ɪks'prɛʃən] n Ausdruck m; **~ive** adj ausdrucksvoll; **~ly** adv ausdrücklich; **~way** (US) n (urban motorway) Schnellstraße f
expulsion [ɪks'pʌlʃən] n Ausweisung f
exquisite [ɛks'kwɪzɪt] adj erlesen
extend [ɪks'tɛnd] vt (visit etc) verlängern; (building) ausbauen; (hand) ausstrecken; (welcome) bieten ♦ vi (land) sich erstrecken
extension [ɪks'tɛnʃən] n Erweiterung f; (of building) Anbau m; (TEL) Apparat m
extensive [ɪks'tɛnsɪv] adj (knowledge) umfassend; (use) weitgehend, weit gehend
extent [ɪks'tɛnt] n Ausdehnung f; (fig) Ausmaß nt; **to a certain ~** bis zu einem

gewissen Grade; **to such an ~ that ...**
dermaßen, dass ...; **to what ~?** inwieweit?
extenuating [ɪks'tenjueɪtɪŋ] *adj* mildernd
exterior [eks'tɪərɪər] *adj* äußere(r, s), Außen-
♦ *n* Äußere(s) *nt*
exterminate [ɪks'tə:mɪneɪt] *vt* ausrotten
external [eks'tə:nl] *adj* äußere(r, s), Außen-
extinct [ɪks'tɪŋkt] *adj* ausgestorben; **~ion**
[ɪks'tɪŋkʃən] *n* Aussterben *nt*
extinguish [ɪks'tɪŋgwɪʃ] *vt* (aus)löschen
extort [ɪks'tɔ:t] *vt* erpressen; **~ion** [ɪks'tɔ:ʃən]
n Erpressung *f*; **~ionate** [ɪks'tɔ:ʃnɪt] *adj*
überhöht, erpresserisch
extra ['ekstrə] *adj* zusätzlich ♦ *adv* besonders
♦ *n* (*for car etc*) Extra *nt*; (*charge*) Zuschlag
m; (*THEAT*) Statist *m* ♦ *prefix* außer...
extract [v ɪks'trækt, n 'ekstrækt] *vt*
(heraus)ziehen ♦ *n* (*from book etc*) Auszug
m; (*COOK*) Extrakt *m*
extracurricular ['ekstrəkə'rɪkjulər] *adj*
außerhalb des Stundenplans
extradite ['ekstrədaɪt] *vt* ausliefern
extramarital ['ekstrə'mærɪtl] *adj*
außerehelich
extramural ['ekstrə'mjuərl] *adj* (*course*)
Volkshochschul-
extraordinary [ɪks'trɔ:dnrɪ] *adj*
außerordentlich; (*amazing*) erstaunlich
extravagance [ɪks'trævəgəns] *n*
Verschwendung *f*; (*lack of restraint*)
Zügellosigkeit *f*; (*an ~*) Extravaganz *f*
extravagant [ɪks'trævəgənt] *adj* extravagant
extreme [ɪks'tri:m] *adj* (*edge*) äußerste(r, s),
hinterste(r, s); (*cold*) äußerste(r, s);
(*behaviour*) außergewöhnlich, übertrieben
♦ *n* Extrem *nt*; **~ly** *adv* äußerst, höchst;
extremist *n* Extremist(in) *m(f)*
extremity [ɪks'tremɪtɪ] *n* (*end*) Spitze *f*,
äußerste(s) Ende *nt*; (*hardship*) bitterste Not
f; (*ANAT*) Hand *f*; Fuß *m*
extricate ['ekstrɪkeɪt] *vt* losmachen, befreien
extrovert ['ekstrəvə:t] *n* extrovertierte(r)
Mensch *m*
exuberant [ɪg'zju:bərnt] *adj* ausgelassen
exude [ɪg'zju:d] *vt* absondern
eye [aɪ] *n* Auge *nt*; (*of needle*) Öhr *nt* ♦ *vt*
betrachten; (*up and down*) mustern; **to**

keep an ~ on aufpassen auf +*acc*; **~ball** *n*
Augapfel *m*; **~bath** *n* Augenbad *nt*; **~brow**
n Augenbraue *f*; **~brow pencil** *n*
Augenbrauenstift *m*; **~drops** *npl*
Augentropfen *pl*; **~lash** *n* Augenwimper *f*;
~lid *n* Augenlid *nt*; **~liner** *n* Eyeliner *nt*; **~-**
opener *n*: **that was an ~-opener** das hat
mir/ihm *etc* die Augen geöffnet; **~shadow**
n Lidschatten *m*; **~sight** *n* Sehkraft *f*;
~sore *n* Schandfleck *m*; **~ witness** *n*
Augenzeuge *m*

F, f

F [ef] *n* (MUS) F *nt*
F. *abbr* (= *Fahrenheit*) F
fable ['feɪbl] *n* Fabel *f*
fabric ['fæbrɪk] *n* Stoff *m*; (*fig*) Gefüge *nt*
fabrication [fæbrɪ'keɪʃən] *n* Erfindung *f*
fabulous ['fæbjuləs] *adj* sagenhaft
face [feɪs] *n* Gesicht *nt*; (*surface*) Oberfläche
f; (*of clock*) Zifferblatt *nt* ♦ *vt* (*point towards*)
liegen nach; (*situation, difficulty*) sich stellen
+*dat*; **~ down** (*person*) mit dem Gesicht
nach unten; (*card*) mit der Vorderseite nach
unten; **to make** *or* **pull a ~** das Gesicht
verziehen; **in the ~ of** angesichts +*gen*; **on**
the ~ of it so, wie es aussieht; **~ to ~** Auge
in Auge; **to ~ up to sth** einer Sache *dat* ins
Auge sehen; **~ cloth** (*BRIT*) *n* Waschlappen
m; **~ cream** *n* Gesichtscreme *f*; **~ lift** *n*
Facelifting *nt*; **~ powder** *n* (*Gesichts*)puder
m
facet ['fæsɪt] *n* Aspekt *m*; (*of gem*) Facette *f*,
Fassette *f*
facetious [fə'si:ʃəs] *adj* witzig
face value *n* Nennwert *m*; **to take sth at**
(its) ~ (*fig*) etw für bare Münze nehmen
facial ['feɪʃl] *adj* Gesichts-
facile ['fæsaɪl] *adj* (*easy*) leicht
facilitate [fə'sɪlɪteɪt] *vt* erleichtern
facilities [fə'sɪlɪtɪz] *npl* Einrichtungen *pl*;
credit ~ Kreditmöglichkeiten *pl*
facing ['feɪsɪŋ] *adj* zugekehrt ♦ *prep*
gegenüber
facsimile [fæk'sɪmɪlɪ] *n* Faksimile *nt*;

(*machine*) Telekopierer *m*

fact [fækt] *n* Tatsache *f*; **in ~** in der Tat

faction ['fækʃən] *n* Splittergruppe *f*

factor ['fæktər] *n* Faktor *m*

factory ['fæktərɪ] *n* Fabrik *f*

factual ['fæktjuəl] *adj* sachlich

faculty ['fækəltɪ] *n* Fähigkeit *f*; (*UNIV*) Fakultät *f*; (*US: teaching staff*) Lehrpersonal *nt*

fad [fæd] *n* Tick *m*; (*fashion*) Masche *f*

fade [feɪd] *vi* (*lose colour*) verblassen; (*dim*) nachlassen; (*sound, memory*) schwächer werden; (*wilt*) verwelken

fag [fæg] (*inf*) *n* (*cigarette*) Kippe *f*

fail [feɪl] *vt* (*exam*) nicht bestehen; (*student*) durchfallen lassen; (*courage*) verlassen; (*memory*) im Stich lassen ♦ *vi* (*supplies*) zu Ende gehen; (*student*) durchfallen; (*eyesight*) nachlassen; (*light*) schwächer werden; (*crop*) fehlschlagen; (*remedy*) nicht wirken; **to ~ to do sth** (*neglect*) es unterlassen, etw zu tun; (*be unable*) es nicht schaffen, etw zu tun; **without ~** unbedingt; **~ing** *n* Schwäche *f* ♦ *prep* mangels +*gen*; **~ure** ['feɪljər] *n* (*person*) Versager *m*; (*act*) Versagen *nt*; (*TECH*) Defekt *m*

faint [feɪnt] *adj* schwach ♦ *n* Ohnmacht *f* ♦ *vi* ohnmächtig werden

fair [fɛər] *adj* (*just*) gerecht, fair; (*hair*) blond; (*skin*) hell; (*weather*) schön; (*not very good*) mittelmäßig; (*sizeable*) ansehnlich ♦ *adv* (*play*) fair ♦ *n* (*COMM*) Messe *f*; (*BRIT: funfair*) Jahrmarkt *m*; **~ly** *adv* (*honestly*) gerecht, fair; (*rather*) ziemlich; **~ness** *n* Fairness *f*

fairy ['fɛərɪ] *n* Fee *f*; **~ tale** *n* Märchen *nt*

faith [feɪθ] *n* Glaube *m*; (*trust*) Vertrauen *nt*; (*sect*) Bekenntnis *nt*; **~ful** *adj* treu; **~fully** *adv* treu; **yours ~fully** (*BRIT*) hochachtungsvoll

fake [feɪk] *n* (*thing*) Fälschung *f*; (*person*) Schwindler *m* ♦ *adj* vorgetäuscht ♦ *vt* fälschen

falcon ['fɔːlkən] *n* Falke *m*

fall [fɔːl] (*pt* **fell**, *pp* **fallen**) *n* Fall *m*, Sturz *m*; (*decrease*) Fallen *nt*; (*of snow*) (Schnee)fall *m*; (*US: autumn*) Herbst *m* ♦ *vi* (*also fig*) fallen; (*night*) hereinbrechen; **~s** *npl* (*waterfall*) Fälle *pl*; **to ~ flat** platt hinfallen;

(*joke*) nicht ankommen; **~ back** *vi* zurückweichen; **~ back on** *vt fus* zurückgreifen auf +*acc*; **~ behind** *vi* zurückbleiben; **~ down** *vi* (*person*) hinfallen; (*building*) einstürzen; **~ for** *vt fus* (*trick*) hereinfallen auf +*acc*; (*person*) sich verknallen in +*acc*; **~ in** *vi* (*roof*) einstürzen; **~ off** *vi* herunterfallen; (*diminish*) sich vermindern; **~ out** *vi* sich streiten; (*MIL*) wegtreten; **~ through** *vi* (*plan*) ins Wasser fallen

fallacy ['fæləsɪ] *n* Trugschluss *m*

fallen ['fɔːlən] *pp of* **fall**

fallible ['fæləbl] *adj* fehlbar

fallout ['fɔːlaut] *n* radioaktive(r) Niederschlag *m*; **~ shelter** *n* Atombunker *m*

fallow ['fæləu] *adj* brach(liegend)

false [fɔːls] *adj* falsch; (*artificial*) künstlich; **under ~ pretences** unter Vorspiegelung falscher Tatsachen; **~ alarm** *n* Fehlalarm *m*; **~ teeth** (*BRIT*) *npl* Gebiss *nt*

falter ['fɔːltər] *vi* schwanken; (*in speech*) stocken

fame [feɪm] *n* Ruhm *m*

familiar [fə'mɪlɪər] *adj* bekannt; (*intimate*) familiär; **to be ~ with** vertraut sein mit; **~ize** *vt* vertraut machen

family ['fæmɪlɪ] *n* Familie *f*; (*relations*) Verwandtschaft *f*; **~ business** *n* Familienunternehmen *nt*; **~ doctor** *n* Hausarzt *m*

famine ['fæmɪn] *n* Hungersnot *f*

famished ['fæmɪʃt] *adj* ausgehungert

famous ['feɪməs] *adj* berühmt

fan [fæn] *n* (*folding*) Fächer *m*; (*ELEC*) Ventilator *m*; (*admirer*) Fan *m* ♦ *vt* fächeln; **~ out** *vi* sich (fächerförmig) ausbreiten

fanatic [fə'nætɪk] *n* Fanatiker(in) *m(f)*

fan belt *n* Keilriemen *m*

fanciful ['fænsɪful] *adj* (*odd*) seltsam; (*imaginative*) fantasievoll

fancy ['fænsɪ] *n* (*liking*) Neigung *f*; (*imagination*) Einbildung *f* ♦ *adj* schick ♦ *vt* (*like*) gern haben; wollen; (*imagine*) sich einbilden; **he fancies her** er mag sie; **~ dress** *n* Maskenkostüm *nt*; **~-dress ball** *n* Maskenball *m*

fang [fæŋ] n Fangzahn m; (of snake) Giftzahn m

fantastic [fæn'tæstɪk] adj fantastisch

fantasy ['fæntəsɪ] n Fantasie f

far [fɑːʳ] adj weit ♦ adv weit entfernt; (very much) weitaus; **by ~** bei weitem; **so ~** so weit; bis jetzt; **go as ~ as the station** gehen Sie bis zum Bahnhof; **as ~ as I know** soweit or soviel ich weiß; **~away** adj weit entfernt

farce [fɑːs] n Farce f; **farcical** ['fɑːsɪkl] adj lächerlich

fare [fɛəʳ] n Fahrpreis m; Fahrgeld nt; (food) Kost f; **half/full ~** halber/voller Fahrpreis m

Far East n: **the ~** der Ferne Osten

farewell [fɛə'wɛl] n Abschied(sgruß) m ♦ excl lebe wohl!

farm [fɑːm] n Bauernhof m, Farm f ♦ vt bewirtschaften; **~er** n Bauer m, Landwirt m; **~hand** n Landarbeiter m; **~house** n Bauernhaus nt; **~ing** n Landwirtschaft f; **~land** n Ackerland nt; **~yard** n Hof m

far-reaching ['fɑː'riːtʃɪŋ] adj (reform, effect) weitreichend, weit reichend

fart [fɑːt] (inf!) n Furz m ♦ vi furzen

farther ['fɑːðəʳ] adv weiter; **farthest** ['fɑːðɪst] adj fernste(r, s) ♦ adv am weitesten

fascinate ['fæsɪneɪt] vt faszinieren; **fascinating** adj faszinierend; **fascination** [fæsɪ'neɪʃən] n Faszination f

fascism ['fæʃɪzəm] n Faschismus m

fashion ['fæʃən] n (of clothes) Mode f; (manner) Art f (und Weise f) ♦ vt machen; **in ~** in Mode; **out of ~** unmodisch; **~able** adj (clothes) modisch; (place) elegant; **~ show** n Mode(n)schau f

fast [fɑːst] adj schnell; (firm) fest ♦ adv schnell; fest ♦ n Fasten nt ♦ vi fasten; **to be ~** (clock) vorgehen

fasten ['fɑːsn] vt (attach) befestigen; (with rope) zuschnüren; (seat belt) festmachen; (coat) zumachen ♦ vi sich schließen lassen; **~er** n Verschluss m; **~ing** n Verschluss m

fast food n Fastfood nt, Fast Food nt

fastidious [fæs'tɪdɪəs] adj wählerisch

fat [fæt] adj dick ♦ n Fett nt

fatal ['feɪtl] adj tödlich; (disastrous)

verhängnisvoll; **~ity** [fə'tælɪtɪ] n (road death etc) Todesopfer nt; **~ly** adv tödlich

fate [feɪt] n Schicksal nt; **~ful** adj (prophetic) schicksalsschwer; (important) schicksalhaft

father ['fɑːðəʳ] n Vater m; (REL) Pater m; **~-in-law** n Schwiegervater m; **~ly** adj väterlich

fathom ['fæðəm] n Klafter m ♦ vt ausloten; (fig) ergründen

fatigue [fə'tiːg] n Ermüdung f

fatten ['fætn] vt dick machen; (animals) mästen ♦ vi dick werden

fatty ['fætɪ] adj fettig ♦ n (inf) Dickerchen nt

fatuous ['fætjuəs] adj albern, affig

faucet ['fɔːsɪt] (US) n Wasserhahn m

fault [fɔːlt] n (defect) Defekt m; (ELEC) Störung f; (blame) Schuld f; (GEOG) Verwerfung f; **it's your ~** du bist daran schuld; **to find ~ with (sth/sb)** etwas auszusetzen haben an (etw/jdm); **at ~** im Unrecht; **~less** adj tadellos; **~y** adj fehlerhaft, defekt

fauna ['fɔːnə] n Fauna f

favour ['feɪvəʳ] (US **favor**) n (approval) Wohlwollen nt; (kindness) Gefallen m ♦ vt (prefer) vorziehen; **in ~ of** für; zugunsten or zu Gunsten +gen; **to find ~ with sb** bei jdm Anklang finden; **~able** ['feɪvrəbl] adj günstig; **~ite** ['feɪvrɪt] adj Lieblings- ♦ n (child) Liebling m; (SPORT) Favorit m

fawn [fɔːn] adj rehbraun ♦ n (animal) (Reh)kitz nt ♦ vi: **to ~ (up)on** (fig) katzbuckeln vor +dat

fax [fæks] n (document) Fax nt; (machine) Telefax nt ♦ vt: **to ~ sth to sb** jdm etw faxen

FBI (US) n abbr (= Federal Bureau of Investigation) FBI nt

fear [fɪəʳ] n Furcht f ♦ vt fürchten; **~ful** adj (timid) furchtsam; (terrible) fürchterlich; **~less** adj furchtlos

feasible ['fiːzəbl] adj durchführbar

feast [fiːst] n Festmahl nt; (REL: also: **~ day**) Feiertag m ♦ vi: **to ~ (on)** sich gütlich tun (an +dat)

feat [fiːt] n Leistung f

feather ['fɛðəʳ] n Feder f

feature ['fiːtʃəʳ] n (Gesichts)zug m;

(*important part*) Grundzug m; (*CINE, PRESS*) Feature nt ♦ vt darstellen; (*advertising etc*) groß herausbringen ♦ vi vorkommen; **featuring X** mit X; **~ film** n Spielfilm m

February ['februəri] n Februar m

fed [fed] pt, pp of **feed**

federal ['fedərəl] adj Bundes-

federation [fedə'reɪʃən] n (*society*) Verband m; (*of states*) Staatenbund m

fed up adj: **to be ~ with sth** etw satt haben; **I'm ~** ich habe die Nase voll

fee [fiː] n Gebühr f

feeble ['fiːbl] adj (*person*) schwach; (*excuse*) lahm

feed [fiːd] (pt, pp **fed**) n (*for animals*) Futter nt ♦ vt füttern; (*support*) ernähren; (*data*) eingeben; **to ~ on** fressen; **~back** n (*information*) Feed-back nt, Feedback nt; **~ing bottle** (*BRIT*) n Flasche f

feel [fiːl] (pt, pp **felt**) n: **it has a soft ~** es fühlt sich weich an ♦ vt (*sense*) fühlen; (*touch*) anfassen; (*think*) meinen ♦ vi (*person*) sich fühlen; (*thing*) sich anfühlen; **to get the ~ of sth** sich an etw acc gewöhnen; **I ~ cold** mir ist kalt; **I ~ like a cup of tea** ich habe Lust auf eine Tasse Tee; **~ about** or **around** vi herumsuchen; **~er** n Fühler m; **~ing** n Gefühl nt; (*opinion*) Meinung f

feet [fiːt] npl of **foot**

feign [feɪn] vt vortäuschen

feline ['fiːlaɪn] adj katzenartig

fell [fel] pt of **fall** ♦ vt (*tree*) fällen

fellow ['feləu] n (*man*) Kerl m; **~ citizen** n Mitbürger(in) m(f); **~ countryman** (*irreg*) n Landsmann m; **~ men** npl Mitmenschen pl; **~ship** n (*group*) Körperschaft f; (*friendliness*) Kameradschaft f; (*scholarship*) Forschungsstipendium nt; **~ student** n Kommilitone m, Kommilitonin f

felony ['felənɪ] n schwere(s) Verbrechen nt

felt [felt] pt, pp of **feel** ♦ n Filz m; **~-tip pen** n Filzstift m

female ['fiːmeɪl] n (*of animals*) Weibchen nt ♦ adj weiblich

feminine ['femɪnɪn] adj (*LING*) weiblich; (*qualities*) fraulich

feminist ['femɪnɪst] n Feminist(in) m(f)

fence [fens] n Zaun m ♦ vt (*also:* **~ in**) einzäunen ♦ vi fechten; **fencing** ['fensɪŋ] n Zaun m; (*SPORT*) Fechten nt

fend [fend] vi: **to ~ for o.s.** sich (allein) durchschlagen; **~ off** vt abwehren

fender ['fendər] n Kaminvorsetzer m; (*US: AUT*) Kotflügel m

ferment [vb fə'ment, n 'fɜːment] vi (*CHEM*) gären ♦ n (*unrest*) Unruhe f

fern [fɜːn] n Farn m

ferocious [fə'rəuʃəs] adj wild, grausam

ferret ['ferɪt] n Frettchen nt ♦ vt: **to ~ out** aufspüren

ferry ['ferɪ] n Fähre f ♦ vt übersetzen

fertile ['fɜːtaɪl] adj fruchtbar

fertilize ['fɜːtɪlaɪz] vt (*AGR*) düngen; (*BIOL*) befruchten; **~r** n (Kunst)dünger m

fervent ['fɜːvənt] adj (*admirer*) glühend; (*hope*) innig

fervour ['fɜːvər] (*US* **fervor**) n Leidenschaft f

fester ['festər] vi eitern

festival ['festɪvəl] n (*REL etc*) Fest nt; (*ART, MUS*) Festspiele pl

festive ['festɪv] adj festlich; **the ~ season** (*Christmas*) die Festzeit; **festivities** [fes'tɪvɪtɪz] npl Feierlichkeiten pl

festoon [fes'tuːn] vt: **to ~ with** schmücken mit

fetch [fetʃ] vt holen; (*in sale*) einbringen

fetching ['fetʃɪŋ] adj reizend

fête [feɪt] n Fest nt

fetus ['fiːtəs] (*esp US*) n = **foetus**

feud [fjuːd] n Fehde f

feudal ['fjuːdl] adj Feudal-

fever ['fiːvər] n Fieber nt; **~ish** adj (*MED*) fiebrig; (*fig*) fieberhaft

few [fjuː] adj wenig; **a ~** einige; **~er** adj weniger; **~est** adj wenigste(r,s)

fiancé [fɪ'ɑ̃ːŋseɪ] n Verlobte(r) m; **~e** n Verlobte f

fib [fɪb] n Flunkerei f ♦ vi flunkern

fibre ['faɪbər] (*US* **fiber**) n Faser f; **~glass** n Glaswolle f

fickle ['fɪkl] adj unbeständig

fiction ['fɪkʃən] n (*novels*) Romanliteratur f; (*story*) Erdichtung f; **~al** adj erfunden

fictitious [fɪk'tɪʃəs] *adj* erfunden, fingiert

fiddle ['fɪdl] *n* Geige *f*; (*trick*) Schwindelei *f*
♦ *vt* (*BRIT: accounts*) frisieren; **~ with** *vt fus*
herumfummeln an +*dat*

fidelity [fɪ'dɛlɪtɪ] *n* Treue *f*

fidget ['fɪdʒɪt] *vi* zappeln

field [fi:ld] *n* Feld *nt*; (*range*) Gebiet *nt*; **~
marshal** *n* Feldmarschall *m*; **~work** *n*
Feldforschung *f*

fiend [fi:nd] *n* Teufel *m*

fierce [fɪəs] *adj* wild

fiery ['faɪərɪ] *adj* (*person*) hitzig

fifteen [fɪf'ti:n] *num* fünfzehn

fifth [fɪfθ] *adj* fünfte(r, s) ♦ *n* Fünftel *nt*

fifty ['fɪftɪ] *num* fünfzig; **~-fifty** *adj, adv*
halbe-halbe, fifty-fifty (*inf*)

fig [fɪg] *n* Feige *f*

fight [faɪt] (*pt, pp* **fought**) *n* Kampf *m*; (*brawl*)
Schlägerei *f*; (*argument*) Streit *m* ♦ *vt*
kämpfen gegen; sich schlagen mit; (*fig*)
bekämpfen ♦ *vi* kämpfen; sich schlagen;
streiten; **~er** *n* Kämpfer(in) *m(f)*; (*plane*)
Jagdflugzeug *nt*; **~ing** *n* Kämpfen *nt*; (*war*)
Kampfhandlungen *pl*

figment ['fɪgmənt] *n*: **~ of the imagination**
reine Einbildung *f*

figurative ['fɪgjurətɪv] *adj* bildlich

figure ['fɪgə'] *n* (*of person*) Figur *f*; (*person*)
Gestalt *f*; (*number*) Ziffer *f* ♦ *vt* (*US: imagine*)
glauben ♦ *vi* (*appear*) erscheinen; **~ out** *vt*
herausbekommen; **~head** *n* (*NAUT, fig*)
Galionsfigur *f*; **~ of speech** *n* Redensart *f*

file [faɪl] *n* (*tool*) Feile *f*; (*dossier*) Akte *f*;
(*folder*) Aktenordner *m*; (*COMPUT*) Datei *f*;
(*row*) Reihe *f* ♦ *vt* (*metal, nails*) feilen;
(*papers*) abheften; (*claim*) einreichen ♦ *vi*: **to
~ in/out** hintereinander hereinkommen/
hinausgehen; **to ~ past** vorbeimarschieren;

filing ['faɪlɪŋ] *n* Ablage *f*; **filing cabinet** *n*
Aktenschrank *m*

fill [fɪl] *vt* füllen; (*occupy*) ausfüllen; (*satisfy*)
sättigen ♦ *n*: **to eat one's ~** sich richtig
satt essen; **~ in** *vt* (*hole*) (auf)füllen; (*form*)
ausfüllen; **~ up** *vt* (*container*) auffüllen;
(*form*) ausfüllen ♦ *vi* (*AUT*) tanken

fillet ['fɪlɪt] *n* Filet *nt*; **~ steak** *n* Filetsteak *nt*

filling ['fɪlɪŋ] *n* (*COOK*) Füllung *f*; (*for tooth*)

(Zahn)plombe *f*; **~ station** *n* Tankstelle *f*

film [fɪlm] *n* Film *m* ♦ *vt* (*scene*) filmen; **~
star** *n* Filmstar *m*

filter ['fɪltə'] *n* Filter *m* ♦ *vt* filtern; **~ lane** *n*
(*BRIT*) Abbiegespur *f*; **~-tipped** *adj* Filter-

filth [fɪlθ] *n* Dreck *m*; **~y** *adj* dreckig;
(*weather*) scheußlich

fin [fɪn] *n* Flosse *f*

final ['faɪnl] *adj* letzte(r, s); End-; (*conclusive*)
endgültig ♦ *n* (*FOOTBALL etc*) Endspiel *nt*; **~s**
npl (*UNIV*) Abschlussexamen *nt*; (*SPORT*)
Schlussrunde *f*

finale [fɪ'nɑ:lɪ] *n* (*MUS*) Finale *nt*

final: ~ist *n* (*SPORT*) Schluss-
rundenteilnehmer *m*; **~ize** *vt* endgültige
Form geben +*dat*; abschließen; **~ly** *adv*
(*lastly*) zuletzt; (*eventually*) endlich;
(*irrevocably*) endgültig

finance [faɪ'næns] *n* Finanzwesen *nt* ♦ *vt*
finanzieren; **~s** *npl* (*funds*) Finanzen *pl*;
financial [faɪ'nænʃəl] *adj* Finanz-; finanziell

find [faɪnd] (*pt, pp* **found**) *vt* finden ♦ *n* Fund
m; **to ~ sb guilty** jdn für schuldig erklären;
~ out *vt* herausfinden; **~ings** *npl* (*JUR*)
Ermittlungsergebnis *nt*; (*of report*) Befund *m*

fine [faɪn] *adj* fein; (*good*) gut; (*weather*)
schön ♦ *adv* (*well*) gut; (*small*) klein ♦ *n* (*JUR*)
Geldstrafe *f* ♦ *vt* (*JUR*) mit einer Geldstrafe
belegen; **~ arts** *npl* schöne(n) Künste *pl*

finger ['fɪŋgə'] *n* Finger *m* ♦ *vt* befühlen;
~nail *n* Fingernagel *m*; **~print** *n*
Fingerabdruck *m*; **~tip** *n* Fingerspitze *f*

finicky ['fɪnɪkɪ] *adj* pingelig

finish ['fɪnɪʃ] *n* Ende *nt*; (*SPORT*) Ziel *nt*; (*of
object*) Verarbeitung *f*; (*of paint*)
Oberflächenwirkung *f* ♦ *vt* beenden; (*book*)
zu Ende lesen ♦ *vi* aufhören; (*SPORT*) ans
Ziel kommen; **to be ~ed with sth** fertig
sein mit etw; **to ~ doing sth** mit etw fertig
werden; **~ off** *vt* (*complete*) fertig machen;
(*kill*) den Gnadenstoß geben +*dat*; (*knock
out*) erledigen (*umg*); **~ up** *vt* (*food*)
aufessen; (*drink*) austrinken ♦ *vi* (*end up*)
enden; **~ing line** *n* Ziellinie *f*; **~ing
school** *n* Mädchenpensionat *nt*

finite ['faɪnaɪt] *adj* endlich, begrenzt

Finland ['fɪnlənd] *n* Finnland *nt*

Finn [fɪn] *n* Finne *m*, Finnin *f*; **~ish** *adj*
finnisch ♦ *n* (LING) Finnisch *nt*

fir [fəːʳ] *n* Tanne *f*

fire ['faɪəʳ] *n* Feuer *nt*; (*in house etc*) Brand *m*
♦ *vt* (*gun*) abfeuern; (*imagination*)
entzünden; (*dismiss*) hinauswerfen ♦ *vi*
(AUT) zünden; **to be on ~** brennen; **~
alarm** *n* Feueralarm *m*; **~arm** *n*
Schusswaffe *f*; **~ brigade** (BRIT) *n*
Feuerwehr *f*; **~ department** (US) *n*
Feuerwehr *f*; **~ engine** *n* Feuerwehrauto
nt; **~ escape** *n* Feuerleiter *f*; **~
extinguisher** *n* Löschgerät *nt*; **~man**
(*irreg*) *n* Feuerwehrmann *m*; **~place** *n*
Kamin *m*; **~side** *n* Kamin *m*; **~ station** *n*
Feuerwehrwache *f*; **~wood** *n* Brennholz *nt*;
~works *npl* Feuerwerk *nt*; **~ squad** *n*
Exekutionskommando *nt*

firm [fəːm] *adj* fest ♦ *n* Firma *f*; **~ly** ['fəːmlɪ]
adv (*grasp, speak*) fest; (*push, tug*) energisch;
(*decide*) endgültig

first [fəːst] *adj* erste(r, s) ♦ *adv* zuerst; (*arrive*)
als Erste(r); (*happen*) zum ersten Mal ♦ *n*
(*person: in race*) Erste(r) *mf*; (UNIV) Eins *f*;
(AUT) erste(r) Gang *m*; **at ~** zuerst; **~ of all**
zuallererst; **~ aid** *n* erste Hilfe *f*; **~-aid kit** *n*
Verbandskasten *m*; **~-class** *adj* erstklassig;
(*travel*) erster Klasse; **~-hand** *adj* aus erster
Hand; **~ lady** (US) *n* First Lady *f*; **~ly** *adv*
erstens; **~ name** *n* Vorname *m*; **~-rate** *adj*
erstklassig

fiscal ['fɪskl] *adj* Finanz-

fish [fɪʃ] *n inv* Fisch *m* ♦ *vi* fischen; angeln; **to
go ~ing** angeln gehen; (*in sea*) fischen
gehen; **~erman** (*irreg*) *n* Fischer *m*; **~ farm**
n Fischzucht *f*; **~ fingers** (BRIT) *npl*
Fischstäbchen *pl*; **~ing boat** *n* Fischerboot
nt; **~ing line** *n* Angelschnur *f*; **~ing rod** *n*
Angel(rute) *f*; **~ing tackle** *n* (*for sport*)
Angelgeräte *pl*; **~monger's (shop)** *n*
Fischhändler *m*; **~ slice** *n*
Fischvorlegemesser *nt*; **~ sticks** (US) *npl* =
fish fingers

fishy ['fɪʃɪ] (*inf*) *adj* (*suspicious*) faul

fission ['fɪʃən] *n* Spaltung *f*

fissure ['fɪʃəʳ] *n* Riss *m*

fist [fɪst] *n* Faust *f*

fit [fɪt] *adj* (MED) gesund; (SPORT) in Form, fit;
(*suitable*) geeignet ♦ *vt* passen +*dat*; (*insert,
attach*) einsetzen ♦ *vi* passen; (*in space, gap*)
hineinpassen ♦ *n* (*of clothes*) Sitz *m*; (MED, *of
anger*) Anfall *m*; (*of laughter*) Krampf *m*; **by
~s and starts** (*move*) ruckweise; (*work*)
unregelmäßig; **~ in** *vi* hineinpassen; (*fig:
person*) passen; **~ out** *vt* (*also:* **~ up**)
ausstatten; **~ful** *adj* (*sleep*) unruhig; **~ment**
n Einrichtungsgegenstand *m*; **~ness** *n*
(*suitability*) Eignung *f*; (MED) Gesundheit *f*;
(SPORT) Fitness *f*; **~ted carpet** *n*
Teppichboden *m*; **~ted kitchen** *n*
Einbauküche *f*; **~ter** *n* (TECH) Monteur *m*;
~ting *adj* passend ♦ *n* (*of dress*) Anprobe *f*;
(*piece of equipment*) (Ersatz)teil *m*; **~tings**
npl (*equipment*) Zubehör *nt*; **~ting room** *n*
Anproberaum *m*

five [faɪv] *num* fünf; **~r** (*inf*) *n* (BRIT)
Fünfpfundnote *f*; (US) Fünfdollarnote *f*

fix [fɪks] *vt* befestigen; (*settle*) festsetzen;
(*repair*) reparieren ♦ *n*: **in a ~** in der
Klemme; **~ up** *vt* (*meeting*) arrangieren; **to
~ sb up with sth** jdm etw *acc* verschaffen;
~ation [fɪk'seɪʃən] *n* Fixierung *f*; **~ed** [fɪkst]
adj fest; **~ture** ['fɪkstʃəʳ] *n* Installationsteil *m*;
(SPORT) Spiel *nt*

fizzy ['fɪzɪ] *adj* Sprudel-, sprudelnd

flabbergasted ['flæbəgɑːstɪd] (*inf*) *adj* platt

flabby ['flæbɪ] *adj* wabbelig

flag [flæg] *n* Fahne *f* ♦ *vi* (*strength*)
nachlassen; (*spirit*) erlahmen; **~ down** *vt*
anhalten; **~pole** ['flægpəul] *n* Fahnenstange
f

flair [flɛəʳ] *n* Talent *nt*

flak [flæk] *n* Flakfeuer *nt*

flake [fleɪk] *n* (*of snow*) Flocke *f*; (*of rust*)
Schuppe *f* ♦ *vi* (*also:* **~ off**) abblättern

flamboyant [flæm'bɔɪənt] *adj* extravagant

flame [fleɪm] *n* Flamme *f*

flamingo [flə'mɪŋgəu] *n* Flamingo *m*

flammable ['flæməbl] *adj* brennbar

flan [flæn] (BRIT) *n* Obsttorte *f*

flank [flæŋk] *n* Flanke *f* ♦ *vt* flankieren

flannel ['flænl] *n* Flanell *m*; (BRIT: *also:* **face
~**) Waschlappen *m*; (: *inf*) Geschwafel *nt*;
~s *npl* (*trousers*) Flanellhose *f*

flap [flæp] n Klappe f; (inf: crisis) (helle) Aufregung f ♦ vt (wings) schlagen mit ♦ vi flattern

flare [flɛəʳ] n (signal) Leuchtsignal nt; (in skirt etc) Weite f; ~ **up** vi aufflammen; (fig) aufbrausen; (revolt) (plötzlich) ausbrechen

flash [flæʃ] n Blitz m; (also: **news ~**) Kurzmeldung f; (PHOT) Blitzlicht nt ♦ vt aufleuchten lassen ♦ vi aufleuchten; **in a ~** im Nu; **~ by** or **past** vi vorbeirasen; **~back** n Rückblende f; **~bulb** n Blitzlichtbirne f; **~ cube** n Blitzwürfel m; **~light** n Blitzlicht nt

flashy ['flæʃɪ] (pej) adj knallig

flask [flɑːsk] n (CHEM) Kolben m; (also: **vacuum ~**) Thermosflasche f ®

flat [flæt] adj flach; (dull) matt; (MUS) erniedrigt; (beer) schal; (tyre) platt ♦ n (BRIT: rooms) Wohnung f; (MUS) b nt; (AUT) Platte(r) m; **to work ~ out** auf Hochtouren arbeiten; **~ly** adv glatt; **~-screen** adj (TV, COMPUT) mit flachem Bildschirm; **~ten** vt (also: **~ten out**) ebnen

flatter ['flætəʳ] vt schmeicheln +dat; **~ing** adj schmeichelhaft; **~y** n Schmeichelei f

flatulence ['flætjʊləns] n Blähungen pl

flaunt [flɔːnt] vt prunken mit

flavour ['fleɪvəʳ] (US **flavor**) n Geschmack m ♦ vt würzen; **~ed** adj: **strawberry-~ed** mit Erdbeergeschmack; **~ing** n Würze f

flaw [flɔː] n Fehler m; **~less** adj einwandfrei

flax [flæks] n Flachs m; **~en** adj flachsfarben

flea [fliː] n Floh m

fleck [flɛk] n (mark) Fleck m; (pattern) Tupfen m

fled [flɛd] pt, pp of **flee**

flee [fliː] (pt, pp **fled**) vi fliehen ♦ vt fliehen vor +dat; (country) fliehen aus

fleece [fliːs] n Vlies nt ♦ vt (inf) schröpfen

fleet [fliːt] n Flotte f

fleeting ['fliːtɪŋ] adj flüchtig

Flemish ['flɛmɪʃ] adj flämisch

flesh [flɛʃ] n Fleisch nt; **~ wound** n Fleischwunde f

flew [fluː] pt of **fly**

flex [flɛks] n Kabel nt ♦ vt beugen; **~ibility** [flɛksɪ'bɪlɪtɪ] n Biegsamkeit f; (fig) Flexibilität m

f; **~ible** adj biegsam; (plans) flexibel

flick [flɪk] n leichte(r) Schlag m ♦ vt leicht schlagen; **~ through** vt fus durchblättern

flicker ['flɪkəʳ] n Flackern nt ♦ vi flackern

flier ['flaɪəʳ] n Flieger m

flight [flaɪt] n Flug m; (fleeing) Flucht f; (also: **~ of steps**) Treppe f; **to take ~** die Flucht ergreifen; **~ attendant** (US) n Steward(ess) m(f); **~ deck** n Flugdeck nt

flimsy ['flɪmzɪ] adj (thin) hauchdünn; (excuse) fadenscheinig

flinch [flɪntʃ] vi: **to ~ (away from)** zurückschrecken (vor +dat)

fling [flɪŋ] (pt, pp **flung**) vt schleudern

flint [flɪnt] n Feuerstein m

flip [flɪp] vt werfen

flippant ['flɪpənt] adj schnippisch

flipper ['flɪpəʳ] n Flosse f

flirt [flɜːt] vi flirten ♦ n: **he/she is a ~** er/sie flirtet gern

flit [flɪt] vi flitzen

float [fləʊt] n (FISHING) Schwimmer m; (esp in procession) Plattformwagen m ♦ vi schwimmen; (in air) schweben ♦ vt (COMM) gründen; (currency) floaten

flock [flɔk] n (of sheep, REL) Herde f; (of birds) Schwarm m

flog [flɔg] vt prügeln; (inf: sell) verkaufen

flood [flʌd] n Überschwemmung f; (fig) Flut f ♦ vt überschwemmen; **~ing** n Überschwemmung f; **~light** n Flutlicht nt

floor [flɔːʳ] n (Fuß)boden m; (storey) Stock m ♦ vt (person) zu Boden schlagen; **ground ~** (BRIT) Erdgeschoss nt; **first ~** (BRIT) erste(r) Stock m; (US) Erdgeschoss nt; **~board** n Diele f; **~ show** n Kabarettvorstellung f

flop [flɔp] n Plumps m; (failure) Reinfall m ♦ vi (fail) durchfallen

floppy ['flɔpɪ] adj hängend; **~ (disk)** n (COMPUT) Diskette f

flora ['flɔːrə] n Flora f; **~l** adj Blumen-

florist ['flɔrɪst] n Blumenhändler(in) m(f); **~'s (shop)** n Blumengeschäft nt

flotation [fləʊ'teɪʃən] n (FIN) Auflegung f

flounce [flaʊns] n Volant m

flounder ['flaʊndəʳ] vi (fig) ins Schleudern kommen ♦ n (ZOOL) Flunder f

flour ['flauə'] n Mehl nt

flourish ['flʌrɪʃ] vi blühen; gedeihen ♦ n (waving) Schwingen nt; (of trumpets) Tusch m, Fanfare f

flout [flaut] vt missachten

flow [fləu] n Fließen nt; (of sea) Flut f ♦ vi fließen; ~ **chart** n Flussdiagramm nt

flower ['flauə'] n Blume f ♦ vi blühen; ~ **bed** n Blumenbeet nt; ~**pot** n Blumentopf m; ~**y** adj (style) blumenreich

flown [fləun] pp of **fly**

flu [flu:] n (inf) n Grippe f

fluctuate ['flʌktjueɪt] vi schwanken; **fluctuation** [flʌktju'eɪʃən] n Schwankung f

fluency ['flu:ənsɪ] n Flüssigkeit f

fluent ['flu:ənt] adj fließend; ~**ly** adv fließend

fluff [flʌf] n Fussel f; ~**y** adj flaumig

fluid ['flu:ɪd] n Flüssigkeit f ♦ adj flüssig; (fig: plans) veränderbar

fluke [flu:k] (inf) n Dusel m

flung [flʌŋ] pt, pp of **fling**

fluoride ['fluəraɪd] n Fluorid nt; ~ **toothpaste** n Fluorzahnpasta f

flurry ['flʌrɪ] n (of snow) Gestöber nt; (of activity) Aufregung f

flush [flʌʃ] n Erröten nt; (excited) Glühen nt ♦ vt (aus)spülen ♦ vi erröten ♦ adj glatt; ~ **out** vt aufstöbern; ~**ed** adj rot

flustered ['flʌstəd] adj verwirrt

flute [flu:t] n Querflöte f

flutter ['flʌtə'] n Flattern nt ♦ vi flattern

flux [flʌks] n: **in a state of** ~ im Fluss

fly [flaɪ] (pt **flew**, pp **flown**) n (insect) Fliege f; (on trousers: also: **flies**) (Hosen)schlitz m ♦ vt fliegen ♦ vi fliegen; (flee) fliehen; (flag) wehen; ~ **away** or **off** vi (bird, insect) wegfliegen; ~-**drive** n: ~-**drive holiday** Fly & Drive-Urlaub m; ~**ing** n Fliegen nt ♦ adj: **with** ~**ing colours** mit fliegenden Fahnen; ~**ing start** gute(r) Start m; ~**ing visit** Stippvisite f; ~**ing saucer** n fliegende Untertasse f; ~**over** (BRIT) n Überführung f; ~**sheet** n (for tent) Regendach nt

foal [fəul] n Fohlen nt

foam [fəum] n Schaum m ♦ vi schäumen; ~ **rubber** n Schaumgummi m

fob [fɔb] vt: **to** ~ **sb off with sth** jdm etw andrehen; (with promise) jdn mit etw abspeisen

focal ['fəukl] adj Brenn-; ~ **point** n (of room, activity) Mittelpunkt m

focus ['fəukəs] (pl ~**es**) n Brennpunkt m ♦ vt (attention) konzentrieren; (camera) scharf einstellen ♦ vi: **to** ~ **(on)** sich konzentrieren (auf +acc); **in** ~ scharf eingestellt; **out of** ~ unscharf

fodder ['fɔdə'] n Futter nt

foe [fəu] n Feind m

foetus ['fi:təs] (US **fetus**) n Fötus m

fog [fɔg] n Nebel m; ~**gy** adj neblig; ~ **lamp** (BRIT), ~ **light** (US) n (AUT) Nebelscheinwerfer m

foil [fɔɪl] vt vereiteln ♦ n (metal, also fig) Folie f; (FENCING) Florett nt

fold [fəuld] n (bend, crease) Falte f; (AGR) Pferch m ♦ vt falten; ~ **up** vt (map etc) zusammenfalten ♦ vi (business) eingehen; ~**er** n Schnellhefter m; ~**ing** adj (chair etc) Klapp-

foliage ['fəulɪdʒ] n Laubwerk nt

folk [fəuk] npl Leute pl ♦ adj Volks-; ~**s** npl (family) Leute pl; ~**lore** ['fəuklɔ:'] n (study) Volkskunde f; (tradition) Folklore f; ~ **song** n Volkslied nt; (modern) Folksong m

follow ['fɔləu] vt folgen +dat; (fashion) mitmachen ♦ vi folgen; ~ **up** vt verfolgen; ~**er** n Anhänger(in) m(f); ~**ing** adj folgend ♦ n (people) Gefolgschaft f; ~-**on call** n weiteres Gespräch in einer Telefonzelle um Guthaben zu verbrauchen

folly ['fɔlɪ] n Torheit f

fond [fɔnd] adj: **to be** ~ **of** gern haben

fondle ['fɔndl] vt streicheln

font [fɔnt] n Taufbecken nt

food [fu:d] n Essen nt; (fodder) Futter nt; ~ **mixer** n Küchenmixer m; ~ **poisoning** n Lebensmittelvergiftung f; ~ **processor** n Küchenmaschine f; ~**stuffs** npl Lebensmittel pl

fool [fu:l] n Narr m, Närrin f ♦ vt (deceive) hereinlegen ♦ vi (also: ~ **around**) (herum)albern; ~**hardy** adj tollkühn; ~**ish** adj albern; ~**proof** adj idiotensicher

foot [fut] (pl **feet**) n Fuß m ♦ vt (bill)

bezahlen; **on ~** zu Fuß
footage ['futɪdʒ] n (CINE) Filmmaterial nt
football ['futbɔ:l] n Fußball m; (game: BRIT)
Fußball m; (: US) Football m; **~ player** n
(BRIT: also: **~er**) Fußballspieler m, Fußballer
m; (US) Footballer m

Football Pools

ⓘ **Football Pools**, umgangssprachlich
auch **the pools** genannt, ist das in
Großbritannien sehr beliebte Fußballtoto,
bei dem auf die Ergebnisse der
samstäglichen Fußballspiele gewettet wird.
Teilnehmer schicken ihren ausgefüllten
Totoschein vor den Spielen an die
Totogesellschaft und vergleichen nach den
Spielen die Ergebnisse mit ihrem Schein. Die
Gewinne können sehr hoch sein und
gelegentlich Millionen von Pfund betragen.

---

foot: ~brake n Fußbremse f; **~bridge** n
Fußgängerbrücke f; **~hills** npl Ausläufer pl;
~hold n Halt m; **~ing** n Halt m; (fig)
Verhältnis nt; **~lights** npl Rampenlicht nt;
~man (irreg) n Bedienstete(r) m; **~note** n
Fußnote f; **~path** n Fußweg m; **~print** n
Fußabdruck m; **~sore** adj fußkrank; **~step**
n Schritt m; **~wear** n Schuhzeug nt

KEYWORD
---

for [fɔ:ʳ] prep **1** für; **is this for me?** ist das für
mich?; **the train for London** der Zug nach
London; **he went for the paper** er ging die
Zeitung holen; **give it to me – what for?**
gib es mir – warum?
2 (because of) wegen; **for this reason** aus
diesem Grunde
3 (referring to distance): **there are
roadworks for 5 km** die Baustelle ist 5 km
lang; **we walked for miles** wir sind
meilenweit gegangen
4 (referring to time) seit; (: with future sense)
für; **he was away for 2 years** er war zwei
Jahre lang weg
5 (+infin clauses): **it is not for me to decide**
das kann ich nicht entscheiden; **for this to
be possible ...** damit dies möglich wird/

wurde ...
6 (in spite of) trotz +gen or (inf) dat ; **for all
his complaints** obwohl er sich ständig
beschwert
♦ conj denn

---

forage ['fɔrɪdʒ] n (Vieh)futter nt
foray ['fɔreɪ] n Raubzug m
forbad(e) [fə'bæd] pt of **forbid**
forbid [fə'bɪd] (pt forbad(e), pp forbidden)
vt verbieten; **~ding** adj einschüchternd
force [fɔ:s] n Kraft f; (compulsion) Zwang m
♦ vt zwingen; (lock) aufbrechen; **the F~s**
npl (BRIT) die Streitkräfte; **in ~** (rule) gültig;
(group) in großer Stärke; **~d** adj (smile)
gezwungen; (landing) Not-; **~-feed** vt
zwangsernähren; **~ful** adj (speech) kraftvoll;
(personality) resolut
forceps ['fɔ:seps] npl Zange f
forcibly ['fɔ:səblɪ] adv zwangsweise
ford [fɔ:d] n Furt f ♦ vt durchwaten
fore [fɔ:ʳ] n: **to the ~** in den Vordergrund;
~arm ['fɔ:rɑ:m] n Unterarm m; **~boding**
[fɔ:'bəudɪŋ] n Vorahnung f; **~cast** ['fɔ:kɑ:st]
(irreg: like cast) n Vorhersage f ♦ vt
voraussagen; **~court** ['fɔ:kɔ:t] n (of garage)
Vorplatz m; **~fathers** ['fɔ:fɑ:ðəz] npl
Vorfahren pl; **~finger** ['fɔ:fɪŋgəʳ] n
Zeigefinger m; **~front** ['fɔ:frʌnt] n Spitze f
forego [fɔ:'gəu] (irreg: like go) vt verzichten
auf +acc
fore: ~gone ['fɔ:gɔn] adj: **it's a ~gone
conclusion** es steht von vornherein fest;
~ground ['fɔ:graund] n Vordergrund m;
~head ['fɔrɪd] n Stirn f
foreign ['fɔrɪn] adj Auslands-; (accent)
ausländisch; (trade) Außen-; (body) Fremd-;
~er n Ausländer(in) m(f); **~ exchange** n
Devisen pl; **F~ Office** (BRIT) n
Außenministerium nt; **F~ Secretary** (BRIT)
n Außenminister m
fore ['fɔ:-]: **~leg** n Vorderbein nt; **~man**
(irreg) n Vorarbeiter m; **~most** adj erste(r,
s) ♦ adv: **first and ~most** vor allem
forensic [fə'rensɪk] adj gerichtsmedizinisch
fore ['fɔ:-]: **~runner** n Vorläufer m; **~see**
[fɔ:'si:] (irreg: like see) vt vorhersehen;

~seeable *adj* absehbar; **~shadow**
[fɔːˈʃædəʊ] *vt* andeuten; **~sight** [ˈfɔːsaɪt] *n*
Voraussicht *f*

forest [ˈfɒrɪst] *n* Wald *m*

forestall [fɔːˈstɔːl] *vt* zuvorkommen +*dat*

forestry [ˈfɒrɪstrɪ] *n* Forstwirtschaft *f*

foretaste [ˈfɔːteɪst] *n* Vorgeschmack *m*

foretell [fɔːˈtel] (*irreg: like* **tell**) *vt*
vorhersagen

forever [fəˈrevəʳ] *adv* für immer

foreword [ˈfɔːwɜːd] *n* Vorwort *nt*

forfeit [ˈfɔːfɪt] *n* Einbuße *f* ♦ *vt* verwirken

forgave [fəˈgeɪv] *pt of* **forgive**

forge [fɔːdʒ] *n* Schmiede *f* ♦ *vt* fälschen;
(*iron*) schmieden; **~ ahead** *vi* Fortschritte
machen; **~d** *adj* gefälscht; **~d banknotes**
Blüten (*inf*) *pl*; **~r** *n* Fälscher *m*; **~ry** *n*
Fälschung *f*

forget [fəˈget] (*pt* **forgot**, *pp* **forgotten**) *vt, vi*
vergessen; **~ful** *adj* vergesslich; **~-me-not**
n Vergissmeinnicht *nt*

forgive [fəˈgɪv] (*pt* **forgave**, *pp* **forgiven**) *vt*
verzeihen; **to ~ sb (for sth)** jdm (etw)
verzeihen; **~ness** *n* Verzeihung *f*

forgot [fəˈgɒt] *pt of* **forget**; **~ten** *pp of* **forget**

fork [fɔːk] *n* Gabel *f*; (*in road*) Gabelung *f* ♦ *vi*
(*road*) sich gabeln; **~ out** (*inf*) *vt* (*pay*)
blechen; **~-lift truck** *n* Gabelstapler *m*

forlorn [fəˈlɔːn] *adj* (*person*) verlassen; (*hope*)
vergeblich

form [fɔːm] *n* Form *f*; (*type*) Art *f*; (*figure*)
Gestalt *f*; (*SCH*) Klasse *f*; (*bench*) (Schul)bank
f; (*document*) Formular *nt* ♦ *vt* formen; (*be
part of*) bilden

formal [ˈfɔːməl] *adj* formell; (*occasion*)
offiziell; **~ly** *adv* (*ceremoniously*) formell;
(*officially*) offiziell

format [ˈfɔːmæt] *n* Format *nt* ♦ *vt* (*COMPUT*)
formatieren

formation [fɔːˈmeɪʃən] *n* Bildung *f*; (*AVIAT*)
Formation *f*

formative [ˈfɔːmətɪv] *adj* (*years*) formend

former [ˈfɔːməʳ] *adj* früher; (*opposite of latter*)
erstere(r, s); **~ly** *adv* früher

formidable [ˈfɔːmɪdəbl] *adj* furchtbar

formula [ˈfɔːmjʊlə] (*pl* **~e** *or* **~s**) *n* Formel *f*;
~e [ˈfɔːmjuliː] *npl of* **formula**; **~te**

[ˈfɔːmjʊleɪt] *vt* formulieren

fort [fɔːt] *n* Feste *f*, Fort *nt*

forte [ˈfɔːtɪ] *n* Stärke *f*, starke Seite *f*

forth [fɔːθ] *adv*: **and so ~** und so weiter;
~coming *adj* kommend; (*character*)
entgegenkommend; **~right** *adj* offen;
~with *adv* umgehend

fortify [ˈfɔːtɪfaɪ] *vt* (ver)stärken; (*protect*)
befestigen

fortitude [ˈfɔːtɪtjuːd] *n* Seelenstärke *f*

fortnight [ˈfɔːtnaɪt] (*BRIT*) *n* vierzehn Tage *pl*;
~ly (*BRIT*) *adj* zweiwöchentlich ♦ *adv* alle
vierzehn Tage

fortress [ˈfɔːtrɪs] *n* Festung *f*

fortunate [ˈfɔːtʃənɪt] *adj* glücklich; **~ly** *adv*
glücklicherweise, zum Glück

fortune [ˈfɔːtʃən] *n* Glück *nt*; (*money*)
Vermögen *nt*; **~-teller** *n* Wahrsager(in)
m(f)

forty [ˈfɔːtɪ] *num* vierzig

forum [ˈfɔːrəm] *n* Forum *nt*

forward [ˈfɔːwəd] *adj* vordere(r, s);
(*movement*) Vorwärts-; (*person*) vorlaut;
(*planning*) Voraus- ♦ *adv* vorwärts ♦ *n*
(*SPORT*) Stürmer *m* ♦ *vt* (*send*) schicken;
(*help*) fördern; **~s** *adv* vorwärts

fossil [ˈfɒsl] *n* Fossil *nt*, Versteinerung *f*

foster [ˈfɒstəʳ] *vt* (*talent*) fördern; **~ child** *n*
Pflegekind *nt*; **~ mother** *n* Pflegemutter *f*

fought [fɔːt] *pt, pp of* **fight**

foul [faʊl] *adj* schmutzig; (*language*) gemein;
(*weather*) schlecht ♦ *n* (*SPORT*) Foul *nt* ♦ *vt*
(*mechanism*) blockieren; (*SPORT*) foulen; **~
play** *n* (*SPORT*) Foulspiel *nt*; (*LAW*)
Verbrechen *nt*

found [faʊnd] *pt, pp of* **find** ♦ *vt* gründen;
~ation [faʊnˈdeɪʃən] *n* (*act*) Gründung *f*;
(*fig*) Fundament *nt*; (*also:* **~ation cream**)
Grundierungscreme *f*; **~ations** *npl* (*of
house*) Fundament *nt*; **~er** *n* Gründer(in)
m(f) ♦ *vi* sinken

foundry [ˈfaʊndrɪ] *n* Gießerei *f*

fountain [ˈfaʊntɪn] *n* (Spring)brunnen *m*; **~
pen** *n* Füllfederhalter *m*

four [fɔːʳ] *num* vier; **on all ~s** auf allen
vieren; **~-poster** *n* Himmelbett *nt*; **~some**
n Quartett *nt*; **~teen** *num* vierzehn;

~**teenth** *adj* vierzehnte(r, s); ~**th** *adj* vierte(r, s)

fowl [faul] *n* Huhn *nt*; (*food*) Geflügel *nt*

fox [fɒks] *n* Fuchs *m ♦ vt* täuschen

foyer ['fɔɪeɪ] *n* Foyer *nt*, Vorhalle *f*

fraction ['frækʃən] *n* (*MATH*) Bruch *m*; (*part*) Bruchteil *m*

fracture ['fræktʃəᵊ] *n* (*MED*) Bruch *m ♦ vt* brechen

fragile ['frædʒaɪl] *adj* zerbrechlich

fragment ['frægmənt] *n* Bruchstück *nt*; (*small part*) Splitter *m*

fragrance ['freɪgrəns] *n* Duft *m*; **fragrant** ['freɪgrənt] *adj* duftend

frail [freɪl] *adj* schwach, gebrechlich

frame [freɪm] *n* Rahmen *m*; (*of spectacles: also:* ~**s**) Gestell *nt*; (*body*) Gestalt *f ♦ vt* einrahmen; **to ~ sb** (*inf: incriminate*) jdm etwas anhängen; ~ **of mind** Verfassung *f*; ~**work** *n* (*of society*) Gefüge *nt*

France [frɑːns] *n* Frankreich *nt*

franchise ['fræntʃaɪz] *n* (*POL*) (aktives) Wahlrecht *nt*; (*COMM*) Lizenz *f*

frank [fræŋk] *adj* offen *♦ vt* (*letter*) frankieren; ~**ly** *adv* offen gesagt

frantic ['fræntɪk] *adj* verzweifelt

fraternal [frəˈtɜːnl] *adj* brüderlich

fraternity [frəˈtɜːnɪtɪ] *n* (*club*) Vereinigung *f*; (*spirit*) Brüderlichkeit *f*; (*US: SCH*) Studentenverbindung *f*

fraternize ['frætənaɪz] *vi* fraternisieren

fraud [frɔːd] *n* (*trickery*) Betrug *m*; (*person*) Schwindler(in) *m(f)*; ~**ulent** ['frɔːdjulənt] *adj* betrügerisch

fraught [frɔːt] *adj*: ~ **with** voller +*gen*

fray [freɪ] *vt, vi* ausfransen; **tempers were** ~**ed** die Gemüter waren erhitzt

freak [friːk] *n* Monstrosität *f ♦ cpd* (*storm etc*) anormal

freckle ['frekl] *n* Sommersprosse *f*

free [friː] *adj* frei; (*loose*) lose; (*liberal*) freigebig *♦ vt* (*set* ~) befreien; (*unblock*) freimachen; ~ **(of charge)** gratis, umsonst; **for** ~ gratis, umsonst; ~**dom** ['friːdəm] *n* Freiheit *f*; **F~fone** ® *n*: **call F~fone 0800 ...** rufen Sie gebührenfrei 0800 ... an; ~~**for-all** *n* (*fight*) allgemeine(s)

Handgemenge *nt*; ~ **gift** *n* Geschenk *nt*; ~ **kick** *n* Freistoß *m*; ~**lance** *adj* frei; (*artist*) freischaffend; ~**ly** *adv* frei; (*admit*) offen; **F~post** ® *n* ≈ Gebühr zahlt Empfänger; ~~**range** *adj* (*hen*) Farmhof-; (*eggs*) Land-; ~ **trade** *n* Freihandel *m*; ~**way** (*US*) *n* Autobahn *f*; ~**wheel** *vi* im Freilauf fahren; ~ **will** *n*: **of one's own** ~ **will** aus freien Stücken

freeze [friːz] (*pt* **froze**, *pp* **frozen**) *vi* gefrieren; (*feel cold*) frieren *♦ vt* (*also fig*) einfrieren *♦ n* (*fig, FIN*) Stopp *m*; ~**r** *n* Tiefkühltruhe *f*; (*in fridge*) Gefrierfach *nt*; **freezing** *adj* eisig; (*freezing cold*) eiskalt; **freezing point** *n* Gefrierpunkt *m*

freight [freɪt] *n* Fracht *f*; ~ **train** *n* Güterzug *m*

French [frentʃ] *adj* französisch *♦ n* (*LING*) Französisch *nt*; **the** ~ *npl* (*people*) die Franzosen *pl*; ~ **bean** *n* grüne Bohne *f*; ~ **fried potatoes** (*BRIT*) *npl* Pommes frites *pl*; ~ **fries** (*US*) *npl* Pommes frites *pl*; ~ **horn** *n* (*MUS*) (Wald)horn *nt*; ~ **kiss** *n* Zungenkuss *m*; ~ **loaf** *n* Baguette *f*; ~**man/woman** (*irreg*) *n* Franzose *m*/Französin *f*; ~ **window** *n* Verandatür *f*

frenzy ['frenzɪ] *n* Raserei *f*

frequency ['friːkwənsɪ] *n* Häufigkeit *f*; (*PHYS*) Frequenz *f*

frequent [*adj* 'friːkwənt, *vb* frɪ'kwɛnt] *adj* häufig *♦ vt* (*regelmäßig*) besuchen; ~**ly** *adv* (*often*) häufig, oft

fresh [freʃ] *adj* frisch; ~**en** *vi* (*also:* ~**en up**) (sich) auffrischen; (*person*) sich frisch machen; ~**er** *n* (*inf: BRIT*) (*UNIV*) Erstsemester *nt*; ~**ly** *adv* gerade; ~**man** (*irreg*) (*US*) *n* = **fresher**; ~**ness** *n* Frische *f*; ~**water** *adj* (*fish*) Süßwasser-

fret [fret] *vi* sich dat Sorgen machen

friar ['fraɪəᵊ] *n* Klosterbruder *m*

friction ['frɪkʃən] *n* (*also fig*) Reibung *f*

Friday ['fraɪdɪ] *n* Freitag *m*

fridge [frɪdʒ] (*BRIT*) *n* Kühlschrank *m*

fried [fraɪd] *adj* gebraten

friend [frend] *n* Freund(in) *m(f)*; ~**ly** *adj* freundlich; (*relations*) freundschaftlich; ~**ly fire** *n* Beschuss *m* durch die eigene Seite;

~ship n Freundschaft f
frieze [friːz] n Fries m
frigate ['frɪgɪt] n Fregatte f
fright [fraɪt] n Schrecken m; **to take ~** es mit der Angst zu tun bekommen; **~en** vt erschrecken; **to be ~ened** Angst haben; **~ening** adj schrecklich; **~ful** (inf) adj furchtbar
frigid ['frɪdʒɪd] adj frigide
frill [frɪl] n Rüsche f
fringe [frɪndʒ] n Besatz m; (BRIT: of hair) Pony m; (fig) Peripherie f; **~ benefits** npl zusätzliche Leistungen pl
Frisbee ['frɪzbɪ] ® n Frisbee ® nt
frisk [frɪsk] vt durchsuchen
frisky ['frɪskɪ] adj lebendig, ausgelassen
fritter ['frɪtəʳ] vt: **to ~ away** vergeuden
frivolous ['frɪvələs] adj frivol
frizzy ['frɪzɪ] adj kraus
fro [frəu] adv see **to**
frock [frɔk] n Kleid nt
frog [frɔg] n Frosch m; **~man** (irreg) n Froschmann m
frolic ['frɔlɪk] vi ausgelassen sein

KEYWORD

from [frɔm] prep **1** (indicating starting place) of; (indicating origin etc) aus +dat; **a letter/ telephone call from my sister** ein Brief/ Anruf von meiner Schwester; **where do you come from?** woher kommen Sie?; **to drink from the bottle** aus der Flasche trinken

2 (indicating time) von ... an; (: past) seit; **from one o'clock to** or **until** or **till two** von ein Uhr bis zwei; **from January (on)** ab Januar

3 (indicating distance) von ... (entfernt)

4 (indicating price, number etc) ab +dat; **from £10** ab £10; **there were from 20 to 30 people there** es waren zwischen 20 und 30 Leute da

5 (indicating difference): **he can't tell red from green** er kann nicht zwischen Rot und Grün unterscheiden; **to be different from sb/sth** anders sein als jd/etw

6 (because of, based on): **from what he says** aus dem, was er sagt; **weak from hunger** schwach vor Hunger

front [frʌnt] n Vorderseite f; (of house) Fassade f; (promenade: also: **sea ~**) Strandpromenade f; (MIL, POL, MET) Front f; (fig: appearances) Fassade f ♦ adj (forward) vordere(r, s), Vorder-; (first) vorderste(r, s); **in ~** vorne; **in ~ of** vor; **~age** ['frʌntɪdʒ] n Vorderfront f; **~ door** n Haustür f; **~ier** ['frʌntɪəʳ] n Grenze f; **~ page** n Titelseite f; **~ room** (BRIT) n Wohnzimmer nt; **~-wheel drive** n Vorderradantrieb m
frost [frɔst] n Frost m; **~bite** n Erfrierung f; **~ed** adj (glass) Milch-; **~y** adj frostig
froth [frɔθ] n Schaum m
frown [fraun] n Stirnrunzeln nt ♦ vi die Stirn runzeln
froze [frəuz] pt of **freeze**
frozen ['frəuzn] pp of **freeze**
frugal ['fruːgl] adj sparsam, bescheiden
fruit [fruːt] n inv (as collective) Obst nt; (particular) Frucht f; **~ful** adj fruchtbar; **~ion** [fruːˈɪʃən] n: **to come to ~ion** in Erfüllung gehen; **~ juice** n Fruchtsaft m; **~ machine** n (BRIT) Spielautomat m; **~ salad** n Obstsalat m
frustrate [frʌsˈtreɪt] vt vereiteln; **~d** adj gehemmt; (PSYCH) frustriert
fry [fraɪ] (pt, pp **fried**) vt braten ♦ npl: **small ~** kleine Fische pl; **~ing pan** n Bratpfanne f
ft. abbr = **foot**; **feet**
fuddy-duddy ['fʌdɪdʌdɪ] n altmodische(r) Kauz m
fudge [fʌdʒ] n Fondant m
fuel ['fjuəl] n Treibstoff m; (for heating) Brennstoff m; (for lighter) Benzin nt; **~ oil** n (diesel fuel) Heizöl nt; **~ tank** n Tank m
fugitive ['fjuːdʒɪtɪv] n Flüchtling m
fulfil [ful'fɪl] vt (duty) erfüllen; (promise) einhalten; **~ment** n Erfüllung f
full [ful] adj (box, bottle, price) voll; (person: satisfied) satt; (member, power, employment) Voll-; (complete) vollständig, Voll-; (speed) höchste(r, s); (skirt) weit ♦ adv: **~ well** sehr wohl; **in ~** vollständig; **a ~ two hours** volle

zwei Stunden; **~-length** *adj* (*lifesize*) lebensgroß; **a ~-length photograph** eine Ganzaufnahme; **~ moon** *n* Vollmond *m*; **~-scale** *adj* (*attack*) General-; (*drawing*) in Originalgröße; **~ stop** *n* Punkt *m*; **~-time** *adj* (*job*) Ganztags- ♦ *adv* (*work*) ganztags ♦ *n* (*SPORT*) Spielschluss *nt*; **~y** *adv* völlig; **~y fledged** *adj* (*also fig*) flügge; **~y licensed** *adj* (*hotel, restaurant*) mit voller Schankkonzession *or* -erlaubnis

fumble ['fʌmbl] *vi*: **to ~ (with)** herumfummeln (an +*dat*)

fume [fju:m] *vi* qualmen; (*fig*) kochen (*inf*); **~s** *npl* (*of fuel, car*) Abgase *pl*

fumigate ['fju:mɪgeɪt] *vt* ausräuchern

fun [fʌn] *n* Spaß *m*; **to make ~ of** sich lustig machen über +*acc*

function ['fʌŋkʃən] *n* Funktion *f*; (*occasion*) Veranstaltung *f* ♦ *vi* funktionieren; **~al** *adj* funktionell

fund [fʌnd] *n* (*money*) Geldmittel *pl*, Fonds *m*; (*store*) Vorrat *m*; **~s** *npl* (*resources*) Mittel *pl*

fundamental [fʌndə'mentl] *adj* fundamental, grundlegend

funeral ['fju:nərəl] *n* Beerdigung *f*; **~ parlour** *n* Leichenhalle *f*; **~ service** *n* Trauergottesdienst *m*

funfair ['fʌnfeəʳ] (*BRIT*) *n* Jahrmarkt *m*

fungi ['fʌŋgaɪ] *npl of* **fungus**

fungus ['fʌŋgəs] *n* Pilz *m*

funnel ['fʌnl] *n* Trichter *m*; (*NAUT*) Schornstein *m*

funny ['fʌnɪ] *adj* komisch

fur [fə:ʳ] *n* Pelz *m*; **~ coat** *n* Pelzmantel *m*

furious ['fjuərɪəs] *adj* wütend; (*attempt*) heftig

furlong ['fə:lɔŋ] *n* = 201.17 m

furnace ['fə:nɪs] *n* (Brenn)ofen *m*

furnish ['fə:nɪʃ] *vt* einrichten; (*supply*) versehen; **~ings** *npl* Einrichtung *f*

furniture ['fə:nɪtʃəʳ] *n* Möbel *pl*; **piece of ~** Möbelstück *nt*

furrow ['fʌrəu] *n* Furche *f*

furry ['fə:rɪ] *adj* (*tongue*) pelzig; (*animal*) Pelz-

further ['fə:ðəʳ] *adj* weitere(r, s) ♦ *adv* weiter ♦ *vt* fördern; **~ education** *n* Weiterbildung

f; Erwachsenenbildung *f*; **~more** *adv* ferner

furthest ['fə:ðɪst] *superl of* **far**

furtive ['fə:tɪv] *adj* verstohlen

fury ['fjuərɪ] *n* Wut *f*, Zorn *m*

fuse [fju:z] (*US* **fuze**) *n* (*ELEC*) Sicherung *f*; (*of bomb*) Zünder *m* ♦ *vt* verschmelzen ♦ *vi* (*BRIT: ELEC*) durchbrennen; **~ box** *n* Sicherungskasten *m*

fuselage ['fju:zəlɑ:ʒ] *n* Flugzeugrumpf *m*

fusion ['fju:ʒən] *n* Verschmelzung *f*

fuss [fʌs] *n* Theater *nt*; **~y** *adj* kleinlich

futile ['fju:taɪl] *adj* zwecklos, sinnlos; **futility** [fju:'tɪlɪtɪ] *n* Zwecklosigkeit *f*

future ['fju:tʃəʳ] *adj* zukünftig ♦ *n* Zukunft *f*; **in (the) ~** in Zukunft

fuze [fju:z] (*US*) = **fuse**

fuzzy ['fʌzɪ] *adj* (*indistinct*) verschwommen; (*hair*) kraus

G, g

G [dʒi:] *n* (*MUS*) G *nt*

G7 *n abbr* (= *Group of Seven*) G7 *f*

gabble ['gæbl] *vi* plappern

gable ['geɪbl] *n* Giebel *m*

gadget ['gædʒɪt] *n* Vorrichtung *f*

Gaelic ['geɪlɪk] *adj* gälisch ♦ *n* (*LING*) Gälisch *nt*

gaffe [gæf] *n* Fauxpas *m*

gag [gæg] *n* Knebel *m*; (*THEAT*) Gag *m* ♦ *vt* knebeln

gaiety ['geɪɪtɪ] *n* Fröhlichkeit *f*

gain [geɪn] *vt* (*obtain*) erhalten; (*win*) gewinnen ♦ *vi* (*clock*) vorgehen ♦ *n* Gewinn *m*; **to ~ in sth** an etw *dat* gewinnen; **~ on** *vt fus* einholen

gait [geɪt] *n* Gang *m*

gal. *abbr* = **gallon**

gala ['gɑ:lə] *n* Fest *nt*

galaxy ['gæləksɪ] *n* Sternsystem *nt*

gale [geɪl] *n* Sturm *m*

gallant ['gælənt] *adj* tapfer; (*polite*) galant

gallbladder [gɔ:l-] *n* Gallenblase *f*

gallery ['gælərɪ] *n* (*also*: **art ~**) Galerie *f*

galley ['gælɪ] *n* (*ship's kitchen*) Kombüse *f*; (*ship*) Galeere *f*

gallon ['gæln] *n* Gallone *f*

gallop ['gæləp] *n* Galopp *m ♦ vi* galoppieren

gallows ['gæləuz] *n* Galgen *m*

gallstone ['gɔ:lstəun] *n* Gallenstein *m*

galore [gə'lɔ:r] *adv* in Hülle und Fülle

galvanize ['gælvənaɪz] *vt* (*metal*) galvanisieren; (*fig*) elektrisieren

gambit ['gæmbɪt] *n* (*fig*): **opening ~** (einleitende(r)) Schachzug *m*

gamble ['gæmbl] *vi* (um Geld) spielen *♦ vt* (*risk*) aufs Spiel setzen *♦ n* Risiko *nt*; **~r** *n* Spieler(in) *m(f)*; **gambling** *n* Glücksspiel *nt*

game [geɪm] *n* Spiel *nt*, (*hunting*) Wild *nt ♦ adj*: **~ (for)** bereit (zu); **~keeper** *n* Wildhüter *m*; **~s console** *n* (*COMPUT*) Gameboy *m* ®, Konsole *f*

gammon ['gæmən] *n* geräucherte(r) Schinken *m*

gamut ['gæmət] *n* Tonskala *f*

gang [gæŋ] *n* (*of criminals, youths*) Bande *f*; (*of workmen*) Kolonne *f ♦ vi*: **to ~ up on sb** sich gegen jdn verschwören

gangrene ['gæŋgri:n] *n* Brand *m*

gangster ['gæŋstər] *n* Gangster *m*

gangway ['gæŋweɪ] *n* (*NAUT*) Laufplanke *f*; (*aisle*) Gang *m*

gaol [dʒeɪl] (*BRIT*) *n*, *vt* = **jail**

gap [gæp] *n* Lücke *f*

gape [geɪp] *vi* glotzen; **gaping** ['geɪpɪŋ] *adj* (*wound*) klaffend; (*hole*) gähnend

garage ['gæra:ʒ] *n* Garage *f*; (*for repair*) (Auto)reparaturwerkstatt *f*; (*for petrol*) Tankstelle *f*

garbage ['ga:bɪdʒ] *n* Abfall *m*; **~ can** (*US*) *n* Mülltonne *f*

garbled ['ga:bld] *adj* (*story*) verdreht

garden ['ga:dn] *n* Garten *m*; **~s** *npl* (*public park*) Park *m*; (*private*) Gartenanlagen *pl*; **~er** *n* Gärtner(in) *m(f)*; **~ing** *n* Gärtnern *nt*

gargle ['ga:gl] *vi* gurgeln

gargoyle ['ga:gɔɪl] *n* Wasserspeier *m*

garish ['gɛərɪʃ] *adj* grell

garland ['ga:lənd] *n* Girlande *f*

garlic ['ga:lɪk] *n* Knoblauch *m*

garment ['ga:mənt] *n* Kleidungsstück *nt*

garnish ['ga:nɪʃ] *vt* (*food*) garnieren

garrison ['gærɪsn] *n* Garnison *f*

garter ['ga:tər] *n* Strumpfband *nt*; (*US*) Strumpfhalter *m*

gas [gæs] *n* Gas *nt*; (*esp US: petrol*) Benzin *nt ♦ vt* vergasen; **~ cooker** (*BRIT*) *n* Gasherd *m*; **~ cylinder** *n* Gasflasche *f*; **~ fire** *n* Gasofen *m*

gash [gæʃ] *n* klaffende Wunde *f ♦ vt* tief verwunden

gasket ['gæskɪt] *n* Dichtungsring *m*

gas mask *n* Gasmaske *f*

gas meter *n* Gaszähler *m*

gasoline ['gæsəli:n] (*US*) *n* Benzin *nt*

gasp [ga:sp] *vi* keuchen; (*in surprise*) tief Luft holen *♦ n* Keuchen *nt*

gas: ~ ring *n* Gasring *m*; **~ station** (*US*) *n* Tankstelle *f*; **~ tap** *n* Gashahn *m*

gastric ['gæstrɪk] *adj* Magen-

gate [geɪt] *n* Tor *nt*; (*barrier*) Schranke *f*

gateau ['gætəu] (*pl* **~x**) *n* Torte *f*

gatecrash ['geɪtkræʃ] (*BRIT*) *vt* (*party*) platzen in +*acc*

gateway ['geɪtweɪ] *n* Toreingang *m*

gather ['gæðər] *vt* (*people*) versammeln; (*things*) sammeln; (*understand*) annehmen *♦ vi* (*assemble*) sich versammeln; **to ~ speed** schneller werden; **to ~ (from)** schließen (aus); **~ing** *n* Versammlung *f*

gauche [gəuʃ] *adj* linkisch

gaudy ['gɔ:dɪ] *adj* schreiend

gauge [geɪdʒ] *n* (*instrument*) Messgerät *nt*; (*RAIL*) Spurweite *f*; (*dial*) Anzeiger *m*; (*measure*) Maß *nt ♦ vt* (ab)messen; (*fig*) abschätzen

gaunt [gɔ:nt] *adj* hager

gauze [gɔ:z] *n* Gaze *f*

gave [geɪv] *pt of* **give**

gay [geɪ] *adj* (*homosexual*) schwul; (*lively*) lustig

gaze [geɪz] *n* Blick *m ♦ vi* starren; **to ~ at sth** etw *dat* anstarren

gazelle [gə'zɛl] *n* Gazelle *f*

gazumping [gə'zʌmpɪŋ] (*BRIT*) *n* Hausverkauf an Höherbietenden trotz Zusage an anderen

GB *n abbr* = **Great Britain**

GCE (*BRIT*) *n abbr* = **General Certificate of Education**

GCSE (*BRIT*) *n abbr* = **General Certificate of Secondary Education**

gear [gɪəʳ] *n* Getriebe *nt*; (*equipment*) Ausrüstung *f*; (*AUT*) Gang *m* ♦ *vt* (*fig: adapt*): **to be ~ed to** ausgerichtet sein auf +*acc*; **top** ~ höchste(r) Gang *m*; **high** ~ (*US*) höchste(r) Gang *m*; **low** ~ niedrige(r) Gang *m*; **in** ~ eingekuppelt; ~ **box** *n* Getriebe(gehäuse) *nt*; ~ **lever** *n* Schalthebel *m*; ~ **shift** (*US*) *n* Schalthebel *m*

geese [gi:s] *npl of* **goose**

gel [dʒɛl] *n* Gel *nt*

gelatin(e) [ˈdʒɛlətiːn] *n* Gelatine *f*

gem [dʒɛm] *n* Edelstein *m*; (*fig*) Juwel *nt*

Gemini [ˈdʒɛmɪnaɪ] *n* Zwillinge *pl*

gender [ˈdʒɛndəʳ] *n* (*GRAM*) Geschlecht *nt*

gene [dʒiːn] *n* Gen *nt*

general [ˈdʒɛnərəl] *n* General *m* ♦ *adj* allgemein; ~ **delivery** (*US*) *n* Ausgabe(schalter *m*) *f* postlagernder Sendungen; ~ **election** *n* allgemeine Wahlen *pl*; ~**ize** *vi* verallgemeinern; ~ **knowledge** *n* Allgemeinwissen *nt*; ~**ly** *adv* allgemein, im Allgemeinen; ~ **practitioner** *n* praktische(r) Arzt *m*, praktische Ärztin *f*

generate [ˈdʒɛnəreɪt] *vt* erzeugen

generation [dʒɛnəˈreɪʃən] *n* Generation *f*; (*act*) Erzeugung *f*

generator [ˈdʒɛnəreɪtəʳ] *n* Generator *m*

generosity [dʒɛnəˈrɔsɪtɪ] *n* Großzügigkeit *f*

generous [ˈdʒɛnərəs] *adj* großzügig

genetic [dʒɪˈnɛtɪk] *adj* genetisch; ~**ally** *adv* genetisch; ~**ally modified** genmanipuliert; ~ **engineering** *n* Gentechnik *f*; ~ **fingerprinting** [-ˈfɪŋɡəprɪntɪŋ] *n* genetische Fingerabdrücke *pl*

genetics [dʒɪˈnɛtɪks] *n* Genetik *f*

Geneva [dʒɪˈniːvə] *n* Genf *nt*

genial [ˈdʒiːnɪəl] *adj* freundlich, jovial

genitals [ˈdʒɛnɪtlz] *npl* Genitalien *pl*

genius [ˈdʒiːnɪəs] *n* Genie *nt*

genocide [ˈdʒɛnəʊsaɪd] *n* Völkermord *m*

gent [dʒɛnt] *n abbr* = **gentleman**

genteel [dʒɛnˈtiːl] *adj* (*polite*) wohlständig; (*affected*) affektiert

gentle [ˈdʒɛntl] *adj* sanft, zart

gentleman [ˈdʒɛntlmən] (*irreg*) *n* Herr *m*; (*polite*) Gentleman *m*

gentleness [ˈdʒɛntlnɪs] *n* Zartheit *f*, Milde *f*

gently [ˈdʒɛntlɪ] *adv* zart, sanft

gentry [ˈdʒɛntrɪ] *n* Landadel *m*

gents [dʒɛnts] *n*: **G~** (*lavatory*) Herren *pl*

genuine [ˈdʒɛnjuɪn] *adj* echt

geographic(al) [dʒɪəˈɡræfɪk(l)] *adj* geografisch

geography [dʒɪˈɔɡrəfɪ] *n* Geografie *f*

geological [dʒɪəˈlɔdʒɪkl] *adj* geologisch

geology [dʒɪˈɔlədʒɪ] *n* Geologie *f*

geometric(al) [dʒɪəˈmetrɪk(l)] *adj* geometrisch

geometry [dʒɪˈɔmətrɪ] *n* Geometrie *f*

geranium [dʒɪˈreɪnɪəm] *n* Geranie *f*

geriatric [dʒɛrɪˈætrɪk] *adj* Alten- ♦ *n* Greis(in) *m(f)*

germ [dʒəːm] *n* Keim *m*; (*MED*) Bazillus *m*

German [ˈdʒəːmən] *adj* deutsch ♦ *n* Deutsche(r) *f(m)*; (*LING*) Deutsch *nt*; ~ **measles** *n* Röteln *pl*; ~**y** *n* Deutschland *nt*

germination [dʒəːmɪˈneɪʃən] *n* Keimen *nt*

gesticulate [dʒɛsˈtɪkjuleɪt] *vi* gestikulieren

gesture [ˈdʒɛstjəʳ] *n* Geste *f*

KEYWORD

get [ɡɛt] (*pt, pp* **got**, *pp* **gotten** (*US*)) *vi* **1** (*become, be*) werden; **to get old/tired** alt/müde werden; **to get married** heiraten

2 (*go*) (an)kommen, gehen

3 (*begin*): **to get to know sb** jdn kennen lernen; **let's get going** *or* **started!** fangen wir an!

4 (*modal aux vb*): **you've got to do it** du musst es tun

♦ *vt* **1**: **to get sth done** (*do*) etw machen; (*have done*) etw machen lassen; **to get sth going** *or* **to go** etw in Gang bringen *or* bekommen; **to get sb to do sth** jdn dazu bringen, etw zu tun

2 (*obtain: money, permission, results*) erhalten; (*find: job, flat*) finden; (*fetch: person, object*) holen; **to get sth for sb** jdm etw besorgen; **get me Mr Jones, please** (*TEL*) verbinden Sie mich bitte mit Mr Jones

3 (*receive: present, letter*) bekommen, kriegen; (*acquire: reputation etc*) erwerben

4 (*catch*) bekommen, kriegen; (*hit: target etc*) treffen, erwischen; **get him!** (*to dog*) fass!

5 (*take, move*) bringen; **to get sth to sb** jdm etw bringen

6 (*understand*) verstehen; (*hear*) mitbekommen; **I've got it!** ich habs!

7 (*have, possess*): **to have got sth** etw haben

get about *vi* herumkommen; (*news*) sich verbreiten

get along *vi* (*people*) (gut) zurechtkommen; (*depart*) sich *acc* auf den Weg machen

get at *vt* (*facts*) herausbekommen; **to get at sb** (*nag*) an jdm herumnörgeln

get away *vi* (*leave*) sich *acc* davonmachen; (*escape*): **to get away from sth** von etw *dat* entkommen; **to get away with sth** mit etw davonkommen

get back *vi* (*return*) zurückkommen ♦ *vt* zurückbekommen

get by *vi* (*pass*) vorbeikommen; (*manage*) zurechtkommen

get down *vi* (her)untergehen ♦ *vt* (*depress*) fertig machen; **to get down to** in Angriff nehmen; (*find time to do*) kommen zu

get in *vi* (*train*) ankommen; (*arrive home*) heimkommen

get into *vt* (*enter*) hinein-/hereinkommen in +*acc*; (: *car, train etc*) einsteigen in +*acc*; (*clothes*) anziehen

get off *vi* (*from train etc*) aussteigen; (*from horse*) absteigen ♦ *vt* aussteigen aus; absteigen von

get on *vi* (*progress*) vorankommen; (*be friends*) auskommen; (*age*) alt werden; (*onto train etc*) einsteigen; (*onto horse*) aufsteigen ♦ *vt* einsteigen in +*acc*; auf etw *acc* aufsteigen

get out *vi* (*of house*) herauskommen; (*of vehicle*) aussteigen ♦ *vt* (*take out*) herausholen

get out of *vt* (*duty etc*) herumkommen um

get over *vt* (*illness*) sich *acc* erholen von;

(*surprise*) verkraften; (*news*) fassen; (*loss*) sich abfinden mit

get round *vt* herumkommen; (*fig: person*) herumkriegen

get through to *vt* (*TEL*) durchkommen zu

get together *vi* zusammenkommen

get up *vi* aufstehen ♦ *vt* hinaufbringen; (*go up*) hinaufgehen; (*organize*) auf die Beine stellen

get up to *vt* (*reach*) erreichen; (*prank etc*) anstellen

---

getaway ['gɛtəweɪ] *n* Flucht *f*

get-up ['gɛtʌp] (*inf*) *n* Aufzug *m*

geyser ['giːzəʳ] *n* Geiser *m*; (*heater*) Durchlauferhitzer *m*

ghastly ['gɑːstlɪ] *adj* grässlich

gherkin ['gɜːkɪn] *n* Gewürzgurke *f*

ghetto ['gɛtəʊ] *n* G(h)etto *nt*; **~ blaster** *n* (große(r)) Radiorekorder *m*

ghost [gəʊst] *n* Gespenst *nt*

giant ['dʒaɪənt] *n* Riese *m* ♦ *adj* riesig, Riesen-

gibberish ['dʒɪbərɪʃ] *n* dumme(s) Geschwätz *nt*

gibe [dʒaɪb] *n* spöttische Bemerkung *f*

giblets ['dʒɪblɪts] *npl* Geflügelinnereien *pl*

giddiness ['gɪdɪnɪs] *n* Schwindelgefühl *nt*

giddy ['gɪdɪ] *adj* schwindlig

gift [gɪft] *n* Geschenk *nt*; (*ability*) Begabung *f*; **~ed** *adj* begabt; **~ shop** *n* Geschenkladen *m*; **~ token**, **~ voucher** *n* Geschenkgutschein *m*

gigantic [dʒaɪˈgæntɪk] *adj* riesenhaft

giggle ['gɪgl] *vi* kichern ♦ *n* Gekicher *nt*

gild [gɪld] *vt* vergolden

gill [dʒɪl] *n* (1/4 pint) Viertelpinte *f*

gills [gɪlz] *npl* (*of fish*) Kiemen *pl*

gilt [gɪlt] *n* Vergoldung *f* ♦ *adj* vergoldet; **~-edged** *adj* mündelsicher

gimmick ['gɪmɪk] *n* Gag *m*

gin [dʒɪn] *n* Gin *m*

ginger ['dʒɪndʒəʳ] *n* Ingwer *m*; **~ ale** *n* Ingwerbier *nt*; **~ beer** *n* Ingwerbier *nt*; **~bread** *n* Pfefferkuchen *m*; **~-haired** *adj* rothaarig

gingerly ['dʒɪndʒəlɪ] *adv* behutsam

gipsy ['dʒɪpsɪ] n Zigeuner(in) m(f)

giraffe [dʒɪ'rɑ:f] n Giraffe f

girder ['gɜ:dəʳ] n Eisenträger m

girdle ['gɜ:dl] n Hüftgürtel m

girl [gɜ:l] n Mädchen nt; **an English ~** eine (junge) Engländerin; **~friend** n Freundin f; **~ish** adj mädchenhaft

giro ['dʒaɪrəʊ] n (bank ~) Giro nt; (post office ~) Postscheckverkehr m

girth [gɜ:θ] n (measure) Umfang m; (strap) Sattelgurt m

gist [dʒɪst] n Wesentliche(s) nt

give [gɪv] (pt **gave**, pp **given**) vt geben ♦ vi (break) nachgeben; **~ away** vt verschenken; (betray) verraten; **~ back** vt zurückgeben; **~ in** vi nachgeben ♦ vt (hand in) abgeben; **~ off** vt abgeben; **~ out** vt verteilen; (announce) bekannt geben; **~ up** vt, vi aufgeben; **to ~ o.s. up** sich stellen; (after siege) sich ergeben; **~ way** vi (BRIT: traffic) Vorfahrt lassen; (to feelings): **to ~ way to** nachgeben +dat

glacier ['glæsɪəʳ] n Gletscher m

glad [glæd] adj froh; **~ly** ['glædlɪ] adv gern(e)

glamorous ['glæmərəs] adj reizvoll

glamour ['glæməʳ] n Glanz m

glance [glɑ:ns] n Blick m ♦ vi: **to ~ (at)** (hin)blicken (auf +acc); **~ off** vt fus (fly off) abprallen von; **glancing** ['glɑ:nsɪŋ] adj (blow) Streif-

gland [glænd] n Drüse f

glare [glεəʳ] n (light) grelle(s) Licht nt; (stare) wilde(r) Blick m ♦ vi grell scheinen; (angrily): **to ~ at** böse ansehen; **glaring** ['glεərɪŋ] adj (injustice) schreiend; (mistake) krass

glass [glɑ:s] n Glas nt; (mirror: also: **looking ~**) Spiegel m; **~es** npl (spectacles) Brille f; **~house** n Gewächshaus nt; **~ware** n Glaswaren pl; **~y** adj glasig

glaze [gleɪz] vt verglasen; (finish with a ~) glasieren ♦ n Glasur f; **~d** adj (eye) glasig; (pot) glasiert; **glazier** ['gleɪzɪəʳ] n Glaser m

gleam [gli:m] n Schimmer m ♦ vi schimmern

glean [gli:n] vt (fig) ausfindig machen

glen [glεn] n Bergtal nt

glib [glɪb] adj oberflächlich

glide [glaɪd] vi gleiten; **~r** n (AVIAT) Segelflugzeug nt; **gliding** ['glaɪdɪŋ] n Segelfliegen nt

glimmer ['glɪməʳ] n Schimmer m

glimpse [glɪmps] n flüchtige(r) Blick m ♦ vt flüchtig erblicken

glint [glɪnt] n Glitzern nt ♦ vi glitzern

glisten ['glɪsn] vi glänzen

glitter ['glɪtəʳ] vi funkeln ♦ n Funkeln nt

gloat [gləʊt] vi: **to ~ over** sich weiden an +dat

global ['gləʊbl] adj: **~ warming** globale(r) Temperaturanstieg m

globe [gləʊb] n Erdball m; (sphere) Globus m

gloom [glu:m] n (darkness) Dunkel nt; (depression) düstere Stimmung f; **~y** adj düster

glorify ['glɔ:rɪfaɪ] vt verherrlichen

glorious ['glɔ:rɪəs] adj glorreich

glory ['glɔ:rɪ] n Ruhm m

gloss [glɔs] n (shine) Glanz m; **~ over** vt fus übertünchen

glossary ['glɔsərɪ] n Glossar nt

glossy ['glɔsɪ] adj (surface) glänzend

glove [glʌv] n Handschuh m; **~ compartment** n (AUT) Handschuhfach nt

glow [gləʊ] vi glühen ♦ n Glühen nt

glower ['glaʊəʳ] vi: **to ~ at** finster anblicken

glucose ['glu:kəʊs] n Traubenzucker m

glue [glu:] n Klebstoff m ♦ vt kleben

glum [glʌm] adj bedrückt

glut [glʌt] n Überfluss m

glutton ['glʌtn] n Vielfraß m; **a ~ for work** ein Arbeitstier nt

glycerin(e) ['glɪsəri:n] n Glyzerin nt

GM abbr = **genetically modified**

gnarled [nɑ:ld] adj knorrig

gnat [næt] n Stechmücke f

gnaw [nɔ:] vt nagen an +dat

gnome [nəʊm] n Gnom m

go [gəʊ] (pt **went**, pp **gone**, pl **~es**) vi gehen; (travel) reisen, fahren; (depart: train) (ab)fahren; (be sold) verkauft werden; (work) gehen, funktionieren; (fit, suit) passen; (become) werden; (break etc) nachgeben ♦ n (energy) Schwung m;

(*attempt*) Versuch *m*; **he's ~ing to do it** er wird es tun; **to ~ for a walk** spazieren gehen; **to ~ dancing** tanzen gehen; **how did it ~?** wie wars?; **to ~ with** (*be suitable*) passen zu; **to have a ~ at sth** etw versuchen; **to be on the ~** auf Trab sein; **whose ~ is it?** wer ist dran?; **~ about** *vi* (*rumour*) umgehen ♦ *vt fus*: **how do I ~ about this?** wie packe ich das an?; **~ after** *vt fus* (*pursue: person*) nachgehen +*dat*; **~ ahead** *vi* (*proceed*) weitergehen; **~ along** *vi* dahingehen, dahinfahren ♦ *vt* entlanggehen, entlangfahren; **to ~ along with** (*support*) zustimmen +*dat*; **~ away** *vi* (*depart*) weggehen; **~ back** *vi* (*return*) zurückgehen; **~ back on** *vt fus* (*promise*) nicht halten; **~ by** *vi* (*years, time*) vergehen ♦ *vt fus* sich richten nach; **~ down** *vi* (*sun*) untergehen ♦ *vt fus* hinuntergehen, hinunterfahren; **~ for** *vt fus* (*fetch*) holen (gehen); (*like*) mögen; (*attack*) sich stürzen auf +*acc*; **~ in** *vi* hineingehen; **~ in for** *vt fus* (*competition*) teilnehmen an; **~ into** *vt fus* (*enter*) hineingehen in +*acc*; (*study*) sich befassen mit; **~ off** *vi* (*depart*) weggehen; (*lights*) ausgehen; (*milk etc*) sauer werden; (*explode*) losgehen ♦ *vt fus* (*dislike*) nicht mehr mögen; **~ on** *vi* (*continue*) weitergehen; (*inf: complain*) meckern; (*lights*) angehen; **to ~ on with sth** mit etw weitermachen; **~ out** *vi* (*fire, light*) ausgehen; (*of house*) hinausgehen; **~ over** *vi* (*ship*) kentern ♦ *vt fus* (*examine, check*) durchgehen; **~ past** *vi*: **to ~ past sth** an etw *dat* vorbeigehen; **~ round** *vi* (*visit*): **to ~ round (to sb's)** (bei jdm) vorbeigehen; **~ through** *vt fus* (*town etc*) durchgehen, durchfahren; **~ up** *vi* (*price*) steigen; **~ with** *vt fus* (*suit*) zu etw passen; **~ without** *vt fus* sich behelfen ohne; (*food*) entbehren

goad [gəʊd] *vt* anstacheln

go-ahead ['gəʊəhɛd] *adj* zielstrebig; (*progressive*) fortschrittlich ♦ *n* grüne(s) Licht *nt*

goal [gəʊl] *n* Ziel *nt*; (SPORT) Tor *nt*; **~keeper** *n* Torwart *m*; **~ post** *n*

Torpfosten *m*

goat [gəʊt] *n* Ziege *f*

gobble ['gɒbl] *vt* (*also:* **~ down, ~ up**) hinunterschlingen

go-between ['gəʊbɪtwiːn] *n* Mittelsmann *m*

god [gɒd] *n* Gott *m*; **G~** *n* Gott *m*; **~child** *n* Patenkind *nt*; **~daughter** *n* Patentochter *f*; **~dess** *n* Göttin *f*; **~father** *n* Pate *m*; **~forsaken** *adj* gottverlassen; **~mother** *n* Patin *f*; **~send** *n* Geschenk *nt* des Himmels; **~son** *n* Patensohn *m*

goggles ['gɒglz] *npl* Schutzbrille *f*

going ['gəʊɪŋ] *n* (HORSE-RACING) Bahn *f* ♦ *adj* (*rate*) gängig; (*concern*) gut gehend; **it's hard ~** es ist schwierig

gold [gəʊld] *n* Gold *nt* ♦ *adj* golden; **~en** *adj* golden, Gold-; **~fish** *n* Goldfisch *m*; **~ mine** *n* Goldgrube *f*; **~-plated** *adj* vergoldet; **~smith** *n* Goldschmied(in) *m(f)*

golf [gɒlf] *n* Golf *nt*; **~ ball** *n* Golfball *m*; (*on typewriter*) Kugelkopf *m*; **~ club** *n* (*society*) Golfklub *m*; (*stick*) Golfschläger *m*; **~ course** *n* Golfplatz *m*; **~er** *n* Golfspieler(in) *m(f)*

gondola ['gɒndələ] *n* Gondel *f*

gone [gɒn] *pp of* **go**

gong [gɒŋ] *n* Gong *m*

good [gʊd] *n* (*benefit*) Wohl *nt*; (*moral excellence*) Güte *f* ♦ *adj* gut; **~s** *npl* (*merchandise etc*) Waren *pl*, Güter *pl*; **a ~ deal (of)** ziemlich viel; **a ~ many** ziemlich viele; **~ morning!** guten Morgen!; **~ afternoon!** guten Tag!; **~ evening!** guten Abend!; **~ night!** gute Nacht!; **would you be ~ enough to ...?** könnten Sie bitte ...?

goodbye [gʊd'baɪ] *excl* auf Wiedersehen!

good: G~ Friday *n* Karfreitag *m*; **~-looking** *adj* gut aussehend; **~-natured** *adj* gutmütig; (*joke*) harmlos; **~ness** *n* Güte *f*; (*virtue*) Tugend *f*; **~s train** (BRIT) *n* Güterzug *m*; **~will** *n* (*favour*) Wohlwollen *nt*; (COMM) Firmenansehen *nt*

goose [guːs] *n* (*pl* **geese**) *n* Gans *f*

gooseberry ['gʊzbərɪ] *n* Stachelbeere *f*

gooseflesh ['guːsflɛʃ] *n* Gänsehaut *f*

goose pimples *npl* Gänsehaut *f*

gore [gɔːʳ] *vt* aufspießen ♦ *n* Blut *nt*

gorge [gɔːdʒ] n Schlucht f ♦ vt: **to ~ o.s.** (sich voll) fressen

gorgeous ['gɔːdʒəs] adj prächtig

gorilla [gə'rɪlə] n Gorilla m

gorse [gɔːs] n Stechginster m

gory ['gɔːrɪ] adj blutig

go-slow ['gəu'sləu] (BRIT) n Bummelstreik m

gospel ['gɔspl] n Evangelium nt

gossip ['gɔsɪp] n Klatsch m; (person) Klatschbase f ♦ vi klatschen

got [gɔt] pt, pp of **get**

gotten ['gɔtn] (US) pp of **get**

gout [gaut] n Gicht f

govern ['gʌvən] vt regieren; verwalten

governess ['gʌvənɪs] n Gouvernante f

government ['gʌvnmənt] n Regierung f

governor ['gʌvənə*] n Gouverneur m

gown [gaun] n Gewand nt; (UNIV) Robe f

G.P. n abbr = **general practitioner**

grab [græb] vt packen

grace [greɪs] n Anmut f; (blessing) Gnade f; (prayer) Tischgebet nt ♦ vt (adorn) zieren; (honour) auszeichnen; **5 days' ~** 5 Tage Aufschub; **~ful** adj anmutig

gracious ['greɪʃəs] adj gnädig; (kind) freundlich

grade [greɪd] n Grad m; (slope) Gefälle nt ♦ vt (classify) einstufen; **~ crossing** (US) n Bahnübergang m; **~ school** (US) n Grundschule f

gradient ['greɪdɪənt] n Steigung f; Gefälle nt

gradual ['grædjuəl] adj allmählich; **~ly** adv allmählich

graduate [n 'grædjuɪt, vb 'grædjueɪt] n: **to be a ~** das Staatsexamen haben ♦ vi das Staatsexamen machen; **graduation** [grædju'eɪʃən] n Abschlussfeier f

graffiti [grə'fiːtɪ] n (hard work) Schufterei f; (MED) Verpflanzung f ♦ vt pfropfen; (fig) aufpfropfen; (MED) verpflanzen

graft [grɑːft] n (hard work) Schufterei f; (MED) Verpflanzung f ♦ vt pfropfen; (fig) aufpfropfen; (MED) verpflanzen

grain [greɪn] n Korn nt; (in wood) Maserung f

gram [græm] n Gramm nt

grammar ['græmə*] n Grammatik f; **~ school** (BRIT) n Gymnasium nt; **grammatical** [grə'mætɪkl] adj grammat(ikal)isch

gramme [græm] n = **gram**

granary ['grænərɪ] n Kornspeicher m

grand [grænd] adj großartig; **~child** (pl **~children**) n Enkelkind nt, Enkel(in) m(f); **~dad** n Opa m; **~daughter** n Enkelin f; **~eur** ['grændjə*] n Erhabenheit f; **~father** n Großvater m; **~iose** ['grændɪəus] adj (imposing) großartig; (pompous) schwülstig; **~ma** n Oma f; **~mother** n Großmutter f; **~pa** n = **granddad**; **~parents** npl Großeltern pl; **~ piano** n Flügel m; **~son** n Enkel m; **~stand** n Haupttribüne f

granite ['grænɪt] n Granit m

granny ['grænɪ] n Oma f

grant [grɑːnt] vt gewähren ♦ n Unterstützung f; (UNIV) Stipendium nt; **to take sth for ~ed** etw als selbstverständlich (an)nehmen

granulated sugar ['grænjuleɪtɪd-] n Zuckerraffinade f

granule ['grænjuːl] n Körnchen nt

grape [greɪp] n (Wein)traube f

grapefruit ['greɪpfruːt] n Pampelmuse f, Grapefruit f

graph [grɑːf] n Schaubild nt; **~ic** ['græfɪk] adj (descriptive) anschaulich; (drawing) grafisch; **~ics** npl Grafik f

grapple ['græpl] vi: **to ~ with** kämpfen mit

grasp [grɑːsp] vt ergreifen; (understand) begreifen ♦ n Griff m; (of subject) Beherrschung f; **~ing** adj habgierig

grass [grɑːs] n Gras nt; **~hopper** n Heuschrecke f; **~land** n Weideland nt; **~roots** adj an der Basis; **~ snake** n Ringelnatter f

grate [greɪt] n Kamin m ♦ vi (sound) knirschen ♦ vt (cheese etc) reiben; **to ~ on the nerves** auf die Nerven gehen

grateful ['greɪtful] adj dankbar

grater ['greɪtə*] n Reibe f

gratify ['grætɪfaɪ] vt befriedigen; **~ing** adj erfreulich

grating ['greɪtɪŋ] n (iron bars) Gitter nt ♦ adj (noise) knirschend

gratitude ['grætɪtjuːd] n Dankbarkeit f

gratuity [grə'tjuːɪtɪ] n Gratifikation f

grave [greɪv] n Grab nt ♦ adj (serious) ernst

gravel ['grævl] *n* Kies *m*

gravestone ['greɪvstəʊn] *n* Grabstein *m*

graveyard ['greɪvjɑːd] *n* Friedhof *m*

gravity ['grævɪtɪ] *n* Schwerkraft *f*; (*seriousness*) Schwere *f*

gravy ['greɪvɪ] *n* (Braten)soße *f*

gray [greɪ] *adj* = **grey**

graze [greɪz] *vi* grasen ♦ *vt* (*touch*) streifen; (*MED*) abschürfen ♦ *n* Abschürfung *f*

grease [griːs] *n* (*fat*) Fett *nt*; (*lubricant*) Schmiere *f* ♦ *vt* (ab)schmieren; **~proof** (*BRIT*) *adj* (*paper*) Butterbrot-; **greasy** ['griːsɪ] *adj* fettig

great [greɪt] *adj* groß; (*inf: good*) prima; **G~ Britain** *n* Großbritannien *nt*; **~-grandfather** *n* Urgroßvater *m*; **~-grandmother** *n* Urgroßmutter *f*; **~ly** *adv* sehr

Greece [griːs] *n* Griechenland *nt*

greed [griːd] *n* (*also:* **~iness**) Gier *f*; (*meanness*) Geiz *m*; **~(iness) for** Gier nach; **~y** *adj* gierig

Greek [griːk] *adj* griechisch ♦ *n* Grieche *m*, Griechin *f*; (*LING*) Griechisch *nt*

green [griːn] *adj* grün ♦ *n* (*village ~*) Dorfwiese *f*; **~ belt** *n* Grüngürtel *m*; **~ card** *n* (*AUT*) grüne Versicherungskarte *f*; **~ery** *n* Grün *nt*; grüne(s) Laub *nt*; **~gage** *n* Reneklode *f*, Reineclaude *f*; **~grocer** (*BRIT*) *n* Obst- und Gemüsehändler *m*; **~house** *n* Gewächshaus *nt*; **~house effect** *n* Treibhauseffekt *m*; **~house gas** *n* Treibhausgas *nt*

Greenland ['griːnlənd] *n* Grönland *nt*

greet [griːt] *vt* grüßen; **~ing** *n* Gruß *m*; **~ing(s) card** *n* Glückwunschkarte *f*

gregarious [grə'geərɪəs] *adj* gesellig

grenade [grə'neɪd] *n* Granate *f*

grew [gruː] *pt of* **grow**

grey [greɪ] *adj* grau; **~-haired** *adj* grauhaarig; **~hound** *n* Windhund *m*

grid [grɪd] *n* Gitter *nt*; (*ELEC*) Leitungsnetz *nt*; (*on map*) Gitternetz *nt*

gridlock ['grɪdlɒk] *n* (*AUT: traffic jam*) totale(r) Stau *m*; **~ed** *adj*: **to be ~ed** (*roads*) total verstopft sein; (*talks etc*) festgefahren sein

grief [griːf] *n* Gram *m*, Kummer *m*

grievance ['griːvəns] *n* Beschwerde *f*

grieve [griːv] *vi* sich grämen ♦ *vt* betrüben

grievous ['griːvəs] *adj*: **~ bodily harm** (*JUR*) schwere Körperverletzung *f*

grill [grɪl] *n* Grill *m* ♦ *vt* (*BRIT*) grillen; (*question*) in die Mangel nehmen

grille [grɪl] *n* (*AUT*) (Kühler)gitter *nt*

grim [grɪm] *adj* grimmig; (*situation*) düster

grimace [grɪ'meɪs] *n* Grimasse *f* ♦ *vi* Grimassen schneiden

grime [graɪm] *n* Schmutz *m*; **grimy** ['graɪmɪ] *adj* schmutzig

grin [grɪn] *n* Grinsen *nt* ♦ *vi* grinsen

grind [graɪnd] (*pt, pp* **ground**) *vt* mahlen; (*US: meat*) durch den Fleischwolf drehen; (*sharpen*) schleifen; (*teeth*) knirschen mit ♦ *n* (*bore*) Plackerei *f*

grip [grɪp] *n* Griff *m*; (*suitcase*) Handkoffer *m* ♦ *vt* packen; **~ping** *adj* (*exciting*) spannend

grisly ['grɪzlɪ] *adj* grässlich

gristle ['grɪsl] *n* Knorpel *m*

grit [grɪt] *n* Splitt *m*; (*courage*) Mut *m* ♦ *vt* (*teeth*) zusammenbeißen; (*road*) (mit Splitt be)streuen

groan [grəʊn] *n* Stöhnen *nt* ♦ *vi* stöhnen

grocer ['grəʊsə*] *n* Lebensmittelhändler *m*; **~ies** *npl* Lebensmittel *pl*; **~'s (shop)** *n* Lebensmittelgeschäft *nt*

groggy ['grɒgɪ] *adj* benommen

groin [grɔɪn] *n* Leistengegend *f*

groom [gruːm] *n* (*also:* **bridegroom**) Bräutigam *m*; (*for horses*) Pferdeknecht *m* ♦ *vt* (*horse*) striegeln; **(well-)~ed** gepflegt

groove [gruːv] *n* Rille *f*, Furche *f*

grope [grəʊp] *vi* tasten; **~ for** *vt fus* suchen nach

gross [grəʊs] *adj* (*coarse*) dick, plump; (*bad*) grob, schwer; (*COMM*) brutto; **~ly** *adv* höchst

grotesque [grə'tɛsk] *adj* grotesk

grotto ['grɒtəʊ] *n* Grotte *f*

ground [graʊnd] *pt, pp of* **grind** ♦ *n* Boden *m*; (*land*) Grundbesitz *m*; (*reason*) Grund *m*; (*US: also:* **~ wire**) Endleitung *f* ♦ *vi* (*run ashore*) stranden, auflaufen; **~s** *npl* (*dregs*) Bodensatz *m*; (*around house*)

(Garten)anlagen pl; **on the ~** am Boden; **to the ~** zu Boden; **to gain/lose ~** Boden gewinnen/verlieren; **~ cloth** (US) n = **groundsheet**; **~ing** n (instruction) Anfangsunterricht m; **~less** adj grundlos; **~sheet** (BRIT) n Zeltboden m; **~ staff** n Bodenpersonal nt; **~work** n Grundlage f

group [gruːp] n Gruppe f ♦ vt (also: **~ together**) gruppieren ♦ vi sich gruppieren

grouse [graus] n inv (bird) schottische(s) Moorhuhn nt

grove [grəuv] n Gehölz nt, Hain m

grovel ['grɔvl] vi (fig) kriechen

grow [grəu] (pt **grew**, pp **grown**) vi wachsen; (become) werden ♦ vt (raise) anbauen; **~ up** vi aufwachsen; **~er** n Züchter m; **~ing** adj zunehmend

growl [graul] vi knurren

grown [grəun] pp of **grow**; **~-up** n Erwachsene(r) mf

growth [grəuθ] n Wachstum nt; (increase) Zunahme f; (of beard etc) Wuchs m

grub [grʌb] n Made f, Larve f; (inf: food) Futter nt; **~by** ['grʌbɪ] adj schmutzig

grudge [grʌdʒ] n Groll m ♦ vt: **to ~ sb sth** jdm etw missgönnen; **to bear sb a ~** einen Groll gegen jdn hegen

gruelling ['gruəlɪŋ] adj (climb, race) mörderisch

gruesome ['gruːsəm] adj grauenhaft

gruff [grʌf] adj barsch

grumble ['grʌmbl] vi murren

grumpy ['grʌmpɪ] adj verdrießlich

grunt [grʌnt] vi grunzen ♦ n Grunzen nt

G-string ['dʒiːstrɪŋ] n Minislip m

guarantee [gærən'tiː] n Garantie f ♦ vt garantieren

guard [gɑːd] n (sentry) Wache f; (BRIT: RAIL) Zugbegleiter m ♦ vt bewachen

guarded ['gɑːdɪd] adj vorsichtig

guardian ['gɑːdɪən] n Vormund m; (keeper) Hüter m

guard's van ['gɑːdz] (BRIT) n (RAIL) Dienstwagen m

guerrilla [gə'rɪlə] n Guerilla(kämpfer) m; **~ warfare** n Guerillakrieg m

guess [gɛs] vt, vi (er)raten, schätzen ♦ n Vermutung f; **~work** n Raterei f

guest [gɛst] n Gast m; **~ house** n Pension f; **~ room** n Gastzimmer nt

guffaw [gʌ'fɔː] vi schallend lachen

guidance ['gaɪdəns] n (control) Leitung f; (advice) Beratung f

guide [gaɪd] n Führer m; (also: **girl ~**) Pfadfinderin f ♦ vt führen; **~book** n Reiseführer m; **~ dog** n Blindenhund m; **~lines** npl Richtlinien pl

guild [gɪld] n (HIST) Gilde f

guillotine ['gɪlətiːn] n Guillotine f

guilt [gɪlt] n Schuld f; **~y** adj schuldig

guinea pig ['gɪnɪ-] n Meerschweinchen nt; (fig) Versuchskaninchen nt

guise [gaɪz] n: **in the ~ of** in der Form +gen

guitar [gɪ'tɑːr] n Gitarre f

gulf [gʌlf] n Golf m; (fig) Abgrund m

gull [gʌl] n Möwe f

gullet ['gʌlɪt] n Schlund m

gullible ['gʌlɪbl] adj leichtgläubig

gully ['gʌlɪ] n (Wasser)rinne f

gulp [gʌlp] vt (also: **~ down**) hinunterschlucken ♦ vi (gasp) schlucken

gum [gʌm] n (around teeth) Zahnfleisch nt; (glue) Klebstoff m; (also: **chewing ~**) Kaugummi m ♦ vt gummieren; **~boots** (BRIT) npl Gummistiefel pl

gun [gʌn] n Schusswaffe f; **~boat** n Kanonenboot nt; **~fire** n Geschützfeuer nt; **~man** (irreg) n bewaffnete(r) Verbrecher m; **~point** n: **at ~point** mit Waffengewalt; **~powder** n Schießpulver nt; **~shot** n Schuss m

gurgle ['gəːgl] vi gluckern

gush [gʌʃ] vi (rush out) hervorströmen; (fig) schwärmen

gust [gʌst] n Windstoß m, Bö f

gusto ['gʌstəu] n Genuss m, Lust f

gut [gʌt] n (ANAT) Gedärme pl; (string) Darm m; **~s** npl (fig) Schneid m

gutter ['gʌtər] n Dachrinne f; (in street) Gosse f

guttural ['gʌtərl] adj guttural, Kehl-

guy [gaɪ] n (also: **~rope**) Halteseil nt; (man) Typ m, Kerl m

---

Guy Fawkes' Night

ⓘ **Guy Fawkes' Night**, *auch bonfire night genannt, erinnert an den Gunpowder Plot, einen Attentatsversuch auf James I. und sein Parlament am 5. November 1605. Einer der Verschwörer, Guy Fawkes, wurde auf frischer Tat ertappt, als er das Parlamentsgebäude in die Luft sprengen wollte. Vor der Guy Fawkes' Night basteln Kinder in Großbritannien eine Puppe des Guy Fawkes, mit der sie Geld für Feuerwerkskörper von Passanten erbetteln, und die dann am 5. November auf einem Lagerfeuer mit Feuerwerk verbrannt wird.*

---

guzzle ['gʌzl] *vt, vi* (*drink*) saufen; (*eat*) fressen

gym [dʒɪm] *n* (*also:* **~nasium**) Turnhalle *f*; (*also:* **~nastics**) Turnen *nt*

gymnast ['dʒɪmnæst] *n* Turner(in) *m(f)*

gymnastics [dʒɪm'næstɪks] *n* Turnen *nt*, Gymnastik *f*

gym shoes *npl* Turnschuhe *pl*

gynaecologist [gaɪnɪ'kɔlədʒɪst] (*US* **gynecologist**) *n* Frauenarzt(-ärztin) *m(f)*

gypsy ['dʒɪpsɪ] *n* = **gipsy**

gyrate [dʒaɪ'reɪt] *vi* kreisen

H, h

haberdashery [hæbə'dæʃərɪ] (*BRIT*) *n* Kurzwaren *pl*

habit ['hæbɪt] *n* (An)gewohnheit *f*; (*monk's*) Habit *nt or m*

habitable ['hæbɪtəbl] *adj* bewohnbar

habitat ['hæbɪtæt] *n* Lebensraum *m*

habitual [hə'bɪtjʊəl] *adj* gewohnheitsmäßig; **~ly** *adv* gewöhnlich

hack [hæk] *vt* hacken ♦ *n* Hieb *m*; (*writer*) Schreiberling *m*

hacker ['hækə'] *n* (*COMPUT*) Hacker *m*

hackneyed ['hæknɪd] *adj* abgedroschen

had [hæd] *pt, pp of* **have**

haddock ['hædək] (*pl* **~** *or* **~s**) *n* Schellfisch *m*

hadn't ['hædnt] = **had not**

haemorrhage ['hemərɪdʒ] (*US* **hemorrhage**) *n* Blutung *f*

haemorrhoids ['hemərɔɪdz] (*US* **hemorrhoids**) *npl* Hämorr(ho)iden *pl*

haggard ['hægəd] *adj* abgekämpft

haggle ['hægl] *vi* feilschen

Hague [heɪg] *n* (*GEOG*) **The ~** Den Haag *nt*

hail [heɪl] *n* Hagel *m* ♦ *vt* umjubeln ♦ *vi* hageln; **~stone** *n* Hagelkorn *nt*

hair [heə'] *n* Haar *nt*, Haare *pl*; (*one ~*) Haar *nt*; **~brush** *n* Haarbürste *f*; **~cut** *n* Haarschnitt *m*; **to get a ~cut** sich *dat* die Haare schneiden lassen; **~do** *n* Frisur *f*; **~dresser** *n* Friseur *m*, Friseuse *f*; **~dresser's** *n* Friseursalon *m*; **~ dryer** *n* Trockenhaube *f*; (*hand-held*) Föhn *m*, Fön *m* ®; **~ gel** *n* Haargel *nt*; **~grip** *n* Klemme *f*; **~net** *n* Haarnetz *nt*; **~pin** *n* Haarnadel *f*; **~pin bend** (*US* **~pin curve**) *n* Haarnadelkurve *f*; **~-raising** *adj* haarsträubend; **~ removing cream** *n* Enthaarungscreme *f*; **~ spray** *n* Haarspray *nt*; **~style** *n* Frisur *f*

hairy ['heərɪ] *adj* haarig

hake [heɪk] *n* Seehecht *m*

half [hɑːf] (*pl* **halves**) *n* Hälfte *f* ♦ *adj* halb ♦ *adv* halb, zur Hälfte; **~ an hour** eine halbe Stunde; **two and a ~** zweieinhalb; **to cut sth in ~** etw halbieren; **~ a dozen** ein halbes Dutzend, sechs; **~ board** *n* Halbpension *f*; **~-caste** *n* Mischling *m*; **~ fare** *n* halbe(r) Fahrpreis *m*; **~-hearted** *adj* lustlos; **~-hour** *n* halbe Stunde *f*; **~-price** *n*: (at) **~-price** zum halben Preis; **~ term** (*BRIT*) *n* (*SCH*) Ferien *pl* in der Mitte des Trimesters; **~-time** *n* Halbzeit *f*; **~way** *adv* halbwegs, auf halbem Wege

halibut ['hælɪbət] *n inv* Heilbutt *m*

hall [hɔːl] *n* Saal *m*; (*entrance ~*) Hausflur *m*; (*building*) Halle *f*; **~ of residence** (*BRIT*) Studentenwohnheim *nt*

hallmark ['hɔːlmɑːk] *n* Stempel *m*

hallo [hə'ləu] *excl* = **hello**

Hallowe'en ['hæləu'iːn] *n* Tag *m* vor Allerheiligen

Hallowe'en

ⓘ **Hallowe'en** *ist der 31. Oktober, der Vorabend von Allerheiligen und nach altem Glauben der Abend, an dem man Geister und Hexen sehen kann. In Großbritannien und vor allem in den USA feiern die Kinder Hallowe'en, indem sie sich verkleiden und mit selbst gemachten Laternen aus Kürbissen von Tür zu Tür ziehen.*

---

hallucination [həlu:sɪ'neɪʃən] *n* Halluzination *f*

hallway ['hɔ:lweɪ] *n* Korridor *m*

halo ['heɪləʊ] *n* Heiligenschein *m*

halt [hɔ:lt] *n* Halt *m* ♦ *vt, vi* anhalten

halve [hɑ:v] *vt* halbieren

halves [hɑ:vz] *pl of* **half**

ham [hæm] *n* Schinken *m*

hamburger ['hæmbɜ:gə*] *n* Hamburger *m*

hamlet ['hæmlɪt] *n* Weiler *m*

hammer ['hæmə*] *n* Hammer *m* ♦ *vt, vi* hämmern

hammock ['hæmək] *n* Hängematte *f*

hamper ['hæmpə*] *vt* (be)hindern ♦ *n* Picknickkorb *m*

hamster ['hæmstə*] *n* Hamster *m*

hand [hænd] *n* Hand *f*; (*of clock*) (Uhr)zeiger *m*; (*worker*) Arbeiter *m* ♦ *vt* (*pass*) geben; **to give sb a ~** jdm helfen; **at ~** nahe; **to ~** zur Hand; **in ~** (*under control*) unter Kontrolle; (*being done*) im Gange; (*extra*) übrig; **on ~** zur Verfügung; **on the one ~ ...**, **on the other ~ ...** einerseits ..., andererseits ...; ~ **in** *vt* abgeben; (*forms*) einreichen; ~ **out** *vt* austeilen; ~ **over** *vt* (*deliver*) übergeben; (*surrender*) abgeben; (: *prisoner*) ausliefern; **~bag** *n* Handtasche *f*; **~book** *n* Handbuch *nt*; **~brake** *n* Handbremse *f*; **~cuffs** *npl* Handschellen *pl*; **~ful** *n* Hand *f* voll; (*inf*: *person*) Plage *f*

handicap ['hændɪkæp] *n* Handikap *nt* ♦ *vt* benachteiligen; **mentally/physically ~ped** geistig/körperlich behindert

handicraft ['hændɪkrɑ:ft] *n* Kunsthandwerk *nt*

handiwork ['hændɪwɜ:k] *n* Arbeit *f*; (*fig*) Werk *nt*

handkerchief ['hæŋkətʃɪf] *n* Taschentuch *nt*

handle ['hændl] *n* (*of door etc*) Klinke *f*; (*of cup etc*) Henkel *m*; (*for winding*) Kurbel *f* ♦ *vt* (*touch*) anfassen; (*deal with: things*) sich befassen mit; (: *people*) umgehen mit; **~bar(s)** *n(pl)* Lenkstange *f*

hand: ~ **luggage** *n* Handgepäck *nt*; **~made** *adj* handgefertigt; **~out** *n* (*distribution*) Verteilung *f*; (*charity*) Geldzuwendung *f*; (*leaflet*) Flugblatt *nt*; **~rail** *n* Geländer *nt*; (*on ship*) Reling *f*; **~set** *n* (*TEL*) Hörer *m*; **please replace the ~set** bitte legen Sie auf; **~shake** *n* Händedruck *f*

handsome ['hænsəm] *adj* gut aussehend

handwriting ['hændraɪtɪŋ] *n* Handschrift *f*

handy ['hændɪ] *adj* praktisch; (*shops*) leicht erreichbar; **~man** ['hændɪmæn] (*irreg*) *n* Bastler *m*

hang [hæŋ] (*pt, pp* **hung**) *vt* aufhängen; (*pt, pp* **hanged**: *criminal*) hängen ♦ *vi* hängen ♦ *n*: **to get the ~ of sth** (*inf*) den richtigen Dreh bei etw herauskriegen; ~ **about**, ~ **around** *vi* sich herumtreiben; ~ **on** *vi* (*wait*) warten; ~ **up** *vi* (*TEL*) auflegen

hangar ['hæŋə*] *n* Hangar *m*

hanger ['hæŋə*] *n* Kleiderbügel *m*

hanger-on [hæŋər'ɒn] *n* Anhänger(in) *m(f)*

hang ['hæŋ-]: **~-gliding** *n* Drachenfliegen *nt*; **~over** *n* Kater *m*; **~-up** *n* Komplex *m*

hanker ['hæŋkə*] *vi*: **to ~ for** *or* **after** sich sehnen nach

hankie ['hæŋkɪ] *n abbr* = **handkerchief**

hanky ['hæŋkɪ] *n abbr* = **handkerchief**

haphazard [hæp'hæzəd] *adj* zufällig

happen ['hæpən] *vi* sich ereignen, passieren; **as it ~s I'm going there today** zufällig(erweise) gehe ich heute (dort)hin; **~ing** *n* Ereignis *nt*

happily ['hæpɪlɪ] *adv* glücklich; (*fortunately*) glücklicherweise

happiness ['hæpɪnɪs] *n* Glück *nt*

happy ['hæpɪ] *adj* glücklich; ~ **birthday!** alles Gute zum Geburtstag!; **~-go-lucky** *adj* sorglos; ~ **hour** *n* Happy Hour *f*

harass ['hærəs] *vt* plagen; **~ment** *n* Belästigung *f*

harbour ['hɑːbə] (*US* **harbor**) *n* Hafen *m* ♦ *vt* (*hope etc*) hegen; (*criminal etc*) Unterschlupf gewähren

hard [hɑːd] *adj* (*firm*) hart; (*difficult*) schwer; (*harsh*) hart(herzig) ♦ *adv* (*work*) hart; (*try*) sehr; (*push, hit*) fest; **no ~ feelings!** ich nehme es dir nicht übel; **~ of hearing** schwerhörig; **to be ~ done by** übel dran sein; **~back** *n* kartonierte Ausgabe *f*; **~ cash** *n* Bargeld *nt*; **~ disk** *n* (*COMPUT*) Festplatte *f*; **~en** *vt* erhärten; (*fig*) verhärten ♦ *vi* hart werden; (*fig*) sich verhärten; **~-headed** *adj* nüchtern; **~ labour** *n* Zwangsarbeit *f*

hardly ['hɑːdlɪ] *adv* kaum

hard: **~ship** *n* Not *f*; **~ shoulder** (*BRIT*) *n* (*AUT*) Seitenstreifen *m*; **~ up** *adj* knapp bei Kasse; **~ware** *n* Eisenwaren *pl*; (*COMPUT*) Hardware *f*; **~ware shop** *n* Eisenwarenhandlung *f*; **~-wearing** *adj* strapazierfähig; **~-working** *adj* fleißig

hardy ['hɑːdɪ] *adj* widerstandsfähig

hare [heə] *n* Hase *m*; **~-brained** *adj* schwachsinnig

harm [hɑːm] *n* Schaden *m* ♦ *vt* schaden +*dat*; **out of ~'s way** in Sicherheit; **~ful** *adj* schädlich; **~less** *adj* harmlos

harmonica [hɑːˈmɒnɪkə] *n* Mundharmonika *f*

harmonious [hɑːˈməʊnɪəs] *adj* harmonisch

harmonize ['hɑːmənaɪz] *vt* abstimmen ♦ *vi* harmonieren

harmony ['hɑːmənɪ] *n* Harmonie *f*

harness ['hɑːnɪs] *n* Geschirr *nt* ♦ *vt* (*horse*) anschirren; (*fig*) nutzbar machen

harp [hɑːp] *n* Harfe *f* ♦ *vi*: **to ~ on about sth** auf etw *dat* herumreiten

harpoon [hɑːˈpuːn] *n* Harpune *f*

harrowing ['hærəʊɪŋ] *adj* nervenaufreibend

harsh [hɑːʃ] *adj* (*rough*) rau; (*severe*) streng; **~ness** *n* Härte *f*

harvest ['hɑːvɪst] *n* Ernte *f* ♦ *vt, vi* ernten

has [hæz] *vb see* **have**

hash [hæʃ] *vt* klein hacken ♦ *n* (*mess*) Kuddelmuddel *m*

hashish ['hæʃɪʃ] *n* Haschisch *nt*

hasn't ['hæznt] = **has not**

hassle ['hæsl] (*inf*) *n* Theater *nt*

haste [heɪst] *n* Eile *f*; **~n** ['heɪsn] *vt* beschleunigen ♦ *vi* eilen; **hasty** *adj* hastig; (*rash*) vorschnell

hat [hæt] *n* Hut *m*

hatch [hætʃ] *n* (*NAUT: also:* **~way**) Luke *f*; (*in house*) Durchreiche *f* ♦ *vi* (*young*) ausschlüpfen ♦ *vt* (*brood*) ausbrüten; (*plot*) aushecken; **~back** ['hætʃbæk] *n* (*AUT*) (Auto *nt* mit) Heckklappe *f*

hatchet ['hætʃɪt] *n* Beil *nt*

hate [heɪt] *vt* hassen ♦ *n* Hass *m*; **~ful** *adj* verhasst

hatred ['heɪtrɪd] *n* Hass *m*

haughty ['hɔːtɪ] *adj* hochnäsig, überheblich

haul [hɔːl] *vt* ziehen ♦ *n* (*catch*) Fang *m*; **~age** *n* Spedition *f*; **~ier** (*US* **hauler**) *n* Spediteur *m*

haunch [hɔːntʃ] *n* Lende *f*

haunt [hɔːnt] *vt* (*ghost*) spuken in +*dat*; (*memory*) verfolgen; (*pub*) häufig besuchen ♦ *n* Lieblingsplatz *m*; **the castle is ~ed** in dem Schloss spukt es

---

KEYWORD

have [hæv] (*pt, pp* **had**) *aux vb* **1** haben; (*esp with vbs of motion*) sein; **to have arrived/ slept** angekommen sein/geschlafen haben; **to have been** gewesen sein; **having eaten** *or* **when he had eaten, he left** nachdem er gegessen hatte, ging er

2 (*in tag questions*): **you've done it, haven't you?** du hast es doch gemacht, oder nicht?

3 (*in short answers and questions*): **you've made a mistake – so I have/no I haven't** du hast einen Fehler gemacht – ja, stimmt/nein; **we haven't paid – yes we have!** wir haben nicht bezahlt – doch; **I've been there before, have you?** ich war schon einmal da, du auch?

♦ *modal aux vb* (*be obliged*): **to have (got) to do sth** etw tun müssen; **you haven't to tell her** du darfst es ihr nicht erzählen

♦ *vt* **1** (*possess*) haben; **he has (got) blue**

eyes er hat blaue Augen; **I have (got) an idea** ich habe eine Idee
2 (*referring to meals etc*): **to have breakfast/a cigarette** frühstücken/eine Zigarette rauchen
3 (*receive, obtain etc*) haben; **may I have your address?** kann ich Ihre Adresse haben?; **to have a baby** ein Kind bekommen
4 (*maintain, allow*): **he will have it that he is right** er besteht darauf, dass er Recht hat; **I won't have it** das lasse ich mir nicht bieten
5: **to have sth done** etw machen lassen; **to have sb do sth** jdn etw machen lassen; **he soon had them all laughing** er brachte sie alle zum Lachen
6 (*experience, suffer*): **she had her bag stolen** man hat ihr die Tasche gestohlen; **he had his arm broken** er hat sich den Arm gebrochen
7 (*+noun: take, hold etc*): **to have a walk/rest** spazieren gehen/sich ausruhen; **to have a meeting/party** eine Besprechung/Party haben
have out *vt*: **to have it out with sb** (*settle problem*) etw mit jdm bereden

haven ['heɪvn] *n* Zufluchtsort *m*
haven't ['hævnt] = **have not**
havoc ['hævək] *n* Verwüstung *f*
hawk [hɔːk] *n* Habicht *m*
hay [heɪ] *n* Heu *nt*; ~ **fever** *n* Heuschnupfen *m*; ~**stack** *n* Heuschober *m*
haywire ['heɪwaɪə'] (*inf*) *adj* durcheinander
hazard ['hæzəd] *n* Risiko *nt* ♦ *vt* aufs Spiel setzen; ~**ous** *adj* gefährlich; ~ **(warning) lights** *npl* (*AUT*) Warnblinklicht *nt*
haze [heɪz] *n* Dunst *m*
hazelnut ['heɪzlnʌt] *n* Haselnuss *f*
hazy ['heɪzɪ] *adj* (*misty*) dunstig; (*vague*) verschwommen
he [hiː] *pron* er
head [hed] *n* Kopf *m*; (*leader*) Leiter *m* ♦ *vt* (an)führen, leiten; (*ball*) köpfen; ~**s (or tails)** Kopf (oder Zahl); ~ **first** mit dem Kopf nach unten; ~ **over heels** kopfüber;

~ **for** *vt fus* zugehen auf +*acc*; ~**ache** *n* Kopfschmerzen *pl*; ~**dress** *n* Kopfschmuck *m*; ~**ing** *n* Überschrift *f*; ~**lamp** (*BRIT*) *n* Scheinwerfer *m*; ~**land** *n* Landspitze *f*; ~**light** *n* Scheinwerfer *m*; ~**line** *n* Schlagzeile *f*; ~**long** *adv* kopfüber; ~**master** *n* (*of primary school*) Rektor *m*; (*of secondary school*) Direktor *m*; ~**mistress** *n* Rektorin *f*; Direktorin *f*; ~ **office** *n* Zentrale *f*; ~-**on** *adj* Frontal-; ~**phones** *npl* Kopfhörer *pl*; ~**quarters** *npl* Zentrale *f*; (*MIL*) Hauptquartier *nt*; ~**rest** *n* Kopfstütze *f*; ~**room** *n* (*of bridges etc*) lichte Höhe *f*; ~**scarf** *n* Kopftuch *nt*; ~**strong** *adj* eigenwillig; ~**teacher** (*BRIT*) *n* Schulleiter(in) *m(f)*; (*of secondary school also*) Direktor(in) *m*; ~ **waiter** *n* Oberkellner *m*; ~**way** *n* Fortschritte *pl*; ~**wind** *n* Gegenwind *m*; ~**y** *adj* berauschend
heal [hiːl] *vt* heilen ♦ *vi* verheilen
health [helθ] *n* Gesundheit *f*; ~ **food** *n* Reformkost *f*; H~ **Service** (*BRIT*) *n*: **the H~ Service** das Gesundheitswesen; ~**y** *adj* gesund
heap [hiːp] *n* Haufen *m* ♦ *vt* häufen
hear [hɪə'] (*pt, pp* **heard**) *vt* hören; (*listen to*) anhören ♦ *vi* hören; ~**d** [hɜːd] *pt, pp of* **hear**; ~**ing** *n* Gehör *nt*; (*JUR*) Verhandlung *f*; ~**ing aid** *n* Hörapparat *m*; ~**say** *n* Hörensagen *nt*
hearse [hɜːs] *n* Leichenwagen *m*
heart [hɑːt] *n* Herz *nt*; ~**s** *npl* (*CARDS*) Herz *nt*; **by** ~ auswendig; ~ **attack** *n* Herzanfall *m*; ~**beat** *n* Herzschlag *m*; ~**breaking** *adj* herzzerbrechend; ~**broken** *adj* untröstlich; ~**burn** *n* Sodbrennen *nt*; ~ **failure** *n* Herzschlag *m*; ~**felt** *adj* aufrichtig
hearth [hɑːθ] *n* Herd *m*
heartily ['hɑːtɪlɪ] *adv* herzlich; (*eat*) herzhaft
heartless ['hɑːtlɪs] *adj* herzlos
hearty ['hɑːtɪ] *adj* kräftig; (*friendly*) freundlich
heat [hiːt] *n* Hitze *f*; (*of food, water etc*) Wärme *f*; (*SPORT: also*: **qualifying** ~) Ausscheidungsrunde *f* ♦ *vt* (*house*) heizen; (*substance*) heiß machen, erhitzen; ~ **up** *vi* warm werden ♦ *vt* aufwärmen; ~**ed** *adj* erhitzt; (*fig*) hitzig; ~**er** *n* (Heiz)ofen *m*

heath [hi:θ] (*BRIT*) *n* Heide *f*

heathen ['hi:ðn] *n* Heide *m*/Heidin *f* ♦ *adj* heidnisch, Heiden-

heather ['heðə'] *n* Heidekraut *nt*

heat: ~**ing** *n* Heizung *f*; ~-**seeking** *adj* Wärme suchend; ~**stroke** *n* Hitzschlag *m*; ~ **wave** *n* Hitzewelle *f*

heave [hi:v] *vt* hochheben; (*sigh*) ausstoßen ♦ *vi* wogen; (*breast*) sich heben ♦ *n* Heben *nt*

heaven ['hevn] *n* Himmel *m*; ~**ly** *adj* himmlisch

heavily ['hevɪlɪ] *adv* schwer

heavy ['hevɪ] *adj* schwer; ~ **goods vehicle** *n* Lastkraftwagen *m*; ~**weight** *n* (*SPORT*) Schwergewicht *nt*

Hebrew ['hi:bru:] *adj* hebräisch ♦ *n* (*LING*) Hebräisch *nt*

Hebrides ['hebridi:z] *npl* Hebriden *pl*

heckle ['hekl] *vt* unterbrechen

hectic ['hektɪk] *adj* hektisch

he'd [hi:d] = **he had; he would**

hedge [hedʒ] *n* Hecke *f* ♦ *vt* einzäunen ♦ *vi* (*fig*) ausweichen; **to ~ one's bets** sich absichern

hedgehog ['hedʒhɒg] *n* Igel *m*

heed [hi:d] *vt* (*also*: **take ~ of**) beachten ♦ *n* Beachtung *f*; ~**less** *adj* achtlos

heel [hi:l] *n* Ferse *f*; (*of shoe*) Absatz *m* ♦ *vt* mit Absätzen versehen

hefty ['heftɪ] *adj* (*person*) stämmig; (*portion*) reichlich

heifer ['hefə'] *n* Färse *f*

height [haɪt] *n* (*of person*) Größe *f*; (*of object*) Höhe *f*; ~**en** *vt* erhöhen

heir [ɛə'] *n* Erbe *m*; ~**ess** [ˈɛərɛs] *n* Erbin *f*; ~**loom** *n* Erbstück *nt*

held [held] *pt, pp of* **hold**

helicopter ['helɪkɒptə'] *n* Hubschrauber *m*

heliport ['helɪpɔ:t] *n* Hubschrauber-landeplatz *m*

hell [hel] *n* Hölle *f* ♦ *excl* verdammt!

he'll [hi:l] = **he will; he shall**

hellish ['helɪʃ] *adj* höllisch, verteufelt

hello [hə'ləu] *excl* hallo

helm [helm] *n* Ruder *nt*, Steuer *nt*

helmet ['helmɪt] *n* Helm *m*

help [help] *n* Hilfe *f* ♦ *vt* helfen +*dat*; **I can't ~ it** ich kann nichts dafür; ~ **yourself** bedienen Sie sich; ~**er** *n* Helfer *m*; ~**ful** *adj* hilfreich; ~**ing** *n* Portion *f*; ~**less** *adj* hilflos

hem [hem] *n* Saum *m* ♦ *vt* säumen; ~ **in** *vt* einengen

hemorrhage ['hemərɪdʒ] (*US*) *n* = **haemorrhage**

hemorrhoids ['hemərɔɪdz] (*US*) *npl* = **haemorrhoids**

hen [hen] *n* Henne *f*

hence [hens] *adv* von jetzt an; (*therefore*) daher; ~**forth** *adv* von nun an; (*from then on*) von da an

henchman ['hentʃmən] (*irreg*) *n* Gefolgsmann *m*

her [hə:'] *pron* (*acc*) sie; (*dat*) ihr ♦ *adj* ihr; *see also* **me; my**

herald ['herəld] *n* (Vor)bote *m* ♦ *vt* verkünden

heraldry ['herəldrɪ] *n* Wappenkunde *f*

herb [hə:b] *n* Kraut *nt*

herd [hə:d] *n* Herde *f*

here [hɪə'] *adv* hier; (*to this place*) hierher; ~**after** [hɪər'ɑ:ftə'] *adv* hernach, künftig ♦ *n* Jenseits *nt*; ~**by** [hɪə'baɪ] *adv* hiermit

hereditary [hɪ'redɪtrɪ] *adj* erblich

heredity [hɪ'redɪtɪ] *n* Vererbung *f*

heritage ['herɪtɪdʒ] *n* Erbe *nt*

hermit ['hə:mɪt] *n* Einsiedler *m*

hernia ['hə:nɪə] *n* Bruch *m*

hero ['hɪərəu] (*pl* ~**es**) *n* Held *m*; ~**ic** [hɪ'rəuɪk] *adj* heroisch

heroin ['herəuɪn] *n* Heroin *nt*

heroine ['herəuɪn] *n* Heldin *f*

heroism ['herəuɪzəm] *n* Heldentum *nt*

heron ['herən] *n* Reiher *m*

herring ['herɪŋ] *n* Hering *m*

hers [hə:z] *pron* ihre(r, s); *see also* **mine**[2]

herself [hə:'self] *pron* sich (selbst); (*emphatic*) selbst; *see also* **oneself**

he's [hi:z] = **he is; he has**

hesitant ['hezɪtənt] *adj* zögernd

hesitate ['hezɪteɪt] *vi* zögern; **hesitation** [hezɪ'teɪʃən] *n* Zögern *nt*

heterosexual ['hetərəu'seksjuəl] *adj* heterosexuell ♦ *n* Heterosexuelle(r) *mf* hew [hju:] (*pt* hewed, *pp* hewn) *vt* hauen, hacken

hexagonal [hɛk'sæɡənl] *adj* sechseckig

heyday ['heɪdeɪ] *n* Blüte *f*, Höhepunkt *m*

HGV *n abbr* = heavy goods vehicle

hi [haɪ] *excl* he, hallo

hibernate ['haɪbəneɪt] *vi* Winterschlaf *m* halten; hibernation [haɪbə'neɪʃən] *n* Winterschlaf *m*

hiccough ['hɪkʌp] *vi* den Schluckauf haben; ~s *npl* Schluckauf *m*

hiccup ['hɪkʌp] = hiccough

hid [hɪd] *pt of* hide; ~den ['hɪdn] *pp of* hide

hide [haɪd] (*pt* hid, *pp* hidden) *n* (*skin*) Haut *f*, Fell *nt* ♦ *vt* verstecken ♦ *vi* sich verstecken; ~-and-seek *n* Versteckspiel *nt*; ~away *n* Versteck *nt*

hideous ['hɪdɪəs] *adj* abscheulich

hiding ['haɪdɪŋ] *n* (*beating*) Tracht *f* Prügel; to be in ~ (*concealed*) sich versteckt halten; ~ place *n* Versteck *nt*

hi-fi ['haɪfaɪ] *n* Hi-Fi *nt* ♦ *adj* Hi-Fi-

high [haɪ] *adj* hoch; (*wind*) stark ♦ *adv* hoch; it is 20m ~ es ist 20 Meter hoch; ~brow *adj* (betont) intellektuell; ~chair *n* Hochstuhl *m*; ~er education *n* Hochschulbildung *f*; ~-handed *adj* eigenmächtig; ~-heeled *adj* hochhackig; ~ jump *n* (SPORT) Hochsprung *m*; H~lands *npl*: the H~lands das schottische Hochland; ~light *n* (*fig*) Höhepunkt *m* ♦ *vt* hervorheben; ~ly *adv* höchst; ~ly strung *adj* überempfindlich; ~ness *n* Höhe *f*; Her H~ness Ihre Hoheit *f*; ~-pitched *adj* hoch; ~-rise block *n* Hochhaus *nt*; ~ school (*US*) *n* Oberschule *f*; ~ season (BRIT) *n* Hochsaison *f*; ~ street (BRIT) *n* Hauptstraße *f*

highway ['haɪweɪ] *n* Landstraße *f*; H~ Code (BRIT) *n* Straßenverkehrsordnung *f*

hijack ['haɪdʒæk] *vt* entführen; ~er *n* Entführer(in) *m(f)*

hike [haɪk] *vi* wandern ♦ *n* Wanderung *f*; ~r *n* Wanderer *m*; hiking *n* Wandern *nt*

hilarious [hɪ'lɛərɪəs] *adj* lustig

hill [hɪl] *n* Berg *m*; ~side *n* (Berg)hang *m*; ~ walking *n* Bergwandern *nt*; ~y *adj* hügelig

hilt [hɪlt] *n* Heft *nt*; (up) to the ~ ganz und gar

him [hɪm] *pron* (*acc*) ihn; (*dat*) ihm; *see also* me; ~self *pron* sich (selbst); (*emphatic*) selbst; *see also* oneself

hind [haɪnd] *adj* hinter, Hinter-

hinder ['hɪndə*] *vt* (*stop*) hindern; (*delay*) behindern; hindrance *n* (*delay*) Behinderung *f*; (*obstacle*) Hindernis *nt*

hindsight ['haɪndsaɪt] *n*: with ~ im nachhinein

Hindu ['hɪndu:] *n* Hindu *m*

hinge [hɪndʒ] *n* Scharnier *nt*; (*on door*) Türangel *f* ♦ *vi* (*fig*): to ~ on abhängen von

hint [hɪnt] *n* Tipp *m*; (*trace*) Anflug *m* ♦ *vt*: to ~ that andeuten, dass ♦ *vi*: to ~ at andeuten

hip [hɪp] *n* Hüfte *f*

hippie ['hɪpɪ] *n* Hippie *m*

hippo ['hɪpəʊ] (*inf*) *n* Nilpferd *nt*

hippopotami [hɪpə'pɒtəmaɪ] *npl of* hippopotamus

hippopotamus [hɪpə'pɒtəməs] (*pl* ~es *or* hippopotami) *n* Nilpferd *nt*

hire ['haɪə*] *vt* (*worker*) anstellen; (BRIT: *car*) mieten ♦ *n* Miete *f*; for ~ (*taxi*) frei; ~(d) car (BRIT) *n* Mietwagen *m*, Leihwagen *m*; ~ purchase (BRIT) *n* Teilzahlungskauf *m*

his [hɪz] *adj* sein ♦ *pron* seine(r, s); *see also* my; mine[2]

hiss [hɪs] *vi* zischen ♦ *n* Zischen *nt*

historian [hɪ'stɔːrɪən] *n* Historiker *m*

historic [hɪ'stɒrɪk] *adj* historisch; ~al *adj* historisch, geschichtlich

history ['hɪstərɪ] *n* Geschichte *f*

hit [hɪt] (*pt*, *pp* hit) *vt* schlagen; (*injure*) treffen ♦ *n* (*blow*) Schlag *m*; (*success*) Erfolg *m*; (MUS) Hit *m*; to ~ it off with sb prima mit jdm auskommen; ~-and-run driver *n* jemand, der Fahrerflucht begeht

hitch [hɪtʃ] *vt* festbinden; (*also*: ~ up) hochziehen ♦ *n* (*difficulty*) Haken *m*; to ~ a lift trampen; ~hike *vi* trampen; ~hiker *n* Tramper *m*; ~hiking *n* Trampen *nt*

hi-tech ['haɪ'tɛk] *adj* Hightech- ♦ *n* Spitzentechnologie *f*

hitherto ['hɪðə'tu:] *adv* bislang

hit man (inf) (irreg) n Killer m

HIV n abbr: **HIV-negative/-positive** HIV-negativ/-positiv

hive [haɪv] n Bienenkorb m

HMS abbr = **His/Her Majesty's Ship**

hoard [hɔːd] n Schatz m ♦ vt horten, hamstern

hoarding ['hɔːdɪŋ] n Bretterzaun m; (BRIT: for posters) Reklamewand f

hoarse [hɔːs] adj heiser, rau

hoax [həʊks] n Streich m

hob [hɔb] n Kochmulde f

hobble ['hɔbl] vi humpeln

hobby ['hɔbɪ] n Hobby nt

hobby-horse ['hɔbɪhɔːs] n (fig) Steckenpferd nt

hobo ['həʊbəʊ] (US) n Tippelbruder m

hockey ['hɔkɪ] n Hockey nt

hoe [həʊ] n Hacke f ♦ vt hacken

hog [hɔg] n Schlachtschwein nt ♦ vt mit Beschlag belegen; **to go the whole ~** aufs Ganze gehen

hoist [hɔɪst] n Winde f ♦ vt hochziehen

hold [həʊld] (pt, pp **held**) vt halten; (contain) enthalten; (be able to contain) fassen; (breath) anhalten; (meeting) abhalten ♦ vi (withstand pressure) aushalten ♦ n (grasp) Halt m; (NAUT) Schiffsraum m; **~ the line!** (TEL) bleiben Sie am Apparat!; **to ~ one's own** sich behaupten; **~ back** vt zurückhalten; **~ down** vt niederhalten; (job) behalten; **~ off** vt (enemy) abwehren; **~ on** vi sich festhalten; (resist) durchhalten; (wait) warten; **~ on to** vt fus festhalten an +dat; (keep) behalten; **~ out** vt hinhalten ♦ vi aushalten; **~ up** vt (delay) aufhalten; (rob) überfallen; **~all** (BRIT) n Reisetasche f; **~er** n Behälter m; **~ing** n (share) (Aktien)anteil m; **~up** n (BRIT: in traffic) Stockung f; (robbery) Überfall m; (delay) Verzögerung f

hole [həʊl] n Loch nt; **~ in the wall** (inf) (cash dispenser) Geldautomat m

holiday ['hɔlɪdeɪ] n (day) Feiertag m; freie(r) Tag m; (vacation) Urlaub m; (SCH) Ferien pl; **~-maker** (BRIT) n Urlauber(in) m(f); **~ resort** n Ferienort m

Holland ['hɔlənd] n Holland nt

hollow ['hɔləʊ] adj hohl; (fig) leer ♦ n Vertiefung f; **~ out** vt aushöhlen

holly ['hɔlɪ] n Stechpalme f

holocaust ['hɔləkɔːst] n Inferno nt

holster ['həʊlstər] n Pistolenhalfter m

holy ['həʊlɪ] adj heilig; **H~ Ghost** or **Spirit** n: **the H~ Ghost** or **Spirit** der Heilige Geist

homage ['hɔmɪdʒ] n Huldigung f; **to pay ~ to** huldigen +dat

home [həʊm] n Zuhause nt; (institution) Heim nt, Anstalt f ♦ adj einheimisch; (POL) inner ♦ adv heim, nach Hause; **at ~** zu Hause; **~ address** n Heimatadresse f; **~coming** n Heimkehr f; **~land** n Heimat(land nt) f; **~less** adj obdachlos; **~ly** adj häuslich; (US: ugly) unscheinbar; **~made** adj selbst gemacht; **~ match** adj Heimspiel nt; **H~ Office** (BRIT) n Innenministerium nt; **~ page** n (COMPUT) Homepage f; **~ rule** n Selbstverwaltung f; **H~ Secretary** (BRIT) n Innenminister(in) m(f); **~sick** adj: **to be ~sick** Heimweh haben; **~ town** n Heimatstadt f; **~ward** adj (journey) Heim-; **~work** n Hausaufgaben pl

homicide ['hɔmɪsaɪd] (US) n Totschlag m

homoeopathic [həʊmɪə'pæθɪk] (US **homeopathic**) adj homöopathisch; **homoeopathy** [həʊmɪ'ɔpəθɪ] (US **homeopathy**) n Homöopathie f

homogeneous [hɔməʊ'dʒiːnɪəs] adj homogen

homosexual [hɔməʊ'sɛksjuəl] adj homosexuell ♦ n Homosexuelle(r) mf

honest ['ɔnɪst] adj ehrlich; **~ly** adv ehrlich; **~y** n Ehrlichkeit f

honey ['hʌnɪ] n Honig m; **~comb** n Honigwabe f; **~moon** n Flitterwochen pl, Hochzeitsreise f; **~suckle** ['hʌnɪsʌkl] n Geißblatt nt

honk [hɔŋk] vi hupen

honor etc ['ɔnər] (US) vt, n = **honour** etc

honorary ['ɔnərərɪ] adj Ehren-

honour ['ɔnər] (US **honor**) vt ehren; (cheque) einlösen ♦ n Ehre f; **~able** adj ehrenwert; (intention) ehrenhaft; **~s degree** n (UNIV) akademischer Grad mit Prüfung im

Spezialfach

hood [hud] *n* Kapuze *f*; (*BRIT: AUT*) Verdeck *nt*; (*US: AUT*) Kühlerhaube *f*

hoof [hu:f] (*pl* **hooves**) *n* Huf *m*

hook [huk] *n* Haken *m* ♦ *vt* einhaken

hooligan ['hu:lɪgən] *n* Rowdy *m*

hoop [hu:p] *n* Reifen *m*

hooray [hu:'reɪ] *excl* = **hurrah**

hoot [hu:t] *vi* (*AUT*) hupen; ~**er** *n* (*NAUT*) Dampfpfeife *f*; (*BRIT: AUT*) (Auto)hupe *f*

Hoover ['hu:və^r] (®); *BRIT*) *n* Staubsauger *m* ♦ *vt*: **to h~** staubsaugen, Staub saugen

hooves [hu:vz] *pl of* **hoof**

hop [hɔp] *vi* hüpfen, hopsen ♦ *n* (*jump*) Hopser *m*

hope [həup] *vt, vi* hoffen ♦ *n* Hoffnung *f*; **I ~ so/not** hoffentlich/hoffentlich nicht; ~**ful** *adj* hoffnungsvoll; (*promising*) viel versprechend; ~**fully** *adv* hoffentlich; ~**less** *adj* hoffnungslos

hops [hɔps] *npl* Hopfen *m*

horizon [hə'raɪzn] *n* Horizont *m*; ~**tal** [hɔrɪ'zɔntl] *adj* horizontal

hormone ['hɔ:məun] *n* Hormon *nt*

horn [hɔ:n] *n* Horn *nt*; (*AUT*) Hupe *f*

hornet ['hɔ:nɪt] *n* Hornisse *f*

horny ['hɔ:nɪ] *adj* schwielig; (*US: inf*) scharf

horoscope ['hɔrəskəup] *n* Horoskop *nt*

horrendous [hə'rendəs] *adj* (*crime*) abscheulich; (*error*) schrecklich

horrible ['hɔrɪbl] *adj* fürchterlich

horrid ['hɔrɪd] *adj* scheußlich

horrify ['hɔrɪfaɪ] *vt* entsetzen

horror ['hɔrə^r] *n* Schrecken *m*; ~ **film** *n* Horrorfilm *m*

hors d'oeuvre [ɔ:'də:vrə] *n* Vorspeise *f*

horse [hɔ:s] *n* Pferd *nt*; ~**back** *n*: **on ~back** beritten; ~ **chestnut** *n* Rosskastanie *f*; ~**man/woman** (*irreg*) *n* Reiter(in) *m(f)*; ~**power** *n* Pferdestärke *f*; ~**racing** *n* Pferderennen *nt*; ~**radish** *n* Meerrettich *m*; ~**shoe** *n* Hufeisen *nt*

horticulture ['hɔ:tɪkʌltʃə^r] *n* Gartenbau *m*

hose [həuz] *n* (*also*: ~**pipe**) Schlauch *m*

hosiery ['həuzɪərɪ] *n* Strumpfwaren *pl*

hospitable ['hɔspɪtəbl] *adj* gastfreundlich

hospital ['hɔspɪtl] *n* Krankenhaus *nt*

hospitality [hɔspɪ'tælɪtɪ] *n* Gastfreundschaft *f*

host [həust] *n* Gastgeber *m*; (*innkeeper*) (Gast)wirt *m*; (*large number*) Heerschar *f*; (*ECCL*) Hostie *f*

hostage ['hɔstɪdʒ] *n* Geisel *f*

hostel ['hɔstl] *n* Herberge *f*; (*also*: **youth ~**) Jugendherberge *f*

hostess ['həustɪs] *n* Gastgeberin *f*

hostile ['hɔstaɪl] *adj* feindlich; **hostility** [hɔ'stɪlɪtɪ] *n* Feindschaft *f*; **hostilities** *npl* (*fighting*) Feindseligkeiten *pl*

hot [hɔt] *adj* heiß; (*food, water*) warm; (*spiced*) scharf; **I'm ~** mir ist heiß; ~**bed** *n* (*fig*) Nährboden *m*; ~ **dog** *n* heiße(s) Würstchen *nt*

hotel [həu'tel] *n* Hotel *nt*; ~**ier** [həu'telɪə^r] *n* Hotelier *m*

hot: ~**house** *n* Treibhaus *nt*; ~ **line** *n* (*POL*) heiße(r) Draht *m*; ~**ly** *adv* (*argue*) hitzig; ~**plate** *n* Kochplatte *f*; ~**pot** ['hɔtpɔt] (*BRIT*) *n* Fleischeintopf *m*; ~**-water bottle** *n* Wärmflasche *f*

hound [haund] *n* Jagdhund *m* ♦ *vt* hetzen

hour ['auə^r] *n* Stunde *f*; (*time of day*) (Tages)zeit *f*; ~**ly** *adj, adv* stündlich

house [*n* haus, *vb* hauz] *n* Haus *nt* ♦ *vt* unterbringen; **on the ~** auf Kosten des Hauses; ~ **arrest** *n* (*POL, MIL*) Hausarrest *m*; ~**boat** *n* Hausboot *nt*; ~**breaking** *n* Einbruch *m*; ~**coat** *n* Morgenmantel *m*; ~**hold** *n* Haushalt *m*; ~**keeper** *n* Haushälterin *f*; ~**keeping** *n* Haushaltung *f*; ~**-warming party** *n* Einweihungsparty *f*; ~**wife** (*irreg*) *n* Hausfrau *f*; ~**work** *n* Hausarbeit *f*

housing ['hauzɪŋ] *n* (*act*) Unterbringung *f*; (*houses*) Wohnungen *pl*; (*POL*) Wohnungsbau *m*; (*covering*) Gehäuse *nt*; ~ **estate** (*US* ~ **development**) *n* (Wohn)siedlung *f*

hovel ['hɔvl] *n* elende Hütte *f*

hover ['hɔvə^r] *vi* (*bird*) schweben; (*person*) herumstehen; ~**craft** *n* Luftkissenfahrzeug *nt*

how [hau] *adv* wie; ~ **are you?** wie geht es Ihnen?; ~ **much milk?** wie viel Milch?; ~

many people? wie viele Leute?

however [hau'ɛvəʳ] *adv (but)* (je)doch, aber; **~ you phrase it** wie Sie es auch ausdrücken

howl [haul] *n* Heulen *nt* ♦ *vi* heulen

H.P. *abbr* = **hire purchase**

h.p. *abbr* = **horsepower**

H.Q. *abbr* = **headquarters**

HTML *abbr*(= *hypertext markup language*) HTML

hub [hʌb] *n* Radnabe *f*

hubbub ['hʌbʌb] *n* Tumult *m*

hubcap ['hʌbkæp] *n* Radkappe *f*

huddle ['hʌdl] *vi*: **to ~ together** sich zusammendrängen

hue [hju:] *n* Färbung *f*; **~ and cry** *n* Zetergeschrei *nt*

huff [hʌf] *n*: **to go into a ~** einschnappen

hug [hʌg] *vt* umarmen ♦ *n* Umarmung *f*

huge [hju:dʒ] *adj* groß, riesig

hulk [hʌlk] *n* (*ship*) abgetakelte(s) Schiff *nt*; (*person*) Koloss *m*

hull [hʌl] *n* Schiffsrumpf *m*

hullo [hə'ləu] *excl* = **hello**

hum [hʌm] *vt, vi* summen

human ['hju:mən] *adj* menschlich ♦ *n* (*also:* **~ being**) Mensch *m*

humane [hju:'meɪn] *adj* human

humanitarian [hju:mænɪ'tɛərɪən] *adj* humanitär

humanity [hju:'mænɪtɪ] *n* Menschheit *f*; (*kindliness*) Menschlichkeit *f*

humble ['hʌmbl] *adj* demütig; (*modest*) bescheiden ♦ *vt* demütigen

humbug ['hʌmbʌg] *n* Humbug *m*; (*BRIT: sweet*) Pfefferminzbonbon *nt*

humdrum ['hʌmdrʌm] *adj* stumpfsinnig

humid ['hju:mɪd] *adj* feucht; **~ity** [hju:'mɪdɪtɪ] *n* Feuchtigkeit *f*

humiliate [hju:'mɪlɪeɪt] *vt* demütigen; **humiliation** [hju:mɪlɪ'eɪʃən] *n* Demütigung *f*

humility [hju:'mɪlɪtɪ] *n* Demut *f*

humor ['hju:məʳ] (*US*) *n*, *vt* = **humour**

humorous ['hju:mərəs] *adj* humorvoll

humour ['hju:məʳ] (*US* **humor**) *n* (*fun*) Humor *m*; (*mood*) Stimmung *f* ♦ *vt* bei Stimmung halten

hump [hʌmp] *n* Buckel *m*

hunch [hʌntʃ] *n* Buckel *m*; (*premonition*) (Vor)ahnung *f*; **~back** *n* Bucklige(r) *mf*; **~ed** *adj* gekrümmt

hundred ['hʌndrəd] *num* hundert; **~weight** *n* Zentner *m* (*BRIT = 50.8 kg; US = 45.3 kg*)

hung [hʌŋ] *pt, pp of* **hang**

Hungarian [hʌŋ'gɛərɪən] *adj* ungarisch ♦ *n* Ungar(in) *m(f)*; (*LING*) Ungarisch *nt*

Hungary ['hʌŋgərɪ] *n* Ungarn *nt*

hunger ['hʌŋgəʳ] *n* Hunger *m* ♦ *vi* hungern

hungry ['hʌŋgrɪ] *adj* hungrig; **to be ~** Hunger haben

hunk [hʌŋk] *n* (*of bread*) Stück *nt*

hunt [hʌnt] *vt, vi* jagen ♦ *n* Jagd *f*; **to ~ for** suchen; **~er** *n* Jäger *m*; **~ing** *n* Jagd *f*

hurdle ['hɜ:dl] *n* (*also fig*) Hürde *f*

hurl [hɜ:l] *vt* schleudern

hurrah [hu'rɑ:] *n* Hurra *nt*

hurray [hu'reɪ] *n* Hurra *nt*

hurricane ['hʌrɪkən] *n* Orkan *m*

hurried ['hʌrɪd] *adj* eilig; (*hasty*) übereilt; **~ly** *adv* übereilt, hastig

hurry ['hʌrɪ] *n* Eile *f* ♦ *vi* sich beeilen ♦ *vt* (an)treiben; (*job*) übereilen; **to be in a ~** es eilig haben; **~ up** *vi* sich beeilen ♦ *vt* (*person*) zur Eile antreiben; (*work*) vorantreiben

hurt [hɜ:t] (*pt, pp* **hurt**) *vt* wehtun +*dat*; (*injure, fig*) verletzen ♦ *vi* wehtun; **~ful** *adj* schädlich; (*remark*) verletzend

hurtle ['hɜ:tl] *vi* sausen

husband ['hʌzbənd] *n* (Ehe)mann *m*

hush [hʌʃ] *n* Stille *f* ♦ *vt* zur Ruhe bringen ♦ *excl* pst, still

husky ['hʌskɪ] *adj* (*voice*) rau ♦ *n* Eskimohund *m*

hustle ['hʌsl] *vt* (*push*) stoßen; (*hurry*) antreiben ♦ *n*: **~ and bustle** Geschäftigkeit *f*

hut [hʌt] *n* Hütte *f*

hutch [hʌtʃ] *n* (Kaninchen)stall *m*

hyacinth ['haɪəsɪnθ] *n* Hyazinthe *f*

hydrant ['haɪdrənt] *n* (*also:* **fire ~**) Hydrant *m*

hydraulic [haɪ'drɔ:lɪk] *adj* hydraulisch

hydroelectric ['haɪdrəu'lektrɪk] *adj* (*energy*) durch Wasserkraft erzeugt; **~ power station** *n* Wasserkraftwerk *nt*

hydrofoil ['haɪdrəfɔɪl] *n* Tragflügelboot *nt*

hydrogen ['haɪdrədʒən] n Wasserstoff m

hyena [haɪ'iːnə] n Hyäne f

hygiene ['haɪdʒiːn] n Hygiene f; **hygienic** [haɪ'dʒiːnɪk] adj hygienisch

hymn [hɪm] n Kirchenlied nt

hype [haɪp] (inf) n Publicity f

hypermarket ['haɪpəmɑːkɪt] (BRIT) n Hypermarket m

hypertext ['haɪpətekst] n (COMPUT) Hypertext m

hyphen ['haɪfn] n Bindestrich m

hypnosis [hɪp'nəʊsɪs] n Hypnose f

hypnotize ['hɪpnətaɪz] vt hypnotisieren

hypocrisy [hɪ'pɒkrɪsɪ] n Heuchelei f

hypocrite ['hɪpəkrɪt] n Heuchler m; **hypocritical** [hɪpə'krɪtɪkl] adj scheinheilig, heuchlerisch

hypothermia [haɪpə'θɜːmɪə] n Unterkühlung f

hypotheses [haɪ'pɒθɪsiːz] npl of **hypothesis**

hypothesis [haɪ'pɒθɪsɪs] (pl **hypotheses**) n Hypothese f

hypothetic(al) [haɪpəʊ'θetɪk(l)] adj hypothetisch

hysterical [hɪ'sterɪkl] adj hysterisch

hysterics [hɪ'sterɪks] npl hysterische(r) Anfall m

I, i

I [aɪ] pron ich

ice [aɪs] n Eis nt ♦ vt (COOK) mit Zuckerguss überziehen ♦ vi (also: ~ **up**) vereisen; ~ **axe** n Eispickel m; ~**berg** n Eisberg m; ~**box** (US) n Kühlschrank m; ~ **cream** n Eis nt; ~ **cube** n Eiswürfel m; ~**d** [aɪst] adj (cake) mit Zuckerguss überzogen, glasiert; (tea, coffee) Eis-; ~ **hockey** n Eishockey nt

Iceland ['aɪslənd] n Island nt

ice: ~ **lolly** (BRIT) n Eis nt am Stiel; ~ **rink** n (Kunst)eisbahn f; ~ **skating** n Schlittschuhlaufen nt

icicle ['aɪsɪkl] n Eiszapfen m

icing ['aɪsɪŋ] n (on cake) Zuckerguss m; (on window) Vereisung f; ~ **sugar** (BRIT) n Puderzucker m

icon ['aɪkɒn] n Ikone f; (COMPUT) Icon nt

icy ['aɪsɪ] adj (slippery) vereist; (cold) eisig

I'd [aɪd] = **I would**; **I had**

idea [aɪ'dɪə] n Idee f

ideal [aɪ'dɪəl] n Ideal nt ♦ adj ideal

identical [aɪ'dentɪkl] adj identisch; (twins) eineiig

identification [aɪdentɪfɪ'keɪʃən] n Identifizierung f; **means of ~** Ausweispapiere pl

identify [aɪ'dentɪfaɪ] vt identifizieren; (regard as the same) gleichsetzen

Identikit [aɪ'dentɪkɪt] ® n: ~ **picture** Phantombild nt

identity [aɪ'dentɪtɪ] n Identität f; ~ **card** n Personalausweis m

ideology [aɪdɪ'ɒlədʒɪ] n Ideologie f

idiom ['ɪdɪəm] n (expression) Redewendung f; (dialect) Idiom nt; ~**atic** [ɪdɪə'mætɪk] adj idiomatisch

idiosyncrasy [ɪdɪəʊ'sɪŋkrəsɪ] n Eigenart f

idiot ['ɪdɪət] n Idiot(in) m(f); ~**ic** [ɪdɪ'ɒtɪk] adj idiotisch

idle ['aɪdl] adj (doing nothing) untätig; (lazy) faul; (useless) nutzlos; (machine) still(stehend); (threat, talk) leer ♦ vi (machine) leer laufen ♦ vt: **to ~ away the time** die Zeit vertrödeln; ~**ness** n Müßiggang m; Faulheit f

idol ['aɪdl] n Idol nt; ~**ize** vt vergöttern

i.e. abbr (= id est) d. h.

KEYWORD

if [ɪf] conj 1 wenn; (in case also) falls; **if I were you** wenn ich Sie wäre

2 (although): **(even) if** (selbst or auch) wenn

3 (whether) ob

4: **if so/not** wenn ja/nicht; **if only ...** wenn ... doch nur ...; **if only I could** wenn ich doch nur könnte; see also **as**

---

ignite [ɪg'naɪt] vt (an)zünden ♦ vi sich entzünden; **ignition** [ɪg'nɪʃən] n Zündung f; **to switch on/off the ignition** den Motor anlassen/abstellen; **ignition key** n (AUT) Zündschlüssel m

ignorance ['ɪgnərəns] *n* Unwissenheit *f*

ignorant ['ɪgnərənt] *adj* unwissend; **to be ~ of** nicht wissen

ignore [ɪg'nɔːr] *vt* ignorieren

I'll [aɪl] = **I will; I shall**

ill [ɪl] *adj* krank ♦ *n* Übel *nt* ♦ *adv* schlecht; **~-advised** *adj* unklug; **~-at-ease** *adj* unbehaglich

illegal [ɪ'liːgl] *adj* illegal

illegible [ɪ'ledʒɪbl] *adj* unleserlich

illegitimate [ɪlɪ'dʒɪtɪmət] *adj* unehelich

ill-fated [ɪl'feɪtɪd] *adj* unselig

ill feeling *n* Verstimmung *f*

illicit [ɪ'lɪsɪt] *adj* verboten

illiterate [ɪ'lɪtərət] *adj* ungebildet

ill-mannered [ɪl'mænəd] *adj* ungehobelt

illness ['ɪlnɪs] *n* Krankheit *f*

illogical [ɪ'lɒdʒɪkl] *adj* unlogisch

ill-treat [ɪl'triːt] *vt* misshandeln

illuminate [ɪ'luːmɪneɪt] *vt* beleuchten; **illumination** [ɪluːmɪ'neɪʃən] *n* Beleuchtung *f*; **illuminations** *pl* (*decorative lights*) festliche Beleuchtung *f*

illusion [ɪ'luːʒən] *n* Illusion *f*; **to be under the ~ that ...** sich *dat* einbilden, dass ...

illustrate ['ɪləstreɪt] *vt* (*book*) illustrieren; (*explain*) veranschaulichen; **illustration** [ɪlə'streɪʃən] *n* Illustration *f*; (*explanation*) Veranschaulichung *f*

illustrious [ɪ'lʌstrɪəs] *adj* berühmt

I'm [aɪm] = **I am**

image ['ɪmɪdʒ] *n* Bild *nt*; (*public ~*) Image *nt*; **~ry** *n* Symbolik *f*

imaginary [ɪ'mædʒɪnərɪ] *adj* eingebildet; (*world*) Fantasie-

imagination [ɪmædʒɪ'neɪʃən] *n* Einbildung *f*; (*creative*) Fantasie *f*

imaginative [ɪ'mædʒɪnətɪv] *adj* fantasiereich, einfallsreich

imagine [ɪ'mædʒɪn] *vt* sich vorstellen; (*wrongly*) sich einbilden

imbalance [ɪm'bæləns] *n* Unausgeglichenheit *f*

imbecile ['ɪmbəsiːl] *n* Schwachsinnige(r) *mf*

imitate ['ɪmɪteɪt] *vt* imitieren; **imitation** [ɪmɪ'teɪʃən] *n* Imitation *f*

immaculate [ɪ'mækjulət] *adj* makellos;

(*dress*) tadellos; (*ECCL*) unbefleckt

immaterial [ɪmə'tɪərɪəl] *adj* unwesentlich; **it is ~ whether ...** es ist unwichtig, ob ...

immature [ɪmə'tjuər] *adj* unreif

immediate [ɪ'miːdɪət] *adj* (*instant*) sofortig; (*near*) unmittelbar; (*relatives*) nächste(r, s); (*needs*) dringlich; **~ly** *adv* sofort; **~ly next to** direkt neben

immense [ɪ'mens] *adj* unermesslich

immerse [ɪ'mɜːs] *vt* eintauchen; **to be ~d in** (*fig*) vertieft sein in +*acc*

immersion heater [ɪ'mɜːʃən-] (*BRIT*) *n* Boiler *m*

immigrant ['ɪmɪgrənt] *n* Einwanderer *m*

immigrate ['ɪmɪgreɪt] *vi* einwandern; **immigration** [ɪmɪ'greɪʃən] *n* Einwanderung *f*

imminent ['ɪmɪnənt] *adj* bevorstehend

immobile [ɪ'məubaɪl] *adj* unbeweglich; **immobilize** [ɪ'məubɪlaɪz] *vt* lähmen

immoral [ɪ'mɒrl] *adj* unmoralisch; **~ity** [ɪmə'rælɪtɪ] *n* Unsittlichkeit *f*

immortal [ɪ'mɔːtl] *adj* unsterblich

immune [ɪ'mjuːn] *adj* (*secure*) sicher; (*MED*) immun; **~ from** sicher vor +*dat*; **immunity** *n* (*MED, JUR*) Immunität *f*; (*fig*) Freiheit *f*;

immunize ['ɪmjunaɪz] *vt* immunisieren

impact ['ɪmpækt] *n* Aufprall *m*; (*fig*) Wirkung *f*

impair [ɪm'peər] *vt* beeinträchtigen

impart [ɪm'pɑːt] *vt* mitteilen; (*knowledge*) vermitteln; (*exude*) abgeben

impartial [ɪm'pɑːʃl] *adj* unparteiisch

impassable [ɪm'pɑːsəbl] *adj* unpassierbar

impassive [ɪm'pæsɪv] *adj* gelassen

impatience [ɪm'peɪʃəns] *n* Ungeduld *f*; **impatient** *adj* ungeduldig; **impatiently** *adv* ungeduldig

impeccable [ɪm'pekəbl] *adj* tadellos

impede [ɪm'piːd] *vt* (be)hindern; **impediment** [ɪm'pedɪmənt] *n* Hindernis *nt*; **speech impediment** Sprachfehler *m*

impending [ɪm'pendɪŋ] *adj* bevorstehend

impenetrable [ɪm'penɪtrəbl] *adj* (*also fig*) undurchdringlich

imperative [ɪm'perətɪv] *adj* (*necessary*) unbedingt erforderlich

imperceptible [ɪmpə'sɛptɪbl] *adj* nicht wahrnehmbar

imperfect [ɪm'pə:fɪkt] *adj (faulty)* fehlerhaft; **~ion** [ɪmpə:'fɛkʃən] *n* Unvollkommenheit *f*; *(fault)* Fehler *m*

imperial [ɪm'pɪərɪəl] *adj* kaiserlich

impersonal [ɪm'pə:sənl] *adj* unpersönlich

impersonate [ɪm'pə:səneɪt] *vt* sich ausgeben als; *(for fun)* imitieren

impertinent [ɪm'pə:tɪnənt] *adj* unverschämt, frech

impervious [ɪm'pə:vɪəs] *adj (fig)*: **~ (to)** unempfänglich (für)

impetuous [ɪm'pɛtjuəs] *adj* ungestüm

impetus ['ɪmpətəs] *n* Triebkraft *f; (fig)* Auftrieb *m*

impinge [ɪm'pɪndʒ]: **~ on** *vt* beeinträchtigen

implacable [ɪm'plækəbl] *adj* unerbittlich

implement [*n* 'ɪmplɪmənt, *vb* 'ɪmplɪment] *n* Werkzeug *nt* ♦ *vt* ausführen

implicate ['ɪmplɪkeɪt] *vt* verwickeln; **implication** [ɪmplɪ'keɪʃən] *n (effect)* Auswirkung *f; (in crime)* Verwicklung *f*

implicit [ɪm'plɪsɪt] *adj (suggested)* unausgesprochen; *(utter)* vorbehaltlos

implore [ɪm'plɔ:ʳ] *vt* anflehen

imply [ɪm'plaɪ] *vt (hint)* andeuten; *(be evidence for)* schließen lassen auf +*acc*

impolite [ɪmpə'laɪt] *adj* unhöflich

import [*vb* ɪm'pɔ:t, *n* 'ɪmpɔ:t] *vt* einführen ♦ *n* Einfuhr *f; (meaning)* Bedeutung *f*

importance [ɪm'pɔ:tns] *n* Bedeutung *f*

important [ɪm'pɔ:tənt] *adj* wichtig; **it's not ~** es ist unwichtig

importer [ɪm'pɔ:təʳ] *n* Importeur *m*

impose [ɪm'pəuz] *vt, vi*: **to ~ (on)** auferlegen (+*dat*); *(penalty, sanctions)* verhängen (gegen); **to ~ (o.s.) on sb** sich jdm aufdrängen

imposing [ɪm'pəuzɪŋ] *adj* eindrucksvoll

imposition [ɪmpə'zɪʃən] *n (of burden, fine)* Auferlegung *f*; **to be an ~** *(on person)* eine Zumutung sein

impossible [ɪm'pɔsɪbl] *adj* unmöglich

impostor [ɪm'pɔstəʳ] *n* Hochstapler *m*

impotent ['ɪmpətnt] *adj* machtlos; *(sexually)* impotent

impound [ɪm'paund] *vt* beschlagnahmen

impoverished [ɪm'pɔvərɪʃt] *adj* verarmt

impracticable [ɪm'præktɪkəbl] *adj* undurchführbar

impractical [ɪm'præktɪkl] *adj* unpraktisch

imprecise [ɪmprɪ'saɪs] *adj* ungenau

impregnable [ɪm'prɛgnəbl] *adj (castle)* uneinnehmbar

impregnate ['ɪmprɛgneɪt] *vt (saturate)* sättigen; *(fertilize)* befruchten

impress [ɪm'prɛs] *vt (influence)* beeindrucken; *(imprint)* (auf)drücken; **to ~ sth on sb** jdm etw einschärfen; **~ed** *adj* beeindruckt; **~ion** [ɪm'prɛʃən] *n* Eindruck *m; (on wax, footprint)* Abdruck *m; (of book)* Auflage *f; (take-off)* Nachahmung *f;* **I was under the ~ion** ich hatte den Eindruck; **~ionable** *adj* leicht zu beeindrucken; **~ive** *adj* eindrucksvoll

imprint ['ɪmprɪnt] *n* Abdruck *m*

imprison [ɪm'prɪzn] *vt* ins Gefängnis schicken; **~ment** *n* Inhaftierung *f*

improbable [ɪm'prɔbəbl] *adj* unwahrscheinlich

impromptu [ɪm'prɔmptju:] *adj, adv* aus dem Stegreif, improvisiert

improper [ɪm'prɔpəʳ] *adj (indecent)* unanständig; *(unsuitable)* unpassend

improve [ɪm'pru:v] *vt* verbessern ♦ *vi* besser werden; **~ment** *n* (Ver)besserung *f*

improvise ['ɪmprəvaɪz] *vt, vi* improvisieren

imprudent [ɪm'pru:dnt] *adj* unklug

impudent ['ɪmpjudnt] *adj* unverschämt

impulse ['ɪmpʌls] *n* Impuls *m*; **to act on ~** spontan handeln; **impulsive** [ɪm'pʌlsɪv] *adj* impulsiv

impure [ɪm'pjuəʳ] *adj (dirty)* verunreinigt; *(bad)* unsauber; **impurity** [ɪm'pjuərɪtɪ] *n* Unreinheit *f; (TECH)* Verunreinigung *f*

KEYWORD

in [ɪn] *prep* **1** *(indicating place, position)* in +*dat; (with motion)* in +*acc;* **in here/there** hier/dort; **in London** in London; **in the United States** in den Vereinigten Staaten
2 *(indicating time: during)* in +*dat;* **in summer** im Sommer; **in 1988** (im Jahre)

1988; **in the afternoon** nachmittags, am
Nachmittag
3 (*indicating time: in the space of*) innerhalb
von; **I'll see you in 2 weeks** *or* **in 2
weeks' time** ich sehe Sie in zwei Wochen
4 (*indicating manner, circumstances, state etc*)
in +*dat*; **in the sun/rain** in der Sonne/im
Regen; **in English/French** auf Englisch/
Französisch; **in a loud/soft voice** mit
lauter/leiser Stimme
5 (*with ratios, numbers*): **1 in 10** jeder
Zehnte; **20 pence in the pound** 20 Pence
pro Pfund; **they lined up in twos** sie
stellten sich in Zweierreihe auf
6 (*referring to people, works*): **the disease is
common in children** die Krankheit ist bei
Kindern häufig; **in Dickens** bei Dickens; **we
have a loyal friend in him** er ist uns ein
treuer Freund
7 (*indicating profession etc*): **to be in
teaching/the army** Lehrer(in)/beim Militär
sein; **to be in publishing** im Verlagswesen
arbeiten
8 (*with present participle*): **in saying this, I
...** wenn ich das sage, ... ich; **in accepting
this view, he ...** weil er diese Meinung
akzeptierte, ... er
♦ *adv*: **to be in** (*person: at home, work*) da
sein; (*train, ship, plane*) angekommen sein;
(*in fashion*) in sein; **to ask sb in** jdn
hereinbitten; **to run/limp** *etc* **in**
hereingerannt/gehumpelt *etc* kommen
♦ *n*: **the ins and outs** (*of proposal, situation
etc*) die Feinheiten

in. *abbr* = **inch**
inability [ɪnəˈbɪlɪtɪ] *n* Unfähigkeit *f*
inaccessible [ɪnækˈsesɪbl] *adj* unzugänglich
inaccurate [ɪnˈækjʊrət] *adj* ungenau;
(*wrong*) unrichtig
inactivity [ɪnækˈtɪvɪtɪ] *n* Untätigkeit *f*
inadequate [ɪnˈædɪkwət] *adj* unzulänglich
inadvertently [ɪnədˈvɜːtntlɪ] *adv*
unabsichtlich
inadvisable [ɪnədˈvaɪzəbl] *adj* nicht ratsam
inane [ɪˈneɪn] *adj* dumm, albern
inanimate [ɪnˈænɪmət] *adj* leblos

inappropriate [ɪnəˈprəʊprɪət] *adj* (*clothing*)
ungeeignet; (*remark*) unangebracht
inarticulate [ɪnɑːˈtɪkjʊlət] *adj* unklar
inasmuch as [ɪnəzˈmʌtʃ-] *adv* da; (*in so far
as*) so weit
inaudible [ɪnˈɔːdɪbl] *adj* unhörbar
inauguration [ɪnɔːgjʊˈreɪʃən] *n* Eröffnung *f*;
(*feierliche*) Amtseinführung *f*
inborn [ɪnˈbɔːn] *adj* angeboren
inbred [ɪnˈbred] *adj* angeboren
Inc. *abbr* = **incorporated**
incalculable [ɪnˈkælkjʊləbl] *adj*
(*consequences*) unabsehbar
incapable [ɪnˈkeɪpəbl] *adj*: ~ **(of doing sth)**
unfähig(, etw zu tun)
incapacitate [ɪnkəˈpæsɪteɪt] *vt* untauglich
machen
incapacity [ɪnkəˈpæsɪtɪ] *n* Unfähigkeit *f*
incarcerate [ɪnˈkɑːsəreɪt] *vt* einkerkern
incarnation [ɪnkɑːˈneɪʃən] *n* (*ECCL*)
Menschwerdung *f*; (*fig*) Inbegriff *m*
incendiary [ɪnˈsendɪərɪ] *adj* Brand-
incense [*n* ˈɪnsens, *vb* ɪnˈsens] *n* Weihrauch
m ♦ *vt* erzürnen
incentive [ɪnˈsentɪv] *n* Anreiz *m*
incessant [ɪnˈsesnt] *adj* unaufhörlich
incest [ˈɪnsest] *n* Inzest *m*
inch [ɪntʃ] *n* Zoll *m* ♦ *vi*: **to ~ forward** sich
Stückchen für Stückchen vorwärts
bewegen; **to be within an ~ of** kurz davor
sein; **he didn't give an ~** er gab keinen
Zentimeter nach
incidence [ˈɪnsɪdns] *n* Auftreten *nt*; (*of
crime*) Quote *f*
incident [ˈɪnsɪdnt] *n* Vorfall *m*; (*disturbance*)
Zwischenfall *m*
incidental [ɪnsɪˈdentl] *adj* (*music*) Begleit-;
(*unimportant*) nebensächlich; (*remark*)
beiläufig;~**ly** *adv* übrigens
incinerator [ɪnˈsɪnəreɪtər] *n*
Verbrennungsofen *m*
incision [ɪnˈsɪʒən] *n* Einschnitt *m*
incisive [ɪnˈsaɪsɪv] *adj* (*style*) treffend;
(*person*) scharfsinnig
incite [ɪnˈsaɪt] *vt* anstacheln
inclination [ɪnklɪˈneɪʃən] *n* Neigung *f*
incline [*n* ˈɪnklaɪn, *vb* ɪnˈklaɪn] *n* Abhang *m*

♦ vt neigen; (fig) veranlassen ♦ vi sich neigen; **to be ~d to do sth** dazu neigen, etw zu tun

include [ɪnˈkluːd] vt einschließen; (on list, in group) aufnehmen; **including** prep: **including X** X inbegriffen; **inclusion** [ɪnˈkluːʒən] n Aufnahme f; **inclusive** [ɪnˈkluːsɪv] adj einschließlich; (COMM) inklusive; **inclusive of** einschließlich +gen

incoherent [ɪnkəʊˈhɪərənt] adj zusammenhanglos

income [ˈɪnkʌm] n Einkommen nt; (from business) Einkünfte pl; **~ tax** n Lohnsteuer f; (of self-employed) Einkommensteuer f

incoming [ˈɪnkʌmɪŋ] adj: **~ flight** eintreffende Maschine f

incomparable [ɪnˈkɒmpərəbl] adj unvergleichlich

incompatible [ɪnkəmˈpætɪbl] adj unvereinbar; (people) unverträglich

incompetence [ɪnˈkɒmpɪtns] n Unfähigkeit f; **incompetent** adj unfähig

incomplete [ɪnkəmˈpliːt] adj unvollständig

incomprehensible [ɪnkɒmprɪˈhensɪbl] adj unverständlich

inconceivable [ɪnkənˈsiːvəbl] adj unvorstellbar

incongruous [ɪnˈkɒŋgruəs] adj seltsam; (remark) unangebracht

inconsiderate [ɪnkənˈsɪdərət] adj rücksichtslos

inconsistency [ɪnkənˈsɪstənsɪ] n Widersprüchlichkeit f; (state) Unbeständigkeit f

inconsistent [ɪnkənˈsɪstnt] adj (action, speech) widersprüchlich; (person, work) unbeständig; **~ with** nicht übereinstimmend mit

inconspicuous [ɪnkənˈspɪkjuəs] adj unauffällig

incontinent [ɪnˈkɒntɪnənt] adj (MED) nicht fähig, Stuhl und Harn zurückzuhalten

inconvenience [ɪnkənˈviːnjəns] n Unbequemlichkeit f; (trouble to others) Unannehmlichkeiten pl

inconvenient [ɪnkənˈviːnjənt] adj ungelegen; (journey) unbequem

incorporate [ɪnˈkɔːpəreɪt] vt (include) aufnehmen; (contain) enthalten; **~d** adj: **~d company** (US) eingetragene Aktiengesellschaft f

incorrect [ɪnkəˈrekt] adj unrichtig

incorrigible [ɪnˈkɒrɪdʒɪbl] adj unverbesserlich

incorruptible [ɪnkəˈrʌptɪbl] adj unzerstörbar; (person) unbestechlich

increase [n ˈɪnkriːs, vb ɪnˈkriːs] n Zunahme f; (pay ~) Gehaltserhöhung f; (in size) Vergrößerung f ♦ vt erhöhen; (wealth, rage) vermehren; (business) erweitern ♦ vi zunehmen; (prices) steigen; (in size) größer werden; (in number) sich vermehren; **increasing** adj (number) steigend; **increasingly** [ɪnˈkriːsɪŋlɪ] adv zunehmend

incredible [ɪnˈkredɪbl] adj unglaublich

incredulous [ɪnˈkredjuləs] adj ungläubig

increment [ˈɪnkrɪmənt] n Zulage f

incriminate [ɪnˈkrɪmɪneɪt] vt belasten

incubation [ɪnkjuˈbeɪʃən] n Ausbrüten nt

incubator [ˈɪnkjubeɪtə] n Brutkasten m

incumbent [ɪnˈkʌmbənt] n ♦ adj: **it is ~ on him to ...** es obliegt ihm, ...

incur [ɪnˈkəː] vt sich zuziehen; (debts) machen

incurable [ɪnˈkjuərəbl] adj unheilbar

indebted [ɪnˈdetɪd] adj (obliged): **~ (to sb)** (jdm) verpflichtet

indecent [ɪnˈdiːsnt] adj unanständig; **~ assault** (BRIT) n Notzucht f; **~ exposure** n Exhibitionismus m

indecisive [ɪndɪˈsaɪsɪv] adj (battle) nicht entscheidend; (person) unentschlossen

indeed [ɪnˈdiːd] adv tatsächlich, in der Tat; **yes ~!** allerdings!

indefinite [ɪnˈdefɪnɪt] adj unbestimmt; **~ly** adv auf unbestimmte Zeit; (wait) unbegrenzt lange

indelible [ɪnˈdelɪbl] adj unauslöschlich

indemnity [ɪnˈdemnɪtɪ] n (insurance) Versicherung f; (compensation) Entschädigung f

independence [ɪndɪˈpendns] n Unabhängigkeit f; **independent** adj unabhängig

Independence Day

i **Independence Day** *(der 4. Juli) ist in den USA ein gesetzlicher Feiertag zum Gedenken an die Unabhängigkeitserklärung am 4. Juli 1776, mit der die 13 amerikanischen Kolonien ihre Freiheit und Unabhängigkeit von Großbritannien erklärten.*

indestructible [ɪndɪs'trʌktəbl] *adj* unzerstörbar

indeterminate [ɪndɪ'tə:mɪnɪt] *adj* unbestimmt

index ['ɪndeks] (*pl* **~es** *or* **indices**) *n* Index *m*; **~ card** *n* Karteikarte *f*; **~ finger** *n* Zeigefinger *m*; **~-linked** (*US* **~ed**) *adj* (*salaries*) der Inflationsrate *dat* angeglichen; (*pensions*) dynamisch

India ['ɪndɪə] *n* Indien *nt*; **~n** *adj* indisch ♦ *n* Inder(in) *m(f)*; **American ~n** Indianer(in) *m(f)*; **~n Ocean** *n*: **the ~n Ocean** der Indische Ozean

indicate ['ɪndɪkeɪt] *vt* anzeigen; (*hint*) andeuten; **indication** [ɪndɪ'keɪʃən] *n* Anzeichen *nt*; (*information*) Angabe *f*; **indicative** [ɪn'dɪkətɪv] *adj*: **indicative of** bezeichnend für; **indicator** *n* (An)zeichen *nt*; (*AUT*) Richtungsanzeiger *m*

indict [ɪn'daɪt] *vt* anklagen; **~ment** *n* Anklage *f*

indifference [ɪn'dɪfrəns] *n* Gleichgültigkeit *f*; Unwichtigkeit *f*; **indifferent** *adj* gleichgültig; (*mediocre*) mäßig

indigenous [ɪn'dɪdʒɪnəs] *adj* einheimisch

indigestion [ɪndɪ'dʒestʃən] *n* Verdauungsstörung *f*

indignant [ɪn'dɪgnənt] *adj*: **to be ~ about sth** über etw *acc* empört sein

indignation [ɪndɪg'neɪʃən] *n* Entrüstung *f*

indignity [ɪn'dɪgnɪtɪ] *n* Demütigung *f*

indirect [ɪndɪ'rekt] *adj* indirekt

indiscreet [ɪndɪs'kri:t] *adj* (*insensitive*) taktlos; (*telling secrets*) indiskret; **indiscretion** [ɪndɪs'kreʃən] *n* Taktlosigkeit *f*; Indiskretion *f*

indiscriminate [ɪndɪs'krɪmɪnət] *adj* wahllos;

kritiklos

indispensable [ɪndɪs'pensəbl] *adj* unentbehrlich

indisposed [ɪndɪs'pəuzd] *adj* unpässlich

indisputable [ɪndɪs'pju:təbl] *adj* unbestreitbar; (*evidence*) unanfechtbar

indistinct [ɪndɪs'tɪŋkt] *adj* undeutlich

individual [ɪndɪ'vɪdjuəl] *n* Individuum *nt* ♦ *adj* individuell; (*case*) Einzel-; (*of, for one person*) eigen, individuell; (*characteristic*) eigentümlich; **~ly** *adv* einzeln, individuell

indivisible [ɪndɪ'vɪzɪbl] *adj* unteilbar

indoctrinate [ɪn'dɒktrɪneɪt] *vt* indoktrinieren

Indonesia [ɪndə'ni:zɪə] *n* Indonesien *nt*

indoor ['ɪndɔ:ʳ] *adj* Haus-; Zimmer-; Innen-; (*SPORT*) Hallen-; **~s** [ɪn'dɔ:z] *adv* drinnen, im Haus

induce [ɪn'dju:s] *vt* dazu bewegen; (*reaction*) herbeiführen

induction course [ɪn'dʌkʃən-] (*BRIT*) *n* Einführungskurs *m*

indulge [ɪn'dʌldʒ] *vt* (*give way*) nachgeben +*dat*; (*gratify*) frönen +*dat* ♦ *vi*: **to ~ (in)** frönen (+*dat*); **~nce** *n* Nachsicht *f*; (*enjoyment*) Genuss *m*; **~nt** *adj* nachsichtig; (*pej*) nachgiebig

industrial [ɪn'dʌstrɪəl] *adj* Industrie-, industriell; (*dispute, injury*) Arbeits-; **~ action** *n* Arbeitskampfmaßnahmen *pl*; **~ estate** (*BRIT*) *n* Industriegebiet *nt*; **~ist** *n* Industrielle(r) *mf*; **~ize** *vt* industrialisieren; **~ park** (*US*) *n* Industriegebiet *nt*

industrious [ɪn'dʌstrɪəs] *adj* fleißig

industry ['ɪndəstrɪ] *n* Industrie *f*; (*diligence*) Fleiß *m*

inebriated [ɪ'ni:brɪeɪtɪd] *adj* betrunken

inedible [ɪn'edɪbl] *adj* ungenießbar

ineffective [ɪnɪ'fektɪv] *adj* unwirksam; (*person*) untauglich

ineffectual [ɪnɪ'fektʃuəl] *adj* = **ineffective**

inefficiency [ɪnɪ'fɪʃənsɪ] *n* Ineffizienz *f*

inefficient [ɪnɪ'fɪʃənt] *adj* ineffizient; (*ineffective*) unwirksam

inept [ɪ'nept] *adj* (*remark*) unpassend; (*person*) ungeeignet

inequality [ɪnɪ'kwɒlɪtɪ] *n* Ungleichheit *f*

inert [ɪ'nə:t] *adj* träge; (*CHEM*) inaktiv;

(*motionless*) unbeweglich

inescapable [ɪnɪ'skeɪpəbl] *adj* unvermeidbar

inevitable [ɪn'evɪtəbl] *adj* unvermeidlich; **inevitably** *adv* zwangsläufig

inexcusable [ɪnɪks'kjuːzəbl] *adj* unverzeihlich

inexhaustible [ɪnɪg'zɔːstɪbl] *adj* unerschöpflich

inexpensive [ɪnɪk'spensɪv] *adj* preiswert

inexperience [ɪnɪk'spɪərɪəns] *n* Unerfahrenheit *f*; **~d** *adj* unerfahren

inexplicable [ɪnɪk'splɪkəbl] *adj* unerklärlich

inextricably [ɪnɪk'strɪkəblɪ] *adv* untrennbar

infallible [ɪn'fælɪbl] *adj* unfehlbar

infamous ['ɪnfəməs] *adj* (*deed*) schändlich; (*person*) niederträchtig

infancy ['ɪnfənsɪ] *n* frühe Kindheit *f*; (*fig*) Anfangsstadium *nt*

infant ['ɪnfənt] *n* kleine(s) Kind *nt*, Säugling *m*; **~ile** [-aɪl] *adj* kindisch, infantil; **~ school** (*BRIT*) *n* Vorschule *f*

infatuated [ɪn'fætjʊeɪtɪd] *adj* vernarrt; **to become ~ with** sich vernarren in +*acc*; **infatuation** [ɪnfætjʊ'eɪʃən] *n*: **infatuation (with)** Vernarrtheit *f* (in +*acc*)

infect [ɪn'fekt] *vt* anstecken (*also fig*); **~ed with** (*illness*) infiziert mit; **~ion** [ɪn'fekʃən] *n* Infektion *f*; **~ious** [ɪn'fekʃəs] *adj* ansteckend

infer [ɪn'fɜːʳ] *vt* schließen

inferior [ɪn'fɪərɪəʳ] *adj* (*rank*) untergeordnet; (*quality*) minderwertig ♦ *n* Untergebene(r) *m*; **~ity** [ɪnfɪərɪ'ɔrɪtɪ] *n* Minderwertigkeit *f*; (*in rank*) untergeordnete Stellung *f*; **~ity complex** *n* Minderwertigkeitskomplex *m*

infernal [ɪn'fɜːnl] *adj* höllisch

infertile [ɪn'fɜːtaɪl] *adj* unfruchtbar; **infertility** [ɪnfɜː'tɪlɪtɪ] *n* Unfruchtbarkeit *f*

infested [ɪn'festɪd] *adj*: **to be ~ with** wimmeln von

infidelity [ɪnfɪ'delɪtɪ] *n* Untreue *f*

infighting ['ɪnfaɪtɪŋ] *n* Nahkampf *m*

infiltrate ['ɪnfɪltreɪt] *vt* infiltrieren; (*spies*) einschleusen ♦ *vi* (*MIL, liquid*) einsickern; (*POL*): **to ~ (into)** unterwandern (+*acc*)

infinite ['ɪnfɪnɪt] *adj* unendlich

infinitive [ɪn'fɪnɪtɪv] *n* Infinitiv *m*

infinity [ɪn'fɪnɪtɪ] *n* Unendlichkeit *f*

infirm [ɪn'fɜːm] *adj* gebrechlich; **~ary** *n* Krankenhaus *nt*

inflamed [ɪn'fleɪmd] *adj* entzündet

inflammable [ɪn'flæməbl] (*BRIT*) *adj* feuergefährlich

inflammation [ɪnflə'meɪʃən] *n* Entzündung *f*

inflatable [ɪn'fleɪtəbl] *adj* aufblasbar

inflate [ɪn'fleɪt] *vt* aufblasen; (*tyre*) aufpumpen; (*prices*) hoch treiben; **inflation** [ɪn'fleɪʃən] *n* Inflation *f*; **inflationary** [ɪn'fleɪʃənərɪ] *adj* (*increase*) inflationistisch; (*situation*) inflationär

inflexible [ɪn'fleksɪbl] *adj* (*person*) nicht flexibel; (*opinion*) starr; (*thing*) unbiegsam

inflict [ɪn'flɪkt] *vt*: **to ~ sth on sb** jdm etw zufügen; (*wound*) jdm etw beibringen

influence ['ɪnfluəns] *n* Einfluss *m* ♦ *vt* beeinflussen

influential [ɪnflu'enʃl] *adj* einflussreich

influenza [ɪnflu'enzə] *n* Grippe *f*

influx ['ɪnflʌks] *n* (*of people*) Zustrom *m*; (*of ideas*) Eindringen *nt*

infomercial ['ɪnfəʊmɜːʃl] *n* Werbeinformationssendung *f*

inform [ɪn'fɔːm] *vt* informieren ♦ *vi*: **to ~ on sb** jdn denunzieren; **to keep sb ~ed** jdn auf dem Laufenden halten

informal [ɪn'fɔːml] *adj* zwanglos; **~ity** [ɪnfɔː'mælɪtɪ] *n* Ungezwungenheit *f*

informant [ɪn'fɔːmənt] *n* Informant(in) *m(f)*

information [ɪnfə'meɪʃən] *n* Auskunft *f*, Information *f*; **a piece of ~** eine Auskunft, eine Information; **~ desk** *n* Auskunftsschalter *m*; **~ office** *n* Informationsbüro *nt*

informative [ɪn'fɔːmətɪv] *adj* informativ; (*person*) mitteilsam

informer [ɪn'fɔːməʳ] *n* Denunziant(in) *m(f)*

infra-red [ɪnfrə'red] *adj* infrarot

infrequent [ɪn'friːkwənt] *adj* selten

infringe [ɪn'frɪndʒ] *vt* (*law*) verstoßen gegen; **~ upon** *vt* verletzen; **~ment** *n* Verstoß *m*, Verletzung *f*

infuriating [ɪn'fjʊərɪeɪtɪŋ] *adj* ärgerlich

ingenuity [ɪndʒɪ'njuːɪtɪ] *n* Genialität *f*

ingenuous [ɪn'dʒenjuəs] *adj* aufrichtig; (*naive*) naiv

ingot ['ɪŋgət] n Barren m

ingrained [ɪn'greɪnd] adj tief sitzend

ingratiate [ɪn'greɪʃɪeɪt] vt: **to ~ o.s. with sb** sich bei jdm einschmeicheln

ingratitude [ɪn'grætɪtjuːd] n Undankbarkeit f

ingredient [ɪn'griːdɪənt] n Bestandteil m; (COOK) Zutat f

inhabit [ɪn'hæbɪt] vt bewohnen; **~ant** n Bewohner(in) m(f); (of island, town) Einwohner(in) m(f)

inhale [ɪn'heɪl] vt einatmen; (MED, cigarettes) inhalieren

inherent [ɪn'hɪərənt] adj: **~ (in)** innewohnend (+dat)

inherit [ɪn'herɪt] vt erben; **~ance** n Erbe nt, Erbschaft f

inhibit [ɪn'hɪbɪt] vt hemmen; **to ~ sb from doing sth** jdn daran hindern, etw zu tun; **~ion** [ɪnhɪ'bɪʃən] n Hemmung f

inhospitable [ɪnhɔs'pɪtəbl] adj (person) ungastlich; (country) unwirtlich

inhuman [ɪn'hjuːmən] adj unmenschlich

initial [ɪ'nɪʃl] adj anfänglich, Anfangs- ♦ n Initiale f ♦ vt abzeichnen; (POL) paraphieren; **~ly** adv anfangs

initiate [ɪ'nɪʃɪeɪt] vt einführen; (negotiations) einleiten; **to ~ proceedings against sb** (JUR) gerichtliche Schritte gegen jdn einleiten; **initiation** [ɪnɪʃɪ'eɪʃən] n Einführung f; Einleitung f

initiative [ɪ'nɪʃətɪv] n Initiative f

inject [ɪn'dʒekt] vt einspritzen; (fig) einflößen; **~ion** [ɪn'dʒekʃən] n Spritze f

injunction [ɪn'dʒʌŋkʃən] n Verfügung f

injure ['ɪndʒər] vt verletzen; **~d** adj (person, arm) verletzt; **injury** ['ɪndʒərɪ] n Verletzung f; **to play injury time** (SPORT) nachspielen

injustice [ɪn'dʒʌstɪs] n Ungerechtigkeit f

ink [ɪŋk] n Tinte f

inkling ['ɪŋklɪŋ] n (dunkle) Ahnung f

inlaid ['ɪnleɪd] adj eingelegt, Einlege-

inland [adj 'ɪnlənd, adv ɪn'lænd] adj Binnen-; (domestic) Inlands- ♦ adv landeinwärts; **~ revenue** (BRIT) n Fiskus m

in-laws ['ɪnlɔːz] npl (parents-in-law) Schwiegereltern pl; (others) angeheiratete Verwandte pl

inlet ['ɪnlet] n Einlass m; (bay) kleine Bucht f

inmate ['ɪnmeɪt] n Insasse m

inn [ɪn] n Gasthaus nt, Wirtshaus nt

innate [ɪ'neɪt] adj angeboren

inner ['ɪnər] adj inner, Innen-; (fig) verborgen; **~ city** n Innenstadt f; **~ tube** n (of tyre) Schlauch m

innings ['ɪnɪŋz] n (CRICKET) Innenrunde f

innocence ['ɪnəsns] n Unschuld f; (ignorance) Unkenntnis f

innocent ['ɪnəsnt] adj unschuldig

innocuous [ɪ'nɔkjuəs] adj harmlos

innovation [ɪnəʊ'veɪʃən] n Neuerung f

innuendo [ɪnju'endəʊ] n (versteckte) Anspielung f

innumerable [ɪ'njuːmrəbl] adj unzählig

inoculation [ɪnɔkju'leɪʃən] n Impfung f

inopportune [ɪn'ɔpətjuːn] adj (remark) unangebracht; (visit) ungelegen

inordinately [ɪ'nɔːdɪnətlɪ] adv unmäßig

inpatient ['ɪnpeɪʃənt] n stationäre(r) Patient m/stationäre Patientin f

input ['ɪnput] n (COMPUT) Eingabe f; (power ~) Energiezufuhr f; (of energy, work) Aufwand m

inquest ['ɪnkwest] n gerichtliche Untersuchung f

inquire [ɪn'kwaɪər] vi sich erkundigen ♦ vt (price) sich erkundigen nach; **~ into** vt untersuchen; **inquiry** [ɪn'kwaɪərɪ] n (question) Erkundigung f; (investigation) Untersuchung f; **inquiries** Auskunft f; **inquiry office** (BRIT) n Auskunft(sbüro nt) f

inquisitive [ɪn'kwɪzɪtɪv] adj neugierig

ins. abbr = **inches**

insane [ɪn'seɪn] adj wahnsinnig; (MED) geisteskrank; **insanity** [ɪn'sænɪtɪ] n Wahnsinn m

insatiable [ɪn'seɪʃəbl] adj unersättlich

inscribe [ɪn'skraɪb] vt eingravieren; **inscription** [ɪn'skrɪpʃən] n (on stone) Inschrift f; (in book) Widmung f

insect ['ɪnsekt] n Insekt nt; **~icide** [ɪn'sektɪsaɪd] n Insektenvertilgungsmittel nt; **~ repellent** n Insektenbekämpfungsmittel nt

insecure [ɪnsɪ'kjuər] adj (person) unsicher;

(*thing*) nicht fest *or* sicher; **insecurity** [ɪnsɪ'kjuərɪtɪ] *n* Unsicherheit *f*

insemination [ɪnsɛmɪ'neɪʃən] *n*: **artificial ~** künstliche Befruchtung *f*

insensible [ɪn'sɛnsɪbl] *adj* (*unconscious*) bewusstlos

insensitive [ɪn'sɛnsɪtɪv] *adj* (*to pain*) unempfindlich; (*unfeeling*) gefühllos

inseparable [ɪn'sɛprəbl] *adj* (*people*) unzertrennlich; (*word*) untrennbar

insert [*vb* ɪn'sɜːt, *n* 'ɪnsɜːt] *vt* einfügen; (*coin*) einwerfen; (*stick into*) hineinstecken; (*advertisement*) aufgeben ♦ *n* (*in book*) Einlage *f*; (*in magazine*) Beilage *f*; **~ion** [ɪn'sɜːʃən] *n* Einfügung *f*; (*PRESS*) Inserat *nt*

in-service ['ɪn'sɜːvɪs] *adj* (*training*) berufsbegleitend

inshore ['ɪn'ʃɔːʳ] *adj* Küsten- ♦ *adv* an der Küste

inside ['ɪn'saɪd] *n* Innenseite *f*, Innere(s) *nt* ♦ *adj* innere(r, s), Innen- ♦ *adv* (*place*) innen; (*direction*) nach innen, hinein ♦ *prep* (*place*) in +*dat*; (*direction*) in +*acc* ... hinein; (*time*) innerhalb +*gen*; **~s** *npl* (*inf*) Eingeweide *nt*; **~ 10 minutes** unter 10 Minuten; **~ information** *n* interne Informationen *pl*; **~ lane** *n* (*AUT: in Britain*) linke Spur; **~ out** *adv* linksherum; (*know*) in- und auswendig

insider dealing, insider trading [ɪn'saɪdəʳ-] *n* (*STOCK EXCHANGE*) Insiderhandel *m*

insidious [ɪn'sɪdɪəs] *adj* heimtückisch

insight ['ɪnsaɪt] *n* Einsicht *f*; **~ into** Einblick *m* in +*acc*

insignificant [ɪnsɪg'nɪfɪknt] *adj* unbedeutend

insincere [ɪnsɪn'sɪəʳ] *adj* unaufrichtig

insinuate [ɪn'sɪnjueɪt] *vt* (*hint*) andeuten

insipid [ɪn'sɪpɪd] *adj* fad(e)

insist [ɪn'sɪst] *vi*: **to ~ (on)** bestehen (auf +*acc*); **~ence** *n* Bestehen *nt*; **~ent** *adj* hartnäckig; (*urgent*) dringend

insole ['ɪnsəul] *n* Einlegesohle *f*

insolence ['ɪnsələns] *n* Frechheit *f*

insolent ['ɪnsələnt] *adj* frech

insoluble [ɪn'sɔljubl] *adj* unlösbar; (*CHEM*)

unlöslich

insolvent [ɪn'sɔlvənt] *adj* zahlungsunfähig

insomnia [ɪn'sɔmnɪə] *n* Schlaflosigkeit *f*

inspect [ɪn'spɛkt] *vt* prüfen; (*officially*) inspizieren; **~ion** [ɪn'spɛkʃən] *n* Inspektion *f*; **~or** *n* (*official*) Inspektor *m*; (*police*) Polizeikommissar *m*; (*BRIT: on buses, trains*) Kontrolleur *m*

inspiration [ɪnspə'reɪʃən] *n* Inspiration *f*

inspire [ɪn'spaɪəʳ] *vt* (*person*) inspirieren; **to ~ sth in sb** (*respect*) jdm etw einflößen; (*hope*) etw in jdm wecken

instability [ɪnstə'bɪlɪtɪ] *n* Unbeständigkeit *f*, Labilität *f*

install [ɪn'stɔːl] *vt* (*put in*) installieren; (*telephone*) anschließen; (*establish*) einsetzen; **~ation** [ɪnstə'leɪʃən] *n* (*of person*) (Amts)einsetzung *f*; (*of machinery*) Installierung *f*; (*machines etc*) Anlage *f*

instalment [ɪn'stɔːlmənt] (*US* **installment**) *n* Rate *f*; (*of story*) Fortsetzung *f*; **to pay in ~s** in Raten zahlen

instance ['ɪnstəns] *n* Fall *m*; (*example*) Beispiel *nt*; **for ~** zum Beispiel; **in the first ~** zunächst

instant ['ɪnstənt] *n* Augenblick *m* ♦ *adj* augenblicklich, sofortig; **~aneous** [ɪnstən'teɪnɪəs] *adj* unmittelbar; **~ coffee** *n* Pulverkaffee *m*; **~ly** *adv* sofort

instead [ɪn'stɛd] *adv* stattdessen; **~ of** *prep* anstatt +*gen*

instep ['ɪnstɛp] *n* Spann *m*; (*of shoe*) Blatt *nt*

instil [ɪn'stɪl] *vt* (*fig*): **to ~ sth in sb** jdm etw beibringen

instinct ['ɪnstɪŋkt] *n* Instinkt *m*; **~ive** [ɪn'stɪŋktɪv] *adj* instinktiv

institute ['ɪnstɪtjuːt] *n* Institut *nt* ♦ *vt* einführen; (*search*) einleiten

institution [ɪnstɪ'tjuːʃən] *n* Institution *f*; (*home*) Anstalt *f*

instruct [ɪn'strʌkt] *vt* anweisen; (*officially*) instruieren; **~ion** [ɪn'strʌkʃən] *n* Unterricht *m*; **~ions** *npl* (*orders*) Anweisungen *pl*; (*for use*) Gebrauchsanweisung *f*; **~or** *n* Lehrer *m*

instrument ['ɪnstrumənt] *n* Instrument *nt*; **~al** [ɪnstru'mɛntl] *adj* (*MUS*) Instrumental-;

(*helpful*): **~al (in)** behilflich (bei); **~ panel** *n* Armaturenbrett *nt*

insubordinate [ɪnsə'bɔːdənɪt] *adj* aufsässig, widersetzlich

insufferable [ɪn'sʌfrəbl] *adj* unerträglich

insufficient [ɪnsə'fɪʃənt] *adj* ungenügend

insular ['ɪnsjuləʳ] *adj* (*fig*) engstirnig

insulate ['ɪnsjuleɪt] *vt* (*ELEC*) isolieren; (*fig*): **to ~ (from)** abschirmen (vor +*dat*); **insulating tape** *n* Isolierband *nt*; **insulation** [ɪnsju'leɪʃən] *n* Isolierung *f*

insulin ['ɪnsjulɪn] *n* Insulin *nt*

insult [*n* 'ɪnsʌlt, *vb* ɪn'sʌlt] *n* Beleidigung *f* ♦ *vt* beleidigen

insurance [ɪn'ʃuərəns] *n* Versicherung *f*; **fire/life ~** Feuer-/Lebensversicherung; **~ agent** *n* Versicherungsvertreter *m*; **~ policy** *n* Versicherungspolice *f*

insure [ɪn'ʃuəʳ] *vt* versichern

intact [ɪn'tækt] *adj* unversehrt

intake ['ɪnteɪk] *n* (*place*) Einlassöffnung *f*; (*act*) Aufnahme *f*; (*BRIT: SCH*): **an ~ of 200 a year** ein Neuzugang von 200 im Jahr

intangible [ɪn'tændʒɪbl] *adj* nicht greifbar

integral ['ɪntɪɡrəl] *adj* (*essential*) wesentlich; (*complete*) vollständig; (*MATH*) Integral-

integrate ['ɪntɪɡreɪt] *vt* integrieren ♦ *vi* sich integrieren

integrity [ɪn'teɡrɪtɪ] *n* (*honesty*) Redlichkeit *f*, Integrität *f*

intellect ['ɪntəlekt] *n* Intellekt *m*; **~ual** [ɪntə'lektjuəl] *adj* geistig, intellektuell ♦ *n* Intellektuelle(r) *mf*

intelligence [ɪn'telɪdʒəns] *n* (*understanding*) Intelligenz *f*; (*news*) Information *f*; (*MIL*) Geheimdienst *m*; **~ service** *n* Nachrichtendienst *m*, Geheimdienst *m*

intelligent [ɪn'telɪdʒənt] *adj* intelligent; **~ly** *adv* klug; (*write, speak*) verständlich

intelligentsia [ɪntelɪ'dʒentsɪə] *n* Intelligenz *f*

intelligible [ɪn'telɪdʒɪbl] *adj* verständlich

intend [ɪn'tend] *vt* beabsichtigen; **that was ~ed for you** das war für dich gedacht

intense [ɪn'tens] *adj* stark, intensiv; (*person*) ernsthaft; **~ly** *adv* äußerst; (*study*) intensiv

intensify [ɪn'tensɪfaɪ] *vt* verstärken, intensivieren

intensity [ɪn'tensɪtɪ] *n* Intensität *f*

intensive [ɪn'tensɪv] *adj* intensiv; **~ care unit** *n* Intensivstation *f*

intent [ɪn'tent] *n* Absicht *f* ♦ *adj*: **to be ~ on doing sth** fest entschlossen sein, etw zu tun; **to all ~s and purposes** praktisch

intention [ɪn'tenʃən] *n* Absicht *f*; **~al** *adj* absichtlich

intently [ɪn'tentlɪ] *adv* konzentriert

interact [ɪntər'ækt] *vi* aufeinander einwirken; **~ion** [ɪntər'ækʃən] *n* Wechselwirkung *f*; **~ive** *adj* (*COMPUT*) interaktiv

intercept [ɪntə'sept] *vt* abfangen

interchange [*n* 'ɪntətʃeɪndʒ, *vb* ɪntə'tʃeɪndʒ] *n* (*exchange*) Austausch *m*; (*on roads*) Verkehrskreuz *nt* ♦ *vt* austauschen; **~able** [ɪntə'tʃeɪndʒəbl] *adj* austauschbar

intercom ['ɪntəkɔm] *n* (Gegen)sprechanlage *f*

intercourse ['ɪntəkɔːs] *n* (*exchange*) Beziehungen *pl*; (*sexual*) Geschlechtsverkehr *m*

interest ['ɪntrɪst] *n* Interesse *nt*; (*FIN*) Zinsen *pl*; (*COMM: share*) Anteil *m*; (*group*) Interessengruppe *f* ♦ *vt* interessieren; **~ed** *adj* (*having claims*) beteiligt; (*attentive*) interessiert; **to be ~ed in** sich interessieren für; **~ing** *adj* interessant; **~ rate** *n* Zinssatz *m*

interface ['ɪntəfeɪs] *n* (*COMPUT*) Schnittstelle *f*, Interface *nt*

interfere [ɪntə'fɪəʳ] *vi*: **to ~ (with)** (*meddle*) sich einmischen (in +*acc*); (*disrupt*) stören +*acc*; **~nce** [ɪntə'fɪərəns] *n* Einmischung *f*; (*TV*) Störung *f*

interim ['ɪntərɪm] *n*: **in the ~** inzwischen

interior [ɪn'tɪərɪəʳ] *n* Innere(s) *nt* ♦ *adj* innere(r, s), Innen-; **~ designer** *n* Innenarchitekt(in) *m(f)*

interjection [ɪntə'dʒekʃən] *n* Ausruf *m*

interlock [ɪntə'lɔk] *vi* ineinander greifen

interlude ['ɪntəluːd] *n* Pause *f*

intermediary [ɪntə'miːdɪərɪ] *n* Vermittler *m*

intermediate [ɪntə'miːdɪət] *adj* Zwischen-, Mittel-

interminable [ɪn'təːmɪnəbl] *adj* endlos

intermission [ɪntə'mɪʃən] *n* Pause *f*

intermittent [ɪntə'mɪtnt] *adj* periodisch, stoßweise

intern [*vb* ɪn'tə:n, *n* 'ɪntə:n] *vt* internieren ♦ *n* (*US*) Assistenzarzt *m*/-ärztin *f*

internal [ɪn'tə:nl] *adj* (*inside*) innere(r, s); (*domestic*) Inlands-; **~ly** *adv* innen; (*MED*) innerlich; **"not to be taken ~ly"** „nur zur äußerlichen Anwendung"; **Internal Revenue Service** (*US*) *n* Finanzamt *nt*

international [ɪntə'næʃənl] *adj* international ♦ *n* (*SPORT*) Nationalspieler(in) *m(f)*; (: *match*) internationale(s) Spiel *nt*

Internet ['ɪntənet] *n*: **the ~** das Internet; **~ café** *n* Internet-Café *nt*

interplay ['ɪntəpleɪ] *n* Wechselspiel *nt*

interpret [ɪn'tə:prɪt] *vt* (*explain*) auslegen, interpretieren; (*translate*) dolmetschen; **~er** *n* Dolmetscher(in) *m(f)*

interrelated [ɪntərɪ'leɪtɪd] *adj* untereinander zusammenhängend

interrogate [ɪn'terəuɪt] *vt* verhören; **interrogation** [ɪnterəu'geɪʃən] *n* Verhör *nt*

interrupt [ɪntə'rʌpt] *vt* unterbrechen; **~ion** [ɪntə'rʌpʃən] *n* Unterbrechung *f*

intersect [ɪntə'sekt] *vt* (durch)schneiden ♦ *vi* sich schneiden; **~ion** [ɪntə'sekʃən] *n* (*of roads*) Kreuzung *f*; (*of lines*) Schnittpunkt *m*

intersperse [ɪntə'spə:s] *vt*: **to ~ sth with sth** etw mit etw durchsetzen

intertwine [ɪntə'twaɪn] *vt* verflechten ♦ *vi* sich verflechten

interval ['ɪntəvl] *n* Abstand *m*; (*BRIT*: *THEAT*, *SPORT*) Pause *f*; **at ~s** in Abständen

intervene [ɪntə'vi:n] *vi* dazwischenliegen; (*act*): **to ~ (in)** einschreiten (gegen); **intervention** [ɪntə'venʃən] *n* Eingreifen *nt*, Intervention *f*

interview ['ɪntəvju:] *n* (*PRESS etc*) Interview *nt*; (*for job*) Vorstellungsgespräch *nt* ♦ *vt* interviewen; **~er** *n* Interviewer *m*

intestine [ɪn'testɪn] *n*: **large/small ~** Dick-/ Dünndarm *m*

intimacy ['ɪntɪməsɪ] *n* Intimität *f*

intimate [*adj* 'ɪntɪmət, *vb* 'ɪntɪmeɪt] *adj* (*inmost*) innerste(r, s); (*knowledge*) eingehend; (*familiar*) vertraut; (*friends*) eng ♦ *vt* andeuten

intimidate [ɪn'tɪmɪdeɪt] *vt* einschüchtern

into ['ɪntu] *prep* (*motion*) in +*acc* ... hinein; **5 ~ 25** 25 durch 5

intolerable [ɪn'tɔlərəbl] *adj* unerträglich

intolerant [ɪn'tɔlərnt] *adj*: **~ of** unduldsam gegen(über)

intoxicate [ɪn'tɔksɪkeɪt] *vt* berauschen; **~d** *adj* betrunken; **intoxication** [ɪntɔksɪ'keɪʃən] *n* Rausch *m*

intractable [ɪn'træktəbl] *adj* schwer zu handhaben; (*problem*) schwer lösbar

intranet ['ɪntrənet] *n* Intranet *nt*

intransitive [ɪn'trænsɪtɪv] *adj* intransitiv

intravenous [ɪntrə'vi:nəs] *adj* intravenös

in-tray ['ɪntreɪ] *n* Eingangskorb *m*

intrepid [ɪn'trepɪd] *adj* unerschrocken

intricate ['ɪntrɪkət] *adj* kompliziert

intrigue [ɪn'tri:g] *n* Intrige *f* ♦ *vt* faszinieren ♦ *vi* intrigieren

intrinsic [ɪn'trɪnsɪk] *adj* innere(r, s); (*difference*) wesentlich

introduce [ɪntrə'dju:s] *vt* (*person*) vorstellen; (*sth new*) einführen; (*subject*) anschneiden; **to ~ sb to sb** jdm jdn vorstellen; **to ~ sb to sth** jdn in etw *acc* einführen; **introduction** [ɪntrə'dʌkʃən] *n* Einführung *f*; (*to book*) Einleitung *f*; **introductory** [ɪntrə'dʌktərɪ] *adj* Einführungs-, Vor-

introspective [ɪntrəu'spektɪv] *adj* nach innen gekehrt

introvert ['ɪntrəuvə:t] *n* Introvertierte(r) *mf* ♦ *adj* introvertiert

intrude [ɪn'tru:d] *vi*: **to ~ (on sb/sth)** (jdn/ etw) stören; **~r** *n* Eindringling *m*

intrusion [ɪn'tru:ʒən] *n* Störung *f*

intrusive [ɪn'tru:sɪv] *adj* aufdringlich

intuition [ɪntju:'ɪʃən] *n* Intuition *f*

inundate ['ɪnʌndeɪt] *vt* überschwemmen

invade [ɪn'veɪd] *vt* einfallen in +*acc*; **~r** *n* Eindringling *m*

invalid[1] ['ɪnvəlɪd] *n* (*disabled*) Invalide *m* ♦ *adj* (*ill*) krank; (*disabled*) invalide

invalid[2] [ɪn'vælɪd] *adj* (*not valid*) ungültig

invaluable [ɪn'væljuəbl] *adj* unschätzbar

invariable [ɪn'veərɪəbl] *adj* unveränderlich; **invariably** *adv* ausnahmslos

invent [ɪn'vent] *vt* erfinden; **~ion** [ɪn'venʃən]

n Erfindung *f;* ~**ive** *adj* erfinderisch; ~**or** *n* Erfinder *m*

inventory ['invəntri] *n* Inventar *nt*

inverse [in'vɜːs] *n* Umkehrung *f* ♦ *adj* umgekehrt

invert [in'vɜːt] *vt* umdrehen; ~**ed commas** (*BRIT*) *npl* Anführungsstriche *pl*

invest [in'vest] *vt* investieren

investigate [in'vestigeit] *vt* untersuchen; **investigation** [investi'geiʃən] *n* Untersuchung *f;* **investigator** [in'vestigeitə*] *n* Untersuchungsbeamte(r) *m*

investiture [in'vestitʃə*] *n* Amtseinsetzung *f*

investment [in'vestmənt] *n* Investition *f*

investor [in'vestə*] *n* (Geld)anleger *m*

invigilate [in'vidʒileit] *vi* (*in exam*) Aufsicht führen ♦ *vt* Aufsicht führen bei

invigorating [in'vigəreitiŋ] *adj* stärkend

invincible [in'vinsibl] *adj* unbesiegbar

invisible [in'vizibl] *adj* unsichtbar

invitation [invi'teiʃən] *n* Einladung *f*

invite [in'vait] *vt* einladen

invoice ['invɔis] *n* Rechnung *f* ♦ *vt* (*goods*): **to ~ sb for sth** jdm etw *acc* in Rechnung stellen

invoke [in'vəuk] *vt* anrufen

involuntary [in'vɔləntri] *adj* unabsichtlich

involve [in'vɔlv] *vt* (*entangle*) verwickeln; (*entail*) mit sich bringen; ~**d** *adj* verwickelt; ~**ment** *n* Verwicklung *f*

inward ['inwəd] *adj* innere(r, s); (*curve*) Innen- ♦ *adv* nach innen; ~**ly** *adv* im Innern; ~**s** *adv* nach innen

I/O *abbr* (*COMPUT*) (= *input/output*) I/O

iodine ['aiəudiːn] *n* Jod *nt*

ioniser ['aiənaizə*] *n* Ionisator *m*

iota [ai'əutə] *n* (*fig*) bisschen *nt*

IOU *n abbr* (= *I owe you*) Schuldschein *m*

IQ *n abbr* (= *intelligence quotient*) IQ *m*

IRA *n abbr* (= *Irish Republican Army*) IRA *f*

Iran [i'rɑːn] *n* Iran *m;* ~**ian** [i'reiniən] *adj* iranisch ♦ *n* Iraner(in) *m(f);* (*LING*) Iranisch *nt*

Iraq [i'rɑːk] *n* Irak *m;* ~**i** *adj* irakisch ♦ *n* Iraker(in) *m(f)*

irate [ai'reit] *adj* zornig

Ireland ['aiələnd] *n* Irland *nt*

iris ['airis] (*pl* ~**es**) *n* Iris *f*

Irish ['airiʃ] *adj* irisch ♦ *npl:* **the** ~ die Iren *pl,* die Irländer *pl;* ~**man** (*irreg*) *n* Ire *m,* Irländer *m;* ~ **Sea** *n:* **the ~ Sea** die Irische See *f;* ~**woman** (*irreg*) *n* Irin *f,* Irländerin *f*

irksome ['ɜːksəm] *adj* lästig

iron ['aiən] *n* Eisen *nt;* (*for* ~*ing*) Bügeleisen *nt* ♦ *adj* eisern ♦ *vt* bügeln; ~ **out** *vt* (*also fig*) ausbügeln; **Iron Curtain** *n* (*HIST*) Eiserne(r) Vorhang *m*

ironic(al) [ai'rɔnik(l)] *adj* ironisch; (*coincidence etc*) witzig

iron: ~**ing** *n* Bügeln *nt;* (*laundry*) Bügelwäsche *f;* ~**ing board** *n* Bügelbrett *nt;* ~**monger's (shop)** *n* Eisen- und Haushaltswarenhandlung *f*

irony ['airəni] *n* Ironie *f*

irrational [i'ræʃənl] *adj* irrational

irreconcilable [irekən'sailəbl] *adj* unvereinbar

irrefutable [iri'fjuːtəbl] *adj* unwiderlegbar

irregular [i'regjulə*] *adj* unregelmäßig; (*shape*) ungleich(mäßig); (*fig*) unüblich; (: *behaviour*) ungehörig

irrelevant [i'reləvənt] *adj* belanglos, irrelevant

irreparable [i'repərəbl] *adj* nicht wieder gutzumachen

irreplaceable [iri'pleisəbl] *adj* unersetzlich

irresistible [iri'zistibl] *adj* unwiderstehlich

irrespective [iri'spektiv] *adj:* ~ **of** *prep* ungeachtet +*gen*

irresponsible [iri'spɔnsibl] *adj* verantwortungslos

irreverent [i'revərnt] *adj* respektlos

irrevocable [i'revəkəbl] *adj* unwiderrufbar

irrigate ['irigeit] *vt* bewässern

irritable ['iritəbl] *adj* reizbar

irritate ['iriteit] *vt* irritieren, reizen (*also MED*); **irritating** *adj* ärgerlich, irritierend; **he is irritating** er kann einem auf die Nerven gehen; **irritation** [iri'teiʃən] *n* (*anger*) Ärger *m;* (*MED*) Reizung *f*

IRS *n abbr* = **Internal Revenue Service**

is [iz] *vb see* **be**

Islam ['izlɑːm] *n* Islam *m;* ~**ic** [iz'læmik] *adj* islamisch

island ['aɪlənd] n Insel f; **~er** n Inselbewohner(in) m(f)

isle [aɪl] n (kleine) Insel f

isn't ['ɪznt] = **is not**

isolate ['aɪsəleɪt] vt isolieren; **~d** adj isoliert; (case) Einzel-; **isolation** [aɪsə'leɪʃən] n Isolierung f

ISP n abbr (= Internet Service Provider) Internet-Anbieter m

Israel ['ɪzreɪl] n Israel nt; **~i** [ɪz'reɪlɪ] adj israelisch ♦ n Israeli mf

issue ['ɪʃjuː] n (matter) Frage f; (outcome) Ausgang m; (of newspaper, shares) Ausgabe f; (offspring) Nachkommenschaft f ♦ vt ausgeben; (warrant) erlassen; (documents) ausstellen; (orders) erteilen; (books) herausgeben; (verdict) aussprechen; **to be at ~** zur Debatte stehen; **to take ~ with sb over sth** jdm in etw dat widersprechen

---KEYWORD---

it [ɪt] pron 1 (specific: subject) er/sie/es; (: direct object) ihn/sie/es; (: indirect object) ihm/ihr/ihm; **about/from/in/of it** darüber/davon/darin/davon

2 (impers) es; **it's raining** es regnet; **it's Friday tomorrow** morgen ist Freitag; **who is it? – it's me** wer ist da? – ich bin's)

Italian [ɪ'tæljən] adj italienisch ♦ n Italiener(in) m(f); (LING) Italienisch nt

italic [ɪ'tælɪk] adj kursiv; **~s** npl Kursivschrift f

Italy ['ɪtəlɪ] n Italien nt

itch [ɪtʃ] n Juckreiz m; (fig) Lust f ♦ vi jucken; **to be ~ing to do sth** darauf brennen, etw zu tun; **~y** adj juckend

it'd ['ɪtd] = **it would**; **it had**

item ['aɪtəm] n Gegenstand m; (on list) Posten m; (in programme) Nummer f; (in agenda) (Programm)punkt m; (in newspaper) (Zeitungs)notiz f; **~ize** vt verzeichnen

itinerant [ɪ'tɪnərənt] adj umherreisend

itinerary [aɪ'tɪnərərɪ] n Reiseroute f

it'll ['ɪtl] = **it will**; **it shall**

its [ɪts] adj (masculine, neuter) sein; (feminine) ihr

it's [ɪts] = **it is**; **it has**

itself [ɪt'self] pron sich (selbst); (emphatic) selbst

ITV (BRIT) n abbr = **Independent Television**

I.U.D. n abbr (= intra-uterine device) Pessar nt

I've [aɪv] = **I have**

ivory ['aɪvərɪ] n Elfenbein nt

ivy ['aɪvɪ] n Efeu nt

J, j

jab [dʒæb] vt (hinein)stechen ♦ n Stich m, Stoß m; (inf) Spritze f

jack [dʒæk] n (AUT) (Wagen)heber m; (CARDS) Bube m; **~ up** vt aufbocken

jackal ['dʒækl] n (ZOOL) Schakal m

jackdaw ['dʒækdɔː] n Dohle f

jacket ['dʒækɪt] n Jacke f; (of book) Schutzumschlag m; (TECH) Ummantelung f; **~ potatoes** npl in der Schale gebackene Kartoffeln pl

jackknife ['dʒæknaɪf] vi (truck) sich zusammenschieben

jack plug n (ELEC) Buchsenstecker m

jackpot ['dʒækpɔt] n Haupttreffer m

jaded ['dʒeɪdɪd] adj ermattet

jagged ['dʒægɪd] adj zackig

jail [dʒeɪl] n Gefängnis nt ♦ vt einsperren; **~er** n Gefängniswärter m

jam [dʒæm] n Marmelade f; (also: **traffic ~**) (Verkehrs)stau m; (inf: trouble) Klemme f ♦ vt (wedge) einklemmen; (cram) hineinzwängen; (obstruct) blockieren ♦ vi sich verklemmen; **to ~ sth into sth** etw in etw acc hineinstopfen

Jamaica [dʒə'meɪkə] n Jamaika nt

jam jar n Marmeladenglas nt

jammed [dʒæmd] adj: **it's ~** es klemmt

jam-packed [dʒæm'pækt] adj überfüllt, proppenvoll

jangle ['dʒæŋgl] vt, vi klimpern

janitor ['dʒænɪtər] n Hausmeister m

January ['dʒænjuərɪ] n Januar m

Japan [dʒə'pæn] n Japan nt; **~ese** [dʒæpə'niːz] adj japanisch ♦ n inv Japaner(in) m(f); (LING) Japanisch nt

jar [dʒɑːr] n Glas nt ♦ vi kreischen; (colours

etc) nicht harmonieren

jargon ['dʒɑːgən] n Fachsprache f, Jargon m

jaundice ['dʒɔːndɪs] n Gelbsucht f; **~d** adj (fig) missgünstig

jaunt [dʒɔːnt] n Spritztour f

javelin ['dʒævlɪn] n Speer m

jaw [dʒɔː] n Kiefer m

jay [dʒeɪ] n (ZOOL) Eichelhäher m

jaywalker ['dʒeɪwɔːkəʳ] n unvorsichtige(r) Fußgänger m

jazz [dʒæz] n Jazz m; **~ up** vt (MUS) verjazzen; (enliven) aufpolieren

jealous ['dʒeləs] adj (envious) missgünstig; (husband) eifersüchtig; **~y** n Missgunst f; Eifersucht f

jeans [dʒiːnz] npl Jeans pl

Jeep [dʒiːp] ® n Jeep m ®

jeer [dʒɪəʳ] vi: **to ~ (at sb)** (über jdn) höhnisch lachen, (jdn) verspotten

Jehovah's Witness [dʒɪˈhəʊvəz-] n Zeuge m/Zeugin f Jehovas

jelly ['dʒelɪ] n Gelee nt; (dessert) Grütze f; **~fish** n Qualle f

jeopardize ['dʒepədaɪz] vt gefährden

jeopardy ['dʒepədɪ] n: **to be in jeopardy** in Gefahr sein

jerk [dʒɜːk] n Ruck m; (inf: idiot) Trottel m ♦ vt ruckartig bewegen ♦ vi sich ruckartig bewegen

jerky ['dʒɜːkɪ] adj (movement) ruckartig; (ride) rüttelnd

jersey ['dʒɜːzɪ] n Pullover m

jest [dʒest] n Scherz m ♦ vi spaßen; **in ~** im Spaß

Jesus ['dʒiːzəs] n Jesus m

jet [dʒet] n (stream: of water etc) Strahl m; (spout) Düse f; (AVIAT) Düsenflugzeug nt; **~-black** adj rabenschwarz; **~ engine** n Düsenmotor m; **~ lag** n Jetlag m

jettison ['dʒetɪsn] vt über Bord werfen

jetty ['dʒetɪ] n Landesteg m, Mole f

Jew [dʒuː] n Jude m

jewel ['dʒuːəl] n (also fig) Juwel nt; **~ler** (US **jeweler**) n Juwelier m; **~ler's (shop)** n Juwelier m; **~lery** (US **jewelry**) n Schmuck m

Jewess ['dʒuːɪs] n Jüdin f

Jewish ['dʒuːɪʃ] adj jüdisch

jibe [dʒaɪb] n spöttische Bemerkung f

jiffy ['dʒɪfɪ] (inf) n: **in a ~** sofort

jigsaw ['dʒɪgsɔː] n (also: **~ puzzle**) Puzzle(spiel) nt

jilt [dʒɪlt] vt den Laufpass geben +dat

jingle ['dʒɪŋgl] n (advertisement) Werbesong m ♦ vi klimpern; (bells) bimmeln ♦ vt klimpern mit; bimmeln lassen

jinx [dʒɪŋks] n: **there's a ~ on it** es ist verhext

jitters ['dʒɪtəz] (inf) npl: **to get the ~** einen Bammel kriegen

job [dʒɒb] n (piece of work) Arbeit f; (position) Stellung f; (duty) Aufgabe f; (difficulty) Mühe f; **it's a good ~ he ...** es ist ein Glück, dass er ...; **just the ~** genau das Richtige; **J~centre** (BRIT) n Arbeitsamt nt; **~less** adj arbeitslos

jockey ['dʒɒkɪ] n Jockei m, Jockey m ♦ vi: **to ~ for position** sich in eine gute Position drängeln

jocular ['dʒɒkjʊləʳ] adj scherzhaft

jog [dʒɒg] vt (an)stoßen ♦ vi (run) joggen; **to ~ along** vor sich acc hinwursteln; (work) seinen Gang gehen; **~ging** n Jogging nt

join [dʒɔɪn] vt (club) beitreten +dat; (person) sich anschließen +dat; (fasten): **to ~ (sth to sth)** (etw mit etw) verbinden ♦ vi (unite) sich vereinigen ♦ n Verbindungsstelle f, Naht f; **~ in** vt, vi: **to ~ in (sth)** (bei etw) mitmachen; **~ up** vi (MIL) zur Armee gehen

joiner ['dʒɔɪnəʳ] n Schreiner m; **~y** n Schreinerei f

joint [dʒɔɪnt] n (TECH) Fuge f; (of bones) Gelenk nt; (of meat) Braten m; (inf: place) Lokal nt ♦ adj gemeinsam; **~ account** n (with bank etc) gemeinsame(s) Konto nt; **~ly** adv gemeinsam

joke [dʒəʊk] n Witz m ♦ vi Witze machen; **to play a ~ on sb** jdm einen Streich spielen

joker [dʒəʊkəʳ] n Witzbold m; (CARDS) Joker m

jolly ['dʒɒlɪ] adj lustig ♦ adv (inf) ganz schön

jolt [dʒəʊlt] n (shock) Schock m; (jerk) Stoß m

♦ vt (push) stoßen; (shake) durchschütteln; (fig) aufrütteln ♦ vi holpern

Jordan ['dʒɔːdən] n Jordanien nt

jostle ['dʒɔsl] vt anrempeln

jot [dʒɔt] n: **not one ~** kein Jota nt; **~ down** vt notieren; **~ter** (BRIT) n Notizblock m

journal ['dʒɜːnl] n (diary) Tagebuch nt; (magazine) Zeitschrift f; **~ism** n Journalismus m; **~ist** n Journalist(in) m(f)

journey ['dʒɜːnɪ] n Reise f

jovial ['dʒəuvɪəl] adj jovial

joy [dʒɔɪ] n Freude f; **~ful** adj freudig; **~ous** adj freudig; **~ ride** n Schwarzfahrt f; **~rider** n Autodieb, der den Wagen nur für eine Spritztour stiehlt; **~stick** n Steuerknüppel m; (COMPUT) Joystick m

J.P. n abbr = **Justice of the Peace**

Jr abbr = **junior**

jubilant ['dʒuːbɪlnt] adj triumphierend

jubilee ['dʒuːbɪliː] n Jubiläum nt

judge [dʒʌdʒ] n Richter m; (fig) Kenner m ♦ vt (JUR: person) die Verhandlung führen über +acc; (case) verhandeln; (assess) beurteilen; (estimate) einschätzen; **~ment** n (JUR) Urteil nt; (ECCL) Gericht nt; (ability) Urteilsvermögen nt

judicial [dʒuːˈdɪʃl] adj gerichtlich, Justiz-

judiciary [dʒuːˈdɪʃɪərɪ] n Gerichtsbehörden pl; (judges) Richterstand m

judicious [dʒuːˈdɪʃəs] adj weise

judo ['dʒuːdəu] n Judo nt

jug [dʒʌg] n Krug m

juggernaut ['dʒʌgənɔːt] (BRIT) n (huge truck) Schwertransporter m

juggle ['dʒʌgl] vt, vi jonglieren; **~r** n Jongleur m

Jugoslav etc ['juːgəuˈslɑːv] = **Yugoslav** etc

juice [dʒuːs] n Saft m; **juicy** ['dʒuːsɪ] adj (also fig) saftig

jukebox ['dʒuːkbɔks] n Musikautomat m

July [dʒuːˈlaɪ] n Juli m

jumble ['dʒʌmbl] n Durcheinander nt ♦ vt (also: **~ up**) durcheinander werfen; (facts) durcheinander bringen

jumble sale (BRIT) n Basar m, Flohmarkt m

Jumble sale

ⓘ **Jumble sale** ist ein Wohltätigkeitsbasar, meist in einer Aula oder einem Gemeindehaus abgehalten, bei dem alle möglichen Gebrauchtwaren (vor allem Kleidung, Spielzeug, Bücher, Geschirr und Möbel) verkauft werden. Der Erlös fließt entweder einer Wohltätigkeitsorganisation zu oder wird für örtliche Zwecke verwendet, z.B. die Pfadfinder, die Grundschule, Reparatur der Kirche usw.

---

jumbo (jet) ['dʒʌmbəu-] n Jumbo(jet) m

jump [dʒʌmp] vi springen; (nervously) zusammenzucken ♦ vt überspringen ♦ n Sprung m; **to ~ the queue** (BRIT) sich vordrängeln

jumper ['dʒʌmpəʳ] n (BRIT: pullover) Pullover m; (US: dress) Trägerkleid nt

jump leads BRIT, **jumper cables** US npl Überbrückungskabel nt

jumpy ['dʒʌmpɪ] adj nervös

Jun. abbr = **junior**

junction ['dʒʌŋkʃən] n (BRIT: of roads) (Straßen)kreuzung f; (RAIL) Knotenpunkt m

juncture ['dʒʌŋktʃəʳ] n: **at this ~** in diesem Augenblick

June [dʒuːn] n Juni m

jungle ['dʒʌŋgl] n Dschungel m

junior ['dʒuːnɪəʳ] adj (younger) jünger; (after name) junior; (SPORT) Junioren-; (lower position) untergeordnet; (for young people) Junioren- ♦ n Jüngere(r) mf; **~ school** (BRIT) n Grundschule f

junk [dʒʌŋk] n (rubbish) Plunder m; (ship) Dschunke f; **~ bond** n (COMM) niedrig eingestuftes Wertpapier mit hohen Ertragschancen bei erhöhtem Risiko; **~ food** n Junk food nt; **~ mail** n Reklame, die unangefordert in den Briefkasten gesteckt wird; **~ shop** n Ramschladen m

Junr abbr = **junior**

jurisdiction [dʒuərɪsˈdɪkʃən] n Gerichtsbarkeit f; (range of authority) Zuständigkeit(sbereich m) f

juror ['dʒuərəʳ] n Geschworene(r) mf; (in competition) Preisrichter m

jury ['dʒuərɪ] n (court) Geschworene pl; (panel) Jury f

just [dʒʌst] adj gerecht ♦ adv (recently, now) gerade, eben; (barely) gerade noch; (exactly) genau, gerade; (only) nur, bloß; (a small distance) gleich; (absolutely) einfach; ~ **as I arrived** gerade als ich ankam; ~ **as nice** genauso nett; ~ **as well** umso besser; ~ **now** soeben, gerade; ~ **try** versuch es mal; **she's ~ left** sie ist gerade or (so)eben gegangen; **he's ~ done it** er hat es gerade or (so)eben getan; ~ **before** gerade or kurz bevor; ~ **enough** gerade genug; **he ~ missed** er hat fast or beinahe getroffen

justice ['dʒʌstɪs] n (fairness) Gerechtigkeit f; **J~ of the Peace** n Friedensrichter m

justifiable [dʒʌstɪ'faɪəbl] adj berechtigt

justification [dʒʌstɪfɪ'keɪʃən] n Rechtfertigung f

justify ['dʒʌstɪfaɪ] vt rechtfertigen; (text) justieren

justly ['dʒʌstlɪ] adv (say) mit Recht; (condemn) gerecht

jut [dʒʌt] vi (also: ~ **out**) herausragen, vorstehen

juvenile ['dʒuːvənaɪl] adj (young) jugendlich; (for the young) Jugend- ♦ n Jugendliche(r) mf

juxtapose ['dʒʌkstəpəuz] vt nebeneinander stellen

K, k

K [keɪ] abbr (= one thousand) Tsd.; (= kilobyte) K

kangaroo [kæŋgə'ruː] n Känguru nt

karate [kə'rɑːtɪ] n Karate nt

kebab [kə'bæb] n Kebab m

keel [kiːl] n Kiel m; **on an even ~** (fig) im Lot

keen [kiːn] adj begeistert; (wind, blade, intelligence) scharf; (sight, hearing) gut; **to be ~ to do** or **on doing sth** etw unbedingt tun wollen; **to be ~ on sth/sb** scharf auf etw/jdn sein

keep [kiːp] (pt, pp kept) vt (retain) behalten; (have) haben; (animals, one's word) halten; (support) versorgen; (maintain in state) halten; (preserve) aufbewahren; (restrain) abhalten ♦ vi (continue in direction) sich halten; (food) sich halten; (remain: quiet etc) bleiben ♦ n Unterhalt m; (tower) Burgfried m; (inf): **for ~s** für immer; **to ~ sth to o.s.** etw für sich behalten; **it ~s happening** es passiert immer wieder; ~ **back** vt fern halten; (information) verschweigen; ~ **on** vi: ~ **on doing sth** etw immer weiter tun; ~ **out** vt nicht hereinlassen; **"~ out"** „Eintritt verboten!"; ~ **up** vi Schritt halten ♦ vt aufrechterhalten; (continue) weitermachen; **to ~ up with** Schritt halten mit; ~**er** n Wärter(in) m(f); (goalkeeper) Torhüter(in) m(f); ~**-fit** n Keep-fit nt; ~**ing** n (care) Obhut f; **in ~ing with** in Übereinstimmung mit; ~**sake** n Andenken nt

keg [keg] n Fass nt

kennel ['kɛnl] n Hundehütte f; ~**s** npl: **to put a dog in ~s** (for boarding) einen Hund in Pflege geben

Kenya ['kɛnjə] n Kenia nt; ~**n** adj kenianisch ♦ n Kenianer(in) m(f)

kept [kept] pt, pp of **keep**

kerb [kəːb] (BRIT) n Bordstein m

kernel ['kəːnl] n Kern m

kerosene ['kɛrəsiːn] n Kerosin nt

kettle ['kɛtl] n Kessel m; ~**drum** n Pauke f

key [kiː] n Schlüssel m; (of piano, typewriter) Taste f; (MUS) Tonart f ♦ vt (also: ~ **in**) eingeben; ~**board** n Tastatur f; ~**ed up** adj (person) überdreht; ~**hole** n Schlüsselloch nt; ~**hole surgery** n minimal invasive Chirurgie f, Schlüssellochchirurgie f; ~**note** n Grundton m; ~ **ring** n Schlüsselring m

khaki ['kɑːkɪ] n K(h)aki nt ♦ adj k(h)aki(farben)

kick [kɪk] vt einen Fußtritt geben +dat, treten ♦ vi treten; (baby) strampeln; (horse) ausschlagen ♦ n (Fuß)tritt m; (thrill) Spaß m; **he does it for ~s** er macht das aus Jux;

~ off vi (SPORT) anstoßen; **~-off** n (SPORT) Anstoß m

kid [kɪd] n (inf: child) Kind nt; (goat) Zicklein nt; (leather) Glacéleder nt, Glaceeleder nt ♦ vi (inf) Witze machen

kidnap ['kɪdnæp] vt entführen; **~per** n Entführer m; **~ping** n Entführung f

kidney ['kɪdnɪ] n Niere f

kill [kɪl] vt töten, umbringen ♦ vi töten ♦ n (hunting) (Jagd)beute f; **~er** n Mörder(in) m(f); **~ing** n Mord m; **~joy** n Spaßverderber(in) m(f)

kiln [kɪln] n Brennofen m

kilo ['kiːləʊ] n Kilo nt; **~byte** n (COMPUT) Kilobyte nt; **~gram(me)** n Kilogramm nt; **~metre** ['kɪləmiːtəʳ] (US **kilometer**) n Kilometer m; **~watt** n Kilowatt nt

kilt [kɪlt] n Schottenrock m

kind [kaɪnd] adj freundlich ♦ n Art f; **a ~ of** eine Art von; **(two) of a ~** (zwei) von der gleichen Art; **in ~** auf dieselbe Art; (in goods) in Naturalien

kindergarten ['kɪndəgɑːtn] n Kindergarten m

kind-hearted [kaɪnd'hɑːtɪd] adj gutherzig

kindle ['kɪndl] vt (set on fire) anzünden; (rouse) reizen, (er)wecken

kindly ['kaɪndlɪ] adj freundlich ♦ adv liebenswürdig(erweise); **would you ~ ...?** wären Sie so freundlich und ...?

kindness ['kaɪndnɪs] n Freundlichkeit f

kindred ['kɪndrɪd] adj: **~ spirit** Gleichgesinnte(r) mf

king [kɪŋ] n König m; **~dom** n Königreich nt

kingfisher ['kɪŋfɪʃəʳ] n Eisvogel m

king-size(d) ['kɪŋsaɪz(d)] adj (cigarette) Kingsize

kinky ['kɪŋkɪ] (inf) adj (person, ideas) verrückt; (sexual) abartig

kiosk ['kiːɔsk] (BRIT) n (TEL) Telefonhäuschen nt

kipper ['kɪpəʳ] n Räucherhering m

kiss [kɪs] n Kuss m ♦ vt küssen ♦ vi: **they ~ed** sie küssten sich; **~ of life** (BRIT) n: **the ~ of life** Mund-zu-Mund-Beatmung f

kit [kɪt] n Ausrüstung f; (tools) Werkzeug nt

kitchen ['kɪtʃɪn] n Küche f; **~ sink** n

Spülbecken nt

kite [kaɪt] n Drachen m

kitten ['kɪtn] n Kätzchen nt

kitty ['kɪtɪ] n (money) Kasse f

km abbr (= kilometre) km

knack [næk] n Dreh m, Trick m

knapsack ['næpsæk] n Rucksack m; (MIL) Tornister m

knead [niːd] vt kneten

knee [niː] n Knie nt; **~cap** n Kniescheibe f

kneel [niːl] (pt, pp **knelt**) vi (also: **~ down**) knien

knelt [nɛlt] pt, pp of **kneel**

knew [njuː] pt of **know**

knickers ['nɪkəz] (BRIT) npl Schlüpfer m

knife [naɪf] (pl **knives**) n Messer nt ♦ vt erstechen

knight [naɪt] n Ritter m; (chess) Springer m; **~hood** n (title): **to get a ~hood** zum Ritter geschlagen werden

knit [nɪt] vt stricken ♦ vi stricken; (bones) zusammenwachsen; **~ting** n (occupation) Stricken nt; (work) Strickzeug nt; **~ting needle** n Stricknadel f; **~wear** n Strickwaren pl

knives [naɪvz] pl of **knife**

knob [nɔb] n Knauf m; (on instrument) Knopf m; (BRIT: of butter etc) kleine(s) Stück nt

knock [nɔk] vt schlagen; (criticize) heruntermachen ♦ vi: **to ~ at** or **on the door** an die Tür klopfen ♦ n Schlag m; (on door) Klopfen nt; **~ down** vt umwerfen; (with car) anfahren; **~ off** vt (do quickly) hinhauen; (inf: steal) klauen ♦ vi (finish) Feierabend machen; **~ out** vt ausschlagen; (BOXING) k. o. schlagen; **~ over** vt (person, object) umwerfen; (with car) anfahren; **~er** n (on door) Türklopfer m; **~out** n K.-o.-Schlag m; (fig) Sensation f

knot [nɔt] n Knoten m ♦ vt (ver)knoten

knotty ['nɔtɪ] adj (fig) kompliziert

know [nəʊ] (pt **knew**, pp **known**) vt, vi wissen; (be able to) können; (be acquainted with) kennen; (recognize) erkennen; **to ~ how to do sth** wissen, wie man etw macht, etw tun können; **to ~ about** or **of sth/sb** etw/jdn kennen; **~-all** n Alleswisser

m; ~-how n Kenntnis f, Know-how nt;
~ing adj (look, smile) wissend; ~ingly adv
wissend; (intentionally) wissentlich
knowledge ['nɔlɪdʒ] n Wissen nt, Kenntnis
f; ~able adj informiert
known [nəun] pp of **know**
knuckle ['nʌkl] n Fingerknöchel m
K.O. n abbr = **knockout**
Koran [kɔ'rɑːn] n Koran m
Korea [kə'rɪə] n Korea nt
kosher ['kəuʃəʳ] adj koscher

L, l

L [ɛl] abbr (BRIT: AUT) (= learner) am Auto
angebrachtes Kennzeichen für Fahrschüler; =
lake; (= large) gr.; (= left) l.
l. abbr = **litre**
lab [læb] (inf) n Labor nt
label ['leɪbl] n Etikett nt ♦ vt etikettieren
labor etc ['leɪbəʳ] (US) = **labour** etc
laboratory [lə'bɔrətərɪ] n Laboratorium nt
laborious [lə'bɔːrɪəs] adj mühsam
labour ['leɪbəʳ] (US **labor**) n Arbeit f;
(workmen) Arbeitskräfte pl; (MED) Wehen pl
♦ vi: **to ~ (at)** sich abmühen (mit) ♦ vt
breittreten (inf); **in ~** (MED) in den Wehen;
L~ (BRIT: also: **the L~ party**) die Labour
Party; ~ed adj (movement) gequält; (style)
schwerfällig; ~er n Arbeiter m; **farm ~er**
(Land)arbeiter m
lace [leɪs] n (fabric) Spitze f; (of shoe)
Schnürsenkel m; (braid) Litze f ♦ vt (also: ~
up) (zu)schnüren
lack [læk] n Mangel m ♦ vt nicht haben; **sb**
~s sth jdm fehlt etw nom; **to be ~ing**
fehlen; **sb is ~ing in sth** es fehlt jdm an
etw dat; **for** or **through ~ of** aus Mangel an
+dat
lacquer ['lækəʳ] n Lack m
lad [læd] n Junge m
ladder ['lædəʳ] n Leiter f; (BRIT: in tights)
Laufmasche f ♦ vt (BRIT: tights) Laufmaschen
bekommen in +dat
laden ['leɪdn] adj beladen, voll
ladle ['leɪdl] n Schöpfkelle f

lady ['leɪdɪ] n Dame f; (title) Lady f; **young ~**
junge Dame; **the ladies' (room)** die
Damentoilette; ~**bird** (US ~**bug**) n
Marienkäfer m; ~**like** adj damenhaft,
vornehm; ~**ship** n: **your L~ship** Ihre
Ladyschaft
lag [læg] vi (also: ~ **behind**) zurückbleiben
♦ vt (pipes) verkleiden
lager ['lɑːgəʳ] n helle(s) Bier nt
lagging ['lægɪŋ] n Isolierung f
lagoon [lə'guːn] n Lagune f
laid [leɪd] pt, pp of **lay**; ~-**back** (inf) adj cool
lain [leɪn] pp of **lie**
lair [leəʳ] n Lager nt
lake [leɪk] n See m
lamb [læm] n Lamm nt; (meat) Lammfleisch
nt; ~ **chop** n Lammkotelett nt; ~**swool** n
Lammwolle f
lame [leɪm] adj lahm; (excuse) faul
lament [lə'ment] n Klage f ♦ vt beklagen
laminated ['læmɪneɪtɪd] adj beschichtet
lamp [læmp] n Lampe f; (in street)
Straßenlaterne f; ~**post** n Laternenpfahl m;
~**shade** n Lampenschirm m
lance [lɑːns] n Lanze f; ~ **corporal** (BRIT) n
Obergefreite(r) m
land [lænd] n Land nt ♦ vi (from ship) an
Land gehen; (AVIAT, end up) landen ♦ vt
(obtain) kriegen; (passengers) absetzen;
(goods) abladen; (troops, space probe)
landen; ~**fill site** ['lændfɪl-] n Mülldeponie
f; ~**ing** n Landung f; (on stairs)
(Treppen)absatz m; ~**ing gear** n
Fahrgestell nt; ~**ing stage** (BRIT) n
Landesteg m; ~**ing strip** n Landebahn f;
~**lady** n (Haus)wirtin f; ~**locked** adj
landumschlossen, Binnen-; ~**lord** n (of
house) Hauswirt m, Besitzer m; (of pub)
Gastwirt m; (of area) Grundbesitzer m;
~**mark** n Wahrzeichen nt; (fig) Meilenstein
m; ~**owner** n Grundbesitzer m; ~**scape** n
Landschaft f; ~ **gardener** n
Landschaftsgärtner(in) m(f); ~**slide** n
(GEOG) Erdrutsch m; (POL)
überwältigende(r) Sieg m
lane [leɪn] n (in town) Gasse f; (in country)
Weg m; (of motorway) Fahrbahn f, Spur f;

(SPORT) Bahn f; **"get in ~"** „bitte einordnen"

language ['læŋgwɪdʒ] n Sprache f; **bad ~** unanständige Ausdrücke pl; **~ laboratory** n Sprachlabor nt

languish ['læŋgwɪʃ] vi schmachten

lank [læŋk] adj dürr

lanky ['læŋkɪ] adj schlaksig

lantern ['læntən] n Laterne f

lap [læp] n Schoß m; (SPORT) Runde f ♦ vt (also: **~ up**) auflecken ♦ vi (water) plätschern

lapel [lə'pel] n Revers nt or m

Lapland ['læplænd] n Lappland nt

lapse [læps] n (moral) Fehltritt m ♦ vi (decline) nachlassen; (expire) ablaufen; (claims) erlöschen; **to ~ into bad habits** sich schlechte Gewohnheiten angewöhnen

laptop (computer) ['læptɒp-] n Laptop(-Computer) m

lard [lɑːd] n Schweineschmalz m

larder ['lɑːdər] n Speisekammer f

large [lɑːdʒ] adj groß; **at ~** auf freiem Fuß; **~ly** adv zum größten Teil; **~-scale** adj groß angelegt, Groß-

lark [lɑːk] n (bird) Lerche f; (joke) Jux m; **~ about** (inf) vi herumalbern

laryngitis [lærɪn'dʒaɪtɪs] n Kehlkopfentzündung f

laser ['leɪzər] n Laser m; **~ printer** n Laserdrucker m

lash [læʃ] n Peitschenhieb m; (eyelash) Wimper f ♦ vt (rain) schlagen gegen; (whip) peitschen; (bind) festbinden; **~ out** vi (with fists) um sich schlagen

lass [læs] n Mädchen nt

lasso [læ'suː] n Lasso nt

last [lɑːst] adj letzte(r, s) ♦ adv zuletzt; (~ time) das letzte Mal ♦ vi (continue) dauern; (remain good) sich halten; (money) ausreichen; **at ~** endlich; **~ night** gestern Abend; **~ week** letzte Woche; **~ but one** vorletzte(r, s); **~-ditch** adj (attempt) in letzter Minute; **~ing** adj dauerhaft; (shame etc) andauernd; **~ly** adv schließlich; **~-minute** adj in letzter Minute

latch [lætʃ] n Riegel m

late [leɪt] adj spät; (dead) verstorben ♦ adv spät; (after proper time) zu spät; **to be ~** zu spät kommen; **of ~** in letzter Zeit; **in ~ May** Ende Mai; **~comer** n Nachzügler(in) m(f); **~ly** adv in letzter Zeit; **later** ['leɪtər] adj (date) später; (version) neuer ♦ adv später

lateral ['lætərəl] adj seitlich

latest ['leɪtɪst] adj (fashion) neueste(r, s) ♦ n (news) Neu(e)ste(s) nt; **at the ~** spätestens

lathe [leɪð] n Drehbank f

lather ['lɑːðər] n (Seifen)schaum m ♦ vt einschäumen ♦ vi schäumen

Latin ['lætɪn] n Latein nt ♦ adj lateinisch; (Roman) römisch; **~ America** n Lateinamerika nt; **~ American** adj lateinamerikanisch

latitude ['lætɪtjuːd] n (GEOG) Breite f; (freedom) Spielraum m

latter ['lætər] adj (second of two) letztere; (coming at end) letzte(r, s), später ♦ n: **the ~** der/die/das letztere, die letzteren; **~ly** adv in letzter Zeit

lattice ['lætɪs] n Gitter nt

laudable ['lɔːdəbl] adj löblich

laugh [lɑːf] n Lachen nt ♦ vi lachen; **~ at** vt lachen über +acc; **~ off** vt lachend abtun; **~able** adj lachhaft; **~ing stock** n Zielscheibe f des Spottes; **~ter** n Gelächter nt

launch [lɔːntʃ] n (of ship) Stapellauf m; (of rocket) Abschuss m; (boat) Barkasse f; (of product) Einführung f ♦ vt (set afloat) vom Stapel lassen; (rocket) (ab)schießen; (product) auf den Markt bringen; **~(ing) pad** n Abschussrampe f

launder ['lɔːndər] vt waschen

Launderette [lɔːn'dret] (® BRIT) n Waschsalon m

Laundromat ['lɔːndrəmæt] (® US) n Waschsalon m

laundry ['lɔːndrɪ] n (place) Wäscherei f; (clothes) Wäsche f; **to do the ~** waschen

laureate ['lɔːrɪət] adj see **poet**

laurel ['lɒrl] n Lorbeer m

lava ['lɑːvə] n Lava f

lavatory ['lævətərɪ] n Toilette f

lavender ['lævəndə'] n Lavendel m

lavish ['lævɪʃ] adj (extravagant) verschwenderisch; (generous) großzügig ♦ vt (money): **to ~ sth on sth** etw auf etw acc verschwenden; (attention, gifts): **to ~ sth on sb** jdn mit etw überschütten

law [lɔ:] n Gesetz nt; (system) Recht nt; (as studies) Jura no art; **~-abiding** adj gesetzestreu; **~ and order** n Recht nt und Ordnung f; **~ court** n Gerichtshof m; **~ful** adj gesetzlich; **~less** adj gesetzlos

lawn [lɔ:n] n Rasen m; **~mower** n Rasenmäher m; **~ tennis** n Rasentennis m

law: **~ school** n Rechtsakademie f; **~suit** n Prozess m; **~yer** n Rechtsanwalt m, Rechtsanwältin f

lax [læks] adj (behaviour) nachlässig; (standards) lax

laxative ['læksətɪv] n Abführmittel nt

lay [leɪ] (pt, pp **laid**) pt of **lie** ♦ adj Laien- ♦ vt (place) legen; (table) decken; (egg) legen; (trap) stellen; (money) wetten; **~ aside** vt zurücklegen; **~ by** vt (set aside) beiseite legen; **~ down** vt hinlegen; (rules) vorschreiben; (arms) strecken; **to ~ down the law** Vorschriften machen; **~ off** vt (workers) (vorübergehend) entlassen; **~ on** vt (water, gas) anschließen; (concert etc) veranstalten; **~ out** vt (her)auslegen; (money) ausgeben; (corpse) aufbahren; **~ up** vt (subj: illness) ans Bett fesseln; **~about** n Faulenzer m; **~-by** (BRIT) n Parkbucht f; (bigger) Rastplatz m

layer ['leɪə'] n Schicht f

layman ['leɪmən] (irreg) n Laie m

layout ['leɪaʊt] n Anlage f; (ART) Lay-out nt, Layout nt

laze [leɪz] vi faulenzen

laziness ['leɪzɪnɪs] n Faulheit f

lazy ['leɪzɪ] adj faul; (slow-moving) träge

lb. abbr = **pound** (weight)

lead¹ [led] n (chemical) Blei nt; (of pencil) (Bleistift)mine f ♦ adj bleiern, Blei-

lead² [li:d] (pt, pp **led**) n (front position) Führung f; (distance, time ahead) Vorsprung f; (example) Vorbild nt; (clue) Tipp m; (of police) Spur f; (THEAT) Hauptrolle f; (dog's) Leine f ♦ vt (guide) führen; (group etc) leiten ♦ vi (be first) führen; **in the ~** (SPORT, fig) in Führung; **~ astray** vt irreführen; **~ away** vt wegführen; (prisoner) abführen; **~ back** vi zurückführen; **~ on** vt anführen; **~ on to** vt (induce) dazu bringen; **~ to** vt (street) (hin)führen nach; (result in) führen zu; **~ up to** vt (drive) führen zu; (speaker etc) hinführen auf +acc

leaded petrol ['ledɪd-] n verbleites Benzin nt

leaden ['ledn] adj (sky, sea) bleiern; (heavy: footsteps) bleischwer

leader ['li:də'] n Führer m, Leiter m; (of party) Vorsitzende(r) m; (PRESS) Leitartikel m; **~ship** n (office) Leitung f; (quality) Führerschaft f

lead-free ['ledfri:] adj (petrol) bleifrei

leading ['li:dɪŋ] adj führend; **~ lady** n (THEAT) Hauptdarstellerin f; **~ light** n (person) führende(r) Geist m

lead singer [li:d-] n Leadsänger(in) m(f)

leaf [li:f] (pl **leaves**) n Blatt nt ♦ vi: **to ~ through** durchblättern; **to turn over a new ~** einen neuen Anfang machen

leaflet ['li:flɪt] n (advertisement) Prospekt m; (pamphlet) Flugblatt nt; (for information) Merkblatt nt

league [li:g] n (union) Bund m; (SPORT) Liga f; **to be in ~ with** unter einer Decke stecken mit

leak [li:k] n undichte Stelle f; (in ship) Leck nt ♦ vt (liquid etc) durchlassen ♦ vi (pipe etc) undicht sein; (liquid etc) auslaufen; **the information was ~ed to the enemy** die Information wurde dem Feind zugespielt; **~ out** vi (liquid etc) auslaufen; (information) durchsickern; **~y** ['li:kɪ] adj undicht

lean [li:n] (pt, pp **leaned** or **leant**) adj mager ♦ vi sich neigen ♦ vt (an)lehnen; **to ~ against sth** an etw dat angelehnt sein; sich an etw acc anlehnen; **~ back** vi sich zurücklehnen; **~ forward** vi sich vorbeugen; **~ on** vt fus sich stützen auf +acc; **~ out** vi sich hinauslehnen; **~ over** vi sich hinüberbeugen; **~ing** n Neigung f ♦ adj schief; **~t** [lent] pt, pp of **lean**; **~-to** n

Anbau *m*

leap [liːp] (*pt, pp* **leaped** *or* **leapt**) *n* Sprung *m* ♦ *vi* springen; **~frog** *n* Bockspringen *nt*; **~t** [lɛpt] *pt, pp* of **leap**; **~ year** *n* Schaltjahr *nt*

learn [ləːn] (*pt, pp* **learned** *or* **learnt**) *vt, vi* lernen; (*find out*) erfahren; **to ~ how to do sth** etw (er)lernen; **~ed** ['ləːnɪd] *adj* gelehrt; **~er** *n* Anfänger(in) *m(f)*; (*AUT: BRIT: also:* **~er driver**) Fahrschüler(in) *m(f)*; **~ing** *n* Gelehrsamkeit *f*; **~t** [ləːnt] *pt, pp* of **learn**

lease [liːs] *n* (*of property*) Mietvertrag *m* ♦ *vt* pachten

leash [liːʃ] *n* Leine *f*

least [liːst] *adj* geringste(r, s) ♦ *adv* am wenigsten ♦ *n* Mindeste(s) *nt*; **the ~ possible effort** möglichst geringer Aufwand; **at ~** zumindest; **not in the ~!** durchaus nicht!

leather ['lɛðəʳ] *n* Leder *nt*

leave [liːv] (*pt, pp* **left**) *vt* verlassen; (*~ behind*) zurücklassen; (*forget*) vergessen; (*allow to remain*) lassen; (*after death*) hinterlassen; (*entrust*): **to ~ sth to sb** jdm etw überlassen ♦ *vi* weggehen, wegfahren; (*for journey*) abreisen; (*bus, train*) abfahren ♦ *n* Erlaubnis *f*; (*MIL*) Urlaub *m*; **to be left** (*remain*) übrig bleiben; **there's some milk left over** es ist noch etwas Milch übrig; **on ~** auf Urlaub; **~ behind** *vt* (*person, object*) dalassen; (*forget*) liegen lassen, stehen lassen; **~ out** *vt* auslassen; **~ of absence** *n* Urlaub *m*

leaves [liːvz] *pl* of **leaf**

Lebanon ['lɛbənən] *n* Libanon *m*

lecherous ['lɛtʃərəs] *adj* lüstern

lecture ['lɛktʃəʳ] *n* Vortrag *m*; (*UNIV*) Vorlesung *f* ♦ *vi* einen Vortrag halten; (*UNIV*) lesen ♦ *vt* (*scold*) abkanzeln; **to give a ~ on sth** einen Vortrag über etw halten; **~r** ['lɛktʃərəʳ] *n* Vortragende(r) *mf*; (*BRIT: UNIV*) Dozent(in) *m(f)*

led [lɛd] *pt, pp* of **lead**²

ledge [lɛdʒ] *n* Leiste *f*; (*window ~*) Sims *m or nt*; (*of mountain*) (Fels)vorsprung *m*

ledger ['lɛdʒəʳ] *n* Hauptbuch *nt*

leech [liːtʃ] *n* Blutegel *m*

leek [liːk] *n* Lauch *m*

leer [lɪəʳ] *vi*: **to ~ (at sb)** (nach jdm) schielen

leeway ['liːweɪ] *n* (*fig*): **to have some ~** etwas Spielraum haben

left [lɛft] *pt, pp* of **leave** ♦ *adj* linke(r, s) ♦ *n* (*side*) linke Seite *f* ♦ *adv* links; **on the ~** links; **to the ~** nach links; **the L~** (*POL*) die Linke *f*; **~-hand** *adj*: **~-hand drive** mit Linkssteuerung; **~-handed** *adj* linkshändig; **~-hand side** *n* linke Seite *f*; **~-luggage locker** *n* Gepäckschließfach *nt*; **~-luggage (office)** (*BRIT*) *n* Gepäckaufbewahrung *f*; **~-overs** *npl* Reste *pl*; **~-wing** *adj* linke(r, s)

leg [lɛg] *n* Bein *nt*; (*of meat*) Keule *f*; (*stage*) Etappe *f*; **1st/2nd ~** (*SPORT*) 1./2. Etappe

legacy ['lɛgəsɪ] *n* Erbe *nt*, Erbschaft *f*

legal ['liːgl] *adj* gesetzlich; (*allowed*) legal; **~ holiday** (*US*) *n* gesetzliche(r) Feiertag *m*; **~ize** *vt* legalisieren; **~ly** *adv* gesetzlich; legal; **~ tender** *n* gesetzliche(s) Zahlungsmittel *nt*

legend ['lɛdʒənd] *n* Legende *f*; **~ary** *adj* legendär

leggings ['lɛgɪŋz] *npl* Leggings *pl*

legible ['lɛdʒəbl] *adj* leserlich

legislation [lɛdʒɪs'leɪʃən] *n* Gesetzgebung *f*; **legislative** ['lɛdʒɪslətɪv] *adj* gesetzgebend; **legislature** ['lɛdʒɪslətʃəʳ] *n* Legislative *f*

legitimate [lɪ'dʒɪtɪmət] *adj* rechtmäßig, legitim; (*child*) ehelich

legroom ['lɛgruːm] *n* Platz *m* für die Beine

leisure ['lɛʒəʳ] *n* Freizeit *f*; **to be at ~** Zeit haben; **~ centre** *n* Freizeitzentrum *nt*; **~ly** *adj* gemächlich

lemon ['lɛmən] *n* Zitrone *f*; (*colour*) Zitronengelb *nt*; **~ade** [lɛmə'neɪd] *n* Limonade *f*; **~ tea** *n* Zitronentee *m*

lend [lɛnd] (*pt, pp* **lent**) *vt* leihen; **to ~ sb sth** jdm etw leihen; **~ing library** *n* Leihbibliothek *f*

length [lɛŋθ] *n* Länge *f*; (*of road, pipe etc*) Strecke *f*; (*of material*) Stück *nt*; **at ~** (*lengthily*) ausführlich; (*at last*) schließlich; **~en** *vt* verlängern ♦ *vi* länger werden; **~ways** *adv* längs; **~y** *adj* sehr lang, langatmig

lenient ['liːnɪənt] *adj* nachsichtig

lens [lɛnz] *n* Linse *f*; (PHOT) Objektiv *nt*

Lent [lɛnt] *n* Fastenzeit *f*

lent [lɛnt] *pt, pp of* **lend**

lentil ['lɛntɪl] *n* Linse *f*

Leo ['liːəu] *n* Löwe *m*

leotard ['liːətɑːd] *n* Trikot *nt*, Gymnastikanzug *m*

leper ['lɛpər] *n* Leprakranke(r) *f(m)*

leprosy ['lɛprəsɪ] *n* Lepra *f*

lesbian ['lɛzbɪən] *adj* lesbisch ♦ *n* Lesbierin *f*

less [lɛs] *adj, adv* weniger ♦ *n* weniger ♦ *pron* weniger; **~ than half** weniger als die Hälfte; **~ than ever** weniger denn je; **~ and ~** immer weniger; **the ~ he works** je weniger er arbeitet; **~en** ['lɛsn] *vi* abnehmen ♦ *vt* verringern, verkleinern; **~er** ['lɛsər] *adj* kleiner, geringer; **to a ~er extent** in geringerem Maße

lesson ['lɛsn] *n* (SCH) Stunde *f*; (*unit of study*) Lektion *f*; (*fig*) Lehre *f*; (ECCL) Lesung *f*; **a maths ~** eine Mathestunde

lest [lɛst] *conj:* **~ it happen** damit es nicht passiert

let [lɛt] (*pt, pp* let) *vt* lassen; (BRIT: *lease*) vermieten; **to ~ sb do sth** jdn etw tun lassen; **to ~ sb know sth** jdn etw wissen lassen; **~'s go!** gehen wir!; **~ him come** soll er doch kommen; **~ down** *vt* hinunterlassen; (*disappoint*) enttäuschen; **~ go** *vi* loslassen ♦ *vt* (*things*) loslassen; (*person*) gehen lassen; **~ in** *vt* hereinlassen; (*water*) durchlassen; **~ off** *vt* (*gun*) abfeuern; (*steam*) ablassen; (*forgive*) laufen lassen; **~ on** *vi* durchblicken lassen; (*pretend*) vorgeben; **~ out** *vt* herauslassen; (*scream*) fahren lassen; **~ up** *vi* nachlassen; (*stop*) aufhören

lethal ['liːθl] *adj* tödlich

lethargic [lɛ'θɑːdʒɪk] *adj* lethargisch

letter ['lɛtər] *n* Brief *m*; (*of alphabet*) Buchstabe *m*; **~ bomb** *n* Briefbombe *f*; **~box** (BRIT) *n* Briefkasten *m*; **~ing** *n* Beschriftung *f*; **~ of credit** *n* Akkreditiv *m*

lettuce ['lɛtɪs] *n* (Kopf)salat *m*

let-up ['lɛtʌp] (*inf*) *n* Nachlassen *nt*

leukaemia [luː'kiːmɪə] (US **leukemia**) *n* Leukämie *f*

level ['lɛvl] *adj* (*ground*) eben; (*at same height*) auf gleicher Höhe; (*equal*) gleich gut; (*head*) kühl ♦ *adv* auf gleicher Höhe ♦ *n* (*instrument*) Wasserwaage *f*; (*altitude*) Höhe *f*; (*flat place*) ebene Fläche *f*; (*position on scale*) Niveau *nt*; (*amount, degree*) Grad *m* ♦ *vt* (*ground*) einebnen; **to draw ~ with** gleichziehen mit; **to be ~ with** auf einer Höhe sein mit; **A ~s** (BRIT) ≈ Abitur *nt*; **O ~s** (BRIT) ≈ mittlere Reife *f*; **on the ~** (*fig:* *honest*) ehrlich; **to ~ sth at sb** (*blow*) jdm etw versetzen; (*remark*) etw gegen jdn richten; **~ off** *or* **out** *vi* flach *or* eben werden; (*fig*) sich ausgleichen; (*plane*) horizontal fliegen ♦ *vt* (*ground*) planieren; (*differences*) ausgleichen; **~ crossing** (BRIT) *n* Bahnübergang *m*; **~-headed** *adj* vernünftig

lever ['liːvər] *n* Hebel *m*; (*fig*) Druckmittel *nt* ♦ *vt* (*hoch*)stemmen; **~age** *n* Hebelkraft *f*; (*fig*) Einfluss *m*

levy ['lɛvɪ] *n* (*of taxes*) Erhebung *f*; (*tax*) Abgaben *pl*; (MIL) Aushebung *f* ♦ *vt* erheben; (MIL) ausheben

lewd [luːd] *adj* unzüchtig, unanständig

liability [laɪə'bɪlətɪ] *n* (*burden*) Belastung *f*; (*duty*) Pflicht *f*; (*debt*) Verpflichtung *f*; (*responsibility*) Haftung *f*; (*proneness*) Anfälligkeit *f*

liable ['laɪəbl] *adj* (*responsible*) haftbar; (*prone*) anfällig; **to be ~ for sth** etw dat unterliegen; **it's ~ to happen** es kann leicht vorkommen

liaise [liː'eɪz] *vi:* **to ~ (with sb)** (mit jdm) zusammenarbeiten; **liaison** *n* Verbindung *f*

liar ['laɪər] *n* Lügner *m*

libel ['laɪbl] *n* Verleumdung *f* ♦ *vt* verleumden

liberal ['lɪbərl] *adj* (*generous*) großzügig; (*open-minded*) aufgeschlossen; (POL) liberal

liberate ['lɪbəreɪt] *vt* befreien; **liberation** [lɪbə'reɪʃən] *n* Befreiung *f*

liberty ['lɪbətɪ] *n* Freiheit *f*; (*permission*) Erlaubnis *f*; **to be at ~ to do sth** etw tun dürfen; **to take the ~ of doing sth** sich dat erlauben, etw zu tun

Libra ['liːbrə] *n* Waage *f*

librarian [laɪˈbrɛərɪən] n Bibliothekar(in) m(f)

library [ˈlaɪbrərɪ] n Bibliothek f; (lending ~) Bücherei f

Libya [ˈlɪbɪə] n Libyen nt; ~n adj libysch ♦ n Libyer(in) m(f)

lice [laɪs] npl of **louse**

licence [ˈlaɪsns] (US **license**) n (permit) Erlaubnis f; (also: driving ~, (US) driver's ~) Führerschein m

license [ˈlaɪsns] n (US) = **licence** ♦ vt genehmigen, konzessionieren; ~d adj (for alcohol) konzessioniert (für den Alkoholausschank); ~ **plate** (US) n (AUT) Nummernschild nt

lichen [ˈlaɪkən] n Flechte f

lick [lɪk] vt lecken ♦ n Lecken nt; **a ~ of paint** ein bisschen Farbe

licorice [ˈlɪkərɪs] (US) n = **liquorice**

lid [lɪd] n Deckel m; (eyelid) Lid nt

lie [laɪ] (pt **lay**, pp **lain**) vi (rest, be situated) liegen; (put o.s. in position) sich legen; (pt, pp **lied**: tell lies) lügen ♦ n Lüge f; **to ~ low** (fig) untertauchen; ~ **about** vi (things) herumliegen; (people) faulenzen; ~-**down** (BRIT) n: **to have a ~-down** ein Nickerchen machen; ~-**in** (BRIT) n: **to have a ~-in** sich ausschlafen

lieu [luː] n: **in ~ of** anstatt +gen

lieutenant [lefˈtenənt, (US) luːˈtenənt] n Leutnant m

life [laɪf] (pl **lives**) n Leben nt; ~ **assurance** (BRIT) n = **life insurance**; ~**belt** (BRIT) n Rettungsring m; ~**boat** n Rettungsboot nt; ~**guard** n Rettungsschwimmer m; ~ **insurance** n Lebensversicherung f; ~ **jacket** n Schwimmweste f; ~**less** adj (dead) leblos; (dull) langweilig; ~**like** adj lebenswahr, naturgetreu; ~**line** n Rettungsleine f; (fig) Rettungsanker m; ~**long** adj lebenslang; ~ **preserver** (US) n = **lifebelt**; ~-**saver** n Lebensretter(in) m(f); ~-**saving** adj lebensrettend, Rettungs-; ~ **sentence** n lebenslängliche Freiheitsstrafe f; ~ **span** n Lebensspanne f; ~**style** n Lebensstil m; ~ **support system** n (MED) Lebenserhaltungssystem nt; ~**time** n: **in his ~time** während er lebte; **once in a**

~**time** einmal im Leben

lift [lɪft] vt hochheben ♦ vi sich heben ♦ n (BRIT: elevator) Aufzug m, Lift m; **to give sb a ~** jdn mitnehmen; ~-**off** n Abheben nt (vom Boden)

ligament [ˈlɪgəmənt] n Band nt

light [laɪt] (pt, pp **lighted** or **lit**) n Licht nt; (for cigarette etc): **have you got a ~?** haben Sie Feuer? ♦ vt beleuchten; (lamp) anmachen; (fire, cigarette) anzünden ♦ adj (bright) hell; (pale) hell-; (not heavy, easy) leicht; (punishment) milde; (touch) leicht; ~**s** npl (AUT) Beleuchtung f; ~ **up** vi (lamp) angehen; (face) aufleuchten ♦ vt (illuminate) beleuchten; (~s) anmachen; ~ **bulb** n Glühbirne f; ~**en** vi (brighten) hell werden; (~ning) blitzen ♦ vt (give ~ to) erhellen; (hair) aufhellen; (gloom) aufheitern; (make less heavy) leichter machen; (fig) erleichtern; ~**er** n Feuerzeug nt; ~-**headed** adj (thoughtless) leichtsinnig; (giddy) schwindlig; ~-**hearted** adj leichtherzig, fröhlich; ~**house** n Leuchtturm m; ~**ing** n Beleuchtung f; ~**ly** adv leicht; (irresponsibly) leichtfertig; **to get off ~ly** mit einem blauen Auge davonkommen; ~**ness** n (of weight) Leichtigkeit f; (of colour) Helle f

lightning [ˈlaɪtnɪŋ] n Blitz m; ~ **conductor** (US ~ **rod**) n Blitzableiter m

light: ~ **pen** n Lichtstift m; ~**weight** adj (suit) leicht; ~**weight** n (BOXING) Leichtgewichtler m; ~ **year** n Lichtjahr nt

like [laɪk] vt mögen, gern haben ♦ prep wie ♦ adj (similar) ähnlich; (equal) gleich ♦ n: **the ~** dergleichen; **I would** or **I'd ~** ich möchte gern; **would you ~ a coffee?** möchten Sie einen Kaffee?; **to be** or **look ~ sb/sth** jdm/etw ähneln; **that's just ~ him** das ist typisch für ihn; **do it ~ this** mach es so; **it is nothing ~ ...** es ist nicht zu vergleichen mit ...; **what does it look ~?** wie sieht es aus?; **what does it sound ~?** wie hört es sich an?; **what does it taste ~?** wie schmeckt es?; **his ~s and dislikes** was er mag und was er nicht mag; ~**able** adj sympathisch

likelihood [ˈlaɪklɪhud] n Wahrscheinlichkeit f

likely ['laɪklɪ] *adj* wahrscheinlich; **he's ~ to leave** er geht möglicherweise; **not ~!** wohl kaum!

likeness ['laɪknɪs] *n* Ähnlichkeit *f*; (*portrait*) Bild *nt*

likewise ['laɪkwaɪz] *adv* ebenso

liking ['laɪkɪŋ] *n* Zuneigung *f*; (*taste*) Vorliebe *f*

lilac ['laɪlək] *n* Flieder *m* ♦ *adj* (*colour*) fliederfarben

lily ['lɪlɪ] *n* Lilie *f*; **~ of the valley** *n* Maiglöckchen *nt*

limb [lɪm] *n* Glied *nt*

limber up ['lɪmbər-] *vi* sich auflockern; (*fig*) sich vorbereiten

limbo ['lɪmbəʊ] *n*: **to be in ~** (*fig*) in der Schwebe sein

lime [laɪm] *n* (*tree*) Linde *f*; (*fruit*) Limone *f*; (*substance*) Kalk *m*

limelight ['laɪmlaɪt] *n*: **to be in the ~** (*fig*) im Rampenlicht stehen

limestone ['laɪmstəʊn] *n* Kalkstein *m*

limit ['lɪmɪt] *n* Grenze *f*; (*inf*) Höhe *f* ♦ *vt* begrenzen, einschränken; **~ation** [lɪmɪ'teɪʃən] *n* Einschränkung *f*; **~ed** *adj* beschränkt; **to be ~ed to** sich beschränken auf +*acc*; **~ed (liability) company** (*BRIT*) *n* Gesellschaft *f* mit beschränkter Haftung

limousine ['lɪməziːn] *n* Limousine *f*

limp [lɪmp] *n* Hinken *nt* ♦ *vi* hinken ♦ *adj* schlaff

limpet ['lɪmpɪt] *n* (*fig*) Klette *f*

line [laɪn] *n* Linie *f*; (*rope*) Leine *f*; (*on face*) Falte *f*; (*row*) Reihe *f*; (*of hills*) Kette *f*; (*US: queue*) Schlange *f*; (*company*) Linie *f*, Gesellschaft *f*; (*RAIL*) Strecke *f*; (*TEL*) Leitung *f*; (*written*) Zeile *f*; (*direction*) Richtung *f*; (*fig: business*) Branche *f*; (*range of items*) Kollektion *f* ♦ *vt* (*coat*) füttern; (*border*) säumen; **~s** *npl* (*RAIL*) Gleise *pl*; **in ~ with** in Übereinstimmung mit; **~ up** *vi* sich aufstellen ♦ *vt* aufstellen; (*prepare*) sorgen für; (*support*) mobilisieren; (*surprise*) planen; **~ar** ['lɪnɪər] *adj* gerade; (*measure*) Längen-; **~d** *adj* (*face*) faltig; (*paper*) liniert

linen ['lɪnɪn] *n* Leinen *nt*; (*sheets etc*) Wäsche *f*

liner ['laɪnər] *n* Überseedampfer *m*

linesman ['laɪnzmən] (*irreg*) *n* (*SPORT*) Linienrichter *m*

line-up ['laɪnʌp] *n* Aufstellung *f*

linger ['lɪŋgər] *vi* (*remain long*) verweilen; (*taste*) (zurück)bleiben; (*delay*) zögern, verharren

lingerie ['lænʒəriː] *n* Damenunterwäsche *f*

lingering ['lɪŋgərɪŋ] *adj* (*doubt*) zurückbleibend; (*disease*) langwierig; (*taste*) nachhaltend; (*look*) lang

lingo ['lɪŋgəʊ] (*pl* **~es**) (*inf*) *n* Sprache *f*

linguist ['lɪŋgwɪst] *n* Sprachkundige(r) *mf*; (*UNIV*) Sprachwissenschaftler(in) *m(f)*; **~ic** [lɪŋ'gwɪstɪk] *adj* sprachlich; sprachwissenschaftlich; **~ics** *n* Sprachwissenschaft *f*, Linguistik *f*

lining ['laɪnɪŋ] *n* Futter *nt*

link [lɪŋk] *n* Glied *nt*; (*connection*) Verbindung *f* ♦ *vt* verbinden; **~s** *npl* (*GOLF*) Golfplatz *m*; **~ up** *vt* verbinden ♦ *vi* zusammenkommen; (*companies*) sich zusammenschließen; **~-up** *n* (*TEL*) Verbindung *f*; (*of spaceships*) Kopplung *f*

lino ['laɪnəʊ] *n* = **linoleum**

linoleum [lɪ'nəʊlɪəm] *n* Linoleum *nt*

linseed oil ['lɪnsiːd-] *n* Leinöl *nt*

lion ['laɪən] *n* Löwe *m*; **~ess** *n* Löwin *f*

lip [lɪp] *n* Lippe *f*; (*of jug*) Schnabel *m*; **to pay ~ service (to)** ein Lippenbekenntnis ablegen (zu)

liposuction ['lɪpəʊsʌkʃən] *n* Fettabsaugen *nt*

lip: ~read (*irreg*) *vi* von den Lippen ablesen; **~ salve** *n* Lippenbalsam *m*; **~stick** *n* Lippenstift *m*

liqueur [lɪ'kjʊər] *n* Likör *m*

liquid ['lɪkwɪd] *n* Flüssigkeit *f* ♦ *adj* flüssig

liquidate ['lɪkwɪdeɪt] *vt* liquidieren

liquidize ['lɪkwɪdaɪz] *vt* (*COOK*) (im Mixer) pürieren; **~r** ['lɪkwɪdaɪzər] *n* Mixgerät *nt*

liquor ['lɪkər] *n* Alkohol *m*

liquorice ['lɪkərɪs] (*BRIT*) *n* Lakritze *f*

liquor store (*US*) *n* Spirituosengeschäft *nt*

Lisbon ['lɪzbən] *n* Lissabon *nt*

lisp [lɪsp] *n* Lispeln *nt* ♦ *vt, vi* lispeln

list [lɪst] *n* Liste *f*, Verzeichnis *nt*; (*of ship*) Schlagseite *f* ♦ *vt* (*write down*) eine Liste machen von; (*verbally*) aufzählen ♦ *vi* (*ship*) Schlagseite haben

listen ['lɪsn] *vi* hören; **~ to** *vt* zuhören +*dat*; **~er** *n* (Zu)hörer(in) *m(f)*

listless ['lɪstlɪs] *adj* lustlos

lit [lɪt] *pt, pp of* **light**

liter ['liːtər] (*US*) *n* = **litre**

literacy ['lɪtərəsɪ] *n* Fähigkeit *f* zu lesen und zu schreiben

literal ['lɪtərəl] *adj* buchstäblich; (*translation*) wortwörtlich; **~ly** *adv* wörtlich; buchstäblich

literary ['lɪtərərɪ] *adj* literarisch

literate ['lɪtərət] *adj* des Lesens und Schreibens kundig

literature ['lɪtrɪtʃər] *n* Literatur *f*

litigation [lɪtɪ'geɪʃən] *n* Prozess *m*

litre ['liːtər] (*US* **liter**) *n* Liter *m*

litter ['lɪtər] *n* (*rubbish*) Abfall *m*; (*of animals*) Wurf *m* ♦ *vt* in Unordnung bringen; **to be ~ed with** übersät sein mit; **~ bin** (*BRIT*) *n* Abfalleimer *m*

little ['lɪtl] *adj* klein ♦ *adv, n* wenig; **a ~** ein bisschen; **~ by ~** nach und nach

live¹ [laɪv] *adj* lebendig; (*MIL*) scharf; (*ELEC*) geladen; (*broadcast*) live

live² [lɪv] *vi* leben; (*dwell*) wohnen ♦ *vt* (*life*) führen; **~ down** *vt*: **I'll never ~ it down** das wird man mir nie vergessen; **~ on** *vi* weiterleben ♦ *vt fus*: **to ~ on sth** von etw leben; **~ together** *vi* zusammenleben; (*share a flat*) zusammenwohnen; **~ up to** *vt* (*standards*) gerecht werden +*dat*; (*principles*) anstreben; (*hopes*) entsprechen +*dat*

livelihood ['laɪvlɪhud] *n* Lebensunterhalt *m*

lively ['laɪvlɪ] *adj* lebhaft, lebendig

liven up ['laɪvn-] *vt* beleben

liver ['lɪvər] *n* (*ANAT*) Leber *f*

lives [laɪvz] *pl of* **life**

livestock ['laɪvstɔk] *n* Vieh *nt*

livid ['lɪvɪd] *adj* bläulich; (*furious*) fuchsteufelswild

living ['lɪvɪŋ] *n* (*Lebens*)unterhalt *m* ♦ *adj* lebendig; (*language etc*) lebend; **to earn** *or* **make a ~** sich *dat* seinen Lebensunterhalt verdienen; **~ conditions** *npl*

Wohnverhältnisse *pl*; **~ room** *n*

Wohnzimmer *nt*; **~ standards** *npl* Lebensstandard *m*; **~ wage** *n* ausreichender Lohn *m*

lizard ['lɪzəd] *n* Eidechse *f*

load [ləud] *n* (*burden*) Last *f*; (*amount*) Ladung *f* ♦ *vt* (*also:* **~ up**) (be)laden; (*COMPUT*) laden; (*camera*) Film einlegen in +*acc*; (*gun*) laden; **a ~ of, ~s of** (*fig*) jede Menge; **~ed** *adj* beladen; (*dice*) präpariert; (*question*) Fang-; (*inf: rich*) steinreich; **~ing bay** *n* Ladeplatz *m*

loaf [ləuf] (*pl* **loaves**) *n* Brot *nt* ♦ *vi* (*also:* **~ about, ~ around**) herumlungern, faulenzen

loan [ləun] *n* Leihgabe *f*; (*FIN*) Darlehen *nt* ♦ *vt* leihen; **on ~** geliehen

loath [ləuθ] *adj*: **to be ~ to do sth** etw ungern tun

loathe [ləuð] *vt* verabscheuen

loaves [ləuvz] *pl of* **loaf**

lobby ['lɔbɪ] *n* Vorhalle *f*; (*POL*) Lobby *f* ♦ *vt* politisch beeinflussen (wollen)

lobster ['lɔbstər] *n* Hummer *m*

local ['ləukl] *adj* ortsansässig, Orts- ♦ *n* (*pub*) Stammwirtschaft *f*; **the ~s** *npl* (*people*) die Ortsansässigen *pl*; **~ anaesthetic** *n* (*MED*) örtliche Betäubung *f*; **~ authority** *n* städtische Behörden *pl*; **~ call** *n* (*TEL*) Ortsgespräch *nt*; **~ government** *n* Gemeinde-/Kreisverwaltung *f*; **~ity** [ləu'kælɪtɪ] *n* Ort *m*; **~ly** *adv* örtlich, am Ort

locate [ləu'keɪt] *vt* ausfindig machen; (*establish*) errichten; **location** [ləu'keɪʃən] *n* Platz *m*, Lage *f*; **on location** (*CINE*) auf Außenaufnahme

loch [lɔx] (*SCOTTISH*) *n* See *m*

lock [lɔk] *n* Schloss *nt*; (*NAUT*) Schleuse *f*; (*of hair*) Locke *f* ♦ *vt* (*fasten*) (ver)schließen ♦ *vi* (*door etc*) sich schließen (lassen); (*wheels*) blockieren; **~ up** *vt* (*criminal, mental patient*) einsperren; (*house*) abschließen

locker ['lɔkər] *n* Spind *m*

locket ['lɔkɪt] *n* Medaillon *nt*

lock [lɔk-]: **~out** *n* Aussperrung *f*; **~smith** *n* Schlosser(in) *m(f)*; **~up** *n* (*jail*) Gefängnis *nt*; (*garage*) Garage *f*

locum ['ləukəm] *n* (*MED*) Vertreter(in) *m(f)*

lodge [lɔdʒ] *n* (*gatehouse*) Pförtnerhaus *nt*; (*freemasons'*) Loge *f* ♦ *vi* (*get stuck*) stecken (bleiben); (*in Untermiete*): **to ~ (with)** wohnen (bei) ♦ *vt* (*protest*) einreichen; **~r** *n* (Unter)mieter *m*; **lodgings** *n* (Miet)wohnung *f*

loft [lɔft] *n* (Dach)boden *m*

lofty ['lɔftɪ] *adj* hoch(ragend); (*proud*) hochmütig

log [lɔg] *n* Klotz *m*; (*book*) = **logbook**

logbook ['lɔgbuk] *n* Bordbuch *nt*; (*for lorry*) Fahrtenschreiber *m*; (*AUT*) Kraftfahrzeugbrief *m*

loggerheads ['lɔgəhɛdz] *npl*: **to be at ~** sich in den Haaren liegen

logic ['lɔdʒɪk] *n* Logik *f*; **~al** *adj* logisch

log in *or* **on** *vi* (*COMPUT*) einloggen

log off *or* **out** *vi* (*COMPUT*) ausloggen

logistics [lɔ'dʒɪstɪks] *npl* Logistik *f*

logo ['lougou] *n* Firmenzeichen *nt*

loin [lɔɪn] *n* Lende *f*

loiter ['lɔɪtə'] *vi* herumstehen

loll [lɔl] *vi* (*also*: **~ about**) sich rekeln *or* räkeln

lollipop ['lɔlɪpɔp] *n* (Dauer)lutscher *m*; **~ man / lady** (*irreg*, *BRIT*) *n* ≈ Schülerlotse *m*

Lollipop man / lady

i Lollipop man / lady *heißen in Großbritannien die Männer bzw. Frauen, die mit Hilfe eines runden Stoppschildes den Verkehr anhalten, damit Schulkinder die Straße überqueren können. Der Name bezieht sich auf die Form des Schildes, die an einen Lutscher erinnert.*

---

lolly ['lɔlɪ] (*inf*) *n* (*sweet*) Lutscher *m*

London ['lʌndən] *n* London *nt*; **~er** *n* Londoner(in) *m(f)*

lone [ləun] *adj* einsam

loneliness ['ləunlɪnɪs] *n* Einsamkeit *f*

lonely ['ləunlɪ] *adj* einsam

loner ['ləunə'] *n* Einzelgänger(in) *m(f)*

long [lɔŋ] *adj* lang; (*distance*) weit ♦ *adv* lange ♦ *vi*: **to ~ for** sich sehnen nach; **before ~** bald; **as ~ as** solange; **in the ~ run** auf die Dauer; **don't be ~!** beeil dich!;

how ~ is the street? wie lang ist die Straße?; **how ~ is the lesson?** wie lange dauert die Stunde?; **6 metres ~** 6 Meter lang; **6 months ~** 6 Monate lang; **all night ~** die ganze Nacht; **he no ~er comes** er kommt nicht mehr; **~ ago** vor langer Zeit; **~ before** lange vorher; **at ~ last** endlich; **~-distance** *adj* Fern-

longevity [lɔn'dʒɛvɪtɪ] *n* Langlebigkeit *f*

long: **~-haired** *adj* langhaarig; **~hand** *n* Langschrift *f*; **~ing** *n* Sehnsucht *f* ♦ *adj* sehnsüchtig

longitude ['lɔŋgɪtjuːd] *n* Längengrad *m*

long: **~ jump** *n* Weitsprung *m*; **~-life** *adj* (*batteries etc*) mit langer Lebensdauer; **~-lost** *adj* längst verloren geglaubt; **~-playing record** *n* Langspielplatte *f*; **~-range** *adj* Langstrecken-, Fern-; **~-sighted** *adj* weitsichtig; **~-standing** *adj* alt, seit langer Zeit bestehend; **~-suffering** *adj* schwer geprüft; **~-term** *adj* langfristig; **~ wave** *n* Langwelle *f*; **~-winded** *adj* langatmig

loo [luː] (*BRIT: inf*) *n* Klo *nt*

look [luk] *vi* schauen; (*seem*) aussehen; (*building etc*): **to ~ on to the sea** aufs Meer gehen ♦ *n* Blick *m*; **~s** *npl* (*appearance*) Aussehen *nt*; **~ after** *vt* (*care for*) sorgen für; (*watch*) aufpassen auf +*acc*; **~ at** *vt* ansehen; (*consider*) sich überlegen; **~ back** *vi* sich umsehen; (*fig*) zurückblicken; **~ down on** *vt* (*fig*) herabsehen auf +*acc*; **~ for** *vt* (*seek*) suchen; **~ forward to** *vt* sich freuen auf +*acc*; (*in letters*): **we ~ forward to hearing from you** wir hoffen, bald von Ihnen zu hören; **~ into** *vt* untersuchen; **~ on** *vi* zusehen; **~ out** *vi* hinaussehen; (*take care*) aufpassen; **~ out for** *vt* Ausschau halten nach; (*be careful*) Acht geben auf +*acc*; **~ round** *vi* sich umsehen; **~ to** *vt* (*take care of*) Acht geben auf +*acc*; (*rely on*) sich verlassen auf +*acc*; **~ up** *vi* aufblicken; (*improve*) sich bessern ♦ *vt* (*word*) nachschlagen; (*person*) besuchen; **~ up to** *vt* aufsehen zu; **~out** *n* (*watch*) Ausschau *f*; (*person*) Wachposten *m*; (*place*) Ausguck *m*; (*prospect*) Aussichten *pl*; **to be on the ~ out**

for sth nach etw Ausschau halten
loom [luːm] *n* Webstuhl *m* ♦ *vi* sich abzeichnen
loony ['luːnɪ] (*inf*) *n* Verrückte(r) *mf*
loop [luːp] *n* Schlaufe *f*; **~hole** *n* (*fig*) Hintertürchen *nt*
loose [luːs] *adj* lose, locker; (*free*) frei; (*inexact*) unpräzise ♦ *vt* lösen, losbinden; **~ change** *n* Kleingeld *nt*; **~ chippings** *npl* (*on road*) Rollsplit *m*; **~ end** *n*: **to be at a ~ end** (*BRIT*) **or at ~ ends** (*US*) nicht wissen, was man tun soll; **~ly** *adv* locker, lose; **~n** *vt* lockern, losmachen
loot [luːt] *n* Beute *f* ♦ *vt* plündern
lop off [lɔp-] *vt* abhacken
lopsided ['lɔp'saɪdɪd] *adj* schief
lord [lɔːd] *n* (*ruler*) Herr *m*; (*BRIT: title*) Lord *m*; **the L~** (*God*) der Herr; **the (House of) L~s** das Oberhaus; **~ship** *n*: **Your L~ship** Eure Lordschaft
lorry ['lɔrɪ] (*BRIT*) *n* Lastwagen *m*; **~ driver** (*BRIT*) *n* Lastwagenfahrer(in) *m(f)*
lose [luːz] (*pt, pp* **lost**) *vt* verlieren; (*chance*) verpassen ♦ *vi* verlieren; **to ~ (time)** (*clock*) nachgehen; **~r** *n* Verlierer *m*
loss [lɔs] *n* Verlust *m*; **at a ~** (*COMM*) mit Verlust; (*unable*) außerstande, außer Stande
lost [lɔst] *pt, pp of* **lose** ♦ *adj* verloren; **~ property** (*US* **~ and found**) *n* Fundsachen *pl*
lot [lɔt] *n* (*quantity*) Menge *f*; (*fate, at auction*) Los *nt*; (*inf: people, things*) Haufen *m*; **the ~** alles; (*people*) alle; **a ~ of** (*with sg*) viel; (*with pl*) viele; **~s of** massenhaft, viel(e); **I read a ~** ich lese viel; **to draw ~s for sth** etw verlosen
lotion ['ləʊʃən] *n* Lotion *f*
lottery ['lɔtərɪ] *n* Lotterie *f*
loud [laʊd] *adj* laut; (*showy*) schreiend ♦ *adv* laut; **~ly** *adv* laut; **~speaker** *n* Lautsprecher *m*
lounge [laʊndʒ] *n* (*in hotel*) Gesellschaftsraum *m*; (*in house*) Wohnzimmer *nt* ♦ *vi* sich herumlümmeln
louse [laʊs] (*pl* **lice**) *n* Laus *f*
lousy ['laʊzɪ] *adj* (*fig*) miserabel
lout [laʊt] *n* Lümmel *m*

louvre ['luːvəʳ] (*US* **louver**) *adj* (*door, window*) Jalousie-
lovable ['lʌvəbl] *adj* liebenswert
love [lʌv] *n* Liebe *f*; (*person*) Liebling *m*; (*SPORT*) null ♦ *vt* (*person*) lieben; (*activity*) gerne mögen; **to be in ~ with sb** in jdn verliebt sein; **to make ~** sich lieben; **for the ~ of** aus Liebe zu; **"15 ~"** (*TENNIS*) „15 null"; **to ~ to do sth** etw (sehr) gerne tun; **~ affair** *n* (Liebes)verhältnis *nt*; **~ letter** *n* Liebesbrief *m*; **~ life** *n* Liebesleben *nt*
lovely ['lʌvlɪ] *adj* schön
lover ['lʌvəʳ] *n* Liebhaber(in) *m(f)*
loving ['lʌvɪŋ] *adj* liebend, liebevoll
low [ləʊ] *adj* niedrig; (*rank*) niedere(r, s); (*level, note, neckline*) tief; (*intelligence, density*) gering; (*vulgar*) ordinär; (*not loud*) leise; (*depressed*) gedrückt ♦ *adv* (*not high*) niedrig; (*not loudly*) leise ♦ *n* (~ *point*) Tiefstand *m*; (*MET*) Tief *nt*; **to feel ~** sich mies fühlen; **to turn (down)** ~ leiser stellen; **~ alcohol** *adj* alkoholarm; **~-calorie** *adj* kalorienarm; **~-cut** *adj* (*dress*) tief ausgeschnitten; **~er** *vt* herunterlassen; (*eyes, gun*) senken; (*reduce*) herabsetzen, senken ♦ *vr*: **to ~er o.s. to** (*fig*) sich herablassen zu; **~er sixth** (*BRIT*) *n* (*SCOL*) ≃ zwölfte Klasse; **~-fat** *adj* fettarm, Mager-; **~lands** *npl* (*GEOG*) Flachland *nt*; **~ly** *adj* bescheiden; **~-lying** *adj* tief gelegen
loyal ['lɔɪəl] *adj* treu; **~ty** *n* Treue *f*; **~ty card** *n* Kundenkarte *f*
lozenge ['lɔzɪndʒ] *n* Pastille *f*
L-plates ['elpleɪts] (*BRIT*) *npl* L-Schild *nt*

L-Plates

ⓘ Als **L-Plates** werden in Großbritannien die weißen Schilder mit einem roten „L" bezeichnet, die an jedem von einem Fahrschüler geführten Fahrzeug befestigt werden müssen. Fahrschüler bekommen einen vorläufigen Führerschein und dürfen damit unter Aufsicht eines erfahrenen Autofahrers auf allen Straßen außer Autobahnen fahren.

Ltd *abbr* (= *limited company*) GmbH
lubricant ['luːbrɪkənt] *n* Schmiermittel *nt*

lubricate ['lu:brɪkeɪt] vt schmieren
lucid ['lu:sɪd] adj klar; (sane) bei klarem Verstand; (moment) licht
luck [lʌk] n Glück nt; **bad** or **hard** or **tough ~!** (so ein) Pech!; **good ~!** viel Glück!; **~ily** adv glücklicherweise, zum Glück; **~y** adj Glücks-; **to be ~y** Glück haben
lucrative ['lu:krətɪv] adj einträglich
ludicrous ['lu:dɪkrəs] adj grotesk
lug [lʌg] vt schleppen
luggage ['lʌgɪdʒ] n Gepäck nt; **~ rack** n Gepäcknetz nt
lukewarm ['lu:kwɔ:m] adj lauwarm; (indifferent) lau
lull [lʌl] n Flaute f ♦ vt einlullen; (calm) beruhigen
lullaby ['lʌləbaɪ] n Schlaflied nt
lumbago [lʌm'beɪgəu] n Hexenschuss m
lumber ['lʌmbər] n Plunder m; (wood) Holz nt; **~jack** n Holzfäller m
luminous ['lu:mɪnəs] adj Leucht-
lump [lʌmp] n Klumpen m; (MED) Schwellung f; (in breast) Knoten m; (of sugar) Stück nt ♦ vt (also: **~ together**) zusammentun; (judge together) in einen Topf werfen; **~ sum** n Pauschalsumme f; **~y** adj klumpig
lunacy ['lu:nəsɪ] n Irrsinn m
lunar ['lu:nər] adj Mond-
lunatic ['lu:nətɪk] n Wahnsinnige(r) mf ♦ adj wahnsinnig, irr
lunch [lʌntʃ] n Mittagessen nt; **~eon** ['lʌntʃən] n Mittagessen nt; **~eon meat** n Frühstücksfleisch nt; **~eon voucher** (BRIT) n Essenmarke f; **~time** n Mittagszeit f
lung [lʌŋ] n Lunge f
lunge [lʌndʒ] vi (also: **~ forward**) (los)stürzen; **to ~ at** sich stürzen auf +acc
lurch [lə:tʃ] vi taumeln; (NAUT) schlingern ♦ n Ruck m; (NAUT) Schlingern nt; **to leave sb in the ~** jdn im Stich lassen
lure [luər] n Köder m; (fig) Lockung f ♦ vt (ver)locken
lurid ['luərɪd] adj (shocking) grausig, widerlich; (colour) grell
lurk [lə:k] vi lauern
luscious ['lʌʃəs] adj köstlich

lush [lʌʃ] adj satt; (vegetation) üppig
lust [lʌst] n Wollust f; (greed) Gier f ♦ vi: **to ~ after** gieren nach
lustre ['lʌstər] (US **luster**) n Glanz m
Luxembourg ['lʌksəmbə:g] n Luxemburg nt
luxuriant [lʌg'zjuərɪənt] adj üppig
luxurious [lʌg'zjuərɪəs] adj luxuriös, Luxus-
luxury ['lʌkʃərɪ] n Luxus m ♦ cpd Luxus-
lying ['laɪɪŋ] n Lügen nt ♦ adj verlogen
lynx [lɪŋks] n Luchs m
lyric ['lɪrɪk] n Lyrik f ♦ adj lyrisch; **~s** pl (words for song) (Lied)text m; **~al** adj lyrisch, gefühlvoll

M, m

m abbr = **metre; mile; million**
M.A. n abbr = **Master of Arts**
mac [mæk] (BRIT: inf) n Regenmantel m
macaroni [mækə'rəunɪ] n Makkaroni pl
machine [mə'ʃi:n] n Maschine f ♦ vt (dress etc) mit der Maschine nähen; **~ gun** n Maschinengewehr nt; **~ language** n (COMPUT) Maschinensprache f; **~ry** n Maschinerie f
macho ['mætʃəu] adj macho
mackerel ['mækrl] n Makrele f
mackintosh ['mækɪntɔʃ] (BRIT) n Regenmantel m
mad [mæd] adj verrückt; (dog) tollwütig; (angry) wütend; **~ about** (fond of) verrückt nach, versessen auf +acc
madam ['mædəm] n gnädige Frau f
madden ['mædn] vt verrückt machen; (make angry) ärgern
made [meɪd] pt, pp of **make**
made-to-measure ['meɪdtə'meʒər] (BRIT) adj Maß-
mad ['mæd-]: **~ly** adv wahnsinnig; **~man** (irreg) n Verrückte(r) m, Irre(r) m; **~ness** n Wahnsinn m
magazine [mægə'zi:n] n Zeitschrift f; (in gun) Magazin nt
maggot ['mægət] n Made f
magic ['mædʒɪk] n Zauberei f, Magie f; (fig) Zauber m ♦ adj magisch, Zauber-; **~al** adj

magisch; ~ian [mə'dʒɪʃən] n Zauberer m

magistrate ['mædʒɪstreɪt] n (Friedens)richter m

magnanimous [mæg'nænɪməs] adj großmütig

magnet ['mægnɪt] n Magnet m; ~ic [mæg'netɪk] adj magnetisch; ~ic tape n Magnetband nt; ~ism n Magnetismus m; (fig) Ausstrahlungskraft f

magnificent [mæg'nɪfɪsnt] adj großartig

magnify ['mægnɪfaɪ] vt vergrößern; ~ing glass n Lupe f

magnitude ['mægnɪtju:d] n (size) Größe f; (importance) Ausmaß nt

magpie ['mægpaɪ] n Elster f

mahogany [mə'hɒgənɪ] n Mahagoni nt ♦ cpd Mahagoni-

maid [meɪd] n Dienstmädchen nt; old ~ alte Jungfer f

maiden ['meɪdn] n Maid f ♦ adj (flight, speech) Jungfern-; ~ name n Mädchenname m

mail [meɪl] n Post f ♦ vt aufgeben; ~ box (US) n Briefkasten m; ~ing list n Anschreibeliste f; ~ order n Bestellung f durch die Post; ~ order firm n Versandhaus nt

maim [meɪm] vt verstümmeln

main [meɪn] adj hauptsächlich, Haupt- ♦ n (pipe) Hauptleitung f; the ~s npl (ELEC) das Stromnetz; in the ~ im Großen und Ganzen; ~frame n (COMPUT) Großrechner m; ~land n Festland nt; ~ly adv hauptsächlich; ~ road n Hauptstraße f; ~stay n (fig) Hauptstütze f; ~stream n Hauptrichtung f

maintain [meɪn'teɪn] vt (machine, roads) instand or in Stand halten; (support) unterhalten; (keep up) aufrechterhalten; (claim) behaupten; (innocence) beteuern

maintenance ['meɪntənəns] n (TECH) Wartung f; (of family) Unterhalt m

maize [meɪz] n Mais m

majestic [mə'dʒestɪk] adj majestätisch

majesty ['mædʒɪstɪ] n Majestät f

major ['meɪdʒər] n Major m ♦ adj (MUS) Dur; (more important) Haupt-; (bigger) größer

Majorca [mə'jɔ:kə] n Mallorca nt

majority [mə'dʒɒrɪtɪ] n Mehrheit f; (JUR) Volljährigkeit f

make [meɪk] (pt, pp made) vt machen; (appoint) ernennen (zu); (cause to do sth) veranlassen; (reach) erreichen; (in time) schaffen; (earn) verdienen ♦ n Marke f; to ~ sth happen etw geschehen lassen; to ~ it es schaffen; what time do you ~ it? wie spät hast du es?; to ~ do with auskommen mit; ~ for vi gehen/fahren nach; ~ out vt (write out) ausstellen; (understand) verstehen; ~ up vt machen; (face) schminken; (quarrel) beilegen; (story etc) erfinden ♦ vi sich versöhnen; ~ up for vt wieder gutmachen; (COMM) vergüten; ~-believe n Fantasie f; ~r n (COMM) Hersteller m; ~shift adj behelfsmäßig, Not-; ~-up n Schminke f, Make-up nt; ~-up remover n Make-up-Entferner m; making n: In the making im Entstehen; to have the makings of das Zeug haben zu

malaria [mə'leərɪə] n Malaria f

Malaysia [mə'leɪzɪə] n Malaysia nt

male [meɪl] n Mann m; (animal) Männchen nt ♦ adj männlich

malevolent [mə'levələnt] adj übel wollend

malfunction [mæl'fʌŋkʃən] n (MED) Funktionsstörung f; (of machine) Defekt m

malice ['mælɪs] n Bosheit f; malicious [mə'lɪʃəs] adj böswillig, gehässig

malign [mə'laɪn] vt verleumden ♦ adj böse

malignant [mə'lɪgnənt] adj bösartig

mall [mɔ:l] n (also: shopping ~) Einkaufszentrum nt

malleable ['mælɪəbl] adj formbar

mallet ['mælɪt] n Holzhammer m

malnutrition [mælnju:'trɪʃən] n Unterernährung f

malpractice [mæl'præktɪs] n Amtsvergehen nt

malt [mɔ:lt] n Malz nt

Malta ['mɔ:ltə] n Malta nt; Maltese [mɔ:l'ti:z] adj inv maltesisch ♦ n inv Malteser(in) m(f)

maltreat [mæl'tri:t] vt misshandeln

mammal ['mæml] n Säugetier nt

mammoth ['mæməθ] n Mammut nt ♦ adj Mammut-

man [mæn] (pl **men**) n Mann m; (human race) der Mensch, die Menschen pl ♦ vt bemannen; **an old ~** ein alter Mann, ein Greis m; **~ and wife** Mann und Frau

manage ['mænɪdʒ] vi zurechtkommen ♦ vt (control) führen, leiten; (cope with) fertig werden mit; **~able** adj (person, animal) fügsam; (object) handlich; **~ment** n (control) Führung f, Leitung f; (directors) Management nt; **~r** n Geschäftsführer m; **~ress** [mænɪdʒə'res] n Geschäftsführerin f; **~rial** [mænɪ'dʒɪərɪəl] adj (post) leitend; (problem etc) Management-; **managing** [mænɪdʒɪŋ] adj: **managing director** Betriebsleiter m

mandarin ['mændərɪn] n (fruit) Mandarine f

mandatory ['mændətərɪ] adj obligatorisch

mane [meɪn] n Mähne f

maneuver [mə'nu:vər] (US) = **manoeuvre**

manfully ['mænfəlɪ] adv mannhaft

mangle ['mæŋgl] vt verstümmeln ♦ n Mangel f

mango ['mæŋgəʊ] (pl **~es**) n Mango(pflaume) f

mangy ['meɪndʒɪ] adj (dog) räudig

man ['mæn-]: **~handle** vt grob behandeln; **~hole** n (Straßen)schacht m; **~hood** n Mannesalter nt; (~liness) Männlichkeit f; **~-hour** n Arbeitsstunde f; **~hunt** n Fahndung f

mania ['meɪnɪə] n Manie f; **~c** ['meɪnɪæk] n Wahnsinnige(r) mf

manic ['mænɪk] adj (behaviour, activity) hektisch

manicure ['mænɪkjʊər] n Maniküre f; **~ set** n Necessaire nt, Nessessär nt

manifest ['mænɪfest] vt offenbaren ♦ adj offenkundig; **~ation** [mænɪfes'teɪʃən] n (sign) Anzeichen nt

manifesto [mænɪ'festəʊ] n Manifest nt

manipulate [mə'nɪpjʊleɪt] vt handhaben; (fig) manipulieren

man ['mæn-']: **~kind** n Menschheit f; **~ly** ['mænlɪ] adj männlich; mannhaft; **~-made** adj (fibre) künstlich

manner ['mænər] n Art f, Weise f; **~s** npl (behaviour) Manieren pl; **in a ~ of speaking** sozusagen; **~ism** n (of person) Angewohnheit f; (of style) Manieriertheit f

manoeuvre [mə'nu:vər] (US **maneuver**) vt, vi manövrieren ♦ n (MIL) Feldzug m; (general) Manöver nt, Schachzug m

manor ['mænər] n Landgut nt

manpower ['mænpaʊər] n Arbeitskräfte pl

mansion ['mænʃən] n Villa f

manslaughter ['mænslɔːtər] n Totschlag m

mantelpiece ['mæntlpiːs] n Kaminsims m

manual ['mænjʊəl] adj manuell, Hand- ♦ n Handbuch nt

manufacture [mænju'fæktʃər] vt herstellen ♦ n Herstellung f; **~r** n Hersteller m

manure [mə'njʊər] n Dünger m

manuscript ['mænjuskrɪpt] n Manuskript nt

Manx [mæŋks] adj der Insel Man

many ['menɪ] adj, pron viele; **a great ~** sehr viele; **~ a time** oft

map [mæp] n (Land)karte f; (of town) Stadtplan m ♦ vt eine Karte machen von; **~ out** vt (fig) ausarbeiten

maple ['meɪpl] n Ahorn m

mar [mɑːr] vt verderben

marathon ['mærəθən] n (SPORT) Marathonlauf m; (fig) Marathon m

marble ['mɑːbl] n Marmor m; (for game) Murmel f

March [mɑːtʃ] n März m

march [mɑːtʃ] vi marschieren ♦ n Marsch m

mare [mɛər] n Stute f

margarine [mɑːdʒə'riːn] n Margarine f

margin ['mɑːdʒɪn] n Rand m; (extra amount) Spielraum m; (COMM) Spanne f; **~al** adj (note) Rand-; (difference etc) geringfügig; **~al (seat)** n (POL) Wahlkreis, der nur mit knapper Mehrheit gehalten wird

marigold ['mærɪgəʊld] n Ringelblume f

marijuana [mærɪ'wɑːnə] n Marihuana nt

marina [mə'riːnə] n Jachthafen m

marinate ['mærɪneɪt] vt marinieren

marine [mə'riːn] adj Meeres-, See- ♦ n (MIL) Marineinfanterist m

marital ['mærɪtl] adj ehelich, Ehe-; **~ status** n Familienstand m

maritime ['mærɪtaɪm] *adj* See-

mark [mɑːk] *n* (*coin*) Mark *f*; (*spot*) Fleck *m*; (*scar*) Kratzer *m*; (*sign*) Zeichen *nt*; (*target*) Ziel *nt*; (*SCH*) Note *f* ♦ *vt* (*make ~ on*) Flecken/Kratzer machen auf +*acc*; (*indicate*) markieren; (*exam*) korrigieren; **to ~ time** (*also fig*) auf der Stelle treten; **~ out** *vt* bestimmen; (*area*) abstecken; **~ed** *adj* deutlich; **~er** *n* (*in book*) (Lese)zeichen *nt*; (*on road*) Schild *nt*

market ['mɑːkɪt] *n* Markt *m*; (*stock ~*) Börse *f* ♦ *vt* (*COMM: new product*) auf den Markt bringen; (*sell*) vertreiben; **~ garden** (*BRIT*) *n* Handelsgärtnerei *f*; **~ing** *n* Marketing *nt*; **~ research** *n* Marktforschung *f*; **~ value** *n* Marktwert *m*

marksman ['mɑːksmən] (*irreg*) *n* Scharfschütze *m*

marmalade ['mɑːməleɪd] *n* Orangenmarmelade *f*

maroon [mə'ruːn] *vt* aussetzen ♦ *adj* (*colour*) kastanienbraun

marquee [mɑː'kiː] *n* große(s) Zelt *nt*

marriage ['mærɪdʒ] *n* Ehe *f*; (*wedding*) Heirat *f*; **~ bureau** *n* Heiratsinstitut *nt*; **~ certificate** *n* Heiratsurkunde *f*

married ['mærɪd] *adj* (*person*) verheiratet; (*couple, life*) Ehe-

marrow ['mærəu] *n* (Knochen)mark *nt*; (*BOT*) Kürbis *m*

marry ['mærɪ] *vt* (*join*) trauen; (*take as husband, wife*) heiraten ♦ *vi* (*also:* **get married**) heiraten

marsh [mɑːʃ] *n* Sumpf *m*

marshal ['mɑːʃl] *n* (*US*) Bezirkspolizeichef *m* ♦ *vt* (an)ordnen, arrangieren

marshy ['mɑːʃɪ] *adj* sumpfig

martial law ['mɑːʃl] *n* Kriegsrecht *nt*

martyr ['mɑːtə'] *n* (*also fig*) Märtyrer(in) *m(f)* ♦ *vt* zum Märtyrer machen; **~dom** *n* Martyrium *nt*

marvel ['mɑːvl] *n* Wunder *nt* ♦ *vi*: **to ~ (at)** sich wundern (über +*acc*); **~lous** (*US* **marvelous**) *adj* wunderbar

Marxist ['mɑːksɪst] *n* Marxist(in) *m(f)*

marzipan ['mɑːzɪpæn] *n* Marzipan *nt*

mascara [mæs'kɑːrə] *n* Wimperntusche *f*

mascot ['mæskət] *n* Maskottchen *nt*

masculine ['mæskjulɪn] *adj* männlich

mash [mæʃ] *n* Brei *m*; **~ed potatoes** *npl* Kartoffelbrei *m* or -püree *nt*

mask [mɑːsk] *n* (*also fig*) Maske *f* ♦ *vt* maskieren, verdecken

mason ['meɪsn] *n* (*stonemason*) Steinmetz *m*; (*freemason*) Freimaurer *m*; **~ry** *n* Mauerwerk *nt*

masquerade [mæskə'reɪd] *n* Maskerade *f* ♦ *vi*: **to ~ as** sich ausgeben als

mass [mæs] *n* Masse *f*; (*greater part*) Mehrheit *f*; (*REL*) Messe *f* ♦ *vi* sich sammeln; **the ~es** *npl* (*people*) die Masse(n) *f(pl)*

massacre ['mæsəkə'] *n* Blutbad *nt* ♦ *vt* niedermetzeln, massakrieren

massage ['mæsɑːʒ] *n* Massage *f* ♦ *vt* massieren

massive ['mæsɪv] *adj* gewaltig, massiv

mass media *npl* Massenmedien *pl*

mass production *n* Massenproduktion *f*

mast [mɑːst] *n* Mast *m*

master ['mɑːstə'] *n* Herr *m*; (*NAUT*) Kapitän *m*; (*teacher*) Lehrer *m*; (*artist*) Meister *m* ♦ *vt* meistern; (*language etc*) beherrschen; **~ly** *adj* meisterhaft; **~mind** *n* Kapazität *f* ♦ *vt* geschickt lenken; **M~ of Arts** *n* Magister *m* der philosophischen Fakultät; **M~ of Science** *n* Magister *m* der naturwissenschaftlichen Fakultät; **~piece** *n* Meisterwerk *nt*; **~ plan** *n* kluge(r) Plan *m*; **~y** *n* Können *nt*

masturbate ['mæstəbeɪt] *vi* masturbieren, onanieren

mat [mæt] *n* Matte *f*; (*for table*) Untersetzer *m* ♦ *adj* = **matt**

match [mætʃ] *n* Streichholz *nt*; (*sth corresponding*) Pendant *nt*; (*SPORT*) Wettkampf *m*; (*ball games*) Spiel *nt* ♦ *vt* (*be like, suit*) passen zu; (*equal*) gleichkommen +*dat* ♦ *vi* zusammenpassen; **it's a good ~ (for)** es passt gut (zu); **~box** *n* Streichholzschachtel *f*; **~ing** *adj* passend

mate [meɪt] *n* (*companion*) Kamerad *m*; (*spouse*) Lebensgefährte *m*; (*of animal*) Weibchen *nt*/Männchen *nt*; (*NAUT*) Schiffsoffizier *m* ♦ *vi* (*animals*) sich paaren

♦ vt (animals) paaren
material [mə'tɪərɪəl] n Material nt; (for book, cloth) Stoff m ♦ adj (important) wesentlich; (damage) Sach-; (comforts etc) materiell; **~s** npl (for building etc) Materialien pl; **~istic** [mətɪərɪə'lɪstɪk] adj materialistisch; **~ize** vi sich verwirklichen, zustande or zu Stande kommen

maternal [mə'tɜːnl] adj mütterlich, Mutter-

maternity [mə'tɜːnɪtɪ] adj (dress) Umstands-; (benefit) Wochen-; **~ hospital** n Entbindungsheim nt

math [mæθ] (US) n = **maths**

mathematical [mæθə'mætɪkl] adj mathematisch; **mathematics** n Mathematik f; **maths** (US **math**) n Mathe f

matinée ['mætɪneɪ] n Matinee f

matrices ['meɪtrɪsiːz] npl of **matrix**

matriculation [mətrɪkju'leɪʃən] n Immatrikulation f

matrimonial [mætrɪ'məʊnɪəl] adj ehelich, Ehe-

matrimony ['mætrɪmənɪ] n Ehestand m

matrix ['meɪtrɪks] (pl **matrices**) n Matrize f; (GEOL etc) Matrix f

matron ['meɪtrən] n (MED) Oberin f; (SCH) Hausmutter f

matt [mæt] adj (paint) matt

matted ['mætɪd] adj verfilzt

matter ['mætər] n (substance) Materie f; (affair) Angelegenheit f ♦ vi darauf ankommen; **no ~ how/what** egal wie/was; **what is the ~?** was ist los?; **as a ~ of course** selbstverständlich; **as a ~ of fact** eigentlich; **it doesn't ~** es macht nichts; **~-of-fact** adj sachlich, nüchtern

mattress ['mætrɪs] n Matratze f

mature [mə'tjʊər] adj reif ♦ vi reif werden; **maturity** [mə'tjʊərɪtɪ] n Reife f

maul [mɔːl] vt übel zurichten

maxima ['mæksɪmə] npl of **maximum**

maximum ['mæksɪməm] (pl **maxima**) adj Höchst-, Maximal- ♦ n Maximum nt

May [meɪ] n Mai m

may [meɪ] (conditional **might**) vi (be possible) können; (have permission) dürfen; **he ~ come** er kommt vielleicht; **~be** ['meɪbi:]

adv vielleicht

May Day n der 1. Mai

mayhem ['meɪhem] n Chaos nt; (US) Körperverletzung f

mayonnaise [meɪə'neɪz] n Majonäse f, Mayonnaise f

mayor [mɛər] n Bürgermeister m; **~ess** n Bürgermeisterin f; (wife) (die) Frau f Bürgermeister

maypole ['meɪpəʊl] n Maibaum m

maze [meɪz] n Irrgarten m; (fig) Wirrwarr nt

M.D. abbr = **Doctor of Medicine**

KEYWORD
---

me [mi:] pron 1 (direct) mich; **it's me** ich bins

2 (indirect) mir; **give them to me** gib sie mir

3 (after prep: +acc) mich; (: +dat) mir; **with/without me** mit mir/ohne mich

---

meadow ['medəʊ] n Wiese f

meagre ['mi:gər] (US **meager**) adj dürftig, spärlich

meal [mi:l] n Essen nt, Mahlzeit f; (grain) Schrotmehl nt; **to have a ~** essen (gehen); **~time** n Essenszeit f

mean [mi:n] (pt, pp **meant**) adj (stingy) geizig; (spiteful) gemein; (average) durchschnittlich, Durchschnitts- ♦ vt (signify) bedeuten; (intend) vorhaben, beabsichtigen ♦ n (average) Durchschnitt m; **~s** npl (wherewithal) Mittel pl; (wealth) Vermögen nt; **do you ~ me?** meinst du mich?; **do you ~ it?** meinst du das ernst?; **what do you ~?** was willst du damit sagen?; **to be ~t for sb/sth** für jdn/etw bestimmt sein; **by ~s of** durch; **by all ~s** selbstverständlich; **by no ~s** keineswegs

meander [mɪ'ændər] vi sich schlängeln

meaning ['mi:nɪŋ] n Bedeutung f; (of life) Sinn m; **~ful** adj bedeutungsvoll; (life) sinnvoll; **~less** adj sinnlos

meanness ['mi:nnɪs] n (stinginess) Geiz m; (spitefulness) Gemeinheit f

meant [ment] pt, pp of **mean**

meantime ['mi:ntaɪm] adv inzwischen

meanwhile ['miːnwaɪl] *adv* inzwischen
measles ['miːzlz] *n* Masern *pl*
measly ['miːzlɪ] (*inf*) *adj* poplig
measure ['mɛʒəʳ] *vt, vi* messen ♦ *n* Maß *nt*; (*step*) Maßnahme *f*; **~ments** *npl* Maße *pl*
meat [miːt] *n* Fleisch *nt*; **cold ~** Aufschnitt *m*; **~ ball** *n* Fleischkloß *m*; **~ pie** *n* Fleischpastete *f*; **~y** *adj* fleischig; (*fig*) gehaltvoll
Mecca ['mɛkə] *n* Mekka *nt* (*also fig*)
mechanic [mɪ'kænɪk] *n* Mechaniker *m*; **~al** *adj* mechanisch; **~s** *n* Mechanik *f* ♦ *npl* Technik *f*
mechanism ['mɛkənɪzəm] *n* Mechanismus *m*
mechanize ['mɛkənaɪz] *vt* mechanisieren
medal ['mɛdl] *n* Medaille *f*; (*decoration*) Orden *m*; **~list** (*US* **medalist**) *n* Medaillengewinner(in) *m(f)*
meddle ['mɛdl] *vi*: **to ~ (in)** sich einmischen (in *+acc*); **to ~ with sth** sich an etw *dat* zu schaffen machen
media ['miːdɪə] *npl* Medien *pl*
mediaeval [mɛdɪ'iːvl] *adj* = **medieval**
median ['miːdɪən] (*US*) *n* (*also:* **~ strip**) Mittelstreifen *m*
mediate ['miːdɪeɪt] *vi* vermitteln; **mediator** *n* Vermittler *m*
Medicaid ['mɛdɪkeɪd] (®, *US*) *n* medizinisches Versorgungsprogramm für sozial Schwache
medical ['mɛdɪkl] *adj* medizinisch; Medizin-; ärztlich ♦ *n* (ärztliche) Untersuchung *f*
Medicare ['mɛdɪkeəʳ] (*US*) *n* staatliche Krankenversicherung besonders für Ältere
medicated ['mɛdɪkeɪtɪd] *adj* medizinisch
medication [mɛdɪ'keɪʃən] *n* (*drugs etc*) Medikamente *pl*
medicinal [me'dɪsɪnl] *adj* medizinisch, Heil-
medicine ['mɛdsɪn] *n* Medizin *f*; (*drugs*) Arznei *f*
medieval [mɛdɪ'iːvl] *adj* mittelalterlich
mediocre [miːdɪ'əukəʳ] *adj* mittelmäßig
meditate ['mɛdɪteɪt] *vi* meditieren; **to ~ (on sth)** (über etw *acc*) nachdenken; **meditation** [mɛdɪ'teɪʃən] *n* Nachsinnen *nt*; Meditation *f*
Mediterranean [mɛdɪtə'reɪnɪən] *adj*

Mittelmeer-; (*person*) südländisch; **the ~ (Sea)** das Mittelmeer
medium ['miːdɪəm] *adj* mittlere(r, s), Mittel-, mittel- ♦ *n* Mitte *f*; (*means*) Mittel *nt*; (*person*) Medium *nt*; **happy ~** goldener Mittelweg; **~-sized** *adj* mittelgroß; **~ wave** *n* Mittelwelle *f*
medley ['mɛdlɪ] *n* Gemisch *nt*
meek [miːk] *adj* sanft(mütig)
meet [miːt] (*pt, pp* **met**) *vt* (*encounter*) treffen, begegnen *+dat*; (*by arrangement*) sich treffen mit; (*difficulties*) stoßen auf *+acc*; (*get to know*) kennen lernen; (*fetch*) abholen; (*join*) zusammentreffen mit; (*satisfy*) entsprechen *+dat* ♦ *vi* sich treffen; (*become acquainted*) sich kennen lernen; **~ with** *vt* (*problems*) stoßen auf *+acc*; (*US: people*) zusammentreffen mit; **~ing** *n* Treffen *nt*; (*business ~ing*) Besprechung *f*; (*of committee*) Sitzung *f*; (*assembly*) Versammlung *f*
mega- ['mɛgə-] (*inf*) *prefix* Mega-; **~byte** *n* (*COMPUT*) Megabyte *nt*; **~phone** *n* Megafon *nt*, Megaphon *nt*
melancholy ['mɛlənkəlɪ] *adj* (*person*) melancholisch; (*sight, event*) traurig
mellow ['mɛləu] *adj* mild, weich; (*fruit*) reif; (*fig*) gesetzt ♦ *vi* reif werden
melodious [mɪ'ləudɪəs] *adj* wohlklingend
melody ['mɛlədɪ] *n* Melodie *f*
melon ['mɛlən] *n* Melone *f*
melt [mɛlt] *vi* schmelzen; (*anger*) verfliegen ♦ *vt* schmelzen; **~ away** *vi* dahinschmelzen; **~ down** *vt* einschmelzen; **~down** *n* (*in nuclear reactor*) Kernschmelze *f*; **~ing point** *n* Schmelzpunkt *m*; **~ing pot** *n* (*fig*) Schmelztiegel *m*
member ['mɛmbəʳ] *n* Mitglied *nt*; (*of tribe, species*) Angehörige(r) *f(m)*; (*ANAT*) Glied *nt*; **M~ of Parliament** (*BRIT*) *n* Parlamentsmitglied *nt*; **M~ of the European Parliament** (*BRIT*) *n* Mitglied *nt* des Europäischen Parlaments; **M~ of the Scottish Parliament** *n* Mitglied *nt* des schottischen Parlaments; **~ship** *n* Mitgliedschaft *f*; **to seek ~ship of** einen Antrag auf Mitgliedschaft stellen; **~ship**

card *n* Mitgliedskarte *f*

memento [mə'mentəu] *n* Andenken *nt*

memo ['meməu] *n* Mitteilung *f*

memoirs ['memwɑːz] *npl* Memoiren *pl*

memorable ['memərəbl] *adj* denkwürdig

memoranda [memə'rændə] *npl of*
memorandum

memorandum [memə'rændəm] *(pl*
memoranda) *n* Mitteilung *f*

memorial [mɪ'mɔːrɪəl] *n* Denkmal *nt* ♦ *adj*
Gedenk-

memorize ['meməraɪz] *vt* sich einprägen

memory ['meməri] *n* Gedächtnis *nt; (of
computer)* Speicher *m; (sth recalled)*
Erinnerung *f*

men [men] *pl of* **man** ♦ *n (human race)* die
Menschen *pl*

menace ['menɪs] *n* Drohung *f;* Gefahr *f* ♦ *vt*
bedrohen; **menacing** *adj* drohend

menagerie [mɪ'nædʒəri] *n* Tierschau *f*

mend [mend] *vt* reparieren, flicken ♦ *vi*
(ver)heilen ♦ *n* ausgebesserte Stelle *f;* **on
the ~** auf dem Wege der Besserung; **~ing**
n (articles) Flickarbeit *f*

menial ['miːnɪəl] *adj* niedrig

meningitis [menɪn'dʒaɪtɪs] *n*
Hirnhautentzündung *f,* Meningitis *f*

menopause ['menəupɔːz] *n* Wechseljahre
pl, Menopause *f*

menstruation [menstru'eɪʃən] *n*
Menstruation *f*

mental ['mentl] *adj* geistig, Geistes-;
(arithmetic) Kopf-; *(hospital)* Nerven-;
(cruelty) seelisch; *(inf: abnormal)* verrückt;
~ity [men'tælɪtɪ] *n* Mentalität *f*

menthol ['menθɒl] *n* Menthol *nt*

mention ['menʃən] *n* Erwähnung *f* ♦ *vt*
erwähnen; **don't ~ it!** bitte (sehr), gern
geschehen

mentor ['mentɔːr] *n* Mentor *m*

menu ['menjuː] *n* Speisekarte *f*

MEP *n abbr* = **Member of the European
Parliament**

mercenary ['mɜːsɪnərɪ] *adj (person)*
geldgierig ♦ *n* Söldner *m*

merchandise ['mɜːtʃəndaɪz] *n*
(Handels)ware *f*

merchant ['mɜːtʃənt] *n* Kaufmann *m;* **~
bank** *(BRIT) n* Handelsbank *f;* **~ navy** *(US ~*
marine*) n* Handelsmarine *f*

merciful ['mɜːsɪful] *adj* gnädig

merciless ['mɜːsɪlɪs] *adj* erbarmungslos

mercury ['mɜːkjurɪ] *n* Quecksilber *nt*

mercy ['mɜːsɪ] *n* Erbarmen *nt;* Gnade *f;* **at
the ~ of** ausgeliefert +*dat*

mere [mɪər] *adj* bloß; **~ly** *adv* bloß

merge [mɜːdʒ] *vt* verbinden; *(COMM)*
fusionieren ♦ *vi* verschmelzen; *(roads)*
zusammenlaufen; *(COMM)* fusionieren; **~r** *n*
(COMM) Fusion *f*

meringue [mə'ræŋ] *n* Baiser *nt*

merit ['merɪt] *n* Verdienst *nt; (advantage)*
Vorzug *m* ♦ *vt* verdienen

mermaid ['mɜːmeɪd] *n* Wassernixe *f*

merry ['merɪ] *adj* fröhlich; **~-go-round** *n*
Karussell *nt*

mesh [meʃ] *n* Masche *f*

mesmerize ['mezməraɪz] *vt* hypnotisieren;
(fig) faszinieren

mess [mes] *n* Unordnung *f; (dirt)* Schmutz
m; (trouble) Schwierigkeiten *pl; (MIL)* Messe
f; **~ about** *or* **around** *vi (play the fool)*
herumalbern; *(do nothing in particular)*
herumgammeln; **~ about** *or* **around
with** *vt fus (tinker with)* herummurksen an
+*dat;* **~ up** *vt* verpfuschen; *(make untidy)* in
Unordnung bringen

message ['mesɪdʒ] *n* Mitteilung *f;* **to get
the ~** kapieren

messenger ['mesɪndʒər] *n* Bote *m*

Messrs ['mesəz] *abbr (on letters)* die Herren

messy ['mesɪ] *adj* schmutzig; *(untidy)*
unordentlich

met [met] *pt, pp of* **meet**

metabolism [me'tæbəlɪzəm] *n* Stoffwechsel
m

metal ['metl] *n* Metall *nt;* **~lic** *adj* metallisch;
(made of ~) aus Metall

metaphor ['metəfər] *n* Metapher *f*

meteorology [miːtɪə'rɒlədʒɪ] *n* Meteorologie
f

meter ['miːtər] *n* Zähler *m; (US)* = **metre**

method ['meθəd] *n* Methode *f;* **~ical**
[mɪ'θɒdɪkl] *adj* methodisch; **M~ist**

['mɛθədɪst] *adj* methodistisch ♦ *n*
Methodist(in) *m(f)*; **~ology** [mɛθə'dɔlədʒɪ] *n*
Methodik *f*

meths [mɛθs] (*BRIT*) *n(pl)* = **methylated spirit(s)**

methylated spirit(s) ['mɛθɪleɪtɪd-] (*BRIT*) *n*
(Brenn)spiritus *m*

meticulous [mɪ'tɪkjuləs] *adj* (über)genau

metre ['mi:təʳ] (*US* **meter**) *n* Meter *m or nt*

metric ['mɛtrɪk] *adj* (*also:* **~al**) metrisch

metropolitan [mɛtrə'pɔlɪtn] *adj* der
Großstadt; **M~ Police** (*BRIT*) *n*: **the M~
Police** die Londoner Polizei

mettle ['mɛtl] *n* Mut *m*

mew [mju:] *vi* (*cat*) miauen

mews [mju:z] *n*: **~ cottage** ehemaliges
Kutscherhäuschen

Mexican ['mɛksɪkən] *adj* mexikanisch ♦ *n*
Mexikaner(in) *m(f)*

Mexico ['mɛksɪkəu] *n* Mexiko *nt*

miaow [mi:'au] *vi* miauen

mice [maɪs] *pl of* **mouse**

micro ['maɪkrəu] *n* (*also:* **~computer**)
Mikrocomputer *m*; **~chip** *n* Mikrochip *m*;
~cosm ['maɪkrəukɔzəm] *n* Mikrokosmos *m*;
~phone *n* Mikrofon *nt*, Mikrophon *nt*;
~scope *n* Mikroskop *nt*; **~wave** *n* (*also:*
~wave oven) Mikrowelle(nherd *nt*) *f*

mid [mɪd] *adj*: **in ~ afternoon** am
Nachmittag; **in ~ air** in der Luft; **in ~ May**
Mitte Mai

midday [mɪd'deɪ] *n* Mittag *m*

middle ['mɪdl] *n* Mitte *f*; (*waist*) Taille *f* ♦ *adj*
mittlere(r, s), Mittel-; **in the ~ of** mitten in
+*dat*; **~-aged** *adj* mittleren Alters; **M~
Ages** *npl*: **the M~ Ages** das Mittelalter;
~-class *adj* Mittelstands-; **M~ East** *n*: **the
M~ East** der Nahe Osten; **~man** (*irreg*) *n*
(*COMM*) Zwischenhändler *m*; **~ name** *n*
zweiter Vorname *m*; **~ weight** *n* (*BOXING*)
Mittelgewicht *nt*

middling ['mɪdlɪŋ] *adj* mittelmäßig

midge [mɪdʒ] *n* Mücke *f*

midget ['mɪdʒɪt] *n* Liliputaner(in) *m(f)*

midnight ['mɪdnaɪt] *n* Mitternacht *f*

midriff ['mɪdrɪf] *n* Taille *f*

midst [mɪdst] *n*: **in the ~ of** (*persons*) mitten

unter +*dat*; (*things*) mitten in +*dat*

mid [mɪd'-]: **~summer** *n* Hochsommer *m*;
~way *adv* auf halbem Wege ♦ *adj* Mittel-;
~week *adv* in der Mitte der Woche

midwife ['mɪdwaɪf] (*irreg*) *n* Hebamme *f*; **~ry**
['mɪdwɪfərɪ] *n* Geburtshilfe *f*

midwinter [mɪd'wɪntəʳ] *n* tiefste(r) Winter *m*

might [maɪt] *vi see* **may** ♦ *n* Macht *f*, Kraft *f*;
I ~ come ich komme vielleicht; **~y** *adj*, *adv*
mächtig

migraine ['mi:greɪn] *n* Migräne *f*

migrant ['maɪgrənt] *adj* Wander-; (*bird*) Zug-

migrate [maɪ'greɪt] *vi* (ab)wandern; (*birds*)
(fort)ziehen; **migration** [maɪ'greɪʃən] *n*
Wanderung *f*, Zug *m*

mike [maɪk] *n* = **microphone**

Milan [mɪ'læn] *n* Mailand *nt*

mild [maɪld] *adj* mild; (*medicine, interest*)
leicht; (*person*) sanft ♦ *n* (*beer*) leichtes
dunkles Bier

mildew ['mɪldju:] *n* (*on plants*) Mehltau *m*;
(*on food*) Schimmel *m*

mildly ['maɪldlɪ] *adv* leicht; **to put it ~**
gelinde gesagt

mile [maɪl] *n* Meile *f*; **~age** *n* Meilenzahl *f*;
~ometer *n* = **milometer**; **~stone** *n* (*also
fig*) Meilenstein *m*

militant ['mɪlɪtnt] *adj* militant ♦ *n*
Militante(r) *mf*

military ['mɪlɪtərɪ] *adj* militärisch, Militär-,
Wehr-

militate ['mɪlɪteɪt] *vi*: **to ~ against**
entgegenwirken +*dat*

militia [mɪ'lɪʃə] *n* Miliz *f*

milk [mɪlk] *n* Milch *f* ♦ *vt* (*also fig*) melken; **~
chocolate** *n* Milchschokolade *f*; **~man**
(*irreg*) *n* Milchmann *m*; **~ shake** *n*
Milchmixgetränk *nt*; **~y** *adj* milchig; **M~y
Way** *n* Milchstraße *f*

mill [mɪl] *n* Mühle *f*; (*factory*) Fabrik *f* ♦ *vt*
mahlen ♦ *vi* umherlaufen

millennia [mɪ'lɛnɪə] *npl of* **millennium**

millennium [mɪ'lɛnɪəm] (*pl* **~s** *or* **millennia**)
n Jahrtausend *nt*; **~ bug** *n* (*COMPUT*)
Jahrtausendfehler *m*

miller ['mɪləʳ] *n* Müller *m*

milligram(me) ['mɪlɪgræm] *n* Milligramm *nt*

millimetre ['mɪlɪmiːtəʳ] (*US* **millimeter**) *n* Millimeter *m*

million ['mɪljən] *n* Million *f*; **a ~ times** tausendmal; **~aire** [mɪljəˈnɛəʳ] *n* Millionär(in) *m(f)*

millstone ['mɪlstəʊn] *n* Mühlstein *m*

milometer [maɪˈlɒmɪtəʳ] *n* ≈ Kilometerzähler *m*

mime [maɪm] *n* Pantomime *f* ♦ *vt*, *vi* mimen

mimic ['mɪmɪk] *n* Mimiker *m* ♦ *vt*, *vi* nachahmen; **~ry** *n* Nachahmung *f*; (*BIOL*) Mimikry *f*

min. *abbr* = **minutes; minimum**

mince [mɪns] *vt* (zer)hacken ♦ *n* (*meat*) Hackfleisch *nt*; **~meat** *n* süße Pastetenfüllung *f*; **~ pie** *n* gefüllte (süße) Pastete *f*; **~r** *n* Fleischwolf *m*

mind [maɪnd] *n* Verstand *m*, Geist *m*; (*opinion*) Meinung *f* ♦ *vt* aufpassen auf +*acc*; (*object to*) etwas haben gegen; **on my ~** auf dem Herzen; **to my ~** meiner Meinung nach; **to be out of one's ~** wahnsinnig sein; **to bear** *or* **keep in ~** bedenken; **to change one's ~** es sich *dat* anders überlegen; **to make up one's ~** sich entschließen; **I don't ~** das macht mir nichts aus; **~ you, ...** allerdings ...; **never ~!** macht nichts!; **"~ the step"** „Vorsicht Stufe"; **~ your own business** kümmern Sie sich um Ihre eigenen Angelegenheiten; **~er** *n* Aufpasser(in) *m(f)*; **~ful** *adj*: **~ful of** achtsam auf +*acc*; **~less** *adj* sinnlos

mine[1] [maɪn] *n* (*coalmine*) Bergwerk *nt*; (*MIL*) Mine *f* ♦ *vt* abbauen; (*MIL*) verminen

mine[2] [maɪn] *pron* meine(r, s); **that book is ~** das Buch gehört mir; **a friend of ~** ein Freund von mir

minefield ['maɪnfiːld] *n* Minenfeld *nt*

miner ['maɪnəʳ] *n* Bergarbeiter *m*

mineral ['mɪnərəl] *adj* mineralisch, Mineral- ♦ *n* Mineral *nt*; **~s** *npl* (*BRIT: soft drinks*) alkoholfreie Getränke *pl*; **~ water** *n* Mineralwasser *nt*

minesweeper ['maɪnswiːpəʳ] *n* Minensuchboot *nt*

mingle ['mɪŋgl] *vi*: **to ~ (with)** sich mischen (unter +*acc*)

miniature ['mɪnətʃəʳ] *adj* Miniatur- ♦ *n* Miniatur *f*

minibus ['mɪnɪbʌs] *n* Kleinbus *m*

Minidisc ['mɪnɪdɪsk] *n* Minidisc ® *f*

minimal ['mɪnɪml] *adj* minimal

minimize ['mɪnɪmaɪz] *vt* auf das Mindestmaß beschränken

minimum ['mɪnɪməm] (*pl* **minima**) *n* Minimum *nt* ♦ *adj* Mindest-

mining ['maɪnɪŋ] *n* Bergbau *m* ♦ *adj* Bergbau-, Berg-

miniskirt ['mɪnɪskəːt] *n* Minirock *m*

minister ['mɪnɪstəʳ] *n* (*BRIT: POL*) Minister *m*; (*ECCL*) Pfarrer *m* ♦ *vi*: **to ~ to sb/sb's needs** sich um jdn kümmern; **~ial** [mɪnɪsˈtɪərɪəl] *adj* ministeriell, Minister-

ministry ['mɪnɪstrɪ] *n* (*BRIT: POL*) Ministerium *nt*; (*ECCL: office*) geistliche(s) Amt *nt*

mink [mɪŋk] *n* Nerz *m*

minnow ['mɪnəʊ] *n* Elritze *f*

minor ['maɪnəʳ] *adj* kleiner; (*operation*) leicht; (*problem, poet*) unbedeutend; (*MUS*) Moll ♦ *n* (*BRIT: under 18*) Minderjährige(r) *mf*

minority [maɪˈnɒrɪtɪ] *n* Minderheit *f*

mint [mɪnt] *n* Minze *f*; (*sweet*) Pfefferminzbonbon *nt* ♦ *vt* (*coins*) prägen; **the (Royal** (*BRIT*) *or* **US** (*US*)) **M~** die Münzanstalt; **in ~ condition** in tadellosem Zustand

minus ['maɪnəs] *n* Minuszeichen *nt*; (*amount*) Minusbetrag *m* ♦ *prep* minus, weniger

minuscule ['mɪnəskjuːl] *adj* winzig

minute[1] [maɪˈnjuːt] *adj* winzig; (*detailed*) minutiös, minuziös

minute[2] ['mɪnɪt] *n* Minute *f*; (*moment*) Augenblick *m*; **~s** *npl* (*of meeting etc*) Protokoll *nt*

miracle ['mɪrəkl] *n* Wunder *nt*

miraculous [mɪˈrækjʊləs] *adj* wunderbar

mirage ['mɪrɑːʒ] *n* Fata Morgana *f*

mire ['maɪəʳ] *n* Morast *m*

mirror ['mɪrəʳ] *n* Spiegel *m* ♦ *vt* (wider)spiegeln

mirth [məːθ] *n* Heiterkeit *f*

misadventure [mɪsədˈventʃəʳ] *n* Missgeschick *nt*, Unfall *m*

misanthropist [mɪˈzænθrəpɪst] *n*

Menschenfeind *m*

misapprehension ['mɪsæprɪ'henʃən] *n*
Missverständnis *nt*

misbehave [mɪsbɪ'heɪv] *vi* sich schlecht
benehmen

miscalculate [mɪs'kælkjuleɪt] *vt* falsch
berechnen

miscarriage ['mɪskærɪdʒ] *n* (*MED*)
Fehlgeburt *f*; ~ **of justice** Fehlurteil *nt*

miscellaneous [mɪsɪ'leɪnɪəs] *adj*
verschieden

mischief ['mɪstʃɪf] *n* Unfug *m*;
mischievous ['mɪstʃɪvəs] *adj* (*person*)
durchtrieben; (*glance*) verschmitzt; (*rumour*)
bösartig

misconception [mɪskən'sepʃən] *n*
fälschliche Annahme *f*

misconduct [mɪs'kɒndʌkt] *n* Vergehen *nt*;
professional ~ Berufsvergehen *nt*

misconstrue [mɪskən'struː] *vt*
missverstehen

misdemeanour [mɪsdɪ'miːnər] (*US*
misdemeanor) *n* Vergehen *nt*

miser ['maɪzər] *n* Geizhals *m*

miserable ['mɪzərəbl] *adj* (*unhappy*)
unglücklich; (*headache, weather*)
fürchterlich; (*poor*) elend; (*contemptible*)
erbärmlich

miserly ['maɪzəlɪ] *adj* geizig

misery ['mɪzərɪ] *n* Elend *nt*, Qual *f*

misfire [mɪs'faɪər] *vi* (*gun*) versagen; (*engine*)
fehlzünden; (*plan*) fehlgehen

misfit ['mɪsfɪt] *n* Außenseiter *m*

misfortune [mɪs'fɔːtʃən] *n* Unglück *nt*

misgiving(s) [mɪs'gɪvɪŋ(z)] *n(pl)* Bedenken
pl

misguided [mɪs'gaɪdɪd] *adj* fehlgeleitet;
(*opinions*) irrig

mishandle [mɪs'hændl] *vt* falsch handhaben

mishap ['mɪshæp] *n* Missgeschick *nt*

misinform [mɪsɪn'fɔːm] *vt* falsch
unterrichten

misinterpret [mɪsɪn'tɜːprɪt] *vt* falsch
auffassen

misjudge [mɪs'dʒʌdʒ] *vt* falsch beurteilen

mislay [mɪs'leɪ] (*irreg: like* **lay**) *vt* verlegen

mislead [mɪs'liːd] (*irreg: like* **lead**[2]) *vt*

(*deceive*) irreführen; ~**ing** *adj* irreführend

mismanage [mɪs'mænɪdʒ] *vt* schlecht
verwalten

misnomer [mɪs'nəʊmər] *n* falsche
Bezeichnung *f*

misplace [mɪs'pleɪs] *vt* verlegen

misprint ['mɪsprɪnt] *n* Druckfehler *m*

Miss [mɪs] *n* Fräulein *nt*

miss [mɪs] *vt* (*fail to hit, catch*) verfehlen; (*not
notice*) verpassen; (*be too late*) versäumen,
verpassen; (*omit*) auslassen; (*regret the
absence of*) vermissen ♦ *vi* fehlen ♦ *n* (*shot*)
Fehlschuss *m*; (*failure*) Fehlschlag *m*; **I ~ you**
du fehlst mir; ~ **out** *vt* auslassen

misshapen [mɪs'ʃeɪpən] *adj* missgestaltet

missile ['mɪsaɪl] *n* Rakete *f*

missing ['mɪsɪŋ] *adj* (*person*) vermisst;
(*thing*) fehlend; **to be ~** fehlen

mission ['mɪʃən] *n* (*work*) Auftrag *m*;
(*people*) Delegation *f*; (*REL*) Mission *f*; ~**ary**
n Missionar(in) *m(f)*; ~ **statement** *n*
Kurzdarstellung *f* der Firmenphilosophie

misspell ['mɪs'spel] (*irreg: like* **spell**) *vt*
falsch schreiben

misspent ['mɪs'spent] *adj* (*youth*) vergeudet

mist [mɪst] *n* Dunst *m*, Nebel *m* ♦ *vi* (*also:* ~
over, ~ **up**) sich trüben; (*BRIT: windows*) sich
beschlagen

mistake [mɪs'teɪk] (*irreg: like* **take**) *n* Fehler
m ♦ *vt* (*misunderstand*) missverstehen; (*mix
up*): **to ~ (sth for sth)** (etw mit etw)
verwechseln; **to make a ~** einen Fehler
machen; **by ~** aus Versehen; **to ~ A for B** A
mit B verwechseln; ~**n** *pp of* **mistake** ♦ *adj*
(*idea*) falsch; **to be ~n** sich irren

mister ['mɪstər] *n* (*inf*) Herr *m*; *see* **Mr**

mistletoe ['mɪsltəʊ] *n* Mistel *f*

mistook [mɪs'tʊk] *pt of* **mistake**

mistress ['mɪstrɪs] *n* (*teacher*) Lehrerin *f*; (*in
house*) Herrin *f*; (*lover*) Geliebte *f*; *see* **Mrs**

mistrust [mɪs'trʌst] *vt* misstrauen +*dat*

misty ['mɪstɪ] *adj* neblig

misunderstand [mɪsʌndə'stænd] (*irreg: like*
understand) *vt, vi* missverstehen, falsch
verstehen; ~**ing** *n* Missverständnis *nt*;
(*disagreement*) Meinungsverschiedenheit *f*

misuse [*n* mɪs'juːs, *vb* mɪs'juːz] *n* falsche(r)

Gebrauch *m* ♦ *vt* falsch gebrauchen

mitigate ['mɪtɪgeɪt] *vt* mildern

mitt(en) ['mɪt(n)] *n* Fausthandschuh *m*

mix [mɪks] *vt* (*blend*) (ver)mischen ♦ *vi* (*liquids*) sich (ver)mischen lassen; (*people: get on*) sich vertragen; (: *associate*) Kontakt haben ♦ *n* (*~ture*) Mischung *f*; **~ up** *vt* zusammenmischen; (*confuse*) verwechseln; **~ed** *adj* gemischt; **~ed-up** *adj* durcheinander; **~er** *n* (*for food*) Mixer *m*; **~ture** *n* Mischung *f*; **~-up** *n* Durcheinander *nt*

mm *abbr* (= *millimetre(s)*) mm

moan [məun] *n* Stöhnen *nt*; (*complaint*) Klage *f* ♦ *vi* stöhnen; (*complain*) maulen

moat [məut] *n* (Burg)graben *m*

mob [mɔb] *n* Mob *m*; (*the masses*) Pöbel *m* ♦ *vt* herfallen über +*acc*

mobile ['məubaɪl] *adj* beweglich; (*library etc*) fahrbar ♦ *n* (*decoration*) Mobile *nt*; **~ home** *n* Wohnwagen *m*; **~ phone** *n* (*TEL*) Mobiltelefon *nt*; **mobility** [məu'bɪlɪtɪ] *n* Beweglichkeit *f*; **mobilize** ['məubɪlaɪz] *vt* mobilisieren

mock [mɔk] *vt* verspotten; (*defy*) trotzen +*dat* ♦ *adj* Schein-; **~ery** *n* Spott *m*; (*person*) Gespött *nt*

mod [mɔd] *adj see* **convenience**

mode [məud] *n* (Art *f* und) Weise *f*

model ['mɔdl] *n* Modell *nt*; (*example*) Vorbild *nt*; (*in fashion*) Mannequin *nt* ♦ *adj* (*railway*) Modell-; (*perfect*) Muster-; vorbildlich ♦ *vt* (*make*) bilden; (*clothes*) vorführen ♦ *vi* als Mannequin arbeiten

modem ['məudem] *n* (*COMPUT*) Modem *nt*

moderate [*adj, n* 'mɔdərət, *vb* 'mɔdəreɪt] *adj* gemäßigt ♦ *n* (*POL*) Gemäßigte(r) *mf* ♦ *vi* sich mäßigen ♦ *vt* mäßigen; **moderation** [mɔdə'reɪʃən] *n* Mäßigung *f*; **in moderation** mit Maßen

modern ['mɔdən] *adj* modern; (*history, languages*) neuere(r, s); **~ize** *vt* modernisieren

modest ['mɔdɪst] *adj* bescheiden; **~y** *n* Bescheidenheit *f*

modicum ['mɔdɪkəm] *n* bisschen *nt*

modification [mɔdɪfɪ'keɪʃən] *n*

(Ab)änderung *f*

modify ['mɔdɪfaɪ] *vt* abändern

module ['mɔdjuːl] *n* (*component*) (Bau)element *nt*; (*SPACE*) (Raum)kapsel *f*

mogul ['məugl] *n* (*fig*) Mogul *m*

mohair ['məuheəʳ] *n* Mohär *m*, Mohair *m*

moist [mɔɪst] *adj* feucht; **~en** ['mɔɪsn] *vt* befeuchten; **~ure** ['mɔɪstʃəʳ] *n* Feuchtigkeit *f*; **~urizer** ['mɔɪstʃəraɪzəʳ] *n* Feuchtigkeitscreme *f*

molar ['məuləʳ] *n* Backenzahn *m*

molasses [mə'læsɪz] *n* Melasse *f*

mold [məuld] (*US*) = **mould**

mole [məul] *n* (*spot*) Leberfleck *m*; (*animal*) Maulwurf *m*; (*pier*) Mole *f*

molest [mə'lest] *vt* belästigen

mollycoddle ['mɔlɪkɔdl] *vt* verhätscheln

molt [məult] (*US*) *vi* = **moult**

molten ['məultən] *adj* geschmolzen

mom [mɔm] (*US*) *n* = **mum**

moment ['məumənt] *n* Moment *m*, Augenblick *m*; (*importance*) Tragweite *f*; **at the ~** im Augenblick; **~ary** *adj* kurz; **~ous** [məu'mentəs] *adj* folgenschwer

momentum [məu'mentəm] *n* Schwung *m*; **to gather ~** in Fahrt kommen

mommy ['mɔmɪ] (*US*) *n* = **mummy**

Monaco ['mɔnəkəu] *n* Monaco *nt*

monarch ['mɔnək] *n* Herrscher(in) *m(f)*; **~y** *n* Monarchie *f*

monastery ['mɔnəstərɪ] *n* Kloster *nt*

monastic [mə'næstɪk] *adj* klösterlich, Kloster-

Monday ['mʌndɪ] *n* Montag *m*

monetary ['mʌnɪtərɪ] *adj* Geld-; (*of currency*) Währungs-

money ['mʌnɪ] *n* Geld *nt*; **to make ~** Geld verdienen; **~ belt** *n* Geldgürtel *m*; **~lender** *n* Geldverleiher *m*; **~ order** *n* Postanweisung *f*; **~-spinner** (*inf*) *n* Verkaufsschlager *m*

mongol ['mɔŋgəl] *n* (*MED*) mongoloide(s) Kind *nt* ♦ *adj* mongolisch; (*MED*) mongoloid

mongrel ['mʌŋgrəl] *n* Promenadenmischung *f*

monitor ['mɔnɪtəʳ] *n* (*SCH*) Klassenordner *m*; (*television ~*) Monitor *m* ♦ *vt* (*broadcasts*) abhören; (*control*) überwachen

monk [mʌŋk] *n* Mönch *m*

monkey ['mʌŋkɪ] *n* Affe *m*; ~ **nut** (*BRIT*) *n* Erdnuss *f*; ~ **wrench** *n* (*TECH*) Engländer *m*, Franzose *m*

monochrome ['mɒnəkrəum] *adj* schwarz-weiß, schwarzweiß

monopolize [mə'nɒpəlaɪz] *vt* beherrschen

monopoly [mə'nɒpəlɪ] *n* Monopol *nt*

monosyllable ['mɒnəsɪləbl] *n* einsilbige(s) Wort *nt*

monotone ['mɒnətəun] *n* gleich bleibende(r) Ton(fall) *m*; **to speak in a ~** monoton sprechen; **monotonous** [mə'nɒtənəs] *adj* eintönig; **monotony** [mə'nɒtənɪ] *n* Eintönigkeit *f*, Monotonie *f*

monsoon [mɒn'su:n] *n* Monsun *m*

monster ['mɒnstər] *n* Ungeheuer *nt*; (*person*) Scheusal *nt*

monstrosity [mɒn'strɒsɪtɪ] *n* Ungeheuerlichkeit *f*; (*thing*) Monstrosität *f*

monstrous ['mɒnstrəs] *adj* (*shocking*) grässlich, ungeheuerlich; (*huge*) riesig

month [mʌnθ] *n* Monat *m*; ~**ly** *adj* monatlich, Monats- ♦ *adv* einmal im Monat ♦ *n* (*magazine*) Monatsschrift *f*

monument ['mɒnjumənt] *n* Denkmal *nt*; ~**al** [mɒnju'mentl] *adj* (*huge*) gewaltig; (*ignorance*) ungeheuer

moo [mu:] *vi* muhen

mood [mu:d] *n* Stimmung *f*, Laune *f*; **to be in a good/bad ~** gute/schlechte Laune haben; ~**y** *adj* launisch

moon [mu:n] *n* Mond *m*; ~**light** *n* Mondlicht *nt*; ~**lighting** *n* Schwarzarbeit *f*; ~**lit** *adj* mondhell

moor [muər] *n* Heide *f*, Hochmoor *nt* ♦ *vt* (*ship*) festmachen, verankern ♦ *vi* anlegen; ~**ings** *npl* Liegeplatz *m*; ~**land** ['muələnd] *n* Heidemoor *nt*

moose [mu:s] *n* Elch *m*

mop [mɒp] *n* Mopp *m* ♦ *vt* (auf)wischen; ~ **up** *vt* aufwischen

mope [məup] *vi* Trübsal blasen

moped ['məupɛd] *n* Moped *nt*

moral ['mɒrl] *adj* moralisch; (*values*) sittlich; (*virtuous*) tugendhaft ♦ *n* Moral *f*; ~**s** *npl*

(*ethics*) Moral *f*

morale [mɒ'rɑ:l] *n* Moral *f*

morality [mə'rælɪtɪ] *n* Sittlichkeit *f*

morass [mə'ræs] *n* Sumpf *m*

morbid ['mɔ:bɪd] *adj* krankhaft; (*jokes*) makaber

more [mɔ:r] *adj* (*greater in number etc*) mehr; (*additional*) noch mehr; **do you want (some) more tea?** möchten Sie noch etwas Tee?; **I have no** *or* **I don't have any more money** ich habe kein Geld mehr
♦ *pron* (*greater amount*) mehr; (*further or additional amount*) noch mehr; **is there any more?** gibt es noch mehr?; (*left over*) ist noch etwas da?; **there's no more** es ist nichts mehr da
♦ *adv* mehr; **more dangerous/easily** *etc* (**than**) gefährlicher/einfacher *etc* (als); **more and more** immer mehr; **more and more excited** immer aufgeregter; **more or less** mehr oder weniger; **more than ever** mehr denn je; **more beautiful than ever** schöner denn je

moreover [mɔ:'rəuvər] *adv* überdies

morgue [mɔ:g] *n* Leichenschauhaus *nt*

Mormon ['mɔ:mən] *n* Mormone *m*, Mormonin *f*

morning ['mɔ:nɪŋ] *n* Morgen *m*; **in the ~** am Morgen; **7 o'clock in the ~** 7 Uhr morgens; ~ **sickness** *n* (Schwangerschafts)übelkeit *f*

Morocco [mə'rɒkəu] *n* Marokko *nt*

moron ['mɔ:rɒn] *n* Schwachsinnige(r) *mf*

morose [mə'rəus] *adj* mürrisch

morphine ['mɔ:fi:n] *n* Morphium *nt*

Morse [mɔ:s] *n* (*also:* ~ **code**) Morsealphabet *nt*

morsel ['mɔ:sl] *n* Bissen *m*

mortal ['mɔ:tl] *adj* sterblich; (*deadly*) tödlich; (*very great*) Todes- ♦ *n* (*human being*) Sterbliche(r) *mf*; ~**ity** [mɔ:'tælɪtɪ] *n* Sterblichkeit *f*; (*death rate*) Sterblichkeitsziffer *f*

mortar ['mɔ:tər] *n* (*for building*) Mörtel *m*;

(*MIL*) Granatwerfer *m*

mortgage ['mɔːɡɪdʒ] *n* Hypothek *f* ♦ *vt* hypothekarisch belasten; **~ company** (*US*) *n* ≃ Bausparkasse *f*

mortify ['mɔːtɪfaɪ] *vt* beschämen

mortuary ['mɔːtjʊərɪ] *n* Leichenhalle *f*

mosaic [məʊˈzeɪk] *n* Mosaik *nt*

Moscow ['mɒskəʊ] *n* Moskau *nt*

Moslem ['mɒzləm] = **Muslim**

mosque [mɒsk] *n* Moschee *f*

mosquito [mɒsˈkiːtəʊ] (*pl* **~es**) *n* Moskito *m*

moss [mɒs] *n* Moos *nt*

most [məʊst] *adj* meiste(r, s) ♦ *adv* am meisten; (*very*) höchst ♦ *n* das meiste, der größte Teil; (*people*) die meisten; **~ men** die meisten Männer; **at the (very) ~** allerhöchstens; **to make the ~ of** das Beste machen aus; **a ~ interesting book** ein höchstinteressantes Buch; **~ly** *adv* größtenteils

MOT (*BRIT*) *n abbr* (= Ministry of Transport): **the MOT (test)** ≃ der TÜV

motel [məʊˈtel] *n* Motel *nt*

moth [mɒθ] *n* Nachtfalter *m*; (*wool-eating*) Motte *f*; **~ball** *n* Mottenkugel *f*

mother ['mʌðəʳ] *n* Mutter *f* ♦ *vt* bemuttern; **~hood** *n* Mutterschaft *f*; **~-in-law** *n* Schwiegermutter *f*; **~ly** *adj* mütterlich; **~- of-pearl** *n* Perlmutt *nt*; **M~'s Day** (*BRIT*) *n* Muttertag *m*; **~-to-be** *n* werdende Mutter *f*; **~ tongue** *n* Muttersprache *f*

motion ['məʊʃən] *n* Bewegung *f*; (*in meeting*) Antrag *m* ♦ *vt, vi*: **to ~ (to) sb** jdm winken, jdm zu verstehen geben; **~less** *adj* regungslos; **~ picture** *n* Film *m*

motivated ['məʊtɪveɪtɪd] *adj* motiviert

motivation [məʊtɪˈveɪʃən] *n* Motivierung *f*

motive ['məʊtɪv] *n* Motiv *nt*, Beweggrund *m* ♦ *adj* treibend

motley ['mɒtlɪ] *adj* bunt

motor ['məʊtəʳ] *n* Motor *m*; (*BRIT*: *inf*: *vehicle*) Auto *nt* ♦ *adj* Motor-; **~bike** *n* Motorrad *nt*; **~boat** *n* Motorboot *nt*; **~car** (*BRIT*) *n* Auto *nt*; **~cycle** *n* Motorrad *nt*; **~cyclist** *n* Motorradfahrer(in) *m(f)*; **~ing** (*BRIT*) *n* Autofahren *nt* ♦ *adj* Auto-; **~ist** *n* Autofahrer(in) *m(f)*; **~ mechanic** *n*

Kraftfahrzeugmechaniker(in) *m(f)*, Kfz-Mechaniker(in) *m(f)*; **~ racing** (*BRIT*) *n* Autorennen *nt*; **~ vehicle** *n* Kraftfahrzeug *nt*; **~way** (*BRIT*) *n* Autobahn *f*

mottled ['mɒtld] *adj* gesprenkelt

mould [məʊld] (*US* **mold**) *n* Form *f*; (*mildew*) Schimmel *m* ♦ *vt* (*also fig*) formen; **~y** *adj* schimmelig

moult [məʊlt] (*US* **molt**) *vi* sich mausern

mound [maʊnd] *n* (Erd)hügel *m*

mount [maʊnt] *n* (*liter*: *hill*) Berg *m*; (*horse*) Pferd *nt*; (*for jewel etc*) Fassung *f* ♦ *vt* (*horse*) steigen auf +*acc*; (*put in setting*) fassen; (*exhibition*) veranstalten; (*attack*) unternehmen ♦ *vi* (*also*: **~ up**) sich häufen; (*on horse*) aufsitzen

mountain ['maʊntɪn] *n* Berg *m* ♦ *cpd* Berg-; **~ bike** *n* Mountainbike *nt*; **~eer** *n* Bergsteiger(in) *m(f)*; **~eering** [maʊntɪˈnɪərɪŋ] *n* Bergsteigen *nt*; **~ous** *adj* bergig; **~ rescue team** *n* Bergwacht *f*; **~side** *n* Berg(ab)hang *m*

mourn [mɔːn] *vt* betrauern, beklagen ♦ *vi*: **to ~ (for sb)** (um jdn) trauern; **~er** *n* Trauernde(r) *mf*; **~ful** *adj* traurig; **~ing** *n* (*grief*) Trauer *f* ♦ *cpd* (*dress*) Trauer-; **in ~ing** (*period etc*) in Trauer; (*dress*) in Trauerkleidung *f*

mouse [maʊs] (*pl* **mice**) *n* Maus *f*; **~trap** *n* Mausefalle *f*; **~ mat, ~ pad** *n* (*COMPUT*) Mousepad *nt*

mousse [muːs] *n* (*COOK*) Creme *f*; (*cosmetic*) Schaumfestiger *m*

moustache [məsˈtɑːʃ] *n* Schnurrbart *m*

mousy ['maʊsɪ] *adj* (*colour*) mausgrau; (*person*) schüchtern

mouth [maʊθ] *n* Mund *m*; (*opening*) Öffnung *f*; (*of river*) Mündung *f*; **~ful** *n* Mund *m* voll; **~ organ** *n* Mundharmonika *f*; **~piece** *n* Mundstück *nt*; (*fig*) Sprachrohr *nt*; **~wash** *n* Mundwasser *nt*; **~watering** *adj* lecker, appetitlich

movable ['muːvəbl] *adj* beweglich

move [muːv] *n* (~*ment*) Bewegung *f*; (*in game*) Zug *m*; (*step*) Schritt *m*; (*of house*) Umzug *m* ♦ *vt* bewegen; (*people*) transportieren; (*in job*) versetzen;

(*emotionally*) bewegen ♦ *vi* sich bewegen; (*vehicle, ship*) fahren; (~ *house*) umziehen; **to get a ~ on** sich beeilen; **to ~ sb to do sth** jdn veranlassen, etw zu tun; **~ about** *or* **around** *vi* sich hin und her bewegen; (*travel*) unterwegs sein; **~ along** *vi* weitergehen; (*cars*) weiterfahren; **~ away** *vi* weggehen; **~ back** *vi* zurückgehen; (*to the rear*) zurückweichen; **~ forward** *vi* vorwärts gehen, sich vorwärts bewegen ♦ *vt* vorschieben; (*time*) vorverlegen; **~ in** *vi* (*to house*) einziehen; (*troops*) einrücken; **~ on** *vi* weitergehen ♦ *vt* weitergehen lassen; **~ out** *vi* (*of house*) ausziehen; (*troops*) abziehen; **~ over** *vi* zur Seite rücken; **~ up** *vi* aufsteigen; (*in job*) befördert werden ♦ *vt* nach oben bewegen; (*in job*) befördern; **~ment** ['mu:vmənt] *n* Bewegung *f*

movie ['mu:vɪ] *n* Film *m*; **to go to the ~s** ins Kino gehen; **~ camera** *n* Filmkamera *f*

moving ['mu:vɪŋ] *adj* beweglich; (*touching*) ergreifend

mow [məu] (*pt* **mowed**, *pp* **mowed** *or* **mown**) *vt* mähen; **~ down** *vt* (*fig*) niedermähen; **~er** *n* (*lawnmower*) Rasenmäher *m*; **~n** *pp* of **mow**

MP *n abbr* = **Member of Parliament**

m.p.h. *abbr* = **miles per hour**

Mr ['mɪstər] (*US* **Mr.**) *n* Herr *m*

Mrs ['mɪsɪz] (*US* **Mrs.**) *n* Frau *f*

Ms [mɪz] (*US* **Ms.**) *n* (= *Miss or Mrs*) Frau *f*

M.Sc. *n abbr* = **Master of Science**

MSP *n abbr* (= *Member of the Scottish Parliament*) Mitglied *nt* des schottischen Parlaments

much [mʌtʃ] *adj* viel ♦ *adv* sehr; viel ♦ *n* viel, eine Menge; **how ~ is it?** wie viel kostet das?; **too ~** zu viel; **it's not ~** es ist nicht viel; **as ~ as** so sehr, so viel; **however ~ he tries** sosehr er es auch versucht

muck [mʌk] *n* Mist *m*; (*fig*) Schmutz *m*; **~ about** *or* **around** (*inf*) *vi*: **to ~ about** *or* **around (with sth)** (an etw *dat*) herumalbern; **~ up** *vt* (*inf*: *ruin*) vermasseln; (*dirty*) dreckig machen; **~y** *adj* (*dirty*) dreckig

mud [mʌd] *n* Schlamm *m*

muddle ['mʌdl] *n* Durcheinander *nt* ♦ *vt* (*also*: ~ **up**) durcheinander bringen; **~ through** *vi* sich durchwursteln

mud ['mʌd-]: **~dy** *adj* schlammig; **~guard** *n* Schutzblech *nt*; **~-slinging** (*inf*) *n* Verleumdung *f*

muesli ['mju:zlɪ] *n* Müsli *nt*

muffin ['mʌfɪn] *n* süße(s) Teilchen *nt*

muffle ['mʌfl] *vt* (*sound*) dämpfen; (*wrap up*) einhüllen; **~d** *adj* gedämpft; **~r** (*US*) *n* (*AUT*) Schalldämpfer *m*

mug [mʌɡ] *n* (*cup*) Becher *m*; (*inf*: *face*) Visage *f*; (: *fool*) Trottel *m* ♦ *vt* überfallen und ausrauben; **~ger** *n* Straßenräuber *m*; **~ging** *n* Überfall *m*

muggy ['mʌɡɪ] *adj* (*weather*) schwül

mule [mju:l] *n* Maulesel *m*

mull [mʌl]: **~ over** *vt* nachdenken über +*acc*

multicoloured ['mʌltɪkʌləd] (*US* **multicolored**) *adj* mehrfarbig

multi-level ['mʌltɪlevl] (*US*) *adj* = **multistorey**

multiple ['mʌltɪpl] *n* Vielfache(s) *nt* ♦ *adj* mehrfach; (*many*) mehrere; **~ sclerosis** *n* multiple Sklerose *f*

multiplex cinema ['mʌltɪpleks-] *n* Kinocenter *nt*

multiplication [mʌltɪplɪ'keɪʃən] *n* Multiplikation *f*; (*increase*) Vervielfachung *f*

multiply ['mʌltɪplaɪ] *vt*: **to ~ (by)** multiplizieren (mit) ♦ *vi* (*BIOL*) sich vermehren

multistorey ['mʌltɪ'stɔːrɪ] (*BRIT*) *adj* (*building, car park*) mehrstöckig

multitude ['mʌltɪtjuːd] *n* Menge *f*

mum [mʌm] *n* (*BRIT*: *inf*) Mutti *f* ♦ *adj*: **to keep ~ (about)** den Mund halten (über +*acc*)

mumble ['mʌmbl] *vt*, *vi* murmeln ♦ *n* Gemurmel *nt*

mummy ['mʌmɪ] *n* (*dead body*) Mumie *f*; (*BRIT*: *inf*) Mami *f*

mumps [mʌmps] *n* Mumps *m*

munch [mʌntʃ] *vt*, *vi* mampfen

mundane [mʌn'deɪn] *adj* banal

municipal [mju:'nɪsɪpl] *adj* städtisch, Stadt-

mural ['mjuərl] *n* Wandgemälde *nt*

murder ['mɜːdər] *n* Mord *m* ♦ *vt* ermorden; **~er** *n* Mörder *m*; **~ous** *adj* Mord-; (*fig*) mörderisch

murky ['mɜːkɪ] *adj* finster

murmur ['mɜːmər] *n* Murmeln *nt*; *(of water, wind)* Rauschen *nt* ♦ *vt, vi* murmeln

muscle ['mʌsl] *n* Muskel *m*; ~ **in** *vi* mitmischen; **muscular** ['mʌskjulər] *adj* Muskel-; *(strong)* muskulös

museum [mjuː'zɪəm] *n* Museum *nt*

mushroom ['mʌʃrum] *n* Champignon *m*; Pilz *m* ♦ *vi* (*fig*) emporschießen

music ['mjuːzɪk] *n* Musik *f*; *(printed)* Noten *pl*; ~**al** *adj* *(sound)* melodisch; *(person)* musikalisch ♦ *n* (*show*) Musical *nt*; ~**al instrument** *n* Musikinstrument *nt*; ~ **centre** *n* Stereoanlage *f*; ~ **hall** (*BRIT*) *n* Varietee *nt*, Varieté *nt*; ~**ian** [mjuː'zɪʃən] *n* Musiker(in) *m(f)*

Muslim ['mʌzlɪm] *adj* moslemisch ♦ *n* Moslem *m*

muslin ['mʌzlɪn] *n* Musselin *m*

mussel ['mʌsl] *n* Miesmuschel *f*

must [mʌst] *vb aux* müssen; *(in negation)* dürfen ♦ *n* Muss *nt*; **the film is a** ~ den Film muss man einfach gesehen haben

mustard ['mʌstəd] *n* Senf *m*

muster ['mʌstər] *vt* (*MIL*) antreten lassen; *(courage)* zusammennehmen

mustn't ['mʌsnt] = **must not**

musty ['mʌstɪ] *adj* muffig

mute [mjuːt] *adj* stumm ♦ *n* *(person)* Stumme(r) *mf*; *(MUS)* Dämpfer *m*; ~**d** *adj* gedämpft

mutilate ['mjuːtɪleɪt] *vt* verstümmeln

mutiny ['mjuːtɪnɪ] *n* Meuterei *f* ♦ *vi* meutern

mutter ['mʌtər] *vt, vi* murmeln

mutton ['mʌtn] *n* Hammelfleisch *nt*

mutual ['mjuːtʃuəl] *adj* gegenseitig; beiderseitig; ~**ly** *adv* gegenseitig; für beide Seiten

muzzle ['mʌzl] *n* *(of animal)* Schnauze *f*; *(for animal)* Maulkorb *m*; *(of gun)* Mündung *f* ♦ *vt* einen Maulkorb anlegen +*dat*

my [maɪ] *adj* mein; **this is** ~ **car** das ist mein Auto; **I've washed** ~ **hair** ich habe mir die Haare gewaschen

myself [maɪ'sɛlf] *pron* mich *acc*; mir *dat*; *(emphatic)* selbst; *see also* **oneself**

mysterious [mɪs'tɪərɪəs] *adj* geheimnisvoll

mystery ['mɪstərɪ] *n* *(secret)* Geheimnis *nt*; *(sth difficult)* Rätsel *nt*

mystify ['mɪstɪfaɪ] *vt* ein Rätsel *nt* sein +*dat*; verblüffen

mystique [mɪs'tiːk] *n* geheimnisvolle Natur *f*

myth [mɪθ] *n* Mythos *m*; (*fig*) Erfindung *f*; ~**ology** [mɪ'θɒlədʒɪ] *n* Mythologie *f*

N, n

n/a *abbr* (= *not applicable*) nicht zutreffend

nab [næb] (*inf*) *vt* schnappen

naff [næf] (*BRIT: inf*) *adj* blöd

nag [næg] *n* *(horse)* Gaul *m*; *(person)* Nörgler(in) *m(f)* ♦ *vt, vi*: **to** ~ **(at) sb** an jdm herumnörgeln; ~**ging** *adj* *(doubt)* nagend ♦ *n* Nörgelei *f*

nail [neɪl] *n* Nagel *m* ♦ *vt* nageln; **to** ~ **sb down to doing sth** jdn darauf festnageln, etw zu tun; ~**brush** *n* Nagelbürste *f*; ~**file** *n* Nagelfeile *f*; ~ **polish** *n* Nagellack *m*; ~ **polish remover** *n* Nagellackentferner *m*; ~ **scissors** *npl* Nagelschere *f*; ~ **varnish** (*BRIT*) *n* = **nail polish**

naïve [naɪ'iːv] *adj* naiv

naked ['neɪkɪd] *adj* nackt

name [neɪm] *n* Name *m*; *(reputation)* Ruf *m* ♦ *vt* nennen; *(sth new)* benennen; *(appoint)* ernennen; **by** ~ mit Namen; **I know him only by** ~ ich kenne ihn nur dem Namen nach; **what's your** ~? wie heißen Sie?; **in the** ~ **of** im Namen +*gen*; *(for the sake of)* um +*gen* ... willen; ~**less** *adj* namenlos; ~**ly** *adv* nämlich; ~**sake** *n* Namensvetter *m*

nanny ['nænɪ] *n* Kindermädchen *nt*

nap [næp] *n* *(sleep)* Nickerchen *nt*; *(on cloth)* Strich *m* ♦ *vi*: **to be caught** ~**ping** (*fig*) überrumpelt werden

nape [neɪp] *n* Nacken *m*

napkin ['næpkɪn] *n* *(at table)* Serviette *f*; *(BRIT: for baby)* Windel *f*

nappy ['næpɪ] *(BRIT)* *n* *(for baby)* Windel *f*; ~ **rash** *n* wunde Stellen *pl*

narcotic [nɑː'kɒtɪk] *adj* betäubend ♦ *n* Betäubungsmittel *nt*

narrative ['nærətɪv] n Erzählung f ♦ adj erzählend

narrator [nə'reɪtər] n Erzähler(in) m(f)

narrow ['nærəu] adj eng, schmal; (limited) beschränkt ♦ vi sich verengen; **to have a ~ escape** mit knapper Not davonkommen; **to ~ sth down to sth** etw auf etw acc einschränken; **~ly** adv (miss) knapp; (escape) mit knapper Not; **~-minded** adj engstirnig

nasty ['nɑːstɪ] adj ekelhaft, fies; (business, wound) schlimm

nation ['neɪʃən] n Nation f, Volk nt; **~al** ['næʃənl] adj national, National-, Landes- ♦ n Staatsangehörige(r) mf; **~al anthem** (BRIT) n Nationalhymne f; **~al dress** n Tracht f; **N~al Health Service** (BRIT) n staatliche(r) Gesundheitsdienst m; **N~al Insurance** (BRIT) n Sozialversicherung f; **~alism** ['næʃnəlɪzəm] n Nationalismus m; **~alist** ['næʃnəlɪst] n Nationalist(in) m(f) ♦ adj nationalistisch; **~ality** [næʃə'nælɪtɪ] n Staatsangehörigkeit f; **~alize** ['næʃnəlaɪz] vt verstaatlichen; **~ally** ['næʃnəlɪ] adv national, auf Staatsebene; **~al park** (BRIT) n Nationalpark m; **~wide** ['neɪʃənwaɪd] adj, adv allgemein, landesweit

---
National Trust

ⓘ Der **National Trust** ist ein 1895 gegründeter Natur- und Denkmalschutzverband in Großbritannien, der Gebäude und Gelände von besonderem historischen oder ästhetischen Interesse erhält und der Öffentlichkeit zugänglich macht. Viele Gebäude im Besitz des National Trust sind (z.T. gegen ein Eintrittsgeld) zu besichtigen.

---

native ['neɪtɪv] n (born in) Einheimische(r) mf; (original inhabitant) Eingeborene(r) mf ♦ adj einheimisch; Eingeborenen-; (belonging by birth) heimatlich, Heimat-; (inborn) angeboren, natürlich; **a ~ of Germany** ein gebürtiger Deutscher; **a ~ speaker of French** ein französischer Muttersprachler; **N~ American** n

Indianer(in) m(f), Ureinwohner(in) m(f) Amerikas; **~ language** n Muttersprache f

Nativity [nə'tɪvɪtɪ] n: **the ~** Christi Geburt no art

NATO ['neɪtəu] n abbr (= North Atlantic Treaty Organization) NATO f

natural ['nætʃrəl] adj natürlich; Natur-; (inborn) (an)geboren; **~ gas** n Erdgas nt; **~ist** n Naturkundler(in) m(f); **~ly** adv natürlich

nature ['neɪtʃər] n Natur f; **by ~** von Natur (aus)

naught [nɔːt] n = **nought**

naughty ['nɔːtɪ] adj (child) unartig, ungezogen; (action) ungehörig

nausea ['nɔːsɪə] n (sickness) Übelkeit f; (disgust) Ekel m; **~te** ['nɔːsɪeɪt] vt anekeln

nautical ['nɔːtɪkl] adj nautisch; See-; (expression) seemännisch

naval ['neɪvl] adj Marine-, Flotten-; **~ officer** n Marineoffizier m

nave [neɪv] n Kirchen(haupt)schiff nt

navel ['neɪvl] n Nabel m

navigate ['nævɪgeɪt] vi navigieren;

navigation [nævɪ'geɪʃən] n Navigation f;

navigator ['nævɪgeɪtər] n Steuermann m; (AVIAT) Navigator m; (AUT) Beifahrer(in) m(f)

navvy ['nævɪ] (BRIT) n Straßenarbeiter m

navy ['neɪvɪ] n (Kriegs)marine f ♦ adj (also: ~ **blue**) marineblau

Nazi ['nɑːtsɪ] n Nazi m

NB abbr (= nota bene) NB

near [nɪər] adj nah ♦ adv in der Nähe ♦ prep (also: ~ **to**: space) in der Nähe +gen; (: time) um +acc ... herum ♦ vt sich nähern +dat; **a ~ miss** knapp daneben; **~by** adj nahe (gelegen) ♦ adv in der Nähe; **~ly** adv fast; **I ~ly fell** ich wäre fast gefallen; **~side** n (AUT) Beifahrerseite f ♦ adj auf der Beifahrerseite; **~-sighted** adj kurzsichtig

neat [niːt] adj (tidy) ordentlich; (solution) sauber; (pure) pur; **~ly** adv (tidily) ordentlich

necessarily ['nesɪsrɪlɪ] adv unbedingt

necessary ['nesɪsrɪ] adj notwendig, nötig; **he did all that was ~** er erledigte alles, was nötig war; **it is ~ to/that ...** man muss ...

necessitate [nɪˈsesɪteɪt] *vt* erforderlich machen

necessity [nɪˈsesɪtɪ] *n* (*need*) Not *f*; (*compulsion*) Notwendigkeit *f*; **necessities** *npl* (*things needed*) das Notwendigste

neck [nek] *n* Hals *m* ♦ *vi* (*inf*) knutschen; **~ and ~** Kopf an Kopf; **~lace** [ˈneklɪs] *n* Halskette *f*; **~line** [ˈneklaɪn] *n* Ausschnitt *m*; **~tie** [ˈnektaɪ] (*US*) *n* Krawatte *f*

née [neɪ] *adj* geborene

need [niːd] *n* Bedürfnis *nt*; (*lack*) Mangel *m*; (*necessity*) Notwendigkeit *f*; (*poverty*) Not *f* ♦ *vt* brauchen; **I ~ to do it** ich muss es tun; **you don't ~ to go** du brauchst nicht zu gehen

needle [ˈniːdl] *n* Nadel *f* ♦ *vt* (*fig: inf*) ärgern

needless [ˈniːdlɪs] *adj* unnötig; **~ to say** natürlich

needlework [ˈniːdlwəːk] *n* Handarbeit *f*

needn't [ˈniːdnt] = **need not**

needy [ˈniːdɪ] *adj* bedürftig

negative [ˈnegətɪv] *n* (*PHOT*) Negativ *nt* ♦ *adj* negativ; (*answer*) abschlägig; **~ equity** *n* Differenz zwischen gefallenem Wert und hypothekarischer Belastung eines Wohneigentums

neglect [nɪˈglekt] *vt* vernachlässigen ♦ *n* Vernachlässigung *f*; **~ed** *adj* vernachlässigt

negligee [ˈneglɪʒeɪ] *n* Negligee *nt*, Negligé *nt*

negligence [ˈneglɪdʒəns] *n* Nachlässigkeit *f*

negligible [ˈneglɪdʒɪbl] *adj* unbedeutend, geringfügig

negotiable [nɪˈgəʊʃɪəbl] *adj* (*cheque*) übertragbar, einlösbar

negotiate [nɪˈgəʊʃɪeɪt] *vi* verhandeln ♦ *vt* (*treaty*) abschließen; (*difficulty*) überwinden; (*corner*) nehmen; **negotiation** [nɪgəʊʃɪˈeɪʃən] *n* Verhandlung *f*; **negotiator** *n* Unterhändler *m*

neigh [neɪ] *vi* wiehern

neighbour [ˈneɪbəʳ] (*US* **neighbor**) *n* Nachbar(in) *m(f)*; **~hood** *n* Nachbarschaft *f*; Umgebung *f*; **~ing** *adj* benachbart, angrenzend; **~ly** *adj* (*person, attitude*) nachbarlich

neither [ˈnaɪðəʳ] *adj, pron* keine(r, s) (von beiden) ♦ *conj*: **he can't do it, and ~ can I** er kann es nicht und ich auch nicht ♦ *adv*: **~ good nor bad** weder gut noch schlecht; **~ story is true** keine der beiden Geschichten stimmt

neon [ˈniːɔn] *n* Neon *nt*; **~ light** *n* Neonlampe *f*

nephew [ˈnevjuː] *n* Neffe *m*

nerve [nəːv] *n* Nerv *m*; (*courage*) Mut *m*; (*impudence*) Frechheit *f*; **to have a fit of ~s** in Panik geraten; **~-racking** *adj* nervenaufreibend

nervous [ˈnəːvəs] *adj* (*of the nerves*) Nerven-; (*timid*) nervös, ängstlich; **~ breakdown** *n* Nervenzusammenbruch *m*; **~ness** *n* Nervosität *f*

nest [nest] *n* Nest *nt* ♦ *vi* nisten; **~ egg** *n* (*fig*) Notgroschen *m*

nestle [ˈnesl] *vi* sich kuscheln

Net [net] *n*: **the ~** das Internet

net *n* Netz *nt* ♦ *adj* netto, Netto- ♦ *vt* netto einnehmen; **~ball** *n* Netzball *m*

Netherlands [ˈneðələndz] *npl*: **the ~** die Niederlande *pl*

nett [net] *adj* = **net**

netting [ˈnetɪŋ] *n* Netz(werk) *nt*

nettle [ˈnetl] *n* Nessel *f*

network [ˈnetwəːk] *n* Netz *nt*

neurotic [njʊəˈrɔtɪk] *adj* neurotisch

neuter [ˈnjuːtəʳ] *adj* (*BIOL*) geschlechtslos; (*GRAM*) sächlich ♦ *vt* kastrieren

neutral [ˈnjuːtrəl] *adj* neutral ♦ *n* (*AUT*) Leerlauf *m*; **~ity** [njuːˈtrælɪtɪ] *n* Neutralität *f*; **~ize** *vt* (*fig*) ausgleichen

never [ˈnevəʳ] *adv* nie(mals); **I ~ went** ich bin gar nicht gegangen; **~ in my life** nie im Leben; **~-ending** *adj* endlos; **~theless** [nevəðəˈles] *adv* trotzdem, dennoch

new [njuː] *adj* neu; **N~ Age** *adj* Newage-, New-Age-; **~born** *adj* neugeboren; **~comer** [ˈnjuːkʌməʳ] *n* Neuankömmling *m*; **~fangled** (*pej*) *adj* neumodisch; **~found** *adj* neu entdeckt; **~ly** *adv* frisch, neu; **~lyweds** *npl* Frischvermählte *pl*; **~ moon** *n* Neumond *m*

news [njuːz] *n* Nachricht *f*; (*RAD, TV*) Nachrichten *pl*; **a piece of ~** eine

Nachricht; **~ agency** n Nachrichtenagentur f; **~agent** (BRIT) n Zeitungshändler m; **~caster** n Nachrichtensprecher(in) m(f); **~ flash** n Kurzmeldung f; **~letter** n Rundschreiben nt; **~paper** n Zeitung f; **~print** n Zeitungspapier nt; **~reader** n = **newscaster**; **~reel** n Wochenschau f; **~stand** n Zeitungsstand m

newt [njuːt] n Wassermolch m

New Year n Neujahr nt; **~'s Day** n Neujahrstag m; **~'s Eve** n Silvester(abend m) nt

New Zealand [-'ziːlənd] n Neuseeland nt; **~er** n Neuseeländer(in) m(f)

next [nɛkst] adj nächste(r, s) ♦ adv (after) dann, darauf; (~ time) das nächste Mal; **the ~ day** am nächsten or folgenden Tag; **~ time** das nächste Mal; **~ year** nächstes Jahr; **~ door** adv nebenan ♦ adj (neighbour, flat) von nebenan; **~ of kin** n nächste(r) Verwandte(r) mf; **~ to** prep neben; **~ to nothing** so gut wie nichts

NHS n abbr = **National Health Service**

nib [nɪb] n Spitze f

nibble ['nɪbl] vt knabbern an +dat

nice [naɪs] adj (person) nett; (thing) schön; (subtle) fein; **~-looking** adj gut aussehend; **~ly** adv gut, nett; **~ties** ['naɪsɪtɪz] npl Feinheiten pl

nick [nɪk] n Einkerbung f ♦ vt (inf: steal) klauen; **in the ~ of time** gerade rechtzeitig

nickel ['nɪkl] n Nickel nt; (US) Nickel m (5 cents)

nickname ['nɪkneɪm] n Spitzname m ♦ vt taufen

nicotine patch ['nɪkətiːn-] n Nikotinpflaster nt

niece [niːs] n Nichte f

Nigeria [naɪ'dʒɪərɪə] n Nigeria nt

niggling ['nɪɡlɪŋ] adj pedantisch; (doubt, worry) quälend

night [naɪt] n Nacht f; (evening) Abend m; **the ~ before last** vorletzte Nacht; **at or by ~** (before midnight) abends; (after midnight) nachts; **~cap** n (drink) Schlummertrunk m; **~club** n Nachtlokal nt; **~dress** n

Nachthemd nt; **~fall** n Einbruch m der Nacht; **~ gown** n = **nightdress**; **~ie** (inf) n Nachthemd nt

nightingale ['naɪtɪŋɡeɪl] n Nachtigall f

night: ~life ['naɪtlaɪf] n Nachtleben nt; **~ly** ['naɪtlɪ] adj, adv jeden Abend; jede Nacht; **~mare** ['naɪtmɛəʳ] n Albtraum m; **~ porter** n Nachtportier m; **~ school** n Abendschule f; **~ shift** n Nachtschicht f; **~time** n Nacht f

nil [nɪl] n Null f

Nile [naɪl] n: **the ~** der Nil

nimble ['nɪmbl] adj beweglich

nine [naɪn] num neun; **~teen** num neunzehn; **~ty** num neunzig

ninth [naɪnθ] adj neunte(r, s)

nip [nɪp] vt kneifen ♦ n Kneifen nt

nipple ['nɪpl] n Brustwarze f

nippy ['nɪpɪ] (inf) adj (person) flink; (BRIT: car) flott; (: cold) frisch

nitrogen ['naɪtrədʒən] n Stickstoff m

KEYWORD

no [nəu] (pl **noes**) adv (opposite of yes) nein; **to answer no** (to question) mit Nein antworten; (to request) Nein or nein sagen; **no thank you** nein, danke
♦ adj (not any) kein(e); **I have no money/ time** ich habe kein Geld/keine Zeit; **"no smoking"** "Rauchen verboten"
♦ n Nein nt; (no vote) Neinstimme f

---

nobility [nəu'bɪlɪtɪ] n Adel m

noble ['nəubl] adj (rank) adlig; (splendid) nobel, edel

nobody ['nəubədɪ] pron niemand, keiner

nocturnal [nɔk'təːnl] adj (tour, visit) nächtlich; (animal) Nacht-

nod [nɔd] vi nicken ♦ vt nicken mit ♦ n Nicken nt; **~ off** vi einnicken

noise [nɔɪz] n (sound) Geräusch nt; (unpleasant, loud) Lärm m; **noisy** ['nɔɪzɪ] adj laut; (crowd) lärmend

nominal ['nɔmɪnl] adj nominell

nominate ['nɔmɪneɪt] vt (suggest) vorschlagen; (in election) aufstellen; (appoint) ernennen; **nomination**

[nɔmɪ'neɪʃən] n (election) Nominierung f; (appointment) Ernennung f; **nominee** [nɔmɪ'ni:] n Kandidat(in) m(f)

non... [nɔn] prefix Nicht-, un-; **~-alcoholic** adj alkoholfrei

nonchalant ['nɔnʃələnt] adj lässig

non-committal [nɔnkə'mɪtl] adj (reserved) zurückhaltend; (uncommitted) unverbindlich

nondescript ['nɔndɪskrɪpt] adj mittelmäßig

none [nʌn] adj, pron kein(e, er, es) ♦ adv: **he's ~ the worse for it** es hat ihm nicht geschadet; **~ of you** keiner von euch; **I've ~ left** ich habe keinen mehr

nonentity [nɔ'nentɪtɪ] n Null f (inf)

nonetheless ['nʌnðə'les] adv nichtsdestoweniger

non-existent [nɔnɪg'zɪstənt] adj nicht vorhanden

non-fiction [nɔn'fɪkʃən] n Sachbücher pl

nonplussed [nɔn'plʌst] adj verdutzt

nonsense ['nɔnsəns] n Unsinn m

non: **~-smoker** n Nichtraucher(in) m(f); **~-smoking** adj Nichtraucher-; **~-stick** adj (pan, surface) Teflon- ®; **~-stop** adj Nonstop-, Non-Stop-

noodles ['nu:dlz] npl Nudeln pl

nook [nuk] n Winkel m; **~s and crannies** Ecken und Winkel

noon [nu:n] n (12 Uhr) Mittag m

no one ['nəuwʌn] pron = **nobody**

noose [nu:s] n Schlinge f

nor [nɔ:r] conj = **neither** ♦ adv see **neither**

norm [nɔ:m] n (convention) Norm f; (rule, requirement) Vorschrift f

normal ['nɔ:məl] adj normal; **~ly** adv normal; (usually) normalerweise

Normandy ['nɔ:məndɪ] n Normandie f

north [nɔ:θ] n Norden m ♦ adj nördlich, Nord- ♦ adv nördlich, nach or im Norden; **N~ Africa** n Nordafrika nt; **N~ America** n Nordamerika nt; **~-east** n Nordosten m; **~erly** ['nɔ:ðəlɪ] adj nördlich; **~ern** ['nɔ:ðən] adj nördlich, Nord-; **N~ern Ireland** n Nordirland nt; **N~ Pole** n Nordpol m; **N~ Sea** n Nordsee f; **~ward(s)** ['nɔ:θwəd(z)] adv nach Norden; **~-west** n Nordwesten m

Norway ['nɔ:weɪ] n Norwegen nt

Norwegian [nɔ:'wi:dʒən] adj norwegisch ♦ n Norweger(in) m(f); (LING) Norwegisch nt

nose [nəuz] n Nase f ♦ vi: **to ~ about** herumschnüffeln; **~bleed** n Nasenbluten nt; **~ dive** n Sturzflug m; **~y** adj = **nosy**

nostalgia [nɔs'tældʒɪə] n Nostalgie f; **nostalgic** adj nostalgisch

nostril ['nɔstrɪl] n Nasenloch nt

nosy ['nəuzɪ] (inf) adj neugierig

not [nɔt] adv nicht; **he is ~** or **isn't here** er ist nicht hier; **it's too late, isn't it?** es ist zu spät, oder or nicht wahr?; **~ yet/now** noch nicht/nicht jetzt; see also **all**; **only**

notably ['nəutəblɪ] adv (especially) besonders; (noticeably) bemerkenswert

notary ['nəutərɪ] n Notar(in) m(f)

notch [nɔtʃ] n Kerbe f, Einschnitt m

note [nəut] n (MUS) Note f, Ton m; (short letter) Nachricht f; (POL) Note f; (comment, attention) Notiz f; (of lecture etc) Aufzeichnung f; (banknote) Schein m; (fame) Ruf m ♦ vt (observe) bemerken; (also: **~ down**) notieren; **~book** n Notizbuch nt; **~d** adj bekannt; **~pad** n Notizblock m; **~paper** n Briefpapier nt

nothing ['nʌθɪŋ] n nichts; **~ new/much** nichts Neues/nicht viel; **for ~** umsonst

notice ['nəutɪs] n (announcement) Bekanntmachung f; (warning) Ankündigung f; (dismissal) Kündigung f ♦ vt bemerken; **to take ~ of** beachten; **at short ~** kurzfristig; **until further ~** bis auf weiteres; **to hand in one's ~** kündigen; **~able** adj merklich; **~ board** n Anschlagtafel f

notify ['nəutɪfaɪ] vt benachrichtigen

notion ['nəuʃən] n Idee f

notorious [nəu'tɔ:rɪəs] adj berüchtigt

notwithstanding [nɔtwɪθ'stændɪŋ] adv trotzdem; **~ this** ungeachtet dessen

nought [nɔ:t] n Null f

noun [naun] n Substantiv nt

nourish ['nʌrɪʃ] vt nähren; **~ing** adj nahrhaft; **~ment** n Nahrung f

novel ['nɔvl] n Roman m ♦ adj neu(artig); **~ist** n Schriftsteller(in) m(f); **~ty** n Neuheit f

November [nəʊ'vembər] *n* November *m*

novice ['nɒvɪs] *n* Neuling *m*

now [naʊ] *adv* jetzt; **right ~** jetzt, gerade; **by ~** inzwischen; **just ~** gerade; **~ and then**, **~ and again** ab und zu, manchmal; **from ~ on** von jetzt an; **~adays** *adv* heutzutage

nowhere ['nəʊwɛər] *adv* nirgends

nozzle ['nɒzl] *n* Düse *f*

nuclear ['njuːklɪər] *adj* (*energy etc*) Atom-, Kern-

nuclei ['njuːklɪaɪ] *npl* of **nucleus**

nucleus ['njuːklɪəs] *n* Kern *m*

nude [njuːd] *adj* nackt ♦ *n* (*ART*) Akt *m*; **in the ~** nackt

nudge [nʌdʒ] *vt* leicht anstoßen

nudist ['njuːdɪst] *n* Nudist(in) *m(f)*

nudity ['njuːdɪtɪ] *n* Nacktheit *f*

nuisance ['njuːsns] *n* Ärgernis *nt*; **what a ~!** wie ärgerlich!

nuke [njuːk] (*inf*) *n* Kernkraftwerk *nt* ♦ *vt* atomar vernichten

null [nʌl] *adj*: **~ and void** null und nichtig

numb [nʌm] *adj* taub, gefühllos ♦ *vt* betäuben

number ['nʌmbər] *n* Nummer *f*; (*numeral also*) Zahl *f*; (*quantity*) (An)zahl *f* ♦ *vt* nummerieren; (*amount to*) sein; **to be ~ed among** gezählt werden zu; **a ~ of** (*several*) einige; **they were ten in ~** sie waren zehn an der Zahl; **~ plate** (*BRIT*) *n* (*AUT*) Nummernschild *nt*

numeral ['njuːmərəl] *n* Ziffer *f*

numerate ['njuːmərɪt] *adj* rechenkundig

numerical [njuː'merɪkl] *adj* (*order*) zahlenmäßig

numerous ['njuːmərəs] *adj* zahlreich

nun [nʌn] *n* Nonne *f*

nurse [nɜːs] *n* Krankenschwester *f*; (*for children*) Kindermädchen *nt* ♦ *vt* (*patient*) pflegen; (*doubt etc*) hegen

nursery ['nɜːsərɪ] *n* (*for children*) Kinderzimmer *nt*; (*for plants*) Gärtnerei *f*; (*for trees*) Baumschule *f*; **~ rhyme** *n* Kinderreim *m*; **~ school** *n* Kindergarten *m*; **~ slope** (*BRIT*) *n* (*SKI*) Idiotenhügel *m* (*inf*), Anfängerhügel *m*

nursing ['nɜːsɪŋ] *n* (*profession*) Krankenpflege *f*; **~ home** *n* Privatklinik *f*

nurture ['nɜːtʃər] *vt* aufziehen

nut [nʌt] *n* Nuss *f*; (*TECH*) Schraubenmutter *f*; (*inf*) Verrückte(r) *mf*; **he's ~s** er ist verrückt; **~crackers** ['nʌtkrækəz] *npl* Nussknacker *m*

nutmeg ['nʌtmeg] *n* Muskat(nuss *f*) *m*

nutrient ['njuːtrɪənt] *n* Nährstoff *m*

nutrition [njuː'trɪʃən] *n* Nahrung *f*;
nutritious [njuː'trɪʃəs] *adj* nahrhaft

nutshell ['nʌtʃel] *n* Nussschale *f*; **in a ~** (*fig*) kurz gesagt

nutter ['nʌtər] (*BRIT*: *inf*) *n* Spinner(in) *m(f)*

nylon ['naɪlɒn] *n* Nylon *nt* ♦ *adj* Nylon-

O, o

oak [əʊk] *n* Eiche *f* ♦ *adj* Eichen(holz)-

O.A.P. *abbr* = **old-age pensioner**

oar [ɔːr] *n* Ruder *nt*

oases [əʊ'eɪsiːz] *npl* of **oasis**

oasis [əʊ'eɪsɪs] *n* Oase *f*

oath [əʊθ] *n* (*statement*) Eid *m*, Schwur *m*; (*swearword*) Fluch *m*

oatmeal ['əʊtmiːl] *n* Haferschrot *m*

oats [əʊts] *npl* Hafer *m*

obedience [ə'biːdɪəns] *n* Gehorsam *m*

obedient [ə'biːdɪənt] *adj* gehorsam

obesity [əʊ'biːsɪtɪ] *n* Fettleibigkeit *f*

obey [ə'beɪ] *vt*, *vi*: **to ~ (sb)** (jdm) gehorchen

obituary [ə'bɪtjʊərɪ] *n* Nachruf *m*

object [*n* 'ɒbdʒɪkt, *vb* əb'dʒekt] *n* (*thing*) Gegenstand *m*, Objekt *nt*; (*purpose*) Ziel *nt* ♦ *vi* dagegen sein; **expense is no ~** Ausgaben spielen keine Rolle; **I ~!** ich protestiere!; **to ~ to sth** Einwände gegen etw haben; (*morally*) Anstoß an etw *acc* nehmen; **to ~ that** einwenden, dass; **~ion** [əb'dʒekʃən] *n* (*reason against*) Einwand *m*, Einspruch *m*; (*dislike*) Abneigung *f*; **I have no ~ion to ...** ich habe nichts gegen ... einzuwenden; **~ionable** [əb'dʒekʃənəbl] *adj* nicht einwandfrei; (*language*) anstößig

objective [əb'dʒektɪv] *n* Ziel *nt* ♦ *adj* objektiv

obligation [ɒblɪ'geɪʃən] *n* Verpflichtung *f*; **without ~** unverbindlich; **obligatory**

[ə'blɪgətərɪ] *adj* obligatorisch

oblige [ə'blaɪdʒ] *vt* (*compel*) zwingen; (*do a favour*) einen Gefallen tun +*dat*; **to be ~d to sb for sth** jdm für etw verbunden sein

obliging [ə'blaɪdʒɪŋ] *adj* entgegenkommend

oblique [ə'bli:k] *adj* schräg, schief ♦ *n* Schrägstrich *m*

obliterate [ə'blɪtəreɪt] *vt* auslöschen

oblivion [ə'blɪvɪən] *n* Vergessenheit *f*

oblivious [ə'blɪvɪəs] *adj* nicht bewusst

oblong [ˈɒblɒŋ] *n* Rechteck *nt* ♦ *adj* länglich

obnoxious [əb'nɒkʃəs] *adj* widerlich

oboe [ˈəubəu] *n* Oboe *f*

obscene [əb'si:n] *adj* obszön; **obscenity** [əb'senɪtɪ] *n* Obszönität *f*; **obscenities** *npl* (*oaths*) Zoten *pl*

obscure [əb'skjuər] *adj* unklar; (*indistinct*) undeutlich; (*unknown*) unbekannt, obskur; (*dark*) düster ♦ *vt* verdunkeln; (*view*) verbergen; (*confuse*) verwirren; **obscurity** [əb'skjuərɪtɪ] *n* Unklarheit *f*; (*darkness*) Dunkelheit *f*

observance [əb'zə:vəns] *n* Befolgung *f*

observant [əb'zə:vənt] *adj* aufmerksam

observation [ɒbzə'veɪʃən] *n* (*noticing*) Beobachtung *f*; (*surveillance*) Überwachung *f*; (*remark*) Bemerkung *f*

observatory [əb'zə:vətrɪ] *n* Sternwarte *f*, Observatorium *nt*

observe [əb'zə:v] *vt* (*notice*) bemerken; (*watch*) beobachten; (*customs*) einhalten; ~r *n* Beobachter(in) *m(f)*

obsess [əb'ses] *vt* verfolgen, quälen; ~**ion** [əb'seʃən] *n* Besessenheit *f*, Wahn *m*; ~**ive** *adj* krankhaft

obsolete [ˈɒbsəli:t] *adj* überholt, veraltet

obstacle [ˈɒbstəkl] *n* Hindernis *nt*; ~ **race** *n* Hindernisrennen *nt*

obstetrics [ɒb'stetrɪks] *n* Geburtshilfe *f*

obstinate [ˈɒbstɪnɪt] *adj* hartnäckig, stur

obstruct [əb'strʌkt] *vt* versperren; (*pipe*) verstopfen; (*hinder*) hemmen; ~**ion** [əb'strʌkʃən] *n* Versperrung *f*; Verstopfung *f*; (*obstacle*) Hindernis *nt*

obtain [əb'teɪn] *vt* erhalten, bekommen; (*result*) erzielen

obtrusive [əb'tru:sɪv] *adj* aufdringlich

obvious [ˈɒbvɪəs] *adj* offenbar, offensichtlich; ~**ly** *adv* offensichtlich

occasion [ə'keɪʒən] *n* Gelegenheit *f*; (*special event*) Ereignis *nt*; (*reason*) Anlass *m* ♦ *vt* veranlassen; ~**al** *adj* gelegentlich; ~**ally** *adv* gelegentlich

occupant [ˈɒkjupənt] *n* Inhaber(in) *m(f)*; (*of house*) Bewohner(in) *m(f)*

occupation [ɒkju'peɪʃən] *n* (*employment*) Tätigkeit *f*, Beruf *m*; (*pastime*) Beschäftigung *f*; (*of country*) Besetzung *f*, Okkupation *f*; ~**al hazard** *n* Berufsrisiko *nt*

occupier [ˈɒkjupaɪər] *n* Bewohner(in) *m(f)*

occupy [ˈɒkjupaɪ] *vt* (*take possession of*) besetzen; (*seat*) belegen; (*live in*) bewohnen; (*position, office*) bekleiden; (*position in sb's life*) einnehmen; (*time*) beanspruchen; **to ~ o.s. with sth** sich mit etw beschäftigen; **to ~ o.s. by doing sth** sich damit beschäftigen, etw zu tun

occur [ə'kə:r] *vi* vorkommen; **to ~ to sb** jdm einfallen; ~**rence** *n* (*event*) Ereignis *nt*; (*appearing*) Auftreten *nt*

ocean [ˈəuʃən] *n* Ozean *m*, Meer *nt*; ~-**going** *adj* Hochsee-

o'clock [ə'klɒk] *adv*: **it is 5 ~** es ist 5 Uhr

OCR *n abbr* = **optical character reader**

octagonal [ɒk'tægənl] *adj* achteckig

October [ɒk'təubər] *n* Oktober *m*

octopus [ˈɒktəpəs] *n* Krake *f*; (*small*) Tintenfisch *m*

odd [ɒd] *adj* (*strange*) sonderbar; (*not even*) ungerade; (*sock etc*) einzeln; (*surplus*) übrig; **60-~** so um die 60; **at ~ times** ab und zu; **to be the ~ one out** (*person*) das fünfte Rad am Wagen sein; (*thing*) nicht dazugehören; ~**ity** *n* (*strangeness*) Merkwürdigkeit *f*; (*queer person*) seltsame(r) Kauz *m*; (*thing*) Kuriosität *f*; ~-**job man** (*irreg*) *n* Mädchen *nt* für alles; ~ **jobs** *npl* gelegentlich anfallende Arbeiten; ~**ly** *adv* seltsam; ~**ments** *npl* Reste *pl*; ~**s** *npl* Chancen *pl*; (*betting*) Gewinnchancen *pl*; **it makes no ~s** es spielt keine Rolle; **at ~s** uneinig; ~**s and ends** *npl* Krimskrams *m*

odometer [ɒ'dɒmɪtər] (*esp US*) *n* Tacho(meter) *m*

odour ['əudə*r*] (*US* **odor**) *n* Geruch *m*

of [ɒv, əv] *prep* **1** von +*dat; use of gen;* **the history of Germany** die Geschichte Deutschlands; **a friend of ours** ein Freund von uns; **a boy of 10** ein 10-jähriger Junge; **that was kind of you** das war sehr freundlich von Ihnen

2 (*expressing quantity, amount, dates etc*): **a kilo of flour** ein Kilo Mehl; **how much of this do you need?** wie viel brauchen Sie (davon)?; **there were 3 of them** (*people*) sie waren zu dritt; (*objects*) es gab 3 (davon); **a cup of tea/vase of flowers** eine Tasse Tee/Vase mit Blumen; **the 5th of July** der 5. Juli

3 (*from, out of*) aus; **a bridge made of wood** eine Holzbrücke, eine Brücke aus Holz

off [ɒf] *adj, adv* (*absent*) weg, fort; (*switch*) aus(geschaltet), ab(geschaltet); (*BRIT: food: bad*) schlecht; (*cancelled*) abgesagt ♦ *prep* von +*dat;* **to be ~** (*to leave*) gehen; **to be ~ sick** krank sein; **a day ~** ein freier Tag; **to have an ~ day** einen schlechten Tag haben; **he had his coat ~** er hatte seinen Mantel aus; **10% ~** (*COMM*) 10% Rabatt; **5 km ~ (the road)** 5 km (von der Straße) entfernt; **~ the coast** vor der Küste; **I'm ~ meat** (*no longer eat it*) ich esse kein Fleisch mehr; (*no longer like it*) ich mag kein Fleisch mehr; **on the ~ chance** auf gut Glück

offal ['ɒfl] *n* Innereien *pl*

off-colour ['ɒf'kʌlə*r*] *adj* nicht wohl

offence [ə'fɛns] (*US* **offense**) *n* (*crime*) Vergehen *nt*, Straftat *f;* (*insult*) Beleidigung *f;* **to take ~** at gekränkt sein wegen

offend [ə'fɛnd] *vt* beleidigen; **~er** *n* Gesetzesübertreter *m*

offense [ə'fɛns] (*US*) *n* = **offence**

offensive [ə'fɛnsɪv] *adj* (*unpleasant*) übel, abstoßend; (*weapon*) Kampf-; (*remark*) verletzend ♦ *n* Angriff *m*

offer ['ɒfə*r*] *n* Angebot *f* ♦ *vt* anbieten; (*opinion*) äußern; (*resistance*) leisten; **on ~**

zum Verkauf angeboten; **~ing** *n* Gabe *f*

offhand [ɒf'hænd] *adj* lässig ♦ *adv* ohne weiteres

office ['ɒfɪs] *n* Büro *nt;* (*position*) Amt *nt;* **doctor's ~** (*US*) Praxis *f;* **to take ~** sein Amt antreten; (*POL*) die Regierung übernehmen; **~ automation** *n* Büroautomatisierung *f;* **~ block** (*US* **~ building**) *n* Büro(hoch)haus *nt;* **~ hours** *npl* Dienstzeit *f;* (*US: MED*) Sprechstunde *f*

officer ['ɒfɪsə*r*] *n* (*MIL*) Offizier *m;* (*public ~*) Beamte(r) *m*

official [ə'fɪʃl] *adj* offiziell, amtlich ♦ *n* Beamte(r) *m;* **~dom** *n* Beamtentum *nt*

officiate [ə'fɪʃɪeɪt] *vi* amtieren

officious [ə'fɪʃəs] *adj* aufdringlich

offing ['ɒfɪŋ] *n:* **in the ~** in (Aus)sicht

i **Off-licence** *ist ein Geschäft (oder eine Theke in einer Gaststätte), wo man alkoholische Getränke kaufen kann, die aber anderswo konsumiert werden müssen. In solchen Geschäften, die oft von landesweiten Ketten betrieben werden, kann man auch andere Getränke, Süßigkeiten, Zigaretten und Knabbereien kaufen.*

off: **~-licence** (*BRIT*) *n* (*shop*) Wein- und Spirituosenhandlung *f;* **~-line** *adj* (*COMPUT*) Offline- ♦ *adv* (*COMPUT*) offline; **~-peak** *adj* (*charges*) verbilligt; **~-putting** (*BRIT*) *adj* (*person, remark etc*) abstoßend; **~-road vehicle** *n* Geländefahrzeug *nt;* **~-season** *adj* außer Saison; **~-set** (*irreg: like* **set**) *vt* ausgleichen ♦ *adj* (*also:* **~set printing**) Offset(druck) *m;* **~-shoot** *n* (*fig: of organization*) Zweig *m;* (*: of discussion etc*) Randergebnis *nt;* **~-shore** *adv* in einiger Entfernung von der Küste ♦ *adj* küstennah, Küsten-; **~-side** *adj* (*SPORT*) im Abseits ♦ *adv* abseits *f n* (*AUT*) Fahrerseite *f;* **~-spring** *n* Nachkommenschaft *f;* (*one*) Sprössling *m;* **~-stage** *adv* hinter den Kulissen; **~-the-cuff** *adj* unvorbereitet, aus dem Stegreif; **~-the-peg** (*US* **~-the-rack**) *adv* von der Stange; **~-white** *adj* naturweiß

Oftel ['ɔftel] *n Überwachungsgremium zum Verbraucherschutz nach Privatisierung der Telekommunikationsindustrie*

often ['ɔfn] *adv* oft

Ofwat ['ɔfwɔt] *n Überwachungsgremium zum Verbraucherschutz nach Privatisierung der Wasserindustrie*

ogle ['əugl] *vt* liebäugeln mit

oil [ɔɪl] *n* Öl *nt* ♦ *vt* ölen; **~can** *n* Ölkännchen *nt*; **~field** *n* Ölfeld *nt*; **~ filter** *n* (AUT) Ölfilter *m*; **~-fired** *adj* Öl-; **~ painting** *n* Ölgemälde *nt*; **~ rig** *n* Ölplattform *f*; **~skins** *npl* Ölzeug *nt*; **~ slick** *n* Ölteppich *m*; **~ tanker** *n* (Öl)tanker *m*; **~ well** *n* Ölquelle *f*; **~y** *adj* ölig; (*dirty*) ölbeschmiert

ointment ['ɔɪntmənt] *n* Salbe *f*

O.K. ['əu'keɪ] *excl* in Ordnung, O. K., o. k. ♦ *adj* in Ordnung ♦ *vt* genehmigen

okay ['əu'keɪ] = **O.K.**

old [əuld] *adj* alt; **how ~ are you?** wie alt bist du?; **he's 10 years ~** er ist 10 Jahre alt; **~er brother** ältere(r) Bruder *m*; **~ age** *n* Alter *nt*; **~-age pensioner** (BRIT) *n* Rentner(in) *m(f)*; **~-fashioned** *adj* altmodisch

olive ['ɔlɪv] *n* (*fruit*) Olive *f*; (*colour*) Olive *nt* ♦ *adj* Oliven-; (*coloured*) olivenfarbig; **~ oil** *n* Olivenöl *nt*

Olympic [əu'lɪmpɪk] *adj* olympisch; **the ~ Games, the ~s** die Olympischen Spiele

omelet(te) ['ɔmlɪt] *n* Omelett *nt*

omen ['əumən] *n* Omen *nt*

ominous ['ɔmɪnəs] *adj* bedrohlich

omission [əu'mɪʃən] *n* Auslassung *f*; (*neglect*) Versäumnis *nt*

omit [əu'mɪt] *vt* auslassen; (*fail to do*) versäumen

KEYWORD

on [ɔn] *prep* **1** (*indicating position*) auf +*dat*; (*with vb of motion*) auf +*acc*; (*on vertical surface, part of body*) an +*dat/acc*; **it's on the table** es ist auf dem Tisch; **she put the book on the table** sie legte das Buch auf den Tisch; **on the left** links
2 (*indicating means, method, condition etc*): **on foot** (*go, be*) zu Fuß; **on the train/plane** (*go*) mit dem Zug/Flugzeug; (*be*) im Zug/Flugzeug; **on the telephone/television** am Telefon/im Fernsehen; **to be on drugs** Drogen nehmen; **to be on holiday/business** im Urlaub/auf Geschäftsreise sein
3 (*referring to time*): **on Friday** (am) Freitag; **on Fridays** freitags; **on June 20th** am 20. Juni; **a week on Friday** Freitag in einer Woche; **on arrival he ...** als er ankam, er ...
4 (*about, concerning*) über +*acc*
♦ *adv* **1** (*referring to dress*) an; **she put her boots/hat on** sie zog ihre Stiefel an/setzte ihren Hut auf
2 (*further, continuously*) weiter; **to walk on** weitergehen
♦ *adj* **1** (*functioning, in operation: machine, TV, light*) an; (: *tap*) aufgedreht; (: *brakes*) angezogen; **is the meeting still on?** findet die Versammlung noch statt?; **there's a good film on** es läuft ein guter Film
2: **that's not on!** (*inf: of behaviour*) das liegt nicht drin!

---

once [wʌns] *adv* einmal ♦ *conj* wenn ... einmal; **~ he had left/it was done** nachdem er gegangen war/es fertig war; **at ~** sofort; (*at the same time*) gleichzeitig; **~ a week** einmal in der Woche; **~ more** noch einmal; **~ and for all** ein für alle Mal; **~ upon a time** es war einmal

oncoming ['ɔnkʌmɪŋ] *adj* (*traffic*) Gegen-, entgegenkommend

---

KEYWORD

one [wʌn] *num* eins; (*with noun, referring back to noun*) ein/eine/ein; **it is one (o'clock)** es ist eins, es ist ein Uhr; **one hundred and fifty** einhundertfünfzig
♦ *adj* **1** (*sole*) einzige(r, s); **the one book which** das einzige Buch, welches
2 (*same*) derselbe/dieselbe/dasselbe; **they came in the one car** sie kamen alle in dem einen Auto
3 (*indef*): **one day I discovered ...** eines Tages bemerkte ich ...

♦ *pron* **1** eine(r, s); **do you have a red one?** haben Sie einen roten/eine rote/ein rotes?; **this one** diese(r, s); **that one** der/ die/das; **which one?** welche(r, s)?; **one by one** einzeln

2: **one another** einander; **do you two ever see one another?** seht ihr beide euch manchmal?

3 (*impers*) man; **one never knows** man kann nie wissen; **to cut one's finger** sich in den Finger schneiden

one: **~-armed bandit** *n* einarmiger Bandit *m*; **~-day excursion** (*US*) *n* (*day return*) Tagesrückfahrkarte *f*; **~-man** *adj* Einmann-; **~-man band** *n* Einmannkapelle *f*; (*fig*) Einmannbetrieb *m*; **~-off** (*BRIT*: *inf*) *n* Einzelfall *m*

oneself [wʌn'self] *pron* (*reflexive*: *after prep*) sich; (*~ personally*) sich selbst *or* selber; (*emphatic*) (sich) selbst; **to hurt ~** sich verletzen

one: **~-sided** *adj* (*argument*) einseitig; **~-to-~** *adj* (*relationship*) eins-zu-eins; **~-upmanship** [wʌn'ʌpmənʃɪp] *n* die Kunst, anderen um eine Nasenlänge voraus zu sein; **~-way** *adj* (*street*) Einbahn-

ongoing [ˈɒngəʊɪŋ] *adj* (*ongoing*) momentan; (*progressing*) sich entwickelnd

onion [ˈʌnjən] *n* Zwiebel *f*

on-line [ˈɒnlaɪn] *adj* (*COMPUT*) Online-

onlooker [ˈɒnlʊkəʳ] *n* Zuschauer(in) *m(f)*

only [ˈəʊnlɪ] *adv* nur, bloß ♦ *adj* einzige(r, s) ♦ *conj* nur, bloß; **an ~ child** ein Einzelkind; **not ~ ... but also ...** nicht nur ..., sondern auch ...

onset [ˈɒnset] *n* (*start*) Beginn *m*

onshore [ˈɒnʃɔːʳ] *adj* (*wind*) See-

onslaught [ˈɒnslɔːt] *n* Angriff *m*

onto [ˈɒntu] *prep* = **on to**

onus [ˈəʊnəs] *n* Last *f*, Pflicht *f*

onward(s) [ˈɒnwəd(z)] *adv* (*place*) voran, vorwärts; **from that day ~** von dem Tag an; **from today ~** ab heute

ooze [uːz] *vi* sickern

opaque [əʊˈpeɪk] *adj* undurchsichtig

OPEC [ˈəʊpek] *n abbr* (= *Organization of*

Petroleum-Exporting Countries) OPEC *f*

open [ˈəʊpn] *adj* offen; (*public*) öffentlich; (*mind*) aufgeschlossen ♦ *vt* öffnen, aufmachen; (*trial, motorway, account*) eröffnen ♦ *vi* (*begin*) anfangen; (*shop*) aufmachen; (*door, flower*) aufgehen; (*play*) Premiere haben; **in the ~ (air)** im Freien; **~ on to** *vt fus* sich öffnen auf +*acc*; **~ up** *vt* (*route*) erschließen; (*shop, prospects*) eröffnen ♦ *vi* öffnen; **~ing** *n* (*hole*) Öffnung *f*; (*beginning*) Anfang *m*; (*good chance*) Gelegenheit *f*; **~ing hours** *npl* Öffnungszeiten *pl*; **~ learning centre** *n* Weiterbildungseinrichtung auf Teilzeitbasis; **~ly** *adv* offen; (*publicly*) öffentlich; **~-minded** *adj* aufgeschlossen; **~-necked** *adj* offen; **~-plan** *adj* (*office*) Großraum-; (*flat etc*) offen angelegt

---

Open University

i **Open University** *ist eine 1969 in Großbritannien gegründete Fernuniversität für Spätstudierende. Der Unterricht findet durch Fernseh- und Radiosendungen statt, schriftliche Arbeiten werden mit der Post verschickt, und der Besuch von Sommerkursen ist Pflicht. Die Studenten müssen eine bestimmte Anzahl von Unterrichtseinheiten in einem bestimmten Zeitraum absolvieren und für die Verleihung eines akademischen Grades eine Mindestzahl von Scheinen machen.*

opera [ˈɒpərə] *n* Oper *f*; **~ house** *n* Opernhaus *nt*

operate [ˈɒpəreɪt] *vt* (*machine*) bedienen; (*brakes, light*) betätigen ♦ *vi* (*machine*) laufen, in Betrieb sein; (*person*) arbeiten; (*MED*): **to ~ on** operieren

operatic [ɒpəˈrætɪk] *adj* Opern-

operating [ˈɒpəreɪtɪŋ] *adj*: **~ table/theatre** Operationstisch *m*/-saal *m*

operation [ɒpəˈreɪʃən] *n* (*working*) Betrieb *m*; (*MED*) Operation *f*; (*undertaking*) Unternehmen *nt*; (*MIL*) Einsatz *m*; **to be in ~** (*JUR*) in Kraft sein; (*machine*) in Betrieb sein; **to have an ~** (*MED*) operiert werden;

~al adj einsatzbereit
operative ['ɔpərətɪv] adj wirksam
operator ['ɔpəreɪtə'] n (of machine) Arbeiter m; (TEL) Telefonist(in) m(f)
opinion [ə'pɪnjən] n Meinung f; **in my ~** meiner Meinung nach; **~ated** adj starrsinnig; **~ poll** n Meinungsumfrage f
opponent [ə'pəunənt] n Gegner m
opportunity [ɔpə'tjuːnɪtɪ] n Gelegenheit f, Möglichkeit f; **to take the ~ of doing sth** die Gelegenheit ergreifen, etw zu tun
oppose [ə'pəuz] vt entgegentreten +dat; (argument, idea) ablehnen; (plan) bekämpfen; **to be ~d to sth** gegen etw sein; **as ~d to** im Gegensatz zu; **opposing** adj gegnerisch; (points of view) entgegengesetzt
opposite ['ɔpəzɪt] adj (house) gegenüberliegend; (direction) entgegengesetzt ♦ adv gegenüber ♦ prep gegenüber ♦ n Gegenteil nt
opposition [ɔpə'zɪʃən] n (resistance) Widerstand m; (POL) Opposition f; (contrast) Gegensatz m
oppress [ə'pres] vt unterdrücken; (heat etc) bedrücken; **~ion** [ə'preʃən] n Unterdrückung f; **~ive** adj (authority, law) repressiv; (burden, thought) bedrückend; (heat) drückend
opt [ɔpt] vi: **to ~ for** sich entscheiden für; **to ~ to do sth** sich entscheiden, etw zu tun; **to ~ out of** sich drücken vor +dat
optical ['ɔptɪkl] adj optisch; **~ character reader** n optische(s) Lesegerät nt
optician [ɔp'tɪʃən] n Optiker m
optimist ['ɔptɪmɪst] n Optimist m; **~ic** [ɔptɪ'mɪstɪk] adj optimistisch
optimum ['ɔptɪməm] adj optimal
option ['ɔpʃən] n Wahl f; (COMM) Option f; **to keep one's ~s open** sich alle Möglichkeiten offen halten; **~al** adj freiwillig; (subject) wahlfrei; **~al extras** npl Extras auf Wunsch
or [ɔː'] conj oder; **he could not read ~ write** er konnte weder lesen noch schreiben; **~ else** sonst
oral ['ɔːrəl] adj mündlich ♦ n (exam)

mündliche Prüfung f
orange ['ɔrɪndʒ] n (fruit) Apfelsine f, Orange f; (colour) Orange nt ♦ adj orange
orator ['ɔrətə'] n Redner(in) m(f)
orbit ['ɔːbɪt] n Umlaufbahn f
orbital (motorway) ['ɔːbɪtəl-] n Ringautobahn f
orchard ['ɔːtʃəd] n Obstgarten m
orchestra ['ɔːkɪstrə] n Orchester nt; (US: seating) Parkett nt; **~l** [ɔː'kestrəl] adj Orchester-, orchestral
orchid ['ɔːkɪd] n Orchidee f
ordain [ɔː'deɪn] vt (ECCL) weihen
ordeal [ɔː'diːl] n Qual f
order ['ɔːdə'] n (sequence) Reihenfolge f; (good arrangement) Ordnung f; (command) Befehl m; (JUR) Anordnung f; (peace) Ordnung f; (condition) Zustand m; (rank) Klasse f; (COMM) Bestellung f; (ECCL, honour) Orden m ♦ vt (also: **put in ~**) ordnen; (command) befehlen; (COMM) bestellen; **in ~** in der Reihenfolge; **in (working) ~** in gutem Zustand; **in ~ to do sth** um etw zu tun; **on ~** (COMM) auf Bestellung; **to ~ sb to do sth** jdm befehlen, etw zu tun; **to ~ sth** (command) etw acc befehlen; **~ form** n Bestellschein m; **~ly** n (MIL) Sanitäter m; (MED) Pfleger m ♦ adj (tidy) ordentlich; (well-behaved) ruhig
ordinary ['ɔːdnrɪ] adj gewöhnlich ♦ n: **out of the ~** außergewöhnlich
Ordnance Survey ['ɔːdnəns-] (BRIT) n amtliche(r) Kartografiedienst m
ore [ɔː'] n Erz nt
organ ['ɔːgən] n (MUS) Orgel f; (BIOL, fig) Organ nt
organic [ɔː'gænɪk] adj (food, farming etc) biodynamisch
organization [ɔːgənaɪ'zeɪʃən] n Organisation f; (make-up) Struktur f
organize ['ɔːgənaɪz] vt organisieren; **~r** n Organisator m, Veranstalter m
orgasm ['ɔːgæzəm] n Orgasmus m
orgy ['ɔːdʒɪ] n Orgie f
Orient ['ɔːrɪənt] n Orient m; **o~al** [ɔːrɪ'entl] adj orientalisch
origin ['ɔrɪdʒɪn] n Ursprung m; (of the world)

Anfang *m*, Entstehung *f*; **~al** [ə'rɪdʒɪnl] *adj*
(*first*) ursprünglich; (*painting*) original; (*idea*)
originell ♦ *n* Original *nt*; **~ally** *adv*
ursprünglich; originell; **~ate** [ə'rɪdʒneɪt] *vi*
entstehen ♦ *vt* ins Leben rufen; **to ~ate
from** stammen aus

Orkney ['ɔːknɪ] *npl* (*also:* **the ~ Islands**) die
Orkneyinseln *pl*

ornament ['ɔːnəmənt] *n* Schmuck *m*; (*on
mantelpiece*) Nippesfigur *f*; **~al** [ɔːnə'mɛntl]
adj Zier-

ornate [ɔː'neɪt] *adj* reich verziert

orphan ['ɔːfn] *n* Waise *f*, Waisenkind *nt* ♦ *vt*:
to be ~ed Waise werden; **~age** *n*
Waisenhaus *nt*

orthodox ['ɔːθədɔks] *adj* orthodox; **~y** *n*
Orthodoxie *f*; (*fig*) Konventionalität *f*

orthopaedic [ɔːθə'piːdɪk] (*US* **orthopedic**)
adj orthopädisch

ostentatious [ɔstɛn'teɪʃəs] *adj* großtuerisch,
protzig

ostracize ['ɔstrəsaɪz] *vt* ausstoßen

ostrich ['ɔstrɪtʃ] *n* Strauß *m*

other [ˈʌðəʳ] *adj* andere(r, s) ♦ *pron* andere(r,
s) ♦ *adv*: **~ than** anders als; **the ~ (one)**
der/die/das andere; **the ~ day** neulich; **~s**
(*~ people*) andere; **~wise** *adv* (*in a different
way*) anders; (*or else*) sonst

otter ['ɔtəʳ] *n* Otter *m*

ouch [autʃ] *excl* aua

ought [ɔːt] *vb aux* sollen; **I ~ to do it** ich
sollte es tun; **this ~ to have been
corrected** das hätte korrigiert werden
sollen

ounce [auns] *n* Unze *f*

our ['auəʳ] *adj* unser; *see also* **my**; **~s** *pron*
unsere(r, s); *see also* **mine²**; **~selves** *pron*
uns (selbst); (*emphatic*) (wir) selbst; *see also*
oneself

oust [aust] *vt* verdrängen

out [aut] *adv* hinaus/heraus; (*not indoors*)
draußen; (*not alight*) aus; (*unconscious*)
bewusstlos; (*results*) bekannt gegeben; **to
eat/go ~** auswärts essen/ausgehen; **~
there** da draußen; **he is ~** (*absent*) er ist
nicht da; **he was ~ in his calculations**
seine Berechnungen waren nicht richtig; **~**

loud laut; **~ of** aus; (*away from*) außerhalb
+*gen*; **to be ~ of milk** *etc* keine Milch *etc*
mehr haben; **~ of order** außer Betrieb; **~-
and-~** *adj* (*liar, thief etc*) ausgemacht;
~back *n* Hinterland *nt*; **~board** (*motor*) *n*
Außenbordmotor *m*; **~break** *n* Ausbruch
m; **~burst** *n* Ausbruch *m*; **~cast** *n*
Ausgestoßene(r) *mf*; **~come** *n* Ergebnis *nt*;
~crop *n* (*of rock*) Felsnase *f*; **~cry** *n* Protest
m; **~dated** *adj* überholt; **~do** (*irreg: like
do*) *vt* übertrumpfen; **~door** *adj* Außen-;
(*SPORT*) im Freien; **~doors** *adv* im Freien

outer ['autəʳ] *adj* äußere(r, s); **~ space** *n*
Weltraum *m*

outfit ['autfɪt] *n* Kleidung *f*

out: ~going *adj* (*character*) aufgeschlossen;
~goings (*BRIT*) *npl* Ausgaben *pl*; **~grow**
(*irreg: like* **grow**) *vt* (*clothes*) herauswachsen
aus; (*habit*) ablegen; **~house** *n*
Nebengebäude *nt*

outing ['autɪŋ] *n* Ausflug *m*

outlandish [aut'lændɪʃ] *adj* eigenartig

out: ~law *n* Geächtete(r) *f(m)* ♦ *vt* ächten;
(*thing*) verbieten; **~lay** *n* Auslage *f*; **~let** *n*
Auslass *m*, Abfluss *m*; (*also:* **retail ~let**)
Absatzmarkt *m*; (*US: ELEC*) Steckdose *f*; (*for
emotions*) Ventil *nt*

outline ['autlaɪn] *n* Umriss *m*

out: ~live *vt* überleben; **~look** *n* (*also fig*)
Aussicht *f*; (*attitude*) Einstellung *f*; **~lying**
adj entlegen; (*district*) Außen-; **~moded** *adj*
veraltet; **~number** *vt* zahlenmäßig
überlegen sein +*dat*; **~-of-date** *adj*
(*passport*) abgelaufen; (*clothes etc*)
altmodisch; (*ideas etc*) überholt; **~-of-the-
way** *adj* abgelegen; **~patient** *n*
ambulante(r) Patient *m*/ambulante
Patientin *f*; (*MIL, fig*) Vorposten *m*;
~put *n* Leistung *f*, Produktion *f*; (*COMPUT*)
Ausgabe *f*

outrage ['autreɪdʒ] *n* (*cruel deed*)
Ausschreitung *f*; (*indecency*) Skandal *m* ♦ *vt*
(*morals*) verstoßen gegen; (*person*)
empören; **~ous** [aut'reɪdʒəs] *adj* unerhört

outreach worker [aut'riːtʃ-] *n*
Streetworker(in) *m(f)*

outright [*adv* aut'raɪt, *adj* 'autraɪt] *adv* (*at*

once) sofort; (*openly*) ohne Umschweife
♦ *adj* (*denial*) völlig; (*sale*) Total-; (*winner*) unbestritten

outset ['autset] *n* Beginn *m*

outside [aut'said] *n* Außenseite *f* ♦ *adj* äußere(r, s), Außen-; (*chance*) gering ♦ *adv* außen ♦ *prep* außerhalb +*gen*; **at the ~** (*fig*) maximal; (*time*) spätestens; **to go ~** nach draußen gehen; **~ lane** *n* (*AUT*) äußere Spur *f*; **~ line** *n* (*TEL*) Amtsanschluss *m*; **~r** *n* Außenseiter(in) *m(f)*

out: **~size** *adj* übergroß; **~skirts** *npl* Stadtrand *m*; **~spoken** *adj* freimütig; **~standing** *adj* hervorragend; (*debts etc*) ausstehend; **~stay** *vt*: **to ~stay one's welcome** länger bleiben als erwünscht; **~stretched** *adj* ausgestreckt; **~strip** *vt* übertreffen; **~ tray** *n* Ausgangskorb *m*

outward ['autwəd] *adj* äußere(r, s); (*journey*) Hin-; (*freight*) ausgehend ♦ *adv* nach außen; **~ly** *adv* äußerlich

outweigh [aut'wei] *vt* (*fig*) überwiegen

outwit [aut'wit] *vt* überlisten

oval ['əuvl] *adj* oval ♦ *n* Oval *nt*

Oval Office
---

i **Oval Office**, *ein großer ovaler Raum im Weißen Haus, ist das private Büro des amerikanischen Präsidenten. Im weiteren Sinne bezieht sich dieser Begriff oft auf die Präsidentschaft selbst.*

---

ovary ['əuvəri] *n* Eierstock *m*

ovation [əu'veiʃən] *n* Beifallssturm *m*

oven ['ʌvn] *n* Backofen *m*; **~proof** *adj* feuerfest

over ['əuvər] *adv* (*across*) hinüber/herüber; (*finished*) vorbei; (*left*) übrig; (*again*) wieder, noch einmal ♦ *prefix* über ♦ *prefix* (*excessively*) übermäßig; **~ here** hier(hin); **~ there** dort(hin); **all ~** (*everywhere*) überall; (*finished*) vorbei; **~ and** (*finished*) vorbei; **~ and** immer wieder; **~ and above** darüber hinaus; **to ask sb ~** jdn einladen; **to bend ~** sich bücken

overall [*adj, n* 'əuvərɔ:l, *adv* əuvər'ɔ:l] *adj* (*situation*) allgemein; (*length*) Gesamt- ♦ *n* (*BRIT*) Kittel *m* ♦ *adv* insgesamt; **~s** *npl* (for

man) Overall *m*

over: **~awe** *vt* (*frighten*) einschüchtern; (*make impression*) überwältigen; **~balance** *vi* Übergewicht bekommen; **~bearing** *adj* aufdringlich; **~board** *adv* über Bord; **~book** *vi* überbuchen

overcast ['əuvəkɑːst] *adj* bedeckt

overcharge [əuvə'tʃɑːdʒ] *vt*: **to ~ sb** von jdm zu viel verlangen

overcoat ['əuvəkəut] *n* Mantel *m*

overcome [əuvə'kʌm] (*irreg: like* **come**) *vt* überwinden

over: **~crowded** *adj* überfüllt; **~crowding** *n* Überfüllung *f*; **~do** (*irreg: like* **do**) *vt* (*cook too much*) verkochen; (*exaggerate*) übertreiben; **~done** *adj* übertrieben; (*COOK*) verbraten, verkocht; **~dose** *n* Überdosis *f*; **~draft** *n* (Konto)überziehung *f*; **~drawn** *adj* (*account*) überzogen; **~due** *adj* überfällig; **~estimate** *vt* überschätzen; **~excited** *adj* überreizt; (*children*) aufgeregt

overflow [əuvə'fləu] *vi* überfließen ♦ *n* (*excess*) Überschuss *m*; (*also*: **~ pipe**) Überlaufrohr *nt*

overgrown [əuvə'grəun] *adj* (*garden*) verwildert

overhaul [*vb* əuvə'hɔ:l, *n* 'əuvəhɔ:l] *vt* (*car*) überholen; (*plans*) überprüfen ♦ *n* Überholung *f*

overhead [*adv* əuvə'hɛd, *adj, n* 'əuvəhɛd] *adv* oben ♦ *adj* Hoch-; (*wire*) oberirdisch; (*lighting*) Decken- ♦ *n* (*US*) = **overheads**; **~s** *npl* (*costs*) allgemeine Unkosten *pl*; **~ projector** *n* Overheadprojektor *m*

over: **~hear** (*irreg: like* **hear**) *vt* (mit an)hören; **~heat** *vi* (*engine*) heiß laufen; **~joyed** *adj* überglücklich; **~kill** *n* (*fig*) Rundumschlag *m*

overland ['əuvəlænd] *adj* Überland- ♦ *adv* (*travel*) über Land

overlap [*vb* əuvə'læp, *n* 'əuvəlæp] *vi* sich überschneiden; (*objects*) sich teilweise decken ♦ *n* Überschneidung *f*

over: **~leaf** *adv* umseitig; **~load** *vt* überladen; **~look** *vt* (*view from above*) überblicken; (*not notice*) übersehen; (*pardon*) hinwegsehen über +*acc*

overnight [adv əuvə'naɪt, adj 'əuvənaɪt] adv über Nacht ♦ adj (journey) Nacht-; **~ stay** Übernachtung f; **to stay ~** übernachten

overpass ['əuvəpɑːs] n Überführung f

overpower [əuvə'pauə'] vt überwältigen

over: ~rate vt überschätzen; **~ride** (irreg: like **ride**) vt (order, decision) aufheben; (objection) übergehen; **~riding** adj vorherrschend; **~rule** vt verwerfen; **~run** (irreg: like **run**) vt (country) einfallen in; (time limit) überziehen

overseas [əuvə'siːz] adv nach/in Übersee ♦ adj überseeisch, Übersee-

overseer ['əuvəsɪə'] n Aufseher m

overshadow [əuvə'ʃædəu] vt überschatten

overshoot [əuvə'ʃuːt] (irreg: like **shoot**) vt (runway) hinausschießen über +acc

oversight ['əuvəsaɪt] n (mistake) Versehen nt

over: ~sleep (irreg: like **sleep**) vi verschlafen; **~spill** n (Bevölkerungs)überschuss m; **~state** vt übertreiben; **~step** vt: **to ~step the mark** zu weit gehen

overt ['əu'vɜːt] adj offen(kundig)

overtake [əuvə'teɪk] (irreg: like **take**) vt, vi überholen

over: ~throw (irreg: like **throw**) vt (POL) stürzen; **~time** n Überstunden pl; **~tone** n (fig) Note f

overture ['əuvətʃuə'] n Ouvertüre f

over: ~turn vt, vi umkippen; **~weight** adj zu dick; **~whelm** vt überwältigen; **~work** n Überarbeitung f ♦ vt überlasten ♦ vi sich überarbeiten; **~wrought** adj überreizt

owe [əu] vt schulden; **to ~ sth to sb** (money) jdm etw schulden; (favour etc) jdm etw verdanken; **owing to** prep wegen +gen

owl [aul] n Eule f

own [əun] vt besitzen ♦ adj eigen; **a room of my ~** mein eigenes Zimmer; **to get one's ~ back** sich rächen; **on one's ~** allein; **~ up** vi: **to ~ up (to sth)** (etw) zugeben; **~er** n Besitzer(in) m(f); **~ership** n Besitz m

ox [ɔks] (pl **~en**) n Ochse m

oxtail ['ɔksteɪl] n: **~ soup** Ochsenschwanzsuppe f

oxygen ['ɔksɪdʒən] n Sauerstoff m; **~ mask**

n Sauerstoffmaske f; **~ tent** n Sauerstoffzelt nt

oyster ['ɔɪstə'] n Auster f

oz. abbr = **ounce(s)**

ozone ['əuzəun] n Ozon nt; **~-friendly** adj (aerosol) ohne Treibgas; (fridge) FCKW-frei; **~ hole** n Ozonloch nt; **~ layer** n Ozonschicht f

P, p

p abbr = **penny; pence**

pa [pɑː] n (inf) Papa m

P.A. n abbr = **personal assistant; public address system**

p.a. abbr = **per annum**

pace [peɪs] n Schritt m; (speed) Tempo nt ♦ vi schreiten; **to keep ~ with** Schritt halten mit; **~maker** n Schrittmacher m

pacific [pə'sɪfɪk] adj pazifisch ♦ n: **the P~ (Ocean)** der Pazifik

pacifist ['pæsɪfɪst] n Pazifist m

pacify ['pæsɪfaɪ] vt befrieden; (calm) beruhigen

pack [pæk] n (of goods) Packung f; (of hounds) Meute f; (of cards) Spiel nt; (gang) Bande f ♦ vt (case) packen; (clothes) einpacken ♦ vi packen; **to ~ sb off to ...** jdn nach ... schicken; **~ it in!** lass es gut sein!

package ['pækɪdʒ] n Paket nt; **~ tour** n Pauschalreise f

packed [pækt] adj abgepackt; **~ lunch** n Lunchpaket nt

packet ['pækɪt] n Päckchen nt

packing ['pækɪŋ] n (action) Packen nt; (material) Verpackung f; **~ case** n (Pack)kiste f

pact [pækt] n Pakt m, Vertrag m

pad [pæd] n (of paper) (Schreib)block m; (stuffing) Polster nt ♦ vt polstern; **~ding** n Polsterung f

paddle ['pædl] n Paddel nt; (US: SPORT) Schläger m ♦ vt (boat) paddeln ♦ vi (in sea) plan(t)schen; **~ steamer** n Raddampfer m

paddling pool ['pædlɪŋ-] (BRIT) n

Plan(t)schbecken nt

paddock ['pædək] n Koppel f

paddy field ['pædɪ-] n Reisfeld nt

padlock ['pædlɔk] n Vorhängeschloss nt ♦ vt verschließen

paediatrics [piːdɪ'ætrɪks] (US **pediatrics**) n Kinderheilkunde f

pagan ['peɪɡən] adj heidnisch ♦ n Heide m, Heidin f

page [peɪdʒ] n Seite f; (person) Page m ♦ vt (in hotel) ausrufen lassen

pageant ['pædʒənt] n Festzug m; **~ry** n Gepränge nt

pager ['peɪdʒər] n (TEL) Funkrufempfänger m, Piepser m (inf)

paging device ['peɪdʒɪŋ-] n (TEL) = **pager**

paid [peɪd] pt, pp of **pay** ♦ adj bezahlt; **to put ~ to** (BRIT) zunichte machen

pail [peɪl] n Eimer m

pain [peɪn] n Schmerz m; **to be in ~** Schmerzen haben; **on ~ of death** bei Todesstrafe; **to take ~s to do sth** sich dat Mühe geben, etw zu tun; **~ed** adj (expression) gequält; **~ful** adj (physically) schmerzhaft; (embarrassing) peinlich; (difficult) mühsam; **~fully** adv (fig: very) schrecklich; **~killer** n Schmerzmittel nt; **~less** adj schmerzlos; **~staking** ['zteɪkɪŋ] adj gewissenhaft

paint [peɪnt] n Farbe f ♦ vt anstreichen; (picture) malen; **to ~ the door blue** die Tür blau streichen; **~brush** n Pinsel m; **~er** n Maler m; **~ing** n Malerei f; (picture) Gemälde nt; **~work** n Anstrich m; (of car) Lack m

pair [pɛər] n Paar nt; **~ of scissors** Schere f; **~ of trousers** Hose f

pajamas [pə'dʒɑːməz] (US) npl Schlafanzug m

Pakistan [pɑːkɪ'stɑːn] n Pakistan nt; **~i** adj pakistanisch ♦ n Pakistani mf

pal [pæl] (inf) n Kumpel m

palace ['pæləs] n Palast m, Schloss nt

palatable ['pælɪtəbl] adj schmackhaft

palate ['pælɪt] n Gaumen m

palatial [pə'leɪʃəl] adj palastartig

pale [peɪl] adj blass, bleich ♦ n: **to be**

beyond the ~ die Grenzen überschreiten

Palestine ['pælɪstaɪn] n Palästina nt; **Palestinian** [pælɪs'tɪnɪən] adj palästinensisch ♦ n Palästinenser(in) m(f)

palette ['pælɪt] n Palette f

paling ['peɪlɪŋ] n (stake) Zaunpfahl m; (fence) Lattenzaun m

pall [pɔːl] vi jeden Reiz verlieren, verblassen

pallet ['pælɪt] n (for goods) Palette f

pallid ['pælɪd] adj blass, bleich

pallor ['pælər] n Blässe f

palm [pɑːm] n (of hand) Handfläche f; (also: **~ tree**) Palme f ♦ vt: **to ~ sth off on sb** jdm etw andrehen; **P~ Sunday** n Palmsonntag m

palpable ['pælpəbl] adj (also fig) greifbar

palpitation [pælpɪ'teɪʃən] n Herzklopfen nt

paltry ['pɔːltrɪ] adj armselig

pamper ['pæmpər] vt verhätscheln

pamphlet ['pæmflət] n Broschüre f

pan [pæn] n Pfanne f ♦ vi (CINE) schwenken

panache [pə'næʃ] n Schwung m

pancake ['pænkeɪk] n Pfannkuchen m

pancreas ['pæŋkrɪəs] n Bauchspeicheldrüse f

panda ['pændə] n Panda m; **~ car** (BRIT) n (Funk)streifenwagen m

pandemonium [pændɪ'məunɪəm] n Hölle f; (noise) Höllenlärm m

pander ['pændər] vi: **to ~ to** sich richten nach

pane [peɪn] n (Fenster)scheibe f

panel ['pænl] n (of wood) Tafel f; (TV) Diskussionsrunde f; **~ling** (US **paneling**) n Täfelung f

pang [pæŋ] n: **~s of hunger** quälende(r) Hunger m; **~s of conscience** Gewissensbisse pl

panic ['pænɪk] n Panik f ♦ vi in Panik geraten; **don't ~** (nur) keine Panik; **~ky** adj (person) überängstlich; **~-stricken** adj von panischem Schrecken erfasst; (look) panisch

pansy ['pænzɪ] n Stiefmütterchen nt; (inf) Schwule(r) m

pant [pænt] vi keuchen; (dog) hecheln

panther ['pænθər] n Pant(h)er m

panties ['pæntɪz] *npl* (Damen)slip *m*
pantihose ['pæntɪhəʊz] (*US*) *n* Strumpfhose *f*
pantomime ['pæntəmaɪm] (*BRIT*) *n* Märchenkomödie *f* um Weihnachten

---
Pantomime
---

i **Pantomime** *oder umgangssprachlich* **panto** *ist in Großbritannien ein zur Weihnachtszeit aufgeführtes Märchenspiel mit possenhaften Elementen, Musik, Standardrollen (ein als Frau verkleideter Mann, ein Junge, ein Bösewicht) und aktuellen Witzen. Publikumsbeteiligung wird gern gesehen (z.B. warnen die Kinder den Helden mit dem Ruf „He's behind you" vor einer drohenden Gefahr), und viele der Witze sprechen vor allem Erwachsene an, so dass pantomimes Unterhaltung für die ganze Familie bieten.*

---

pantry ['pæntrɪ] *n* Vorratskammer *f*
pants [pænts] *npl* (*BRIT: woman's*) Schlüpfer *m*; (: *man's*) Unterhose *f*; (*US: trousers*) Hose *f*
papal ['peɪpəl] *adj* päpstlich
paper ['peɪpə*] *n* Papier *nt*; (*newspaper*) Zeitung *f*; (*essay*) Referat *nt* ♦ *adj* Papier-, aus Papier ♦ *vt* (*wall*) tapezieren; **~s** *npl* (*identity ~s*) Ausweis(papiere *pl*) *m*; **~back** *n* Taschenbuch *nt*; **~ bag** *n* Tüte *f*; **~ clip** *n* Büroklammer *f*; **~ hankie** *n* Tempotaschentuch *nt* ®; **~weight** *n* Briefbeschwerer *m*; **~work** *n* Schreibarbeit *f*
par [pɑː*] *n* (*COMM*) Nennwert *m*; (*GOLF*) Par *nt*; **on a ~ with** ebenbürtig +*dat*
parable ['pærəbl] *n* (*REL*) Gleichnis *nt*
parachute ['pærəʃuːt] *n* Fallschirm *m* ♦ *vi* (mit dem Fallschirm) abspringen
parade [pə'reɪd] *n* Parade *f* ♦ *vt* aufmarschieren lassen; (*fig*) zur Schau stellen ♦ *vi* paradieren, vorbeimarschieren
paradise ['pærədaɪs] *n* Paradies *nt*
paradox ['pærədɒks] *n* Paradox *nt*; **~ically** [pærə'dɒksɪklɪ] *adv* paradoxerweise
paraffin ['pærəfɪn] (*BRIT*) *n* Paraffin *nt*

paragraph ['pærəgrɑːf] *n* Absatz *m*
parallel ['pærəlel] *adj* parallel ♦ *n* Parallele *f*
paralyse ['pærəlaɪz] (*US* **paralyze**) *vt* (*MED*) lähmen, paralysieren; (*fig: organization, production etc*) lahm legen; **~d** *adj* gelähmt; **paralysis** [pə'rælɪsɪs] *n* Lähmung *f*
paralyze ['pærəlaɪz] (*US*) = **paralyse** *vt*
parameter [pə'ræmɪtə*] *n* Parameter *m*; **~s** *npl* (*framework, limits*) Rahmen *m*
paramount ['pærəmaʊnt] *adj* höchste(r, s), oberste(r, s)
paranoid ['pærənɔɪd] *adj* (*person*) an Verfolgungswahn leidend, paranoid; (*feeling*) krankhaft
parapet ['pærəpɪt] *n* Brüstung *f*
paraphernalia [pærəfə'neɪlɪə] *n* Zubehör *nt*, Utensilien *pl*
paraphrase ['pærəfreɪz] *vt* umschreiben
paraplegic [pærə'pliːdʒɪk] *n* Querschnittsgelähmte(r) *f(m)*
parasite ['pærəsaɪt] *n* (*also fig*) Schmarotzer *m*, Parasit *m*
parasol ['pærəsɒl] *n* Sonnenschirm *m*
paratrooper ['pærətruːpə*] *n* Fallschirmjäger *m*
parcel ['pɑːsl] *n* Paket *nt* ♦ *vt* (*also:* **~ up**) einpacken
parch [pɑːtʃ] *vt* (aus)dörren; **~ed** *adj* ausgetrocknet; (*person*) am Verdursten
parchment ['pɑːtʃmənt] *n* Pergament *nt*
pardon ['pɑːdn] *n* Verzeihung *f* ♦ *vt* (*JUR*) begnadigen; **~ me!, I beg your ~!** verzeihen Sie bitte!; **~ me?** (*US*) wie bitte?; **(I beg your) ~?** wie bitte?
parent ['pɛərənt] *n* Elternteil *m*; **~s** *npl* (*mother and father*) Eltern *pl*; **~al** [pə'rɛntl] *adj* elterlich, Eltern-
parentheses [pə'rɛnθɪsiːz] *npl of* **parenthesis**
parenthesis [pə'rɛnθɪsɪs] *n* Klammer *f*; (*sentence*) Parenthese *f*
Paris ['pærɪs] *n* Paris *nt*
parish ['pærɪʃ] *n* Gemeinde *f*
park [pɑːk] *n* Park *m* ♦ *vt, vi* parken
parking ['pɑːkɪŋ] *n* Parken *nt*; **"no ~"** „Parken verboten"; **~ lot** (*US*) *n* Parkplatz *m*; **~ meter** *n* Parkuhr *f*; **~ ticket** *n*

Strafzettel *m*

parlance ['pɑːləns] *n* Sprachgebrauch *m*

parliament ['pɑːləmənt] *n* Parlament *nt*; **~ary** [pɑːlə'mentəri] *adj* parlamentarisch, Parlaments-

parlour (*US* **parlor**) *n* Salon *m*

parochial [pə'rəukɪəl] *adj* (*narrow-minded*) eng(stirnig)

parole [pə'rəul] *n*: **on ~** (*prisoner*) auf Bewährung

parrot ['pærət] *n* Papagei *m*

parry ['pærɪ] *vt* parieren, abwehren

parsley ['pɑːslɪ] *n* Petersilie *m*

parsnip ['pɑːsnɪp] *n* Pastinake *f*

parson ['pɑːsn] *n* Pfarrer *m*

part [pɑːt] *n* (*piece*) Teil *m*; (*THEAT*) Rolle *f*; (*of machine*) Teil *nt* ♦ *adv* = **partly**; ♦ *vt* trennen; (*hair*) scheiteln ♦ *vi* (*people*) sich trennen; **to take ~ in** teilnehmen an +*dat*; **to take sth in good ~** etw nicht übel nehmen; **to take sb's ~** sich auf jds Seite *acc* stellen; **for my ~** ich für meinen Teil; **for the most ~** meistens, größtenteils; **in ~ exchange** (*BRIT*) in Zahlung; **~ with** *vt fus* hergeben; (*renounce*) aufgeben; **~ial** ['pɑːʃl] *adj* (*incomplete*) teilweise; (*biased*) parteiisch; **to be ~ial to** eine (besondere) Vorliebe haben für

participant [pɑː'tɪsɪpənt] *n* Teilnehmer(in) *m(f)*

participate [pɑː'tɪsɪpeɪt] *vi*: **to ~ (in)** teilnehmen (an +*dat*); **participation** [pɑːtɪsɪ'peɪʃən] *n* Teilnahme *f*; (*sharing*) Beteiligung *f*

participle ['pɑːtɪsɪpl] *n* Partizip *nt*

particle ['pɑːtɪkl] *n* Teilchen *nt*

particular [pə'tɪkjulə'] *adj* bestimmt; (*exact*) genau; (*fussy*) eigen; **in ~** besonders; **~ly** *adv* besonders

particulars *npl* (*details*) Einzelheiten *pl*; (*of person*) Personalien *pl*

parting ['pɑːtɪŋ] *n* (*separation*) Abschied *m*; (*BRIT: of hair*) Scheitel'*m* ♦ *adj* Abschieds-

partition [pɑː'tɪʃən] *n* (*wall*) Trennwand *f*; (*division*) Teilung *f* ♦ *vt* aufteilen

partly ['pɑːtlɪ] *adv* zum Teil, teilweise

partner ['pɑːtnə'] *n* Partner *m* ♦ *vt* der

Partner sein von; **~ship** *n* Partnerschaft *f*; (*COMM*) Teilhaberschaft *f*

partridge ['pɑːtrɪdʒ] *n* Rebhuhn *nt*

part-time ['pɑːt'taɪm] *adj* Teilzeit- ♦ *adv* stundenweise

party ['pɑːtɪ] *n* (*POL, JUR*) Partei *f*; (*group*) Gesellschaft *f*; (*celebration*) Party *f* ♦ *adj* (*dress*) Party-; (*politics*) Partei-; **~ line** *n* (*TEL*) Gemeinschaftsanschluss *m*

pass [pɑːs] *vt* (*on foot*) vorbeigehen an +*dat*; (*driving*) vorbeifahren an +*dat*; (*surpass*) übersteigen; (*hand on*) weitergeben; (*approve*) genehmigen; (*time*) verbringen; (*exam*) bestehen ♦ *vi* (*go by*) vorbeigehen, vorbeifahren; (*years*) vergehen; (*be successful*) bestehen ♦ *n* (*in mountains, SPORT*) Pass *m*; (*permission*) Passierschein *m*; (*in exam*): **to get a ~** bestehen; **to ~ sth through sth** etw durch etw führen; **to make a ~ at sb** (*inf*) bei jdm Annäherungsversuche machen; **~ away** *vi* (*euph*) verscheiden; **~ by** *vi* vorbeigehen, vorbeifahren; (*years*) vergehen; **~ on** *vt* weitergeben; **~ out** *vi* (*faint*) ohnmächtig werden; **~ up** *vt* vorbeigehen lassen; **~able** *adj* (*road*) passierbar; (*fairly good*) passabel

passage ['pæsɪdʒ] *n* (*corridor*) Gang *m*; (*in book*) (Text)stelle *f*; (*voyage*) Überfahrt *f*; **~way** *n* Durchgang *m*

passbook ['pɑːsbuk] *n* Sparbuch *nt*

passenger ['pæsɪndʒə'] *n* Passagier *m*; (*on bus*) Fahrgast *m*

passer-by [pɑːsə'baɪ] *n* Passant(in) *m(f)*

passing ['pɑːsɪŋ] *adj* (*car*) vorbeifahrend; (*thought, affair*) momentan ♦ *n*: **in ~** beiläufig; **~ place** *n* (*AUT*) Ausweichstelle *f*

passion ['pæʃən] *n* Leidenschaft *f*; **~ate** *adj* leidenschaftlich

passive ['pæsɪv] *adj* passiv; (*LING*) passivisch; **~ smoking** *n* Passivrauchen *nt*

Passover ['pɑːsəuvə'] *n* Passahfest *nt*

passport ['pɑːspɔːt] *n* (Reise)pass *m*; **~ control** *n* Passkontrolle *f*; **~ office** *n* Passamt *nt*

password ['pɑːswəːd] *n* Parole *f*, Kennwort *nt*, Losung *f*

past [pɑːst] prep (motion) an +dat ... vorbei; (position) hinter +dat; (later than) nach ♦ adj (years) vergangen; (president etc) ehemalig ♦ n Vergangenheit f; **he's ~ forty** er ist über vierzig; **for the ~ few/3 days** in den letzten paar/3 Tagen; **to run ~** vorbeilaufen; **ten/quarter ~ eight** zehn/ Viertel nach acht

pasta ['pæstə] n Teigwaren pl

paste [peɪst] n (fish ~ etc) Paste f; (glue) Kleister m ♦ vt kleben

pasteurized ['pæstʃəraɪzd] adj pasteurisiert

pastime ['pɑːstaɪm] n Zeitvertreib m

pastor ['pɑːstə'] n Pfarrer m

pastry ['peɪstrɪ] n Blätterteig m; **pastries** npl (tarts etc) Stückchen pl

pasture ['pɑːstʃə'] n Weide f

pasty [n 'pæstɪ, adj 'peɪstɪ] n (Fleisch)pastete f ♦ adj blässlich, käsig

pat [pæt] n leichte(r) Schlag m, Klaps m ♦ vt tätscheln

patch [pætʃ] n Fleck m ♦ vt flicken; **(to go through) a bad ~** eine Pechsträhne (haben); **~ up** vt flicken; (quarrel) beilegen; **~ed** adj geflickt; **~y** adj (irregular) ungleichmäßig

pâté ['pæteɪ] n Pastete f

patent ['peɪtnt] n Patent nt ♦ vt patentieren lassen; (by authorities) patentieren ♦ adj offenkundig; **~ leather** n Lackleder nt

paternal [pə'təːnl] adj väterlich

paternity [pə'təːnɪtɪ] n Vaterschaft f

path [pɑːθ] n Pfad m; Weg m

pathetic [pə'θetɪk] adj (very bad) kläglich

pathological [pæθə'lɒdʒɪkl] adj pathologisch

pathology [pə'θɒlədʒɪ] n Pathologie f

pathos ['peɪθɒs] n Rührseligkeit f

pathway ['pɑːθweɪ] n Weg m

patience ['peɪʃns] n Geduld f; (BRIT: CARDS) Patience f

patient ['peɪʃnt] n Patient(in) m(f), Kranke(r) mf ♦ adj geduldig

patio ['pætɪəu] n Terrasse f

patriotic [pætrɪ'ɒtɪk] adj patriotisch

patrol [pə'trəul] n Patrouille f; (police) Streife f ♦ vt patrouillieren in +dat ♦ vi (police) die

Runde machen; (MIL) patrouillieren; **~ car** n Streifenwagen m; **~man** (US) (irreg) n (Streifen)polizist m

patron ['peɪtrən] n (in shop) (Stamm)kunde m; (in hotel) (Stamm)gast m; (supporter) Förderer m; **~ of the arts** Mäzen m; **~age** ['pætrənɪdʒ] n Schirmherrschaft f; **~ize** ['pætrənaɪz] vt (support) unterstützen; (shop) besuchen; (treat condescendingly) von oben herab behandeln; **~ saint** n Schutzpatron(in) m(f)

patter ['pætə'] n (sound: of feet) Trappeln nt; (: of rain) Prasseln nt; (sales talk) Gerede nt ♦ vi (feet) trappeln; (rain) prasseln

pattern ['pætən] n Muster nt; (SEWING) Schnittmuster nt; (KNITTING) Strickanleitung f

pauper ['pɔːpə'] n Arme(r) mf

pause [pɔːz] n Pause f ♦ vi innehalten

pave [peɪv] vt pflastern; **to ~ the way for** den Weg bahnen für

pavement ['peɪvmənt] (BRIT) n Bürgersteig m

pavilion [pə'vɪlɪən] n Pavillon m; (SPORT) Klubhaus nt

paving ['peɪvɪŋ] n Straßenpflaster nt; **~ stone** n Pflasterstein m

paw [pɔː] n Pfote f; (of big cats) Tatze f, Pranke f ♦ vt (scrape) scharren; (handle) betatschen

pawn [pɔːn] n Pfand nt; (chess) Bauer m ♦ vt verpfänden; **~broker** n Pfandleiher m; **~shop** n Pfandhaus nt

pay [peɪ] (pt, pp **paid**) n Bezahlung f, Lohn m ♦ vt bezahlen ♦ vi zahlen; (be profitable) sich bezahlt machen; **to ~ attention (to)** Acht geben (auf +acc); **to ~ sb a visit** jdn besuchen; **~ back** vt zurückzahlen; **~ for** vt fus bezahlen; **~ in** vt einzahlen; **~ off** vt abzahlen ♦ vi (scheme, decision) sich bezahlt machen; **~ up** vi bezahlen; **~able** adj zahlbar, fällig; **~ee** n Zahlungsempfänger m; **~ envelope** (US) n Lohntüte f; **~ment** n Bezahlung f; **advance ~ment** Vorauszahlung f; **monthly ~ment** monatliche Rate f; **~ packet** (BRIT) n Lohntüte f; **~phone** n Münzfernsprecher

m; **~roll** *n* Lohnliste *f*; **~ slip** *n* Lohn-/
Gehaltsstreifen *m*; **~ television** *n*
Abonnenten-Fernsehen *nt*

PC *n abbr* = **personal computer**

p.c. *abbr* = **per cent**

pea [pi:] *n* Erbse *f*

peace [pi:s] *n* Friede(n) *m*; **~able** *adj*
friedlich; **~ful** *adj* friedlich, ruhig;
~keeping *adj* Friedens-

peach [pi:tʃ] *n* Pfirsich *m*

peacock ['pi:kɔk] *n* Pfau *m*

peak [pi:k] *n* Spitze *f*; (*of mountain*) Gipfel *m*;
(*fig*) Höhepunkt *m*; **~ hours** *npl* (*traffic*)
Hauptverkehrszeit *f*; (*telephone, electricity*)
Hauptbelastungszeit *f*; **~ period** *n* Stoßzeit
f, Hauptzeit *f*

peal [pi:l] *n* (Glocken)läuten *nt*; **~s of
laughter** schallende(s) Gelächter *nt*

peanut ['pi:nʌt] *n* Erdnuss *f*; **~ butter** *n*
Erdnussbutter *f*

pear [peə*] *n* Birne *f*

pearl [pə:l] *n* Perle *f*

peasant ['peznt] *n* Bauer *m*

peat [pi:t] *n* Torf *m*

pebble ['pebl] *n* Kiesel *m*

peck [pek] *vt, vi* picken ♦ *n* (*with beak*)
Schnabelhieb *m*; (*kiss*) flüchtige(r) Kuss *m*;
~ing order *n* Hackordnung *f*; **~ish** (*BRIT:
inf*) *adj* ein bisschen hungrig

peculiar [pɪ'kju:lɪə*] *adj* (*odd*) seltsam; **~ to**
charakteristisch für; **~ity** [pɪkju:lɪ'ærɪtɪ] *n*
(*singular quality*) Besonderheit *f*;
(*strangeness*) Eigenartigkeit *f*

pedal ['pedl] *n* Pedal *nt* ♦ *vt, vi* (*cycle*) fahren,
Rad fahren

pedantic [pɪ'dæntɪk] *adj* pedantisch

peddler ['pedlə*] *n* Hausierer(in) *m(f)*; (*of
drugs*) Drogenhändler(in) *m(f)*

pedestal ['pedəstl] *n* Sockel *m*

pedestrian [pɪ'destrɪən] *n* Fußgänger *m*
♦ *adj* Fußgänger-; (*humdrum*) langweilig; **~
crossing** (*BRIT*) *n* Fußgängerüberweg *m*;
~ized *n* in eine Fußgängerzone
umgewandelt; **~ precinct** (*BRIT*), **~ zone**
(*US*) *n* Fußgängerzone *f*

pediatrics [pi:dɪ'ætrɪks] (*US*) *n* = **paediatrics**

pedigree ['pedɪgri:] *n* Stammbaum *m* ♦ *cpd*

(*animal*) reinrassig, Zucht-

pee [pi:] (*inf*) *vi* pissen, pinkeln

peek [pi:k] *vi* gucken

peel [pi:l] *n* Schale *f* ♦ *vt* schälen ♦ *vi* (*paint
etc*) abblättern; (*skin*) sich schälen

peep [pi:p] *n* (*BRIT: look*) kurze(r) Blick *m*;
(*sound*) Piepsen *nt* ♦ *vi* (*BRIT: look*) gucken;
~ out *vi* herausgucken; **~hole** *n* Guckloch
nt

peer [pɪə*] *vi* starren; (*peep*) gucken ♦ *n*
(*nobleman*) Peer *m*; (*equal*) Ebenbürtige(r)
m; **~age** *n* Peerswürde *f*

peeved [pi:vd] *adj* (*person*) sauer

peg [peg] *n* (*stake*) Pflock *m*; (*BRIT: also:
clothes ~*) Wäscheklammer *f*

Pekinese [pi:kɪ'ni:z] *n* (*dog*) Pekinese *m*

pelican ['pelɪkən] *n* Pelikan *m*; **~ crossing**
(*BRIT*) *n* (*AUT*) Ampelüberweg *m*

pellet ['pelɪt] *n* Kügelchen *nt*

pelmet ['pelmɪt] *n* Blende *f*

pelt [pelt] *vt* bewerfen ♦ *vi* (*rain*) schütten
♦ *n* Pelz *m*, Fell *nt*

pelvis ['pelvɪs] *n* Becken *nt*

pen [pen] *n* (*fountain ~*) Federhalter *m*; (*ball-
point ~*) Kuli *m*; (*for sheep*) Pferch *m*

penal ['pi:nl] *adj* Straf-; **~ize** *vt* (*punish*)
bestrafen; (*disadvantage*) benachteiligen

penalty ['penltɪ] *n* Strafe *f*; (*FOOTBALL*)
Elfmeter *m*; **~ (kick)** *n* Elfmeter *m*

penance ['penəns] *n* Buße *f*

pence [pens] (*BRIT*) *npl of* **penny**

pencil ['pensl] *n* Bleistift *m*; **~ case** *n*
Federmäppchen *nt*; **~ sharpener** *n*
Bleistiftspitzer *m*

pendant ['pendnt] *n* Anhänger *m*

pending ['pendɪŋ] *prep* bis (zu) ♦ *adj*
unentschieden, noch offen

pendulum ['pendjuləm] *n* Pendel *nt*

penetrate ['penɪtreɪt] *vt* durchdringen;
(*enter into*) eindringen in +*acc*;
penetration [penɪ'treɪʃən] *n* Durchdringen
nt; Eindringen *nt*

penfriend ['penfrend] (*BRIT*) *n* Brieffreund(in)
m(f)

penguin ['peŋgwɪn] *n* Pinguin *m*

penicillin [penɪ'sɪlɪn] *n* Penizillin *nt*

peninsula [pə'nɪnsjulə] *n* Halbinsel *f*

penis ['pi:nɪs] n Penis m
penitentiary [penɪ'tenʃərɪ] (US) n Zuchthaus nt
penknife ['pennaɪf] n Federmesser nt
pen name n Pseudonym nt
penniless ['penɪlɪs] adj mittellos
penny ['penɪ] (pl **pennies** or (BRIT) **pence**) n Penny m; (US) Centstück nt
penpal ['penpæl] n Brieffreund(in) m(f)
pension ['penʃən] n Rente f; **~er** (BRIT) n Rentner(in) m(f); **~ fund** n Rentenfonds m; **~ plan** n Rentenversicherung f
pensive ['pensɪv] adj nachdenklich

Pentagon

ⓘ **Pentagon** heißt das fünfeckige Gebäude in Arlington, Virginia, in dem das amerikanische Verteidigungsministerium untergebracht ist. Im weiteren Sinne bezieht sich dieses Wort auf die amerikanische Militärführung.

pentathlon [pen'tæθlən] n Fünfkampf m
Pentecost ['pentɪkɒst] n Pfingsten pl or nt
penthouse ['penthaus] n Dach-terrassenwohnung f
pent-up ['pentʌp] adj (feelings) angestaut
penultimate [pe'nʌltɪmət] adj vorletzte(r, s)
people ['pi:pl] n (nation) Volk nt ♦ npl (persons) Leute pl; (inhabitants) Bevölkerung f ♦ vt besiedeln; **several ~ came** mehrere Leute kamen; **~ say that ...** man sagt, dass ...
pepper ['pepər] n Pfeffer m; (vegetable) Paprika m ♦ vt (pelt) bombardieren; **~ mill** n Pfeffermühle f; **~mint** n (plant) Pfefferminze f; (sweet) Pfefferminz nt
pep talk [pep-] (inf) n Anstachelung f
per [pə:r] prep pro; **~ day/person** pro Tag/ Person; **~ annum** adv pro Jahr; **~ capita** adj (income) Pro-Kopf- ♦ adv pro Kopf
perceive [pə'si:v] vt (realize) wahrnehmen; (understand) verstehen
per cent n Prozent nt; **percentage** [pə'sentɪdʒ] n Prozentsatz m
perception [pə'sepʃən] n Wahrnehmung f; (insight) Einsicht f

perceptive [pə'septɪv] adj (person) aufmerksam; (analysis) tief gehend
perch [pə:tʃ] n Stange f; (fish) Flussbarsch m ♦ vi sitzen, hocken
percolator ['pə:kəleɪtər] n Kaffeemaschine f
percussion [pə'kʌʃən] n (MUS) Schlagzeug nt
perennial [pə'renɪəl] adj wiederkehrend; (everlasting) unvergänglich
perfect [adj, n 'pə:fɪkt, vb pə'fekt] adj vollkommen; (crime, solution) perfekt ♦ n (GRAM) Perfekt nt ♦ vt vervollkommnen; **~ion** n Vollkommenheit f; **~ly** adv vollkommen, perfekt; (quite) ganz, einfach
perforate ['pə:fəreɪt] vt durchlöchern; **perforation** [pə:fə'reɪʃən] n Perforieren nt; (line of holes) Perforation f
perform [pə'fɔ:m] vt (carry out) durch- or ausführen; (task) verrichten; (THEAT) spielen, geben ♦ vi (THEAT) auftreten; **~ance** n Durchführung f; (efficiency) Leistung f; (show) Vorstellung f; **~er** n Künstler(in) m(f)
perfume ['pə:fju:m] n Duft m; (lady's) Parfüm nt
perhaps [pə'hæps] adv vielleicht
peril ['perɪl] n Gefahr f
perimeter [pə'rɪmɪtər] n Peripherie f; (of circle etc) Umfang m
period ['pɪərɪəd] n Periode f; (GRAM) Punkt m; (MED) Periode f ♦ adj (costume) historisch; **~ic** [pɪərɪ'ɒdɪk] adj periodisch; **~ical** [pɪərɪ'ɒdɪkl] n Zeitschrift f; **~ically** [pɪərɪ'ɒdɪklɪ] adv periodisch
peripheral [pə'rɪfərəl] adj Rand-, peripher ♦ n (COMPUT) Peripheriegerät nt
perish ['perɪʃ] vi umkommen; (fruit) verderben; **~able** adj leicht verderblich
perjury ['pə:dʒərɪ] n Meineid m
perk [pə:k] (inf) n (fringe benefit) Vergünstigung f; **~ up** vi munter werden; **~y** adj keck
perm [pə:m] n Dauerwelle f
permanent ['pə:mənənt] adj dauernd, ständig
permeate ['pə:mɪeɪt] vt, vi durchdringen
permissible [pə'mɪsɪbl] adj zulässig
permission [pə'mɪʃən] n Erlaubnis f

permissive [pə'mɪsɪv] *adj* nachgiebig; **the ~ society** die permissive Gesellschaft

permit [*n* 'pə:mɪt, *vb* pə'mɪt] *n* Zulassung *f* ♦ *vt* erlauben, zulassen

perpendicular [pə:pən'dɪkjuləʳ] *adj* senkrecht

perpetrate ['pə:pɪtreɪt] *vt* begehen

perpetual [pə'petjuəl] *adj* dauernd, ständig

perpetuate [pə'petjueɪt] *vt* verewigen, bewahren

perplex [pə'pleks] *vt* verblüffen

persecute ['pə:sɪkju:t] *vt* verfolgen; **persecution** [pə:sɪ'kju:ʃən] *n* Verfolgung *f*

perseverance [pə:sɪ'vɪərns] *n* Ausdauer *f*

persevere [pə:sɪ'vɪəʳ] *vi* durchhalten

Persian ['pə:ʃən] *adj* persisch ♦ *n* Perser(in) *m(f)*; **the (Persian) Gulf** der Persische Golf

persist [pə'sɪst] *vi* (*in belief etc*) bleiben; (*rain, smell*) andauern; (*continue*) nicht aufhören; **to ~ in** bleiben bei; **~ence** *n* Beharrlichkeit *f*; (*unending*) ständig

person ['pə:sn] *n* Person *f*; **in ~** persönlich; **~able** *adj* gut aussehend; **~al** *adj* persönlich; (*private*) privat; (*of body*) körperlich, Körper-; **~al assistant** *n* Assistent(in) *m(f)*; **~al column** *n* private Kleinanzeigen *pl*; **~al computer** *n* Personalcomputer *m*; **~ality** [pə:sə'nælɪtɪ] *n* Persönlichkeit *f*; **~ally** *adv* persönlich; **~al organizer** *n* Terminplaner *m*, Zeitplaner *m*; (*electronic*) elektronisches Notizbuch *nt*; **~al stereo** *n* Walkman *m* ®; **~ify** [pə:'sɔnɪfaɪ] *vt* verkörpern

personnel [pə:sə'nel] *n* Personal *nt*

perspective [pə'spektɪv] *n* Perspektive *f*

Perspex ['pə:speks] ® *n* Acrylglas *nt*, Akrylglas *nt*

perspiration [pə:spɪ'reɪʃən] *n* Transpiration *f*

perspire [pə'spaɪəʳ] *vi* transpirieren

persuade [pə'sweɪd] *vt* überreden; (*convince*) überzeugen

persuasion [pə'sweɪʒən] *n* Überredung *f*; Überzeugung *f*

persuasive [pə'sweɪsɪv] *adj* überzeugend

pert [pə:t] *adj* keck

pertaining [pə:'teɪnɪŋ]: **~ to** *prep* betreffend +*acc*

pertinent ['pə:tɪnənt] *adj* relevant

perturb [pə'tə:b] *vt* beunruhigen

pervade [pə'veɪd] *vt* erfüllen

perverse [pə'və:s] *adj* pervers; (*obstinate*) eigensinnig

pervert [*n* 'pə:və:t, *vb* pə'və:t] *n* perverse(r) Mensch *m* ♦ *vt* verdrehen; (*morally*) verderben

pessimist ['pesɪmɪst] *n* Pessimist *m*; **~ic** *adj* pessimistisch

pest [pest] *n* (*insect*) Schädling *m*; (*fig: person*) Nervensäge *f*; (: *thing*) Plage *f*; **~er** ['pestəʳ] *vt* plagen; **~icide** ['pestɪsaɪd] *n* Insektenvertilgungsmittel *nt*

pet [pet] *n* (*animal*) Haustier *n* ♦ *vt* liebkosen, streicheln

petal ['petl] *n* Blütenblatt *nt*

peter out ['pi:tə-] *vi* allmählich zu Ende gehen

petite [pə'ti:t] *adj* zierlich

petition [pə'tɪʃən] *n* Bittschrift *f*

petrified ['petrɪfaɪd] *adj* versteinert; (*person*) starr (vor Schreck)

petrify ['petrɪfaɪ] *vt* versteinern; (*person*) erstarren lassen

petrol ['petrəl] (*BRIT*) *n* Benzin *nt*, Kraftstoff *m*; **two-/four-star ~** ≃ Normal-/Superbenzin *nt*; **~ can** *n* Benzinkanister *m*

petroleum [pə'trəuliəm] *n* Petroleum *nt*

petrol: ~ pump (*BRIT*) *n* (*in car*) Benzinpumpe *f*; (*at garage*) Zapfsäule *f*; **~ station** (*BRIT*) *n* Tankstelle *f*; **~ tank** (*BRIT*) *n* Benzintank *m*

petticoat ['petɪkəut] *n* Unterrock *m*

petty ['petɪ] *adj* (*unimportant*) unbedeutend; (*mean*) kleinlich; **~ cash** *n* Portokasse *f*; **~ officer** *n* Maat *m*

pew [pju:] *n* Kirchenbank *f*

pewter ['pju:təʳ] *n* Zinn *nt*

phantom ['fæntəm] *n* Phantom *nt*

pharmacist ['fɑ:məsɪst] *n* Pharmazeut *m*; (*druggist*) Apotheker *m*

pharmacy ['fɑ:məsɪ] *n* Pharmazie *f*; (*shop*) Apotheke *f*

phase [feɪz] *n* Phase *f* ♦ *vt*: **to ~ sth in** etw allmählich einführen; **to ~ sth out** etw auslaufen lassen

Ph.D. *n abbr* = **Doctor of Philosophy**

pheasant ['feznt] *n* Fasan *m*

phenomena [fə'nɔmɪnə] *npl of* **phenomenon**

phenomenon [fə'nɔmɪnən] *n* Phänomen *nt*

philanthropist [fɪ'lænθrəpɪst] *n* Philanthrop *m*, Menschenfreund *m*

Philippines ['fɪlɪpi:nz] *npl*: **the ~** die Philippinen *pl*

philosopher [fɪ'lɔsəfər] *n* Philosoph *m*; **philosophical** [fɪlə'sɔfɪkl] *adj* philosophisch;**philosophy** [fɪ'lɔsəfɪ] *n* Philosophie *f*

phlegm [flɛm] *n* (MED) Schleim *m*

phobia ['fəubjə] *n* (*irrational fear: of insects, flying, water etc*) Phobie *f*

phone [fəun] *n* Telefon *nt* ♦ *vt, vi* telefonieren, anrufen; **to be on the ~** telefonieren;**~ back** *vt, vi* zurückrufen;**~ up** *vt, vi* anrufen;**~ bill** *n* Telefonrechnung *f*;**~ book** *n* Telefonbuch *nt*;**~ booth** *n* Telefonzelle *f*;**~ box** *n* Telefonzelle *f*;**~ call** *n* Telefonanruf *m*;**~card** *n* (TEL) Telefonkarte *f*;**~-in** *n* (RAD, TV) Phone-in *nt*; **~ number** *n* Telefonnummer *f*

phonetics [fə'nɛtɪks] *n* Phonetik *f*

phoney ['fəunɪ] (*inf*) *adj* unecht ♦ *n* (*person*) Schwindler *m*; (*thing*) Fälschung *f*; (*banknote*) Blüte *f*

phony ['fəunɪ] *adj, n* = **phoney**

photo ['fəutəu] *n* Foto *nt*;**~copier** ['fəutəukɔpɪə*r*] *n* Kopiergerät *nt*;**~copy** ['fəutəukɔpɪ] *n* Fotokopie *f* ♦ *vt* fotokopieren; **~genic** [fəutəu'dʒɛnɪk] *adj* fotogen;**~graph** *n* Fotografie *f*, Aufnahme *f* ♦ *vt* fotografieren;**~grapher** ['fəutəgræf] *n* Fotograf *m*;**~graphic** [fəutə'græfɪk] *adj* fotografisch;**~graphy** [fə'tɔgrəfɪ] *n* Fotografie *f*

phrase [freɪz] *n* Satz *m*; (*expression*) Ausdruck *m* ♦ *vt* ausdrücken, formulieren;**~ book** *n* Sprachführer *m*

physical ['fɪzɪkl] *adj* physikalisch; (*bodily*) körperlich, physisch;**~ education** *n* Turnen *nt*;**~ly** *adv* physikalisch

physician [fɪ'zɪʃən] *n* Arzt *m*

physicist ['fɪzɪsɪst] *n* Physiker(in) *m(f)*

physics ['fɪzɪks] *n* Physik *f*

physiotherapist [fɪzɪəu'θɛrəpɪst] *n* Physiotherapeut(in) *m(f)*

physiotherapy [fɪzɪəu'θɛrəpɪ] *n* Heilgymnastik *f*, Physiotherapie *f*

physique [fɪ'zi:k] *n* Körperbau *m*

pianist ['pi:ənɪst] *n* Pianist(in) *m(f)*

piano [pɪ'ænəu] *n* Klavier *nt*

pick [pɪk] *n* (*tool*) Pickel *m*; (*choice*) Auswahl *f* ♦ *vt* (*fruit*) pflücken; (*choose*) aussuchen; **take your ~** such dir etwas aus; **to ~ sb's pocket** jdn bestehlen;**~ on** *vt fus* (*person*) herumhacken auf +*dat*;**~ out** *vt* auswählen;**~ up** *vi* (*improve*) sich erholen ♦ *vt* (*lift up*) aufheben; (*learn*) (schnell) mitbekommen; (*collect*) abholen; (*girl*) (sich *dat*) anlangen; (AUT: *passenger*) mitnehmen; (*speed*) gewinnen an +*dat*; **to ~ o.s. up** aufstehen

picket ['pɪkɪt] *n* (*striker*) Streikposten *m* ♦ *vt* (*factory*) (Streik)posten aufstellen vor +*dat* ♦ *vi* (Streik)posten stehen

pickle ['pɪkl] *n* (*salty mixture*) Pökel *m*; (*inf*) Klemme *f* ♦ *vt* (in Essig) einlegen; einpökeln

pickpocket ['pɪkpɔkɪt] *n* Taschendieb *m*

pick-up ['pɪkʌp] *n* (BRIT: *on record player*) Tonabnehmer *m*; (*small truck*) Lieferwagen *m*

picnic ['pɪknɪk] *n* Picknick *nt* ♦ *vi* picknicken; **~ area** *n* Rastplatz *m*

pictorial [pɪk'tɔ:rɪəl] *adj* in Bildern

picture ['pɪktʃə*r*] *n* Bild *nt* ♦ *vt* (*visualize*) sich *dat* vorstellen; **the ~s** *npl* (BRIT) das Kino;**~ book** *n* Bilderbuch *nt*

picturesque [pɪktʃə'rɛsk] *adj* malerisch

pie [paɪ] *n* (*meat*) Pastete *f*; (*fruit*) Torte *f*

piece [pi:s] *n* Stück *nt* ♦ *vt*: **to ~ together** zusammenstückeln; (*fig*) sich *dat* zusammenreimen; **to take to ~s** in Einzelteile zerlegen;**~meal** *adv* stückweise, Stück für Stück;**~work** *n* Akkordarbeit *f*

pie chart *n* Kreisdiagramm *nt*

pier [pɪə*r*] *n* Pier *m*, Mole *f*

pierce [pɪəs] *vt* durchstechen, durchbohren (*also look*);**~d** *adj* durchgestochen; **piercing** ['pɪəsɪŋ] *adj* (*cry*) durchdringend

pig [pɪg] *n* Schwein *nt*

pigeon ['pɪdʒən] n Taube f; **~hole** n (*compartment*) Ablegefach nt

piggy bank ['pɪgɪ-] n Sparschwein nt

pig: ~headed ['pɪg'hɛdɪd] adj dickköpfig; **~let** ['pɪglɪt] n Ferkel nt; **~skin** ['pɪgskɪn] n Schweinsleder nt; **~sty** ['pɪgstaɪ] n Schweinestall m; **~tail** ['pɪgteɪl] n Zopf m

pike [paɪk] n Pike f; (*fish*) Hecht m

pilchard ['pɪltʃəd] n Sardine f

pile [paɪl] n Haufen m; (*of books, wood*) Stapel m; (*in ground*) Pfahl m; (*on carpet*) Flausch m ♦ vt (*also:* **~ up**) anhäufen ♦ vi (*also:* **~ up**) sich anhäufen

piles [paɪlz] npl Hämorr(ho)iden pl

pile-up ['paɪlʌp] n (AUT) Massen-zusammenstoß m

pilfering ['pɪlfərɪŋ] n Diebstahl m

pilgrim ['pɪlgrɪm] n Pilger(in) m(f); **~age** n Wallfahrt f

pill [pɪl] n Tablette f, Pille f; **the ~** die (Antibaby)pille

pillage ['pɪlɪdʒ] vt plündern

pillar ['pɪlə'] n Pfeiler m, Säule f (*also fig*); **~ box** (BRIT) n Briefkasten m

pillion ['pɪljən] n Soziussitz m

pillow ['pɪləʊ] n Kissen nt; **~case** n Kissenbezug m

pilot ['paɪlət] n Pilot m; (NAUT) Lotse m ♦ adj (*scheme etc*) Versuchs- ♦ vt führen; (*ship*) lotsen; **~ light** n Zündflamme f

pimp [pɪmp] n Zuhälter m

pimple ['pɪmpl] n Pickel m

PIN n abbr (= *personal identification number*) PIN f

pin [pɪn] n Nadel f; (*for sewing*) Stecknadel f; (TECH) Stift m, Bolzen m ♦ vt stecken; (*keep in one position*) pressen, drücken; **to ~ sth to sth** etw an etw acc heften; **to ~ sth on sb** (*fig*) jdm etw anhängen; **~s and needles** Kribbeln nt; **~ down** vt (*fig: person*): **to ~ sb down (to sth)** jdn (auf etw acc) festnageln

pinafore ['pɪnəfɔ:'] n Schürze f; **~ dress** n Kleiderrock m

pinball ['pɪnbɔ:l] n Flipper m

pincers ['pɪnsəz] npl Kneif- or Beißzange f; (MED) Pinzette f

pinch [pɪntʃ] n Zwicken nt, Kneifen nt; (*of salt*) Prise f ♦ vt zwicken, kneifen; (*inf: steal*) klauen ♦ vi (*shoe*) drücken; **at a ~** notfalls, zur Not

pincushion ['pɪnkuʃən] n Nadelkissen nt

pine [paɪn] n (*also:* **~ tree**) Kiefer f ♦ vi: **to ~ for** sich sehnen nach; **~ away** vi sich zu Tode sehnen

pineapple ['paɪnæpl] n Ananas f

ping [pɪŋ] n Klingeln nt; **~-pong** ® n Pingpong nt

pink [pɪŋk] adj rosa inv ♦ n Rosa nt; (BOT) Nelke f

pinnacle ['pɪnəkl] n Spitze f

PIN (number) n Geheimnummer f

pinpoint ['pɪnpɔɪnt] vt festlegen

pinstripe ['pɪnstraɪp] n Nadelstreifen m

pint [paɪnt] n Pint nt; (BRIT: inf: *of beer*) große(s) Bier nt

pioneer [paɪə'nɪə'] n Pionier m; (*fig also*) Bahnbrecher m

pious ['paɪəs] adj fromm

pip [pɪp] n Kern m; **the ~s** npl (BRIT: RAD) das Zeitzeichen

pipe [paɪp] n (*smoking*) Pfeife f; (*tube*) Rohr nt; (*in house*) (Rohr)leitung f ♦ vt (*durch Rohre*) leiten; (MUS) blasen; **~s** npl (*also:* **bagpipes**) Dudelsack m; **~ down** vi (*be quiet*) die Luft anhalten; **~ cleaner** n Pfeifenreiniger m; **~ dream** n Luftschloss nt; **~line** n (*for oil*) Pipeline f; **~r** n Pfeifer m; (*bagpipes*) Dudelsackbläser m

piping ['paɪpɪŋ] adv: **~ hot** siedend heiß

pique ['pi:k] n gekränkte(r) Stolz m

pirate ['paɪərət] n Pirat m, Seeräuber m; **~d** adj: **~d version** Raubkopie f; **~ radio** (BRIT) n Piratensender m

Pisces ['paɪsi:z] n Fische pl

piss [pɪs] (*inf*) vi pissen; **~ed** (*inf*) adj (*drunk*) voll

pistol ['pɪstl] n Pistole f

piston ['pɪstən] n Kolben m

pit [pɪt] n Grube f; (THEAT) Parterre nt; (*orchestra ~*) Orchestergraben m ♦ vt (*mark with scars*) zerfressen; (*compare*): **to ~ sb against sb** jdn an jdm messen; **the ~s** npl (MOTOR RACING) die Boxen pl

pitch [pɪtʃ] n Wurf m; (of trader) Stand m; (SPORT) (Spiel)feld nt; (MUS) Tonlage f; (substance) Pech nt ♦ vt werfen; (set up) aufschlagen ♦ vi (NAUT) rollen; **to ~ a tent** ein Zelt aufbauen; **~-black** adj pechschwarz; **~ed battle** n offene Schlacht f

piteous ['pɪtɪəs] adj kläglich, erbärmlich

pitfall ['pɪtfɔːl] n (fig) Falle f

pith [pɪθ] n Mark nt

pithy ['pɪθɪ] adj prägnant

pitiful ['pɪtɪful] adj (deserving pity) bedauernswert; (contemptible) jämmerlich

pitiless ['pɪtɪlɪs] adj erbarmungslos

pittance ['pɪtns] n Hungerlohn m

pity ['pɪtɪ] n (sympathy) Mitleid nt ♦ vt Mitleid haben mit; **what a ~!** wie schade!

pivot ['pɪvət] n Drehpunkt m ♦ vi: **to ~ (on)** sich drehen (um)

pizza ['piːtsə] n Pizza f

placard ['plækɑːd] n Plakat nt, Anschlag m

placate [plə'keɪt] vt beschwichtigen

place [pleɪs] n Platz m; (spot) Stelle f; (town etc) Ort m ♦ vt setzen, stellen, legen; (order) aufgeben; (SPORT) platzieren; (identify) unterbringen; **to take ~** stattfinden; **out of ~** nicht am rechten Platz; (fig: remark) unangebracht; **in the first ~** erstens; **to change ~s with sb** mit jdm den Platz tauschen; **to be ~d third** (in race, exam) auf dem dritten Platz liegen

placid ['plæsɪd] adj gelassen, ruhig

plagiarism ['pleɪdʒərɪzəm] n Plagiat nt

plague [pleɪg] n Pest f; (fig) Plage f ♦ vt plagen

plaice [pleɪs] n Scholle f

plaid [plæd] n Plaid nt

plain [pleɪn] adj (clear) klar, deutlich; (simple) einfach, schlicht; (not beautiful) alltäglich ♦ n Ebene f; **in ~ clothes** (police) in Zivil(kleidung); **~ chocolate** n Bitterschokolade f

plaintiff ['pleɪntɪf] n Kläger m

plaintive ['pleɪntɪv] adj wehleidig

plait [plæt] n Zopf m ♦ vt flechten

plan [plæn] n Plan m ♦ vt, vi planen; **according to ~** planmäßig; **to ~ to do sth**

vorhaben, etw zu tun

plane [pleɪn] n Ebene f; (AVIAT) Flugzeug nt; (tool) Hobel m; (tree) Platane f

planet ['plænɪt] n Planet m

plank [plæŋk] n Brett nt

planning ['plænɪŋ] n Planung f; **family ~** Familienplanung f; **~ permission** n Baugenehmigung f

plant [plɑːnt] n Pflanze f; (TECH) (Maschinen)anlage f; (factory) Fabrik f, Werk nt ♦ vt pflanzen; (set firmly) stellen; **~ation** [plæn'teɪʃən] n Plantage f

plaque [plæk] n Gedenktafel f; (on teeth) (Zahn)belag m

plaster ['plɑːstə*] n Gips m; (in house) Verputz m; (BRIT: also: **sticking ~**) Pflaster nt; (for fracture: **~ of Paris**) Gipsverband m ♦ vt gipsen; (hole) zugipsen; (ceiling) verputzen; (fig: with pictures etc) bekleben, verkleben; **~ed** (inf) adj besoffen; **~er** n Gipser m

plastic ['plæstɪk] n Plastik nt or f ♦ adj (made of ~) Plastik-; (ART) plastisch, bildend; **~ bag** n Plastiktüte f

plasticine ['plæstɪsiːn] ® n Plastilin nt

plastic surgery n plastische Chirurgie f

plate [pleɪt] n Teller m; (gold/silver ~) vergoldete(s)/versilberte(s) Tafelgeschirr nt; (in book) (Bild)tafel f

plateau ['plætəʊ] (pl **~s** or **~x**) n (GEOG) Plateau nt, Hochebene f

plateaux ['plætəʊz] npl of **plateau**

plate glass n Tafelglas nt

platform ['plætfɔːm] n (at meeting) Plattform f, Podium nt; (RAIL) Bahnsteig m; (POL) Parteiprogramm nt; **~ ticket** n Bahnsteigkarte f

platinum ['plætɪnəm] n Platin nt

platoon [plə'tuːn] n (MIL) Zug m

platter ['plætə*] n Platte f

plausible ['plɔːzɪbl] adj (theory, excuse, statement) plausibel; (person) überzeugend

play [pleɪ] n (also TECH) Spiel nt; (THEAT) (Theater)stück nt ♦ vt spielen; (another team) spielen gegen ♦ vi spielen; **to ~ safe** auf Nummer sicher or Sicher gehen; **~ down** vt herunterspielen; **~ up** vi (cause *trouble*) frech werden; (*bad leg etc*) wehtun ♦ *vt* (*person*) plagen; **to ~ up to sb** jdm flattieren; **~-acting** *n* Schauspielerei *f*; **~er** *n* Spieler(in) *m(f)*; **~ful** *adj* spielerisch; **~ground** *n* Spielplatz *m*; **~group** *n* Kindergarten *m*; **~ing card** *n* Spielkarte *f*; **~ing field** *n* Sportplatz *m*; **~mate** *n* Spielkamerad *m*; **~-off** *n* (*SPORT*) Entscheidungsspiel *nt*; **~pen** *n* Laufstall *m*; **~school** *n* Spielgruppe; **~thing** *n* Spielzeug *nt*; **~time** *n* (kleine) Pause *f*; **~wright** ['pleɪraɪt] *n* Theaterschriftsteller *m*

plc *abbr* (= *public limited company*) AG

plea [pliː] *n* Bitte *f*; (*general appeal*) Appell *m*; (*JUR*) Plädoyer *nt*; **~ bargaining** *n* (*LAW*) *Aushandeln der Strafe zwischen Staatsanwaltschaft und Verteidigung*

plead [pliːd] *vt* (*poverty*) zur Entschuldigung anführen; (*JUR*: *sb's case*) vertreten ♦ *vi* (*beg*) dringend bitten; (*JUR*) plädieren; **to ~ with sb** jdn dringend bitten

pleasant ['plɛznt] *adj* angenehm; **~ries** *npl* (*polite remarks*) Nettigkeiten *pl*

please [pliːz] *vt*, *vi* (*be agreeable to*) gefallen +*dat*; **~!** bitte!; **~ yourself!** wie du willst!; **~d** *adj* zufrieden; (*glad*) **~d (about sth)** erfreut (über etw *acc*); **~d to meet you** angenehm; **pleasing** ['pliːzɪŋ] *adj* erfreulich

pleasure ['plɛʒəʳ] *n* Freude *f* ♦ *cpd* Vergnügungs-; **"it's a ~"** „gern geschehen"

pleat [pliːt] *n* Falte *f*

plectrum ['plɛktrəm] *n* Plektron *nt*

pledge [plɛdʒ] *n* Pfand *nt*; (*promise*) Versprechen *nt* ♦ *vt* verpfänden; (*promise*) geloben, versprechen

plentiful ['plɛntɪful] *adj* reichlich

plenty ['plɛntɪ] *n* Fülle *f*, Überfluss *m*; **~ of** eine Menge, viel

pleurisy ['plʊərɪsɪ] *n* Rippenfellentzündung *f*

pliable ['plaɪəbl] *adj* biegsam; (*person*) beeinflussbar

pliers ['plaɪəz] *npl* (Kneif)zange *f*

plight [plaɪt] *n* (Not)lage *f*

plimsolls ['plɪmsəlz] (*BRIT*) *npl* Turnschuhe *pl*

plinth [plɪnθ] *n* Sockel *m*

P.L.O. *n abbr* (= *Palestine Liberation*

Organization) PLO *f*

plod [plɔd] *vi* (*work*) sich abplagen; (*walk*) trotten

plonk [plɔŋk] *n* (*BRIT*: *inf*: *wine*) billige(r) Wein *m* ♦ *vt*: **to ~ sth down** etw hinknallen

plot [plɔt] *n* Komplott *nt*; (*story*) Handlung *f*; (*of land*) Grundstück *nt* ♦ *vt* markieren; (*curve*) zeichnen; (*movements*) nachzeichnen ♦ *vi* (*plan secretly*) sich verschwören

plough [plaʊ] (*US* **plow**) *n* Pflug *m* ♦ *vt* pflügen; **~ back** *vt* (*COMM*) wieder in das Geschäft stecken; **~ through** *vt fus* (*water*) durchpflügen; (*book*) sich kämpfen durch

plow [plaʊ] (*US*) = **plough**

ploy [plɔɪ] *n* Masche *f*

pluck [plʌk] *vt* (*fruit*) pflücken; (*guitar*) zupfen; (*goose etc*) rupfen ♦ *n* Mut *m*; **to ~ up courage** all seinen Mut zusammennehmen

plug [plʌg] *n* Stöpsel *m*; (*ELEC*) Stecker *m*; (*inf*: *publicity*) Schleichwerbung *f*; (*AUT*) Zündkerze *f* ♦ *vt* (zu)stopfen; (*inf*: *advertise*) Reklame machen für; **~ in** *vt* (*ELEC*) anschließen

plum [plʌm] *n* Pflaume *f*, Zwetsch(g)e *f*

plumage ['pluːmɪdʒ] *n* Gefieder *nt*

plumber ['plʌməʳ] *n* Klempner *m*, Installateur *m*; **plumbing** ['plʌmɪŋ] *n* (*craft*) Installieren *nt*; (*fittings*) Leitungen *pl*

plummet ['plʌmɪt] *vi* (ab)stürzen

plump [plʌmp] *adj* rundlich, füllig ♦ *vt* plumpsen lassen; **to ~ for** (*inf*: *choose*) sich entscheiden für

plunder ['plʌndəʳ] *n* Plünderung *f*; (*loot*) Beute *f* ♦ *vt* plündern

plunge [plʌndʒ] *n* Sturz *m* ♦ *vt* stoßen ♦ *vi* (sich) stürzen; **to take the ~** den Sprung wagen; **plunging** ['plʌndʒɪŋ] *adj* (*neckline*) offenherzig

plural ['plʊərl] *n* Plural *m*, Mehrzahl *f*

plus [plʌs] *n* (*also*: **~ sign**) Plus(zeichen) *nt* ♦ *prep* plus, und; **ten/twenty ~** mehr als zehn/zwanzig

plush [plʌʃ] *adj* (*also*: **~y**: *inf*) feudal

ply [plaɪ] *vt* (*trade*) (be)treiben; (*with questions*) zusetzen +*dat*; (*ship, taxi*) befahren ♦ *vi* (*ship, taxi*) verkehren ♦ *n*:

three-~ (*wool*) Dreifach-; **to ~ sb with drink** jdn zum Trinken animieren; **~wood** *n* Sperrholz *nt*

P.M. *n abbr* = **prime minister**

p.m. *adv abbr* (= *post meridiem*) nachmittags

pneumatic drill *n* Presslufthammer *m*

pneumonia [nju:'məʊnɪə] *n* Lungenentzündung *f*

poach [pəʊtʃ] *vt* (*COOK*) pochieren; (*game*) stehlen ♦ *vi* (*steal*) wildern; **~ed** *adj* (*egg*) verloren; **~er** *n* Wilddieb *m*

P.O. Box *n abbr* = **Post Office Box**

pocket ['pɒkɪt] *n* Tasche *f*; (*of resistance*) (Widerstands)nest *nt* ♦ *vt* einstecken; **to be out of ~** (*BRIT*) draufzahlen; **~book** *n* Taschenbuch *nt*; **~ calculator** *n* Taschenrechner *m*; **~ knife** *n* Taschenmesser *nt*; **~ money** *n* Taschengeld *nt*

pod [pɒd] *n* Hülse *f*; (*of peas also*) Schote *f*

podgy ['pɒdʒɪ] *adj* pummelig

podiatrist [pɔ'di:ətrɪst] (*US*) *n* Fußpfleger(in) *m(f)*

poem ['pəʊɪm] *n* Gedicht *nt*

poet ['pəʊɪt] *n* Dichter *m*, Poet *m*; **~ic** [pəʊ'etɪk] *adj* poetisch, dichterisch; **~ laureate** *n* Hofdichter *m*; **~ry** *n* Poesie *f*; (*poems*) Gedichte *pl*

poignant ['pɔɪnjənt] *adj* (*touching*) ergreifend

point [pɔɪnt] *n* (*also in discussion, scoring*) Punkt *m*; (*spot*) Punkt *m*, Stelle *f*; (*sharpened tip*) Spitze *f*; (*moment*) (Zeit)punkt *m*; (*purpose*) Zweck *m*; (*idea*) Argument *nt*; (*decimal*) Dezimalstelle *f*; (*personal characteristic*) Seite *f* ♦ *vt* zeigen mit; (*gun*) richten ♦ *vi* zeigen; **~s** *npl* (*RAIL*) Weichen *pl*; **to be on the ~ of doing sth** drauf und dran sein, etw zu tun; **to make a ~ of** Wert darauf legen; **to get the ~** verstehen, worum es geht; **to come to the ~** zur Sache kommen; **there's no ~ (in doing sth)** es hat keinen Sinn(, etw zu tun); **~ out** *vt* hinweisen auf +*acc*; **~ to** *vt fus* zeigen auf +*acc*; **~-blank** *adv* (*at close range*) aus nächster Entfernung; (*bluntly*) unverblümt; **~ed** *adj* (*also fig*) spitz, scharf;

~edly *adv* (*fig*) spitz; **~er** *n* Zeigestock *m*; (*on dial*) Zeiger *m*; **~less** *adj* sinnlos; **~ of view** *n* Stand- *or* Gesichtspunkt *m*

poise [pɔɪz] *n* Haltung *f*; (*fig*) Gelassenheit *f*

poison ['pɔɪzn] *n* (*also fig*) Gift *nt* ♦ *vt* vergiften; **~ing** *n* Vergiftung *f*; **~ous** *adj* giftig, Gift-

poke [pəʊk] *vt* stoßen; (*put*) stecken; (*fire*) schüren; (*hole*) bohren; **~ about** *vi* herumstochern; (*nose around*) herumwühlen

poker ['pəʊkər] *n* Schürhaken *m*; (*CARDS*) Poker *nt*

poky ['pəʊkɪ] *adj* eng

Poland ['pəʊlənd] *n* Polen *nt*

polar ['pəʊlər] *adj* Polar-, polar; **~ bear** *n* Eisbär *m*

Pole [pəʊl] *n* Pole *m*, Polin *f*

pole [pəʊl] *n* Stange *f*, Pfosten *m*; (*flagpole, telegraph ~*) Stange *f*, Mast *m*; (*ELEC, GEOG*) Pol *m*; (*SPORT: vaulting ~*) Stab *m*; (*ski ~*) Stock *m*; **~ bean** (*US*) *n* (*runner bean*) Stangenbohne *f*; **~ vault** *n* Stabhochsprung *m*

police [pə'li:s] *n* Polizei *f* ♦ *vt* kontrollieren; **~ car** *n* Polizeiwagen *m*; **~man** (*irreg*) *n* Polizist *m*; **~ state** *n* Polizeistaat *m*; **~ station** *n* (Polizei)revier *nt*, Wache *f*; **~woman** (*irreg*) *n* Polizistin *f*

policy ['pɒlɪsɪ] *n* Politik *f*; (*insurance*) (Versicherungs)police *f*

polio ['pəʊlɪəʊ] *n* (*spinale*) Kinderlähmung *f*, Polio *f*

Polish ['pəʊlɪʃ] *adj* polnisch ♦ *n* (*LING*) Polnisch *nt*

polish ['pɒlɪʃ] *n* Politur *f*; (*for floor*) Wachs *nt*; (*for shoes*) Creme *f*; (*for nails*) Lack *m*; (*shine*) Glanz *m*; (*of furniture*) Politur *f*; (*fig*) Schliff *m* ♦ *vt* polieren; (*shoes*) putzen; (*fig*) den letzten Schliff geben +*dat*; **~ off** *vt* (*inf: food*) wegputzen; (: *drink*) hinunterschütten; **~ed** *adj* glänzend; (*manners*) verfeinert

polite [pə'laɪt] *adj* höflich; **~ly** *adv* höflich; **~ness** *n* Höflichkeit *f*

politic-: ~al [pə'lɪtɪkl] *adj* politisch; **~ally** [pə'lɪtɪklɪ] *adv* politisch; **~ally correct**

politisch korrekt; **~ian** [pɔlɪ'tɪʃən] n Politiker m; **~s** npl Politik f

polka dot ['pɔlkə-] n Tupfen m

poll [pəul] n Abstimmung f; (in election) Wahl f; (votes cast) Wahlbeteiligung f; (opinion ~) Umfrage f ♦ vt (votes) erhalten

pollen ['pɔlən] n (BOT) Blütenstaub m, Pollen m

polling ['pəulɪŋ-]: **~ booth** (BRIT) n Wahlkabine f; **~ day** (BRIT) n Wahltag m; **~ station** (BRIT) n Wahllokal nt

pollute [pə'luːt] vt verschmutzen, verunreinigen; **~d** adj verschmutzt; **pollution** [pə'luːʃən] n Verschmutzung f

polo ['pəuləu] n Polo nt; **~ neck** n (also: **~ necked sweater**) Rollkragen m; Rollkragenpullover m; **~ shirt** n Polohemd nt

polystyrene [pɔlɪ'staɪriːn] n Styropor nt

polytechnic [pɔlɪ'tɛknɪk] n technische Hochschule f

polythene ['pɔlɪθiːn] n Plastik nt; **~ bag** n Plastiktüte f

pomegranate ['pɔmɪgrænɪt] n Granatapfel m

pompom ['pɔmpɔm] n Troddel f, Pompon m

pompous ['pɔmpəs] adj aufgeblasen; (language) geschwollen

pond [pɔnd] n Teich m, Weiher m

ponder ['pɔndəʳ] vt nachdenken über +acc; **~ous** adj schwerfällig

pong [pɔŋ] (BRIT: inf) n Mief m

pontiff ['pɔntɪf] n Pontifex m

pontoon [pɔn'tuːn] n Ponton m; (CARDS) 17-und-4 nt

pony ['pəunɪ] n Pony nt; **~tail** n Pferdeschwanz m; **~ trekking** (BRIT) n Ponyreiten nt

poodle ['puːdl] n Pudel m

pool [puːl] n (swimming ~) Schwimmbad nt; (: private) Swimmingpool m; (of liquid, blood) Lache f; (fund) (gemeinsame) Kasse f; (billiards) Poolspiel nt ♦ vt (money etc) zusammenlegen; **(football) ~s** Toto nt

poor [puəʳ] adj arm; (not good) schlecht ♦ npl: **the ~** die Armen pl; **~ in** (resources)

arm an +dat; **~ly** adv schlecht; (dressed) ärmlich ♦ adj schlecht

pop [pɔp] n Knall m; (music) Popmusik f; (drink) Limo(nade) f; (US: inf) Pa m ♦ vt (put) stecken; (balloon) platzen lassen ♦ vi knallen; **~ in** vi kurz vorbeigehen or vorbeikommen; **~ out** vi (person) kurz rausgehen; (thing) herausspringen; **~ up** vi auftauchen; **~corn** n Puffmais m

pope [pəup] n Papst m

poplar ['pɔpləʳ] n Pappel f

poppy ['pɔpɪ] n Mohn m

Popsicle ['pɔpsɪkl] ® US) n (ice lolly) Eis nt am Stiel

populace ['pɔpjuləs] n Volk nt

popular ['pɔpjuləʳ] adj beliebt, populär; (of the people) volkstümlich; (widespread) allgemein; **~ity** [pɔpju'lærɪtɪ] n Beliebtheit f, Popularität f; **~ly** adv allgemein, überall

population [pɔpju'leɪʃən] n Bevölkerung f; (of town) Einwohner pl

populous ['pɔpjuləs] adj dicht besiedelt

porcelain ['pɔːslɪn] n Porzellan nt

porch [pɔːtʃ] n Vorbau m, Veranda f

porcupine ['pɔːkjupaɪn] n Stachelschwein nt

pore [pɔːʳ] n Pore f ♦ vi: **to ~ over** brüten über +dat

pork [pɔːk] n Schweinefleisch nt

porn [pɔːn] n Porno m; **~ographic** [pɔːnə'græfɪk] adj pornografisch; **~ography** [pɔː'nɔgrəfɪ] n Pornografie f

porous ['pɔːrəs] adj porös; (skin) porig

porpoise ['pɔːpəs] n Tümmler m

porridge ['pɔrɪdʒ] n Haferbrei m

port [pɔːt] n Hafen m; (town) Hafenstadt f; (NAUT: left side) Backbord nt; (wine) Portwein m; **~ of call** Anlaufhafen m

portable ['pɔːtəbl] adj tragbar

porter ['pɔːtəʳ] n Pförtner(in) m(f); (for luggage) (Gepäck)träger m

portfolio [pɔːt'fəulɪəu] n (case) Mappe f; (POL) Geschäftsbereich m; (FIN) Portefeuille nt; (of artist) Kollektion f

porthole ['pɔːthəul] n Bullauge nt

portion ['pɔːʃən] n Teil m, Stück nt; (of food) Portion f

portrait ['pɔːtreɪt] n Porträt nt

portray [pɔː'treɪ] vt darstellen; ~al n Darstellung f

Portugal ['pɔːtjugl] n Portugal nt

Portuguese [pɔːtju'giːz] adj portugiesisch ♦ n inv Portugiese m, Portugiesin f; (LING) Portugiesisch nt

pose [pəuz] n Stellung f, Pose f; (affectation) Pose f ♦ vi posieren ♦ vt stellen

posh [pɔʃ] (inf) adj (piek)fein

position [pə'zɪʃən] n Stellung f; (place) Lage f; (job) Stelle f; (attitude) Standpunkt m ♦ vt aufstellen

positive ['pɔzɪtɪv] adj positiv; (convinced) sicher; (definite) eindeutig

posse ['pɔsɪ] (US) n Aufgebot nt

possess [pə'zɛs] vt besitzen; ~ion [pə'zɛʃən] n Besitz m; ~ive adj besitzergreifend, eigensüchtig

possibility [pɔsɪ'bɪlɪtɪ] n Möglichkeit f

possible ['pɔsɪbl] adj möglich; **as big as ~** so groß wie möglich, möglichst groß; **possibly** adv möglicherweise, vielleicht; **I cannot possibly come** ich kann unmöglich kommen

post [pəust] n (BRIT: letters, delivery) Post f; (pole) Pfosten m, Pfahl m; (place of duty) Posten m; (job) Stelle f ♦ vt (notice) anschlagen; (BRIT: letters) aufgeben; (: appoint) versetzen; (soldiers) aufstellen; ~age n Postgebühr f, Porto nt; ~al adj Post-; ~al order n Postanweisung f; ~box (BRIT) n Briefkasten m; ~card n Postkarte f; ~code (BRIT) n Postleitzahl f

postdate [pəust'deɪt] vt (cheque) nachdatieren

poster ['pəustər] n Plakat nt, Poster nt

poste restante [pəust'restãːnt] n Aufbewahrungsstelle f für postlagernde Sendungen

posterior [pɔs'tɪərɪər] (inf) n Hintern m

posterity [pɔs'tɛrɪtɪ] n Nachwelt f

postgraduate ['pəust'grædjuət] n Weiterstudierende(r) mf

posthumous ['pɔstjuməs] adj post(h)um

postman ['pəustmən] (irreg) n Briefträger m

postmark ['pəustmɑːk] n Poststempel m

post-mortem [pəust'mɔːtəm] n Autopsie f

post office n Postamt nt, Post f; (organization) Post f; **Post Office Box** n Postfach nt

postpone [pəus'pəun] vt verschieben

postscript ['pəustskrɪpt] n Postskript nt; (to affair) Nachspiel nt

posture ['pɔstʃər] n Haltung f ♦ vi posieren

postwar [pəust'wɔːr] adj Nachkriegs-

postwoman ['pəustwumən] (irreg) n Briefträgerin f

posy ['pəuzɪ] n Blumenstrauß m

pot [pɔt] n Topf m; (teapot) Kanne f; (inf: marijuana) Hasch ♦ vt (plant) eintopfen; **to go to ~** (inf: work) auf den Hund kommen

potato [pə'teɪtəu] (pl ~es) n Kartoffel f; ~ **peeler** n Kartoffelschäler m

potent ['pəutnt] adj stark; (argument) zwingend

potential [pə'tɛnʃl] adj potenziell, potentiell ♦ n Potenzial nt, Potential nt; ~ly adv potenziell, potentiell

pothole ['pɔthəul] n (in road) Schlagloch nt; (BRIT: underground) Höhle f; **potholing** (BRIT) n: **to go potholing** Höhlen erforschen

potion ['pəuʃən] n Trank m

potluck [pɔt'lʌk] n: **to take ~ with sth** etw auf gut Glück nehmen

pot plant n Topfpflanze f

potter ['pɔtər] n Töpfer m ♦ vi herumhantieren; ~y n Töpferwaren pl; (place) Töpferei f

potty ['pɔtɪ] adj (inf: mad) verrückt ♦ n Töpfchen nt

pouch [pautʃ] n Beutel m

pouf(fe) [puːf] n Sitzkissen nt

poultry ['pəultrɪ] n Geflügel nt

pounce [pauns] vi sich stürzen ♦ n Sprung m, Satz m; **to ~ on** sich stürzen auf +acc

pound [paund] n (FIN, weight) Pfund nt; (for cars, animals) Auslösestelle f ♦ vt (zer)stampfen ♦ vi klopfen, hämmern; ~ **sterling** n Pfund Sterling nt

pour [pɔːr] vt gießen, schütten ♦ vi gießen; (crowds etc) strömen; ~ **away** vt abgießen; ~ **in** vi (people) hereinströmen; ~ **off** vt abgießen; ~ **out** vi (people) herausströmen

♦ vt (drink) einschenken; ~ing adj: ~ing
rain strömende(r) Regen m
pout [paut] vi schmollen
poverty ['pɔvətɪ] n Armut f; ~-stricken adj
verarmt, sehr arm
powder ['paudəʳ] n Pulver nt; (cosmetic)
Puder m ♦ vt pulverisieren; to ~ one's
nose sich dat die Nase pudern; ~
compact n Puderdose f; ~ed milk n
Milchpulver nt; ~ room n Damentoilette f;
~y adj pulverig
power ['pauəʳ] n (also POL) Macht f; (ability)
Fähigkeit f; (strength) Stärke f; (MATH)
Potenz f; (ELEC) Strom m ♦ vt betreiben,
antreiben; to be in ~ (POL etc) an der
Macht sein; ~ cut n Stromausfall m; ~ed
adj: ~ed by betrieben mit; ~ failure (US) n
Stromausfall m; ~ful adj (person) mächtig;
(engine, government) stark; ~less adj
machtlos; ~ point (BRIT) n elektrische(r)
Anschluss m; ~ station n Elektrizitätswerk
nt; ~ struggle n Machtkampf m
p.p. abbr (= per procurationem): p.p. J. Smith
i. A. J. Smith
PR n abbr = public relations
practicable ['præktɪkəbl] adj durchführbar
practical ['præktɪkl] adj praktisch; ~ity
[præktɪˈkælɪtɪ] n (of person) praktische
Veranlagung f; (of situation etc)
Durchführbarkeit f; ~ joke n Streich m; ~ly
adv praktisch
practice ['præktɪs] n Übung f; (reality, also of
doctor, lawyer) Praxis f; (custom) Brauch m;
(in business) Usus m ♦ vt, vi (US) = practise;
in ~ (in reality) in der Praxis; out of ~
außer Übung; practicing (US) adj =
practising
practise ['præktɪs] (US practice) vt üben;
(profession) ausüben ♦ vi (sich) üben;
(doctor, lawyer) praktizieren; practising (US
practicing) adj praktizierend; (Christian etc)
aktiv
practitioner [prækˈtɪʃənəʳ] n praktische(r)
Arzt m, praktische Ärztin f
pragmatic [prægˈmætɪk] adj pragmatisch
prairie ['prɛərɪ] n Prärie f, Steppe f
praise [preɪz] n Lob nt ♦ vt loben; ~worthy

adj lobenswert
pram [præm] (BRIT) n Kinderwagen m
prance [prɑːns] vi (horse) tänzeln; (person)
stolzieren
prank [præŋk] n Streich m
prawn [prɔːn] n Garnele f; Krabbe f; ~
cocktail n Krabbencocktail m
pray [preɪ] vi beten; ~er [prɛəʳ] n Gebet nt
preach [priːtʃ] vi predigen; ~er n Prediger
m
preamble [prɪˈæmbl] n Einleitung f
precarious [prɪˈkɛərɪəs] adj prekär, unsicher
precaution [prɪˈkɔːʃən] n
(Vorsichts)maßnahme f
precede [prɪˈsiːd] vi vorausgehen ♦ vt
vorausgehen +dat; ~nce ['prɛsɪdəns] n
Vorrang m; ~nt ['prɛsɪdənt] n Präzedenzfall
m; preceding [prɪˈsiːdɪŋ] adj vorhergehend
precinct ['priːsɪŋkt] n (US: district) Bezirk m;
~s npl (round building) Gelände nt; (area,
environs) Umgebung f; pedestrian ~
Fußgängerzone f; shopping ~
Geschäftsviertel nt
precious ['prɛʃəs] adj kostbar, wertvoll;
(affected) pretiös, preziös, geziert
precipice ['prɛsɪpɪs] n Abgrund m
precipitate [adj prɪˈsɪpɪtɪt, vb prɪˈsɪpɪteɪt] adj
überstürzt, übereilt ♦ vt hinunterstürzen;
(events) heraufbeschwören
precise [prɪˈsaɪs] adj genau, präzis; ~ly adv
genau, präzis
precision [prɪˈsɪʒən] n Präzision f
preclude [prɪˈkluːd] vt ausschließen
precocious [prɪˈkəuʃəs] adj frühreif
preconceived [priːkənˈsiːvd] adj (idea)
vorgefasst
precondition ['priːkənˈdɪʃən] n
Vorbedingung f, Voraussetzung f
precursor [priːˈkɜːsəʳ] n Vorläufer m
predator ['prɛdətəʳ] n Raubtier nt
predecessor ['priːdɪsɛsəʳ] n Vorgänger m
predicament [prɪˈdɪkəmənt] n missliche
Lage f
predict [prɪˈdɪkt] vt voraussagen; ~able adj
vorhersagbar; ~ion [prɪˈdɪkʃən] n
Voraussage f
predominantly [prɪˈdɔmɪnəntlɪ] adv

überwiegend, hauptsächlich

predominate [prɪ'dɒmɪneɪt] *vi* vorherrschen; (*fig*) vorherrschen, überwiegen

pre-eminent [pri:'emɪnənt] *adj* hervorragend, herausragend

pre-empt [pri:'emt] *vt* (*action, decision*) vorwegnehmen

preen [pri:n] *vt* putzen; **to ~ o.s.** (*person*) sich brüsten

prefab [pri:'fæb] *n* Fertighaus *nt*

preface ['prefɪs] *n* Vorwort *nt*

prefect ['pri:fekt] *n* Präfekt *m*; (*SCH*) Aufsichtsschüler(in) *m(f)*

prefer [prɪ'fɜːʳ] *vt* vorziehen, lieber mögen; **to ~ to do sth** etw lieber tun; **~ably** ['prefrəblɪ] *adv* vorzugsweise, am liebsten; **~ence** ['prefrəns] *n* Präferenz *f*, Vorzug *m*; **~ential** [prefə'renʃəl] *adj* bevorzugt, Vorzugs-

prefix ['pri:fɪks] *n* Vorsilbe *f*, Präfix *nt*

pregnancy ['pregnənsɪ] *n* Schwangerschaft *f*

pregnant ['pregnənt] *adj* schwanger

prehistoric ['pri:hɪs'tɒrɪk] *adj* prähistorisch, vorgeschichtlich

prejudice ['predʒudɪs] *n* (*bias*) Voreingenommenheit *f*; (*opinion*) Vorurteil *nt*; (*harm*) Schaden *m* ♦ *vt* beeinträchtigen; **~d** *adj* (*person*) voreingenommen

preliminary [prɪ'lɪmɪnərɪ] *adj* einleitend, Vor-

prelude ['prelju:d] *n* Vorspiel *nt*; (*fig*) Auftakt *m*

premarital ['pri:'mærɪtl] *adj* vorehelich

premature ['premətʃuəʳ] *adj* vorzeitig, verfrüht; (*birth*) Früh-

premeditated [pri:'medɪteɪtɪd] *adj* geplant; (*murder*) vorsätzlich

premenstrual syndrome [pri:'menstruəl-] *n* prämenstruelles Syndrom *nt*

premier ['premɪəʳ] *adj* erste(r, s) ♦ *n* Premier *m*

première ['premɪeəʳ] *n* Premiere *f*; Uraufführung *f*

Premier League [-li:g] *n* ≈ 1. Bundesliga (*höchste Spielklasse im Fußball*)

premise ['premɪs] *n* Voraussetzung *f*,

Prämisse *f*; **~s** *npl* (*shop*) Räumlichkeiten *pl*; (*grounds*) Gelände *nt*; **on the ~s** im Hause

premium ['pri:mɪəm] *n* Prämie *f*; **to be at a ~** über pari stehen; **~ bond** (*BRIT*) *n* Prämienanleihe *f*

premonition [premə'nɪʃən] *n* Vorahnung *f*

preoccupation [pri:ɔkju'peɪʃən] *n* Sorge *f*

preoccupied [pri:'ɔkjupaɪd] *adj* (*look*) geistesabwesend

prep [prep] *n* (*SCH*) Hausaufgabe *f*

prepaid [pri:'peɪd] *adj* vorausbezahlt; (*letter*) frankiert

preparation [prepə'reɪʃən] *n* Vorbereitung *f*

preparatory [prɪ'pærətərɪ] *adj* Vor(bereitungs)-; **~ school** *n* (*BRIT*) *private Vorbereitungsschule für die Public School*; (*US*) *private Vorbereitungsschule für die Hochschule*

prepare [prɪ'peəʳ] *vt* vorbereiten ♦ *vi* sich vorbereiten; **to ~ for/prepare sth for** sich/etw vorbereiten auf +*acc*; **to be ~d to** ... bereit sein zu ...

preponderance [prɪ'pɔndərns] *n* Übergewicht *nt*

preposition [prepə'zɪʃən] *n* Präposition *f*, Verhältniswort *nt*

preposterous [prɪ'pɒstərəs] *adj* absurd

prep school *n* = **preparatory school**

prerequisite [pri:'rekwɪzɪt] *n* (*unerlässliche*) Voraussetzung *f*

prerogative [prɪ'rɔgətɪv] *n* Vorrecht *nt*

Presbyterian [prezbɪ'tɪərɪən] *adj* presbyterianisch ♦ *n* Presbyterier(in) *m(f)*

preschool ['pri:'sku:l] *adj* Vorschul-

prescribe [prɪ'skraɪb] *vt* vorschreiben; (*MED*) verschreiben

prescription [prɪ'skrɪpʃən] *n* (*MED*) Rezept *nt*

presence ['prezns] *n* Gegenwart *f*; **~ of mind** Geistesgegenwart *f*

present [*adj, n* 'preznt, *vb* prɪ'zent] *adj* (*here*) anwesend; (*current*) gegenwärtig ♦ *n* Gegenwart *f*; (*gift*) Geschenk *nt* ♦ *vt* vorlegen; (*introduce*) vorstellen; (*show*) zeigen; (*give*): **to ~ sb with sth** jdm etw überreichen; **at ~** im Augenblick; **to give sb a ~** jdm ein Geschenk machen; **~able** [prɪ'zentəbl] *adj* präsentabel; **~ation**

[prezn'teɪʃən] n Überreichung f; **~-day** adj heutig; **~er** [prɪ'zentər] n (RAD, TV) Moderator(in) m(f); **~ly** adv bald; (at ~) im Augenblick

preservation [prezə'veɪʃən] n Erhaltung f

preservative [prɪ'zɜːvətɪv] n Konservierungsmittel nt

preserve [prɪ'zɜːv] vt erhalten; (food) einmachen ♦ n (jam) Eingemachte(s) nt; (reserve) Schutzgebiet nt

preside [prɪ'zaɪd] vi den Vorsitz haben

president ['prezɪdənt] n Präsident m; **~ial** [prezɪ'denʃl] adj Präsidenten-; (election) Präsidentschafts-; (system) Präsidial-

press [pres] n Presse f; (printing house) Druckerei f ♦ vt drücken; (iron) bügeln; (urge) (be)drängen ♦ vi (push) drücken; **to be ~ed for time** unter Zeitdruck stehen; **to ~ for sth** drängen auf etw acc; **~ on** vi vorwärts drängen; **~ agency** n Presseagentur f; **~ conference** n Pressekonferenz f; **~ed** adj (clothes) gebügelt; **~ing** adj dringend; **~ stud** (BRIT) n Druckknopf m; **~-up** (BRIT) n Liegestütz m

pressure ['preʃər] n Druck m; **~ cooker** n Schnellkochtopf m; **~ gauge** n Druckmesser m

pressurized ['preʃəraɪzd] adj Druck-

prestige [pres'tiːʒ] n Prestige nt; **prestigious** [pres'tɪdʒəs] adj Prestige-

presumably [prɪ'zjuːməblɪ] adv vermutlich

presume [prɪ'zjuːm] vt, vi annehmen; **to ~ to do sth** sich erlauben, etw zu tun; **presumption** [prɪ'zʌmpʃən] n Annahme f; **presumptuous** [prɪ'zʌmpʃəs] adj anmaßend

pretence [prɪ'tens] (US **pretense**) n Vorgabe f, Vortäuschung f; (false claim) Vorwand m

pretend [prɪ'tend] vt vorgeben, so tun als ob ... ♦ vi so tun; **to ~ to sth** Anspruch erheben auf etw acc

pretense [prɪ'tens] (US) n = **pretence**

pretension [prɪ'tenʃən] n Anspruch m; (impudent claim) Anmaßung f

pretentious [prɪ'tenʃəs] adj angeberisch

pretext ['priːtekst] n Vorwand m

pretty ['prɪtɪ] adj hübsch ♦ adv (inf) ganz

schön

prevail [prɪ'veɪl] vi siegen; (custom) vorherrschen; **to ~ against** or **over** siegen über +acc; **to ~ (up)on sb to do sth** jdn dazu bewegen, etw zu tun; **~ing** adj vorherrschend

prevalent ['prevələnt] adj vorherrschend

prevent [prɪ'vent] vt (stop) verhindern, verhüten; **to ~ sb from doing sth** jdn (daran) hindern, etw zu tun; **~ative** n Vorbeugungsmittel nt; **~ion** [prɪ'venʃən] n Verhütung f; **~ive** adj vorbeugend, Schutz-

preview ['priːvjuː] n private Voraufführung f; (trailer) Vorschau f

previous ['priːvɪəs] adj früher, vorherig; **~ly** adv früher

prewar [priː'wɔːr] adj Vorkriegs-

prey [preɪ] n Beute f; **~ on** vt fus Jagd machen auf +acc; **it was ~ing on his mind** es quälte sein Gewissen

price [praɪs] n Preis m; (value) Wert m ♦ vt (label) auszeichnen; **~less** adj (also fig) unbezahlbar; **~ list** n Preisliste f

prick [prɪk] n Stich m ♦ vt, vi stechen; **to ~ up one's ears** die Ohren spitzen

prickle ['prɪkl] n Stachel m, Dorn m

prickly ['prɪklɪ] adj stachelig; (fig: person) reizbar; **~ heat** n Hitzebläschen pl

pride [praɪd] n Stolz m; (arrogance) Hochmut m ♦ vt: **to ~ o.s. on sth** auf etw acc stolz sein

priest [priːst] n Priester m; **~hood** n Priesteramt nt

prim [prɪm] adj prüde

primarily ['praɪmərɪlɪ] adv vorwiegend

primary ['praɪmərɪ] adj (main) Haupt-; (SCH) Grund-; **~ school** (BRIT) n Grundschule f

prime [praɪm] adj erste(r, s); (excellent) erstklassig ♦ vt vorbereiten; (gun) laden; **in the ~ of life** in der Blüte der Jahre; **~ minister** n Premierminister m, Ministerpräsident m; **~r** ['praɪmər] n Fibel f

primeval [praɪ'miːvl] adj vorzeitlich; (forests) Ur-

primitive ['prɪmɪtɪv] adj primitiv

primrose ['prɪmrəʊz] n (gelbe) Primel f

primus (stove) ['praɪməs-] (® BRIT) n

Primuskocher *m*

prince [prɪns] *n* Prinz *m*; (*ruler*) Fürst *m*; **princess** [prɪn'ses] *n* Prinzessin *f*; Fürstin *f*

principal ['prɪnsɪpl] *adj* Haupt- ♦ *n* (*SCH*) (Schul)direktor *m*, Rektor *m*; (*money*) (Grund)kapital *nt*

principle ['prɪnsɪpl] *n* Grundsatz *m*, Prinzip *nt*; **in ~** im Prinzip; **on ~** aus Prinzip, prinzipiell

print [prɪnt] *n* Druck *m*; (*made by feet, fingers*) Abdruck *m*; (*PHOT*) Abzug *m* ♦ *vt* drucken; (*name*) in Druckbuchstaben schreiben; (*PHOT*) abziehen; **~ed matter** *n* Drucksache *f*; **~er** *n* Drucker *m*; **~ing** *n* Drucken *nt*; (*of photos*) Abziehen *nt*; **~out** *n* (*COMPUT*) Ausdruck *m*

prior ['praɪə*] *adj* früher ♦ *n* Prior *m*; **~ to sth** vor etw *dat*; **~ to going abroad, she had ...** bevor sie ins Ausland ging, hatte sie ...

priority [praɪ'ɔrɪtɪ] *n* Vorrang *m*; Priorität *f*

prise [praɪz] *vt*: **to ~ open** aufbrechen

prison ['prɪzn] *n* Gefängnis *nt* ♦ *adj* Gefängnis-; (*system etc*) Strafvollzugs-; **~er** *n* Gefangene(r) *mf*

pristine ['prɪstiːn] *adj* makellos

privacy ['prɪvəsɪ] *n* Ungestörtheit *f*, Ruhe *f*; Privatleben *nt*

private ['praɪvɪt] *adj* privat, Privat-; (*secret*) vertraulich, geheim ♦ *n* einfache(r) Soldat *m*; **"~"** (*on envelope*) „persönlich"; (*on door*) „Privat"; **in ~** privat, unter vier Augen; **~ enterprise** *n* Privatunternehmen *nt*; **~ eye** *n* Privatdetektiv *m*; **~ property** *n* Privatbesitz *m*; **~ school** *n* Privatschule *f*; **privatize** *vt* privatisieren

privet ['prɪvɪt] *n* Liguster *m*

privilege ['prɪvɪlɪdʒ] *n* Privileg *nt*; **~d** *adj* bevorzugt, privilegiert

privy ['prɪvɪ] *adj* geheim, privat; **P~ Council** *n* Geheime(r) Staatsrat *m*

prize [praɪz] *n* Preis *m* ♦ *adj* (*example*) erstklassig; (*idiot*) Voll- ♦ *vt* (hoch) schätzen; **~-giving** *n* Preisverteilung *f*; **~winner** *n* Preisträger(in) *m(f)*

pro [prəʊ] *n* (*professional*) Profi *m*; **the ~s and cons** das Für und Wider

probability [prɔbə'bɪlɪtɪ] *n*

Wahrscheinlichkeit *f*

probable ['prɔbəbl] *adj* wahrscheinlich; **probably** *adv* wahrscheinlich

probation [prə'beɪʃən] *n* Probe(zeit) *f*; (*JUR*) Bewährung *f*; **on ~** auf Probe; auf Bewährung

probe [prəʊb] *n* Sonde *f*; (*enquiry*) Untersuchung *f* ♦ *vt, vi* erforschen

problem ['prɔbləm] *n* Problem *nt*; **~atic** [prɔblə'mætɪk] *adj* problematisch

procedure [prə'siːdʒə*] *n* Verfahren *nt*

proceed [prə'siːd] *vi* (*advance*) vorrücken; (*start*) anfangen; (*carry on*) fortfahren; (*set about*) vorgehen; **~ings** *npl* Verfahren *nt*

proceeds ['prəʊsiːdz] *npl* Erlös *m*

process ['prəʊses] *n* Prozess *m*; (*method*) Verfahren *nt* ♦ *vt* bearbeiten; (*food*) verarbeiten; (*film*) entwickeln; **~ing** *n* (*PHOT*) Entwickeln *nt*

procession [prə'seʃən] *n* Prozession *f*, Umzug *m*; **funeral ~** Trauerprozession *f*

pro-choice [prəʊ'tʃɔɪs] *adj* (*movement*) Pro-Abtreibungs-; **~ campaigner** *n* Abtreibungsbefürworter(in) *m(f)*

proclaim [prə'kleɪm] *vt* verkünden

procrastinate [prəʊ'kræstɪneɪt] *vi* zaudern

procure [prə'kjuə*] *vt* beschaffen

prod [prɔd] *vt* stoßen ♦ *n* Stoß *m*

prodigal ['prɔdɪgl] *adj*: **~ (with** *or* **of)** verschwenderisch (mit)

prodigy ['prɔdɪdʒɪ] *n* Wunder *nt*

produce [*n* 'prɔdjuːs, *vb* prə'djuːs] *n* (*AGR*) (Boden)produkte *pl*, (Natur)erzeugnis *nt* ♦ *vt* herstellen, produzieren; (*cause*) hervorrufen; (*farmer*) erzeugen; (*yield*) liefern, bringen; (*play*) inszenieren; **~r** *n* Hersteller *m*, Produzent *m* (*also CINE*) Erzeuger *m*

product ['prɔdʌkt] *n* Produkt *nt*, Erzeugnis *nt*; **~ion** [prə'dʌkʃən] *n* Produktion *f*, Herstellung *f*; (*thing*) Erzeugnis *nt*, Produkt *nt*; (*THEAT*) Inszenierung *f*; **~ion line** *n* Fließband *nt*; **~ive** [prə'dʌktɪv] *adj* produktiv; (*fertile*) ertragreich, fruchtbar

productivity [prɔdʌk'tɪvɪtɪ] *n* Produktivität *f*

profane [prə'feɪn] *adj* weltlich, profan; (*language etc*) gotteslästerlich

profess [prəˈfɛs] vt bekennen; (*show*) zeigen; (*claim to be*) vorgeben

profession [prəˈfɛʃən] n Beruf m; (*declaration*) Bekenntnis nt; ~**al** n Fachmann m; (*SPORT*) Berufsspieler(in) m(f) ♦ adj Berufs-; (*expert*) fachlich; (*player*) professionell; ~**ally** adv beruflich, fachmännisch

professor [prəˈfɛsər] n Professor m

proficiency [prəˈfɪʃənsɪ] n Können nt

proficient [prəˈfɪʃənt] adj fähig

profile [ˈprəʊfaɪl] n Profil nt; (*fig: report*) Kurzbiografie f

profit [ˈprɒfɪt] n Gewinn m ♦ vi: **to ~ (by** or **from**) profitieren (von); ~**ability** [prɒfɪtəˈbɪlɪtɪ] n Rentabilität f; ~**able** adj einträglich, rentabel; ~**eering** [prɒfɪˈtɪərɪŋ] n Profitmacherei f

profound [prəˈfaʊnd] adj tief

profuse [prəˈfjuːs] adj überreich; ~**ly** [prəˈfjuːslɪ] adv überschwänglich; (*sweat*) reichlich; **profusion** [prəˈfjuːʒən] n: **profusion (of)** Überfülle f (von), Überfluss m (an +dat)

program [ˈprəʊɡræm] n (*COMPUT*) Programm nt ♦ vt (*machine*) programmieren; ~**me** (US **program**) n Programm nt ♦ vt planen; (*computer*) programmieren; ~**mer** (US **programer**) n Programmierer(in) m(f)

progress [n ˈprəʊɡrɛs, vb prəˈɡrɛs] n Fortschritt m ♦ vi fortschreiten, weitergehen; **in ~** im Gang; ~**ion** [prəˈɡrɛʃən] n Folge f; ~**ive** [prəˈɡrɛsɪv] adj fortschrittlich, progressiv

prohibit [prəˈhɪbɪt] vt verbieten; **to ~ sb from doing sth** jdm untersagen, etw zu tun; ~**ion** [prəʊɪˈbɪʃən] n Verbot nt; (*US*) Alkoholverbot nt, Prohibition f; ~**ive** adj unerschwinglich

project [n ˈprɒdʒɛkt, vb prəˈdʒɛkt] n Projekt nt ♦ vt vorausplanen; (*film etc*) projizieren; (*personality, voice*) zum Tragen bringen ♦ vi (*stick out*) hervorragen, (her)vorstehen

projectile [prəˈdʒɛktaɪl] n Geschoss nt

projection [prəˈdʒɛkʃən] n Projektion f; (*sth prominent*) Vorsprung m

projector [prəˈdʒɛktər] n Projektor m

proletariat [prəʊlɪˈtɛərɪət] n Proletariat nt

pro-life [prəʊˈlaɪf] adj (*movement*) Anti-Abtreibungs-; **~ campaigner** Abtreibungsgegner(in) m(f)

prolific [prəˈlɪfɪk] adj fruchtbar; (*author etc*) produktiv

prologue [ˈprəʊlɒɡ] n Prolog m; (*event*) Vorspiel nt

prolong [prəˈlɒŋ] vt verlängern

prom [prɒm] n abbr = **promenade**; **promenade concert**

Prom

🛈 **Prom** (*promenade concert*) ist in Großbritannien ein Konzert, bei dem ein Teil der Zuhörer steht (*ursprünglich spazieren ging*). Die seit 1895 alljährlich stattfindenden Proms (seit 1941 immer in der Londoner Royal Albert Hall) zählen zu den bedeutendsten Musikereignissen in England. Der letzte Abend der Proms steht ganz im Zeichen des Patriotismus und gipfelt im Singen des Lieds „Land of Hope and Glory". In den USA und Kanada steht das Wort für **promenade**, ein Ball an einer **High School** oder einem **College**.

---

promenade [prɒməˈnɑːd] n Promenade f; **concert** n Promenadenkonzert nt

prominence [ˈprɒmɪnəns] n (große) Bedeutung f

prominent [ˈprɒmɪnənt] adj bedeutend; (*politician*) prominent; (*easily seen*) herausragend, auffallend

promiscuous [prəˈmɪskjuəs] adj lose

promise [ˈprɒmɪs] n Versprechen nt; (*hope*: ~ **of sth**) Aussicht f auf etw acc ♦ vt, vi versprechen; **promising** adj viel versprechend

promontory [ˈprɒməntrɪ] n Vorsprung m

promote [prəˈməʊt] vt befördern; (*help on*) fördern, unterstützen; ~**r** n (*in entertainment, sport*) Veranstalter m; (*for charity etc*) Organisator m; **promotion** [prəˈməʊʃən] n (*in rank*) Beförderung f; (*furtherance*) Förderung f; (*COMM*): **promotion (of)** Werbung f (für)

prompt [prɔmpt] *adj* prompt, schnell ♦ *adv* (*punctually*) genau ♦ *n* (COMPUT) Meldung *f* ♦ *vt* veranlassen; (THEAT) soufflieren +*dat*; to ~ sb to do sth jdn dazu veranlassen, etw zu tun; ~ly *adv* sofort

prone [prəun] *adj* hingestreckt; to be ~ to sth zu etw neigen

prong [prɔŋ] *n* Zinke *f*

pronoun ['prəunaun] *n* Fürwort *nt*

pronounce [prə'nauns] *vt* aussprechen; (JUR) verkünden ♦ *vi*: to ~ (on) sich äußern (zu)

pronunciation [prənʌnsɪ'eɪʃən] *n* Aussprache *f*

proof [pru:f] *n* Beweis *m*; (PRINT) Korrekturfahne *f*; (*of alcohol*) Alkoholgehalt *m* ♦ *adj* sicher

prop [prɔp] *n* (*also fig*) Stütze *f*; (THEAT) Requisit *nt* ♦ *vt* (*also*: ~ up) (ab)stützen

propaganda [prɔpə'gændə] *n* Propaganda *f*

propel [prə'pɛl] *vt* (an)treiben; ~ler *n* Propeller *m*; ~ling pencil (BRIT) *n* Drehbleistift *m*

propensity [prə'pɛnsɪtɪ] *n* Tendenz *f*

proper ['prɔpə'] *adj* richtig; (*seemly*) schicklich; ~ly *adv* richtig; ~ noun *n* Eigenname *m*

property ['prɔpətɪ] *n* Eigentum *nt*; (*quality*) Eigenschaft *f*; (*land*) Grundbesitz *m*; ~ owner *n* Grundbesitzer *m*

prophecy ['prɔfɪsɪ] *n* Prophezeiung *f*

prophesy ['prɔfɪsaɪ] *vt* prophezeien

prophet ['prɔfɪt] *n* Prophet *m*

proportion [prə'pɔ:ʃən] *n* Verhältnis *nt*; (*share*) Teil *m* ♦ *vt*: to ~ (to) abstimmen (auf +*acc*); ~al *adj* proportional; ~ate *adj* verhältnismäßig

proposal [prə'pəuzl] *n* Vorschlag *m*; (*of marriage*) Heiratsantrag *m*

propose [prə'pəuz] *vt* vorschlagen; (*toast*) ausbringen ♦ *vi* (*offer marriage*) einen Heiratsantrag machen; to ~ to do sth beabsichtigen, etw zu tun

proposition [prɔpə'zɪʃən] *n* Angebot *nt*; (*statement*) Satz *m*

proprietor [prə'praɪətə'] *n* Besitzer *m*, Eigentümer *m*

propriety [prə'praɪətɪ] *n* Anstand *m*

pro rata [prəu'rɑ:tə] *adv* anteilmäßig

prose [prəuz] *n* Prosa *f*

prosecute ['prɔsɪkju:t] *vt* (strafrechtlich) verfolgen; **prosecution** [prɔsɪ'kju:ʃən] *n* (JUR) strafrechtliche Verfolgung *f*; (*party*) Anklage *f*; **prosecutor** *n* Vertreter *m* der Anklage; **Public Prosecutor** Staatsanwalt *m*

prospect [*n* 'prɔspɛkt, *vb* prə'spɛkt] *n* Aussicht *f* ♦ *vt* auf Bodenschätze hin untersuchen ♦ *vi*: to ~ (for) suchen (nach); ~ing ['prɔspɛktɪŋ] *n* (*for minerals*) Suche *f*; ~ive [prə'spɛktɪv] *adj* (*son-in-law etc*) zukünftig; (*customer, candidate*) voraussichtlich

prospectus [prə'spɛktəs] *n* (Werbe)prospekt *m*

prosper ['prɔspə'] *vi* blühen, gedeihen; (*person*) erfolgreich sein; ~ity [prɔ'spɛrɪtɪ] *n* Wohlstand *m*; ~ous *adj* wohlhabend, reich

prostitute ['prɔstɪtju:t] *n* Prostituierte *f*

prostrate ['prɔstreɪt] *adj* ausgestreckt (liegend)

protagonist [prə'tægənɪst] *n* Hauptperson *f*, Held *m*

protect [prə'tɛkt] *vt* (be)schützen; ~ed species *n* geschützte Art; ~ion [prə'tɛkʃən] *n* Schutz *m*; ~ive *adj* Schutz-, (be)schützend

protégé ['prəuteʒeɪ] *n* Schützling *m*

protein ['prəuti:n] *n* Protein *nt*, Eiweiß *nt*

protest [*n* 'prəutɛst, *vb* prə'tɛst] *n* Protest *m* ♦ *vi* protestieren ♦ *vt* (*affirm*) beteuern

Protestant ['prɔtɪstənt] *adj* protestantisch ♦ *n* Protestant(in) *m(f)*

protester [prə'tɛstə'] *n* (*demonstrator*) Demonstrant(in) *m(f)*

protracted [prə'træktɪd] *adj* sich hinziehend

protrude [prə'tru:d] *vi* (her)vorstehen

proud [praud] *adj*: ~ (of) stolz (auf +*acc*)

prove [pru:v] *vt* beweisen ♦ *vi*: to ~ (to be) correct sich als richtig erweisen; to ~ o.s. sich bewähren

proverb ['prɔvə:b] *n* Sprichwort *nt*; ~ial [prə'və:bɪəl] *adj* sprichwörtlich

provide [prə'vaɪd] *vt* versehen; (*supply*) besorgen; to ~ sb with sth jdn mit etw versorgen; **~ for** *vt fus* sorgen für; (*emergency*) Vorkehrungen treffen für; **~d (that)** *conj* vorausgesetzt(, dass)

providing [prə'vaɪdɪŋ] *conj* vorausgesetzt(, dass)

province ['prɒvɪns] *n* Provinz *f*; (*division of work*) Bereich *m*; **provincial** [prə'vɪnʃəl] *adj* provinziell, Provinz-

provision [prə'vɪʒən] *n* Vorkehrung *f*; (*condition*) Bestimmung *f*; **~s** *npl* (*food*) Vorräte *pl*, Proviant *m*; **~al** *adj* provisorisch

proviso [prə'vaɪzəu] *n* Bedingung *f*

provocative [prə'vɒkətɪv] *adj* provozierend

provoke [prə'vəuk] *vt* provozieren; (*cause*) hervorrufen

prowess ['prauɪs] *n* überragende(s) Können *nt*

prowl [praul] *vi* herumstreichen; (*animal*) schleichen ♦ *n*: **on the ~** umherstreifend; **~er** *n* Herumtreiber(in) *m(f)*

proximity [prɒk'sɪmɪtɪ] *n* Nähe *f*

proxy ['prɒksɪ] *n* (Stell)vertreter *m*; (*authority, document*) Vollmacht *f*; **by ~** durch einen Stellvertreter

prudent ['pru:dnt] *adj* klug, umsichtig

prudish ['pru:dɪʃ] *adj* prüde

prune [pru:n] *n* Backpflaume *f* ♦ *vt* ausputzen; (*fig*) zurechtstutzen

pry [praɪ] *vi*: **to ~ (into)** seine Nase stecken (in +*acc*)

PS *n abbr* (= *postscript*) PS

pseudonym ['sju:dənɪm] *n* Pseudonym *nt*, Deckname *m*

psychiatric [saɪkɪ'ætrɪk] *adj* psychiatrisch

psychiatrist [saɪ'kaɪətrɪst] *n* Psychiater *m*

psychic ['saɪkɪk] *adj* (*also*: **~al**) übersinnlich; (*person*) paranormal begabt

psychoanalyse [saɪkəu'ænəlaɪz] (*US* **psychoanalyze**) *vt* psychoanalytisch behandeln; **psychoanalyst** [saɪkəu'ænəlɪst] *n* Psychoanalytiker(in) *m(f)*

psychological [saɪkə'lɒdʒɪkl] *adj* psychologisch; **psychologist** [saɪ'kɒlədʒɪst] *n* Psychologe *m*, Psychologin *f*; **psychology** [saɪ'kɒlədʒɪ] *n* Psychologie *f*

PTO *abbr* = **please turn over**

pub [pʌb] *n abbr* (= *public house*) Kneipe *f*

Pub

i **Pub** ist ein Gasthaus mit einer Lizenz zum Ausschank von alkoholischen Getränken. Ein Pub besteht meist aus verschiedenen gemütlichen (**lounge, snug**) oder einfacheren Räumen (**public bar**), in der oft auch Spiele wie Darts, Domino und Poolbillard zur Verfügung stehen. In Pubs werden vor allem mittags oft auch Mahlzeiten angeboten. Pubs sind normalerweise von 11 bis 23 Uhr geöffnet, aber manchmal nachmittags geschlossen.

---

pubic ['pju:bɪk] *adj* Scham-

public ['pʌblɪk] *adj* öffentlich ♦ *n* (*also*: **general ~**) Öffentlichkeit *f*; **in ~** in der Öffentlichkeit; **~ address system** *n* Lautsprecheranlage *f*

publican ['pʌblɪkən] *n* Wirt *m*

publication [pʌblɪ'keɪʃən] *n* Veröffentlichung *f*

public: ~ company *n* Aktiengesellschaft *f*; **~ convenience** (*BRIT*) *n* öffentliche Toiletten *pl*; **~ holiday** *n* gesetzliche(r) Feiertag *m*; **~ house** (*BRIT*) *n* Lokal *nt*, Kneipe *f*

publicity [pʌb'lɪsɪtɪ] *n* Publicity *f*, Werbung *f*

publicize ['pʌblɪsaɪz] *vt* bekannt machen; (*advertise*) Publicity machen für

publicly ['pʌblɪklɪ] *adv* öffentlich

public: ~ opinion *n* öffentliche Meinung *f*; **~ relations** *npl* Publicrelations *pl*, Public Relations *pl*; **~ school** *n* (*BRIT*) Privatschule *f*; (*US*) staatliche Schule *f*; **~-spirited** *adj* mit Gemeinschaftssinn; **~ transport** *n* öffentliche Verkehrsmittel *pl*

publish ['pʌblɪʃ] *vt* veröffentlichen; (*event*) bekannt geben; **~er** *n* Verleger *m*; **~ing** *n* (*business*) Verlagswesen *nt*

pub lunch *n* in Pubs servierter Imbiss

pucker ['pʌkə*] *vt* (*face*) verziehen; (*lips*) kräuseln

pudding ['pudɪŋ] *n* (*BRIT*: *course*) Nachtisch *m*; Pudding *m*; **black ~** ≈ Blutwurst *f*

puddle ['pʌdl] *n* Pfütze *f*

puff [pʌf] *n* (*of wind etc*) Stoß *m*; (*cosmetic*)

Puderquaste f ♦ vt blasen, pusten; (pipe)
paffen ♦ vi keuchen, schnaufen; (smoke)
paffen; **to ~ out smoke** Rauch ausstoßen;
~ pastry (US **~ paste**) n Blätterteig m; **~y**
adj aufgedunsen

pull [pul] n Ruck m; (influence) Beziehung f
♦ vt ziehen; (trigger) abdrücken ♦ vi ziehen;
to ~ sb's leg jdn auf den Arm nehmen; **to
~ to pieces** in Stücke reißen; (fig)
verreißen; **to ~ one's punches** sich
zurückhalten; **to ~ one's weight** sich in die
Riemen legen; **to ~ o.s. together** sich
zusammenreißen; **~ apart** vt (break)
zerreißen; (dismantle) auseinander nehmen;
(separate) trennen; **~ down** vt (house)
abreißen; **~ in** vi hineinfahren; (stop)
anhalten; (RAIL) einfahren; **~ off** vt (deal
etc) abschließen; **~ out** vi (car)
herausfahren; (fig: partner) aussteigen ♦ vt
herausziehen; **~ over** vi (AUT) an die Seite
fahren; **~ through** vi durchkommen; **~
up** vi anhalten ♦ vt (uproot) herausreißen;
(stop) anhalten

pulley ['puli] n Rolle f, Flaschenzug m
pullover ['puləuvə'] n Pullover m
pulp [pʌlp] n Brei m; (of fruit) Fruchtfleisch nt
pulpit ['pulpit] n Kanzel f
pulsate [pʌl'seit] vi pulsieren
pulse [pʌls] n Puls m; **~s** npl (BOT)
Hülsenfrüchte pl
pummel ['pʌml] vt mit den Fäusten
bearbeiten
pump [pʌmp] n Pumpe f; (shoe) leichter
(Tanz)schuh m ♦ vt pumpen; **~ up** vt (tyre)
aufpumpen
pumpkin ['pʌmpkin] n Kürbis m
pun [pʌn] n Wortspiel nt
punch [pʌntʃ] n (tool) Locher m; (blow)
(Faust)schlag m; (drink) Punsch m, Bowle f
♦ vt lochen; (strike) schlagen, boxen; **~ line**
n Pointe f; **~-up** (BRIT: inf) n Keilerei f
punctual ['pʌŋktjuəl] adj pünktlich
punctuate ['pʌŋktjueit] vt mit Satzzeichen
versehen; (fig) unterbrechen; **punctuation**
[pʌŋktju'eiʃən] n Zeichensetzung f,
Interpunktion f
puncture ['pʌŋktʃə'] n Loch nt; (AUT)

Reifenpanne f ♦ vt durchbohren
pundit ['pʌndit] n Gelehrte(r) m
pungent ['pʌndʒənt] adj scharf
punish ['pʌniʃ] vt bestrafen; (in boxing etc)
übel zurichten; **~ment** n Strafe f; (action)
Bestrafung f
punk [pʌŋk] n (also: **~ rocker**) Punker(in)
m(f); (also: **~ rock**) Punk m; (US: inf:
hoodlum) Ganove m
punt [pʌnt] n Stechkahn m
punter ['pʌntə'] (BRIT) n (better) Wetter m
puny ['pju:ni] adj kümmerlich
pup [pʌp] n = **puppy**
pupil ['pju:pl] n Schüler(in) m(f); (in eye)
Pupille f
puppet ['pʌpit] n Puppe f; Marionette f
puppy ['pʌpi] n junge(r) Hund m
purchase ['pə:tʃis] n Kauf m; (grip) Halt m
♦ vt kaufen, erwerben; **~r** n Käufer(in) m(f)
pure [pjuə'] adj (also fig) rein; **~ly** ['pjuəli]
adv rein
purgatory ['pə:gətəri] n Fegefeuer nt
purge [pə:dʒ] n (also POL) Säuberung f ♦ vt
reinigen; (body) entschlacken
purify ['pjuərifai] vt reinigen
purity ['pjuəriti] n Reinheit f
purple ['pə:pl] adj violett; (face) dunkelrot
purport [pə:'pɔ:t] vi vorgeben
purpose ['pə:pəs] n Zweck m, Ziel nt; (of
person) Absicht f; **on ~** absichtlich; **~ful** adj
zielbewusst, entschlossen
purr [pə:'] n Schnurren nt ♦ vi schnurren
purse [pə:s] n Portemonnaie nt, Portmonee
nt, Geldbeutel m ♦ vt (lips)
zusammenpressen, schürzen
purser ['pə:sə'] n Zahlmeister m
pursue [pə'sju:] vt verfolgen; (study)
nachgehen +dat; **~r** n Verfolger m; **pursuit**
[pə'sju:t] n Verfolgung f; (occupation)
Beschäftigung f
pus [pʌs] n Eiter m
push [puʃ] n Stoß m, Schub m; (MIL) Vorstoß
m ♦ vt stoßen, schieben; (button) drücken;
(idea) durchsetzen ♦ vi stoßen, schieben; **~
aside** vt beiseite schieben; **~ off** (inf) vi
abschieben; **~ on** vi weitermachen; **~
through** vt durchdrücken; (policy)

durchsetzen; **~ up** vt (total) erhöhen;
(prices) hoch treiben; **~chair** (BRIT) n
(Kinder)sportwagen m; **~er** n (drug dealer)
Pusher m; **~over** (inf) n Kinderspiel nt; **~
up** (US) n (press-up) Liegestütz m; **~y** (inf)
adj aufdringlich

puss [pus] n Mieze(katze) f; **~y(cat)** n
Mieze(katze) f

put [put] (pt, pp put) vt setzen, stellen, legen;
(express) ausdrücken, sagen; (write)
schreiben; **~ about** vi (turn back) wenden
♦ vt (spread) verbreiten; **~ across** vt
(explain) erklären; **~ away** vt weglegen;
(store) beiseite legen; **~ back** vt
zurückstellen or -legen; **~ by** vt
zurücklegen, sparen; **~ down** vt hinstellen
or -legen; (rebellion) niederschlagen;
(animal) einschläfern; (in writing)
niederschreiben; **~ forward** vt (idea)
vorbringen; (clock) vorstellen; **~ in** vt
(application, complaint) einreichen; **~ off** vt
verschieben; (discourage): **to ~ sb off sth**
jdn von etw abbringen; **~ on** vt (clothes
etc) anziehen; (light etc) anschalten,
anmachen; (play etc) aufführen; (brake)
anziehen; **~ out** vt (hand etc)
(her)ausstrecken; (news, rumour) verbreiten;
(light etc) ausschalten, ausmachen; **~
through** vt (TEL: person) verbinden; (: call)
durchstellen; **~ up** vt (tent) aufstellen;
(building) errichten; (price) erhöhen; (person)
unterbringen; **~ up with** vt fus sich
abfinden mit

putrid ['pju:trɪd] adj faul

putt [pʌt] vt (golf) putten ♦ n (golf) Putten nt;
~ing green n kleine(r) Golfplatz m nur
zum Putten

putty ['pʌtɪ] n Kitt m; (fig) Wachs nt

put-up ['putʌp] adj: **~ job** abgekartete(s)
Spiel nt

puzzle ['pʌzl] n Rätsel nt; (toy) Geduldspiel
nt ♦ vt verwirren ♦ vi sich den Kopf
zerbrechen; **~d** adj verdutzt, verblüfft;
puzzling adj rätselhaft, verwirrend

pyjamas [pə'dʒɑ:məz] (BRIT) npl Schlafanzug
m, Pyjama m

pylon ['paɪlən] n Mast m

pyramid ['pɪrəmɪd] n Pyramide f

Q, q

quack [kwæk] n Quaken nt; (doctor)
Quacksalber m ♦ vi quaken

quad [kwɔd] n abbr = **quadrangle;
quadruplet**

quadrangle ['kwɔdræŋgl] n (court) Hof m;
(MATH) Viereck nt

quadruple [kwɔ'dru:pl] adj ♦ vi sich
vervierfachen ♦ vt vervierfachen

quadruplets [kwɔ'dru:plɪts] npl Vierlinge pl

quagmire ['kwægmaɪər] n Morast m

quail [kweɪl] n (bird) Wachtel f ♦ vi (vor
Angst) zittern

quaint [kweɪnt] adj kurios; malerisch

quake [kweɪk] vi beben, zittern ♦ n abbr =
earthquake

qualification [kwɔlɪfɪ'keɪʃən] n Qualifikation
f; (sth which limits) Einschränkung f

qualified ['kwɔlɪfaɪd] adj (competent)
qualifiziert; (limited) bedingt

qualify ['kwɔlɪfaɪ] vt (prepare) befähigen;
(limit) einschränken ♦ vi sich qualifizieren;
to ~ as a doctor / lawyer sein
medizinisches/juristisches Staatsexamen
machen

quality ['kwɔlɪtɪ] n Qualität f; (characteristic)
Eigenschaft f

Quality press

ⓘ **Quality press** *bezeichnet die seriösen
Tages- und Wochenzeitungen, im
Gegensatz zu den Massenblättern. Diese
Zeitungen sind fast alle großformatig und
wenden sich an den anspruchvolleren Leser,
der voll informiert sein möchte und bereit
ist, für die Zeitungslektüre viel Zeit
aufzuwenden. Siehe auch* **tabloid press.**

---

quality time n intensiv genutzte Zeit

qualm [kwɑ:m] n Bedenken nt

quandary ['kwɔndrɪ] n: **to be in a ~** in
Verlegenheit sein

quantity ['kwɔntɪtɪ] n Menge f; **~ surveyor**

n Baukostenkalkulator *m*

quarantine ['kwɔrntiːn] *n* Quarantäne *f*

quarrel ['kwɔrl] *n* Streit *m* ♦ *vi* sich streiten; ~**some** *adj* streitsüchtig

quarry ['kwɔrɪ] *n* Steinbruch *m*; (*animal*) Wild *nt*; (*fig*) Opfer *nt*

quarter ['kwɔːtəʳ] *n* Viertel *nt*; (*of year*) Quartal *nt* ♦ *vt* (*divide*) vierteln; (*MIL*) einquartieren; ~**s** *npl* (*esp MIL*) Quartier *nt*; ~ **of an hour** Viertelstunde *f*; ~ **final** *n* Viertelfinale *nt*; ~**ly** *adj* vierteljährlich

quartet(te) [kwɔː'tet] *n* Quartett *nt*

quartz [kwɔːts] *n* Quarz *m*

quash [kwɔʃ] *vt* (*verdict*) aufheben

quaver ['kweɪvəʳ] *vi* (*tremble*) zittern

quay [kiː] *n* Kai *m*

queasy ['kwiːzɪ] *adj* übel

queen [kwiːn] *n* Königin *f*; ~ **mother** *n* Königinmutter *f*

queer [kwɪəʳ] *adj* seltsam ♦ *n* (*inf: homosexual*) Schwule(r) *m*

quell [kwel] *vt* unterdrücken

quench [kwentʃ] *vt* (*thirst*) löschen

querulous ['kweruləs] *adj* nörglerisch

query ['kwɪərɪ] *n* (*question*) (An)frage *f*; (*question mark*) Fragezeichen *nt* ♦ *vt* in Zweifel ziehen, infrage *or* in Frage stellen

quest [kwest] *n* Suche *f*

question ['kwestʃən] *n* Frage *f* ♦ *vt* (*ask*) (be)fragen; (*suspect*) verhören; (*doubt*) infrage *or* in Frage stellen, bezweifeln; **beyond** ~ ohne Frage; **out of the** ~ ausgeschlossen; ~**able** *adj* zweifelhaft; ~**mark** *n* Fragezeichen *nt*

questionnaire [kwestʃəˈnɛəʳ] *n* Fragebogen *m*

queue [kjuː] (*BRIT*) *n* Schlange *f* ♦ *vi* (*also:* ~ up) Schlange stehen

quibble ['kwɪbl] *vi* kleinlich sein

quick [kwɪk] *adj* schnell ♦ *n* (*of nail*) Nagelhaut *f*; **be** ~! mach schnell!; **cut to the** ~ (*fig*) tief getroffen; ~**en** *vt* (*hasten*) beschleunigen ♦ *vi* sich beschleunigen; ~**ly** *adv* schnell; ~**sand** *n* Treibsand *m*; ~-**witted** *adj* schlagfertig

quid [kwɪd] (*BRIT: inf*) *n* Pfund *nt*

quiet ['kwaɪət] *adj* (*without noise*) leise;

(*peaceful, calm*) still, ruhig ♦ *n* Stille *f*, Ruhe *f* ♦ *vt, vi* (*US*) = **quieten**; **keep** ~! sei still!; ~**en** *vi* (*also:* ~**en down**) ruhig werden ♦ *vt* beruhigen; ~**ly** *adv* leise, ruhig; ~**ness** *n* Ruhe *f*, Stille *f*

quilt [kwɪlt] *n* (*continental* ~) Steppdecke *f*

quin [kwɪn] *n abbr* = **quintuplet**

quintuplets [kwɪn'tjuːplɪts] *npl* Fünflinge *pl*

quip [kwɪp] *n* witzige Bemerkung *f*

quirk [kwəːk] *n* (*oddity*) Eigenart *f*

quit [kwɪt] (*pt, pp* **quit** *or* **quitted**) *vt* verlassen ♦ *vi* aufhören

quite [kwaɪt] *adv* (*completely*) ganz, völlig; (*fairly*) ziemlich; ~ **a few of them** ziemlich viele von ihnen; ~ (**so)!** richtig!

quits [kwɪts] *adj* quitt; **let's call it** ~ lassen wirs gut sein

quiver ['kwɪvəʳ] *vi* zittern ♦ *n* (*for arrows*) Köcher *m*

quiz [kwɪz] *n* (*competition*) Quiz *nt* ♦ *vt* prüfen; ~**zical** *adj* fragend

quota ['kwəʊtə] *n* Anteil *m*; (*COMM*) Quote *f*

quotation [kwəʊ'teɪʃən] *n* Zitat *nt*; (*price*) Kostenvoranschlag *m*; ~ **marks** *npl* Anführungszeichen *pl*

quote [kwəʊt] *n* = **quotation** ♦ *vi* (*from book*) zitieren ♦ *vt* zitieren; (*price*) angeben

R, r

rabbi ['ræbaɪ] *n* Rabbiner *m*; (*title*) Rabbi *m*

rabbit ['ræbɪt] *n* Kaninchen *nt*; ~ **hole** *n* Kaninchenbau *m*; ~ **hutch** *n* Kaninchenstall *m*

rabble ['ræbl] *n* Pöbel *m*

rabies ['reɪbiːz] *n* Tollwut *f*

RAC (*BRIT*) *n abbr* = **Royal Automobile Club**

raccoon [rə'kuːn] *n* Waschbär *m*

race [reɪs] *n* (*species*) Rasse *f*; (*competition*) Rennen *nt*; (*on foot*) Rennen *nt*, Wettlauf *m*; (*rush*) Hetze *f* ♦ *vt* um die Wette laufen mit; (*horses*) laufen lassen ♦ *vi* (*run*) rennen; (*in contest*) am Rennen teilnehmen; ~ **car** (*US*) *n* = **racing car**; ~ **car driver** (*US*) *n* = **racing driver**; ~**course** *n* (*for horses*) Rennbahn *f*; ~**horse** *n* Rennpferd *nt*; ~**r** *n*

(*person*) Rennfahrer(in) *m(f)*; (*car*)
Rennwagen *m*; ~**track** *n* (*for cars etc*)
Rennstrecke *f*

racial ['reɪʃl] *adj* Rassen-

racing ['reɪsɪŋ] *n* Rennen *nt*; ~ **car** (*BRIT*) *n*
Rennwagen *m*; ~ **driver** (*BRIT*) *n*
Rennfahrer *m*

racism ['reɪsɪzəm] *n* Rassismus *m*; **racist**
['reɪsɪst] *n* Rassist *m* ♦ *adj* rassistisch

rack [ræk] *n* Ständer *m*, Gestell *nt* ♦ *vt*
plagen; **to go to ~ and ruin** verfallen; **to ~
one's brains** sich *dat* den Kopf zerbrechen

racket ['rækɪt] *n* (*din*) Krach *m*; (*scheme*)
(Schwindel)geschäft *nt*; (*TENNIS*)
(Tennis)schläger *m*

racquet ['rækɪt] *n* (Tennis)schläger *m*

racy ['reɪsɪ] *adj* gewagt; (*style*) spritzig

radar ['reɪdɑːr] *n* Radar *nt or m*

radial ['reɪdɪəl] *adj* (*also: US:* ~**-ply**) radial

radiant ['reɪdɪənt] *adj* strahlend; (*giving out
rays*) Strahlungs-

radiate ['reɪdɪeɪt] *vi* ausstrahlen; (*roads, lines*)
strahlenförmig wegführen ♦ *vt* ausstrahlen;
radiation ['reɪdɪ'eɪʃən] *n* (Aus)strahlung *f*

radiator ['reɪdɪeɪtər] *n* (*for heating*)
Heizkörper *m*; (*AUT*) Kühler *m*

radical ['rædɪkl] *adj* radikal

radii ['reɪdɪaɪ] *npl of* **radius**

radio ['reɪdɪəu] *n* Rundfunk *m*, Radio *nt*; (*set*)
Radio *nt*, Radioapparat *m*; **on the ~** im
Radio; ~**active** ['reɪdɪəu'æktɪv] *adj*
radioaktiv; ~ **cassette** *n* Radiorekorder *m*;
~**-controlled** *adj* ferngesteuert; ~**logy**
[reɪdɪ'ɔlədʒɪ] *n* Strahlenkunde *f*; ~ **station** *n*
Rundfunkstation *f*; ~**therapy**
['reɪdɪəu'θerəpɪ] *n* Röntgentherapie *f*

radish ['rædɪʃ] *n* (*big*) Rettich *m*; (*small*)
Radieschen *nt*

radius ['reɪdɪəs] (*pl* **radii**) *n* Radius *m*; (*area*)
Umkreis *m*

RAF *n abbr* = **Royal Air Force**

raffle ['ræfl] *n* Verlosung *f*, Tombola *f* ♦ *vt*
verlosen

raft [rɑːft] *n* Floß *nt*

rafter ['rɑːftər] *n* Dachsparren *m*

rag [ræg] *n* (*cloth*) Lumpen *m*, Lappen *m*;
(*inf: newspaper*) Käseblatt *nt*; (*UNIV: for*

charity) studentische Sammelaktion *f* ♦ *vt*
(*BRIT*) auf den Arm nehmen; ~**s** *npl* (*cloth*)
Lumpen *pl*; ~ **doll** *n* Flickenpuppe *f*

rage [reɪdʒ] *n* Wut *f*; (*fashion*) große Mode *f*
♦ *vi* wüten, toben

ragged ['rægɪd] *adj* (*edge*) gezackt; (*clothes*)
zerlumpt

raid [reɪd] *n* Überfall *m*; (*MIL*) Angriff *m*; (*by
police*) Razzia *f* ♦ *vt* überfallen

rail [reɪl] *n* (*also RAIL*) Schiene *f*; (*on stair*)
Geländer *nt*; (*of ship*) Reling *f*; ~**s** *npl* (*RAIL*)
Geleise *pl*; **by ~** per Bahn; ~**ing(s)** *n(pl)*
Geländer *nt*; ~**road** (*US*) *n* Eisenbahn *f*;
~**way** (*BRIT*) *n* Eisenbahn *f*; ~**way line**
(*BRIT*) *n* (Eisen)bahnlinie *f*; (*track*) Gleis *nt*;
~**wayman** (*irreg; BRIT*) *n* Eisenbahner *m*;
~**way station** (*BRIT*) *n* Bahnhof *m*

rain [reɪn] *n* Regen *m* ♦ *vt, vi* regnen; **in the
~** im Regen; **it's ~ing** es regnet; ~**bow** *n*
Regenbogen *m*; ~**coat** *n* Regenmantel *m*;
~**drop** *n* Regentropfen *m*; ~**fall** *n*
Niederschlag *m*; ~**forest** *n* Regenwald *m*;
~**y** *adj* (*region, season*) Regen-; (*day*)
regnerisch, verregnet

raise [reɪz] *n* (*esp US: increase*)
(Gehalts)erhöhung *f* ♦ *vt* (*lift*) (hoch)heben;
(*increase*) erhöhen; (*question*) aufwerfen;
(*doubts*) äußern; (*funds*) beschaffen; (*family*)
großziehen; (*livestock*) züchten; **to ~ one's
voice** die Stimme erheben

raisin ['reɪzn] *n* Rosine *f*

rake [reɪk] *n* Rechen *m*, Harke *f*; (*person*)
Wüstling *m* ♦ *vt* rechen, harken; (*search*)
(durch)suchen

rally ['rælɪ] *n* (*POL etc*) Kundgebung *f*; (*AUT*)
Rallye *f* ♦ *vt* (*MIL*) sammeln ♦ *vi* Kräfte
sammeln; ~ **round** *vt fus* (sich) scharen
um; (*help*) zu Hilfe kommen +*dat* ♦ *vi* zu
Hilfe kommen

RAM [ræm] *n abbr* (= *random access memory*)
RAM *m*

ram [ræm] *n* Widder *m* ♦ *vt* (*hit*) rammen;
(*stuff*) (hinein)stopfen

ramble ['ræmbl] *n* Wanderung *f* ♦ *vi* (*talk*)
schwafeln; ~**r** *n* Wanderer *m*; **rambling** *adj*
(*speech*) weitschweifig; (*town*) ausgedehnt

ramp [ræmp] *n* Rampe *f*; **on/off ~** (*US: AUT*)

Ein-/Ausfahrt f

rampage [ræm'peɪdʒ] n: **to be on the ~** randalieren ♦ vi randalieren

rampant ['ræmpənt] adj wild wuchernd

rampart ['ræmpɑːt] n (Schutz)wall m

ram raid n Raubüberfall, bei dem eine Geschäftsfront mit einem Fahrzeug gerammt wird

ramshackle ['ræmʃækl] adj baufällig

ran [ræn] pt of **run**

ranch [rɑːntʃ] n Ranch f

rancid ['rænsɪd] adj ranzig

rancour ['ræŋkəʳ] (US **rancor**) n Verbitterung f, Groll m

random ['rændəm] adj ziellos, wahllos ♦ n: **at ~** aufs Geratewohl; **~ access** n (COMPUT) wahlfreie(r) Zugriff m

randy ['rændɪ] (BRIT: inf) adj geil, scharf

rang [ræŋ] pt of **ring**

range [reɪndʒ] n Reihe f; (of mountains) Kette f; (COMM) Sortiment nt; (reach) (Reich)weite f; (of gun) Schussweite f; (for shooting practice) Schießplatz m; (stove) (großer) Herd m ♦ vt (set in row) anordnen, aufstellen; (roam) durchstreifen ♦ vi: **to ~ over** (wander) umherstreifen in +dat; (extend) sich erstrecken auf +acc; **a ~ of** (selection) eine (große) Auswahl an +dat; **prices ranging from £5 to £10** Preise, die sich zwischen £5 und £10 bewegen; **~r** ['reɪndʒəʳ] n Förster m

rank [ræŋk] n (row) Reihe f; (BRIT: also: **taxi ~**) (Taxi)stand m; (MIL) Rang m; (social position) Stand m ♦ vi (have ~): **to ~ among** gehören zu ♦ adj (strong-smelling) stinkend; (extreme) kraß; **the ~ and file** (fig) die breite Masse

rankle ['ræŋkl] vi nagen

ransack ['rænsæk] vt (plunder) plündern; (search) durchwühlen

ransom ['rænsəm] n Lösegeld nt; **to hold sb to ~** jdn gegen Lösegeld festhalten

rant [rænt] vi hochtrabend reden

rap [ræp] n Schlag m; (music) Rap m ♦ vt klopfen

rape [reɪp] n Vergewaltigung f; (BOT) Raps m ♦ vt vergewaltigen; **~(seed) oil** n Rapsöl nt

rapid ['ræpɪd] adj rasch, schnell; **~ity** [rə'pɪdɪtɪ] n Schnelligkeit f; **~s** npl Stromschnellen pl

rapist ['reɪpɪst] n Vergewaltiger m

rapport [ræ'pɔːʳ] n gute(s) Verhältnis nt

rapture ['ræptʃəʳ] n Entzücken nt; **rapturous** ['ræptʃərəs] adj (applause) stürmisch; (expression) verzückt

rare [rɛəʳ] adj selten, rar; (underdone) nicht durchgebraten; **~ly** ['rɛəlɪ] adv selten

raring ['rɛərɪŋ] adj: **to be ~ to go** (inf) es kaum erwarten können, bis es losgeht

rarity ['rɛərɪtɪ] n Seltenheit f

rascal ['rɑːskl] n Schuft m

rash [ræʃ] adj übereilt; (reckless) unbesonnen ♦ n (Haut)ausschlag m

rasher ['ræʃəʳ] n Speckscheibe f

raspberry ['rɑːzbərɪ] n Himbeere f

rasping ['rɑːspɪŋ] adj (noise) kratzend; (voice) krächzend

rat [ræt] n (animal) Ratte f; (person) Halunke m

rate [reɪt] n (proportion) Rate f; (price) Tarif m; (speed) Tempo nt ♦ vt (ein)schätzen; **~s** npl (BRIT: tax) Grundsteuer f; **to ~ as** für etw halten; **~able value** (BRIT) n Einheitswert m (als Bemessungsgrundlage); **~payer** (BRIT) n Steuerzahler(in) m(f)

rather ['rɑːðəʳ] adv (in preference) lieber, eher; (to some extent) ziemlich; **I would** or **I'd ~ go** ich würde lieber gehen; **it's ~ expensive** (quite) es ist ziemlich teuer; (too) es ist etwas zu teuer; **there's ~ a lot** es ist ziemlich viel

ratify ['rætɪfaɪ] vt (POL) ratifizieren

rating ['reɪtɪŋ] n Klasse f

ratio ['reɪʃɪəu] n Verhältnis nt; **in the ~ of 100 to 1** im Verhältnis 100 zu 1

ration ['ræʃən] n (usu pl) Ration f ♦ vt rationieren

rational ['ræʃənl] adj rational

rationale [ræʃə'nɑːl] n Grundprinzip nt

rationalize ['ræʃnəlaɪz] vt rationalisieren

rat race n Konkurrenzkampf m

rattle ['rætl] n (sound) Rasseln nt; (toy) Rassel f ♦ vi ratteln, klappern ♦ vt rasseln mit; **~snake** n Klapperschlange f

raucous ['rɔːkəs] *adj* heiser, rau

rave [reɪv] *vi* (*talk wildly*) fantasieren; (*rage*) toben ♦ *n* (*BRIT: inf: party*) Rave *m*, Fete *f*

raven ['reɪvən] *n* Rabe *m*

ravenous ['rævənəs] *adj* heißhungrig

ravine [rə'viːn] *n* Schlucht *f*

raving ['reɪvɪŋ] *adj*: ~ **lunatic** völlig Wahnsinnige(r) *mf*

ravishing ['rævɪʃɪŋ] *adj* atemberaubend

raw [rɔː] *adj* roh; (*tender*) wund (gerieben); (*inexperienced*) unerfahren; **to get a ~ deal** (*inf*) schlecht wegkommen; ~ **material** *n* Rohmaterial *nt*

ray [reɪ] *n* (*of light*) Strahl *m*; ~ **of hope** Hoffnungsschimmer *m*

raze [reɪz] *vt* (*also:* ~ **to the ground**) dem Erdboden gleichmachen

razor ['reɪzəʳ] *n* Rasierapparat *m*; ~ **blade** *n* Rasierklinge *f*

Rd *abbr* = **road**

RE (*BRIT: SCH*) *abbr* (= *religious education*) Religionsunterricht *m*

re [riː] *prep* (*COMM*) betreffs +*gen*

reach [riːtʃ] *n* Reichweite *f*; (*of river*) Strecke *f* ♦ *vt* (*arrive at*) erreichen; (*give*) reichen ♦ *vi* (*stretch*) sich erstrecken; **within ~** (*shops etc*) in erreichbarer Weite *or* Entfernung; **out of ~** außer Reichweite; **to ~ for** (*try to get*) langen nach; ~ **out** *vi* die Hand ausstrecken; **to ~ out for sth** nach etw greifen

react [riː'ækt] *vi* reagieren; ~**ion** [riː'ækʃən] *n* Reaktion *f*; ~**or** [riː'æktəʳ] *n* Reaktor *m*

read[1] [red] *pt, pp of* **read**[2]

read[2] [riːd] (*pt, pp* **read**) *vt, vi* lesen; (*aloud*) vorlesen; ~ **out** *vt* vorlesen; ~**able** *adj* leserlich; (*worth ~ing*) lesenswert; ~**er** *n* (*person*) Leser(in) *m(f)*; ~**ership** *n* Leserschaft *f*

readily ['redɪlɪ] *adv* (*willingly*) bereitwillig; (*easily*) prompt

readiness ['redɪnɪs] *n* (*willingness*) Bereitwilligkeit *f*; (*being ready*) Bereitschaft *f*; **in ~** (*prepared*) bereit

reading ['riːdɪŋ] *n* Lesen *nt*

readjust [riːə'dʒʌst] *vt* neu einstellen ♦ *vi* (*person*): **to ~ to** sich wieder anpassen an +*acc*

ready ['redɪ] *adj* (*prepared, willing*) bereit ♦ *adv*: ~-**cooked** vorgekocht ♦ *n*: **at the ~** bereit; ~-**made** *adj* gebrauchsfertig, Fertig-; (*clothes*) Konfektions-; ~ **money** *n* Bargeld *nt*; ~ **reckoner** *n* Rechentabelle *f*; ~-**to-wear** *adj* Konfektions-

real [rɪəl] *adj* wirklich; (*actual*) eigentlich; (*not fake*) echt; **in ~ terms** effektiv; ~ **estate** *n* Grundbesitz *m*; ~**istic** [rɪə'lɪstɪk] *adj* realistisch

reality [riː'ælɪtɪ] *n* Wirklichkeit *f*, Realität *f*; **in ~** Wirklichkeit

realization [rɪəlaɪ'zeɪʃən] *n* (*understanding*) Erkenntnis *f*; (*fulfilment*) Verwirklichung *f*

realize ['rɪəlaɪz] *vt* (*understand*) begreifen; (*make real*) verwirklichen; **I didn't ~ ...** ich wusste nicht, ...

really ['rɪəlɪ] *adv* wirklich; ~? (*indicating interest*) tatsächlich?; (*expressing surprise*) wirklich?

realm [relm] *n* Reich *nt*

realtor ['rɪəltɔːʳ] (*US*) *n* Grundstücks-makler(in) *m(f)*

reap [riːp] *vt* ernten

reappear [riːə'pɪəʳ] *vi* wieder erscheinen

rear [rɪəʳ] *adj* hintere(r, s), Rück- ♦ *n* Rückseite *f*; (*last part*) Schluss *m* ♦ *vt* (*bring up*) aufziehen ♦ *vi* (*horse*) sich aufbäumen; ~**guard** *n* Nachhut *f*

rearmament [riː'ɑːməmənt] *n* Wiederaufrüstung *f*

rearrange [riːə'reɪndʒ] *vt* umordnen

rear-view mirror ['rɪəvjuː-] *n* Rückspiegel *m*

reason ['riːzn] *n* (*cause*) Grund *m*; (*ability to think*) Verstand *m*; (*sensible thoughts*) Vernunft *f* ♦ *vi* (*think*) denken; (*use arguments*) argumentieren; **it stands to ~ that** es ist logisch, dass; **to ~ with sb** mit jdm diskutieren; ~**able** *adj* vernünftig; ~**ably** *adv* vernünftig; (*fairly*) ziemlich; ~**ed** *adj* (*argument*) durchdacht; ~**ing** *n* Urteilen *nt*; (*argumentation*) Beweisführung *f*

reassurance [riːə'ʃuərəns] *n* Beruhigung *f*; (*confirmation*) Bestätigung *f*; **reassure** [riːə'ʃuəʳ] *vt* beruhigen; **to reassure sb of**

sth jdm etw versichern

rebate ['ri:beɪt] n Rückzahlung f

rebel [n 'rebl, vb rɪ'bel] n Rebell m ♦ vi rebellieren; **~lion** [rɪ'beljən] n Rebellion f, Aufstand m; **~lious** [rɪ'beljəs] adj rebellisch

rebirth [ri:'bɜ:θ] n Wiedergeburt f

rebound [vb rɪ'baund, n 'ri:baund] vi zurückprallen ♦ n Rückprall m

rebuff [rɪ'bʌf] n Abfuhr f ♦ vt abblitzen lassen

rebuild [ri:'bɪld] (irreg) vt wieder aufbauen; (fig) wieder herstellen

rebuke [rɪ'bju:k] n Tadel m ♦ vt tadeln, rügen

rebut [rɪ'bʌt] vt widerlegen

recall [vb rɪ'kɔ:l, n 'ri:kɔl] vt (call back) zurückrufen; (remember) sich erinnern an +acc ♦ n Rückruf m

recap ['ri:kæp] vt, vi wiederholen

rec'd abbr (= received) Eing.

recede [rɪ'si:d] vi zurückweichen; **receding** adj: **receding hairline** Stirnglatze f

receipt [rɪ'si:t] n (document) Quittung f; (receiving) Empfang m; **~s** npl (ECON) Einnahmen pl

receive [rɪ'si:v] vt erhalten; (visitors etc) empfangen; **~r** n (TEL) Hörer m

recent ['ri:snt] adj vor kurzem (geschehen), neuerlich; (modern) neu; **~ly** adv kürzlich, neulich

receptacle [rɪ'septɪkl] n Behälter m

reception [rɪ'sepʃən] n Empfang m; **~ desk** n Empfang m; (in hotel) Rezeption f; **~ist** n (in hotel) Empfangschef m, Empfangsdame f; (MED) Sprechstundenhilfe f

receptive [rɪ'septɪv] adj aufnahmebereit

recess [rɪ'ses] n (break) Ferien pl; (hollow) Nische f

recession [rɪ'seʃən] n Rezession f

recharge [ri:'tʃɑ:dʒ] vt (battery) aufladen

recipe ['resɪpɪ] n Rezept nt

recipient [rɪ'sɪpɪənt] n Empfänger m

reciprocal [rɪ'sɪprəkl] adj gegenseitig; (mutual) wechselseitig

recital [rɪ'saɪtl] n Vortrag m

recite [rɪ'saɪt] vt vortragen, aufsagen

reckless ['rekləs] adj leichtsinnig; (driving)

fahrlässig

reckon ['rekən] vt (count) rechnen, berechnen, errechnen; (estimate) schätzen; (think): **I ~ that ...** ich nehme an, dass ...; **~ on** vt fus rechnen mit; **~ing** n (calculation) Rechnen nt

reclaim [rɪ'kleɪm] vt (expenses) zurückverlangen; (land): **to ~ (from sth)** (etw dat) gewinnen; **reclamation** [reklə'meɪʃən] n (of land) Gewinnung f

recline [rɪ'klaɪn] vi sich zurücklehnen; **reclining** adj Liege-

recluse [rɪ'klu:s] n Einsiedler m

recognition [rekəg'nɪʃən] n (recognizing) Erkennen nt; (acknowledgement) Anerkennung f; **transformed beyond ~** völlig verändert

recognizable ['rekəgnaɪzəbl] adj erkennbar

recognize ['rekəgnaɪz] vt erkennen; (POL, approve) anerkennen; **to ~ as** anerkennen als; **to ~ by** erkennen an +dat

recoil [rɪ'kɔɪl] vi (in horror) zurückschrecken; (rebound) zurückprallen; (person): **to ~ from doing sth** davor zurückschrecken, etw zu tun

recollect [rekə'lekt] vt sich erinnern an +acc; **~ion** [rekə'lekʃən] n Erinnerung f

recommend [rekə'mend] vt empfehlen; **~ation** [rekəmen'deɪʃən] n Empfehlung f

recompense ['rekəmpens] n (compensation) Entschädigung f; (reward) Belohnung f ♦ vt entschädigen; belohnen

reconcile ['rekənsaɪl] vt (facts) vereinbaren; (people) versöhnen; **to ~ o.s. to sth** sich mit etw abfinden; **reconciliation** [rekənsɪlɪ'eɪʃən] n Versöhnung f

recondition [ri:kən'dɪʃən] vt (machine) generalüberholen

reconnoitre [rekə'nɔɪtər] (US **reconnoiter**) vt erkunden ♦ vi aufklären

reconsider [ri:kən'sɪdər] vt von neuem erwägen, noch einmal überdenken ♦ vi es noch einmal überdenken

reconstruct [ri:kən'strʌkt] vt wieder aufbauen; (crime) rekonstruieren

record [n 'rekɔ:d, vb rɪ'kɔ:d] n Aufzeichnung f; (MUS) Schallplatte f; (best performance)

Rekord *m* ♦ *vt* aufzeichnen; (*music etc*) aufnehmen; **off the ~** vertraulichi, im Vertrauen; **in ~ time** in Rekordzeit; **~ card** *n* (*in file*) Karteikarte *f*; **~ed delivery** (*BRIT*) *n* (*POST*) Einschreiben *nt*; **~er** *n* (*TECH*) Registriergerät *nt*; (*MUS*) Blockflöte *f*; **~ holder** *n* (*SPORT*) Rekordinhaber *m*; **~ing** *n* (*MUS*) Aufnahme *f*; **~ player** *n* Plattenspieler *n*

recount [rɪ'kaunt] *vt* (*tell*) berichten

re-count ['riːkaunt] *n* Nachzählung *f*

recoup [rɪ'kuːp] *vt*: **to ~ one's losses** seinen Verlust wieder gutmachen

recourse [rɪ'kɔːs] *n*: **to have ~ to** Zuflucht nehmen zu *or* bei

recover [rɪ'kʌvəʳ] *vt* (*get back*) zurückerhalten ♦ *vi* sich erholen

re-cover [riː'kʌvəʳ] *vt* (*quilt etc*) neu überziehen

recovery [rɪ'kʌvərɪ] *n* Wiedererlangung *f*; (*of health*) Erholung *f*

recreate [riːkrɪ'eɪt] *vt* wieder herstellen

recreation [rɛkrɪ'eɪʃən] *n* Erholung *f*; **~al** *adj* Erholungs-; **~al drug** *n* Freizeitdroge *f*

recrimination [rɪkrɪmɪ'neɪʃən] *n* Gegenbeschuldigung *f*

recruit [rɪ'kruːt] *n* Rekrut *m* ♦ *vt* rekrutieren; **~ment** *n* Rekrutierung *f*

rectangle ['rɛktæŋgl] *n* Rechteck *nt*; **rectangular** [rɛk'tæŋgjuləʳ] *adj* rechteckig, rechtwinklig

rectify ['rɛktɪfaɪ] *vt* berichtigen

rector ['rɛktəʳ] *n* (*REL*) Pfarrer *m*; (*SCH*) Direktor(in) *m(f)*; **~y** ['rɛktərɪ] *n* Pfarrhaus *nt*

recuperate [rɪ'kjuːpəreɪt] *vi* sich erholen

recur [rɪ'kəːʳ] *vi* sich wiederholen; **~rence** *n* Wiederholung *f*; **~rent** *adj* wiederkehrend

recycle [riː'saɪkl] *vt* wieder verwerten, wieder aufbereiten; **recycling** *n* Recycling *nt*

red [rɛd] *n* Rot *nt*; (*POL*) Rote(r) *m* ♦ *adj* rot; **in the ~** in den roten Zahlen; **~ carpet treatment** *n* Sonderbehandlung *f*, große(r) Bahnhof *m*; **R~ Cross** *n* Rote(s) Kreuz *nt*; **~currant** *n* rote Johannisbeere *f*; **~den** *vi* sich röten; (*blush*) erröten ♦ *vt* röten; **~dish** *adj* rötlich

redecorate [riː'dɛkəreɪt] *vt* neu tapezieren, neu streichen

redeem [rɪ'diːm] *vt* (*COMM*) einlösen; (*save*) retten; **~ing** *adj*: **~ing feature** versöhnende(s) Moment *nt*

redeploy [riːdɪ'plɔɪ] *vt* (*resources*) umverteilen

red: ~-haired [rɛd'hɛəd] *adj* rothaarig; **~-handed** [rɛd'hændɪd] *adv*: **to be caught ~-handed** auf frischer Tat ertappt werden; **~head** ['rɛdhɛd] *n* Rothaarige(r) *mf*; **~ herring** *n* Ablenkungsmanöver *nt*; **~-hot** [rɛd'hɔt] *adj* rot glühend

redirect [riːdaɪ'rɛkt] *vt* umleiten

red light *n*: **to go through a ~** (*AUT*) bei Rot über die Ampel fahren; **red-light district** *n* Strichviertel *nt*

redo [riː'duː] (*irreg: like* **do**) *vt* nochmals machen

redolent ['rɛdələnt] *adj*: **~ of** (*fig*) erinnernd an *+acc*

redouble [riː'dʌbl] *vt*: **to ~ one's efforts** seine Anstrengungen verdoppeln

redress [rɪ'drɛs] *vt* wieder gutmachen

red: R~ Sea *n*: **the R~ Sea** das Rote Meer; **~skin** ['rɛdskɪn] *n* Rothaut *f*; **~ tape** *n* Bürokratismus *m*

reduce [rɪ'djuːs] *vt* (*speed, temperature*) vermindern; (*photo*) verkleinern; **"~ speed now"** (*AUT*) ≈ „langsam"; **to ~ the price (to)** den Preis herabsetzen (auf *+acc*); **at a ~d price** zum ermäßigten Preis

reduction [rɪ'dʌkʃən] *n* Verminderung *f*; Verkleinerung *f*; Herabsetzung *f*; (*amount of money*) Nachlass *m*

redundancy [rɪ'dʌndənsɪ] *n* Überflüssigkeit *f*; (*of workers*) Entlassung *f*

redundant [rɪ'dʌndnt] *adj* überflüssig; (*workers*) ohne Arbeitsplatz; **to be made ~** arbeitslos werden

reed [riːd] *n* Schilf *nt*; (*MUS*) Rohrblatt *nt*

reef [riːf] *n* Riff *nt*

reek [riːk] *vi*: **to ~ (of)** stinken (nach)

reel [riːl] *n* Spule *f*, Rolle *f* ♦ *vt* (*also: ~ in*) wickeln, spulen ♦ *vi* (*stagger*) taumeln

ref [rɛf] (*inf*) *n abbr* (= *referee*) Schiri *m*

refectory [rɪ'fɛktərɪ] *n* (*UNIV*) Mensa *f*; (*SCH*)

Speisesaal *m*; (*ECCL*) Refektorium *nt*

refer [rɪ'fɜːʳ] *vt*: **to ~ sb to sb/sth** jdn an jdn/etw verweisen ♦ *vi*: **to ~ to** (*to book*) nachschlagen in +*dat*; (*mention*) sich beziehen auf +*acc*

referee [refə'riː] *n* Schiedsrichter *m*; (*BRIT: for job*) Referenz *f* ♦ *vt* schiedsrichtern

reference ['refrəns] *n* (*for job*) Referenz *f*; (*in book*) Verweis *m*; (*number, code*) Aktenzeichen *nt*; (*allusion*): **~ (to)** Anspielung (auf +*acc*); **with ~ to** in Bezug auf +*acc*; **~ book** *n* Nachschlagewerk *nt*; **~ number** *n* Aktenzeichen *nt*

referenda [refə'rendə] *npl of* **referendum**

referendum [refə'rendəm] (*pl* **-da**) *n* Volksabstimmung *f*

refill [*vb* riː'fɪl, *n* 'riːfɪl] *vt* nachfüllen ♦ *n* (*for pen*) Ersatzmine *f*

refine [rɪ'faɪn] *vt* (*purify*) raffinieren; **~d** *adj* kultiviert; **~ment** *n* Kultiviertheit *f*; **~ry** *n* Raffinerie *f*

reflect [rɪ'flekt] *vt* (*light*) reflektieren; (*fig*) (wider)spiegeln ♦ *vi* (*meditate*): **to ~ (on)** nachdenken (über +*acc*); **it ~s badly/well on him** das stellt ihn in ein schlechtes/ gutes Licht; **~ion** [rɪ'flekʃən] *n* Reflexion *f*; (*image*) Spiegelbild *nt*; (*thought*) Überlegung *f*; **on ~ion** wenn man sich *dat* das recht überlegt

reflex ['riːfleks] *adj* Reflex- ♦ *n* Reflex *m*; **~ive** [rɪ'fleksɪv] *adj* reflexiv

reform [rɪ'fɔːm] *n* Reform *f* ♦ *vt* (*person*) bessern; **~atory** (*US*) *n* Besserungsanstalt *f*

refrain [rɪ'freɪn] *vi*: **to ~ from** unterlassen ♦ *n* Refrain *m*

refresh [rɪ'freʃ] *vt* erfrischen; **~er course** (*BRIT*) *n* Wiederholungskurs *m*; **~ing** *adj* erfrischend; **~ments** *npl* Erfrischungen *pl*

refrigeration [rɪfrɪdʒə'reɪʃən] *n* Kühlung *f*

refrigerator [rɪ'frɪdʒəreɪtəʳ] *n* Kühlschrank *m*

refuel [riː'fjuəl] *vt, vi* auftanken

refuge ['refjuːdʒ] *n* Zuflucht *f*; **to take ~ in** sich flüchten in +*acc*; **~e** [refju'dʒiː] *n* Flüchtling *m*

refund [*n* 'riːfʌnd, *vb* rɪ'fʌnd] *n* Rückvergütung *f* ♦ *vt* zurückerstatten

refurbish [riː'fɜːbɪʃ] *vt* aufpolieren

refusal [rɪ'fjuːzəl] *n* (Ver)weigerung *f*; **first ~** Vorkaufsrecht *nt*

refuse¹ [rɪ'fjuːz] *vt* abschlagen ♦ *vi* sich weigern

refuse² ['refjuːs] *n* Abfall *m*, Müll *m*; **~ collection** *n* Müllabfuhr *f*

refute [rɪ'fjuːt] *vt* widerlegen

regain [rɪ'geɪn] *vt* wiedergewinnen; (*consciousness*) wiedererlangen

regal ['riːgl] *adj* königlich

regalia [rɪ'geɪlɪə] *npl* Insignien *pl*

regard [rɪ'gɑːd] *n* Achtung *f* ♦ *vt* ansehen; **to send one's ~s to sb** jdn grüßen lassen; **"with kindest ~s"** „mit freundlichen Grüßen"; **~ing** *or* **as ~s** *or* **with ~ to** bezüglich +*gen*, in Bezug auf +*acc*; **~less** *adj*: **~less of** ohne Rücksicht auf +*acc* ♦ *adv* trotzdem

regenerate [rɪ'dʒenəreɪt] *vt* erneuern

régime [reɪ'ʒiːm] *n* Regime *nt*

regiment [*n* 'redʒɪmənt, *vb* 'redʒɪment] *n* Regiment *nt* ♦ *vt* (*fig*) reglementieren; **~al** [redʒɪ'mentl] *adj* Regiments-

region ['riːdʒən] *n* Region *f*; **in the ~ of** (*fig*) so um; **~al** *adj* örtlich, regional

register ['redʒɪstəʳ] *n* Register *nt* ♦ *vt* (*list*) registrieren; (*emotion*) zeigen; (*write down*) eintragen ♦ *vi* (*at hotel*) sich eintragen; (*with police*) sich melden; (*make impression*) wirken, ankommen; **~ed** (*BRIT*) *adj* (*letter*) Einschreibe-, eingeschrieben; **~ed trademark** *n* eingetragene(s) Warenzeichen *nt*

registrar ['redʒɪstrɑːʳ] *n* Standesbeamte(r) *m*

registration [redʒɪs'treɪʃən] *n* (*act*) Registrierung *f*; (*AUT: also:* **~ number**) polizeiliche(s) Kennzeichen *nt*

registry ['redʒɪstrɪ] *n* Sekretariat *nt*; **~ office** (*BRIT*) *n* Standesamt *nt*; **to get married in a ~ office** standesamtlich heiraten

regret [rɪ'gret] *n* Bedauern *nt* ♦ *vt* bedauern; **~fully** *adv* mit Bedauern, ungern; **~table** *adj* bedauerlich

regroup [riː'gruːp] *vt* umgruppieren ♦ *vi* sich umgruppieren

regular ['regjuləʳ] *adj* regelmäßig; (*usual*) üblich; (*inf*) regelrecht ♦ *n* (*client etc*)

Stammkunde *m*; **~ity** [regju'lærɪtɪ] *n*
Regelmäßigkeit *f*; **~ly** *adv* regelmäßig
regulate ['regjuleɪt] *vt* regeln, regulieren;
regulation [regju'leɪʃən] *n* (*rule*) Vorschrift *f*;
(*control*) Regulierung *f*
rehabilitation ['ri:əbɪlɪ'teɪʃən] *n* (*of criminal*)
Resozialisierung *f*
rehearsal [rɪ'hɜːsəl] *n* Probe *f*
rehearse [rɪ'hɜːs] *vt* proben
reign [reɪn] *n* Herrschaft *f* ♦ *vi* herrschen
reimburse [ri:ɪm'bɜːs] *vt*: **to ~ sb for sth**
jdn für etw entschädigen, jdm etw
zurückzahlen
rein [reɪn] *n* Zügel *m*
reincarnation [ri:ɪnkɑ:'neɪʃən] *n*
Wiedergeburt *f*
reindeer ['reɪndɪə*] *n* Ren *nt*
reinforce [ri:ɪn'fɔːs] *vt* verstärken; **~d**
concrete *n* Stahlbeton *m*; **~ment** *n*
Verstärkung *f*; **~ments** *npl* (*MIL*)
Verstärkungstruppen *pl*
reinstate [ri:ɪn'steɪt] *vt* wieder einsetzen
reissue [ri:'ɪʃjuː] *vt* neu herausgeben
reiterate [ri:'ɪtəreɪt] *vt* wiederholen
reject [*n* 'ri:dʒekt, *vb* rɪ'dʒekt] *n* (*COMM*)
Ausschuss(artikel) *m* ♦ *vt* ablehnen; **~ion**
[rɪ'dʒekʃən] *n* Zurückweisung *f*
rejoice [rɪ'dʒɔɪs] *vi*: **to ~ at** *or* **over** sich
freuen über +*acc*
rejuvenate [rɪ'dʒu:vəneɪt] *vt* verjüngen
rekindle [ri:'kɪndl] *vt* wieder anfachen
relapse [rɪ'læps] *n* Rückfall *m*
relate [rɪ'leɪt] *vt* (*tell*) erzählen; (*connect*)
verbinden ♦ *vi*: **to ~ to** zusammenhängen
mit; (*form relationship*) eine Beziehung
aufbauen zu; **~d** *adj*: **~d (to)** verwandt
(mit); **relating** *prep*: **relating to** bezüglich
+*gen*; **relation** [rɪ'leɪʃən] *n* Verwandte(r) *mf*;
(*connection*) Beziehung *f*; **relationship** *n*
Verhältnis *nt*, Beziehung *f*
relative ['relətɪv] *n* Verwandte(r) *mf* ♦ *adj*
relativ; **~ly** *adv* verhältnismäßig
relax [rɪ'læks] *vi* (*slacken*) sich lockern;
(*muscles, person*) sich entspannen ♦ *vt* (*ease*)
lockern, entspannen; **~ation** [ri:læk'seɪʃən] *n*
Entspannung *f*; **~ed** *adj* entspannt, locker;
~ing *adj* entspannend

relay [*n* 'ri:leɪ, *vb* rɪ'leɪ] *n* (*SPORT*) Staffel *f* ♦ *vt*
(*message*) weiterleiten; (*RAD, TV*) übertragen
release [rɪ'li:s] *n* (*freedom*) Entlassung *f*;
(*TECH*) Auslöser *m* ♦ *vt* befreien; (*prisoner*)
entlassen; (*report, news*) verlautbaren,
bekannt geben
relegate ['relɪɡeɪt] *vt* (*SPORT*): **to be ~d**
absteigen
relent [rɪ'lent] *vi* nachgeben; **~less** *adj*
unnachgiebig
relevant ['reləvənt] *adj* wichtig, relevant; **~**
to relevant für
reliability [rɪlaɪə'bɪlɪtɪ] *n* Zuverlässigkeit *f*
reliable [rɪ'laɪəbl] *adj* zuverlässig; **reliably**
adv zuverlässig; **to be reliably informed**
that ... aus zuverlässiger Quelle wissen,
dass ...
reliance [rɪ'laɪəns] *n*: **~ (on)** Abhängigkeit *f*
(von)
relic ['relɪk] *n* (*from past*) Überbleibsel *nt*;
(*REL*) Reliquie *f*
relief [rɪ'li:f] *n* Erleichterung *f*; (*help*) Hilfe *f*;
(*person*) Ablösung *f*
relieve [rɪ'li:v] *vt* (*ease*) erleichtern; (*help*)
entlasten; (*person*) ablösen; **to ~ sb of sth**
jdm etw abnehmen; **to ~ o.s.** (*euph*) sich
erleichtern (*euph*); **~d** *adj* erleichtert
religion [rɪ'lɪdʒən] *n* Religion *f*; **religious**
[rɪ'lɪdʒəs] *adj* religiös
relinquish [rɪ'lɪŋkwɪʃ] *vt* aufgeben
relish ['relɪʃ] *n* Würze *f* ♦ *vt* genießen; **to ~**
doing gern tun
relocate [ri:ləu'keɪt] *vt* verlegen ♦ *vi*
umziehen
reluctance [rɪ'lʌktəns] *n* Widerstreben *nt*,
Abneigung *f*
reluctant [rɪ'lʌktənt] *adj* widerwillig; **~ly** *adv*
ungern
rely [rɪ'laɪ] *vt fus*: **to ~ on** sich verlassen auf
+*acc*
remain [rɪ'meɪn] *vi* (*be left*) übrig bleiben;
(*stay*) bleiben; **~der** *n* Rest *m*; **~ing** *adj*
übrig (geblieben); **~s** *npl* Überreste *pl*
remake ['ri:meɪk] *n* (*CINE*) Neuverfilmung *f*
remand [rɪ'mɑ:nd] *n*: **on ~** in
Untersuchungshaft ♦ *vt*: **to ~ in custody** in
Untersuchungshaft schicken; **~ home**

(BRIT) n Untersuchungsgefängnis nt für Jugendliche

remark [rɪ'mɑːk] n Bemerkung f ♦ vt bemerken; **~able** adj bemerkenswert; **remarkably** adv außergewöhnlich

remarry [riː'mærɪ] vi sich wieder verheiraten

remedial [rɪ'miːdɪəl] adj Heil-; (teaching) Hilfsschul-

remedy ['remədɪ] n Mittel nt ♦ vt (pain) abhelfen +dat; (trouble) in Ordnung bringen

remember [rɪ'membər] vt sich erinnern an +acc; **remembrance** [rɪ'membrəns] n Erinnerung f; (official) Gedenken nt; **R~ Day** n ≈ Volkstrauertag m

---

Remembrance Day

ⓘ **Remembrance Day** oder **Remembrance Sunday** ist der britische Gedenktag für die Gefallenen der beiden Weltkriege und anderer Konflikte. Er fällt auf einen Sonntag vor oder nach dem 11. November (am 11. November 1918 endete der erste Weltkrieg) und wird mit einer Schweigeminute, Kranzniederlegungen an Kriegerdenkmälern und dem Tragen von Anstecknadeln in Form einer Mohnblume begangen.

---

remind [rɪ'maɪnd] vt: **to ~ sb to do sth** jdn daran erinnern, etw zu tun; **to ~ sb of sth** jdn an etw acc erinnern; **she ~s me of her mother** sie erinnert mich an ihre Mutter; **~er** n Mahnung f

reminisce [remɪ'nɪs] vi in Erinnerungen schwelgen; **~nt** [remɪ'nɪsnt] adj: **to be ~nt of sth** an etw acc erinnern

remiss [rɪ'mɪs] adj nachlässig

remission [rɪ'mɪʃən] n Nachlass m; (of debt, sentence) Erlass m

remit [rɪ'mɪt] vt (money): **to ~ (to)** überweisen (an +acc); **~tance** n Geldanweisung f

remnant ['remnənt] n Rest m; **~s** npl (COMM) Einzelstücke pl

remorse [rɪ'mɔːs] n Gewissensbisse pl; **~ful** adj reumütig; **~less** adj unbarmherzig

remote [rɪ'məut] adj abgelegen; (slight)

gering; **~ control** n Fernsteuerung f; **~ly** adv entfernt

remould ['riːməuld] (BRIT) n runderneuerte(r) Reifen m

removable [rɪ'muːvəbl] adj entfernbar

removal [rɪ'muːvəl] n Beseitigung f; (of furniture) Umzug m; (from office) Entlassung f; **~ van** (BRIT) n Möbelwagen m

remove [rɪ'muːv] vt beseitigen, entfernen; **~rs** npl Möbelspedition f

remuneration [rɪmjuːnə'reɪʃən] n Vergütung f, Honorar nt

render ['rendər] vt machen; (translate) übersetzen; **~ing** n (MUS) Wiedergabe f

rendezvous ['rɒndɪvuː] n (meeting) Rendezvous nt; (place) Treffpunkt m ♦ vi sich treffen

renew [rɪ'njuː] vt erneuern; (contract, licence) verlängern; (replace) ersetzen; **~able** adj regenerierbar; **~al** n Erneuerung f; Verlängerung f

renounce [rɪ'nauns] vt (give up) verzichten auf +acc; (disown) verstoßen

renovate ['renəveɪt] vt renovieren; (building) restaurieren

renown [rɪ'naun] n Ruf m; **~ed** adj namhaft

rent [rent] n Miete f; (for land) Pacht f ♦ vt (hold as tenant) mieten; pachten; (let) vermieten; verpachten; (car etc) mieten; (firm) vermieten; **~al** n Miete f

renunciation [rɪnʌnsɪ'eɪʃən] n: **~ (of)** Verzicht m (auf +acc)

reorganize [riː'ɔːgənaɪz] vt umgestalten, reorganisieren

rep [rep] n abbr (COMM) = **representative**; (THEAT) = **repertory**

repair [rɪ'peər] n Reparatur f ♦ vt reparieren; (damage) wieder gutmachen; **in good/bad ~** in gutem/schlechtem Zustand; **~ kit** n Werkzeugkasten m

repartee [repɑː'tiː] n Witzeleien pl

repatriate [riː'pætrɪeɪt] vt in die Heimat zurückschicken

repay [riː'peɪ] (irreg) vt zurückzahlen; (reward) vergelten; **~ment** n Rückzahlung f; (fig) Vergeltung f

repeal [rɪ'piːl] vt aufheben

repeat [rɪ'piːt] *n* (*RAD, TV*) Wiederholung/(ssendung) *f* ♦ *vt* wiederholen; **~edly** *adv* wiederholt

repel [rɪ'pel] *vt* (*drive back*) zurückschlagen; (*disgust*) abstoßen; **~lent** *adj* abstoßend ♦ *n*: **insect ~lent** Insektenmittel *nt*

repent [rɪ'pent] *vt, vi*: **to ~ (of)** bereuen; **~ance** *n* Reue *f*

repercussion [riːpə'kʌʃən] *n* Auswirkung *f*; **to have ~s** ein Nachspiel haben

repertory ['repətərɪ] *n* Repertoire *nt*

repetition [repɪ'tɪʃən] *n* Wiederholung *f*

repetitive [rɪ'petɪtɪv] *adj* sich wiederholend

replace [rɪ'pleɪs] *vt* ersetzen; (*put back*) zurückstellen; **~ment** *n* Ersatz *m*

replay ['riːpleɪ] *n* (*of match*) Wiederholungsspiel *nt*; (*of tape, film*) Wiederholung *f*

replenish [rɪ'plenɪʃ] *vt* ergänzen

replica ['replɪkə] *n* Kopie *f*

reply [rɪ'plaɪ] *n* Antwort *f* ♦ *vi* antworten; **~ coupon** *n* Antwortschein *m*

report [rɪ'pɔːt] *n* Bericht *m*; (*BRIT: SCH*) Zeugnis *nt* ♦ *vt* (*tell*) berichten; (*give information against*) melden; (*to police*) anzeigen ♦ *vi* (*make ~*) Bericht erstatten; (*present o.s.*): **to ~ (to sb)** sich (bei jdm) melden; **~ card** (*US, SCOTTISH*) *n* Zeugnis *nt*; **~edly** *adv* wie verlautet; **~er** *n* Reporter *m*

reprehensible [reprɪ'hensɪbl] *adj* tadelnswert

represent [reprɪ'zent] *vt* darstellen; (*speak for*) vertreten; **~ation** [reprɪzen'teɪʃən] *n* Darstellung *f*; (*being ~ed*) Vertretung *f*; **~ations** *npl* (*protest*) Vorhaltungen *pl*; **~ative** *n* (*person*) Vertreter *m*; (*US: POL*) Abgeordnete(r) *mf* ♦ *adj* repräsentativ

repress [rɪ'pres] *vt* unterdrücken; **~ion** [rɪ'preʃən] *n* Unterdrückung *f*

reprieve [rɪ'priːv] *n* (*JUR*) Begnadigung *f*; (*fig*) Gnadenfrist *f* ♦ *vt* (*JUR*) begnadigen

reprimand ['reprɪmɑːnd] *n* Verweis *m* ♦ *vt* einen Verweis erteilen +*dat*

reprint [*n* 'riːprɪnt, *vb* riː'prɪnt] *n* Neudruck *m* ♦ *vt* wieder abdrucken

reprisal [rɪ'praɪzl] *n* Vergeltung *f*

reproach [rɪ'prəʊtʃ] *n* Vorwurf *m* ♦ *vt* Vorwürfe machen +*dat*; **to ~ sb with sth** jdm etw vorwerfen; **~ful** *adj* vorwurfsvoll

reproduce [riːprə'djuːs] *vt* reproduzieren ♦ *vi* (*have offspring*) sich vermehren;

reproduction [riːprə'dʌkʃən] *n* (*ART, PHOT*) Reproduktion *f*; (*breeding*) Fortpflanzung *f*;

reproductive [riːprə'dʌktɪv] *adj* reproduktiv; (*breeding*) Fortpflanzungs-

reprove [rɪ'pruːv] *vt* tadeln

reptile ['reptaɪl] *n* Reptil *nt*

republic [rɪ'pʌblɪk] *n* Republik *f*

repudiate [rɪ'pjuːdɪeɪt] *vt* zurückweisen

repugnant [rɪ'pʌgnənt] *adj* widerlich

repulse [rɪ'pʌls] *vt* (*drive back*) zurückschlagen; (*reject*) abweisen

repulsive [rɪ'pʌlsɪv] *adj* abstoßend

reputable ['repjutəbl] *adj* angesehen

reputation [repju'teɪʃən] *n* Ruf *m*

reputed [rɪ'pjuːtɪd] *adj* angeblich; **~ly** [rɪ'pjuːtɪdlɪ] *adv* angeblich

request [rɪ'kwest] *n* Bitte *f* ♦ *vt* (*thing*) erbitten; **to ~ sth of** *or* **from sb** jdn um etw bitten; (*formally*) jdn um etw ersuchen; **~ stop** (*BRIT*) *n* Bedarfshaltestelle *f*

require [rɪ'kwaɪəʳ] *vt* (*need*) brauchen; (*demand*) erfordern; **~ment** *n* (*condition*) Anforderung *f*; (*need*) Bedarf *m*

requisite ['rekwɪzɪt] *adj* erforderlich

requisition [rekwɪ'zɪʃən] *n* Anforderung *f* ♦ *vt* beschlagnahmen

rescue ['reskjuː] *n* Rettung *f* ♦ *vt* retten; **~ party** *n* Rettungsmannschaft *f*; **~r** *n* Retter *m*

research [rɪ'sɜːtʃ] *n* Forschung *f* ♦ *vi* forschen ♦ *vt* erforschen; **~er** *n* Forscher *m*

resemblance [rɪ'zembləns] *n* Ähnlichkeit *f*

resemble [rɪ'zembl] *vt* ähneln +*dat*

resent [rɪ'zent] *vt* übel nehmen; **~ful** *adj* nachtragend, empfindlich; **~ment** *n* Verstimmung *f*, Unwille *m*

reservation [rezə'veɪʃən] *n* (*booking*) Reservierung *f*; (*THEAT*) Vorbestellung *f*; (*doubt*) Vorbehalt *m*; (*land*) Reservat *nt*

reserve [rɪ'zɜːv] *n* (*store*) Vorrat *m*, Reserve *f*; (*manner*) Zurückhaltung *f*; (*game ~*) Naturschutzgebiet *nt*; (*SPORT*)

Ersatzspieler(in) *m(f)* ♦ *vt* reservieren; (*judgement*) sich *dat* vorbehalten; **~s** *npl* (*MIL*) Reserve *f*; **in ~** in Reserve; **~d** *adj* reserviert

reshuffle [riː'ʃʌfl] *n* (*POL*): **cabinet ~** Kabinettsumbildung *f* ♦ *vt* (*POL*) umbilden

reside [rɪ'zaɪd] *vi* wohnen, ansässig sein

residence ['rezɪdəns] *n* (*house*) Wohnsitz *m*; (*living*) Aufenthalt *m*; **~ permit** (*BRIT*) *n* Aufenthaltserlaubnis *f*

resident ['rezɪdənt] *n* (*in house*) Bewohner *m*; (*in area*) Einwohner *m* ♦ *adj* wohnhaft, ansässig; **~ial** [rezɪ'denʃəl] *adj* Wohn-

residue ['rezɪdjuː] *n* Rest *m*; (*CHEM*) Rückstand *m*; (*fig*) Bodensatz *m*

resign [rɪ'zaɪn] *vt* (*office*) aufgeben, zurücktreten von ♦ *vi* (*from office*) zurücktreten; (*employee*) kündigen; **to be ~ed to sth, to ~ o.s. to sth** sich mit etw abfinden; **~ation** [rezɪg'neɪʃən] *n* (*from job*) Kündigung *f*; (*POL*) Rücktritt *m*; (*submission*) Resignation *f*; **~ed** *adj* resigniert

resilience [rɪ'zɪlɪəns] *n* Spannkraft *f*; (*of person*) Unverwüstlichkeit *f*; **resilient** [rɪ'zɪlɪənt] *adj* unverwüstlich

resin ['rezɪn] *n* Harz *nt*

resist [rɪ'zɪst] *vt* widerstehen +*dat*; **~ance** *n* Widerstand *m*

resit [*vb* riː'sɪt, *n* 'riːsɪt] *vt* (*exam*) wiederholen ♦ *n* Wiederholung(sprüfung) *f*

resolute ['rezəluːt] *adj* entschlossen, resolut; **resolution** [rezə'luːʃən] *n* (*firmness*) Entschlossenheit *f*; (*intention*) Vorsatz *m*; (*decision*) Beschluss *m*

resolve [rɪ'zɔlv] *n* Entschlossenheit *f* ♦ *vt* (*decide*) beschließen ♦ *vi* sich lösen; **~d** *adj* (fest) entschlossen

resonant ['rezənənt] *adj* voll

resort [rɪ'zɔːt] *n* (*holiday place*) Erholungsort *m*; (*help*) Zuflucht *f* ♦ *vi*: **to ~ to** Zuflucht nehmen zu; **as a last ~** als letzter Ausweg

resound [rɪ'zaʊnd] *vi*: **to ~ (with)** widerhallen (von); **~ing** *adj* nachhallend; (*success*) groß

resource [rɪ'zɔːs] *n* Findigkeit *f*; **~s** *npl* (*financial*) Geldmittel *pl*; (*natural*) Bodenschätze *pl*; **~ful** *adj* findig

respect [rɪs'pekt] *n* Respekt *m* ♦ *vt* achten, respektieren; **~s** *npl* (*regards*) Grüße *pl*; **with ~ to** in Bezug auf +*acc*, hinsichtlich +*gen*; **in this ~** in dieser Hinsicht; **~able** *adj* anständig; (*not bad*) leidlich; **~ful** *adj* höflich

respective [rɪs'pektɪv] *adj* jeweilig; **~ly** *adv* beziehungsweise

respiration [respɪ'reɪʃən] *n* Atmung *f*

respite ['respaɪt] *n* Ruhepause *f*

resplendent [rɪs'plendənt] *adj* strahlend

respond [rɪs'pɔnd] *vi* antworten; (*react*): **to ~ (to)** reagieren (auf +*acc*); **response** [rɪs'pɔns] *n* Antwort *f*; Reaktion *f*; (*to advert*) Resonanz *f*

responsibility [rɪspɔnsɪ'bɪlɪtɪ] *n* Verantwortung *f*

responsible [rɪs'pɔnsɪbl] *adj* verantwortlich; (*reliable*) verantwortungsvoll

responsive [rɪs'pɔnsɪv] *adj* empfänglich

rest [rest] *n* Ruhe *f*; (*break*) Pause *f*; (*remainder*) Rest *m* ♦ *vi* sich ausruhen; (*be supported*) (auf)liegen ♦ *vt* (*lean*): **to ~ sth on/against sth** etw gegen etw *acc* lehnen; **the ~ of them** die Übrigen; **it ~s with him to ...** es liegt bei ihm, zu ...

restaurant ['restərɔŋ] *n* Restaurant *nt*; **~ car** (*BRIT*) *n* Speisewagen *m*

restful ['restful] *adj* erholsam, ruhig

rest home *n* Erholungsheim *nt*

restive ['restɪv] *adj* unruhig

restless ['restlɪs] *adj* unruhig

restoration [restə'reɪʃən] *n* Rückgabe *f*; (*of building etc*) Rückerstattung *f*

restore [rɪ'stɔː] *vt* (*order*) wieder herstellen; (*customs*) wieder einführen; (*person to position*) wieder einsetzen; (*give back*) zurückgeben; (*renovate*) restaurieren

restrain [rɪs'treɪn] *vt* zurückhalten; (*curiosity etc*) beherrschen; (*person*): **to ~ sb from doing sth** jdn davon abhalten, etw zu tun; **~ed** *adj* (*style etc*) gedämpft, verhalten; **~t** *n* (*self-control*) Zurückhaltung *f*

restrict [rɪs'trɪkt] *vt* einschränken; **~ion** [rɪs'trɪkʃən] *n* Einschränkung *f*; **~ive** *adj* einschränkend

rest room (*US*) *n* Toilette *f*

restructure [riːˈstrʌktʃəʳ] vt umstrukturieren

result [rɪˈzʌlt] n Resultat nt, Folge f; (of exam, game) Ergebnis nt ♦ vi: **to ~ in sth** etw zur Folge haben; **as a ~ of** als Folge +gen

resume [rɪˈzjuːm] vt fortsetzen; (occupy again) wieder einnehmen ♦ vi (work etc) wieder beginnen

résumé [ˈreɪzjuːmeɪ] n Zusammenfassung f

resumption [rɪˈzʌmpʃən] n Wiederaufnahme f

resurgence [rɪˈsɜːdʒəns] n Wiedererwachen nt

resurrection [rezəˈrekʃən] n Auferstehung f

resuscitate [rɪˈsʌsɪteɪt] vt wieder beleben; **resuscitation** [rɪsʌsɪˈteɪʃən] n Wiederbelebung f

retail [n, adj ˈriːteɪl, vb rɪˈteɪl] n Einzelhandel m ♦ adj Einzelhandels- ♦ vt im Kleinen verkaufen ♦ vi im Einzelhandel kosten; **~er** [ˈriːteɪləʳ] n Einzelhändler m, Kleinhändler m; **~ price** n Ladenpreis m

retain [rɪˈteɪn] vt (keep) (zurück)behalten; **~er** n (fee) (Honorar)vorschuss m

retaliate [rɪˈtælɪeɪt] vi zum Vergeltungsschlag ausholen; **retaliation** [rɪtælɪˈeɪʃən] n Vergeltung f

retarded [rɪˈtɑːdɪd] adj zurückgeblieben

retch [retʃ] vi würgen

retentive [rɪˈtentɪv] adj (memory) gut

reticent [ˈretɪsnt] adj schweigsam

retina [ˈretɪnə] n Netzhaut f

retire [rɪˈtaɪəʳ] vi (from work) in den Ruhestand treten; (withdraw) sich zurückziehen; (go to bed) schlafen gehen; **~d** adj (person) pensioniert, im Ruhestand; **~ment** n Ruhestand m

retiring [rɪˈtaɪərɪŋ] adj zurückhaltend

retort [rɪˈtɔːt] n (reply) Erwiderung f ♦ vi (scharf) erwidern

retrace [riːˈtreɪs] vt zurückverfolgen; **to ~ one's steps** denselben Weg zurückgehen

retract [rɪˈtrækt] vt (statement) zurücknehmen; (claws) einziehen ♦ vi einen Rückzieher machen; **~able** adj (aerial) ausziehbar

retrain [riːˈtreɪn] vt umschulen

retread [ˈriːtred] n (tyre) Reifen m mit erneuerter Lauffläche

retreat [rɪˈtriːt] n Rückzug m; (place) Zufluchtsort m ♦ vi sich zurückziehen

retribution [retrɪˈbjuːʃən] n Strafe f

retrieval [rɪˈtriːvəl] n Wiedergewinnung f

retrieve [rɪˈtriːv] vt wiederbekommen; (rescue) retten; **~r** n Apportierhund m

retrograde [ˈretrəgreɪd] adj (step) Rück-; (policy) rückschrittlich

retrospect [ˈretrəspekt] n: **in ~** im Rückblick, rückblickend; **~ive** [retrəˈspektɪv] adj (action) rückwirkend; (look) rückblickend

return [rɪˈtɜːn] n Rückkehr f; (profits) Ertrag m; (BRIT: rail ticket etc) Rückfahrkarte f; (: plane ticket) Rückflugkarte f ♦ adj (journey, match) Rück- ♦ vi zurückkehren, zurückkommen ♦ vt zurückgeben, zurücksenden; (pay back) zurückzahlen; (elect) wählen; (verdict) aussprechen; **~s** npl (COMM) Gewinn m; (receipts) Einkünfte pl; **in ~** dafür; **by ~ of post** postwendend; **many happy ~s!** herzlichen Glückwunsch zum Geburtstag!

reunion [riːˈjuːnɪən] n Wiedervereinigung f; (SCH etc) Treffen nt

reunite [riːjuːˈnaɪt] vt wieder vereinigen

reuse [riːˈjuːz] vt wieder verwenden, wieder verwerten

rev [rev] n abbr (AUT: = revolution) Drehzahl f

revamp [riːˈvæmp] vt aufpolieren

reveal [rɪˈviːl] vt enthüllen; **~ing** adj aufschlussreich

revel [ˈrevl] vi: **to ~ in sth/in doing sth** seine Freude an etw dat haben/daran haben, etw zu tun

revelation [revəˈleɪʃən] n Offenbarung f

revelry [ˈrevlrɪ] n Rummel m

revenge [rɪˈvendʒ] n Rache f; **to take ~ on** sich rächen an +dat

revenue [ˈrevənjuː] n Einnahmen pl

reverberate [rɪˈvɜːbəreɪt] vi widerhallen

revere [rɪˈvɪəʳ] vt (ver)ehren; **~nce** [ˈrevərəns] n Ehrfurcht f

Reverend [ˈrevərənd] adj: **the ~ Robert Martin** ≃ Pfarrer Robert Martin

reversal [rɪˈvɜːsl] n Umkehrung f

reverse [rɪˈvɜːs] n Rückseite f; (AUT: gear)

Rückwärtsgang *m* ♦ *adj (order, direction)* entgegengesetzt ♦ *vt* umkehren ♦ *vi (BRIT: AUT)* rückwärts fahren; **~-charge call** *(BRIT)* *n* R-Gespräch *nt*; **reversing lights** *npl* *(AUT)* Rückfahrscheinwerfer *pl*

revert [rɪ'vəːt] *vi*: **to ~ to** zurückkehren zu; *(to bad state)* zurückfallen in +*acc*

review [rɪ'vjuː] *n (of book)* Rezension *f*; *(magazine)* Zeitschrift *f* ♦ *vt* Rückschau halten auf +*acc*; *(MIL)* mustern; *(book)* rezensieren; *(reexamine)* von neuem untersuchen; **~er** *n (critic)* Rezensent *m*

revise [rɪ'vaɪz] *vt (book)* überarbeiten; *(reconsider)* ändern, revidieren; **revision** [rɪ'vɪʒən] *n* Prüfung *f*; *(COMM)* Revision *f*; *(SCH)* Wiederholung *f*

revitalize [riː'vaɪtəlaɪz] *vt* neu beleben

revival [rɪ'vaɪvəl] *n* Wiederbelebung *f*; *(REL)* Erweckung *f*; *(THEAT)* Wiederaufnahme *f*

revive [rɪ'vaɪv] *vt* wieder beleben; *(fig)* wieder auffrischen ♦ *vi* wieder erwachen; *(fig)* wieder aufleben

revoke [rɪ'vəuk] *vt* aufheben

revolt [rɪ'vəult] *n* Aufstand *m*, Revolte *f* ♦ *vi* sich auflehnen ♦ *vt* entsetzen; **~ing** *adj* widerlich

revolution [revə'luːʃən] *n (turn)* Umdrehung *f*; *(POL)* Revolution *f*; **~ary** *adj* revolutionär ♦ *n* Revolutionär *m*; **~ize** *vt* revolutionieren

revolve [rɪ'vɔlv] *vi* kreisen; *(on own axis)* sich drehen

revolver [rɪ'vɔlvər] *n* Revolver *m*

revolving door [rɪ'vɔlvɪŋ-] *n* Drehtür *f*

revulsion [rɪ'vʌlʃən] *n* Ekel *m*

reward [rɪ'wɔːd] *n* Belohnung *f* ♦ *vt* belohnen; **~ing** *adj* lohnend

rewind [riː'waɪnd] *(irreg: like* wind*)* *vt (tape etc)* zurückspulen

rewire [riː'waɪər] *vt (house)* neu verkabeln

reword [riː'wəːd] *vt* anders formulieren

rewrite [riː'raɪt] *(irreg: like* write*)* *vt* umarbeiten, neu schreiben

rheumatism [ˈruːmətɪzəm] *n* Rheumatismus *m*, Rheuma *nt*

Rhine [raɪn] *n*: **the ~** der Rhein

rhinoceros [raɪ'nɔsərəs] *n* Nashorn *nt*

Rhone [rəun] *n*: **the ~** die Rhone

rhubarb [ˈruːbɑːb] *n* Rhabarber *m*

rhyme [raɪm] *n* Reim *m*

rhythm [ˈrɪðm] *n* Rhythmus *m*

rib [rɪb] *n* Rippe *f* ♦ *vt (mock)* hänseln, aufziehen

ribbon [ˈrɪbən] *n* Band *nt*; **in ~s** *(torn)* in Fetzen

rice [raɪs] *n* Reis *m*; **~ pudding** *n* Milchreis *m*

rich [rɪtʃ] *adj* reich; *(food)* reichhaltig ♦ *npl*: **the ~** die Reichen *pl*; **~es** *npl* Reichtum *m*; **~ly** *adv* reich; *(deserve)* völlig

rickets [ˈrɪkɪts] *n* Rachitis *f*

rickety [ˈrɪkɪtɪ] *adj* wack(e)lig

rickshaw [ˈrɪkʃɔː] *n* Rikscha *f*

ricochet [ˈrɪkəʃeɪ] *n* Abprallen *nt*; *(shot)* Querschläger *m* ♦ *vi* abprallen

rid [rɪd] *(pt, pp* rid*)* *vt* befreien; **to get ~ of** loswerden

riddle [ˈrɪdl] *n* Rätsel *nt* ♦ *vt*: **to be ~d with** völlig durchlöchert sein von

ride [raɪd] *(pt* rode*, pp* ridden*)* *n (in vehicle)* Fahrt *f*; *(on horse)* Ritt *m* ♦ *vt (horse)* reiten; *(bicycle)* fahren ♦ *vi* fahren, reiten; **to take sb for a ~** mit jdm eine Fahrt *etc* machen; *(fig)* jdn aufs Glatteis führen; **~r** *n* Reiter *m*

ridge [rɪdʒ] *n* Kamm *m*; *(of roof)* First *m*

ridicule [ˈrɪdɪkjuːl] *n* Spott *m* ♦ *vt* lächerlich machen

ridiculous [rɪ'dɪkjuləs] *adj* lächerlich

riding [ˈraɪdɪŋ] *n* Reiten *nt*; **~ school** *n* Reitschule *f*

rife [raɪf] *adj* weit verbreitet; **to be ~** grassieren; **to be ~ with** voll sein von

riffraff [ˈrɪfræf] *n* Pöbel *m*

rifle [ˈraɪfl] *n* Gewehr *nt* ♦ *vt* berauben; **~ range** *n* Schießstand *m*

rift [rɪft] *n* Spalte *f*; *(fig)* Bruch *m*

rig [rɪg] *n (oil ~)* Bohrinsel *f* ♦ *vt (election etc)* manipulieren; **~ out** *(BRIT)* *vt* ausstatten; **~ up** *vt* zusammenbasteln; **~ging** *n* Takelage *f*

right [raɪt] *adj (correct, just)* richtig, recht; *(~ side)* rechte(r, s) ♦ *n* Recht *nt*; *(not left, POL)* Rechte *f* ♦ *adv (on the ~)* rechts; *(to the ~)* nach rechts; *(look, work)* richtig, recht; *(directly)* gerade; *(exactly)* genau ♦ *vt* in

Ordnung bringen, korrigieren ♦ *excl* gut; **on the ~** rechts; **to be in the ~** im Recht sein; **by ~s** von Rechts wegen; **to be ~** Recht haben; ~ **away** sofort; ~ **now** in diesem Augenblick, eben; ~ **in the middle** genau in der Mitte; ~ **angle** *n* rechte(r) Winkel *m*; ~**eous** ['raɪtʃəs] *adj* rechtschaffen; ~**ful** *adj* rechtmäßig; ~**hand** *adj*: ~**hand drive** mit Rechtssteuerung; ~**handed** *adj* rechtshändig; ~**hand man** (*irreg*) *n* rechte Hand *f*; ~**hand side** *n* rechte Seite *f*; ~**ly** *adv* mit Recht; ~ **of way** *n* Vorfahrt *f*; ~**wing** *adj* rechtsorientiert

rigid ['rɪdʒɪd] *adj* (*stiff*) starr, steif; (*strict*) streng; ~**ity** [rɪ'dʒɪdɪtɪ] *n* Starrheit *f*; Strenge *f*

rigmarole ['rɪgmərəul] *n* Gewäsch *nt*

rigor ['rɪgə*] (*US*) *n* = **rigour**

rigorous ['rɪgərəs] *adj* streng

rigour ['rɪgə*] (*US* **rigor**) *n* Strenge *f*, Härte *f*

rile [raɪl] *vt* ärgern

rim [rɪm] *n* (*edge*) Rand *m*; (*of wheel*) Felge *f*

rind [raɪnd] *n* Rinde *f*

ring [rɪŋ] (*pt* **rang**, *pp* **rung**) *n* Ring *m*; (*of people*) Kreis *m*; (*arena*) Manege *f*; (*of telephone*) Klingeln *nt* ♦ *vt, vi* (*bell*) läuten; (*BRIT*) anrufen; ~ **back** (*BRIT*) *vt, vi* zurückrufen; ~ **off** (*BRIT*) *vi* aufhängen; ~ **up** (*BRIT*) *vt* anrufen; ~ **binder** *n* Ringbuch *nt*; ~**ing** *n* Klingeln *nt*; (*of large bell*) Läuten *nt*; (*in ears*) Klingen *nt*; ~**ing tone** *n* (*TEL*) Rufzeichen *nt*

ringleader ['rɪŋliːdə*] *n* Anführer *m*, Rädelsführer *m*

ringlets ['rɪŋlɪts] *npl* Ringellocken *pl*

ring road (*BRIT*) *n* Umgehungsstraße *f*

rink [rɪŋk] *n* (*ice ~*) Eisbahn *f*

rinse [rɪns] *n* Spülen *nt* ♦ *vt* spülen

riot ['raɪət] *n* Aufruhr *m* ♦ *vi* randalieren; **to run ~** (*people*) randalieren; (*vegetation*) wuchern; ~**er** *n* Aufrührer *m*; ~**ous** *adj* aufrührerisch; (*noisy*) lärmend

rip [rɪp] *n* Schlitz *m*, Riss *m* ♦ *vt, vi* (zer)reißen; ~**cord** *n* Reißleine *f*

ripe [raɪp] *adj* reif; ~**n** *vi* reifen ♦ *vt* reifen lassen

rip-off ['rɪpɔf] (*inf*) *n*: **it's a ~~!** das ist Wucher!

ripple ['rɪpl] *n* kleine Welle *f* ♦ *vt* kräuseln ♦ *vi* sich kräuseln

rise [raɪz] (*pt* **rose**, *pp* **risen**) *n* (*slope*) Steigung *f*; (*esp in wages*: *BRIT*) Erhöhung *f*; (*growth*) Aufstieg *m* ♦ *vi* (*sun*) aufgehen; (*smoke*) aufsteigen; (*mountain*) sich erheben; (*ground*) ansteigen; (*prices*) steigen; (*in revolt*) sich erheben; **to give ~ to** Anlass geben zu; **to ~ to the occasion** sich der Lage gewachsen zeigen; ~**n** [rɪzn] *pp* of **rise**; ~**r** ['raɪzə*] *n*: **to be an early ~r** ein(e) Frühaufsteher(in) *m(f)* sein; **rising** ['raɪzɪŋ] *adj* (*tide, prices*) steigend; (*sun, moon*) aufgehend ♦ *n* (*uprising*) Aufstand *m*

risk [rɪsk] *n* Gefahr *f*, Risiko *nt* ♦ *vt* (*venture*) wagen; (*chance loss of*) riskieren, aufs Spiel setzen; **to take** *or* **run the ~ of doing sth** das Risiko eingehen, etw zu tun; **at ~** in Gefahr; **at one's own ~** auf eigene Gefahr; ~**y** *adj* riskant

risqué ['riːskeɪ] *adj* gewagt

rissole ['rɪsəul] *n* Fleischklößchen *nt*

rite [raɪt] *n* Ritus *m*; **last ~s** Letzte Ölung *f*

ritual ['rɪtjuəl] *n* Ritual *nt* ♦ *adj* ritual, Ritual-; (*fig*) rituell

rival ['raɪvl] *n* Rivale *m*, Konkurrent *m* ♦ *adj* rivalisierend ♦ *vt* rivalisieren mit; (*COMM*) konkurrieren mit; ~**ry** *n* Rivalität *f*; Konkurrenz *f*

river ['rɪvə*] *n* Fluss *m*, Strom *m* ♦ *cpd* (*port, traffic*) Fluss-; **up/down ~** flussaufwärts/ -abwärts; ~**bank** *n* Flussufer *nt*; ~**bed** *n* Flussbett *nt*

rivet ['rɪvɪt] *n* Niete *f* ♦ *vt* (*fasten*) (ver)nieten

Riviera [rɪvɪ'eərə] *n*: **the ~** die Riviera

road [rəud] *n* Straße *f* ♦ *cpd* Straßen-; **major/minor ~** Haupt-/Nebenstraße *f*; ~ **accident** *n* Verkehrsunfall *m*; ~**block** *n* Straßensperre *f*; ~**hog** *n* Verkehrsrowdy *m*; ~ **map** *n* Straßenkarte *f*; ~ **rage** *n* Aggressivität *f* im Straßenverkehr; ~ **safety** *n* Verkehrssicherheit *f*; ~**side** *n* Straßenrand *m* ♦ *adj* an der Landstraße (gelegen); ~ **sign** *n* Straßenschild *nt*; ~ **user** *n* Verkehrsteilnehmer *m*; ~**way** *n* Fahrbahn *f*;

~ works *npl* Straßenbauarbeiten *pl*; **~worthy** *adj* verkehrssicher

roam [rəum] *vi* (umher)streifen ♦ *vt* durchstreifen

roar [rɔː] *n* Brüllen *nt*, Gebrüll *nt* ♦ *vi* brüllen; **to ~ with laughter** vor Lachen brüllen; **to do a ~ing trade** ein Riesengeschäft machen

roast [rəust] *n* Braten *m* ♦ *vt* braten, schmoren; **~ beef** *n* Roastbeef *nt*

rob [rɔb] *vt* bestehlen, berauben; (*bank*) ausrauben; **to ~ sb of sth** jdm etw rauben; **~ber** *n* Räuber *m*; **~bery** *n* Raub *m*

robe [rəub] *n* (*dress*) Gewand *nt*; (*US*) Hauskleid *nt*; (*judge's*) Robe *f*

robin ['rɔbɪn] *n* Rotkehlchen *nt*

robot ['rəubɔt] *n* Roboter *m*

robust [rəu'bʌst] *adj* (*person*) robust; (*appetite, economy*) gesund

rock [rɔk] *n* Felsen *m*; (*BRIT: sweet*) Zuckerstange *f* ♦ *vt, vi* wiegen, schaukeln; **on the ~s** (*drink*) mit Eis(würfeln); (*marriage*) gescheitert; (*ship*) aufgelaufen; **~ and roll** *n* Rock and Roll *m*; **~-bottom** *n* (*fig*) Tiefpunkt *m*; **~ery** *n* Steingarten *m*

rocket ['rɔkɪt] *n* Rakete *f*

rocking chair ['rɔkɪŋ-] *n* Schaukelstuhl *m*

rocking horse *n* Schaukelpferd *nt*

rocky ['rɔkɪ] *adj* felsig

rod [rɔd] *n* (*bar*) Stange *f*; (*stick*) Rute *f*

rode [rəud] *pt of* **ride**

rodent ['rəudnt] *n* Nagetier *nt*

roe [rəu] *n* (*also:* **~ deer**) Reh *nt*; (*of fish: also:* **hard ~**) Rogen *m*; **soft ~** Milch *f*

rogue [rəug] *n* Schurke *m*

role [rəul] *n* Rolle *f*; **~ play** *n* Rollenspiel *nt*

roll [rəul] *n* Rolle *f*; (*bread*) Brötchen *nt*; (*list*) (Namens)liste *f*; (*of drum*) Wirbel *m* ♦ *vt* (*turn*) rollen, (herum)wälzen; (*grass etc*) walzen ♦ *vi* (*swing*) schlingern; (*sound*) rollen, grollen; **~ about** *or* **around** *vi* herumkugeln; (*ship*) schlingern; (*dog etc*) sich wälzen; **~ by** *vi* (*time*) verfließen; **~ over** *vi* sich (herum)drehen; **~ up** *vi* (*arrive*) kommen, auftauchen ♦ *vt* (*carpet*) aufrollen; **~ call** *n* Namensaufruf *m*; **~er** *n* Rolle *f*, Walze *f*; (*road ~er*) Straßenwalze *f*;

R~erblade ® *n* Rollerblade *m*; **~er coaster** *n* Achterbahn *f*; **~er skates** *npl* Rollschuhe *pl*; **~-skating** *n* Rollschuhlaufen *nt*

rolling ['rəulɪŋ] *adj* (*landscape*) wellig; **~ pin** *n* Nudel- *or* Wellholz *nt*; **~ stock** *n* Wagenmaterial *nt*

ROM [rɔm] *n abbr* (= *read only memory*) ROM *m*

Roman ['rəumən] *adj* römisch ♦ *n* Römer(in) *m(f)*; **~ Catholic** *adj* römisch-katholisch ♦ *n* Katholik(in) *m(f)*

romance [rə'mæns] *n* Romanze *f*; (*story*) (Liebes)roman *m*

Romania [rəu'meɪnɪə] *n* = **Rumania**; **~n** *n* = **Rumanian**

Roman numeral *n* römische Ziffer

romantic [rə'mæntɪk] *adj* romantisch; **~ism** [rə'mæntɪsɪzəm] *n* Romantik *f*

Rome [rəum] *n* Rom *nt*

romp [rɔmp] *n* Tollen *nt* ♦ *vi* (*also:* **~ about**) herumtollen

rompers ['rɔmpəz] *npl* Spielanzug *m*

roof [ruːf] (*pl* **~s**) *n* Dach *nt*; (*of mouth*) Gaumen *m* ♦ *vt* überdachen, überdecken; **~ing** *n* Deckmaterial *nt*; **~ rack** *n* (*AUT*) Dachgepäckträger *m*

rook [ruk] *n* (*bird*) Saatkrähe *f*; (*chess*) Turm *m*

room [ruːm] *n* Zimmer *nt*, Raum *m*; (*space*) Platz *m*; (*fig*) Spielraum *m*; **~s** *npl* (*accommodation*) Wohnung *f*; **"~s to let** (*BRIT*) *or* **for rent** (*US*) "Zimmer zu vermieten"; **single/double ~** Einzel-/ Doppelzimmer *nt*; **~ing house** (*US*) *n* Mietshaus *nt* (*mit möblierten Wohnungen*); **~mate** *n* Mitbewohner(in) *m(f)*; **~ service** *n* Zimmerbedienung *f*; **~y** *adj* geräumig

roost [ruːst] *n* Hühnerstange *f* ♦ *vi* auf der Stange hocken

rooster ['ruːstər] *n* Hahn *m*

root [ruːt] *n* (*also fig*) Wurzel *f* ♦ *vi* wurzeln; **~ about** *vi* (*fig*) herumwühlen; **~ for** *vt fus* Stimmung machen für; **~ out** *vt* ausjäten; (*fig*) ausrotten

rope [rəup] *n* Seil *nt* ♦ *vt* (*tie*) festschnüren; **to know the ~s** sich auskennen; **to ~ sb in** jdn gewinnen; **~ off** *vt* absperren;

~ ladder *n* Strickleiter *f*

rosary ['rəʊzərɪ] *n* Rosenkranz *m*

rose [rəʊz] *pt of* **rise ♦** *n* Rose *f* **♦** *adj* Rosen-, rosenrot

rosé ['rəʊzeɪ] *n* Rosé *m*

rosebud ['rəʊzbʌd] *n* Rosenknospe *f*

rosebush ['rəʊzbʊʃ] *n* Rosenstock *m*

rosemary ['rəʊzmərɪ] *n* Rosmarin *m*

rosette [rəʊ'zet] *n* Rosette *f*

roster ['rɒstər] *n* Dienstplan *m*

rostrum ['rɒstrəm] *n* Rednerbühne *f*

rosy ['rəʊzɪ] *adj* rosig

rot [rɒt] *n* Fäulnis *f*; *(nonsense)* Quatsch *m* **♦** *vi* verfaulen **♦** *vt* verfaulen lassen

rota ['rəʊtə] *n* Dienstliste *f*

rotary ['rəʊtərɪ] *adj* rotierend

rotate [rəʊ'teɪt] *vt* rotieren lassen; *(take turns)* turnusmäßig wechseln **♦** *vi* rotieren; **rotating** *adj* rotierend; **rotation** [rəʊ'teɪʃən] *n* Umdrehung *f*

rote [rəʊt] *n*: **by ~** auswendig

rotten ['rɒtn] *adj* faul; *(fig)* schlecht, gemein; **to feel ~** *(ill)* sich elend fühlen

rotund [rəʊ'tʌnd] *adj* rundlich

rouble ['ruːbl] *(US* **ruble)** *n* Rubel *m*

rough [rʌf] *adj* *(not smooth)* rau; *(path)* uneben; *(violent)* roh, grob; *(crossing)* stürmisch; *(without comforts)* hart, unbequem; *(unfinished, makeshift)* grob; *(approximate)* ungefähr **♦** *n* *(BRIT: person)* Rowdy *m*, Rohling *m*; *(GOLF)*: **in the ~** im Rau **♦** *vt*: **to ~ it** primitiv leben; **to sleep ~** im Freien schlafen; **~age** *n* Ballaststoffe *pl*; **~-and-ready** *adj* provisorisch; *(work)* zusammengehauen; **~ copy** *n* Entwurf *m*; **~ draft** *n* Entwurf *m*; **~ly** *adv* grob; *(about)* ungefähr; **~ness** *n* Rauheit *f*; *(of manner)* Ungeschliffenheit *f*

roulette [ruː'let] *n* Roulett(e) *nt*

Roumania [ruː'meɪnɪə] *n* = **Rumania**

round [raʊnd] *adj* rund; *(figures)* aufgerundet **♦** *adv* *(in a circle)* rundherum **♦** *prep* um … herum **♦** *n* Runde *f*; *(of ammunition)* Magazin *nt* **♦** *vt* *(corner)* biegen um; **all ~** überall; **the long way ~** der Umweg; **all the year ~** das ganze Jahr über; **it's just ~ the corner** *(fig)* es ist gerade um die Ecke;

~ the clock rund um die Uhr; **to go ~ to sb's (house)** jdn besuchen; **to go ~ the back** hintenherum gehen; **enough to go ~** genug für alle; **to go the ~s** *(story)* die Runde machen; **a ~ of applause** ein Beifall *m*; **a ~ of drinks** eine Runde Drinks; **a ~ of sandwiches** ein Sandwich *nt or m*, ein belegtes Brot; **~ off** *vt* abrunden; **~ up** *vt (end)* abschließen; *(figures)* aufrunden; *(criminals)* hochnehmen; **~about** *n* *(BRIT: traffic)* Kreisverkehr *m*; *(: merry-go-~)* Karussell *nt* **♦** *adj* auf Umwegen; **~ers** *npl* *(game)* ≈ Schlagball *m*; **~ly** *adv (fig)* gründlich; **~-shouldered** *adj* mit abfallenden Schultern; **~ trip** *n* Rundreise *f*; **~up** *n* Zusammentreiben *nt*, Sammeln *nt*

rouse [raʊz] *vt (waken)* (auf)wecken; *(stir up)* erregen; **rousing** *adj (welcome)* stürmisch; *(speech)* zündend

route [ruːt] *n* Weg *m*, Route *f*; **~ map** *(BRIT)* *n* *(for journey)* Streckenkarte *f*

routine [ruː'tiːn] *n* Routine *f* **♦** *adj* Routine-

row¹ [raʊ] *n* *(noise)* Lärm *m*; *(dispute)* Streit *m* **♦** *vi* sich streiten

row² [rəʊ] *n* *(line)* Reihe *f* **♦** *vt, vi* *(boat)* rudern; **in a ~** *(fig)* hintereinander; **~boat** ['rəʊbəʊt] *(US)* *n* Ruderboot *nt*

rowdy ['raʊdɪ] *adj* rüpelhaft **♦** *n* *(person)* Rowdy *m*

rowing ['rəʊɪŋ] *n* Rudern *nt*; *(SPORT)* Rudersport *m*; **~ boat** *(BRIT)* *n* Ruderboot *nt*

royal ['rɔɪəl] *adj* königlich, Königs-; **R~ Air Force** *n* Königliche Luftwaffe *f*; **~ty** ['rɔɪəltɪ] *n* *(family)* königliche Familie *f*; *(for novel etc)* Tantieme *f*

rpm *abbr (= revs per minute)* U/min

R.S.V.P. *abbr (= répondez s'il vous plaît)* u. A. w. g.

Rt. Hon. *(BRIT)* *abbr (= Right Honourable)* Abgeordnete(r) *mf*

rub [rʌb] *n* *(with cloth)* Polieren *nt*; *(on person)* Reiben *nt* **♦** *vt* reiben; **to ~ sb up** *(BRIT)* *or* **to ~ sb** *(US)* **the wrong way** jdn aufreizen; **~ off** *vi (also fig)*: **to ~ off (on)** abfärben (auf +*acc*); **~ out** *vt* herausreiben; *(with eraser)* ausradieren

rubber ['rʌbər] *n* Gummi *m*; *(BRIT)*

Radiergummi *m*; ~ **band** *n* Gummiband
nt; ~ **plant** *n* Gummibaum *m*
rubbish ['rʌbɪʃ] *n* (*waste*) Abfall *m*;
(*nonsense*) Blödsinn *m*, Quatsch *m*; ~ **bin**
(*BRIT*) *n* Mülleimer *m*; ~ **dump** *n*
Müllabladeplatz *m*
rubble ['rʌbl] *n* (*Stein*)schutt *m*
ruby ['ru:bɪ] *n* Rubin *m* ♦ *adj* rubinrot
rucksack ['rʌksæk] *n* Rucksack *m*
rudder ['rʌdə'] *n* Steuerruder *nt*
ruddy ['rʌdɪ] *adj* (*colour*) rötlich; (*inf: bloody*)
verdammt
rude [ru:d] *adj* unverschämt; (*shock*) hart;
(*awakening*) unsanft; (*unrefined, rough*) grob;
~**ness** *n* Unverschämtheit *f*; Grobheit *f*
rudiment ['ru:dɪmənt] *n* Grundlage *f*
rueful ['ru:ful] *adj* reuevoll
ruffian ['rʌfɪən] *n* Rohling *m*
ruffle ['rʌfl] *vt* kräuseln
rug [rʌg] *n* Brücke *f*; (*in bedroom*)
Bettvorleger *m*; (*BRIT: for knees*) (*Reise*)decke
f
rugby ['rʌgbɪ] *n* (*also:* ~ **football**) Rugby *nt*
rugged ['rʌgɪd] *adj* (*coastline*) zerklüftet;
(*features*) markig
rugger ['rʌgə'] (*BRIT: inf*) *n* = **rugby**
ruin ['ru:ɪn] *n* Ruine *f*; (*downfall*) Ruin *m* ♦ *vt*
ruinieren; ~**s** *npl* (*fig*) Trümmer *pl*; ~**ous**
adj ruinierend
rule [ru:l] *n* Regel *f*; (*government*) Regierung
f; (*for measuring*) Lineal *nt* ♦ *vt* (*govern*)
herrschen über *+acc*, regieren; (*decide*)
anordnen, entscheiden; (*make lines on*)
linieren ♦ *vi* herrschen, regieren;
entscheiden; **as a ~** in der Regel; ~ **out** *vt*
ausschließen; ~**d** *adj* (*paper*) liniert; ~**r** *n*
Lineal *nt*; Herrscher *m*; **ruling** ['ru:lɪŋ] *adj*
(*party*) Regierungs-; (*class*) herrschend ♦ *n*
(*JUR*) Entscheid *m*
rum [rʌm] *n* Rum *m*
Rumania [ru:'meɪnɪə] *n* Rumänien *nt*; ~**n** *adj*
rumänisch ♦ *n* Rumäne *m*, Rumänin *f*;
(*LING*) Rumänisch *nt*
rumble ['rʌmbl] *n* Rumpeln *nt*; (*of thunder*)
Grollen *nt* ♦ *vi* rumpeln; grollen
rummage ['rʌmɪdʒ] *vi* durchstöbern
rumour ['ru:mə'] (*US* **rumor**) *n* Gerücht *nt*

♦ *vt*: **it is ~ed that** man sagt *or* man
munkelt, dass
rump [rʌmp] *n* Hinterteil *nt*; ~ **steak** *n*
Rumpsteak *nt*
rumpus ['rʌmpəs] *n* Spektakel *m*
run [rʌn] (*pt* **ran**, *pp* **run**) *n* Lauf *m*; (*in car*)
(*Spazier*)fahrt *f*; (*series*) Serie *f*, Reihe *f*; (*ski*
~) (*Ski*)abfahrt *f*; (*in stocking*) Laufmasche *f*
♦ *vt* (*cause to* ~) laufen lassen; (*car, train,
bus*) fahren; (*race, distance*) laufen, rennen;
(*manage*) leiten; (*COMPUT*) laufen lassen;
(*pass: hand, eye*) gleiten lassen ♦ *vi* laufen;
(*move quickly*) laufen, rennen; (*bus, train*)
fahren; (*flow*) fließen, laufen; (*colours*)
(*ab*)färben; **there was a ~ on** (*meat, tickets*)
es gab einen Ansturm auf *+acc*; **on the ~**
auf der Flucht; **in the long ~** auf die Dauer;
I'll ~ you to the station ich fahre dich zum
Bahnhof; **to ~ a risk** ein Risiko eingehen; ~
about *or* **around** *vi* (*children*)
umherspringen; ~ **across** *vt fus* (*find*)
stoßen auf *+acc*; ~ **away** *vi* weglaufen; ~
down *vi* (*clock*) ablaufen ♦ *vt* (*production,
factory*) allmählich auflösen; (*with car*)
überfahren; (*talk against*) heruntermachen;
to be ~ down erschöpft *or* abgespannt
sein; ~ **in** (*BRIT*) *vt* (*car*) einfahren; ~ **into**
vt fus (*meet: person*) zufällig treffen; (*trouble*)
bekommen; (*collide with*) rennen gegen;
fahren gegen; ~ **off** *vi* fortlaufen; ~ **out** *vi*
(*person*) hinausrennen; (*liquid*) auslaufen;
(*lease*) ablaufen; (*money*) ausgehen; **he ran
out of money/petrol** ihm ging das Geld/
Benzin aus; ~ **over** *vt* (*in accident*)
überfahren; ~ **through** *vt* (*instructions*)
durchgehen; ~ **up** *vt* (*debt, bill*) machen; ~
up against *vt fus* (*difficulties*) stoßen auf
+acc; ~**away** *adj* (*horse*) ausgebrochen;
(*person*) flüchtig
rung [rʌŋ] *pp of* **ring** ♦ *n* Sprosse *f*
runner ['rʌnə'] *n* Läufer(in) *m(f)*; (*for sleigh*)
Kufe *f*; ~ **bean** (*BRIT*) *n* Stangenbohne *f*;
~**-up** *n* Zweite(r) *mf*
running ['rʌnɪŋ] *n* (*of business*) Leitung *f*; (*of
machine*) Betrieb *m* ♦ *adj* (*water*) fließend;
(*commentary*) laufend; **to be in/out of the
~ for sth** im/aus dem Rennen für etw sein;

3 days ~ 3 Tage lang *or* hintereinander; **~ costs** *npl* (*of car, machine*) Unterhaltungskosten *pl*

runny ['rʌnɪ] *adj* dünn; (*nose*) laufend

run-of-the-mill ['rʌnəvðə'mɪl] *adj* gewöhnlich, alltäglich

runt [rʌnt] *n* (*animal*) Kümmerer *m*

run-up ['rʌnʌp] *n*: **the ~~~ to** (*election etc*) die Endphase vor +*dat*

runway ['rʌnweɪ] *n* Startbahn *f*

rupture ['rʌptʃəʳ] *n* (*MED*) Bruch *m*

rural ['ruərl] *adj* ländlich, Land-

ruse [ruːz] *n* Kniff *m*, List *f*

rush [rʌʃ] *n* Eile *f*, Hetze *f*; (*FIN*) starke Nachfrage *f* ♦ *vt* (*carry along*) auf dem schnellsten Wege schaffen *or* transportieren; (*attack*) losstürmen auf +*acc* ♦ *vi* (*hurry*) eilen, stürzen; **don't ~ me** dräng mich nicht; **~ hour** *n* Hauptverkehrszeit *f*

rusk [rʌsk] *n* Zwieback *m*

Russia ['rʌʃə] *n* Russland *nt*; **~n** *adj* russisch ♦ *n* Russe *m*, Russin *f*; (*LING*) Russisch *nt*

rust [rʌst] *n* Rost *m* ♦ *vi* rosten

rustic ['rʌstɪk] *adj* bäuerlich, ländlich

rustle ['rʌsl] *vi* rauschen, rascheln ♦ *vt* rascheln lassen

rustproof ['rʌstpruːf] *adj* rostfrei

rusty ['rʌstɪ] *adj* rostig

rut [rʌt] *n* (*in track*) Radspur *f*; **to be in a ~** im Trott stecken

ruthless ['ruːθlɪs] *adj* rücksichtslos

rye [raɪ] *n* Roggen *m*; **~ bread** *n* Roggenbrot *nt*

S, s

sabbath ['sæbəθ] *n* Sabbat *m*

sabotage ['sæbətɑːʒ] *n* Sabotage *f* ♦ *vt* sabotieren

saccharin ['sækərɪn] *n* Sa(c)charin *nt*

sachet ['sæʃeɪ] *n* (*of shampoo etc*) Briefchen *nt*, Kissen *nt*

sack [sæk] *n* Sack *m* ♦ *vt* (*inf*) hinauswerfen; (*pillage*) plündern; **to get the ~** rausfliegen; **~ing** *n* (*material*) Sackleinen *nt*; (*inf*)

Rausschmiss *m*

sacrament ['sækrəmənt] *n* Sakrament *nt*

sacred ['seɪkrɪd] *adj* heilig

sacrifice ['sækrɪfaɪs] *n* Opfer *nt* ♦ *vt* (*also fig*) opfern

sacrilege ['sækrɪlɪdʒ] *n* Schändung *f*

sad [sæd] *adj* traurig; **~den** *vt* traurig machen, betrüben

saddle ['sædl] *n* Sattel *m* ♦ *vt* (*burden*): **to ~ sb with sth** jdm etw aufhalsen; **~bag** *n* Satteltasche *f*

sadistic [sə'dɪstɪk] *adj* sadistisch

sadly ['sædlɪ] *adv* traurig; (*unfortunately*) leider

sadness ['sædnɪs] *n* Traurigkeit *f*

s.a.e. *abbr* (= *stamped addressed envelope*) adressierte(r) Rückumschlag *m*

safe [seɪf] *adj* (*careful*) vorsichtig ♦ *n* Safe *m*; **~ and sound** gesund und wohl; **(just) to be on the ~ side** um ganz sicherzugehen; **~ from** (*attack*) sicher vor +*dat*; **~-conduct** *n* freie(s) Geleit *nt*; **~-deposit** *n* (*vault*) Tresorraum *m*; (*box*) Banksafe *m*; **~guard** *n* Sicherung *f* ♦ *vt* sichern, schützen; **~keeping** *n* sichere Verwahrung *f*; **~ly** *adv* sicher; (*arrive*) wohlbehalten; **~ sex** *n* geschützter Sex *m*

safety ['seɪftɪ] *n* Sicherheit *f*; **~ belt** *n* Sicherheitsgurt *m*; **~ pin** *n* Sicherheitsnadel *f*; **~ valve** *n* Sicherheitsventil *nt*

sag [sæg] *vi* (durch)sacken

sage [seɪdʒ] *n* (*herb*) Salbei *m*; (*person*) Weise(r) *mf*

Sagittarius [sædʒɪ'teərɪəs] *n* Schütze *m*

Sahara [sə'hɑːrə] *n*: **the ~ (Desert)** die (Wüste) Sahara

said [sed] *pt, pp of* **say**

sail [seɪl] *n* Segel *nt*; (*trip*) Fahrt *f* ♦ *vt* segeln ♦ *vi* segeln; (*begin voyage*: *person*) abfahren; (: *ship*) auslaufen; (*fig: cloud etc*) dahinsegeln; **to go for a ~** segeln gehen; **they ~ed into Copenhagen** sie liefen in Kopenhagen ein; **~ through** *vt fus, vi* (*fig*) (es) spielend schaffen; **~boat** *n* (*US*) Segelboot *nt*; **~ing** *n* Segeln *nt*; **~ing ship** *n* Segelschiff *nt*; **~or** *n* Matrose *m*, Seemann *m*

saint [seint] n Heilige(r) mf; **~ly** adj heilig, fromm

sake [seik] n: **for the ~ of** um +gen willen

salad ['sæləd] n Salat m; **~ bowl** n Salatschüssel f; **~ cream** (BRIT) n Salatmayonnaise f, Salatmajonäse f; **~ dressing** n Salatsoße f

salary ['sælərı] n Gehalt nt

sale [seil] n Verkauf m; (reduced prices) Schlussverkauf m; **"for ~"** "zu verkaufen"; **on ~** zu verkaufen; **~room** n Verkaufsraum m; **~s assistant** n Verkäufer(in) m(f); **~s clerk** (US) n Verkäufer(in) m(f); **~sman** (irreg) n Verkäufer m; (representative) Vertreter m; **~s rep** n (COMM) Vertreter(in) m(f); **~swoman** (irreg) n Verkäuferin f

salient ['seiliənt] adj bemerkenswert

saliva [sə'laivə] n Speichel m

sallow ['sæləu] adj fahl; (face) bleich

salmon ['sæmən] n Lachs m

salon ['sælɔn] n Salon m

saloon [sə'lu:n] n (BRIT: AUT) Limousine f; (ship's lounge) Salon m; **~ car** (BRIT) n Limousine f

salt [sɔ:lt] n Salz nt ♦ vt (cure) einsalzen; (flavour) salzen; **~cellar** n Salzfass nt; **~water** adj Salzwasser-; **~y** adj salzig

salute [sə'lu:t] n (MIL) Gruß m; (with guns) Salutschüsse pl ♦ vt (MIL) salutieren

salvage ['sælvidʒ] n (from ship) Bergung f; (property) Rettung f ♦ vt bergen; retten

salvation [sæl'veiʃən] n Rettung f; **S~ Army** n Heilsarmee f

same [seim] adj, pron (similar) gleiche(r, s); (identical) derselbe/dieselbe/dasselbe; **the ~ book** as das gleiche Buch wie; **at the ~ time** zur gleichen Zeit, gleichzeitig; (however) zugleich, andererseits; **all** or **just the ~** trotzdem; **the ~ to you!** gleichfalls!; **to do the ~ (as sb)** das Gleiche tun (wie jd)

sample ['sɑ:mpl] n Probe f ♦ vt probieren

sanctify ['sæŋktıfaı] vt weihen

sanctimonious [sæŋktı'məunıəs] adj scheinheilig

sanction ['sæŋkʃən] n Sanktion f

sanctity ['sæŋktıtı] n Heiligkeit f; (fig)

Unverletzlichkeit f

sanctuary ['sæŋktjuərı] n (for fugitive) Asyl nt; (refuge) Zufluchtsort m; (for animals) Schutzgebiet nt

sand [sænd] n Sand m ♦ vt (furniture) schmirgeln

sandal ['sændl] n Sandale f

sand: **~box** (US) n = **sandpit**; **~castle** n Sandburg f; **~ dune** n (Sand)düne f; **~paper** n Sandpapier nt; **~pit** n Sandkasten m; **~stone** n Sandstein m

sandwich ['sændwitʃ] n Sandwich m or nt ♦ vt (also: **~ in**) einklemmen; **cheese/ham ~** Käse-/Schinkenbrot; **~ed between** eingeklemmt zwischen; **~ board** n Reklametafel f; **~ course** (BRIT) n Theorie und Praxis abwechselnde(r) Ausbildungsgang m

sandy ['sændı] adj sandig; (hair) rotblond

sane [sein] adj geistig gesund or normal; (sensible) vernünftig, gescheit

sang [sæŋ] pt of **sing**

sanitary ['sænıtərı] adj hygienisch; **~ towel** n (Monats)binde f

sanitation [sænı'teiʃən] n sanitäre Einrichtungen pl; **~ department** (US) n Stadtreinigung f

sanity ['sænıtı] n geistige Gesundheit f; (sense) Vernunft f

sank [sæŋk] pt of **sink**

Santa Claus [sæntə'klɔ:z] n Nikolaus m, Weihnachtsmann m

sap [sæp] n (of plants) Saft m ♦ vt (strength) schwächen

sapling ['sæplıŋ] n junge(r) Baum m

sapphire ['sæfaıə] n Saphir m

sarcasm ['sɑ:kæzm] n Sarkasmus m

sarcastic [sɑ:'kæstık] adj sarkastisch

sardine [sɑ:'di:n] n Sardine f

Sardinia [sɑ:'dınıə] n Sardinien nt

sardonic [sɑ:'dɔnık] adj zynisch

sash [sæʃ] n Schärpe f

sat [sæt] pt, pp of **sit**

Satan ['seitn] n Satan m

satchel ['sætʃl] n (for school) Schulmappe f

satellite ['sætəlaıt] n Satellit m; **~ dish** n (TECH) Parabolantenne f, Satellitenantenne f; ~ **television** n Satellitenfernsehen nt

satisfaction [sætɪsˈfækʃən] n Befriedigung f, Genugtuung f; **satisfactory** [sætɪsˈfæktərɪ] adj zufrieden stellend, befriedigend; **satisfied** adj befriedigt

satisfy [ˈsætɪsfaɪ] vt befriedigen, zufrieden stellen; (*convince*) überzeugen; (*conditions*) erfüllen; ~**ing** adj befriedigend; (*meal*) sättigend

saturate [ˈsætʃəreɪt] vt (durch)tränken

Saturday [ˈsætədɪ] n Samstag m, Sonnabend m

sauce [sɔːs] n Soße f, Sauce f; ~**pan** n Kasserolle f

saucer [ˈsɔːsəʳ] n Untertasse f

saucy [ˈsɔːsɪ] adj frech, keck

Saudi [ˈsaudɪ]: ~ **Arabia** n Saudi-Arabien nt; ~ **(Arabian)** adj saudi-arabisch ♦ n Saudi-Araber(in) m(f)

sauna [ˈsɔːnə] n Sauna f

saunter [ˈsɔːntəʳ] vi schlendern

sausage [ˈsɔsɪdʒ] n Wurst f; ~ **roll** n Wurst f im Schlafrock, Wurstpastete f

sauté [ˈsəuteɪ] adj Röst-

savage [ˈsævɪdʒ] adj wild ♦ n Wilde(r) mf ♦ vt (*animals*) zerfleischen

save [seɪv] vt retten; (*money, electricity etc*) sparen; (*strength etc*) aufsparen; (*COMPUT*) speichern ♦ vi (*also*: ~ **up**) sparen ♦ n (*SPORT*) (Ball)abwehr f ♦ prep, conj außer, ausgenommen

saving [ˈseɪvɪŋ] adj: **the ~ grace of** das Versöhnende an +dat ♦ n Sparen nt, Ersparnis f; ~**s** npl (*money*) Ersparnisse pl; ~**s account** n Sparkonto nt; ~**s bank** n Sparkasse f

saviour [ˈseɪvjəʳ] (US **savior**) n (*REL*) Erlöser m

savour [ˈseɪvəʳ] (US **savor**) vt (*taste*) schmecken; (*fig*) genießen; ~**y** adj pikant, würzig

saw [sɔː] (*pt* **sawed**, *pp* **sawed** or **sawn**) pt of **see** ♦ n (*tool*) Säge f ♦ vt, vi sägen; ~**dust** n Sägemehl nt; ~**mill** n Sägewerk nt; ~**n** pp of **saw**; ~**n-off shotgun** n Gewehr nt mit abgesägtem Lauf

sax [sæks] (*inf*) n Saxofon nt, Saxophon nt

saxophone [ˈsæksəfəun] n Saxofon nt, Saxophon nt

say [seɪ] (*pt, pp* **said**) n: **to have a/no ~ in sth** Mitspracherecht/kein Mitspracherecht bei etw haben ♦ vt, vi sagen; **let him have his ~** lass ihn doch reden; **to ~ yes/no** Ja/Nein or ja/nein sagen; **that goes without ~ing** das versteht sich von selbst; **that is to ~** das heißt; ~**ing** n Sprichwort nt

scab [skæb] n Schorf m; (*pej*) Streikbrecher m

scaffold [ˈskæfəld] n (*for execution*) Schafott nt; ~**ing** n (Bau)gerüst nt

scald [skɔːld] n Verbrühung f ♦ vt (*burn*) verbrühen

scale [skeɪl] n (*of fish*) Schuppe f; (*MUS*) Tonleiter f; (*on map, size*) Maßstab m; (*gradation*) Skala f ♦ vt (*climb*) erklimmen; ~**s** npl (*balance*) Waage f; **on a large ~** (*fig*) im Großen, in großem Umfang; ~ **of charges** Gebührenordnung f; ~ **down** vt verkleinern; ~ **model** n maßstabgetreue(s) Modell nt

scallop [ˈskɔləp] n Kammmuschel f

scalp [skælp] n Kopfhaut f

scamper [ˈskæmpəʳ] vi: **to ~ away** or **off** sich davonmachen

scampi [ˈskæmpɪ] npl Scampi pl

scan [skæn] vt (*examine*) genau prüfen; (*quickly*) überfliegen; (*horizon*) absuchen

scandal [ˈskændl] n Skandal m; (*piece of gossip*) Skandalgeschichte f

Scandinavia [skændɪˈneɪvɪə] n Skandinavien nt; ~**n** adj skandinavisch ♦ n Skandinavier(in) m(f)

scant [skænt] adj knapp; ~**ily** adv knapp, dürftig; ~**y** adj knapp, unzureichend

scapegoat [ˈskeɪpgəut] n Sündenbock m

scar [skɑːʳ] n Narbe f ♦ vt durch Narben entstellen

scarce [skɛəs] adj selten, rar; (*goods*) knapp; ~**ly** adv kaum; **scarcity** n Mangel m

scare [skɛəʳ] n Schrecken m ♦ vt erschrecken; **bomb ~** Bombendrohung f; **to ~ sb stiff** jdn zu Tode erschrecken; **to be ~d** Angst haben; ~ **away** vt (*animal*) verscheuchen; ~ **off** vt = **scare away**;

~**crow** n Vogelscheuche f

scarf [skɑ:f] (pl **scarves**) n Schal m; (headscarf) Kopftuch nt

scarlet ['skɑ:lɪt] adj scharlachrot ♦ n Scharlachrot nt; ~ **fever** n Scharlach m

scarves [skɑ:vz] npl of **scarf**

scary ['skɛərɪ] (inf) adj schaurig

scathing ['skeɪðɪŋ] adj scharf, vernichtend

scatter ['skætər] vt (sprinkle) (ver)streuen; (disperse) zerstreuen ♦ vi sich zerstreuen; ~**brained** adj flatterhaft, schusselig

scavenger ['skævəndʒər] n (animal) Aasfresser m

scenario [sɪ'nɑ:rɪəu] n (THEAT, CINÉ) Szenarium n; (fig) Szenario nt

scene [si:n] n (of happening) Ort m; (of play, incident) Szene f; (view) Anblick m; (argument) Szene f, Auftritt m; ~**ry** ['si:nərɪ] n (THEAT) Bühnenbild nt; (landscape) Landschaft f

scenic ['si:nɪk] adj landschaftlich

scent [sɛnt] n Parfüm nt; (smell) Duft m ♦ vt parfümieren

sceptical ['skɛptɪkl] (US **skeptical**) adj skeptisch

schedule ['ʃɛdju:l, (US) 'skɛdju:l] n (list) Liste f; (plan) Programm nt; (of work) Zeitplan m ♦ vt planen; **on ~** pünktlich; **to be ahead of/behind ~** dem Zeitplan voraus/im Rückstand sein; ~**d flight** n (not charter) Linienflug m

scheme [ski:m] n Schema nt; (dishonest) Intrige f; (plan of action) Plan m ♦ vi intrigieren ♦ vt planen; **scheming** ['ski:mɪŋ] adj intrigierend

scholar ['skɒlər] n Gelehrte(r) m; (holding ~ship) Stipendiat m; ~**ly** adj gelehrt; ~**ship** n Gelehrsamkeit f; (grant) Stipendium nt

school [sku:l] n Schule f; (UNIV) Fakultät f ♦ vt schulen; ~ **age** n schulpflichtige(s) Alter nt; ~**book** n Schulbuch nt; ~**boy** n Schüler m; ~**children** npl Schüler pl, Schulkinder pl; ~**days** npl (alte) Schulzeit f; ~**girl** n Schülerin f; ~**ing** n Schulung f, Ausbildung f; ~**master** n Lehrer m; ~**mistress** n Lehrerin f; ~**teacher** n Lehrer(in) m(f)

sciatica [saɪ'ætɪkə] n Ischias m or nt

science ['saɪəns] n Wissenschaft f; (natural ~) Naturwissenschaft f; ~ **fiction** n Sciencefiction f; **scientific** [saɪən'tɪfɪk] adj wissenschaftlich; (natural ~s) naturwissenschaftlich; **scientist** ['saɪəntɪst] n Wissenschaftler(in) m(f)

scintillating ['sɪntɪleɪtɪŋ] adj sprühend

scissors ['sɪzəz] npl Schere f; **a pair of ~** eine Schere

scoff [skɒf] vt (BRIT: inf: eat) fressen ♦ vi (mock): **to ~ (at)** spotten (über +acc)

scold [skəuld] vt schimpfen

scone [skɒn] n weiche(s) Teegebäck nt

scoop [sku:p] n Schaufel f; (news) sensationelle Erstmeldung f; ~ **out** vt herausschaufeln; ~ **up** vt aufschaufeln; (liquid) aufschöpfen

scooter ['sku:tər] n Motorroller m; (child's) Roller m

scope [skəup] n Ausmaß nt; (opportunity) (Spiel)raum m

scorch [skɔ:tʃ] n Brandstelle f ♦ vt versengen; ~**ing** adj brennend

score [skɔ:r] n (in game) Punktzahl f; (final ~) (Spiel)ergebnis nt; (MUS) Partitur f; (line) Kratzer m; (twenty) zwanzig, zwanzig Stück ♦ vt (goal) schießen; (points) machen; (mark) einritzen ♦ vi (keep record) Punkte zählen; **on that ~** in dieser Hinsicht; **what's the ~?** wie stehts?; **to ~ 6 out of 10** 6 von 10 Punkten erzielen; ~ **out** vt ausstreichen; ~**board** n Anschreibetafel f; ~**r** n Torschütze m; (recorder) (Auf)schreiber m

scorn [skɔ:n] n Verachtung f ♦ vt verhöhnen; ~**ful** adj verächtlich

Scorpio ['skɔ:pɪəu] n Skorpion m

Scot [skɒt] n Schotte m, Schottin f

Scotch [skɒtʃ] n Scotch m

scotch [skɒtʃ] vt (end) unterbinden

scot-free ['skɒt'fri:] adv: **to get off ~~** (unpunished) ungeschoren davonkommen

Scotland ['skɒtlənd] n Schottland nt

Scots [skɒts] adj schottisch; ~**man/woman** (irreg) n Schotte m/Schottin f

Scottish ['skɒtɪʃ] adj schottisch

scoundrel ['skaundrl] *n* Schuft *m*

scour ['skauəʳ] *vt* (*search*) absuchen; (*clean*) schrubben

scourge [skə:dʒ] *n* (*whip*) Geißel *f*; (*plague*) Qual *f*

scout [skaut] *n* (*MIL*) Späher *m*; (*also:* **boy ~**) Pfadfinder *m*; **~ around** *vi:* **to ~ around (for)** sich umsehen (nach)

scowl [skaul] *n* finstere(r) Blick *m* ♦ *vi* finster blicken

scrabble ['skræbl] *vi* (*also:* **~ around**: *search*) (herum)tasten; (*claw*): **to ~ (at)** kratzen (an +*dat*) ♦ *n:* **S~** ® Scrabble *nt* ®

scraggy ['skrægɪ] *adj* dürr, hager

scram [skræm] (*inf*) *vi* abhauen

scramble ['skræmbl] *n* (*climb*) Kletterei *f*; (*struggle*) Kampf *m* ♦ *vi* klettern; (*fight*) sich schlagen; **to ~ out/through** krabbeln aus/durch; **to ~ for sth** sich um etw raufen; **~d eggs** *npl* Rührei *nt*

scrap [skræp] *n* (*bit*) Stückchen *nt*; (*fight*) Keilerei *f*; (*also:* **~ iron**) Schrott *m* ♦ *vt* verwerfen ♦ *vi* (*fight*) streiten, sich prügeln; **~s** *npl* (*leftovers*) Reste *pl*; (*waste*) Abfall *m*; **~book** *n* Einklebealbum *nt*; **~ dealer** *n* Schrotthändler(in) *m(f)*

scrape [skreɪp] *n* Kratzen *nt*; (*trouble*) Klemme *f* ♦ *vt* kratzen; (*car*) zerkratzen; (*clean*) abkratzen ♦ *vi* (*make harsh noise*) kratzen; **to ~ through** gerade noch durchkommen; **~r** *n* Kratzer *m*

scrap: **~ heap** *n* Schrotthaufen *m*; **on the ~ heap** (*fig*) beim alten Eisen; **~ iron** *n* Schrott *m*; **~ merchant** (*BRIT*) *n* Altwarenhändler(in) *m(f)*; **~ paper** *n* Schmierpapier *nt*

scrappy ['skræpɪ] *adj* zusammengestoppelt

scratch [skrætʃ] *n* (*wound*) Kratzer *m*, Schramme *f* ♦ *adj:* **~ team** zusammengewürfelte Mannschaft ♦ *vt* kratzen; (*car*) zerkratzen ♦ *vi* (sich) kratzen; **to start from ~** ganz von vorne anfangen; **to be up to ~** den Anforderungen entsprechen

scrawl [skrɔ:l] *n* Gekritzel *nt* ♦ *vt, vi* kritzeln

scrawny ['skrɔ:nɪ] *adj* (*person, neck*) dürr

scream [skri:m] *n* Schrei *m* ♦ *vi* schreien

scree [skri:] *n* Geröll(halde *f*) *nt*

screech [skri:tʃ] *n* Schrei *m* ♦ *vi* kreischen

screen [skri:n] *n* (*protective*) Schutzschirm *m*; (*CINE*) Leinwand *f*; (*TV*) Bildschirm *m* ♦ *vt* (*shelter*) (be)schirmen; (*film*) zeigen, vorführen; **~ing** *n* (*MED*) Untersuchung *f*; **~play** *n* Drehbuch *nt*; **~ saver** *n* (*COMPUT*) Bildschirmschoner *m*

screw [skru:] *n* Schraube *f* ♦ *vt* (*fasten*) schrauben; (*vulgar*) bumsen; **~ up** *vt* (*paper etc*) zerknüllen; (*inf: ruin*) vermasseln (*inf*); **~driver** *n* Schraubenzieher *m*

scribble ['skrɪbl] *n* Gekritzel *nt* ♦ *vt* kritzeln

script [skrɪpt] *n* (*handwriting*) Handschrift *f*; (*for film*) Drehbuch *nt*; (*THEAT*) Manuskript *nt*, Text *m*

Scripture ['skrɪptʃəʳ] *n* Heilige Schrift *f*

scroll [skrəul] *n* Schriftrolle *f*

scrounge [skraundʒ] (*inf*) *vt:* **to ~ sth off** *or* **from sb** etw bei jdm abstauben ♦ *n:* **on the ~** beim Schnorren

scrub [skrʌb] *n* (*clean*) Schrubben *nt*; (*in countryside*) Gestrüpp *nt* ♦ *vt* (*clean*) schrubben

scruff [skrʌf] *n:* **by the ~ of the neck** am Genick

scruffy ['skrʌfɪ] *adj* unordentlich, vergammelt

scrum(mage) ['skrʌm(ɪdʒ)] *n* Getümmel *nt*

scruple ['skru:pl] *n* Skrupel *m*, Bedenken *nt*

scrupulous ['skru:pjuləs] *adj* peinlich genau, gewissenhaft

scrutinize ['skru:tɪnaɪz] *vt* genau prüfen; **scrutiny** ['skru:tɪnɪ] *n* genaue Untersuchung *f*

scuff [skʌf] *vt* (*shoes*) abstoßen

scuffle ['skʌfl] *n* Handgemenge *nt*

sculptor ['skʌlptəʳ] *n* Bildhauer(in) *m(f)*

sculpture ['skʌlptʃəʳ] *n* (*ART*) Bildhauerei *f*; (*statue*) Skulptur *f*

scum [skʌm] *n* (*also fig*) Abschaum *m*

scurry ['skʌrɪ] *vi* huschen

scuttle ['skʌtl] *n* (*also:* **coal ~**) Kohleneimer *m* ♦ *vt* (*ship*) versenken ♦ *vi* (*scamper*): **to ~ away** *or* **off** sich davonmachen

scythe [saɪð] *n* Sense *f*

SDP (*BRIT*) *n abbr* = **Social Democratic**

Party

sea [si:] n Meer nt, See f; (fig) Meer nt ♦ adj Meeres-, See-; **by ~** (travel) auf dem Seeweg; **on the ~** (boat) auf dem Meer; (town) am Meer; **out to ~** aufs Meer hinaus; **out at ~** aufs Meer; **~board** n Küste f; **~food** n Meeresfrüchte pl; **~ front** n Strandpromenade f; **~going** adj seetüchtig, Hochsee-; **~gull** n Möwe f

seal [si:l] n (animal) Robbe f, Seehund m; (stamp, impression) Siegel nt ♦ vt versiegeln; **~ off** vt (place) abriegeln

sea level n Meeresspiegel m

sea lion n Seelöwe m

seam [si:m] n Saum m; (edges joining) Naht f; (of coal) Flöz nt

seaman ['si:mən] (irreg) n Seemann m

seaplane ['si:pleɪn] n Wasserflugzeug nt

seaport ['si:pɔ:t] n Seehafen m

search [sɜ:tʃ] n (for person, thing) Suche f; (of drawer, pockets, house) Durchsuchung f ♦ vi suchen ♦ vt durchsuchen; **in ~ of** auf der Suche nach; **to ~ for** suchen nach; **~ through** vt durchsuchen; **~ engine** n (COMPUT) Suchmaschine f; **~ing** adj (look) forschend; **~light** n Scheinwerfer m; **~ party** n Suchmannschaft f; **~ warrant** n Durchsuchungsbefehl m

sea: ~shore n Meeresküste f; **~sick** ['si:sɪk] adj seekrank; **~side** ['si:saɪd] n Küste f; **~side resort** n Badeort m

season ['si:zn] n Jahreszeit f; (Christmas etc) Zeit f, Saison f ♦ vt (flavour) würzen; **~al** adj Saison-; **~ed** adj (fig) erfahren; **~ing** n Gewürz nt, Würze f; **~ ticket** n (RAIL) Zeitkarte f; (THEAT) Abonnement nt

seat [si:t] n Sitz m, Platz m; (in Parliament) Sitz m; (part of body) Gesäß nt; (of trousers) Hosenboden m ♦ vt (place) setzen; (have space for) Sitzplätze bieten für; **to be ~ed** sitzen; **~ belt** n Sicherheitsgurt m

sea: ~ water n Meerwasser nt; **~weed** ['si:wi:d] n (See)tang m; **~worthy** ['si:wə:ðɪ] adj seetüchtig

sec. abbr (= second(s)) Sek.

secluded [sɪ'klu:dɪd] adj abgelegen

seclusion [sɪ'klu:ʒən] n Zurückgezogenheit f

second ['sekənd] adj zweite(r,s) ♦ adv (in ~ position) an zweiter Stelle ♦ n Sekunde f; (person) Zweite(r) mf; (COMM: imperfect) zweite Wahl f; (SPORT) Sekundant m; (AUT: also: ~ **gear**) zweite(r) Gang m; (BRIT: UNIV: degree) mittlere Note bei Abschlussprüfungen ♦ vt (support) unterstützen; **~ary** adj zweitrangig; **~ary school** n höhere Schule f, Mittelschule f; **~-class** adj zweiter Klasse; **~hand** adj aus zweiter Hand; (car etc) gebraucht; **~ hand** n (on clock) Sekundenzeiger m; **~ly** adv zweitens

secondment [sɪ'kɔndmənt] (BRIT) n Abordnung f

second-rate ['sekənd'reɪt] adj mittelmäßig

second thoughts npl: **to have ~** es sich dat anders überlegen; **on ~** (BRIT) or **thought** (US) oder lieber (nicht)

secrecy ['si:krəsɪ] n Geheimhaltung f

secret ['si:krɪt] n Geheimnis nt ♦ adj geheim, Geheim-; **in ~** geheim

secretarial [sekrɪ'tɛərɪəl] adj Sekretärinnen-

secretary ['sekrətərɪ] n Sekretär(in) m(f); **S~ of State** (BRIT) n (POL): **S~ of State (for)** Minister(in) m(f) (für)

secretion [sɪ'kri:ʃən] n Absonderung f

secretive ['si:krətɪv] adj geheimtuerisch

secretly ['si:krɪtlɪ] adv geheim

sectarian [sek'tɛərɪən] adj (riots etc) Konfessions-, zwischen den Konfessionen

section ['sekʃən] n Teil m; (department) Abteilung f; (of document) Abschnitt m

sector ['sektər] n Sektor m

secular ['sekjulər] adj weltlich, profan

secure [sɪ'kjuər] adj (safe) sicher; (firmly fixed) fest ♦ vt (make firm) befestigen, sichern; (obtain) sichern; **security** [sɪ'kjuərɪtɪ] n Sicherheit f; (pledge) Pfand nt; (document) Wertpapier nt; (national security) Staatssicherheit f; **security guard** n Sicherheitsbeamte(r) m, Wächter m, Wache f

sedan [sə'dæn] (US) n (AUT) Limousine f

sedate [sɪ'deɪt] adj gesetzt ♦ vt (MED) ein Beruhigungsmittel geben +dat; **sedation** [sɪ'deɪʃən] n (MED) Einfluss m von Beruhigungsmitteln; **sedative** ['sedɪtɪv] n

Beruhigungsmittel *nt* ♦ *adj* beruhigend, einschläfernd

sediment ['sɛdɪmənt] *n* (Boden)satz *m*

seduce [sɪ'dju:s] *vt* verführen; **seductive** [sɪ'dʌktɪv] *adj* verführerisch

see [si:] (*pt* **saw**, *pp* **seen**) *vt* sehen; (*understand*) (ein)sehen, erkennen; (*visit*) besuchen ♦ *vi* (*be aware*) sehen; (*find out*) nachsehen ♦ *n* (ECCL: R.C.) Bistum *nt*; (: *Protestant*) Kirchenkreis *m*; **to ~ sb to the door** jdn hinausbegleiten; **to ~ that** (*ensure*) dafür sorgen, dass; **~ you soon!** bis bald!; **~ about** *vt fus* sich kümmern um; **~ off** *vt*: **to ~ sb off** jdn zum Zug *etc* begleiten; **~ through** *vt*: **to ~ sth through** etw durchfechten; **to ~ through sb/sth** jdn/ etw durchschauen; **~ to** *vt fus*: **to ~ to it** dafür sorgen

seed [si:d] *n* Samen *m* ♦ *vt* (TENNIS) platzieren; **to go to ~** (*plant*) schießen; (*fig*) herunterkommen; **~ling** *n* Setzling *m*; **~y** *adj* (*café*) übel; (*person*) zweifelhaft

seeing ['si:ɪŋ] *conj*: **~ (that)** da

seek [si:k] (*pt*, *pp* **sought**) *vt* suchen

seem [si:m] *vi* scheinen; **it ~s that ...** es scheint, dass ...; **~ingly** *adv* anscheinend

seen [si:n] *pp* of **see**

seep [si:p] *vi* sickern

seesaw ['si:sɔ:] *n* Wippe *f*

seethe [si:ð] *vi*: **to ~ with anger** vor Wut kochen

see-through ['si:θru:] *adj* (*dress etc*) durchsichtig

segment ['sɛgmənt] *n* Teil *m*; (*of circle*) Ausschnitt *m*

segregate ['sɛgrɪgeɪt] *vt* trennen

seize [si:z] *vt* (*grasp*) (er)greifen, packen; (*power*) ergreifen; (*take legally*) beschlagnahmen; **~ (up)on** *vt fus* sich stürzen auf +*acc*; **~ up** *vi* (TECH) sich festfressen; **seizure** ['si:ʒəʳ] *n* (*illness*) Anfall *m*

seldom ['sɛldəm] *adv* selten

select [sɪ'lɛkt] *adj* ausgewählt ♦ *vt* auswählen; **~ion** [sɪ'lɛkʃən] *n* Auswahl *f*; **~ive** *adj* (*person*) wählerisch

self [sɛlf] (*pl* **selves**) *pron* selbst ♦ *n* Selbst

nt, Ich *nt*; **the ~** das Ich; **~-assured** *adj* selbstbewusst; **~-catering** (BRIT) *adj* für Selbstversorger; **~-centred** (US **self-centered**) *adj* egozentrisch; **~-coloured** (US **self-colored**) *adj* (*of one colour*) einfarbig, uni; **~-confidence** *n* Selbstvertrauen *nt*, Selbstbewusstsein *nt*; **~-conscious** *adj* gehemmt, befangen; **~-contained** *adj* (*complete*) (in sich) geschlossen; (*person*) verschlossen; (BRIT: *flat*) separat; **~-control** *n* Selbstbeherrschung *f*; **~-defence** (US **self-defense**) *n* Selbstverteidigung *f*; (JUR) Notwehr *f*; **~-discipline** *n* Selbstdisziplin *f*; **~-employed** *adj* frei(schaffend); **~-evident** *adj* offensichtlich; **~-governing** *adj* selbst verwaltet; **~-indulgent** *adj* zügellos; **~-interest** *n* Eigennutz *m*

selfish ['sɛlfɪʃ] *adj* egoistisch, selbstsüchtig; **~ness** *n* Egoismus *m*, Selbstsucht *f*

self: **~lessly** *adv* selbstlos; **~-made** *adj*: **~-made man** Selfmademan *m*; **~-pity** *n* Selbstmitleid *nt*; **~-portrait** *n* Selbstbildnis *nt*; **~-possessed** *adj* selbstbeherrscht; **~-preservation** *n* Selbsterhaltung *f*; **~-reliant** *adj* unabhängig; **~-respect** *n* Selbstachtung *f*; **~-righteous** *adj* selbstgerecht; **~-sacrifice** *n* Selbstaufopferung *f*; **~-satisfied** *adj* selbstzufrieden; **~-service** *adj* Selbstbedienungs-; **~-sufficient** *adj* selbstgenügsam; **~-taught** *adj* selbst erlernt; **~-taught person** Autodidakt *m*

sell [sɛl] (*pt*, *pp* **sold**) *vt* verkaufen ♦ *vi* verkaufen; (*goods*) sich verkaufen; **to ~ at** *or* **for £10** für £10 verkaufen; **~ off** *vt* verkaufen; **~ out** *vi* alles verkaufen; **~-by date** *n* Verfalldatum *nt*; **~er** *n* Verkäufer *m*; **~ing price** *n* Verkaufspreis *m*

Sellotape ['sɛləuteɪp] (®) BRIT) *n* Tesafilm *m* ®

sellout ['sɛlaut] *n* (*of tickets*): **it was a ~** es war ausverkauft

selves [sɛlvz] *npl* of **self**

semaphore ['sɛməfɔ:] *n* Winkzeichen *pl*

semblance ['sɛmbləns] *n* Anschein *m*

semen ['si:mən] *n* Sperma *nt*

semester [sɪ'mestər] (*US*) *n* Semester *nt*
semi ['semɪ] *n* = **semidetached house**;
~**circle** *n* Halbkreis *m*; ~**colon** *n*
Semikolon *nt*; ~**conductor** *n* Halbleiter *m*;
~**detached house** (*BRIT*) *n* halbe(s)
Doppelhaus *nt*; ~**final** *n* Halbfinale *nt*
seminary ['semɪnərɪ] *n* (*REL*) Priesterseminar
nt
semiskilled [semɪ'skɪld] *adj* angelernt
semi-skimmed [semɪ'skɪmd] *adj* (*milk*)
teilentrahmt, fettarm
senate ['senɪt] *n* Senat *m*; **senator** *n*
Senator *m*
send [send] (*pt, pp* **sent**) *vt* senden,
schicken; (*inf: inspire*) hinreißen; ~ **away**
vt wegschicken; ~ **away for** *vt fus*
anfordern; ~ **back** *vt* zurückschicken; ~
for *vt fus* holen lassen; ~ **off** *vt* (*goods*)
abschicken; (*BRIT: SPORT: player*) vom Feld
schicken; ~ **out** *vt* (*invitation*) aussenden; ~
up *vt* hinaufsenden; (*BRIT: parody*) verulken;
~**er** *n* Absender *m*; ~**-off** *n*: **to give sb a**
good ~-off jdn (ganz) groß verabschieden
senior ['si:nɪər] *adj* (*older*) älter; (*higher rank*)
Ober- ♦ *n* (*older person*) Ältere(r) *mf*; (*higher
ranking*) Rangälteste(r) *mf*; ~ **citizen** *n*
ältere(r) Mitbürger(in) *m(f)*; ~**ity** [si:nɪ'ɔrɪtɪ]
n (*of age*) höhere(s) Alter *nt*; (*in rank*)
höhere(r) Dienstgrad *m*
sensation [sen'seɪʃən] *n* Gefühl *nt*;
(*excitement*) Sensation *f*, Aufsehen *nt*; ~**al**
adj (*wonderful*) wunderbar; (*result*)
sensationell; (*headlines etc*) reißerisch
sense [sens] *n* Sinn *m*; (*understanding*)
Verstand *m*, Vernunft *f*; (*feeling*) Gefühl *nt*
♦ *vt* fühlen, spüren; ~ **of humour** Humor
m; **to make** ~ Sinn ergeben; ~**less** *adj*
sinnlos; (*unconscious*) besinnungslos
sensibility [sensɪ'bɪlɪtɪ] *n* Empfindsamkeit *f*;
(*feeling hurt*) Empfindlichkeit *f*; **sensibilities**
npl (*feelings*) Zartgefühl *nt*
sensible ['sensɪbl] *adj* vernünftig
sensitive ['sensɪtɪv] *adj*: ~ **(to)** empfindlich
(gegen); **sensitivity** [sensɪ'tɪvɪtɪ] *n*
Empfindlichkeit *f*; (*artistic*) Feingefühl *nt*;
(*tact*) Feinfühligkeit *f*
sensual ['sensjuəl] *adj* sinnlich

sensuous ['sensjuəs] *adj* sinnlich
sent [sent] *pt, pp of* **send**
sentence ['sentns] *n* Satz *m*; (*JUR*) Strafe *f*;
Urteil *nt* ♦ *vt*: **to ~ sb to death/to 5 years**
jdn zum Tode/zu 5 Jahren verurteilen
sentiment ['sentɪmənt] *n* Gefühl *nt*;
(*thought*) Gedanke *m*; ~**al** [sentɪ'mentl] *adj*
sentimental; (*of feelings rather than reason*)
gefühlsmäßig
sentry ['sentrɪ] *n* (Schild)wache *f*
separate [*adj* 'seprɪt, *vb* 'sepəreɪt] *adj*
getrennt, separat ♦ *vt* trennen ♦ *vi* sich
trennen; ~**ly** *adv* getrennt; ~**s** *npl* (*clothes*)
Röcke, Pullover *etc*; **separation** [sepə'reɪʃən]
n Trennung *f*
September [sep'tembər] *n* September *m*
septic ['septɪk] *adj* vereitert, septisch; ~ **tank**
n Klärbehälter *m*
sequel ['si:kwl] *n* Folge *f*
sequence ['si:kwəns] *n* (Reihen)folge *f*
sequin ['si:kwɪn] *n* Paillette *f*
Serbia ['sə:bɪə] *n* Serbien *nt*
serene [sɪ'ri:n] *adj* heiter
sergeant ['sɑ:dʒənt] *n* Feldwebel *m*; (*POLICE*)
(Polizei)wachtmeister *m*
serial ['sɪərɪəl] *n* Fortsetzungsroman *m*; (*TV*)
Fernsehserie *f* ♦ *adj* (*number*) (fort)laufend;
~**ize** *vt* in Fortsetzungen veröffentlichen; in
Fortsetzungen senden
series ['sɪərɪz] *n inv* Serie *f*, Reihe *f*
serious ['sɪərɪəs] *adj* ernst; (*injury*) schwer;
~**ly** *adv* ernst(haft); (*hurt*) schwer; ~**ness** *n*
Ernst *m*, Ernsthaftigkeit *f*
sermon ['sə:mən] *n* Predigt *f*
serrated [sɪ'reɪtɪd] *adj* gezackt
servant ['sə:vənt] *n* Diener(in) *m(f)*
serve [sə:v] *vt* dienen +*dat*; (*guest, customer*)
bedienen; (*food*) servieren ♦ *vi* dienen,
nützen; (*at table*) servieren; (*TENNIS*) geben,
aufschlagen; **it ~s him right** das geschieht
ihm recht; **that'll ~ as a table** das geht als
Tisch; **to ~ a summons (on sb)** (jdn) vor
Gericht laden; ~ **out** *or* **up** *vt* (*food*)
auftragen, servieren
service ['sə:vɪs] *n* (*help*) Dienst *m*; (*trains etc*)
Verbindung *f*; (*hotel*) Service *m*, Bedienung
f; (*set of dishes*) Service *nt*; (*REL*)

Gottesdienst *m*; (*car*) Inspektion *f*; (*for TVs etc*) Kundendienst *m*; (*TENNIS*) Aufschlag *m* ♦ *vt* (*AUT, TECH*) warten, überholen; **the S~s** *npl* (*armed forces*) die Streitkräfte *pl*; **to be of ~ to sb** jdm einen großen Dienst erweisen; **~ included/not included** Bedienung inbegriffen/nicht inbegriffen; **~able** *adj* brauchbar; **~ area** *n* (*on motorway*) Raststätte *f*; **~ charge** (*BRIT*) *n* Bedienung *f*; **~man** (*irreg*) *n* (*soldier etc*) Soldat *m*; **~ station** *n* (*Groß*)tankstelle *f*

serviette [sɜːvɪˈet] *n* Serviette *f*

servile [ˈsɜːvaɪl] *adj* unterwürfig

session [ˈsɛʃən] *n* Sitzung *f*; (*POL*) Sitzungsperiode *f*; **to be in ~** tagen

set [sɛt] (*pt, pp* **set**) *n* (*collection of things*) Satz *m*, Set *nt*; (*RAD, TV*) Apparat *m*; (*TENNIS*) Satz *m*; (*group of people*) Kreis *m*; (*CINE*) Szene *f*; (*THEAT*) Bühnenbild *nt* ♦ *adj* festgelegt; (*ready*) bereit ♦ *vt* (*place*) setzen, stellen, legen; (*arrange*) (an)ordnen; (*table*) decken; (*time, price*) festsetzen; (*alarm, watch, task*) stellen; (*jewels*) (ein)fassen; (*exam*) ausarbeiten ♦ *vi* (*sun*) untergehen; (*become hard*) fest werden; (*bone*) zusammenwachsen; **to be ~ on doing sth** etw unbedingt tun wollen; **to ~ to music** vertonen; **to ~ on fire** anstecken; **to ~ free** freilassen; **to ~ sth going** etw in Gang bringen; **to ~ sail** losfahren; **~ about** *vt fus* (*task*) anpacken; **~ aside** *vt* beiseite legen; **~ back** *vt*: **to ~ back (by)** zurückwerfen (um); **~ off** *vi* aufbrechen ♦ *vt* (*explode*) sprengen; (*alarm*) losgehen lassen; (*show up well*) hervorheben; **~ out** *vi*: **to ~ out to do sth** vorhaben, etw zu tun ♦ *vt* (*arrange*) anlegen, arrangieren; (*state*) darlegen; **~ up** *vt* (*organization*) aufziehen; (*record*) aufstellen; (*monument*) erstellen; **~back** *n* Rückschlag *m*; **~ meal** *n* Menü *nt*; **~ menu** *n* Tageskarte *f*

settee [sɛˈtiː] *n* Sofa *nt*

setting [ˈsɛtɪŋ] *n* Hintergrund *m*

settle [ˈsɛtl] *vt* beruhigen; (*pay*) begleichen, bezahlen; (*agree*) regeln ♦ *vi* sich einleben; (*come to rest*) sich niederlassen; (*sink*) sich setzen; (*calm down*) sich beruhigen; **to ~ for**

sth sich mit etw zufrieden geben; **to ~ on** sth sich für etw entscheiden; **to ~ up with sb** mit jdm abrechnen; **~ down** *vi* (*feel at home*) sich einleben; (*calm down*) sich beruhigen; **~ in** *vi* sich eingewöhnen; **~ment** *n* Regelung *f*; (*payment*) Begleichung *f*; (*colony*) Siedlung *f*; **~r** *n* Siedler *m*

setup [ˈsɛtʌp] *n* (*situation*) Lage *f*

seven [ˈsɛvn] *num* sieben; **~teen** *num* siebzehn; **~th** *adj* siebte(r, s) ♦ *n* Siebtel *nt*; **~ty** *num* siebzig

sever [ˈsɛvəʳ] *vt* abtrennen

several [ˈsɛvrəl] *adj* mehrere, verschiedene ♦ *pron* mehrere; **~ of us** einige von uns

severance [ˈsɛvərəns] *n*: **~ pay** Abfindung *f*

severe [sɪˈvɪəʳ] *adj* (*strict*) streng; (*serious*) schwer; (*climate*) rau; **severity** [sɪˈvɛrɪtɪ] *n* Strenge *f*; Schwere *f*; Rauheit *f*

sew [səʊ] (*pt* **sewed**, *pp* **sewn**) *vt, vi* nähen; **~ up** *vt* zunähen

sewage [ˈsuːɪdʒ] *n* Abwässer *pl*

sewer [ˈsuːəʳ] *n* (Abwasser)kanal *m*

sewing [ˈsəʊɪŋ] *n* Näharbeit *f*; **~ machine** *n* Nähmaschine *f*

sewn [səʊn] *pp* of **sew**

sex [sɛks] *n* Sex *m*; (*gender*) Geschlecht *nt*; **to have ~ with sb** mit jdm Geschlechtsverkehr haben; **~ism** *n* Sexismus *m*; **~ist** *adj* sexistisch ♦ *n* Sexist(in) *m(f)*; **~ual** [ˈsɛksjuəl] *adj* sexuell, geschlechtlich, Geschlechts-; **~uality** [sɛksjuˈælɪtɪ] *n* Sexualität *f*; **~y** *adj* sexy

shabby [ˈʃæbɪ] *adj* (*also fig*) schäbig

shack [ʃæk] *n* Hütte *f*

shackles [ˈʃæklz] *npl* (*also fig*) Fesseln *pl*, Ketten *pl*

shade [ʃeɪd] *n* Schatten *m*; (*for lamp*) Lampenschirm *m*; (*colour*) Farbton *m* ♦ *vt* abschirmen; **in the ~** im Schatten; **a ~ smaller** ein bisschen kleiner

shadow [ˈʃædəʊ] *n* Schatten *m* ♦ *vt* (*follow*) beschatten ♦ *adj*: **~ cabinet** (*BRIT: POL*) Schattenkabinett *nt*; **~y** *adj* schattig

shady [ˈʃeɪdɪ] *adj* schattig; (*fig*) zwielichtig

shaft [ʃɑːft] *n* (*of spear etc*) Schaft *m*; (*in mine*) Schacht *m*; (*TECH*) Welle *f*; (*of light*)

Strahl *m*

shaggy ['ʃægɪ] *adj* struppig

shake [ʃeɪk] (*pt* **shook**, *pp* **shaken**) *vt* schütteln, rütteln; (*shock*) erschüttern ♦ *vi* (*move*) schwanken; (*tremble*) zittern, beben ♦ *n* (*jerk*) Schütteln *nt*, Rütteln *nt*; **to ~ hands with** die Hand geben +*dat*; **to ~ one's head** den Kopf schütteln; ~ **off** *vt* abschütteln; ~ **up** *vt* aufschütteln; (*fig*) aufrütteln; ~**n** ['ʃeɪkn] *pp of* **shake; shaky** ['ʃeɪkɪ] *adj* zittrig; (*weak*) unsicher

shall [ʃæl] *vb aux*: **I ~ go** ich werde gehen; ~ **I open the door?** soll ich die Tür öffnen?; **I'll buy some cake, ~ I?** soll ich Kuchen kaufen?, ich kaufe Kuchen, oder?

shallow ['ʃæləʊ] *adj* seicht

sham [ʃæm] *n* Schein *m* ♦ *adj* unecht, falsch

shambles ['ʃæmblz] *n* Durcheinander *nt*

shame [ʃeɪm] *n* Scham *f*; (*disgrace, pity*) Schande *f* ♦ *vt* beschämen; **it is a ~ that** es ist schade, dass; **it is a ~ to do ...** es ist eine Schande, ... zu tun; **what a ~!** wie schade!; ~**faced** *adj* beschämt; ~**ful** *adj* schändlich; ~**less** *adj* schamlos

shampoo [ʃæm'puː] *n* Shampoo(n) *nt* ♦ *vt* (*hair*) waschen; ~ **and set** *n* Waschen *nt* und Legen

shamrock ['ʃæmrɔk] *n* Kleeblatt *nt*

shandy ['ʃændɪ] *n* Bier *nt* mit Limonade

shan't [ʃɑːnt] = **shall not**

shantytown ['ʃæntɪtaʊn] *n* Bidonville *f*

shape [ʃeɪp] *n* Form *f* ♦ *vt* formen, gestalten ♦ *vi* (*also*: ~ **up**) sich entwickeln; **to take ~** Gestalt annehmen; ~~**d** *suffix*: **heart-~d** herzförmig; ~**less** *adj* formlos; ~**ly** *adj* wohlproportioniert

share [ʃɛəʳ] *n* (An)teil *m*; (*FIN*) Aktie *f* ♦ *vt* teilen; **to ~ out (among/between)** verteilen (unter/zwischen); ~**holder** *n* Aktionär(in) *m(f)*

shark [ʃɑːk] *n* Hai(fisch) *m*; (*swindler*) Gauner *m*

sharp [ʃɑːp] *adj* scharf; (*pin*) spitz; (*person*) clever; (*MUS*) erhöht ♦ *n* Kreuz *nt* ♦ *adv* zu hoch; **nine o'clock ~** Punkt neun; ~**en** *vt* schärfen; (*pencil*) spitzen; ~**ener** *n* (*also*: **pencil ~ener**) Anspitzer *m*; ~~**eyed** *adj*

scharfsichtig; ~**ly** *adv* (*turn, stop*) plötzlich; (*stand out, contrast*) deutlich; (*criticize, retort*) scharf

shatter ['ʃætəʳ] *vt* zerschmettern; (*fig*) zerstören ♦ *vi* zerspringen

shave [ʃeɪv] *n* Rasur *f* ♦ *vt* rasieren ♦ *vi* sich rasieren; **to have a ~** sich rasieren (lassen); ~**r** *n* (*also*: **electric ~r**) Rasierapparat *m*

shaving ['ʃeɪvɪŋ] *n* (*action*) Rasieren *nt*; ~**s** *npl* (*of wood etc*) Späne *pl*; ~ **brush** *n* Rasierpinsel *m*; ~ **cream** *n* Rasiercreme *f*; ~ **foam** *n* Rasierschaum *m*

shawl [ʃɔːl] *n* Schal *m*, Umhang *m*

she [ʃiː] *pron* sie ♦ *adj* weiblich

sheaf [ʃiːf] (*pl* **sheaves**) *n* Garbe *f*

shear [ʃɪəʳ] (*pt* **sheared**, *pp* **sheared** *or* **shorn**) *vt* scheren; ~ **off** *vi* abbrechen; ~**s** *npl* Heckenschere *f*

sheath [ʃiːθ] *n* Scheide *f*; (*condom*) Kondom *m or nt*

sheaves [ʃiːvz] *npl of* **sheaf**

shed [ʃed] (*pt, pp* **shed**) *n* Schuppen *m*; (*for animals*) Stall *m* ♦ *vt* (*leaves etc*) verlieren; (*tears*) vergießen

she'd [ʃiːd] = **she had; she would**

sheen [ʃiːn] *n* Glanz *m*

sheep [ʃiːp] *n inv* Schaf *nt*; ~**dog** *n* Schäferhund *m*; ~**ish** *adj* verlegen; ~**skin** *n* Schaffell *nt*

sheer [ʃɪəʳ] *adj* bloß, rein; (*steep*) steil; (*transparent*) (hauch)dünn ♦ *adv* (*directly*) direkt

sheet [ʃiːt] *n* Betttuch *nt*, Bettlaken *nt*; (*of paper*) Blatt *nt*; (*of metal etc*) Platte *f*; (*of ice*) Fläche *f*

sheik(h) [ʃeɪk] *n* Scheich *m*

shelf [ʃelf] (*pl* **shelves**) *n* Bord *nt*, Regal *nt*

shell [ʃel] *n* Schale *f*; (*seashell*) Muschel *f*; (*explosive*) Granate *f* ♦ *vt* (*peas*) schälen; (*fire on*) beschießen

she'll [ʃiːl] = **she will; she shall**

shellfish ['ʃelfɪʃ] *n* Schalentier *nt*; (*as food*) Meeresfrüchte *pl*

shell suit *n* Ballonseidenanzug *m*

shelter ['ʃeltəʳ] *n* Schutz *m*; (*air-raid ~*) Bunker *m* ♦ *vt* schützen, bedecken; (*refugees*) aufnehmen ♦ *vi* sich unterstellen;

~ed adj (life) behütet; (spot) geschützt; ~ housing n (for old people) Altenwohnungen pl; (for handicapped people) Behindertenwohnungen pl

shelve [ʃɛlv] vt aufschieben ♦ vi abfallen

shelves [ʃɛlvz] npl of **shelf**

shepherd ['ʃɛpəd] n Schäfer m ♦ vt treiben, führen; ~'s pie n Auflauf aus Hackfleisch und Kartoffelbrei

sheriff ['ʃɛrɪf] n Sheriff m; (SCOTTISH) Friedensrichter m

she's [ʃiːz] = **she is; she has**

Shetland ['ʃɛtlənd] n (also: **the ~s, the ~ Isles**) die Shetlandinseln pl

shield [ʃiːld] n Schild m; (fig) Schirm m ♦ vt (be)schirmen; (TECH) abschirmen

shift [ʃɪft] n Verschiebung f; (work) Schicht f ♦ vt (ver)rücken, verschieben; (arm) wegnehmen ♦ vi sich verschieben; ~less adj (person) träge; ~ work n Schichtarbeit f; ~y adj verschlagen

shilly-shally ['ʃɪlɪʃælɪ] vi zögern

shin [ʃɪn] n Schienbein nt

shine [ʃaɪn] (pt, pp **shone**) n Glanz m, Schein m ♦ vt polieren ♦ vi scheinen; (fig) glänzen; **to ~ a torch on sb** jdn (mit einer Lampe) anleuchten

shingle ['ʃɪŋgl] n Strandkies m; ~s npl (MED) Gürtelrose f

shiny ['ʃaɪnɪ] adj glänzend

ship [ʃɪp] n Schiff nt ♦ vt verschiffen; ~building n Schiffbau m; ~ment n Schiffsladung f; ~per n Verschiffer m; ~ping n (act) Verschiffung f; (~s) Schifffahrt f; ~wreck n Schiffbruch m; (destroyed ~) Wrack nt ♦ vt: **to be ~wrecked** Schiffbruch erleiden; ~yard n Werft f

shire ['ʃaɪəʳ] (BRIT) n Grafschaft f

shirk [ʃɜːk] vt ausweichen +dat

shirt [ʃɜːt] n (Ober)hemd nt; **in ~ sleeves** in Hemdsärmeln

shit [ʃɪt] (inf!) excl Scheiße (!)

shiver ['ʃɪvəʳ] n Schauer m ♦ vi frösteln, zittern

shoal [ʃəʊl] n (Fisch)schwarm m

shock [ʃɔk] n Erschütterung f; (mental)

Schock m; (ELEC) Schlag m ♦ vt erschüttern; (offend) schockieren; ~ absorber n Stoßdämpfer m; ~ed adj geschockt, schockiert, erschüttert; ~ing adj unerhört

shod [ʃɔd] pt, pp of **shoe**

shoddy ['ʃɔdɪ] adj schäbig

shoe [ʃuː] (pt, pp **shod**) n Schuh m; (of horse) Hufeisen nt ♦ vt (horse) beschlagen; ~brush n Schuhbürste f; ~horn n Schuhlöffel m; ~lace n Schnürsenkel m; ~ polish n Schuhcreme f; ~ shop n Schuhgeschäft nt; ~string n (fig): **on a ~string** mit sehr wenig Geld

shone [ʃɔn] pt, pp of **shine**

shoo [ʃuː] excl sch; (to dog etc) pfui

shook [ʃʊk] pt of **shake**

shoot [ʃuːt] (pt, pp **shot**) n (branch) Schössling m ♦ vt (gun) abfeuern; (goal, arrow) schießen; (person) anschießen; (kill) erschießen; (film) drehen ♦ vi (move quickly) schießen; **to ~ (at)** schießen (auf +acc); ~ down vt abschießen; ~ in vi hineinschießen; ~ out vi hinausschießen; ~ up vi (fig) aus dem Boden schießen; ~ing n Schießerei f; ~ing star n Sternschnuppe f

shop [ʃɔp] n (esp BRIT) Geschäft nt, Laden m; (workshop) Werkstatt f ♦ vi (also: **go ~ping**) einkaufen gehen; ~ assistant (BRIT) n Verkäufer(in) m(f); ~ floor (BRIT) n Werkstatt f; ~keeper n Geschäftsinhaber m; ~lifting n Ladendiebstahl m; ~per n Käufer(in) m(f); ~ping n Einkaufen nt, Einkauf m; ~ping bag n Einkaufstasche f; ~ping centre (US **shopping center**) n Einkaufszentrum nt; ~-soiled adj angeschmutzt; ~ steward (BRIT) n (INDUSTRY) Betriebsrat m; ~ window n Schaufenster nt

shore [ʃɔːʳ] n Ufer nt; (of sea) Strand m ♦ vt: **to ~ up** abstützen

shorn [ʃɔːn] pp of **shear**

short [ʃɔːt] adj kurz; (person) klein; (curt) kurz angebunden; (measure) zu knapp ♦ n (also: ~ **film**) Kurzfilm m ♦ adv (suddenly) plötzlich ♦ vi (ELEC) einen Kurzschluss haben; ~s npl (clothes) Shorts pl; **to be ~ of sth** nicht genug von etw haben; **in ~** kurz gesagt; **~ of doing sth** ohne so weit zu gehen, etw zu tun; **everything ~ of ...** alles außer ...; **it is ~ for** das ist die Kurzform für; **to cut ~** abkürzen; **to fall ~ of sth** etw nicht erreichen; **to stop ~** plötzlich anhalten; **to stop ~ of** Halt machen vor; **~age** *n* Knappheit *f*, Mangel *m*; **~bread** *n* Mürbegebäck *nt*; **~change** *vt*: **to ~change sb** jdm zu wenig herausgeben; **~circuit** *n* Kurzschluss *m* ♦ *vi* einen Kurzschluss haben ♦ *vt* kurzschließen; **~coming** *n* Mangel *m*; **~(crust) pastry** (*BRIT*) *n* Mürbeteig *m*; **~cut** *n* Abkürzung *f*; **~en** *vt* (ab)kürzen; (*clothes*) kürzer machen; **~fall** *n* Defizit *nt*; **~hand** (*BRIT*) *n* Stenografie *f*; **~hand typist** (*BRIT*) *n* Stenotypistin *f*; **~ list** (*BRIT*) *n* (*for job*) engere Wahl *f*; **~lived** *adj* kurzlebig; **~ly** *adv* bald; **~ notice** *n*: **at ~ notice** kurzfristig; **~sighted** (*BRIT*) *adj* (*also fig*) kurzsichtig; **~staffed** *adj*: **to be ~staffed** zu wenig Personal haben; **~stay** *n* (*car park*) Kurzparken *nt*; **~ story** *n* Kurzgeschichte *f*; **~tempered** *adj* leicht aufbrausend; **~term** *adj* (*effect*) kurzfristig; **~ wave** *n* (*RAD*) Kurzwelle *f*

shot [ʃɔt] *pt, pp of* **shoot** ♦ *n* (*from gun*) Schuss *m*; (*person*) Schütze *m*; (*try*) Versuch *m*; (*injection*) Spritze *f*; (*PHOT*) Aufnahme *f*; **like a ~** wie der Blitz; **~gun** *n* Schrotflinte *f*

should [ʃud] *vb aux*: **I ~ go now** ich sollte jetzt gehen; **he ~ be there now** er sollte eigentlich schon da sein; **I ~ go if I were you** ich würde gehen, wenn ich du wäre; **I ~ like to** ich möchte gerne

shoulder [ʃəuldəʳ] *n* Schulter *f*; (*BRIT*: *of road*): **hard ~** Seitenstreifen *m* ♦ *vt* (*rifle*) schultern; (*fig*) auf sich nehmen; **~ bag** *n* Umhängetasche *f*; **~ blade** *n* Schulterblatt *nt*; **~ strap** *n* (*of dress etc*) Träger *m*

shouldn't [ʃudnt] = **should not**

shout [ʃaut] *n* Schrei *m*; (*call*) Ruf *m* ♦ *vt* rufen ♦ *vi* schreien; **~ down** *vt* niederbrüllen; **~ing** *n* Geschrei *nt*

shove [ʃʌv] *n* Schubs *m*, Stoß *m* ♦ *vt* schieben, stoßen, schubsen; (*inf*: *put*): **to ~ sth in(to) sth** etw in etw *acc* hineinschieben; **~ off** *vi* (*NAUT*) abstoßen; (*fig*: *inf*) abhauen

shovel [ʃʌvl] *n* Schaufel *f* ♦ *vt* schaufeln

show [ʃəu] (*pt* **showed**, *pp* **shown**) *n* (*display*) Schau *f*; (*exhibition*) Ausstellung *f*; (*CINE, THEAT*) Vorstellung *f*, Show *f* ♦ *vt* zeigen; (*kindness*) erweisen ♦ *vi* zu sehen sein; **to be on ~** (*exhibits etc*) ausgestellt sein; **to ~ sb in** jdn hereinführen; **to ~ sb out** jdn hinausbegleiten; **~ off** *vi* (*pej*) angeben ♦ *vt* (*display*) ausstellen; **~ up** *vi* (*stand out*) sich abheben; (*arrive*) erscheinen ♦ *vt* aufzeigen; (*unmask*) bloßstellen; **~ business** *n* Showbusiness *nt*; **~down** *n* Kraftprobe *f*

shower [ʃauəʳ] *n* Schauer *m*; (*of stones*) (Stein)hagel *m*; (~ *bath*) Dusche *f* ♦ *vi* duschen ♦ *vt*: **to ~ sb with sth** jdn mit etw überschütten; **~proof** *adj* Wasser abstoßend

showing [ʃəuɪŋ] *n* Vorführung *f*

show jumping *n* Turnierreiten *nt*

shown [ʃəun] *pp of* **show**

show: ~-off [ʃəuɒf] *n* Angeber(in) *m(f)*; **~piece** [ʃəupiːs] *n* Paradestück *nt*; **~room** [ʃəurum] *n* Ausstellungsraum *m*

shrank [ʃræŋk] *pt of* **shrink**

shred [ʃred] *n* Fetzen *m* ♦ *vt* zerfetzen; (*COOK*) raspeln; **~der** *n* (*COOK*) Gemüseschneider *m*; (*for documents*) Reißwolf *m*

shrewd [ʃruːd] *adj* clever

shriek [ʃriːk] *n* Schrei *m* ♦ *vt*, *vi* kreischen, schreien

shrill [ʃrɪl] *adj* schrill

shrimp [ʃrɪmp] *n* Krabbe *f*, Garnele *f*

shrine [ʃraɪn] *n* Schrein *m*; (*fig*) Gedenkstätte *f*

shrink [ʃrɪŋk] (*pt* **shrank**, *pp* **shrunk**) *vi* schrumpfen, eingehen ♦ *vt* einschrumpfen lassen; **to ~ from doing sth** davor zurückschrecken, etw zu tun; **~age** *n* Schrumpfung *f*; **~wrap** *vt* einschweißen

shrivel [ʃrɪvl] *vt*, *vi* (*also*: **~ up**) schrumpfen, schrumpeln

shroud [ʃraud] *n* Leichentuch *nt* ♦ *vt*: **~ed in mystery** mit einem Geheimnis umgeben

Shrove Tuesday ['ʃrəuv-] *n* Fastnachtsdienstag *m*

shrub [ʃrʌb] *n* Busch *m*, Strauch *m*; **~bery** *n* Gebüsch *nt*

shrug [ʃrʌg] *n* Achselzucken *nt* ♦ *vt*, *vi*: **to ~ (one's shoulders)** die Achseln zucken; **~ off** *vt* auf die leichte Schulter nehmen

shrunk [ʃrʌŋk] *pp of* **shrink**

shudder ['ʃʌdəʳ] *n* Schauder *m* ♦ *vi* schaudern

shuffle ['ʃʌfl] *vt* (*cards*) mischen; **to ~ (one's feet)** schlurfen

shun [ʃʌn] *vt* scheuen, (ver)meiden

shunt [ʃʌnt] *vt* rangieren

shut [ʃʌt] (*pt, pp* **shut**) *vt* schließen, zumachen ♦ *vi* sich schließen (lassen); **~ down** *vt*, *vi* schließen; **~ off** *vt* (*supply*) abdrehen; **~ up** *vi* (*keep quiet*) den Mund halten ♦ *vt* (*close*) zuschließen; **~ter** *n* Fensterladen *m*; (*PHOT*) Verschluss *m*

shuttle ['ʃʌtl] *n* (*plane, train etc*) Pendelflugzeug *nt*/-zug *m etc*; (*space ~*) Raumtransporter *m*; (*also*: **~ service**) Pendelverkehr *m*; **~cock** *n* ['ʃʌtlkɔk] *n* Federball *m*; **~ diplomacy** *n* Pendeldiplomatie *f*

shy [ʃaɪ] *adj* schüchtern; **~ness** *n* Schüchternheit *f*

Siamese [saɪə'miːz] *adj*: **~ cat** Siamkatze *f*

Siberia [saɪ'bɪərɪə] *n* Sibirien *nt*

sibling ['sɪblɪŋ] *n* Geschwister *pl*

Sicily ['sɪsɪlɪ] *n* Sizilien *nt*

sick [sɪk] *adj* krank; (*joke*) makaber; **I feel ~** mir ist schlecht; **I was ~** ich habe gebrochen; **to be ~ of sb/sth** jdn/etw satt haben; **~ bay** *n* (Schiffs)lazarett *nt*; **~en** *vt* (*disgust*) krank machen ♦ *vi* krank werden; **~ening** *adj* (*annoying*) zum Weinen

sickle ['sɪkl] *n* Sichel *f*

sick: ~ leave *n*: **to be on ~ leave** krankgeschrieben sein; **~ly** *adj* kränklich, blass; (*causing nausea*) widerlich; **~ness** *n* Krankheit *f*; (*vomiting*) Übelkeit *f*, Erbrechen *nt*; **~ note** *n* Arbeitsunfähigkeits-bescheinigung *f*; **~ pay** *n* Krankengeld

nt

side [saɪd] *n* Seite *f* ♦ *adj* (*door, entrance*) Seiten-, Neben- ♦ *vi*: **to ~ with sb** jds Partei ergreifen; **by the ~ of** neben; **~ by ~** nebeneinander; **on all ~s** von allen Seiten; **to take ~s (with)** Partei nehmen (für); **from all ~s** von allen Seiten; **~board** *n* Sideboard *nt*; **~boards** (*BRIT*) *npl* Koteletten *pl*; **~burns** *npl* Koteletten *pl*; **~car** *n* Beiwagen *m*; **~ drum** *n* (*MUS*) kleine Trommel; **~ effect** *n* Nebenwirkung *f*; **~light** *n* (*AUT*) Parkleuchte *f*; **~line** *n* (*SPORT*) Seitenlinie *f*; (*fig: hobby*) Nebenbeschäftigung *f*; **~long** *adj* Seiten-; **~ order** *n* Beilage *f*; **~saddle** *adv* im Damensattel; **~ show** *n* Nebenausstellung *f*; **~step** *vt* (*fig*) ausweichen; **~ street** *n* Seitenstraße *f*; **~track** *vt* (*fig*) ablenken; **~walk** *n* (*US*) Bürgersteig *m*; **~ways** *adv* seitwärts

siding ['saɪdɪŋ] *n* Nebengleis *nt*

sidle ['saɪdl] *vi*: **to ~ up (to)** sich heranmachen (an +*acc*)

siege [siːdʒ] *n* Belagerung *f*

sieve [sɪv] *n* Sieb *nt* ♦ *vt* sieben

sift [sɪft] *vt* sieben, (*fig*) sichten

sigh [saɪ] *n* Seufzer *m* ♦ *vi* seufzen

sight [saɪt] *n* (*power of seeing*) Sehvermögen *nt*; (*look*) Blick *m*; (*fact of seeing*) Anblick *m*; (*of gun*) Visier *nt* ♦ *vt* sichten; **in ~** in Sicht; **out of ~** außer Sicht; **~seeing** *n* Besuch *m* von Sehenswürdigkeiten; **to go ~seeing** Sehenswürdigkeiten besichtigen

sign [saɪn] *n* Zeichen *nt*; (*notice, road ~ etc*) Schild *nt* ♦ *vt* unterschreiben; **to ~ sth over to sb** jdm etw überschreiben; **~ on** *vi* (*as unemployed*) sich (arbeitslos) melden ♦ *vt* (*employee*) anstellen; **~ up** *vi* (*MIL*) sich verpflichten ♦ *vt* verpflichten

signal ['sɪgnl] *n* Signal *nt* ♦ *vt* ein Zeichen geben +*dat*; **~man** (*irreg*) *n* (*RAIL*) Stellwerkswärter *m*

signature ['sɪgnətʃəʳ] *n* Unterschrift *f*; **~ tune** *n* Erkennungsmelodie *f*

signet ring ['sɪgnət-] *n* Siegelring *m*

significance [sɪg'nɪfɪkəns] *n* Bedeutung *f*

significant [sɪg'nɪfɪkənt] *adj* (*meaning sth*)

bedeutsam; (*important*) bedeutend

signify ['sɪgnɪfaɪ] *vt* bedeuten; (*show*) andeuten, zu verstehen geben

sign language *n* Zeichensprache *f*, Fingersprache *f*

signpost ['saɪnpəust] *n* Wegweiser *m*

silence ['saɪləns] *n* Stille *f*; (*of person*) Schweigen *nt* ♦ *vt* zum Schweigen bringen; **~r** *n* (*on gun*) Schalldämpfer *m*; (*BRIT: AUT*) Auspufftopf *m*

silent ['saɪlənt] *adj* still; (*person*) schweigsam; **to remain ~** schweigen; **~ partner** *n* (*COMM*) stille(r) Teilhaber *m*

silicon chip ['sɪlɪkən-] *n* Siliciumchip *m*, Siliziumchip *m*

silk [sɪlk] *n* Seide *f* ♦ *adj* seiden, Seiden-; **~y** *adj* seidig

silly ['sɪlɪ] *adj* dumm, albern

silt [sɪlt] *n* Schlamm *m*, Schlick *m*

silver ['sɪlvə'] *n* Silber *nt* ♦ *adj* silbern, Silber-; **~ paper** (*BRIT*) *n* Silberpapier *nt*; **~-plated** *adj* versilbert; **~smith** *n* Silberschmied *m*; **~ware** *n* Silber *nt*; **~y** *adj* silbern

similar ['sɪmɪlə'] *adj*: **~ (to)** ähnlich (+*dat*); **~ity** [sɪmɪ'lærɪtɪ] *n* Ähnlichkeit *f*; **~ly** *adv* in ähnlicher Weise

simmer ['sɪmə'] *vi* sieden ♦ *vt* sieden lassen

simple ['sɪmpl] *adj* einfach; **~(-minded)** *adj* einfältig

simplicity [sɪm'plɪsɪtɪ] *n* Einfachheit *f*; (*of person*) Einfältigkeit *f*

simplify ['sɪmplɪfaɪ] *vt* vereinfachen

simply ['sɪmplɪ] *adv* einfach

simulate ['sɪmjuleɪt] *vt* simulieren

simultaneous [sɪməl'teɪnɪəs] *adj* gleichzeitig

sin [sɪn] *n* Sünde *f* ♦ *vi* sündigen

since [sɪns] *adv* seither ♦ *prep* seit, seitdem ♦ *conj* (*time*) seit; (*because*) da, weil; **~ then** seitdem

sincere [sɪn'sɪə'] *adj* aufrichtig; **~ly** *adv*: **yours ~ly** mit freundlichen Grüßen; **sincerity** [sɪn'serɪtɪ] *n* Aufrichtigkeit *f*

sinew ['sɪnjuː] *n* Sehne *f*

sinful ['sɪnful] *adj* sündig, sündhaft

sing [sɪŋ] (*pt* **sang**, *pp* **sung**) *vt, vi* singen

Singapore [sɪŋgə'pɔː'] *n* Singapur *nt*

singe [sɪndʒ] *vt* versengen

singer ['sɪŋə'] *n* Sänger(in) *m(f)*

singing ['sɪŋɪŋ] *n* Singen *nt*, Gesang *m*

single ['sɪŋgl] *adj* (*one only*) einzig; (*bed, room*) Einzel-, einzeln; (*unmarried*) ledig; (*BRIT: ticket*) einfach; (*having one part only*) einzeln ♦ *n* (*BRIT: also:* **~ ticket**) einfache Fahrkarte *f*; **in ~ file** hintereinander; **~ out** *vt* aussuchen, auswählen; **~ bed** *n* Einzelbett *nt*; **~-breasted** *adj* einreihig; **~-handed** *adj* allein; **~-minded** *adj* zielstrebig; **~ parent** *n* Alleinerziehende(r) *f(m)*; **~ room** *n* Einzelzimmer *nt*; **~s** *n* (*TENNIS*) Einzel *nt*; **~-track road** *n* einspurige Straße (mit Ausweichstellen);

singly *adv* einzeln, allein

singular ['sɪŋgjulə'] *adj* (*odd*) merkwürdig, seltsam ♦ *n* (*GRAM*) Einzahl *f*, Singular *m*

sinister ['sɪnɪstə'] *adj* (*evil*) böse; (*ghostly*) unheimlich

sink [sɪŋk] (*pt* **sank**, *pp* **sunk**) *n* Spülbecken *nt* ♦ *vt* (*ship*) versenken ♦ *vi* sinken; **to ~ sth into** (*teeth, claws*) etw schlagen in +*acc*; **~ in** *vi* (*news etc*) eingehen

sinner ['sɪnə'] *n* Sünder(in) *m(f)*

sinus ['saɪnəs] *n* (*ANAT*) Sinus *m*

sip [sɪp] *n* Schlückchen *nt* ♦ *vt* nippen an +*dat*

siphon ['saɪfən] *n* Siphon(flasche *f*) *m*; **~ off** *vt* absaugen; (*fig*) abschöpfen

sir [sə'] *n* (*respect*) Herr *m*; (*knight*) Sir *m*; **S~ John Smith** Sir John Smith; **yes ~** ja(wohl, mein Herr)

siren ['saɪərn] *n* Sirene *f*

sirloin ['sɜːlɔɪn] *n* Lendenstück *nt*

sissy ['sɪsɪ] (*inf*) *n* Waschlappen *m*

sister ['sɪstə'] *n* Schwester *f*; (*BRIT: nurse*) Oberschwester *f*; (*nun*) Ordensschwester *f*; **~-in-law** *n* Schwägerin *f*

sit [sɪt] (*pt, pp* **sat**) *vi* sitzen; (*hold session*) tagen ♦ *vt* (*exam*) machen; **~ down** *vi* sich hinsetzen; **~ in on** *vt fus* dabei sein bei; **~ up** *vi* (*after lying*) sich aufsetzen; (*straight*) sich gerade setzen; (*at night*) aufbleiben

sitcom ['sɪtkɔm] *n abbr* (= *situation comedy*) Situationskomödie *f*

site [saɪt] *n* Platz *m*; (*also:* **building ~**)

Baustelle *f* ♦ *vt* legen

sitting ['sɪtɪŋ] *n (meeting)* Sitzung *f*; **~ room** *n* Wohnzimmer *nt*

situated ['sɪtjʊeɪtɪd] *adj*: **to be ~** liegen

situation [sɪtjʊ'eɪʃən] *n* Situation *f*, Lage *f*; *(place)* Lage *f*; *(employment)* Stelle *f*; **"~s vacant"** *(BRIT)* „Stellenangebote" *pl*

six [sɪks] *num* sechs; **~teen** *num* sechzehn; • **~th** *adj* sechste(r, s) ♦ *n* Sechstel *nt*; **~ty** *num* sechzig

size [saɪz] *n* Größe *f*; *(of project)* Umfang *m*; **~ up** *vt (assess)* abschätzen, einschätzen; **~able** *adj* ziemlich groß, ansehnlich

sizzle ['sɪzl] *vi* zischen; *(COOK)* brutzeln

skate [skeɪt] *n* Schlittschuh *m*; *(fish: pl inv)* Rochen *m* ♦ *vi* Schlittschuh laufen; **~board** *n* Skateboard *nt*; **~boarding** *n* Skateboardfahren *nt*; **~r** *n* Schlittschuhläufer(in) *m(f)*; **skating** ['skeɪtɪŋ] *n* Eislauf *m*; **to go skating** Eis laufen gehen; **skating rink** *n* Eisbahn *f*

skeleton ['skelɪtn] *n* Skelett *nt*; *(fig)* Gerüst *nt*; **~ key** *n* Dietrich *m*; **~ staff** *n* Notbesetzung *f*

skeptical ['skeptɪkl] *(US) adj* = **sceptical**

sketch [sketʃ] *n* Skizze *f*; *(THEAT)* Sketch *m* ♦ *vt* skizzieren; **~book** *n* Skizzenbuch *nt*; **~y** *adj* skizzenhaft

skewer ['skjuːəʳ] *n* Fleischspieß *m*

ski [skiː] *n* Ski *m*, Schi *m* ♦ *vi* Ski *or* Schi laufen; **~ boot** *n* Skistiefel *m*

skid [skɪd] *n (AUT)* Schleudern *nt* ♦ *vi* rutschen; *(AUT)* schleudern

ski: **~er** ['skiːəʳ] *n* Skiläufer(in) *m(f)*; **~ing** ['skiːɪŋ] *n*: **to go ~ing** Ski laufen gehen; **~-jump** *n* Sprungschanze *f* ♦ *vi* Ski springen

skilful ['skɪlful] *adj* geschickt

ski-lift *n* Skilift *m*

skill [skɪl] *n* Können *nt*; **~ed** *adj* geschickt; *(worker)* Fach-, gelernt

skim [skɪm] *vt (liquid)* abschöpfen; *(glide over)* gleiten über +*acc* ♦ *vi*: **~ through** *(book)* überfliegen; **~med milk** *n* Magermilch *f*

skimp [skɪmp] *vt (do carelessly)* oberflächlich tun; **~y** *adj (dress)* knapp

skin [skɪn] *n* Haut *f*; *(peel)* Schale *f* ♦ *vt*

abhäuten; schälen; **~ cancer** *n* Hautkrebs *m*; **~-deep** *adj* oberflächlich; **~ diving** *n* Schwimmtauchen *nt*; **~head** *n* Skinhead *m*; **~ny** *adj* dünn; **~tight** *adj (dress etc)* hauteng

skip [skɪp] *n* Sprung *m* ♦ *vi* hüpfen; *(with rope)* Seil springen ♦ *vt (pass over)* übergehen

ski: **~ pants** *npl* Skihosen *pl*; **~ pass** *n* Skipass *nt*; **~ pole** *n* Skistock *m*

skipper ['skɪpəʳ] *n* Kapitän *m* ♦ *vt* führen

skipping rope ['skɪpɪŋ-] *(BRIT) n* Hüpfseil *nt*

skirmish ['skɜːmɪʃ] *n* Scharmützel *nt*

skirt [skɜːt] *n* Rock *m* ♦ *vt* herumgehen um; *(fig)* umgehen; **~ing board** *(BRIT) n* Fußleiste *f*

ski suit *n* Skianzug *m*

skit [skɪt] *n* Parodie *f*

ski tow *n* Schlepplift *m*

skittle ['skɪtl] *n* Kegel *m*; **~s** *n (game)* Kegeln *nt*

skive [skaɪv] *(BRIT: inf) vi* schwänzen

skulk [skʌlk] *vi* sich herumdrücken

skull [skʌl] *n* Schädel *m*

skunk [skʌŋk] *n* Stinktier *nt*

sky [skaɪ] *n* Himmel *m*; **~light** *n* Oberlicht *nt*; **~scraper** *n* Wolkenkratzer *m*

slab [slæb] *n (of stone)* Platte *f*

slack [slæk] *adj (loose)* locker; *(business)* flau; *(careless)* nachlässig, lasch ♦ *vi* nachlässig sein ♦ *n*: **to take up the ~** straff ziehen; **~s** *npl (trousers)* Hose(n *pl*) *f*; **~en** *vi (also:* **~en off)** locker werden; *(: slow down)* stocken, nachlassen ♦ *vt (: loosen)* lockern

slag [slæg] *(BRIT) vt*: **~ off** *(criticize)* (he)runtermachen

slag heap [slæg-] *n* Halde *f*

slain [sleɪn] *pp of* **slay**

slam [slæm] *n* Knall *m* ♦ *vt (door)* zuschlagen; *(throw down)* knallen ♦ *vi* zuschlagen

slander ['slɑːndəʳ] *n* Verleumdung *f* ♦ *vt* verleumden

slang [slæŋ] *n* Slang *m*; *(jargon)* Jargon *m*

slant [slɑːnt] *n* Schräge *f*; *(fig)* Tendenz *f* ♦ *vt* schräg legen ♦ *vi* schräg liegen; **~ed** *adj* schräg; **~ing** *adj* schräg

slap [slæp] *n* Klaps *m* ♦ *vt* einen Klaps geben +*dat* ♦ *adv* (*directly*) geradewegs; ~**dash** *adj* salopp; ~**stick** *n* (*comedy*) Klamauk *m*; ~**up** (*BRIT*) *adj* (*meal*) erstklassig, prima

slash [slæʃ] *n* Schnittwunde *f* ♦ *vt* (auf)schlitzen

slat [slæt] *n* Leiste *f*

slate [sleɪt] *n* (*stone*) Schiefer *m*; (*roofing*) Dachziegel *m* ♦ *vt* (*criticize*) verreißen

slaughter ['slɔːtər] *n* (*of animals*) Schlachten *nt*; (*of people*) Gemetzel *nt* ♦ *vt* schlachten; (*people*) niedermetzeln; ~**house** *n* Schlachthof *m*

Slav [slɑːv] *adj* slawisch

slave [sleɪv] *n* Sklave *m*, Sklavin *f* ♦ *vi* schuften, sich schinden; ~**ry** *n* Sklaverei *f*

slay [sleɪ] (*pt* **slew**, *pp* **slain**) *vt* ermorden

sleazy ['sliːzɪ] *adj* (*place*) schmierig

sledge [sledʒ] *n* Schlitten *m*

sledgehammer ['sledʒhæmər] *n* Schmiedehammer *m*

sledging *n* Schlittenfahren *nt*

sleek [sliːk] *adj* glatt; (*shape*) rassig

sleep [sliːp] (*pt*, *pp* **slept**) *n* Schlaf *m* ♦ *vi* schlafen; **to go to ~** einschlafen; ~ **in** *vi* ausschlafen; (*oversleep*) verschlafen; ~**er** *n* (*person*) Schläfer *m*; (*BRIT: RAIL*) Schlafwagen *m*; (*: beam*) Schwelle *f*; ~**ing bag** *n* Schlafsack *m*; ~**ing car** *n* Schlafwagen *m*; ~**ing partner** *n* = **silent partner**; ~**ing pill** *n* Schlaftablette *f*; ~**less** *adj* (*night*) schlaflos; ~**walker** *n* Schlafwandler(in) *m(f)*; ~**y** *adj* schläfrig

sleet [sliːt] *n* Schneeregen *m*

sleeve [sliːv] *n* Ärmel *m*; (*of record*) Umschlag *m*; ~**less** *adj* ärmellos

sleigh [sleɪ] *n* Pferdeschlitten *m*

sleight [slaɪt] *n*: ~ **of hand** Fingerfertigkeit *f*

slender ['slendər] *adj* schlank; (*fig*) gering

slept [slept] *pt*, *pp* of **sleep**

slew [sluː] *vi* (*veer*) (herum)schwenken ♦ *pt* of **slay**

slice [slaɪs] *n* Scheibe *f* ♦ *vt* in Scheiben schneiden

slick [slɪk] *adj* (*clever*) raffiniert, aalglatt ♦ *n* Ölteppich *m*

slid [slɪd] *pt*, *pp* of **slide**

slide [slaɪd] (*pt*, *pp* **slid**) *n* Rutschbahn *f*; (*PHOT*) Dia(positiv) *nt*; (*BRIT: for hair*) (Haar)spange *f* ♦ *vt* schieben ♦ *vi* (*slip*) gleiten, rutschen; **sliding** ['slaɪdɪŋ] *adj* (*door*) Schiebe-; **sliding scale** *n* gleitende Skala *f*

slight [slaɪt] *adj* zierlich; (*trivial*) geringfügig; (*small*) gering ♦ *n* Kränkung *f* ♦ *vt* (*offend*) kränken; **not in the** ~**est** nicht im Geringsten; ~**ly** *adv* etwas, ein bisschen

slim [slɪm] *adj* schlank; (*book*) dünn; (*chance*) gering ♦ *vi* eine Schlankheitskur machen

slime [slaɪm] *n* Schleim *m*

slimming ['slɪmɪŋ] *n* Schlankheitskur *f*

slimy ['slaɪmɪ] *adj* glitschig; (*dirty*) schlammig; (*person*) schmierig

sling [slɪŋ] (*pt*, *pp* **slung**) *n* Schlinge *f*; (*weapon*) Schleuder *f* ♦ *vt* schleudern

slip [slɪp] *n* (*mistake*) Flüchtigkeitsfehler *m*; (*petticoat*) Unterrock *m*; (*of paper*) Zettel *m* ♦ *vt* (*put*) stecken, schieben ♦ *vi* (*lose balance*) ausrutschen; (*move*) gleiten, rutschen; (*decline*) nachlassen; (*move smoothly*): **to ~ in/out** (*person*) hinein-/ hinausschlüpfen; **to give sb the ~** jdm entwischen; ~ **of the tongue** Versprecher *m*; **it ~ped my mind** das ist mir entfallen; **to ~ sth on/off** etw über-/abstreifen; ~ **away** *vi* sich wegstehlen; ~ **in** *vt* hineingleiten lassen ♦ *vi* (*errors*) sich einschleichen; ~**ped disc** *n* Bandscheibenschaden *m*

slipper ['slɪpər] *n* Hausschuh *m*

slippery ['slɪpərɪ] *adj* glatt

slip: ~ **road** (*BRIT*) *n* Auffahrt *f*/Ausfahrt *f*; ~**shod** *adj* schlampig; ~**up** *n* Panne *f*; ~**way** *n* Auslaufbahn *f*

slit [slɪt] (*pt*, *pp* **slit**) *n* Schlitz *m* ♦ *vt* aufschlitzen

slither ['slɪðər] *vi* schlittern; (*snake*) sich schlängeln

sliver ['slɪvər] *n* (*of glass, wood*) Splitter *m*; (*of cheese*) Scheibchen *nt*

slob [slɒb] (*inf*) *n* Klotz *m*

slog [slɒg] *vi* (*work hard*) schuften ♦ *n*: **it was a ~** es war eine Plackerei

slogan ['sləʊgən] *n* Schlagwort *nt*; (*COMM*)

Werbespruch *m*

slop [slɔp] *vi* (*also*: ~ **over**) überschwappen
♦ *vt* verschütten

slope [sləʊp] *n* Neigung *f*; (*of mountains*)
(Ab)hang *m* ♦ *vi*: **to ~ down** sich senken; **to
~ up** ansteigen; **sloping** ['sləʊpɪŋ] *adj*
schräg

sloppy ['slɔpɪ] *adj* schlampig

slot [slɔt] *n* Schlitz *m* ♦ *vt*: **to ~ sth in** etw
einlegen

sloth [sləʊθ] *n* (*laziness*) Faulheit *f*

slot machine *n* (*BRIT*) Automat *m*; (*for
gambling*) Spielautomat *m*

slouch [slaʊtʃ] *vi*: **to ~ about** (*laze*)
herumhängen (*inf*)

slovenly ['slʌvənlɪ] *adj* schlampig; (*speech*)
salopp

slow [sləʊ] *adj* langsam ♦ *adv* langsam; **to
be ~** (*clock*) nachgehen; (*stupid*)
begriffsstutzig sein; **"~"** (*road sign*)
„Langsam"; **in ~ motion** in Zeitlupe; **~
down** *vi* langsamer werden ♦ *vt*
verlangsamen; **~ up** *vi* sich verlangsamen,
sich verzögern ♦ *vt* aufhalten, langsamer
machen; **~ly** *adv* langsam

sludge [slʌdʒ] *n* Schlamm *m*

slug [slʌg] *n* Nacktschnecke *f*; (*inf: bullet*)
Kugel *f*

sluggish ['slʌgɪʃ] *adj* träge; (*COMM*)
schleppend

sluice [slu:s] *n* Schleuse *f*

slum [slʌm] *n* (*house*) Elendsquartier *nt*

slump [slʌmp] *n* Rückgang *m* ♦ *vi* fallen,
stürzen

slung [slʌŋ] *pt, pp of* **sling**

slur [slɜ:ʳ] *n* Undeutlichkeit *f*; (*insult*)
Verleumdung *f*; **~red** [slɜ:d] *adj*
(*pronunciation*) undeutlich

slush [slʌʃ] *n* (*snow*) Schneematsch *m*; **~
fund** *n* Schmiergeldfonds *m*

slut [slʌt] *n* Schlampe *f*

sly [slaɪ] *adj* schlau

smack [smæk] *n* Klaps *m* ♦ *vt* einen Klaps
geben +*dat* ♦ *vi*: **to ~ of** riechen nach; **to ~
one's lips** schmatzen, sich *dat* die Lippen
lecken

small [smɔ:l] *adj* klein; **in the ~ hours** in den

frühen Morgenstunden; **~ ads** (*BRIT*) *npl*
Kleinanzeigen *pl*; **~ change** *n* Kleingeld *nt*;
~holder (*BRIT*) *n* Kleinbauer *m*; **~pox** *n*
Pocken *pl*; **~ talk** *n* Geplauder *nt*

smart [smɑ:t] *adj* (*fashionable*) elegant,
schick; (*neat*) adrett; (*clever*) clever; (*quick*)
scharf ♦ *vi* brennen, schmerzen; **~ card** *n*
Chipkarte *f*; **~en up** *vi* sich in Schale
werfen ♦ *vt* herausputzen

smash [smæʃ] *n* Zusammenstoß *m*; (*TENNIS*)
Schmetterball *m* ♦ *vt* (*break*) zerschmettern;
(*destroy*) vernichten ♦ *vi* (*break*) zersplittern,
zerspringen; **~ing** (*inf*) *adj* toll

smattering ['smætərɪŋ] *n* oberflächliche
Kenntnis *f*

smear [smɪəʳ] *n* Fleck *m* ♦ *vt* beschmieren

smell [smɛl] (*pt, pp* **smelt** *or* **smelled**) *n*
Geruch *m*; (*sense*) Geruchssinn *m* ♦ *vt*
riechen ♦ *vi*: **to ~ (of)** riechen (nach);
(*fragrantly*) duften (nach); **~y** *adj* übel
riechend

smile [smaɪl] *n* Lächeln *nt* ♦ *vi* lächeln

smiling ['smaɪlɪŋ] *adj* lächelnd

smirk [smɜ:k] *n* blöde(s) Grinsen *nt*

smock [smɔk] *n* Kittel *m*

smoke [sməʊk] *n* Rauch *m* ♦ *vt* rauchen;
(*food*) räuchern ♦ *vi* rauchen; **~d** *adj*
(*bacon*) geräuchert; (*glass*) Rauch-; **~r** *n*
Raucher(in) *m(f)*; (*RAIL*) Raucherabteil *nt*; **~
screen** *n* Rauchwand *f*

smoking ['sməʊkɪŋ] *n*: **"no ~"** „Rauchen
verboten"; **~ compartment** (*BRIT*), **~ car**
(*US*) *n* Raucherabteil *nt*

smoky ['sməʊkɪ] *adj* rauchig; (*room*)
verraucht; (*taste*) geräuchert

smolder ['sməʊldəʳ] (*US*) *vi* = **smoulder**

smooth [smu:ð] *adj* glatt ♦ *vt* (*also*: ~ **out**)
glätten, glatt streichen

smother ['smʌðəʳ] *vt* ersticken

smoulder ['sməʊldəʳ] (*US* **smolder**) *vi*
schwelen

smudge [smʌdʒ] *n* Schmutzfleck *m* ♦ *vt*
beschmieren

smug [smʌg] *adj* selbstgefällig

smuggle ['smʌgl] *vt* schmuggeln; **~r** *n*
Schmuggler *m*

smuggling ['smʌglɪŋ] *n* Schmuggel *m*

smutty ['smʌtɪ] *adj* schmutzig

snack [snæk] *n* Imbiss *m*; **~ bar** *n* Imbissstube *f*

snag [snæg] *n* Haken *m*

snail [sneɪl] *n* Schnecke *f*

snake [sneɪk] *n* Schlange *f*

snap [snæp] *n* Schnappen *nt*; (*photograph*) Schnappschuss *m* ♦ *adj* (*decision*) schnell ♦ *vt* (*break*) zerbrechen; (*PHOT*) knipsen ♦ *vi* (*break*) brechen; (*speak*) anfauchen; **to ~ shut** zuschnappen; **~ at** *vt fus* schnappen nach; **~ off** *vt* (*break*) abbrechen **~ up** *vt* aufschnappen; **~shot** *n* Schnappschuss *m*

snare [sneəʳ] *n* Schlinge *f* ♦ *vt* mit einer Schlinge fangen

snarl [snɑ:l] *n* Zähnefletschen *nt* ♦ *vi* (*dog*) knurren

snatch [snætʃ] *n* (*small amount*) Bruchteil *m* ♦ *vt* schnappen, packen

sneak [sni:k] *vi* schleichen ♦ *n* (*inf*) Petze(r) *mf*; **~ers** ['sni:kəz] (*US*) *npl* Freizeitschuhe *pl*; **~y** ['sni:kɪ] *adj* raffiniert

sneer [snɪəʳ] *n* Hohnlächeln *nt* ♦ *vi* spötteln

sneeze [sni:z] *n* Niesen *nt* ♦ *vi* niesen

sniff [snɪf] *n* Schnüffeln *nt* ♦ *vi* schnieben; (*smell*) schnüffeln ♦ *vt* schnuppern

snigger ['snɪgəʳ] *n* Kichern *nt* ♦ *vi* hämisch kichern

snip [snɪp] *n* Schnippel *m*, Schnipsel *m* ♦ *vt* schnippeln

sniper ['snaɪpəʳ] *n* Heckenschütze *m*

snippet ['snɪpɪt] *n* Schnipsel *m*; (*of conversation*) Fetzen *m*

snivelling ['snɪvlɪŋ] *adj* weinerlich

snob [snɔb] *n* Snob *m*

snooker ['snu:kəʳ] *n* Snooker *nt*

snoop [snu:p] *vi*: **to ~ about** herumschnüffeln

snooze [snu:z] *n* Nickerchen *nt* ♦ *vi* ein Nickerchen machen, dösen

snore [snɔ:ʳ] *vi* schnarchen ♦ *n* Schnarchen *nt*

snorkel ['snɔ:kl] *n* Schnorchel *m*

snort [snɔ:t] *n* Schnauben *nt* ♦ *vi* schnauben

snout [snaut] *n* Schnauze *f*

snow [snəu] *n* Schnee *m* ♦ *vi* schneien; **~ball** *n* Schneeball *m* ♦ *vi* eskalieren;

~bound *adj* eingeschneit; **~drift** *n* Schneewehe *f*; **~drop** *n* Schneeglöckchen *nt*; **~fall** *n* Schneefall *m*; **~flake** *n* Schneeflocke *f*; **~man** (*irreg*) *n* Schneemann *m*; **~plough** (*US* **snowplow**) *n* Schneepflug *m*; **~ shoe** *n* Schneeschuh *m*; **~storm** *n* Schneesturm *m*

snub [snʌb] *vt* schroff abfertigen ♦ *n* Verweis *m*; **~-nosed** *adj* stupsnasig

snuff [snʌf] *n* Schnupftabak *m*

snug [snʌg] *adj* gemütlich, behaglich

snuggle ['snʌgl] *vi*: **to ~ up to sb** sich an jdn kuscheln

---

KEYWORD

---

so [səu] *adv* **1** (*thus*) so; (*likewise*) auch; **so saying he walked away** indem er das sagte, ging er; **if so** wenn ja; **I didn't do it – you did so!** ich hab das nicht gemacht – hast du wohl!; **so do I, so am I** *etc* ich auch; **so it is!** tatsächlich!; **I hope/think so** hoffentlich/ich glaube schon; **so far** bis jetzt

2 (*in comparisons etc: to such a degree*) so; **so quickly/big (that)** so schnell/groß, dass; **I'm so glad to see you** ich freue mich so, dich zu sehen

3: **so many** so viele; **so much work** so viel Arbeit; **I love you so much** ich liebe dich so sehr

4 (*phrases*): **10 or so** etwa 10; **so long!** (*inf: goodbye*) tschüss!

♦ *conj* **1** (*expressing purpose*): **so as to** um ... zu; **so (that)** damit

2 (*expressing result*) also; **so I was right after all** ich hatte also doch Recht; **so you see ...** wie du siehst ...

---

soak [səuk] *vt* durchnässen; (*leave in liquid*) einweichen ♦ *vi* (ein)weichen; **~ in** *vi* einsickern; **~ up** *vt* aufsaugen; **~ed** *adj* völlig durchnässt; **~ing** *adj* klitschnass, patschnass

so-and-so ['səuənsəu] *n* (*somebody*) Soundso *m*

soap [səup] *n* Seife *f*; **~flakes** *npl* Seifenflocken *pl*; **~ opera** *n* Familienserie *f* (*im Fernsehen, Radio*); **~ powder** *n* Waschpulver *nt*; **~y** *adj* seifig, Seifen-

soar [sɔːʳ] *vi* aufsteigen; (*prices*) in die Höhe schnellen

sob [sɔb] *n* Schluchzen *nt* ♦ *vi* schluchzen

sober ['səubəʳ] *adj* (*also fig*) nüchtern; **~ up** *vi* nüchtern werden

so-called ['səu'kɔːld] *adj* so genannt

soccer ['sɔkəʳ] *n* Fußball *m*

sociable ['səuʃəbl] *adj* gesellig

social ['səuʃl] *adj* sozial; (*friendly, living with others*) gesellig ♦ *n* gesellige(r) Abend *m*; **~ club** *n* Verein *m* (*für Freizeitgestaltung*); **~ism** *n* Sozialismus *m*; **~ist** *n* Sozialist(in) *m(f)* ♦ *adj* sozialistisch; **~ize** *vi*: **to ~ize (with)** gesellschaftlich verkehren (mit); **~ly** *adv* gesellschaftlich, privat; **~ security** *n* Sozialversicherung *f*; **~ work** *n* Sozialarbeit *f*; **~ worker** *n* Sozialarbeiter(in) *m(f)*

society [sə'saɪətɪ] *n* Gesellschaft *f*; (*fashionable world*) die große Welt

sociology [səusɪ'ɔlədʒɪ] *n* Soziologie *f*

sock [sɔk] *n* Socke *f*

socket ['sɔkɪt] *n* (*ELEC*) Steckdose *f*; (*of eye*) Augenhöhle *f*

sod [sɔd] *n* Rasenstück *nt*; (*inf!*) Saukerl *m* (!)

soda ['səudə] *n* Soda *f*; (*also:* **~ water**) Soda(wasser) *nt*; (*US: also:* **~ pop**) Limonade *f*

sodden ['sɔdn] *adj* durchweicht

sodium ['səudɪəm] *n* Natrium *nt*

sofa ['səufə] *n* Sofa *nt*

soft [sɔft] *adj* weich; (*not loud*) leise; (*weak*) nachgiebig; **~ drink** *n* alkoholfreie(s) Getränk *nt*; **~en** ['sɔfn] *vt* weich machen; (*blow*) abschwächen, mildern ♦ *vi* weich werden; **~ly** *adv* sanft; leise; **~ness** *n* Weichheit *f*; (*fig*) Sanftheit *f*

software ['sɔftweəʳ] *n* (*COMPUT*) Software *f*

soggy ['sɔgɪ] *adj* (*ground*) sumpfig; (*bread*) aufgeweicht

soil [sɔɪl] *n* Erde *f* ♦ *vt* beschmutzen

solace ['sɔlɪs] *n* Trost *m*

solar ['səuləʳ] *adj* Sonnen-; **~ cell** *n* Solarzelle *f*; **~ energy** *n* Sonnenenergie *f*; **~ panel** *n* Sonnenkollektor *m*; **~ power** *n* Sonnenenergie *f*

sold [səuld] *pt, pp of* **sell**; **~ out** (*COMM*) ausverkauft

solder ['səuldəʳ] *vt* löten

soldier ['səuldʒəʳ] *n* Soldat *m*

sole [səul] *n* Sohle *f*; (*fish*) Seezunge *f* ♦ *adj* alleinig, Allein-; **~ly** *adv* ausschließlich

solemn ['sɔləm] *adj* feierlich

sole trader *n* (*COMM*) Einzelunternehmen *nt*

solicit [sə'lɪsɪt] *vt* (*request*) bitten um ♦ *vi* (*prostitute*) Kunden anwerben

solicitor [sə'lɪsɪtəʳ] *n* Rechtsanwalt *m*/-anwältin *f*

solid ['sɔlɪd] *adj* (*hard*) fest; (*of same material, not hollow*) massiv; (*without break*) voll, ganz; (*reliable, sensible*) solide ♦ *n* Festkörper *m*; **~arity** [sɔlɪ'dærɪtɪ] *n* Solidarität *f*; **~ify** [sə'lɪdɪfaɪ] *vi* fest werden

solitary ['sɔlɪtərɪ] *adj* einsam, einzeln; **~ confinement** *n* Einzelhaft *f*

solitude ['sɔlɪtjuːd] *n* Einsamkeit *f*

solo ['səuləu] *n* Solo *nt*; **~ist** ['səuləuɪst] *n* Solist(in) *m(f)*

soluble ['sɔljubl] *adj* (*substance*) löslich; (*problem*) (auf)lösbar

solution [sə'luːʃən] *n* (*also fig*) Lösung *f*; (*of mystery*) Erklärung *f*

solve [sɔlv] *vt* (auf)lösen

solvent ['sɔlvənt] *adj* (*FIN*) zahlungsfähig ♦ *n* (*CHEM*) Lösungsmittel *nt*

sombre ['sɔmbəʳ] (*US* **somber**) *adj* düster

```
KEYWORD
```

some [sʌm] *adj* **1** (*a certain amount or number of*) einige; (*a few*) ein paar; (*with singular nouns*) etwas; **some tea/biscuits** etwas Tee/ein paar Plätzchen; **I've got some money, but not much** ich habe ein bisschen Geld, aber nicht viel

2 (*certain: in contrasts*) manche(r, s); **some people say that ...** manche Leute sagen, dass ...

3 (*unspecified*) irgendein(e); **some woman was asking for you** da hat eine Frau nach Ihnen gefragt; **some day** eines Tages; **some day next week** irgendwann nächste Woche

♦ *pron* **1** (*a certain number*) einige; **have you got some?** haben Sie welche?
2 (*a certain amount*) etwas; **I've read some of the book** ich habe das Buch teilweise gelesen
♦ *adv*: **some 10 people** etwa 10 Leute

somebody ['sʌmbədɪ] *pron* = **someone**
somehow ['sʌmhau] *adv* (*in some way, for some reason*) irgendwie
someone ['sʌmwʌn] *pron* jemand; (*direct obj*) jemand(en); (*indirect obj*) jemandem
someplace ['sʌmpleɪs] (*US*) *adv* = **somewhere**
somersault ['sʌməsɔ:lt] *n* Salto *m* ♦ *vi* einen Salto machen
something ['sʌmθɪŋ] *pron* etwas
sometime ['sʌmtaɪm] *adv* (irgend)einmal
sometimes ['sʌmtaɪmz] *adv* manchmal
somewhat ['sʌmwɔt] *adv* etwas
somewhere ['sʌmwɛəʳ] *adv* irgendwo; (*to a place*) irgendwohin; **~ else** irgendwo anders
son [sʌn] *n* Sohn *m*
sonar ['səunɑ:ʳ] *n* Echolot *nt*
song [sɒŋ] *n* Lied *nt*
sonic boom ['sɒnɪk-] *n* Überschallknall *m*
son-in-law ['sʌnɪnlɔ:] *n* Schwiegersohn *m*
soon [su:n] *adv* bald; **~ afterwards** kurz danach; **~er** *adv* (*time*) früher; (*for preference*) lieber; **~er or later** früher oder später
soot [sut] *n* Ruß *m*
soothe [su:ð] *vt* (*person*) beruhigen; (*pain*) lindern
sophisticated [sə'fɪstɪkeɪtɪd] *adj* (*person*) kultiviert; (*machinery*) hoch entwickelt
sophomore ['sɒfəmɔ:ʳ] (*US*) *n* College-student *m* im 2. Jahr
soporific [sɒpə'rɪfɪk] *adj* einschläfernd
sopping ['sɒpɪŋ] *adj* patschnass
soppy ['sɒpɪ] (*inf*) *adj* schmalzig
soprano [sə'prɑ:nəu] *n* Sopran *m*
sorcerer ['sɔ:sərəʳ] *n* Hexenmeister *m*
sordid ['sɔ:dɪd] *adj* erbärmlich
sore [sɔ:ʳ] *adj* schmerzend; (*point*) wund ♦ *n* Wunde *f*; **~ly** *adv* (*tempted*) stark, sehr

sorrow ['sɒrəu] *n* Kummer *m*, Leid *nt*; **~ful** *adj* sorgenvoll
sorry ['sɒrɪ] *adj* traurig, erbärmlich; **~!** Entschuldigung!; **to feel ~ for sb** jdn bemitleiden; **I feel ~ for him** er tut mir Leid; **~?** (*pardon*) wie bitte?
sort [sɔ:t] *n* Art *f*, Sorte *f* ♦ *vt* (*also*: **~ out**: *papers*) sortieren; (: *problems*) sichten, in Ordnung bringen; **~ing office** *n* Sortierstelle *f*
SOS *n* SOS *nt*
so-so ['səusəu] *adv* so(so) lala
sought [sɔ:t] *pt, pp of* **seek**
soul [səul] *n* Seele *f*; (*music*) Soul *m*; **~-destroying** *adj* trostlos; **~ful** *adj* seelenvoll
sound [saund] *adj* (*healthy*) gesund; (*safe*) sicher; (*sensible*) vernünftig; (*theory*) stichhaltig; (*thorough*) tüchtig, gehörig ♦ *adv*: **to be ~ asleep** fest schlafen ♦ *n* (*noise*) Geräusch *nt*, Laut *m*; (*GEOG*) Sund *m* ♦ *vt* erschallen lassen; (*alarm*) (Alarm) schlagen ♦ *vi* (*make a ~*) schallen, tönen; (*seem*) klingen; **to ~ like** sich anhören wie; **~ out** *vt* erforschen; (*person*) auf den Zahn fühlen +*dat*; **~ barrier** *n* Schallmauer *f*; **~ bite** *n* (*RAD, TV*) prägnante(s) Zitat *nt*; **~ effects** *npl* Toneffekte *pl*; **~ly** *adv* (*sleep*) fest; (*beat*) tüchtig; **~proof** *adj* (*room*) schalldicht; **~ track** *n* Tonstreifen *m*; (*music*) Filmmusik *f*
soup [su:p] *n* Suppe *f*; **~ plate** *n* Suppenteller *m*; **~spoon** *n* Suppenlöffel *m*
sour ['sauəʳ] *adj* (*also fig*) sauer; **it's ~ grapes** (*fig*) die Trauben hängen zu hoch
source [sɔ:s] *n* (*also fig*) Quelle *f*
south [sauθ] *n* Süden *m* ♦ *adj* Süd-, südlich ♦ *adv* nach Süden, südwärts; **S~ Africa** *n* Südafrika *nt*; **S~ African** *adj* südafrikanisch ♦ *n* Südafrikaner(in) *m(f)*; **S~ America** *n* Südamerika *nt*; **S~ American** *adj* südamerikanisch ♦ *n* Südamerikaner(in) *m(f)*; **~-east** *n* Südosten *m*; **~erly** ['sʌðəlɪ] *adj* südlich; **~ern** ['sʌðən] *adj* südlich, Süd-; **S~ Pole** *n* Südpol *m*; **S~ Wales** *n* Südwales *nt*; **~ward(s)** *adv* südwärts, nach Süden; **~-west** *n* Südwesten *m*
souvenir [su:və'nɪəʳ] *n* Souvenir *nt*

sovereign ['sɔvrɪn] n (ruler) Herrscher(in) m(f) ♦ adj (independent) souverän

soviet ['səuvɪət] adj sowjetisch; **the S~ Union** die Sowjetunion

sow¹ [sau] n (place) Sau f

sow² [səu] (pt **sowed**, pp **sown**) vt (also fig) säen

soya ['sɔɪə] (US **soy**) n: ~ **bean** Sojabohne f; ~ **sauce** Sojasauce f

spa [spɑː] n (place) Kurort m

space [speɪs] n Platz m, Raum m; (universe) Weltraum m, All nt; (length of time) Abstand m ♦ vt (also: ~ **out**) verteilen; ~**craft** n Raumschiff nt; ~**man** (irreg) n Raumfahrer m; ~ **ship** n Raumschiff nt

spacing ['speɪsɪŋ] n Abstand m; (also: ~ **out**) Verteilung f

spacious ['speɪʃəs] adj geräumig, weit

spade [speɪd] n Spaten m; ~**s** npl (CARDS) Pik nt

Spain [speɪn] n Spanien nt

span [spæn] n Spanne f; (of bridge etc) Spannweite f ♦ vt überspannen

Spaniard ['spænjəd] n Spanier(in) m(f)

spaniel ['spænjəl] n Spaniel m

Spanish ['spænɪʃ] adj spanisch ♦ n (LING) Spanisch nt; **the ~** npl (people) die Spanier pl

spank [spæŋk] vt verhauen, versohlen

spanner ['spænər] (BRIT) n Schraubenschlüssel m

spar [spɑːr] n (NAUT) Sparren m ♦ vi (BOXING) einen Sparring machen

spare [speər] adj Ersatz- ♦ n = **spare part** ♦ vt (lives, feelings) verschonen; (trouble) ersparen; to ~ (surplus) übrig; ~ **part** n Ersatzteil nt; ~ **time** n Freizeit f; ~ **wheel** n (AUT) Reservereifen m

sparing ['spɛərɪŋ] adj: **to be ~ with** geizen mit; ~**ly** adv sparsam; (eat, spend etc) in Maßen

spark [spɑːk] n Funken m; ~**(ing) plug** n Zündkerze f

sparkle ['spɑːkl] n Funkeln nt; (gaiety) Schwung m ♦ vi funkeln; **sparkling** adj funkelnd; (wine) Schaum-; (mineral water) mit Kohlensäure; (conversation) spritzig, geistreich

sparrow ['spærəu] n Spatz m

sparse [spɑːs] adj spärlich

spasm ['spæzəm] n (MED) Krampf m; (fig) Anfall m; ~**odic** [spæz'mɔdɪk] adj (fig) sprunghaft

spastic ['spæstɪk] (old) n Spastiker(in) m(f) ♦ adj spastisch

spat [spæt] pt, pp of **spit**

spate [speɪt] n (fig) Flut f, Schwall m; **in ~** (river) angeschwollen

spatter ['spætər] vt bespritzen, verspritzen

spatula ['spætjulə] n Spatel m

spawn [spɔːn] vi laichen ♦ n Laich m

speak [spiːk] (pt **spoke**, pp **spoken**) vt sprechen, reden; (truth) sagen; (language) sprechen ♦ vi: **to ~ (to)** sprechen (mit or zu); **to ~ to sb** of or **about sth** mit jdm über etw acc sprechen; ~ **up!** sprich lauter!; ~**er** n Sprecher(in) m(f), Redner(in) m(f); (loudspeaker) Lautsprecher m; (POL): **the S~er** der Vorsitzende des Parlaments (BRIT) or des Kongresses (US)

spear [spɪər] n Speer m ♦ vt aufspießen; ~**head** vt (attack etc) anführen

spec [spek] (inf) n: **on ~** auf gut Glück

special ['speʃl] adj besondere(r, s); ~**ist** n (TECH) Fachmann m; (MED) Facharzt m/ Fachärztin f; ~**ity** [speʃɪ'ælɪtɪ] n Spezialität f; (study) Spezialgebiet nt; ~**ize** vi: **to ~ize (in)** sich spezialisieren (auf +acc); ~**ly** adv besonders; (explicitly) extra; ~ **needs** adj: ~ **needs children** behinderte Kinder pl; ~**ty** (esp US) n = **speciality**

species ['spiːʃiːz] n Art f

specific [spə'sɪfɪk] adj spezifisch; ~**ally** adv spezifisch

specification [spesɪfɪ'keɪʃən] n Angabe f; (stipulation) Bedingung f; ~**s** npl (TECH) technische Daten pl

specify ['spesɪfaɪ] vt genau angeben

specimen ['spesɪmən] n Probe f

speck [spek] n Fleckchen nt

speckled ['spekld] adj gesprenkelt

specs [speks] (inf) npl Brille f

spectacle ['spektəkl] n Schauspiel nt; ~**s** npl (glasses) Brille f

spectacular [spɛk'tækjuləʳ] adj sensationell; (success etc) spektakulär

spectator [spɛk'teɪtəʳ] n Zuschauer(in) m(f)

spectre ['spɛktəʳ] (US **specter**) n Geist m, Gespenst nt

speculate ['spɛkjuleɪt] vi spekulieren

speech [spiːtʃ] n Sprache f; (address) Rede f; (way one speaks) Sprechweise f; **~less** adj sprachlos

speed [spiːd] n Geschwindigkeit f; (gear) Gang m ♦ vi (JUR) (zu) schnell fahren; **at full** or **top ~** mit Höchstgeschwindigkeit; **~ up** vt beschleunigen ♦ vi schneller werden; schneller fahren; **~boat** n Schnellboot nt; **~ily** adv schleunigst; **~ing** n Geschwindigkeitsüberschreitung f; **~ limit** n Geschwindigkeitsbegrenzung f; **~ometer** [spɪ'dɔmɪtəʳ] n Tachometer m; **~way** n (bike racing) Motorradrennstrecke f; **~y** adj schnell

spell [spɛl] (pt, pp **spelt** (BRIT) or **spelled**) n (magic) Bann m; (period of time) (eine) Zeit lang ♦ vt buchstabieren; (imply) bedeuten; **to cast a ~ on sb** jdn verzaubern; **~bound** adj (wie) gebannt; **~ing** n Rechtschreibung f

spelt [spɛlt] (BRIT) pt, pp of **spell**

spend [spɛnd] (pt, pp **spend**) vt (money) ausgeben; (time) verbringen; **~thrift** n Verschwender(in) m(f)

spent [spɛnt] pt, pp of **spend**

sperm [spəːm] n (BIOL) Samenflüssigkeit f

spew [spjuː] vt (er)brechen

sphere [sfɪəʳ] n (globe) Kugel f; (fig) Sphäre f, Gebiet nt; **spherical** ['sfɛrɪkl] adj kugelförmig

spice [spaɪs] n Gewürz nt ♦ vt würzen

spick-and-span ['spɪkən'spæn] adj blitzblank

spicy ['spaɪsɪ] adj (food) stark gewürzt; (fig) pikant

spider ['spaɪdəʳ] n Spinne f

spike [spaɪk] n Dorn m, Spitze f

spill [spɪl] (pt, pp **spilt** or **spilled**) vt verschütten ♦ vi sich ergießen; **~ over** vi überlaufen; (fig) sich ausbreiten

spilt [spɪlt] pt, pp of **spill**

spin [spɪn] (pt, pp **spun**) n (trip in car) Spazierfahrt f; (AVIAT) (Ab)trudeln nt; (on ball) Drall m ♦ vt (thread) spinnen; (like top) (herum)wirbeln ♦ vi sich drehen; **~ out** vt in die Länge ziehen

spinach ['spɪnɪtʃ] n Spinat m

spinal ['spaɪnl] adj Rückgrat-; **~ cord** n Rückenmark nt

spindly ['spɪndlɪ] adj spindeldürr

spin doctor n PR-Fachmann m, PR-Fachfrau f

spin-dryer [spɪn'draɪəʳ] (BRIT) n Wäscheschleuder f

spine [spaɪn] n Rückgrat nt; (thorn) Stachel m; **~less** adj (also fig) rückgratlos

spinning ['spɪnɪŋ] n Spinnen nt; **~ top** n Kreisel m; **~ wheel** n Spinnrad nt

spin-off ['spɪnɔf] n Nebenprodukt nt

spinster ['spɪnstəʳ] n unverheiratete Frau f; (pej) alte Jungfer f

spiral ['spaɪərl] n Spirale f ♦ adj spiralförmig; (movement etc) in Spiralen ♦ vi sich (hoch)winden; **~ staircase** n Wendeltreppe f

spire ['spaɪəʳ] n Turm m

spirit ['spɪrɪt] n Geist m; (humour, mood) Stimmung f; (courage) Mut m; (verve) Elan m; (alcohol) Alkohol m; **~s** npl (drink) Spirituosen pl; **in good ~s** gut aufgelegt; **~ed** adj beherzt; **~ level** n Wasserwaage f

spiritual ['spɪrɪtjuəl] adj geistig, seelisch; (REL) geistlich ♦ n Spiritual nt

spit [spɪt] (pt, pp **spat**) n (for roasting) (Brat)spieß m; (saliva) Spucke f ♦ vi spucken; (rain) sprühen; (make a sound) zischen; (cat) fauchen

spite [spaɪt] n Gehässigkeit f ♦ vt kränken; **in ~ of** trotz; **~ful** adj gehässig

spittle ['spɪtl] n Speichel m, Spucke f

splash [splæʃ] n Spritzer m; (of colour) (Farb)fleck m ♦ vt bespritzen ♦ vi spritzen

spleen [spliːn] n (ANAT) Milz f

splendid ['splɛndɪd] adj glänzend

splendour ['splɛndəʳ] (US **splendor**) n Pracht f

splint [splɪnt] n Schiene f

splinter ['splɪntəʳ] n Splitter m ♦ vi (zer)splittern

split [splɪt] (*pt, pp* **split**) *n* Spalte *f*; (*fig*) Spaltung *f*; (*division*) Trennung *f* ♦ *vt* spalten *vi* ♦ *vi* (*divide*) reißen; **~ up** *vi* sich trennen

splutter ['splʌtər] *vi* stottern

spoil [spɔɪl] (*pt, pp* **spoilt** *or* **spoiled**) *vt* (*ruin*) verderben; (*child*) verwöhnen; **~s** *npl* Beute *f*; **~sport** *n* Spielverderber *m*; **~t** *pt, pp of* **spoil**

spoke [spəuk] *pt of* **speak** ♦ *n* Speiche *f*; **~n** *pp of* **speak**

spokesman ['spəuksmən] (*irreg*) *n* Sprecher *m*; **spokeswoman** ['spəukswumən] (*irreg*) *n* Sprecherin *f*

sponge [spʌndʒ] *n* Schwamm *m* ♦ *vt* abwaschen ♦ *vi*: **to ~ on** auf Kosten +*gen* leben; **~ bag** (*BRIT*) *n* Kulturbeutel *m*; **~ cake** *n* Rührkuchen *m*

sponsor ['spɔnsər] *n* Sponsor *m* ♦ *vt* fördern; **~ship** *n* Finanzierung *f*; (*public*) Schirmherrschaft *f*

spontaneous [spɔn'teɪnɪəs] *adj* spontan

spooky ['spu:kɪ] (*inf*) *adj* gespenstisch

spool [spu:l] *n* Spule *f*, Rolle *f*

spoon [spu:n] *n* Löffel *m*; **~-feed** (*irreg*) *vt* mit dem Löffel füttern; (*fig*) hochpäppeln; **~ful** *n* Löffel *m* (voll)

sport [spɔ:t] *n* Sport *m*; (*person*) feine(r) Kerl *m*; **~ing** *adj* (*fair*) sportlich, fair; **to give sb a ~ing chance** jdm eine faire Chance geben; **~ jacket** (*US*) *n* = **sports jacket**; **~s car** *n* Sportwagen *m*; **~s jacket** *n* Sportjackett *nt*; **~sman** (*irreg*) *n* Sportler *m*; **~smanship** *n* Sportlichkeit *f*; **~swear** *n* Sportkleidung *f*; **~swoman** (*irreg*) *n* Sportlerin *f*; **~y** *adj* sportlich

spot [spɔt] *n* Punkt *m*; (*dirty*) Fleck(en) *m*; (*place*) Stelle *f*; (*MED*) Pickel *m* ♦ *vt* erspähen; (*mistake*) bemerken; **on the ~** an Ort und Stelle; (*at once*) auf der Stelle; **~ check** *n* Stichprobe *f*; **~less** *adj* fleckenlos; **~light** *n* Scheinwerferlicht *nt*; (*lamp*) Scheinwerfer *m*; **~ted** *adj* gefleckt; **~ty** *adj* (*face*) pickelig

spouse [spaus] *n* Gatte *m*/Gattin *f*

spout [spaut] *n* (*of pot*) Tülle *f*; (*jet*) Wasserstrahl *m* ♦ *vi* speien

sprain [spreɪn] *n* Verrenkung *f* ♦ *vt* verrenken

sprang [spræŋ] *pt of* **spring**

sprawl [sprɔ:l] *vi* sich strecken

spray [spreɪ] *n* Spray *nt*; (*off sea*) Gischt *f*; (*of flowers*) Zweig *m* ♦ *vt* besprühen, sprayen

spread [spred] (*pt, pp* **spread**) *n* (*extent*) Verbreitung *f*; (*inf: meal*) Schmaus *m*; (*for bread*) Aufstrich *m* ♦ *vt* ausbreiten; (*scatter*) verbreiten; (*butter*) streichen ♦ *vi* sich ausbreiten; **~ out** *vi* (*move apart*) sich verteilen; **~-eagled** ['spredɪgld] *adj*: **to be ~-eagled** alle viere von sich strecken; **~sheet** *n* Tabellenkalkulation *f*

spree [spri:] *n* (*shopping*) Einkaufsbummel *m*; **to go on a ~** einen draufmachen

sprightly ['spraɪtlɪ] *adj* munter, lebhaft

spring [sprɪŋ] (*pt* **sprang**, *pp* **sprung**) *n* (*leap*) Sprung *m*; (*TECH*) Feder *f*; (*season*) Frühling *m*; (*water*) Quelle *f* ♦ *vi* (*leap*) springen; **~ up** *vi* (*problem*) auftauchen; **~board** *n* Sprungbrett *nt*; **~-clean** *n* (*also*: **~-cleaning**) Frühjahrsputz *m*; **~time** *n* Frühling *m*; **~y** *adj* federnd, elastisch

sprinkle ['sprɪŋkl] *vt* (*salt*) streuen; (*liquid*) sprenkeln; **to ~ water on, to ~ with water** mit Wasser besprengen; **~r** ['sprɪŋklər] *n* (*for lawn*) Sprenger *m*; (*for fire fighting*) Sprinkler *m*

sprint [sprɪnt] *n* (*race*) Sprint *m* ♦ *vi* (*run fast*) rennen; (*SPORT*) sprinten; **~er** *n* Sprinter(in) *m(f)*

sprout [spraut] *vi* sprießen

sprouts [sprauts] *npl* (*also*: **Brussels ~**) Rosenkohl *m*

spruce [spru:s] *n* Fichte *f* ♦ *adj* schmuck, adrett

sprung [sprʌŋ] *pp of* **spring**

spry [spraɪ] *adj* flink, rege

spun [spʌn] *pt, pp of* **spin**

spur [spə:r] *n* Sporn *m*; (*fig*) Ansporn *m* ♦ *vt* (*also*: **~ on**: *fig*) anspornen; **on the ~ of the moment** spontan

spurious ['spjuərɪəs] *adj* falsch

spurn [spə:n] *vt* verschmähen

spurt [spə:t] *n* (*jet*) Strahl *m*; (*acceleration*) Spurt *m* ♦ *vi* (*liquid*) schießen

spy [spaɪ] n Spion(in) m(f) ♦ vi spionieren ♦ vt erspähen; **~ing** n Spionage f

sq. abbr = **square**

squabble ['skwɒbl] n Zank m ♦ vi sich zanken

squad [skwɒd] n (MIL) Abteilung f; (POLICE) Kommando nt

squadron ['skwɒdrn] n (cavalry) Schwadron f; (NAUT) Geschwader nt; (air force) Staffel f

squalid ['skwɒlɪd] adj verkommen

squall [skwɔːl] n Bö(e) f, Windstoß m

squalor ['skwɒləʳ] n Verwahrlosung f

squander ['skwɒndəʳ] vt verschwenden

square [skwɛəʳ] n Quadrat nt; (open space) Platz m; (instrument) Winkel m; (inf: person) Spießer m ♦ adj viereckig; (inf: ideas, tastes) spießig ♦ vt (arrange) ausmachen; (MATH) ins Quadrat erheben ♦ vi (agree) übereinstimmen; **all ~** quitt; **a ~ meal** eine ordentliche Mahlzeit; **2 metres ~** 2 Meter im Quadrat; **1 ~ metre** 1 Quadratmeter; **~ly** adv fest, gerade

squash [skwɒʃ] n (BRIT: drink) Saft m; (game) Squash nt ♦ vt zerquetschen

squat [skwɒt] adj untersetzt ♦ vi hocken; **~ter** n Hausbesetzer m

squawk [skwɔːk] vi kreischen

squeak [skwiːk] vi quiek(s)en; (spring, door etc) quietschen

squeal [skwiːl] vi schrill schreien

squeamish ['skwiːmɪʃ] adj empfindlich

squeeze [skwiːz] vt pressen, drücken; (orange) auspressen; **~ out** vt ausquetschen

squelch [skwɛltʃ] vi platschen

squib [skwɪb] n Knallfrosch m

squid [skwɪd] n Tintenfisch m

squiggle ['skwɪgl] n Schnörkel m

squint [skwɪnt] vi schielen ♦ n: **to have a ~** schielen; **to ~ at sb/sth** nach jdm/etw schielen

squirm [skwəːm] vi sich winden

squirrel ['skwɪrəl] n Eichhörnchen nt

squirt [skwəːt] vt, vi spritzen

Sr abbr (= senior) sen.

St abbr (= saint) hl., St.; (= street) Str.

stab [stæb] n (blow) Stich m; (inf: try) Versuch m ♦ vt erstechen

stabilize ['steɪbəlaɪz] vt stabilisieren ♦ vi sich stabilisieren

stable ['steɪbl] adj stabil ♦ n Stall m

stack [stæk] n Stapel m ♦ vt stapeln

stadium ['steɪdɪəm] n Stadion nt

staff [stɑːf] n (stick, MIL) Stab m; (personnel) Personal nt; (BRIT: SCH) Lehrkräfte pl ♦ vt besetzen

stag [stæg] n Hirsch m

stage [steɪdʒ] n Bühne f; (of journey) Etappe f; (degree) Stufe f; (point) Stadium nt ♦ vt (put on) aufführen; (simulate) inszenieren; (demonstration) veranstalten; **in ~s** etappenweise; **~coach** n Postkutsche f; **~door** n Bühneneingang m; **~ manager** n Intendant m

stagger ['stægəʳ] vi wanken, taumeln ♦ vt (amaze) verblüffen; (hours) staffeln; **~ing** adj unglaublich

stagnant ['stægnənt] adj stagnierend; (water) stehend; **stagnate** [stæg'neɪt] vi stagnieren

stag party n Männerabend m (vom Bräutigam vor der Hochzeit gegeben)

staid [steɪd] adj gesetzt

stain [steɪn] n Fleck m ♦ vt beflecken; **~ed glass window** buntes Glasfenster nt; **~less** adj (steel) rostfrei; **~ remover** n Fleckentferner m

stair [stɛəʳ] n (Treppen)stufe f; **~s** npl (flight of steps) Treppe f; **~case** n Treppenhaus nt, Treppe f; **~way** n Treppenaufgang m

stake [steɪk] n (post) Pfahl m; (money) Einsatz m ♦ vt (bet: money) setzen; **to be at ~** auf dem Spiel stehen

stale [steɪl] adj alt; (bread) altbacken

stalemate ['steɪlmeɪt] n (CHESS) Patt nt; (fig) Stillstand m

stalk [stɔːk] n Stängel m, Stiel m ♦ vt (game) jagen; **~ off** vi abstolzieren

stall [stɔːl] n (in stable) Stand m, Box f; (in market) (Verkaufs)stand m ♦ vt (AUT) abwürgen ♦ vi (AUT) stehen bleiben; (fig) Ausflüchte machen; **~s** npl (BRIT: THEAT) Parkett nt

stallion ['stæljən] n Zuchthengst m

stalwart ['stɔːlwət] n treue(r) Anhänger m

stamina ['stæmɪnə] n Durchhaltevermögen nt, Zähigkeit f

stammer ['stæmər] n Stottern nt ♦ vt, vi stottern, stammeln

stamp [stæmp] n Briefmarke f; (for document) Stempel m ♦ vi stampfen ♦ vt (mark) stempeln; (mail) frankieren; (foot) stampfen mit; ~ album n Briefmarkenalbum nt; ~ collecting n Briefmarkensammeln nt

stampede [stæm'piːd] n panische Flucht f

stance [stæns] n Haltung f

stand [stænd] (pt, pp stood) n (for objects) Gestell nt; (seats) Tribüne f ♦ vi stehen; (rise) aufstehen; (decision) feststehen ♦ vt setzen, stellen; (endure) aushalten; (person) ausstehen; (nonsense) dulden; to make a ~ Widerstand leisten; to ~ for parliament (BRIT) für das Parlament kandidieren; ~ by vi (be ready) bereitstehen ♦ vt fus (opinion) treu bleiben +dat; ~ down vi (withdraw) zurücktreten; ~ for vt fus (signify) stehen für; (permit, tolerate) hinnehmen; ~ in for vt fus einspringen für; ~ out vi (be prominent) hervorstechen; ~ up vi (rise) aufstehen; ~ up for vt fus sich einsetzen für; ~ up to vt fus: to ~ up to sth einer Sache dat gewachsen sein; to ~ up to sb sich jdm gegenüber behaupten

standard ['stændəd] n (measure) Norm f; (flag) Fahne f ♦ adj (size etc) Normal-; ~s npl (morals) Maßstäbe pl; ~ize vt vereinheitlichen; ~ lamp (BRIT) n Stehlampe f; ~ of living n Lebensstandard m

stand: ~-by n Reserve f; to be on ~-by in Bereitschaft sein; ~-by ticket n (AVIAT) Standbyticket nt; ~-in ['stændɪn] n Ersatz m

standing ['stændɪn] adj (erect) stehend; (permanent) ständig; (invitation) offen ♦ n (duration) Dauer f; (reputation) Ansehen nt; of many years' ~ langjährig; ~ order (BRIT) n (at bank) Dauerauftrag m; ~ room n Stehplatz m

stand: ~-offish [stænd'ɔfɪʃ] adj zurückhaltend, sehr reserviert; ~point ['stændpɔɪnt] n Standpunkt m; ~still

['stændstɪl] n: to be at a ~still stillstehen; to come to a ~still zum Stillstand kommen

stank [stæŋk] pt of stink

staple ['steɪpl] n (in paper) Heftklammer f; (article) Haupterzeugnis nt ♦ adj Grund-, Haupt- ♦ vt (fest)klammern; ~r n Heftmaschine f

star [staːr] n Stern m; (person) Star m ♦ vi die Hauptrolle spielen ♦ vt: ~ring ... in der Hauptrolle/den Hauptrollen ...

starboard ['staːbɔːd] n Steuerbord nt

starch [staːtʃ] n Stärke f

stardom ['staːdəm] n Berühmtheit f

stare [stɛər] n starre(r) Blick m ♦ vi: to ~ at starren auf +acc, anstarren

starfish ['staːfɪʃ] n Seestern m

stark [staːk] adj öde ♦ adv: ~ naked splitternackt

starling ['staːlɪŋ] n Star m

starry ['staːrɪ] adj Sternen-; ~-eyed adj (innocent) blauäugig

start [staːt] n Anfang m; (SPORT) Start m; (lead) Vorsprung m ♦ vt in Gang setzen; (car) anlassen ♦ vi anfangen; (car) anspringen; (on journey) aufbrechen; (SPORT) starten; (with fright) zusammenfahren; to ~ doing or to do sth anfangen, etw zu tun; ~ off vi anfangen; (begin moving) losgehen; losfahren; ~ up vi anfangen ♦ vt beginnen; (car) anlassen; (engine) starten; ~er n (AUT) Anlasser m; (for race) Starter m; (BRIT: COOK) Vorspeise f; ~ing point n Ausgangspunkt m

startle ['staːtl] vt erschrecken; startling adj erschreckend

starvation [staː'veɪʃən] n Verhungern nt

starve [staːv] vi verhungern ♦ vt verhungern lassen; I'm starving ich sterbe vor Hunger

state [steɪt] n (condition) Zustand m; (POL) Staat m ♦ vt erklären; (facts) angeben; the S~s (USA) die Staaten; to be in a ~ durchdrehen; ~ly adj würdevoll; ~ly home n herrschaftliches Anwesen nt, Schloss nt; ~ment n Aussage f; (POL) Erklärung f; ~sman (irreg) n Staatsmann m

static ['stætɪk] n (also: ~ electricity) Reibungselektrizität f

station ['steɪʃən] n (RAIL etc) Bahnhof m; (police etc) Wache f; (in society) Stand m ♦ vt stationieren

stationary ['steɪʃnərɪ] adj stillstehend; (car) parkend

stationer's n (shop) Schreibwarengeschäft nt; **~y** n Schreibwaren pl

station master n Bahnhofsvorsteher m

station wagon n Kombiwagen m

statistics [stə'tɪstɪks] n Statistik f

statue ['stætjuː] n Statue f

stature ['stætʃəʳ] n Größe f

status ['steɪtəs] n Status m

statute ['stætjuːt] n Gesetz nt; **statutory** ['stætjutrɪ] adj gesetzlich

staunch [stɔːntʃ] adj standhaft

stay [steɪ] n Aufenthalt m ♦ vi bleiben; (reside) wohnen; **to ~ put** an Ort und Stelle bleiben; **to ~ the night** übernachten; **~ behind** vi zurückbleiben; **~ in** vi (at home) zu Hause bleiben; **~ on** vi (continue) länger bleiben; **~ out** vi (of house) wegbleiben; **~ up** vi (at night) aufbleiben; **~ing power** n Durchhaltevermögen nt

stead [sted] n: **in sb's ~** an jds Stelle dat; **to stand sb in good ~** jdm zugute kommen

steadfast ['stedfɑːst] adj standhaft, treu

steadily ['stedɪlɪ] adv stetig, regelmäßig

steady ['stedɪ] adj (firm) fest, stabil; (regular) gleichmäßig; (reliable) beständig; (hand) ruhig; (job, boyfriend) fest ♦ vt festigen; **to ~ o.s. on/against sth** sich stützen auf/ gegen etw acc

steak [steɪk] n Steak nt; (fish) Filet nt

steal [stiːl] (pt **stole**, pp **stolen**) vt stehlen ♦ vi stehlen; (go quietly) sich stehlen

stealth [stelθ] n Heimlichkeit f; **~y** adj verstohlen, heimlich

steam [stiːm] n Dampf m ♦ vt (COOK) im Dampfbad erhitzen ♦ vi dampfen; **~ engine** n Dampfmaschine f; **~er** n Dampfer m; **~roller** n Dampfwalze f; **~ship** n = **steamer**; **~y** adj dampfig

steel [stiːl] n Stahl m ♦ adj Stahl-; (fig) stählern; **~works** n Stahlwerke pl

steep [stiːp] adj steil; (price) gepfeffert ♦ vt einweichen

steeple ['stiːpl] n Kirchturm m; **~chase** n Hindernisrennen nt

steer [stɪəʳ] vt, vi steuern; (car etc) lenken; **~ing** n (AUT) Steuerung f; **~ing wheel** n Steuer- or Lenkrad nt

stem [stem] n Stiel m ♦ vt aufhalten; **~ from** vt fus abstammen von

stench [stentʃ] n Gestank m

stencil ['stensl] n Schablone f ♦ vt (auf)drucken

stenographer [stɛ'nɔgrəfəʳ] (US) n Stenograf(in) m(f)

step [step] n Schritt m; (stair) Stufe f ♦ vi treten, schreiten; **~s** npl (BRIT) = **stepladder; to take ~s** Schritte unternehmen; **in/out of ~ (with)** im/nicht im Gleichklang (mit); **~ down** vi (fig) abtreten; **~ off** vt fus aussteigen aus; **~ up** vt steigern

stepbrother ['stepbrʌðəʳ] n Stiefbruder m

stepdaughter ['stepdɔːtəʳ] n Stieftochter f

stepfather ['stepfɑːðəʳ] n Stiefvater m

stepladder ['steplædəʳ] n Trittleiter f

stepmother ['stepmʌðəʳ] n Stiefmutter f

stepping stone ['stepɪŋ-] n Stein m; (fig) Sprungbrett nt

stepsister ['stepsɪstəʳ] n Stiefschwester f

stepson ['stepsʌn] n Stiefsohn m

stereo ['stɪərɪəu] n Stereoanlage f ♦ adj (also: **~phonic**) stereofonisch, stereophonisch

stereotype ['stɪərɪətaɪp] n (fig) Klischee nt ♦ vt stereotypieren; (fig) stereotyp machen

sterile ['steraɪl] adj steril; (person) unfruchtbar; **sterilize** vt sterilisieren

sterling ['stɜːlɪŋ] adj (FIN) Sterling-; (character) gediegen ♦ n (ECON) das Pfund Sterling; **a pound ~** ein Pfund Sterling

stern [stɜːn] adj streng ♦ n Heck nt, Achterschiff nt

stew [stjuː] n Eintopf m ♦ vt, vi schmoren

steward ['stjuːəd] n Steward m; **~ess** n Stewardess f

stick [stɪk] (pt, pp **stuck**) n Stock m; (of chalk etc) Stück nt ♦ vt (stab) stechen; (fix) stecken; (put) stellen; (gum) (an)kleben; (inf: tolerate) vertragen ♦ vi (stop) stecken bleiben; (get stuck) klemmen; (hold fast)

kleben, haften; ~ **out** vi (*project*)
hervorstehen; ~ **up** vi (*project*) in die Höhe
stehen; ~ **up for** vt fus (*defend*) eintreten
für; ~**er** n Aufkleber m; ~**ing plaster** n
Heftpflaster nt

stickler ['stɪklər] n: ~ **(for)** Pedant m (in
+acc)

stick-up ['stɪkʌp] (*inf*) n (Raub)überfall m

sticky ['stɪkɪ] adj klebrig; (*atmosphere*) stickig

stiff [stɪf] adj steif; (*difficult*) hart; (*paste*) dick;
(*drink*) stark; **to have a ~ neck** einen steifen
Hals haben; ~**en** vt versteifen, (ver)stärken
♦ vi sich versteifen

stifle ['staɪfl] vt unterdrücken; **stifling** adj
drückend

stigma ['stɪgmə] (*pl* BOT, MED, REL ~**ta**; *fig* ~**s**)
n Stigma nt

stigmata [stɪg'mɑːtə] npl of **stigma**

stile [staɪl] n Steige f

stiletto [stɪ'letəʊ] (BRIT) n (*also:* ~ **heel**)
Pfennigabsatz m

still [stɪl] adj still ♦ adv (immer) noch;
(*anyhow*) immerhin; ~**born** adj tot
geboren; ~ **life** n Stillleben nt

stilt [stɪlt] n Stelze f

stilted ['stɪltɪd] adj gestelzt

stimulate ['stɪmjʊleɪt] vt anregen,
stimulieren

stimuli ['stɪmjʊlaɪ] npl of **stimulus**

stimulus ['stɪmjʊləs] (*pl* -**li**) n Anregung f,
Reiz m

sting [stɪŋ] (*pt, pp* **stung**) n Stich m; (*organ*)
Stachel m ♦ vi stechen; (*on skin*) brennen
♦ vt stechen

stingy ['stɪndʒɪ] adj geizig, knauserig

stink [stɪŋk] (*pt* **stank**, *pp* **stunk**) n Gestank
m ♦ vi stinken; ~**ing** adj (*fig*) widerlich

stint [stɪnt] n (*period*) Betätigung f; **to do
one's ~** seine Arbeit tun; (*share*) seinen Teil
beitragen

stipulate ['stɪpjʊleɪt] vt festsetzen

stir [stɜː'] n Bewegung f; (COOK) Rühren nt;
(*sensation*) Aufsehen nt ♦ vt (um)rühren ♦ vi
sich rühren; ~ **up** vt (*mob*) aufhetzen;
(*mixture*) umrühren; (*dust*) aufwirbeln

stirrup ['stɪrəp] n Steigbügel m

stitch [stɪtʃ] n (*with needle*) Stich m; (MED)

Faden m; (*of knitting*) Masche f; (*pain*) Stich
m ♦ vt nähen

stoat [stəʊt] n Wiesel nt

stock [stɒk] n Vorrat m; (COMM)
(Waren)lager nt; (*livestock*) Vieh nt; (COOK)
Brühe f; (FIN) Grundkapital nt ♦ adj stets
vorrätig; (*standard*) Normal- ♦ vt (*in shop*)
führen; ~**s** npl (FIN) Aktien pl; **in/out of ~**
vorrätig/nicht vorrätig; **to take ~ of**
Inventur machen von; (*fig*) Bilanz ziehen
aus; ~**s and shares** Effekten pl; ~ **up** vi: **to
~ up (with)** Reserven anlegen (von);
~**broker** ['stɒkbrəʊkər] n Börsenmakler m; ~
cube n Brühwürfel m; ~ **exchange** n
Börse f

stocking ['stɒkɪŋ] n Strumpf m

stock: ~ **market** n Börse f; ~ **phrase** n
Standardsatz m; ~**pile** n Vorrat m ♦ vt
aufstapeln; ~**taking** (BRIT) n (COMM)
Inventur f, Bestandsaufnahme f

stocky ['stɒkɪ] adj untersetzt

stodgy ['stɒdʒɪ] adj pappig

stoke [stəʊk] vt schüren

stole [stəʊl] pt of **steal** ♦ n Stola f

stolen ['stəʊln] pp of **steal**

stomach ['stʌmək] n Bauch m, Magen m
♦ vt vertragen; ~**ache** n Magen- or
Bauchschmerzen pl

stone [stəʊn] n Stein m; (BRIT: *weight*)
Gewichtseinheit = 6.35 kg ♦ vt (*olive*)
entkernen; (*kill*) steinigen; ~**cold** adj
eiskalt; ~**deaf** adj stocktaub; ~**work** n
Mauerwerk nt; **stony** ['stəʊnɪ] adj steinig

stood [stʊd] pt, pp of **stand**

stool [stuːl] n Hocker m

stoop [stuːp] vi sich bücken

stop [stɒp] n Halt m; (*bus* ~) Haltestelle f;
(*punctuation*) Punkt m ♦ vt anhalten; (*bring
to an end*) aufhören (mit), sein lassen ♦ vi
aufhören; (*clock*) stehen bleiben; (*remain*)
bleiben; **to ~ doing sth** aufhören, etw zu
tun; **to ~ dead** innehalten; ~ **off** vi kurz
Halt machen; ~ **up** vt (*hole*) zustopfen,
verstopfen; ~**gap** n Notlösung f; ~**lights**
npl (AUT) Bremslichter pl; ~**over** n (*on
journey*) Zwischenaufenthalt m; ~**page**
['stɒpɪdʒ] n (An)halten nt; (*traffic*)

Verkehrsstockung *f*; (*strike*) Arbeitseinstellung *f*; ~**per** ['stɔpəʳ] *n* Propfen *m*, Stöpsel *m*; ~ **press** *n* letzte Meldung *f*; ~**watch** ['stɔpwɔtʃ] *n* Stoppuhr *f*

storage ['stɔːrɪdʒ] *n* Lagerung *f*; ~ **heater** *n* (Nachtstrom)speicherofen *m*

store [stɔːʳ] *n* Vorrat *m*; (*place*) Lager *nt*, Warenhaus *nt*; (*BRIT: large shop*) Kaufhaus *nt*; (*US*) Laden *m* ♦ *vt* lagern; ~**s** *npl* (*supplies*) Vorräte *pl*; ~ **up** *vt* sich eindecken mit; ~**room** *n* Lagerraum *m*, Vorratsraum *m*

storey ['stɔːrɪ] (*US* **story**) *n* Stock *m*

stork [stɔːk] *n* Storch *m*

storm [stɔːm] *n* (*also fig*) Sturm *m* ♦ *vt*, *vi* stürmen; ~**y** *adj* stürmisch

story ['stɔːrɪ] *n* Geschichte *f*; (*lie*) Märchen *nt*; (*US*) = **storey**; ~**book** *n* Geschichtenbuch *nt*; ~**teller** *n* Geschichtenerzähler *m*

stout [staut] *adj* (*bold*) tapfer; (*fat*) beleibt ♦ *n* Starkbier *nt*; (*also:* **sweet ~**) ≃ Malzbier *nt*

stove [stəuv] *n* (Koch)herd *m*; (*for heating*) Ofen *m*

stow [stəu] *vt* verstauen; ~**away** *n* blinde(r) Passagier *m*

straddle ['strædl] *vt* (*horse, fence*) rittlings sitzen auf +*dat*; (*fig*) überbrücken

straggle ['strægl] *vi* (*people*) nachhinken; ~**r** *n* Nachzügler *m*; **straggly** *adj* (*hair*) zottig

straight [streit] *adj* gerade; (*honest*) offen, ehrlich; (*drink*) pur ♦ *adv* (*direct*) direkt, geradewegs; **to put** *or* **get sth ~** etw in Ordnung bringen; ~ **away** sofort; ~ **off** sofort; ~**en** *vt* (*also:* ~**en out**) gerade machen; (*fig*) klarstellen; ~**-faced** *adv* ohne die Miene zu verziehen ♦ *adj*: **to be ~- faced** keine Miene verziehen; ~**forward** *adj* einfach, unkompliziert

strain [strein] *n* Belastung *f*; (*streak, trace*) Zug *m*; (*of music*) Fetzen *m* ♦ *vt* überanstrengen; (*stretch*) anspannen; (*muscle*) zerren; (*filter*) (durch)seihen ♦ *vi* sich anstrengen; ~**ed** *adj* (*laugh*) gezwungen; (*relations*) gespannt; ~**er** *n* Sieb *nt*

strait [streit] *n* Straße *f*, Meerenge *f*; ~**jacket** *n* Zwangsjacke *f*; ~**-laced** *adj* engherzig, streng

strand [strænd] *n* (*of hair*) Strähne *f*; (*also fig*) Faden *m*

stranded ['strændid] *adj* (*also fig*) gestrandet

strange [streindʒ] *adj* fremd; (*unusual*) seltsam; ~**r** *n* Fremde(r) *mf*

strangle ['stræŋgl] *vt* erwürgen; ~**hold** *n* (*fig*) Umklammerung *f*

strap [stræp] *n* Riemen *m*; (*on clothes*) Träger *m* ♦ *vt* (*fasten*) festschnallen

strapping ['stræpɪŋ] *adj* stramm

strata ['strɑːtə] *npl of* **stratum**

strategic [strə'tiːdʒɪk] *adj* strategisch

strategy ['strætɪdʒɪ] *n* (*fig*) Strategie *f*

stratum ['strɑːtəm] (*pl* **-ta**) *n* Schicht *f*

straw [strɔː] *n* Stroh *nt*; (*single stalk, drinking ~*) Strohhalm *m*; **that's the last ~!** das ist der Gipfel!

strawberry ['strɔːbərɪ] *n* Erdbeere *f*

stray [strei] *adj* (*animal*) verirrt ♦ *vi* herumstreunen

streak [striːk] *n* Streifen *m*; (*in character*) Einschlag *m*; (*in hair*) Strähne *f* ♦ *vt* streifen ♦ *vi* zucken; (*move quickly*) flitzen; ~ **of bad luck** Pechsträhne *f*; ~**y** *adj* gestreift; (*bacon*) durchwachsen

stream [striːm] *n* (*brook*) Bach *m*; (*fig*) Strom *m* ♦ *vt* (*SCH*) in (Leistungs)gruppen einteilen ♦ *vi* strömen; **to ~ in/out** (*people*) hinein-/ hinausströmen

streamer ['striːməʳ] *n* (*flag*) Wimpel *m*; (*of paper*) Luftschlange *f*

streamlined ['striːmlaind] *adj* stromlinienförmig; (*effective*) rationell

street [striːt] *n* Straße *f* ♦ *adj* Straßen-; ~**car** (*US*) *n* Straßenbahn *f*; ~ **lamp** *n* Straßenlaterne *f*; ~ **plan** *n* Stadtplan *m*; ~**wise** (*inf*) *adj*: **to be ~wise** wissen, wo es langgeht

strength [streŋθ] *n* (*also fig*) Stärke *f*; Kraft *f*; ~**en** *vt* (ver)stärken

strenuous ['strenjuəs] *adj* anstrengend

stress [stres] *n* Druck *m*; (*mental*) Stress *m*; (*GRAM*) Betonung *f* ♦ *vt* betonen

stretch [stretʃ] *n* Strecke *f* ♦ *vt* ausdehnen,

strecken ♦ *vi* sich erstrecken; (*person*) sich strecken; **~ out** *vi* sich ausstrecken ♦ *vt* ausstrecken

stretcher ['strɛtʃə^r] *n* Tragbahre *f*

stretchy ['strɛtʃɪ] *adj* elastisch, dehnbar

strewn [stru:n] *adj*: **~ with** übersät mit

stricken ['strɪkən] *adj* (*person*) ergriffen; (*city, country*) heimgesucht; **~ with** (*disease*) leidend unter +*dat*

strict [strɪkt] *adj* (*exact*) genau; (*severe*) streng; **~ly** *adv* streng, genau

stridden ['strɪdn] *pp of* **stride**

stride [straɪd] (*pt* **strode**, *pp* **stridden**) *n* lange(r) Schritt *m* ♦ *vi* schreiten

strident ['straɪdnt] *adj* schneidend, durchdringend

strife [straɪf] *n* Streit *m*

strike [straɪk] (*pt, pp* **struck**) *n* Streik *m*; (*attack*) Schlag *m* ♦ *vt* (*hit*) schlagen; (*collide*) stoßen gegen; (*come to mind*) einfallen +*dat*; (*stand out*) auffallen +*dat*; (*find*) finden ♦ *vi* (*stop work*) streiken; (*attack*) zuschlagen; (*clock*) schlagen; **on ~** (*workers*) im Streik; **to ~ a match** ein Streichholz anzünden; **~ down** *vt* (*lay low*) niederschlagen; **~ out** *vt* (*cross out*) ausstreichen; **~ up** *vt* (*music*) anstimmen; (*friendship*) schließen; **~r** *n* Streikende(r) *m/f*; **striking** ['straɪkɪŋ] *adj* auffallend

string [strɪŋ] (*pt, pp* **strung**) *n* Schnur *f*; (*row*) Reihe *f*; (*MUS*) Saite *f* ♦ *vt*: **to ~ together** aneinander reihen ♦ *vi*: **to ~ out** (sich) verteilen; **the ~s** *npl* (*MUS*) die Streichinstrumente *pl*; **to pull ~s** (*fig*) Fäden ziehen; **~ bean** *n* grüne Bohne *f*; **~(ed) instrument** *n* (*MUS*) Saiteninstrument *nt*

stringent ['strɪndʒənt] *adj* streng

strip [strɪp] *n* Streifen *m* ♦ *vt* (*uncover*) abstreifen, abziehen; (*clothes*) ausziehen; (*TECH*) auseinander nehmen ♦ *vi* (*undress*) sich ausziehen; **~ cartoon** *n* Bildserie *f*

stripe [straɪp] *n* Streifen *m*; **~d** *adj* gestreift

strip lighting *n* Neonlicht *nt*

stripper ['strɪpə^r] *n* Stripteasetänzerin *f*

strip-search ['strɪpsɛtʃ] *n* Leibesvisitation *f* (*bei der man sich ausziehen muss*) ♦ *vt*: **to be ~~ed** sich ausziehen müssen und

durchsucht werden

stripy ['straɪpɪ] *adj* gestreift

strive [straɪv] (*pt* **strove**, *pp* **striven**) *vi*: **to ~ (for)** streben (nach)

strode [strəud] *pt of* **stride**

stroke [strəuk] *n* Schlag *m*; (*SWIMMING, ROWING*) Stoß *m*; (*MED*) Schlaganfall *m*; (*caress*) Streicheln *nt* ♦ *vt* streicheln; **at a ~** mit einem Schlag

stroll [strəul] *n* Spaziergang *m* ♦ *vi* schlendern; **~er** (*US*) *n* (*pushchair*) Sportwagen *m*

strong [strɔŋ] *adj* stark; (*firm*) fest; **they are 50 ~** sie sind 50 Mann stark; **~box** *n* Kassette *f*; **~hold** *n* Hochburg *f*; **~ly** *adv* stark; **~room** *n* Tresor *m*

strove [strəuv] *pt of* **strive**

struck [strʌk] *pt, pp of* **strike**

structure ['strʌktʃə^r] *n* Struktur *f*, Aufbau *m*; (*building*) Bau *m*

struggle ['strʌgl] *n* Kampf *m* ♦ *vi* (*fight*) kämpfen

strum [strʌm] *vt* (*guitar*) klimpern auf +*dat*

strung [strʌŋ] *pt, pp of* **string**

strut [strʌt] *n* Strebe *f*, Stütze *f* ♦ *vi* stolzieren

stub [stʌb] *n* Stummel *m*; (*of cigarette*) Kippe *f* ♦ *vt*: **to ~ one's toe** sich *dat* den Zeh anstoßen; **~ out** *vt* ausdrücken

stubble ['stʌbl] *n* Stoppel *f*

stubborn ['stʌbən] *adj* hartnäckig

stuck [stʌk] *pt, pp of* **stick** ♦ *adj* (*jammed*) klemmend; **~-up** *adj* hochnäsig

stud [stʌd] *n* (*button*) Kragenknopf *m*; (*place*) Gestüt *nt* ♦ *vt* (*fig*): **~ded with** übersät mit

student ['stju:dənt] *n* Student(in) *m(f)*; (*US*) Student(in) *m(f)*, Schüler(in) *m(f)* ♦ *adj* Studenten-; **~ driver** (*US*) *n* Fahrschüler(in) *m(f)*

studio ['stju:dɪəu] *n* Studio *nt*; (*for artist*) Atelier *nt*; **~ apartment** (*US*) *n* Appartement *nt*; **~ flat** *n* Appartement *nt*

studious ['stju:dɪəs] *adj* lernbegierig

study ['stʌdɪ] *n* Studium *nt*; (*investigation*) Studium *nt*, Untersuchung *f*; (*room*) Arbeitszimmer *nt*; (*essay etc*) Studie *f* ♦ *vt* studieren; (*face*) erforschen; (*evidence*) prüfen ♦ *vi* studieren

stuff [stʌf] n Stoff m; (inf) Zeug nt ♦ vt stopfen, füllen; (animal) ausstopfen; ~ing n Füllung f; ~y adj (room) schwül; (person) spießig

stumble ['stʌmbl] vi stolpern; **to ~ across** (fig) zufällig stoßen auf +acc

stumbling block ['stʌmblɪŋ-] n Hindernis nt

stump [stʌmp] n Stumpf m

stun [stʌn] vt betäuben; (shock) niederschmettern

stung [stʌŋ] pt, pp of **sting**

stunk [stʌŋk] pp of **stink**

stunned adj benommen, fassungslos

stunning ['stʌnɪŋ] adj betäubend; (news) überwältigend, umwerfend

stunt [stʌnt] n Kunststück nt, Trick m

stunted ['stʌntɪd] adj verkümmert

stuntman ['stʌntmæn] (irreg) n Stuntman m

stupefy ['stju:pɪfaɪ] vt betäuben; (by news) bestürzen

stupendous [stju:'pɛndəs] adj erstaunlich, enorm

stupid ['stju:pɪd] adj dumm; ~ity [stju:'pɪdɪtɪ] n Dummheit f

stupor ['stju:pə'] n Betäubung f

sturdy ['stɜ:dɪ] adj kräftig, robust

stutter ['stʌtə'] n Stottern nt ♦ vi stottern

sty [staɪ] n Schweinestall m

stye [staɪ] n Gerstenkorn nt

style [staɪl] n Stil m; (fashion) Mode f; **stylish** ['staɪlɪʃ] adj modisch; **stylist** ['staɪlɪst] n (hair stylist) Friseur m, Friseuse f

stylus ['staɪləs] n (Grammofon)nadel f

suave [swɑ:v] adj zuvorkommend

sub... [sʌb] prefix Unter...; ~**conscious** adj unterbewusst ♦ n: **the ~conscious** das Unterbewusste; ~**contract** vt (vertraglich) untervermitteln; ~**divide** vt unterteilen; ~**dued** adj (lighting) gedämpft; (person) still

subject [n, adj 'sʌbdʒɪkt, vb səb'dʒɛkt] n (of kingdom) Untertan m; (citizen) Staatsangehörige(r) mf; (topic) Thema nt; (SCH) Fach nt; (GRAM) Subjekt nt ♦ adj: **to be ~ to** unterworfen sein +dat; (exposed) ausgesetzt sein +dat ♦ vt (subdue) unterwerfen; (expose) aussetzen; ~**ive** [səb'dʒɛktɪv] adj subjektiv; ~ **matter** n Thema nt

sublet [sʌb'lɛt] (irreg: like **let**) vt untervermieten

sublime [sə'blaɪm] adj erhaben

submachine gun [sʌbmə'ʃi:n-] n Maschinenpistole f

submarine [sʌbmə'ri:n] n Unterseeboot nt, U-Boot nt

submerge [səb'mɜ:dʒ] vt untertauchen; (flood) überschwemmen ♦ vi untertauchen

submission [səb'mɪʃən] n (obedience) Gehorsam m; (claim) Behauptung f; (of plan) Unterbreitung f; **submissive** [səb'mɪsɪv] adj demütig, unterwürfig (pej)

submit [səb'mɪt] vt behaupten; (plan) unterbreiten ♦ vi sich ergeben

subnormal [sʌb'nɔ:ml] adj minderbegabt

subordinate [sə'bɔ:dɪnət] adj untergeordnet ♦ n Untergebene(r) mf

subpoena [sə'pi:nə] n Vorladung f ♦ vt vorladen

subscribe [səb'skraɪb] vi: **to ~ to** (view etc) unterstützen; (newspaper) abonnieren; ~**r** n (to periodical) Abonnent m; (TEL) Telefonteilnehmer m

subscription [səb'skrɪpʃən] n Abonnement nt; (money subscribed) (Mitglieds)beitrag m

subsequent ['sʌbsɪkwənt] adj folgend, später; ~**ly** adv später

subside [səb'saɪd] vi sich senken; ~**nce** [səb'saɪdns] n Senkung f

subsidiarity [səbsɪdɪ'ærɪtɪ] n (POL) Subsidiarität f

subsidiary [səb'sɪdɪərɪ] adj Neben- ♦ n Tochtergesellschaft f

subsidize ['sʌbsɪdaɪz] vt subventionieren

subsidy ['sʌbsɪdɪ] n Subvention f

subsistence [səb'sɪstəns] n Unterhalt m

substance ['sʌbstəns] n Substanz f

substantial [səb'stænʃl] adj (strong) fest, kräftig; (important) wesentlich; ~**ly** adv erheblich

substantiate [səb'stænʃɪeɪt] vt begründen, belegen

substitute ['sʌbstɪtju:t] n Ersatz m ♦ vt ersetzen; **substitution** [sʌbstɪ'tju:ʃən] n

Ersetzung f

subterfuge ['sʌbtəfjuːdʒ] n Vorwand m; (*trick*) Trick m

subterranean [sʌbtə'reɪnɪən] adj unterirdisch

subtitle ['sʌbtaɪtl] n Untertitel m; ~d adj untertitelt, mit Untertiteln versehen

subtle ['sʌtl] adj fein; ~ty n Feinheit f

subtotal [sʌb'təutl] n Zwischensumme f

subtract [səb'trækt] vt abziehen; ~ion [səb'trækʃən] n Abziehen nt, Subtraktion f

suburb ['sʌbəːb] n Vorort m; **the ~s** die Außenbezirke pl; ~an [sə'bəːbən] adj Vorort(s)-; ~ia [sə'bəːbɪə] n Vorstadt f

subversive [səb'vəːsɪv] adj subversiv

subway ['sʌbweɪ] n (*US*) U-Bahn f; (*BRIT*) Unterführung f

succeed [sək'siːd] vi (*person*) erfolgreich sein, Erfolg haben; (*plan etc also*) gelingen ♦ vt (nach)folgen +dat; **he ~ed in doing it** es gelang ihm, es zu tun; ~ing adj (nach)folgend

success [sək'ses] n Erfolg m; ~ful adj erfolgreich; **to be ~ful (in doing sth)** Erfolg haben (bei etw); ~fully adv erfolgreich

succession [sək'seʃən] n (Aufeinander)folge f; (*to throne*) Nachfolge f

successive [sək'sesɪv] adj aufeinander folgend

successor [sək'sesər] n Nachfolger(in) m(f)

succinct [sək'sɪŋkt] adj knapp

succulent ['sʌkjulənt] adj saftig

succumb [sə'kʌm] vi: **to ~ (to)** erliegen (+dat); (*yield*) nachgeben (+dat)

such [sʌtʃ] adj solche(r, s); ~ **a book** so ein Buch; ~ **books** solche Bücher; ~ **courage** so ein Mut; ~ **a long trip** so eine lange Reise; ~ **a lot of** so viel(e); ~ **as** wie; **a noise ~ as to** ein derartiger Lärm, dass; **as ~** an sich; ~**-and-~ a time** die und die Zeit

suck [sʌk] vt saugen; (*lollipop etc*) lutschen

sucker ['sʌkər] (*inf*) n Idiot m

suction ['sʌkʃən] n Saugkraft f

sudden ['sʌdn] adj plötzlich; **all of a ~** auf einmal; ~**ly** adv plötzlich

suds [sʌdz] npl Seifenlauge f; (*lather*) Seifenschaum m

sue [suː] vt verklagen

suede [sweɪd] n Wildleder nt

suet ['suɪt] n Nierenfett nt

Suez ['suːɪz] n: **the ~ Canal** der Suezkanal

suffer ['sʌfər] vt (er)leiden ♦ vi leiden; ~er n Leidende(r) mf; ~ing n Leiden nt

suffice [sə'faɪs] vi genügen

sufficient [sə'fɪʃənt] adj ausreichend; ~ly adv ausreichend

suffix ['sʌfɪks] n Nachsilbe f

suffocate ['sʌfəkeɪt] vt, vi ersticken

suffrage ['sʌfrɪdʒ] n Wahlrecht nt

sugar ['ʃugər] n Zucker m ♦ vt zuckern; ~ **beet** n Zuckerrübe f; ~ **cane** n Zuckerrohr nt; ~**y** adj süß

suggest [sə'dʒest] vt vorschlagen; (*show*) schließen lassen auf +acc; ~**ion** [sə'dʒestʃən] n Vorschlag m; ~**ive** adj anregend; (*indecent*) zweideutig

suicide ['suɪsaɪd] n Selbstmord m; **to commit ~** Selbstmord begehen

suit [suːt] n Anzug m; (*CARDS*) Farbe f ♦ vt passen +dat; (*clothes*) stehen +dat; **well ~ed** (*well matched*) gut zusammenpassend; ~**able** adj geeignet, passend; ~**ably** adv passend, angemessen

suitcase ['suːtkeɪs] n (Hand)koffer m

suite [swiːt] n (*of rooms*) Zimmerflucht f; (*of furniture*) Einrichtung f; (*MUS*) Suite f

suitor ['suːtər] n (*JUR*) Kläger(in) m(f)

sulfur ['sʌlfər] (*US*) n = **sulphur**

sulk [sʌlk] vi schmollen; ~**y** adj schmollend

sullen ['sʌlən] adj mürrisch

sulphur ['sʌlfər] (*US* **sulfur**) n Schwefel m

sultana [sʌl'tɑːnə] n (*fruit*) Sultanine f

sultry ['sʌltrɪ] adj schwül

sum [sʌm] n Summe f; (*money*) Betrag m, Summe f; (*arithmetic*) Rechenaufgabe f; ~ **up** vt, vi zusammenfassen

summarize ['sʌmaraɪz] vt kurz zusammenfassen

summary ['sʌmərɪ] n Zusammenfassung f ♦ adj (*justice*) kurzerhand erteilt

summer ['sʌmər] n Sommer m ♦ adj Sommer-; ~**house** n (*in garden*) Gartenhaus nt; ~**time** n Sommerzeit f

summit ['sʌmɪt] n Gipfel m; ~

(conference) n Gipfelkonferenz f

summon ['sʌmən] vt herbeirufen; (JUR)
vorladen; (gather up) aufbringen; ~s (JUR) n
Vorladung f ♦ vt vorladen

sump [sʌmp] (BRIT) n (AUT) Ölwanne f

sumptuous ['sʌmptjuəs] adj prächtig

sun [sʌn] n Sonne f; ~**bathe** vi sich sonnen;
~**block** n Sonnenschutzcreme f; ~**burn** n
Sonnenbrand m; ~**burnt** adj
sonnenverbrannt, sonnengebräunt; **to be
~burnt** (painfully) einen Sonnenbrand
haben

Sunday ['sʌndɪ] n Sonntag m; ~ **school** n
Sonntagsschule f

sundial ['sʌndaɪəl] n Sonnenuhr f

sundown ['sʌndaun] n Sonnenuntergang m

sundries ['sʌndrɪz] npl (miscellaneous items)
Verschiedene(s) nt

sundry ['sʌndrɪ] adj verschieden; **all and ~**
alle

sunflower ['sʌnflauə*] n Sonnenblume f

sung [sʌŋ] pp of **sing**

sunglasses ['sʌnglɑːsɪz] npl Sonnenbrille f

sunk [sʌŋk] pp of **sink**

sun: ~**light** ['sʌnlaɪt] n Sonnenlicht nt; ~**lit**
['sʌnlɪt] adj sonnenbeschienen; ~**ny** ['sʌnɪ]
adj sonnig; ~**rise** n Sonnenaufgang m; ~
roof n (AUT) Schiebedach nt; ~**screen**
['sʌnskriːn] n Sonnenschutzcreme f; ~**set**
['sʌnset] n Sonnenuntergang m; ~**shade**
['sʌnʃeɪd] n Sonnenschirm m; ~**shine**
['sʌnʃaɪn] n Sonnenschein m; ~**stroke**
['sʌnstrəuk] n Hitzschlag m; ~**tan** ['sʌntæn] n
(Sonnen)bräune f; ~**tan oil** n Sonnenöl nt

super ['suːpə*] (inf) adj prima, klasse

superannuation [suːpərænjuˈeɪʃən] n
Pension f

superb [suːˈpəːb] adj ausgezeichnet,
hervorragend

supercilious [suːpəˈsɪlɪəs] adj herablassend

superficial [suːpəˈfɪʃəl] adj oberflächlich

superfluous [suˈpəːfluəs] adj überflüssig

superhuman [suːpəˈhjuːmən] adj (effort)
übermenschlich

superimpose ['suːpərɪmˈpəuz] vt
übereinander legen

superintendent [suːpərɪnˈtendənt] n
Polizeichef m

superior [suˈpɪərɪə*] adj überlegen; (better)
besser ♦ n Vorgesetzte(r) mf; ~**ity**
[supɪərɪˈɔrɪtɪ] n Überlegenheit f

superlative [suˈpəːlətɪv] adj überragend

super: ~**man** ['suːpəmæn] (irreg) n
Übermensch m; ~**market** ['suːpəmɑːkɪt] n
Supermarkt m; ~**natural** [suːpəˈnætʃərəl] adj
übernatürlich; ~**power** ['suːpəpauə*] n
Weltmacht f

supersede [suːpəˈsiːd] vt ersetzen

supersonic ['suːpəˈsɒnɪk] adj Überschall-

superstition [suːpəˈstɪʃən] n Aberglaube m;
superstitious [suːpəˈstɪʃəs] adj
abergläubisch

supervise ['suːpəvaɪz] vt beaufsichtigen,
kontrollieren; **supervision** [suːpəˈvɪʒən] n
Aufsicht f; **supervisor** ['suːpəvaɪzə*] n
Aufsichtsperson f; **supervisory**
['suːpəvaɪzərɪ] adj Aufsichts-

supper ['sʌpə*] n Abendessen nt

supplant [səˈplɑːnt] vt (person, thing)
ersetzen

supple ['sʌpl] adj geschmeidig

supplement [n 'sʌplɪmənt, vb sʌplɪˈment] n
Ergänzung f; (in book) Nachtrag m ♦ vt
ergänzen; ~**ary** [sʌplɪˈmentərɪ] adj
ergänzend; ~**ary benefit** (BRIT: old) n ≃
Sozialhilfe f

supplier [səˈplaɪə*] n Lieferant m

supplies [səˈplaɪz] npl (food) Vorräte pl; (MIL)
Nachschub m

supply [səˈplaɪ] vt liefern ♦ n Vorrat m; (~ing)
Lieferung f; see also **supplies;** ~ **teacher**
(BRIT) n Vertretung f

support [səˈpɔːt] n Unterstützung f; (TECH)
Stütze f ♦ vt (hold up) stützen, tragen;
(provide for) ernähren; (be in favour of)
unterstützen; ~**er** n Anhänger(in) m(f)

suppose [səˈpəuz] vt, vi annehmen; **to be
~d to do sth** etw tun sollen; ~**dly**
[səˈpəuzɪdlɪ] adv angeblich; **supposing** conj
angenommen; **supposition** [sʌpəˈzɪʃən] n
Voraussetzung f

suppress [səˈpres] vt unterdrücken

supremacy [suˈpreməsɪ] n Vorherrschaft f,
Oberhoheit f

supreme [su'pri:m] *adj* oberste(r, s), höchste(r, s)

surcharge ['sɜ:tʃɑːdʒ] *n* Zuschlag *m*

sure [ʃuəᵊ] *adj* sicher, gewiss; **~!** (*of course*) klar!; **to make ~ of sth / that** sich einer Sache *gen* vergewissern/vergewissern, dass; **~ enough** (*with past*) tatsächlich; (*with future*) ganz bestimmt; **~-footed** *adj* sicher (auf den Füßen); **~ly** *adv* (*certainly*) sicherlich, gewiss; **~ly it's wrong** das ist doch wohl falsch

surety ['ʃuərətɪ] *n* Sicherheit *f*

surf [sɜ:f] *n* Brandung *f*

surface ['sɜ:fɪs] *n* Oberfläche *f* ♦ *vt* (*roadway*) teeren ♦ *vi* auftauchen; **~ mail** *n* gewöhnliche Post *f*

surfboard ['sɜ:fbɔ:d] *n* Surfbrett *nt*

surfeit ['sɜ:fɪt] *n* Übermaß *nt*

surfing ['sɜ:fɪŋ] *n* Surfen *nt*

surge [sɜ:dʒ] *n* Woge *f* ♦ *vi* wogen

surgeon ['sɜ:dʒən] *n* Chirurg(in) *m(f)*

surgery ['sɜ:dʒərɪ] *n* (*BRIT: place*) Praxis *f*; (: *time*) Sprechstunde *f*; (*treatment*) Operation *f*; **to undergo ~** operiert werden; **~ hours** (*BRIT*) *npl* Sprechstunden *pl*

surgical ['sɜ:dʒɪkl] *adj* chirurgisch; **~ spirit** (*BRIT*) *n* Wundbenzin *nt*

surly ['sɜ:lɪ] *adj* verdrießlich, grob

surmount [sɜ:'maunt] *vt* überwinden

surname ['sɜ:neɪm] *n* Zuname *m*

surpass [sɜ:'pɑ:s] *vt* übertreffen

surplus ['sɜ:pləs] *n* Überschuss *m* ♦ *adj* überschüssig, Über(schuss)-

surprise [sə'praɪz] *n* Überraschung *f* ♦ *vt* überraschen; **~d** *adj* überrascht; **surprising** *adj* überraschend; **surprisingly** *adv* überraschend(erweise)

surrender [sə'rɛndəᵊ] *n* Kapitulation *f* ♦ *vi* sich ergeben

surreptitious [sʌrəp'tɪʃəs] *adj* heimlich; (*look also*) verstohlen

surrogate ['sʌrəgɪt] *n* Ersatz *m*; **~ mother** *n* Leihmutter *f*

surround [sə'raund] *vt* umgeben; **~ing** *adj* (*countryside*) umliegend; **~ings** *npl* Umgebung *f*; (*environment*) Umwelt *f*

surveillance [sə:'veɪləns] *n* Überwachung *f*

survey [*n* 'sə:veɪ, *vb* sə:'veɪ] *n* Übersicht *f* ♦ *vt* überblicken; (*land*) vermessen; **~or** [sə:'veɪəᵊ] *n* Land(ver)messer(in) *m(f)*

survival [sə'vaɪvl] *n* Überleben *nt*

survive [sə'vaɪv] *vt*, *vi* überleben; **survivor** [sə'vaɪvəᵊ] *n* Überlebende(r) *mf*

susceptible [sə'sɛptəbl] *adj*: **~ (to)** empfindlich (gegen); (*charms etc*) empfänglich (für)

suspect [*n* 'sʌspɛkt, *vb* səs'pɛkt] *n* Verdächtige(r) *mf* ♦ *adj* verdächtig ♦ *vt* verdächtigen; (*think*) vermuten

suspend [səs'pɛnd] *vt* verschieben; (*from work*) suspendieren; (*hang up*) aufhängen; (*SPORT*) sperren; **~ed sentence** *n* (*JUR*) zur Bewährung ausgesetzte Strafe; **~er belt** *n* Strumpf(halter)gürtel *m*; **~ers** *npl* (*BRIT*) Strumpfhalter *m*; (*US*) Hosenträger *m*

suspense [səs'pɛns] *n* Spannung *f*

suspension [səs'pɛnʃən] *n* (*from work*) Suspendierung *f*; (*SPORT*) Sperrung *f*; (*AUT*) Federung *f*; **~ bridge** *n* Hängebrücke *f*

suspicion [səs'pɪʃən] *n* Misstrauen *nt*; Verdacht *m*; **suspicious** [səs'pɪʃəs] *adj* misstrauisch; (*causing ~*) verdächtig

sustain [səs'teɪn] *vt* (*maintain*) aufrechterhalten; (*confirm*) bestätigen; (*injury*) davontragen; **~able** *adj* (*development, growth etc*) aufrechtzuerhalten; **~ed** *adj* (*effort*) anhaltend

sustenance ['sʌstɪnəns] *n* Nahrung *f*

swab [swɔb] *n* (*MED*) Tupfer *m*

swagger ['swægəᵊ] *vi* stolzieren

swallow ['swɒləu] *n* (*bird*) Schwalbe *f*; (*of food etc*) Schluck *m* ♦ *vt* (ver)schlucken; **~ up** *vt* verschlingen

swam [swæm] *pt of* swim

swamp [swɒmp] *n* Sumpf *m* ♦ *vt* überschwemmen

swan [swɒn] *n* Schwan *m*

swap [swɒp] *n* Tausch *m* ♦ *vt*: **to ~ sth (for sth)** etw (gegen etw) tauschen *or* eintauschen

swarm [swɔ:m] *n* Schwarm *m* ♦ *vi*: **to ~** *or* **be ~ing with** wimmeln von

swarthy ['swɔ:ðɪ] adj dunkel, braun

swastika ['swɒstɪkə] n Hakenkreuz nt

swat [swɒt] vt totschlagen

sway [sweɪ] vi schwanken; (branches) schaukeln, sich wiegen ♦ vt schwenken; (influence) beeinflussen

swear [sweə^r] (pt **swore**, pp **sworn**) vi (promise) schwören; (curse) fluchen; **to ~ to sth** schwören auf etw acc; **~word** n Fluch m

sweat [swet] n Schweiß m ♦ vi schwitzen

sweater ['swetə^r] n Pullover m

sweatshirt ['swetʃə:t] n Sweatshirt nt

sweaty ['swetɪ] adj verschwitzt

Swede [swi:d] n Schwede m, Schwedin f

swede [swi:d] (BRIT) n Steckrübe f

Sweden ['swi:dn] n Schweden nt

Swedish ['swi:dɪʃ] adj schwedisch ♦ n (LING) Schwedisch nt

sweep [swi:p] (pt, pp **swept**) n (chimney ~) Schornsteinfeger m ♦ vt fegen, kehren; ~ **away** vt wegfegen; ~ **past** vi vorbeisausen; ~ **up** vt zusammenkehren; ~**ing** adj (gesture) schwungvoll; (statement) verallgemeinernd

sweet [swi:t] n (course) Nachtisch m; (candy) Bonbon nt ♦ adj süß; ~**corn** n Zuckermais m; ~**en** vt süßen; (fig) versüßen; ~**heart** n Liebste(r) mf; ~**ness** n Süße f; ~ **pea** n Gartenwicke f

swell [swel] (pt **swelled**, pp **swollen** or **swelled**) n Seegang m ♦ adj (inf) todschick ♦ vi (also: ~ **up**) (an)schwellen; ~**ing** n Schwellung f

sweltering ['sweltərɪŋ] adj drückend

swept [swept] pt, pp of **sweep**

swerve [swə:v] vt, vi ausscheren

swift [swɪft] n Mauersegler m ♦ adj geschwind, schnell, rasch; ~**ly** adv geschwind, schnell, rasch

swig [swɪg] n Zug m

swill [swɪl] n (for pigs) Schweinefutter nt ♦ vt spülen

swim [swɪm] (pt **swam**, pp **swum**) n: **to go for a ~** schwimmen gehen ♦ vi schwimmen ♦ vt (cross) (durch)schwimmen; ~**mer** n Schwimmer(in) m(f); ~**ming** n Schwimmen nt; ~**ming cap** n Badehaube f, Badekappe f; ~**ming costume** (BRIT) n Badeanzug m; ~**ming pool** n Schwimmbecken nt; (private) Swimmingpool m; ~**ming trunks** npl Badehose f; ~**suit** n Badeanzug m

swindle ['swɪndl] n Schwindel m, Betrug m ♦ vt betrügen

swine [swaɪn] n (also fig) Schwein nt

swing [swɪŋ] (pt, pp **swung**) n (child's) Schaukel f; (movement) Schwung m ♦ vt schwingen ♦ vi schwingen, schaukeln; (turn quickly) schwenken; **in full ~** in vollem Gange; ~ **bridge** n Drehbrücke f; ~ **door** (BRIT) n Schwingtür f

swingeing ['swɪndʒɪŋ] (BRIT) adj hart; (taxation, cuts) extrem

swinging door ['swɪŋɪŋ-] (US) n Schwingtür f

swipe [swaɪp] n Hieb m ♦ vt (inf: hit) hart schlagen; (: steal) klauen

swirl [swə:l] vi wirbeln

swish [swɪʃ] adj (inf: smart) schick ♦ vi zischen; (grass, skirts) rascheln

Swiss [swɪs] adj Schweizer, schweizerisch ♦ n Schweizer(in) m(f); **the ~** npl (people) die Schweizer pl

switch [swɪtʃ] n (ELEC) Schalter m; (change) Wechsel m ♦ vt (ELEC) schalten; (change) wechseln ♦ vi wechseln; ~ **off** vt ab- or ausschalten; ~ **on** vt an- or einschalten; ~**board** n Zentrale f; (board) Schaltbrett nt

Switzerland ['swɪtsələnd] n die Schweiz

swivel ['swɪvl] vt (also: ~ **round**) drehen ♦ vi (also: ~ **round**) sich drehen

swollen ['swəulən] pp of **swell**

swoon [swu:n] vi (old) in Ohnmacht fallen

swoop [swu:p] n Sturzflug m; (esp by police) Razzia f ♦ vi (also: ~ **down**) stürzen

swop [swɒp] = **swap**

sword [sɔ:d] n Schwert nt; ~**fish** n Schwertfisch m

swore [swɔ:^r] pt of **swear**

sworn [swɔ:n] pp of **swear**

swot [swɒt] vt, vi pauken

swum [swʌm] pp of **swim**

swung [swʌŋ] pt, pp of **swing**

sycamore ['sɪkəmɔːʳ] n (US) Platane f; (BRIT) Bergahorn m
syllable ['sɪləbl] n Silbe f
syllabus ['sɪləbəs] n Lehrplan m
symbol ['sɪmbl] n Symbol nt; **~ic(al)** [sɪm'bɔlɪk(l)] adj symbolisch
symmetry ['sɪmɪtrɪ] n Symmetrie f
sympathetic [sɪmpə'θetɪk] adj mitfühlend
sympathize ['sɪmpəθaɪz] vi mitfühlen; **~r** n (POL) Sympathisant(in) m(f)
sympathy ['sɪmpəθɪ] n Mitleid nt, Mitgefühl nt; (condolence) Beileid nt; **with our deepest ~** mit tief empfundenem Beileid
symphony ['sɪmfənɪ] n Sinfonie f
symptom ['sɪmptəm] n Symptom nt; **~atic** [sɪmptə'mætɪk] adj (fig): **~atic of** bezeichnend für
synagogue ['sɪnəgɔg] n Synagoge f
synchronize ['sɪŋkrənaɪz] vt synchronisieren
syndicate ['sɪndɪkɪt] n Konsortium nt
synonym ['sɪnənɪm] n Synonym nt; **~ous** [sɪ'nɔnɪməs] adj gleichbedeutend
synopsis [sɪ'nɔpsɪs] n Zusammenfassung f
synthetic [sɪn'θetɪk] adj synthetisch; **~s** npl (man-made fabrics) Synthetik f
syphon ['saɪfən] = **siphon**
Syria ['sɪrɪə] n Syrien nt
syringe [sɪ'rɪndʒ] n Spritze f
syrup ['sɪrəp] n Sirup m; (of sugar) Melasse f
system ['sɪstəm] n System nt; **~atic** [sɪstə'mætɪk] adj systematisch; **~ disk** n (COMPUT) Systemdiskette f; **~s analyst** n Systemanalytiker(in) m(f)

T, t

ta [tɑː] (BRIT: inf) excl danke!
tab [tæb] n Aufhänger m; (name ~) Schild nt; **to keep ~s on** (fig) genau im Auge behalten
tabby ['tæbɪ] n (also: **~ cat**) getigerte Katze f
table ['teɪbl] n Tisch m; (list) Tabelle f ♦ vt (PARL: propose) vorlegen, einbringen; **to lay** or **set the ~** den Tisch decken; **~cloth** n Tischtuch nt; **~ d'hôte** [tɑːbl'dəʊt] n Tagesmenü nt; **~ lamp** n Tischlampe f;

~mat n Untersatz m; **~ of contents** n Inhaltsverzeichnis nt; **~spoon** n Esslöffel m; **~spoonful** n Esslöffel m (voll)
tablet ['tæblɪt] n (MED) Tablette f
table tennis n Tischtennis nt
table wine n Tafelwein m
tabloid ['tæblɔɪd] n Zeitung f in kleinem Format; (pej) Boulevardzeitung f

tabloid press

*Der Ausdruck **tabloid press** bezieht sich auf kleinformatige Zeitungen (ca 30 x 40cm); sie sind in Großbritannien fast ausschließlich Massenblätter. Im Gegensatz zur **quality press** verwenden diese Massenblätter viele Fotos und einen knappen, oft reißerischen Stil. Sie kommen den Lesern entgegen, die mehr Wert auf Unterhaltung legen.*

tabulate ['tæbjuleɪt] vt tabellarisch ordnen
tacit ['tæsɪt] adj stillschweigend
taciturn ['tæsɪtəːn] adj wortkarg
tack [tæk] n (small nail) Stift m; (US: thumbtack) Reißzwecke f; (stitch) Heftstich m; (NAUT) Lavieren nt; (course) Kurs m ♦ vt (nail) nageln; (stitch) heften ♦ vi aufkreuzen
tackle ['tækl] n (for lifting) Flaschenzug m; (NAUT) Takelage f; (SPORT) Tackling nt ♦ vt (deal with) anpacken, in Angriff nehmen; (person) festhalten; (player) angehen
tacky ['tækɪ] adj klebrig
tact [tækt] n Takt m; **~ful** adj taktvoll
tactical ['tæktɪkl] adj taktisch
tactics ['tæktɪks] npl Taktik f
tactless ['tæktlɪs] adj taktlos
tadpole ['tædpəʊl] n Kaulquappe f
taffy ['tæfɪ] (US) n Sahnebonbon nt
tag [tæg] n (label) Schild nt, Anhänger m; (maker's name) Etikett nt; **~ along** vi mitkommen
tail [teɪl] n Schwanz m; (of list) Schluss m ♦ vt folgen +dat; **~ away** or **off** vi abfallen, schwinden; **~back** (BRIT) n (AUT) (Rück)stau m; **~ coat** n Frack m; **~ end** n Schluss m, Ende nt; **~gate** n (AUT) Heckklappe f
tailor ['teɪləʳ] n Schneider m; **~ing** n

Schneidern *nt*; **~~made** *adj*
maßgeschneidert; (*fig*): **~~made for sb** jdm
wie auf den Leib geschnitten
tailwind ['teɪlwɪnd] *n* Rückenwind *m*
tainted ['teɪntɪd] *adj* verdorben
take [teɪk] (*pt* **took**, *pp* **taken**) *vt* nehmen;
(*trip, exam, PHOT*) machen; (*capture: person*)
fassen; (: *town; also COMM, FIN*) einnehmen;
(*carry to a place*) bringen; (*get for o.s.*) sich
dat nehmen; (*gain, obtain*) bekommen; (*put
up with*) hinnehmen; (*respond to*)
aufnehmen; (*interpret*) auffassen; (*assume*)
annehmen; (*contain*) Platz haben für;
(*GRAM*) stehen mit; **to ~ sth from sb** jdm
etw wegnehmen; **to ~ sth from sth** (*MATH:
subtract*) etw von etw abziehen; (*extract,
quotation*) etw einer Sache *dat* entnehmen;
~ after *vt fus* ähnlich sein +*dat*; **~ apart**
vt auseinander nehmen; **~ away** *vt*
(*remove*) wegnehmen; (*carry off*)
wegbringen; **~ back** *vt* (*return*)
zurückbringen; (*retract*) zurücknehmen; **~
down** *vt* (*pull down*) abreißen; (*write down*)
aufschreiben; **~ in** *vt* (*deceive*) hereinlegen;
(*understand*) begreifen; (*include*)
einschließen; **~ off** *vi* (*plane*) starten ♦ *vt*
(*remove*) wegnehmen; (*clothing*) ausziehen;
(*imitate*) nachmachen; **~ on** *vt* (*undertake*)
übernehmen; (*engage*) einstellen;
(*opponent*) antreten gegen; **~ out** *vt* (*girl,
dog*) ausführen; (*extract*) herausnehmen;
(*insurance*) abschließen; (*licence*) sich *dat*
geben lassen; (*book*) ausleihen; (*remove*)
entfernen; **to ~ sth out of sth** (*drawer,
pocket etc*) etw aus etw herausnehmen; **~
over** *vt* übernehmen ♦ *vi*: **to ~ over from
sb** jdn ablösen; **~ to** *vt fus* (*like*) mögen;
(*adopt as practice*) sich *dat* angewöhnen; **~
up** *vt* (*raise*) aufnehmen; (*dress etc*) kürzer
machen; (*occupy*) in Anspruch nehmen;
(*engage in*) sich befassen mit; **~away** *adj*
zum Mitnehmen; **~~home pay** *n*
Nettolohn *m*; **~n** *pp* of **take**; **~off** *n* (*AVIAT*)
Start *m*; (*imitation*) Nachahmung *f*; **~out**
(*US*) *adj* = **takeaway**; **~over** *n* (*COMM*)
Übernahme *f*; **takings** ['teɪkɪŋz] *npl* (*COMM*)
Einnahmen *pl*

talc [tælk] *n* (*also:* **~um powder**)
Talkumpuder *m*
tale [teɪl] *n* Geschichte *f*, Erzählung *f*; **to tell
~s** (*fig: lie*) Geschichten erfinden
talent ['tælnt] *n* Talent *nt*; **~ed** *adj* begabt
talk [tɔːk] *n* (*conversation*) Gespräch *nt*;
(*rumour*) Gerede *nt*; (*speech*) Vortrag *m* ♦ *vi*
sprechen, reden; **~s** *npl* (*POL etc*) Gespräche
pl; **to ~ about** sprechen von +*dat* or über
+*acc*; **to ~ sb into doing sth** jdn
überreden, etw zu tun; **to ~ sb out of
doing sth** jdm ausreden, etw zu tun; **to ~
shop** fachsimpeln; **~ over** *vt* besprechen;
~ative *adj* gesprächig
tall [tɔːl] *adj* groß; (*building*) hoch; **to be 1 m
80 ~** 1,80 m groß sein; **~boy** (*BRIT*) *n*
Kommode *f*; **~ story** *n* übertriebene
Geschichte *f*
tally ['tælɪ] *n* Abrechnung *f* ♦ *vi*
übereinstimmen
talon ['tælən] *n* Kralle *f*
tame [teɪm] *adj* zahm; (*fig*) fade
tamper ['tæmpər] *vi*: **to ~ with**
herumpfuschen an +*dat*
tampon ['tæmpɔn] *n* Tampon *m*
tan [tæn] *n* (*Sonnen*)bräune *f*; (*colour*)
Gelbbraun *nt* ♦ *adj* (*colour*) (gelb)braun ♦ *vt*
bräunen ♦ *vi* braun werden
tang [tæŋ] *n* Schärfe *f*
tangent ['tændʒənt] *n* Tangente *f*; **to go off
at a ~** (*fig*) vom Thema abkommen
tangerine [tændʒə'riːn] *n* Mandarine *f*
tangible ['tændʒəbl] *adj* greifbar
tangle ['tæŋɡl] *n* Durcheinander *nt*; (*trouble*)
Schwierigkeiten *pl*; **to get in(to) a ~** sich
verheddern
tank [tæŋk] *n* (*container*) Tank *m*, Behälter *m*;
(*MIL*) Panzer *m*; **~er** ['tæŋkər] *n* (*ship*) Tanker
m; (*vehicle*) Tankwagen *m*
tanned [tænd] *adj* gebräunt
tantalizing ['tæntəlaɪzɪŋ] *adj* verlockend;
(*annoying*) quälend
tantamount ['tæntəmaunt] *adj*: **~ to**
gleichbedeutend mit
tantrum ['tæntrəm] *n* Wutanfall *m*
tap [tæp] *n* Hahn *m*; (*gentle blow*) Klopfen *nt*
♦ *vt* (*strike*) klopfen; (*supply*) anzapfen;

(telephone) abhören; **on ~** *(fig: resources)* zur Hand; **~-dancing** n Steppen nt

tape [teɪp] n Band nt; *(magnetic)* (Ton)band nt; *(adhesive)* Klebstreifen m ♦ vt *(record)* aufnehmen; **~ deck** n Tapedeck nt; **~ measure** n Maßband nt

taper ['teɪpər] vi spitz zulaufen

tape recorder n Tonbandgerät nt

tapestry ['tæpɪstrɪ] n Wandteppich m

tar [tɑː] n Teer m

target ['tɑːgɪt] n Ziel nt; *(board)* Zielscheibe f

tariff ['tærɪf] n *(duty paid)* Zoll m; *(list)* Tarif m

tarmac ['tɑːmæk] n *(AVIAT)* Rollfeld nt

tarnish ['tɑːnɪʃ] vt matt machen; *(fig)* beflecken

tarpaulin [tɑːˈpɔːlɪn] n Plane f

tarragon ['tærəgən] n Estragon m

tart [tɑːt] n *(Obst)torte f; (inf)* Nutte f ♦ adj scharf; **~ up** *(inf)* vt aufmachen; *(person)* auftakeln

tartan ['tɑːtn] n Schottenkaro nt ♦ adj mit Schottenkaro

tartar ['tɑːtər] n Zahnstein m

tartar(e) sauce ['tɑːtə-] n Remoulade f

task [tɑːsk] n Aufgabe f; **to take sb to ~** sich dat jdn vornehmen; **~ force** n Sondertrupp m

tassel ['tæsl] n Quaste f

taste [teɪst] n Geschmack m; *(sense)* Geschmackssinn m; *(small quantity)* Kostprobe f; *(liking)* Vorliebe f ♦ vt schmecken; *(try)* probieren ♦ vi schmecken; **can I have a ~ of this wine?** kann ich diesen Wein probieren?; **to have a ~ for sth** etw mögen; **in good/bad ~** geschmackvoll/geschmacklos; **you can ~ the garlic (in it)** man kann den Knoblauch herausschmecken; **to ~ of sth** nach einer Sache schmecken; **~ful** adj geschmackvoll; **~less** adj *(insipid)* fade; *(in bad ~)* geschmacklos; **tasty** ['teɪstɪ] adj schmackhaft

tattered ['tætəd] adj = **in tatters**

tatters ['tætəz] npl: **in ~** in Fetzen

tattoo [təˈtuː] n *(MIL)* Zapfenstreich m; *(on skin)* Tätowierung f ♦ vt tätowieren

tatty ['tætɪ] *(BRIT: inf)* adj schäbig

taught [tɔːt] pt, pp of **teach**

taunt [tɔːnt] n höhnische Bemerkung f ♦ vt verhöhnen

Taurus ['tɔːrəs] n Stier m

taut [tɔːt] adj straff

tawdry ['tɔːdrɪ] adj (bunt und) billig

tax [tæks] n Steuer f ♦ vt besteuern; *(strain)* strapazieren; *(strength)* angreifen; **~able** adj *(income)* steuerpflichtig; **~ation** [tækˈseɪʃən] n Besteuerung f; **~ avoidance** n Steuerumgehung f; **~ disc** *(BRIT)* n *(AUT)* Kraftfahrzeugsteuerplakette f; **~ evasion** n Steuerhinterziehung f; **~-free** adj steuerfrei

taxi ['tæksɪ] n Taxi nt ♦ vi *(plane)* rollen; **~ driver** n Taxifahrer m; **~ rank** *(BRIT)* n Taxistand m; **~ stand** n Taxistand m

tax: ~payer n Steuerzahler m; **~ relief** n Steuerermäßigung f; **~ return** n Steuererklärung f

TB n abbr (= *tuberculosis*) Tb f, Tbc f

tea [tiː] n Tee m; *(meal)* (frühes) Abendessen nt; **high ~** *(BRIT)* Abendessen nt; **~ bag** n Teebeutel m; **~ break** *(BRIT)* n Teepause f

teach [tiːtʃ] *(pt, pp* **taught***)* vt lehren; *(SCH)* lehren, unterrichten; *(show)*: **to ~ sb sth** jdm etw beibringen ♦ vi lehren, unterrichten; **~er** n Lehrer(in) m(f); **~er's pet** n Lehrers Liebling m; **~ing** n *(~er's work)* Unterricht m; *(doctrine)* Lehre f

tea: ~ cloth n Geschirrtuch nt; **~ cosy** n Teewärmer m; **~cup** n Teetasse f; **~ leaves** npl Teeblätter pl

team [tiːm] n *(workers)* Team nt; *(SPORT)* Mannschaft f; *(animals)* Gespann nt; **~work** n Gemeinschaftsarbeit f, Teamarbeit f

teapot ['tiːpɒt] n Teekanne f

tear[1] [teər] *(pt* **tore***, pp* **torn***)* n Riss m ♦ vt zerreißen; *(muscle)* zerren ♦ vi (zer)reißen; *(rush)* rasen; **~ along** vi *(rush)* entlangrasen; **~ up** vt *(sheet of paper etc)* zerreißen

tear[2] [tɪər] n Träne f; **~ful** ['tɪəful] adj weinend; *(voice)* weinerlich; **~ gas** ['tɪəgæs] n Tränengas nt

tearoom ['tiːruːm] n Teestube f

tease [tiːz] n Hänsler m ♦ vt necken

tea set n Teeservice nt

teaspoon ['ti:spu:n] n Teelöffel m

teat [ti:t] n Brustwarze f; (of animal) Zitze f; (of bottle) Sauger m

tea time n (in the afternoon) Teestunde f; (mealtime) Abendessen nt

tea towel n Geschirrtuch nt

technical ['tɛknɪkl] adj technisch; (knowledge, terms) Fach-; **~ity** [tɛknɪ'kælɪtɪ] n technische Einzelheit f; (JUR) Formsache f; **~ly** adv technisch; (speak) spezialisiert; (fig) genau genommen

technician [tɛk'nɪʃən] n Techniker m

technique [tɛk'ni:k] n Technik f

techno ['tɛknəʊ] n Techno m

technological [tɛknə'lɒdʒɪkl] adj technologisch

technology [tɛk'nɒlədʒɪ] n Technologie f

teddy (bear) ['tɛdɪ-] n Teddybär m

tedious ['ti:dɪəs] adj langweilig, ermüdend

tee [ti:] n (GOLF: object) Tee nt

teem [ti:m] vi (swarm): **to ~ (with)** wimmeln (von); **it is ~ing (with rain)** es gießt in Strömen

teenage ['ti:neɪdʒ] adj (fashions etc) Teenager-, jugendlich; **~r** n Teenager m, Jugendliche(r) mf

teens [ti:nz] npl Teenageralter nt

tee-shirt ['ti:ʃə:t] n T-Shirt nt

teeter ['ti:tər] vi schwanken

teeth [ti:θ] npl of **tooth**

teethe [ti:ð] vi zahnen; **teething ring** n Beißring m; **teething troubles** npl (fig) Kinderkrankheiten pl

teetotal ['ti:'təʊtl] adj abstinent

tele: ~communications npl Fernmeldewesen nt; **~conferencing** n Telefon- or Videokonferenz f; **~gram** n Telegramm nt; **~graph** n Telegraf m; **~graph pole** n Telegrafenmast m

telephone ['tɛlɪfəʊn] n Telefon nt, Fernsprecher m ♦ vt anrufen; (message) telefonisch mitteilen; **to be on the ~** (talking) telefonieren; (possessing phone) Telefon haben; **~ booth** n Telefonzelle f; **~ box** (BRIT) n Telefonzelle f; **~ call** n Telefongespräch nt, Anruf m; **~ directory** n Telefonbuch nt; **~ number** n

Telefonnummer f; **telephonist** [tə'lɛfənɪst] (BRIT) n Telefonist(in) m(f)

telephoto lens ['tɛlɪ'fəʊtəʊ-] n Teleobjektiv nt

telesales ['tɛlɪseɪlz] n Telefonverkauf m

telescope ['tɛlɪskəʊp] n Teleskop nt, Fernrohr nt ♦ vt ineinander schieben

televise ['tɛlɪvaɪz] vt durch das Fernsehen übertragen

television ['tɛlɪvɪʒən] n Fernsehen nt; **on ~** im Fernsehen; **~ (set)** n Fernsehapparat m, Fernseher m

teleworking ['tɛlɪwə:kɪŋ] n Telearbeit f

telex ['tɛlɛks] n Telex nt ♦ vt per Telex schicken

tell [tɛl] (pt, pp **told**) vt (story) erzählen; (secret) ausplaudern; (say, make known) sagen; (distinguish) erkennen; (be sure) wissen ♦ vi (talk) sprechen; (be sure) wissen; (divulge) es verraten; (have effect) sich auswirken; **to ~ sb to do sth** jdm sagen, dass er etw tun soll; **to ~ sb sth** or **sth to sb** jdm etw sagen; **to ~ sb by sth** jdn an etw dat erkennen; **to ~ sth from** etw unterscheiden von etw; **to ~ of sth** von etw sprechen; **~ off** vt: **to ~ sb off** jdn ausschimpfen

teller ['tɛlər] n Kassenbeamte(r) mf

telling ['tɛlɪŋ] adj verräterisch; (blow) hart

telltale ['tɛlteɪl] adj verräterisch

telly ['tɛlɪ] (BRIT: inf) n abbr (= television) TV nt

temp [tɛmp] n abbr (= temporary) Aushilfssekretärin f

temper ['tɛmpər] n (disposition) Temperament nt; (anger) Zorn m ♦ vt (tone down) mildern; (metal) härten; **to be in a (bad) ~** wütend sein; **to lose one's ~** die Beherrschung verlieren

temperament ['tɛmprəmənt] n Temperament nt; **~al** [tɛmprə'mɛntl] adj (moody) launisch

temperate ['tɛmprət] adj gemäßigt

temperature ['tɛmprətʃər] n Temperatur f; (MED: high ~) Fieber nt; **to have** or **run a ~** Fieber haben

template ['tɛmplɪt] n Schablone f

temple ['tɛmpl] n Tempel m; (ANAT) Schläfe *f*

temporal ['tempərl] *adj* (*of time*) zeitlich; (*worldly*) irdisch, weltlich

temporarily ['tempərərɪlɪ] *adv* zeitweilig, vorübergehend

temporary ['tempərərɪ] *adj* vorläufig; (*road, building*) provisorisch

tempt [tempt] *vt* (*persuade*) verleiten; (*attract*) reizen, (ver)locken; **to ~ sb into doing sth** jdn dazu verleiten, etw zu tun; **~ation** [temp'teɪʃən] *n* Versuchung *f*; **~ing** *adj* (*person*) verführerisch; (*object, situation*) verlockend

ten [ten] *num* zehn

tenable ['tenəbl] *adj* haltbar

tenacious [tə'neɪʃəs] *adj* zäh, hartnäckig

tenacity [tə'næsɪtɪ] *n* Zähigkeit *f*, Hartnäckigkeit *f*

tenancy ['tenənsɪ] *n* Mietverhältnis *nt*

tenant ['tenənt] *n* Mieter *m*; (*of larger property*) Pächter *m*

tend [tend] *vt* (*look after*) sich kümmern um ♦ *vi*: **to ~ to do sth** etw gewöhnlich tun

tendency ['tendənsɪ] *n* Tendenz *f*; (*of person*) Tendenz *f*, Neigung *f*

tender ['tendər] *adj* zart; (*loving*) zärtlich ♦ *n* (*COMM: offer*) Kostenanschlag *m* ♦ *vt* (an)bieten; (*resignation*) einreichen; **~ness** *n* Zartheit *f*; (*being loving*) Zärtlichkeit *f*

tendon ['tendən] *n* Sehne *f*

tenement ['tenəmənt] *n* Mietshaus *nt*

tennis ['tenɪs] *n* Tennis *nt*; **~ ball** *n* Tennisball *m*; **~ court** *n* Tennisplatz *m*; **~ player** *n* Tennisspieler(in) *m(f)*; **~ racket** *n* Tennisschläger *m*; **~ shoes** *npl* Tennisschuhe *pl*

tenor ['tenər] *n* Tenor *m*

tenpin bowling ['tenpɪn-] *n* Bowling *nt*

tense [tens] *adj* angespannt ♦ *n* Zeitform *f*

tension ['tenʃən] *n* Spannung *f*

tent [tent] *n* Zelt *nt*

tentacle ['tentəkl] *n* Fühler *m*; (*of sea animals*) Fangarm *m*

tentative ['tentətɪv] *adj* (*movement*) unsicher; (*offer*) Probe-; (*arrangement*) vorläufig; (*suggestion*) unverbindlich; **~ly** *adv* versuchsweise; (*try, move*) vorsichtig

tenterhooks ['tentəhuks] *npl*: **to be on ~** auf die Folter gespannt sein

tenth [tenθ] *adj* zehnte(r, s)

tent peg *n* Hering *m*

tent pole *n* Zeltstange *f*

tenuous ['tenjuəs] *adj* schwach

tenure ['tenjuər] *n* (*of land*) Besitz *m*; (*of office*) Amtszeit *f*

tepid ['tepɪd] *adj* lauwarm

term [tɜːm] *n* (*period of time*) Zeit(raum *m*) *f*; (*limit*) Frist *f*; (*SCH*) Quartal *nt*; (*UNIV*) Trimester *nt*; (*expression*) Ausdruck *m* ♦ *vt* (be)nennen; **~s** *npl* (*conditions*) Bedingungen *pl*; **in the short/long ~** auf kurze/lange Sicht; **to be on good ~s with sb** gut mit jdm auskommen; **to come to ~s with** (*person*) sich einigen mit; (*problem*) sich abfinden mit

terminal ['tɜːmɪnl] *n* (*BRIT: also:* **coach ~**) Endstation *f*; (*AVIAT*) Terminal *m*; (*COMPUT*) Terminal *nt* or *m* ♦ *adj* Schluss-; (*MED*) unheilbar; **~ly** *adj* (*MED*): **~ly ill** unheilbar krank

terminate ['tɜːmɪneɪt] *vt* beenden ♦ *vi* enden, aufhören

termini ['tɜːmɪnaɪ] *npl of* **terminus**

terminus ['tɜːmɪnəs] (*pl* **termini**) *n* Endstation *f*

terrace ['terəs] *n* (*BRIT: row of houses*) Häuserreihe *f*; (*in garden etc*) Terrasse *f*; **the ~s** *npl* (*BRIT: SPORT*) die Ränge; **~d** *adj* (*garden*) terrassenförmig angelegt; (*house*) Reihen-

terrain [te'reɪn] *n* Gelände *nt*

terrible ['terɪbl] *adj* schrecklich, entsetzlich, fürchterlich; **terribly** *adv* fürchterlich

terrier ['terɪər] *n* Terrier *m*

terrific [tə'rɪfɪk] *adj* unwahrscheinlich; **~!** klasse!

terrified *adj*: **to be ~ of sth** vor etw schreckliche Angst haben

terrify ['terɪfaɪ] *vt* erschrecken

territorial [terɪ'tɔːrɪəl] *adj* Gebiets-, territorial

territory ['terɪtərɪ] *n* Gebiet *nt*

terror ['terər] *n* Schrecken *m*

terrorism ['terərɪzəm] *n* Terrorismus *m*; **~ist** *n* Terrorist(in) *m(f)*; **~ize** *vt* terrorisieren

terse [tɜːs] *adj* knapp, kurz, bündig

test [tɛst] *n* Probe *f;* (*examination*) Prüfung *f;* (*PSYCH, TECH*) Test *m* ♦ *vt* prüfen; (*PSYCH*) testen

testicle ['tɛstɪkl] *n* (*ANAT*) Hoden *m*

testify ['tɛstɪfaɪ] *vi* aussagen; **to ~ to sth** etw bezeugen

testimony ['tɛstɪmənɪ] *n* (*JUR*) Zeugenaussage *f;* (*fig*) Zeugnis *nt*

test match *n* (*SPORT*) Länderkampf *m*

test tube *n* Reagenzglas *nt*

tetanus ['tɛtənəs] *n* Wundstarrkrampf *m,* Tetanus *m*

tether ['tɛðəʳ] *vt* anbinden ♦ *n:* **at the end of one's ~** völlig am Ende

text [tɛkst] *n* Text *m;* (*of document*) Wortlaut *m;* **~book** *n* Lehrbuch *nt*

textiles ['tɛkstaɪlz] *npl* Textilien *pl*

texture ['tɛkstʃəʳ] *n* Beschaffenheit *f*

Thai [taɪ] *adj* thailändisch ♦ *n* Thailänder(in) *m(f);* **~land** *n* Thailand *nt*

Thames [tɛmz] *n:* **the ~** die Themse

than [ðæn, ðən] *prep* (*in comparisons*) als

thank [θæŋk] *vt* danken *+dat;* **you've him to ~ for your success** Sie haben ihren Erfolg ihm zu verdanken; **~ you (very much)** danke (vielmals), danke schön; **~ful** *adj* dankbar; **~less** *adj* undankbar; **~s** *npl* Dank *m* ♦ *excl* danke!; **~s to** dank *+gen;* **T~sgiving (Day)** (*US*) *n* Thanksgiving Day *m*

Thanksgiving (Day)

i Thanksgiving (Day) *ist ein Feiertag in den USA, der auf den vierten Donnerstag im November fällt. Er soll daran erinnern, wie die Pilgerväter die gute Ernte im Jahre 1621 feierten. In Kanada gibt es einen ähnlichen Erntedanktag (der aber nichts mit dem Pilgervätern zu tun hat) am zweiten Montag im Oktober.*

KEYWORD

that [ðæt, ðət] *adj* (*demonstrative: pl those*) der/die/das; jene(r, s); **that one** das da
♦ *pron* **1** (*demonstrative: pl those*) das;

who's/what's that? wer ist da/was ist das?; **is that you?** bist du das?; **that's what he said** genau das hat er gesagt; **what happened after that?** was passierte danach?; **that is** das heißt

2 (*relative: subj*) der/die/das, die; (: *direct obj*) den/die/das, die; (: *indirect obj*) dem/der/dem, denen; **all (that) I have** alles, was ich habe

3 (*relative: of time*): **the day (that)** an dem Tag, als; **the winter (that) he came** in dem Winter, in dem er kam

♦ *conj* dass; **he thought that I was ill** er dachte, dass ich krank sei, er dachte, ich sei krank

♦ *adv* (*demonstrative*) so; **I can't work that much** ich kann nicht so viel arbeiten

---
thatched [θætʃt] *adj* strohgedeckt; (*cottage*) mit Strohdach

thaw [θɔː] *n* Tauwetter *nt* ♦ *vi* tauen; (*frozen foods, fig: people*) auftauen ♦ *vt* (auf)tauen lassen

---
KEYWORD

the [ðiː, ðə] *def art* **1** der/die/das; **to play the piano/violin** Klavier/Geige spielen; **I'm going to the butcher's/the cinema** ich gehe zum Fleischer/ins Kino; **Elizabeth the First** Elisabeth die Erste

2 (+*adj to form noun*) das, die; **the rich and the poor** die Reichen und die Armen

3 (*in comparisons*): **the more he works the more he earns** je mehr er arbeitet, desto mehr verdient er

---
theatre ['θɪətəʳ] (*US* **theater**) *n* Theater *nt;* (*for lectures etc*) Saal *m;* (*MED*) Operationssaal *m;* **~goer** *n* Theaterbesucher(in) *m(f);* **theatrical** [θɪ'ætrɪkl] *adj* Theater-; (*career*) Schauspieler-; (*showy*) theatralisch

theft [θɛft] *n* Diebstahl *m*

their [ðɛəʳ] *adj* ihr; *see also* **my;** **~s** *pron* ihre(r, s); *see also* **mine**²

them [ðɛm, ðəm] *pron* (*acc*) sie; (*dat*) ihnen; *see also* **me**

theme [θi:m] *n* Thema *nt*; (*MUS*) Motiv *nt*; **~ park** *n* (thematisch gestalteter) Freizeitpark *m*; **~ song** *n* Titelmusik *f*

themselves [ðəm'sɛlvz] *pl pron* (*reflexive*) sich (selbst); (*emphatic*) selbst; *see also* **oneself**

then [ðɛn] *adv* (*at that time*) damals; (*next*) dann ♦ *conj* also, folglich; (*furthermore*) ferner ♦ *adj* damalig; **from ~ on** von da an; **by ~** bis dahin; **the ~ president** der damalige Präsident

theology [θɪ'ɔlədʒɪ] *n* Theologie *f*

theoretical [θɪə'rɛtɪkl] *adj* theoretisch; **~ly** *adv* theoretisch

theory ['θɪərɪ] *n* Theorie *f*

therapist ['θɛrəpɪst] *n* Therapeut(in) *m(f)*

therapy ['θɛrəpɪ] *n* Therapie *f*

KEYWORD

---

there [ðɛəʳ] *adv* **1**: **there is, there are** es *or* da ist/sind; (*there exists/exist also*) es gibt; **there are 3 of them** (*people, things*) es gibt 3 davon; **there has been an accident** da war ein Unfall

2 (*place*) da, dort; (*direction*) dahin, dorthin; **put it in/on there** leg es dahinein/ dorthinauf

3: **there, there** (*esp to child*) na, na

---

there: **~abouts** ['ðɛərə'bauts] *adv* (*place*) dort in der Nähe, dort irgendwo; (*amount*): **20 or ~abouts** ungefähr 20; **~after** [ðɛər'ɑːftəʳ] *adv* danach; **~by** ['ðɛəbaɪ] *adv* dadurch, damit

therefore ['ðɛəfɔːʳ] *adv* deshalb, daher

there's [ðɛəz] = **there is**; **there has**

thermometer [θə'mɔmɪtəʳ] *n* Thermometer *nt*

Thermos ['θə:məs] ® *n* Thermosflasche *f*

thesaurus [θɪ'sɔ:rəs] *n* Synonymwörterbuch *nt*

these [ði:z] *pron, adj* (*pl*) diese

theses ['θi:si:z] *npl of* **thesis**

thesis ['θi:sɪs] (*pl* **theses**) *n* (*for discussion*) These *f*; (*UNIV*) Dissertation *f*, Doktorarbeit *f*

they [ðeɪ] *pl pron* sie; (*people in general*) man; **~ say that ...** (*it is said that*) es wird gesagt,

dass ; **~'d** = **they had**; **they would**; **~=** **they shall**; **they will**; **~=** **they are**; **~=** **they have**

thick [θɪk] *adj* dick; (*forest*) dicht; (*liquid*) dickflüssig; (*slow, stupid*) dumm, schwer von Begriff ♦ *n*: **in the ~ of** mitten in +*dat*; **it's 20 cm ~** es ist 20 cm dick *or* stark; **~en** *vi* (*fog*) dichter werden ♦ *vt* (*sauce etc*) verdicken; **~ness** *n* Dicke *f*; Dichte *f*; Dickflüssigkeit *f*; **~set** *adj* untersetzt; **~- skinned** *adj* dickhäutig

thief [θi:f] (*pl* **thieves**) *n* Dieb(in) *m(f)*

thieves [θi:vz] *npl of* **thief**

thieving ['θi:vɪŋ] *n* Stehlen *nt* ♦ *adj* diebisch

thigh [θaɪ] *n* Oberschenkel *m*

thimble ['θɪmbl] *n* Fingerhut *m*

thin [θɪn] *adj* dünn; (*person*) dünn, mager; (*excuse*) schwach ♦ *vt*: **to ~ (down)** (*sauce, paint*) verdünnen

thing [θɪŋ] *n* Ding *nt*; (*affair*) Sache *f*; **my ~s** meine Sachen *pl*; **the best ~ would be to ...** das Beste wäre, ...; **how are ~s?** wie gehts?

think [θɪŋk] (*pt, pp* **thought**) *vt, vi* denken; **what did you ~ of them?** was halten Sie von ihnen?; **to ~ about sth/sb** nachdenken über etw/jdn; **I'll ~ about it** ich überlege es mir; **to ~ of doing sth** vorhaben *or* beabsichtigen, etw zu tun; **I ~ so/not** ich glaube (schon)/glaube nicht; **to ~ well of sb** viel von jdm halten; **~ over** *vt* überdenken; **~ up** *vt* sich *dat* ausdenken

think tank *n* Expertengruppe *f*

thinly ['θɪnlɪ] *adv* dünn; (*disguised*) kaum

third [θə:d] *adj* dritte(r, s) ♦ *n* (*person*) Dritte(r) *mf*; (*part*) Drittel *nt*; **~ly** *adv* drittens; **~ party insurance** (*BRIT*) *n* Haftpflichtversicherung *f*; **~-rate** *adj* minderwertig; **T~ World** *n*: **the T~ World** die Dritte Welt *f*

thirst [θə:st] *n* (*also fig*) Durst *m*; **~y** *adj* (*person*) durstig; (*work*) durstig machend; **to be ~y** Durst haben

thirteen [θə:'ti:n] *num* dreizehn

thirty ['θə:tɪ] *num* dreißig

this [ðɪs] adj (demonstrative: pl these) diese(r, s); **this evening** heute Abend; **this one** diese(r, s) (da)

♦ pron (demonstrative: pl these) dies, das; **who/what is this?** wer/was ist das?; **this is where I live** hier wohne ich; **this is what he said** das hat er gesagt; **this is Mr Brown** dies ist Mr Brown; (on telephone) hier ist Mr Brown

♦ adv (demonstrative): **this high/long** etc so groß/lang etc

thistle ['θɪsl] n Distel f
thorn [θɔːn] n Dorn m; **~y** adj dornig; (problem) schwierig
thorough ['θʌrə] adj gründlich; **~bred** n Vollblut nt ♦ adj reinrassig, Vollblut-; **~fare** n Straße f; **"no ~fare"** „Durchfahrt verboten"; **~ly** adv gründlich; (extremely) äußerst
those [ðəʊz] pl pron die (da), jene ♦ adj die, jene
though [ðəʊ] conj obwohl ♦ adv trotzdem
thought [θɔːt] pt, pp of **think** ♦ n (idea) Gedanke m; (thinking) Denken nt, Denkvermögen nt; **~ful** adj (thinking) gedankenvoll, nachdenklich; (kind) rücksichtsvoll, aufmerksam; **~less** adj gedankenlos, unbesonnen; (unkind) rücksichtslos
thousand ['θaʊzənd] num tausend; **two ~** zweitausend; **~s of** tausende or Tausende (von); **~th** adj tausendste(r, s)
thrash [θræʃ] vt verdreschen; (fig) (vernichtend) schlagen; **~ about** vi um sich schlagen; **~ out** vt ausdiskutieren
thread [θred] n Faden m, Garn nt; (TECH) Gewinde nt; (in story) Faden m ♦ vt (needle) einfädeln; **~bare** adj fadenscheinig
threat [θret] n Drohung f; (danger) Gefahr f; **~en** vt bedrohen ♦ vi drohen; **to ~en sb with sth** jdm etw androhen
three [θriː] num drei; **~-dimensional** adj dreidimensional; **~-piece suite** n dreiteilige Polstergarnitur f; **~-wheeler** n

Dreiradwagen m
thresh [θreʃ] vt, vi dreschen
threshold ['θreʃhəʊld] n Schwelle f
threw [θruː] pt of **throw**
thrift [θrɪft] n Sparsamkeit f; **~y** adj sparsam
thrill [θrɪl] n Reiz m, Erregung f ♦ vt begeistern, packen; **to be ~ed with** (gift etc) sich unheimlich freuen über +acc; **~er** n Krimi m; **~ing** adj spannend; (news) aufregend
thrive [θraɪv] (pt thrived, pp thrived) vi: **to ~ (on)** gedeihen (bei); **thriving** ['θraɪvɪŋ] adj blühend
throat [θrəʊt] n Hals m, Kehle f; **to have a sore ~** Halsschmerzen haben
throb [θrɒb] vi klopfen, pochen
throes [θrəʊz] npl: **in the ~ of** mitten in +dat
throne [θrəʊn] n Thron m; **on the ~** auf dem Thron
throng ['θrɒŋ] n (Menschen)schar f ♦ vt sich drängen in +dat
throttle ['θrɒtl] n Gashebel m ♦ vt erdrosseln
through [θruː] prep durch; (time) während +gen; (because of) aus, durch ♦ adv durch ♦ adj (ticket, train) durchgehend; (finished) fertig; **to put sb ~ (to)** jdn verbinden (mit); **to be ~** (TEL) eine Verbindung haben; (have finished) fertig sein; **no ~ way** (BRIT) Sackgasse f; **~out** [θruː'aʊt] prep (place) überall in +dat; (time) während +gen ♦ adv überall; die ganze Zeit
throw [θrəʊ] (pt threw, pp thrown) n Wurf m ♦ vt werfen; **to ~ a party** eine Party geben; **~ away** vt wegwerfen; (waste) verschenken; (money) verschwenden; **~ off** vt abwerfen; (pursuer) abschütteln; **~ out** vt hinauswerfen; (rubbish) wegwerfen; (plan) verwerfen; **~ up** vt, vi (vomit) speien; **~away** adj Wegwerf-; **~-in** n Einwurf m; **~n** pp of **throw**
thru [θruː] (US) = **through**
thrush [θrʌʃ] n Drossel f
thrust [θrʌst] (pt, pp thrust) vt, vi (push) stoßen
thud [θʌd] n dumpfe(r) (Auf)schlag m
thug [θʌg] n Schlägertyp m

thumb [θʌm] n Daumen m ♦ vt (book) durchblättern; **to ~ a lift** per Anhalter fahren (wollen); **~tack** (US) n Reißzwecke f

thump [θʌmp] n (blow) Schlag m; (noise) Bums m ♦ vi hämmern, pochen ♦ vt schlagen auf +acc

thunder [ˈθʌndəʳ] n Donner m ♦ vi donnern; (train etc): **to ~ past** vorbeidonnern ♦ vt brüllen; **~bolt** n Blitz nt; **~clap** n Donnerschlag m; **~storm** n Gewitter nt, Unwetter nt; **~y** adj gewitterschwül

Thursday [ˈθəːzdɪ] n Donnerstag m

thus [ðʌs] adv (in this way) so; (therefore) somit, also, folglich

thwart [θwɔːt] vt vereiteln, durchkreuzen; (person) hindern

thyme [taɪm] n Thymian m

thyroid [ˈθaɪrɔɪd] n Schilddrüse f

tiara [tɪˈɑːrə] n Diadem nt

tic [tɪk] n Tick m

tick [tɪk] n (sound) Ticken nt; (mark) Häkchen nt ♦ vi ticken ♦ vt abhaken; **in a ~** (BRIT: inf) sofort; **~ off** vt abhaken; (person) ausschimpfen; **~ over** vi (engine) im Leerlauf laufen; (fig) auf Sparflamme laufen

ticket [ˈtɪkɪt] n (for travel) Fahrkarte f; (for entrance) (Eintritts)karte f; (price ~) Preisschild nt; (luggage ~) (Gepäck)schein m; (raffle ~) Los nt; (parking ~) Strafzettel m; (in car park) Parkschein m; **~ collector** n Fahrkartenkontrolleur m; **~ inspector** n Fahrkartenkontrolleur m; **~ office** n (THEAT etc) Kasse f; (RAIL etc) Fahrkartenschalter m

tickle [ˈtɪkl] n Kitzeln nt ♦ vt kitzeln; (amuse) amüsieren; **ticklish** [ˈtɪklɪʃ] adj (also fig) kitzlig

tidal [ˈtaɪdl] adj Flut-, Tide-; **~ wave** n Flutwelle f

tidbit [ˈtɪdbɪt] (US) n Leckerbissen m

tiddlywinks [ˈtɪdlɪwɪŋks] n Floh(hüpf)spiel nt

tide [taɪd] n Gezeiten pl; **high/low ~** Flut f/ Ebbe f

tidy [ˈtaɪdɪ] adj ordentlich ♦ vt aufräumen, in Ordnung bringen

tie [taɪ] n (BRIT: neck) Krawatte f, Schlips m; (sth connecting) Band nt; (SPORT)

Unentschieden nt ♦ vt (fasten, restrict) binden ♦ vi (SPORT) unentschieden spielen; (in competition) punktgleich sein; **to ~ in a bow** zur Schleife binden; **to ~ a knot in sth** einen Knoten in etw acc machen; **~ down** vt festbinden; **to ~ sb down to** jdn binden an +acc; **~ up** vt (dog) anbinden; (parcel) verschnüren; (boat) festmachen; (person) fesseln; **to be ~d up** (busy) beschäftigt sein

tier [tɪəʳ] n Rang m; (of cake) Etage f

tiff [tɪf] n Krach m

tiger [ˈtaɪɡəʳ] n Tiger m

tight [taɪt] adj (close) eng, knapp; (schedule) gedrängt; (firm) fest; (control) streng; (stretched) stramm, (an)gespannt; (inf: drunk) blau, stramm ♦ adv (squeeze) fest; **~en** vt anziehen, anspannen; (restrictions) verschärfen ♦ vi sich spannen; **~-fisted** adj knauserig; **~ly** adv eng; fest; (stretched) straff; **~-rope** n Seil nt; **~s** npl (esp BRIT) Strumpfhose f

tile [taɪl] n (on roof) Dachziegel m; (on wall or floor) Fliese f; **~d** adj (roof) gedeckt, Ziegel-; (floor, wall) mit Fliesen belegt

till [tɪl] n Kasse f ♦ vt bestellen ♦ prep, conj = until

tiller [ˈtɪləʳ] n Ruderpinne f

tilt [tɪlt] vt kippen, neigen ♦ vi sich neigen

timber [ˈtɪmbəʳ] n (wood) Holz nt

time [taɪm] n Zeit f; (occasion) Mal nt; (rhythm) Takt m ♦ vt zur rechten Zeit tun, zeitlich einrichten; (SPORT) stoppen; **in 2 weeks'** ~ in 2 Wochen; **a long** ~ lange; **for the ~ being** vorläufig; **4 at a ~** zu jeweils 4; **from ~ to ~** gelegentlich; **to have a good ~** sich amüsieren; **in ~** (soon enough) rechtzeitig; (after some ~) mit der Zeit; (MUS) im Takt; **in no ~** im Handumdrehen; **any ~** jederzeit; **on ~** pünktlich, rechtzeitig; **five ~s 5** fünfmal 5; **what ~ is it?** wie viel Uhr ist es?, wie spät ist es?; **at ~s** manchmal; **~ bomb** n Zeitbombe f; **~less** adj (beauty) zeitlos; **~ limit** n Frist f; **~ly** adj rechtzeitig; günstig; **~ off** n freie Zeit f; **~r** n (timer switch: in kitchen) Schaltuhr f; **~ scale** n Zeitspanne f; **~-share** adj Timesharing-; **~ switch**

(*BRIT*) *n* Zeitschalter *m*; ~**table** *n* Fahrplan *m*; (*SCH*) Stundenplan *m*; ~ **zone** *n* Zeitzone *f*

timid ['tɪmɪd] *adj* ängstlich, schüchtern

timing ['taɪmɪŋ] *n* Wahl *f* des richtigen Zeitpunkts, Timing *nt*

timpani ['tɪmpənɪ] *npl* Kesselpauken *pl*

tin [tɪn] *n* (*metal*) Blech *nt*; (*BRIT: can*) Büchse *f*, Dose *f*; ~**foil** *n* Stanniolpapier *nt*

tinge [tɪndʒ] *n* (*colour*) Färbung *f*; (*fig*) Anflug *m* ♦ *vt* färben; ~**d with** mit einer Spur von

tingle ['tɪŋgl] *n* Prickeln *nt* ♦ *vi* prickeln

tinker ['tɪŋkər] *n* Kesselflicker *m*; ~ **with** *vt fus* herumpfuschen an +*dat*

tinkle ['tɪŋkl] *vi* klingeln

tinned [tɪnd] (*BRIT*) *adj* (*food*) Dosen-, Büchsen-

tin opener [-əupnər] (*BRIT*) *n* Dosen- or Büchsenöffner *m*

tinsel ['tɪnsl] *n* Rauschgold *nt*

tint [tɪnt] *n* Farbton *m*; (*slight colour*) Anflug *m*; (*hair*) Tönung *f*; ~**ed** *adj* getönt

tiny ['taɪnɪ] *adj* winzig

tip [tɪp] *n* (*pointed end*) Spitze *f*; (*money*) Trinkgeld *nt*; (*hint*) Wink *m*, Tipp *m* ♦ *vt* (*slant*) kippen; (*hat*) antippen; (~ *over*) umkippen; (*waiter*) ein Trinkgeld geben +*dat*; ~**off** *n* Hinweis *m*, Tipp *m*; ~**ped** (*BRIT*) *adj* (*cigarette*) Filter-

tipsy ['tɪpsɪ] *adj* beschwipst

tiptoe ['tɪptəu] *n*: **on** ~ auf Zehenspitzen

tiptop [tɪp'tɔp] *adj*: **in** ~ **condition** tipptopp, erstklassig

tire ['taɪər] *n* (*US*) = **tyre** ♦ *vt, vi* ermüden, müde machen/werden; ~**d** *adj* müde; **to be** ~**d of sth** etw satt haben; ~**less** *adj* unermüdlich; ~**some** *adj* lästig

tiring ['taɪərɪŋ] *adj* ermüdend

tissue ['tɪʃuː] *n* Gewebe *nt*; (*paper handkerchief*) Papiertaschentuch *nt*; ~ **paper** *n* Seidenpapier *nt*

tit [tɪt] *n* (*bird*) Meise *f*; ~ **for tat** wie du mir, so ich dir

titbit ['tɪtbɪt] (*US* **tidbit**) *n* Leckerbissen *m*

titillate ['tɪtɪleɪt] *vt* kitzeln

title ['taɪtl] *n* Titel *m*; ~ **deed** *n* Eigentumsurkunde *f*; ~ **role** *n* Hauptrolle *f*

titter ['tɪtər] *vi* kichern

titular ['tɪtjulər] *adj* (*in name only*) nominell

TM *abbr* (= *trademark*) Wz

KEYWORD

to [tuː, tə] *prep* **1** (*direction*) zu, nach; **I go to France/school** ich gehe nach Frankreich/ zur Schule; **to the left** nach links

2 (*as far as*) bis

3 (*with expressions of time*) vor; **a quarter to 5** Viertel vor 5

4 (*for, of*) für; **secretary to the director** Sekretärin des Direcktors

5 (*expressing indirect object*): **to give sth to sb** jdm etw geben; **to talk to sb** mit jdm sprechen; **I sold it to a friend** ich habe es einem Freund verkauft

6 (*in relation to*) zu; **30 miles to the gallon** 30 Meilen pro Gallone

7 (*purpose, result*) zu; **to my surprise** zu meiner Überraschung

♦ *with vb* **1** (*infin*): **to go/eat** gehen/essen; **to want to do sth** etw tun wollen; **to try/ start to do sth** versuchen/anfangen, etw zu tun; **he has a lot to lose** er hat viel zu verlieren

2 (*with vb omitted*): **I don't want to** ich will (es) nicht

3 (*purpose, result*) um; **I did it to help you** ich tat es, um dir zu helfen

4 (*after adj etc*): **ready to use** gebrauchsfertig; **too old/young to ...** zu alt/jung, um ... zu ...

♦ *adv*: **push/pull the door to** die Tür zuschieben/zuziehen

toad [təud] *n* Kröte *f*; ~**stool** *n* Giftpilz *m*

toast [təust] *n* (*bread*) Toast *m*; (*drinking*) Trinkspruch *m* ♦ *vt* trinken auf +*acc*; (*bread*) toasten; (*warm*) wärmen; ~**er** *n* Toaster *m*

tobacco [tə'bækəu] *n* Tabak *m*; ~**nist** [tə'bækənɪst] *n* Tabakhändler *m*; ~**nist's (shop)** *n* Tabakladen *m*

toboggan [tə'bɔgən] *n* (Rodel)schlitten *m*; ~**ing** *n* Rodeln *nt*

today [tə'deɪ] *adv* heute; (*at the present time*) heutzutage

toddler ['tɒdlə'] n Kleinkind nt

toddy ['tɒdɪ] n (Whisky)grog m

to-do [tə'du:] n Theater nt

toe [təʊ] n Zehe f; (of sock, shoe) Spitze f
♦ vt: **to ~ the line** (fig) sich einfügen; **~nail**
n Zehennagel m

toffee ['tɒfɪ] n Sahnebonbon nt; **~ apple**
(BRIT) n kandierte(r) Apfel m

together [tə'gɛðə'] adv zusammen; (at the
same time) gleichzeitig; **~ with** zusammen
mit; gleichzeitig mit

toil [tɔɪl] n harte Arbeit f, Plackerei f ♦ vi sich
abmühen, sich plagen

toilet ['tɔɪlət] n Toilette f ♦ cpd Toiletten-; **~
bag** n Waschbeutel m; **~ paper** n
Toilettenpapier nt; **~ries** ['tɔɪlətrɪz] npl
Toilettenartikel pl; **~ roll** n Rolle f
Toilettenpapier; **~ water** n Toilettenwasser
nt

token ['təʊkən] n Zeichen nt; (gift ~)
Gutschein m; **book/record ~** (BRIT)
Bücher-/Plattengutschein m

Tokyo ['təʊkjəʊ] n Tokio nt

told [təʊld] pt, pp of **tell**

tolerable ['tɒlərəbl] adj (bearable) erträglich;
(fairly good) leidlich

tolerant ['tɒlərnt] adj: **be ~ (of)** vertragen
+acc

tolerate ['tɒləreɪt] vt dulden; (noise) ertragen

toll [təʊl] n Gebühr f ♦ vi (bell) läuten

tomato [tə'mɑːtəʊ] n (pl **~es**) n Tomate f

tomb [tu:m] n Grab(mal) nt

tomboy ['tɒmbɔɪ] n Wildfang m

tombstone ['tu:mstəʊn] n Grabstein m

tomcat ['tɒmkæt] n Kater m

tomorrow [tə'mɒrəʊ] n Morgen nt ♦ adv
morgen; **the day after ~** übermorgen; **~
morning** morgen früh; **a week ~** morgen
in einer Woche

ton [tʌn] n Tonne f (BRIT = 1016kg; US
= 907kg); **~s of** (inf) eine Unmenge von

tone [təʊn] n Ton m; **~ down** vt (criticism,
demands) mäßigen; (colours) abtonen; **~ up**
vt in Form bringen; **~-deaf** adj ohne
musikalisches Gehör

tongs [tɒŋz] npl Zange f; (curling ~)
Lockenstab m

tongue [tʌŋ] n Zunge f; (language) Sprache
f; **with ~ in cheek** scherzhaft; **~-tied** adj
stumm, sprachlos; **~ twister** n
Zungenbrecher m

tonic ['tɒnɪk] n (drink) Tonic nt; (MED)
Stärkungsmittel nt

tonight [tə'naɪt] adv heute Abend

tonsil ['tɒnsl] n Mandel f; **~litis** [tɒnsɪ'laɪtɪs] n
Mandelentzündung f

too [tu:] adv zu; (also) auch; **~ bad!** Pech!; **~
many** zu viele

took [tʊk] pt of **take**

tool [tu:l] n (also fig) Werkzeug nt; **~box** n
Werkzeugkasten m

toot [tu:t] n Hupen nt ♦ vi tuten; (AUT)
hupen

tooth [tu:θ] n (pl **teeth**) n Zahn m; **~ache** n
Zahnschmerzen pl, Zahnweh nt; **~brush** n
Zahnbürste f; **~paste** n Zahnpasta f;
~pick n Zahnstocher m

top [tɒp] n Spitze f; (of mountain) Gipfel m;
(of tree) Wipfel m; (toy) Kreisel m; (~ gear)
vierte(r)/fünfte(r) Gang m ♦ adj oberste(r, s)
♦ vt (list) an erster Stelle stehen auf +dat;
on ~ of oben auf +dat; **from ~ to bottom**
von oben bis unten; **~ off** (US) vt auffüllen;
~ up vt auffüllen; **~ floor** n oberste(s)
Stockwerk nt; **~ hat** n Zylinder m; **~-
heavy** adj kopflastig

topic ['tɒpɪk] n Thema nt,
Gesprächsgegenstand m; **~al** adj aktuell

top: ~less ['tɒplɪs] adj (bather etc) oben
ohne; **~-level** ['tɒplɛvl] adj auf höchster
Ebene; **~most** ['tɒpməʊst] adj oberste(r, s)

topple ['tɒpl] vt, vi stürzen, kippen

top-secret ['tɒp'siːkrɪt] adj streng geheim

topsy-turvy ['tɒpsɪ'tɜːvɪ] adv durcheinander
♦ adj auf den Kopf gestellt

torch [tɔːtʃ] n (BRIT: ELEC) Taschenlampe f;
(with flame) Fackel f

tore [tɔː'] pt of **tear¹**

torment [n 'tɔːmɛnt, vb tɔː'mɛnt] n Qual f
♦ vt (distress) quälen

torn [tɔːn] pp of **tear¹** ♦ adj hin- und
hergerissen

torrent ['tɒrnt] n Sturzbach m; **~ial** [tɔ'rɛnʃl]
adj wolkenbruchartig

torrid ['tɒrɪd] *adj* heiß

tortoise ['tɔːtəs] *n* Schildkröte *f*; **~shell** ['tɔːtəʃəl] *n* Schildpatt *m*

torture ['tɔːtʃər] *n* Folter *f* ♦ *vt* foltern

Tory ['tɔːrɪ] (*BRIT*) *n* (*POL*) Tory *m* ♦ *adj* Tory-, konservativ

toss [tɒs] *vt* schleudern; **to ~ a coin** *or* **to ~ up for sth** etw mit einer Münze entscheiden; **to ~ and turn** (*in bed*) sich hin und her werfen

tot [tɒt] *n* (*small quantity*) bisschen *nt*; (*small child*) Knirps *m*

total ['təutl] *n* Gesamtheit *f*; (*money*) Endsumme *f* ♦ *adj* Gesamt-, total ♦ *vt* (*add up*) zusammenzählen; (*amount to*) sich belaufen auf

totalitarian [təutælɪ'tɛərɪən] *adj* totalitär

totally ['təutəlɪ] *adv* total

totter ['tɒtər] *vi* wanken, schwanken

touch [tʌtʃ] *n* Berührung *f*; (*sense of feeling*) Tastsinn *m* ♦ *vt* (*feel*) berühren; (*come against*) leicht anstoßen; (*emotionally*) rühren; **a ~ of** (*fig*) eine Spur von; **to get in ~ with sb** sich mit jdm in Verbindung setzen; **to lose ~** (*friends*) Kontakt verlieren; **~ on** *vt fus* (*topic*) berühren, erwähnen; **~ up** *vt* (*paint*) auffrischen; **~-and-go** *adj* riskant, knapp; **~down** *n* Landen *nt*, Niedergehen *nt*; **~ed** *adj* (*moved*) gerührt; **~ing** *adj* rührend; **~line** *n* Seitenlinie *f*; **~-sensitive screen** *n* (*COMPUT*) berührungsempfindlicher Bildschirm *m*; **~y** *adj* empfindlich, reizbar

tough [tʌf] *adj* zäh; (*difficult*) schwierig ♦ *n* Schläger(typ) *m*; **~en** *vt* zäh machen; (*make strong*) abhärten

toupee ['tuːpeɪ] *n* Toupet *nt*

tour ['tuər] *n* Tour *f* ♦ *vi* umherreisen; (*THEAT*) auf Tour sein; auf Tour gehen; **~ guide** *n* Reiseleiter(in) *m(f)*

tourism ['tuərɪzm] *n* Fremdenverkehr *m*, Tourismus *m*

tourist ['tuərɪst] *n* Tourist(in) *m(f)* ♦ *cpd* (*class*) Touristen-; **~ office** *n* Verkehrsamt *nt*

tournament ['tuənəmənt] *n* Turnier *nt*

tousled ['tauzld] *adj* zerzaust

tout [taut] *vi*: **to ~ for** auf Kundenfang gehen für ♦ *n*: **ticket ~** Kundenschlepper(in) *m(f)*

tow [təu] *vt* (ab)schleppen; **on** (*BRIT*) *or* **in** (*US*) **~** (*AUT*) im Schlepp

toward(s) [tə'wɔːd(z)] *prep* (*with time*) gegen; (*in direction of*) nach

towel ['tauəl] *n* Handtuch *nt*; **~ling** *n* (*fabric*) Frottee *nt or m*; **~ rack** (*US*) *n* Handtuchstange *f*; **~ rail** *n* Handtuchstange *f*

tower ['tauər] *n* Turm *m*; **~ block** (*BRIT*) *n* Hochhaus *nt*; **~ing** *adj* hochragend

town [taun] *n* Stadt *f*; **to go to ~** (*fig*) sich ins Zeug legen; **~ centre** *n* Stadtzentrum *nt*; **~ clerk** *n* Stadtdirektor *m*; **~ council** *n* Stadtrat *m*; **~ hall** *n* Rathaus *nt*; **~ plan** *n* Stadtplan *m*; **~ planning** *n* Stadtplanung *f*

towrope ['təurəup] *n* Abschlepptau *nt*

tow truck (*US*) *n* Abschleppwagen *m*

toxic ['tɒksɪk] *adj* giftig, Gift-

toy [tɔɪ] *n* Spielzeug *nt*; **~ with** *vt fus* spielen mit; **~shop** *n* Spielwarengeschäft *nt*

trace [treɪs] *n* Spur *f* ♦ *vt* (*follow a course*) nachspüren +*dat*; (*find out*) aufspüren; (*copy*) durchpausen; **tracing paper** *n* Pauspapier *nt*

track [træk] *n* (*mark*) Spur *f*; (*path*) Weg *m*; (*racetrack*) Rennbahn *f*; (*RAIL*) Gleis *nt* ♦ *vt* verfolgen; **to keep ~ of sb** jdn im Auge behalten; **~ down** *vt* aufspüren; **~suit** *n* Trainingsanzug *m*

tract [trækt] *n* (*of land*) Gebiet *nt*

traction ['trækʃən] *n* (*power*) Zugkraft *f*; (*AUT: grip*) Bodenhaftung *f*; (*MED*): **in ~** im Streckverband

tractor ['træktər] *n* Traktor *m*

trade [treɪd] *n* (*commerce*) Handel *m*; (*business*) Geschäft *nt*, Gewerbe *nt*; (*people*) Geschäftsleute *pl*; (*skilled manual work*) Handwerk *nt* ♦ *vi*: **to ~ (in)** handeln (mit) ♦ *vt* tauschen; **~ in** *vt* in Zahlung geben; **~ fair** *n* Messe *nt*; **~-in price** *n* Preis, zu dem etw in Zahlung genommen wird; **~mark** *n* Warenzeichen *nt*; **~ name** *n* Handelsbezeichnung *f*; **~r** *n* Händler *m*; **~sman** (*irreg*) *n* (*shopkeeper*) Geschäftsmann *m*; (*workman*) Handwerker *m; (delivery man)* Lieferant *m;* **~ union** *n* Gewerkschaft *f;* **~ unionist** *n* Gewerkschaftler(in) *m(f)*

trading ['treɪdɪŋ] *n* Handel *m;* **~ estate** *(BRIT) n* Industriegelände *nt*

tradition [trə'dɪʃən] *n* Tradition *f;* **~al** *adj* traditionell, herkömmlich

traffic ['træfɪk] *n* Verkehr *m; (esp in drugs):* **~ (in)** Handel *m* (mit) ♦ *vi:* **to ~ in** *(esp drugs)* handeln mit; **~ calming** *n* Verkehrsberuhigung *f;* **~ circle** *(US) n* Kreisverkehr *m;* **~ jam** *n* Verkehrsstauung *f;* **~ lights** *npl* Verkehrsampel *f;* **~ warden** *n* ≈ Verkehrspolizist *m (ohne amtliche Befugnisse)*, Politesse *f (ohne amtliche Befugnisse)*

tragedy ['trædʒədɪ] *n* Tragödie *f*

tragic ['trædʒɪk] *adj* tragisch

trail [treɪl] *n (track)* Spur *f; (of smoke)* Rauchfahne *f; (of dust)* Staubwolke *f; (road)* Pfad *m*, Weg *m* ♦ *vt (animal)* verfolgen; *(person)* folgen +*dat; (drag)* schleppen ♦ *vi (hang loosely)* schleifen; *(plants)* sich ranken; *(be behind)* hinterherhinken; *(SPORT)* weit zurückliegen; *(walk)* zuckeln; **~ behind** *vi* zurückbleiben; **~er** *n* Anhänger *m; (US: caravan)* Wohnwagen *m; (for film)* Vorschau *f;* **~er truck** *(US) n* Sattelschlepper *m*

train [treɪn] *n* Zug *m; (of dress)* Schleppe *f; (series)* Folge *f* ♦ *vt (teach: person)* ausbilden; *(: animal)* abrichten; *(: mind)* schulen; *(SPORT)* trainieren; *(aim)* richten ♦ *vi (exercise)* trainieren; *(study)* ausgebildet werden; **~ of thought** Gedankengang *m;* **to ~ sth on** *(aim)* etw richten auf +*acc;* **~ed** *adj (eye)* geschult; *(person, voice)* ausgebildet; **~ee** *n* Lehrling *m;* Praktikant(in) *m(f);* **~er** *n (SPORT)* Trainer *m;* Ausbilder *m;* **~ers** *npl* Turnschuhe *pl;* **~ing** *n (for occupation)* Ausbildung *f; (SPORT)* Training *nt;* **in ~ing** im Training; **~ing college** *n* pädagogische Hochschule *f,* Lehrerseminar *nt;* **~ing shoes** *npl* Turnschuhe *pl*

traipse [treɪps] *vi* latschen

trait [treɪt] *n* Zug *m*, Merkmal *nt*

traitor ['treɪtər] *n* Verräter *m*

trajectory [trə'dʒɛktərɪ] *n* Flugbahn *f*

tram [træm] *(BRIT) n (also:* **~car)** Straßenbahn *f*

tramp [træmp] *n* Landstreicher *m* ♦ *vi (trudge)* stampfen, stapfen

trample ['træmpl] *vt* (nieder)trampeln ♦ *vi (herum)*trampeln; **to ~ (underfoot)** herumtrampeln auf +*dat*

trampoline ['træmpəliːn] *n* Trampolin *m*

tranquil ['træŋkwɪl] *adj* ruhig, friedlich; **~lity** [træŋ'kwɪlɪtɪ] *(US* **tranquility)** *n* Ruhe *f;* **~lizer** *(US* **tranquilizer)** *n* Beruhigungsmittel *nt*

transact [træn'zækt] *vt* abwickeln; **~ion** [træn'zækʃən] *n* Abwicklung *f; (piece of business)* Geschäft *nt*, Transaktion *f*

transcend [træn'send] *vt* übersteigen

transcription [træn'skrɪpʃən] *n* Transkription *f; (product)* Abschrift *f*

transfer [*n* 'trænsfər, *vb* træns'fɜːr] *n (~ring)* Übertragung *f; (of business)* Umzug *m; (being ~red)* Versetzung *f; (design)* Abziehbild *nt; (SPORT)* Transfer *m* ♦ *vt (business)* verlegen; *(person)* versetzen; *(prisoner)* überführen; *(drawing)* übertragen; *(money)* überweisen; **to ~ the charges** *(BRIT: TEL)* ein R-Gespräch führen; **~ desk** *n (AVIAT)* Transitschalter *m*

transform [træns'fɔːm] *vt* umwandeln; **~ation** [trænsfə'meɪʃən] *n* Umwandlung *f,* Verwandlung *f*

transfusion [træns'fjuːʒən] *n* Blutübertragung *f*, Transfusion *f*

transient ['trænzɪənt] *adj* kurz(lebig)

transistor [træn'zɪstər] *n (ELEC)* Transistor *m; (RAD)* Transistorradio *nt*

transit ['trænzɪt] *n:* **in ~** unterwegs

transition [træn'zɪʃən] *n* Übergang *m;* **~al** *adj* Übergangs-

transit lounge *n* Warteraum *m*

translate [trænz'leɪt] *vt, vi* übersetzen; **translation** [trænz'leɪʃən] *n* Übersetzung *f;* **translator** [trænz'leɪtər] *n* Übersetzer(in) *m(f)*

transmission [trænz'mɪʃən] *n (of information)* Übermittlung *f; (ELEC, MED, TV)* Übertragung *f; (AUT)* Getriebe *nt*

transmit [trænz'mɪt] vt (*message*) übermitteln; (*ELEC, MED, TV*) übertragen; **~ter** n Sender m

transparency [træns'pɛərnsɪ] n Durchsichtigkeit f; (*BRIT: PHOT*) Dia(positiv) nt

transparent [træns'pærnt] adj durchsichtig; (*fig*) offenkundig

transpire [træns'paɪər] vi (*turn out*) sich herausstellen; (*happen*) passieren

transplant [vb træns'plɑːnt, n 'trænsplɑːnt] vt umpflanzen; (*MED, also fig: person*) verpflanzen ♦ n (*MED*) Transplantation f; (*organ*) Transplantat nt

transport [n 'trænspɔːt, vb træns'pɔːt] n Transport m, Beförderung f ♦ vt befördern; transportieren; **means of ~** Transportmittel nt; **~ation** ['trænspɔː'teɪʃən] n Transport m, Beförderung f; (*means*) Beförderungsmittel nt; (*cost*) Transportkosten pl; **~ café** (*BRIT*) n Fernfahrerlokal nt

trap [træp] n Falle f; (*carriage*) zweirädrige(r) Einspänner m; (*inf: mouth*) Klappe f ♦ vt fangen; (*person*) in eine Falle locken; **~door** n Falltür f

trappings ['træpɪŋz] npl Aufmachung f

trash [træʃ] n (*rubbish*) Plunder m; (*nonsense*) Mist m; **~ can** (*US*) n Mülleimer m; **~y** (*inf*) adj minderwertig, wertlos; (*novel*) Schund-

traumatic [trɔː'mætɪk] adj traumatisch

travel ['trævl] n Reisen nt ♦ vi reisen ♦ vt (*distance*) zurücklegen; (*country*) bereisen; **~s** npl (*journeys*) Reisen pl; **~ agency** n Reisebüro nt; **~ agent** n Reisebürokaufmann(-frau) m(f); **~ler** (*US* **traveler**) n Reisende(r) m/f; (*salesman*) Handlungsreisende(r) m; **~ler's cheque** (*US* **traveler's check**) n Reisescheck m; **~ling** (*US* **traveling**) n Reisen nt; **~sick** adj reisekrank; **~ sickness** n Reisekrankheit f

trawler ['trɔːlər] n (*NAUT, FISHING*) Fischdampfer m, Trawler m

tray [treɪ] n (*tea ~*) Tablett nt; (*for mail*) Ablage f

treacherous ['trɛtʃərəs] adj verräterisch; (*road*) tückisch

treachery ['trɛtʃərɪ] n Verrat m

treacle ['triːkl] n Sirup m, Melasse f

tread [trɛd] (*pt* **trod**, *pp* **trodden**) n Schritt m, Tritt m; (*of stair*) Stufe f; (*on tyre*) Profil nt ♦ vi treten; **~ on** vt fus treten auf +acc

treason ['triːzn] n Verrat m

treasure ['trɛʒər] n Schatz m ♦ vt schätzen

treasurer ['trɛʒərər] n Kassenverwalter m, Schatzmeister m

treasury ['trɛʒərɪ] n (*POL*) Finanzministerium nt

treat [triːt] n besondere Freude f ♦ vt (*deal with*) behandeln; **to ~ sb to sth** jdm etw spendieren

treatise ['triːtɪz] n Abhandlung f

treatment ['triːtmənt] n Behandlung f

treaty ['triːtɪ] n Vertrag m

treble ['trɛbl] adj dreifach ♦ vt verdreifachen; **~ clef** n Violinschlüssel m

tree [triː] n Baum m; **~ trunk** n Baumstamm m

trek [trɛk] n Treck m, Zug m; (*inf*) anstrengende(r) Weg m ♦ vi trecken

trellis ['trɛlɪs] n Gitter nt; (*for gardening*) Spalier nt

tremble ['trɛmbl] vi zittern; (*ground*) beben

tremendous [trɪ'mɛndəs] adj gewaltig, kolossal; (*inf: good*) prima

tremor ['trɛmər] n Zittern nt; (*of earth*) Beben nt

trench [trɛntʃ] n Graben m; (*MIL*) Schützengraben m

trend [trɛnd] n Tendenz f; **~y** (*inf*) adj modisch

trepidation [trɛpɪ'deɪʃən] n Beklommenheit f

trespass ['trɛspəs] vi: **to ~ on** widerrechtlich betreten; **"no ~ing"** „Betreten verboten"

trestle ['trɛsl] n Bock m; **~ table** n Klapptisch m

trial ['traɪəl] n (*JUR*) Prozess m; (*test*) Versuch m, Probe f; (*hardship*) Prüfung f; **by ~ and error** durch Ausprobieren; **~ period** n Probezeit f

triangle ['traɪæŋgl] n Dreieck nt; (*MUS*) Triangel f; **triangular** [traɪ'æŋgjulər] adj dreieckig

tribal ['traɪbl] adj Stammes-

tribe [traɪb] n Stamm m; **~sman** (*irreg*) n

Stammesangehörige(r) *m*

tribulation [trɪbjuˈleɪʃən] *n* Not *f*, Mühsal *f*

tribunal [traɪˈbjuːnl] *n* Gericht *nt*; (*inquiry*) Untersuchungsausschuss *m*

tributary [ˈtrɪbjutərɪ] *n* Nebenfluss *m*

tribute [ˈtrɪbjuːt] *n* (*admiration*) Zeichen *nt* der Hochachtung; **to pay ~ to sb/sth** jdm/einer Sache Tribut zollen

trick [trɪk] *n* Trick *m*; (*CARDS*) Stich *m* ♦ *vt* überlisten, beschwindeln; **to play a ~ on sb** jdm einen Streich spielen; **that should do the ~** daß müsste eigentlich klappen; **~ery** *n* Tricks *pl*

trickle [ˈtrɪkl] *n* Tröpfeln *nt*; (*small river*) Rinnsal *nt* ♦ *vi* tröpfeln; (*seep*) sickern

tricky [ˈtrɪkɪ] *adj* (*problem*) schwierig; (*situation*) kitzlig

tricycle [ˈtraɪsɪkl] *n* Dreirad *nt*

trifle [ˈtraɪfl] *n* Kleinigkeit *f*; (*COOK*) Trifle *m* ♦ *adv*: **a ~ ...** ein bisschen ...; **trifling** *adj* geringfügig

trigger [ˈtrɪgəʳ] *n* Drücker *m*; **~ off** *vt* auslösen

trim [trɪm] *adj* gepflegt; (*figure*) schlank ♦ *n* (*gute*) Verfassung *f*; (*embellishment, on car*) Verzierung *f* ♦ *vt* (*clip*) schneiden; (*trees*) stutzen; (*decorate*) besetzen; (*sails*) trimmen; **~mings** *npl* (*decorations*) Verzierung *f*, Verzierungen *pl*; (*extras*) Zubehör *nt*

Trinity [ˈtrɪnɪtɪ] *n*: **the ~** die Dreieinigkeit *f*

trinket [ˈtrɪŋkɪt] *n* kleine(s) Schmuckstück *nt*

trip [trɪp] *n* (*kurze*) Reise *f*; (*outing*) Ausflug *m*; (*stumble*) Stolpern *nt* ♦ *vi* (*stumble*) stolpern; **on a ~** auf Reisen; **~ up** *vi* stolpern; (*fig*) stolpern, einen Fehler machen ♦ *vt* zu Fall bringen; (*fig*) hereinlegen

tripe [traɪp] *n* (*food*) Kutteln *pl*; (*rubbish*) Mist *m*

triple [ˈtrɪpl] *adj* dreifach

triplets [ˈtrɪplɪts] *npl* Drillinge *pl*

triplicate [ˈtrɪplɪkət] *n*: **in ~** in dreifacher Ausfertigung

tripod [ˈtraɪpɔd] *n* (*PHOT*) Stativ *nt*

trite [traɪt] *adj* banal

triumph [ˈtraɪʌmf] *n* Triumph *m* ♦ *vi*: **to ~**

(over) triumphieren (über +*acc*); **~ant** [traɪˈʌmfənt] *adj* triumphierend

trivia [ˈtrɪvɪə] *npl* Trivialitäten *pl*

trivial [ˈtrɪvɪəl] *adj* gering(fügig), trivial

trod [trɔd] *pt* of **tread**; **~den** *pp* of **tread**

trolley [ˈtrɔlɪ] *n* Handwagen *m*; (*in shop*) Einkaufswagen *m*; (*for luggage*) Kofferkuli *m*; (*table*) Teewagen *m*; **~ bus** *n* Oberleitungsbus *m*, Obus *m*

trombone [trɔmˈbəun] *n* Posaune *f*

troop [truːp] *n* Schar *f*; (*MIL*) Trupp *m*; **~s** *npl* (*MIL*) Truppen *pl*; **~ in/out** *vi* hinein-/hinausströmen; **~ing the colour** *n* (*ceremony*) Fahnenparade *f*

trophy [ˈtrəufɪ] *n* Trophäe *f*

tropic [ˈtrɔpɪk] *n* Wendekreis *m*; **~al** *adj* tropisch

trot [trɔt] *n* Trott *m* ♦ *vi* trotten; **on the ~** (*BRIT: fig: inf*) in einer Tour

trouble [ˈtrʌbl] *n* (*problems*) Ärger *m*; (*worry*) Sorge *f*; (*in country, industry*) Unruhen *pl*; (*effort*) Mühe *f*; (*MED*): **stomach ~** Magenbeschwerden *pl* ♦ *vt* (*disturb*) stören; **~s** *npl* (*POL etc*) Unruhen *pl*; **to ~ to do sth** sich bemühen, etw zu tun; **to be in ~** Probleme or Ärger haben; **to go to the ~ of doing sth** sich die Mühe machen, etw zu tun; **what's the ~?** was ist los?; (*to sick person*) wo fehlts?; **~d** *adj* (*person*) beunruhigt; (*country*) geplagt; **~-free** *adj* sorglos; **~maker** *n* Unruhestifter *m*; **~shooter** *n* Vermittler *m*; **~some** *adj* lästig, unangenehm; (*child*) schwierig

trough [trɔf] *n* Trog *m*; (*channel*) Rinne *f*, Kanal *m*; (*MET*) Tief *nt*

trousers [ˈtrauzəz] *npl* Hose *f*

trout [traut] *n* Forelle *f*

trowel [ˈtrauəl] *n* Kelle *f*

truant [ˈtruənt] *n*: **to play ~** (*BRIT*) (die Schule) schwänzen

truce [truːs] *n* Waffenstillstand *m*

truck [trʌk] *n* Lastwagen *m*; (*RAIL*) offene(r) Güterwagen *m*; **~ driver** *n* Lastwagenfahrer *m*; **~ farm** (*US*) *n* Gemüsegärtnerei *f*

trudge [trʌdʒ] *vi* sich (mühselig) dahinschleppen

true [tru:] adj (exact) wahr; (genuine) echt; (friend) treu

truffle ['trʌfl] n Trüffel f or m

truly ['tru:lɪ] adv wirklich; **yours ~** Ihr sehr ergebener

trump [trʌmp] n (CARDS) Trumpf m

trumpet ['trʌmpɪt] n Trompete f

truncheon ['trʌntʃən] n Gummiknüppel m

trundle ['trʌndl] vt schieben ♦ vi: **to ~ along** entlangrollen

trunk [trʌŋk] n (of tree) (Baum)stamm m; (ANAT) Rumpf m; (box) Truhe f, Überseekoffer m; (of elephant) Rüssel m; (US: AUT) Kofferraum m; **~s** npl (also: **swimming ~s**) Badehose f

truss [trʌs] vt (also: **~ up**) fesseln

trust [trʌst] n (confidence) Vertrauen nt; (for land etc) Treuhandvermögen nt ♦ vt (rely on) vertrauen +dat, sich verlassen auf +acc; (hope) hoffen; (entrust): **to ~ sth to sb** jdm etw anvertrauen; **~ed** adj treu; **~ee** [trʌs'ti:] n Vermögensverwalter m; **~ful** adj vertrauensvoll; **~ing** adj vertrauensvoll; **~worthy** adj vertrauenswürdig; (account) glaubwürdig

truth [tru:θ] n Wahrheit f; **~ful** adj ehrlich

try [traɪ] n Versuch m ♦ vt (attempt) versuchen; (test) (aus)probieren; (JUR: person) unter Anklage stellen; (: case) verhandeln; (courage, patience) auf die Probe stellen ♦ vi (make effort) versuchen, sich bemühen; **to have a ~** es versuchen; **to ~ to do sth** versuchen, etw zu tun; **~ on** vt (dress) anprobieren; (hat) aufprobieren; **~ out** vt ausprobieren; **~ing** adj schwierig

T-shirt ['ti:ʃə:t] n T-Shirt nt

T-square ['ti:skweə'] n Reißschiene f

tub [tʌb] n Wanne f, Kübel m; (for margarine etc) Becher m

tubby ['tʌbɪ] adj rundlich

tube [tju:b] n Röhre f, Rohr nt; (for toothpaste etc) Tube f; (underground) U-Bahn f; (AUT) Schlauch m

tuberculosis [tjubə:kju'ləusɪs] n Tuberkulose f

tube station n (in London) U-Bahnstation f;

tubing ['tju:bɪŋ] n Schlauch m; **tubular** ['tju:bjulə'] adj röhrenförmig

TUC (BRIT) n abbr = **Trades Union Congress**

tuck [tʌk] n (fold) Falte f, Einschlag m ♦ vt (put) stecken; (gather) fälteln, einschlagen; **~ away** vt wegstecken; **~ in** vt hineinstecken; (blanket etc) feststecken; (person) zudecken ♦ vi (eat) hineinhauen, zulangen; **~ up** vt (child) warm zudecken; **~ shop** n Süßwarenladen m

Tuesday ['tju:zdɪ] n Dienstag m

tuft [tʌft] n Büschel m

tug [tʌg] n (jerk) Zerren nt, Ruck m; (NAUT) Schleppdampfer m ♦ vt, vi zerren, ziehen; (boat) schleppen; **~ of war** n Tauziehen nt

tuition [tju:'ɪʃən] n (BRIT) Unterricht m; (: private ~) Privatunterricht m; (US: school fees) Schulgeld nt

tulip ['tju:lɪp] n Tulpe f

tumble ['tʌmbl] n (fall) Sturz m ♦ vi fallen, stürzen; **~ to** vt fus kapieren; **~down** adj baufällig; **~ dryer** (BRIT) n Trockner m; **~r** ['tʌmblə'] n (glass) Trinkglas nt

tummy ['tʌmɪ] (inf) n Bauch m; **~ upset** n Magenverstimmung f

tumour ['tju:mə'] (US **tumor**) n Geschwulst f, Tumor m

tumultuous [tju:'mʌltjuəs] adj (welcome, applause etc) stürmisch

tuna ['tju:nə] n T(h)unfisch m

tune [tju:n] n Melodie f ♦ vt (MUS) stimmen; (AUT) richtig einstellen; **to sing in ~/out of ~** richtig/falsch singen; **to be out of ~ with** nicht harmonieren mit; **~ in** vi einschalten; **~ up** vi (MUS) stimmen; **~ful** adj melodisch; **~r** n (RAD) Tuner m; (person) (Instrumenten)stimmer m; **piano ~r** n Klavierstimmer(in) m(f)

tunic ['tju:nɪk] n Waffenrock m; (loose garment) lange Bluse f

tuning ['tju:nɪŋ] n (RAD, AUT) Einstellen nt; (MUS) Stimmen nt; **~ fork** n Stimmgabel f

Tunisia [tju:'nɪzɪə] n Tunesien nt

tunnel ['tʌnl] n Tunnel m, Unterführung f ♦ vi einen Tunnel anlegen

turbulent ['tə:bjulənt] adj stürmisch

tureen [təˈriːn] *n* Terrine *f*

turf [tɜːf] *n* Rasen *m*; (*piece*) Sode *f* ♦ *vt* mit Grassoden belegen; **~ out** (*inf*) *vt* rauswerfen

turgid [ˈtɜːdʒɪd] *adj* geschwollen

Turk [tɜːk] *n* Türke *m*, Türkin *f*

Turkey [ˈtɜːkɪ] *n* Türkei *f*

turkey [ˈtɜːkɪ] *n* Puter *m*, Truthahn *m*

Turkish [ˈtɜːkɪʃ] *adj* türkisch ♦ *n* (*LING*) Türkisch *nt*

turmoil [ˈtɜːmɔɪl] *n* Aufruhr *m*, Tumult *m*

turn [tɜːn] *n* (*rotation*) (Um)drehung *f*; (*performance*) (Programm)nummer *f*; (*MED*) Schock *m* ♦ *vt* (*rotate*) drehen; (*change position of*) umdrehen, wenden; (*page*) umblättern; (*transform*): **to ~ sth into sth** etw in etw *acc* verwandeln; (*direct*) zuwenden ♦ *vi* (*rotate*) sich drehen; (*change direction: in car*) abbiegen; (*: wind*) drehen; (*~ round*) umdrehen, wenden; (*become*) werden; (*leaves*) sich verfärben; (*milk*) sauer werden; (*weather*) umschlagen; **to do sb a good ~** jdm etwas Gutes tun; **it's your ~** du bist dran *or* an der Reihe; **in ~, by ~s** abwechselnd; **to take ~s** sich abwechseln; **it gave me quite a ~** das hat mich schön erschreckt; **"no left ~"** (*AUT*) „Linksabbiegen verboten"; **~ away** *vi* sich abwenden; **~ back** *vi* (*go to back*) zurückschicken; (*clock*) zurückstellen ♦ *vi* umkehren; **~ down** *vt* (*refuse*) ablehnen; (*fold down*) umschlagen; **~ in** *vi* (*go to bed*) ins Bett gehen ♦ *vt* (*fold inwards*) einwärts biegen; **~ off** *vi* abbiegen ♦ *vt* ausschalten; (*tap*) zudrehen; (*machine, electricity*) abstellen; **~ on** *vt* (*light*) anschalten, einschalten; (*tap*) aufdrehen; (*machine*) anstellen; **~ out** *vi* (*prove to be*) sich erweisen; (*people*) sich entwickeln ♦ *vt* (*light*) ausschalten; (*gas*) abstellen; (*produce*) produzieren; **how did the cake ~ out?** wie ist der Kuchen geworden?; **~ over** *vi* (*person*) sich umdrehen ♦ *vt* (*object*) umdrehen, wenden; (*page*) umblättern; **~ round** *vi* (*person, vehicle*) sich herumdrehen; (*rotate*) sich drehen; **~ up** *vi* auftauchen ♦ *vt* (*collar*) hochklappen,

hochstellen; (*nose*) rümpfen; (*increase: radio*) lauter stellen; (*: heat*) höher drehen; **~ing** *n* (*in road*) Abzweigung *f*; **~ing point** *n* Wendepunkt *m*

turnip [ˈtɜːnɪp] *n* Steckrübe *f*

turnout [ˈtɜːnaʊt] *n* (Besucher)zahl *f*

turnover [ˈtɜːnəʊvəʳ] *n* Umsatz *m*; (*of staff*) Wechsel *m*

turnpike [ˈtɜːnpaɪk] (*US*) *n* gebührenpflichtige Straße *f*

turn: **~stile** [ˈtɜːnstaɪl] *n* Drehkreuz *nt*; **~table** [ˈtɜːnteɪbl] *n* (*of record player*) Plattenteller *m*; (*RAIL*) Drehscheibe *f*; **~-up** [ˈtɜːnʌp] (*BRIT*) *n* (*on trousers*) Aufschlag *m*

turpentine [ˈtɜːpəntaɪn] *n* Terpentin *nt*

turquoise [ˈtɜːkwɔɪz] *n* (*gem*) Türkis *m*; (*colour*) Türkis *nt* ♦ *adj* türkisfarben

turret [ˈtʌrɪt] *n* Turm *m*

turtle [ˈtɜːtl] *n* Schildkröte *f*; **~ neck (sweater)** *n* Pullover *m* mit Schildkrötkragen

tusk [tʌsk] *n* Stoßzahn *m*

tussle [ˈtʌsl] *n* Balgerei *f*

tutor [ˈtjuːtəʳ] *n* (*teacher*) Privatlehrer *m*; (*college instructor*) Tutor *m*; **~ial** [tjuːˈtɔːrɪəl] *n* (*UNIV*) Kolloquium *nt*, Seminarübung *f*

tuxedo [tʌkˈsiːdəʊ] (*US*) *n* Smoking *m*

TV [tiːˈviː] *n abbr* (= *television*) TV *nt*

twang [twæŋ] *n* scharfe(r) Ton *m*; (*of voice*) Näseln *nt*

tweezers [ˈtwiːzəz] *npl* Pinzette *f*

twelfth [twelfθ] *adj* zwölfte(r, s)

twelve [twelv] *num* zwölf; **at ~ o'clock** (*midday*) um 12 Uhr; (*midnight*) um null Uhr

twentieth [ˈtwentɪɪθ] *adj* zwanzigste(r, s)

twenty [ˈtwentɪ] *num* zwanzig

twice [twaɪs] *adv* zweimal; **~ as much** doppelt so viel

twiddle [ˈtwɪdl] *vt, vi*: **to ~ (with) sth** an etw *dat* herumdrehen; **to ~ one's thumbs** (*fig*) Däumchen drehen

twig [twɪg] *n* dünne(r) Zweig *m* ♦ *vt* (*inf*) kapieren, merken

twilight [ˈtwaɪlaɪt] *n* Zwielicht *nt*

twin [twɪn] *n* Zwilling *m* ♦ *adj* Zwillings-; (*very similar*) Doppel- ♦ *vt* (*towns*) zu

Partnerstädten machen; **~-bedded room**
n Zimmer nt mit zwei Einzelbetten; **~ beds**
npl zwei (gleiche) Einzelbetten pl
twine [twain] n Bindfaden m ♦ vi (plants)
sich ranken
twinge [twindʒ] n stechende(r) Schmerz m,
Stechen nt
twinkle ['twiŋkl] n Funkeln nt, Blitzen nt ♦ vi
funkeln
twinned adj: **to be ~ with** die Partnerstadt
von ... sein
twirl [twəːl] n Wirbel m ♦ vt, vi
(herum)wirbeln
twist [twist] n (~ing) Drehung f; (bend) Kurve
f ♦ vt (turn) drehen; (make crooked)
verbiegen; (distort) verdrehen ♦ vi (wind)
sich drehen; (curve) sich winden
twit [twit] (inf) n Idiot m
twitch [twitʃ] n Zucken nt ♦ vi zucken
two [tuː] num zwei; **to put ~ and ~ together**
seine Schlüsse ziehen; **~-door** adj
zweitürig; **~-faced** adj falsch; **~fold** adj,
adv zweifach, doppelt; **to increase ~fold**
verdoppeln; **~-piece** adj zweiteilig; **~-
piece (suit)** n Zweiteiler m; **~-piece
(swimsuit)** n zweiteilige(r) Badeanzug m;
~-seater n (plane, car) Zweisitzer m;
~some n Paar nt; **~-way** adj (traffic)
Gegen-
tycoon [taɪˈkuːn] n: **(business) ~**
(Industrie)magnat m
type [taɪp] n Typ m, Art f; (PRINT) Type f ♦ vt,
vi Maschine schreiben, tippen; **~cast** adj
(THEAT, TV) auf eine Rolle festgelegt; **~face**
n Schrift f; **~script** n
maschinegeschriebene(r) Text m; **~writer**
n Schreibmaschine f; **~written** adj
maschinegeschrieben
typhoid ['taɪfɔɪd] n Typhus m
typical ['tɪpɪkl] adj: **~ (of)** typisch (für)
typify ['tɪpɪfaɪ] vt typisch sein für
typing ['taɪpɪŋ] n Maschineschreiben nt
typist ['taɪpɪst] n Maschinenschreiber(in)
m(f), Tippse f (inf)
tyrant ['taɪərənt] n Tyrann m
tyre ['taɪəʳ] (US **tire**) n Reifen m; **~ pressure**
n Reifendruck m

U, u

U-bend ['juːbend] n (in pipe) U-Bogen m
udder ['ʌdəʳ] n Euter nt
UFO ['juːfəu] n abbr (= unidentified flying
object) UFO nt
ugh [əːh] excl hu
ugliness ['ʌglɪnɪs] n Hässlichkeit f
ugly ['ʌglɪ] adj hässlich; (bad) böse, schlimm
UHT abbr (= ultra heat treated): **UHT milk**
H-Milch f
UK n abbr = **United Kingdom**
ulcer ['ʌlsəʳ] n Geschwür nt
Ulster ['ʌlstəʳ] n Ulster nt
ulterior [ʌlˈtɪərɪəʳ] adj: **~ motive**
Hintergedanke m
ultimate ['ʌltɪmət] adj äußerste(r, s),
allerletzte(r, s); **~ly** adv schließlich, letzten
Endes
ultrasound ['ʌltrəsaund] n (MED) Ultraschall
m
umbilical cord [ʌmˈbɪlɪkl-] n Nabelschnur f
umbrella [ʌmˈbrelə] n Schirm m
umpire ['ʌmpaɪəʳ] n Schiedsrichter m ♦ vt, vi
schiedsrichtern
umpteenth [ʌmpˈtiːnθ] (inf) adj zig; **for the
~ time** zum x-ten Mal
UN n abbr = **United Nations**
unable [ʌnˈeɪbl] adj: **to be ~ to do sth** etw
nicht tun können
unacceptable [ʌnəkˈseptəbl] adj
unannehmbar, nicht akzeptabel
unaccompanied [ʌnəˈkʌmpənɪd] adj ohne
Begleitung
unaccountably [ʌnəˈkauntəblɪ] adv
unerklärlich
unaccustomed [ʌnəˈkʌstəmd] adj nicht
gewöhnt; (unusual) ungewohnt; **~ to** nicht
gewöhnt an +acc
unanimous [juːˈnænɪməs] adj einmütig;
(vote) einstimmig; **~ly** adv einmütig;
einstimmig
unarmed [ʌnˈɑːmd] adj unbewaffnet
unashamed [ʌnəˈʃeɪmd] adj schamlos
unassuming [ʌnəˈsjuːmɪŋ] adj bescheiden

unattached [ʌnə'tætʃt] *adj* ungebunden
unattended [ʌnə'tendɪd] *adj* (*person*)
unbeaufsichtigt; (*thing*) unbewacht
unauthorized [ʌn'ɔːθəraɪzd] *adj* unbefugt
unavoidable [ʌnə'vɔɪdəbl] *adj*
unvermeidlich
unaware [ʌnə'weəʳ] *adj*: **to be ~ of sth** sich
dat einer Sache *gen* nicht bewusst sein; **~s**
adv unversehens
unbalanced [ʌn'bælənst] *adj*
unausgeglichen; (*mentally*) gestört
unbearable [ʌn'beərəbl] *adj* unerträglich
unbeatable [ʌn'biːtəbl] *adj* unschlagbar
unbeknown(st) [ʌnbɪ'nəun(st)] *adv*: **~ to
me** ohne mein Wissen
unbelievable [ʌnbɪ'liːvəbl] *adj* unglaublich
unbend [ʌn'bend] (*irreg: like* **bend**) *vt*
gerade biegen ♦ *vi* aus sich herausgehen
unbias(s)ed [ʌn'baɪəst] *adj* unparteiisch
unborn [ʌn'bɔːn] *adj* ungeboren
unbreakable [ʌn'breɪkəbl] *adj*
unzerbrechlich
unbridled [ʌn'braɪdld] *adj* ungezügelt
unbroken [ʌn'brəukən] *adj* (*period*)
ununterbrochen; (*spirit*) ungebrochen;
(*record*) unübertroffen
unburden [ʌn'bɜːdn] *vt*: **to ~ o.s.** (jdm) sein
Herz ausschütten
unbutton [ʌn'bʌtn] *vt* aufknöpfen
uncalled-for [ʌn'kɔːldfɔːʳ] *adj* unnötig
uncanny [ʌn'kænɪ] *adj* unheimlich
unceasing [ʌn'siːsɪŋ] *adj* unaufhörlich
unceremonious [ʌnserɪ'məunɪəs] *adj*
(*abrupt, rude*) brüsk; (*exit, departure*)
überstürzt
uncertain [ʌn'sɜːtn] *adj* unsicher; (*doubtful*)
ungewiss; (*unreliable*) unbeständig; (*vague*)
undeutlich, vag(e); **~ty** *n* Ungewissheit *f*
unchanged [ʌn'tʃeɪndʒd] *adj* unverändert
unchecked [ʌn'tʃekt] *adj* ungeprüft; (*not
stopped: advance*) ungehindert
uncivilized [ʌn'sɪvɪlaɪzd] *adj* unzivilisiert
uncle [ˈʌŋkl] *n* Onkel *m*
uncomfortable [ʌn'kʌmfətəbl] *adj*
unbequem, ungemütlich
uncommon [ʌn'kɔmən] *adj* ungewöhnlich;
(*outstanding*) außergewöhnlich

uncompromising [ʌn'kɔmprəmaɪzɪŋ] *adj*
kompromisslos, unnachgiebig
unconcerned [ʌnkən'sɜːnd] *adj*
unbekümmert; (*indifferent*) gleichgültig
unconditional [ʌnkən'dɪʃənl] *adj*
bedingungslos
unconscious [ʌn'kɔnʃəs] *adj* (*MED*)
bewusstlos; (*not meant*) unbeabsichtigt ♦ *n*:
the ~ das Unbewusste; **~ly** *adv* unbewusst
uncontrollable [ʌnkən'trəuləbl] *adj*
unkontrollierbar, unbändig
unconventional [ʌnkən'venʃənl] *adj*
unkonventionell
uncouth [ʌn'kuːθ] *adj* grob
uncover [ʌn'kʌvəʳ] *vt* aufdecken
undecided [ʌndɪ'saɪdɪd] *adj* unschlüssig
undeniable [ʌndɪ'naɪəbl] *adj* unleugbar
under [ˈʌndəʳ] *prep* unter ♦ *adv* darunter; **~
there** da drunter; **~ repair** in Reparatur
underage [ʌndər'eɪdʒ] *adj* minderjährig
undercarriage [ˈʌndəkærɪdʒ] (*BRIT*) *n* (*AVIAT*)
Fahrgestell *nt*
undercharge [ʌndə'tʃɑːdʒ] *vt*: **to ~ sb** jdm
zu wenig berechnen
undercoat [ˈʌndəkəut] *n* (*paint*)
Grundierung *f*
undercover [ʌndə'kʌvəʳ] *adj* Geheim-
undercurrent [ˈʌndəkʌrnt] *n*
Unterströmung *f*
undercut [ʌndə'kʌt] (*irreg: like* **cut**) *vt*
unterbieten
underdeveloped [ˈʌndədɪ'veləpt] *adj*
Entwicklungs-, unterentwickelt
underdog [ˈʌndədɔg] *n* Unterlegene(r) *mf*
underdone [ʌndə'dʌn] *adj* (*COOK*) nicht gar,
nicht durchgebraten
underestimate [ˈʌndər'estɪmeɪt] *vt*
unterschätzen
underexposed [ˈʌndərɪks'pəuzd] *adj*
unterbelichtet
underfoot [ʌndə'fut] *adv* am Boden
undergo [ʌndə'gəu] (*irreg: like* **go**) *vt*
(*experience*) durchmachen; (*test, operation*)
sich unterziehen +*dat*
undergraduate [ʌndə'grædjuːt] *n*
Student(in) *m(f)*
underground [ˈʌndəgraund] *n* U-Bahn *f*

♦ *adj* Untergrund-

undergrowth ['ʌndəgrəuθ] *n* Gestrüpp *nt*, Unterholz *nt*

underhand(ed) [ʌndə'hænd(ɪd)] *adj* hinterhältig

underlie [ʌndə'laɪ] (*irreg: like* **lie**) *vt* zugrunde *or* zu Grunde liegen +*dat*

underline [ʌndə'laɪn] *vt* unterstreichen; (*emphasize*) betonen

underling ['ʌndəlɪŋ] *n* Handlanger *m*

undermine [ʌndə'maɪn] *vt* untergraben

underneath [ʌndə'niːθ] *adv* darunter ♦ *prep* unter

underpaid [ʌndə'peɪd] *adj* unterbezahlt

underpants ['ʌndəpænts] *npl* Unterhose *f*

underpass ['ʌndəpɑːs] (*BRIT*) *n* Unterführung *f*

underprivileged [ʌndə'prɪvɪlɪdʒd] *adj* benachteiligt, unterprivilegiert

underrate [ʌndə'reɪt] *vt* unterschätzen

undershirt ['ʌndəʃɜːt] (*US*) *n* Unterhemd *nt*

undershorts ['ʌndəʃɔːts] (*US*) *npl* Unterhose *f*

underside ['ʌndəsaɪd] *n* Unterseite *f*

underskirt ['ʌndəskɜːt] (*BRIT*) *n* Unterrock *m*

understand [ʌndə'stænd] (*irreg: like* **stand**) *vt, vi* verstehen; **I ~ that ...** ich habe gehört, dass ...; **am I to ~ that ...?** soll das (etwa) heißen, dass ...?; **what do you ~ by that?** was verstehen Sie darunter?; **it is understood that ...** es wurde vereinbart, dass ...; **to make o.s. understood** sich verständlich machen; **is that understood?** ist das klar?; **~able** *adj* verständlich; **~ing** *n* Verständnis *nt* ♦ *adj* verständnisvoll

understatement ['ʌndəsteɪtmənt] *n* (*quality*) Untertreibung *f*; **that's an ~!** das ist untertrieben!

understood [ʌndə'stud] *pt, pp of* **understand** ♦ *adj* klar; (*implied*) angenommen

understudy ['ʌndəstʌdɪ] *n* Ersatz(schau)spieler(in) *m(f)*

undertake [ʌndə'teɪk] (*irreg: like* **take**) *vt* unternehmen ♦ *vi*: **to ~ to do sth** sich verpflichten, etw zu tun

undertaker ['ʌndəteɪkər] *n* Leichenbestatter *m*

undertaking ['ʌndəteɪkɪŋ] *n* (*enterprise*) Unternehmen *nt*; (*promise*) Verpflichtung *f*

undertone ['ʌndətəun] *n*: **in an ~** mit gedämpfter Stimme

underwater [ʌndə'wɔːtər] *adv* unter Wasser ♦ *adj* Unterwasser-

underwear ['ʌndəwɛər] *n* Unterwäsche *f*

underworld ['ʌndəwɜːld] *n* (*of crime*) Unterwelt *f*

underwriter ['ʌndəraɪtər] *n* Assekurant *m*

undesirable [ʌndɪ'zaɪərəbl] *adj* unerwünscht

undies ['ʌndɪz] (*inf*) *npl* (Damen)unterwäsche *f*

undisputed ['ʌndɪs'pjuːtɪd] *adj* unbestritten

undo [ʌn'duː] (*irreg: like* **do**) *vt* (*unfasten*) öffnen, aufmachen; (*work*) zunichte machen; **~ing** *n* Verderben *nt*

undoubted [ʌn'dautɪd] *adj* unbezweifelt; **~ly** *adv* zweifellos, ohne Zweifel

undress [ʌn'drɛs] *vt* ausziehen ♦ *vi* sich ausziehen

undue [ʌn'djuː] *adj* übermäßig

undulating ['ʌndjuleɪtɪŋ] *adj* wellenförmig; (*country*) wellig

unduly [ʌn'djuːlɪ] *adv* übermäßig

unearth [ʌn'ɜːθ] *vt* (*dig up*) ausgraben; (*discover*) ans Licht bringen

unearthly [ʌn'ɜːθlɪ] *adj* (*hour*) nachtschlafen

uneasy [ʌn'iːzɪ] *adj* (*worried*) unruhig; (*feeling*) ungut

uneconomic(al) ['ʌniːkə'nɔmɪk(l)] *adj* unwirtschaftlich

uneducated [ʌn'edjukeɪtɪd] *adj* ungebildet

unemployed [ʌnɪm'plɔɪd] *adj* arbeitslos ♦ *npl*: **the ~** die Arbeitslosen *pl*

unemployment [ʌnɪm'plɔɪmənt] *n* Arbeitslosigkeit *f*

unending [ʌn'endɪŋ] *adj* endlos

unerring [ʌn'ɜːrɪŋ] *adj* unfehlbar

uneven [ʌn'iːvn] *adj* (*surface*) uneben; (*quality*) ungleichmäßig

unexpected [ʌnɪks'pektɪd] *adj* unerwartet; **~ly** *adv* unerwartet

unfailing [ʌn'feɪlɪŋ] *adj* nie versagend

unfair [ʌn'fɛər] *adj* ungerecht, unfair

unfaithful [ʌn'feɪθful] *adj* untreu

unfamiliar [ʌnfə'mɪlɪəʳ] *adj* ungewohnt; (*person, subject*) unbekannt; **to be ~ with** nicht kennen +*acc*, nicht vertraut sein mit

unfashionable [ʌn'fæʃnəbl] *adj* unmodern; (*area etc*) nicht in Mode

unfasten [ʌn'fɑːsn] *vt* öffnen, aufmachen

unfavourable [ʌn'feɪvrəbl] (*US* **unfavorable**) *adj* ungünstig

unfeeling [ʌn'fiːlɪŋ] *adj* gefühllos, kalt

unfinished [ʌn'fɪnɪʃt] *adj* unvollendet

unfit [ʌn'fɪt] *adj* ungeeignet; (*in bad health*) nicht fit; **~ for sth** zu *or* für etw ungeeignet

unfold [ʌn'fəʊld] *vt* entfalten; (*paper*) auseinander falten ♦ *vi* (*develop*) sich entfalten

unforeseen ['ʌnfɔː'siːn] *adj* unvorhergesehen

unforgettable [ʌnfə'getəbl] *adj* unvergesslich

unforgivable [ʌnfə'gɪvəbl] *adj* unverzeihlich

unfortunate [ʌn'fɔːtʃənət] *adj* unglücklich, bedauerlich; **~ly** *adv* leider

unfounded [ʌn'faʊndɪd] *adj* unbegründet

unfriendly [ʌn'frendlɪ] *adj* unfreundlich

ungainly [ʌn'geɪnlɪ] *adj* linkisch

ungodly [ʌn'gɒdlɪ] *adj* (*hour*) nachtschlafend; (*row*) heillos

ungrateful [ʌn'greɪtful] *adj* undankbar

unhappiness [ʌn'hæpɪnɪs] *n* Unglück *nt*, Unglückseligkeit *f*

unhappy [ʌn'hæpɪ] *adj* unglücklich; **~ with** (*arrangements etc*) unzufrieden mit

unharmed [ʌn'hɑːmd] *adj* wohlbehalten, unversehrt

UNHCR *n abbr* (= *United Nations High Commission for Refugees*) Flüchtlingshochkommissariat der Vereinten Nationen

unhealthy [ʌn'helθɪ] *adj* ungesund

unheard-of [ʌn'hɜːdɒv] *adj* unerhört

unhurt [ʌn'hɜːt] *adj* unverletzt

unidentified [ʌnaɪ'dentɪfaɪd] *adj* unbekannt, nicht identifiziert

uniform ['juːnɪfɔːm] *n* Uniform *f* ♦ *adj* einheitlich; **~ity** [juːnɪ'fɔːmɪtɪ] *n* Einheitlichkeit *f*

unify ['juːnɪfaɪ] *vt* vereinigen

unilateral [juːnɪ'lætərəl] *adj* einseitig

uninhabited [ʌnɪn'hæbɪtɪd] *adj* unbewohnt

unintentional [ʌnɪn'tenʃənəl] *adj* unabsichtlich

union ['juːnjən] *n* (*uniting*) Vereinigung *f*; (*alliance*) Bund *m*, Union *f*; (*trade ~*) Gewerkschaft *f*; **U~ Jack** *n* Union Jack *m*

unique [juː'niːk] *adj* einzig(artig)

UNISON ['juːnɪsn] *n* Gewerkschaft der Angestellten im öffentlichen Dienst

unison ['juːnɪsn] *n* Einstimmigkeit *f*; **in ~** einstimmig

unit ['juːnɪt] *n* Einheit *f*; **kitchen ~** Küchenelement *nt*

unite [juː'naɪt] *vt* vereinigen ♦ *vi* sich vereinigen; **~d** *adj* vereinigt; (*together*) vereint; **U~d Kingdom** *n* Vereinigte(s) Königreich *nt*; **U~d Nations (Organization)** *n* Vereinte Nationen *pl*; **U~d States (of America)** *n* Vereinigte Staaten *pl* (von Amerika)

unit trust (*BRIT*) *n* Treuhandgesellschaft *f*

unity ['juːnɪtɪ] *n* Einheit *f*; (*agreement*) Einigkeit *f*

universal [juːnɪ'vɜːsl] *adj* allgemein

universe ['juːnɪvɜːs] *n* (Welt)all *nt*

university [juːnɪ'vɜːsɪtɪ] *n* Universität *f*

unjust [ʌn'dʒʌst] *adj* ungerecht

unkempt [ʌn'kempt] *adj* ungepflegt

unkind [ʌn'kaɪnd] *adj* unfreundlich

unknown [ʌn'nəʊn] *adj*: **~ (to sb)** (jdm) unbekannt

unlawful [ʌn'lɔːful] *adj* illegal

unleaded ['ʌn'ledɪd] *adj* bleifrei, unverbleit; **I use ~** ich fahre bleifrei

unleash [ʌn'liːʃ] *vt* entfesseln

unless [ʌn'les] *conj* wenn nicht, es sei denn; **~ he comes** es sei denn, er kommt; **~ otherwise stated** sofern nicht anders angegeben

unlike [ʌn'laɪk] *adj* unähnlich ♦ *prep* im Gegensatz zu

unlikely [ʌn'laɪklɪ] *adj* (*not likely*) unwahrscheinlich; (*unexpected: combination etc*) merkwürdig

unlimited [ʌn'lɪmɪtɪd] *adj* unbegrenzt

unlisted ['ʌn'lɪstɪd] (*US*) *adj* nicht im

Telefonbuch stehend

unload [ʌn'ləud] vt entladen

unlock [ʌn'lɔk] vt aufschließen

unlucky [ʌn'lʌkɪ] adj unglücklich; (person) unglückselig; **to be ~** Pech haben

unmarried [ʌn'mærɪd] adj unverheiratet, ledig

unmask [ʌn'mɑːsk] vt entlarven

unmistakable [ʌnmɪs'teɪkəbl] adj unverkennbar

unmitigated [ʌn'mɪtɪgeɪtɪd] adj ungemildert, ganz

unnatural [ʌn'nætʃrəl] adj unnatürlich

unnecessary [ʌn'nesəsərɪ] adj unnötig

unnoticed [ʌn'nəutɪst] adj: **to go ~** unbemerkt bleiben

UNO ['juːnəu] n abbr = **United Nations Organization**

unobtainable [ʌnəb'teɪnəbl] adj: **this number is ~** kein Anschluss unter dieser Nummer

unobtrusive [ʌnəb'truːsɪv] adj unauffällig

unofficial [ʌnə'fɪʃl] adj inoffiziell

unpack [ʌn'pæk] vt, vi auspacken

unparalleled [ʌn'pærəleld] adj beispiellos

unpleasant [ʌn'pleznt] adj unangenehm

unplug [ʌn'plʌg] vt den Stecker herausziehen von

unpopular [ʌn'pɔpjulər] adj (person) unbeliebt; (decision etc) unpopulär

unprecedented [ʌn'presɪdentɪd] adj beispiellos

unpredictable [ʌnprɪ'dɪktəbl] adj unvorhersehbar; (weather, person) unberechenbar

unprofessional [ʌnprə'feʃənl] adj unprofessionell

UNPROFOR n abbr (= United Nations Protection Force) UNPROFOR f

unqualified [ʌn'kwɔlɪfaɪd] adj (success) uneingeschränkt, voll; (person) unqualifiziert

unquestionably [ʌn'kwestʃənəblɪ] adv fraglos

unravel [ʌn'rævl] vt (disentangle) ausfasern, entwirren; (solve) lösen

unreal [ʌn'rɪəl] adj unwirklich

unrealistic ['ʌnrɪə'lɪstɪk] adj unrealistisch

unreasonable [ʌn'riːznəbl] adj unvernünftig; (demand) übertrieben

unrelated [ʌnrɪ'leɪtɪd] adj ohne Beziehung; (family) nicht verwandt

unrelenting [ʌnrɪ'lentɪŋ] adj unerbittlich

unreliable [ʌnrɪ'laɪəbl] adj unzuverlässig

unremitting [ʌnrɪ'mɪtɪŋ] adj (efforts, attempts) unermüdlich

unreservedly [ʌnrɪ'zɜːvɪdlɪ] adv offen; (believe, trust) uneingeschränkt; (cry) rückhaltlos

unrest [ʌn'rest] n (discontent) Unruhe f; (fighting) Unruhen pl

unroll [ʌn'rəul] vt aufrollen

unruly [ʌn'ruːlɪ] adj (child) undiszipliniert; schwer lenkbar

unsafe [ʌn'seɪf] adj nicht sicher

unsaid [ʌn'sed] adj: **to leave sth ~** etw ungesagt lassen

unsatisfactory ['ʌnsætɪs'fæktərɪ] adj unbefriedigend; unzulänglich

unsavoury [ʌn'seɪvərɪ] (US **unsavory**) adj (fig) widerwärtig

unscathed [ʌn'skeɪðd] adj unversehrt

unscrew [ʌn'skruː] vt aufschrauben

unscrupulous [ʌn'skruːpjuləs] adj skrupellos

unsettled [ʌn'setld] adj (person) rastlos; (weather) wechselhaft

unshaven [ʌn'feɪvn] adj unrasiert

unsightly [ʌn'saɪtlɪ] adj unansehnlich

unskilled [ʌn'skɪld] adj ungelernt

unspeakable [ʌn'spiːkəbl] adj (joy) unsagbar; (crime) scheußlich

unstable [ʌn'steɪbl] adj instabil; (mentally) labil

unsteady [ʌn'stedɪ] adj unsicher

unstuck [ʌn'stʌk] adj: **to come ~** sich lösen; (fig) ins Wasser fallen

unsuccessful [ʌnsək'sesful] adj erfolglos

unsuitable [ʌn'suːtəbl] adj unpassend

unsure [ʌn'fuər] adj unsicher; **to be ~ of o.s.** unsicher sein

unsuspecting [ʌnsəs'pektɪŋ] adj nichts ahnend

unsympathetic ['ʌnsɪmpə'θetɪk] adj gefühllos; (response) abweisend; (unlikeable) unsympathisch

untapped [ʌn'tæpt] *adj (resources)* ungenützt

unthinkable [ʌn'θɪŋkəbl] *adj* unvorstellbar

untidy [ʌn'taɪdɪ] *adj* unordentlich

untie [ʌn'taɪ] *vt* aufschnüren

until [ən'tɪl] *prep, conj* bis; ~ **he comes** bis er kommt; ~ **then** bis dann; ~ **now** bis jetzt

untimely [ʌn'taɪmlɪ] *adj (death)* vorzeitig

untold [ʌn'təʊld] *adj* unermesslich

untoward [ʌntə'wɔːd] *adj* widrig

untranslatable [ʌntrænz'leɪtəbl] *adj* unübersetzbar

unused [ʌn'juːzd] *adj* unbenutzt

unusual [ʌn'juːʒʊəl] *adj* ungewöhnlich

unveil [ʌn'veɪl] *vt* enthüllen

unwanted [ʌn'wɒntɪd] *adj* unerwünscht

unwavering [ʌn'weɪvərɪŋ] *adj* standhaft, unerschütterlich

unwelcome [ʌn'welkəm] *adj (at a bad time)* unwillkommen; *(unpleasant)* unerfreulich

unwell [ʌn'wel] *adj:* **to feel** *or* **be ~** sich nicht wohl fühlen

unwieldy [ʌn'wiːldɪ] *adj* sperrig

unwilling [ʌn'wɪlɪŋ] *adj:* **to be ~ to do sth** nicht bereit sein, etw zu tun; **~ly** *adv* widerwillig

unwind [ʌn'waɪnd] *(irreg: like* **wind**²*) vt* abwickeln ♦ *vi (relax)* sich entspannen

unwise [ʌn'waɪz] *adj* unklug

unwitting [ʌn'wɪtɪŋ] *adj* unwissentlich

unworkable [ʌn'wəːkəbl] *adj (plan)* undurchführbar

unworthy [ʌn'wəːðɪ] *adj (person):* ~ **(of sth)** (einer Sache *gen*) nicht wert

unwrap [ʌn'ræp] *vt* auspacken

unwritten [ʌn'rɪtn] *adj* ungeschrieben

---KEYWORD---

up [ʌp] *prep:* **to be up sth** oben auf etw *dat* sein; **to go up sth** (auf) etw *acc* hinaufgehen; **go up that road** gehen Sie die Straße hinauf

♦ *adv* **1** *(upwards, higher)* oben; **put it up a bit higher** stell es etwas weiter nach oben; **up there** da oben, dort oben; **up above** hoch oben

2: **to be up** *(out of bed)* auf sein; *(prices, level)* gestiegen sein; *(building, tent)* stehen

3: **up to** *(as far as)* bis; **~ to now** bis jetzt

4: **to be up to** *(depending on):* **it's up to you** das hängt von dir ab; *(equal to):* **he's not up to it** *(job, task etc)* er ist dem nicht gewachsen; *(inf: be doing: showing disapproval, suspicion):* **what is he up to?** was führt er im Schilde?; **it's not up to me to decide** die Entscheidung liegt nicht bei mir; **his work is not up to the required standard** seine Arbeit entspricht nicht dem geforderten Niveau

♦ *n:* **ups and downs** *(in life, career)* Höhen und Tiefen *pl*

up-and-coming [ʌpənd'kʌmɪŋ] *adj* aufstrebend

upbringing ['ʌpbrɪŋɪŋ] *n* Erziehung *f*

update [ʌp'deɪt] *vt* auf den neuesten Stand bringen

upgrade [ʌp'greɪd] *vt* höher einstufen

upheaval [ʌp'hiːvl] *n* Umbruch *m*

uphill ['ʌp'hɪl] *adj* ansteigend; *(fig)* mühsam ♦ *adv:* **to go ~** bergauf gehen/fahren

uphold [ʌp'həʊld] *(irreg: like* **hold***) vt* unterstützen

upholstery [ʌp'həʊlstərɪ] *n* Polster *nt*; Polsterung *f*

upkeep ['ʌpkiːp] *n* Instandhaltung *f*

upon [ə'pɒn] *prep* auf

upper ['ʌpəʳ] *n (on shoe)* Oberleder *nt* ♦ *adj* obere(r, s), höhere(r, s); **to have the ~ hand** die Oberhand haben; **~-class** *adj* vornehm; **~most** *adj* oberste(r, s), höchste(r, s); **what was ~most in my mind** was mich in erster Linie beschäftigte; **~ sixth** *(BRIT: SCOL) n* Abschlussklasse *f*

upright ['ʌpraɪt] *adj* aufrecht

uprising ['ʌpraɪzɪŋ] *n* Aufstand *m*

uproar ['ʌprɔːʳ] *n* Aufruhr *m*

uproot [ʌp'ruːt] *vt* ausreißen

upset [*n* 'ʌpset, *vb, adj* ʌp'set] *(irreg: like* **set***) n* Aufregung *f* ♦ *vt (overturn)* umwerfen; *(disturb)* aufregen, bestürzen; *(plans)* durcheinander bringen ♦ *adj (person)* aufgeregt; *(stomach)* verdorben

upshot ['ʌpʃɔt] n (End)ergebnis nt
upside-down [ʌpsaɪd-] adv verkehrt herum
upstairs [ʌp'stɛəz] adv oben; (go) nach oben ♦ adj (room) obere(r, s), Ober- ♦ n obere(s) Stockwerk nt
upstart ['ʌpstɑːt] n Emporkömmling m
upstream [ʌp'striːm] adv stromaufwärts
uptake ['ʌpteɪk] n: **to be quick on the ~** schnell begreifen; **to be slow on the ~** schwer von Begriff sein
uptight [ʌp'taɪt] (inf) adj (nervous) nervös; (inhibited) verklemmt
up-to-date ['ʌptə'deɪt] adj (clothes) modisch, modern; (information) neueste(r, s)
upturn ['ʌptəːn] n Aufschwung m
upward ['ʌpwəd] adj nach oben gerichtet; **~(s)** adv aufwärts
uranium [juə'reɪnɪəm] n Uran nt
urban ['əːbən] adj städtisch, Stadt-; **~ clearway** n Stadtautobahn f
urchin ['əːtʃɪn] n (boy) Schlingel m; (sea ~) Seeigel m
urge [əːdʒ] n Drang m ♦ vt: **to ~ sb to do sth** (dazu) drängen, etw zu tun
urgency ['əːdʒənsɪ] n Dringlichkeit f
urgent ['əːdʒənt] adj dringend
urinal ['juərɪnl] n (public) Pissoir nt
urinate ['juərɪneɪt] vi urinieren
urine ['juərɪn] n Urin m, Harn m
urn [əːn] n Urne f; (tea ~) Teemaschine f
US n abbr = **United States**
us [ʌs] pron uns; see also **me**
USA n abbr = **United States of America**
usage ['juːzɪdʒ] n Gebrauch m; (esp LING) Sprachgebrauch m
use [n juːs, vb juːz] n (employment) Gebrauch m; (point) Zweck m ♦ vt gebrauchen; **in ~** in Gebrauch; **out of ~** außer Gebrauch; **to be of ~** nützlich sein; **it's no ~** es hat keinen Zweck; **what's the ~?** was solls?; **~d to** (accustomed to) gewöhnt an +acc; **she ~d to live here** (formerly) sie hat früher mal hier gewohnt; **~ up** vt aufbrauchen, verbrauchen; **~d** adj (car) Gebraucht-; **~ful** adj nützlich; **~fulness** n Nützlichkeit f; **~less** adj nutzlos, unnütz; **~r** n Benutzer m; **~r-friendly** adj (computer) benutzerfreundlich
usher ['ʌʃər] n Platzanweiser m; **~ette** [ʌʃə'ret] n Platzanweiserin f
usual ['juːʒuəl] adj gewöhnlich, üblich; **as ~** wie üblich; **~ly** adv gewöhnlich
usurp [juː'zəːp] vt an sich reißen
utensil [juː'tensl] n Gerät nt; **kitchen ~s** Küchengeräte pl
uterus ['juːtərəs] n Gebärmutter f
utilitarian [juːtɪlɪ'tɛərɪən] adj Nützlichkeits-
utility [juː'tɪlɪtɪ] n (usefulness) Nützlichkeit f; (also: **public ~**) öffentliche(r) Versorgungsbetrieb m; **~ room** n Hauswirtschaftsraum m
utilize ['juːtɪlaɪz] vt benützen
utmost ['ʌtməust] adj äußerste(r, s) ♦ n: **to do one's ~** sein Möglichstes tun
utter ['ʌtə'] adj äußerste(r, s), höchste(r, s), völlig ♦ vt äußern, aussprechen; **~ance** n Äußerung f; **~ly** adv äußerst, absolut, völlig
U-turn ['juː'təːn] n (AUT) Kehrtwendung f

V, v

v. abbr = **verse**; **versus**; **volt**; (= vide) see
vacancy ['veɪkənsɪ] n (BRIT: job) offene Stelle f; (room) freie(s) Zimmer nt; **"no vacancies"** „belegt"
vacant ['veɪkənt] adj leer; (unoccupied) frei; (house) leer stehend, unbewohnt; (stupid) (gedanken)leer; **~ lot** n (US) n unbebaute(s) Grundstück nt
vacate [və'keɪt] vt (seat) frei machen; (room) räumen
vacation [və'keɪʃən] n Ferien pl, Urlaub m; **~ist** (US) n Ferienreisende(r) f(m)
vaccinate ['væksɪneɪt] vt impfen
vaccine ['væksiːn] n Impfstoff m
vacuum ['vækjum] n Vakuum nt; **~ bottle** (US) n Thermosflasche f; **~ cleaner** n Staubsauger m; **~ flask** (BRIT) n Thermosflasche f; **~-packed** adj vakuumversiegelt
vagina [və'dʒaɪnə] n Scheide f
vague [veɪg] adj vag(e); (absent-minded) geistesabwesend; **~ly** adv unbestimmt,

vag(e)

vain [veɪn] *adj* eitel; (*attempt*) vergeblich; **in ~** vergebens, umsonst

valentine ['væləntaɪn] *n* (*also:* **~ card**) Valentinsgruß *m*; **V~'s Day** *n* Valentinstag *m*

valet ['vælɪt] *n* Kammerdiener *m*

valiant ['væliənt] *adj* tapfer

valid ['vælɪd] *adj* gültig; (*argument*) stichhaltig; (*objection*) berechtigt; **~ity** [və'lɪdɪtɪ] *n* Gültigkeit *f*

valley ['vælɪ] *n* Tal *nt*

valour ['vælə*] (*US* **valor**) *n* Tapferkeit *f*

valuable ['væljuəbl] *adj* wertvoll; (*time*) kostbar; **~s** *npl* Wertsachen *pl*

valuation [vælju'eɪʃən] *n* (*FIN*) Schätzung *f*; Beurteilung *f*

value ['vælju:] *n* Wert *m*; (*usefulness*) Nutzen *m* ♦ *vt* (*prize*) (hoch) schätzen, werthalten; (*estimate*) schätzen; **~ added tax** (*BRIT*) *n* Mehrwertsteuer *f*; **~d** *adj* (hoch) geschätzt

valve [vælv] *n* Ventil *nt*; (*BIOL*) Klappe *f*; (*RAD*) Röhre *f*

van [væn] *n* Lieferwagen *m*; (*BRIT: RAIL*) Waggon *m*

vandal ['vændl] *n* Rowdy *m*; **~ism** *n* mutwillige Beschädigung *f*; **~ize** *vt* mutwillig beschädigen

vanguard ['vængɑːd] *n* (*fig*) Spitze *f*

vanilla [və'nɪlə] *n* Vanille *f*; **~ ice cream** *n* Vanilleeis *nt*

vanish ['vænɪʃ] *vi* verschwinden

vanity ['vænɪtɪ] *n* Eitelkeit *f*; **~ case** *n* Schminkkoffer *m*

vantage ['vɑːntɪdʒ] *n*: **~ point** gute(r) Aussichtspunkt *m*

vapour ['veɪpə*] (*US* **vapor**) *n* (*mist*) Dunst *m*; (*gas*) Dampf *m*

variable ['vɛərɪəbl] *adj* wechselhaft, veränderlich; (*speed, height*) regulierbar

variance ['vɛərɪəns] *n*: **to be at ~ (with)** nicht übereinstimmen (mit)

variation [vɛərɪ'eɪʃən] *n* Variation *f*; (*in prices etc*) Schwankung *f*

varicose ['værɪkəʊs] *adj*: **~ veins** Krampfadern *pl*

varied ['vɛərɪd] *adj* unterschiedlich; (*life*)

abwechslungsreich

variety [və'raɪətɪ] *n* (*difference*) Abwechslung *f*; (*varied collection*) Vielfalt *f*; (*COMM*) Auswahl *f*; (*sort*) Sorte *f*, Art *f*; **~ show** *n* Varietee *nt*, Varieté *nt*

various ['vɛərɪəs] *adj* verschieden; (*several*) mehrere

varnish ['vɑːnɪʃ] *n* Lack *m*; (*on pottery*) Glasur *f* ♦ *vt* lackieren

vary ['vɛərɪ] *vt* (*alter*) verändern; (*give variety to*) abwechslungsreicher gestalten ♦ *vi* sich (ver)ändern; (*prices*) schwanken; (*weather*) unterschiedlich sein

vase [vɑːz] *n* Vase *f*

Vaseline ['væsɪliːn] ® *n* Vaseline *f*

vast [vɑːst] *adj* weit, groß, riesig

VAT [væt] *n abbr* (= *value added tax*) MwSt *f*

vat [væt] *n* große(s) Fass *nt*

vault [vɔːlt] *n* (*of roof*) Gewölbe *nt*; (*tomb*) Gruft *f*; (*in bank*) Tresorraum *m*; (*leap*) Sprung *m* ♦ *vt* (*also:* **~ over**) überspringen

vaunted ['vɔːntɪd] *adj*: **much-~** viel gerühmt

VCR *n abbr* = **video cassette recorder**

VD *n abbr* = **venereal disease**

VDU *n abbr* = **visual display unit**

veal [viːl] *n* Kalbfleisch *nt*

veer [vɪə*] *vi* sich drehen; (*of car*) ausscheren

vegan ['viːgən] *n* Vegan *m*, radikale(r) Vegetarier(in) *m(f)*

vegeburger ['vɛdʒɪbɜːgə*] *n* vegetarische Frikadelle *f*

vegetable ['vɛdʒtəbl] *n* Gemüse *nt* ♦ *adj* Gemüse-; **~s** *npl* (*CULIN*) Gemüse *nt*

vegetarian [vɛdʒɪ'tɛərɪən] *n* Vegetarier(in) *m(f)* ♦ *adj* vegetarisch

vegetate ['vɛdʒɪteɪt] *vi* (dahin)vegetieren

veggieburger ['vɛdʒɪbɜːgə*] *n* = **vegeburger**

vehement ['viːmənt] *adj* heftig

vehicle ['viːɪkl] *n* Fahrzeug *nt*; (*fig*) Mittel *nt*

veil [veɪl] *n* (*also fig*) Schleier *m* ♦ *vt* verschleiern

vein [veɪn] *n* Ader *f*; (*mood*) Stimmung *f*

velocity [vɪ'lɒsɪtɪ] *n* Geschwindigkeit *f*

velvet ['vɛlvɪt] *n* Samt *m* ♦ *adj* Samt-

vendetta [vɛn'dɛtə] *n* Fehde *f*; (*in family*)

Blutrache f

vending machine ['vendɪŋ-] n Automat m

vendor ['vendəʳ] n Verkäufer m

veneer [vəˈnɪəʳ] n Furnier(holz) nt; (fig) äußere(r) Anstrich m

venereal disease [vɪˈnɪərɪəl-] n Geschlechtskrankheit f

Venetian blind [vɪˈniːʃən-] n Jalousie f

vengeance ['vendʒəns] n Rache f; **with a ~** gewaltig

venison ['venɪsn] n Reh(fleisch) nt

venom ['venəm] n Gift nt

vent [vent] n Öffnung f; (in coat) Schlitz m; (fig) Ventil nt ♦ vt (emotion) abreagieren

ventilate ['ventɪleɪt] vt belüften; **ventilator** ['ventɪleɪtəʳ] n Ventilator m

ventriloquist [venˈtrɪləkwɪst] n Bauchredner m

venture ['ventʃəʳ] n Unternehmung f, Projekt nt ♦ vt wagen; (life) aufs Spiel setzen ♦ vi sich wagen

venue ['venjuː] n Schauplatz m

verb [vəːb] n Zeitwort nt, Verb nt; **~al** adj (spoken) mündlich; (translation) wörtlich; **~ally** adv mündlich

verbatim [vəːˈbeɪtɪm] adv Wort für Wort ♦ adj wortwörtlich

verbose [vəːˈbəʊs] adj wortreich

verdict ['vəːdɪkt] n Urteil nt

verge [vəːdʒ] n (BRIT) Rand m ♦ vi: **to ~ on** grenzen an +acc; **"soft ~s"** (BRIT: AUT) „Seitenstreifen nicht befahrbar"; **on the ~ of doing sth** im Begriff, etw zu tun

verify ['verɪfaɪ] vt (über)prüfen; (confirm) bestätigen; (theory) beweisen

veritable ['verɪtəbl] adj wirklich, echt

vermin ['vəːmɪn] npl Ungeziefer nt

vermouth ['vəːməθ] n Wermut m

versatile ['vəːsətaɪl] adj vielseitig

verse [vəːs] n (poetry) Poesie f; (stanza) Strophe f; (of Bible) Vers m; **in ~** in Versform

version ['vəːʃən] n Version f; (of car) Modell nt

versus ['vəːsəs] prep gegen

vertebrate ['vəːtɪbrɪt] adj Wirbel-

vertical ['vəːtɪkl] adj senkrecht

vertigo ['vəːtɪgəʊ] n Schwindel m

very ['verɪ] adv sehr ♦ adj (extreme) äußerste(r, s); **the ~ book which** genau das Buch, welches; **the ~ last ...** der/die/das allerletzte ...; **at the ~ least** allerwenigstens; **~ much** sehr

vessel ['vesl] n (ship) Schiff nt; (container) Gefäß nt

vest [vest] n (BRIT) Unterhemd nt; (US: waistcoat) Weste f

vested interests ['vestɪd-] npl finanzielle Beteiligung f; (people) finanziell Beteiligte pl; (fig) persönliche(s) Interesse nt

vestige ['vestɪdʒ] n Spur f

vestry ['vestrɪ] n Sakristei f

vet [vet] n abbr (= veterinary surgeon) Tierarzt m/-ärztin f

veteran ['vetərn] n Veteran(in) m(f)

veterinarian [vetrɪˈnɛərɪən] (US) n Tierarzt m/-ärztin f

veterinary ['vetrɪnərɪ] adj Veterinär-; **~ surgeon** (BRIT) n Tierarzt m/-ärztin f

veto ['viːtəʊ] (pl **~es**) n Veto nt ♦ vt sein Veto einlegen gegen

vex [veks] vt ärgern; **~ed** adj verärgert; **~ed question** umstrittene Frage f

VHF abbr (= very high frequency) UKW f

via ['vaɪə] prep über +acc

viable ['vaɪəbl] adj (plan) durchführbar; (company) rentabel

vibrant ['vaɪbrnt] adj (lively) lebhaft; (bright) leuchtend; (full of emotion: voice) bebend

vibrate [vaɪˈbreɪt] vi zittern, beben; (machine, string) vibrieren; **vibration** [vaɪˈbreɪʃən] n Schwingung f; (of machine) Vibrieren nt

vicar ['vɪkəʳ] n Pfarrer m; **~age** n Pfarrhaus nt

vice [vaɪs] n (evil) Laster nt; (TECH) Schraubstock m

vice-chairman [vaɪsˈtʃeəmən] n stellvertretende(r) Vorsitzende(r) m

vice-president [vaɪsˈprezɪdənt] n Vizepräsident m

vice squad n ≈ Sittenpolizei f

vice versa [ˈvaɪsˈvəːsə] adv umgekehrt

vicinity [vɪˈsɪnɪtɪ] n Umgebung f; (closeness) Nähe f

vicious ['vɪʃəs] *adj* gemein, böse; ~ **circle** *n* Teufelskreis *m*

victim ['vɪktɪm] *n* Opfer *nt*

victor ['vɪktər] *n* Sieger *m*

Victorian [vɪk'tɔːrɪən] *adj* viktorianisch; (*fig*) (sitten)streng

victorious [vɪk'tɔːrɪəs] *adj* siegreich

victory ['vɪktərɪ] *n* Sieg *m*

video ['vɪdɪəu] *adj* Fernseh-, Bild- ♦ *n* (~ *film*) Video *nt*; (*also:* ~ **cassette**) Videokassette *f*; (*also:* ~ **cassette recorder**) Videorekorder *m*; ~ **tape** *n* Videoband *nt*; ~ **wall** *n* Videowand *m*

vie [vaɪ] *vi* wetteifern

Vienna [vɪ'ɛnə] *n* Wien *nt*

Vietnam ['vjɛt'næm] *n* Vietnam *nt*; ~**ese** *adj* vietnamesisch ♦ *n inv* (*person*) Vietnamese *m*, Vietnamesin *f*

view [vjuː] *n* (*sight*) Sicht *f*, Blick *m*; (*scene*) Aussicht *f*; (*opinion*) Ansicht *f*; (*intention*) Absicht *f* ♦ *vt* (*situation*) betrachten; (*house*) besichtigen; **to have sth in ~** etw beabsichtigen; **on ~** ausgestellt; **in ~ of** wegen +*gen*, angesichts +*gen*; ~**er** *n* (*PHOT: small projector*) Gucki *m*; (*TV*) Fernsehzuschauer(in) *m(f)*; ~**finder** *n* Sucher *m*; ~**point** *n* Standpunkt *m*

vigil ['vɪdʒɪl] *n* (Nacht)wache *f*; ~**ant** *adj* wachsam

vigorous ['vɪgərəs] *adj* kräftig; (*protest*) energisch, heftig

vile [vaɪl] *adj* (*mean*) gemein; (*foul*) abscheulich

villa ['vɪlə] *n* Villa *f*

village ['vɪlɪdʒ] *n* Dorf *nt*; ~**r** *n* Dorfbewohner(in) *m(f)*

villain ['vɪlən] *n* Schurke *m*

vindicate ['vɪndɪkeɪt] *vt* rechtfertigen

vindictive [vɪn'dɪktɪv] *adj* nachtragend, rachsüchtig

vine [vaɪn] *n* Rebstock *m*, Rebe *f*

vinegar ['vɪnɪgər] *n* Essig *m*

vineyard ['vɪnjɑːd] *n* Weinberg *m*

vintage ['vɪntɪdʒ] *n* (*of wine*) Jahrgang *m*; ~ **car** *n* Oldtimer *m* (*zwischen 1919 und 1930 gebaut*); ~ **wine** *n* edle(r) Wein *m*

viola [vɪ'əulə] *n* Bratsche *f*

violate ['vaɪəleɪt] *vt* (*law*) übertreten; (*rights, rule, neutrality*) verletzen; (*sanctity, woman*) schänden; **violation** [vaɪə'leɪʃən] *n* Übertretung *f*; Verletzung *f*

violence ['vaɪələns] *n* (*force*) Heftigkeit *f*; (*brutality*) Gewalttätigkeit *f*

violent ['vaɪələnt] *adj* (*strong*) heftig; (*brutal*) gewalttätig, brutal; (*contrast*) krass; (*death*) gewaltsam

violet ['vaɪələt] *n* Veilchen *nt* ♦ *adj* veilchenblau, violett

violin [vaɪə'lɪn] *n* Geige *f*, Violine *f*; ~**ist** *n* Geiger(in) *m(f)*

VIP *n abbr* (= *very important person*) VIP *m*

virgin ['vəːdʒɪn] *n* Jungfrau *f* ♦ *adj* jungfräulich, unberührt; ~**ity** [vəː'dʒɪnɪtɪ] *n* Unschuld *f*

Virgo ['vəːgəu] *n* Jungfrau *f*

virile ['vɪraɪl] *adj* männlich; **virility** [vɪ'rɪlɪtɪ] *n* Männlichkeit *f*

virtually ['vəːtjuəlɪ] *adv* praktisch, fast

virtual reality ['vəːtjuəl-] *n* (*COMPUT*) virtuelle Realität *f*

virtue ['vəːtjuː] *n* (*moral goodness*) Tugend *f*; (*good quality*) Vorteil *m*, Vorzug *m*; **by ~ of** aufgrund or auf Grund +*gen*

virtuous ['vəːtjuəs] *adj* tugendhaft

virulent ['vɪrulənt] *adj* (*poisonous*) bösartig; (*bitter*) scharf, geharnischt

virus ['vaɪərəs] *n* (*also COMPUT*) Virus *m*

visa ['viːzə] *n* Visum *nt*

vis-à-vis [viːzə'viː] *prep* gegenüber

viscous ['vɪskəs] *adj* zähflüssig

visibility [vɪzɪ'bɪlɪtɪ] *n* (*MET*) Sicht(weite) *f*

visible ['vɪzəbl] *adj* sichtbar; **visibly** *adv* sichtlich

vision ['vɪʒən] *n* (*ability*) Sehvermögen *nt*; (*foresight*) Weitblick *m*; (*in dream, image*) Vision *f*

visit ['vɪzɪt] *n* Besuch *m* ♦ *vt* besuchen; (*town, country*) fahren nach; ~**ing hours** *npl* (*in hospital etc*) Besuchszeiten *pl*; ~**or** *n* (*in house*) Besucher(in) *m(f)*; (*in hotel*) Gast *m*; ~**or centre** *n* Touristeninformation *f*

visor ['vaɪzər] *n* Visier *nt*; (*on cap*) Schirm *m*; (*AUT*) Blende *f*

vista ['vɪstə] *n* Aussicht *f*

visual ['vɪzjuəl] adj Seh-, visuell; ~ **aid** n Anschauungsmaterial nt; ~ **display unit** n Bildschirm(gerät nt) m; **~ize** vt sich +dat vorstellen; **~ly-impaired** adj sehbehindert

vital ['vaɪtl] adj (important) unerlässlich; (necessary for life) Lebens-, lebenswichtig; (lively) vital; **~ity** [vaɪ'tælɪtɪ] n Vitalität f; **~ly** adv: **~ly important** äußerst wichtig; ~ **statistics** npl (fig) Maße pl

vitamin ['vɪtəmɪn] n Vitamin nt

vivacious [vɪ'veɪʃəs] adj lebhaft

vivid ['vɪvɪd] adj (graphic) lebendig; (memory) lebhaft; (bright) leuchtend; **~ly** adv lebendig; lebhaft; leuchtend

V-neck ['viːnek] n V-Ausschnitt m

vocabulary [vəu'kæbjulərɪ] n Wortschatz m, Vokabular nt

vocal ['vəukl] adj Vokal-, Gesang-; (fig) lautstark; ~ **cords** npl Stimmbänder pl

vocation [vəu'keɪʃən] n (calling) Berufung f; **~al** adj Berufs-

vociferous [və'sɪfərəs] adj lautstark

vodka ['vɒdkə] n Wodka m

vogue [vəug] n Mode f

voice [vɔɪs] n Stimme f; (fig) Mitspracherecht nt ♦ vt äußern; ~ **mail** n (TEL) Voicemail f

void [vɔɪd] n Leere f ♦ adj (invalid) nichtig, ungültig; (empty): ~ **of** ohne, bar +gen; see **null**

volatile ['vɒlətaɪl] adj (gas) flüchtig; (person) impulsiv; (situation) brisant

volcano [vɒl'keɪnəu] n Vulkan m

volition [və'lɪʃən] n Wille m; **of one's own ~** aus freiem Willen

volley ['vɒlɪ] n (of guns) Salve f; (of stones) Hagel m; (tennis) Flugball m; **~ball** n Volleyball m

volt [vəult] n Volt nt; **~age** n Spannung f

volume ['vɒljuːm] n (book) Band m; (size) Umfang m; (space) Rauminhalt m; (of sound) Lautstärke f

voluntarily ['vɒləntrɪlɪ] adv freiwillig

voluntary ['vɒləntərɪ] adj freiwillig

volunteer [vɒlən'tɪəʳ] n Freiwillige(r) mf ♦ vi sich freiwillig melden; **to ~ to do sth** sich anbieten, etw zu tun

vomit ['vɒmɪt] n Erbrochene(s) nt ♦ vt spucken ♦ vi sich übergeben

vote [vəut] n Stimme f; (ballot) Abstimmung f; (result) Abstimmungsergebnis nt; (franchise) Wahlrecht nt ♦ vt, vi wählen; ~ **of thanks** n Dankesworte pl; **~r** n Wähler(in) m(f); **voting** ['vəutɪŋ] n Wahl f

voucher ['vautʃəʳ] n Gutschein m

vouch for [vautʃ-] vt bürgen für

vow [vau] n Versprechen nt; (REL) Gelübde nt ♦ vt geloben

vowel ['vauəl] n Vokal m

voyage ['vɔɪdʒ] n Reise f

vulgar ['vʌlgəʳ] adj (rude) vulgär; **~ity** [vʌl'gærɪtɪ] n Vulgarität f

vulnerable ['vʌlnərəbl] adj (easily injured) verwundbar; (sensitive) verletzlich

vulture ['vʌltʃəʳ] n Geier m

W, w

wad [wɒd] n (bundle) Bündel nt; (of paper) Stoß m; (of money) Packen m

waddle ['wɒdl] vi watscheln

wade [weɪd] vi: **to ~ through** waten durch

wafer ['weɪfəʳ] n Waffel f; (REL) Hostie f; (COMPUT) Wafer f

waffle ['wɒfl] n Waffel f; (inf: empty talk) Geschwafel nt ♦ vi schwafeln

waft [wɒft] vt, vi wehen

wag [wæg] vt (tail) wedeln mit ♦ vi wedeln

wage [weɪdʒ] n (also: **~s**) (Arbeits)lohn m ♦ vt: **to ~ war** Krieg führen; ~ **earner** n Lohnempfänger(in) m(f); ~ **packet** n Lohntüte f

wager ['weɪdʒəʳ] n Wette f ♦ vt, vi wetten

waggle ['wægl] vi wackeln

wag(g)on ['wægən] n (horse-drawn) Fuhrwerk nt; (US: AUT) Wagen m; (BRIT: RAIL) Wag(g)on m

wail [weɪl] n Wehgeschrei nt ♦ vi wehklagen, jammern

waist [weɪst] n Taille f; **~coat** (BRIT) n Weste f; **~line** n Taille f

wait [weɪt] n Wartezeit f ♦ vi warten; **to lie in ~ for sb** jdm auflauern; **I can't ~ to see**

him ich kanns kaum erwarten ihn zu sehen; **"no ~ing"** (*BRIT: AUT*) „Halteverbot"; **~ behind** *vi* zurückbleiben; **~ for** *vt fus* warten auf +*acc*; **~ on** *vt fus* bedienen; **~er** *n* Kellner *m*; **~ing list** *n* Warteliste *f*; **~ing room** *n* (*MED*) Wartezimmer *nt*; (*RAIL*) Wartesaal *m*; **~ress** *n* Kellnerin *f*

waive [weɪv] *vt* verzichten auf +*acc*

wake [weɪk] (*pt* **woke, waked,** *pp* **woken**) *vt* wecken ♦ *vi* (*also:* **~ up**) aufwachen ♦ *n* (*NAUT*) Kielwasser *nt*; (*for dead*) Totenwache *f*; **to ~ up to** (*fig*) sich bewusst werden +*gen*

waken ['weɪkn] *vt* aufwecken

Wales [weɪlz] *n* Wales *nt*

walk [wɔːk] *n* Spaziergang *m*; (*gait*) Gang *m*; (*route*) Weg *m* ♦ *vi* gehen; (*stroll*) spazieren gehen; (*longer*) wandern; **~s of life** Sphären *pl*; **a 10-minute ~** 10 Minuten zu Fuß; **to ~ out on sb** (*inf*) jdn sitzen lassen; **~er** *n* Spaziergänger *m*; (*hiker*) Wanderer *m*; **~ie-talkie** ['wɔːkɪ'tɔːkɪ] *n* tragbare(s) Sprechfunkgerät *nt*; **~ing** *n* Gehen *nt*; (*hiking*) Wandern *nt* ♦ *adj* Wander-; **~ing shoes** *npl* Wanderschuhe *pl*; **~ing stick** *n* Spazierstock *m*; **W~man** ['wɔːkmən] ® *n* Walkman *m* ®; **~out** *n* Streik *m*; **~over** (*inf*) *n* leichte(r) Sieg *m*; **~way** *n* Fußweg *m*

wall [wɔːl] *n* (*inside*) Wand *f*; (*outside*) Mauer *f*; **~ed** *adj* von Mauern umgeben

wallet ['wɔlɪt] *n* Brieftasche *f*

wallflower ['wɔːlflaʊə*] *n* Goldlack *m*; **to be a ~** (*fig*) ein Mauerblümchen sein

wallop ['wɔləp] (*inf*) *vt* schlagen, verprügeln

wallow ['wɔləu] *vi* sich wälzen

wallpaper ['wɔːlpeɪpə*] *n* Tapete *f*

walnut ['wɔːlnʌt] *n* Walnuss *f*

walrus ['wɔːlrəs] *n* Walross *nt*

waltz [wɔːlts] *n* Walzer *m* ♦ *vi* Walzer tanzen

wan [wɔn] *adj* bleich

wand [wɔnd] *n* (*also:* **magic ~**) Zauberstab *m*

wander ['wɔndə*] *vi* (*roam*) (herum)wandern; (*fig*) abschweifen

wane [weɪn] *vi* abnehmen; (*fig*) schwinden

wangle ['wæŋgl] (*BRIT: inf*) *vt*: **to ~ sth** etw richtig hindrehen

want [wɔnt] *n* (*lack*) Mangel *m* ♦ *vt* (*need*)

brauchen; (*desire*) wollen; (*lack*) nicht haben; **~s** *npl* (*needs*) Bedürfnisse *pl*; **for ~ of** aus Mangel an +*dat*; mangels +*gen*; **to ~ to do sth** etw tun wollen; **to ~ sb to do sth** wollen, dass jd etw tut; **~ed** *adj* (*criminal etc*) gesucht; **"cook ~ed"** (*in adverts*) „Koch/Köchin gesucht"; **~ing** *adj*: **to be found ~ing** sich als unzulänglich erweisen

wanton ['wɔntn] *adj* mutwillig, zügellos

war [wɔː*] *n* Krieg *m*; **to make ~** Krieg führen

ward [wɔːd] *n* (*in hospital*) Station *f*; (*of city*) Bezirk *m*; (*child*) Mündel *nt*; **~ off** *vt* abwenden, abwehren

warden ['wɔːdn] *n* (*guard*) Wächter *m*, Aufseher *m*; (*BRIT: in youth hostel*) Herbergsvater *m*; (*UNIV*) Heimleiter *m*; (*BRIT: also:* **traffic ~**) ≈ Verkehrspolizist *m*, ≈ Politesse *f*

warder ['wɔːdə*] (*BRIT*) *n* Gefängniswärter *m*

wardrobe ['wɔːdrəub] *n* Kleiderschrank *m*; (*clothes*) Garderobe *f*

warehouse ['wɛəhaus] *n* Lagerhaus *nt*

wares [wɛəz] *npl* Ware *f*

warfare ['wɔːfɛə*] *n* Krieg *m*; Kriegsführung *f*

warhead ['wɔːhɛd] *n* Sprengkopf *m*

warily ['wɛərɪlɪ] *adv* vorsichtig

warlike ['wɔːlaɪk] *adj* kriegerisch

warm [wɔːm] *adj* warm; (*welcome*) herzlich ♦ *vt, vi* wärmen; **I'm ~** mir ist warm; **it's ~** es ist warm; **~ up** *vt* aufwärmen ♦ *vi* warm werden; **~-hearted** *adj* warmherzig; **~ly** *adv* warm; herzlich; **~th** *n* Wärme *f*; Herzlichkeit *f*

warn [wɔːn] *vt*: **to ~** (**of** *or* **against**) warnen (vor +*dat*); **~ing** *n* Warnung *f*; **without ~ing** unerwartet; **~ing light** *n* Warnlicht *nt*; **~ing triangle** *n* (*AUT*) Warndreieck *nt*

warp [wɔːp] *vt* verziehen; **~ed** *adj* wellig; (*fig*) pervers

warrant ['wɔrnt] *n* (*for arrest*) Haftbefehl *m*

warranty ['wɔrəntɪ] *n* Garantie *f*

warren ['wɔrən] *n* Labyrinth *nt*

Warsaw ['wɔːsɔː] *n* Warschau *nt*

warship ['wɔːʃɪp] *n* Kriegsschiff *nt*

wart [wɔːt] *n* Warze *f*

wartime ['wɔːtaɪm] n Krieg m
wary ['weərɪ] adj misstrauisch
was [wɒz] pt of **be**
wash [wɒʃ] n Wäsche f ♦ vt waschen; (dishes)
abwaschen ♦ vi sich waschen; (do ~ing)
waschen; **to have a ~** sich waschen; **~**
away vt abwaschen, wegspülen; **~ off** vt
abwaschen; **~ up** vi (BRIT) spülen; (US) sich
waschen; **~able** adj waschbar; **~basin** n
Waschbecken nt; **~ bowl** (US) n
Waschbecken nt; **~ cloth** (US) n (face cloth)
Waschlappen m; **~er** n (TECH)
Dichtungsring m; (machine)
Waschmaschine f; **~ing** n Wäsche f; **~ing**
machine n Waschmaschine f; **~ing**
powder (BRIT) n Waschpulver nt; **~ing-up**
n Abwasch m; **~ing-up liquid** n Spülmittel
nt; **~-out** (inf) n (event) Reinfall m; (person)
Niete f; **~room** n Waschraum m
wasn't ['wɒznt] = **was not**
wasp [wɒsp] n Wespe f
wastage ['weɪstɪdʒ] n Verlust m; **natural ~**
Verschleiß m
waste [weɪst] n (wasting) Verschwendung f;
(what is ~d) Abfall m ♦ adj (useless)
überschüssig, Abfall- ♦ vt (object)
verschwenden; (time, life) vergeuden ♦ vi:
to ~ away verfallen, verkümmern; **~s** npl
(land) Einöde f; **~ disposal unit** (BRIT) n
Müllschlucker m; **~ful** adj
verschwenderisch; (process) aufwändig,
aufwendig; **~ ground** (BRIT) n
unbebaute(s) Grundstück nt; **~land** n
Ödland nt; **~paper basket** n Papierkorb
m; **~ pipe** n Abflussrohr nt
watch [wɒtʃ] n Wache f; (for time) Uhr f ♦ vt
ansehen; (observe) beobachten; (be careful
of) aufpassen auf +acc; (guard) bewachen
♦ vi zusehen; **to be on the ~ (for sth)** (auf
etw acc) aufpassen; **to ~ TV** fernsehen; **to ~**
sb doing sth jdm bei etw zuschauen; **~**
out vi Ausschau halten; (be careful)
aufpassen; **~ out!** pass auf!; **~dog** n
Wachhund m; (fig) Wächter m; **~ful** adj
wachsam; **~maker** n Uhrmacher m; **~man**
(irreg) n (also: **night ~man**) (Nacht)wächter
m; **~ strap** n Uhrarmband nt

water ['wɔːtə'] n Wasser nt ♦ vt (be)gießen;
(river) bewässern; (horses) tränken ♦ vi (eye)
tränen; **~s** npl (of sea, river etc) Gewässer pl;
~ down vt verwässern; **~ closet** (BRIT) n
(Wasser)klosett nt; **~colour** (US)
watercolor) n (painting) Aquarell nt; (paint)
Wasserfarbe f; (Brunnen)kresse f;
~fall n Wasserfall m; **~ heater** n
Heißwassergerät nt; **~ing can** n Gießkanne
f; **~ level** n Wasserstand m; **~lily** n Seerose
f; **~line** n Wasserlinie f; **~logged** adj
(ground) voll Wasser; **~ main** n
Haupt(wasser)leitung f; **~mark** n
Wasserzeichen nt; (on wall)
Wasserstandsmarke f; **~melon** n
Wassermelone f; **~ polo** n Wasserball(spiel)
nt; **~proof** adj wasserdicht; **~shed** n
Wasserscheide f; **~-skiing** n
Wasserskilaufen nt; **~ tank** n Wassertank m;
~tight adj wasserdicht; **~way** n Wasserweg
m; **~works** npl Wasserwerk nt; **~y** adj
wäss(e)rig
watt [wɒt] n Watt nt
wave [weɪv] n Welle f; (with hand) Winken nt
♦ vt (move to and fro) schwenken; (hand,
flag) winken mit ♦ vi (person) winken; (flag)
wehen; **~length** n (also fig) Wellenlänge f
waver ['weɪvə'] vi schwanken
wavy ['weɪvɪ] adj wellig
wax [wæks] n Wachs nt; (sealing ~) Siegellack
m; (in ear) Ohrenschmalz nt ♦ vt (floor)
(ein)wachsen ♦ vi (moon) zunehmen;
~works npl Wachsfigurenkabinett nt
way [weɪ] n Weg m; (method) Art und Weise
f; (direction) Richtung f; (habit) Gewohnheit
f; (distance) Entfernung f; (condition)
Zustand m; **which ~? - this ~** welche
Richtung? - hier entlang; **on the ~** (en
route) unterwegs; **to be in the ~** im Weg
sein; **to go out of one's ~ to do sth** sich
besonders anstrengen, um etw zu tun; **to**
lose one's ~ sich verirren; **"give ~"** (BRIT:
AUT) „Vorfahrt achten!"; **in a ~** in gewisser
Weise; **by the ~** übrigens; **in some ~s** in
gewisser Hinsicht; **"~ in"** (BRIT) „Eingang";
"~ out" (BRIT) „Ausgang"
waylay [weɪ'leɪ] (irreg: like **lay**) vt auflauern

+*dat*

wayward ['weɪwəd] *adj* eigensinnig

W.C. (*BRIT*) *n* WC *nt*

we [wiː] *pl pron* wir

weak [wiːk] *adj* schwach; **~en** *vt* schwächen ♦ *vi* schwächer werden; **~ling** *n* Schwächling *m*; **~ness** *n* Schwäche *f*

wealth [welθ] *n* Reichtum *m*; (*abundance*) Fülle *f*; **~y** *adj* reich

wean [wiːn] *vt* entwöhnen

weapon ['wepən] *n* Waffe *f*

wear [weəʳ] (*pt* **wore**, *pp* **worn**) *n* (*clothing*): **sports/baby ~** Sport-/Babykleidung *f*; (*use*) Verschleiß *m* ♦ *vt* (*have on*) tragen; (*smile etc*) haben; (*use*) abnutzen ♦ *vi* (*last*) halten; (*become old*) (sich) verschleißen; **evening ~** Abendkleidung *f*; **~ and tear** Verschleiß *m*; **~ away** *vt* verbrauchen ♦ *vi* schwinden; **~ down** *vt* (*people*) zermürben; **~ off** *vi* sich verlieren; **~ out** *vt* verschleißen; (*person*) erschöpfen

weary ['wɪərɪ] *adj* müde ♦ *vt* ermüden ♦ *vi* überdrüssig werden

weasel ['wiːzl] *n* Wiesel *nt*

weather ['weðəʳ] *n* Wetter *nt* ♦ *vt* verwittern lassen; (*resist*) überstehen; **under the ~** (*fig: ill*) angeschlagen (*inf*); **~-beaten** *adj* verwittert; **~cock** *n* Wetterhahn *m*; **~ forecast** *n* Wettervorhersage *f*; **~ vane** *n* Wetterfahne *f*

weave [wiːv] (*pt* **wove**, *pp* **woven**) *vt* weben; **~r** *n* Weber(in) *m(f)*; **weaving** *n* (*craft*) Webkunst *f*

Web [web] *n*: **the ~** das Web

web *n* Netz *nt*; (*membrane*) Schwimmhaut *f*; **~ site** *n* (*COMPUT*) Website *f*, Webseite *f*

wed [wed] (*pt, pp* **wedded**) *vt* heiraten ♦ *n*: **the newly-~s** *npl* die Frischvermählten *pl*

we'd [wiːd] = **we had; we would**

wedding ['wedɪŋ] *n* Hochzeit *f*; **silver/golden ~ anniversary** Silberhochzeit *f*/goldene Hochzeit *f*; **~ day** *n* Hochzeitstag *m*; **~ dress** *n* Hochzeitskleid *nt*; **~ ring** *n* Trauring *m*, Ehering *m*

wedge [wedʒ] *n* Keil *m*; (*of cheese etc*) Stück *nt* ♦ *vt* (*fasten*) festklemmen; (*pack tightly*) einkeilen

Wednesday ['wednzdɪ] *n* Mittwoch *m*

wee [wiː] (*SCOTTISH*) *adj* klein, winzig

weed [wiːd] *n* Unkraut *nt* ♦ *vt* jäten; **~-killer** *n* Unkrautvertilgungsmittel *nt*

weedy ['wiːdɪ] *adj* (*person*) schmächtig

week [wiːk] *n* Woche *f*; **a ~ today/on Friday** heute/Freitag in einer Woche; **~day** *n* Wochentag *m*; **~end** *n* Wochenende *nt*; **~ly** *adj* wöchentlich; (*wages, magazine*) Wochen- ♦ *adv* wöchentlich

weep [wiːp] (*pt, pp* **wept**) *vi* weinen; **~ing willow** *n* Trauerweide *f*

weigh [weɪ] *vt, vi* wiegen; **to ~ anchor** den Anker lichten; **~ down** *vt* niederdrücken; **~ up** *vt* abschätzen

weight [weɪt] *n* Gewicht *nt*; **to lose/put on ~** abnehmen/zunehmen; **~ing** *n* (*allowance*) Zulage *f*; **~-lifter** *n* Gewichtheber *m*; **~-lifting** *n* Gewichtheben *nt*; **~y** *adj* (*heavy*) gewichtig; (*important*) schwerwiegend, schwer wiegend

weir [wɪəʳ] *n* (Stau)wehr *nt*

weird [wɪəd] *adj* seltsam

welcome ['welkəm] *n* Willkommen *nt*, Empfang *m* ♦ *vt* begrüßen; **thank you - you're ~!** danke - nichts zu danken

welder ['weldəʳ] *n* (*person*) Schweißer(in) *m(f)*

welding ['weldɪŋ] *n* Schweißen *nt*

welfare ['welfeəʳ] *n* Wohl *nt*; (*social*) Fürsorge *f*; **~ state** *n* Wohlfahrtsstaat *m*; **~ work** *n* Fürsorge *f*

well [wel] *n* Brunnen *m*; (*oil ~*) Quelle *f* ♦ *adj* (*in good health*) gesund ♦ *adv* gut ♦ *excl* nun!, na schön!; **I'm ~** es geht mir gut; **get ~ soon!** gute Besserung!; **as ~** auch; **as ~ as** sowohl als auch; **~ done!** gut gemacht!; **to do ~** (*person*) gut zurechtkommen; (*business*) gut gehen; **~ up** *vi* emporsteigen (*fig*) aufsteigen

we'll [wiːl] = **we will; we shall**

well: ~-behaved ['welbɪ'heɪvd] *adj* wohlerzogen; **~-being** ['wel'biːɪŋ] *n* Wohl *nt*; **~-built** ['wel'bɪlt] *adj* kräftig gebaut; **~-deserved** ['weldɪ'zɜːvd] *adj* wohlverdient; **~-dressed** ['wel'drest] *adj* gut gekleidet; **~-heeled** ['wel'hiːld] (*inf*) *adj* (*wealthy*) gut gepolstert

wellingtons ['welɪŋtənz] npl (also: **wellington boots**) Gummistiefel pl

well: ~**-known** ['wel'nəun] adj bekannt; ~**-mannered** ['wel'mænəd] adj wohlerzogen; ~**-meaning** ['wel'mi:nɪŋ] adj (person) wohlmeinend; (action) gut gemeint; ~**-off** ['wel'ɔf] adj gut situiert; ~**-read** ['wel'red] adj (sehr) belesen; ~**-to-do** ['weltə'du:] adj wohlhabend; ~**-wisher** ['welwɪʃər] n Gönner m

Welsh [welʃ] adj walisisch ♦ n (LING) Walisisch nt; **the** ~ npl (people) die Waliser pl; ~ **Assembly** n walisische Versammlung f; ~**man/woman** (irreg) n Waliser(in) m(f)

went [went] pt of go

wept [wept] pt, pp of weep

were [wəːr] pt pl of be

we're [wɪər] = we are

weren't [wəːnt] = were not

west [west] n Westen m ♦ adj West-, westlich ♦ adv westwärts, nach Westen; **the W~** der Westen; **W~ Country** (BRIT) n: **the W~ Country** der Südwesten Englands; ~**erly** adj westlich; ~**ern** adj westlich, West- ♦ n (CINE) Western m; **W~ Indian** adj westindisch ♦ n Westindier(in) m(f); **W~ Indies** npl Westindische Inseln pl; ~**ward(s)** adv westwärts

wet [wet] adj nass; **to get** ~ nass werden; **"~ paint"** „frisch gestrichen"; ~ **blanket** n (fig) Triefel m; ~ **suit** n Taucheranzug m

we've [wi:v] = we have

whack [wæk] n Schlag m ♦ vt schlagen

whale [weɪl] n Wal m

wharf [wɔːf] n Kai m

wharves [wɔːvz] npl of wharf

KEYWORD

what [wɔt] adj 1 (in questions) welche(r, s), was für ein(e); **what size is it?** welche Größe ist das?

2 (in exclamations) was für ein(e); **what a mess!** was für ein Durcheinander!

♦ pron (interrogative/relative) was; **what are you doing?** was machst du gerade?; **what are you talking about?** wovon reden Sie?;

what is it called? wie heißt das?; **what about ...?** wie wärs mit ...?; **I saw what you did** ich habe gesehen, was du gemacht hast

♦ excl (disbelieving) wie, was; **what, no coffee!** wie, kein Kaffee?; **I've crashed the car - what!** ich hatte einen Autounfall - was!

whatever [wɔt'evər] adj: ~ **book** welches Buch auch immer ♦ pron: **do** ~ **is necessary** tu, was (immer auch) nötig ist; ~ **happens** egal, was passiert; **nothing** ~ überhaupt or absolut gar nichts; **do** ~ **you want** tu, was (immer) du (auch) möchtest; **no reason** ~ or **whatsoever** überhaupt or absolut kein Grund

whatsoever [wɔtsəu'evər] adj see whatever

wheat [wi:t] n Weizen m

wheedle ['wi:dl] vt: **to** ~ **sb into doing sth** jdn dazu überreden, etw zu tun; **to** ~ **sth out of sb** jdm etw abluchsen

wheel [wi:l] n Rad nt; (steering ~) Lenkrad nt; (disc) Scheibe f ♦ vt schieben; ~**barrow** n Schubkarren m; ~**chair** n Rollstuhl m; ~ **clamp** n (AUT) Parkkralle f

wheeze [wi:z] vi keuchen

KEYWORD

when [wen] adv wann

♦ conj 1 (at, during, after the time that) wenn; (in past) als; **she was reading when I came in** sie las, als ich hereinkam; **be careful when you cross the road** seien Sie vorsichtig, wenn Sie über die Straße gehen

2 (on, at which) als; **on the day when I met him** an dem Tag, an dem ich ihn traf

3 (whereas) wo ... doch ♦

whenever [wen'evər] adv wann (auch) immer; (every time that) jedes Mal wenn

♦ conj (any time) wenn

where [weər] adv (place) wo; (direction) wohin; ~ **from** woher; **this is** ~ **...** hier ...; ~**abouts** ['weərəbauts] adv wo ♦ n Aufenthaltsort m; **nobody knows his** ~**abouts** niemand weiß, wo er ist; ~**as**

[weər'æz] *conj* während, wo ... doch; **~by** *pron* woran, wodurch, womit, wovon; **~upon** *conj* worauf, wonach; (*at beginning of sentence*) daraufhin; **~ver** [weər'evər] *adv* wo (immer)

wherewithal ['weəwɪðɔːl] *n* nötige (Geld)mittel *pl*

whet [wet] *vt* (*appetite*) anregen

whether ['weðər] *conj* ob; **I don't know ~ to accept or not** ich weiß nicht, ob ich es annehmen soll oder nicht; **~ you go or not** ob du gehst oder nicht; **it's doubtful/ unclear ~ ...** es ist zweifelhaft/nicht klar, ob ...

KEYWORD
---

which [wɪtʃ] *adj* **1** (*interrogative: direct, indirect*) welche(r, s); **which one?** welche(r, s)?
2: in which case in diesem Fall; **by which time** zu dieser Zeit
♦ *pron* **1** (*interrogative*) welche(r, s); (*of people also*) wer
2 (*relative*) der/die/das; (*referring to people*) was; **the apple which you ate/which is on the table** der Apfel, den du gegessen hast/der auf dem Tisch liegt; **he said he saw her, which is true** er sagte, er habe sie gesehen, was auch stimmt

---

whichever [wɪtʃ'evər] *adj* welche(r, s) auch immer; (*no matter which*) ganz gleich welche(r, s); **~ book you take** welches Buch du auch nimmst; **~ car you prefer** egal welches Auto du vorziehst

whiff [wɪf] *n* Hauch *m*

while [waɪl] *n* Weile *f* ♦ *conj* während; **for a ~** eine Zeit lang; **~ away** *vt* (*time*) sich *dat* vertreiben

whim [wɪm] *n* Laune *f*

whimper ['wɪmpər] *n* Wimmern *nt* ♦ *vi* wimmern

whimsical ['wɪmzɪkəl] *adj* launisch

whine [waɪn] *n* Gewinsel *nt*, Gejammer *nt* ♦ *vi* heulen, winseln

whip [wɪp] *n* Peitsche *f*; (*POL*) Fraktionsführer *m* ♦ *vt* (*beat*) peitschen; (*snatch*) reißen;

~ped cream *n* Schlagsahne *f*

whip-round ['wɪpraund] (*BRIT: inf*) *n* Geldsammlung *f*

whirl [wɜːl] *n* Wirbel *m* ♦ *vt, vi* (herum)wirbeln; **~pool** *n* Wirbel *m*; **~wind** *n* Wirbelwind *m*

whirr [wɜːr] *vi* schwirren, surren

whisk [wɪsk] *n* Schneebesen *m* ♦ *vt* (*cream etc*) schlagen; **to ~ sb away** *or* **off** mit jdm davon sausen

whisker ['wɪskər] *n*: **~s** (*of animal*) Barthaare *pl*; (*of man*) Backenbart *m*

whisky ['wɪskɪ] (*US, IRISH* **whiskey**) *n* Whisky *m*

whisper ['wɪspər] *n* Flüstern *nt* ♦ *vt, vi* flüstern

whistle ['wɪsl] *n* Pfiff *m*; (*instrument*) Pfeife *f* ♦ *vt, vi* pfeifen

white [waɪt] *n* Weiß *nt*; (*of egg*) Eiweiß *nt* ♦ *adj* weiß; **~ coffee** (*BRIT*) *n* Kaffee *m* mit Milch; **~-collar worker** *n* Angestellte(r) *m*; **~ elephant** *n* (*fig*) Fehlinvestition *f*; **~ lie** *n* Notlüge *f*; **~ paper** *n* (*POL*) Weißbuch *nt*; **~wash** *n* (*paint*) Tünche *f*; (*fig*) Ehrenrettung *f* ♦ *vt* weißen, tünchen; (*fig*) rein waschen

whiting ['waɪtɪŋ] *n* Weißfisch *m*

Whitsun ['wɪtsn] *n* Pfingsten *nt*

whittle ['wɪtl] *vt*: **to ~ away** *or* **down** stutzen, verringern

whizz [wɪz] *vi*: **to ~ past** *or* **by** vorbeizischen, vorbeischwirren; **~ kid** (*inf*) *n* Kanone *f*

KEYWORD
---

who [huː] *pron* **1** (*interrogative*) wer; (*acc*) wen; (*dat*) wem; **who is it?, who's there?** wer ist da?
2 (*relative*) der/die/das; **the woman/man who spoke to me** die Frau/der Mann, die/ der mit mir sprach

---

whodu(n)nit [huː'dʌnɪt] (*inf*) *n* Krimi *m*

whoever [huː'evər] *pron* wer/wen/wem auch immer; (*no matter who*) ganz gleich wer/ wen/wem

whole [həul] *adj* ganz ♦ *n* Ganze(s) *nt*; **the ~ of the town** die ganze Stadt; **on the ~** im

Großen und Ganzen; **as a ~** im Großen und Ganzen; **~food(s)** ['hɔːlfuːd(z)] *n(pl)* Vollwertkost *f;* **~hearted** [hɔul'hɑːtɪd] *adj* rückhaltlos; **~heartedly** *adv* von ganzem Herzen; **~meal** *adj (bread, flour)* Vollkorn-; **~sale** *n* Großhandel *m* ♦ *adj (trade)* Großhandels-; *(destruction)* Massen-; **~saler** *n* Großhändler *m;* **~some** *adj* bekömmlich, gesund; **~wheat** *adj* = **wholemeal**

wholly ['hɔulɪ] *adv* ganz, völlig

KEYWORD

whom [huːm] *pron* 1 *(interrogative: acc)* wen; (*: dat*) wem; **whom did you see?** wen haben Sie gesehen?; **to whom did you give it?** wem haben Sie es gegeben? 2 *(relative: acc)* den/die/das; (*: dat*) dem/der/dem; **the man whom I saw/to whom I spoke** der Mann, den ich sah/mit dem ich sprach

whooping cough ['huːpɪŋ-] *n* Keuchhusten *m*

whore [hɔːʳ] *n* Hure *f*

whose [huːz] *adj (possessive: interrogative)* wessen; (*: relative*) dessen; *(after f and pl)* deren ♦ *pron* wessen; **~ book is this?, ~ is this book?** wessen Buch ist dies?; **~ is this?** wem gehört das?

KEYWORD

why [waɪ] *adv* warum, weshalb ♦ *conj* warum, weshalb; **that's not why I'm here** ich bin nicht deswegen hier; **that's the reason why** deshalb ♦ *excl (expressing surprise, shock)* na so was; *(explaining)* also dann; **why, it's you!** na so was, du bist es!

wick [wɪk] *n* Docht *m*
wicked ['wɪkɪd] *adj* böse
wicker ['wɪkəʳ] *n (also: ~work)* Korbgeflecht *nt*
wicket ['wɪkɪt] *n* Tor *nt*, Dreistab *m*
wide [waɪd] *adj* breit; *(plain)* weit; *(in firing)* daneben ♦ *adv:* **to open ~** weit öffnen; **to shoot ~** danebenschießen; **~-angle lens** *n* Weitwinkelobjektiv *nt;* **~-awake** *adj* hellwach; **~ly** *adv* weit; *(known)* allgemein; **~n** *vt* erweitern; **~ open** *adj* weit geöffnet; **~spread** *adj* weitverbreitet, weit verbreitet

widow ['wɪdəu] *n* Witwe *f;* **~ed** *adj* verwitwet; **~er** *n* Witwer *m*
width [wɪdθ] *n* Breite *f*, Weite *f*
wield [wiːld] *vt* schwingen, handhaben
wife [waɪf] *(pl* **wives***) n* (Ehe)frau *f*, Gattin *f*
wig [wɪg] *n* Perücke *f*
wiggle ['wɪgl] *n* Wackeln *nt* ♦ *vt* wackeln mit ♦ *vi* wackeln
wild [waɪld] *adj* wild; *(violent)* heftig; *(plan, idea)* verrückt; **~erness** ['wɪldənɪs] *n* Wildnis *f*, Wüste *f;* **~-goose chase** *n (fig)* fruchtlose(s) Unternehmen *nt;* **~life** *n* Tierwelt *f;* **~ly** *adv* wild, ungestüm; *(exaggerated)* irrsinnig; **~s** *npl:* **the ~s** die Wildnis *f*
wilful ['wɪlful] *(US* **willful***) adj (intended)* vorsätzlich; *(obstinate)* eigensinnig

KEYWORD

will [wɪl] *aux vb* 1 *(forms future tense)* werden; **I will finish it tomorrow** ich mache es morgen zu Ende 2 *(in conjectures, predictions)*: **he will** *or* **he'll be there by now** er dürfte jetzt da sein; **that will be the postman** das wird der Postbote sein 3 *(in commands, requests, offers)*: **will you be quiet!** sei endlich still!; **will you help me?** hilfst du mir?; **will you have a cup of tea?** trinken Sie eine Tasse Tee?; **I won't put up with it!** das lasse ich mir nicht gefallen! ♦ *vt* wollen ♦ *n* Wille *m;* (*JUR*) Testament *nt*

willing ['wɪlɪŋ] *adj* gewillt, bereit; **~ly** *adv* bereitwillig, gern; **~ness** *n* (Bereit)willigkeit *f*
willow ['wɪləu] *n* Weide *f*
willpower ['wɪl'pauəʳ] *n* Willenskraft *f*
willy-nilly ['wɪlɪ'nɪlɪ] *adv* einfach so
wilt [wɪlt] *vi* (ver)welken
wily ['waɪlɪ] *adj* gerissen
win [wɪn] *(pt, pp* **won***) n* Sieg *m* ♦ *vt, vi*

gewinnen; **to ~ sb over** *or* **round** jdn gewinnen, jdn dazu bringen

wince [wɪns] *vi* zusammenzucken

winch [wɪntʃ] *n* Winde *f*

wind¹ [wɪnd] *n* Wind *m*; (*MED*) Blähungen *pl*

wind² [waɪnd] (*pt, pp* **wound**) *vt* (*rope*) winden; (*bandage*) wickeln ♦ *vi* (*turn*) sich winden; **~ up** *vt* (*clock*) aufziehen; (*debate*) (ab)schließen

windfall [ˈwɪndfɔːl] *n* unverhoffte(r) Glücksfall *m*

winding [ˈwaɪndɪŋ] *adj* (*road*) gewunden

wind instrument [ˈwɪnd-] *n* Blasinstrument *nt*

windmill [ˈwɪndmɪl] *n* Windmühle *f*

window [ˈwɪndəʊ] *n* Fenster *nt*; **~ box** *n* Blumenkasten *m*; **~ cleaner** *n* Fensterputzer *m*; **~ envelope** *n* Fensterbriefumschlag *m*; **~ ledge** *n* Fenstersims *m*; **~ pane** *n* Fensterscheibe *f*; **~-shopping** *n* Schaufensterbummel *m*; **to go ~-shopping** einen Schaufensterbummel machen; **~sill** *n* Fensterbank *f*

wind: **~pipe** *n* Luftröhre *f*; **~ power** *n* Windenergie *f*; **~screen** (*BRIT*) *n* Windschutzscheibe *f*; **~screen washer** *n* Scheibenwaschanlage *f*; **~screen wiper** *n* Scheibenwischer *m*; **~shield** (*US*) *n* = **windscreen; ~swept** *adj* vom Wind gepeitscht; (*person*) zerzaust; **~y** *adj* windig

wine [waɪn] *n* Wein *m*; **~ bar** *n* Weinlokal *nt*; **~ cellar** *n* Weinkeller *m*; **~glass** *n* Weinglas *nt*; **~ list** *n* Weinkarte *f*; **~ merchant** *n* Weinhändler *m*; **~ tasting** *n* Weinprobe *f*; **~ waiter** *n* Weinkellner *m*

wing [wɪŋ] *n* Flügel *m*; (*MIL*) Gruppe *f*; **~s** *npl* (*THEAT*) Seitenkulisse *f*; **~er** *n* (*SPORT*) Flügelstürmer *m*

wink [wɪŋk] *n* Zwinkern *nt* ♦ *vi* zwinkern, blinzeln

winner [ˈwɪnəʳ] *n* Gewinner *m*; (*SPORT*) Sieger *m*

winning [ˈwɪnɪŋ] *adj* (*team*) siegreich, Sieger-; (*goal*) entscheidend; **~ post** *n* Ziel *nt*; **~s** *npl* Gewinn *m*

winter [ˈwɪntəʳ] *n* Winter *m* ♦ *adj* (*clothes*) Winter- ♦ *vi* überwintern; **~ sports** *npl*

Wintersport *m*; **wintry** [ˈwɪntrɪ] *adj* Winter-, winterlich

wipe [waɪp] *n*: **to give sth a ~** etw (ab)wischen ♦ *vt* wischen; **~ off** *vt* abwischen; **~ out** *vt* (*debt*) löschen; (*destroy*) auslöschen; **~ up** *vt* aufwischen

wire [ˈwaɪəʳ] *n* Draht *m*; (*telegram*) Telegramm *nt* ♦ *vt* telegrafieren; **to ~ sb** jdm telegrafieren; **~less** [ˈwaɪəlɪs] (*BRIT*) *n* Radio(apparat *m*) *nt*

wiring [ˈwaɪərɪŋ] *n* elektrische Leitungen *pl*

wiry [ˈwaɪərɪ] *adj* drahtig

wisdom [ˈwɪzdəm] *n* Weisheit *f*; (*of decision*) Klugheit *f*; **~ tooth** *n* Weisheitszahn *m*

wise [waɪz] *adj* klug, weise ♦ *suffix*: **timewise** zeitlich gesehen

wisecrack [ˈwaɪzkræk] *n* Witzelei *f*

wish [wɪʃ] *n* Wunsch *m* ♦ *vt* wünschen; **best ~es** (*on birthday etc*) alles Gute; **with best ~es** herzliche Grüße; **to ~ sb goodbye** jdn verabschieden; **he ~ed me well** er wünschte mir Glück; **to ~ to do sth** etw tun wollen; **~ for** *vt fus* sich *dat* wünschen; **~ful thinking** *n* Wunschdenken *nt*

wishy-washy [ˈwɪʃɪˈwɔʃɪ] (*inf*) *adj* (*ideas, argument*) verschwommen

wisp [wɪsp] *n* (*Haar*)strähne *f*; (*of smoke*) Wölkchen *nt*

wistful [ˈwɪstful] *adj* sehnsüchtig

wit [wɪt] *n* (*also*: **~s**) Verstand *m no pl*; (*amusing ideas*) Witz *m*; (*person*) Witzbold *m*

witch [wɪtʃ] *n* Hexe *f*; **~craft** *n* Hexerei *f*

KEYWORD

with [wɪð, wɪθ] *prep* **1** (*accompanying, in the company of*) mit; **we stayed with friends** wir übernachteten bei Freunden; **I'll be with you in a minute** einen Augenblick, ich bin sofort da; **I'm not with you** (*I don't understand*) das verstehe ich nicht; **to be with it** (*inf*: *up-to-date*) auf dem Laufenden sein; (: *alert*) (voll) da sein (*inf*)

2 (*descriptive, indicating manner etc*) mit; **the man with the grey hat** der Mann mit dem grauen Hut; **red with anger** rot vor Wut

withdraw [wɪθˈdrɔː] (*irreg: like* **draw**) *vt*

zurückziehen; (*money*) abheben; (*remark*) zurücknehmen ♦ *vi* sich zurückziehen;~al *n* Zurückziehung *f*; Abheben *nt*; Zurücknahme *f*;~n *adj* (*person*) verschlossen

wither ['wɪðə^r] *vi* (ver)welken

withhold [wɪθ'həʊld] (*irreg: like* hold) *vt*: to ~ sth (from sb) (jdm) etw vorenthalten

within [wɪð'ɪn] *prep* innerhalb +*gen* ♦ *adv* innen; ~ sight of in Sichtweite von; ~ the week innerhalb dieser Woche; ~ a mile of weniger als eine Meile von

without [wɪð'aʊt] *prep* ohne; ~ sleeping *etc* ohne zu schlafen *etc*

withstand [wɪθ'stænd] (*irreg: like* stand) *vt* widerstehen +*dat*

witness ['wɪtnɪs] *n* Zeuge *m*, Zeugin *f* ♦ *vt* (*see*) sehen, miterleben; (*document*) beglaubigen; ~ box *n* Zeugenstand *m*; ~ stand (*US*) *n* Zeugenstand *m*

witticism ['wɪtɪsɪzəm] *n* witzige Bemerkung *f*

witty ['wɪtɪ] *adj* witzig, geistreich

wives [waɪvz] *pl of* wife

wk *abbr* = week

wobble ['wɔbl] *vi* wackeln

woe [wəʊ] *n* Kummer *m*

woke [wəʊk] *pt of* wake

woken ['wəʊkn] *pp of* wake

wolf [wʊlf] (*pl* wolves) *n* Wolf *m*

woman ['wʊmən] (*pl* women) *n* Frau *f*; ~ doctor *n* Ärztin *f*; ~ly *adj* weiblich

womb [wuːm] *n* Gebärmutter *f*

women ['wɪmɪn] *npl of* woman; ~'s lib (*inf*) *n* Frauenrechtsbewegung *f*

won [wʌn] *pt, pp of* win

wonder ['wʌndə^r] *n* (*marvel*) Wunder *nt*; (*surprise*) Staunen *nt*, Verwunderung *f* ♦ *vi* sich wundern ♦ *vt*: I ~ whether ... ich frage mich, ob ...; it's no ~ that es ist kein Wunder, dass; to ~ at sich wundern über +*acc*; to ~ about sich Gedanken machen über +*acc*; ~ful *adj* wunderbar, herrlich

won't [wəʊnt] = will not

woo [wuː] *vt* (*audience etc*) umwerben

wood [wʊd] *n* Holz *nt*; (*forest*) Wald *m*; ~ carving *n* Holzschnitzerei *f*; ~ed *adj* bewaldet; ~en *adj* (*also fig*) hölzern;

~pecker *n* Specht *m*;~wind *n* Blasinstrumente *pl*;~work *n* Holzwerk *nt*; (*craft*) Holzarbeiten *pl*;~worm *n* Holzwurm *m*

wool [wʊl] *n* Wolle *f*; to pull the ~ over sb's eyes (*fig*) jdm Sand in die Augen streuen;~len (*US* woolen) *adj* Woll-;~lens *npl* Wollsachen *pl*;~ly (*US* wooly) *adj* wollig; (*fig*) schwammig

word [wəːd] *n* Wort *nt*; (*news*) Bescheid *m* ♦ *vt* formulieren; in other ~s anders gesagt; to break/keep one's ~ sein Wort brechen/halten; ~ing *n* Wortlaut *m*; ~ processing *n* Textverarbeitung *f*; ~ processor *n* Textverarbeitung *f*

wore [wɔː^r] *pt of* wear

work [wəːk] *n* Arbeit *f*; (*ART, LITER*) Werk *nt* ♦ *vi* arbeiten; (*machine*) funktionieren; (*medicine*) wirken; (*succeed*) klappen; ~s *n sg* (*BRIT: factory*) Fabrik *f*, Werk *nt* ♦ *npl* (*of watch*) Werk *nt*; to be out of ~ arbeitslos sein; in ~ing order in betriebsfähigem Zustand; ~ loose *vi* sich lockern; ~ on *vi* weiterarbeiten ♦ *vt fus* arbeiten an +*dat*; (*influence*) bearbeiten; ~ out *vi* (*sum*) aufgehen; (*plan*) klappen ♦ *vt* (*problem*) lösen; (*plan*) ausarbeiten; it ~s out at £100 das gibt or macht £100; ~ up *vt*: to get ~ed up sich aufregen; ~able *adj* (*soil*) bearbeitbar; (*plan*) ausführbar; ~aholic [wəːkə'hɔlɪk] *n* Arbeitssüchtige(r) *f(m)*; ~er *n* Arbeiter(in) *m(f)*; ~ experience *n* Praktikum *nt*; ~force *n* Arbeiterschaft *f*; ~ing class *n* Arbeiterklasse *f*; ~ing-class *adj* Arbeiter-; ~man (*irreg*) *n* Arbeiter *m*; ~manship *n* Arbeit *f*, Ausführung *f*; ~sheet *n* Arbeitsblatt *nt*; ~shop *n* Werkstatt *f*; ~ station *n* Arbeitsplatz *m*; ~-to-rule (*BRIT*) *n* Dienst *m* nach Vorschrift

world [wəːld] *n* Welt *f*; to think the ~ of sb große Stücke auf jdn halten; ~ly *adj* weltlich, irdisch; ~-wide *adj* weltweit

World-Wide Web ['wəːld'waɪd-] *n* World Wide Web *nt*

worm [wəːm] *n* Wurm *m*

worn [wɔːn] *pp of* wear ♦ *adj* (*clothes*) abgetragen; ~-out *adj* (*object*) abgenutzt;

(*person*) völlig erschöpft

worried ['wʌrɪd] *adj* besorgt, beunruhigt

worry ['wʌrɪ] *n* Sorge *f* ♦ *vt* beunruhigen ♦ *vi* (*feel uneasy*) sich sorgen, sich *dat* Gedanken machen; **~ing** *adj* beunruhigend

worse [wɜːs] *adj* schlechter, schlimmer ♦ *adv* schlimmer, ärger ♦ *n* Schlimmere(s) *nt*, Schlechtere(s) *nt*; **a change for the ~** eine Verschlechterung; **~n** *vt* verschlimmern ♦ *vi* sich verschlechtern; **~ off** *adj* (*fig*) schlechter dran

worship ['wɜːʃɪp] *n* Verehrung *f* ♦ *vt* anbeten; **Your W~** (*BRIT: to mayor*) Herr/ Frau Bürgermeister; (: *to judge*) Euer Ehren

worst [wɜːst] *adj* schlimmste(r, s), schlechteste(r, s) ♦ *adv* am schlimmsten, am ärgsten ♦ *n* Schlimmste(s) *nt*, Ärgste(s) *nt*; **at ~** schlimmstenfalls

worth [wɜːθ] *n* Wert *m* ♦ *adj* wert; **it's ~ it** es lohnt sich; **to be ~ one's while (to do sth)** die Mühe wert sein(, etw zu tun); **~less** *adj* wertlos; (*person*) nichtsnutzig; **~while** *adj* lohnend, der Mühe wert; **~y** *adj* wert, würdig

---

KEYWORD

---

would [wʊd] *aux vb* **1** (*conditional tense*): **if you asked him he would do it** wenn du ihn fragtest, würde er es tun; **if you had asked him he would have done it** wenn du ihn gefragt hättest, hätte er es getan

2 (*in offers, invitations, requests*): **would you like a biscuit?** möchten Sie ein Plätzchen?; **would you ask him to come in?** würden Sie ihn bitte hineinbitten?

3 (*in indirect speech*): **I said I would do it** ich sagte, ich würde es tun

4 (*emphatic*): **it WOULD have to snow today!** es musste ja ausgerechnet heute schneien!

5 (*insistence*): **she wouldn't behave** sie wollte sich partout nicht anständig benehmen

6 (*conjecture*): **it would have been midnight** es mag ungefähr Mitternacht gewesen sein; **it would seem so** es sieht wohl so aus

7 (*indicating habit*): **he would go there on Mondays** er ging jeden Montag dorthin

would-be ['wʊdbiː] (*pej*) *adj* Möchtegern-

wouldn't ['wʊdnt] = **would not**

wound¹ [wuːnd] *n* (*also fig*) Wunde *f* ♦ *vt* verwunden, verletzen (*also fig*)

wound² [waʊnd] *pt, pp of* **wind**²

wove [wəʊv] *pt of* **weave**; **~n** *pp of* **weave**

wrangle ['ræŋgl] *n* Streit *m* ♦ *vi* sich zanken

wrap [ræp] *vt* einwickeln; **~ up** *vt* einwickeln; (*deal*) abschließen; **~per** *n* Umschlag *m*, Schutzhülle *f*; **~ping paper** *n* Einwickelpapier *nt*

wrath [rɒθ] *n* Zorn *m*

wreak [riːk] *vt* (*havoc*) anrichten; (*vengeance*) üben

wreath [riːθ] *n* Kranz *m*

wreck [rɛk] *n* (*ship*) Wrack *nt*; (*sth ruined*) Ruine *f* ♦ *vt* zerstören; **~age** *n* Trümmer *pl*

wren [rɛn] *n* Zaunkönig *m*

wrench [rɛntʃ] *n* (*spanner*) Schraubenschlüssel *m*; (*twist*) Ruck *m* ♦ *vt* reißen, zerren; **to ~ sth from sb** jdm etw entreißen *or* entwinden

wrestle ['rɛsl] *vi*: **to ~ (with sb)** (mit jdm) ringen; **~r** *n* Ringer(in) *m(f)*; **wrestling** *n* Ringen *nt*

wretched ['rɛtʃɪd] *adj* (*inf*) verflixt

wriggle ['rɪgl] *n* Schlängeln *n* ♦ *vi* sich winden

wring [rɪŋ] (*pt, pp* **wrung**) *vt* wringen

wrinkle ['rɪŋkl] *n* Falte *f*, Runzel *f* ♦ *vt* runzeln ♦ *vi* sich runzeln; (*material*) knittern; **~d** *adj* faltig, schrumpelig

wrist [rɪst] *n* Handgelenk *nt*; **~watch** *n* Armbanduhr *f*

writ [rɪt] *n* gerichtliche(r) Befehl *m*

write [raɪt] (*pt* **wrote**, *pp* **written**) *vt, vi* schreiben; **~ down** *vt* aufschreiben; **~ off** *vt* (*dismiss*) abschreiben; **~ out** *vt* (*essay*) abschreiben; (*cheque*) ausstellen; **~ up** *vt* schreiben; **~-off** *n*: **it is a ~-off** das kann man abschreiben; **~r** *n* Schriftsteller *m*

writhe [raɪð] *vi* sich winden

writing ['raɪtɪŋ] *n* (*act*) Schreiben *nt*; (*handwriting*) (Hand)schrift *f*; **in ~** schriftlich;

~ paper n Schreibpapier nt
written ['rɪtn] pp of **write**
wrong [rɒŋ] adj (incorrect) falsch; (morally) unrecht ♦ n Unrecht nt ♦ vt Unrecht tun +dat; **he was ~ in doing that** es war nicht recht von ihm, das zu tun; **you are ~ about that, you've got it ~** da hast du Unrecht; **to be in the ~** im Unrecht sein; **what's ~ with your leg?** was ist mit deinem Bein los?; **to go ~** (plan) schief gehen; (person) einen Fehler machen; **~ful** adj unrechtmäßig; **~ly** adv falsch; (accuse) zu Unrecht
wrong number n (TEL): **you've got the ~** Sie sind falsch verbunden
wrote [rəut] pt of **write**
wrought [rɔːt] adj: **~ iron** Schmiedeeisen nt
wrung [rʌŋ] pt, pp of **wring**
wry [raɪ] adj ironisch
wt. abbr = **weight**
WWW n abbr (= World Wide Web): **the ~** das WWW.

X, x

Xmas ['ɛksməs] n abbr = **Christmas**
X-ray ['ɛksreɪ] n Röntgenaufnahme f ♦ vt röntgen; **~~s** npl Röntgenstrahlen pl
xylophone ['zaɪləfəun] n Xylofon nt, Xylophon nt

Y, y

yacht [jɒt] n Jacht f; **~ing** n (Sport)segeln nt; **~sman** (irreg) n Sportsegler m
Yank [jæŋk] (inf) n Ami m
yap [jæp] vi (dog) kläffen
yard [jɑːd] n Hof m; (measure) (englische) Elle f, Yard nt (0,91 m); **~stick** n (fig) Maßstab m
yarn [jɑːn] n (thread) Garn nt; (story) (Seemanns)garn nt
yawn [jɔːn] n Gähnen nt ♦ vi gähnen; **~ing** adj (gap) gähnend
yd. abbr = **yard(s)**

yeah [jɛə] (inf) adv ja
year [jɪər] n Jahr nt; **to be 8 ~s old** acht Jahre alt sein; **an eight-year-old child** ein achtjähriges Kind; **~ly** adj, adv jährlich
yearn [jə:n] vi: **to ~ (for)** sich sehnen (nach); **~ing** n Verlangen nt, Sehnsucht f
yeast [ji:st] n Hefe f
yell [jɛl] n gellende(r) Schrei m ♦ vi laut schreien
yellow ['jɛləu] adj gelb ♦ n Gelb nt
yelp [jɛlp] n Gekläff nt ♦ vi kläffen
yes [jɛs] adv ja ♦ n Ja nt, Jawort nt; **to say ~** Ja or ja sagen; **to answer ~** mit Ja antworten
yesterday ['jɛstədɪ] adv gestern ♦ n Gestern nt; **~ morning/evening** gestern Morgen/Abend; **all day ~** gestern den ganzen Tag; **the day before ~** vorgestern
yet [jɛt] adv noch; (in question) schon; (up to now) bis jetzt ♦ conj doch, dennoch; **it is not finished ~** es ist noch nicht fertig; **the best ~** das bisher Beste; **as ~** bis jetzt; (in past) bis dahin
yew [ju:] n Eibe f
yield [ji:ld] n Ertrag m ♦ vt (result, crop) hervorbringen; (interest, profit) abwerfen; (concede) abtreten ♦ vi nachgeben; (MIL) sich ergeben; **"~"** (US: AUT) „Vorfahrt gewähren"
YMCA n abbr (= Young Men's Christian Association) CVJM m
yob [jɒb] (BRIT: inf) n Halbstarke(r) f(m)
yoga ['jəugə] n Joga m
yog(h)urt ['jəugət] n Jog(h)urt m
yoke [jəuk] n (also fig) Joch nt
yolk [jəuk] n Eidotter m, Eigelb nt

| KEYWORD |
---

you [ju:] pron **1** (subj, in comparisons: familiar form: sg) du; (: pl) ihr; (in letters also) du, ihr; (: polite form) Sie; **you Germans** ihr Deutschen; **she's younger than you** sie ist jünger als du/Sie
2 (direct object, after prep +acc: familiar form: sg) dich; (: pl) euch; (in letters also) dich, euch; (: polite form) Sie; **I know you** ich kenne dich/euch/Sie

GERMAN IRREGULAR VERBS

*with 'sein'

infinitive	present indicative (2nd, 3rd sg)	imperfect	past participle
aufschrecken*	schrickst auf, schrickt auf	schrak *or* schreckte auf	aufgeschreckt
ausbedingen	bedingst aus, bedingt aus	bedang *or* bedingte aus	ausbedungen
backen	bäckst, bäckt	backte *or* buk	gebacken
befehlen	befiehlst, befiehlt	befahl	befohlen
beginnen	beginnst, beginnt	begann	begonnen
beißen	beißt, beißt	biss	gebissen
bergen	birgst, birgt	barg	geborgen
bersten*	birst, birst	barst	geborsten
bescheißen*	bescheißt, bescheißt	beschiss	beschissen
bewegen	bewegst, bewegt	bewog	bewogen
biegen	biegst, biegt	bog	gebogen
bieten	bietest, bietet	bot	geboten
binden	bindest, bindet	band	gebunden
bitten	bittest, bittet	bat	gebeten
blasen	bläst, bläst	blies	geblasen
bleiben*	bleibst, bleibt	blieb	geblieben
braten	brätst, brät	briet	gebraten
brechen*	brichst, bricht	brach	gebrochen
brennen	brennst, brennt	brannte	gebrannt
bringen	bringst, bringt	brachte	gebracht
denken	denkst, denkt	dachte	gedacht
dreschen	drisch(e)st, drischt	drosch	gedroschen
dringen*	dringst, dringt	drang	gedrungen
dürfen	darfst, darf	durfte	gedurft
empfehlen	empfiehlst, empfiehlt	empfahl	empfohlen
erbleichen*	erbleichst, erbleicht	erbleichte	erblichen
erlöschen*	erlischst, erlischt	erlosch	erloschen
erschrecken*	erschrickst, erschrickt	erschrak	erschrocken
essen	isst, isst	aß	gegessen
fahren*	fährst, fährt	fuhr	gefahren
fallen*	fällst, fällt	fiel	gefallen

infinitive	present indicative (2nd, 3rd sg)	imperfect	past participle
fangen	fängst, fängt	fing	gefangen
fechten	fichtst, ficht	focht	gefochten
finden	findest, findet	fand	gefunden
flechten	flichtst, flicht	flocht	geflochten
fliegen*	fliegst, fliegt	flog	geflogen
fliehen*	fliehst, flieht	floh	geflohen
fließen*	fließt, fließt	floss	geflossen
fressen	frisst, frisst	fraß	gefressen
frieren*	frierst, friert	fror	gefroren
gären*	gärst, gärt	gor	gegoren
gebären	gebierst, gebiert	gebar	geboren
geben	gibst, gibt	gab	gegeben
gedeihen*	gedeihst, gedeiht	gedieh	gediehen
gehen*	gehst, geht	ging	gegangen
gelingen*	——, gelingt	gelang	gelungen
gelten	giltst, gilt	galt	gegolten
genesen*	gene(se)st, genest	genas	genesen
genießen	genießt, genießt	genoss	genossen
geraten*	gerätst, gerät	geriet	geraten
geschehen*	——, geschieht	geschah	geschehen
gewinnen	gewinnst, gewinnt	gewann	gewonnen
gießen	gießt, gießt	goss	gegossen
gleichen	gleichst, gleicht	glich	geglichen
gleiten*	gleitest, gleitet	glitt	geglitten
glimmen	glimmst, glimmt	glomm	geglommen
graben	gräbst, gräbt	grub	gegraben
greifen	greifst, greift	griff	gegriffen
haben	hast, hat	hatte	gehabt
halten	hältst, hält	hielt	gehalten
hängen	hängst, hängt	hing	gehangen
hauen	haust, haut	haute	gehauen
heben	hebst, hebt	hob	gehoben
heißen	heißt, heißt	hieß	geheißen
helfen	hilfst, hilft	half	geholfen
kennen	kennst, kennt	kannte	gekannt
klimmen*	klimmst, klimmt	klomm	geklommen
klingen	klingst, klingt	klang	geklungen
kneifen	kneifst, kneift	kniff	gekniffen
kommen*	kommst, kommt	kam	gekommen
können	kannst, kann	konnte	gekonnt
kriechen*	kriechst, kriecht	kroch	gekrochen
laden	lädst, lädt	lud	geladen
lassen	lässt, lässt	ließ	gelassen
laufen*	läufst, läuft	lief	gelaufen
leiden	leidest, leidet	litt	gelitten

infinitive	present indicative (2nd, 3rd sg)	imperfect	past participle
leihen	leihst, leiht	lieh	geliehen
lesen	liest, liest	las	gelesen
liegen*	liegst, liegt	lag	gelegen
lügen	lügst, lügt	log	gelogen
mahlen	mahlst, mahlt	mahlte	gemahlen
meiden	meidest, meidet	mied	gemieden
melken	melkst, melkt	melkte	gemolken
messen	misst, misst	maß	gemessen
misslingen*	——, misslingt	misslang	misslungen
mögen	magst, mag	mochte	gemocht
müssen	musst, muss	musste	gemusst
nehmen	nimmst, nimmt	nahm	genommen
nennen	nennst, nennt	nannte	genannt
pfeifen	pfeifst, pfeift	pfiff	gepfiffen
preisen	preist, preist	pries	gepriesen
quellen*	quillst, quillt	quoll	gequollen
raten	rätst, rät	riet	geraten
reiben	reibst, reibt	rieb	gerieben
reißen*	reißt, reißt	riss	gerissen
reiten*	reitest, reitet	ritt	geritten
rennen*	rennst, rennt	rannte	gerannt
riechen	riechst, riecht	roch	gerochen
ringen	ringst, ringt	rang	gerungen
rinnen*	rinnst, rinnt	rann	geronnen
rufen	rufst, ruft	rief	gerufen
salzen	salzt, salzt	salzte	gesalzen
saufen	säufst, säuft	soff	gesoffen
saugen	saugst, saugt	sog	gesogen
schaffen	schaffst, schafft	schuf	geschaffen
scheiden	scheidest, scheidet	schied	geschieden
scheinen	scheinst, scheint	schien	geschienen
schelten	schiltst, schilt	schalt	gescholten
scheren	scherst, schert	schor	geschoren
schieben	schiebst, schiebt	schob	geschoben
schießen	schießt, schießt	schoss	geschossen
schinden	schindest, schindet	schindete	geschunden
schlafen	schläfst, schläft	schlief	geschlafen
schlagen	schlägst, schlägt	schlug	geschlagen
schleichen*	schleichst, schleicht	schlich	geschlichen
schleifen	schleifst, schleift	schliff	geschliffen
schließen	schließt, schließt	schloss	geschlossen
schlingen	schlingst, schlingt	schlang	geschlungen

infinitive	present indicative (2nd, 3rd sg)	imperfect	past participle
schmeißen	schmeißt, schmeißt	schmiss	geschmissen
schmelzen*	schmilzt, schmilzt	schmolz	geschmolzen
schneiden	schneidest, schneidet	schnitt	geschnitten
schreiben	schreibst, schreibt	schrieb	geschrieben
schreien	schreist, schreit	schrie	geschrie(e)n
schreiten	schreitest, schreitet	schritt	geschritten
schweigen	schweigst, schweigt	schwieg	geschwiegen
schwellen*	schwillst, schwillt	schwoll	geschwollen
schwimmen*	schwimmst, schwimmt	schwamm	geschwommen
schwinden*	schwindest, schwindet	schwand	geschwunden
schwingen	schwingst, schwingt	schwang	geschwungen
schwören	schwörst, schwört	schwor	geschworen
sehen	siehst, sieht	sah	gesehen
sein*	bist, ist	war	gewesen
senden	sendest, sendet	sandte	gesandt
singen	singst, singt	sang	gesungen
sinken*	sinkst, sinkt	sank	gesunken
sinnen	sinnst, sinnt	sann	gesonnen
sitzen*	sitzt, sitzt	saß	gesessen
sollen	sollst, soll	sollte	gesollt
speien	speist, speit	spie	gespie(e)n
spinnen	spinnst, spinnt	spann	gesponnen
sprechen	sprichst, spricht	sprach	gesprochen
sprießen*	sprießt, sprießt	spross	gesprossen
springen*	springst, springt	sprang	gesprungen
stechen	stichst, sticht	stach	gestochen
stecken	steckst, steckt	steckte or stak	gesteckt
stehen	stehst, steht	stand	gestanden
stehlen	stiehlst, stiehlt	stahl	gestohlen
steigen*	steigst, steigt	stieg	gestiegen
sterben*	stirbst, stirbt	starb	gestorben
stinken	stinkst, stinkt	stank	gestunken
stoßen	stößt, stößt	stieß	gestoßen
streichen	streichst, streicht	strich	gestrichen
streiten*	streitest, streitet	stritt	gestritten
tragen	trägst, trägt	trug	getragen
treffen	triffst, trifft	traf	getroffen
treiben*	treibst, treibt	trieb	getrieben

infinitive	present indicative (2nd, 3rd sg)	imperfect	past participle
treten*	trittst, tritt	trat	getreten
trinken	trinkst, trinkt	trank	getrunken
trügen	trügst, trügt	trog	getrogen
tun	tust, tut	tat	getan
verderben	verdirbst, verdirbt	verdarb	verdorben
verdrießen	verdrießt, verdrießt	verdross	verdrossen
vergessen	vergisst, vergisst	vergaß	vergessen
verlieren	verlierst, verliert	verlor	verloren
verschleißen	verschleißt, verschleißt	verschliss	verschlissen
wachsen*	wächst, wächst	wuchs	gewachsen
weben	webst, webt	webte *or* wob	gewoben
wägen	wägst, wägt	wog	gewogen
waschen	wäschst, wäscht	wusch	gewaschen
weichen*	weichst, weicht	wich	gewichen
weisen	weist, weist	wies	gewiesen
wenden	wendest, wendet	wandte	gewandt
werben	wirbst, wirbt	warb	geworben
werden*	wirst, wird	wurde	geworden
werfen	wirfst, wirft	warf	geworfen
wiegen	wiegst, wiegt	wog	gewogen
winden	windest, windet	wand	gewunden
wissen	weißt, weiß	wusste	gewusst
wollen	willst, will	wollte	gewollt
wringen	wringst, wringt	wrang	gewrungen
zeihen	zeihst, zeiht	zieh	geziehen
ziehen*	ziehst, zieht	zog	gezogen
zwingen	zwingst, zwingt	zwang	gezwungen

GERMAN SPELLING CHANGES

In July 1996, all German–speaking countries signed a declaration concerning the reform of German spelling, with the result that the new spelling rules are now taught in all schools. To ensure that you have the most up–to–date information at your fingertips, the following list contains the old and new spellings of all German headwords and translations in this dictionary which are affected by the reform.

ALT/OLD	NEU/NEW	ALT/OLD	NEU/NEW
abend	**Abend**	aufsein	**auf sein**
Abfluß	**Abfluss**	aufwendig	**aufwendig**
Abflußrohr	**Abflussrohr**		or **aufwändig**
Abschluß	**Abschluss**	auseinanderbrechen	**auseinander brechen**
Abschlußexamen	**Abschlussexamen**	auseinanderbringen	**auseinander bringen**
Abschlußfeier	**Abschlussfeier**	auseinanderfallen	**auseinander fallen**
Abschlußklasse	**Abschlussklasse**	auseinanderfalten	**auseinander falten**
Abschlußprüfung	**Abschlussprüfung**	auseinandergehen	**auseinander gehen**
Abschuß	**Abschuss**	auseinanderhalten	**auseinander halten**
Abschußrampe	**Abschussrampe**	auseinandernehmen	**auseinander nehmen**
Abszeß	**Abszess**	auseinandersetzen	**auseinander setzen**
achtgeben	**Acht geben**	Ausfluß	**Ausfluss**
Adreßbuch	**Adressbuch**	Ausguß	**Ausguss**
Alleinerziehende(r)	**Alleinerziehende(r)**	Auslaß	**Auslass**
	or **allein Erziehende(r)**	Ausschluß	**Ausschluss**
alleinstehend	**allein stehend**	Ausschuß	**Ausschuss**
allgemeingültig	**allgemein gültig**	Ausschuß(artikel)	**Ausschuss(artikel)**
allzuoft	**allzu oft**	aussein	**aus sein**
allzuviel	**allzu viel**	außerstande	**außer Stande**
Alptraum	**Alptraum**	Autobiographie	**Autobiographie**
	or **Albtraum**		or **Autobiografie**
Amboß	**Amboss**	Baß	**Bass**
Amtsanschluß	**Amtsanschluss**	Baßstimme	**Bassstimme**
(Amts)mißbrauch	**(Amts)missbrauch**		or **Bass–Stimme**
andersdenkend	**anders denkend**	Ballettänzer(in)	**Balletttänzer(in)**
aneinandergeraten	**aneinander geraten**		or **Ballett–Tänzer(in)**
aneinanderreihen	**aneinander reihen**	beeinflußbar	**beeinflussbar**
Anlaß	**Anlass**	beiseitelegen	**beiseite legen**
anläßlich	**anlässlich**	bekanntgeben	**bekannt geben**
Anschluß	**Anschluss**	bekanntmachen	**bekannt machen**
Anschlußflug	**Anschlussflug**	Beschluß	**Beschluss**
As	**Ass**	Beschuß	**Beschuss**
aufeinanderfolgen	**aufeinander folgen**	bessergehen	**besser gehen**
aufeinanderfolgend	**aufeinander folgend**	Bettuch	**Betttuch**
aufeinanderlegen	**aufeinander legen**		or **Bett–Tuch**
aufeinanderprallen	**aufeinander prallen**	(Bevölkerungs)überschuß	
Aufschluß	**Aufschluss**		**(Bevölkerungs)überschuss**
aufschlußreich	**aufschlussreich**	bewußt	**bewusst**
aufsehenerregend	**Aufsehen erregend**	bewußtlos	**bewusstlos**

ALT/OLD	NEU/NEW	ALT/OLD	NEU/NEW
Bewußtlosigkeit	**Bewusstlosigkeit**	durchnumerieren	**durchnummerieren**
Bewußtsein	**Bewusstsein**	ehrfurchtgebietend	**Ehrfurcht gebietend**
bezug	**Bezug**	Einfluß	**Einfluss**
Bibliographie	**Bibliographie**	Einflußbereich	**Einflussbereich**
	or **Bibliografie**	einflußreich	**einflussreich**
Biographie	**Biographie**	einigemal	**einige Mal**
	or **Biografie**	einiggehen	**einig gehen**
Biß	**Biss**	Einlaß	**Einlass**
biß	**biss**	ekelerregend	**Ekel erregend**
bißchen	**bisschen**	Elsaß	**Elsass**
blaß	**blass**	Engpaß	**Engpass**
bläßlich	**blässlich**	Entschluß	**Entschluss**
bleibenlassen	**bleiben lassen**	entschlußfreudig	**entschlussfreudig**
Bluterguß	**Bluterguss**	Entschlußkraft	**Entschlusskraft**
Boß	**Boss**	epochemachend	**Epoche machend**
braungebrannt	**braun gebrannt**	Erdgeschoß	**Erdgeschoss**
breitmachen	**breit machen**	Erdnuß	**Erdnuss**
Brennessel	**Brennnessel**	Erdnußbutter	**Erdnussbutter**
	or **Brenn–Nessel**	erfolgversprechend	**Erfolg versprechend**
Büroschluß	**Büroschluss**	Erguß	**Erguss**
Butterfaß	**Butterfass**	Erlaß	**Erlass**
Cashewnuß	**Cashewnuss**	ernstgemeint	**ernst gemeint**
Chicorée	**Chicorée**	erstemal	**erste Mal**
	or **Schikoree**	Eß–	**Ess–**
Choreograph(in)	**Choreograph(in)**	erstenmal	**ersten Mal**
	or **Choreograf(in)**	eßbar	**essbar**
Computertomographie	**Computertomographie**	Eßbesteck	**Essbesteck**
	or **Computertomografie**	Eßecke	**Essecke**
dabeisein	**dabei sein**	Eßgeschirr	**Essgeschirr**
dafürkönnen	**dafür können**	Eßkastanie	**Esskastanie**
dahinterkommen	**dahinter kommen**	Eßlöffel	**Esslöffel**
darauffolgend	**darauf folgend**	Eßlöffel(voll)	**Esslöffel (voll)**
dasein	**da sein**	(Eß)stäbchen	**(Ess)stäbchen**
daß	**dass**		*or* **(Ess–)Stäbchen**
Dekolleté	**Dekolleté**	Eßtisch	**Esstisch**
	or **Dekolletee**	Eßwaren	**Esswaren**
Delphin	**Delphin**	Eßzimmer	**Esszimmer**
	or **Delfin**	Expreß	**Express**
dessenungeachtet	**dessen ungeachtet**	Expreß–	**Express–**
dichtbevölkert	**dicht bevölkert**	Expreßgut	**Expressgut**
diensthabend	**Dienst habend**	Expreßzug	**Expresszug**
differential	**differential**	Exzeß	**Exzess**
	or **differenzial**	Facette	**Facette**
Differentialrechnung	**Differentialrechnung**		*or* **Fassette**
	or **Differenzialrechnung**	Fährenanschluß	**Fährenanschluss**
Diktaphon	**Diktaphon**	Fairneß	**Fairness**
	or **Diktafon**	fallenlassen	**fallen lassen**
dreiviertel	**drei Viertel**	Faß	**Fass**
durcheinanderbringen	**durcheinander bringen**	faßbar	**fassbar**
durcheinanderreden	**durcheinander reden**	Fehlschuß	**Fehlschuss**
durcheinanderwerfen	**durcheinander werfen**	fernhalten	**fern halten**

ALT/OLD	NEU/NEW	ALT/OLD	NEU/NEW
fertigbringen	**fertig bringen**	gewiß	**gewiss**
fertigmachen	**fertig machen**	Gewißheit	**Gewissheit**
fertigstellen	**fertig stellen**	gewußt	**gewusst**
fertigwerden	**fertig werden**	glattrasiert	**glatt rasiert**
festangestellt	**fest angestellt**	glattstreichen	**glatt streichen**
Fitneß	**Fitness**	gleichbleibend	**gleich bleibend**
fleischfressend	**Fleisch fressend**	gleichgesinnt	**gleich gesinnt**
floß	**floss**	Glimmstengel	**Glimmstängel**
Fluß	**Fluss**	Grammophon	**Grammophon**
Fluß–	**Fluss–**		*or* **Grammofon**
flußabwärts	**flussabwärts**	(Grammophon)nadel	**(Grammophon)nadel**
Flußbarsch	**Flussbarsch**		*or* **(Grammofon)nadel**
Flußbett	**Flussbett**	Graphiker(in)	**Graphiker(in)**
Flußdiagramm	**Flussdiagramm**		*or* **Grafiker(in)**
flüssigmachen	**flüssig machen**	graphisch	**graphisch**
Flußufer	**Flussufer**		*or* **grafisch**
Fön ®	**Fön**	gräßlich	**grässlich**
	or **Föhn ®**	Greuel	**Gräuel**
fönen	**föhnen**	Greueltat	**Gräueltat**
Fönfrisur	**Föhnfrisur**	greulich	**gräulich**
Friedensschluß	**Friedensschluss**	Grundriß	**Grundriss**
Frischvermählte	**frisch Vermählte**	Guß	**Guss**
Frischvermählten	**frisch Vermählten**	Gußeisen	**Gusseisen**
frißt	**frisst**	gutaussehend	**gut aussehend**
fritieren	**frittieren**	gutgehen	**gut gehen**
Gebiß	**Gebiss**	gutgehend	**gut gehend**
Gebührenerlaß	**Gebührenerlass**	gutgemeint	**gut gemeint**
gefangen(gehalten)	**gefangen (gehalten)**	guttun	**gut tun**
gefangenhalten	**gefangen halten**	haftenbleiben	**haften bleiben**
gefangennehmen	**gefangen nehmen**	halboffen	**halb offen**
gefaßt	**gefasst**	haltmachen	**Halt machen**
geheimhalten	**geheim halten**	Hämorrhoiden	**Hämorrhoiden**
gehenlassen	**gehen lassen**		*or* **Hämorriden**
Gemeinschaftsanschluß		Handvoll	**Hand voll**
	Gemeinschaftsanschluss	hängenbleiben	**hängen bleiben**
Gemse	**Gämse**	hängenlassen	**hängen lassen**
gemußt	**gemusst**	hartgekocht	**hart gekocht**
genaugenommen	**genau genommen**	Haselnuß	**Haselnuss**
Genuß	**Genuss**	Haß	**Hass**
genüßlich	**genüsslich**	häßlich	**hässlich**
Genußmittel	**Genussmittel**	Häßlichkeit	**Hässlichkeit**
Geograph	**Geograph**	haushalten	**haushalten**
	or **Geograf**		*or* **Haus halten**
Geographie	**Geographie**	heiligsprechen	**heilig sprechen**
	or **Geografie**	Hexenschuß	**Hexenschuss**
geographisch	**geographisch**	hierbehalten	**hier behalten**
	or **geografisch**	hierbleiben	**hier bleiben**
geringachten	**gering achten**	hierlassen	**hier lassen**
Geschäftsschluß	**Geschäftsschluss**	hierzulande	**hierzulande**
Geschoß	**Geschoss**		*or* **hier zu Lande**
gewinnbringend	**Gewinn bringend**	hochachten	**hoch achten**

ALT/OLD	NEU/NEW	ALT/OLD	NEU/NEW
hochbegabt	**hoch begabt**	kompromißlos	**kompromisslos**
hochdotiert	**hoch dotiert**	Kompromißlösung	**Kompromisslösung**
hochentwickelt	**hoch entwickelt**	Kongreß	**Kongress**
(hoch)geschätzt	**(hoch) geschätzt**	Kongreßzentrum	**Kongresszentrum**
(hoch)schätzen	**(hoch) schätzen**	Kontrabaß	**Kontrabass**
(Honorar)vorschuß	**(Honorar)vorschuss**	kraß	**krass**
Imbiß	**Imbiss**	Kreppapier	**Kreppapier**
Imbißhalle	**Imbisshalle**		or **Krepp-Papier**
Imbißraum	**Imbissraum**	kriegführend	**Krieg führend**
Imbißstube	**Imbissstube**	krummnehmen	**krumm nehmen**
	or **Imbiss-Stube**	Kurzbiographie	**Kurzbiographie**
immerwährend	**immer während**		or **Kurzbiografie**
imstande	**imstande**	kurzhalten	**kurz halten**
	or **im Stande**	Kurzschluß	**Kurzschluss**
ineinandergreifen	**ineinander greifen**	Kuß	**Kuss**
ineinanderschieben	**ineinander schieben**	Ladenschluß	**Ladenschluss**
Intercity-Exprezug	**Intercity-Expresszug**	Laufpaß	**Laufpass**
ißt	**isst**	leerlaufen	**leer laufen**
Jahresabschluß	**Jahresabschluss**	leerstehend	**leer stehend**
jedesmal	**jedes Mal**	leichtfallen	**leicht fallen**
Joghurt	**Joghurt**	leichtmachen	**leicht machen**
	or **Jogurt**	Lenkradschloß	**Lenkradschloss**
kahlgeschoren	**kahl geschoren**	letztemal	**letzte Mal**
kaltbleiben	**kalt bleiben**	liebgewinnen	**lieb gewinnen**
Kammuschel	**Kammmuschel**	liebhaben	**lieb haben**
	or **Kamm-Muschel**	liegenbleiben	**liegen bleiben**
Känguruh	**Känguru**	liegenlassen	**liegen lassen**
Karamel	**Karamell**	Litfaßsäule	**Litfasssäule**
Karamelbonbon	**Karamellbonbon**		or **Litfass-Säule**
Katarrh	**Katarrh**	Lithographie	**Lithographie**
	or **Katarr**		or **Lithografie**
Kellergeschoß	**Kellergeschoss**	Luftschloß	**Luftschloss**
kennenlernen	**kennen lernen**	maschineschreiben	**Maschine schreiben**
keß	**kess**	maßhalten	**Maß halten**
klarsehen	**klar sehen**	Megaphon	**Megaphon**
klarwerden	**klar werden**		or **Megafon**
klassenbewußt	**klassenbewusst**	Meldeschluß	**Meldeschluss**
Klassenbewußtsein	**Klassenbewusstsein**	meßbar	**messbar**
klatschnaß	**klatschnass**	Meßbecher	**Messbecher**
kleinhacken	**klein hacken**	Meßgerät	**Messgerät**
kleinschneiden	**klein schneiden**	Mikrophon	**Mikrophon**
klitschnaß	**klitschnass**		or **Mikrofon**
knapphalten	**knapp halten**	Miß-	**Miss-**
Kokosnuß	**Kokosnuss**	mißachten	**missachten**
Koloß	**Koloss**	Mißachtung	**Missachtung**
Kombinationsschloß	**Kombinationsschloss**	Mißbehagen	**Missbehagen**
Kommuniqué	**Kommuniqué**	Mißbildung	**Missbildung**
	or **Kommunikee**	mißbilligen	**missbilligen**
Kompaß	**Kompass**	Mißbilligung	**Missbilligung**
Kompromiß	**Kompromiss**	Mißbrauch	**Missbrauch**
kompromißbereit	**kompromissbereit**	mißbrauchen	**missbrauchen**

ALT/OLD	NEU/NEW	ALT/OLD	NEU/NEW
Mißerfolg	**Misserfolg**	Nebenanschluß	**Nebenanschluss**
Mißfallen	**Missfallen**	nebeneinanderlegen	**nebeneinander legen**
mißfallen	**missfallen**	nebeneinanderstellen	**nebeneinander stellen**
Mißgeburt	**Missgeburt**	Nebenfluß	**Nebenfluss**
Mißgeschick	**Missgeschick**	Necessaire	**Necessaire**
mißgestaltet	**missgestaltet**		or **Nessessär**
mißglücken	**missglücken**	Negligé	**Negligé**
mißgönnen	**missgönnen**		or **Negligee**
Mißgriff	**Missgriff**	Netzanschluß	**Netzanschluss**
Mißgunst	**Missgunst**	neuentdeckt	**neu entdeckt**
mißgünstig	**missgünstig**	nichtsahnend	**nichts ahnend**
mißhandeln	**misshandeln**	nichtssagend	**nichts sagend**
Mißhandlung	**Misshandlung**	Nonstop–	**Nonstop–**
Mißklang	**Missklang**		or **Non–Stop–**
Mißkredit	**Misskredit**	notleidend	**Not leidend**
mißlich	**misslich**	numerieren	**nummerieren**
mißlingen	**misslingen**	Nuß	**Nuss**
mißlungen	**misslungen**	Nußbaum	**Nussbaum**
Mißmut	**Missmut**	Nußknacker	**Nussknacker**
mißmutig	**missmutig**	Nußschale	**Nussschale**
mißraten	**missraten**		or **Nuss–Schale**
Mißstand	**Missstand**	obenerwähnt	**oben erwähnt**
	or **Miss–Stand**	obengenannt	**oben genannt**
Mißtrauen	**Misstrauen**	Obergeschoß	**Obergeschoss**
mißtrauen	**misstrauen**	offenbleiben	**offen bleiben**
Mißtrauensantrag	**Misstrauensantrag**	offenhalten	**offen halten**
Mißtrauensvotum	**Misstrauensvotum**	offenlassen	**offen lassen**
mißtrauisch	**misstrauisch**	offenstehen	**offen stehen**
Mißverhältnis	**Missverhältnis**	Ölmeßstab	**Ölmessstab**
Mißverständnis	**Missverständnis**		or **Ölmess–Stab**
mißverstehen	**missverstehen**	Orthographie	**Orthographie**
Mißwirtschaft	**Misswirtschaft**		or **Orthografie**
mittag	**Mittag**	orthographisch	**orthographisch**
Mop	**Mopp**		or **orthografisch**
Muß	**Muss**	paarmal	**paar Mal**
mußte	**musste**	Panther	**Panther**
nachhinein	**Nachhinein**		or **Panter**
Nachlaß	**Nachlass**	Paragraph	**Paragraph**
nahegehen	**nahe gehen**		or **Paragraf**
nahekommen	**nahe kommen**	Paranuß	**Paranuss**
nahelegen	**nahe legen**	Parlamentsbeschluß	**Parlamentsbeschluss**
naheliegen	**nahe liegen**	Paß–	**Pass**
naheliegend	**nahe liegend**	Paß–	**Pass–**
näherkommen	**näher kommen**	Paßamt	**Passamt**
näherrücken	**näher rücken**	Paßbild	**Passbild**
nahestehen	**nahe stehen**	Paßkontrolle	**Passkontrolle**
nahestehend	**nahe stehend**	Paßstelle	**Passstelle**
nahetreten	**nahe treten**		or **Pass–Stelle**
naß	**nass**	Paßstraße	**Passstraße**
naßkalt	**nasskalt**		or **Pass–Straße**
Naßrasur	**Nassrasur**	patschnaß	**patschnass**

ALT/OLD	NEU/NEW	ALT/OLD	NEU/NEW
pflichtbewußt	pflichtbewusst	rotglühend	rot glühend
Phantasie	Phantasie	Rückschluß	Rückschluss
	or Fantasie	Rußland	Russland
Phantasie-	Phantasie-	Safe(r) Sex	Safe(r) Sex
	or Fantasie-		or Safe(r)-sex
phantasielos	phantasielos	Salzfaß	Salzfass
	or fantasielos	sauberhalten	sauber halten
phantasiereich	phantasiereich	Saxophon	Saxophon
	or fantasiereich		or Saxofon
phantasieren	phantasieren	Schattenriß	Schattenriss
	or fantasieren	schiefgehen	schief gehen
phantasievoll	phantasievoll	Schiffahrt	Schifffahrt
	or fantasievoll		or Schiff-Fahrt
phantastisch	phantastisch	Schiffahrtslinie	Schifffahrtslinie
	or fantastisch	Schlangenbiß	Schlangenbiss
platschnaß	platschnass	schlechtgehen	schlecht gehen
plazieren	platzieren	schlechtmachen	schlecht machen
Pornographie	Pornografie	Schlegel	Schlägel
	or Pornografie	Schloß	Schloss
pornographisch	pornographisch	schloß	schloss
	or pornografisch	Schluß	Schluss
Portemonnaie	Portemonnaie	Schluß-	Schluss-
	or Portmonee	(Schluß)folgerung	(Schluss)folgerung
Potential	Potential	Schlußlicht	Schlusslicht
	or Potenzial	Schlußrunde	Schlussrunde
potentiell	potentiell	Schlußrundenteilnehmer	Schlussrundenteilnehmer
	or potenziell		
preisbewußt	preisbewusst	Schlußstrich	Schlussstrich
Preßluft	Pressluft		or Schluss-Strich
Preßluftbohrer	Pressluftbohrer	Schlußverkauf	Schlussverkauf
Preßlufthammer	Presslufthammer	Schmiß	Schmiss
Prozeß	Prozess	Schnappschloß	Schnappschloss
Prüfungsausschuß	Prüfungsausschuss	Schnappschuß	Schnappschuss
radfahren	Rad fahren	Schnellimbiß	Schnellimbiss
(Raketen)abschuß	(Raketen)abschuss	schneuzen	schnäuzen
Rassenhaß	Rassenhass	schoß	schoss
rauh	rau	Schößling	Schössling
Rauhreif	Raureif	Schrittempo	Schritttempo
Raumschiffahrt	Raumschifffahrt		or Schritt-Tempo
	or Raumschiff-Fahrt	Schuß	Schuss
Rausschmiß	Rausschmiss	Schußbereich	Schussbereich
Rechnungsabschluß	Rechnungsabschluss	Schußlinie	Schusslinie
reinwaschen	rein waschen	Schußverletzung	Schussverletzung
Reisepaß	Reisepass	Schußwaffe	Schusswaffe
Reißverschluß	Reißverschluss	Schußweite	Schussweite
richtigstellen	richtig stellen	schwererziehbar	schwer erziehbar
Riß	Riss	schwerfallen	schwer fallen
Rolladen	Rollladen	schwermachen	schwer machen
	or Roll-Laden	schwernehmen	schwer nehmen
Roß	Ross	schwertun	schwer tun
Roßkastanie	Rosskastanie	schwerverdaulich	schwer verdaulich

ALT/OLD	NEU/NEW	ALT/OLD	NEU/NEW
schwerverletzt	schwer verletzt		or telegrafieren
Seismograph	Seismograph	Thunfisch	Thunfisch
	or Seismograf		or Tunfisch
selbständig	selbständig	tiefausgeschnitten	tief ausgeschnitten
	or selbstständig	tiefgehend	tief gehend
Selbständigkeit	Selbständigkeit	tiefgekühlt	tief gekühlt
	or Selbstständigkeit	tiefgreifend	tief greifend
selbstbewußt	selbstbewusst	tiefschürfend	tief schürfend
Selbstbewußtsein	Selbstbewusstsein	Tip	Tipp
selbstgemacht	selbst gemacht	topographisch	topographisch
selbstverständlich	selbst verständlich		or topografisch
selbstverwaltet	selbst verwaltet	totenblaß	totenblass
seßhaft	sesshaft	totgeboren	tot geboren
Showbusineß	Showbusiness	Trugschluß	Trugschluss
Sicherheitsschloß	Sicherheitsschloss	tschüs	tschüs
sitzenbleiben	sitzen bleiben		or tschüss
sitzenlassen	sitzen lassen	übelgelaunt	übel gelaunt
Skipaß	Skipass	übelnehmen	übel nehmen
sogenannt	so genannt	übelriechend	übel riechend
Sommerschlußverkauf		übelwollend	übel wollend
	Sommerschlussverkauf	Überdruß	Überdruss
sonstjemand	sonst jemand	übereinanderlegen	übereinander legen
sonstwo	sonst wo	Überfluß	Überfluss
sonstwoher	sonst woher	Überschuß	Überschuss
sonstwohin	sonst wohin	überschwenglich	überschwänglich
Spannbettuch	Spannbetttuch	übrigbleiben	übrig bleiben
	or Spannbett-Tuch	übriggeblieben	übrig geblieben
spazierenfahren	spazieren fahren	übriglassen	übrig lassen
spazierengehen	spazieren gehen	Umriß	Umriss
Sprößling	Sprössling	unbewußt	unbewusst
steckenbleiben	stecken bleiben	Unbewußte	Unbewusste
steckenlassen	stecken lassen	unerläßlich	unerlässlich
stehenbleiben	stehen bleiben	unermeßlich	unermesslich
stehenlassen	stehen lassen	unfaßbar	unfassbar
Stengel	Stängel	ungewiß	ungewiss
Stenographie	Stenographie	Ungewißheit	Ungewissheit
	or Stenografie	unmißverständlich	unmissverständlich
stenographieren	stenographieren	unpäßlich	unpässlich
	or stenografieren	unselbständig	unselbständig
Stenograph(in)	Stenograph(in)		or unselbstständig
	or Stenograf(in)	unterbewußt	unterbewusst
stereophonisch	stereophonisch	Unterbewußte	Unterbewusste
	or stereofonisch	Unterbewußtsein	Unterbewusstsein
Stewardeß	Stewardess	Untergeschoß	Untergeschoss
Stilleben	Stillleben	Untersuchungsausschuß	
	or Still-Leben		Untersuchungsausschuss
stillegen	stilllegen	unvergeßlich	unvergesslich
Streifschuß	Streifschuss	Varieté	Varieté
strenggenommen	streng genommen		or Varietee
Streß	Stress	verantwortungsbewußt	
telegraphieren	telegraphieren		verantwortungsbewusst

ALT/OLD	NEU/NEW	ALT/OLD	NEU/NEW
Verdruß	Verdruss	wiedergutzumachen	wieder gutzumachen
vergeßlich	vergesslich	wiederherstellen	wieder herstellen
Vergeßlichkeit	Vergesslichkeit	wiedersehen	wieder sehen
Vergißmeinnicht	Vergissmeinnicht	wiedervereinigen	wieder vereinigen
vergißt	vergisst	wiederverwenden	wieder verwenden
verhaßt	verhasst	wiederverwerten	wieder verwerten
Verlaß	Verlass	wieviel	wie viel
verläßlich	verlässlich	Wißbegier(de)	Wissbegier(de)
verlorengehen	verloren gehen	wißbegierig	wissbegierig
vermißt	vermisst	wohltun	wohl tun
Verschluß	Verschluss	wußte	wusste
vertrauenerweckend	Vertrauen erweckend	Xylophon	Xylophon
vielsagend	viel sagend		*or* Xylofon
vielversprechend	viel versprechend	Zahlenschloß	Zahlenschloss
(voll)fressen	(voll) fressen	zeitlang	Zeit lang
vollgepfropft	voll gepfropft	zielbewußt	zielbewusst
vollpfropfen	voll pfropfen	Zuckerguß	Zuckerguss
vollstopfen	voll stopfen	zufriedengeben	zufrieden geben
volltanken	voll tanken	zufriedenstellen	zufrieden stellen
vorgefaßt	vorgefasst	zufriedenstellend	zufrieden stellend
Vorhängeschloß	Vorhängeschloss	zugrunde	zugrunde
vorhinein	Vorhinein		*or* zu Grunde
vorliebnehmen	vorlieb nehmen	zugunsten	zugunsten
Vorschuß	Vorschuss		*or* zu Gunsten
vorwärtsbewegen	vorwärts bewegen	zuleide	zuleide
vorwärtsdrängen	vorwärts drängen		*or* zu Leide
vorwärtsgehen	vorwärts gehen	zumute	zumute
vorwärtskommen	vorwärts kommen		*or* zu Mute
Waggon	Waggon	Zündschloß	Zündschloss
	or Wagon	Zungenkuß	Zungenkuss
Walnuß	Walnuss	zunutze	zunutze
Walroß	Walross		*or* zu Nutze
wasserabstoßend	Wasser abstoßend	Zusammenschluß	Zusammenschluss
wäßrig	wässrig	zuschulden	zuschulden
Weißrußland	Weißrussland		*or* zu Schulden
weitblickend	weitblickend	Zuschuß	Zuschuss
	or weit blickend	zustande	zustande
weitreichend	weitreichend		*or* zu Stande
	or weit reichend	zustande bringen	zustande bringen
weitverbreitet	weitverbreitet		*or* zu Stande bringen
	or weit verbreitet	zustande kommen	zustande kommen
wiederaufbauen	wieder aufbauen		*or* zu Stande kommen
wiederaufbereiten	wieder aufbereiten	zutage	zutage
wiederaufnehmen	wieder aufnehmen		*or* zu Tage
wiederbeleben	wieder beleben	zuviel	zu viel
wiedereinsetzen	wieder einsetzen	zuwege	zuwege
wiedererkennen	wieder erkennen		*or* zu Wege
wiedererwachen	wieder erwachen	zuwenig	zu wenig
wiedergutmachen	wieder gutmachen		